陈桥驿先生（1923—2015）

国家出版基金项目
NATIONAL PUBLICATION FOUNDATION

中国国家历史地理

【第二卷】

陈桥驿全集

陈桥驿 著

人民出版社

目　录

郦学新论——水经注研究之三

水经注研究四集

郦学札记

地名

天工

人力

博物

杂俎

水经注论丛

郦学新论

——水经注研究之三

序

·

　　《郦学新论》中收入了论文 19 篇,以及《水经注军事年表》和《历代郦学家治郦传略》两种资料性的文献。论文多数都是最近二三年内发表过的,收入本书时,我曾作过少量修改。

　　《二集》出版还不久,但是国内外学者的鼓励和鞭策,已经不断来到。其中有的是国内外的老一辈知名学者,使我深受感动。我不拟再像《二集》序言中一样,把他们的来信或书刊上发表的评介逐一摘录,只是对于有些评介和来信中需要说明的问题,在《三集》序言中顺便交代一下。

　　这次收入《三集》的第一篇论文《郦学概论》,原是我国著名刊物《文史哲》的约稿,我因为该刊是一种综合性的学术刊物,读者面甚广,所以不宜写郦学研究中的一个小题目,考虑之下,就写了这篇或许能适应较多读者的《郦学概论》。却想不到此文发表后不久,就有一位署名为加士的先生,在 1987 年 12 月 23 日的《人民日报·海外版》上以《郦道元水经注的研究》为题,撰文评介。全文第一句说:"陈桥驿最近在《文史哲》(1987 年第 5 期)杂志上撰文《郦学概论》,对历代《水经注》的研究作了一个回顾和总结。"尽管加士先生的全文是把拙作内容作了一个摘要的介绍,但他的第一句话却是我实在不敢接受的。"回顾"或许可以说,但"总结"则是断乎担当不起的。今年,我又收到《文史哲》主编丁冠之先生 4 月 21 日的信,信上说:"杨向奎先生有几次提到您在《文史哲》上发表的文章,有一次信中说,像陈先生那样的文章,没有多年的积累是写不出来的,《文史哲》几年有一篇这样的文章就不错了。"杨先生是海内外知名的老一辈学者,但是我除了多年来拜读他的大作和长期慕名以外,一直等到 1983 年复旦大学举行博士研究生论文答辩,我忝为答辩委员,才和他相处了两天。此后,他经常鼓励我。在史念海先生的《河山集三集》(人民出版社 1988 年出版)卷首,有他的一篇序言,这篇序言中,也专门写了一段,对我历来的学术研究备加奖掖,但我不知道杨先生给丁先生的信中对拙作《郦学概论》的称赞,有没有如加士先生所说的"回顾和总结"的意思。因为要对我国历代的郦学研究作出总结,实在兹事体大,至少在目前,是我力所不及的。历来的郦学家中,也有人对郦学研究作过总结,这就是前中央大学中文系主任、已故著名郦学家汪辟疆先生。他于 1940 年在重庆《时事新报》副刊《学灯》第 69、70 两期连载发表的名著《明清两代整理水经注之总成绩》,当然是郦学史上的一篇千古文章。所以台北中华书局在影印《杨熊合撰水经注疏》时,特将此文冠于卷首,中华书局编辑部并且还为此文作出说明:"是知辟疆先生固因杨熊书而发为雄文,杨熊书实亦因辟疆先生之文而愈显光芒,可谓相得益彰者矣。"以汪先生的宏知饱学,其所总结,还限于明清两代,则拙作《郦学概论》,不过是篇 1 万多字的介绍性文章,绝不可能对历代的《水经注》研究作出总结,这是我必须说明的。另一方面,在汪先生雄文的启发下,我确实也有这样的心愿,希望能继汪先生之后,把清以后的郦学研究作一个总结。当然,这绝不是轻而易举的事,首先必须把这段时期中的主要郦学家以及他们的著作,包括他们的治郦过程和郦学思想等,作非常细致的研究,然后再进行横向的比较,最后综合各家短长得失,作出总结。这样的研究,是需要下一番很大的工夫的。几年以来,我正在从事一些准备工作,收入于《二集》的《熊会贞郦学思想的发展》和《胡适与水经注》,这次收入于《三集》的《王国维与水经注》和《郑德坤与水经注》等文,都是为了这个目的。这项工作的难度很大,因为既然是总结,则文章不免要评论是非,褒贬得失,都是必须慎重斟酌,不能轻易下笔的。在这方面,我仍然希望学术界的帮助和指教。

今年,我又接到国际知名的老一辈地理学家,年已 8 旬的日本天皇科学奖章获得者、广岛大学名誉教授米仓二郎先生于 7 月 28 日寄发的一封用英文书写的长信。信中,他除了盛赞我的《水经注》研究以外,还告诉了我有关日本著名郦学家、他的老师小川琢治先生和他的同窗森鹿三先生治郦的许多掌故。他的信中最后说:

　　我认为郦道元是中世纪世界上最伟大的地理学家,这个时期,在欧洲历史上正是人们所说的黑暗时代,是不可能出现什么地理学家的,所以这个时代的世界地理学家,非郦道元莫属。我希望您务必用英文写一篇关于郦道元的论文,在地理学刊物上发表。

　　米仓先生是我所尊敬的老一辈日本地理学家。我在日本讲学时,曾经访问广岛大学,与他讨论了许多地理学的问题。他的高足堤正信副教授,曾在我的研究室在我的指导下进修中国历史地理和历史聚落地理。而米仓先生本人,我也于1986年邀请他到我的研究室作短期讲学。因此,对于他提出的建议,我当然是乐于接受的。事实上,早在米仓先生提出这个建议的前两年,我已经应国际地理联合会(IGU)的刊物《地理学思想史》(*History of Geographical Thought*)的约稿,用英文撰写了《郦道元生平考》(*A Study of the Life of Li Daoyuan*)一稿,此文已得到该刊主编弗里曼教授(Prof. T. W. Freeman)1987年4月28日的来信,决定在今年该刊第12卷刊出,而此稿的中文本,即发表于今年《地理学报》第3期,现在收入于《三集》的《郦道元生平考》。我当然要把这些文章寄给米仓先生,但是因为《地理学思想史》的约稿在前,而米仓先生的建议在后,对于米仓先生所提出的"郦道元是中世纪世界上最伟大的地理学家"这个论点,我已无法再补写到拙稿中去,米仓先生或许会对此感到失望。不过《三集》所收的另一篇拙作《郦道元和水经注以及在地学史上的地位》一文,我列举了7条用以说明郦道元在地学史上的无与伦比的地位的论据,自从米仓先生来信以后,我又重新推敲了这7条内容,我觉得,就凭这7条,米仓先生的论点也就有了足够的依据了。当然,米仓先生是否就此满意,只好再听他的意见了。

陈桥驿

1988年8月于杭州大学历史地理研究室

一、郦学概论

引　言

在整个地球上,除了高山和荒漠等地区外,绝大部分地面都被大小河流所网络。河流滋润大地,哺育生灵。所以郦道元在《水经注·序》中说:"天下之多者水也,浮天载地,高下无所不至,万物无所不润。"在古代,人类文明往往与河流联系在一起。以我国的六大古都为例:西安为泾、渭、灞、浐、沣、滈、潏、涝八水所围绕,即所谓"八水绕长安";洛阳按《洛诰》是在洛水的支流涧水和瀍水之间经过占卜而兴建的都城;开封在其全盛时代,即北宋的东京城,穿城而过的河流就有汴河、惠民河、五丈河、金水河4条;北京为永定河、潮白河、北运河、拒马河等所环绕,而西山水源,又在城内形成什刹海、北海、中南海等许多湖泊;南京在长江和秦淮河之交;杭州在钱塘江和大运河之交。所有这些,都雄辩地说明了河流与人类社会发展的重要关系。

正是由于河流的重要性,所以自古以来就受到人们的高度重视,大量地见于古籍记载。《五藏山经》是《山海经》成书最早的部分,是我国最早的地理书,大概撰于战国时代,里面已记载了100多条河流的名称。《禹贡》是比《五藏山经》稍晚的地理著作,记载了包括江、淮、河、济所谓"四渎"在内的30几条河流,并且还记载了今洞庭湖、鄱阳湖、太湖等9个大湖。以后如《说文解字》记载的河流为数更多,[1]而《汉书·地理志》所记载的河流，不仅数量多，描述也更为详细。上述古籍当然不是记载河流的专著，它们既记载河流，也记载其他地理事物。不久以后，记载河流的专著相继出现，这种书称为《水经》。《新唐书·艺文志》著录："桑钦《水经》三卷。"这可能是我国最早的一部记载河流的专著。桑钦是西汉成帝时代人（公元前 1 世纪末），因此班固撰《汉书》时已能见到此书，在《地理志》中引用了 6 处。由于班固引用此书时只说"桑钦言"、"桑钦以为"等，未指《水经》书名，所以后世尚有不同意见。不过《汉志》所引 6 处，其内容恰恰就是绛水、漯水、汶水、淮水、弱水、易水等 6 条河流，因此很可能就是《新唐书·艺文志》著录的《水经》。《隋书·经籍志》著录："《水经》三卷，郭璞注"；《旧唐书·经籍志》著录："《水经》三卷，郭璞撰"。《旧唐书》"撰"字当从《隋书》作"注"字。宋《通志·艺文略》著录："《水经》三卷，汉桑钦撰，郭璞注。"《通志》的著录比《隋书》、《唐书》完整，说明桑钦所撰的《水经》，到晋代由郭璞作注。这是我国历史上的第一部《水经》和《水经注》。可惜两书均已亡佚，内容除《汉书》引及者外，其余不得而知。

到了三国时代，另一种《水经》接着问世。此书不知撰者，也不详具体年代。清人根据书内地名考证："《涪水》条中，称广汉已为广魏，则决非汉时；《钟水》条中，称晋宁仍曰魏宁，则未及晋代。推寻文句，大抵三国时人。"② 这项考证明白可信。但以后有人作其他解释，甚至提出经注同出一手，即均由郦道元所撰，于事甚属无稽，可以不论。《隋书·经籍志》另有著录："《水经》四十卷，郦道元注。"新旧《唐书》著录与《隋书》同，这就是今日通行的《水经注》，正是本文所要讨论的。

《水经注》的撰述与流传

《水经注》为北魏郦道元（？—527）所撰。道元字善长，涿州（今河北涿县）人。他出生于一个世代官宦家庭，一生中曾任北魏书侍御史、颍川太守、鲁阳太守、东荆州刺史、河南尹、御史中尉等职，最后于关右大使任上在阴盘驿亭（今陕西临潼附近）为叛将萧宝夤所杀害。郦道元毕生勤奋好学，《魏书》和《北史》本传都说他"历览奇书"。他在一生戎马倥偬之中，竟撰成《水经注》这样一部巨著（今本尚有 34 万余字），被后世称誉为"圣经贤传"③ 和"宇宙未有之奇书"。④ 此书撰述，究竟始于何时，成于何年，很难估计。全书中出现的最后一个年份是延昌四年（515），郦道元被害于孝昌三年（527），所以大体而言，此书当成于从北魏延昌到孝昌的 10 余年之中。

从郦道元被害直到隋一统，中间经过半个多世纪，洛阳曾数遭兵燹，庐舍为墟。但此书却奇迹般地得以保全。《隋书·经籍志》著录 40 卷，仍是完璧。隋时修类书《北堂书钞》，此书已被引用。唐初官修类书《初学记》，引此书尤多。后李吉甫主纂《元和郡县志》，亦常以此书记载为据。《唐六典》说："桑钦《水经》所引天下之水百三十七，江河在焉，郦善长注《水经》，引其枝流一千二百五十二。"⑤这是当年卷帙完整的全部《水经注》的规模。宋初，此书仍完整无缺。官修类书《太平御览》及地理书《太平寰宇记》，两书规模均甚庞大，所引《水经注》更多，此后，北宋类书如《书叙指南》，全国总志如《元丰九域志》。⑥南宋类书如《玉海》，地理书如《舆地纪胜》、《方舆胜览》等，莫不大量引用《水经注》的词句。不过在景祐年间，北宋朝廷书库崇文院整理书籍，进行编目（《崇文总目》），发现此书已亡佚5卷，《水经注》从此成为残籍。所以在《御览》和《寰宇记》以后，各书所引多出自残本，宋初引及的滹沱水、泾水、洛水等河流，均在亡佚的5卷之中，以后就很难见到了。

从隋唐直到宋初，《水经注》仅在官修书籍中引及，私家诗文绝未见到，可见当时此书只在朝廷收藏，未曾流入民间。陆龟蒙在唐末有诗句"《山经》、《水疏》不离身"。⑦此《山经》当然是《山海经》，但《水疏》并不能断言就是《水经注》。陆龟蒙撰诗甚多，却绝无来自《水经注》的诗句，所以无法肯定在陆氏时代，郦注已经流入民间。到了北宋中期，情况就显然不同。苏轼《寄周安孺茶诗》云："嗟我乐何深，《水经》亦屡读。"苏轼诗中的《水经》即是郦注，这有他的其他文章可以作证。他在《石钟山记》一文中说："郦道元以为'下临深潭，微风鼓浪，水石相搏，声如洪钟。'"⑧说明他确实"屡读"《水经》。北宋的另一学者曾巩，也在他的著作中引及《水经·泲水注》的白起渠。⑨所以此书在当时已流入民间，可以无疑。也正是因为深藏朝廷书库的此书能流入民间，为此书的传播与郦学的形成、发展提供了大量的机会。

在雕版印刷盛行以前，书籍的流行主要依靠传抄。《水经注》当然也是如此。一部30多万字的著作，经过多次的辗转传抄，不仅错漏满篇，而且依靠传抄流传，数量毕竟有限，很容易因水火兵燹而毁灭，终至亡佚。北宋后期，随着雕版印刷的发展，《水经注》的第一种刊本，即成都府学宫刊本问世。这个刊本只有30卷，比《崇文总目》著录的更少5卷，说明绝非宋初的本子。这个刊本出现后不久，到元祐二年（1087），学者才又从何郯（字圣从）的藏书中得到一种较好的抄本，以此本与成都府学宫刊本对勘，内容增加了3/10，凑成40卷之数，这就是《水经注》的第二种刊本。这两种刊本都早已亡佚。由于明人吴琯曾以元祐刊本作底，刊行了一种校本，至今尚存，因此，元祐刊本的规模，通过明吴琯刊本尚大致可见。元祐刊本虽然也并非佳本，但是，这些刊本的出现，使《水经注》的流传开始有了两条途径，除了传抄仍然继续外，效率比传抄高得多的雕版印刷，使《水经注》的流行和学者研究此书的条件，都有了很大的改善。

郦学的形成与三大学派的发展

《水经注》一书虽然内容丰富,牵涉广泛,但是自从隋唐以至北宋,学者在此书上所下的工夫无非是剪辑它所记载的各种资料。有的把这些资料进行分门别类,收入各种类书,如前已述及的《北堂书钞》、《初学记》、《御览》、《书叙指南》等;有的摘取其片言只语,作为其他书文的注释,如唐初司马贞作《史记索隐》,章怀太子注《后汉书》等;有的则把郦注资料按地区分类,录入全国总志或其他地理书,如《元和郡县志》、《太平寰宇记》、《元丰九域志》等。所有这些,不过是对《水经注》的初步研究。这样的研究,对郦注本书无所发明,也不可能使《水经注》形成一门专门的学问。

南宋时代,金礼部郎中蔡珪[⑩]撰《补正水经》3 卷,书虽亡佚,不知内容,但此书尚存元至顺刊本欧阳元的序,序云:"其详于赵、代间水,此固景纯之所难;若江自浔阳以北、吴淞以东,则又能使道元之无遗恨者也"。[⑪]说明内容多有补正郦注之处。又此书苏天爵跋云:"(至顺三年)七月归至岳阳,与郡教授于钦止览观山川,钦止言洞庭西北为华容而县尹杨舟方校《水经》,念其文多讹阙,予因以《补正》示之,今所刻者是也。"[⑫]据此,则蔡书还可能对郦注有所校勘,他对于《水经注》的研究是前所未有的。在《水经注》研究中形成郦学这样一门包罗广泛的学问,蔡珪的研究是其嚆矢。

明代以后,由于雕版印刷业的发展,新的《水经注》刊本不断涌现,比较著名的有嘉靖十三年(1534)的黄省曾刊本,万历十三年(1585)的吴琯刊本。这些刊本多以北宋景祐以后的本子作底本,稍加校勘就匆促付刊,经注混淆,错漏连篇,所以多非佳本。万历四十三年(1615)刊行的《水经注笺》,是我们今天可以见到的《水经注》版本史上的第一部佳本。此本由朱谋㙔所校勘,常被简称作《朱笺》。朱字郁仪,是明宗室,受封为镇国中尉。他一生力学,《明史》本传说他"闭户读书"。他对《水经注》的研究功力尤深,曾和当时著名的郦学家谢兆申(耳伯)、孙汝澄(无挠)、李克家(嗣宗)等,经过长期的商榷校雠,完成了此书。顾炎武称道此书为"三百年来一部书";[⑬]王国维也赞扬"朱氏之笺,实大有功于郦书"。[⑭]所以朱谋㙔不仅开创了郦学研究中的第一个学派即考据学派,并且大大地丰富了《水经注》研究的内容,奠定了郦学繁荣发展的基础。考据学派在清初继续发展,出现了诸如孙潜、刘献廷、沈炳巽、何焯等一流学者。他们的辛勤工作,使《水经注》逐渐从残籍走向完璧。到了乾隆年代,这个学派终于出现了登峰造极的局面。3 位郦学大师全祖望、赵一清、戴震,各以他们的精湛校本,为郦学研究创造了灿烂的前景。特别是成书最晚的戴震校本,即武英殿聚珍版本,吸取了全祖望、赵一清和其他一切佳本如《永乐大典》本和《水经注笺》等的成果,成为此书从北宋景祐缺佚以来的最佳版本,除了景祐缺佚的 5 卷无法弥补外,其余基本上已经恢复了郦注的原貌。考据学派是郦学研究中的基础学派。学者们区分经注,校勘字句,追索缺佚,精详注疏,使长期来错漏累牍、不堪卒读的郦注,又逐渐成为完璧,为郦学研究提供各种理想的佳本,从而促进了郦学的发展。

晚明形成的另一个郦学学派是词章学派。这个学派由于崇祯二年(1629)钟惺、谭元春评点本《水经注》的刊行而成熟。钟、谭二人都是晚明的著名文学家和诗人。由于他们都是竟陵(今湖北钟祥一带)人,他们的文字风格被称为"竟陵体",名重一时。谭元春在此书序言中说:"予之所得于郦注者,自空濛萧瑟之外,真无一物,而独喜善长读万卷书,行尽天下山水,因捉幽异,掬弄光彩,归于一绪。"他们是从文学的角度研究《水经注》,着重于总结此书在文学上的成就。由于郦道元在《水经注》的撰述中表现了他的高度文学素养和卓越的写作技巧,唐宋以来,人们在这方面已经有了较大的重视。明末学者张岱说:"古人记山水,太上郦道元,其次柳子厚,近时则袁中郎。"[15]明代中叶的学者杨慎,就曾把郦注中的出色描写摘录成编,以供学习和欣赏。[16]不过这些学者只是列举《水经注》的优美词句,而钟、谭评点本则能把这些优美词句从文学的角度加以品评,将郦注在词章上的成就提高到理论。这个学派的贡献,不仅是让后人观摩和吸取《水经注》的文学精华和写作技巧,而且把《水经注》这样一种记载河流的专著,评点成为一部供公众欣赏、享受其优美文字的作品。因此,词章学派是郦学研究中的欣赏学派。这个学派研究的重点,当然并非郦道元撰写此书的本旨,但他们的研究,触及一般读者的普遍兴趣和人们的精神享受,十分有利于《水经注》一书的推广,也同样有利于郦学的发展。

郦学研究中的第三个学派是地理学派。《水经注》一书的地理学性质原是众所共见的。因此,从唐《元和郡县志》起,历代修纂全国总志和其他地理书,《水经注》往往被列为重要参考文献,引用其中的大量资料。清初以来,不少学者如顾祖禹、胡渭、刘献廷等,都在他们的地理学研究中利用过《水经注》,而黄仪、董祐诚、汪士铎等,都曾绘制过《水经注图》。由此可知,郦学研究中的地理学派,溯源甚早,而且流传广泛,可是工作都比较零星,成果也未臻完美。所以,尽管在地理学研究中结合郦注的学者先后相继,代有其人,但是却未能形成一个学派。直到晚清,由于杨守敬(1839—1915)与他的学生熊会贞(1859—1936)在这方面的一系列工作,终于形成了郦学研究中这个具有强大生命力的地理学派。杨守敬字惺吾,是晚清著名的地理学家。他的地理学与王念孙、段玉裁的小学、李壬叔的算学,曾被誉为清代的"千古绝业"。[17]他于光绪十九年(1893)起开始《水经注》的研究。光绪三十年(1904),在熊会贞的襄助下完成了《水经注疏》初稿 80 卷,因篇幅过大,同年先刊印《水经注疏要删》40 卷,光绪三十二年又刊印《补遗》40 卷,另有《续补》40 卷,稿成未刊。另外,他在光绪二年(1876)开始付刊的《历代地理沿革图》的基础上(全图共 69 种),编绘了《水经注图》1 套,全图 8 册,采用古今对照,朱墨套印的形式,于光绪三十一年(1905)刊行。《水经注疏》初稿的完成和《水经注图》的刊行,是我国郦学研究中地理学派成熟的标志。尽管长达 100 多万字的《水经注疏》仍然包含着大量考据的成果,杨、熊两人在校勘上也有重大的贡献,但郦学界已经开始发现,考据和校勘并不是郦学研究的主要目的。正如陈运溶于光绪二十四年(1898)在《荆州记序》(《麓山精舍丛书》)中所说的:"近世为《水经》之学者,又皆校正字句,无所发明。"要在郦学研究中有所发明,就有必要在考据学派所提供的基础上,从事《水经注》内容的研究和发挥。这中间,对此书所包罗的大量地理学内容的研究,当然是非常重要的。因此,地理学派是郦学研究中的实用学派,它必然要和乾隆盛极一时的考据学派一样,获得重大的发展,推动郦学研究的前进。

杨守敬于民国四年(1915)去世。当时,《水经注疏》全稿尚未最后修定。熊会贞继承师业,继续修订此书,"又二十二年,书凡六、七校,稿经六次写定"。[18]熊会贞于民国二十五年(1936)去世,此书最后定稿不幸被人私卖而不知下落。[19]但熊氏在修订过程中曾抄出若干抄本,其中一本最后为中国科学院所得,已由科学出版社影印,于1957 年出版。另一本为台湾"中央图书馆"所得,也已由台北中华书局影印,于1971 年出版。这两本都是郦学史上注疏最详尽的郦注版本,它们代表郦学地理学派迄今为止的主要成果。

郦学史上的大论战——赵、戴《水经注》案

前面已经提到,乾隆年代是我国郦学史上的黄金时代。3 位郦学大师全祖望(号谢山,1705—1755)、赵一清(号诚夫、字东潜,1709—1764)、戴震(字东原,1723—1777)各以他们的校本:七校《水经注》(简称七校本)、《水经注释》(简称赵本)、武英殿聚珍版本《水经注》(简称殿本)著称于后世。3 本之中,最后完成却最早刊行的是殿本。戴震于乾隆三十八年(1773)奉诏入四库馆,次年就校订了《水经注》,由武英殿刊行。赵本成稿于乾隆十九年(1754),比殿本早 20 年,但直到乾隆五十一年(1786)才得刊行,比殿本晚 12 年。四库开馆之时,朝廷曾颁令全国采进藏书。赵书抄本由浙江巡抚呈进,有《四库提要》著录可查。[20]因此,早在乾隆四十五年(1780),四库馆内已有戴书袭赵的议论。当时,戴震去世已经 3 年,全、赵当然早已物故。但他们的书都尚未刊出,还是戴书独行的时候。今上海图书馆所藏孙泭鼎校殿本中,有一段孙在当年所写的跋语:

吾友朱上舍文藻[21]自《四库》总裁王少宰[22]所归,为予言:此书参用同里赵
□□(按当是诚夫或东潜二字)一清校本,然戴太史无一言及之。

这条跋语的关键当然是"然戴太史无一言及之"一句。因为在著述中参用他人之
书,这是古今皆然的事。但参用而不著一言,这就成了剽袭,是一个道德和人格的问题
了。到了乾隆五十一年,赵书在开封刊行问世。学者所见此书与殿本在体例和内容上
"十同九九",[23]于是舆论哗然。而戴震的学生段玉裁首先发难。因为赵书在刊行以
前,赵子载元曾委托梁履绳、玉绳兄弟就原稿作过一番整理,时履绳已物故,段就致书
玉绳,询问他们在整理赵书时,有否"捃戴本以正赵本"? 当时梁有否复信不得而知,
但梁去世后在其文集《清白士集》中未收复书,所以有人认为当时梁未曾复书,即是默
认,则赵书确有袭戴之事。[24]但也有人认为:"大约梁之复书,不过告以实未与闻而已,
其书既不足存,自不复入集。"[25]所以此事实已无法核实。

但不久以后,魏源于道光年间撰成《赵校水经注后》[26]一文,提出了戴书袭赵之说。
另外,由于戴震称他在四库馆内校书,主要依据外间无法看到的《永乐大典》本《水经
注》。后来,张穆于道光间也在翰林院看到了此大典本郦注,发现戴所谓据大典本校
勘是假,而抄袭赵书是真。[27]从此,论战扩大,而认为戴书袭赵者居多。到了晚清,这个
案子已经闹得满城风雨,不可收拾,实际上严重影响了正常的郦学研究。因此,某些有
识之士,希望各方面能平息这场论战。王先谦在光绪十八年(1892)刊行合校《水经
注》,他在卷首《例略》中说:"诸家聚讼,若段玉裁懋堂、魏源默深、张穆石舟,各执一
词,存而不论可也。"民国以后,由于论战迄未稍息,梁启超也曾试图出面调停,使这场
时旷日久的论战得以休止。他说:"吾今试平亭此狱,三君(按指全、赵、戴)皆好学深
思,治此书各数十年,所根据资料又大略相同,则闭门造车,出门合辙,并非不可能之
事。"[28]1935年,《永乐大典》本《水经注》由上海商务印书馆涵芬楼影印出版,张元济也
在此书的跋文中提出结束论战的呼吁。他说:"今何幸异书特出,百数十年之症结,涣
然冰释,是书之幸,亦读者之幸也。"

但是,论战并不因这些呼吁而休止,民国以后,学术界许多知名之士,都先后卷入
这场争论。例如王国维责备戴震:"凡此等学问上可忌可耻之事,东原胥为之而不
顾。"[29]余嘉锡则指出戴震的著作,素来就是"改头换面,略加窜点,以为己作"。[30]孟森
认为"东原之所为,实为学林所应公愤"。[31]郑德坤根据大量考证,论定:"戴震剿袭赵一
清、全祖望之罪名,虽百喙不能解之,而《水经注》赵戴公案可以判决矣。"[32]这场论战原
由赵书袭戴开始,最后由于情况判明,戴震终于获得个四面楚歌的境地。

民国以后仍然站在戴震一方的学者已是凤毛麟角。在日本,森鹿三(1906—
1980)是一个特例。森是日本的郦学权威,他于1931年在京都《东方学报》第3册发

表了一篇《关于戴校水经注》的文章,竭力推崇戴震,并举出多种证据,说明他未袭赵书。尽管他的郦学研究在日本具有极高声望,但在这个问题上,正如他的学生船越昭生所说:"森的《水经注》研究以表彰戴震的功绩为主旨,这是和一般认为'戴窃赵'的多数潮流相违的。"㉝因此,森的主张"是一场孤军奋战"。

在中国,站在戴震一边的著名学者就是胡适(1891—1962)。胡适是个知识渊博,研究领域十分宽广的学者。但他的后半生,却集中精力于郦学。他自己说:"我是从民国三十二年(1943)十一月开始研究一百多年来的所谓'赵戴《水经注》案'(又称全赵戴三家《水经注》案)的一切有关证件。"㉞至于他为什么要研究此案,他于1952年在台湾大学文学院的一次讲学中说得十分坦率:"我审这个案子,实在是打抱不平,替我同乡戴震(东原)申冤。"㉟胡适在他一生的最后20年时间里,在这方面的确做了大量工作。他逝世后,他在台湾南港的寓所改为胡适纪念馆,由他的夫人江冬秀商请凌纯声、魏喦寿诸氏组成委员会,负责编印《胡适手稿》。㊱从1966年开始,数年之中,共出版了10集(每集分上中下3册),其中第一集到第六集计18册,全为讨论《水经注》案的资料。在中国郦学史上,除了注疏郦注的学者以外,以郦学研究的论文函札而言,胡适实可以成果众多而冠于古人。当然,胡适的郦学研究,并不属于上述考据、词章、地理三个学派中的任何一派。正如他的学生费海玑所说:"胡先生研究《水经注》的动机,却不去治地理学,而是辨别戴震窃书的是非。"㊲所以在古今所有郦学家中,胡适是个特例。

胡适下决心要为戴震翻案,但是由于戴、赵二书"十同九九",过去的许多学者,早已把戴、赵两本,加上戴自称是主要依据的大典本,作过多次核对,发现了许多戴与大典本的不同,却与赵本相同之处。在这方面,胡适已经没有声辩的余地。于是,他就采用反其道而行之的办法,在戴、赵两本的不同之处下工夫。他为戴震翻案的文章很多,其中最重要的一篇是《戴震未见赵一清〈水经注〉校本的十组证据》。㊳因为指责戴震剽袭的人,有的认为戴在四库馆见了赵书,有的则认为早在戴于乾隆三十三年(1768)主修《直隶河渠书》时就见到了赵书。㊴因此,胡适如能证明戴震未曾见过赵书,当然就不必再说剽袭了。他在该文中说:

> 这十组证据全是赵书书里的特别优点,而都是戴书书里全没有的。这十组或是校改了毫无可疑的错误,或是解决了不能不解决的问题,都是研究《水经注》的学者平日"痛痒求之"的好宝贝,专治《水经注》的人,见了这些好宝贝,若不采取,那就成了"如入宝山空手回"的笨汉了。

此外,他还花了很大力气,找寻其他一些可以说明戴氏未见赵书的证据。例如,他从《清高宗御制诗四集》的《汇刻四库全书联句》中,找到正总裁王际华的《联句》"局咨长贰纲都领,厅判东西力众擎"一句,下有王的自注:"校勘《永乐大典》者,于原心亭列席;校勘遗书者,于宝善亭列席。"根据这条材料,胡适就考证说:"四库全书馆分东、西两院,东院三十个翰林,西院也是三十个翰林,两院整理各自进来的遗书。《永乐大典》是东院整理的,东、西两院互相妒忌。……赵一清的《水经注》由西院翰林整理,戴东原在东院,当然没有看到。"⑩这段考证,实际上是从王际华的《联句》和自注中套出来的,再由他想当然地加上"东、西两院互相妒忌"的话,让人们加强两院不通声气、戴震无法看到赵书的印象。其实,四库馆的屋宇虽有东、西之分,但领导却是统一的,总纂官说一句话,没有做不到的事情。何况戴震就是奉总纂官纪昀之命进馆校勘《水经注》的,当然可以名正言顺地向西院调阅赵书。与前面的《十组证据》相比,这种考证,就更显得徒劳无功了。

《十组证据》虽然与上述东、西两院说不同,是一篇搜集了较多数据的文章,是在替戴震翻案这个课题上唯一尚可探索的道路。但是,由于戴、赵二书从体例到内容"十同九九",毕竟不是这区区"十组证据"可以推翻全案的。就在胡适去世这一年,辞书学家杨家骆发表了一组抽样调查的结果。他选择全书中篇幅最小的一卷,即卷十八《渭水》为样本,以赵本、殿本、大典本、杨熊注疏本 4 本互相比勘,其结果是:

> 统计在异文一百十处之中,除杨本异文无与赵戴争端外,大典、戴校、赵释三本有异同者凡九十处,其中戴同于赵者四十三处,戴同于大典十二处,戴异于二本者三十一处,三本互异者四处,倘复就赵氏校释中谓应作某者考之,凡戴异于赵,亦多阴本于赵氏校释之说,则戴之不忠于大典而复袭于赵,固至显然也。⑪

杨氏的抽样调查发表后,得到港、台学术界的大量附和。于大成在《永乐大典与大典学——论水经注案》⑫一文中,盛赞杨家骆的文章,再一次强调大典本在揭露戴书袭赵中的作用。他说:"不意二百年后,大典竟自中秘散在人间,又不意大典残缺之余,《水经注》之书独全,于是,东原掠美东潜者,其迹乃无所遁逃。"

胡适为戴震打抱不平的许多文章,其结果是使这个已趋休止的赵戴《水经注》案,又一次在港、台学术界引起轩然大波。许多学者纷纷撰文,对胡氏的意见予以驳斥。由于这场时旷日久的论战,实际上严重影响了郦学的发展,所以不少人已经厌烦这种论战。例如寓居澳门的学者汪宗衍所说:"惟近人胡适之晚年专治郦书版本,极力为东原洗刷剿袭,撰有论文函札七十余篇,凡数十万言,耗二十余年精力,为兹枝本问题,虽曰求是,实于郦书何干?"⑬

胡适在郦学研究中立志要重审这个赵戴《水经注》案,其结果不仅徒劳无功,而且为枝节问题而大张旗鼓,重启战端,实在不得人心。不过他在郦学研究中也并非毫无成就,其主要成就是对于郦注版本的搜集方面。如费海玑所说:"三十五年(按 1946)

胡先生回国,记者传出他研究《水经注》的话,于是上海的朋友,纷纷把见过的《水经注》告诉他,北平的朋友亦然,于是全国的《水经注》均集中到他寓所,达三大橱之多。"[44]他于1948年北平和平解放前夕,在北京大学举办《水经注》版本展览,展出的各种郦注版本达41种之多。[45]他无疑是郦学史上迄今为止搜罗版本最多的学者。

近代国内外郦学研究概况

郦学牵涉的领域甚广,诸如历史学、地理学、考古学、碑版学、民族学、语言学、文学等许多方面,都和郦学有密切的关系,郦学都可以为这些学科提供丰富的资料。

两个多世纪来,由于不幸而发生了如上所述的这场"大论战",许多有才华的学者,都被牵连到论战之中,论战几乎代替了正常的郦学研究,严重地影响了郦学的发展。但是,值得指出的是,毕竟也有一些郦学家顶住了论战的干扰,继续从事郦学本身的研究,在这段时期中发表了一些研究成果。例如范文澜的《水经注写景文钞》(北平朴社1929年出版),丁山的《郦学考序目》(中央研究院历史语言研究所《集刊》3卷3期,1932年出版),岑仲勉的《水经注卷一笺校》(广州《圣心》第2期,1933年出版),郑德坤的《水经注引得》(北平哈佛燕京社1934年出版),汪辟疆的《明清两代整理水经注之总成绩》(重庆《时事新报》《学灯》副刊第69—70期,1940年)等等,这中间,特别值得称道的是熊会贞。他在杨守敬去世后,埋头20余年,"无间寒暑,志在必成"。[46]撇开历史上纠缠不休的赵戴相袭的旧事,继承杨氏地理学派的衣钵,把主要精力放在充实《水经注疏》的地理学内容方面。同时,在新的科学思潮的启发下,正视了旧郦学研究中的落后一面,力求刷新郦学研究的内容和方向。尽管他的最后定稿本不幸被人私卖而至今不知下落,但他留下的几种抄本,仍然闪烁着无比光彩,成为我国郦学史上的珍贵遗产。

新中国成立以后,我国的郦学研究继续获得了发展,首先值得提出的,当然是前已论及的杨、熊合撰的《水经注疏》的早年抄本之一,已于1957年在科学出版社影印出版。由于这部抄本在当时抄成以后未经熊会贞的校订,以致出版后发现错误千出。但郦学界老前辈钟凤年先生从此书出版之日起,即致力于此书的校勘工作,经过20几年的努力,终于校出了错误2400余处,撰成《水经注疏勘误》[47]专文,在一定程度上弥补了这个影印本的缺陷。在北京影印本出版以后,侯仁之教授主编《中国古代地理名著选读》(科学出版社1962年版),以合校本为底本,选入了《漯水》、《鲍丘水》、《渭水》3篇,广加注释,并配以地图,受到各方的重视。

"十年灾难"以后,郦学再次获得较大的发展,从各个方面研究《水经注》的成果,一时大量地涌现出来。按照已经发表的论文来看,包罗的方面甚多,已经初步出现了一种研究的热潮。对郦注作全面介绍的文章,有曹尔琴的《郦道元和水经注》(《西北大学学报》1978 年第 3 期)和张大可的《水经注》(《文史知识》1981 年第 6 期)等,这类作品,即使对郦学界以外的广大读者,也有推广介绍的作用。

对于郦道元的出生年份和籍贯,在前人论述的基础上,也出现了一系列各抒己见的文章。辛志贤的《郦道元籍贯考辨》(《山西师范学院学报》1982 年第 2 期),赵永复的《郦道元生年考》(《复旦大学学报》历史地理增刊,1980 年),刘荣庆的《郦道元遇难地小考》(《人文杂志》1982 年第 4 期)等等,较之前人的考证,都有所发展和创新。

论述郦道元思想的论文也屡见发表,其中谭家健的《郦道元思想初探》(《辽宁大学学报》1983 年第 2 期)一文,对郦道元的长期不为人注意的、甚至被误解的许多积极的思想倾向和进步哲学观点,作了较为深刻的分析。拙作《爱国主义者郦道元与爱国主义著作水经注》(《郑州大学学报》1984 年第 4 期)一文,则从郦氏在南北分裂的环境中,却以祖国统一的思想撰写此书,并且热情地赞美祖国各地的山水,论述了郦道元的爱国主义思想,并说明《水经注》一书不仅在学术上有重要价值,作为一部宣传爱国主义思想的读物,也值得推广评介。

对于《水经注》本身的研究,这一时期也有较大的发展。章巽教授所撰的《水经注和法显传》(《中华文史论丛》1984 年第 3 期)一文,纠正了《水经注》对今新疆境内到印度河、恒河流域这个地区描述中的许多错误之处。另外,辛志贤的《水经注所记水数考》(《北京师范大学学报》1981 年第 3 期)和赵永复的《水经注到底记述多少条水》(《历史地理》1982 年第 2 辑)等文,都仔细地检核了郦注记载的河川湖陂等水体,计算了全书记载的实数。拙作《水经·江水注研究》(《杭州大学学报》1984 年第 3 期)一文,是在日本讲学时的讲稿,是专门对郦注记载的一条大河所作的研究。另一篇拙作《论郦学研究及其学派的形成与发展》(《历史研究》1983 年第 6 期),也是在日本讲学时的讲稿。

有关《水经注》版本的研究,在前人研究的基础上,这一时期发表的论文,在横向扩展和纵向深入方面,都获得了可喜的成绩。钟凤年先生的《评我所见的各本水经注》(《社会科学战线》1979 年第 2 期)一文,对残宋本、大典本、合校本、注疏本等 20 种版本进行比较和剖析,广征博引,对这些版本的是非优劣评述无遗。段熙仲教授的《沈钦韩水经注疏证稿本概述》(《中华文史论丛》1979 年第 3 辑)一文,详细地论述了这部从清代流传至今的唯一郦注稿本,让绝大部分无缘读到这部稿本的郦学界同仁也能窥见这部著名稿本的一斑。吴泽教授的《王国维与水经注校》(《学术月刊》1982 年第 11 期)一文,不仅详细地介绍了王国维在《水经注》研究中的业绩,并且还同时讨论了明、清以来的许多郦注版本。《中华文史论丛》1979年第2辑发表顾廷龙先生所藏的胡适遗稿《水经注校本的研究》，内容包括《再跋戴震自定水经的"附考"》等8篇文字。其中致徐森玉、顾廷龙函以及致顾廷龙的4函，为台湾出版的《胡适手稿》所不收，所以弥感珍贵。至于这一时期出版的《水经注》版本，有1985年上海人民出版社出版的王国维校明抄本《水经注校》和1986年巴蜀书店影印出版的合校本《水经注》。不过前者在出版前加了标点，造成了许多错误；后者则因版本选择较逊，阅读颇不方便。好在《水经注疏》和殿本的排印本不久都将出版，必可弥补这方面的缺憾。

我国的郦学研究，除了内地以外，近年来在港、台两地也获得较大发展。在香港方面，郦学界以郑德坤、吴天任两教授为代表人物。早在30年代，郑氏已经编成了前已述及的《水经注引得》一书。1951年，郑氏从香港到英国剑桥大学讲学，临行时曾将他历年所撰郦学著述多种交吴天任收藏，其中《水经注引书考》和《水经注故事钞》两种，经吴氏整理后已于1974年在台北艺文印书馆出版。此外，郑氏的另一著作《中国历史地理论文集》于1980年在香港中文大学出版，其中包括《水经注版本考》、《禹贡川泽变迁考》、《水经注引得序》、《水经注引书类目》、《水经注赵戴公案之判决》等文，这些都是他早年的旧作。郑氏的新作《重编水经注图总图跋》，是他1984年在香港中文大学所撰，收入于吴天任纂辑的《水经注研究史料汇编》下册。吴天任在近年来的主要郦学成果之一是《杨惺吾先生年谱》（台北艺文印书馆1974年出版），这部长达460余页的著作，包括《年谱》、《水经注疏清写本（按指北京本）与最后修订本（按指台北本）校记》、《杨惺吾先生著述及辑刻图书表》3部分。此书不仅对研究杨氏生平及其著述有重要价值，而且其第2部分把北京、台北两种影印《水经注疏》的字句异同逐条排比。收藏北京本或台北本的学者，得此一编即是得书（北京本或台北本）一部，确是事半功倍。吴天任的另一郦学著述是《水经注研究史料汇编》（台北艺文印书馆1984年出版），此书分上下二册，上册收入郦学史料共78篇，包括宋、元、明、清各代所有《水经注》版本的评述以及历来有关郦学研究的重要著作。下册内容多于上册2倍半以上，共有郦学史料178篇，包括著名郦学家杨守敬、熊会贞、森鹿三、孟森、郑德坤、汪辟疆、钟凤年、胡适等的论文和往来信札等，大陆近年来所发表的郦学论文如段熙仲教授的撰述和拙著等，也多收在内，可谓集其大成。最后有吴天任本人所撰论文8篇，多是功力甚巨而过去未曾发表过的著作。

台湾郦学研究的成果，当以1971年台北中华书局影印《杨熊合撰水经注疏》的出版为重要。此书原版由于抄成后一直留在熊会贞身边，经过熊的一再校订，所以质量远远胜于北京本的底本。前面指出，吴天任在其《杨惺吾先生年谱》中，已经做了两本对勘的工作。段熙仲教授和我，几年来也合作做了两本对勘的工作，成果已收入于即将出版的排印本《水经注疏》之中。台湾郦学研究的另一重要成果是《胡适手稿》1至6集于1966年起相继出版。此6集内容全为胡氏的郦学研究成果。其中第一集是戴震部分,第二集是全祖望部分,第三集包括全祖望的一部分和赵一清的一部分,第四集是《水经注》版本考,第五集是关于自张穆至孟森几家对戴震的指控的评论,第六集是与洪煨莲、杨联陞讨论本案往来的信札以及继续讨论本案的最后杂文和信札。胡适的学生费海玑于1980年在台北商务印书馆出版了他的《胡适著作研究论文集》,对《胡适手稿》各集作了内容提要,以便于读者阅读。此外,他并以《胡适与水经注》[48]为题,在台湾大学等校讲学,阐述胡适在郦学研究中的成就。

因为郦学已经是一门国际性的学问,所以除中国内地和港、台外,世界上不少国家也发展了郦学研究。早在清代末叶,西欧国家的一些汉学家已在这方面做了不少工作。法国汉学家沙畹(Edouard Chavannes)在其所著《魏略所见之西域诸国考》一文中,将《水经注》卷二《河水》译成法文,作为该文的附录,[49]这是《水经注》译成外文的嚆矢。另外一些汉学家如伯希和(Paul Pelliot)[50]和费瑯(G. Ferrand),[51]都在他们的著作中讨论过《水经注》成书的年代。英国的著名科学史专家李约瑟(Joseph Needham),在其名著《中国科学技术史》中,把《水经注》列为常用参考书,认为《水经注》一书是"地理学的广泛描述"。[52]这种论断是很符合实际的。

在亚洲,印度汉学家师觉月博士(Dr. Praboddha Chandra Bagchi)曾于40年代在孟加拉邦国际大学中国学院与我国学者吴晓铃合作翻译过《永乐大典》本《水经注》。[53]

日本是除了中国以外郦学研究最发达的国家,早在1918年,著名汉学家小川琢治就已经撰写了《水经及水经注》的论文,对此书作了全面的分析和介绍,于该年的《艺文》第6、9两期发表。接着,森鹿三从30年代开始在京都《东方学报》发表一系列郦学研究成果。此外,如足立喜六[54]、藤田丰八[55]等汉学家,都把他们的研究与郦学相合,获得了许多研究成果。在郦学研究中成绩最为卓著的当然是森鹿三。他毕生以郦学为专业,发表了大量的论文。从1964年到1970年的六年中,他在京都大学人文科学研究所举办了一个《水经注疏》订补研究班,网罗了全国郦学家和他的学生,从事郦学研究,每周由他亲自主持一次会读,对《河水》、《汝水》、《泗水》、《沂水》、《洙水》、《沔水》、《淮水》、《江水》等篇,进行了逐字逐句的讨论和分析。经过数年细致深入的集体研究,森鹿三又领导了《水经注》的翻译工作。翻译的过程也是十分认真的,以《河水》5卷为例,首先由森鹿三和其他译者进行对原文的集体钻研和反复讨论,然后由日原利国译成日语古文,再由藤善真澄和胜村哲也两人译成现代日语。《河水》以外的其他部分,则由另一位郦学家日比野丈夫主持翻译。经过这样几年艰苦的工作,终于在1974年由东京平凡社出版了这部日译本《水经注(抄)》。虽然译本的篇幅还只有《水经注》原本的1/4,但这已经是郦注最完整的一部外文译本了。

日本的郦学研究风气确实相当兴盛,至今不少大学的研究生院和本科都开设郦学课程。我曾于1983年和1985年两次赴日,都是受聘去作大学研究生院的《水经注》讲学和研究工作。他们的郦学研究有不少方面值得我们学习。

结 语

郦学是一门包罗丰富,牵涉广泛而且具有强大生命力的学问。事实证明,在最近几年中,郦学对于学术界的许多研究工作,已经发生了重要的作用。例如,史念海教授在他的野外考察中,利用《水经注》记载的资料,推算黄河山陕段在历史上的溯源侵蚀速度,并且得出结论,壶口瀑布从郦道元记载迄今,由于河流的溯源侵蚀作用,平均每年向北推移3.3米。[56] 陈吉余教授利用《水经注》的记载,结合贝壳堤的查勘和放射性碳素资料,精确地画出了《渤海湾海岸历史变迁图》。[57] 吴壮达教授利用《水经·浪水注》关于"水坈陵"的记载,解决了广州前身古番禺城的城址问题。[58] 盖山林先生根据《水经·河水注》中郦道元的目击记载,在内蒙古阴山一带查勘了绵延达21000平方公里的古代岩画,这些岩画的第一个发现者就是郦道元。[59] 此外,近年来,郦学研究的成果,为历史学、地理学、考古学等许多学科提供了大量数据,例子甚多,不胜枚举。所有这些,充分地说明了郦学的重要性和今后进一步发展郦学研究的意义。

注释:

① 《说文解字》卷一一上,《水部》,收入河流共150余条。

② 《四库提要》卷六九,《地理类二》。

③ 丁谦《水经注正误举例》,载《求恕斋丛书》。

④ 刘献廷《广阳杂记》卷四。

⑤ 《唐六典》卷七,《工部·水部郎中》注。

⑥ 今本《九域志》并无引及《水经注》之处,按《四库提要》卷六○《元丰九域志》下云:"民间又有别本刊行,内多古迹一门,故晁公武《读书后志》有新、旧《九域志》之目。"赵一清从《九域志》辑录郦佚共5条,故知旧本《九域志》曾引及郦注。

⑦ 《和袭美寄怀南阳润卿》,载赵一清《水经注附录》卷上。

⑧ 《苏东坡全集》卷三七(天一阁藏本)。

⑨ 《襄州宜城县长渠记》,载《元丰类稿》卷一九。

⑩　事迹附见于《金史·蔡松年传》。

⑪　《国朝文类》卷三六。

⑫　赵一清《水经注附录》卷下引《滋溪文集》。

⑬　阎若璩《古文尚书疏证》卷六下。

⑭　《朱谋㙔水经注笺跋》,载《观堂集林》卷一二。

⑮　《跋寓山注二则》,载《瑯嬛文集》卷五。

⑯　《丹铅杂录》卷七。

⑰　支伟成《杨守敬传》,载《清代朴学大师列传》。

⑱　汪辟疆《杨守敬熊会贞合传》,载《国史馆刊》创刊号。

⑲　陈桥驿《关于水经注疏不同版本和来历的探讨》,载《中华文史论丛》1984 年第 3 辑。

⑳　《四库提要》卷六九,《史部·地理类二》。

㉑　朱文藻,杭州人,《浙江采集遗书总录》的编纂人。

㉒　指四库副总裁王杰。

㉓　《水经注汇校》卷首周懋琦序。

㉔　即使在反戴派中,也有人相信梁氏兄弟确实做了以戴书饰赵的事。例如杨守敬在其《水经
　　注疏要删自序》中说:"赵之袭戴在身后。"

㉕　孟森《拟梁曜北答段懋堂论赵戴二家水经注书》,载《胡适手稿》第五集下册。

㉖　周寿昌《思益堂日札》。

㉗　光绪《鄞县志》卷五四,《艺文三》。

㉘　《清代学者整理旧学之总成绩》,载《中国近三百年学术史》,上海中华书局 1936 年版。

㉙　《聚珍本戴校水经注跋》,戴《观堂集林》卷一二。

㉚　《四库提要辨正》,《水经注》条。

㉛　《拟梁曜北答段懋堂论赵戴二家水经注书》。

㉜　《水经注赵戴公案之判决》,载《燕京学报》1936 年第 19 期。

㉝　《森鹿三先生和水经注研究》,载《地理》第 26 卷 3 期,东京古今书院 1981 年版。

㉞　《胡适手稿》第六集下册。

㉟　《胡适言论集》甲编,台北华国出版社出版。

㊱　吴天任《胡适手稿有关水经注论跋函札提要》,载《东方杂志》复刊第 19 卷第 4 期,台北东
　　方杂志社 1985 年版。

㊲　《胡适著作研究论文集》,台北商务印书馆 1970 年版,第 103 页。

㊳　《胡适手稿》第一集中册。

㊴　王国维《聚珍本戴校水经注跋》:"《水经注》为纂《河渠书》第一要书,故全、赵二本,局中必
　　有写本无疑,东原见之,自必在此时矣。"按戴震确在《直隶河渠书》卷一《唐河篇》下,附录
　　赵一清《卢奴水考》一篇,并加按语云:"杭人赵一清,补注《水经》,于地学甚核。"

㊵　《胡适手稿》第六集下册。

㊶ 《水经注四本异同举例》,载《学粹》(台北)1962 年第 4 卷第 5 期。

㊷ 《理选楼论学稿》,台北学生书局 1979 年版。

㊸ 《赵戴水经注案小记》,载《水经注研究史料汇编》下册,台北艺文印书馆 1984 年版。

㊹ 《胡适著作研究论文集》,第 32 页。

㊺ 胡适《水经注版本展览目录》,载《水经注研究史料汇编》下册。

㊻ 熊会贞《关于水经注之通信》,载《禹贡》1935 年第 3 卷第 6 期。

㊼ 《古籍论丛》,福建人民出版社 1982 年版,第 119—228 页。

㊽ 《胡适手稿第一集研究》,载《胡适著作研究论文集》。

㊾ 此译文刊于巴黎出版的《通报》(*Toung - Pao*),1905 年,第 563 页。

㊿ 《交广印度两道考》,冯承钧译本,商务印书馆 1931 年版。

(51) 《昆仑及南海古代航行考》,冯承钧译本,中华书局 1928 年版。

(52) Science and Civilization in China, Vol. 1, p. 259.

(53) 吴晓铃《书胡适跋芝加哥大学藏的赵一清水经注释后》,载《北京图书馆文献》1983 年第 15 辑。

(54) 《法显传考证》,何建民、张小柳译,国立编译馆 1937 年版。

(55) 《杅泥城与伊循城》,载《西域研究》,杨麽译,商务印书馆 1936 年版。

(56) 《河山集》二集,三联书店 1982 年版,第 175 页。

(57) 《中国自然地理·历史自然地理》,科学出版社 1982 年版,第 232 页。

(58) 《水经注的"水坈陵"问题》,载《华南师范学院学报》1980 年第 2 期。

(59) 《郦道元与岩画》,载《西北大学学报》1983 年第 1 期。

原载《文史哲》1987 年第 5 期

二、郦道元生平考

中国从公元 4 世纪初期起,开始了一场规模很大的混乱,这场混乱,牵涉到庞大集团的人群在自然地理环境和人文地理环境上的深刻变异。假使我们把 15 世纪以后的一段时间中,人们对于新航路和新大陆的探索称为"地理大发现",那么,从四世纪初期直到六世纪后期之间的这种发生在中国境内的巨大人群所经历的地理变异应该被称为"地理大交流"。

早在战国时期,在这方面具有远见的汉族领袖如赵武灵王和秦始皇等,似乎都已经预见到这种事态的发生。但他们花了惊人代价所修建起来的所谓万里长城,终于没有抵挡住开始于四世纪初期的这场巨变。大群生活在北方草原上的游牧民族,一个部落接着一个部落地跨过这道"死骸相支拄"①的长城,相继进入中原。他们放弃了"天苍苍,野茫茫"的自然地理环境和"风吹草低见牛羊"的游牧生活,而定居到这片对他们来说是完全陌生的土地上从事农业活动。历史对人们往往是一种揶揄,赵武灵王在公元前 307 年断然决定:"胡服骑射以教百姓";②但事隔 8 个世纪,北魏君主元宏于公元 494 年正式下诏:"禁士民胡服"。③这恐怕不是赵武灵王和战国时代的其他汉族领袖们所能逆料的。

同样,原来居住在这个地区的汉族,也就被迫大批南迁,放弃了他们世代定居的这片干燥坦荡的小麦杂粮区,迁移到低洼潮湿的江南稻作区。因此,不论在中国的北方或南方,数量巨大的人群,都面临着新的自然地理环境和人文地理环境。在这场地理大交流中,直接参加交流的人们,新、旧地理环境构成了他们现实生活和思想上的强烈对比,空前地扩大了他们的眼界和丰富了他们的地理知识。对于那些没有直接参加交流的人们,他们有的是留恋故土,宁愿冒恶劣的处境而安土重迁,有的则是直接参加交流者的后代,这些人尽管没有地理大交流的实践经验,但他们同样从他们的亲属和父老那里,获得关于他们的故土和新领地的地理知识。

地理大交流的结果是大批地理学家和地理著作的出现。和中国早期的地理学家及地理著作不同,早期的地理著作如《山海经》、《禹贡》、《穆天子传》等,作者虽然都有一定的资料基础,但其间也包括大量的假设和想象。这类早期的地理学家,在实践经验方面,显然是相当薄弱的。现在,规模巨大的地理大交流为许多地理学家提供了实践的机会,因此,这一时期的地理学家和地理著作,不仅在地理资料上能左右逢源,而且他们之间,多数都直接、间接地参与了这场地理大交流,他们的作品中反映了大量的实践成果,这是前代的地理学家和地理著作所无法比拟的。

早在西晋末年,荀绰就撰写了《九州记》,④比他稍晚的乐资,则撰写了《九州志》。⑤接着,王隐在东晋初年又撰写了《晋地道记》。⑥这些在当时都属于全国地理著作。从此以后,北方和南方的地理学家和地理著作风起云涌,美不胜收。在北方,阚骃的《十三州志》,⑦佚名的《大魏诸州记》,⑧陆恭之的《后魏舆地图风土记》⑨等等,不胜枚举;在南方,刘宋的何承天和徐爰,各自都撰写了《州郡志》。⑩此外如齐刘澄之的《永初山水记》,⑪梁吴均的《十二州记》,⑫陈顾野王的《舆地志》⑬等,也都是全国地理著作。除了全国地理著作以外,还有为数更多的区域地理著作,他们就是通常所称的"六朝地志",绝大部分都是东晋及其以后的著作。正是这一大批地理学家和地理著作,标志着这个地理大交流时代的时代特色。

在整个地理大交流时代中,在所有这些知识丰富的地理学家中,最最杰出的,无疑是北魏的郦道元,而他所撰写的名著《水经注》,正是这个时代的一切地理著作中登峰造极的作品。它不仅是地理大交流的丰硕成果,而且也是我国地理学史上的一颗光辉夺目的明珠。

郦道元(字善长)是北魏人。北魏是鲜卑族中姓拓跋的一支所建,所以称为拓跋魏。这个部落原来活动于今东北大兴安岭一带。以后逐渐向西南扩展,于东晋太元十一年(386)定都盛乐(今内蒙古和林格尔以北),东晋隆安二年(398),又从盛乐迁都平城(今山西大同附近),在此建都近百年,逐渐从一个游牧部落汉化为农耕民族,国力开始强大,并于太和十八年(494)把首都南迁到洛阳,尊孔重儒,力行汉族体制,废弃"拓跋"胡姓而改用汉姓"元"。从此称为元魏,是南北朝对峙历史中,北朝领土最广和国势最盛的时期,郦道元正在此时进入仕途,这对他毕生思想经历,都有重要的影响。

郦道元生于何年，历史上没有记载。他是涿州（今河北涿县）人，家乡叫做郦亭，也称郦村，他在《水经·巨马水注》中对他的家乡有明白的记载：

> 巨马水又东，郦亭沟水注之，水上承督亢沟水于遒县东，东南流历紫渊东。余六世祖乐浪府君自涿之先贤乡爰宅其阴，西带巨川，东翼兹水，枝流津通，缠络墟圃，匪直田园之瞻可怀信为游神之胜处也。

在他的笔下，充满了对家乡的美好描述和热爱。清孙承泽在其著作《春明梦余录》卷六十四说："郦亭在涿州南二十里，为郦道元故居。"说明直到清代，郦亭这个小村的地理位置还是明确的。因为《北史·郦道元传》把他误作"范阳涿鹿人"（《魏书·郦道元传》只称"范阳人也"），所以直到现在，有些书刊仍然以讹传讹，把他的家乡从今拒马河流域搬到远隔重山的桑乾河流域去。[14]

郦道元的家族是一个世代仕宦的家族，他的曾祖郦绍，在鲜卑族的另一支姓慕容的部落所建的后燕任濮阳太守，当拓跋氏南征时，他以郡迎降，北魏任他以兖州监军的官职。祖父郦嵩，曾任北魏天水太守。郦道元的父亲郦范，是北魏的一个显要官员，他曾任青州刺史，尚书右丞，再次出任平东将军青州刺史，其爵位从男爵、子爵、侯爵直至公爵，真是平步青云，扶摇直上。当时，北魏正是有雄才大略的君主拓跋焘和拓跋宏（元宏）先后在位的时候，他们重用汉族知识分子，变夷为夏，励精图治，举朝振奋，志在征服南朝，一统中国，正是这个时候，郦道元从童年、青年而进入仕途。

郦道元自幼就随着他父亲任官而奔走四方。《水经·巨洋水注》中记载了他童年时代随父在青州的情况：

> 余总角之年，侍节东州，至若炎夏火流，闲居倦想，提琴命友，嬉娱永日，桂筍寻波，轻林委浪，琴歌既洽，欢情亦畅，是焉栖寄，实可凭衿，小东有一湖，佳饶鲜筍，匪直芳齐芍药，实亦洁并飞鳞，其水东北流入巨洋，谓之熏冶泉。

以上这段文字，是他描述临朐县熏冶泉一带的美丽景色，这当然是在他父亲第一次出任青州刺史的时候，由于"总角"一词泛指童年，并无确切的数量概念，所以无法由此推算他的出生年代，历来不少撰述，都曾希冀通过这一段文字推测郦道元的生年，其实都并不可靠。这段文字对我们的启发，主要是第一，他是自幼随父于任所的，因此，他所受的教育是一种正统的世代书香官宦门第的教育，特别是在这段时期中，正是北魏国运昌盛，欣欣向荣，积极准备一统全国的时候。第二，他是一个热爱乡土、热爱自然的人，《巨洋水注》中描述他童年游息的青州熏冶泉水一带的自然风景，正和《巨马水注》中描写涿州郦亭沟水他的家乡一样，都是十分优美的，这里就可以看出他对乡土自然界所迸发的无比热爱。

太和十八年（494）是北魏孝文帝元宏从平城迁都到洛阳的这一年，正是这一年，郦道元开始进入仕途。他在卷三《河水注》中记及此事:"余以太和十八年从高祖北巡。"既然从帝北巡,当然就不是一个普通庶民。这在同卷另一处得到证实:"余以太和中为尚书郎,从高祖北巡。"说明这一年他是以尚书郎这个初级官职从帝北巡的。尽管官职低微,但却能入选随帝,当然不是一件简单的事。这与他的家族和本人,都有密切的关系。从家族来说,他父亲当时已位列公爵,以平东将军的头衔,出任青州刺史,这个家族正受到王室的高度信任。从他本人来说,当时正是年轻英俊、意气风发的时候,而元宏这位雄心勃勃的君主,所要提拔任用的,恰恰就是这一类人物。《河水注》记载这一次北巡到达今阴山一带。因为自从元魏汉化以后,它在北疆的主要敌人就是柔然族(东胡族的一支)。北魏在今潮白河上游到黄河河套一带设置"六镇",主要就是为了防止柔然的入侵。太和十八年的北巡,关系十分重要,因为元魏在这一年把首都从平城迁到洛阳,首都从此远离北疆,更有必要使北疆巩固。特别重要的是元宏已经决心南征,南征以前加固后方,这是势所必然。郦道元入仕之初,就幸逢这一次重要的随帝北巡,这对于他的扩大眼界、增进知识、充实思想,都是具有重要意义的。

不久,郦道元的父亲去世,他继承父亲的爵位,被朝廷封为永宁伯,并先后担任太尉掾、书侍御史、冀州镇东府长史、颍川太守、鲁阳太守、东荆州刺史、河南尹、黄门侍郎、侍中兼摄行台尚书、御史中尉等官职,最后在关右大使任上遇害,朝廷追赠他为吏部尚书、冀州刺史。

由于元魏国势的变迁和他的性格等种种原因,郦道元的仕途虽然也节节上升,但是却说不上坦荡,而从他的思想和抱负来说,打击最大的莫过于元魏国势的衰落。元宏在迁都洛阳后,随即就集合大军,浩荡南下,但不幸的是在太和二十三年(499),竟在进军途中病死于谷塘源,朝廷从此就后继无人。军事的失利,内政的腐败,相继而来,每况愈下,终至不可收拾。6世纪初期,从正始四年(507),在淮水与南梁的一次战争惨遭败北起,接着是熙平元年(516)颟顸淫泆的胡太后临朝,国运已经不可挽回,南征统一,断乎不再可能,而北疆六镇,又频频告急,面临着这种内忧外患的局势,郦道元虽然明知大势已去,但却仍秉着他严格、公正、一丝不苟的性格,在历任要职中鞠躬尽瘁。他在永平年代(508—511)任鲁阳太守之时,正是淮水之战惨败以后;而他在延昌四年(515)任东荆州刺史之时,随即就遇到孝明帝元诩去世胡太后临朝的变故,国势糜烂,日甚一日,但他却不顾时世艰危和个人得失,秉用"威猛为治"[15]的方法,使"蛮服威名,不敢为寇"。[15]他同时也重视从文化上改变这些落后地区的面貌,"表立黉序,崇劝学校"[15]到了孝昌年间,由于南梁遣将北扰,而北魏徐州刺史元法僧又在彭城反叛。郦道元受朝廷的派遣,指挥了这次平叛的军事行动。他不畏权豪,为政清正。所以《北史》称他"道元素有威猛之称,权豪始颇惮之"。《魏书》和《北史》都记载的有关这方面的例子,就是他弹劾皇叔汝南王元悦的事。司州牧汝南王元悦,是孝文帝元宏的儿子,他嬖幸小人邱念台,作恶多端,道元不惮皇权权威,把邱念台逮捕入狱,汝南王元悦请他的母亲胡太后下敕赦免,于是郦道元就揭发汝南王的奸恶而加以弹劾。其不避艰危,于此可见。而最后也因此受到汝南王元悦、城阳王元徽等一批王亲国戚的忌害,派他为关右大使,让他到已露反状的雍州刺史萧宝夤处,借叛臣萧宝夤以加害于他。而置个人利害于度外的郦道元,终于在阴盘驿亭(今陕西临潼县附近)为萧的叛军所包围。郦道元和他的弟弟道峻及其二子均遭杀害。

　　像郦道元这样一个耿介正直、执法不阿的忠贞之士,在魏收所撰的《魏书》中,竟受到无端的诽谤。《魏书》把他列入《酷吏传》,关于这方面,清赵一清在《水经注释》中按云:"道元正身行己,自有本末,不幸生于乱世,而大节无亏。即其执法严峻,亦由拓跋朝淫污阘冗,救敝扶衰使然,何至列之《酷吏传》耶? 恐素与魏收嫌怨,才名相轧故耶? 知人论世,必有取于余言也。"赵一清的评论无疑是公正的。《魏书》最后又说:"然兄弟不能笃睦,时论薄之。"对此,赵一清在《北史》抄录《魏书》此语下按云:"此亦仍《魏书》之旧而未经裁削者,观其有从死之弟,则非不能笃睦可知。"既然有弟愿意跟随他作这次冒险的旅行而终至同死,则"兄弟不能笃睦"的话,显然是有意的诽谤。

　　对于郦道元的著作,《魏书》和《北史》记载相同:"道元好学,历览奇书,撰《水经注》四十卷,《本志》十三篇,又为《七聘》及诸文,皆行于世。"但除了《水经注》40 卷以外,其他著作在《隋书·经籍志》中就不见著录。说明均在郦道元死后随即亡佚,唯《水经注》独存人间,这是一部彪炳千秋的伟大作品,它不仅是一部杰出的地理著作。而且郦道元毕生的思想抱负,也都凝结在这部著作之中,因此,今天我们研究郦道元的生平事迹,这部 30 余万字的不朽名著,对于我们的重要性,显然绝非寥寥 309 字的《魏书》本传和 612 字的《北史》本传(包括全文抄录《魏书本传》的 309 字在内)可以相比,对此书进行深入的分析和研究,虽然时隔 1400 多年,但郦道元的音容气质,仕宦业绩,似乎还历历如在。

　　郦道元为什么要撰写《水经注》? 他在原序中说:"余少无寻山之趣,长违问津之性。"说明撰写此书,并不是他早年的夙愿。但他后来之所以全力投入此书的撰写,是必然有他的动机的。他在原序又说道:"昔《大禹记》著山海,周而不备;《地理志》其所录,简而不周;《尚书》、《本纪》与《职方》俱略;都赋所述,裁不宣意;《水经》虽粗缀津绪,又阙旁通。所谓各言其志,而罕能备其宣导者矣。"的确,本文在开始就已经提及,在公元 4 世纪初开始的地理大交流以后,人们对于我国自然地理和人文地理的知识,较之前代大为丰富,因此,具有像郦道元这样渊博的地理知识的学者,对前代的地理著作感到不满,那是完全可以理解的。但是,仅仅是这个原因,就使他下决心撰写这样一部巨著,恐怕也是不能自圆其说的。

郦道元是个北方人,他一生足迹未涉南部。当他出生之日,南北分裂,已经超过一个半世纪,但他却要撰写这样一部地理书,基本上以西汉王朝的疆域作为他的叙述范围,局部甚至涉及域外。另外,他撰写此书,从其内容看,显然并不如他在原序中所说,是为了古代的地理书过于简略,缺乏旁通。因为他除了补充古代地理书特别是《水经》在自然地理和人文地理上的不足之处以外,他还花了很大的篇幅描写各地的自然风景,这也就是清刘继庄所说的:"更有余力铺写景物,片言只字,妙绝古今"。⑯他所描述的祖国各地的自然风景,有的是他童年时代居住过的地方,如上面已经提及的《巨马水注》和《巨洋水注》中的例子,这当然是他十分熟悉的。有的则是他毕生足迹未到之地,如《江水注》中的三峡,《渐江水注》中的灵隐山等地。但在他的笔下,这些地方的自然风景,都能表现得如此优美细致,栩栩如生。在《水经注》以前的一切地理著作中描写祖国各地的自然风景的,实在凤毛麟角,但郦道元却在这方面如此殚精竭虑,逾格重视,这只能说明他是如何地热爱祖国的大好河山。一个生来就从未见到过统一的祖国的人,而却要以历史上一个伟大王朝的疆域作为他的写作范围,这也只能说明他是如何地向往着一个统一的祖国。在南北朝这样一个国家分裂、山河破碎、战争频仍、人民流离的时代里,郦道元却能写出这样一部把当时这个支离破碎的国家融合成为一体的巨著,而又以如此美好的描述,歌颂祖国各地的自然环境和人文环境。由此可以说明,《水经注》是一部伟大的爱国主义著作,而郦道元则是一位值得崇敬的爱国主义者。

当然,郦道元之能够成为一个向往祖国统一的爱国主义者,并不是偶然的。他对于历史上曾经出现过的版图广大的王朝的概念,当然是从他的广泛阅读和父辈的教育中得到的。但他之所以向往这样一个广大而统一的祖国的再次出现,却很可能是受了那位具有雄才大略的君主元宏的影响。前面已经提及,元宏是有决心要统一中国的,郦氏一门是他所器重的家族,因此,他必然会把他的这种抱负告诉他们。当太和年代,正是元宏从各方面进行准备,决心要实现他统一全国的计划之时,就在这个时候,郦道元踏入仕途,而且成为君主的近臣,他满怀壮志,认为南北统一、版图广大的祖国不久就会出现,却没有料到元宏的中道崩殂,也没有料到国势就从此一蹶不振。他眼看祖国统一无日,而锦绣山河支离破碎。就是从这段时期开始,他潜心于《水经注》的撰写,通过著述以表达他热爱祖国河山和渴望祖国统一的胸怀。

《水经注》一书成于何时,历来说法不一。但它是郦道元后期的作品,却是没有疑问的。贺昌群在北京科学出版社影印《水经注疏》卷首的《说明》中,认为此书成于延昌、正光之间,岑仲勉在《水经注卷一笺校》⑰中认为此书成于延昌、孝昌之间,日人森鹿三认为此书成于延昌、神龟到正光五年(524)的 10 年之中。⑱按《水经注》记载中出现的最后一个年代是延昌四年(515),而郦道元被害于孝昌三年(527),说明他潜心撰写此书,正是胡太后临朝,朝政腐败至于不可挽回之时。郦道元运用他长期以来行万里路、读万卷书所积累的丰富知识,撰述这样一部巨著,将他的全部爱国主义感情倾注在这样一部著作之中,为后世留下了不朽的文化遗产。

郦道元撰写《水经注》的工作方法,主要有两个方面:一方面是广泛地占有资料;另一方面是勤勉地野外考察。他占有资料的工作是令人叹服的。《魏书》和《北史》所说的"历览奇书",大概就是指此。《水经注》的内容遍及全国甚至域外,他尽其可能,搜集了所有这些地区的一切地理、历史、文学、碑碣、方言、民谣等资料,经过仔细地整理分析以后,作为他撰述的基本内容。全书列名的文献达 477 种,⑲金石碑碣达 357种。⑳在当时,所有资料的获得依靠传抄,则此书在这方面的巨大工作量可以想见。《水经注》所引用的古代文献、金石等资料,在以后大量亡佚,依靠此书的摘引,才保留了它们的吉光片羽。仅仅从这一点说,此书的贡献也是值得称道的。除了文献资料以外,郦道元非常重视野外考察工作,正如他在原序中所说的:"脉其枝流之吐纳,诊其沿途之所躔,访渎搜渠,缉而缀之。"用野外考察的成果充实他的著述,无论在驻地任所,舟车旅途,他都到处留意当地的自然地理与人文地理现象,细心观察,深入研究,然后载入他的著作之中。《水经注》全书在许多卷篇之中,都有他野外考察的记录。郦道元在他的著述之中对野外考察工作的高度重视,至今仍然是地理工作者值得学习的榜样。由于当时中国南北分裂,他的足迹未到南方,因而在南方河流的记载中常见谬误,尽管对于这部杰出的著作来说,这些都是瑕不掩瑜的,但却也充分说明了野外考察工作对于一部地理著作的重要意义。

前面已经提到,在历史记载中,有关郦道元的生平经历特别是思想观点确实凤毛麟角,但是,在《水经注》这部巨著中,却相当充分地反映了作者的思想观点。从全书来看,他最主要的思想,即是前已述及的南北统一,恢复一个版图广大的中华帝国的愿望。在早期,对于这个愿望的实现,他是满怀信心的,因为与南朝的篡夺频仍,政治腐败相比,他有幸生在这样一个励精图治、雄才大略的明君统治的朝廷中,早在拓跋焘在位的时期,北魏已经浩浩荡荡地进军到达从今南京到镇江一带的长江北岸,并在瓜步(今六合县以南的长江北岸)起行宫,正平元年(452)春正月,拓跋焘大会群臣于江上,南朝为之丧胆,屈膝求和,拓跋焘才引军北还。㉑现在,元宏已经迁都到洛阳,国势比拓跋焘时期更为强盛,因此,在他思想上出现一个版图可与西汉王朝相比的统一王朝,这是很自然的事。在事与愿违以后,他又把祖国一统的思想,倾注在他的著述之中。所以《水经注》的内容以西汉王朝的版图为基础,这绝不是偶然的。有人认为《水经注》

叙述的空间范围是由《水经》决定的,这话其实不对,因为选《水经》作注,乃是郦道元的决定,是他的祖国一统思想的反映。何况《水经》简列河川源流,并不包罗西汉版图,例如朱崖、儋耳二郡(今海南岛),因与《水经》所述河流无涉,并不载入《水经》,但郦道元却以之附入于《温水注》的记载之中,而且写得非常详细:

> 朱崖、儋耳二郡,与交州俱开,皆汉武帝所置。大海中,南板之外,对合浦徐闻县,清朗无风之日,遥望朱崖州,如囷廪大,从徐闻对渡,北风举帆,一日一夜而至,周回二千余里,径度八百里,人民可十万余家,皆殊种异类,被发雕身,而女多姣好,白皙长发、美鬓,犬羊相聚,不服德教。

一个足迹绝未南下的北人,对于这两个在遥远的南方大海中的、建置短暂的西汉属郡,竟叙述得如此详细,这只能说明他是如何地心怀祖国河山。在当时的政治上,南朝是北魏的敌方,兵戎连年,形势紧张,前面已述及在元宏死后,北魏曾于正始四年(507)在淮水被南梁火攻,魏兵溺毙,淮水为之不流,梁军尾随痛歼,使魏军遭受伏尸40里,被擒5万人的惨败。②但在《水经注》对南方各地的叙述中,却丝毫看不到存在什么敌意,在郦道元的笔下,不论是南方或北方,祖国的历史文化,人物掌故,都是那样地源远流长,丰富多彩;而祖国的河川山岳,田园草木,都是那样地秀美多姿,引人入胜。在全部《水经注》中,我们自始至终,都可以体会到郦道元所倾注的这种热情洋溢的爱国主义思想。

从《水经注》反映的郦道元思想的另一方面,是他对自然界特别是河湖水体与人类之间的关系的认识,郦道元撰《水经注》,河川水道当然是此书的纲目,但河川涉及一切自然地理事物,因此,他对整个自然界,都有过深入研究,经过反复思考。从而在他的思想上形成了人类与自然界关系的基本概念。这种概念在全部注文中反映得最多和最明确的,当然是他对河湖水体的认识,他在原序中开宗明义,引用了《玄中记》的话:"天下之多者,水也,浮天载地,高下无所不至,万物无所不润。"这其实就是他对于自然界的水体与人类之间的关系的基本观点。中国自古流传禹治洪水的故事,在全注中对此有大量的记载。洪水是一种可怕的自然力量,他对这种自然力量可以带给人类的巨大破坏力,是有充分认识的。因而在注文中记载了许多河川历史上所发生的危害人类的水灾。卷二十四《瓠子河》经"瓠子河出东郡濮阳县北河"注中,他还借用了汉武帝《瓠子歌》的文字:"皇谓河公兮何不仁? 泛滥不止兮愁吾人。"卷六《浍水》经"浍水出河东绛县东浍交东高山"注中,他又引《史记》所载:"智伯率韩魏引水灌晋阳,不没者三版。智氏曰:吾始不知水可以亡人国,今乃知之。汾水可以浸安邑,绛水可以浸平阳。"在全部注文中,这种在战争中以水代兵,漂淹城邑的记载,真是不胜枚举。尽管他对河湖水体对于人类的潜在破坏力量非常清楚,并且十分重视,但是,他却是坚定不移地相信,人类的力量完全可以制服和利用水体。卷十二《巨马水》经"又东南过容城县北"注中,他有一句至理名言:"水德含和,变通在我。"这就明白地指出,在人类与水的关系中,人类的力量是决定性的力量。因此,注文凡是涉及这两者之间的关系时,他总要搜罗资料,来表达他的这种思想。在卷二《河水》经"其一源出于阗国南山,北流与葱岭所出河合,又东注蒲昌海"注中,有一段关于这方面的绘声绘色的记载:

> 敦煌索劢,字彦仪,有才略,刺史毛奕表行贰师将军,将酒泉、敦煌兵千人,至楼兰屯田,起白屋,召鄯善、焉耆、龟兹兵各千,横断注滨河,河断之日,水奋势激,波陵昌堤,劢厉声曰:王尊建节,河堤不溢,王霸精诚,呼沱不流,水德神明,古今一也。劢躬祷祀,水犹未减。乃列阵被杖,鼓噪讙叫,且刺且射,大战三日,水乃回减,灌浸沃衍,胡人称神,大田三年,积粟百万,威服外国。

在同条经文下,还记载了驻守疏勒城的戊己校尉耿恭在被匈奴包围的、水源断绝的围城中的几句话:

> 昔贰师拔佩刀刺山,飞泉涌出。今汉德神明,岂有穷哉。

耿恭的豪言壮语果然不虚,其结果是:

> 水泉奔出,众称万岁,乃扬水示之,虏以为神,遂即引去。

上述注文中"王尊建节,河堤不溢"的话,在卷五《河水》经"又东北过卫县南,又东北过濮阳县北,瓠子河出焉"注中有较详的记载:

> 粤在汉世,河决金堤,涿郡王尊,自徐州刺史迁东郡太守,河水盛溢,泛浸瓠子,金堤决坏,尊躬率民吏,投沈白马,祈水神河伯,亲执圭璧,请身填堤,庐居其上,民吏皆走,尊立不动,而水波齐足而止,公私壮其勇节。

像上述这样一类人与水的关系,简直都和神话一样,但是作者正是利用这些传奇故事,表达了他人定胜天的思想观点。当然,在全部注文之中,这样的神话毕竟是少数,更多的篇幅是记载了人类利用水体、改造水体的实实在在的事迹,诸如《河水注》的金堤、八激堤,《浊漳水注》的漳水十二墱,《鲍丘水注》的车箱渠,《穀水注》的千金堰、九龙堰,《沮水注》的郑渠,《沔水注》的大江堤,《比水注》和《肥水注》的芍陂,《江水注》的都安大堰,《浙江水注》的长湖等,真是不胜枚举,卷十六《沮水》经"沮水出北地直路县,东过冯翊祋祤县北,东入于洛"注中记载郑渠的工程效益说:

> 渠成而用注填阏之水,溉泽卤之地四万余顷,皆每一钟,关中沃野,无复凶年。

卷三十三《江水》经"岷山在蜀郡氏道县。大江所出,东南过其县北"注中记载的岷江都安大堰说:

> 水旱从人,不知饥馑,沃野千里,世号陆海,谓之天府也。

《水经注》记载的人与水的关系,大部分都和上述《沮水注》及《江水注》的例子相似。这就是郦道元的人定胜天的思想,这种思想使《水经注》一书生气蓬勃,具有重要的积极意义。

郦道元的思想从《水经注》中反映出来的,还有一个重要的方面,就是他对许多落后的旧事物、旧制度所持的反对态度。这中间,他对我国古代流行的祸国殃民的厚葬制度的深恶痛绝,就是一个突出的例子。他在注文中记载了不少古代帝王将相的穷奢极欲的陵墓,在详细描述以后,他必然要痛加鞭挞。例如卷十九《渭水》经"又东过霸陵县北,霸水从县西北流注之"注中记载的秦始皇陵,注文说:

> 秦始皇大兴厚葬,营建冢圹于丽戎之山。……斩山凿石,下锢三泉,以铜为椁,旁行周围三十余里,上画天文星宿之象,下以水银为四渎、百川、五岳、九州,具地理之势。宫观百官,奇器珍宝,充满其中。令匠作机弩,有所穿近,辄射之。以人鱼膏为灯烛,采其不灭者久之。后官无子者,皆使殉葬甚众。坟高五丈,周回五里余,作者七十万人,积年方成。而周章百万之师已至其下,乃使章邯领作者以御难,弗能禁。项羽入关发之,以三十万人,三十日运物不能穷,关东盗贼,销椁取铜,牧人寻羊烧之,火延九十日不能灭。

同卷又记载了汉成帝建造陵墓的经过:

> 汉成帝建始二年,造延陵为初陵,以为非吉,于霸曲亭南更营之。……永始元年,诏以昌陵卑下,不可为万岁居,其罢陵作令吏民返,故徙将作大匠解方年敦煌。《关中记》曰:昌陵在霸城东二十里,取土东山,与粟同价,所费巨万,积年无成。

上列两段文字,实在就是郦道元对这种万恶的厚葬制度的无情揭发和愤怒控诉。卷二十九《湍水》经"湍水出郦县北芬山,南流过其县东,又南过冠军县东"注中,作者还以讽刺的笔法,揶揄了这种罪恶制度。记载说:

> 碑之西,有魏征南军司张詹墓,墓有碑,碑背刊云:白楸之棺,易朽之裳,铜铁不入,丹器不藏,嗟矣后人,幸勿我伤。自后古坟旧冢,莫不夷毁,而是墓至元嘉初尚不见发。六年大水,蛮饥,始被发掘。说者言,初开,金银铜锡之器,朱漆雕刻之饰,烂然有二朱漆棺,棺前垂竹帘,隐以金钉。墓不甚高,而内极宽大。虚设白楸之言,空负黄金之实,虽意锢南山,宁同寿乎?

南北朝时期是一个宗教风靡的时代,北魏建都平城的时期,皇室笃信道教,道观坛台,比比皆是。到了迁都洛阳以后,佛教之风,盛极一时,洛阳成为重要的佛教中心。北魏各地寺院,多达13000多处,[23]仅洛阳一地,寺院就有1367处之多。[24]尽管《水经注》对我国的文物历史、山川地理充满了歌颂赞美之词,但对于这类寺观神道之事,全书虽有许多记载,却绝无颂扬之意。郦道元在这方面的观点,卷十九《渭水》经"又东过霸陵县北,霸水从西北流注之"注中有明确的反映:"神道茫昧,不宜为法。"

正因为郦道元对当时社会现实的许多方面所持的反对态度,加上他的耿直为人和不畏权贵的性格,因而招致了许多人的嫉恨。如前所述,王族的阴谋,把他置于死地,甚至在他死后,《魏书》仍然不肯放过他,污蔑他为"酷吏"。现在,我们依靠《水经注》,把他蕴藏在这部巨著中的思想感情梳理出来,深入了解这位向往祖国统一,热爱祖国河山的爱国主义者的高尚品质和非凡才能,正是这部不朽的历史名著,让我们追本溯源,获得了历史的真实。

这部倾注了郦道元思想感情的《水经注》,以后在中国历史上产生了重大的影响。郦道元去世后半个世纪,中国在混乱分裂 260 余年以后,又由隋皇朝重新统一。从此不到 40 年,一个强大的、堪与西汉王朝比美的唐王朝终于在广大的中国版图上出现。这个伟大的王朝建立不到 200 年,郦道元的研究成果,就开始得到这个王朝编纂的一部规模巨大的全国总志《元和郡县图志》的采用,到了宋初,另一部规模更为巨大的全国总志《太平寰宇记》,大量地采用了《水经注》的成果,从此以后,凡是编纂地理书的,都离不开《水经注》的成果,它成了学术界所公认的古代地理书的权威。

另一方面,由于郦道元对祖国河山的深厚感情和高度的描写技巧,感情丰富的诗人们开始爱上了这部充满了诗文泉源的美好作品。唐朝晚期的著名诗人陆龟蒙就是其中之一,他的诗句说:"山经水疏不离身"。[25]诗人流连于山水之间,而《水经注》则是他随身必备的精神食粮。到了宋朝,人们对于《水经注》的兴趣更为提高。唐宋八大家之一、著名的文学家和诗人苏轼的诗说:"嗟我乐何深,《水经》亦屡读。"[26]人们对于倾注着郦道元丰富感情的文字的吟诵,已经成为一种陶冶性情的享受。

到了明朝,郦道元的著作开始广泛流行,学者从各种不同的角度,对此书进行考证和研究,因而出现了两个学派,以朱谋㙔为首的考据学派,主要的工作是把长期在相互传抄过程中所发生的错误加以修正,对郦道元所引用的许多典故作出注释,以恢复此书的本来面目,并便于读者的阅读。另一个学派以钟惺、谭元春为代表,他们继承唐宋诗人之后,专门研究《水经注》的优美词章,所以称为词章学派,两个学派都刊行了他们的《水经注》版本,其中朱谋㙔花了毕生心血所校定的版本《水经注笺》,曾被清初的著名学者顾炎武推崇为"三百年来一部书"。[27]《水经注笺》竟成为明朝 300 年中一切书籍中的第一部好书。《水经注笺》获得这样高度的声誉,朱谋㙔的校勘之功当然不可抹杀。但主要当然应该归功于郦道元倾注在此书中的渊博学问和深厚感情。

《水经注》研究到了清乾隆年代而到达高峰。3 位著名的学者全祖望、赵一清和戴震,先后提出了他们经过毕生研究的精湛版本。其中戴震曾参与《四库全书》的编纂,他在四库馆所藏的此书历来的一切版本之中,选择了赵一清的《水经注释》作为底本,并吸取了《永乐大典》本、全祖望本等的优点,改正了此书历来传抄中的 7000 多个错字,使郦道元的这部杰出著作,在很大程度上恢复了原貌。由于许多学者以各不相同的角度和见解对《水经注》进行研究,终于在我国学术界形成了一门包罗广泛的学问,人们把这门学问称为"郦学"。到了晚清,杨守敬与他的学生熊会贞从地理学的角度对此书进行深入的研究,他们编绘了内容精密的《水经注图》,校订了规模庞大的《水经注疏》,于是,《水经注》所汇集的,自从4世纪以来的这场地理大交流中积累起来的丰富的自然地理和人文地理知识,就被杨、熊两人系统地整理出来。这样,郦学学派中除了上述考据、词章两个学派以外,第三个新的学派,即地理学派从此成熟,它为郦学研究开拓了更为广阔的前途。

郦道元的著作在国际上也产生了相当大的影响。早在1905年,法国汉学家沙畹(Edouard Chavannes)就已经把卷二《河水注》译成法文,刊载于当年在法国出版的《通报》之中。[28]另外一些西欧的汉学家如伯希和(Paul Pelliot)、[29]费琅(G. Ferrand)、[30]马伯乐(Henri Maspero)、[31]鄂卢梭(L. Aurousseau)[32]等,都在他们的研究工作中利用了《水经注》的成果。40年代,印度汉学家师觉月博士(Dr. Praboddha Chandra Bagchi)曾在孟加拉邦国际大学中国学院与胡晓铃合作,从事于《永乐大典》本《水经注》的翻译工作。[33]在中国以外,《水经注》研究最有成绩的国家是日本,近世来,已经出现了不少著名的郦学家和郦学研究成果。而其中以京都大学教授森鹿三最为著名。他30年代初期就开始发表有关郦学研究的论文,直到1980年去世,其郦学研究的成果堪称丰硕。这中间特别重要的是1974年出版的,由他主持的日文译本《水经注(抄)》,[34]此书篇幅虽仅《水经注》全书的四分之一,但译文信达,注释详尽,受到学术界的好评。

现在,郦学研究在中国正在继续得到发展,有关《水经注》的专著和论文,正在不断地涌现,而重新校点的各种《水经注》版本,也正在次第出版。不过,在郦学研究之中,对于《水经注》作者郦道元的研究,至今仍比较薄弱。长期以来,学者由于受到《魏书》、《北史》两篇本传资料疏缺和记载歪曲的影响,往往回避对这位伟大作者的研究;或者明知正史记载的不实,却因资料短缺,无从入手。我在拙作《爱国主义者郦道元与爱国主义著作水经注》[35]一文中指出:"《水经注》一书,长期以来皎皎然举世荐誉;而这部历史名著的作者,千余年来却泯泯然罕见学者议论。作为一门完整的郦学,这不能不说是一种很大的缺憾。"本文通过对《水经注》的分析研究,把郦道元的出身经历、性格思想及其对后世的影响等,作一概括的评述,抛砖引玉,希望得到郦学界同仁的指正。

注释:

① 《水经注》卷一《河水》经"屈东过九原县南"注引杨泉《物理论》:"秦始皇使蒙恬筑长城,死

者相属。民歌曰:生男慎勿举,生女哺用铺,不见长城下,尸骸相支柱。"

② 《通鉴》卷三《周纪三》,赧王八年。

③ 《通鉴》卷一三九《齐纪五》,明帝建武元年。

④⑤ (清)文廷式《补晋书艺文志》卷二著录。

⑥ 王隐《晋书》中的一篇。《郑堂读书记补逸》著录。

⑦⑧⑪⑬ 《隋书·经籍志》著录。

⑨⑩⑫ 张国淦《中国古方志考》著录。

⑭ 如《中国文学家辞典》第一分册(四川人民出版社 1980 年版)和《文学家手册》(内蒙古人民出版社 1982 年版)等。

⑮ 《北史·郦道元传》。

⑯ 《广阳杂记》卷四。

⑰ 《外史地考证》上册,中华书局 1962 年版。

⑱ [日]船越昭生《森鹿三先生和水经注研究》,《地理》第 26 卷第 3 期,东京古今书院 1981 年版。

⑲ 参见拙作《水经注文献录·序》,《杭州大学学报》(哲学社会科学版)1986 年第 3 期。

⑳ 参见拙作《水经注金石录·序》,《山西大学学报》(哲学社会科学版)1984 年第 4 期。

㉑ 《魏书·世祖记》。

㉒ 《通鉴》卷一四六《梁纪二》,武帝天监六年。

㉓ 《通鉴》卷一四七《梁纪三》,武帝天监八年,时当北魏永平九年。

㉔ 《洛阳伽蓝记》卷一。

㉕ 据赵一清《水经注附录》卷上所引。

㉖ 《寄周安孺茶诗》,赵一清《水经注附录》卷上。

㉗ (清)阎若璩《古文尚书疏证》卷六下。

㉘ 《沙畹译水经注》,郑德坤、吴天任《水经注研究史料汇编》上册,台北艺文印书馆 1984 年版。

㉙ 《交广两道印度考》,商务印书馆出版。

㉚ 《昆仑及南海古代航行考》,商务印书馆版。

㉛ 《宋初越南半岛诸国考》,《西域南海史地考证》一编,中华书局版。

㉜ 《占城史料补遗》,《西域南海史地考证》二编,中华书局版。

㉝ 胡晓铃《书胡适跋芝加哥大学藏的赵一清水经注释后》,《北京图书馆文献》第 15 辑,1983 年。

㉞ 参见拙作《评森鹿三主译水经注(抄)》,《杭州大学学报》(哲学社会科学版)1981 年第 4 期。

㉟ 《郑州大学学报》(哲学社会科学版)1984 年第 4 期。

原载《地理学报》1988 年第 3 期

三、郦道元和《水经注》
以及在地学史上的地位

"地理大交流"与"六朝地志"

　　中国从公元 4 世纪初期到 6 世纪之间,发生了一场规模庞大的"地理大交流",它涉及数量巨大的人群,在自然地理环境和人文地理环境上的变异。在国际地学史上,也只有 15 世纪以后的"地理大发现"差可与它相比。

　　历史是不随个人意志而发展的,即使是极端聪明和有权力的人物。对于这场"地理大交流",早在战国时代,赵武灵王和秦始皇等著名汉族领袖,似乎已经预见到这种事态的发生而竭力加以防患。但是,他们花了惊人代价建造起来的万里长城,终于挡不住从 4 世纪初期开始发生的这场巨变。赵武灵王在公元前 307 年作出了一个让汉族人民大吃一惊的决定:"胡服骑射以教百姓。"①但事隔 8 个世纪,北魏君主元宏在公元 494 年也宣布了一条使少数民族不知所措的法律:"禁士民胡服"。②至此,这场"地理大交流"已经基本完成。大量生活在北方草原上的游牧民族,放弃了"天苍苍,野茫茫"的自然地理环境和"风吹草低见牛羊"的游牧生活,相继进入中原,从事定居农业。而原来居住在这个地区的汉族,则被迫放弃他们世代居住这片干燥坦荡的小麦杂粮区,大批南迁,去到低洼潮湿的江南稻作区生活。

在这场"地理大交流"中，新、旧地理环境构成了人们现实生活和思想上的强烈对比，空前地扩大了他们的眼界和丰富了他们的地理知识。他们之中，有的对新领地感到十分奇异，有的对旧家园引起无比怀念。这中间，有人就动了笔墨，写出描述新领地或怀念旧家园的文章来，出现了一批新的地理著作。

和以前的地理著作不同，以前的著作如《山海经》、《穆天子传》之类，都是作者在少量现成资料上添加大量的幻想而写成的；如《禹贡》、《汉书·地理志》之类，则是作者根据当时官方所有的资料写成。顾颉刚先生在《禹贡注释》[③]中，把前者称为"幻想派"地理学术，而把后者称为"征实派"地理学术。其实，《禹贡》和《汉书·地理志》的被列为征实派，不过是因为它们在采用的资料上比较严谨，不像前者的那样荒诞不经。至于写作的方法，前者和后者并无多大区别，这些作者，都没有下过野外实地考察的工夫。但是，在"地理大交流"中出现的地理著作，其中有许多是作者实地考察的成果。这类地理著作，内容真实，能够充分反映地方特色。后来人们把这一时期涌现出来的大量地理著作起了一个总的名称："六朝地志。"

"六朝地志"在中国地学史上具有重要意义，它们多半是在"地理大交流"中获得了感性知识的地理学家的创作，而这些创作的流行，又使另外一些人提高了对地理学的兴趣，也动手写作他们当地的或外地的地理文章，而这些文章同样又影响了另外一批人。因此，"六朝地志"在客观上起了一种地理课本的作用，它培养了许多地理学家，进一步推动了地理著作的撰写。所以，随着"地理大交流"的发展，地理学家的培养和地理著作的撰写，相互间出现了一种良性循环。这是中国历史上地理学家人才辈出、地理著作丰富多彩的时代。

当时，虽然国家处于南北分裂的局面，但南北各方，都出现了许多地理学家和地理著作。在南方，有刘宋何承天的《州郡志》，齐刘澄之的《永初山水记》，梁吴均的《十二州记》，陈顾野王的《舆地志》等；在北方，有魏阚骃的《十三州志》，陆恭之的《后魏舆地风土记》等。这些都是"六朝地志"中的佼佼者，而它们的作者，也都是这个时代的著名地理学家。在所有这个时代的著名地理学家中，最最杰出的是北魏的郦道元，他的名著《水经注》，是"六朝地志"中无可争议的翘楚。清陈运溶说："郦注精博，集六朝地志之大成。"[④]一句话，就把《水经注》在"六朝地志"中的地位概括清楚。

郦道元与《水经注》

郦道元（？—527），字善长，涿州（今河北涿县）人，出生在一个世代官宦的家庭中。他父亲郦范，是一个受到北魏重用的汉族知识分子，曾任青州刺史和尚书右丞等重要官职。郦道元从小随父于任上,得以观察各地山川风物,既造就了他野外地理考察的爱好和基本功,也培养了他热爱大自然、热爱祖国河山的爱国主义感情。当时,正值北魏具有雄才大略的明君拓跋宏当政之时。拓跋魏属于鲜卑族的一支,但是他励精图治,努力加速他自己民族的汉化过程。就是他,命令"禁士民胡服"。把鲜卑的姓氏"拓跋",改为汉姓"元"。尊孔重儒,奉行汉族典章制度。他把国都从偏远的平城(今山西大同)南迁洛阳。整军修武,准备南伐南朝,统一全国。就在这举朝一致,北魏国势兴盛的时刻,郦道元青年英俊,步入仕途。虽然他初入仕途时的尚书郎官爵不高,但是由于他家族的声誉和他自己的才能,他很快就成为元宏的近臣,随帝巡视。因而有机会踏遍北部中国,北及阴山、长城。这就大大开阔了他的眼界,更进一步地认识了祖国河山的辽阔广大。

由于当时国家南北分裂,他的足迹不可能到达南方。他只好通过大量的阅读,来领略江南山水的美丽。《魏书》和《北史》都说:"道元好学,历览奇书。"这里的所谓"奇书",就包括了"六朝地志"中的江南著作。尽管南北双方当时处于敌对的形势之下,但他仍然热情奔放地描写了南方的河山。甚至并不回避使用南朝的年号。虽然郦道元出生之时,国家已经分裂了150多年,在一般人心目中,已经早就没有了统一国家的概念。但他却与众不同,迫切地希望看到一个强大而统一的祖国。《水经注》的撰写,他选择了西汉王朝的版图为基础,这就是他希望祖国强大、统一的最好证明。

在当时的形势下,南朝篡夺相仍,朝政腐败。而北朝在历代明君如拓跋焘、拓跋珪等的擘划经营之下,内政修明,国势强盛。郦道元心目中的祖国统一事业,当然寄希望于元宏。但不幸的是,元宏于魏太和二十三年(499),在南征进军途中病死于谷塘源。从此朝廷后统无人,内政腐败和军事失利相继而来。而颠顸淫泆的太后临朝,国势每况愈下,终至不可收拾。正是在这样的困境之中,郦道元才从事于写作,他以渊博的地理知识和高度的文字技巧,把他的全部爱国主义感情,倾注在这部著作之中。这就是我们今天能读到的不朽名著《水经注》。

当然,元宏的早逝和北魏国势的衰落,对郦道元希望看到一个强大、统一的祖国的壮志是一种莫大打击。但是,他绝不是一个失败主义者。在这样的环境之中,他写《水经注》,并不是消极地借写作以排遣愁怀。相反,是为了通过对祖国各地的自然环境和人文活动的细致而生动的描述,来表达他对祖国的无比热爱和满腔希望。关于这方面,我们可以从他的为官严正,一丝不苟和不畏权豪的性格中得到证明。例如他在延昌四年(515)任东荆州刺史之时,随即就遇到宣武帝元恪去世而胡太后临朝的变故,国势江河日下。在这样的情况下,他仍然不顾时势安危和个人得失,一方面采用"威猛为治"的武力手段,在危难中稳定地方秩序,另一方面则采用"表立黉序,崇劝学

校"的文治方法,在扰攘中提高地方文化。⑤他不畏权贵,所以《魏书》和《北史》都说他
"素有威猛之称,权豪始颇惮之"。汝南王悦,是元宏的儿子,他嬖幸小人邱念台,作恶
多端。而邱念台则以元悦的王府作庇护所,以逃避法网。郦道元却不惮王室权威,设
法把邱念台逮捕治罪。元悦急忙请求他的母亲,即当权的胡太后下敕赦免,而郦道元
立即揭发了他的罪恶,弹劾了汝南王元悦。其不避艰危,可以想见。他最后终于受到
汝南王元悦和城阳王元徽等王室权贵的嫉害,他们怂恿胡太后派他为关右大使,到已
有明显反状的雍州刺史萧宝夤处,以便借萧之手杀害他。郦道元置个人安危于度外,
毅然衔命进入雍州,而终于在阴盘驿亭(今陕西临潼附近)遭到萧宝夤叛军包围,他和
他的两个儿子及弟弟道峻,都被叛军杀害,时在北魏孝昌三年(527)。

《水经注》的价值

郦道元为我们留下这部不朽名著,是具有极大价值的。《水经注》的价值,简单说
来有两个方面:第一是它的学术性,这是一部学术价值很高的地理学名著;第二是它的
思想性,因为它同时又是一部感情丰富的爱国主义名著。

作为一部学术价值很高的地理学著作来说,《水经注》在自然地理学的许多分支如
地貌学、气候学、河流水文地理学、植物地理学、动物地理学和人文地理学的许多分支如
农业地理学、交通运输地理学、城市地理学、人口地理学、文化地理学、旅游地理学等方
面,都有十分丰富的资料。长期以来,学者在历史地理学和现代地理学的研究中,曾经借
助《水经注》的丰富资料,获得了出色的成就。远的不说,仅仅在最近10年中,学者利用
《水经注》的资料在自然地理学和人文地理学的研究中获得较大突破的例子就有不少。

史念海教授研究黄河中游的切割,利用《水经·河水注》对于壶口瀑布的精确记
载,测算出了黄河在这一河段的溯源侵蚀速度,壶口瀑布的位置,从北魏到唐代,北移
1475米;从北魏至今,计北移5000米。则其溯源侵蚀速度平均每年为3.3米。由于
《水经注》记载的瀑布位置和规模十分明确仔细,因此,史氏所测算出来的黄河中游河
段的溯源侵蚀数据是十分可靠的,这是黄河历史地理研究中前所未有的成果。⑥

陈吉余教授根据《河水注》、《淄水注》、《濡水注》、《鲍丘水注》等篇所详细记载的
北魏时代的海岸和河口资料,研究古代渤海海岸的变迁。陈氏以《水经注》的资料与
近年发现的贝壳堤及放射性碳素的年代测定相印证,精确地绘制出《渤海湾海岸历史
变迁图》,成为这一时期来我国海岸变迁研究的重要成果。⑦

吴壮达教授根据《水经·浪水注》记载的"今入城东偏,有水坑陵,城倚其上"的资
料,经过深入的实地考察,对古代番禺城的地理位置作了雄辩的论证:东汉建安二十二

年(217)建立的州城,位于今粤秀山南麓偏东的高地上。有了这样一个坐标,则古代广州的许多事物的地理位置,都可进行测算,这是广州历史城市地理研究中的一大收获。[8]

盖山林先生近年来对于阴山岩画的卓越研究,这是《水经注》资料对于文化地理研究的莫大贡献。按《河水注》记载今阴山一带时说:"河水又东北历石岸山西,去北地五百里,山石之上,自然有文,尽若虎马之状,粲然成著,类似图焉,故亦谓之画石山也。"盖氏根据这项记载,考察了这个地区,终于发现了阴山一带的大量岩画。他连续发表了《举世罕见的珍贵古代民族文物——绵延两万一千平方公里的阴山岩画》、[9]《巫、胡巫·岩石画的作者》、[10]《郦道元与岩画》[11]等文章,因而轰动国内外。

除了上述地理学研究以外,《水经注》记载的资料在历史学、考古学、地名学、碑版学、文献学、民族学、语言学、文学等许多学科上,也都具有重要价值。《水经注》引用的各种古代文献达477种,[12]其中有大量文献至今已经亡佚,依靠《水经注》的摘引,保留了它们的吉光片羽。《水经注》记载的各种金石碑刻达357种,[13]其中绝大部分都已不存,亦不见于后来的其他金石目录,所以也很珍贵。《水经注》记载的各种地名达20000处左右,[14]其中有地名来源解释的达2400处,为古代一切地理书所罕见,因而成为地名学研究的源泉。《水经注》由于语言丰富,文字生动,长期以来为各种文选和语文教科书所摘选,在训练人们的写作技巧和文学欣赏上也都很有价值。

如上所述,由于《水经注》内容丰富,牵涉广泛,它与许多学科都有密切关系,因而形成了一门包罗宏富的"郦学"。从明末以来,在郦学领域中,又因研究者的目的不同,出现了考据、词章、地理三个学派,每个学派都拥有一批著名的郦学家和他们的研究成果,带来了郦学研究的繁荣和发展。

《水经注》的另外一种重要价值在于它的深厚思想性。著者以丰富的感情和生动的语言,写出了他对祖国河山的无比热爱,它的强劲感染力,可以沁人肺腑。面对着这样一部充满了思想感情的著作,没有人能够无动于衷。当然,文学家在这方面或许感受最深。宋朝的著名文学家苏轼在《寄周安孺茶诗》中说:"嗟我乐何深,《水经》亦屡读"。作为一种爱国主义教育的教材,《水经注》的价值也是不可估量的。

《水经注》在中国地学史上的地位

在中国地学史上,自从战国时代的《山海经》和《禹贡》以来,各种地理学专著,真是车载斗量。这中间,《水经注》显然是异常突出的一种。至少有7个方面,它在地学史上的地位是其他地理学专著所望尘莫及的。

第一,六朝是我国地理学家人才辈出和地理著作大量涌现的时代,是我国地学史上一个不同凡响的时代,而《水经注》是"六朝地志"中的代表作,它是我国地学史上一个重要时代的最重要的著作。

第二,《水经注》是我国地学史上最著名的河流水文地理著作。在郦注以前,虽然《新唐书·艺文志》著录过晋郭璞注汉桑钦《水经》3卷,但其书早已亡佚,而且卷帙短小,简陋可见。在郦注以后,唐李吉甫作《删水经》10卷,金蔡珪作《补正水经》3卷,也都已失传。现在尚存的有清初黄宗羲的《今水经》1卷,内容寥落,乾隆间齐召南的《水道提纲》28卷,体例刻板。都无法与郦注相比。因此,《水经注》是我国地学史上无出其右的河流水文地理名著。

第三,《水经注》不仅是一部河流水文地理名著,同时也是一部以河流为纲的区域地理名著。它以西汉王朝的版图为基础,记述若干地区并兼及域外。把如此广大的地域范围内的许多重要河流流域,进行综合性的描述,内容包括自然地理和人文地理。所以英国著名科学史学家李约瑟认为《水经注》是"地理学的广泛描述"。[⑮]在中国地学史上,全国性的区域地理著作虽然可以上溯到《禹贡》,但《禹贡》篇幅短小,内容简单,完全不能与《水经注》相比。

第四,《水经注》以前的地理著作,都没有实地考察的基础。而《水经注》却包括了著者大量实地考察的成果。以实地考察的成果撰写地理书,在我国地学史上,《水经注》实开其端。

第五,区域地理著作,内容易于刻板化,近人称此为"地理八股"。其实这种情况并不始于今日,如《禹贡》各州,《汉书·地理志》各郡县,所写也都是千篇一律的东西。以后如《元和郡县志》、《太平寰宇记》等,都不能跳出这一窠臼。但《水经注》描写每一流域,却是文字生动,内容多变,使人百读不厌。这是区域地理著作在我国地学史上的一个突出例子。

第六,《水经注》不仅是一部具有高度学术价值的地理学专著,同时也是一部感情丰富、具有强大感染力的爱国主义读物,这在我国地学史上也属罕见。

第七,一本书形成一门学问的事,不仅在地学史上,在其他科学史上,也是很少例子的。《水经注》正是由于它的包罗宏富,牵涉广泛,才形成了郦学这门内容浩瀚的学问,而且从明末以来,得到很大的发展。即使从我国的全部科学史来说,《水经注》在这方面也是值得自豪的。

上列7个方面,充分说明了《水经注》在中国地学史上的卓越地位。

注释:

① 《通鉴》卷三《周纪三》,赧王八年。

② 《通鉴》卷一三九《齐纪五》,明帝建武元年。

③ 侯仁之主编《中国地理名著选读》,科学出版社1959年版。

④ 《荆州记序》,载《麓山精舍丛书》。

⑤ 《魏书·郦道元传》。

⑥ 《黄河在中游的下切》,《陕西师范大学学报》1977年第3期。

⑦ 《中国历史地理·历史自然地理》,科学出版社1982年版,第230—232页。

⑧ 《水经注的水坑陵问题》,《华南师范学院学报》1980年第2期。

⑨ 《内蒙古社会科学》1980年第2期。

⑩ 《内蒙古师范大学学报》1982年第1期。

⑪ 《西北大学学报》1983年第1期。

⑫ 拙著《水经注·文献录》,《水经注研究二集》,山西人民出版社1987年版。

⑬ 拙著《水经注·金石录》,《水经注研究二集》。

⑭ 拙著《水经注地名汇编序》,《水经注研究二集》。

⑮ Science and Civilization in China, Vol 1, p. 259.

原载《自然杂志》1990年第13卷第3期

四、论戴震校武英殿本《水经注》的功过

自从拙著《胡适与水经注》①一文发表以后,陆续收到学术界同仁的许多来信。其中不少来信是因为海峡两岸的学术界多年来不通声气的缘故。胡适的《水经注》研究成果,除了《中华文史论丛》1979年第2辑所发表的胡适遗稿《水经注校本的研究》以外,许多人还不知道胡适从1943年起,直到1962年去世,倾其全力从事《水经注》研究的情况。也不知道《胡适手稿》这样1部10集共30巨册的大书,在台湾已经出版了近20年。对于这样的来信,我只要稍作解释,事情就可清楚,我都已逐一作复。但另外一些来信牵涉到问题的实质,我归纳这类来信,主要的问题是,既然像胡适这样的大考据家,花了他后半生的全部精力,结果仍然无法推翻戴书袭赵的事实,那么摆在眼前的关于戴震及其所校勘的殿本的问题主要有两个:第一,戴震在学术界早已声名甚盛,为何竟仍不择手段,剽袭赵书,自败声名?第二,既然戴书与赵书"十同九九",②而戴书袭赵又无法否定,那么殿本是否还有流传的价值?在拙文发表后来信的学者中,有的是我老师一辈的著名学者,杨向奎教授即是其例。杨先生是读过《胡适手稿》而且关心赵戴《水经注》案的,他不禁也为戴震惋惜。他在今年9月16日的信中说:"以东原之硕学,本已顶天立地,有此《水经》,对彼之成名,不过如九牛一毛,又何必要此一毛而玷辱后世,怪事怪事!"我以前的确也很少考虑过杨先生所提出的这个问题。

其实,我写《胡适与水经注》一文,也是杨先生去年6月10日的一封信引起的。当时,他刚刚看过《胡适手稿》的复制本,写信给我说:

你说,戴与赵的案子,究应如何判？我只是根据表面现象认为戴不对,但又想以戴之才力及成就,何必如此,甚盼看到你的判断。

杨先生的来信促使我全面地思考这些问题,而且下决心整理这几年来在国外讲学的材料,修改定稿,在这一年中连续发表了围绕这个问题的3篇文章。

第一篇是《水经注戴赵相袭案概述》。[③]因为我于1983年在日本关西大学研究生院讲学对,听讲的研究生提出了有关这方面的问题,使我受到了启发。当时,在我的《水经注》课程内容中,由于我一直反对这种实际上有碍于郦学发展的论战,所以没有列入这项内容。但是研究生们却对此甚感兴趣,而且以讹传讹,言人人殊,使我不得不临时穿插这方面的内容。我在这件事中得到的启发是,尽管这种论战应该反对,但回避这个历史事实是不对的,因为这样反而容易引起年轻学者误解,歪曲事实的真相。应该客观地把这场论战的过程解释清楚,并且告诉年轻人从中吸取教训,不仅这场论战不应赓续,以后也不要再发生类似事件。为此,我于1985年再次去日时,就在这方面作了较多的讲述,并且写成了一个初稿,这个初稿的终于整理发表,就是如上所述地由于杨先生的信件所促成的。

第二篇是《港、台水经注研究概况评述》。[④]同样与杨先生的信件有关。因为我从杨先生的来信中,知道在中国社会科学院历史研究所这样的高级研究机构中,像杨向奎教授这样知名的老学者,竟还没有能够获得《胡适手稿》的原本,而不得不以复制本代替,难怪许多从事人文科学的学者,至今还不知道这样一部巨著已经出版了将近20年。这也说明国内郦学界对港、台及海外郦学研究非常隔膜的情况,为了向国内郦学界通点声气,所以我才撰写了这篇文章。

由于杨先生来信希望在戴、赵一案中看到我的判断。而在国内,自从晚清以来,在戴、赵案中站在戴震一方面不惜花半生精力为戴震辩解的就是胡适,这才使我决定撰述这一年中发表的第三篇文章《胡适与水经注》,用以论证胡适在这方面的成败得失。现在,杨先生在看到该文以后,又提出一个实际上我也不曾很好考虑过的问题,为此,我愿意就这个问题,再作一番论证。

要说我在这个问题上一直未曾形成过自己的观点,这当然是不确实的,只是我在这个问题上的观点,还没有系统地用文字表达过,仅在我过去的著作中,零零碎碎地提到过若干意见。这一方面是因为我不愿意触及这场论战,另一方面则如上所述,也是一因为我的考虑还不够成熟。早于1979年,我在拙著《论水经注的版本》[⑤]一文中,已经把殿本置于各种郦注版本之上;1984年,我又在拙著《熊会贞郦学思想的发展》[⑥]一文中,指出了熊氏晚年郦学思想发展中的一个重要转折点,就是他一反他老师杨守敬尊赵贬戴的思想,而提出了"唯戴之功大"的论点,而且在《水经注疏》的全部疏文中原来排列的全、赵、戴次序，一律把戴提到首位。这位把师道尊严看得至高无上的学者，到了晚年居然说出与他老师易箦时涕泣受命"鞠躬尽瘁"⑦完全相反的话，这不是一件寻常的事。他是一位勤勤恳恳，以其毕生精力从事于《水经注疏》一部书的撰写的学者，其晚年的郦学思想，在这方面与他早年竟有180度的转变，这显然是他多年治郦过程中累积起来的心得。这和学术界中某些凭一时意气和门户成见者的出尔反尔绝不相类，是值得我们重视和深思的。

这里我还需要穿插另一细节。去年，上海古籍出版社委托我点校一部《水经注》。在往返商量点校何种版本的函札中，我建议应该点校一本纯纯正正的殿本。在目前通行的较佳版本中，注释量最大的当然是《水经注疏》，此书，段熙仲教授和我已经合作完成了点校工作，排印本不久就可出版。这部长达180万字的大书，虽然有高深精博的价值，但是却缺乏普遍通行的意义。全祖望的七校本和赵一清的注释本，虽然也都是佳本，但是由于刊印均在作者身后，校订七校本稿本的王梓材和董沛，校订注释本稿本的梁履绳、玉绳兄弟，都曾在校订时与殿本作过对勘，因此，两书或多或少地都吸取了殿本的成果，所以前者被排斥于清王先谦的合校本之外，后者则连反戴十分强烈的杨守敬也承认"赵之袭戴在身后"。⑧所以严格说来，都不能代表一位作者的原著。合校本的正文虽循殿本，但书中有许多殿本案语以外的注释，而大小字夹杂的形式，又纯系赵本的体例。因此，从目前一般学者的需要来说，具有普遍通行价值的无疑是殿本，这是我坚持必须点校殿本的理由。现在，由我点校的这部殿本也已经付排，不久就要出版。我在"点校说明"中，已经就殿本的优点和戴震的功过作了若干论述，但是，由于"点校说明"具有点校本序言的性质，文中还有许多其他事情必须交代，因而对于戴震其人其书的问题，并不能畅所欲言，所以需要另撰此文，以阐明我对这个问题的意见。

首先需要把戴震作一简介。戴震（1723—1777），字东原，安徽休宁人，是清代的一位著名学者。他精通经学、地学、数学等，声名甚盛。杨向奎先生称誉他的学问"顶天立地"，或许不算过分，这里只说他研治《水经注》的事情。按照他的学生段玉裁所编《年谱》，他在乾隆三十年（1765）定《水经》1卷，卷内自记云："夏六月，阅胡朏明《禹贡锥指》引《水经注》，疑之。因检郦氏书，辗转推求，始知朏明所由致谬之故，实由唐代以来经注互讹。"这可能是他正式治郦的开始。这一卷由他所定的《水经》，现在尚存至德周暹藏本和北京大学所藏廖嘉馆李氏旧藏本，两本在内容上有所不同。戴震行历中与《水经注》发生关系的另一件事情，是他于乾隆三十三年（1768）受直隶总督方观承之聘修纂《直隶河渠书》110卷，因方观承随即去世，故书未修成，但就在此时，他看到了在他以前曾修此书的赵一清校本《水经注》，戴震在《直隶河渠书》卷一唐河篇下,附录赵一清《卢奴水考》一篇,并案云:"杭人赵一清,补注《水经》,于地学甚核。"
这个案语就是他看到赵书的证明。戴震于乾隆三十七年(1772)主讲浙东金华书院,
从这一年到次年(1773),他开始自定他的《水经注》校本,但工作尚未及全书的1/4,就
在这一年,他由《四库》总纂官纪昀向军机大臣于敏中推荐,于言之乾隆,得以奉诏在
是年秋进入四库馆。他尚未完成的校本,以后由孔继涵整理,即今日收入于《戴氏遗
书》中的微波榭本《水经注》。

　　戴震进入四库馆以后的第一件工作就是校勘《水经注》。花了一年多时间,于次
年(1774)冬校毕呈上,这就是现在我们看到的武英殿聚珍版本《水经注》。殿本的成
果及其优异之处,已经完全写入了《校上案语》之中。但是,整篇《校上案语》中也包括
了许多虚构之言,闪烁之词,阿谀之语。比如说,《案语》中过分地捧抬只此一家的《永
乐大典》本《水经注》的不同凡响,把《永乐大典》本《水经注》的体例说成:"今以《永乐
大典》所引,各按水名,逐条参校",以致乾隆也显然受欺,以下当再论及。比如说《案
语》中又加上这样的文字:"是皆我皇上稽古右文,经籍道盛,瑯嬛宛委之秘,响然并
臻,遂使前代遗编,幸逢昌运,发其光于蠹简之中,若有神物护呵,以待圣朝面出者,亦
旷世之一遇矣。"这毫无疑问是投乾隆所好的高度阿谀。但《案语》对于殿本成果的总
结一段却是真实的:"凡补其阙漏者,二千一百二十八字,删其妄增者,一千四百四十
八字;正其臆改者,三千七百一十五字。"上列"补阙"、"删妄"、"正臆"三项成就,尽管
具体数字还可以商榷,但无论如何,在《水经注》校勘史上,无疑是一次空前的收获。
正因如此,所以我在拙著《论水经注的版本》一文中说:"殿本以后的不少版本,在疏证
上当然比殿本更为详尽,但在校勘的成就方面,基本上都还是殿本的水平";"1774年
的殿本,就是代表这一时期的最高水平的版本"。

　　不幸的是,由于殿本问世以后,随即发生了戴赵相袭一案。更不幸的是,这个案子
竟酿成我国学术界前所未有的一场大论战,至今两个多世纪,而在港、台等地仍然没有
停止。由于戴震本人在其处世待人的态度上,不仅骄傲自恃,并且确有背离社会公认
的道德准则之处(例如他对待他青年时代的老师江永的态度),[9]而且他在殿本的整理
校勘过程中,也确实存在一些有损于学者声誉的过错,因此,在这两百多年的大论战
中,除了他的学生段玉裁、日本学者森鹿三和胡适等人外,他一直处于四面楚歌之中,
成为学术界围攻的对象。有的因其书而攻其人,有的因其人而攻其书。这中间,难免
有责备过分、出言偏激的事情。例如杨守敬附和梁鼎芬的言论,一口咬定戴震所说作
为殿本校勘依据的大典本是"直无其事"。[10]王国维更斥责戴震:"凡此等学问上可忌可
耻之事,东原胥为之而不顾"。[11]在这样一场时旷日久、牵连广泛的大论战中,出现一些
武断的言论和意气用事的指责当然是难免的,但是这是十分不幸的,因为这场论战,显

然严重影响了郦学研究的发展。这中间最典型的例子是杨、熊的巨著《水经注疏》。尽管殿本的优异成就实际上人所共见，但由于蔑视戴震其人，同时兼及其书，因此就不顾殿本所代表的明、清郦学家研究的成绩，而宁愿倒退150年，用明朱谋㙔的《水经注笺》作为这部巨著的底本，并且振振有词："通体朱是者作正文，非者依赵戴等改作正文，不能如合校本之尽以戴作正文也。此点最关紧要，必如此，全书方有主义。"⑫打个比方说，人类的旅行已经从坐轿子的时代发展到了坐汽车的时代，但是由于对汽车的发明人问题有了争论，竟因此立誓不坐汽车而坐轿子，这是多么荒唐可笑！

由于在200多年来的论战中，绝大部分学者，不管是反戴派或是拥戴派，他们的主要精力集中于殿本是否剽袭的证据，都不去研究殿本较之其他各本的优异所在。反戴派由于深信戴震的剽袭而切齿痛恨，他们斥责戴震，兼及殿本，毫无投鼠忌器之心。而拥戴派除了森鹿三外，⑬竟也就事论事，多方搜求证据，只求为戴震洗刷，却同样置殿本的优异于度外。以胡适为例，他下了极大的功夫，撰成《戴震未见赵一清书的十组证据》⑭一文。但杨家骆随即公布了他对卷十八《渭水》所作的抽样调查，证明"戴之不忠于大典而复袭于赵，固至显然也"。⑮杨氏抽样调查的结果，众目共见，是胡适所无法解答的。事实上，戴震在四库馆外多年功力所校定的本子（今微波榭本）与殿本及赵本差异如此之大，而入馆一年多，却为什么能校出一部从体例到内容都和赵本"十同九九"的本子来？胡适说："所以他们的两部校本有百分之九十八九的相同，这是校勘学应该有的结果。"⑯假使校勘学确实如胡适所说具有近乎数学求证那样的性质，因而两个人的校勘可以得出"十同九九"的结果，那么，戴震同一个人的校勘，为什么却校出殿本和微波榭这样两种差距很大的版本来呢？因此，放弃对殿本优异的分析而专求为戴震洗刷，显然是徒劳无功的。

应该指出，戴震在校勘殿本的过程中，确实是存在行为上的过错的，问题是，他的这种过错的性质以及后人如何看待这种过错。在讨论这个问题以前，我还想再提一提杨向奎教授在两次来信中所说的："但又想以戴之才力及成就，何必如此"；"以东原之硕学，本已顶天立地，有此《水经》，对彼之成名，不过如九牛一毛"。从今天看来，杨先生的想法无疑是对的，我同样也有如此想法。然而，在戴震所处的时代和戴震所处的地位，情况就完全不同。戴震虽然智力超人而且勤勉苦学，学术上的成就，在当时就已经知名于世。但在当时那个社会中，对于每个知识分子来说，还有一件十分重要的大事，是戴震所耿耿于怀的。他在科场的际遇非常不利，直到不惑之年他才中了举人，此后，他于乾隆三十一年即他44岁之年第一次入都会试，不第。接着连续于乾隆三十四年、三十六年、三十七年三次入都会试，均告失败，当时年已50。在那个时代，绝大部分知识分子都摆脱不了功名的束缚，人们的这种意识，是由当时的社会存在所决定的，戴震当然绝不例外。所以,他以 51 岁之年奉诏入四库馆,对他来说,显然是千载一遇的良机。他以一介举人之微,行走于翰林行中,从他的性格和心理来说,既有自傲的一面,也有自卑的一面。他要把四库馆当作他的晋身之阶的这种愿望,肯定是十分强烈的。乾隆御撰的有关山川地理的文章,即后来置于殿本卷首的《热河考》、《滦河濡水源考证》、《开新河记》、《济水考》、《淮源记》等文,他当然早已拜读,并且在《校上案语》中着重写出:"自我皇上命使履视,尽得其脉络曲折之详,御制《热河考》、《滦源考证》诸篇,为之抉摘舛谬,条分缕擘,是永订千秋耳食沿讹,谨寻并简端,永昭定论。"在这样一位爱好寻索河源的君主面前,《水经注》一书对于戴震的成败得失,显然是关键性的。事情的发展也确实如此,乾隆三十九年十月,戴震校上《水经注》,果然获得了乾隆的极大赏识,特颁御制诗六韵,高度赞赏戴震校勘此书的功绩:"悉心编纂诚堪奖,触目研摩亦可亲,设以春秋素臣例,足称中尉继功人。"乾隆的嘉奖并不是空话,戴震在校上《水经注》的次年,即乾隆四十年,又一次参与会试,不幸的是又一次落第,这是他会试的第五次失败。但这一次的结果和以前四次截然不同,皇上出面施恩,命他与及第贡士一体殿试,赐同进士出身,授翰林院庶吉士。[①]就是因为《水经注》一书,使他会试落第而进士及第。由此可知,戴震在初入四库馆后的一年多时间里,倾其全力于《水经注》的校勘,因为对他来说,这确是一生中至关重要的转折点。他充分明白,他所校勘的书,具有御览和流传双重意义,而御览对他更为重要。为了掌握这个千载一遇的机会,他除了把他的全部智慧和学问投入此书以外,并且也做了一些前面已经提出的背离社会公认的道德准则的事,这就是殿本既有精湛的成就而却也落得遭人物议的原因。

殿本卷首的《校上案语》,这当然是为了御览的需要。在这里,戴震除了过分地夸大大典本的优异以外,还闪烁其词,混说用大典本进行校勘,必须"各按水名,逐条参校"。因为《永乐大典》的编纂体例,确实是按韵目排列的。这一点乾隆当然知道。戴震的意思是,这几百条河流收入于大典的各个韵目之中,例如河水收入于"五歌",江水收入于"三江",洛水收入于"十药",伊水收入于"四支"等。在这方面,乾隆显然受他之欺,御制六韵中所谓"笑他割裂审无术",并自注云,"《永乐大典》所载之书,类多散入各韵,分析破碎,殊无体例,是书亦其一也"。乾隆虽然是万乘之君,但是对大典本《水经注》来说,他和外间的学者同样没有看到。当时,此书在戴震手上,外间学者是无权看到,乾隆则是无缘看到。他听信戴震"各按水名,逐条参校"的话,当然没有必要再去查阅此书。其实,《永乐大典》收入《水经注》全书在"八贿"韵下,从卷一一一二七到卷一一一四二,一韵到底,绝无"逐条参校"之烦。假使真的如戴震所说,工作量当然要大好几倍,戴震闪烁其词,目的或许就在于此。

如上所述,殿本与赵本的"十同九九",《校上案语》中对大典本的过分夸大和向壁虚造的"逐条参校",加上戴震的高傲性格和处世为人中的一些失当之处,终于使他在身后受到学术界的围攻,而殃及这部实际上成就空前的殿本。对于戴震本人来说,他确实存在如前所述的过错,但是他的过错,属于他个人道德的问题,而殿本则是明、清两代郦学研究的总成果,不应同戴震的个人道德混为一谈。何况戴震在四库馆一年多,既有过错于殿本,也有功绩于殿本。戴震对于殿本的过错,学术界鸣鼓而攻,已非一日;但对于对殿本的功绩,如上所述,即拥戴派学者也极少言及。为此,本文需要着重地,客观地把戴震在编纂殿本中的功绩加以总结。

应该承认,戴震进入四库馆的一年多时间中,对于殿本的整理和校勘,其工作量是十分可观的。且不问他的动机是邀宠于皇上抑是立言于后世,我们现在来评价此书,具体的成就总是最重要的。戴震进入四库馆以后的第一件重要工作,当然是要选定一种可以作为《四库全书》本《水经注》的底本。对于戴震来说,这本来是他驾轻就熟的工作,因为他在乾隆三十年就已经校定过《水经》一卷,而就在他奉诏入四库馆的这一年,他也正在校勘他的《水经注》,即以后孔继涵整理付刊的微波榭本。问题是,在当时的条件下,私家校勘者,所能获得的版本是不会很多的,主要只是当时流行的刊本如明黄省曾、吴琯、朱谋㙔、清项絪、黄晟诸本而已。即使是上列流行刊本,也并非易于获得。例如沈炳巽在雍正年间校勘《水经注集释订讹》,费时9年,其初仅以黄省曾本作底,最后才费尽搜罗,幸得朱笺。[18]上列诸本中如项絪、黄晟等本,其实就是窃取朱笺的膺本,但不少治郦学者以佳本罗致不易,不得不以这类版本作底,[19]情况可见一斑。戴震在入四库馆前,处境不会比其他郦学家好,但一旦进入四库馆,以朝廷所有而飨于一人,当然眼界大开。他首先要做的工作,就是在大量版本中,选择一种可以作为他校本的底本。在《校上案语》中,他所引及的版本,虽然只有朱谋㙔本(即《水经注笺》)和《永乐大典》本两种,但在他的《注内案语》中,除此两本外,实际上还引及朱本、归有光本、黄省曾本、吴琯本、谢耳伯本以及旧本、今本(后二本不知为何本)等,当然,他在馆内阅读的,必然还要大大超过此数。在不长的时间中,他以非凡的才能和惊人的速度博览馆内所有《水经注》版本,并且立刻作出决定,断然放弃他入馆前所校定的本子的格局,而以在四库馆所见到的最好版本即赵一清的《水经注释》(或是浙江巡抚呈进的抄本,或是乾隆十九年的赵氏家刊本)作为底本。此外,并参校了朱本、大典本、朱谋㙔本、归有光本等较好版本,加上他自己历年来的研究成果,因而使殿本成为郦学史上的最佳版本。尽管殿本以赵本作底,从体例到内容与赵本"十同九九",但是由于戴震在馆内一年多时间中在赵本之上花了不少功夫,所以显然优于赵本。不然的话,何至于出现"赵袭戴"的流言,而杨守敬也何至于说"赵之袭戴在身后"的话?尽管戴震在

《校上案语》中闪烁其词曰"各按水名,逐条参校",其实,殿本得之于大典本的为数不多。所谓大典本者,充其量不过是北宋景祐以后抄录的本子,虽然与明代的一般坊刻本相比,确有不少优点,但绝非北宋初期的本子。除了卷首郦氏自序较赵本从孙潜夫转录于柳大中本的多出 223 字外,不仅缺佚不少于别本,而经注混写,体例乖异,在许多地方并不可取。殿本与大典本相比,前者优异远甚,今已人所共见,不必赘言了。

戴震在殿本上的校勘成果,主要表现在《案语》之中,《案语》分为两种,一种是前已提的《校上案语》,全文连署名在内,不过 727 字,这主要是为了邀宠于上的。另外一种是《注内案语》,全书近十万字,双行夹写,穿插于注文之间,这是戴震校勘此书的功力所在,是他所望于立言后世的。这两种《案语》之间所存在的极大矛盾来看,戴震当初或许不曾预料到他的《水经注》会收入于《武英殿聚珍版书》之中(《四库全书》所录共达 3503 种,而《武英殿聚珍版书》只有 138 种,还不到 1/25),也不曾预料到《武英殿聚珍版书》会把《校上案语》一律刊入,并置于卷首。假使没有这篇实际上只供乾隆御览的《校上案语》刊在卷首,则这场时旷日久的《水经注》案,肯定不至于发展到如此程度。

两种《案语》的矛盾很多,例如《校上案语》称《永乐大典》,但《注内案语》只称"原本"。这当然还只是一个称谓上的问题。《校上案语》推崇大典本为《宋椠善本》,其优异之处,如何如何,而朱谋㙔本则是"舛谬亦复相仍"。但全书在《注内案语》中,引及朱本共 52 处,其中朱正而别本讹者 23 处,朱讹者 29 处。朱本不仅没有像《校上案语》中那样遭到全盘否定,而且受到了颇大的重视。例如卷七《济水》经"与河合流,又东过成皋县北,又东过荥阳县北,又东至砾溪南,东出过荥泽北"注"而主吏姓名不可复识"下,《注内案语》抄录朱笺达 126 字。卷二十五《沂水》经"沂水出泰山盖县艾山"注"登之以望王难","王难"不可解,戴震也承认此二字有讹,《注内案语》引朱笺:"当作五龙,广固有五龙口",戴在此下再案:"见二十六卷。"又如卷十九《渭水》经"又东过长安县北"注"滕公居此室"下,同卷经"又东过霸陵县北,霸水从西北流注之"注"陵之西北一里"下,《注内案语》均引朱笺以正原本(大典本)之讹。由此可知,戴震在此书的校勘中,实际上是非常重视朱笺并且吸取了朱笺的许多成果的。《校上案语》中对朱笺的贬损,无非是由此衬托大典本的优异,迎合乾隆的心理而已。《校上案语》中还有所谓"近本",即《案语》所谓:"谨排比原文,与近本钩稽校勘,凡补其阙漏者……"云云,这个"近本",也是用来向皇上渲染大典本优异的反面材料。但是在《注内案语》中就并非如此。"近本"在《注内案语》中称为"近刻"。近刻有讹的,[20]也有讹而用原本(大典本)纠正的;[21]但也有对的,[22]并有对而可以纠正原本之讹的。[23]所以在《注内案语》中的"近刻",其身份显然比《校上案语》中的"近本"要高得很多。从这些矛盾中可见,戴震很可能没有考虑到这两种《案语》的同时刊出。

从全部《注内案语》来看,尽管此书以赵本为底本,但戴震在这一年多时间里还是下了很大工夫的。《注内案语》按其内容大概可以分为九类。

第一类是引《水经注》的各种版本。除了上述大典本(《案语》中称为"原本")和朱谋㙔本外,全书共引宋本 16 处,归有光本 7 处,黄省曾本 1 处,吴琯本 3 处,谢耳伯本 1 处,此外还有所谓"旧本"、"今本"以及大量的"近刻"等。

第二类是引《水经注》以外的其他文献,例如东方朔《神异经》、《十洲记》、《山海经》等,全书《案语》中有名可稽的文献有 50 余种。

第三类《案语》是在同一卷篇内于支流杂出的情况下,理清河流的眉目,以方便读者。例如卷四《河水》经"又东过陕县北"注"西北入于河"下:"案注内叙橐水终于此。"卷五《河水》经"又东北过黎阳县北"注"又迳南宫县西北注绛渎"下:"今考注内叙张甲河左渎终于此。"例子甚多,不胜枚举。

第四类《案语》是在不同卷篇中重复出现同一河流的情况下,旁举此河在别卷出现的情况,以便读者查阅。例如卷五《河水》经"又东过平县北,湛水从北来注之"注"溴水入焉"下:"溴水详见卷七《济水》内。"卷九《淇水》经"又东北过穷河邑南"注"又东,泉州渠出焉"下:"泉州渠详《鲍丘水》注内"等,均是其例。

第五类是郦道元在注文中辨明历史文献的讹误之处,注文中这类情况较多,《案语》特为标出,用以提起读者注意。例如卷五《河水》经"又东过平县北,湛水从北来注之"注《十三州志》:河阳别县,非温邑也"下案云:"案河阳故城在今孟县西三十五里,温故城在今温县西南三十里,是以道元辩之。"又如同条经文下注"郭缘生《述征记》曰:践土,今冶坂城,是名异春秋也,非也"下案云:"今考冶坂城,其下为冶坂津,在今孟县西南;而践土,在今荥泽县西北王官城之内,故道元辩其非。"

第六类《案语》是有关注文中的地名疑问的,例如卷二《河水》经"又东过陇西河关县北,洮水从东南来流注之"注"下封有水"下案云:"案下封未详,疑是地名。"又如卷三《河水》经"又南过河东北屈县西"注"河水又南得鲤鱼"下案云:"又有脱文,应作鲤鱼涧。"

第七类《案语》具有补充、扩大或修正注文内容的性质,以便于读者阅读和鉴别。例如卷三《河水》经"又南离石县西"注"王莽以汉马员"下案云:"案马员,字季主。"又如卷四《河水》经"又南过蒲坂县西"注"舜葬上虞……而始宁、剡二县界上,舜所耕田于山下,多柞树"下案云:"案上虞、剡并属会稽郡,顺帝永建四年,分上虞南乡,立始宁县。"又如同卷经"又南至华阴潼关,渭水从西来注之"注"左丘明《国语》云"下案云:"案此六字讹舛,当作古语云。"

第八类《案语》是对冷僻、疑难文字的注释。例如卷十三《灢水》经"灢水出雁门阴馆县,东北过代郡桑乾县南"注"池北对㶟陶县之故城"下案云:"案㶟,古汪字。"又如卷三十七《浪水》经"其一又东过县东,南入于海"注"鰕鬚长一赤"下案云:"案古字,尺通用赤。"

第九类《案语》是在相应的卷篇中补入郦注佚文。例如卷七《济水》经"与河合流,又东过成皋县北,又东过荥阳县北,又东至砥溪南,东出过荥泽北"注"而主吏姓名磨灭不可复识"下,《案语》引《玉海》补入佚文一句;又如卷十《浊漳水》经"又东出山,过邺县西"注"滏水入焉"下,《案语》引《太平御览》补入佚文一句等,均是其例。

如上所述,可见戴震在《注内案语》中,是下了一番工夫的。尽管这些《案语》也不免有一些错误的东西,例如卷一《河水》经"屈从其东南流,入渤海"注"渡河南下一由巡"下案云:"案由巡,即由旬,书内通用,近刻讹作由延。"这当然是戴震错了。由巡或由旬是梵语 Yogana 或 Yodjana 的音译,㉔《翻译名义集》并作"踰缮那",㉕所以"近刻"作由延并不错,戴震不通梵语,宜有此误。但是总的说来,《注内案语》牵涉广泛,注释及时,考证得当,繁简适度,具有很高的水平,功绩是不可抹杀的。

此外,殿本卷首的《校上案语》,如上所述是一篇专供御览邀宠,作为戴震晋身之阶的文章,所以文内有不少虚构之言、闪烁之词和阿谀之语。但是由于乾隆是一位才华出众的皇帝,而且《案语》还必须通过总纂官纪昀和陆锡熊,因此戴震不可能不周密考虑。也就是说,这中间仍然具有不少经过认真考证和有价值的内容。前面已经提到的殿本的校勘成果"补阙"、"删妄"、"正臆"三方面的数字,这当然是不能随意编造的。另外,对于《水经》作者和成书年代的考证:"又《水经》作者,《唐书》题曰桑钦,然班固尝引钦说,与此经文异,道元注亦引钦所作《地理志》,不曰《水经》。观其《涪水》条中,称广汉已为广魏,则决非汉时;《钟水》条中,称晋宁仍曰魏宁,则未及晋代。推寻文句,大抵三国时人。今既得道元原序,知无桑钦之文,则据以削去旧题,亦庶几阙疑之义尔。"这样的考证,应该说也是很有说服力的。

《校上案语》中最有价值的内容是分清经注的原则。因为《水经注》从南宋以来,经注混淆,错误百出。学者为了分清经注,曾经花费了大量精力,戴震在这方面也是功不可没的。当然,他所总结的这方面的经验,绝非他一人的发明,而是前辈郦学家,特别是全祖望、赵一清等所累积起来的。全祖望在其五校抄本的题辞中说:"经文与注文颇相似,故能相溷,而不知熟玩之则固判然不同也。经文简,注文繁,简者必审择于地望,繁者必详及于渊源。一为纲,一为目,以此思之,盖过半矣。"赵一清《水经注附录》上,《禹贡锥指例略》下云:"一清按,经仿《禹贡》,总书为'过',注以'迳'字代之。以此例河、济、江、淮诸经注混淆,百无一失。"戴震在他们研究的基础上,把区别经注的原则说得更为清楚全面，写在《校上案语》之中："至于经文注语，诸本率多混淆，今考验旧文，得其端绪；凡水道所经之地，经则云过，注则云迳；经则统举都会，注则兼及繁碎地名。凡一水之名，经则首句标明，后不重举；注则文多旁涉，必重举其名以更端。凡书内郡县，经则但举当时之名；注则兼考故城之迹。皆寻其义例，一一釐定，各以《案语》附于下方。"把区别经注的原则总结成这样一段文字，尽管有前辈学者的学说可循，但应该承认戴震大大地丰富和完整了前人的研究成果，是于郦学有功的。

总的说来，对于这种足以代表明、清郦学家长期研究成果的殿本的诞生，戴震无疑是有功的。他的功绩主要是在大量的各种郦注版本中，选出最优秀的版本即赵一清的《水经注释》作为殿本的底本；然后再吸取其他许多佳本的精华，使殿本锦上添花；又撰写许多《注内案语》，便于读者阅读和进一步研究。由于他的非凡天才和勤奋工作，使《水经注》这部从南宋以来经注混淆不堪卒读的残籍，在很大程度恢复了它的本来面貌。

殿本的成就在郦学史上当然是划时代的，作为殿本的主编，戴震的功绩也是十分杰出的。可惜的是，由于私心杂念作祟，戴震在此书上竟要求获得超越主编的荣誉，把许多郦学家特别是全祖望、赵一清等学者长期来的研究成果，作为他一己的专著。为了达到这种目的，又挟其独占大典本的优势，过分地夸大大典本的不同凡响。最后终因赵本的刊行和大典本的公布，使他受到学术界的长期挞伐，不仅损害了个人声誉，甚至殃及实际上成就空前的殿本。这当然是郦学史上非常不幸的事件。

戴震以他的天才和勤奋，以他的学术造诣和声望，却因《水经注》一书而遭受声名损害，确实令人十分惋惜。这是后世学者应该引为殷鉴的。戴震之所以在此一书上背离学术界所公认的道德准则，除了王国维所说的"皆由气矜一念误之"以外，另外一个重要的原因则是他晚年的急于功利。他因殿本《校上案语》的虚构之言、闪烁之词，阿谀之语得邀上宠，获得会试落第而进士及第的幸遇。设若《校上案语》中不作此等不实之言，设若戴震果然因此而不获上宠，毕生无进士及第之荣，但殿本光辉，不蒙尘垢，而他的一生英名，亦将无瑕可指。以此易彼，孰得孰失？不唯今日人所共见，即起戴震于地下，也必当后悔于曩日的一念之误。虽然事隔200余年，对当今学术界，仍然不无教育意义。

时至今日，赵、戴《水经注》案的争论在大陆上早已平息，而郦学研究也正在向前迈进。为了郦学研究的更大发展，我们应该向前看，不要再在这类枝节问题上纠缠不休。随着郦学研究在广度和深度两方面的跃进，正和前面提及的熊会贞在其晚年说出"唯戴之功大"的话一样，殿本的优越性就愈益显示出来。过去的不少学者，由于卷入了论战，实际上停止了对《水经注》的正常研究，因而无法对殿本作出客观的评价。今天,由于我们看到了殿本在郦学研究中的价值以及它在今后新版本《水经注》编纂中的重要作用,再回过头来看看此书的主编戴震,我们实在有必要给予他更多的谅解和更高的评价。其实,即使在论战正酣的时候,不少学者也并非没有作过这方面的考虑。以反戴言辞特别尖锐的王国维为例,他也曾经说过:"至于掩他人之书以为己有,则实非其(按指戴震)本意。"㉖寓居澳门的学者汪宗衍,近年也指出:"东原校郦,事属官书,与私书有别,且库本更为'钦定',依封建时代成习,不能明引同时人名书名。余谓东原非有意剿说,乃格于馆例。㉗"这类评论当然都还有商讨的余地,但是有一点我们应该看到,假使戴震没有机会进入四库馆,则郦注版本中或许就没有今日所见的殿本,对于戴震来说,其在郦学上的成就,就不过以今日所见的微波榭本而终。同样,赵一清的《水经注释》也就失去了被戴震选作底本的机会,恐怕也难以达到像今天这样的声望。因此,戴震的进入四库馆和殿本由他主编,都是郦学史上的幸事。直到今天,殿本仍然是有裨于郦学研究的佳本,所以我们应该正视现实,捐弃成见,在殿本的基础上继续向前迈进,使郦学研究获得更大的发展。

1986 年 11 月于杭州大学历史地理研究室

注释:

① 《中华文史论丛》1986 年第 2 辑。

② (清)杨希闵《水经注汇校》,卷首周懋琦序。

③ 《郑州大学学报》(哲学社会科学版)1986 年第 1 期。

④ 《史学月刊》1986 年第 1 期。

⑤ 《中华文史论丛》1979 年第 3 辑。

⑥ 《中华文史论丛》1985 年第 2 辑。

⑦ 汪辟疆《明清两代整理水经注之总成绩》,载台北中华书局影印本《杨熊合撰水经注疏》卷首。

⑧ 《水经注疏要删》序。

⑨ 戴震少时受学于婺源江永(慎修),据《清史稿·江永传》:"弟子甚众,而戴震、程瑶田、金榜尤得其传。"但戴震在著述中称江永为"婺源老儒江慎修。"

⑩ 胡适遗稿《水经注校本的研究》,载《中华文史论丛》1979 年第 2 辑。

⑪ 《聚珍本戴校水经注跋》,载《观堂集林》卷一二。

⑫ 台北中华书局影印本《杨熊合撰水经注疏》卷首熊会贞关于修改《水经注疏》稿的第 13 页。

⑬ 森鹿三于 1931 年在日本《东方学报》第 3 册发表《关于戴校水经注》一文,除考证戴书并未

袭赵外,极赞殿本的成就。

⑭　《胡适手稿》第1集中册。

⑮　《水经注四本异同举例》,载《学粹》第4卷第5期,台北1962年。

⑯　《赵一清水经注释的校刊者曾用戴震校本来校改赵书吗》,载《胡适手稿》第3集下册。

⑰　《清史稿·戴震传》。

⑱　《四库总目提要》卷六九《史部地理类》二。

⑲　例如孙星衍校本、萧穆手录孙星衍校本、张匡学《水经注释地》等,均以黄晟本作底本;复旦大学图书馆藏传抄何焯校本(嘉业堂旧藏)、南京图书馆藏传抄失名临赵琦美、孙潜、何焯诸家校本(八千卷楼旧藏),均以项纲本作底本。

⑳　例如卷一《河水》经"屈从其东南流,入渤海"注"去王舍城五十由旬"下案云:"案十,近刻讹作千。"

㉑　例如卷一《河水》经"屈从其东南流,入渤海"注"有白草"下案云:"近刻讹作白羊,原本及《汉书》作白草。"

㉒　例如卷二《河水》经"又东过陇西河关县北,洮水从东南来流注之"注"而世士罕有津达者"下案云:"案达,近刻作逮。"又同卷经"又东过天水北界"注"有东、西二苑城,相去七十里"下案云:"案近刻作七里。"此二处,《案语》均不加"讹"字,因前者"达"、"逮"二字通用,近刻不讹;后者"七十里"与"七里"无可考证,近刻亦不讹。

㉓　例如卷二八《沔水》经"又南过筑阳县东,筑水出自房陵县东,过其县南流注之"下案云:"案此十五字,原本讹入注内,近刻属经文。"

㉔　Ernest J. Eitel, Handbook of Chinese Buddhism being a Sanskrit-Chinese Dictionary with Vocabularies of Buddhist Terms, Tokyo Sanshusha, 1904 PP. 208. "yodiana, a measure of distance, variously computed as equal to a days march〔4650 feet or 40 or 30 or 16 li〔i. e. 33 1/2 or 10 or 5 1/2 English miles〕."

㉕　《翻译名义集》卷三《踰缮那》条:"由旬三别,大者八十里,中者六十里,下者四十里,谓中边山川不同,致行里不等。"

㉖　《聚珍本戴校水经注跋》。

㉗　《赵戴水经注案小记》,载郑德坤、吴天任纂辑《水经注研究史料汇编》下册,台北艺文印书馆1984年版。

五、王国维与《水经注》

　　王国维(1877—1927)是学识渊博,著述丰富的近代著名学者。他考证古代的制度文物,功力深湛,论证精辟;他校勘古籍,多有深入的研究和独到的见解。他毕生校勘古籍近200种,其中对《水经注》一书,用功尤深,他对此书的校勘和论证,在郦学史上具有重要的意义,对发展我国的郦学研究甚有贡献。

　　王国维毕生阅读和校勘过不同版本的《水经注》多部,但是由于他身后藏书和著述流散,虽然先后由罗振玉和赵万里收集他的遗书,[①]却仍然无法包罗他生前的全部著述。所以他到底阅读和校勘了若干部不同版本的《水经注》,现在已无法查明确实的数字。不过,从已知的材料来看,他完全可以称得上近代学者中阅读和校勘《水经注》版本最多的学者之一。他读书认真,校勘细致,因此,从他已经校勘过的版本的校语中,可以推知他所阅读的其他郦注版本的情况。例如在他所校勘的明朱谋㙔《水经注笺》的校语中,就涉及许多其他郦注版本,除了以大典本和明抄本为主外,还有宋本(即今北京图书馆所藏残宋本)、黄省曾刊本、吴琯刊本、孙潜校本、袁寿阶校本、全谢山校本(当是薛福成所刊的全氏七校本)、赵一清刊本(校语只说赵诚夫,当指《水经注释》)、赵一清《水经注笺刊误》等。至于校语中所说的柳本(指柳佥抄宋本)、赵本(指赵琦美三校本)、谢耳伯本,当然不是王氏所实见,而是从孙潜校本中所见的孙氏过录的这些本子。但卷十《浊漳水》经“又东北过曲周县东,又东北过钜鹿县东”注:“盖商冀州人,在县市补履数年,人奇其不老,求其术而不能得也”句版框上端校语:“全校引孙潜曰:是《列仙传》啸父事。案原校无,维谓此是义门校语,非潜夫校语也。"据此,则王氏也必然阅读或校勘过何焯(义门)校本,这也是郦学史上的一种著名校本。

　　我在前面所说的王国维对《水经注》不同版本的阅读和校勘的话,还需要作一点说明。因为"阅读"和"校勘"两者之间,有时很难加以区别。详细的阅读,读者在本子中写下许多案语,或另外写作笔记,这实在就是校勘。而粗略的校勘,如明崇祯严忍公刊行的钟惺、谭元春评点本《水经注》,其中特别是钟惺,无非是在版框上端随意发挥几句,又如今北京图书馆所藏明朱子臣《水经注删》,也是由朱氏信手随写几句。这种书,号称校勘,其实是既不校,也不勘,甚至连阅读过程也是算不上认真的。但王国维对于《水经注》的不同版本,哪些是他阅读过的,哪些是经过他校勘的,却是可以分辨得出来的。因为经过他校勘的郦注版本,他往往在校勘以后撰写一篇跋尾,说明他校勘此书的经过,此书的损益得失以及其他与此书或此书作者有关的问题。当然,由于如上所说的王氏的著述藏书在他身后的散失,他究竟写作过几篇《水经注》跋尾,现在也很难论定。上海人民出版社1984年出版的《水经注校》,卷首有吴泽教授所写的《前言》,举出了王氏的6篇《水经注》跋尾:即《宋刊水经注残本跋》、《永乐大典本水经注跋》、《明钞本水经注跋》、《朱谋㙔水经注笺跋》、《孙潜夫校水经注残本跋》、《聚珍本戴校水经注跋》。这6篇跋尾,就是他校勘过6种郦注版本的证明。这6篇跋尾发表在民国十四年(1925)6月出版的《清华学报》第1期(第339—352页),在他身后的两种《遗书》的《观堂集林》中,都收录在第12卷。因此,不管是查索《清华学报》或《观堂集林》,这6篇跋尾都是集中在一起的。所以凡是论述王氏的郦学研究,往往举此6篇跋尾。如吴天任《杨惺吾先生年谱》(台北艺文印书馆1984年版)在中华民国十四年乙丑下云:"王静安《水经注》诸本跋刊于《清华学报》二卷一期,此为静安历年校勘《水经注》之总成绩。"但王氏校勘《水经注》的总成绩,其实还不止这6篇跋尾。在《聚珍本戴校水经注跋》一文中,王氏曾写道:"嘉兴沈乙庵先生以明黄省曾刊本属余录大典本异同,则又知大典本与黄本相近。"可见王氏又曾以大典本校勘过黄省曾本。此本今藏台湾"中央图书馆",胡适在《评论王国维先生的八篇水经注跋尾——重审赵戴水经注案之一次审判》(《胡适手稿》第六集下册)一文中提到:"中央图书馆藏有一部黄省曾刻本《水经注》,是沈曾植先生藏本。沈先生曾请王国维先生把他校出《永乐大典》本的异同过录在黄刻本上,所以此本有王先生的一篇跋。"胡适把此跋题作:《黄省曾刻本水经注跋》。往年在日本讲学,我曾从《胡适手稿》把这篇跋文复制携归。但因行囊紊乱,这次撰写此文前竟遍索不得,只好请香港郦学家吴天任教授为我抄回这篇跋文。跋文末尾题"壬戌上巳",则是民国十一年(1922)三月三十日。前面提到的《清华学报》所发表的6篇跋尾中,《明抄本水经注跋》和《聚珍本戴校水经注跋》两文末尾均署有"甲子二月"的撰写时间（案即民国十三年三月）。虽然在这篇跋尾中明确写出："校聚珍本毕，乙庵先生复出此黄勉之刊本属校大典，复以大典及聚珍本检校一过。"说明从校勘时间说，聚珍本在前而黄省曾本在后，但王氏校勘的时间与撰写跋尾的时间并不一致，所以这篇《黄省曾刻本水经注跋》，可能是王氏最早撰写的《水经注》跋尾。除了这一篇以外，在赵万里所收录的石印本《海宁王静安先生遗书》的《观堂别集》4卷中，其中第3卷还收有一篇《水经注笺跋》，这篇跋文不同于前面的6篇跋尾中的《朱谋㙔水经注笺跋》，它是题在赵万里临校王氏的《水经注笺》校本之上的。胡适在上述同文中，把这一篇作为王氏"八篇《水经注》跋尾"中的第8篇，并冠以一个《赵万里临校本水经注跋》的题目。这篇跋文文末署"丁卯二月"，案即民国十六年（1927）三月，王氏死于是年六月二日，故此文无疑是他所撰《水经注》跋尾中的最后一篇。

以上是王氏的8篇《水经注》跋尾，胡适专门对此8文写了上述评论性的文章。读了胡适的文章，一般人容易认为，王氏毕生撰写的《水经注》跋尾，就是上述8篇。但其实，在赵万里收录的《观堂别集》第3卷中，另外还有1篇《水经注释跋》，说明王氏也校勘过赵一清的《水经注释》。因此，王氏的《水经注》跋尾，现在可以核实的一共是9篇。9篇之中，《水经注笺》是一书二跋，所以从现存的这九篇跋尾之中，可知王氏一生中至少校勘过8种不同版本的《水经注》。在明清以来的科学家中，有的虽然也毕生劬劳，勤于校勘，但是由于他们能够获致的版本不多，所以成果有限。有的虽然获致的版本甚多（如胡适，他获致的版本达41种之多），但只是匆匆过目，不能进行细致的校勘。因此，在郦学史上，从校勘的版本数量来说，王国维已算是数一数二的了。

如上所述，王国维校勘的《水经注》版本至少有8种，经他阅读的此书当然更多，所以他对《水经注》一书是有很大贡献的。王氏在郦学研究上的贡献，首先当然是通过校勘，发现和改正了郦注中的不少错误。在上述9篇跋尾中，王氏举例校改郦注最多的一篇是《明钞本水经注跋》。在这篇跋尾中，王氏举例校改的共有《颍水》、《沔水》、《温水》、《叶榆山》等14篇共21条。如《颍水篇》云：

> 颍水又东迳项城中，楚襄王所郭以为别都。都内西南小城，项县故城也，旧预州治。案"预"者，"豫"之别字，诸本并讹作"颍"。考项县在汉魏时本属豫州汝南郡，至后魏孝昌四年始置颍州，不得为项县地，而天平二年，置东扬州，乃治项城，是项县故城，当是旧豫州治，不得为后魏颍州治也。且下文云：又东迳刺史贾逵祠。刺史上不著州名，乃承上文旧豫州治言之（魏志本传，逵为豫州刺史）。则此本作预州是，诸本作颍者误也。

这里，王氏的校勘是精细并信而有征的。他从历史沿革证明诸本"颍"字之讹，而明抄本的"预"字是正确的。又引《魏志·贾逵传》作为旁证。使论证具有更大的说服力,从而勘正了诸本皆讹的"颍"字。王氏的这一校勘成果,其价值还不仅是校出了一处诸本皆讹的错误,尤其重要的是他所指出的"'预'者,'豫'之别字"。这是一种重要的校勘方法,特别是对于抄本的校勘。不少古籍校勘者,由于不注意王氏指出的这种校勘方法,而把古人随意书写的一个别字或异体字,看得高不可攀,于是遍索各种典籍和小学书,从此误入歧途,不能自拔,浪费了许多时间精力,而结果只好张冠李戴,用一种自欺欺人的解释聊以解嘲。在郦注校勘中,就有这样的例子。今本郦注有一种称"坈"的地名,如卷四《河水注》的"曹阳坈",卷五《河水注》的"马常坈"、"落里坈",卷八《济水注》的"平州坈"、"深坈",卷二十三《汳水注》的"神坈坞",卷二十六《淄水注》的"皮丘坈",卷二十六《潍水注》的"盐坈",卷三十七《浪水注》的"水坈"等,全书共有八九处②,对于这种称"坈"的地名的自然地理属性,卷五《河水》经"又东北过高唐县东"注中说得十分明白:"漯水又东北迳千乘二城间……又东北为马常坈,坈东西八十里,南北三十里,乱河枝流而入于海,河海之饶,兹焉为最。《地理风俗记》曰:漯水东北至千乘入海,河盛则通津委海,水耗则微涓绝流。"

　　从上述注文可知,这种称"坈"的地名,其实就是季节性的积水坑,而大典本和黄省曾本也多作"坑",但以后各本却一概作"坈",而且从朱谋㙔的《水经注笺》开始,包括朱之臣的《水经注删》和张匡学的《水经注释地》等,都从小学书《玉篇》上去找寻这个"坈"字的答案,小题大做,不得要领。假使他们也能如王国维那样从别字或异体字的线索去考虑这个"坈"字,问题就会迎刃而解。今各本《水经注》中,卷五《河水》经"又东北过高唐县东"注中有"秦坈儒士,伏生隐焉"一语,这个"坈"字,在北京图书馆所藏残宋本《水经注》中,恰恰就作"坑"字。另外,今各本卷二《河水》经"又东过陇西河关县北,洮水从东南来流注之"注中,有"投河坠坈而死者八百余人"一语,这个"坈"字,在北京图书馆所藏何焯校明抄本中,恰恰也作"坑"字。由此可知,上述这八九处称"坈"的地名,其实就是"坑","坈"字不过是坑字的别字而已。光绪《山东通志》卷三二在引《水经注》"平州坈"后云:"坈当作坑",《太平御览》地部四十引《述征记》曰:"齐人谓湖曰坑。"上述八、九处称"坈"的地名中,除了《浪水注》的"水坈"外,其余均在齐地,所以"坈当作坑",可以无疑。

　　古籍校勘的工作确实是应该谨慎从事的,如上述"坈"字,因为字形冷僻,它诱使校勘者唯小学书是从,结果是钻入牛角尖而不克自拔。但另外有一些却因字形熟悉,它诱使校勘者全然不顾小学书,而自以为是,轻率臆改,同样得到错误的结果。在王国维的校勘成果中,《宋刊水经注残本跋》就提供了这方面的例子。王文云:

　　　　卷四十《渐江水注》,"入山采旅",诸本皆作"薪"。案《后汉书·光武纪》,野穀旅生。注：旅，寄也，不因播种而生，故曰旅。今字书作穭，音吕。又《献帝纪》，尚书郎以下，自出采稆。注引《埤苍》曰，穭自生也，稆与穭同。郦云采旅，正与范书语合，诸本改作薪，盖缘不知采旅为何语耳。

案王氏所举此例出于今各本《浙江水》经"北过余杭，东入于海"注中，原文云："县东北上，亦有孝子杨威母墓，威少失父，事母至孝，常与母入山采薪"。这个"薪"字，显然是某一个自以为是的校勘者所轻率臆改的。因为"旅"字字形熟悉，他一见之下，全然不想到小学书上对此还有其他训诂，而肯定它是个错字，一笔就改成"薪"字。从此以讹传讹，流传至今。其实这一臆改，显然失去了郦书原意。因为采旅和采薪大不相同，"旅"是野生食物，"薪"是燃料。前者需要识别何者可食，何者不可食，但采集的劳动量不大，后者无需识别，但采集的劳动量甚大。因此，孝子携母上山，当然是采旅而不是采薪。王国维校勘郦书的细致谨慎，于此可见。

王国维在《水经注》研究中的另一贡献，是他的校勘郦注，往往从大处着眼，从郦学发展史的观点，去探索各种郦注版本的渊源来历，而并不专门就事论事，推敲字句。他在《宋刊水经注残本跋》一文中云："然宋刊价值，尚不在字句之末，明以来抄刻诸本之源流，得此始可了然，盖三百年来，人间从未见此秘籍矣。"他在《聚珍本戴校水经注跋》一文中又说："于是明以前旧本沿袭，得窥崖略。"说明他校勘郦书版本的重要目的之一，是在理清郦注版本发展史，这是郦学史中的一项重要工作。为此，他每校勘一种版本，首先就要调查这种版本的来龙去脉。对于宋刊残本《水经注》，他开头就说："盖宋南渡初刊本也，本内阁大库物。案明《文渊阁书目》，《水经》十二册，至万历《内阁藏书目录》，仅存一册，而光绪中叶大库书档册数字中，乃有《水经》二十一本，其册数反增于《文渊阁书目》，疑《内阁书目》之一册，乃十一册之讹夺，而光绪中编档册，当时因未必检原书册数，必照旧档册誊之，其二十一本，当是十一本之讹，误衍二字也。"他在《永乐大典本水经注跋》一文中，开头也追索此书渊源，他说："凡四册，全录《水经注》河水至丹水二十卷，今藏归安蒋氏传书堂，壬戌二月，余假以校聚珍本一过；甲子春，复移录于校宋本之书眉。始知大典所据原本，与傅氏所藏残宋本大同，盖傅本本明文渊阁物，《永乐大典》编时，或即从阁本移录也。"他在《明钞本水经注跋》一文中考证此本源流说："与宋刊残本、明柳大中抄本，吴门顾氏所藏明影宋抄本，行欵并同。取宋刊残本校此本，凡佳处、误处与字之别构，一一相同；取《永乐大典》本、孙潜夫本、袁寿阶所校明影宋抄本校之，亦十同八九，盖即从宋刊本抄出也。"他在《朱谋㙔水经注笺跋》一文中考证朱本来源说："朱书底本，实用吴琯《古今逸史》本，而以宋本、黄本校注于下，国朝全、赵、戴三家，始并朱氏所引之宋本而疑之，余以宋刊残本校朱本，始知朱氏实见宋本。"他在《孙潜夫校水经注残本跋》一文中考证孙本源流说："潜夫本即以柳、赵二本校于朱王孙本（驿案，指朱谋㙔《水经注笺》）上，实兼有二本之胜。其书当嘉庆初，顾千里得之扬州，以归袁氏五砚楼，袁寿阶复以顾氏小读书堆所藏景宋本校之。"他在《黄省曾刻本水经注跋》一文中考证黄本渊源说："此本原出宋刊，观其绪叶，实与宋刊行欵全同，盖与大典所据之本同出一源，而文字颇以大典本为胜，盖大典从宋刊录出，而此或据影抄本也。"赵一清《水经注释》一书，流传广泛，其渊源人所共知，但赵书自序作于乾隆十九年（1754），赵书全祖望序却不著年月，考证全序写作时间，对于赵书的实际成书年代甚为重要。为此，王氏在其《水经注释跋》一文中，就着重在这方面作了考索。王氏云："谢山先生于乾隆十四年始校《水经注》，至十七年，凡七校。其中十六年秋，曾在杭州，十七年，在广东，十八年七月归，十九年秋，则在扬州，以春往，十一月始归。然则为东潜作此书序，殆在十六年或十八年秋也。至二十年六月而谢山病殁矣。"

如上所述，王氏每校勘一种郦注版本，首先必考证其书的渊源来历，这种校勘方法，确实大有裨于郦学研究。因为从明代以来，郦注的刊本和抄本杂出，它们有的校勘不精，有的来源不明，有的一人校勘后，又经收藏家以他本再校，有的又因收藏家的转移，发生一校再校等情事，不少号称善本的版本，其间校注纷杂，出处错乱，如王氏《孙潜夫校水经注残本跋》文中所述："孙氏此校则已不复识别，即于柳、赵二本，亦不尽加识别，故全、赵二家引此校，但浑称孙潜夫本而已。余以全、赵二家所引潜夫校语核此残本，则赵书所引不见于此本者凡三十七科，其中实多全氏说；全书所引不见于此本者凡七科，中有全氏说，有孙汝澄说。盖谢山既校孙本后，复自有记注，并书其上，久之不能自别，无怪赵东潜不能别也。"所以王氏每校勘一本，必首先考证版本渊源，不仅使长期来混入版本内的各种错乱注记得以清理，而各种版本相互间的复杂关系也可以查明。所以王氏的工作，不仅是一种校勘工作，同时也是一种整理郦学史的工作。王氏以前的郦注校勘者，在这方面实无可称道，所以王氏在这方面的成绩特别值得重视。

王国维在《水经注》研究中的第三项重要贡献，是他在赵戴《水经注》案中的深入研究、细致分析和正确立场。尽管他的言语有时不免激烈，但他持论公正，推理有据，并且对戴震的行为和戴书的成就有严格区别。王氏所在的时代，正值赵戴《水经注》案论战的高潮，在言论激烈的反戴派学者中，王氏以前的杨守敬，出言唐突，意气用事；与王氏同时的孟森，对戴震其人施以百端指责，而对戴震其书不出一句好言。王氏与他们相比，就显出了他的处事持重和观察全面。

对于戴震其人，王氏或许很早就存在不满。胡适在他的《评论王国维先生的聚珍本戴校水经注跋》（《胡适手稿》第六集下册）一文中说："那年（驿案，指民国甲子，即1924年）的一月十九日，是戴震出生的200年纪念，北京大学和北方学术界的一些敬重他的人，举行了戴东原先生纪念会。《北京晨报副刊》出了一个戴东原二百年纪念的专号，北京大学的《国学季刊》也出了一个专号（第二卷第一号）。当时发表文字的人，如梁启超先生，如我自己，都很诚心的称誉戴震的治学方法的谨严，赞许他的思想的勇敢。王国维先生似乎很不赞成我们那种称赞戴震的态度，他在戴东原200年纪念会后的两个月之内，写成了这两篇题着甲子二月的文字，特别是《聚珍本戴校水经注跋》，那是一篇痛骂戴震的文字。……这篇文字，显然是对于我们提倡戴东原二百年纪念的人的一个最严厉的抗议。也显然是对于戴震的人格的一个最严厉的控诉。"的确，王氏在这篇跋尾文章中对戴震的措词是很严厉的，他说："凡此等学问上可忌可耻之事，东原胥为之而不顾。"自从赵戴《水经注》案的论战开始以来，王氏的这一指责，或许是反戴派学者中说得最严厉的话。所以胡适说："这是一篇十分严厉的判决书。"③

王氏之所以说出如此严厉的话，是由于他在校勘中查获了戴震的许多不良事迹，其中荦荦大者有两项。王氏在这篇跋尾中说：

> 余曩以大典本半部校戴校聚珍本，始知戴校并不据大典本。……又以孙潜夫校本及全、赵二本校之，知戴氏得见全、赵二家书之说，盖不尽诬。何以知之，赵氏本书，即曰梁处素兄弟据戴改之矣，然其《朱笺刊误》中所引之全说，戴氏何以多与之合也；全氏之书，即曰王臞轩据戴改之矣，然全书校语及所引赵氏校语，戴氏又何以多与之合也。夫书籍之据他书校改者，苟所据之原书同，即今十百人校之，亦无不同，未足以为相袭之证据也。至据旧本校改，则非同见此本，不能同用此字，如柳大中本、孙潜夫本，谢山见之于扬州马氏者，在潜则见谢山传校本，《渭水注》中脱简一叶，全、赵据柳、孙二本补之，戴氏自言据大典补之，今大典原本具在，戴氏所补，乃不同于大典本而反同于全、赵本，谓非见全、赵之书不可矣。

以上是王氏查获的戴震的第一项不良事迹，简单地说，即是戴震号称据大典本校，其实却是剿袭全、赵。王氏查获的戴震的第二项不良事迹则是戴震刮补涂改大典本，这当然也是不可原谅的。王氏云：

> 且有私改大典假托他本之迹。如蒋氏所藏大典本第一卷有涂改四处：《河水》一："遐记绵邈"，"遐"、"邈"二字中，惟"辶"、"辶"二偏旁系大典原本，"叚"、"貌"二字，皆系刮补，乃从朱王孙笺；又"令河不通利"，"令"字，大典本作"今"，乃从全、赵二本，改"今"字下半作"令"；"天魔波旬"，大典与诸本同，乃改"天"字首笔作"夭"，以实其校语中"夭"、"妖"字通之说。《河水》二："自析支以西滨于河首左右居也"，大典与诸本同作"在右居也"，乃从全、赵二本改"在"字为"左"。盖藏校既托诸大典本，复虑后人据大典以驳之也。乃私改大典原本以实其说，其仅改卷首四处者，当以其不胜改而中止也。此汉人私改兰台漆书之故智，不谓东原乃复为之。

　　根据上述两项为王氏查获的证据,王氏作了两条推论:第一条是关于戴震见到赵书的时间。因为一般认为,赵书既由浙江巡抚呈进四库馆,戴震当然是在四库馆见到此书的。但王氏认为较此要早。而且戴氏不仅见到赵书,同时还见到全书。王氏云:"然余疑东原见赵氏书,尚在乾隆戊子(三十五年)修《直隶河渠书》时。东原修此书实承东潜之后,当时物力丰盛,赵氏《河渠书》稿百三十卷,戴氏《河渠书》稿百十卷,并有数写本。又赵校《水经注》,全氏双韭山房录有二部,则全氏校本,赵氏亦必有之。《水经注》为纂《河渠书》时第一要书,故全、赵二本,局中必有写本无疑,东原见之,自必在此时矣。"王氏的这个推论,实在是很可靠的。因为王氏还没有注意到一个事实,即戴纂《直隶河渠书》卷一《唐河篇》下,附录赵一清《卢奴水考》一篇,戴氏案云:"杭人赵一清,补注《水经》,于地学甚核。"这难道不是戴震在纂修《直隶河渠书》时见到赵书的铁证? 王氏的第二条推论是,戴书所引归有光本是戴震的伪托。王氏云:"独于卷三十一、卷三十二、卷四十中,五引归有光本,余核此五条,何与全、赵本同,且归氏本久佚,惟赵清常、何义门见之。……以东原之厚诬大典观之,则其所引归本,亦疑伪托也。"这一条推论当然没有第一条那样的证据确凿,但是按照戴氏的性格,这种伪托是极有可能的。正如孟森在《戴东原所谓归有光本水经注》④一文中所云:"但戴目空一切,何故独尊归有光? 归有光以文笔为世所推,其考订之功,未必为戴所心折,其必用有光之说以自庇者,压全、赵也。全、赵所见之本多矣,尚未能见归本,只能知赵清常、何义门曾见之。戴托庇归本,正使为全、赵之学者欲然有所不足。"

　　王国维对于戴震的指责大率如上,但他在赵戴《水经注》案中的立场与当年反戴派中的其他一些学者很不相同。他对戴震本人的指责虽然严厉,却是留有余地的。《聚珍本戴校水经注跋》一文中,他在写了上述那段严厉的指责后,随即分析戴氏所以如此不堪的原因是:"皆由气矜一念误之,至于掩他人之书以为己有,则实非其本意。"他对于戴震引用他人著作而不著出处的不良行为,也作了宽容的解释:"其治郦书也亦然,黄、胡、全、赵诸家之说虽尽取之,而气矜之隆,雅不欲称述诸氏,是固官书体例宜然。"特别重要的是,他对于戴震的所谓"气矜"以及由此而产生的一系列行为失检,与戴震所校的聚珍本《水经注》的卓越成就,是截然加以区别的。他在《黄省曾刻本水经注跋》一文中已经指出:"戴校诚为近世第一善本。"他在《聚珍本戴校水经注跋》一文中,对此作了更全面的分析:

　　　　盖《水经注》之有善本,非一人之力也。更正错简,则明有朱王孙,国朝有孙潜夫、黄子鸿、胡东樵;厘订经注,则明有冯开之,国朝有全谢山、赵东潜;捃补逸文,则有全、赵二氏;考证史事,则有朱王孙、何义门、沈绎旃;校定文字,则胡、朱、孙、全、赵诸家,皆有不可没之功。戴东原氏成书最后,遂奄有诸家之胜,而其书又最先出,故谓郦书之有善本,自戴氏始可也。

对于戴震在《水经注》一书中的其他功绩,王氏也是充分加以肯定的。例如,南宋以来,《水经注》之所以不堪卒读,主要原因之一是因为经注混淆。历来的校勘者,在这个问题上都下过不少工夫,很多学者都想在这方面找出他们校勘的线索。正德年代的杨慎就提出了《水经》体例的所谓"八泽":"曰出,曰过,曰迳,曰合,曰分,曰屈,曰注,曰入,此其八泽也,而水道如指掌矣。"⑤当然,杨氏的"八泽"是存在错误的,因为八泽之中,"过"是经文的用字,而"迳"是注文的用字。说明杨氏对此虽已下了工夫,但揣摩还是不够的。分清经注的研究到了全、赵而基本解决,这就是全氏在《五校本题辞》中所说的:"经文与注文颇相似,故能相溷而不知熟玩之,则固判然不同也:经文简,注文繁;简者必审择于其地望,繁者必详及于渊源。一为纲,一为目。以此思之,盖过半矣。"但是戴震在这方面的研究,较之全、赵更进了一步。这就是聚珍本卷首提要中所说的:"至于经文注语,诸本率多混淆,今考验旧文,得其端绪,经则云过,注则云迳,经则统举都会,注则兼及繁碎地名;凡一水之名,经则首句标明,后不重举,注则文多旁涉,必重举其名以更端;凡书内郡县,经则但举当时之名,注则兼考故城之迹。"对此,王氏的见解和一般认为戴氏亦本全、赵之说是截然不同的。王氏云:

> 至厘定经注,戴氏是否本诸全、赵,殊不易定。据段氏所撰《东原年谱》,自定《水经》一卷系于乾隆三十年乙酉,段刊《东原文集》《书水经后》一篇,亦署乙酉秋八月,此篇虽不见于孔氏刊本,然段氏刊《文集》及《年谱》,均在乾隆壬子,其时赵书未出,赵、戴相袭之论未起也,则所署年月自尚可信,而东原撰《官本提要》,所举厘定经注条例三则,至简至赅,较之全、赵二家说尤为亲切,则东原于此事似非全出因袭,且金字文虚中、蔡正甫,明冯开之已发此论,固不必见全、赵书而始为之也。

在王国维的时代,赵戴《水经注》案已经论战了100多年,自从魏源(默深)⑥、张穆(石舟)⑦之文出,戴书袭赵几已成为定论。论战之中,学者对戴震指责甚众,中间不免有出言唐突而缺乏根据的。王氏尽管反戴,但对于缺乏根据的指责,却绝不随意附和,而是起而为戴氏辨正。例如戴书提要中说道:"今以《永乐大典》所引,各按水名,逐条参校,非惟字句乏讹,层出迭见,其中脱简有自数十字至四百余字者。"张穆于道光二十一年,因缘得入翰林院,乘机阅读了院内所藏大典本《水经注》8巨册,并用明刊本作底校出一部,于是撰写了一篇《全氏水经注辨诬》⑧的文章,文内说道:"脱简有自数十字至四百余字者,此又八巨册中绝无之事。"因为张氏亲见大典本,所以学者对张氏之说深信不疑,使戴震在这个问题上蒙冤达80余年。王氏在《聚珍本戴校水经注跋》一文中,肯定了张穆文中的若干确实的论据后,又郑重指出:"惟石舟所谓《提要》所云脱简有自数十字至四百余字,此又大典绝无之事。今案,卷十八《渭水注》中脱简一叶四百余字,大典实有之,张氏此说未谛。"所有这些,都说明了王氏在赵戴《水经注》案中,虽然出言严厉,但处事是很公正的。

以上所述是王国维在《水经注》研究中的成就及其在郦学史上的贡献。作为一个近代的著名郦学家,王氏确是当之无愧的。当然,和历史上所有郦学家一样,王氏的《水经注》研究也并非完全没有失误。王氏思维敏捷,读书迅速,是其长处,前面也已经列举了他在郦注校勘中的细致认真之处。但是这里也不得不指出,他在《水经注》研究之中,仍然不免存在着一些疏漏。例如他在《宋刊水经注残本跋》一文中探索此宋本的渊源时,注意了书中的讳字,这当然是古籍研究中的一个重要方法。他说:"宋讳缺笔至桓、构二字止,而光宗嫌名敦字不缺,盖宋南渡初刊本也。"王氏的这个论断,可能是受了比他早读此本的张宗祥及傅增湘的影响。张氏于 1919 年在此书卷末的写跋中也断定此书为南宋绍兴刊本,傅增湘附和张说,他在《宋刊残本水经注书后》^②一文中说:"张君阆声谓为绍兴本,庶几近之矣。"王氏文中自述是从傅氏处借得此本阅读的,则傅氏对此本看法可能对王氏具有先入之见的作用,因而疏忽此书卷末另一学者袁抱存的写跋。袁氏云:"此残本出自清内阁库中,实希世之秘籍,字画整健,当出北宋,弓中如桓、构诸字,皆有剔痕,决非刻时缺避,盖南宋所摹印也。"王氏认为"宋讳缺笔至桓、构二字而止",但袁氏发现"桓、构诸字,皆有剔痕"。缺笔和剔痕当然不同,前者是雕板时就已写定,而后者则是雕板时本不缺笔,而是在已经雕成的木板上所作的修剔。我早年也曾在北京图书馆阅读过这个残本,发现除了袁氏所谓的"剔痕"以外,还有既不缺笔又不修剔的讳字。如卷十六《穀水》经"又东过河南县北,东南入于洛"注中的"寻其基构",卷十九《渭水》经"又东,丰水从南来注之"注中的"基构沦褫",这两个"构"字,都是完整无缺,亦无剔痕。或许当年张宗祥、傅增湘两人,都未曾逐字细读,而王国维既以张、傅见解为然,阅读亦未经意。假使他们如袁氏那样注意桓、构二字的剔痕,特别是完整无缺的"构"字,他们当然是不会提出绍兴刊本的说法的。所以袁氏提出的南宋摹印之说,显然要妥当得多。很可能是北宋末叶雕成的书板,到南宋初年加以修剔后再印好。上面所说的完整无缺的"构"字,当是南宋修剔中的遗漏,可惜王氏在阅读时由于对张、傅两氏的先入之见,也同样遗漏了这些完整的讳字,否则他是不会轻易附和张、傅两氏的。

王氏在《聚珍本戴校水经注跋》一文中又云:"又戴氏官本校语,除朱本及所谓近刻外,从未一引他本,独于卷三十一,卷三十二、卷四十中,五引归有光本。"这是我在上面所说的王氏在郦学研究中的又一疏漏。"从未一引他本"的话完全不是事实。的确,戴书校语中引及大量的朱本和所谓"近刻",但除此以外,校语中还引及宋本 16 处,黄省曾本 1 处,吴琯本 3 处,谢耳伯本 1 处,以及不少所谓"旧本"和"今刻"。特别不应疏忽的是归有光本,因为文章既然要以归有光本驳斥戴氏,则聚珍本校语中究竟引了归本几处?按理是应该仔细查明的。但不幸的是王氏竟在此出现失误,聚珍本校语中实引归本7处,王氏却云5处,漏去2处⑩,引来了胡适的《王国维判断官本水经注校语引归有光本5条与赵本同是错误的》(《胡适手稿》第六集中册)一文。胡氏在该文的结尾说:"所以我说,王国维先生判断官本《水经注》校语引归有光本五条(实有七条)'均与全赵本同',这个判断实在是很不正确、很糊涂,又很错误的。"胡适在此文中对于归有光本是否戴震伪托一事的分析,当然可以商榷;他以七条、五条的问题对王氏的挞伐,也未免小题大做。但是他所说:"王先生这一段话是很不正确,又很错误的,我们可以详细地指出他的错误,第一,王国维先生指出官本'五引归有光本',那是不正确的,官本的后十卷,引归有光本不止五次,共有七次。……七处之中,卷三十三与卷三十八两处,都是王先生不曾检出的。"这一段话却没有什么可以指摘,王氏确实不应该在这个数据上发生失误。当然,从全局来说,胡适是无法驳倒王国维的。⑪

王氏在其《聚珍本戴校水经注跋》一文的末尾,有一段关于为人治学的十分重要的话。他说:"平生尚论古人,雅不欲因学问之事,伤及其人之品格。然东原此书,方法之错误,实与其性格相关,故纵论及之,以为学者戒,当知学问之事,无往而不当用其忠实也。"王氏将戴震在为人治学上的一切有失检点的行为,归其根源于"气矜"两字,既是比较宽容的说法,也是切中要害的说法,是应当"为学者戒"的。但是以王氏这样一位读书认真,校勘细致的学者,在其郦学研究中,仍然不免有以上指出的失误,说明学问之事,除了王氏所说"无往而不当用其忠实也"以外,还应当高度警惕,万分谨慎,一丝一毫的疏忽,都足以造成研究工作的失误。这也是学者应当记取的教训。

王氏去世,于今恰逢一整甲子,在这60年中,我国的郦学研究,已经有了很大的发展。王氏生前只见到《永乐大典》本《水经注》从《河水》到《丹水》的20卷,但王氏去世后不久,全部大典本40卷即告发现,并于1935年由上海商务印书馆涵芬楼影印,公开出版。聚珍本《水经注》和合校本《水经注》,分别在《四部丛刊》和《四部备要》中大量印行。中华人民共和国建立以后,杨守敬、熊会贞合撰的郦学巨构《水经注疏》,于1957年和1971年先后在北京科学出版社和台北中华书局影印问世。王氏生前所校勘的朱谋㙔《水经注笺》,也于1984年由上海人民出版社排印出版。王氏在郦学研究中的许多成果,已为许多后来的学者所继承,在当今和将来的郦学研究中发挥作用。

1987年6月于杭州大学历史地理研究室

注释：

① 即罗振玉编印《海宁王忠悫公遗书》及赵万里、王国华编印《海宁王静安先生遗书》。

② 全书共9处，但其中卷八《济水注》中的一处，聚珍本作"平州"，无"坑"字，大典本作"平州沉"，微波榭本及注疏本作"平州坑"。

③ 《评论王国维先生的八篇水经注跋尾——重审赵戴水经注案之一次审判》，《胡适手稿》第六集下册。

④ 天津《益世报·读书周刊》第74期，民国二十五年十一月十二日。

⑤ 杨慎《水经注》，赵一清《水经注附录》下。

⑥ 魏源（1794—1857）曾撰《书赵校水经注后》（《思益堂日札》卷五），断言戴书袭赵。

⑦ 张穆（1805—1849）曾撰《赵戴水经注校案》（《张约园本》），认为赵、戴二氏书均袭全氏。

⑧ 即《赵戴水经注校案》，但此文收入于全氏《七校水经注》附录下及光绪《鄞县志》卷五四《艺文三》时，文题作《全氏水经注辨诬》。

⑨ 傅增湘《藏园群书题记初集》卷三。

⑩ 卷三三《江水》经"又东过江阳县南，洛水从三危山东过广魏洛县南"注中，"后治洛县"一句，近刻脱"治"字，戴据归有光本补正；又卷三十八《湘水》经"又东北过阴山县西，溇水从东南来注之，又北过醴陵县西，漉水从东南来注之"注中，"又北迳建宁县"下，近刻衍"而旁湘水县北"六字，戴据归有光本删去。此二处均为王国维所失检。

⑪ 杨家骆《水经注四本异同举例》（《学粹》第4卷第5期，1962年台北版）："民国二十五年，胡适之先生过沪，谓将为东原撰冤词，骆益惶恐无所适从，相俟十余载，读其所发表诸文，假设固至肯定，求证会得其反，于静安先生肯定之论，终不能正面列证予以推翻。"

原载《中华文史论丛》1989年第2期

六、郑德坤与《水经注》

　　自从金蔡珪(松甫)于 12 世纪中叶撰《水经注补》以后,郦学研究之风兴起,明代以后,郦学家人材辈出,到清乾隆年代而臻于鼎盛,全祖望、赵一清、戴震 3 家,成为郦学研究登峰造极的代表人物。此后,在清一代中,后来者都不能与此 3 家相颉颃。直到清末,杨守敬以有清一代的著名地理学家①从事郦学研究,开创了郦学研究中的地理学派,使乾隆以后后继乏人的郦学研究重振旗鼓。杨守敬虽然死于民国以后,但他的治郦业绩主要在清光绪年代,所以应列入清代郦学家。

　　清以后,从民国直到中华人民共和国建立迄今,有贡献的著名郦学家计有熊会贞、王国维、钟凤年、郑德坤、吴天任等,他们在郦学研究上,各有自己的方法和经历,获得了各不相同的成果,推动了郦学研究的发展。

　　熊会贞(1859—1936)受业于杨守敬,杨氏于民国四年(1915)去世后,他继承杨氏未竟之业,"暝写晨抄,二十余年如一日"。②熊氏早年曾襄助杨氏编撰《历代地理沿革图》,对历史沿革地理最为娴熟,后又助杨编撰《水经注疏要删》及《水经注图》,故对郦注具有极为深厚的基本功,近代郦学家中,在这种基本功上无人可以望其项背。熊氏的不足由于追随杨甚久,继承了杨氏之优,亦受杨氏某些成见的束缚。杨氏鄙视戴震及其殿本,其创《水经注疏》,竟撇开校勘最精的殿本而以明朱谋㙔《水经注笺》作底本。熊氏晚年虽在颇大程度上摆脱了杨的成见,但其书仍以朱笺作底,至为可惜。拙著《熊会贞郦学思想的发展》③一文已述其详。

　　王国维(1877—1927)是学识渊博、著述丰富的近代著名学者。他曾在民国十四年(1925)的《清华学报》第 1 期发表残宋本、大典本、明抄本、朱笺、孙潜校本、殿本等 6 篇《水经注跋尾》,此外在今台湾省"中央图书馆"所藏黄省曾刊本卷内,也有他的序跋一篇,在赵万里所编《观堂别集》卷三之中,并收有他的《水经注笺跋》(不同于《清华学报》)、《水经注释跋》两篇。故知王氏毕生曾校过 8 种郦注,撰有 9 篇跋尾。他以其功力深厚的历史学、文字学、考古学等为治郦工具,其见解往往有独到之处。但因读书敏捷,有时不免疏忽。如其跋残宋本,认为"宋讳缺笔至桓、构二字而止",故断为南宋初刊本。其实卷内"构"字有缺笔,亦有不缺笔,[④]故其版应成于北宋,至南宋时再加修剔,不缺笔的"构"字,是修剔时所漏。又如其跋殿本,说其"五引归有光本",其实殿本引归有光本有 7 处。诸如此等,我在拙著《王国维与水经注》[⑤]一文中已有较详说明。

　　胡适(1891—1962)是我国学术界有很大影响的近代学者,他的后半生致力于郦学研究,其成果包括论文、函札、跋识等百余篇,在其身后印行的《胡适手稿》10 集(每集分上、中、下三册)中占了 6 集。胡适的郦学研究,其目的主要是为了在赵戴《水经注》案中为戴震洗刷,证明戴震未袭赵书。胡适的郦学研究在这个目的上虽然未获成功,但是他确实为此尽了最大的努力,而且为了这种研究,他广泛阅读和搜集各种郦注版本,成为郦学史上搜集版本最多的学者。胡适从事郦学研究给我们的另一重要启发是,胡适作为一个学者,对于学术是有始有终的。他成名甚早,并且踏入仕途(抗日战争期间中国驻美大使)。抗战胜利后任北大校长,新中国成立前夕去美转台,直到1962 年去世,其间社会工作不可谓不忙,但他一直没有离开学术研究,读其《手稿》10集,在学术上绝无蜻蜓点水、浮光掠影之感,也看不出他人撰文由他领衔之事。从这一点说,确实值得学习。

　　钟凤年(1888—1987)是一位著作甚多,功力深厚的郦学家,抗战胜利后,他供职于北平研究院史学研究所,这一时期,曾与胡适讨论郦学,并去胡寓观摩各种郦注版本。二人往来信札甚多,均收入于《胡适手稿》,所持意见多与胡氏不同而甚有见地。他早年毕业于北京译学馆法文班,由于没有高级学历,在旧社会求职困难,一生甚为坎坷。新中国成立后入考古研究所,60 年代初以副研究员职称退休,虽然条件困难,仍然孜孜于学。《水经注疏》于 1957 年在北京科学出版社影印出版后,他对此书作逐字逐句的校勘,历时近 20 年,校出错误达 2400 余处。[⑥]年近 90 尚撰写《评我所见的各本水经注》(《社会科学战线》1979 年第 2 期)一文。1987 年逝世,享年 100 岁,身后有遗稿《水经注校补》1 种。

　　吴天任(1916—)是寓居香港的著名郦学家,现任香港树仁学院高级讲师,郦学著述甚丰,他从 1945 年开始,以 30 年的功力,撰成《杨惺吾先生年谱》[⑦]一书,全书凡 20

万言,对杨氏的生平经历及其与郦学的渊源关系、研究历程、丰硕成果等,都有详细记载。杨氏去世后,郦学研究的发展仍赓续叙述,直至《水经注疏》在北京和台北先后影印出版为止。内容丰富,言必有据。书后又附有《水经注疏》北京影印本与台北影印本之间的字句差异,逐字逐句,对照排比,殆亦20万言,其所费精力可以想见。其书最后附列杨氏毕生著述,按年排列,搜罗无遗。吴氏另外又编有《水经注研究史料汇编》下册⑧(上册为郑德坤所编)1种,选择清代及现代郦学家40余人的研究成果近270种,每篇均由吴氏作简明题解,在郦学史上具有重要价值。

本文旨在论述郑德坤在郦学研究中的方法、经历及其成果。为了在近代著名郦学家中有一个横向的对比,所以首先把几位郦学家作如上的简述。从以下的论述中不难看到,在近代的著名郦学家中,以功力的雄厚,著述的丰富,贡献的卓著,影响的深远而言,除了熊会贞以外,郑德坤实名列前茅。

郑德坤(1909—)毕业于燕京大学,曾受业于洪业(煨莲)、顾颉刚诸名师,30年代初在美国哈佛大学获得博士学位,曾任厦门大学教授,并应聘去英国剑桥大学讲学。1952年起任香港中文大学副校长,1957年起任该校中国文化研究所所长,直至退休,但继续担任英国学会通讯院士及中文大学中国文化研究所名誉所长。郑氏从事郦学研究,始于30年代之初,数年之中,完成了6项研究工作,从民国二十四年(1935年)他在厦门大学为其《水经注研究史料汇编》所写的《序例》中,可以窥见其研究工作的概貌:

> 民国二十年春,余整理《山海经》方竣,交神州国光社付印,由洪师煨莲、顾师颉刚之指导,一点校《水经注》,可得版本,无不检阅一过。深知阅治郦书,必由王先谦《合校本》及杨守敬、熊会贞《水经注图》入手,次及赵一清、戴东原、全祖望三家校释,再及杨守敬、熊会贞、王国维三家校疏,然后前人精华可一网打尽矣。三年以来,或作或辍,完成工作凡六。郦书四十卷,篇幅繁杂,宜有引得,然后检查方能不虚费时刻。因用洪师编纂引得法钩点一过,备作引得,一也。杨熊注图虽善,然旧式装订展阅困难,因由新式图例,重为编绘,合六百零八图为四十二及总图一,名《重编水经注图》,将来如得付印,当附《引得》,以与经注《引得》相经纬,二也。清儒颇重《水经注》,然未有细考其版本者,因以书目为据,目验为凭,作《水经注版本考》,三也。明本载郦氏引用书目只得百余种,余考郦氏引书凡四百三十六种,因作《水经注引书考》,四也。世人爱《水经注》故事而甚众,或欲辑出单行而未成,因抄出五百零二种,分为十二类,作《水经注故事钞》,并著《略说》,五也。吾人研究《水经注》应先知前人研究《水经注》之经过,然后可得其门而入,可择其道而行,免徘徊支途,履前人之覆辙,因集群籍序跋题识,编为《水经注研究

史料汇编》,六也。

在上述引文中,郑氏罗列的郦学研究成果,除《水经注图》42幅已经不存外,其余5种,均已先后出版,并收入于1980年香港中文大学中国文化研究所《中国考古学术研究中心集刊》之一的郑氏《中国历史地理论文集》。上述各种,不计《水经注图》,约为80万言。加上未列入上述各种的其他郦学著作如《水经注书目录》、⑨《水经注戴校本与大典本互校记》、⑩《水经注赵戴公案之判决》⑪和郦学译稿《关于戴校水经注》⑫等,郑氏的郦学研究成果,当在100万字之谱,在前面列举的近代郦学家中,熊会贞固以撰述之多著名,但熊的撰述主要是为郦注作疏及编图,字数不易计算,而又系与杨守敬合作,熊氏个人所撰几何,尤难获得确数。胡适的郦学著述,从其《手稿》估算,当亦超过百万言,但因《手稿》中选入了许多其他郦学家的论著和信札,所以学者估计胡氏本人所撰的文字仅70余篇,数十万言。⑬因此,在近代郦学家中,以著作之多而言,郑氏与熊会贞或相伯仲,而较之其他诸家,显然远远领先。下面我们把郑氏的郦学研究及其主要成果加以评论。

郑德坤的郦学研究,是从基础入手的,他在1933年就完成了《水经注版本考》的撰写,使他的研究建立在非常坚实的基础之上。胡适曾经强调《水经注》版本的重要性:"所见的本子越多,解答的问题越多⑭。"这话或许偏于夸大,但版本研究作为郦学研究的基础,这是没有疑问的。因为《水经注》不同于他书,版本确实太多,胡适一人收藏的各种版本就达41种,各种不同的版本,除了在内容上的重大差异之外,还牵涉到郦学家所在的时代和学派等问题。因此,郦注版本的研究,除了版本本身的问题外,其实也是郦学发展史的研究,所以这是郦学研究的重要基础。

郑氏撰《水经注版本考》,⑮据他在跋尾中所说,是花了两年时间,查阅了100多种书目而成的,功力当然不小。他首先在短小的序言中列举从隋唐三志到《宋史·艺文志》的有关经、注的一切著录,辨明《水经》与《水经注》的关系,这是郦学研究的第一个基本问题,却又是相当复杂的问题。直到不久以前,仍有著名学者,由于缺乏基本功夫,居然提出"经注同出一手"的错误说法。⑯在正文中,郑氏分"唐以前"、"宋"、"金元"、"明"、"清以后"6个时代的78种郦注版本,一一考证源流,评论得失,极为详悉。对上列每一时代的版本研究,卷首卷末,都有简短的引言和跋语,显示了他在版本研究中的卓识。例如在《金元水经注》卷末跋语中说:"蔡氏《补正》(案指金蔡珪《补正水经》)实为专门研究《水经注》之始。"《明代水经注》卷首引言评论明代郦学家,"刊刻圈点,校注笺疏,不遗余力,惜以方法未精,尚不能辟荆棘,以臻完善。"《清以后之水经注》,卷首引言说:"清儒治学,最重考据,颇合科学方法。……今《水经注》可读,实清儒积年努力之结果,非一代一人所能幸致者也。"这些论断,都是令人信服的。对于历代各种版本的得失,也多有公允精辟的见解,例如对现存最早的完整刊本明嘉靖黄省曾本:"规制装璜甚精,但校雠欠善,误字甚多也。"对明朱谋㙔《水经注笺》:"顾炎武推为有明一部书,黄宗羲、赵一清则驳击不遗余力,平心论之,其考订诚为未精,然引证故实,以辅注文,厥功甚巨,吾人不应一笔抹杀也。"对于全祖望七校本,当时由于其五校钞本尚未为人所见,真伪未辨,为清代郦学家林颐山、王先谦等所不齿。但郑氏则说:"其书非全氏七校原本甚明,何用论辩?且全书精华已见赵书,改订字句,赵全颇相同,惟其中有赵所不载者,又参王氏(案指王梓材)、董氏(案指董沛)诸人见解,虽未必一一皆当,然亦不应视为粪土,讳而不言。王氏《合校本》只字不录,殊为可惜。"诸如此类对历代版本的论述,都是经过对全部郦学史的宏观研究和对各种版本的精深钻研的结果,其中不少论断,至今仍是郦注版本研究的圭臬。

《水经注版本考》以外,郑氏另编有《水经注书目录》一种,郑氏在此书序言中说:"为学之道,首在得其门径,未获门径而能升堂入室登峰造极者,未之有也。目录为读书门径,而今欲据郦书考古证今,自应先由目录入手。"《目录》与《版本考》之间有若干重复,但郑氏视目录为治学门径,不烦以各种方式研治郦书目录,作为他在郦学研究中"登堂入室登峰造极"的门径,这种重视基础研究的治学方法,不仅在郦学如此,其他许多学问也是如此,是值得为后学所借鉴的。

郑德坤对于《水经注》的另一基础研究成果是《水经注研究史料汇编》。此书所收录的,起自三国两晋,迄于民国二十年(1931),共 78 种。全书性质与《水经注版本考》有相似之处,所不同者,《版本考》所收均为历代郦注版本,而《汇编》所收,除版本外,兼及历代郦学家治郦文献,例如法人沙畹(Chavannes E)的《译水经注》,日人森鹿三的《水经注所引文献之研究》以及王闿运的《水经注札记》、熊会贞的《关于水经注之通讯》等,也都收入在内。《版本考》论述各种版本,内容简短,而《汇编》论述各种版本文献,内容力求全面,把历来各家甚至原书序跋均收录在内。以《水经》及《水经注》的关系而言,《版本考》在序言中阐明,约 1200 言,而《汇编》中则分立《水经》、《郭璞水经注》、《郦道元水经注》三个题目详述,共达 8500 言。其余各篇,无不如此,如黄省曾刊本《水经注》,《版本考》所释仅 60 余言,《汇编》多至 2500 言;杨慎《水经注》,《版本考》所释仅 170 余言,而《汇编》达 2700 余言,全祖望校本《水经注》,《版本考》所释仅 1400 余言,而《汇编》广收各方评论,长达 20000 言。所以《汇编》按其性质虽然与《版本考》同属郦学的基础研究,但在资料的广泛,论证的深入等方面,《汇编》显然大大超过《版本考》。其中不少资料,在郦学史上堪称珍贵,例如《沙畹译水经注》,抄录 1905 年在巴黎出版的《通报》(*Toung-Pao*)原文,这是外国学者翻译《水经注》的嚆矢。又如《熊会贞关于水经注之通讯》,虽然已见于《禹贡半月刊》第 3 卷 6 期(1935 年 5

月），但此三函实为熊、郑两人间的私人通信，郑氏以之刊于《禹贡》，至今成为郦学史上的重要文献。

郑德坤在郦学基础研究方面的规模最大的成果是《水经注引得》，这是北平哈佛燕京社出版的许多种《引得》中的1种。引得即英语Index的音译，现称索引。当时，燕京大学创制引得法，并建立哈佛燕京社引得编纂处，按照所谓"中国字庋撷"法，编制出版了我国重要古籍的《引得》20余种，《水经注》是其中之一。这是一件工作量非常浩大的事，要把《水经注》全书的地名（河川、山岳、州县、城邑等）、人物、文献、碑碣等，按"中、国、字、庋、撷"五体，编成引得。由于《水经注》内容浩瀚，同一地名或人物、文献等，牵涉的卷篇甚多，《引得》每涉篇内一词，就抄录此词下注文一条。例如地名中的"河水"，各卷篇中凡269见，共抄录注文269条，"江水"抄录注文达324条；人物中的"应劭"一名，抄录注文47条，"汉高祖"一名，抄录注文80条，而王莽一名，抄录注文达536条，文献中的《汉书·地理志》一书，全书除卷一《河水》外，各卷都有引及，共达270处。所以《引得》内容详尽，检索方便，成为郦学史上第一部工具书。通过此书的编纂，郑氏对30余万言的郦注全文，作了一字一句的揣摩排比，所以在郦学基础研究方面，他的功力深厚，可以想见。

郑德坤对《水经注》的专题研究，也就是在郦学领域中的纵深研究，是建立在上述基础研究之上的。因此，他的研究极有成效，为郦学界提供了许多优秀的研究成果，其中之一就是《水经注引书考》。《水经注》引书十分丰富，历来久负盛名。郦学家研究郦注所引文献，从明代起就已开始，这是郦学研究中的一个重要课题，因为尽管郦道元重视野外实践，即郦书原序中的所谓"访渎搜渠，缉而缀之"。但是郦注记载的范围极大，他的足迹毕竟有限，特别是南方半壁，他全未亲履，所以郦注内容，绝大部分均引自各种文献，而这些文献至今大部已经缺佚。研究郦注文献，不仅有裨于郦学本身，而对文献学、目录学、碑版学等方面，也都事关重要。郑氏在此书序言中已经列举了明人在这方面的研究："明末，钟惺、谭元春评点郦书，以朱谋㙔《水经注笺》为底本，记所引书目，凡百六十七种。"我在拙著《水经注文献录序》[⑫]中，也举嘉靖黄省曾刊本卷首所列引书目录为167种，王国维校明本《水经注》卷首所列为169种，中华书局1960年出版马念祖编《水经注等8种古籍引书目汇编》所列《水经注》引书，共375种。马编所列当然远过明人，但仍然不及郑氏。而且由于以前的学者对所列郦引文献均不作考录（马编仅考其存佚），不仅总数与郦引实数差距尚远，且因书名不经考录，往往有异名同书者多次计数，而同名异书者则只作一书。所以前人在这方面的研究，实难令人满意。郑氏在这个课题中的研究，显然大大超过前人，郑氏在序言上总叙他的成果："《水经注》引用图书凡四百三十六种，其中今存者九十一种，辑存者百四十九种，引存者百二十七种,而今亡者六十九种。"全书采用《四库》分类,把 400 余种文献分别列入于经、史、子、集四类进行考录,但连续编号,附以人名通检,甚便查阅。

郑氏所作的考录,对于每一种郦引文献,不仅考其源流,述其始末,而且印证注文,纠正讹误,所以很有价值。例如编号 273 的郦引文献,仅作一《图》字。案此《图》引见于卷二十二《洧水》经"又东南过新汲县东北"注下:"《春秋·左传》庄公二十八年,楚伐郑,郑人将奔桐丘。……京相璠曰:郑地也,今《图》无,而城见存,西南去许昌故城可三十五里,俗名之曰隁其城。"郑氏考证此《图》说:"赵改图为国,失于画蛇添足之嫌,桐丘城,未闻有立国也。今读上下文,此'图'字可作两解,指京相璠地图,谓京氏图已亡,而城犹在,一也。指此魏地图,谓北魏时有此城,而图不著之,二也。……郦道元注《水经》,于四渎百川之源委支派,出入分合,莫不定其方向,纪其道里,数千年之往迹故渎,明若掌纹,如无详细舆图以资参考,焉得如此精确。然后魏如裴秀修《舆地图》者未闻,不知郦所据何图也。《御览》引书目有《后魏地图风土记》。"郑氏的考录是信而有征的,赵一清改"图"为"国",显系他的千虑之一失。

又如《竹书纪年》一书,是郦注的常引文献,郑氏在此书(编号 126)下考证说:"证今本为明人钞合诸书之伪作,《水经注》引《纪年》凡七十六次,郦氏相信《竹书》之程度可见,而其所引有可与古文本相校勘者。"

这是郑氏用郦注引书校勘古籍的例子,他用郦引《竹书》对今本《竹书》作了 4 条校勘,兹举其中 2 条如下:

《竹书纪年》曰:庄伯以曲沃叛(案见卷六《浍水》经"浍水出河东绛县东浍交某高山"注)。今本《竹书》庄伯上有十月二字,以焚禾事系于家谷下,此注既系十二年于焚禾上,而庄伯之叛又在十月,则今本《竹书》误。

赵(案殿本及合校本,此处漏一'武'字)灵及代人救浊鹿,败燕师于勺梁者也(案见卷十一《滱水》经"又东过博陵县南"注)。今本《竹书》系此于周显王十七年,是当赵成侯二十二年,下距武灵王之立且二十六年,此为误系无疑。

郑氏考录郦引文献,常有独到的见解,这里也举一例。卷四十《渐江水》经"北过余杭,东入海"注云:"《异苑》曰:晋武时,吴郡临平岸崩,出一石鼓,打之无声,以问张华,华曰:可取蜀中桐材,刻作鱼形,扣之则鸣矣。于是如言,声闻数十里。刘道民诗曰:事有远而合,蜀桐鸣吴石。"此处所引刘道民诗,历来各家均无他释,何焯校本说:"道民,宋武帝小字也。"杨守敬《水经注疏》亦引何焯此言。但郑氏著录此诗作《何遗民集》(编号 384),并考证说:

此注引刘遗民诗,'遗'误为'道',形近之讹。《七录》晋柴桑令《刘遗民集》十卷,今存严氏辑本,题云刘程之,遗民本程之别号也。其诗曰:事有远而合,蜀桐鸣吴石。

根据上述考证,既然严可均《全晋文》中辑录了《刘遗民集》并及其诗,则今本郦注"道"字显然是"遗"字之误。因残宋本及大典本亦作"刘道民",则此一错误由来已久。郑德坤的这一考证,不仅纠正了从何焯到杨守敬的错误,而且纠正了从残宋本到殿本的错误,当然是于郦有功的。

郑氏的另一郦学专题研究成果是《水经注故事钞》。此书卷首的《水经注故事略说》,具有全书序言和提要的性质,曾先后于1942年、1963年在《华文学报》和东南亚研究所发表,全书于1974年由郦学家吴天任冠以序言一篇,在台北艺文印书馆出版。《水经注》虽然是一种地理书,但其间穿插了许多故事,这些故事,有的当然事涉无稽,有的却信而有征。而且所有故事均引自他书,非郦氏杜撰。把这些故事分门别类地加以辑录,不仅有裨于郦学研究的深入,而且对古代社会、伦理、宗教、风俗、民族、语言等方面的研究,也都有重要的价值。全书把郦注记载的故事分成12类,即神仙鬼怪、帝王、名人、战争、动物、灵验感应、义侠孝弟、异族、佛教、祈雨、德政、名山古迹。每类别有子目,全书合计各类故事共505则,约18万言。由于分类明确,子目详细,各种不同的研究者检索甚为方便,所以全书在一定程度上仍然具有工具书的意义。

郑氏治郦于30年代,这期间,正是赵戴《水经注》案论战频仍之时,著名学者如孟森和日本的森鹿三,连续发表论战文章,郑德坤当然不可能回避这种现实,他在厦门大学执教时,曾于1935年撰写过一篇论战文章:《水经注赵戴公案之判决》。当时,这类论战文章甚多,现在大都收录于《胡适手稿》之中。这类文章虽然各据其理,但一般说来,都是言词激烈,声色俱厉的。我在拙著《论戴震校武英殿本水经注的功过》[18]一文中曾经指出:"这中间,难免有责备过分,出言偏激的情事,例如杨守敬附和梁鼎芬的言论,一口咬定戴震说作为殿本依据的大典本是'直无其事'。王国维更斥责戴震,'凡此等学问上可忌可耻之事,东原胥为之而不顾。'在这样一场时旷日久,牵连广泛的大论战中,出现一些武断的言论和意气用事的指责当然是难免的。"但是现在重温这些论战文章,就应该承认,郑氏的这篇《水经注赵戴公案之判决》,不但是所有论战文章中篇幅最大的一篇(约27000言),而且是交代论战过程最完整,说理最透彻和论断最公正的一篇。文章当然以论战为线索,但是实际上也叙述了从乾隆年代开始的整个郦学史过程。论文由9个部分组成,其标题是:一、绪言——公案之事实;二、公案之发端——段玉裁责赵;三、公案之反议——魏源驳段;四、公案之扩大——张穆之拥全;五、公案之研究——杨守敬之非戴;六、判决之拟定——王国维之非戴;七、公案之调处——梁启超之和事;八、判决之反驳——森鹿三之拥戴;九、结论——公案之判决。全文最后的结论是:"戴震剿袭赵一清、全祖望之罪名,虽百喙不能解之,而《水经注》

赵戴公案可以判决矣。"

郑氏此文囊括了赵戴《水经注》案中的全部材料,读此一篇,不仅此案发生和发展的过程一目了然,而且案中的是非曲直也昭然若揭,具有很大的说服力,所以此文出后,除了孟森在稍晚的《禹贡半月刊》第 7 卷(1937)继续有几篇论战短文指责戴震外,这场论战基本平息。以后由于胡适在 40 年代初期又公开宣称要研究 100 多年来的所谓赵戴《水经注》案,要为戴震打抱不平。因此重启战端,在港、台等地,迄今尚未完全平息,事详拙著《胡适与水经注》[19]一文中,这里不再赘述。但必须指出的是,胡适为戴震翻案的全部论文和函札,都收在他的《手稿》1 至 6 集共 18 册之中,论文中除评论古人以外,评论近人的涉及王国维、孟森、丁山、森鹿三等,凡是发表过论战文章的,几无例外。以函札形式探讨或争论此案的有钟凤年、洪业(煨莲)、杨连升、顾廷龙(起潜)、卢慎之等,唯独不见批驳郑德坤《水经注赵戴公案之判决》的文章。前面已经提及,郑氏此文是一切论战文章中篇幅最大的一篇,其结论斩钉截铁,正是胡适所力求翻案的。在国际上,郑氏此文影响也最大,日本郦学权威森鹿三特为撰文介绍。[20]胡适当然不会不读此文,但何以对此文无只字反驳。我们虽然不能断言胡适有意回避,但胡适对反戴的杨守敬曾加猛烈攻击,对同样反戴的熊会贞却不置一辞。同样,胡适对反戴的王国维、孟森诸氏严厉反驳,却对郑德坤不置一辞。其间关系,实在颇可玩味。在郦学论战中,胡适的战略,主要是利用优势,乘人之虚。所谓优势,就是他掌握的大量版本;所谓乘虚,就是对手暴露的缺陷。杨守敬之所以被胡适斥为"狂妄、轻率、武断",[21]尽管语出偏激,但杨氏自己确有不少轻率、武断之处,成为胡适可乘之虚,我在拙作《熊会贞郦学思想的发展》一文中已经阐明,这里不再赘述。另外,胡适驳斥孟森说:

> 我现在举出一组例子,来说明向来审判《水经注》疑案的学者因为所见本子太少,所以闹出种种错误的结论。……只可怜那五条《水经注》,杨守敬用他们来证明赵书袭戴。孟森先生又用他们来证明戴书袭赵,来证明戴氏'诈伪盗窃'。[22]

这里,他分明是利用自己的版本优势,揶揄了孟森所见的本子太少,因而造成一点错误。同样,胡适驳斥王国维说:

> 王国维先生这一段话是很不正确,又很错误的。……王国维先生指出官本"五引归有光本",那是不正确的,官本的后十卷,引归有光本不止五次,共有七次。

这里,胡适也是利用王国维的读书疏忽,乘人之虚,咬住不放。尽管这种战略并不实际服人,但在对手来说,总是因为资料引用的失误以致授人以柄。而胡适对熊会贞和郑德坤的所以不措一辞,特别是对于郑氏的这篇与他针锋相对而又受到国际郦学家重视的论战文章不措一辞,说明在近代郦学家中,如熊会贞和郑德坤,功力雄厚,文章严密,使人无隙可乘。

以上是对于郑德坤在郦学领域中的基础研究以及专题研究的主要成果的评价,我在拙著《论郦学研究及其学派的形成与发展》[23]一文中,把历来的郦学家分成考据、词章、地理三个学派,而且指出地理学派"是郦学研究中的实用学派,在郦学研究发展的过程中,它形成较晚,但却具有极强的生命力和远大的前途。"郑德坤的郦学研究是在肯定《水经注》是一部地理学书的前提下进行的,因此,他显然属于地理派。郑氏以后把他在郦学研究中的主要论著,收入其《中国历史地理论文集》,这是恰如其分的,也是郑氏自己向公众宣告:他是地理学派的郦学家。

关于郑氏是地理学派的郦学家,在他的著作中还可获得一些端倪。他编纂《水经注引得》,此书当然是供给郦学领域中各行各业使用的,但他在卷首序言中首先指出《水经注》是一部地理书。他说:

> 夫自《班志》而后,《续汉书》之述水道,极为草率,若非道元矜奇炫博,后魏以前地书,搜罗殆尽,沿波及澜,琐而不失之杂,则唐以前地理有不足之叹矣。清代地理学家如胡渭、顾祖禹辈,并致力于是书,而王先谦三十年足迹所至,必以自随,郦书为古代地理之总结,固不可抹杀之事实也。

在首先肯定了《水经注》的地理属性以后,郑氏然后再逐一列举此书在其他各方面的价值:"史家之鸿宝也","治经者之至宝也","诗人墨客并仰给于郦注,其在文学之价值可见矣","金石家视为至宝者也"。

郑氏撰写《水经注引书考》,在大量郦注引书中,他也从郦书是一部地理书的角度,首先推崇其所引的地理书。他在此序言中说:

> 《水经注》征引地理书之富,隋唐以前无能出其右者,其作品在地理上之价值,可想而知。后儒或以其兼引小说故事,讲究词藻,而自为奇僻。其未详考所引用书有以致之也。

和历来的地理学派郦学家一样,郑德坤在他的郦学研究中也十分重视地图。他于30年代初期在燕京大学之时,曾经改编杨守敬的《水经注图》已见上述。此图下落郑氏在1984年所撰的《重编水经注图跋》一文中作了说明:

> 图稿完成于一九三三年夏,当时因篇幅宏巨,制版印刷复杂,又逢日军紧迫京津,余亦应聘回厦门大学任教,该稿交由哈燕社保存。不意抗战军兴,举国动荡,绵延十余载,其后哈燕社撤消解散,图稿已不知下落。幸当时绘图员张颐年君因余将离京,特复制总图一纸以赠,藉为合作纪念。今吴君增编《水经注研究史料汇编》,拟将此图影印制版刊于卷首,与若干《水经注》版本并列,又嘱书简文,俾可图说兼备,因记数语叙述原委,并志学术合作愉快之经过云。[24]

郑氏从事郦学研究于 30 年代，他的主要郦学著作，均在 30 年代完成，此后，郑氏的学术研究转向中国文化史，不再有郦学文章发表，但上面所引的《重编水经注图跋》撰于 1984 年 1 月，这是我们可以看到的郑氏撰写的最晚近郦学文章，虽然全文不过 500 余言，却是令人高兴。遗憾的是《水经注研究史料汇编》下册在台北艺文印书馆出版时，不知由于什么缘故，没有将这幅总图影印刊于卷首。图虽不见，但是作为一个地理学派的著名郦学家，直到耆老，仍然重视地图在郦学研究中的重要性的这种心情，却跃然于这篇短短的跋文之上。就此一点，对我们也是一种重要的启发。

1988 年 7 月于杭州大学

注释：

① 罗振玉称王念孙、段玉裁的小学，李壬叔（善兰）的算学，杨守敬的地理学，同为清代的"千古绝业"。见支伟成《杨守敬传》，贺昌群《影印水经注疏的说明》亦引此语。

② 刘禺生《述杨氏水经注疏》，载《世载堂杂忆》，中华书局 1962 年版。

③ 《中华文史论丛》1985 年第 2 辑。

④ 参见拙著《论水经注的版本》，载《中华文史论丛》1979 年第 3 辑。

⑤ 即将在《中华文史论丛》发表。

⑥ 《水经注疏勘误》，载《古籍论丛》，福建人民出版社 1982 年版。

⑦ 台北艺文印书馆 1974 年版。

⑧ 台北艺文印书馆 1984 年版。

⑨ 《北平图书馆学季刊》1935 年第 9 卷第 3 期；并收入于郑氏《中国历史地理论文集》，1980 年。

⑩㉔ 《水经注研究史料汇编》下册。

⑪ 《燕京学报》1936 年第 19 期；并收入于《水经注引书考》附录，台北艺文印书馆 1974 年版；又收入于郑氏《中国历史地理论文集》，1989 年。

⑫ 原载于《东方学报》（京都）第 3 册，1931 年；郑德坤译文载于《地学杂志》1936 年第 1、2、3 期。

⑬ 汪宗衍《赵戴水经注案小记》，载《水经注研究史料汇编》下册。

⑭㉒ 《孟森先生审判水经注案的错误》，载《胡适手稿》第五集下册。

⑮ 《燕京学报》1934 年第 15 期；并收入于《水经注引书考》附录；又收入于郑氏《中国历史地理论文集》。

⑯ 靳生禾《水经注经注出自郦氏一手吗》，载《华东师范大学学报》哲学社会科学版 1985 年第 3 期。

⑰ 《杭州大学学报》（哲学社会科学版）1986 年第 3 期，并转载于《新华文摘》1987 年第 1 期。

⑱ 《中华文史论丛》1987 年第 2、3 合辑。

⑲ 《中华文史论丛》1986 年第 2 辑。

⑳　《关于最近的水经注研究——特别谈郑德坤的成绩》,载《东方学报》(京都)1938 年第 7 册。

㉑　《论杨守敬判断水经注案的谬妄——答卢慎之先生》,载《胡适手稿》第五集下册。

㉓　《历史研究》1983 年第 6 期。

七、关于《胡适传》中涉及
《水经注》问题的商榷

　　赵、戴《水经注》案,其实是郦学史上的一个枝节问题,却不幸论战连年,延续两个多世纪,成为我国学术界时旷日久、牵连广泛的大案。戴校武英殿聚珍版本(以下简称殿本)刊行于1774年,3年后,戴即谢世,1780年,孙沣鼎在其所校殿本(今存上海图书馆)卷末跋云:"吾友朱上舍文藻自四库总裁王少宰所归,为予言:此书参用同里赵□□(案当是诚夫或东潜两字,朱文藻与赵一清均杭州籍,故称同里)一清校本,然戴太史无一言及之。"当时,赵一清和全祖望的校本均未刊行,但论战实际上已经开始。直到今天,这场论战在港、台学者中仍未结束。对于这场论战,学术界的若干有识之士如清王先谦、民国梁启超、张元济、熊会贞等,都曾呼吁不宜赓续。因为在这个枝节问题上的纠缠,实际上严重影响了郦学研究的发展。我从事郦学研究数十年,年轻时就下定决心,不卷入这场无谓的论战,所以长期来不曾撰写过这类论文。1983—1985年两度应聘去日本讲学,日本由于小川琢治、森鹿三等郦学先辈的倡导,郦学研究甚盛,不少大学的研究生院甚至本科,至今仍开设《水经注》课程,我在两次讲学的内容中,原来都并不列入涉及论战的课题,但研究生们往往在课余提出这方面的问题,而且加枝添叶,以讹传讹者居多。为此,我不得不在讲座中增加这方面的内容,用以澄清一些误解。回国以后,以国外讲学和研究的资料,修改成稿,在今年一年中连续发表了《港、台水经注研究概况评述》(《史学月刊》1986年第1期)、《水经注赵戴相袭案概述》(《郑州大学学报》1986 年第 1 期)、《胡适与水经注》(《中华文史论丛》1986 年第 2辑)3 文。每篇文末,都呼吁停止这种纠缠于枝节问题的论战,端正郦学研究方向,以促进郦学的发展。

不久以前,接到史学界老前辈杨向奎教授 10 月 31 日的来信,信中并剪附《光明日报》10 月 30 日连载的《胡适传》,杨先生在下列一段文下画了横线:

关于"水经注"的真伪问题,他从一九四三年开始重审此案,前后用了将近二十年的功夫,对于所谓"戴(震)偷赵(一清),赵戴皆偷全(祖望)之说",进行了全面的考证。此案一百多年来几乎已成定案。现在他用了千百个证据,把这个诬告案子昭雪了。他认为戴并没有抄袭赵的书,也没有抄袭全的书,而是赵家的人抄袭了戴的书,全的书,有部分是自己的,其中一部分是托先世的,胡适说他不老实,"英雄欺人"。又说:他自己开始审这个案子是打抱不平,要为同乡戴震申冤。这桩学术公案经过胡适的长期考证后,使全祖望、赵一清、戴震都有了一个公平的评价,这对后人的研究颇有帮助,在学术史上的贡献也是巨大的。

杨先生信上说:"这未免颠倒黑白,我并不研究《水经注》,但关心此案,因为我(的)几位师友卷入此案中,希望看到公平答案。胡适先生也是我的老师,但我不同情他为同乡辩护而不说理,希望你出头说一下以澄清是非。"

胡适的后半生,倾全力于《水经注》,台湾省"中央研究院"胡适纪念馆从 1966 年起的几年之中,连续发行了《胡适手稿》(以下简称《手稿》)10 集计 30 册,其中第一至六集计 18 册,所收全是他有关《水经注》的论述。从连载的全部《胡适传》来看,涉及《水经注》的论述与胡适研究《水经注》的大量时间和成果以及他和《水经注》的重要关系相比,篇幅显然是偏少的。在《手稿》关于赵戴案的考证中,胡适所撰的论文函札不下百篇,而且在不同时期,论点有极大的出入。但《胡适传》中涉及《水经注》的主要论述,即杨先生在文下画了横线的一段,不过是引用了其中二三篇论文中的论点,并且还有引错的。当然,因为胡适是著名的郦学家,而传记的作者未必一定精通郦学,发生这样那样的错误,是可以理解的。

下面我想专就《胡适传》中涉及的《水经注》问题发表几点拙见,与学术界同仁商榷。

第一,"关于'水经注'的真伪问题,他从 1943 年开始重审此案"云云,这无疑是错误的。我国有不少古籍确实存在真伪问题,所以学术界有像清姚际恒所撰的《古今伪书考》之类的著作。但是《水经注》并不存在真伪问题,历来所有郦学家,包括戴震和胡适在内,都不曾怀疑过此书是伪书。胡适在他于 1960 年所撰《评王国维先生的八篇水经注跋尾——重审赵戴水经注案的一次审判》(《手稿》第六集下册)一文中说:"我是从民国三十二年(1943)十一月开始研究一百多年来的所谓'赵戴水经注案'(又称全赵戴水经注案)的一切有关证件,到于今已十六七年了。"《胡适传》作者的这一段话,大概也正是从此处引来的,却把'赵戴水经注案',想当然地改成'水经注的真伪问题'。因而铸成大错。

第二,《胡适传》中"对于所谓戴(震)偷赵(一清),赵戴皆偷全(祖望)之说,进行了全面的考证,此案一百多年来几乎已成定案。现在他用了千百个证据,把这个诬告案子昭雪了。"杨向奎教授信上说:"希望看到公平答案",说明杨先生认为"他用了千百个证据,把这个诬告案子昭雪了"的话是不公平的。为什么不公平? 因为传记的作者,或许没有去检索一下许多已故学者在这方面的言论以及眼下港、台学者的反映,而只是听了胡适一家的话。对于胡适本人,他当然是十分自信的,他说:"这个案子审了多年没有审出来,为什么到我的手里可以审出来呢? 因为当初审的人,不肯多花工夫,我花了五年工夫,找出许多新材料,所以审出来了。"(《手稿》第六集下册)对于这样的话,港、台学者舆论哗然,认为欺人太甚。"他用了千百个证据",的确,胡适用的证据是不少的。例如,他曾在《清高宗御制诗四集》的《汇刻四库全书联句》中找到正总裁王际华的联句:"局咨长贰纲都领,厅判东西力众擎",王自注云:"校勘永乐大典者,于原心亭列席;校勘遗书者,于宝善亭列席"(《手稿》第一集下册),从而考证说:"四库全书馆分东西两院,东院三十个翰林,西院也是三十个翰林,两院整理各自进来的遗书。永乐大典是东院整理的。东西两院互相妒忌。……赵一清的水经注由西院翰林整理,戴东原在东院,当然没有看到。"(《手稿》第六集下册)这段考证实际上是从王际华的联句和自注中套出来的,再由他想当然地加上"东西两院互相妒忌"的话,让人们加强两院不通声气,戴震无法看到赵书的印象。其实,四库馆的屋宇虽然有东西之分,但领导却是统一的。总纂官说一句话,没有做不到的事情。戴震既奉总纂官纪昀之命校勘《水经注》,他和纪昀的私交又很好,当然可以名正言顺地向西院调阅赵书。所以这样的考证. 实在是经不起一驳的。在胡适为戴震昭雪的千百个证据中,最重要的一篇论文是《戴震未见赵一清书的十组证据》(《手稿》第一集中册)。从考证的方法来说,这篇论文确实是很好的。因为其他论定戴书袭赵的学者,都采用在赵、戴两书间一条条地核对,查明两书相同之处,包括赵误而戴亦随误之处。由于赵书和戴书"十同九九",[①]所以核对是很方便的。胡适的考证就比较困难了,他需要核对赵、戴两书的不同之处,而且这些不同之处,都是赵是而戴非的。如胡适所说:"这十组都是偷书的人决不肯不偷的。"既然戴震不偷,说明他没有看到过赵书。但是胡适的这种考证,却受到港、台学者的纷纷指责。林明波在其《六十年来之水经注》一文中说:"胡氏只就此十组证据,即言此案已有定论,仍恐不足以服人心。"[②]香港郦学家吴天任说:"胡氏虽反复百端,为戴氏申辩,恐亦无法澄清。"③就在胡适去世的1962年,杨家骆发表了一组抽样调查结果。他以《水经注》中篇幅最小的卷十八《渭水》为调查样本。由于戴震标榜其书据永乐大典本校勘,杨乃以戴本、大典本、赵本等加以比勘,发现此3本有异同凡90处。"其中戴同于赵者四十三处,戴同于大典十二处,戴异于二本者三十一处,三本互违者四处,倘或就赵氏校释中谓应作某者考之,凡戴异于赵,亦多阴本赵氏校释之说,则戴之不忠于大典而复袭于赵,固至显然也。"④于大成看了杨家骆的抽样调查后,不禁感慨地说:"因悟前人谓戴氏阴窃全祖望赵一清书,而托于大典以掩其迹之说,堪为定谳。"⑤此类例子甚多,不胜枚举。由此可知,《胡适传》中所谓"把这个诬告案子昭雪了"的话,实在缺乏根据,而末尾所谓:"这对后人的研究颇有帮助,在学术史上的贡献也是巨大的"云云,也是值得商榷的。

第三,《胡适传》说道:"他认为戴并没有抄袭赵的书,也没有抄袭全的书,而是赵家的人抄袭戴的书。"上面已经指出,胡适花了很大力气,证明戴震未见赵书。全书未曾送入四库馆,自然更所不见。传记作者所说戴没有抄袭赵、全的书,这当然是不错的。但末一句"而是赵家的人抄袭戴的书"。从这句话中,可以证明传记的作者,不仅没有读过胡适以外的别家郦学文章,就连胡适一家的文章,恐怕也不算读透。首先提出赵书袭戴的是戴震的学生段玉裁。因为殿本刊行于1774年,赵本虽成稿于1754年,较殿本早20年,但其刊行则迟至1786年,较殿本晚12年。刊行后,人们骤见此书与殿本"十同九九",舆论哗然。由于赵书刊行前,赵子载元曾请梁履绳、玉绳兄弟整理,段玉裁乃致书玉绳(时履绳已去世),责问梁是否"攫戴本以正赵本"? 因为以后梁玉绳的文集《清白士集》中不收复书,有人认为梁未复信,即是默认。此事,即反戴派学者中也有附和的,杨守敬即是其例,他在《水经注要删》自序中说:"赵之袭戴在身后,一二小节,臧获隐匿,何得归狱主人? 戴之袭赵在当躬,千百宿赃,质证昭然,不得为攘夺者护曲。"但各家对此意见不一,孟森即完全否定此说。⑥胡适对这个问题的结论是怎样的呢? 我们不妨引用他的《赵一清水经注释校刊者曾用戴震校本来校改书吗》(《手稿》第三集下册)一文中的几句话:"他们又都用了几十年的苦功做校订的工作,所以他们的两部校本有百分之九十八九的相同,这是校勘学应该有的结果。两个人终身校勘同一部书,如果两部校本没有百分之九十八九的相同,那就不成为科学的校勘学了。故赵戴两本的大段不同者少,并不是梁履绳'攫戴以正'赵本的结果,乃是两位校勘学者独立而同归的自然现象。"对于胡适的这一段文章,传记作者恐怕没有细细的研读过。

第四,《胡适传》所述胡适对全祖望的几句话,恐怕也还可以商榷。当然,这几句话在胡适的文章中都可以找得到。但是胡适对全祖望的言论甚多,我在拙著《胡适与水经注》一文中列举的最重要的就有 7 篇,其观点在不同时期的不同文章中先后牴牾,彼此径庭,不是几句话说得清楚的。他在这方面的最重要论文《全氏七校水经注作伪证据十项》(《手稿》第二集上册)一文中,曾"举出十项绝对无可疑的证据来证明这四十卷书完全是伪造的。"一口咬定七校本的序目和题辞"是王梓材伪造的,绝不是全谢山的手笔"。他甚至把七校本贬低到"是一个妄人主编的,一个妄人出钱赶刻赶印的一部很不可靠的伪书。"⑦以后,当他看到了天津图书馆所藏的五校钞本,才知五校钞本中的 123 水的次序与七校本完全相同,只得承认他先前断定的王梓材伪造序目和题辞的"大胆假设"完全错了。⑧但是他另外却又获得了一个港、台学者为之大吃一惊的发现。他在《复洪业函》(《手稿》第六集下册)中说:"这本子,谢山久占不归,绝无可疑。"竟断言王校钞本原来是全祖望所霸占的赵一清的著作。港、台不少学者为此而写了许多文章以驳斥这种捕风捉影的假设。其实,这个问题的驳斥用不着大事考证。正如我在拙著《胡适与水经注》一文中所说的:"即使全书从五校到七校,确实吸取了赵氏《水经注释》的成果,但今天我们众所共见的,《水经注释》与七校本之间,无论从体例到内容,差距仍然很大,但《水经注释》与殿本之间,却是'十同九九'。智者千虑,必有一失,胡适因见到了五校钞本而作出如此大胆的全袭赵的推论,而全、赵二本的差距实在不小;却忘记了另一头他力图推翻的戴袭赵的案子,而戴、赵二本却如此雷同。这或许就是这位聪明的学者的一个失着吧。"

第五,《胡适传》最后所说的:"这桩学术公案经过胡适的长期考证后,使全祖望、赵一清、戴震都有了一个公平的评价。"对此,我不知道作者是否把胡适 1952 年在台湾大学文学院的讲词(《手稿》第六集下册)作为这种"公平的评价"?因为这篇讲词中确实说道:"他们三个人的书,戴的出得最早,全祖望死得最早,而书出得最晚,三个人的书,对于水经注,都有很大的贡献。"不必说把这样的泛泛之词称作为"公平的评价"或许离题太远,也不必说 1952 年以后胡适发表的许多文章和 1952 年的这几句泛泛之词大相径庭,即使在 1952 年的这同一篇讲词之中,他还提到:"全的书,在他死的时候还没有弄好,死后稿子散失了,百年以后 1888 年,在我出生前三年,由他的宁波同乡,把它残缺的稿子硬凑成一本书刊出来。"既然 1/3 的全祖望的书已经散失,流行的七校本又是"硬凑成"的,如他曾经说过的,"是一个妄人主编的,一个妄人出钱赶刻赶印的很不可靠的伪书"。则他凭什么说"三个人的书,对于水经注,都有很大的贡献"呢?

以上是我对《胡适传》中涉及《水经注》问题的若干意见。我觉得评论任何一个人在某一事情中的功过得失,应该广泛地参考社会舆论,不宜单从被评论者本人的著作中去找答案。即使传记作者的观点确实和传记主人完全一致,也应该把社会舆论中的反面意见写出来。凭一面之词,特别是凭传记主人的一面之词写传记,这显然是不妥当的。

　　我是应杨向奎教授"希望你出头说一下以澄清是非"的要求而撰写此文的，所以此文内容仅仅是针对《胡适传》涉及《水经注》问题的议论，并非我对胡适《水经注》研究的全面评价，后者请参阅拙著《胡适与水经注》。至于赵戴《水经注》案的是非曲直和戴震在《水经注》研究中的功过得失，那更是另外的问题，不在本文论述之内。

注释：

① 《水经注汇校》卷首周懋琦序。

② 载《六十年来之国学》第 3 册，台北正中书局 1974 年版。

③ 《胡适手稿论水经注全赵戴案质疑》，载《水经注研究史料汇编》下册，台北艺文印书馆 1984 年版。

④ 《水经注四本异同举例》，载《学粹》第 4 卷第 5 期，台北 1962 年。

⑤ 《永乐大典与大典学》，载《理选楼论学稿》，台北学生书局 1979 年版。

⑥ 《拟梁曜北答段懋堂论赵戴二家水经注书》，载《故宫文献论丛》，1936 年。

⑦ 《跋合众图书馆藏的林颐山〈论编辑全校郦书〉的函稿》，载《胡适手稿》第二集下册。

⑧ 《复洪业、杨联陞函》，载《胡适手稿》第六集下册。

八、历史地理学家杨守敬及其《水经注》研究

　　杨守敬(1839—1915),字惺吾,湖北宜都人,50 岁时曾在黄州筑邻苏园藏书,[①]故晚年别署邻苏老人。

　　杨守敬于清道光十九年春生于宜都一个商人家庭,家里开设几个店铺,由祖父和父亲经营。不过他父亲在他 4 岁那年就去世,家业是由祖父掌管的。杨守敬当然是个学者,但因为家庭的关系,他从小就受到一些商人的熏陶,5 岁时就在店中数钱,[②] 11岁时就奉祖父命去姑夫孙氏开设的店铺中习商,次年回到自己的店铺中照料店务。成年以后,他曾经做过生意,开过店铺。由于这种经历和原因,使他毕生具有一种商人的头脑和精明。

　　杨守敬天资聪颖,父亲死后,6 岁起就由母亲教其识字和读书,9 岁就学作文。14岁参加宜都县考,终复第十三名。19 岁那年,他在县试和府试中连捷,五场均第一名。不过省城的科场对他并不顺利,20 岁的乡试和 21 岁的思科乡试都不中。直到同治元年(1862)他 24 岁时,才通过乡试,获中第八十名举人。但从此以后,他在科场中频频失利,他于 25 岁、27 岁、30 岁、33 岁、36 岁、42 岁、48 岁各年,先后七次到北京参加会试,结果都名落孙山。他于 42 岁第六次会试落第后,曾经作为清政府驻日本公使的随员去日本。由于在那里意外地获得了许多在中国已经亡佚的珍本古籍,曾一度冲激了他的科名欲望。他 45 岁之年,曾从日本写信给他家乡的友人黄萼,他说:"自幸此身有此奇遇,故一切富贵功名,皆漠不关怀。"但后来的事实说明,"漠不关怀"[③]的话,还

只是他在国外的一时冲动。他在46岁回国后,当了黄冈县教谕的小小学官。两年以后,他已经48岁,仍然赴京参加他的第七次会试,这次会试落第,他才真正的"绝意科名,专心著述"。④

杨守敬虽然在会试中七次败北,但他借入京的机会,结识了许多名流学人,对他以后的学问事业,都很有裨益。他25岁第一次入京,就遇到了潘存(孺初)和邓承修(铁香),据他自己在《年谱》中所说:"孺初精诣卓识,罕有伦匹,铁香卓荦不群,皆一代伟人。守敬得闻诸论,智识日开。"以后又陆续结识了李慈铭、何如璋、龚橙(龚自珍之子,段玉裁之外孙)、袁昶、谭献廷等名流。就是这位何如璋,由于当了驻日公使,招杨作为随员,去公使馆供职。他42岁去日,在何如璋的后任黎庶昌属下供职,居日本一共4年。这段时期对他有很大影响,而其中最重要的是当时在日本所见的大量在国内已经亡佚的古籍。这使他喜不自禁,大开眼界。他到日本半年以后,即写信给李慈铭,告诉他在日本所见的如唐人写本《玉篇》,慧琳《一切经音义》,隋杜台卿《玉烛宝典》等珍本,使嗜书成癖的李慈铭也为之神往。⑤当时日本正值明治维新以后,如杨守敬后来在《日本访书志缘起》中说:"日本维新之际,颇欲废汉学,故家旧藏,几于论斤估值,尔时贩鬻于我土者,不下数千万卷。"杨到日本之初,日人尚不重视汉籍,他就乘机搜罗,收获甚丰。又襄助公使黎庶昌在日本选刻《古逸丛书》,计26种,200卷,于光绪十年(1884)刊行。他自己在光绪十年也完成了《日本访书志》16卷,于光绪二十七年(1901)刊行。尽管前已引及的他致黄尊信中所说的"一切富贵功名,皆漠不关怀"的话,或许言不由衷。但这一段经历在他一生甚关重要,而且也是他对后世所作的一大贡献。

杨守敬是晚清著名的地理学家,他毕生撰述和编纂了许多地理书留待以下再论,他61岁之年,湖广总督张之洞电邀其出任两湖书院教习,主讲地理一门。因此,他或许称得上是我国高等学校中最早的专业地理教师。在以后对他的记载中流传一种说法:杨守敬的地理学,王念孙、段玉裁的小学,李善兰的算学,为清代三绝学。这几句话,原是罗振玉读了他的《水经注图》以后对他的赞词,见于他的《年谱》67岁之下。其实,他在晚清地理学家中的权威地位,在光绪二十九年(1903)张之洞和端方合词保举中也已经明确:"四品顶戴候选知县前黄冈县训导杨守敬,湖北宜都人,壬戌举人,老成凤望,博览群书,致力舆地学数十年,于历朝沿革险要熟治精详,著书满家,卓然可传于世。"⑥按照这段保词所说的"于历朝沿革险要,熟治精详",核对他的地理著作目录,杨守敬所精详的其实不是清代当时的地理,而是历代沿革地理。据陈衍《杨守敬传》所述:"守敬治旧地理,邹尚钧治新地理,分教两湖书院。"⑦当时所说的"沿革地理"和"旧地理",其实就是历史地理。所以正确地说,杨守敬是晚清著名的历史地理学家。

杨守敬对于地理学的兴趣,始于咸丰八年(1888),当时他20岁。由于太平天国军的战争,余杭郑兰(谱香)避居宜都,赁杨家的余屋居住,杨在郑兰晒书时看到一种《六严舆地图》,向他借来影绘了两部,受到郑兰的赞赏。他第一次入京,据袁同礼《杨惺吾先生小传》,[⑧]说他在潘存和邓承修的怂恿下,颇有志于地理学,并与邓承修同撰《历代舆地沿革险要图》。不过此图在当时实未完成,亦未刊印。他在《年谱》38岁下曾记及:"东湖饶季音敦秩招余至其家,同撰《历代沿革险要图》。"此图后来在光绪五年(1879)刊印,到光绪末叶,又作了修改和补充,他在《年谱》68岁下云:"重订《历代沿革险要图》及《春秋地图》成。"而此图光绪三十二年(1906)《自序》云:

> 四十年前,余在京师,与归善邓鸿胪承修,同撰《历代舆地沿革险要图》,光绪戊寅,复与东湖饶君敦秩增编而刊之。岁久漫漶,鄂中、沪上、西蜀均有翻本,而讹谬滋多,拟重镌之,未暇也。迩来有日本河田熊者,就余书删并,竟以南北朝合为一图,而图中又只题刘宋、北魏两代,岂知南之宋、齐、梁、陈,北之元魏、齐、周,其疆域州郡,分合不常,乃以一图括之,五代十国亦只一翻,反谓余图为疏略,其诬妄何可言。使初涉亥步者,惊其刻印之观美,不考其事实之有无,贻误后学,匪浅鲜也。乃嘱门人熊会贞重校之,亦间补其缺略,吾愿读此图者,勿徒观其表焉可也。

在邓、饶二图的基础上,杨、熊师生于光绪末叶完成的这套地图,是我国历史上第一套朝代完整的历史地图。根据杨氏自撰《年谱》,这套地图是陆续刊印完成的,完成的年代和图幅如下:[⑨]

公历	中国纪元	图幅名称
1904	光绪三十年	前汉地图
1906	光绪三十二年	春秋地图,《历代沿革险要图自序》
1907	光绪三十三年	三国地图
1909	宣统元年	战国、秦、续汉、西晋、东晋、刘宋、萧齐、隋地图
1910	宣统二年	明图、北魏、西魏地图
1911	宣统三年	十六国、梁、陈、北齐、北周、唐、五代、宋、辽、金、元地图

这套地图,后来又简称为《历代舆地图》,在中国地图学史上具有重要的意义,甚至直到1954年谭其骧教授主持编绘《中国历史地图集》时,他的编绘组织尚名为"重编改绘杨守敬《历代舆地图》委员会",直到委员们发现"重编改绘杨图不能适应时代要求"之时,[⑩]才放弃杨图,重创新业。即此一端,足见此图的深远影响。

除了《历代舆地》图以外,杨守敬的地理著作还有下列各种:

著作名称	卷数	刊印时间
隋书地理志考证	9 卷,补遗 1 卷	与熊会贞光绪十二年合撰初稿,光绪十六年二稿,十八年三稿,二十一年刊印。
晦明轩稿	2 卷,续稿 10 卷	光绪二十六年
汉书地理志校补	2 卷	光绪二十六年
水经注图	40 卷,补 1 卷	光绪三十一年
水经注疏要删	40 卷	光绪三十一年
水经注疏要删补遗	40 卷	光绪三十二年
水经注疏要删续补	约百页	宣统元年
水经注疏要删再续补		稿成未刊
禹贡本义	1 卷	光绪三十二年
三国郡县表补正	8 卷	光绪三十三年
湖北江汉水利议		光绪三十四年[⑪]

除了上表所列的以外,杨守敬襄助黎庶昌在日本选刻的《古逸丛书》中,有影旧卷子本《天台山记》一卷,影宋《太平寰宇记》补缺五卷半。在他自辑的《日本访书志》中,卷六内有旧抄本《桂林风土记》1 卷,宋刻本《太平寰宇记》残本,宋刻本《方舆胜览》前集 43 卷,后集 7 卷,续集 20 卷,拾遗 1 卷,宋刻本《方舆胜览》70 卷,宋藏本《大唐西域记》12 卷。所有这些,都是他从日本获得古代地理书的珍贵版本。

综观杨氏毕生撰述的地理书,我们可以把他的地理学研究的历程和成就归纳为三点。

第一,在他的全部地理著作中,除了《湖北江汉水利议》一文是当代地理著作(也引用历史资料)外,其余都是历史地理著作,因此,如前已指出的,杨守敬无疑是一位历史地理学家。

第二,他从同治二年(1863)25 岁开始与邓承修撰述《历代舆地沿革险要图》,光绪四年(1878)又与饶敦秩再次撰述此图,光绪十五年(1889)又与丁栋臣起草为《汉地图》而未成。[⑫]经过多次尝试,到光绪末叶,最后和熊会贞共同完成此图,先后经历 40余年,在这段漫长的时期中,他对历代沿革地理的变迁,当然随时关注,此图的最后完成,证明了他在中国历史地理上的雄厚功力。

第三,正因为他是一位功力雄厚的历史地理学家,所以他才有可能最后在《水经注》研究中获得辉煌的成就,成为我国自乾隆年代郦学鼎盛以来,在有清代中最后一位卓越的郦学家。因为《水经注》是一部包罗宏富,牵涉广泛的古代地理名著,没有扎实的地理学基础和深厚的学术造诣,是不可能在此书的研究中有所成就的。

　　由于杨守敬毕生的最终研究和最卓越的成就是《水经注》研究。因此,本文最后要把他的《水经注》研究作一番叙述。

　　杨守敬何时开始研究《水经注》,在他自撰的《年谱》中没有提及。但是他在咸丰八年(1858)20岁时就影绘《六严舆地图》,同治二年(1863)25岁时就与邓承修同撰《历代舆地沿革险要图》。《水经注》是人所皆知的地学名著,在历代沿革地图的编撰中有重要参考价值,因此,作为对郦注的一般涉猎,想必早已开始,也就是他在光绪十九年(1893)致梁节盦信中所说的"好读郦书"。[13]但是他从何时开始对郦书作深入的研究,包括为郦书绘图作疏,却无法找到确切的根据。

　　按照一般的逻辑推理,人们对一门学问,从启蒙到深入,总有一个渐进的过程,杨守敬的地学兴趣,是从影绘《六严舆地图》开始的,这大概就是引导他撰绘《历代舆地沿革险要图》的原因。撰绘沿革地图必须依靠资料,而从他对于《汉书地理志校补》、《隋书地理志考证》、《三国郡县表补正》等的撰述中,说明他依靠撰绘地图的资料,主要就是正史地理志。从各朝图名如《晋地理志图》、《南宋州郡志图》、《北魏地形志图》、《隋地理志图》等,也足以说明,杨氏是在对正史地理志深入钻研的基础上绘制地图的。《水经注》对这些地图的绘制当然也有裨益,但显然不是主要的参考文献。所以杨氏对郦书的深入钻研,与正史地理志相比,可能是较晚的。因此,对于他在自撰《年谱》66岁以下所引潘存对他的《水经注疏》的己卯(案光绪五年,1879年)《叙语》(案此《叙语》亦收入于《水经注疏要删》自序之后),就颇令人不解。《叙语》说:

　　　　楚北杨君惺吾,博览群籍,好深湛之思,凡所论述,妙语若百诗,笃实若竹汀,博辨若大可。尤精舆地之学,尝谓此事在汉以应仲远为陋,在唐以杜君卿为疏,此必有洞见症结而后敢为斯言,所谓眼高四海空无人者也。所撰《历史舆地图》,贯穿乙部;《隋书地理志考证》,算及巧历;而《水经注疏》,神光新照,直与郦亭共语,足使谢山却步,赵、戴变色,文起梅村,未堪比数,霾翳岁久,燠若神明,旷世绝学,独有千古,大雅宏达,不我河汉。

　　胡适对这一段《叙语》曾经作过尖锐的批评:"这一篇杨守敬自赞,太过火了,就露出马脚来了。光绪己卯(五年),他只有41岁,他刚刚到武昌做卖书生意,何处有《历史舆地图》,何处有《隋书地理志考证》,更何处有《水经注疏》。"[14]胡适的话或许偏激,但却是值得重视的。《叙语》写于光绪五年,《历史舆地图》虽然到光绪末叶才刊印,但他早年曾与邓承修、饶敦秩编撰过此图,潘存或许看到草稿,妨置不论。但潘氏所说的"算及巧历"的《隋书地理志考证》,据杨氏《年谱》,要到光绪十二年才与熊会贞起草,十六年"参互为第二稿",十八年"又校隋志为第三稿"。潘存怎能未卜先知?《水经注疏》也是一样,一部80卷的大书,事前毫不闻动静,怎能在光绪五年一旦为潘存所见?

而且全祖望的七校《水经注》直到光绪十四年才刊行,事前绝未流传,潘存怎能在此书刊行前9年,就定好"谢山却步"的调子呢? 陈三立在其所撰《宜都杨先生墓志铭》中,明明说:"著书数百卷,而于晚岁成《水经注疏》一书。"[15]杨氏在光绪三十一年刊行的《水经注疏要删自序》中说:"乃与门人熊会贞,发愤为《水经注疏》,稿成八十卷。"按熊氏第一次入杨宅为其第三子授读,时在光绪四年。而第二次入杨宅授读,并参与地理书之编撰,时在光绪十二年,均有杨氏自撰《年谱》可证。就算第一次入杨宅就发愤合作著书,"发愤"不过一年,潘存在次年就为此80卷巨书作《叙语》,当然是绝不可能的。其实,杨氏在其宣统元年(1909)刊行的《水经注疏要删补遗序》中,自己也承认《水经注疏》尚无其书。《序》云:"《水经注疏要删》初成,长沙王祭酒(按指王先谦)见之,致函愿出钱刻全书,而吾书实未编就。"所以郑德坤说:"杨氏要删自序称有完稿八十卷,无力全刊,此系杨铺张之辞。"[16]现在看来,所谓潘存己卯《叙语》的来源有两种可能:第一种可能,《叙语》确出潘存之手,潘在听了杨告诉他的一些日后的写作打算以后,信手就写了这些。潘存是个当官的,他只知道官场应酬中的一套胡诌,不懂得做学问的严肃性,可以不必置评;第二种可能,或许就是前面已经指出的杨氏性格中的另一面,即商人的头脑和精明。为了引起学术界的重视,杨自己在光绪三十年写了这个署名潘存的己卯《叙语》。胡适认为潘存对杨有大恩,所以杨要在他的这部重要著作中留下潘的姓名,因而才制造这篇《叙语》。[17]胡适的原话说得太尖薄,但杨在其41岁的《年谱》中,确实写上:"孺初以穷京官,自顾不暇,而菲衣缩食,以济吾困。……记之以告子孙,其恩不可忘也。"所以胡氏的说法,也是不无道理的。

我在论述杨守敬的《水经注》研究时,开头就提出此事,这是因为这件事无法回避,不若先提为好。一位成功的学者,难免也有缺陷。王国维评论戴震:"平生尚论古人,雅不欲因学问之事,伤及其人之品格,然东原此书,方法之错误,实与其性格相关,故纵论及之,以为学者戒,当知学问之事,无往而不当用其忠实也。"[18]己卯《叙语》的事尚无定论,当然更不宜与戴震相比,但王国维"当知学问之事,无往而不当用其忠实也"的话,对一切古今学者,都是具有意义的。

我在拙作《论郦学研究及其学派的形成与发展》一文中,[19]已经指出了我国郦学史上考据、词章、地理三个学派的形成和发展过程,而杨守敬是郦学地理学派的代表人物。这中间,重要的标志之一,是《水经注图》的编绘刊行。全图8册,采用古今对照,朱墨套印的形式,很有实用价值。杨氏在卷首《自序》中说:"至国朝常熟黄子鸿始创为补图,而未闻传世。咸丰间,江宁汪梅村复为之图,治此学者差有津逮,惜其参稽未周,沿溯不审,往往与郦书违异。余既同熊君会贞撰《水经注疏》,复为图以经纬之,昕夕商榷,年历三周乃成。"杨氏所说的郦图始于黄仪(子鸿),或许并不确切,现存的宋程大昌绘制的《禹贡山川地理图》28 幅,其实也是《水经注图》的一种。[20]当然,杨图是迄今为止的一切《水经注图》中的翘楚,这是毫无疑问的。

杨守敬在郦学研究中最大的贡献当然是《水经注疏》的编撰。《年谱》66 岁下云:"《水经注疏》稿成。"67 岁下又云:"刻《水经注疏要删》成,以《水经注疏》卷帙浩博,整写不易,而吾年已迈,恐不能上木,崮芝寒士,亦未能任此巨款,乃为《要删》八册,使海内学者知吾有此书,他日好事者,得吾书而刊之,不至有赵戴之争,此刊《要删》之微意也。"这一段话虽然和他 4 年以后在《水经注疏要删补遗序》中所说的"而吾书实未编就"有明显的矛盾,但可以认为,他确实编成过一部相当粗糙的《水经注疏》稿,而《要删》是从此稿中整理出来的。当然,所有这些,都是与他的门人熊会贞合作的。根据后来熊会贞所说:"先生初说,此书二人同撰,文各一半。"[21]再分析杨、熊两人的不同性格,熊所承担的实际工作,显然要超过杨。而无论如何,全书毕竟是在杨的指导下编撰的。杨在《要删》卷首写下了 25 条《凡例》,这 25 条,内容广泛,包括郦学史、郦书体例、郦书版本、全赵戴公案等等。其中有 6 条论及地理与地图。所以这 25 条,包罗了杨氏的主要郦学思想,至关重要。

根据杨氏《要删·凡例》,他的郦学思想,主要是下列五个方面:

第一,肯定了殿本案语中《水经》是三国时人所作的论断。并且进一步从郡县设置和地名演变的详细分析以后,证明是三国魏人所作。

第二,评论了许多版本及郦学家,推崇明朱谋㙔《水经注笺》:"顾亭林推朱笺为有明一部书……征引秘文,自非胸罗九流者不能,且不轻改古书,在明人实为罕见。"对当时被某些学者所不齿的全祖望七校《水经注》,认为"自非沈酣此书者不能,谓尽属子虚亦太过,王氏合校本一概不录,殊为可惜。"

第三,评论了全赵戴公案,认为全赵互取不足病。戴书既剿赵,又剿全,此百喙所不能解。赵书亦有袭戴处,此梁氏兄弟之所为。[22]故其结论是:"赵之袭戴在身后,一二小节,臧获隐匿,何得归狱主人,戴之袭赵在当躬,千百宿赃,质证昭然,不得为攘夺者曲护。"

第四,对郦书各种版本的评论是:"此书为郦原误者十之一二,为传刻之误者十之四五,亦有原不误,为赵、戴改订反误者,亦十之二三。"

第五,重视从地理学研究郦注,注意用地图研究郦注。用对地理学的造诣评论历来郦学家,例如:"孙伯渊词章之士,于地理学甚疏,王氏合校本录之,则以名重之故。"又"顾千里跋谓其用功甚深,对客翻澜,不须持本。此亦由千里地学不深,故推之过当。"对于地图的重要性,则指出:"郦氏书中,左右互错,东西易位,亦不一而足,此本形近易讹,按图考之,可十得其九。"

当然,作为一个著名的郦学家,他也存在着一些缺陷,除了前面已经提及的以外,非常重要的一点是他在郦书版本上的见识不广。杨氏一生读书甚多,在日本4年又搜罗了大量善本和孤本,他在黄州造了邻苏园藏书,在武昌菊湾也造了他的藏书楼。但他毕生阅读的郦书版本却实在很少,王先谦的合校《水经注》刊行于光绪十八年(1892),长沙与武昌又甚近便,但他一直到次年4月在梁节盦的宴会中才看到此书,如获至宝,因而写信购求:"喜其便于翻阅……能为购得一部,尤为至感。"㉓熊会贞在他的《十三页》中也说:"先生未见残宋本、大典本、明抄本。"㉔宣统三年(1911),傅增湘在上海与他谈论郦学,他自己也以未见宋刻本为憾。㉕

正是由于他在版本上的见闻较稀,因而在这方面容易接受一些不正确的影响,以致发生重要的判断错误。在上面已经提及的光绪十九年的梁节盦宴席中,有一个对郦学其实一窍不通,却又大言不惭的叶浩吾,为了攻击戴震的剽袭,胡诌了一通,却对杨发生了很大的影响,次日他就写信给梁节盦,附和叶浩吾的胡诌:"叶君浩吾谓世称戴所云《永乐大典》本,皆直无其事。"㉖由于他深信大典本并无其书,因此在《要删·凡例》中竟说:"乃知大典本与朱本,实不甚有异同。"武断往往出于无知,杨氏去世后不久,熊会贞即看到了大典本的前20卷,到1935年,全部大典本就影印问世。杨氏生前的这一武断,到后来给他的学生熊会贞带来了很大麻烦,此事已在拙作《熊会贞郦学思想的发展》一文中说明,这里不再赘述。

辛亥革命后,杨氏从武昌移居上海,一直在熊会贞的襄助下编撰《水经注疏》,直到民国四年(1915)。易箦之际,仍然耿耿于此稿的完成和刊行,对熊会贞作了谆谆的嘱咐。而在熊的继续努力下,在杨守敬去世后20年,此书终于完成。尽管事实上,熊会贞在此书上所花费的精力,已经远远地超过了他,但是作为此书的创导和擘划者,作为郦学研究中的地理学派的主要代表人物,杨守敬在中国郦学史上应该占有崇高的地位。

注释:

① 因其城之北,即苏轼作《赤壁赋》之赤壁,故名邻苏园。

② 《邻苏老人年谱》:"癸卯五岁……守敬尝于数钱时摘古钱而弄之,盖天性然也。"案《邻苏老人年谱》为杨守敬晚年所自撰,有自刊本,《胡适手稿》第5集中册复印自刊本,本文所引,均据《手稿》复印本,并简称《年谱》。又本文所述杨氏行历,凡未注出处者,均从《年谱》。

③ 据吴天任《杨惺吾先生年谱》(1974年台北艺文印书馆出版)引容肇祖《杨守敬小传》。

④ 《年谱》48岁。

⑤ 《越缦堂日记》光绪六年十二月二十日。

⑥ 《年谱》65 岁。

⑦ 《虞初近志》卷七。

⑧⑮　据吴天任《杨惺吾先生年谱》。

⑨ 《年谱》所记图名,当是约略言之,因为实际上其图共有 69 种,例如唐地图中包括《唐地理志图》和《唐藩镇图》,明地图中包括《明地理志图》和《明九边图》。此外还有各朝的《四裔图》、《清一统图》、《地球图》等,《年谱》均无记及。

⑩ 《中国历史地图集》第一册卷首谭其骧撰"前言"。

⑪ 此文见于民国三十六年(1947)湖北师范学院《史地丛刊》第 2、3 合期,不记著作年月,此处据吴天任《杨惺吾先生年谱》作光绪三十四年。

⑫ 《年谱》51 岁。

⑬ 此信原件后来由陈垣收藏,《胡适手稿》第五集中册有抄件,信末署四月十二日、十三日,据胡适考证,是光绪十九年(1893)。

⑭ 《跋杨守敬论水经注案的手札两封》,《胡适手稿》第五集中册。

⑯ 《杨守敬熊会贞水经注疏及水经注图》,《水经注研究史料汇编》下册,台北艺文印书馆 1984 年版。

⑰ 《跋杨守敬论水经注案的手札两封》。

⑱ 《聚珍本戴校水经注跋》,《观堂集林》卷一二。

⑲ 《水经注研究二集》,山西人民出版社 1987 年版。

⑳ 原有图 31 幅,刊于南宋淳熙四年(1177)泉州学宫,为《永乐大典》所收录,今有《指海》及《丛书集成》本,已缺 3 幅,存 28 幅。

㉑ 据台北中华书局影印《杨熊合撰水经注疏》(1971 年版)卷首熊会贞亲笔《十三页》。

㉒ 案赵一清《水经注释》乾隆五十一年(1786)开封刊本,在付刊前曾由赵子载元,委托梁玉绳、梁履绳兄弟整理。

㉓ 据光绪十九年四月十二日致梁节盦书。

㉔ 熊会贞晚年陆续写成的修改《水经注疏》的意见,共 13 页,并无任何标题。后来有人更改其内容,并冠以《遗言》的标题。本文据台北中华书局影印《杨熊合撰水经注疏》卷首原文,姑名为《十三页》,以示区别于后人更改过的《遗言》。

㉕ 傅增湘《宋刊残本水经注书后》,《藏园群书题纪初集》卷三。

㉖ 据光绪十九年四月十二日致梁节盦书。

九、关于《水经注疏》定稿本的下落

——与刘孔伏、潘良炽两先生商榷

吴天任教授从香港寄给我香港《明报月刊》1986 年 11 月号中刘孔伏、潘良炽两先生的大作《水经注疏定稿本的下落》一文（以下简称《刘潘文》），对拙作《关于水经注疏不同版本和来历的探讨》、①《评台北中华书局影印杨熊合撰水经注疏》、②《熊会贞郦学思想的发展》③诸文中提及的关于《水经注疏》最后定稿本的下落问题，提出了不同的看法，这是值得欢迎的。《刘潘文》提到：

> 近几年来，著名郦学专家陈桥驿教授先后发表了几篇研究文字。他认为："今天流行的《水经注疏》，并不是熊氏本人最后认可的定本。"而今天流行的《水经注疏》所据之稿本，因杨氏后人之出售而不知流落到何处去了。仔细研读陈教授这几篇论文，参以其他各种资料的记载，我们认为《水经注疏》定本已经亡佚的结论，尚有进一步讨论的必要。

说实话，在郦学界讨论这个问题是非常不幸的。不管经过讨论以后获得的最后结论是肯定的抑是否定的，都会令人叹息。因为问题不仅仅是原稿本是否被出售和不知下落，围绕着《水经注疏》各种版本的探索，还存在着学术界的一些很不光彩的事件，从而增加了问题的复杂性。当然，事情既已发生，我们无法回避，只好鼓起勇气，进行深入地讨论，把问题弄个水落石出。所以我在拙著《关于水经注疏不同版本和来历的探讨》一文的末尾指出："我们希望，在经过不长时间的探索和讨论以后，这些问题都能早日廓清。"刘孔伏、潘良炽两先生的研究,当然是有裨于廓清这些问题的。

现在看来,在《水经注疏》各种不同版本之中,需要廓清的问题,主要有下列几个:

第一,拙稿认为《水经注疏》的最后定稿本,在熊会贞生前已被杨勉之出售,而至今下落不明。现在,《刘潘文》认为台北本的底本,即是此书的最后定稿本。《刘潘文》的意见,是否就可作为结论?

第二,汪辟疆先生《明清两代整理水经注之总成绩》一文中述及:"稿凡数本,其一本,为中央研究院所得;其誊清正本,则仍在李子魁处。今余所及览者,则李君所藏之正本也。"这里,汪先生所目击的所谓"誊清正本",到底是从"稿凡数本"中的何本誊清出来的?汪先生为何称它为"正本"?

第三,李子魁先生曾于1982年7月5日由其亲戚湖北省恩施地区农业机械公司的黄勇先生代写一信给我,信内附有两张照片,其中一张是一个线装书函,上有《校补守敬会贞水经注疏影印稿》字样,署名是"李子魁校补",这部书令人生疑,到底是什么?

上面列举的几个问题,假使李子魁先生身体健康,而又愿意合作的话,或许是比较容易解决的。但不幸的是情况并不如此。当我于1982年得到日本藤善真澄教授寄给我的台北中华书局影印本杨熊合撰《水经注疏》后,开始我是十分同情李子魁先生的,我曾经根据武汉大学石泉教授提供的线索,写信到李先生所在的湖北恩施,告诉他台北出版了此书的消息,当然,我的目的,同时也想通过他了解一些有关此书原稿出售、运送、储藏、校订等问题。李先生长期在恩施这样一个闭塞的山区工作,对于我所告诉他的这个突如其来的消息,大概也是很兴奋的。所以不久就请人代写我上面已经提到的那封信,并且还加入了若干附件。这些附件,目的都在于证明他在此书上所下的工夫。

我对于李子魁先生的同情,并不是言不由衷的。直到我在1983年第1期《杭州大学学报》(哲学社会科学版)发表《评台北中华书局影印杨熊合撰水经注疏》一文时,还表达了我的这种同情,尽管那时我已经逐渐了解到他在此书上的不少作伪的问题。当时,我还认为此书中的不少删节和改动之处,都是曾经整理过台北本底本的傅纬平先生做的。我也和当年的汪辟疆先生一样,只凭李的一面之词,认为他"是接受熊会贞的遗命而致力于《水经注疏》的整理工作的"。虽然我在那篇书评中,已经指出他的某些篡改熊会贞《十三页》的做法"是一个错误"。但是我仍然以为"对此稿有颇大贡献的李子魁教授,在此稿影印时,竟被抹去了他的名字,这是令人不胜遗憾的"。我把这篇书评的抽印本寄给李先生,同时又向他提出若干问题。我很想与他坦率地讨论一些有关此书的掌故,但我的几次去信,从此就石沉大海了。或许是由于他的健康情况不好,也或许是他从我的书评和信中看到了我已经逐渐了解了事情的若干真相,就不便再给我复信了。其实,后来我在日本阅读《胡适手稿》,早在40年代末,胡适从台湾

"中央图书馆"读了今台北本底本以后,已在《熊会贞补疏水经注疏遗言》及《李子魁整理水经注疏之经过》诸篇(均在《手稿》第五集中册)中指出了李的作伪情事,我的发现实在已经很晚了。由于李子魁先生的沉默,就使得上述这些问题的解决变得更为困难。

我之所以几次写信给李子魁先生,因为我认为他毕竟与熊会贞的儿子熊小固及杨守敬的孙子杨勉之相处过 1 年多,也算是个知情人,假使他愿意坦率地说清一些问题,显然要比我们在汪辟疆、向宜甫、刘禺生等先生的著述中去摸索要好得多。由于种种原因,我早已发现上述几家的资料并非一定可靠。例如《刘潘文》所引的武昌亚新地学社铅印本《水经注疏》卷首向宜甫《序言》中的一段:

> 日本森鹿三,[④]极服熊氏以一生精力成此绝业,乃于一九三〇[⑤]年夏四月,遣松浦嘉三郎走武昌求其稿。

其实,向氏原序在此下尚有《刘潘文》所未抄引的几句:

> 不获,又两谒,许以重金,乞写副。熊氏以大夫无域外之交,因拒之,卒不为夺。若熊翁者,此宁可求诸今世士大夫耶?

上述《刘潘文》所引用的向宜甫的这一段文字,是从民国三十六年《国史馆刊》创刊号中汪辟疆所撰《杨守敬熊会贞合传》中抄下来的,文章几乎相同。该文说:

> 日人森鹿三极服熊氏以一生精力,成此绝业。民国十九年四月,遣松浦嘉三郎走武昌,求其稿,不获,又两谒,许以重金,乞写副,会贞以大夫无域外之交,固拒之,卒不为夺。呜呼,若会贞者,此宁可求诸今世士大夫耶?

刘禺生在《世载堂杂忆》中《述杨氏水经注疏》一文也重复了类似的话:

> 会贞在日,日人森鹿三极服其学,遣松浦嘉三郎走求其稿,不获,又两谒,许以重金,乞写副本,会贞固拒之,卒不为夺。

从文字上看,上述各条记载言之凿凿,不应有误。但是只要细细揣摩一下,就可以发现,向、刘两人的文字,都是从比他们早出的汪辟疆所撰的《合传》转抄而来的。而其中"大夫无域外之交"一语显然站不住脚。不管此语有没有出典,但是至少对杨、熊师生是根本用不上的。杨氏在日本数年,结识了不少"域外之交"。光绪十年(1884)返国时,还随同了日友冈千仞父子一起到上海,并陪同他们到苏州顾子山家观藏书。宣统三年(1911),日人水野疏梅到上海拜杨为师,杨收之授以书法金石之学,并令水野教其两孙日语。水野从这年九月一直耽到年底,每日在杨宅午餐,其时熊会贞亦寓杨宅,则"域外之交"在熊氏也早已有了(均见吴天任《杨惺吾先生年谱》)。

事实是,我于 1983 年在日本讲学时,有一次访问奈良女子大学,该校地理系教授、森鹿三的高足船越昭生先生告诉我,京都大学人文科学研究所收藏着一部森鹿三生前所赠的《水经注疏》抄本。我随即请森氏的另一高足、关西大学的藤善真澄教授陪同访问京都大学人文科学研究所，承该所管理书库的狭间直树副教授取出此抄本让我阅读，并持此抄本分别与藤善和狄间二先生摄影留念。事详拙作《关于水经注疏不同版本和来历的探讨》一文中。由于我在这个问题上亲自作了实地调查，所以才能正确无误地否定汪辟疆、向宜甫、刘禺生等以讹传讹的资料。这种资料乍看起来是十分可靠的，诚如《刘潘文》在引用刘禺生的另外一些资料后说："刘氏是熊氏的同乡，又生活在同一时代，上述记载当不致有误。"的确，我原来何尝不以为日本无《水经注疏》抄本的记载是真的，因为记载出自郦学权威汪辟疆之手，又为同乡而又同时的向宜甫和刘禺生所引用。但事实却否定了我原来的想法。说明对于这类问题，能够找到知情人讨论和实地调查，确比单凭文献资料和揣摩文字要好得多。

我当然不说汪辟疆、向宜甫、刘禺生3位先生的记载是弄虚作假。这是因为他们记载的资料，有许多是从学术界听来的。而活动于学术界的人物，也和社会上其他领域一样，是良莠不齐的。有些一心一意做学问的人，常常容易受骗上当，这叫做君子可欺以方。因为这种人声名大，有些心术不正的人，往往钻空子，把自己编造的一面之词，去打动这些专心做学问的人，让他们在文章中不知不觉地把这些一面之词写进去，使学术界信以为真。在《水经注疏》这部著作中，不仅汪辟疆、贺昌群[6]等先生都曾受人之欺，而如上所述，几年以前，我自己也重蹈他们的覆辙，在不可靠的资料干扰下作了错误的论断。以后由于继续深入研究，才算基本上弄清了事实的真相。

汪辟疆先生当然是一位学识丰富的正派学者，但是如上所述，在《水经注疏》抄本流入日本一事上作了完全错误的叙述。汪先生的这项资料是从哪里来的，现在无从知道，但是绝对不会得自另外一位正派人物熊会贞，这是无疑的。例如上面说到的"大夫无域外之交"一语，不仅事实证明他们师生都有"域外之交"，即使这话确实有典可据，按照熊氏在修订《水经注疏》的成果中所表现的科学思想，也足以说明他绝不会墨守这种毫无道理的教条。汪辟疆先生关于《水经注疏》著作中，除了这一项错误资料显然被一些别有用心的人所欺外，另外还有一项无疑是某些人的一面之词，汪先生竟以之写入他的著作。因为汪先生名声大，这件实际上很可能是向壁虚造的事，却因利用了汪先生的大名而欺骗了许多人。这段话是作为一种《附记》的形式写在汪先生的一篇杰出的郦学名著《明清两代整理水经注之总成绩——杨守敬、熊会贞，水经注疏》之后的。该文载于民国二十九年(1940)1月28日—29日重庆《时事新报》副刊《学灯》第69—70期。文中说：

> 李君(按指李子魁)追随熊固之先生最久，私淑邻苏，而又亲佐熊先生钩稽群
> 籍，襄此鸿业。熊先生于民国二十五年逝世，临卒，又手草《补疏水经注疏遗言》[7]

凡四十条,交李君赓续整理,以竟全功,则此后整理全疏非李君莫属也。

汪先生的这些话包括所谓《遗言》云云,很可能就是李子魁在重庆面告他的。由于汪先生把它原原本本地写入了自己的著作,很多人就相信了。而且,既然有这样一位名人动了笔墨,李子魁自己也就于民国三十六年(1947)在湖北师范学院唐祖培教授主编的《史地丛刊》第2、3合期刊载了他的所谓《水经注疏》(一共只刊了2卷,实即1949年亚新地学社所铅印者),前有《自序》一篇,其中有云:

> 顾天不假年,熊先生逝世,易箦之前,曾致余书,谓“《水经注疏》初稿已成,惟
> 蹖驳处多,急当修改。年华已暮,深恐不能勒为定本,望即南旋,以续整理之业”。
> 且手写《补疏水经注疏遗言》若干条,嘱余助其未竟之功。子魁受命整理,朝夕其
> 事,爰叙其经过,以告海内君子。

在所谓《遗言》的问题上,讲究考据的胡适之先生到底没有汪辟疆先生那样容易受欺。他于1948年从台湾“中央图书馆”所藏的今台北本底本中,把熊氏亲笔《十三页》抄出,与往年在重庆发表的被胡适称为“李子魁本”的《遗言》作了核对,指出了李的删改,并在李抹去“与岑香孙世兄”6字处写上:“李子魁抹去此六字,是有意要暗示《遗言》是为他留下的。”[⑧]这里,胡一言中的地戳穿了李的意图,确是胡氏的精明之处。但是在另外一点上,《十三页》根本没有《遗言》的字样,李子魁擅称《遗言》,显然是为了突出他“受遗”的意思。胡适居然有此疏忽,被李所蒙蔽,也称为《遗言》。可见小人欺君子之方甚多,真是防不胜防。胡适在《论杨守敬判断水经注案的谬妄——答卢慎之先生》[⑨]一文中说:

> 民国二十五年,熊氏也死了,熊氏病中,立有《遗言》三十九条。

这样,熊氏的《十三页》,经过李子魁的篡改,就由汪辟疆、胡适等名流按李的一面之词定为《遗言》。要不是熊氏的亲笔仍然留在台北本的底本之中,我们怎能知道,熊氏根本没有委托过李“以续整理之业”。而所谓《遗言》,我在拙作《熊会贞郦学思想的发展》一文中已经详叙,真是一场极不光彩的骗局。

我在前面所说的令人叹息的事情就在这里。《水经注》一书,由于赵戴公案,已经论战了200多年,学术界为此而浪费了大量宝贵的精力,影响了郦学研究的发展。在《水经注疏》的撰述中,杨守敬早已吸取了赵戴公案的教训而在生前作了妥善的安排。熊会贞也兢兢业业,谨慎从事。却又因他人的插手而发生了这样的事情,真是不幸之至。

我写上面这些看来拉杂的话,主要是为了替讨论《水经注疏》的各种版本提供一些我所知道的背景材料,以供讨论时参考。这中间需要注意的是,现在我们所能看到的有关这个问题的文献资料,包括出自正派的知名学者的或是出于某些别有用心的人

的，都是既不可不信，也不可全信。必须从多方面进行调查核实。否则，就会像汪辟疆、胡适、向宜甫、刘禺生、贺昌群等先生一样，也会像我前几年曾经做过的一样，受人之欺而不自知，反而增加了后人研究的困难。

现在再回到刘、潘两位先生所提出的问题上来。我觉得，对于这个问题，在郦学界来说是兹事体大，确实必须认真研究。事情或许是我的判断错误，也或许是刘、潘二位的推论不对，也或许是另外还有节外生枝的问题，现在都不能过早地作出结论。说实话，从感情上说，我很希望将来得到的结论能够证实我的判断错误，这样就排除了一件郦学史上十分不幸的事件。但感情到底不能代替事实，最后还得让事实来说明真相。

在讨论本题以前要说明的一点是，《刘潘文》所提出的我的一句话："今天流行的《水经注疏》，并不是熊氏本人最后认可的本子。"我认为这句话肯定没有错，用不着花时间去讨论。道理很简单，假使今天流行的《水经注疏》，无论是北京本或台北本，曾是熊会贞最后认可的本子的话，那末，他何必要在病中写下《十三页》，指出："此全稿复视，知有大错，"而要求"继事君子"进行修改呢？而事实上，现在流行的《水经注疏》，包括北京、台北两本，都不是遵照《十三页》修改完整的，这就显然不是熊氏最后认可的本子。

《刘潘文》在揣摩刘禺生《述杨氏水经注疏》一文的字句方面，花了很大的工夫。为了考证一个问题，这种方法当然是可行的。但是正如前面已经指出的，尽管刘和熊是同乡同代之人，但其记载并不一定不误。森鹿三求副本一事可以为证。这中间，特别是把"图断会贞生计"一句解释作"在生活上给熊氏制造出一些困难"，而熊氏"顾瞻日后生计，困难重重，因而郁郁寡欢，最后终竟自裁。"把熊氏自杀的原因说成是他当时和日后的生活困难所致，这样的揣摩文字，恐怕很难自圆其说。也可能是因为作者不大了解抗战前出版界情况所致。因为熊氏受杨守敬遗命继续撰述《水经注疏》，这是当时举世共知的事，熊氏本人在当时也已经是学术界名流，假使他真的生活拮据，只要他开一句口，许多书局（即今出版社）都会向他预付稿费，而按照物价对比，当时的稿费比现在要高出许多倍。那时候，也确有不少名作家（例如鲁迅）接受书局的预支稿费。林语堂先生为开明书店编写英语教科书，一次预支稿费就达银圆数万元，让他在上海买了小汽车、租了花园洋房从事编写工作。因为这是有书籍的版权作为代价的，绝非无功受禄，作者自可心安理得。何况，熊氏初至武昌，曾在菊湾杨氏故宅撰稿，晚年移居到西卷棚11号自宅，生活上并不受杨氏后人节制。而且据我所知，熊氏在当时确非富有，但生活也并非十分困难。因此，说他因生活困难而自杀，这是缺乏根据的。

《刘潘文》认为，熊氏在世之日，杨勉之只是意图私售稿本，而其实并未出售稿本，杨氏出售，乃是1938年7月的事。假使撇开熊会贞自杀的事不论，则这个推论或许不无道理,可以进一步研究。但假使这个推论成立,则不仅熊氏自杀无法解释,而且另外一个问题随即就会发生。因为贺昌群先生在北京本卷首《说明》中提到:"同一书手,同一时期抄录两部,一部为前中央研究院所得……另一部即此稿。"当然,贺的《说明》现在看来并不完整,因为抄出来的本子绝不止两部,日本京都大学人文科学研究所不也收藏了一部吗? 而且据我亲自阅读,抄写的体例格局,与北京、台北两本完全相同。这些暂且不论。必须指出的是,按照版本学的观点来看,贺昌群所说的各本都是"抄本","抄本"的底本才是"稿本"。那末,《水经注疏》的稿本到哪里去了呢? 按照一般作者的习惯来说,修改自己的著作,总是首先在稿本上修改。抄本因为有先抄后抄之别,内容或不全,但稿本的内容,必然是最完整的。根据汪辟疆所撰《杨守敬熊会贞合传》:"书凡六七校,稿经六次写定。"我在拙作《评台北中华书局影印杨熊合撰水经注疏》一文中,曾引李子魁寄给我的材料,推算今北京、台北两本的底本,抄成于1932年到1933年之间,距熊氏弃世尚有三四年时间。则汪氏所说"稿经六次写定"之中,必有写定于此二抄本之后的。而最后一次,即第六次写定的稿本,或许就在他生了一场大病幸而康复以后,也就是他在《禹贡半月刊》3卷6期(1935年5月)发表《关于水经注之通信》一文的时候。当时,他正以他身体的康复而高兴,用不着再求助于"继事君子",而可以由他自己按他病中所写的《十三页》要求给此书定稿。这项工作,在他的《通信》发表以前已经开始,而一年多以后,估计他的定稿工作已经完成,而他竟突然自裁,假使事情没有剧变,他又何至于出此呢?《刘潘文》认为1938年7月由杨勉之出售的今台北本的底本,即是熊会贞的最后定稿本。但这一本的内容并未按《十三页》的要求修改完整,与熊氏在1935年的《禹贡半月刊》所发表的《通信》也互相径庭。所以我推断他的定稿本已为杨勉之于1936年5月熊氏自裁以前所私售,因而使熊氏万念俱灰,终至自裁。假使当时此稿尚在熊氏手上,熊氏却如《刘潘文》所说因迫于生计而自裁,那么,揣摩刘禺生的文章,应作"人亡稿在",怎能说"与稿俱逝"呢?

　　此稿由杨勉之出售给何人,至今流落何处? 当然还值得继续研究。因为售稿以后,战火连年,所以存亡堪虞。史念海教授数年前曾告我一类似事件:蒲坂张国淦先生以方志研究著名于世,著作等身,其中古方志部分(自秦汉至元代),身后已由中华书局出版《中国古方志考》一书,内容十分精湛;而明、清方志为数更多,其稿达数百万言,由其家属收藏。"十年灾难"之初,有一人自称造反派,径入张宅,勒令其家属交出此稿,家属不敢抗拒,听其劫取全稿,扬长而去,至今不知下落。此事至今不过20余年,而熊稿至今已逾半个世纪,所以每念及此,未尝不忧心忡忡也。

　　也有人认为杨勉之当时并未出售此稿,而只是窃取此稿,私藏别处,待价而沽。熊氏竟因此自裁,惹出如此大祸,故事后不得已仍以此稿交其子熊小固。但熊小固不谙此道,所以又不得不请李子魁协助。抗战开始,武汉吃紧,熊、李两人即携此稿并熊会贞撰述此书所用之全部参考书一百数十种出走重庆。这就是汪辟疆先生所说的:"宜都杨守敬、枝江熊会贞《水经注疏》四十卷稿,今由熊先生哲嗣小固及李子魁君运渝。"也就是他所说的:"稿凡数本,其一本为中央研究院所得;其誊清正本,则仍在李子魁处,今余所及览者,则李君所藏之正本也。"汪先生以"其一本"三字说明今台北本的底本,而以"正本"二字说明李子魁所藏之本。因为中央研究院所得之本,即汪氏所谓"其一本"的,比"正本"早一年运抵重庆,所以这两本,汪先生都曾先后过目,而他如此不同地称谓此两本,当非偶然。汪先生是一位受人尊敬的饱学之士,虽然在学术以外的其他问题上,他难免受小人之欺,但对于学术的本身,却是不能在他面前蒙混的。他已经看过中央研究院所得之本,一年以后又看了被他称为"五本"的本子,他却愿意把这个"正本"推荐给章士钊先生出版,或许是值得深思的。因此,这个"正本"是熊会贞最后定稿本的说法,虽然尚未见诸文字,却也是值得考虑的。

我写上面这一些,绝对没有想否定刘、潘两位先生的推论的意思。因为问题比较复杂,所以把我所看到、听到和想到的东西都和盘托出,以供对这个问题继续调查研究的参考。我能够多提供一点线索,在研究和调查中就能多一条路径,有助于廓清存在于这件事情中的许多疑窦。

另外,我非常赞赏《刘潘文》最后建议,该文说:

> 我们研究其版本的问题⋯⋯这并不是我们的最终目的。随着时代的进步,科学技术的发达,我们应该不断地推动郦学研究的加速发展,在切实继承《水经注疏》的研究成果的坚实基础上,通力合作,力争尽早编纂出在广度、深度和科学性诸方面,都超过《水经注疏》的新的《水经注》版本。

这一段结尾真真是正中下怀,使我十分快慰。我于1982年曾发表《编纂〈水经注〉新版本刍议》[⑩]一文,去年又发表《编绘出版水经注图刍议》[⑪]一文,建议编纂《水经注》新版本和绘制新的《水经注图》。至今已经获得国内外的不少响应和支持。1985年我在日本讲学时,读到了日本文部省教科书调查官山口荣先生的著作《关于胡适的水经注研究》,[⑫]文中引用拙作《论水经注的版本》,[⑬]并附和拙见,指出编纂《水经注》新版本,已是当务之急。去年3月,寓居香港的国际著名地理学家陈正祥教授来信向我建议,成立一个国际性的《水经注》研究会或学会,并且谦逊地建议:"实应由吾兄主其事。"去年4月,上海复旦大学中国历史地理研究所所长邹逸麟教授来信,要求我"登高一呼",成立一个《水经注》研究会。去年10月,云南省测绘局来信,热情地表示愿意承担我所建议的《水经注图》的绘制任务,并且随即派遣该局工程师扶永发先生,专程赶到杭州,与我商讨这项工作的进行。现在,我又看到了刘、潘两位先生在这方面的高明见解,真使我不胜雀跃。我在 1984 年已点校完成了《水经注疏》[14]（与南京师范大学段熙仲教授合作），去年又点校完成了武英殿聚珍版本《水经注》，[15]连同去夏交稿的《水经注研究二集》，[16]均可望于今年见书。目前，我正在着手主编一部规模较大的《水经注辞典》，所有这些，都是编纂新版本《水经注》的准备工作。希望能如刘、潘两位先生所说的，我的工作能够得到学术界的"通力合作"，让我能早日完成我的这一宿愿。

1987 年元月于杭州大学

注释：

① 《中华文史论丛》1984 年第 3 辑。

② 《杭州大学学报》（哲学社会科学版）1983 年第 1 期。

③ 《中华文史论丛》1985 年第 2 辑。

④ 按向氏原序误作"森三鹿"，刘、潘两先生大概没有看到过此书原本，而是从拙作《关于水经注疏不同版本和来历的探讨》一文中转引来的。该文中，此处我原有一条脚注，说明"森三鹿"是"森鹿三"之误，但排印时不知怎样漏掉了。

⑤ 向氏原序作"一九三十"年，此处是我改写的。

⑥ 贺先生在北京本《说明》中引用此书底本持有人徐行可的话："抗战期中，武汉沦陷时，日人多方搜求此稿，向徐氏加以压力。他百计回避，保全了此稿，未落于日人之手，言下感慨系之，不禁泫然。"我在拙作《关于水经注疏不同版本和来历的探讨》一文中已经指出，徐氏的话未必真实。

⑦ 民国二十九年一月二十九日重庆《时事新报》副刊《学灯》第 70 期汪辟疆《明清两代整理水经注之总成绩》文后，首次刊载经过李子魁窜改过的所谓《补疏水经注疏遗言》，以后又在民国三十二年十月十日重庆版《中国学报》1 卷 2 期再次发表。

⑧⑨　《胡适手稿》第五集中册。

⑩ 原载 1983 年福建人民出版社《古籍论丛》，收入于拙著《水经注研究》，天津古籍出版社 1985 年版。

⑪ 《地图》1986 年第 2 期，北京地图出版社版。

⑫ 载佐藤博士还历纪念《中国水利史论集》，中国水利史研究会编，东京国书刊行会 1981 年版。

⑬ 《中华文史论丛》1979 年第 3 辑。

⑭ 江苏古籍出版社版。

⑮ 上海古籍出版社版。

⑯ 山西人民出版社版。

十、《水经》与《水经注》
——就"经注同出一手"说与王成组教授商榷

　　《隋书·经籍志》著录:"《水经》三卷,郭璞注。"这是现存对《水经》一书的最早著录。但这项著录不及撰者,只知是郭璞所注。《旧唐书·经籍志》著录:"《水经》三卷,郭璞撰。"这项著录的价值不大,因为它无非抄录《隋志》,而且把《隋志》"郭璞注"的"注"字讹作"撰"字。郭璞是东晋人,注书甚多,现存的还有《山海经》、《尔雅》、《方言》等,因此,《隋志》作"注",不致有讹。《新唐书·艺文志》著录:"桑钦《水经》三卷。"这项著录,指出了《隋志》和《旧唐志》都不曾记及的这部《水经》的作者,所以对《隋志》是一个重要的补充。桑钦有否撰写《水经》,这个问题当然还可以讨论。桑钦是西汉成帝时人(公元1世纪末),所以班固在撰写《汉书·地理志》时已引及了他的著作。《汉志》在绛水、漯水、汶水、淮水、弱水、易水等6条河流中,分别引及桑钦的著作,既然所引均是河川,或许即是他所撰写的《水经》。但由于《汉志》引及桑钦时,并不提出《水经》书名,只是笼统地说"桑钦言"、"桑钦以为"等等,而《水经注》卷五《河水注》中却引及桑钦《地理志》,所以《汉志》所引桑钦,是《水经》、抑是《地理志》或桑钦的其他著作,仍然无法肯定。不过宋《通志·艺文略》著录:"《水经》三卷,汉桑钦撰,郭璞注。"则又说明桑钦所撰的《水经》,由郭璞作注,其书或许确曾存在。当然,全书不过3卷,篇幅甚小,而且亡佚已久,内容除《汉志》引及者外,也已不得而知了。

　　《隋书·经籍志》另外又著录:"《水经》四十卷,郦善长注。"《旧唐志》作《水经》

又四十卷,郦道元撰。"《新唐志》作"郦道元注《水经》四十卷。"郦道元所注的《水经》当然不是桑钦的《水经》。此《水经》是何时何人所撰,历来曾有争论。清初胡渭在《禹贡锥指例略》中认为:"《水经》创自东汉,而魏晋人续成之,非一时一手作。"全祖望在其《五校本题辞》中也指出:"东汉初人为之,曹魏初人续成之。"乾隆年代,《四库全书提要》在仔细地研究了经文中的地名以后,作出了比较可靠的考证:

> 又《水经》作者,《唐书》题曰桑钦,然班固尝引钦说,与此经文异;道元注亦引钦所作《地理志》,不曰《水经》。观其涪水条中,称广汉已为广魏,则决非汉时;钟水条中,称晋宁仍曰魏宁,则未及晋代。推寻文句,大抵三国时人。

这个考证,是很有说服力的,所以此说一出,《水经》的撰写时代,大概已成定论。例如著名郦学家杨守敬,他不仅同意《四库提要》的论证,并且还为这种论证增收了其他若干数据。他在《水经注要删凡例》中说:

> 自阎百诗谓郭璞注《山海经》引《水经》者七,而后郭璞撰《水经》之说废;自《水经注序》出,不言经作于桑钦,而后来附益之说为不足凭。前人定为三国时人作,其说是矣。余更得数证焉。《沔水》经"东过魏兴安阳县南"。魏兴为曹氏所立之郡,注明言之。赵氏疑此条为后人所续者,不知此正魏人作经之明证。古淇水入河,至建安十九年曹操始遏淇水东入白沟,而经明云"东过内黄县南为白沟",此又魏人作经之切证。又刘璋分巴郡置巴东、巴西郡,而夷水、漾水经文只称巴郡,蜀先主置汉嘉郡、涪陵郡,而若水、延江水经文,不称汉嘉,涪陵。他如吴省沙羡县,而经仍称江夏沙羡,吴置始安郡于始安,而经仍称零陵始安,盖以敌国所改之制,故外之。此又魏人作经,不下逮晋代之证也。

当然,不管是《四库提要》或是《要删凡例》,都未曾指出《水经》撰者何人。这个问题由于毫无线索可循,只好付之阙如,古籍中这种情况甚多,不足为怪。

但这个长期来学术界已经认为应毋庸议的问题,最近忽然又引起了新的风波。因为王成组教授在他所撰的《中国地理学史》(上册)中,提出了他的"经注同出一手"的新说法。王书在第五篇第一章《郦道元著〈水经注〉——著述方法和重要贡献》第一节《作者身世和水经注来历》中说:

> 从《水经注》的内在特征来衡量,《经》与《注》可能本是郦氏一家之言。他的原序从没有表示他在为任何别人的《经》作注,序中只说"窃以多暇空倾岁月,辄述水经布广前文"。所谓"辄述水经",郦氏惯用"水经"一词称述书中的各段《经》文,而自称为"述"显然表示自编。"前文"不一定是指本书的《经》文或《水经》,而可能是指《注》中所引用的前代旧说。原序末尾又说,"所以撰证本经,附其枝要者,庶被忘误之私(驿案,此句'被'当是'备'之误),求其寻省之易"。所

谓"撰证本经",也有自撰经文而加注作证的意味。因此,我们认为全书的经注同出于他一人之手。(王书第131页)

他在同篇、同章第九节《小结》中又说:

> 对于传统观念假定郦氏限于为前人所著的《水经》加注,我们认为他的序文没有任何证实此点的迹象,各家的评论都不能确定它出于任何人之手。实际上书中的所谓《经》与《注》,可能都是郦氏一手所编成。经的部分一般依据东汉的郡县说明部位,正如所叙述的大河下游入海途径依据王莽时的改道,都是作者选定的一种撰述方法。也只有在他所收集的大量注文的基础上,才能提纲挈领写出经文——尤其是像郁江一带的水道。传统的假定,不但埋没了郦氏在经文部分的创作,而且把他收集整理注文贬低为完全从属于前人所著《水经》的地位。(王书,第150—151页)

王先生的大著出版后,此书责任编辑,商务印书馆的陈江先生于1983年7月曾向我寄赠一册(王先生本人于当年9月也寄赠一册,但此时我已出国,王先生亲自签名的赠书,我到返国后才看到),由于当时适逢我接受日本关西大学研究生院的聘请,准备到该校作中国历史地理和《水经注》的讲学,来不及详细拜读王先生的著作。但在我出国以前,学术界已经有好几位读书勤快的同仁写信给我,专门提出了王著中的这个问题,并且希望我写点文章阐明这个问题。为此,我把王著随带到日本,讲学之暇,花几天工夫读完了全书。我觉得从全局来说,王先生的《中国地理学史》(上册)是一本很有价值的学术著作,书中有不少精辟的见解,的确是王先生多年研究的成果。当然,智者千虑,必有一失,有关《水经注》经注作者的问题,或许是他一时考虑不周的缘故。而且由于此事在郦学界早有定论,众所公认,因此,王先生的这种见解,大概不至于引起共鸣和争论,所以,我认为没有写文章辨正的必要。而且相反,我认为由我出头撰文辨正此事,或许反而引起好事者的爱瘿嗜痂,徒然增加一些不必要的笔墨浪费。在日本讲学时,虽然经常搬弄《水经注》的文字,但是绝不考虑要针对王先生的这种说法撰写什么文字。

10月间返国后,在积压在家中的许多信件中,又看到了好几封议论此事的来信。由于与兰州大学订有旧约,回家不到10天,又匆匆赶来兰州讲课。讲课之余,在兰州的故友新知,不免常到住处谈谈,王著中"经注同出一手"的议论,又常常成为谈论的课题。说明对于此事,关心者竟然不少。我当然提出我的"小题不必大做"的意见,但我的朋友们却颇不以为然。他们认为,王先生的见解,在目前的郦学界,或许确实不会造成影响。但对于广大的中青年学者,他们并不熟悉郦学,却富有探索问题、追求真理的精神。加上王成组教授是国内老一辈知名学者,中青年学者骤读此书,他们有的出于追求学问的愿望,有的出于无知,有的出于好奇心,或许会造成文字往返,笔墨纷争的局面,白白浪费人们的许多时间和精力,而且岁月绵延,让这种实际上无稽的见解流传下去,对后人也绝非好事,所以还不如让我写一篇文章,辨正王著中的这一议论的不足为据,以平息这场意外的风波。在朋友们的这种纷纷敦促之下,我不得不请兰州大学中文系的刘满先生,借来《水经注》和有关文献,就在讲课之余,草成这篇文字。既说明《水经》与《水经注》的关系,同时并和王成组教授商榷。

《水经》和《水经注》绝非出于一手,这个问题实际上不必详论。王先生认为"他的序文没有任何证实此点的迹象"。但我认为不仅"迹象"明显,而且还是信而有征的。不妨举郦氏原序中的一段看看:

> 昔《大禹记》著山海,周而不备;《地理志》其所录,简而不周;《尚书》、《本纪》与《职方》俱略;都赋所述,裁不宣意;《水经》虽粗缀津绪,又阙旁通。所谓各言其志,罕能备其宣导者矣。

在这段文字中,郦道元所列举的这些地理书,都是古代的地理书,所以他开头冠以一个"昔"字。他列举这些古书,目的是为了指出这些古书的不足。这些古书中,有《大禹记》、《地理志》、《尚书》、《本纪》、《职方》、都赋和《水经》。这中间,从《大禹记》到《职方》,我在拙著《水经注·文献录》中都已有所考证,不必赘述。都赋是泛指从两汉到魏晋不少文人学士以韵文体裁所撰写的一种区域地理或城市地理的作品,《水经注》引及甚多,如《齐都赋》、《魏都赋》、《赵都赋》、《西京赋》、《鲁都赋》、《蜀都赋》、《南都赋》、《扬都赋》、《吴都赋》等。最后评论的是《水经》,他对《水经》的评价,大概比上列其他各书要好一些,即所谓"粗缀津绪"。用现代话来说,大概就是有一定的系统性。其缺点则是"又阙旁通"。因为地理是一门综合性的科学,但《水经》只简单叙述每一条河流的发源、流程和归结,有骨无肉,枯燥刻板。用现代话来说,就是缺乏综合性。正因为其"粗缀津绪",所以它可以作为郦氏作注的底本;郦氏作注30余万言,较原经多出20余倍,举凡自然地理、人文地理、历史沿革、人物掌故等等,都作了详细的描述,这就是郦氏针对《水经》"又阙旁通"的缺陷所做的工作。事实非常明显,假使如王先生所说,《水经》也出自郦道元之手,他怎能把他自己的著作,混在古人的《大禹记》、《地理志》、《尚书》、《职方》等之中,评论一番,然后再替自己的著作作注呢?

王先生认为:"他的原序从没有表示他在为任何别人的《经》作注,序中只说'窃以多暇空倾岁月,辄述水经布广前文'。所谓'辄述水经',郦氏惯用'水经'一词称述书中的各段《经》文,而自称为'述'显然表示自编,'前文'不一定是指本书的《经》文或《水经》,而可能是指《注》中所引用的前代旧说。"其实,"辄述水经"一语,正是郦氏为《水经》作注的意思。为什么要替《水经》作注? 这就是他在原序中接着说的"布广前文"。这个"前文"当然是指《水经》而言。因为《水经》的缺点如他所说是"虽粗缀津绪,又阙旁通"。"布广"显然就是使之"旁通"的意思。

如上所述,郦道元选择《水经》作注,只是因为此书"粗缀津结",基本上把全国的主要河流,系统地作了记载。但是他并不说《水经》对全国河流的记载都是正确的。在他作注的过程中,除了实际上撇开《水经》,以他自己所占有的丰富资料描述河流外,同时还要随时随地纠正《水经》的错误。我粗略地查核了一番注文,全注中明确指出经文的错误而加以辨正的就达30多处。下面可以举几个例子。

卷四《河水》经"又东过平阴县北,清水从西北来注之"注:中,郦道元纠正了经文中所说黄河在平阴县北与支流"清水"汇合的错误。他根据各种文献资料,认为在平阴县注入黄河的支流是瀍水而不是清水。注文说:

> 河水又东迳平阴县北……河水又会瀍水,水出垣县王屋山西瀍溪,夹山东南流,迳故城东,即瀍关也……又东流注于河。经书清水,非也,是乃瀍水耳。

又如卷三《河水》经"又东过云中桢陵县南,又东过沙南县北,从县东屈南过沙陵县西"注中,郦氏以他亲身的野外考察,辨正了经文所载黄河东过桢陵、沙南二县的错误。注文说:

> 河水南入桢陵县西北,缘胡山,历沙南县东北两二县之间而出。余以太和中为尚书郎,从高祖北巡,亲所经涉,县在山南,王莽之楨陆也,北去云中城一百二十里,县南六十许里,有东、西大山,山西枕河,河水南流。脉水寻经,殊乖川去之次,似非关究也。

又如卷十四《浿水》经"浿水出乐浪镂方县,东南过临汉县,东入于海"注中,郦道元通过对当时高勾丽到北魏的外交使节的访问,辨正了浿水的流向,此水实际上绝不如经文所说的"东入于海",而是西流入海的。注文说:

> 汉武帝元封二年,遣楼船将军杨僕,左将军荀彘讨右渠,破渠于浿水,遂灭之。若浿水东流,无渡浿之理。其地,今高勾丽之国治,余访蕃使,言城在浿水之阳,其水西流,迳故乐浪朝鲜县,即乐浪郡治,汉武帝置,向西北流。故《地理志》曰:浿水西至增地入海。又汉兴,以朝鲜为远,循辽东故塞,至浿水为界。考之今古,于事差谬,盖经误证也。

以上3个例子,是郦道元通过文献考证、野外考察、访问等方法,辨正了《水经》的重大错误。他用"经言非也"、"盖经误证"之类的话,直接指出《水经》的错误。这就是杨守敬在其《水经注图凡例》中所说的:"《水经》与《注》多不相合,郦氏往往改正之。"也有一些注文,虽然并非直接提到《水经》,但其实也是针对《水经》的。例如卷四《河水》经"又南过皮氏县西"后,紧接着的另一句经文是"又南出龙门口,汾水从东来注之"。郦氏在前一句经文即"又南过皮氏县西"下注云："皮氏县，王莽之延平也，故城在龙门东南，不得延迳皮氏，方属龙门也。"这条注文，实际上是针对上述两条经文而言，因为经文述黄河流程，先皮氏而后龙门，这是地理位置的错误。又如卷六《汾水》经"（文水）又东入于汾"下，注文紧接着指出："（文）水注文湖，不至汾也。"文水最终注入文湖，并不注入汾水。这里，注文显然是为了辨正《水经》的错误。这类例子很多，不一一列举。

　　根据如上所述郦道元不断辨正经书的错误的情况，怎能设想，《水经》也是由他撰写的。或许还可以提出一种假设，他撰《水经》在前，作注在后，所以才出现用注文辨正经文的情况。这种假设与王成组教授"也只有在他所收集的大量注文的基础上，才能提纲挈领写出经文"的写作程序虽然已经相反，不过在逻辑上或许还能成立。当然，这种假设实际上也是十分可笑的。郦道元虽然如《魏书》本传所说是一位"好学"和"历览奇书"的学者，但是他毕竟生于兵荒马乱之世，一生戎马劳顿，哪有这样的闲工夫，先让自己写一篇错误文章，然后再另写一部大文章来批判自己的错误。要修改，就直接修改经文好了，何必再替内容已经非常庞大的注文又增加这许多辨正经文的负担呢？至于王先生设想的经注撰写程序，即是先写注文，然后再"提纲挈领"写出经文，那是连逻辑上都说不通的。因为注文本来无误，经过"提纲挈领"以后，却"提"出了许多错误的东西来。这样的假设，怎么能站得住足呢？

　　王成组教授在经文和注文的作者问题上还有一种顾虑。这就是他所说的："传统的假定，不但埋没了郦氏在经文部分的创作，而且把他收集整理注文贬低为完全从属于前人所著《水经》的地位。"

　　《水经》非郦道元所撰，这已经不是"传统的假定"，而是学术界普遍承认的事实。但对于《水经》作者的姓名，现在确实是"埋没"了。郦道元为《水经》作注，他当时是否知道《水经》的作者，这件事，根据郦氏原序，还无法论定。或许是，这部《水经》的作者，在当时就已经佚名，所以郦氏没有写出作者的名氏；也或许是，《水经》的作者在当时是众所周知的，正和原序中同时提及的《大禹记》、《地理志》、《禹贡》、《职方》等一样，所以用不着写出作者的名氏。但是从此以后，再没有任何文献提到过这部《水经》的作者姓名，所以我们只好把它定为无名氏的作品。历史上的许多作品，其中有许多是知名作者的作品，到后来都不免亡佚。而这部无名氏的《水经》，却幸获流传，这当然是与郦道元为它作注分不开的。正是由于郦氏一注，才使这部《水经》没有"埋没"，至今流传于世。

　　至于王先生所顾虑的，假使经注不是同出一手，则《水经注》就会沦于从属于《水经》的地位。这种顾虑当然是不必要的。《水经注》大于《水经》20 余倍，是一部以水道为纲的历史地理名著,历代以来,学者从考据、词章、地理等各方面研究此书,已经形成一门包罗广泛的郦学,郦学研究,不仅在国内渊源长久,而且传播海外,已经成为一门国际性的学术研究。所以《水经注》是否从属于《水经》,实在无可杞忧。在另一方面,后人为前人的著作作注,历来是中国学术界的传统,既不必强求"同出一手",也毋须计较从属关系。《春秋》自古被认为是崇高无比的圣贤之书,《左传》、《国语》等,虽然不过是《春秋》的注释,但同样具有极高的学术价值和地位。《史记》是名重一时的正史之首,张守节的《正义》,司马贞的《索隐》,虽然不过是它的注释,但也都能各自自成卷帙,流传后世。同样,胡三省为司马光的《通鉴》作注,要说从属关系,岂不十分明显,但后人却偏偏要把胡注从《通鉴》中分析出来,独立成书,进行专门的研究。这中间,《水经注》与《水经》的关系,当然更是一个毋须争辩的例子。事实是众所共见的,但问题或许已经拉深太远,就此搁笔吧。

1983 年 11 月于兰州大学招待所

附 记

此稿是在朋友们的一再敦促下于 1983 年在兰州大学撰成的。稿成以后,我去青海旅行了一次,旅途中无事,常常想到此稿。在日月山那边的茫茫草原和悠悠蓝天之下,我的思想开始变化,我觉得此稿实在不必再发,等回到杭州写一封信给王成组先生就可以了。但返杭以后,一方面由于事忙,另一方面也是由于一种无法控制的情绪,一直提不起笔来写这封信。于是,稿既不发,信也不写,事情就这样搁下了。但是不久,有关这方面的议论文章开始发表,靳生禾的《水经注经注出自郦氏一手吗》(《华东师大学报》哲学社会科学版 1985 年第 3 期),即是我所读到的这类文章之一。1985 年,我为上海人民出版社撰写《郦道元与水经注》一书,原稿中绝未提及此事,可能也是由于这类文章在社会上的出现,以致此书的责任编辑章煌远先生一定要我在原稿上补入我对"经注同出一手"的意见。我只好检出这份搁而未发的旧稿,摘录几句,以满足章煌远先生的要求。这次整理《水经注研究三集》,索性就把这篇没有发表过的旧稿收进去了。

在郦学史上,曾经有过"戴赵《水经注》案"的大风大浪,也有过迄今尚未完全明朗的杨熊《水经注疏》原稿本下落和第三者利用此书沽名钓誉的事件。这类事件,当然对郦学研究的发展起了不良的影响。但是,对于"经注同出一手"的议论,和前者完全不同,它是个单纯的学术问题,不会如我的某些朋友所顾虑的那样,在郦学界发生什么不良的影响。现在,既然郦学界已经就这个问题发表了文章,因此,我也不再回避,把这篇旧稿收入于《三集》之中。对于这个问题的争论,我始终认为算不了郦学界的一件什么大事。王成组教授是我素所景仰的老一辈地理学家,他是利用科学的自然地理要素对我国国土进行自然区划的最早学者之一。但是他毕竟不是一位郦学家,他在这个问题上的千虑一失,当然不会影响他的大作《中国地理学史》(上册)的价值。

1988 年 3 月于杭州大学历史地理研究室

十一、关于《水经注校》

　　1984 年上海人民出版社出版了王国维的《水经注校》,这是郦学界的一件大事。特别是对于研究郦学史的人,此书的价值是很高的。此书出版以后,许多人立刻抱怨标点错误太多,并且已经有人发表文章纠谬。当然,标点应该正确,错误的标点比没有标点更不好,它可以引诱初学者误入歧途。不过书既已出版,我们应当从此书的积极意义着想。标点错误连篇,这是事实,但不足以成为此书的大病,道理很简单,因为此书不是郦注的通行版本,它在研究郦学发展的历史方面有极大用处,但对现代一般人研究《水经注》,它只能起聚珍本、合校本和《水经注疏》等版本的辅助作用,决不能单凭此书。而用此本研究郦学发展史的人,大都对错误的标点有鉴别能力,他们可以撇开标点,自行其是。

　　所以必须让一般读者和初入郦学之门的人明白,此书价值虽高,但不宜于初学。"三百年来一部书"(顾炎武语),这不仅是清初郦学家对朱谋㙔《水经注笺》的称誉,同时也是对明代许多郦注版本的总结。到了清代,特别是乾隆年代郦学考据学派鼎盛以后,从实用意义上说,明代的一切版本都显得落后了。让今天的读者懂得这一点,则现在排印的王国维《水经注校》的某些消极作用就可以避免了。所以我说,此书的标点错误不足为大病。但有一点却是性质严重的,就是此书卷首第 17 页《标点说明》中第一项内的几句话:

　　　　本书是一部以明朱谋㙔本《水经注笺》为底本对校了宋本、明《永乐大典》本、清聚珍本和明、清诸名家版本的王国维手校本。

这几句话的严重性在于,此书的校勘成果中,其实并不包括清聚珍本在内。《标点说明》竟把聚珍本也拉扯进去,这是很不应该的。这一点假使不加以澄清,必然会诱使许多人误入歧途。案全、赵、戴 3 家校勘郦注,戴氏成书最晚,全、赵两家的校勘成果,其实都包罗于戴氏所校的聚珍本(即武英殿本,或称官本)之中。因为《水经注》从宋代以来,存在的最大问题莫过于经注混淆,而三家校勘的最大收获之一,也就是区别经注。在区别经注的问题上,全祖望做得最早,赵、戴两家都是根据他的成果继续提高的。全氏在《五校本题辞》中说:

> 经文与注文颇相似,故能相溷,而不知熟玩之,则固判然不同也。经文简,注文繁;简者必审择于其地望,繁者必详及于渊源,一为纲,一为目,以此思之盖过半矣。若其所以相溷者,其始特胥钞之厉耳,及版本仍之,而世莫之疑矣。犹幸割裂所及,止于河、济、江、淮、渭、洛、沔七篇,若其余则无有焉。盖居然善长之旧本也。故取其余之一百十有七篇,而熟玩之,而是七篇者可校矣。然是七篇者大川也。被溷而莫之正,则其书无可观者,是以不可不急定也。今以余所定《河水》经文,不过五十三条,而旧以注溷之,为二百五十四条;《济水》不过三十三条,而旧为七十条。……然其缠络之所以不相贯通者,皆由于此,一旦更张而合并之,遂觉星罗棋布,经文固无重复支离之失,而注亦益见章法矣。

后来戴震把全氏的研究进一步系统化,在聚珍本的《校上案语》中归纳为诸如"经则云过,注则云迳","经则统举都会,注则兼及繁碎地名"等明显的经注互不相同的体例,使多年来的经注混淆问题得以解决。全祖望认为要解决这个问题,先从篇幅最大,混淆最甚,问题最多的"河、济、江、淮、渭、洛、沔" 7 篇入手。现在,《水经注校》的《标点说明》中指出其校勘成果包括聚珍本在内,我们不妨就全祖望所说的 7 篇,核对一下《水经注校》和聚珍本的差异:

卷一《河水》,二本对勘,经文中有一条,《水经注校》多出 7 字。

卷二《河水》,《水经注校》以注作经者 39 条;又 1 处,注 15 字混入经。

卷三《河水》,《水经注校》以注作经者 38 条;又 6 处,注混入经,计 42 字;又经一条脱 9 字。

卷四《河水》,《水经注校》以注作经者 37 条;又 1 条经脱 1 字。

卷五《河水》,《水经注校》以注作经者 103 条;又 4 处,注混入经,计 71 字。

卷七《济水》,《水经注校》以注作经者 15 条;又 4 处,注混入经,计 12 字,又经混作注 1 条,计 7 字。

卷八《济水》,《水经注校》以注作经者 20 条;又 2 处,注混入经,计 26 字;又经混作注 1 条,计 27 字。

卷十五《洛水》,《水经注校》以注作经者 15 条;又 1 处,注混入经,计 7 字。

卷十九《渭水》,《水经注校》以注作经者 6 条。

卷二十七《沔水》,《水经注校》以注作经者 33 条。

卷二十八、二十九《沔水》(因此二篇两本起讫有异,故合计对比),《水经注校》以注作经者 34 条;又 1 处,经混入注,计 5 字;又脱漏经 8 条,计 98 字,注 1684 字。

卷三十《淮水》,《水经注校》以注作经者 29 条。

卷三十三、三十四、三十五《江水》(因此三篇两本起讫不同,故合计对比),《水经注校》以注作经者 104 条;又 2 处,注混入经,计 12 字;经混作注 2 条,计 34 字;经脱字一条,计 9 字。

根据以上统计,在全祖望所指的 7 水之中,《水经注校》就比聚珍本多出经文达 476 条。这 476 条,都是由注文混作经文的。而所有上列两本差异之处,在《水经注校》的天头和文末均不着一言。如卷二《河水》篇中,"河水又南迳罽宾国北","河水又西迳月氏国南","又西迳安息南","又西迳四大塔北"等注文,《水经注校》都混作经文。说明连"经则云过,注则云迳"这样最简单明显的经注区分原则,《水经注校》尚未曾考虑。足见聚珍本的校勘成果,绝未收入《水经注校》之中,没有任何迹象可以说明《水经注校》曾和聚珍本作过对校,此书《标点说明》中所说的与聚珍本对校的话,全无根据。这一点至关紧要,其性质远远超过此书的标点错误,必须让读者知道。

十二、《水经注》记载的黄河

黄河是我国的大河之一,由于它源远流长,河性特殊(善淤、善决、善徙),特别是流域开发的历史悠久,所以在古代,它是我国最著名的河流。我国古代记载黄河的文献真是车载斗量,不胜枚举。不过早期的古籍记载黄河,都是片断的和简略的,如著名的古代地理著作《山海经》、《禹贡》以及《史记·河渠书》,《汉书·沟洫志》等,都是如此。在现存的古籍中,第一次对黄河从上源到入海作全面记载的,是成书于三国时代的《水经》。但《水经》记载的黄河,首尾仅有 578 字,虽然是完整的,却是非常简略的。对黄河作全面而详细记载的现存最早古籍,是北魏郦道元所撰的《水经注》。此书记载的黄河干流共有 5 卷,约计 5 万余字,为《水经》记载黄河的 90 倍左右。

《水经注》记载的黄河,除了上述记载干流的《河水》5 卷以外,卷六记载今山西省境内的支流汾水、涑水等,卷十五记载今河南省境内的支流洛水和伊水,卷十六记载洛水的支流穀水以及渭水的支流甘、漆、浐、沮诸水,卷十七、十八、十九共 3 卷,记载黄河的重要支流渭水。以上共 11 卷,内容全是黄河的干、支流。此外,卷九记载的是清、沁、淇、荡、洹 5 水,5 水之中,沁水是黄河支流,而其余四水,原来也是黄河支流,《水经·清水》尚称:"(清水)又东入于河。"《清水注》修正《水经》:"曹公开白沟,遏水北注。"这是东汉建安七年(204),曹操在淇水入黄河处筑堰,使它们断绝了与黄河的关系而北入卫河(白沟)。除了上述以外,历史上曾与黄河沟通,具有密切关系的河流,尚有卷七、卷八的济水,[①]卷二十二的渠水,卷二十三的阴沟水、汳水、获水,卷二十四的睢水、瓠子河、汶水。值得指出的还有,《水经注》在《隋书·经籍志》和《两唐志》的著录中均有40卷,但宋《崇文总目》著录仅35卷,今本《水经注》仍作40卷,是后人分割而成的。②在宋代缺佚的5卷之中,包括渭水的支流(北)洛水、丰水、泾水以及泾水的支流汭水等。《水经注》对于这些河流的记载,散见于从隋唐到宋初的各种地理书和类书之中。从清代起,不少郦学家已经辑录这些古籍中的郦注佚文,缀成卷篇。③我早年也曾在140余种文献之中,辑出郦注佚文350余条,其中佚自黄河干支流的达120余条。④由此可知,宋以前的《水经注》足本,其对黄河干支流的记载,远较今本为多。即使从今本来说,按上述专记黄河干支流的11卷,《水经注》记载黄河的篇幅,已经超过全书的1/4。所以,此书是我国有史以来第一部详细描述和记载黄河的文献,这是不必怀疑的。

《水经注》对于黄河的描述和记载,具有下列一些特点:

第一是资料丰富,内容完备。《水经注》不仅详细地描述和记载整个黄河流域的自然地理景观和人文地理景观,并且还兼及这个地区的沿革递变,历史掌故,人物事迹,语言风俗,地方文献,金石碑刻等。《水经注》的记载是以河流为纲的,因此,在上述黄河干支流11卷(包括卷九中的沁水)中,记载了黄河的各级支流共900余条。在这900余条支流中,有不少是没有名称的,但注文也依次记述,有条不紊。如卷二《河水》经"又东北过安定北界麦田山"注中的高平川水,它有7条文流是没有名称的。注文说:

> (高平川水)又西北流,迳东、西二土楼故城门北,合一水,水有五源,咸出陇山西,东水发源县西南二十六里湫渊,渊在四山之中,湫水北流西北出长城北,与次水会,水出县西南四十里长城西山中……又北,次水注之,出县西南四十里山中……又北会次水,水出县西南四十八里;东北流,又与次水合,水出县西南六十里酸阳山;东北流,左会右水,总为一川。

从上述注文中可知,高平川水在东、西二土楼故城门北所会合的"一水"和此水的五条源头(源头的地理位置是记载得很清楚的),以及从酸阳山发源的"次水"和它所会合的"右水",一共是7条支流,都不著其名。这种情况在全部黄河支流中是屡见不鲜的。例如卷二《河水》经"又东过陇西河关县北,洮水从东南来流注之"注中所载:

> 洮水右会二水,左合大夏川水……洮水又北,翼带三水,乱流北入河。

在这段注文中,洮水会合了6条支流,但除了大夏川水外,其余5条都不著其名。

像上述记载黄河支流的情况,也同样出现于记载黄河干支流沿岸的山岳之中。例如卷二《河水》经"又东过金城允吾县北"注中:"湟水又东,牛心川水注之,水出西南远山"。又如卷三《河水》经"又北过北地富平县西"注中:"河侧有两山相对,水出其间,即上河峡也。"这里,注文对牛心川水发源的"西南远山"和富平县黄河沿岸的"河侧两山",也都不著其名。像上述黄河支流和沿岸山岳,地理位置记得十分明确,却不著其名,说明这绝不是著者失记,而是在当时无法查到名称。也就是著者在卷首序言中所说的:"其所不知,盖阙如也。"从这许多不著其名但地理位置却十分明确的河流和山岳的记载中,可以看到郦道元为了使全书的资料尽可能地丰富所下的工夫。

在人文地理方面,《水经注》对黄河流域的记载,也是丰富丽完备的。以城市地理为例,在黄河干支流11卷(包括卷九中的沁水)中,记载所及的城邑达800多处,其中不少城邑,描述得非常详细。卷十六《穀水》经"又东过河南县北,东南入于洛"注中,注文全面而详尽地描述了东周、东汉、魏、晋的故都和郦氏当代的首都洛阳城。其内容包括城市选址和建筑历史,地理位置,交通条件,水利设施以至城门方位,街市布局,宫殿建筑,园苑格局,人物掌故等,注文长达7423字,成为《水经注》全书的第一长注。又如卷十九《渭水》经"又东过长安县北"注中,注文细致地描述了秦、汉故都长安,举凡城门、城郭、街衢、宫殿、园苑等,无不清楚记载,注文也长达六百余言。这些都是今天在古都研究和历史城市地理研究中的珍贵资料。

兹将上述有关黄河干支流11卷(包括卷九中的沁水)中,在自然地理事物和人文地理事物方面可以计数的各十二项表列如下,以说明《水经注》记载黄河的详细程度⑤。

项目	数量	备考
河流	924	①系各级支流数字;②黄河干流的各种名称及干流各河段的习用名称如河、河水、大河、上河、黄河、逢留河、金城河、孟门津、孟津、盟津、浢津、富平津、陶河等,均不计在内;③各级支流中的同河异名,尽可能不列入统计。
河曲	18	按《初学记》卷六:"水曲曰汭。"故河曲中包括若干称"汭"的地名。
水口	71	包括称"交"、"会"等地名,也包括若干称"汭"的地名,但与河曲无重复。
瀑布	19	包括称洪、悬波、悬水、飞流、飞清等地名,也包括没有称谓,但其实属于瀑布的河段。
泉水	75	包括温泉。
湖泊	96	包括称泽、薮、渊、潭、池、治、坑等的地名。
平川原野	151	《水经注》的"川",有河流与平原两种意义,但注文用字有明确区别,前者用"入"、"会"、"合"等,后者用"迳"、"历"等。
山岳	587	包括称山、岳、峰、岭、坂等的地名。
丘阜	49	包括若干称"堆"的地名。
岩崖	13	

项目	数量	备考
峡谷	162	
穴窟	17	
县	564	包括与县同级的"道"。在不同卷篇中有若干重复。
亭	131	除了作为地方行政建置中的一级外,也包括若干亭台楼阁中的"亭"。
乡	40	
城邑	837	在不同卷篇中有若干重复。
桥梁	38	
津渡	48	
关塞	70	包括称隥、垒、障等地名。
园苑	22	
宫殿	73	
陵墓	76	包括塚、冢等在内。
寺观	18	
祠庙	95	

上列统计表中所表示的,只是郦注黄河各卷篇中可以计数的地理事物。除此以外,还记载了大量诸如黄河干支流的水文情况,流域中的动、植物分布,物产,交通,民族,语言以及黄河干支流的农田水利,自然灾害等等,并且还有自古以来发生于干支流各地的战争,活动于这个地区的各种人物,美丽的自然风景,珍贵的文物古迹,诸如此等,都不是上列统计表所能反映的。《水经注》对黄河干支流的描述和记载,资料丰富,内容完备,远胜于其他河流,这是非常明显的。

《水经注》记载黄河的第二个特点,是著者对资料的仔细选择和认真分析。上面说到在全部郦注之中,黄河干支流的内容最为丰富。其中的一个原因当然是因为这个地区在当时是全国的政治、经济和文化中心,拥有大量的文献资料。而郦道元一生的活动,主要也在这个地区,为他提供了在这一带从事野外考察的便利条件。尽管如此,著者在资料的选择和分析方面,是十分仔细和认真的。我们可以举卷四《河水》经"又东过陕县北"注中关于铜翁仲没入黄河中的故事为例。注文说:

　　河南,即陕城也。昔周召分伯,以此城为东西之别,东城,即虢邑之上阳也,虢仲之所都,为南虢,三虢,此其一也。其大城中有小城,故焦国也。武王以封神农之后于此。王莽更名黄眉矣。戴延之云⑥:城南倚山原,北临黄河,悬水百余仞,临之者,咸悚惕焉。西北带河水涌起,方数十丈,有物居水中。又老云:铜翁仲所没处。又云:石虎载经于此沉没,二物并存,水所以涌,所未详也。或云:翁仲头髻常出,水之涨减,恒与水齐,晋军当至,罄不复出,今惟水异耳,嗟嗟有声,声闻数里。

注文所述的铜翁仲,即是《史记·秦始皇本纪》中所载的:"收天下兵,聚之咸阳,销以为钟鐻,金人十二,各重千石,置廷宫中。"《正义》引《汉书·五行志》:"时大人见临洮,长五丈,足履六尺,皆夷狄服,凡十二人,故销兵器,铸而象之,所谓金狄也。"关于此事,《河水注》所记,比《史记》和《正义》更为详细:

> 按秦始皇二十六年,长狄十二见于临洮,长五丈余,以为善祥,铸金人十二以象之,各重二十四万斤,坐之官门之前,谓之金狄。皆铭其胸云:皇帝二十六年,初兼天下以为郡县,正法律,同度量,大人来见临洮,身长五丈,足六尺,李斯书也。故卫恒《叙篆》云:秦之李斯,号为工篆,诸山碑及铜人铭,皆斯书也。汉自阿房迁至未央宫前,俗谓之铜翁仲矣。地皇二年,王莽梦铜人泣,恶之,念铜人铭有皇帝初兼天下文,使尚方镌灭所梦铜人膺文。后董卓毁其九为钱,其在者三。魏明帝欲徙之洛阳,重不可胜,至霸水西停。《汉晋春秋》曰:或言金狄泣,故留之。石虎取置邺宫,苻坚又徙之长安,毁其二为钱,其一未至而苻坚乱,百姓推置陕北河中。于是金狄灭。

以上记载的,除了秦始皇在咸阳铸12金人见于正史外,其余大多是牵强附会的传说。"石虎取置邺宫,苻坚又徙之长安"。每个金人据记载重达100多吨,从长安到邺1000多里,即使用今天的交通工具运输,也有极大困难,何况乎古代。这个传说最后又归结到陕城以北的黄河急流,由于有铜翁仲落入此处河中,因而使这里"水涌起方数十丈,"而且"嗟嗟有声,声闻数里"。说得有声有色。

对于铜翁仲,郦道元在列述了上面这些传说以后,最后说出了他经过认真分析的意见:

> 余以为鸿河巨渎,故不应为细梗蹲湍;长津硕浪,无宜以微物屯流。斯水之所以涛波者,盖《史记》所云,魏文侯二十六年,虢山崩,壅河所致耳。

郦道元所引的数据是信而有征的。按《史记·魏世家》:"(魏文侯)二十六年,虢山崩,壅河。"《正义》引《括地志》云:"虢山在陕州陕县西二里,临黄河,今临河有冈阜,似是虢山之余也。"

在《水经注》记载的黄河干支流中,像上述铜翁仲这类例子是不少的,都是著者仔细选择资料,认真分析资料的成果。

《水经注》有关黄河记载中的第三个特点,是著者在注文中充分地表达了他对于自然界所存在的这个水体与人类之间的关系的正确观点。对于自然界所存在的这个水体对于人类社会的重要性,著者在他的序言中已经说明:"天地之多者,水也,浮天载地,高下无所不至,万物无所不润。"但是水可以生人,也可以灭人。这一点,郦道元是十分明白的。黄河是一条灾难甚多的河流,所以特别引起著者在这方面的重视。他在卷六《浍水》经"浍水出河东绛县东浍交东高山"注中引述了战国智伯的话说:"吾始不知水可以亡人国,今乃知之。汾水可以浸安邑,绛水可以浸平阳。"所以《水经注》中记载了不少水灾,全书记载的有年代可稽的重大水灾共有19次,而其中发生于黄河干支流的占了12次。从商帝祖乙(前1525—1505)的"汾水又西迳耿乡城北,故殷都也,帝祖乙自相徙此,为河所毁"(卷六《汾水注》),直到北魏太和四年(480)的"暴水流高三丈"(卷十六《穀水注》),黄河干支流的水灾是频繁而严重的。但面对着黄河干支流的连年水灾,郦道元却以更多的篇幅记载了干支流沿岸人民制服水、驾驭水的成果。在制服水的方面,卷五《河水》经"又东过荥阳县北,蒗蕩渠出焉"注中,注文用较大的篇幅所记载的东汉金堤和八激堤均是其例。在驾驭水的方面,注文记载得更多。如卷三《河水》经"又北过北地富平县西"注:"水受大河,东北迳富平城,所在分裂,以溉田圃。"同卷经"又北过朔方临戎县西"注:"枝渠东注以溉田,所谓智通在我矣。"同卷经"又东过临头县南"注:"水上承大河于临沃县,东流七十里,北溉田南北二十里。"真是不胜枚举。在黄河的支流如汾水、沁水、穀水、沮水、渭水等卷篇中,这类记载也很多,特别是卷十六《沮水注》中所记载的郑渠故事,更是人民驾驭水的生动材料:

> 沮水东注郑渠,昔韩欲令秦无东伐,使水工郑国间秦凿泾引水,谓之郑渠。渠
> 首上承泾水于中山西邸瓠口……东注洛三百余里,欲以溉田。中作而觉,秦欲杀
> 郑国,郑国曰:始臣为间,然渠亦秦之利。卒使就渠,渠成而用注填阏之水,溉泽卤
> 之地四万余顷,皆亩一钟,关中沃野,无复凶年,秦以富彊。

从上述连篇累牍的记载中,可以窥及郦道元对于水体与人类关系的正确观点。尽管黄河是一条多灾多难的河流,但郦道元对于人类制服黄河,驾驭黄河还是充满信心的。他和卷二十四《瓠子河注》中引及的汉武帝的《瓠子歌》完全不同。《瓠子歌》说:"皇谓河公兮何不仁,泛滥不止兮愁吾人。"但郦道元在卷十二《巨马水》经"又东南过容城县北"注中描述他家乡一带的水利时说:"水德含和,变通在我。"这就是他制服水、驾驭水的人定胜天的思想。他在卷五《河水》经"又东北过卫县南,又东北过濮阳县北,瓠子河出焉"注中引述了一个汉东郡太守王尊制服黄河泛滥的故事。注文说:

> 粤在汉世,河决金堤,涿郡王尊,自徐州刺史迁东郡太守,河水盛溢,泛浸瓠
> 子,金堤决坏,尊躬率民吏,投沈白马,祈水神河伯,亲执圭璧,请身填堤,庐居其
> 上。民吏皆走,尊立不动,而水波齐足而止,公私壮其勇节。

这个故事虽然近乎神话,但它的意义却是十分积极的。正是郦道元"水德含和,变通在我"的这种人定胜天思想的反映。王尊在金堤溃决时带领民吏前去抢险堵口,

他的"请身填堤",与其说是向河神陈述愿望,不如说是向吏民表示决心。他的"庐居其上",当然是为了安定抢险大军的人心。在他这样强有力的领导下,水情虽险,但终于化险为夷,抢修成功。

整部《水经注》当然都反映了著者"水德含和,变通在我"的人定胜天的思想,也就是郦道元对人类和水体之间的关系的正确观点。但在黄河干支流各卷篇中,由于这条河流的灾难频仍,郦道元的这种思想就表现得更为明确和生动。在我国古代的许多地理著作中,《水经注》所反映的人类和水体之间的关系的正确观点是不同凡响的。而在有关黄河的卷篇中,郦道元的这种观点,给予我们更为深刻的印象。

《水经注》在黄河干支流的记载和描述中,第四个特点是文字生动。对于《水经注》的生动文字,历来多有赞扬。但是应该指出的是,在全部郦注之中,著者在文字上的这种特色,在黄河干支流的描写中得到最高度的发挥。究其原因,实在也很简单。如前所述,郦道元一生的大部分时间活动于这个地区,曾在这一带作过广泛的野外考察。从思想感情上说,与他足迹未到的南方相比,当然是很不相同的。不错,在有关南方河流的卷篇中,《水经注》也为我们提供了许多惟妙惟肖,百读不厌的文章。但是应该看到,著者对南方河流的记载和描述,主要的工夫在于他摘引他人的优美文字,例如在《江水注》中的好几段脍炙人口的描述,著者是摘引了晋袁山松所著的《宜都记》的文章。袁山松之所以能写出如此生动的文章,正是因为他曾任宜都太守,亲自游历了长江三峡的缘故。郦道元也是如此,由于他的足迹遍及黄河干支流的许多地方,因此,对于黄河干支流的许多生动描写,都是直接出于他自己的思想感情。文字也就特别真实深刻,生动优美。卷四《河水》经"又南过河东北屈县西"注中所描述的黄河孟门瀑布(即今壶口瀑布)即是其例:

　　　孟门,即龙门之上口也,实黄河之巨阨。……其中水流交冲,素气云浮,往来遥观者,常若雾露沾人,窥深悸魄。其水尚崩浪万寻,悬流千丈,浑洪赑怒,鼓若山腾,浚波颓叠,迄于下口。方知慎子下龙门,流浮竹,非驷马之追也。

对于壶口瀑布,这的确是一段扣人心弦的描写。著名历史地理学家史念海教授对郦道元的这一段文章,曾有几句恰如其分的评语:"这完全是壶口的一幅素描,到现在也还是这样,到过壶口的人,一定会感到这话说得真切。"[⑦]我也算是一个到过壶口的人,而且是随带《水经注》到那里去的。我完全赞同史先生的这段评语。在郦注黄河干支流的11卷中,引人入胜的文字是俯拾即是的,不再一一列举。

《水经注》有关黄河的卷篇,其主要的优异特点已如上述。当然,在这些卷篇之中,有裨于后世研究黄河历史地理的资料还有很多。例如,著者在撰述中引用了大量文献,这些文献至今多半已经亡佚,赖著者所引,留下了供后世研究的吉光片羽。仅在地志一类中,《水经注》黄河各卷篇中引及而以后亡佚的就有刘宋段国《沙州记》(卷二《河水注》),《魏土地记》(卷三《河水注》),汉辛氏《三秦记》(卷四《河水注》),汉桑钦《地理志》,刘宋刘澄之《永初记》(均卷五《河水注》),《上党记》(卷九《沁水注》),《河南十二县境簿》(卷十五《伊水注》),《中州记》,晋陆机《洛阳记》(均卷十六《穀水注》),晋潘岳《关中记》(卷十六《穀水注》),张氏《土地记》(卷十九《渭水注》)等等。在这些亡佚的古籍中,虽然也有为他书所引及的,但由于《水经注》所引往往较详。其中有些内容,唯《水经注》所独引,因此,郦注在这方面的贡献,历来学者也很重视。例如撰于汉代的《汉武帝故事》一书,其中有对汉代宫殿建筑的详细记载,我国古籍引及甚多,如《史记·孝武本记·正义》,《史记·封禅书·索隐》,《三辅黄图》,《北堂书钞》卷一四〇,《初学记》卷二十四,《艺文类聚》卷六十二、六十五,《续读助》卷三,《御览》卷一七三、三八〇、四九三、七七四等均有引及,可说是一种古籍中的常引书。但所有上述古籍中引及的都不过寥寥数语,根据这些引语,还不足以窥及汉代宫殿建筑的规模。而郦注卷十九《渭水》经"又东,丰水从南来注之"注中,引用了一段所有上列古籍所未曾引及的内容,注文说:

> 《汉武帝故事》曰:建章宫北有太液池,池中有渐台三十丈。……南有璧门三层,高三十余丈,中殿十二间,阶陛咸以玉为之,铸铜凤五丈,饰以黄金,楼屋上椽首,薄以玉璧,因曰璧玉门也。

从上面这段惟郦独引的文字中,可以窥及汉建章宫的建筑规模和高度技巧,这也就说明了《水经注》有关黄河诸卷篇中所引的古代文献的价值。

在《水经注》黄河干支流各卷篇中,当然并非没有缺陷。而其中最大的缺陷,就是因袭了从汉代流传而来的黄河重源的谬说。黄河重源的谬说始于张骞。《史记·大宛列传》说:"汉使穷河源,河源出于阗。"又说:"于阗之西,则水皆西流,注西海;其东,水东流注盐泽,盐泽潜行地下,其南则河源出焉。"张骞或许是根据西域当地的错误传说,把今塔里木河支流和田河,作为黄河的河源,而这条"黄河"注入盐泽(今罗布泊)后,又伏流地下,以后再度冒出,即积石的黄河,由于张骞传入的这种谬说,随即得到汉武帝和司马迁的附和,《大宛列传》中说到汉武帝:"天子案古图书,各河所出曰昆仑云。"司马迁在《大宛列传赞》中也说:"今自张骞使大夏之后也,穷河源。"从此以后,权威著作如《汉书·地理志》和《水经》等,都因袭这种谬说。郦道元注《水经》,参考了前代有关河源的各种文献,如他在卷一《河水注》中所说:"余考群书,咸言河出昆仑,重源潜发,沦于蒲昌,出于海水。"所以他也因袭了这种谬说,认为黄河发源于今和田河上源的昆仑山下。因此,他的注文当然应从昆仑山和今和田河说起。这样,《水经注》卷一《河水》和卷二《河水》的上半篇,写的其实是今新疆南部及河西走廊以西的地区,并且涉及域外,与黄河全无关系,受到后世学者的批评。[8]

从《水经注》以后,黄河重源的谬说一直流传,虽然在唐、宋学者之中,已经有人指出了它的错误,[9]但是由于此说出于《史记》,又为其他许多权威著作所传播,习惯势力甚大。直到清代,甚至像徐松这样身历其境的学者,也不能纠正这种错误。我在为苏北海教授所撰《西域历史地理》[10]一书所写的序言中指出:

> 这类谬说,由于流传甚久,是很能蛊惑人心的。以徐松为例,他曾经谪戍新疆数年,亲历天山南北路;对西域地理概况,作了许多实地调查,写出了不少有价值的著作。但是对于黄河伏流重源之说,他却仍然囿于前人之讹,无法摆脱。他在《汉书西域传补注》'皆潜行地下,南出于积石为中国河云'下补注说:'罗布淖尔水,潜于地下,东南行千五百余里,至今敦煌县西南六百余里之巴颜哈喇山麓,伏流始出。'可见一种谬说,一旦流传甚久,传播广泛,危害实在匪浅。而要辨正事实,消弭影响,却又不胜困难,古今都是一样。

黄河重源这种谬说能流传得如此长久,虽经唐、宋学者指出而赓续流传,这在学术研究中当然可引为教训。但以此对成书于公元 6 世纪的《水经注》一书求全责备,未免要求过高。郦注因袭这种谬说,固然是其缺陷,但对于《水经注》全书来说,仍是瑕不掩瑜的。

1989 年 7 月于杭州大学历史地理研究室

注释:

① 据《水经·济水注》,济水有北济、南济之分,南济曾与黄河沟通,今已不存;北济是从黄河北岸入河的黄河支流之一,北魏时从今温县入河,近代因黄河河堤之阻,已折入漭河。

② 戴震《书水经注后》(《戴东原集》卷六):"今仍作四十卷者,盖后人所分以傅合卷数。"

③ 如赵一清《水经注释》,卷一六增《补洛水》一篇,卷一九增《补丰水》、《补泾水》、《补汭水》各一篇。

④ 参见拙著《水经注佚文》,《水经注研究》,天津古籍出版社 1985 年版,第 448—510 页。

⑤ 卷一《河水》及卷二《河水》的上半篇,由于实际上与黄河无涉,不列入统计表。

⑥ 指刘宋戴延之所撰《从刘武王西征记》。

⑦ 《河山集》二集,三联书店 1982 年版,第 175 页。

⑧ (唐)杜佑《通典》卷一七四:"《水经》所云,河出昆仑者,宜出于《禹本记》、《山海经》;所云,南入葱岭及出于阗南山者,出于《汉书·西域传》。而郦道元都不详正……终是纰缪。"明周婴《析郦》(《卮林》卷一):"皆蹑法显之行踪,想恒流之泂澈,其间水陆未辨,道理难明,所计

差池,厥类众众。"

⑨　除上述杜佑《通典》外,宋欧阳忞在《舆地广记》卷一六也指出:"河出昆仑,自古言者皆失其实。……骞使大夏,见葱岭、于阗二河合流注蒲昌海,其水亭居,皆以为潜行地中,南出于积石为中国河,此乃意度之,非实见蒲昌海与积石河通流也。"

⑩　新疆大学出版社 1988 年版。

十三、《水经注》记载的三晋河流

　　《水经注》以西汉王朝的版图为基础,记载了全国的河湖水系,兼及域外。《唐六典》卷七《工部·水部郎中》注:"桑钦《水经》所引天下之水百三十七,江河在焉;郦善长注《水经》,引其枝流一千二百五十二。"由此可知,北宋景祐以前的足本《水经注》,所记载的河流竟至上千,说明此书规模的宏大。但另一方面也要看到,尽管《水经注》记载的河流数量甚大,但从地区分布来说,记载是很不平衡的。这种不平衡,主要由于三种原因而发生,第一是河湖水系本身分布的不平衡。例如在干燥的西北地区,如卷二《河水注》所记:"国在东垂,当白龙堆,乏水草,常主发导,负水担粮。"而湿润的东南地区,则又如卷二十九《沔水注》所记:"东南地卑,万流所凑,涛湖泛决,触地成川。"由于河湖水系在各地区分布的疏密多寡,影响了郦注记载在地区上的不平衡。第二是文献资料分布的不平衡。因为除了野外实地考察以外,郦道元撰写《水经注》,在很大程度上依靠文献资料。特别是对于他足迹不可能到达的南朝统治地区,文献资料是他赖以作注的唯一依据。所以现在看来,南方有不少地区在郦注中属于空白,例如今福建省就是这样,虽然这里也有许多河流,但是在郦道元的时代却缺乏文献资料,所以郦道只好在序言上说:"其所不知,盖阙如也。"《水经注》记载不平衡的第三个原因出于郦道元的野外考察工作。郦氏是一个十分重视实践的人,他在《水经注》原序中就强调他的写作方法是"访渎搜渠,缉而缀之"。所以全书之中,凡是他足迹所到之处,大都记载详尽,资料丰富,描述生动。对比之下,他足迹未到之处,记载就显得简单疏缺。

所以,河湖水系在地面上的分布不平衡,这是由于自然条件,如气候、地貌和距海远近等原因所造成。但河湖水系在《水经注》中记载的不平衡,则是由于上述三个原因而造成的。

在全部《水经注》中,记载河湖水系及其流域情况最详细的地区,按照现在的区域名称来说,是河南与山西两省。这当然并不奇怪,因为今河南省境,是北魏的司州,是北魏首都洛阳所在之地。而今山西省境,包括北魏的并州、肆州、汾州以及司州的西北部,恒州的中南部和朔州的南部,也都是北魏的发达地区,其中恒州的平城(今大同附近),是北魏的旧都所在,按照上述三个方面来说,这两省的条件都很完备,今河南省境是黄河、淮河、汉水三个水系汇集之处,淮、汉两个水系,都以支流众多著名,黄河虽然在汉代已成悬河,但今郑州以西的河段,支流也仍然不少。今山西省境则拥有黄河与海河两个水系,黄河支流又有西流入晋、陕间和南流入豫两类,而海河水系更以支流丰富著称。郦注记载的如灅水、浊漳水、清漳水、洹水,以及郦注已亡佚的滹沱河等,均属于这个水系。所有上述水系及其支流,都被大量地记入郦注,使此两省成为郦注中记载河湖水系最多的地区。

从文献资料的条件来说,这个地区由于地处华北人文荟萃之地,历史悠久,文化发达,所以自古以来,文献资料十分密集。除了在全国性的文献如《春秋土地名》、《太康地记》、《九州记》、《魏土地记》等之中,记载往往以这个地区为重点以外,区域地理的文献如《洛阳记》、《中州记》、《邺中记》、《上党记》等,数量也超过他区。而特别重要的则是这个地区对于郦道元从事野外考察的有利条件。北魏发祥于漠南和晋北,今山西省是拓跋氏多年经营之地。《水经·河水注》记载郦道元踏入仕途的时期,北魏首都尚在平城,今山西省是郦氏常居恒游之地。这个地区的自然地理和人文地理概貌,当然是他所十分熟悉的。郦氏入宦后不久,正值魏主拓跋宏盛世,首都迁到洛阳,今河南省境成为北魏政治、经济和文化中心。郦氏任官四方,往来京畿。这里的山川风物,也都为他经常所亲见。所以郦注对这些地方的记载,不仅丰富,而且翔实。清刘献廷曾称誉郦注:"其注《水经》,妙绝古今,北方诸水,毫发不失。"[①]清陈澧也赞赏郦氏:"身处北朝,其注《水经》,北方诸水,尺致精确。"[②]其实,刘献廷和陈澧所说的"北方",范围何等广大,也不是郦道元足迹所能遍及,其所记述,错误也不在少数。在郦注记载的河湖水系中,真真能达到"毫发不失"和"尺致精确"的,恐怕就是上述地区而已。本文由于篇幅所限,专述郦注记载的三晋河湖水系。

《水经注》记载的今山西省境内的河流,计有 6 卷 15 篇,即卷三《河水》,卷四《河水》,卷六《汾水》、《浍水》、《涑水》、《文水》、《原公水》、《洞过水》、《晋水》、《湛水》,卷九《沁水》、《洹水》,卷十《浊漳水》、《清漳水》,卷十三《灅水》。但《水经注》从北宋景祐以后已经缺佚。今殿本卷首校上案语云："《崇文总目》称其中已佚五卷,故《元和郡县志》、《太平寰宇记》所引《滹沱水》、《泾水》、《洛水》(按指北洛水)皆不见于今书。今书仍作四十卷,疑后人分析以是原数也。"滹沱水和漯水一样,是海河水系中的一条大河,唐《初学记》和宋《太平寰宇记》等多引郦所记此水。所以在北宋缺佚以前的《水经注》中,它可能与漯水一样,单独成为一卷,而附以它的枝流滋水和泒水等。但也可能按其位置收入于《易水》卷中而自成一篇,由于原本已佚,不得而知。但郦注原本记载的三晋河流比今本要多,这是毫无疑问的。

　　《水经注》记载的三晋河湖水系,第一个特点是内容详尽。兹将各卷各篇所载干支流表列如下:

河流名称 (自成一卷一篇者)	支流(包括二、三级支流)	
河水	西流入河支流	树颓水、中陵川水(大浴真水),敢贷水,吐文水、河水左支水、[③]陵水、陵川北溪、离石水、土军水、牧马川、龙泉川、契水、禄谷水、大蛇水、信支水、东露溪、石羊水、域谷水、长溪、孔溪、蒲川水、黄芦水、紫川水、江水、黑水、定水(白水)、燕完水、鲤鱼、羊求水、汾水、潢水、奶水、汭水、涑水(雷水、阳安涧水)。
	南流入河支流	蓼水、永乐涧水(渠猪之水)、共水、涅水、河水左枝水、[④]咸阳涧水、交涧水、路涧水、沙涧水、沙涧水枝水、积石溪、土柱溪、清水、倚亳川水、南溪水、乾枣涧水(扶苏水)、教水乾沟、灢水。
汾水	东温溪、西温溪、酸水、洛阳水、洞过水、沔水、婴侯之水、祀水、中都水、侯甲水、太谷水、邬水(虑水)、石桐水(缩水)、嚣水、霍水、涧水,黑水(曹水)、巢山水(潢水)、平水、天井水、浍水、古水、故沟、修水、华水、汾水故渠。	
浍水	黑水、北川水、诸水、贺水、高泉水、紫谷水、乾河(教水枝川)、田川水、东溪、女家水、范壁水、绛水(白水)。	
涑水	洮水、景水、沙渠水,盐水。	
文水	泌水、隐泉水、胜水、阳泉水、阳溪。	
原公水		
洞过水	南溪水、黑水、蒲水、厚过水、涂水、蒋谷水、蒋溪。	
晋水	沼水、沼水北溪(智氏故渠)、沼水南溪。	
湛水(椹水)	湛溪。	
沁水(涅水)	沁水南三水、㶟㶟水、秦川水、濩泽水、清渊水、阳泉水、黑岭水,上涧水、阳阿水、丹水(源源水)、绝水、长平水、泫水、白水、天井溪水(白流泉)。	
洹水	苇泉水。	

续表

河流名称 (自成一卷一篇者)	支流(包括二、三级支流)
浊漳水	阳泉水、澈盖水、尧水、梁水、陶水、绛水(滥水)、陈水、铜鞮水、专池水、女谏水、苇池水、公主水、榆交水、皇后水、黄阜水、涅水、西汤溪水、白鸡水、武乡水、黄水、隐崖水、清谷水、鞞鞈水,白壁水。
清漳水	梁榆水、北水、南水、轑水(涉河)。
漯水(治水)	桑乾水(漯涫水)、马邑川水(磨川)、武川川水、武川川枝津、夏屋山水、东溪、南池水、崞川水、羊水、灵泉池枝津、北苑枝水、白登山枝水、黄水、圣山之水、火山西溪水、武川川枝渠、火山水、火山东溪、祁夷水。
滹沱水	已佚。

以上是《水经注》记载的三晋河流的情况。上表所列的,是按今山西省境的范围所统计的,有的河流,如树颓水(今清水河)、中陵川水等,虽然它们的主要河段和入黄之处均在今内蒙古境内,但由于其发源在山西,所以也计入。另外,滹沱水的支流,见于《寰宇记》卷四十九忻州,卷四十六代州等篇的,有忻川水、三会水、龙泉等,由于全篇已佚,所以仅列入滹沱河之名。除了河流以外,在上述卷篇中,对三晋古代湖泊也有许多记载,兹另列一表如下:

河流	流域湖泊
汾水	邬泽(汾陂、九泽、大陆、沤夷之泽、邬城泊、祁薮、昭余祁)、王泽、方泽。
浍水	王泽
涑水	董泽陂(古池)、盐贩之泽(解县盐池)、少泽、监盐县城南盐池、晋兴泽、张泽。
文水	文湖(西湖)。
洞过水	淳湖(洞过泽)。
漯水	燕京山大池(天池)。

《水经注》记载三晋河湖水系的第二个特点是描述生动。这当然是与郦道元对这个地区的长期野外考察分不开的。郦氏以他亲切真实的见闻,加上他丰富的想象,高度的写作技巧和优美的语言文字,把许多卷篇写得栩栩如生。郦注在三晋河湖水系的描写中,精彩的段落是很多的,不妨举几个例子。

卷四《河水》经"又南过河东北屈县西"注中所描写的今壶口瀑布,要不是他的亲眼目击,是决不能写得如此生动逼真的,注文说:

　　孟门,即龙门之上口也,实黄河之巨阸。……其中水流交冲,素气云浮,往来遥观者,常若雾露沾人,窥深悸魄,其水尚崩浪万寻,悬流千丈,浑洪赑怒。鼓若山腾,浚波颓迭,迄于下口,方知慎子下龙门,流浮竹,非驷马之追也。

著名历史地理学家史念海教授是运用《水经注》记载的资料研究黄河下游的下切获得重大成就的学者。他对壶口瀑布,当然是多次考察十分熟悉的。他对郦氏上述这段注文,曾作过这样的评语:"这完全是壶口的一幅素描,到现在还是这样,到过壶口的人一定会感到这话说得真切。"我曾经也到壶口作过实地考察,感到史先生对郦氏这段注文的评价真是恰如其分。

上述壶口瀑布是晋、陕二省之间黄河中的一处著名瀑布。另一处三门峡则是晋、豫之间黄河中的一处著名险滩,《水经注》在卷四《河水》经"又东过砥柱间"注中,对这处峡谷险滩作了生动的描述。注文说:

巍峰峻举,群山迭秀,重岭干霄。郑玄按《地说》,河水东流,贯砥柱,触阏流,今世所谓砥柱者,盖乃阏流也。……自砥柱以下,五户已上,其间百二十里,河中竦石杰出,势连襄陆,盖亦禹凿以通河,疑此阏流也。其山虽辟,尚梗湍流,激石云洄,波怒溢,合有十九滩,水势迅急,势同三峡,破害舟船,自古所患。

以上这一段对三门峡的描述,当然是他亲所目击的实地记载,对于这样的自然界的特异图景,郦氏又往往采用浪漫的手法,搜集有关这个地方的一种惊异记载加以衬托,以加强文字的感染能力。例如对于上述砥柱山,他从《搜神记》中抄了一段惊险的文字:

齐景公渡于江沈之河,鼋衔左骖,没之,众皆惕。古冶子于是拔剑从之,邪行五里,逆行三里,至于砥柱之下,乃鼋也。左手持鼋头,右手挟左骖,燕跃鹄踊而出,仰天大呼,水为逆流三百步,观者皆以为河伯也。

这种描述的方法在《水经注》中是常用的。例如,黄河从晋、陕之间向南奔流,到了晋、陕、豫三省之间,即风陵渡与潼关之间,突然以一个极大的河曲而东折,这当然是自然界的一种罕见的伟观。对于这种伟观,郦氏在卷四《河水》经"又南至华阴潼关,渭水从西来注之"注中,引用了一句十分生动而神秘的古语:[⑤]

华岳本一山挡河,河水过而曲行。河神巨灵,手荡脚踏,开而为两,今掌足之迹仍存。

今天我们诵读这样的描述,当然谁都不相信他的这段文字,却又谁都为他的这段文字而倾倒,这就是他描述的生动和成功之处。这种浪漫与真实结合的描述方法,在有关三晋河流的各卷篇中可以举出不少例子。

《水经注》记载三晋河流的第三个特点,是对于河源的重视和描述的细致。郦道元生平甚重河源,凡是有机会可以亲涉的河源,他都要亲自寻究。卷二十一《汝水》经

"汝水出河南梁县勉乡西天息山"注中说：

> 《地理志》曰出高陵山，即猛止也。亦言出南阳鲁阳县之大盂山，又言出弘农卢氏县还归山。《博物志》曰：汝出燕泉山。并异名也。余以永平中，蒙除鲁阳太守，会上台下列山川图。以方志参差，遂令寻其源流，此等既非学徒。难以取悉，既在迳见，不容不述。今汝水西出鲁阳县大盂山之蒙柏谷，岩鄣深高，山岫邃密，石径崎岖，人迹裁交，西即卢氏界也。

从这段注文可见，由于"方志参差"，由于一些人"既非学徒"。太守上任，首先就要把汝水的河源勘察清楚。在"不容不述"以下的一段，他把实地考察后的汝水河源，写得十分清楚。但是，由于河流的数量实在太多，而他毕生足迹有限，事实上不可能让每一条河流的河源都像汝水一样地写的真实细致。大量河流的河源，他不得不求助于文献资料，因此，像黄河河源，尽管他花了很多篇幅来描述，却因历来的讹传，他同样以讹传讹，重复了黄河重源的错误。对于长江江源，由于《禹贡》有"岷山导江"的话，郦氏不敢公然与经书对抗，尽管他对于长江上源的知识已经相当丰富，《江水注》记载的长江上源已经包括今金沙江在内，但是他却不得不仍然把岷江作为长江河源。这些都是属于他力不从心的地方。但是对于三晋河流却不是这样，因为这是他从事过大量野外考察的地区，不少河流的河源，都为他所亲涉。因此，《水经注》对于三晋河流河源的描述，大都是生动、细致和真实的。下面可以举几个例子：

卷六《汾水》经"汾水出太原汾阳县北管涔山"注中，描述管涔山的汾水河源说：

> 其山重阜修岩，有草无木，泉源导于南麓之下，盖稚水流耳，又西南，夹岸连山，联峰接势。

同卷经"历唐城东"注中，注文描述汾水支流霍水的河源说：

> （霍）水出霍太山，发源成潭，涨七十步而不测其深。

同卷经"又南过临汾县东"注中，注文描述了汾水支流天井水的河源说：

> 其水三泉奇发，西北流，总成一川。

同卷经"又西南过长惰县南"注中，注文描述汾水支流古水的河源说：

> （古）水出临汾县故城西黄阜下，其大若轮，西南流，故沟横出焉，东注于汾，今无水。

卷六《文水注》中，注文描述文水支流隐泉说：

> 水出谒泉山之上顶，俗云：昜雨衍时，是谒是祷，故山得其名，非所详也。其山石崖绝险，壁立天固，崖中有一石室，去地可五十余丈，爰有层松饰岩，列柏绮望。惟西侧一处，得历级升陟。顶上平地十许顷，沙门释僧光表建二刹，泉发于两寺之间。东流沥石，沿注山下，又东，泉渠隐没而不恒流，故有隐泉之名矣，雨泽丰澍则

通入文水。

像上述对隐泉上源如此细致的描述，若不是亲自考察，是无论如何写不出如此细致真实的文字来的。

《水经注》记载的三晋河流，最后还有一个特点，是保存了许多方言地名。郦道元在记述各地地名时，是很重视当地的方言的。他在卷一、卷二《河水注》中，保留了当时流行于那个地区的许多梵语地名如新头河、阿耨达大山等，在卷二十九《沔水注》、卷四十《浙江水注》中，也保留了当时流行于该地的不少越语地名如余姚、余杭等等。今山西境内，特别是晋北，在古代是汉族与少数民族杂处之地，因此也保留了许多方言地名。这些地名，对于研究当时居住在这个地区的语言甚至风俗习惯，迁徙流动等方面，都是很有价值的。

卷十三《灅水》经"灅水出雁门阴馆县，东北过代郡桑乾县南"注云：

> 桑乾水自源东南流，右会马邑川水，水出马邑西川，俗谓之磨川关，盖狄语音讹，马、磨声相近故尔。

此外，在《灅水注》中，还有不少方言地名被郦注所保留，如灅水称为漯涫水，如浑水称为独孤水等等。郦道元记载这个地区的方言地名，往往用"北俗"二字表达，例如上述同卷同注中说：

> 灅水又迳班氏县南，如浑水注之，水出凉城旋鸿县西南五十余里，东流迳故城南，北俗谓之独孤城，水亦即名焉。

卷三《河水》经"又南过赤城东，又南过定襄桐过县西"注云：

> （树颓）水出东山，西南流，右合中陵川水，水出中陵县西南山下，北俗谓之大浴真山，水亦取名焉。

在上述两段注文中，如浑水又称独孤水，中陵川水又称大浴真水，均因"北俗"。这种北俗，其实就是少数民族的方言。在上述《河水注》的同条经文下，还有敢贷水、吐文水等，也同样都是河流的方言地名。

除了有关河流的方言地名以外，郦注保留的三晋其他方言地名也有很多，以城市地名为例，在卷十三《灅水注》，如班氏县故城又称去留城，平邑县故城又称丑寅城。狟氏县故城又称苦力干城等，不胜枚举。注文都说明这些别名出于"北俗"。卷六《汾水》经"东南过晋阳县东，晋水从县东南流注之"注中把太原这个地名的华夷之异说得非常明白。注文说："中国曰太原，夷狄曰大卤。"

北魏以前，入居今山西省境内的少数民族主要是匈奴。据《晋书·四夷传·匈奴》所载：

> 前汉末，匈奴大乱，五单于争立，而呼韩邪单于失其国，携率部落入臣于汉，汉

130

嘉其意,割并州北界以安之。……建安中,魏武分其众为五部,部立其中贵者为帅,选汉人为司马以监督之。魏末复改帅为都尉,其左部都尉所统可万余落,居于太原故法氏县;右部都尉可六千余落,居祁县;南部都尉可三千余落,居蒲子县;北部都尉可四千余落,居新兴县;中部都尉可六千余落,居太陵县。武帝践阼后,塞外匈奴大小、塞泥、黑难等二万余落归化,帝复纳之,使居河西故宜阳城下,后复与晋人杂居。由是平阳、西河、太原、新兴、上党、乐平诸郡,靡不有焉。

由此可知,在前汉末叶,匈奴已经入居今山西北境,到了魏晋,省内已到处都有这种少数民族的分布。《水经注》所说的"北俗",所指大概就是匈奴,而对这些"北俗"地名的研究,当然有裨于对两汉和魏晋时代不断入居这个地区的少数民族的了解。

除此以外,《水经注》对三晋地区的记载,当然还有许多优异之处,例如对于三晋各河流域中的自然地理与人文地理的描述,也同样特别生动细致。在卷十三《漯水》经"漯水出雁门阴馆县,东北过代郡桑乾县北"注中,对北魏早期首都平城的描述,全文从"羊水又东注于如浑水乱流迳方山南"起,到"事准古制,是太和中之所经建也"止,共1498言,详细记述首都平城的郊区和城区,这是历来一切文献所没有的。根据这段记载,可以复原出一幅魏都平城及其附近的详细平面图。由于本文以论述三晋河流为主,所以不再赘述了。

《水经注》记载的三晋河流,其主要特点已如上述。前已指出,由于今山西、河南等省境,是郦道元生平最熟悉的地区,因此,郦注对于这个地区的记载,确实较其他地区为胜,可以说,郦注有关这个地区的各卷各篇,是《水经注》全书中的精华所在。所以对于郦注记载的三晋河流的研究,不特有裨于三晋历史地理上的许多问题的深入。而对于《水经注》全书的学术思想、写作方法、体例格局等的研究,也都具有重要意义。

注释:

① 《广阳杂记》卷四。

② 《水经注西南诸水考》(广雅书局刊本)。

③ 《水经注疏》,杨守敬疏称六涧河。

④ 《水经注疏》,熊会贞疏称有南侯涧。

⑤ 此句前,今本郦注云:"左丘明《国语》云。"但《国语》实无此语,故殿本在此语下案:"案此六字讹舛,当作古语云。"

十四、《水经注》的歌谣谚语

　　《水经注》一书,除了它在地理、历史、考古、民俗、文献、目录、碑版等方面的学术价值以外,由于它的文字生动,语言丰富,所以在文学上也有很高地位。唐朝诗人陆龟蒙诗:"山经水疏不离身",①宋代著名文学家苏轼诗:"嗟我乐何深,水经亦屡读"。②说明他们对于此书的爱好。当然,他们对此书的爱好,绝对不是乾嘉学者的热衷于考据,而是对此书在文学上的欣赏。我在拙著《论郦学研究及其学派的形成与发展》③一文中已经述及。历来学者对于《水经注》,除了考订、注疏此书的考据学派和根据此书研究古今地理的地理学派以外,还有一个对考据和地理都不感兴趣,却是专门欣赏此书的丰富语言和生动描写的词章学派。正如这个学派的代表人物之一谭元春所说:"予之所得之于郦注者,自空濛萧瑟之外,真无一物,而独喜善长读万卷,行尽天下山水,囚捉幽异,掬弄光采,归于一绪。"④"行尽天下山水",从这一语可知,词章学派的郦学家们,他们最欣赏的就是《水经注》中对山水的描写。明末清初的学者张岱说得最清楚,他说:"古人记山水,太上郦道元,其次柳子厚,近时则袁中郎。"⑤郦道元的生动文笔,被他评为古今第一。

　　《水经注》的文字为什么如此生动,总的说来,当然是由于郦道元写作技巧的高明。但是具体加以分析,郦道元写作技巧的高明之处,当然包括不少方面,首先是他所使用的文字新颖多变,不用陈词滥调。例如瀑布,这是自然界常见而郦注常记的事物,在《水经注》中,他绝不刻板地使用"瀑布"这个词汇,而是根据瀑布的不同形象以变化无穷的文字来进行描述，如"洪"、"泷"、"悬流"、"悬水"、"悬涛"、"悬泉"、"悬涧"、"悬湍"、"悬波"、"颓波"、"飞波"、"飞清"、"飞泉"、"飞流"等，让读者随时有新鲜生动之感。又如对于溪泉水流的清澈的现象，他也创造了许多惟妙惟肖的语言进行描写。例如他在卷二十二《洧水注》中说："绿水平潭，清洁澄深，俯视游鱼，类若乘空矣，所谓渊无潜鳞也。"卷三十七《夷水注》中说："其水虚映，俯视游鱼，如乘空也。"卷三十七《澧水注》中则说："水色清澈，漏石分沙。"

柳宗元在其著名的《永州八记》中的一篇《至小丘西小石潭记》中，也有类似的描写："潭中鱼可百许头，皆若空游而无所依。"柳宗元的这段描写，显然是吸取了郦道元的写作技巧，所以张岱所作的"太上"、"其次"的排列，不是没有根据的。

除了自己创作生动的语言以外，郦道元还善于吸取别人的生动语言，以丰富他自己的写作。对于自然景物的描写，《水经注》全书中有许多精彩的片段，其中有些篇章郦道元即是采用了别人的生动描写。例如，风景秀丽的长江三峡，由于国家分裂，郦氏无法亲历其地，于是，他就采录了曾经多次游览此处的晋宜都太守袁山松的描写。这是全部郦注中十分脍炙人口的一段，这一段（卷三十四《江水注》）中说道：

> 自三峡七百里中，两岸连山，略无阙处。重岩叠嶂，隐天蔽日，自非停午夜分，不见曦月。

"自非停午夜分，不见曦月"，以这样的语言描写两岸高山壁立的形势，确实没有比这更高明的手法了。这一段中另外几句还说：

> 至于夏水襄陵，沿溯阻绝，或王命急宣，有时朝发白帝，暮到江陵，其间千二百里，虽乘奔御风，不以疾也。

唐代著名诗人李白有一首大家熟悉的七言绝句《早发白帝城》：

> 朝辞白帝彩云间，千里江陵一日还。两岸猿声啼不住，轻舟已过万重山。

现在大家可以一望而知，李白的这首千古杰作，其实就是从郦道元所引的《宜都山水记》中的上述几句加工而成的。《宜都山水记》早已亡佚，它篇内的这些生动描写，依靠《水经注》所引而流传下来。

再举一例，黄河在今山西、陕西二省界上从此向南奔流，在陕东华山以北，即今潼关与风陵渡之间拐一个大弯折而向东，这当然是自然界的一种伟大壮观。对此，郦道元引用了当地流行的古语：[6]

> 华岳本一山挡河，河水过而曲行，河神巨灵，手荡脚踏，开而为两，今掌足之迹仍存。

这当然只是个神话，但文字的气魄宏大，读之令人心胸开广。所有这些，都说明郦道元在吸取他人的生动描写方面，是如何的得心应手。

　　郦道元的写作技巧，除了他自己创作的许多生动语言和尽量吸取他人的生动语言外，还有一个重要的方面，就是他能广泛地采集各地的歌谣谚语，穿插在有关的卷篇之中。这类歌谣谚语，除了极少数查得到原作者以外，绝大多数都是各地世世代代流传下来的，是经过千锤百炼的群众语言。清代著名郦学家刘献廷推崇郦道元的写作技巧："更有余力铺写景物，片言只字，妙绝古今。"⑦这中间有不少就是郦氏采集的各地歌谣谚语。

　　《水经注》的写作是以河流为纲的，所以郦道元特别留意长期活动于河流中的舟人、渔夫及旅行者的歌谣谚语。例如河道曲折，是河流的一种很普通的自然现象，在历来的诗词歌赋和游记等之中，描写这种自然现象的篇章，可以说俯拾即是。但郦道元却与众不同，他采集了当地的不少歌谣谚语来描绘。例如在卷三十四《江水》经"又东过夷陵县南"注中，长江在宜昌县东，有一段非常曲折的江道，注文说：

　　　　江水又东迳黄牛山下，有滩，名曰黄牛滩。南岸重岭叠起，最外高崖间有石，如人负刀牵牛，人黑牛黄，成就分明，既人迹所绝，莫得究焉。此岩既高，加以江湍纡回，虽途经信宿，犹望见此物，故行者谣曰：朝发黄牛，暮宿黄牛，三朝三暮，黄牛如故。言水路纡深，回望如一矣。

　　这里，"朝发黄牛，暮宿黄牛，三朝三暮，黄牛如故"一谣，短短16字，但对于说明江道曲折，实在胜过千百字的描写。同样，在卷三十八《湘水》经"又东北过重安县东，又东北过酃县西，承水从东南来流注之"注中，还有一段描述湘江之道曲折的注文：

　　　　衡山东南二面，临映湘川，自长沙至此，江湘七百里中，有九向九背。故渔者歌曰："帆随湘转，望衡九面。"

　　这一首湘水的渔歌，和前面江水的行者谣，确是异曲同工，把这类千曲百回的江道，写得惟妙惟肖，宛如一幅图画。

　　长江三峡因为是自古闻名的风景胜处和行舟险道，因此，郦道元在这一河段中所采集和引用的歌谣谚语就特别丰富。例如卷三十四《江水》经"又东过巫县南，盐水从东南流注之"注中，用当地渔歌，描写了巫峡风光：

　　　　巴东三峡巫峡长，猿鸣三声泪沾裳。

　　短短两句，写尽了舟人、渔夫在这条险峻的峡谷中行舟作业时的心情。又同卷经"又东过夷陵县南"注中，用歌谣描述了三峡险滩流头滩的令人心惊胆战：

　　　　江水又东迳流头滩，其水峻急奔暴，鱼鳖所不能游，行者常苦之。其歌曰："滩头白勃坚相持，倏忽沦没别无期。"

　　在卷三十三《江水》经"又东过鱼复县南，夷水出焉"注中，今通行各本，在注文"江中有孤石，为滟预石，冬出水二十余丈，夏则没，亦有裁出处矣"下，还有一句重要的佚文,也是一句舟人的谚语:"滟滪大如象,瞿唐不可上;滟滪大如马,瞿唐不可下。峡人以此为水候。"⑧这句谚语,实际上是把滟滪石(今通行各本作滪预石)作为一支观测行舟险夷的水位尺。这样的谚语,当然是舟人世世代代的经验总结。

长江以外的其他河流,注文引用歌谣谚语以描写它们的某些特征的,也所在多有。例如卷二十八《沔水》经"又东过堵阳县,堵水出自上粉县,北流注之"注中,汉水在堵阳县有涝滩和净滩二处滩险,前者冬季水浅多石,后者夏季水盛湍急,行旅苦之。注文就引用当地谚语:"冬涝夏净,断官使命。"短短二语,把两滩在冬夏二季阻碍行旅的情况说得清楚明白。

除了河流以外,《水经注》记载中涉及自然事物最多的是山岳,郦道元在这方面同样采集了许多各地的歌谣谚语来进行描写,收到了极好的效果。例如在我国的西南地区,高山险峻,道路萦回的情况到处可见,卷三十六《若水》经"又东北至犍为朱提县西,为泸江水"注中,郦氏引用了袁休明《巴蜀志》中的一段俗谚,生动地表达了这个地区山高路险的情况:

　　(朱提)郡西南二百里,得所绾堂琅县,上高山,羊肠绳屈八十余里,或攀木而升,或绳索相牵而上,缘涉者若将阶天,故袁休明《巴蜀志》云:"高山嵯峨,岩石磊落,倾侧萦回,下临峭壑,行者扳缘,牵援绳索"。

同卷中还有一段描写从朱提到僰道之间的山高水险,道路艰难的俗语:

　　自朱提至僰道,有水步道,水道有黑水、羊官水,至险难,三津之阻,行者苦之。故俗为之语曰:"楢溪赤水,盘蛇七曲,盘羊乌栊,气与天通,看都濩泚,住柱呼伊,庲降贾子,左担七里。"又有牛叩头、马搏颊坂,其艰险如此也。

这句俗语中的所谓"左担七里",在《通鉴》卷七十八《魏纪十》、元帝景元二年"黄山通道,造阁作桥"下胡三省注中有说明:"右肩不得易所负,谓之左担路。"七里长的"左担路",则道路之险可以想见。当然,《水经注》记载的祖国河山,除了上述那种山高水险的地区外,还有大量的篇幅是描写各地的美丽风景的,而在这方面,各地也都有现成的歌谣谚语可以采集引用。例如卷三十七《沅水》经"又东北过临沅县南"注中,有一座风景美丽的绿萝山,郦道元就采集了一首当地流行的《土人歌》,用以描述这处美丽的山水胜景:

　　仰兹山兮迢迢,层石构兮嵯峨,朝日丽兮阳岩,落景梁兮阴阿,鄣壑兮生音,吟籁兮相和,敷芳兮绿林,恬淡兮润波,乐兹潭兮安流,缓尔楫兮咏歌。⑨

这首称为《土人歌》的歌谣,文字绮丽,音韵和谐,显然已经经过文人学士的加工,对于绿萝山的自然风景,真是锦上添花。又如卷三十九《淶水》经"又西北过阴山县南"注中,有一座风景美丽的龙尾山,注文引用了当地流传的一首《遗咏》,描写登临这座名山时的感受。这首《遗咏》，同样也是经过文学之士加工的，辞藻优美，百读不厌。《遗咏》云：

> 登武阳，观乐薮，峨岭千薿洋湖口。命蚩螭，驾白驹，临天水，心踟蹰，千载后，不知如。

《水经注》描写的对象，不仅是河川山岳等自然地理事物，同时也描述许多人物掌故。郦道元对笔下的历史人物，常常要加以褒贬，这种褒贬的资料来源当然各不相同，有的出于传统的所谓正史，有的出于稗官野史。这中间，最具有群众基础的，当然是各地流传的歌谣谚语。郦道元广采这类材料，不仅使《水经注》的内容丰富和文字生动，而且歌谣谚语的褒贬，代表人民对各种历史人物的好恶，是最客观的评价。前面说过，《水经注》是以河流为纲的历史名著，因此，在人物褒贬中，郦道元常常注意历史上对兴修水利有功的人物予以褒扬，例如卷十九《渭水》经"又东过霸陵县北，霸水从县西北流注之"注中，他引用当地民谣，歌颂了郑渠和白渠的兴修者，注文说：

> 渭水又东得白渠口，大始二年，赵国中大夫白公，奏穿渠引泾水，首起谷口，出于郑渠南，名曰白渠。民歌之曰："田于何所，池阳谷口，郑国在前，白渠起后。"

卷十四《沽河》经"南过渔阳狐奴县北，西南与湿余水合，为潞河"注中，注文引童谣赞扬了渔阳太守张堪，注文说：

> 渔阳太守张堪，于县开稻田，教民种植，百姓得以殷富。童谣歌曰："桑无附枝，麦秀两歧，张君为政，乐不可支。"

卷三十《淮水》经"又东过新息县南"注中，注文记载了一个兴陂和毁陂的故事，并且引用当地童谣，对兴陂和毁陂的人作了褒贬，注文说：

> 慎水又东流，积为燋陂，陂水又东南流，为上慎陂，又东为中慎陂，又东南为下慎陂，皆与鸿郄陂水散流，其陂首受淮川，左积鸿陂。汉成帝时，翟方进奏毁之。建武中，汝南太守邓晨欲复之，知许伟君晓知水脉，召与议之，伟君言：成帝用方进言毁之，寻而梦上天，天帝怒曰：何敢败我濯龙渊，使后民失其利。时有童谣言曰："败我陂，翟子威；反乎覆，陂当复。"明府兴，复旧业，童谣之言，将有征矣。

同样，在卷三十一《淯水》经："又南过新野县西"注中，郦道元也采集当地谚语，为樊氏陂的兴废，对有关人物作了褒贬。注云：

> 一水枝分东北，为樊氏陂，陂东西十里，南北五里，俗谓之凡亭陂，陂东有樊氏故宅，樊氏既灭，庾氏取其陂。故谚曰："陂汪汪，下田良，樊子失业庾公昌。"

从上述童谣和谚语的采集引用中，可以看到郦道元是如何地关心水利建设事业，对历史上那些在水利建设上的有功人物和那些漠视水利者，是如何地爱憎分明，而歌谣谚语，正是他进行褒贬的有力武器。当然，对于历史上其他一切凡是造福于民和残害人民的代表人物,郦道元在注文中也同样有使用歌谣谚语的武器,对他们进行表扬和鞭挞的。例如卷三十《淮水》经"又东过新息县南"注云:

> 淮北又东合慎水,水出慎阳县西……刘陶为县长,政化大行,道不拾遗,以病去官。童谣歌曰:"悒然不乐,思我刘君,何时复来,安此下民。"

这段注文记及的刘陶,不过是个小小县长,但是由于他政绩可颂,郦道元绝不因他的官职卑微而忽视,仍然采集这样一首热情洋溢的童谣加以表扬。又如卷十九《渭水》经"又东,丰水从南来注之"注中,注文就采集流行歌谣,鞭挞了西汉末年祸国殃民的王氏五侯。注文说:

> 前汉之末,王氏五侯大治田宅,引沆水入长安城,故百姓歌之曰:"五侯初起,曲阳最怒,坏决高都,竟连五杜,土山渐台,象西白虎。"

郦道元生活于一个国家南北分裂,战祸频仍,人民流离,生灵涂炭的灾难时代,他虽然一生戎马劳顿,但实际上是个渴望祖国统一的爱国主义者,[⑪]他对于历代以来苛政殃民、兵灾战祸等情事,是十分痛恨的。因此,他也常在《水经注》中,运用歌谣谚语来揭露和声讨这种灾难的制造者,同情和追悼在各种灾难中受到惨苦遭遇的人民。他在卷二十六《沭水》经"又东南过莒县东"注中,从《列女传》引述了一个春秋时代齐人杞梁殖战死,其妻哭城而城崩的故事。最后引《琴操》所载的《杞梁妻歌》,哀悼了人民所承受的这种因战争生离死别的痛苦。注文说:

> 《列女传》曰:齐人杞梁殖,袭莒战死,其妻将赴之……妻乃哭于城下,七日而城崩,故《琴操》云:殖死,妻援琴作歌曰:"乐莫乐兮新相知,悲莫悲兮生别离。"哀感皇天,城为之崩。

上述杞梁妻哭城的故事,特别是郦注所引的她的悲痛的歌词,以后一直流传在民间。到了唐代,这个春秋时期的故事就和秦始皇修万里长城使人民遭受的痛苦混合起来,杞梁殖成为被迫筑长城的万喜良,杞梁妻就是民间长期流传的孟姜女,她万里送寒衣,哭于长城之下,城崩而丈夫万喜良的尸骸发现,她就投海而死。《杞梁妻歌》以后又被历代艺人改编成为《孟姜女送寒衣》等各种歌曲和说唱。从杞梁妻到孟姜女,这当然是一种附会,但这是人民痛恨暴政和战争的反映。而实际上,郦道元在《水经注》中确实是引用过民歌鞭挞秦始皇和蒙恬在修筑长城时对人民的严重残害。卷三《河水》经"屈东过九原县南"注云:

> 始皇三十三年,起自临洮,东暨辽海,西并阴山,筑长城,及开南越地。昼警夜作,民劳怨苦,故杨泉《物理论》曰:秦始皇使蒙恬筑长城,死者相属。民歌曰:"生男慎勿举,生女哺用脯,不见长城下,尸骸相支拄。"其冤痛如此矣。

在全部《水经注》中,郦道元所采集和引用的其他歌谣谚语还有不少,对于我们研究各种有关的问题,都可提供参考。例如卷四十《渐江水》经"北过余杭,东入于海"注中,引汉末童谣:"天子当兴东南三余①之间"。从这句汉末童谣,可以追溯到《秦会要》卷六记载的:"始皇尝曰:'东南有天子气。'于是东游以厌之。"秦始皇所谓"东南有天子气",实际上反映了当时东南地区民族关系复杂、形势动荡不稳的情况。所以他于其在位的第三十七年(前210),出巡到这个地区,"上会稽,祭大禹,望于南海,立石颂德",⑫并且对这个地区原来的越族居民,实施了强制性的迁移。⑬但是从秦代直到汉末,从"天子当兴东南三余之间"这句童谣中,可以看出,这个地区民族复杂,形势不稳的情况依然存在。在同卷注文中所记及的:"孙权使贺齐讨黝歙山贼",可以作为上述童谣的脚注。因黝、歙均在皖南,都是当年秦始皇强迫越族迁移的地方。又同卷记载:"黄武五年,孙权以富春为东安郡,分置诸郡,以讨土宗。"此外,朱谋㙔《水经注笺》在此句下引《吴志》云:"黄武五年秋,分三郡恶地十县置东安郡,治富春,以全琮为太守,平讨山越。"这个所谓"山越",显然就是秦始皇强迫移入浙皖山地的越族。《三国志·吴书·全琮传》所说:"授兵数千人,使讨山越……是时丹阳、吴会山民,复为寇贼,攻没属县。"说明直到三国时代,春秋越族的后裔,在这一带还有较大的势力。这些童谣结合史料,对于这个地区的民族史研究,至今仍然很有价值。

又如卷三十二《沮水》经"沮水出汉中房陵县淮水,东南过临沮县界"注中所引的谚语:"东驴西磨,麦城自破。"这句谚语所说的虽然只是一个三国战争中关羽战败的故事。但现在驴城和磨城均已失所在,所以,对于研究当时的战争形势和驴、磨二城的地理位置,这句谚语仍然具有参考价值。

又如卷二十《漾水》经"漾水出陇西氐道县嶓冢山,东至武都沮县为汉水"注中所引古谚:"南岈北岈,万有余家。"这句古谚中描述的古代聚落的分布,对今天研究这个地区河谷地中的历史聚落地理很有参考价值。

另外如卷四十《渐江水》经"北过余杭,东入于海"注中所引的关于射的山岩石颜色的变化与农业生产的关系的谚语:"射的白,斛米百;射的玄,斛米千。"从岩石的颜色预测米价的贵贱,这绝对不是一种占卜,而是这一带人民对自然环境变化长期观察的经验。对于我们研究这个地区古代的气温、降雨以及射的山的岩性、植被等等,都有重要的意义。

当然,由于时代的限制,在《水经注》所引用的许多歌谣谚语之中,也有少数是荒诞不经的。例如卷二十九《河水注》所引的童谣:"城门当有血,城陷没为湖";卷三十四《江水注》所引的楚谚:"洲不百,故不出王者";卷四十《渐江水注》所引的小儿语:"天方明,河欲清,鼎脚折,金乃生"等。在一部1400多年前的古籍中,在大量有价值的歌谣谚语中,杂入少许糟粕,这当然是可以理解的,也是瑕不掩瑜的。

郦道元在《水经注》的撰述中，采集和引用了大量歌谣谚语，不仅说明了他的写作技巧，并且也反映了他的写作思想。他运用许多歌谣谚语，使他的著作描写生动，语言丰富；他选择适当的歌谣谚语褒贬人物，表达了他自己的意志；他又通过各地的歌谣谚语，解释各种自然和人文现象。这些都是郦道元写作的成功之处。历来有人轻视歌谣谚语，认为这些都是不登大雅之堂的东西，但它们却为《水经注》一书倍增光彩。

注释：

① 《和袭美寄怀南阳润卿》，赵一清《水经注附录》卷上。

② 《寄周安孺茶诗》，赵一清《水经注附录》卷上。

③ 《历史研究》1983 年第 6 期。

④ 钟惺、谭元春评点本《水经注》谭序。

⑤ 《跋寓山注二则》，《瑯嬛文集》卷五。

⑥ 在这一段文字之上，《水经注》原文为："左丘明《国语》云"，但《国语》实无此文，故殿本在此加案语云："案此六字讹舛，当作古语云。"

⑦ 《广阳杂记》卷四。

⑧ 《寰宇通志》卷六五《夔州·山川·滟滪堆》所引《水经注》。

⑨ 《土人歌》为今本《水经注》所佚，《广博物志》卷五，《地形一》据《水经注》录入此歌。上海图书馆藏稿本，（清）王仁俊的《经籍佚文·水经注佚文》据杜文澜的《古谣谚》录入此歌，与《广博物志》同。

⑩ 参阅拙作《爱国主义者郦道元与爱国主义著作水经注》，《郑州大学学报》（哲学社会科学版）1984 年第 4 期。

⑪ 何焯校本何氏案云："三余，余暨、余杭、余姚也。"

⑫ 《史记·秦始皇帝本纪》。

⑬ 《越绝书》卷二："乌程、余杭、黝、歙、无湖、石城县以南，皆故大越徙民也，秦始皇帝刻石徙之。"

原载《郑州大学学报》（哲学社会科学版）1990 年 1 期

十五、《水经注》的珍稀版本

　　《水经注》一书以版本众多著称,自从北宋元祐前(具体年代不详)和元祐二年(1087)两种刊本问世以后(此两种均已亡佚),刊本与抄本杂出,历史上曾经流传过的版本,为数甚难估计,即现存的刊本和抄本,总数恐亦不少于50种。胡适曾于1948年12月在北京大学举办过《水经注》版本展览,当时展出的,就有各种刊本和抄本共9类41种。不过在这些版本之中,有的经注混淆,错漏连篇,如明版黄省曾本及吴琯本等均是;有的互相翻刻,名称虽异而其实雷同,如清初流行一时的项本和黄晟本,其实都是明朱谋㙔《水经注笺》的翻刻本。因此,版本虽然不少,但佳本却并不多,而至今犹存的佳本为数尤稀。兹将我所曾经过目的现存珍稀版本,作一简介如下:

残宋本

　　这是郦注现存的唯一宋本,今藏北京图书馆,残存7册,计卷五至八,十六至十九,三十四,三十八至四十,共12卷,但首尾完整的仅10卷(卷五缺前26叶,卷十八仅存前5叶)。书系傅增湘集吴县曹氏及宝应刘氏旧藏而成。书中北宋讳字如匡、玄、殷、贞等均缺笔,但"桓"(钦宗名)、"构"(高宗名)两字却有缺笔,也有不缺笔。可能是北宋藏版到南宋加以修剔印成。故袁抱存在卷末写跋中认为此书是元祐刊本的南宋摹印本,张宗祥和傅增湘在写跋中认为此书是绍兴本,都有一定道理。不过张宗祥写跋中所谓:"大典与此无异同",认为此书与大典本《水经注》同出一源。经我与大典本核对,两本异处甚多,张氏之说不足据。《水经注》从北宋景祐起缺佚5卷,此书是景祐以后的本子,所以绝非足本。但较之明代坊刻本,优处甚多,仍然很有校勘价值。除北京图书馆所藏原本外,湖北省图书馆藏有过录本一部。

孙潜校本过录本

孙潜(潜夫)校本是清初名本,因为在他的校本之中,除了他自己的研究成果外,还过录了明代的两种名本,即柳佥(大中)的正德影宋本和赵琦美(清常)的万历三校本。而此两种明代名本均已亡佚,赖孙潜之功得以流传。所以全祖望在《孙氏水经注再校跋》中说:"柳、赵诸本皆以国初始出,而集其成于潜夫,其功最笃。"胡适在其《记孙潜过录的柳佥水经注钞本与赵琦美三校本水经注并记此本上的袁廷梼校记》(《胡适手稿》第四集下册)等文中,也称道孙潜在这方面的功绩。但孙校原本,民初仅存16卷,至今已亡佚殆尽。浙江省图书馆藏有过录本一部,系以明吴琯刊本作底,全录孙校本于上,字迹工整,保存了柳、赵、孙3位名家的治郦成果,虽然已非孙校原本,但仍不失为一种价值很高的版本。

何焯校本过录本

何焯(义门)是校勘名家,毕生校书甚多,其校《水经注》于康熙三十三、三十四、五十七各年,共校3次。全祖望在《何氏水经三校本跋》中说:"义门先生《水经》三本,予皆见之。其初校本于甲戌,未见所学,犹不免竟陵气也(驿案,指明竟陵人钟惺、谭元春,只在郦注词章上下工夫);再校本以丙子,及见顾亭林所校,则进矣;三校本以戊戌,更进矣。"何焯校本是清初的名本之一,对郦注甚多发明。但何氏原本,现藏中国台湾省"中央图书馆",为大陆学者所不易见。复旦大学图书馆藏有嘉业堂旧藏何焯校本过录本一部,其书以乾隆黄晟刊本作底,书写工整,过录认真。何焯校本的过录本虽然流行较广,但此本无疑是其中佳本。

佚名临赵琦美、孙潜、何焯等校本

此书是南京图书馆所藏的八千卷楼旧藏,其书不知何人临写,但卷中有全祖望门人董秉纯藏书章,渊源于此可见。此书临写者显然是花了很大工夫的,因为卷中临写的著名郦学家校语,除了明赵琦美、孙汝澄(无挠)外,还有清孙潜、何焯、杭世骏(董甫)等人,熔明、清治郦名流于一炉,读此一编,可以观摩各家治郦之心得,收事半功倍之效。其书临写认真,字迹清晰,虽然过录的郦学家人数和校语均较多,但其书写,眉目清楚,各家分列,绝不相混,所以也是一种珍贵的版本。

王礼培校本

武汉大学图书馆藏有宣统三年湘乡王礼培批校本一部。其书以万历四十三年朱谋㙔自刊《水经注笺》作底,用五色圈点批校,过录治郦名家的校语。其中绿笔依朱子臣,蓝笔依陈明卿,紫笔依钟惺、谭元春,墨笔依何义门,朱笔是王礼培自校。以上各家中,除了何焯一家外,其余各家,多是郦学家中的词章学派人物,所以此书可谓集郦学词章学派的大成。美中不足的是依钟、谭的紫笔已经褪色,无法辨认,不过这方面的缺陷,现在尚可从崇祯严忍公刊本(北京图书馆和宁波天一阁均有藏)得到补足。王礼培校本不仅其五色批校弥足珍贵,其底本即万历四十三年的朱谋㙔自刊本《水经注笺》,至今也是难得的版本了。

孙沣鼎批校殿本

上海图书馆藏有前上海合众图书馆旧藏孙沣鼎批校的武英殿聚珍本一部。殿本是郦注版本中最通行之本,本来无足稀罕,但此一本却不同,由于孙氏的批校,涉及郦学史上赵戴相袭的一件大事,所以极其珍贵。孙沣鼎于乾隆四十五年(1780)在此书写跋中云:"今年夏,门人范封以武英殿聚珍版本来质,其校自休宁戴太史震。……沣案,太史所校与宋本、朱氏本互有异同,而文字差显易。吾友朱上舍文藻自四库总裁王少宰所归,为予言,此书参照同里赵□□(驿案,当是东潜或诚夫二字)一清校本,然戴太史无一言及之。"对于赵戴《水经注》案,一般均认为始于赵书在乾隆五十一年(1786)刊行以后,因戴震门人段玉裁见赵书与戴书"十同九九",疑赵书袭戴,致函赵书的整理者梁玉绳责问(函存段氏《经韵楼集》卷七),于是争端遂起。而据孙沣鼎的写跋,可知早在四库馆内,已有戴书袭赵的物议。因为赵书虽然刊在后,但成书早于戴书,四库馆内存有浙江巡抚呈进的赵书抄本,四库馆臣早在馆内见到此书。孙氏写跋中的朱文藻是赵的同乡杭州人,曾因大学士王杰(即孙跋中的王少宰)引见,入京参与四库编校工作,奉敕在南书房考校,其所传馆内故事,必不致有讹。所以孙氏批校的殿本,不同于一般,在郦学史上具有重要价值。

全祖望五校抄本

据董小纯《全谢山年谱》，全氏于乾隆十四年始校《水经注》，至十七年而七校毕。但因一校至六校均未见稿本流传，全氏身后130余年，先后经王梓材、董沛整理的七校本才刊行问世。七校本卷首，刊有五校本的题辞与序目，由此可知，其五校亦有稿本。由于全氏身后文稿散佚，其书为后人所整理，以致有些学者认为七校本是赝品。清末王先谦主编《合校水经注》，七校本的成果就只字未予收入。胡适贬低七校本，竟认为卷首题辞、序目，均是王梓材所伪造，斥责王是"白日见鬼"（《胡适手稿》第二集上册），而七校本则"是一个妄人主编的（驿案，指董沛），一个妄人出钱赶刻赶印的（驿案，指薛福成）一部很不可靠的伪书"（《胡适手稿》第二集下册）。抗战胜利后，发现此全氏五校抄本收藏于天津图书馆之中，胡适才承认七校本的题辞和序目均非伪造，承认王梓材"钞写谢山校语确很严谨"（《胡适手册》第六集下册）。我于1979年始在天津图书馆获见此书，书系四明卢氏抱经堂旧藏，全书8册，系小山堂抄本，每页板匡上下，有大量赵一清的校语，故此书实合全赵二家治郦的精华，其价值远在坊刻七校本之上。

水经注疏证

沈钦韩（文起）撰《水经注疏证》，始于嘉庆十一年，成于道光元年，历时达15年之久，其书未刊，但《清史稿·艺文志》及《汇刻书目》等均有著录，惜民国以来，书稿失传，无人知其内容。1947年底，此书稿本突然在西安图书馆发现，成为郦学史上的一件大事。现原稿本藏南京图书馆，北京图书馆藏有抄本一部。全书35卷，分装8册。段熙仲教授在《沈钦韩水经注疏证稿本概述》（《中华文史论丛》1979年第3辑）一文中，盛赞沈氏此书："沈氏以史学名家兼治地理，其态度严谨，真所谓一字不苟。"案沈氏此稿，系以武英殿本作底，卷内除了沈氏所作的许多疏证外，还改正了殿本的不少刊误。所以此书不仅于郦学有功，而且于殿本有功，是一部很有价值的稿本。

除了上述珍稀版本外，还有其他一些较有价值的版本，如北京图书馆所藏的何焯、顾广圻校明抄本，王国维校明抄本（不同于上海人民出版社出版的《水经注校》），天津图书馆所藏的明练湖书院抄本，上海图书馆所藏的王梓材原藏全谢山水经注重校本，陈劢录本全校水经注，日本京都大学人文科学研究所所藏的杨、熊水经注疏抄本等。上述各本，我也曾经过目，它们在郦学史上，也都有较高的价值。

十六、中国古代的方言地理学

——《方言》与《水经注》在方言地理学上的成就

　　方言一词,在语源上由希腊文 dia(联系)和 legein(语言)二词构成。英语作 dia-lect。《韦氏大字典》释 dialect 作:"为一群人所使用的一种语言,它和另一群人所使用的语言,在词汇、语法或语音特点上具有区别。"①《韦氏美国语新世界字典》释作:"语言的地方特点的总和。"②把这两种韦氏字典的解释合在一起,"方言"一词的科学涵义,大概已经包罗尽致了。

　　方言地理学是人文地理学的分支学科,它研究方言的地理分布和移动,方言区域的扩展和缩小等现象和原因。方言地理学和其他系统地理学一样,它是一门地理科学。当然,方言地理学在它的内容和研究方法上都和语言学有密切关系,同时也和历史学、民族学等学科有密切关系。不同地区在方言上的差异,常常与不同地区在历史、民族、文化、宗教等方面的差异交织在一起。因此,在人文地理学的诸分支学科中,方言地理学具有很大的综合性。它的研究成果,往往可以为许多门学科所吸取。

　　我国最早的方言地理学著作是西汉扬雄所撰的《輶轩使者绝代语释别国方言》(简称《方言》)。汉应劭《风俗通序》云:"周秦常以岁八月,遣輶轩之使,求异代方言。"輶轩是古代使用的一种轻便车辆。扬雄此书的书名意义,大概就在于此。在扬雄与刘歆的往返书札中,此书均称 15 卷;晋郭璞为此书作注,序中也仍称"三五之篇"。但《隋书·经籍志》及两《唐志》著录均作 13 卷,故知从隋唐起就已经缺佚 2 卷。

此书书名冠以"輶轩使者",可见此书并非闭门造车之作,而是作者经过多方调查而汇集的成果,所以值得珍贵。

本书罗列的方言,从词性来说,以名词、形容词和动词为多,但也有一部分状语。其编写体例,往往是先提出词汇,然后就此词汇列举各地方言。例如卷三:

凡草木刺人,北燕、朝鲜之间谓之茦,或谓之壮;自关而东谓之梗,或谓之刿;自关而西谓之刺;江、湘之间谓之棘。

又如卷一一:

蚍蜉,齐鲁之间谓之蚼蟓。西南梁、益之间谓之玄蚼,燕谓之蛾蛘。

其间也有直接记述各地方言,而不首先列举词汇的。例如卷三:

陈、楚之间,凡人兽乳而双产谓之厘孳;秦、晋之间,谓之僆子;自关而东,赵、魏之间,谓之孪生。女谓之嫁子。

又如同卷:

东齐之间,壻谓之倩。

另外还有一部分词汇,著者仅作解释,并不列举各地方言。例如卷三:"氓,民也。""露,败也"。卷一三:"匕,谓之匙。""饼,谓之饦,或谓之馄馄"。等等,这些其实只是词汇的训诂,属于《尔雅》、《说文》之类,与方言无关。但在全书中只占少数。

扬雄为什么要撰写此书,他在《答刘歆书》中说得十分明白:

其不劳戎马高车,令人君坐帷幕之中,知绝遐异俗之语,典流于昆嗣,言列于汉籍,诚雄心所绝极,至精所想遘也。

此书在东晋时由郭璞作注,郭璞在《方言注序》中,也表达了与扬雄相似的意见。他说:

故可不出户庭而坐照四表,不劳畴咨而物来能名,考九服之逸言,标六代之绝语。

从上列扬雄本人和郭璞的两段话中,不仅说明了此书的撰写动机,同时也证实了此书确实是一部我国早期的方言地理学著作。

在此书中,作者用以划分方言的地域界线,主要有5类。第一类是春秋战国的列国疆域,第二类是包括若干列国或跨列国的较大地区,第三类是以河川、山岳等为界线的自然区域,第四类是习惯称谓的地区,第五类是郊鄙地区。大体情况如下表所列:

表1

区域	名称
春秋战国列国	秦、晋、楚、燕、齐、郑、韩、魏、卫、宋、鲁
跨列国地区	齐宋、宋楚、赵魏、宋卫、秦晋、燕代、陈郑、韩郑、陈楚、宋鲁、齐鲁、晋宋、卫鲁、周郑、雍梁、梁益、宋鲁陈卫、邠唐冀燕、宋卫邠陶、宋卫荆吴、秦晋梁益、北燕朝鲜、西瓯毒屋黄石野③、中齐西楚
自然区域	河济、汝颖、江湘、江淮、荆吴江湘、楚东海、淮汭、海岱大野、江沅、湘沅、平原、湘潭之原、沅澧之原、嵩岳、朝鲜洌水
习惯称谓地区	关东、关西、东齐、南楚、北燕、荆吴
郊鄙地区	燕之北郊、燕之北鄙、赵魏之郊、齐宋之郊、秦晋之郊、翟县之郊、齐楚之郊、秦晋北鄙、荆之南鄙、燕代北鄙、荆吴扬瓯之郊

当然，从今天的角度来看，此书所涉及的地区还不算很广，书中所述距离中原最遥远的地区不过是"朝鲜洌水之间"、"西南蜀汉"、"南楚之外"等地。这显然是由于古代交通困难，各地联系较少的缘故。另外，扬雄《方言》作为我国早期的方言地理学著作，最大的不足就是此书虽然在方言的地理分布上罗列的相当详细，但此外除了附有一点训诂学的内容外，与方言流行地区的民族、宗教，风俗、习惯等却全不相涉。而这些内容如上所述，和方言地理学的研究也有密切的关系。以卷一一"蝉"为例：

　　蝉，楚谓之蜩，宋卫之间谓之螗蜩，陈郑之间谓之蜋蜩，秦晋之间谓之蝉，海岱之间谓之蟧。其大者谓之蟧，或谓之蝒马，其小者谓之麦蚻，有文者谓之蜻蜻，其雌蜻谓之疋，大而黑者谓之䘆，黑而赤者谓之蜺。

如上例，除了蝉的方言以外，从"其大者谓之蟧"以下，就是蝉的训诂，与《尔雅·释虫》相类，没有方言地理的意义。但扬雄的著作，经过两个半世纪以后的郭璞作注，方言地理的内容就得到了充实和提高。郭璞是东晋著名的地理学家，他的注释，首先是把扬雄所列举的古代地名加以今释。例如扬著"西楚"，郭注"今汝南、彭城"；扬著"大野"，郭注"今高平钜野"；扬著"朝鲜洌水"，郭注"朝鲜，今乐浪郡是也，洌水在辽东"。这种注释虽然简单，但是却加强了《方言》一书的地理性。郭注的另一部分是补充了杨著所列方言的地域分布，例如卷五"瓯"下，郭注："今河北人呼小盆为题子。"卷八"虎"下，郭注补充了扬著："今江南山夷呼虎为䝓。"等等。郭注另外一项有价值的内容，是增加了扬著以后两个半世纪中，方言的移动和扩展。例如卷三"菼芙"下，扬著说："北燕谓之菼。"郭注："今江东亦呼菼耳。"这就是北方方言向南方扩展移动的例证。又如卷六"瞑眂"下，扬雄说："吴扬曰眂。"郭注："今中国亦云目眂也。"这就是南方方言向北方扩展移动的例证。郭注在方言地理学领域中最有价值的补充，是扬著完全没有涉及的关于民族分布和风俗习惯等内容。例如卷一扬著"西瓯，骆越别种也。"

又如卷九"楫"下,扬著"或谓之艑艄",郭注:"鹢,鸟名也,今江东贵人船前作青雀,是其像也。"

如上所述,说明扬雄《方言》经过郭璞注释以后,我国的这部最早的方言地理学著作就更趋完善。郭璞不但注《方言》,而且注《尔雅》。《尔雅》成书比《方言》早得多,是我国最古老的词典,内容专重训诂,并不步及方言。郭璞在注释此书时,引用了大量扬雄《方言》的内容,使这部古老的词典也增添了许多方言地理的色彩。由于《方言》和郭注《方言》的影响。《方言》以后的不少训诂学书籍中,都收入了若干方言的内容,例如汉末刘熙所撰的《释名》30 篇(今存 27 篇),梁顾野王所撰《玉篇》(今存 30 卷)等均是其例。方言地理学的知识和应用,在这时期有了较大的发展。

在郭璞注《方言》以后 200 多年,北魏郦道元撰成了《水经注》一书。《水经注》是一部以水道为纲的地理名著,它拥有资料丰富的自然地理和人文地理内容,这中间,也包括了大量方言地理的内容。由于《水经注》所记载的方言地理,使我国古代的方言地理学的发展,出现了一种自从西汉《方言》和东晋《方言注》以来的崭新的局面。在空间范围方面,《水经注》的记载不仅遍及国内,并且远涉域外。在记载内容方面,不仅列举方言,并且包括民族、宗教、文化、风俗习惯等等。因此,到了《水经注》的时代,我国古代的方言地理学,已经走向成熟。

《水经注》在其卷一、卷二《河水注》中,记载了今我国新疆维吾尔自治区以及中亚和印度等地。这里,注文涉及了许多地名、人名、植物名和其他一般名词。其中有许多是梵文。例如地名方面的阿耨达山(Anavatapta),[④]新头河或新陶水(Sindhu)[⑤],希连禅河(Hiranyavati),摩头罗国(Mathura),拘夷那褐(按应作竭)国(Kusinagara),巴连弗邑(Pataliputra),迦维罗卫城(Kapilavastu)等等,不胜枚举。所有这些方言地名的记载中,注文都兼及这个地名所包含的其他人文地理概况,以巴连弗邑为例,卷一《河水》经"屈从其东南流,入渤海"注云:

> 邑即阿育王所治之城,城中宫殿,皆起墙阙,雕文刻镂,累大石作山,山下作石室,长三丈、广二丈,高丈余。量大乘婆罗门子名罗汰私婆,亦名文殊师利住在城里,爽悟多智,事无不达。以清净自居。国王宗敬师事之。赖此一人,宏宣佛法,外不能陵。凡诸国中,惟此城为大,民人富盛,竟行仁义。

像上述记载,把这一方言地名涉及的历史、地理、宗教、文化汇集在一起,比扬雄《方言》中简单的方言罗列,确实有了极大的提高。另外有些方言地名,注文还从语言的角度,对地名进行解释。卷一《河水》经"屈从其东南流,入渤海"注中的另一段云:

> 自(新头)河以西,天竺诸国,自是以南,皆为中国,人民殷富。中国者,服食

与中国同,故名之为中国也。

这里的"中国",《法显传》也称"中天竺",⑥艾德尔则称为"中部的王国"⑦,梵文作 Medhyadesa,系由中间的(Medhya)和国家(desa)两个词汇组成。此国位于恒河中游一带。所以郦道元所说:"服食与中国同,故名之为中国也。"⑧或许存在一些误解。不过从另一条记载中,可以证明郦氏对梵文是有过研究的,即同卷注文:

> 菩萨于瓶沙随楼那果园中住一日,日暮便去半达钵愁宿。半达,晋言白也;钵愁,晋言山也。白山去瓶沙国十里。

这里的"半达",即梵文 Punda(白)的音译:"钵愁"即梵文 vasu(山)的音译。梵汉对译,十分清楚。这是郦道元通晓梵文的证明。在卷二《河水》经"又南入葱岭山,又从葱岭山出而东北流"注中,还有一处注文说:

> 释法显所谓纥尸罗国,⑨汉言截头也。佛为菩萨时,以头施人,故因名国。

这里的纥尸罗国,梵文作 Taksasila,因为 Taksa 在梵文中意为"截",而梵文中的"头"写作 Siras,与 Sila 音近,所以 Taksasila 可以讹略为"截头"。所有这些,都说明郦道元为了撰写这个地区的方言地理,不仅参考了许多文献,并且还在梵文上下过一番工夫。

除了地名以外,《水经注》在这两卷中还记载了许多由梵文翻译的人名,例如阿育王(Asoka,亦音译阿输迦王,意译无忧王)、阿难(Ananda,释迦十大弟子之一阿难陀的省译)、大迦叶(Kasyaku)、阿阇世王(Ajatasatru)、文殊师利(Manjusri)等,所有这些人物,注文都记及他们的历史掌故。

《水经注》还用方言记载了这个地区的许多植物,这些植物现在都可以用梵文进行复原,并且查清它们的学名。例如婆罗树(Sala,学名 Shorea robusta),阎浮树(jab-mu,学名 Prosopis spicigera Linn),须诃(即阿输迦树 ashok,学名 Saraca indica Linn),贝多树及菩提树(此是一名两译,均从梵文 bodhi 译出,学名 Ficus veligiosa Linn)等。在注文中,这些植物不仅有性状的描述,而且兼及它们的掌故和在宗教上的意义。例如卷一《河水》经"屈从其东南流,入渤海"注中记及"天授吉祥草,菩萨受之……敷吉祥草,东向而坐"。这里的吉祥草,梵文称为 Kusa,汉译作姑尸、短尸或拘舍圣草,是佛教中用作坐禅的敷物。同卷注文记及"覆以数重吉贝"。按吉贝一词原出马来语 Kapoq(学名 Ceiba pentandra),即是木棉,这是我国历史上最早记载这种植物的文献之一。

此外,《水经注》还记载了这个地区的许多一般方言,例如"泥洹"(nirvana)和"般泥洹"(parinirvana),此词一般又译作涅槃、般涅槃,或意译作圆寂、入灭,是佛教中的所谓"最高境界"。又如"忉利天"(Trayastrimsat,意译三十三天),舍利(Sarira,意译身骨),僧伽蓝(Sangharama,意译众园,引申为寺院),浮屠或浮图(Stupa 或 Tchitya)⑩等均是其例。另外,在卷一《河水注》中,还记载了两个方言度量单位,一个是"据",注文说:"王田去宫一据,据者,晋言十里也。"按日本学者藤田丰八《东西交涉史研究》:"据者,应为一'据卢左'之讹,即梵诺 Krosa 之译音。"藤田按"据"字所复原的梵文当然是不错的,不过他们以为讹译的话却并不确实,因为梵文在汉译时常常被省译,例如"僧伽蓝",省译为"伽蓝","塔婆"省译为"塔"等不胜枚举,把"据卢左"译成"据",也是一种省译。另一个方言度量单位是"由巡"或"由旬",《河水注》此二名同见。戴震在殿本加了案语说:"由巡即由旬,书内通用,近刻讹作由延。"其实,这个方言词汇是从梵文 yogana 译来,所以译由延也没有错(《法显传》即译由延),戴震不谙梵文,故有此误。yogana 一词在计量上有几种不同的数字,艾德尔的《中国佛教手册》中有详细说明①。

如上所述,《水经注》对新疆、中亚和印度一带的方言地理是记载得非常完整的,这种记载以方言为核心,兼及与方言有关的历史、地理、文化、宗教、民族、风俗习惯等等,在我国古代的方言地理学著述中,这确实是一种十分难得的作品。此外,《水经注》在今甘肃、青海、宁夏一带,也有不少有关方言地理的记载。在古代,这个地区有许多民族角逐消长,因而留下了种种方言。其中不少民族已经消亡,他们的方言也就无法理解。正如法国《拉鲁斯大百科全书》所说:"地名学要求语言学家追溯得更远一些。诚然,大多数地方名称一般不靠现代口语来解释。因此,很多法国区域地名远溯于已经消失的语言,人们不知其由来,不然,亦非直接可以理解。②"因此,对于这个地区的不少方言地名,确实为过去的许多学者所不能理解。例如卷二《河水》经"又东过金城允吾县北"注:"又东,吐那孤长门两川,南流入湟水。"这两条以方言命名的河流,就曾使清初的著名学者何焯一筹莫展。他在他所校的《水经注》中加注云:"句读未明。"由于不解方言之义,"吐那孤长门"五字就无法断开来。就连 1000 多年前的郦道元本人,当时也只能知道这些地名来自外族,却也无法对它们作出解释。例如卷二《河水》经"又东过陇西河关县北,洮水从东南来流注之"注中,有不少地名都是如此:"(漓水)又东北经列城东,考地说无目,盖出自戎方矣。""漓水又北经可石孤城西,西戎之名也。""(榆城溪水)出素和细越西北,东南流经细越川,夷俗乡名也。""洮水又东北经速和城北,羌名也。"在上列注文中的"列城"、"可石孤城"、"素和细越"、"速和城"等,都是羌、戎之名,但在郦道元时代就已经不解其义。有些方言城镇,郦道元考得了它们的建城民族和历史沿革,但是由于语言消失,所以仍然无法了解地名来源。卷三《河水》经"又北过北地富平县西"注中的"薄骨律镇城"即是其例。注云:"河水又北,薄骨律镇城在河渚上,赫连果城也③,桑果余林,仍列洲上,但语出戎方,不究城名。"当然,这中间也有少数是为郦道元所考证出来的,例如同卷的"积书岩"。注文说:"(积书岩)岩堂之内,每时见神人往还矣,盖鸿衣羽裳之士,铄精耳食之夫耳,俗人不悟时仙者,乃谓之神鬼,彼羌目鬼曰唐述,复因名之为堂述山,指其堂密之居,谓之唐述窟。"此外还有一些方言地名,为后来的学者所考实,卷二《河水》经"又东过金城允吾县北"注中的"阿步干鲜卑山"即是其例。赵一清《水经注笺刊误》卷一云:

> 全氏云:阿步干,鲜卑语也,慕容廆思其兄吐谷浑,因作《阿干之歌》。盖胡俗称其兄曰阿步干。阿干,阿步干之省也。今兰州阿干山谷,阿干河,阿干镇,阿干堡,金人置阿干县,皆以《阿干歌》得名。

鲜卑是东胡族的一支,因此,全祖望所考得的语源是古代的东胡语。今兰州市以南仍有阿干镇,说明方言地名的生命力是很强的,它证明了历史上鲜卑族在这一带的活动。

《水经注》撰述于北魏,其时正值十六国角逐于华北,是中国历史上的所谓"五胡乱华"时期,各种操不同语言的少数民族,先后割据,兴亡频繁。整个华北特别是今内蒙古、陕西、山西、河北各省区,民族复杂,方言纷歧,即使在郦道元的当代,对于这许多方言地名,他也仅能识别它们并非汉语,却无法考究语源来自何族。在卷三《河水》、卷六《汾水》、卷一三《㶟水》、卷一四《濡水》等各篇中,这类方言地名很多,郦道元只好笼统地称这类地名为"北俗",有时再加上一句"胡、汉译言"或"语出戎方"而已。这样的方言地名,在卷三《河水》中有:大浴真山、大浴真水、契吴亭、贷敢山、贷敢水、北石突城、树颓水、乌伏真山、诰升袁河、灾豆浑水、阿养城、可不泥水、可不泥城、吐文山、吐文水、太罗河、太罗城、昆新城、故墩迴城、吐京郡等,在卷六《汾水》有候莫干城和太卤,在卷一三《㶟水》中有磨川、丑寅城、比郍州城、苦力干城、太拔迴水、河头等。尽管这许多方言地名无法解释,但是都反映了在一段时期中,我国北方民族迁移和战乱频繁的政治历史情况。

对于我国的东北地区,《水经注》记载甚少,但在卷一四《大辽水注》中述及:"渝水南流东屈,与一水会,世名之曰櫶伦水,盖戎方之变名耳。"当时活动在这个地区的少数民族也最多,所以难以指出它的语言来源。

我国的东南地区,包括今苏南、皖南、浙江和闽、赣等地,在古代是句吴和于越族的分布地区,流行越语,与汉语有很大差别。在人名和地名中,发音常有句(gou)、乌、无、余、姑等。《水经注》记载中涉及这个地区的主要是卷二九《沔水》和卷四〇《浙江水》两篇。这两篇中出现的方言人名如畴无余、无余、句践等,方言地名如句余、句无、乌伤、乌程、无锡、余杭、余姚、余暨、余干大溪、姑蔑、姑熟、姑胥等,不胜枚举。由于越语是已经消亡的语言,因此,这类方言人名和地名,大都无法解释。清李慈铭指出:"盖余姚如同余暨、余杭之比,皆越之方言,犹称于越、句吴也,姚、暨、虞、剡,亦不过以方言名县,其义无得而详。"[14]说明《水经注》中出现的许多古代越语地名,包括诸暨、上虞、剡(今嵊县)等,尽管至今仍然沿用,却都是无法解释的。李慈铭所说的余姚,余暨

（今萧山）、余杭，即卷四〇《浙江水注》中记及的："汉末童谣云：天子当兴东南三余之间。"李虽然博学，当时却未曾发现"余"是目前极少数尚可解释的越语之一。《越绝书》卷八："朱余者，越盐官也，越人谓盐曰余。"说明越语的"余"，就是汉语的"盐"。"三余"在地理位置上均在海滨，所以都和盐业生产有关，以"余"名地，理所当然。此外，《浙江水注》中记及："东经诸暨县与泄溪合，溪广数丈，中道有两高山夹溪，造云壁立。凡有五泄。……此是瀑布，土人号为泄也。"说明瀑布在越语中称为"泄"。在古代越语方言中，除了上述等极少数外，李慈铭认为"其义无得而详"的说法无疑是正确的。秦一统以后，越族流散，汉人进入这个地区，于是就有人以汉义强解越语。郦道元是反对这种混淆方言的谬说的。早在卷四《河水注》中，他已经明确指出了"舜葬上虞"的无稽。他说："周处《风土记》曰：旧说舜葬上虞。又记云：耕于历山，而始宁、剡二县界上，舜所耕田于山下多柞树，吴越之间名柞为枥，故曰历山。余按周处此志为不近情，传疑则可，证实非矣。安可假木异名，附山殊称，强引大舜，即比宁壤，更为失志记之本体，差实录之常经矣。"《浙江水注》记及："吴黄武六年正月，获彭绮，是岁由拳西乡有产儿堕地便能语……因是诏为语儿乡。"对于这种牵强附会的解释，郦道元批判说："非也，御儿之名远矣，盖无知之徒，因借地名，生情穿凿耳。《国语》曰：句践之地，北至御儿是也。安得引黄武证地哉？"郦氏的批判显然是正确的，语儿、御儿，只是越语的不同汉译，也正像"浙江"在《庄子·外物篇》中作"制河"一样。正是由于《水经注》对这个地区大量方言的记载，使这里的不少历史，文化、掌故、传说等得以继续流传。

　　我国的南部和西南部，《水经注》记载中涉及的地区不多，仅在卷三六《若水》、《温水》，卷三七《叶榆河》等篇中有关于这些地区的方言记载。但这是个民族杂处的地方，上列几篇中记及的少数民族和少数民族建立的国家就有莋、夷、昆弥、邛、木耳夷、句町、獠、头兰、南越、文狼、屈都、雕题、叶榆、哀牢等30余种之多。而且由于地区不同，一个少数民族，其称谓又随地而异。例如卷三六《若水》经"若水出蜀郡旄牛徼外，东南至故关，为若水也"注中记载的少数民族"莋"："莋，夷也，汶山曰夷，南中曰昆弥，蜀曰邛，汉嘉、越巂曰莋，皆夷种也。"所以《温水》经"温水出牂柯夜郎县"注中，说这些少数民族："语言不同，嗜欲亦异。"同卷经"东北入于郁"注中，更提及这些少数民族："或夷椎蛮语，口食鼻饮；或雕面镂身，狼腊裸种[15]"，在这样一个闭塞的地区，交通困难，生活原始，文化落后，方言复杂，这是可以想见的。在《水经注》的记载中，以经常涉及的河中沙滩而言，《汉书·武帝纪》臣瓒曰："濑，湍也，吴越谓之濑，中国谓之碛。"卷一六《穀水注》中有"王城石碛"、"河南城北石碛"等，这就是"中国谓之碛"的明证。而《浙江水注》有"四十七濑"、"十六濑"、"严陵濑"等名称，这就是"吴越谓之濑"的明证。清钱坫进一步调查了这种方言，把臣瓒的"吴越谓之濑"改成"吴楚谓之濑[16]"。

钱坫所改甚是,卷三八《资水注》的"关羽濑"和卷三九《耒水注》的"十四濑"可以为证。但是在这个民族杂处的西南部,河中沙滩,既不同于中原称"碛",也不同于吴楚称"濑"。《温水》经"东北入于鬱"注引竺枝《扶南记》说:"山溪濑中谓之究。"《温水注》有郎究、越裳究、南陵究、无劳究、文狼究等,《叶榆河注》有金溪究、文狼究等,说明这一带的方言,与中国及吴楚迥异。

但是,这里却有一件非常重要的事实值得指出。在《水经注》记载的方言地理中,我国西南部的方言,竟有不少与我国东南部的方言接近甚至相同的现象,这是一种方言移动和扩展的具体例子。方言的移动和扩展,当然是因为使用这种方言的居民移动的结果。而我国东南地区和西南地区在若干方言上的雷同,显然是由于古代越族迁移流散的结果。

越族(即于越族)在古代原来居住在浙江一带,在春秋末期出现过著名的君王句践,国势一度非常强盛。秦始皇统一中国后,对越族实行了强迫迁徙的政策,他一方面勒令把居住在浙东的越族居民迁徙到今浙西和皖南的乌程、余杭、黝、歙、无湖、石城一带,另一方面又把"天下有罪适吏民"迁移到浙东各地以填补越族迁出的地区[17],以削弱越族的势力。对于不服从迁徙的越族,就实行武力镇压。于是越族中不少反抗秦统治的居民就向南流散,即以后所称的"三越"。明焦竑说:"此即所谓东越,南越,闽越也。东越一名东瓯,今温州;南越始皇所灭,今广州;闽越今福州。皆句践之裔。"[18]在《水经注》的记载中,如《温水注》的南越、骆越,《叶榆河注》的骆越、百越、雒。《浪水注》的南越、百越等,都和历史上浙东于越族的迁徙流散有关。只要把东南地区《水经注》(卷二九《沔水》、卷四〇《浙江水》)记载的地名,与西南地区《水经注》(卷三六《桓水》、《若水》、《存水》、《温水》,卷三七《叶榆河》等)记载的地名相比,这种方言移动的情况就清晰可见。表2—表7列的是东南地区和西南地区的6类越语地名的比较。

表2　　　　　　　　　　　　含"无"、"毋"的地名

东南地区		西南地区	
沔水注	无锡县	若水注	小会无、会无、会无县
浙江水注	无余国、句无、句无县	存水注	毋敛水
		温水注	无变、无劳究、无劳湖、毋掇县、毋单县、毋敛县、毋血水
		叶榆河注	无切县

表3　　　　　　　　　　　　　　含"句"的地名

东南地区		西南地区	
沔水注	句章、句章县,句余、句余山、句余县	若水注	乌句山
		温水注	句町县、句町国
浙江水注	句无,句无县、句章县	叶榆河注	句漏县

表4　　　　　　　　　　　　　　含"乌"的地名

东南地区		西南地区	
沔水注	乌上城	若水注	乌枕、乌句山
浙江水注	乌程县、乌伤县		

表5　　　　　　　　　　　　　　含"朱"的地名

东南地区		西南地区	
浙江水注	朱室、朱室坞	桓水注	朱提郡
		若水注	朱提山、朱提县、朱提郡
		温水注	朱崖、朱崖州、朱崖郡、朱涯水、朱吾浦、朱吾县
		叶榆河注	朱载县

表6　　　　　　　　　　　　　　含"姑"的地名

东南地区		西南地区	
沔水注	姑熟县、姑胥	若水注	姑复县
浙江水注	姑蔑	淹水注	姑复县
		叶榆河注	姑复县

表7　　　　　　　　　　　　　　含"余"的地名

东南地区		西南地区	
沔水注	余杭县、余姚县、余暨县	叶榆河注	余发县
浙江水注	余杭县、余衍县、余友溪、余暨县、余干大溪、余三		

　　从这6类方言地名之中,可以明显地看到,由于越族迁移流散而产生的方言移动和扩展情况。石钟健先生在其《试证越与骆越出自同源》一文中,[19]把越和骆越的关系概括为6点,6点之中言及:"越与骆越出自同源,即同出于越。"但并不引方言作证。在正文之中有"从古越语和壮泰语的比较论证"一节,所指古越语,系以《越人歌》为例,但文中不仅没有将《越人歌》录出[20]更未对之作方言地理学的论证。我虽然完全

同意石文的结论,但在这一点上总嫌论据不足。其实,《越人歌》是搒枻越人与楚令尹鄂君子晳同舟游乐时信口而出的即兴之辞,在越族分布地区如此广阔而越语已经消亡的情况下,凭这样一首词汇量不多的短歌,作出方言地理的分析,确实是相当困难的。假使能够利用上列《水经注》记载的方言地名,把于越族的古老中心浙东地区与骆越的聚居中心西南地区加以对比,则石文的结论将会具有更大的说服力。

　　地理学界对于方言地理学的研究工作还比较薄弱,特别是历史方言地理学,由于许多方言的泯灭和民族的流散,其研究更为困难。而我国丰富的历史文献中,有关方言地理学的资料也相对缺乏。这中间,《方言》和《水经注》或许称得上是南北朝以前,我国方言地理学资料的宝库。对此二书进行方言地理学的深入剖析,必将有裨于我国古代方言地理学的研究。

注释:

① Webster's Third New International Dictionary, p. 622.

② Webster's New World Dictionary of the American Language, p. 389.

③ 此见《方言》卷一,郭注云:"西瓯,骆越别种也,音呕,其余皆未详所在。"

④ 按阿耨达,梵文意为无热。卷一《河水》经"屈从其东南流,入渤海"注引释氏《西域记》:"阿耨达太山……山即昆仑山也。"又引康泰《扶南传》:"亦如阿耨达山是昆仑山。"卷二《河水》经"又东过金城允吾县北"注也说:"昆仑,即阿耨达山也。"所以卷一《河水注》说:"而今以后,乃知昆仑山为无热丘。"

⑤ 印度河的古译。

⑥ 《法显传》:"中天竺,所谓中国。"

⑦ Ernest J. Eitel, Handbook of Chinese Buddhism being a Sanskrit – Chinese Dictionary with Vocabulariesof Buddhist Terms, Tokyo, Sanshusha, 1904, p. 83: "Madhyadesa, The middle kingdom, Common term for central India."

⑧ "中国"在梵文作 Tchina,一般译作脂那、支那、真丹、震旦等。

⑨ 《法显传》作竺刹尸罗,《大唐西域记》卷三作呾叉尸罗。

⑩ Stupa 常译窣堵波、塔婆等,Tchitya 常译支提。慧琳《一切经音义》卷二七:"塔婆无舍利云支提。"这是二者的区别。

⑪ Handbook of Chinese Buddhism being a Sanskrit – Chinese Dictionary, P. 208: "Yodjana, a measure of distance, variously computed as equal to a day's march(4650 feet) or 40 or 30 or 161i(i. e. 33 $\frac{1}{2}$ or 10 or 5 $\frac{1}{2}$ English miles)."

⑫ *La Grande Encyclopedie*, Librairie Larousse 1974. T. 14. p. 8781—8782. toponymie.

⑬ 指赫连勃勃,属于匈奴族铁弗部,公元 5 世纪初在今内蒙古西部、陕北和宁夏等地建立夏

国(十六国之一)。

⑭ 《息荼庵日记》,同治八年七月十三日(《越缦堂日记》2 函 11 册)。

⑮ 《温水》经"东北入于郁"注:"夷皆裸身,男以竹筒掩体,女以树叶蔽形外,名狼胧,所谓裸国者也。"

⑯ 《异语》卷一二释水,载《玉简斋丛书》1 集。

⑰ 《越绝书》卷八。

⑱ 《焦氏笔乘续集》卷三。

⑲ 《百越民族史论集》,中国社会科学出版社 1982 年版,第 183—204 页。

⑳ 兹录出《越人歌》如下:"滥兮抃,草滥予,昌枑泽予,昌州州,鍖州焉乎,秦胥胥,缦予乎,昭澶秦逾,渗湜随河湖。"(据汉刘向《说苑·善说篇》,标点从扫叶山房石印本。)

十七、《郦学研究史》序

在中国，一本书成为一门学问的事，例子不多。称《红楼梦》研究为"红学"，现在已经非常流行，但这门学问的研究历史，不过半个多世纪。称《徐霞客游记》研究为"徐学"，是我在80年代所首先提出的。虽然各方纷纷响应，但"徐学"作为一门专门的学问，还有待不断研究和提高，庶几名副其实。若以研究历史之悠久，内容之丰富，牵涉之广泛，成就之卓著而论，则由《水经注》一书而形成之"郦学"，显然是此中翘楚。

《水经注》成书于公元6世纪初，隋唐时代，开始将其内容进行分类，收入于各种类书及地理书，这当然仅仅是一种简单的研究。唐宋之间，有些文人学士如陆龟蒙、苏轼之流，多因欣赏此书的优美文字而爱不释手。《水经注》由是著称于世。但推敲作品，吟诵词章，毕竟亦非深入研究。金蔡珪作《补正水经》3卷，其书虽已亡佚，但此书元至正刊本欧阳元《序》、苏天舜《跋》均尚在，可以窥及此书之一斑。欧《序》云："其详于赵、代间水，此固景纯之所难；若江自浔阳以北、吴淞以东，则又能使道元之无遗恨者也。"苏《跋》云："（至顺三年）七月，归至岳阳，与郡教授于钦止览观山川。钦止言洞庭西北为华容，而县尹杨舟方校《水经》，念其文多讹缺，予因以《补正》示之，今所刻者是也。"由此可知，此书内容，绝非《水经注》词句之简单剪辑，而是对注文之纠谬及补遗。故《补正水经》实为学者深入研究《水经注》之嚆矢，对郦学这门学科的孕育和形成，具有重要意义。时至明季，学者研究《水经注》之风气开始兴盛，黄省曾、吴琯等版本相继流行，而朱谋㙔尤为异军突起，主持编撰《水经注笺》一书，顾炎武誉其为"三百年来一部书",郦学研究从此进入前所未有之局面。我在拙作《论郦学研究及其学派的形成与发展》一文中指出:"把《水经注》的研究作为一门专门学问,朱谋㙔实开其端。"朱氏研究郦注,深校细勘,旁征博引,进行了大量考证,从而促成了我国郦学研究中第一个学派,即考据学派之诞生。此一学派进入清季以后,在乾隆中出现全祖望、赵一清、戴震诸名流叱咤风云之时代。经此等名流精心琢磨,《水经注》一书神采焕发,光芒四射,刘献廷誉之为"宇宙未有之奇书",实不为过。而与此同时,自明季钟惺、谭元春创始以来之词章学派,也获得充实与发展。此外,自从明末黄宗羲首重地理以后,清初许多著名地理学家如顾炎武、顾祖禹、胡渭、阎若璩等,均以郦学与舆地之学相辉映,郦学于是步入经世致用之道。而杨守敬、熊会贞师生,殚精竭虑,终于创建郦学研究中之地理学派。郦学自此根底深固,枝叶荣茂,形成一门内容宏富、牵涉广泛之硕大学问,郦学之发展壮大,其历程大概如此。

《水经注》一书,撰述于国家分裂,战祸连绵,人民流离,生灵涂炭之时代。赖郦道元之卓越天才与非凡勤奋,人间才得有此一部不朽名著。而这部名著从其诞生之日始,却又命途多舛,郦氏蒙难于阴盘,洛阳毁灭于兵燹。苍天悯人,竟令书稿幸存于灰烬之中,因而有《隋书·经籍志》之著录。但北宋景祐以还,原书又遭散失,而传抄讹误,复日积月累,鲁鱼亥豕,陈陈相因,以致经注混淆,错漏连篇,不堪卒读。从蔡珪以来,又经过多少郦学家,呕心沥血,刻苦钻研,才得见今日流传之各种佳本。虽然仍非完璧,但与明季以来坊间抄刻诸本相比,已有天壤之别。溯昔抚今,对于历来治郦学者,令人肃然起敬。《水经注》一书,从撰述到流传,固已是人间奇事,而历代郦学家对此书辛苦耕耘,惨淡经营,终至集腋成裘,聚沙为塔,形成如此一门宏大渊博之郦学。《诗·周颂·敬之》云:"学有缉熙于光明。"其言铮铮,足以为古今学人式。如今郦学光华,寰宇普照,益可证此言之不虚也。

吴天任教授,当代郦学名流。其治郦学,博大而精深。昔年所撰如《杨惺吾先生年谱》、《水经注研究史料汇编》等郦学巨构,早已名闻遐迩,为海内外郦学界所传诵。近年来,更广泛搜罗古今中外,特别是50年代以还大陆学者之郦学研究成果,从事全面深入之分析研究,高瞻远瞩,融会贯通,撰成此《郦学研究史》一书。全书以《水与人类生活》这一根本课题发其端,然后对《水经注》其书及著者郦道元其人作细致全面之阐述与考证。见解新颖,发他人之所未发。此等篇章,不仅是治郦之基本功夫,亦为郦学入门之必修课程。在此基础上,全书转入《郦学研究史》之核心部分。著者以奔腾之思路,开阔之视野,纵论历代郦学研究,举凡自然景观,人文掌故,无不广泛搜罗,兼容并蓄,旁及学术文教,地名解释,歌谣谚语,文学观点等,资料翔实完备,内容丰富多彩。而说理深透,文字利索,犹其余事。诵读全书各篇,意境崇高,如神鹰之瞥汉;识见宽广,又似骏马之绝尘。《水经注》成书 1000 余年以来,郦学研究开展数百年以来,郦学史事,网罗无遗,尽在此中矣。全书最后以《水经注研究之新方向》一章作为结论,指出今后郦学研究之三大任务。有此一篇,真是画龙点睛,不异为今后之郦学研究,擎起一盏指路明灯。令人欣慰,令人兴奋。以往之郦学研究,固已成就辉煌,而未来之郦学研究,更将前途无量。

我跻身郦学界数十年于兹,自惭驽钝,殊乏建树,读吴天任教授书,获益良深。今受命作序,倍感愧惶,谨略陈数言,用志郦学发展之梗概云尔。

1990 年 8 月于杭州大学

附　记

吴天任教授《郦学研究史》一书,台北艺文印书馆 1991 年版。

十八、《水经注军事年表》序

郦道元生长在一个国家分裂、战争频仍的时代。尽管他实际上并未任过武官,但仍然毕生戎马,经历了许多军事行动。按《北史·郦道元传》所载,他一生中直接参与的战争有两次:一次是,"孝昌初,[①]梁遣将扬州刺史元法僧又于彭城反叛,诏道元持节兼侍中摄行台尚书,节度诸军,依仆射李平故事。军至涡阳,败退,道元追讨,多所斩获"。这里所说的"依仆射李平故事",据《魏书·李平传》:"冀州刺史京兆王愉反于信都,以平为使持节都督,北讨诸军事镇北将军,行冀州事以讨之。"可见所谓"李平故事",实际上就是朝廷在非常时刻任命一位文官指挥一场战争的先例。京兆王愉是王上的元弟,又是坐镇北疆的封疆大吏,其反叛朝廷,关系非同小可,所以朝廷采取这样的便宜措施,以求平叛军事行动的迅速奏效。郦道元在孝昌初受命"节度诸军"的事也是这样,元法僧是北魏宗室,曾任魏光禄大夫,当时是使持节都督徐州诸军事,徐州刺史,是北魏南疆的封疆大吏(他最后投奔南梁),他反叛于彭城,是北魏南疆要镇,所以朝廷立刻引李平故事,断然授郦道元以军权,让他节度诸军,一举击溃元法僧。而郦道元虽然是一个文官,但在这一次的军事行动中却取得了"多所斩获"的胜利。

郦道元直接参与的另一次战争,也就是他在阴盘驿亭(今陕西临潼县附近)受害的一次。据《北史·郦道元传》:"时雍州刺史萧宝夤反状稍露,侍中城阳王徽,素忌道元,因讽朝廷遣为关右大使,宝夤虑道元图己,遣其行台郎中郭子帙,围道元于阴盘驿亭。亭在冈上，常食冈下之井，既被围，穿井十余丈不得水，水尽力屈，贼遂逾墙而入，道元与弟道峻、二子俱被害。"郦道元在这一次遭遇战中被围绝水，终至被害，当然不能归咎于他指挥战争的错误，因为他以关右大使身份深入雍州，随身所带的侍卫部队一定不多，在寡不敌众的情况下，占据一个制高点，当然是一种利于坚守的措施。可惜他的军力薄弱，不可能把冈下的水井固守在内，而在这个地下水位很低的西北地区，在冈上又无法穿井得水。其实，对于水源的重要性，特别是井在战争中的生死攸关的价值，郦道元是十分清楚的。在《水经注》卷二《河水》、卷五《河水》等篇中，郦氏对井与战争的关系作过生动的描述，并且还亲自去察看了现场。[②]因此，他在阴盘驿亭的失败，绝不是他部署和指挥的过失，这是非常显然的。

　　以上对郦道元直接参与的两次战争的叙述，并不是为了想论证郦氏有什么军事天才，或者是个沙场名将，而是为了说明，在郦氏那个时代，全国处于分裂和扰攘的环境之中，军事行动和战争是一件习以为常的事。《北史·郦道元传》说："道元素有威猛之称。"《魏书·郦道元传》说他"威猛为治"。郦氏的这种性格，或许就是从这种扰攘和战争的环境中养成的。另外，在他所撰写的《水经注》一书中，除了以大量篇幅记述河川山岳，描写祖国的美丽自然风景外，同样也有很大的篇幅，记载历代各地出现的军事行动和战争。在全部注文中，这两种内容实在是非常矛盾的，一边写的是青山绿水，奇峰怪石，千姿百态，景色宜人；另一边写的却是烽火狼烟，刀光剑影，杀人盈万，血流丹川。历来的郦学家，考据学派潜心于分别经注，考证字句；词章学派流连于囚捉幽异，掬弄光彩；[③]地理学派着意于沿革递变，城邑兴废。他们没有人注意到《水经注》内容中的这种和谐的自然之美和残酷的兵灾战祸的尖锐对比。把这样两种毫不协调的内容糅合在一卷一篇甚至同一条经文之下，这或许就是郦道元本人从思想抱负到文学艺术的不同凡响之处。

　　历史上有一类靠战争起家，对战争具有嗜好的人，这类人唯恐天下不乱，他们把自己的身价地位，建筑在破坏社会的安宁和对他人的掠夺之上，他们沉湎于权力和物欲，当然无法理解祖国河山的锦绣多姿和大自然的艳丽可爱。这类人在战争中飞黄腾达，但他们中的多数最后都在战争中毁灭。历史上又有另一类人，他们钟情于祖国的秀丽河山，对大自然充满热爱，但是在战祸连绵，举国扰攘的时代里，他们无法面对现实，也没有能力适应那个冷酷的时代，他们中的一些人遁迹山林，与世隔绝，另一些人则疾世佯狂，潦倒一生。

　　但郦道元在这方面显然具有他与众不同的特质。我在拙著《爱国主义者郦道元与爱国主义著作水经注》一文中指出："在南北朝这样一个时代里，国家分裂，山河破碎，战争频仍，人民流离，但郦道元却能写出这样一部把当时支离破碎的祖国融合成为一体的巨著,而又以如此美好的描述,歌颂祖国各地的自然环境。由此可以说明,《水经注》是一部伟大的爱国主义著作,而郦道元则是一位值得崇敬的爱国主义者。"④因此,他在《水经注》中用大量篇幅记载历史上的许多军事行动和战争,绝不是偶然的资料凑合,从他的思想抱负进行分析,这里有两点值得指出。

第一,正如我在上述拙著《爱国主义者郦道元与爱国主义著作水经注》一文中所论述的,郦道元在世之日,中国分裂已经超过一个半世纪,但他却以强盛的西汉王朝的版图,作为他撰写《水经注》的依据,说明他是多么渴望见到一个强大的、统一的祖国的再现。在南北朝这种割据分裂的局面中,统一祖国的唯一途径是战争,这一点,他是充分理解的。当他的青年时代,北魏正是继拓跋珪、拓跋焘以后的第三位有雄才大略的君主拓跋宏在位的时候,因此,郦道元寄全部希望于拓跋宏的壮志宏图,通过战争统一祖国。所以对于历史上的各次战争,他都从敌我双方的兵力和部署,战场形势和战争过程等加以分析,并且论证所以制胜或失败的原因。在全部《水经注》中,这一类内容甚多,我在拙著《水经注记载的兵要地理》⑤一文中已经详加议论,这里不再赘述。

第二,郦道元在《水经注》中,虽然不回避战争,并且详细地记载战争,但是对于在战争中的那种残杀无辜,野蛮暴虐的行径,他却是非常反感,而在注文中加以谴责的。卷五《河水》经"又东北过高唐县东"注云:

> (漯)水自城东北迳东武阳县故城南……臧洪为东郡太守,治此。曹操围张超于雍丘,洪以情义,请袁绍救之,不许,洪与绍绝。绍围洪,城中无食,洪呼吏士曰:洪于大义,不得不死,诸君无事,空与此祸。众泣曰:何忍舍明府也。男女八千余人,相枕而死。洪不屈,绍杀洪。邑人陈容为丞,谓曰:宁与臧洪同日死,不与将军同日生。绍又杀之,士为叹伤。

又卷三十四《江水》经"又东过江陵县南"注云:

> 杜元凯之攻江陵也,人以瓠系狗颈示之,元凯病瘿故也。及城陷,杀城中老小,血流沾足,论者以此薄之。

在上述两段注文中,"士为叹伤"和"论者以此薄之"等,都是郦道元对在战争中杀戮无辜者的鞭挞。

前面已经指出,《水经注》记载的历代军事行动和战争有很大的篇幅,全书除了卷一以外⑥,各卷都有这方面的记载。除了传说中的黄帝与蚩尤战于涿鹿之野,尧的丹水之战以及汤伐桀、武王伐纣等战争,不能确定具体年份外,从秦庄公元年(前821)到梁武帝天监四年(505)的1300多年之间,《水经注》记载有军事行动和战争的年份共达341年,由于有的年份发生几次战争,加上在不同卷篇中重复记及某一次战争,因此,在这 341 个年份中,注文记及的军事行动和战争,共达 587 条,其中年份清楚的有 243 条,另外 344 条注文虽未明确写出事情发生的年份,但由于叙事有据,由我从诸如《春秋》、《左传》、《竹书纪年》、正史的有关帝纪和列传以及《资治通鉴》等资料中查定年份,然后按年份排列,抄录注文,写明卷篇,所以称为《年表》。

必须稍加说明的是,为什么这个《年表》称作《军事年表》而不作《战争年表》,这是因为,我所选录的有关郦氏注文,虽然都涉及师旅兵戎之事,作为一次军事行动是无疑的,但不能肯定每一条都是一场战争。可以举点例子。卷三十五《江水》经"鄂县北"注云:

　　《春秋》僖公五年,秋,楚灭弦。

从这条注文中可知,一国灭掉另一国,动用军队当然是无疑的。但从同年的《左传》记载中,看不出曾经发生过战争的迹象,因为楚是大国,弦是小国,实力相差悬殊,大国灭掉小国,除了威慑以外,其实并无战争。《左传》云:

　　楚斗穀于菟,灭弦,于是江黄道柏,方睦于齐,皆弦姻也,弦子恃之而不事楚,又不设备,故亡。

由《左传》可知,楚所以灭弦,因为弦恃其姻亲而不事楚;弦所以被灭,因为这个小国没有设防,毫无抵抗能力。所以整个过程不过是楚的一次威慑性的军事行动,并未发生战争。

再举一例,卷二十二《颍水》经"又东至新阳县北,漃䓇渠水从西北来注之"注云:

　　颍水自堰东南流,迳项县故城北,《春秋》僖公十七年,鲁灭项是矣。

案《春秋》僖公十七年,《春秋》经文只有"鲁灭项"三字。同年的《左传》则云:

　　师灭项,淮之会,(僖)公有诸侯之事,未归而取项。

这也是一个大国以威慑力量并吞一个小国的例子,虽然整个过程确实动用了师旅,但并未发生战争,连鲁僖公本人也并不在鲁,事情就轻而易举地解决了。这当然也只能算是一次军事行动而不是一场战争。另外还有一类例子,军事行动的规模很大,形式上似乎也确有一个战场,并且发生大量的杀伤,但其实也称不上战争。卷二十二《渠》经"又东南至汝南新阳县北"注云:

　　《晋阳秋》称:晋太傅东海王越之东奔也,石勒追之,燔尸于此,数十万众敛手受害,勒纵骑围射,尸积如山,王夷甫死焉。

此事发生于晋怀帝永嘉五年(311),据《通鉴》所记:"将士十余万人相践如山,无一得免者。"[⑦]既然受害者中有"将士十余万人",好像是一场大战,但其实不然,10 余万人虽众,却不过是一支奔丧队伍,是扶着东海王越的灵柩东行归葬的,事前也没有作战的准备,一旦石勒包围他们,只好"敛手受害"。所以整个事件只能算作石勒对东海王越奔丧队伍的一次屠杀,对石勒来说,这当然是一次军事行动,但是算不了是什么战争,因为另一方绝非有组织的部队。

当然,列入《年表》中的大部分都是战争,有的是历史上的著名战争,如秦、赵的长平之战(卷九《清水》、《沁水》),曹操与袁绍的官渡之战(卷五《河水》、卷二十二《渠》),曹操与孙权、刘备的赤壁之战(卷三十五《江水》),孙权与张辽的逍遥津之战(卷三十二《施水》),前秦苻坚与东晋谢玄的淝水之战(卷三十二《肥水》)等,注文都有详细的记载。如前所述,郦道元由于他所处的时代以及他个人的思想抱负,他对历史上发生的各种军事行动和战争是非常重视的,因此,《水经注》对于这方面的记载称得上详细完备。《水经注》是一种以水道为纲的地理书,郦氏所记载的一切历史兵要,都与河川、山岳、城邑等地理事物相联系,所以其内容既是一种军事史,也是一种军事地理,而用这类记载制作的《年表》,对于研究公元 6 世纪初期以前的政治变迁,经济发展,城邑兴废,民族消长,人口流徙等方面,都有重要的价值。

《年表》首先给我们的印象是,在我国 6 世纪初期以前的历史上,军事行动和战争的频率是很高的。《年表》所记载的 1300 多个年份中,无干戈之事超过半个世纪的只有一次,超过 1/4 个世纪的,也不过 5 次。尽管《年表》的记载并不十分完整,但相对说来,这些年份确实是比较安定的。下表所列,就是公元 6 世纪初期以前,我国历史上比较长期的、相对安定的时期:

公元纪年	中国纪元	持续年数
前 69—前 20	周平王二年—五十一年	49
前 76—前 19	汉昭帝元凤五年—汉成帝鸿嘉二年	58
前 17—公元 7	汉成帝鸿嘉四年—汉孺子婴居摄二年	24
公元 50—74	汉光武帝建武二十六年—汉明帝永平十七年	25
109—150	汉安帝永初三年—汉桓帝和平元年	42
467—493	宋明帝泰始三年—齐武帝永明十一年	27

与历史上的其他典籍文献相对照,上表所列的 6 个时代,确实是历史上军事行动相对较少,社会比较安谧的时期,《年表》所反映的事实是基本正确的。不过,这中间也存在一些文献资料的疏缺问题和郦氏对资料的取舍问题。例如,上表第一项,即从周平王二年到五十一年之间,有 49 年不见兵戎。当然,平王东迁之初,周室力量还相对强大,诸侯对周室还比较尊重,诸侯之间的征伐兼并必然较少,这是事实。但另一方面,这期间分明存在着资料疏缺的问题。因为《水经注》记载东周史事,主要依靠《春秋》及其三传,但《春秋》记事始于鲁隐公元年(前 722),其时已在周平王四十九年。

则周平王一代中，《年表》记载的所以有 49 年不见兵戎，必然与资料疏缺有关。

又如《年表》第二项，从汉昭帝元凤五年到汉成帝鸿嘉二年，持续 58 年，不见兵戎记载。这是《水经注军事年表》中持续时间最长的安定时期。当然，在汉武帝连年对外用兵以后，这一段时期确实是比较少见兵戎的，特别是在中国本部，这半个多世纪中的确没有发生战争。但是应该指出，在这段时期中，边疆仍然并不安宁，匈奴、西羌以及南方的骆越，仍然间或有事，而汉朝遣军远征也数度发生。规模最大的一次是宣帝本始三年（前 73），朝廷派遣田广明、范明友、韩增、赵充国、田顺，即所谓五将军，率 15 万骑，分道出塞，西行千余里，深入匈奴。由于匈奴避战，所以虽然如此大振师旅，但实际战争的规模不大，战果不多。[⑧]宣帝元康五年（前 61），赵充国以万骑至金城，并渡河对羌族作了一次威慑，此后并有数次小战。[⑨]元帝建昭三年（前 36），西域都护甘延寿，副校尉陈汤，合汉、胡兵 4 万余人，至康居郅支城，斩匈奴郅支单于。[⑩]此外，南方也同样发生边事，元帝初元二年（前 47），珠崖郡山南县反，朝廷中主征主和，意见纷纭，后元帝从贾捐之议，放弃了这个汉武帝所建的珠崖郡。郦注《年表》中如上所述的一些失记，并不是资料疏缺，也绝非郦氏失于检查，特别是像五将军出塞伐匈奴的军事行动，在《汉书·宣帝纪》中作为一件大事记载，而《汉书》是郦氏作《水经注》的重要参考文献。《年表》中的这些失记，显然出于郦道元对资料的取舍和选择。因为郦氏并不重视汉族军队的这种威慑性的远征。尽管出动的部队不少，但由于异族避战，所以整个战役实际上只是一次长途的行军和一些零星的遭遇战。对战场形势和战争实况都没有什么可以描述。至于郦氏为什么舍弃这类资料不予记载，是不是因为这类长途远征的边疆军事行动和战争，对于南北朝这个时代缺乏现实意义，也或许是记载这类事件，冗长而平淡，有损于《水经注》内容的故事性和文采，我们无法妄加猜测。不过从全部《水经注》来看，这类失记毕竟是少数，对于整个《年表》的实际价值，并无较大影响。

除了上表所列超过 1/4 个世纪的相对安定的时期外，《年表》所显示的，在公元 6 世纪初期以前，国内没有较大的军事行动或战争超过 10 年的，前后也有 10 次，这 10 次的出现年代和持续时间如下表所列：

公元纪年	中国纪元	持续年数
前 468—前 458	周元王八年—周贞定王十一年	10
前 194—前 182	汉高祖十三年—吕后六年	12
前 175—前 155	汉文帝前元三年—汉景帝前元二年	22
前 153—前 143	汉景帝前元四年—汉景帝后元元年	10

续表

公元纪年	中国纪元	持续年数
前100—前78	汉武帝太初五年—汉昭帝元凤三年	22
9—21	王莽始建国元年—王莽地皇三年	12
169—183	汉灵帝建宁二年—汉灵帝光和六年	14
281—302	晋武帝太康二年—晋惠帝太安元年	21
330—348	晋成帝咸和五年—晋穆帝永和四年	18
495—504	齐武帝永明十九年—梁武帝天监三年	10

上表与前面一表相比,不见兵戎的持续年数当然要短促得多,而且同样也举得出这些年代中郦注失记的少数军事行动和战争情况。不过从大体来说,此表也仍能反映在战乱频仍的古代历史上的某些相对安宁的时期。

以上说明的是从《水经注军事年表》中所反映的我国历史上在公元6世纪初期以前的相对安谧的时代。当然,在《年表》中同时也可以看到在这段历史时期中战争特别频繁的年代。按《年表》的记载进行统计,在这段历史时期中,连年战争不断,持续在5年以上的达6次之多,其中战争时间持续最长的竟达15年之久,情况如下表所列:

公元纪年	中国纪元	持续年数
前618—前614	周顷王元年—四年	5
前565—前561	周灵王七年—十一年	5
前209—前202	秦二世元年—汉高祖五年	8
22—29	王莽地皇三年—汉光武帝建武五年	8
32—36	汉光武帝建武八年—十二年	5
187—201	汉灵帝中平四年—汉献帝建安六年	15

上表所列的各次连年持续的战争中,春秋占了两次,都是诸侯争霸,列国混战,战争的规模和波及地区一般不大。其余4次:秦二世元年到汉高祖五年,战乱由陈胜揭竿而起开始,直到项羽败亡,战争的规模和波及地区都很大,破坏和死亡不可估计,长安地区"火延九十日不能灭"(卷十七《渭水》)。王莽地皇三年到汉光武帝建武五年,从赤眉军起事、王莽败亡,直到光武帝刘秀基本控制局面,战火连年,饿殍遍地,出现了"关东人相食",[11]"流民入关者数十万人……饥死者什七八"[12]的悲惨景象。从汉光武帝建武八年到十二年,主要是光武帝征讨陇西隗嚣和巴蜀公孙述的战争。从汉灵帝中

平四年到汉献帝建安六年,开始是黄巾军群起,接着是群雄混战,直到曹操、袁绍的官渡之战和袁绍败亡。15 年中,战祸弥漫,生灵涂炭,确实是我国历史上战争持续甚久的时期。

对于《水经注军事年表》的讨论分析,除了如上所述的几个方面以外,还有两点值得我们注意。第一,虽然《年表》记录的并不完全都是战争,如上所述,其中也包括一些威慑性的军事行动,还包括一些兴师动众,声势浩大,战线漫长,时旷日久,而其实交锋不多的小型战争。但其中无疑包括许多大战,而杀伤盈万的恶战也不在少数,例如魏襄王十二年(前 307),"秦武王以甘茂为左丞相……茂请约魏以攻韩,斩首六万"(卷十五《洛水》);楚襄王元年(前 298),"秦出武关,斩众五万"(卷二十《丹水》);秦昭襄王二十八年(前 279),"白起攻楚,引西山长谷水……百姓随水流,死于城东者数十万,城东皆臭"(卷二十八《沔水》);秦昭襄王三十三年(前 274),"白起攻魏,拔华阳,走芒卯,斩首十五万"(卷二十二《洧水》);秦昭襄王四十七年(前 260),"秦使左庶长王龁攻韩,取上党,上党民走赵,赵军长平,使廉颇为将,后遣马服君之子赵括代之,秦密使武安君白起攻之,括四十万众降起,起坑之于此"(卷九《沁水》);赵王迁元年(前 235),"秦破赵将扈辄于武隧,斩首十万"(卷十《浊漳水》);王莽初始元年(8),"东郡太守翟义兴兵讨莽,莽遣奋威将军击之于圉北,义师大败,积尸数万,血流溢道"(卷二十二《渠》);淮阳王更始元年(23),"光武与王寻、王邑战于昆阳……会大雨如注,滍川盛溢,虎豹皆股战,士卒争赴,溺死者以万数[13],水为不流"(卷三十一《滍水》);汉光武帝建武十二年(36),"岑彭与臧宫,自江州从涪水上,公孙述令延岑盛兵于沈水,宫左步右骑,夹船而进,势动山谷,大破岑军,斩首溺水者万余人,水为浊流"(卷三十二《梓潼水》);汉献帝初平二年(191),"黄巾三十万人入渤海,公孙瓒破之于东光界,追奔是水,斩首三万,血流丹水"(卷九《淇水》)。从上述这类造成大量杀伤和流血的战争中,谁都会对战争的残酷性深恶痛绝。从《年表》记载的 6 世纪初期以前 1300 多年间的 500 余次军事行动和战争中,其所造成的流血和破坏,实在难以估计。而《年表》不及记载的,从 6 世纪初期以后直到今天,战争的次数更多,规模更大,其所造成的流血和破坏,当然更难估计。在历史上,我们的民族和国家,在战争中付出的代价,无疑是个十分惊人的数字。在这方面,历史的教训对我们来说,既是沉痛的,又是严肃的。而《年表》把这种历史教训集中起来并系统化,使我们一目了然地体会到战争的残酷和和平的可贵。作为我们这个民族和国家的成员,从如此漫长的历史和沉重的代价中认识战争与和平的意义,因此,我们在这方面的感受和判断,或许是世界上其他民族和国家的人民所不可达到的。

第二,但是在另一方面,我们也必须看到,罗列在《年表》上的这许多次军事行动和战争,有的可以明显地看出侵略的一方和被侵略的一方,即通常所谓的正义的和非正义的战争,有的如秦始皇平南越,汉武帝逐匈奴以及诸如官渡之战和赤壁之战等,很难简单地用这种标准来判断参战双方的性质。抛开这种大道理不论,从《年表》来观察历史上的战争,有一点却是非常明确的,这就是,在我国漫长的历史上,战争是一种既成事实,对于历史上的战争,特别是公元6世纪初期以前的这种古代的战争,我们有必要对它的后果从另一种角度作一点客观的分析。我们当然也谴责战争的残酷性,为我们的民族和国家在连年不断的战争中所付出的巨大代价而感到心情沉重,同样可以对这类战争进行逐次的研究,判断交战双方的谁是谁非。但是对于这种历史上的既成事实,我们也必须承认它的另一面,对于我们的民族和国家来说,在版图的扩大,生产的发展,交通的促进,技术的提高,文化的交流,民族的融合等各方面,都起过重要的作用。

对于我们的北方版图,秦汉以来,一直得到扩展和巩固。"秦逐匈奴,收河南地,徙民以实之,谓之新秦也"(卷三《河水》);"秦使蒙恬将十万人,北击胡,取高阙,据阳山北假中是也"(卷三《河水》);"阴山东西千余里,单于之苑囿也,自孝武出师,攘之于漠北"(卷三《河水》)。从《年表》的上述记载中,北方版图的扩展是十分清楚的。至于西北版图,《年表》中同样有明确的记载:"校尉张骞,随大将军卫青西征,为军前导相望,水草得以不乏"(卷三十一《淯水》);"汉武帝元狩三年,骠骑霍去病出陇西,至皋兰"(卷二《河水》);"敦煌索劢,字彦义,有才略,刺史毛奕表行贰师将军,将酒泉、敦煌兵千人,至楼兰屯田,起白屋,召鄯善、焉耆、龟兹三国兵各千"(卷二《河水》);"汉武帝闻大宛有天马,遣李广利伐之"(卷二《河水》)。对于我们民族和国家的西南版图和南方版图,《年表》的记载也十分明白。"汉武帝建元六年,以唐蒙为中郎将,出巴符关"(卷三十三《江水》);"司马相如定西南夷,桥孙水是也"(卷三十六《若水》);"武帝元鼎元年,路博德为伏波将军,征南越,出桂阳,下湟水"(卷三十九《洭水》);"汉武帝元鼎二年,始并百越,启七郡"(卷三十七《叶榆河》);"至武帝元鼎五年,遣伏波将军路博德等攻南越……以其地为南海、苍梧、郁林、合浦、交趾、九真、日南也"(卷三十七《浪水》);"诸葛亮表言:五月渡泸,并日而食,臣非不自惜也,顾王业,不可偏安于蜀故也"(卷三十六《若水》);"叶榆水自泽,又东北迳滇池县南……诸葛亮之平南中也,战于是水之南"(卷三十七《叶榆河》)。

版图的扩充和生产的发展是联系在一起的,从《水经注》的记载中可以看到,随着军事行动和战争的暂时结束,接着往往就是生产的发展。例如前面引及的率领酒泉、敦煌和鄯善、焉耆、龟兹三国兵众的索劢,他就通过军事行动,在楼兰屯田,兴修水利。卷二《河水》经"其一源出于阗国南山,北流与葱岭所出河合,又东注蒲昌海"注中,描述了索劢在西域发展生产的事迹：

> 横断注滨河，河断之日，水奋势激，波凌冒堤。劢厉声曰：王尊建节，河堤不溢，王霸精诚，呼沱不流，水德神明，古今一也。劢躬祷祀，水犹未减，乃列阵被杖，鼓噪讙叫，且刺且射，大战三日，水乃回减，灌浸沃衍，胡人称神，大田三年，积粟百万，威服外国。

在《年表》中，记载汉武帝向西北扩张的军事行动和战争共有4条，但《水经注》同时也记载了武帝很重视在这个地区发展生产的事迹，卷二《河水》上述同条经文下注云：

> 川水又东南流，迳于轮台之东也。昔汉武帝初通西域，置校尉屯田于此。搜粟都尉桑弘羊奏言：故轮台以东地，广饶水草，可溉田五千顷以上，其处温和，田美，可益通沟渠，种五谷，收获与中国同。时匈奴弱，不敢近西域，于是徙莎车，相去千余里，即是台也。

历史上的这类军事行动和战争，又常常促进交通建设的发展。《年表》在这方面提供的证据甚多，卷三十《淮水》经"又东过淮阴县北，中渎水出自白马湖，东北注之"注云：

> 昔吴将伐齐，北霸中国，自广陵城东南筑邗城，城下掘深沟，谓之韩江，亦曰邗溟沟，自江东北通射阳湖，《地理志》所谓渠水也，西北至末口入淮。

注文记载的就是春秋末期吴王夫差所修凿的沟通长江和淮河的运河，郦注称为韩江或邗溟沟，以后通称邗沟，至今仍是京杭运河中的一段。这是战争促进水上交通建设的例子。卷四《河水》经"又东过砥柱间"注云：

> 河水又东，千崤之流注焉，水南导于千崤之山，其水北流，缠络二道，汉建安中，曹公西讨巴汉，恶南路之险，故更开北道，自后行旅，率多从之。

这就是战争促进陆路交通建设的例子。交通建设的发展，其实也是一种技术上的进步，在历史上，战争往往推动技术进步，而很多在战争中出现的进步技术，战争以后常能转为民用，这就有利于生产力的提高。卷十七《渭水》经"又东过陈仓县西"注中，记载诸葛亮攻陈仓城所用的新式武器："以云梯、冲车，地道逼射。"而陈仓城守将郝昭抵抗诸葛亮的进攻，"以火射连石拒之"。尽管这类武器以后如何转入民用，郦注记载不详，但卷三十三《江水》经"又东过鱼复县南，夷水出焉"注中的"木天公"，显然是一种在战时出现而以后大有裨于民用的例子。注云：

> 巴东郡治白帝山城，周回二百八十步，北缘马岭，接赤岬山，其间平处，南北相去八十五丈，东西七十丈，又东旁东瀼溪，即以为隍，西南临大江，窥之眩目，惟马岭小差委迤，犹斩山为路，羊肠数四，然后得上。益州刺史鲍陋镇此，为谯道福所围，城里无泉，乃南开水门，凿石为函道，上施木天公，直下至江中，有似猿臂，相牵

引汲,然后得水。

注文记及的鲍陋和谯道福,正史均无传,但《通鉴》卷一一五,晋安帝义熙六年(410)十一月载及:"益州刺史鲍陋卒,谯道福陷巴东。"故知长江中的这种"木天公"出现于5世纪之初。注文描述的巴东郡治白帝城,位置虽然濒江,但却建筑在如此高峻之处,要不是城被围困,这种新式的提水技术,即所谓"有似猿臂"的"木天公",是不可能一旦出现的。战争促成了这种新式的提水技术,此后,沿江各地,当然受惠无穷。

以上所述,是从《年表》中探讨公元6世纪初期以前,随着军事行动和战争而出现的版图扩大,生产发展,交通促进,技术提高的情况。而与此同时发生的,就是文化交流和民族融合。卷三十七《叶榆河》经"过交趾麊泠县北,分为五水,络交趾郡中,至南界,复合为三水,东入海"注云:

> 《尚书·大传》曰:尧南抚交趾于《禹贡》荆州之南垂,幽荒之外,故越也。《周礼》:南八蛮,雕题,交趾,有不粒食者焉。《春秋》不见于传,不通于华夏,在海岛,人民鸟语,秦始皇开越岭,南立苍梧、南海、交趾、象郡,汉武帝元鼎二年,始并百越,启七郡。于是乃置交趾刺史以督领之,初治广信,所以独不称州,时又建朔方,明已始开北垂,遂辟交趾于南,为子孙基址也。

这段注文十分清楚地描述了我们的民族和国家,在6世纪初期以前的历史时期,是如何地开拓我们的"南垂"和"北垂"的。尽管这种开拓,常常以军事行动和战争为先导,但整个过程无疑包括了发展生产、便利交通、提高技术、交流文化等内容,而最后出现了民族的融合。在《水经注》一书中,注文记及的汉族以外在中国境内及边疆地区的少数民族多至数百。除了著名的如匈奴、鲜卑、氐、小月氏、吐谷浑、夜郎等以外,以羌为名的就有西羌、河曲羌、湟中羌(均卷二《河水》)、青衣羌(卷三十六《青衣水》)等;以戎为名的有犬戎(卷二《河水》)、山戎(卷十三《灅水》)、邽戎、丽戎(均卷十九《渭水》)、庐戎(卷二十八《沔水》)、西戎(卷三十六《桓水》)等;以夷为名的有西夷(卷九《清水》)、猃夷(卷十二《圣水》)、莱夷(卷二十六《胶水》)、戎夷(卷二十七《沔水》)、西南夷(卷三十四《江水》)、上夷(卷三十六《桓水》)、木耳夷(卷三十六《温水》)等;以越为名的有南越、骆越(均卷三十六《温水》)、百越(卷三十七《叶榆河》)、于越(卷四十《渐江水》)等;以蛮为名的有南蛮(卷二十《丹水》)、荆蛮(卷二十一《汝水》)、黄邮蛮(卷三十一《淯水》)、五水蛮(卷三十二《蕲水》)、五溪蛮、武溪蛮(均卷三十七《沅水》)、南八蛮(卷三十七《叶榆河》)、巴蛮(卷三十七《夷水》)等,真是不胜枚举。在《水经注》中出现的大量少数民族,经过两晋和南北朝的战乱,最后都次第加入了中华民族的大家庭。这种过程,郦道元本人是亲眼目击的。郦氏家族世代服官的这个由鲜卑族建立的北魏王朝,即是通过重用像郦氏家族之类的汉族知识分子,吸收汉族文化,最后成为一个中原大国。就在郦道元的当代,他亲身经历了国君孝文帝"诏禁士民胡服"⑭和改胡姓"拓跋"为汉姓"元"⑮的变夷为夏的改革。我在拙著《爱国主义者郦道元与爱国主义著作水经注》一文中曾经指出:"中国历史上的所谓南北朝时期,这是一个战争和分裂的时期,但同时也是一个各民族融和混合的时期。经过这个时期,中华民族大家庭得到了进一步的发展。"

如上所述,在《年表》记载的公元6世纪初期以前的580余条军事行动和战争资料中,除了火并、残杀、死亡和毁灭以外,也存在着扩充、建设、融合和发展的一面,当然,我们绝不因为后面的这些事实而去美化和歌颂古代的战争;同样,这些事实也绝不可能作为现代战争鼓吹者的理论依据。从人类的前途来说,战争总有一天要全面停止,永久的和平必然会出现。尽管现在说这句话,看来为时还早,但人类社会的这种远景是不容怀疑的。在另一方面,对于历史上的许多战争,因为它是一种历史的既成事实,我们在谴责和诅咒的同时,也应该对它作出实事求是的评价。在这方面,《水经注军事年表》对我们或许是有所启发的。

1988年6月于杭州大学历史地理研究室

注释:

① 按《魏书·孝明帝纪》,作孝昌元年。

② 卷五《河水》经"其一源出于阗国南山,北流与葱岭所出河合,又东注蒲昌海"注云:"汉永平十八年,耿恭以戊己校尉,为匈奴左鹿蠡王所逼,恭以此城侧涧旁水,自金蒲迁居此城,匈奴又来攻之,壅涧绝水,恭于城中穿井,深一十五丈,不得水,吏士渴乏,笮马粪汁饮之。"又卷五《河水》经"又东过成皋县北,济水从北来注之"注云:"魏攻北司州刺史毛祖德于虎牢,战经二百日,不克,城惟一井,井深四十丈,山势峻峭,不容防捍,潜作地道取井。余顷因公至彼,故往寻之,其穴处犹存。"

③ 钟惺、谭元春评点本《水经注》谭序中语,谭是词章学派的代表人物之一。

④ 原载《郑州大学学报》(哲学社会科学版)1984年第4期,收入于拙著《水经注研究二集》,山西人民出版社1987年版,第129—147页。

⑤ 原载《杭州大学学报》(哲学社会科学版)1980年第2期,收入于拙著《水经注研究》,天津古籍出版社1985年版,第177—190页。

⑥ 卷一《河水》经"屈从其东南流,入渤海"注中,也记载古代恒河流域的战争,因事在域外,不列入《年表》。

⑦ 《通鉴》卷八九《晋纪九》,怀帝永嘉五年。

⑧　《汉书·宣帝纪》。

⑨　《通鉴》卷二六《汉纪一八》。

⑩　《汉书·元帝纪》。

⑪⑫　《通鉴》卷三八《汉纪三十》,王莽地皇三年。

⑬　卷三一《淯水》经"又南过新野县西"注引谢沈《后汉书》作"溺死黄淳水者二万人"。

⑭　《通鉴》卷一三九《齐纪五》。

⑮　《通鉴》卷一四〇《齐纪六》。

原载《杭州大学学报》(哲学社会科学版)1988 年第 4 期

十九、《水经注》军事年表

约公元前 27 世纪

传言蚩尤与黄帝战,克之于涿鹿之野,身首异处,故别葬焉。(卷八《济水》)

黄帝与蚩尤战于涿鹿之野,留其民于涿鹿之阿,即于是也。(卷十三《灅水》)

约公元前 24 世纪

《吕氏春秋》曰:尧有丹水之战,以服南蛮,即此水也。(卷二十《丹水》)

约公元前 17 世纪

汤伐桀,桀南奔巢,即巢泽也。(卷二十九《沔水》)

约公元前 11 世纪

河南有钩陈垒,世传武王伐纣,八百诸侯所会处。(卷五《河水》)

武王伐纣,师延东走,自投濮水而死矣。(卷八《济水》)

《韩诗外传》言:武王伐纣,勒兵于宁,更名宁曰修武矣。(卷九《清水》)

周武王率西夷诸侯伐殷,败之于坶野。(卷九《清水》)

《韩诗外传》曰:武王伐纣到邢丘,更名邢丘曰怀。(卷九《沁水》)

武王以殷之遗民,封纣子武庚于兹邑,分其地为三,曰:邶、鄘、卫,使管叔、蔡叔、霍叔辅之,为三监,叛,周讨平,以封康叔为卫。(卷九《淇水》)

成王幼弱,周公摄政,管叔流言曰:公将不利于孺子。公赋《鸱鸮》以伐之,即东山之师也。(卷二十二《渠》)

约公元前 10 世纪

昔周昭王南征,船人胶舟以进之,昭王渡沔,中流而没,死于是水。(卷二十八《沔水》)

秦庄公元年(前 821)

(西汉水)东南流迳西县故城北,秦庄公伐西戎,破之。(卷二十《漾水》)

周幽王十一年(前 771)

昔周幽王悦褒姒,姒不笑,王乃击鼓举烽,以征诸侯,诸侯至,无寇,褒姒乃笑,王甚悦之。及犬戎至,王又举烽以征诸侯,诸侯不至,遂败幽王子戏水之上,身死于丽山之北。故《国语》曰;幽灭者也。(卷十九《渭水》)

周平王元年(前 770)

平王东迁,郑武公辅王室,灭虢俭而兼其土。(卷十九《渭水》)

史伯答桓公曰:君以成周之众,奉辞伐罪,若克虢郐,君之土也。(卷二十二《潧水》)

周桓王元年(前 719)

《竹书纪年》曰:庄伯十二年,翼侯焚曲沃之禾而还,作为文公也。(卷六《浍水》)

《竹书纪年》曰:翼侯伐曲沃,大捷。武公请成于翼,至桐乃返者也。(卷六《涑水》)

鲁隐公五年(前 718)

《春秋》隐公五年,宋人伐郑,围长葛者也。(卷二十二《洧水》)

《春秋》隐公五年,郕侵卫。(卷二十四《瓠子河》)

周桓王五年(前 715)

晋武公元年,尚一军,芮人乘京,荀人、董伯皆叛,匪直大荔,故芮也,此亦有焉。(卷四《河水》)

[史书无晋武公,案今本《竹书纪年》此条在周桓王五年下,故依周桓王五年纪年]

秦宁公二年(前 714)

《秦宁公本纪》云:二年,伐汤。(卷二十三《汳水》)

秦宁公三年(前 713)

《秦宁公本纪》云:……三年,与亳战,亳王奔戎,遂灭汤。(卷二十三《汳水》)

《春秋·左传》隐公十年,秋,宋、卫、蔡伐戴是也。(卷二十三《汳水》)

鲁隐公十一年(前 712)

《春秋·左传》隐公十一年,郑息有违言,息侯伐郑,郑伯败之者也。(卷三十《淮水》)

鲁桓公二年（前710）

《春秋》桓公二年，经书，取郜大鼎于宋。戊申，纳于太庙。《左传》曰：宋督攻孔父而取其妻，杀殇公，而公子冯以郜大鼎赂公，臧哀伯谋为非礼。（卷二十五《泗水》）

晋武公七年（前709）

晋武公七年，芮伯万之母芮姜逐万出奔魏。（卷四《河水》）

［史书无晋武公，案今本《竹书纪年》此条在周桓王十一年下，故依周桓王十一年纪年］

晋武公八年（前708）

晋武公八年，周师、虢师围魏，取芮伯万而东。（卷四《河水》）

［史书无晋武公，案今本《竹书纪年》此条在周桓王十二年下，故依周桓王十二年纪年］

晋武公九年（前707）

晋武公九年，戎人逆芮伯万于郊，斯城亦或芮伯之故画也。（卷四《河水》）

［史书无晋武公，案今本《竹书纪年》此条在周桓王十三年下，故依周桓王十三年纪年］

鲁桓公六年（前706）

县，故随国矣。《春秋·左传》所谓汉东之国，随为大者也。楚灭之以为县。（卷三十一《涢水》）

鲁桓公十三年（前699）

《春秋》所谓楚人伐罗渡鄢者也。（卷二十八《沔水》）

《春秋》，莫敖自罗败退及鄢，乱次以济淇水是也。（卷二十八《沔水》）

鲁桓公十五年（前697）

《春秋》经书，秋，郑伯突入于栎。《左传》桓公十五年，突杀檀伯而居之。服虔曰：檀伯，郑守，栎大夫；栎，郑之大都。宋忠曰：今阳翟也。（卷二十二《颍水》）

鲁庄公三年（前691）

《春秋》鲁庄公三年，纪季以酅入齐。（卷二十六《淄水》）

鲁庄公四年（前690）

《春秋》鲁庄公四年，楚武王伐随，令尹斗祁、莫敖、屈重除道梁溠，军临于随。谓此水也。（卷三十一《涢水》）

鲁庄公六年（前688）

世谓之虏城，言齐潘王伐燕，燕王哙死，虏其民实诸郭，因以名之。（卷二十六《淄水》）

鲁庄公八年（前686）

《春秋》庄公八年，襄公使连称、管至父戍葵丘。（卷二十六《淄水》）

鲁庄公九年（前685）

为《春秋》之乾时也，《左传》庄公九年，齐鲁战地，鲁师败处也。（卷二十四《瓠子河》）

鲁庄公十年（前684）

《春秋·左传》庄公十年，公子偃请击宋师，窃从雩门蒙皋比而出者也。（卷二十五《泗水》）

鲁庄公十二年（前682）

《春秋》庄公十二年，宋万与公争博，杀闵公子斯泽矣。（卷二十三《获水》）

鲁庄公十三年（前681）

《国语》，曹沫挟匕首劫齐桓公返，遂邑于此矣。（卷二十四《瓠子河》）

鲁庄公十六年（前678）

县，故邓侯吾离之国，楚文公灭之。（卷三十一《清水》）

鲁庄公十八年（前676）

《春秋》庄公十八年，经书，夏，公追戎于济西。（卷八《济水》）

逗权城北，古之权国也。《春秋》鲁庄公十八年，楚武王克权，权叛，围而杀之，迁权于那处足也。（卷二十八《沔水》）

周惠王元年至二十五年（前676—前652）

《竹书纪年》晋文侯二年，周惠王子多父伐郐，克之，乃居郑父之丘，名之曰郑，是曰桓公。（卷二十二《洧水》）

［史书无晋文侯，按周惠王纪年］

《汲郡古文》曰：翟章救郑，次于南屈。（卷四《河水》）

晋献公九年（前668）

至翼广城，昔晋军北入翼广，筑之，因即其姓以名之。（卷六《浍水》）

齐桓公二十年（前666）

《管子》，齐桓公二十年，征孤竹。（卷十四《濡水》）

《春秋·左传》庄公二十八年，楚伐郑，郑人将奔桐丘，即此城也。（卷二十二《洧水》）

鲁庄公二十九年（前665）

《春秋》，樊氏叛，惠王使虢公伐樊，执仲皮归于京师，即此城也。（卷七《济水》）

齐桓二十三年（前 663）

盖齐桓公霸世，北伐山戎，过孤竹西征，束马悬车，上卑耳之西极，故水受斯名也。（卷十三《灢水》）。

鲁闵公元年（前 661）

晋献公灭魏，以封毕万。（卷四《河水》）

晋献公灭耿，以封赵夙。（卷六《汾水》）

鲁闵公二年（前 660）

《春秋》，卫侯及翟人战于荥泽，而屠懿公，弘演报命纳肝处也。（卷七《济水》）

《左传》闵公二年，虢公败犬戎于渭队。（卷十九《渭水》）

晋献公十九年（前 658）

《竹书纪年》曰：晋献公十有九年，献公会虞师伐虢，天下阳，虢公丑奔卫。献公命瑕父吕甥，邑于虢都。（卷四《河水》）

《穀梁传》曰：晋献公将伐虢，荀息曰：君何不以屈产之乘，垂棘之璧，假道于虞。公曰：此晋国之宝也。曰：是取中府置外府也。公从之。及取虢灭虞，乃牵马操璧。璧则犹故，马齿加长矣。即宫之奇所谓：虞、虢犹辅车相依，唇亡齿寒，虢亡，虞亦亡矣。（卷四《河水》）

鲁僖公四年（前 656）

《春秋·左传》僖公四年，齐桓公师于召陵，责楚贡不入，即此处也。（卷二十二《颍水》）

鲁僖公五年（前 655）

《春秋》僖公五年，秋，楚天弦，弦子奔黄者也。（卷三十五《江水》）

鲁僖公六年（前 654）

《左传》僖公六年，会诸侯伐郑，围新密。（卷二十二《洧水》）

鲁僖公七年（前 653）

《春秋·左传》僖公七年，秋，盟于宁母，谋伐郑也。（卷八《济水》）

鲁僖公八年（前 652）

《春秋》僖公八年，晋里克败狄于采桑是也。（卷四《河水》）

《竹书纪年》晋献公二十五年，翟人伐晋，周有白兔舞于市，即是邑也。（卷六《涑水》）

鲁僖公十年（前 650）

《春秋》僖公十年，狄灭温，温子奔卫。（卷七《济水》）

鲁僖公十七年（前643）

《春秋》僖公十七年，鲁灭项是矣。（卷二十二《颍水》）

鲁僖公十八年（前842）

梁伯好土功，大其城，号曰新里，民疲而溃，秦遂取焉。后魏惠王自安邑徙都之，故曰梁耳。（卷二十二《渠》）

鲁僖公二十二年（前638）

鲁僖公二十二年，秦、晋迁陆浑之戎于伊川，故县氏之也。（卷十五《伊水》）

晋惠公十四年（前637）

《竹书纪年》云：晋惠公十有四年，秦穆公率师送公子重耳，围令狐。桑泉、臼衰皆降于秦师，狐毛与先轸御秦，至于庐柳，乃谓秦穆公使公子絷来，与师言退，舍次于郇，盟于军。（卷六《涑水》）

鲁僖公二十四年（前636）

《春秋》僖公二十四年，王将以狄伐郑。（卷九《清水》）

晋文公元年至九年（前636—前627）

《国语》曰：王以阳樊赐晋，阳人不服，文公围之。仓葛曰：阳有夏商之嗣典，樊仲之官守焉，君而残之，无乃不可乎？公乃出阳人；今名其坛曰项羽堆。（卷七《济水》）

鲁僖公二十五年（前635）

《春秋》僖公二十五年，楚伐陈，纳顿子于顿是也。（卷二十二《颍水》）

（都县）古都子之国也，秦、楚之间，自商密迁此，为楚附庸，楚灭之以为邑。（卷二十八《沔水》）

鲁僖公二十八年（前632）

《春秋》僖公二十八年，晋将伐曹，假道于卫，卫人不许，还，自南河济，即此也。（卷五《河水》）

昔晋文公胜于楚，周襄王劳之于此。（卷二十三《阴沟水》）

鲁僖公三十年（前630）

《春秋》僖公三十年，秦、晋围郑，郑伯使烛之武谓秦穆公曰：晋许君焦瑕，朝济而夕设版者也。（卷六《涑水》）

《竹书纪年》，齐师逐郑太子齿，奔张城南郑者也。（卷六《涑水》）

《春秋·左传》僖公三十年，晋侯、秦伯围郑，晋军函陵，秦军汜南，所谓东汜者也。（卷二十二《渠》）

鲁僖公三十二年（前628）

秦将袭郑，蹇叔致谏而公辞焉，蹇叔哭子曰：吾见其出，不见其入，晋人御师必于崤山矣，余收尔骨焉。孟明果覆秦师于此。（卷四《河水》）

鲁文公元年（前626）

《春秋》文公元年，诸侯朝晋，卫成公不朝，使孔达侵郑，伐绵訾及匡，即此邑也。（卷二十二《渠》）

鲁文公三年（前624）

《春秋》文公三年，秦伯伐晋，自茅津济，封崤尸而还是也。（卷四《河水》）

鲁文公四年（前623）

今其地有江亭，《春秋》文公四年，楚人灭江，秦伯降服，出次曰：同盟灭，虽不能救，敢不矜乎？汉乃县之。（卷三十《淮水》）

鲁文公七年（前620）

《春秋》文公七年，晋败秦于令狐，至于刳首，先蔑奔秦，士会从之。（卷六《涑水》）

《春秋》文公七年，经书，公伐邾，三月甲戌，取须句，遂城郚。（卷二十五《泗水》）

鲁文公九年（前618）

《春秋·左传》文公九年，楚侵陈，克壶丘，以其服于晋是也。（卷二十一《汝水》）

《春秋·左传》曰：楚子伐郑，师于狼渊是也。（卷二十二《渠水》）

鲁文公十年（前617）

《春秋》文公十年，楚王田于孟诸，期思公复，遂为右司马，楚灭之以为县。（卷三十《淮水》）

鲁文公十一年（前616）

《左传》，宋败狄于长丘，获长狄，缘斯是也。（卷七《济水》）

鲁文公十二年（前615）

《春秋》文公十二年，楚人围巢，巢，舒国也，舒叛，故围之。（卷二十九《沔水》）

鲁文公十三年（前614）

《春秋》文公十三年，晋侯使詹嘉守桃林之塞，处此以备秦。（卷四《河水》）

鲁文公十六年（前611）

《春秋》文公十六年，楚人、秦人、巴人灭庸，庸，小国，附楚，楚有灾不救，举群蛮以叛，故灭之以为县。（卷二十八《沔水》）

《春秋·左传》文公十六年，庸与群蛮叛，楚庄王伐之，七遇皆北，惟裨、鯈、鱼、人

逐之是也。(卷三十三《江水》)

《春秋·左传》文公十有六年,楚军于句澨,以伐诸庸。(卷四十《禹贡山水泽地所在》)

鲁文公十七年(前610)

《春秋·左传》文公十七年,秋,周甘歜败戎于邧垂者也。服虔曰:邧垂在高都南。杜预《释地》曰:河南新城县北有邧垂亭。(卷十五《伊水》)

鲁宣公元年(前608)

《春秋》宣公元年,诸侯会于棐林以伐郑,楚救郑,遇于此林。服虔曰:北林,郑南地也。(卷二十二《渠》)

鲁宣公二年(前607)

《春秋》宣公二年,宋华元与郑公子归生战于大棘,获华元。(卷二十三《阴沟水》)

鲁宣公三年(前606)

其城东南,名曰鼎门,盖九鼎所从入也,故谓此地为鼎中。楚子伐陆浑之戎,问鼎于此。(卷十六《穀水》)

鲁宣公四年(前605)

《春秋·左传》宣公四年,楚令尹子越师于漳澨。(卷四十《禹贡山水泽地所在》)

鲁宣公六年(前603)

《春秋》宣公六年,赤狄伐晋,围邢丘。(卷七《济水》)

春秋时,赤翟伐晋,围怀是也。(卷九《沁水》)

鲁宣公八年(前601)

《春秋》宣公八年,冬,楚公子灭舒蓼。(卷三十二《决水》)

鲁宣公十一年(前598)

楚讨陈,杀夏征舒于栗门。(卷二十二《渠》)

鲁宣公十二年(前597)

晋、楚之战,晋军争济,舟中之指可掬,楚庄祀河告成而还。(卷五《河水》)

《左传》宣公十二年,晋师救郑,楚次管以待之。杜预曰:京县东北有管城者是也。(卷二十二《渠》)

《春秋》宣公十二年,楚伐萧,萧溃。(卷二十三《获水》)

《春秋》宣公十二年,经书,楚灭萧。(卷二十四《瓠子河》)

故钟离之国也,楚灭之以为县。(卷三十《淮水》)

鲁宣公十三年（前596）

《春秋》宣公十三年，晋、楚之战，楚军于郔，即是水也。（卷七《济水》）

鲁宣公十五年（前594）

《春秋》宣公十五年，秦桓公伐晋，晋侯治兵于稷，以略狄土是也。（卷六《汾水》）

宣公十五年，楚、郑围宋，解扬违楚致命于此，宋人惧，使华元乘堙夜入楚师……宋、楚乃平。（卷二十五《泗水》）

鲁成公元年（前590）

公羊曰：晋败之大阳者也。（卷四《河水》）

鲁成公二年（前589）

《春秋·左传》成公二年，齐顷公与晋郤克战于鞌，齐师败绩，逐之。（卷八《济水》）

《春秋》成公二年，齐侯围龙，龙囚顷公嬖人卢蒲就魁，杀而膊诸城上，齐侯亲鼓取龙者也。（卷二十四《汶水》）

鲁成公三年（前588）

《春秋》成公三年，经书，叔孙侨如帅师围棘。《左传》曰：取汶阳之田，棘不服，围之。（卷二十四《汶水》）

鲁成公十三年（前578）

《春秋·左传》成公十三年，四月，晋侯使吕相绝秦，曰：康犹不悛，入我河曲，伐我涑川，俘我王官，故有河曲之战是矣。（卷六《涑水》）

鲁成公十六年（前575）

《春秋》成公十六年，晋、楚相遇于鄢陵，吕锜射中共王目，王召养由基，使射杀之。（卷二十二《渠》）

《春秋·左传》成公十六年，楚师还，及于瑕，即此城也。（卷二十三《阴沟水》）

《春秋·左传》成公十六年，卫侯伐郑，至于鸣雁者也。（卷二十三《汳水》）

鲁襄公元年（前572）

《春秋·左传》所谓侵宋吕留也。（卷八《济水》）

《左传》襄公元年，晋韩厥、荀偃帅诸侯伐郑，入其郛，败其徒兵于洧上是也。（卷二十二《洧水》）

（彭城）于春秋为宋地，楚伐宋，并之。（卷二十三《获水》）

《春秋》襄公元年，晋师伐郑及陈，楚子率师救郑，侵宋吕留是也。（卷二十五《泗水》）

鲁襄公二年(前571)

鲁襄公二年,七月,晋成公与诸侯会于戚,遂成虎牢以逼郑,求平也。(卷五《河水》)

鲁襄公四年(前569)

《春秋》襄公四年,魏绛曰:浇用师灭斟灌及斟寻氏,处浇于过,处豷于戈,是以伍员言于吴子曰:过浇杀斟灌以伐斟寻是也。(卷二十六《巨洋水》)

鲁襄公五年(前568)

《左传》襄公五年,楚子囊伐陈,公会于城棣以救之者也。(卷八《济水》)

鲁襄公八年(前565)

《春秋》,狄人伐邢,邢迁夷仪。(卷七《济水》)

鲁襄公九年(前564)

《左传》襄公九年,晋伐郑,济于阴坂,次子阴上而还是也。(卷二十二《洧水》)

鲁襄公十年(前563)

《春秋·左传》襄公十年,夏四月戊午,会于柤,晋荀偃、士匄请伐偪阳而封宋向戌焉。荀罃曰:城小而固,胜之不武,弗胜为笑。固请,丙寅,围之,弗克。孟氏之臣秦堇父,辇重如役,偪阳人启门,诸侯之士门焉,县门发,鄹人纥抉之,以出门者,狄虒弥建大车之轮,而蒙之以甲,以为橹,左执之,右拔戟以成一队。孟献子曰:《诗》所谓有力如虎者也。主人县布,堇父登之,及堞而绝之,坠,则又县之,苏而复上者三,主人辞焉,乃退。带其断以徇于军三日,诸侯之师久于偪阳,请归,智伯怒曰:不克,尔乎取之以谢罪也。荀偃、士匄攻之,亲受矢石,遂灭之,以偪阳子归,献于武宫,谓之夷俘。(卷二十六《巨洋水》)

鲁襄公十一年(前562)

《左传》襄公十一年,诸侯伐郑,师于向者也。(卷二十二《渠》)

鲁襄公十二年(前561)

《春秋·左传》襄公十二年,楚之囊、秦庶长无地,伐宋师于杨梁,以报晋取郑也。(卷三十《淮水》)

鲁襄公十六年(前557)

《春秋》襄公十六年,晋伐楚,报杨梁之役,楚公子格及晋师战于湛阪,楚师败绩,遂侵方城之外。(卷二十一《汝水》)

鲁襄公十八年(前555)

巫山在平阴东北,昔齐侯登望晋军,畏众而归,师旷、邢伯闻鸟乌之声,知齐师潜

遁。（卷八《济水》）

《春秋·左传》襄公十八年，楚师伐郑，城上棘以涉颍者也。（卷二十二《颍水》）

《春秋·左传》襄公十八年，楚子治兵于汾。司马彪曰：襄城县有汾丘。杜预曰：在襄城县之东北也。（卷二十二《颍水》）

《春秋》襄公十八年，楚芌子冯公子格，率锐师侵费，在回梅山。杜预曰：在密东北，即是山也。（卷二十二《渠》）

《春秋》襄公十八年，晋伐齐。戊戌，伐雍门之萩；己亥，焚雍门；壬寅，焚东北二郭；甲辰，东侵及潍南及沂。（卷二十六《淄水》）

《春秋》襄公十八年，楚伐郑，次于鱼陵，涉于鱼齿之下，甚雨，楚师多冻，役徒几尽。晋人闻有楚师，师旷曰：不害，吾骤歌北风，又歌南风，南风不竞，多死声，楚必无功矣。所涉及潕水也。（卷三十一《潕水》）

齐庄公元年至六年（前 553—前 548）

《列女传》曰：齐人杞梁殖，袭莒战死，其妻将赴之，道逢齐庄公，公将吊之，杞梁妻曰：如殖死有罪，君何辱命焉；如殖无罪，有先人之敝庐在，下妾不敢与郊吊。公旋车吊诸室，妻乃哭于城下，七日而城崩。（卷二十六《沭水》）

鲁襄公二十四年（前 549）

《左传》所谓楚子伐郑救齐，次于棘泽者也。（卷二十二《洧水》）

鲁襄公二十五年（前 548）

《春秋》襄公二十五年，秋，同盟于重丘，伐齐故也。（卷五《河水》）

鲁襄公二十六年（前 547）

《春秋·左传》，伐巢克棘，入州来。（卷五《河水》）

《春秋·左传》襄公二十六年，楚子、秦人侵吴，及雩娄，闻吴有备而还是也。（卷三十二《决水》）

《春秋传》曰：乌余取卫羊角，遂袭我高鱼，有大雨自窦入，介于其库，登其城，克而取之也。（卷二十四《瓠子河》）

鲁襄公二十九年（前 544）

《春秋》襄公二十九年，季武子取卞，曰：闻守卞者将叛，臣率徒以讨之是也。（卷二十五《泗水》）

秦昭襄王二十九年，使白起拔鄢郢，以汉南地而置南郡焉。（卷三十四《江水》）

鲁昭公元年（前 541）

经书，晋荀吴帅师，败狄于大卤。（卷六《晋水》）

《左传》昭公元年,冬,楚子围伯州,犁城鄳是也。(卷三十一《淮水》)

鲁昭公十二年(前530)

《左传》昭公十二年,晋荀吴伪会齐师者,假道鲜虞,遂入昔阳。(卷十《清漳水》)

鲁昭公十三年(前529)

《春秋·左传》昭公十三年,晋荀吴率师侵鲜虞及中人,大获而归者也。(卷十一《滱水》)

鲁昭公十五年(前527)

《左传》昭公十五年,晋荀吴率师伐鲜虞,围鼓三月,鼓人请降。……克鼓而返,不戮一人,以鼓子鸢鞮归,既献而返之。鼓子又叛,荀吴略东阳,使师伪籴负甲,息于门外,袭而灭之,以鼓子鸢鞮归,使涉佗守之者也。(卷十《浊漳水》)

鲁昭公十七年(前525)

河水又东迳燕县故城北,河水于是有棘津之名。亦谓之石济津,故南津也。……晋伐陆浑,亦于此渡。(卷五《河水》)

《春秋》昭公十七年,晋侯使荀吴帅师,涉自棘津,用牲于洛,遂灭陆浑。(卷五《河水》)

鲁昭公十九年(前523)

《春秋》昭公十九年,齐伐莒,莒子奔纪郭,莒之妇人,怒莒子之害其夫,老而托纺焉,取其绪而夜缒,缒绝鼓噪,城上人亦噪,莒共公惧,启西门而出,齐遂入。(卷三十《淮水》)

鲁昭公二十二年(前520)

《春秋》昭公二十二年,师次于明溪者也。(卷十五《洛水》)

《左传》昭公二十二年,晋箕遗、乐征右行诡济,师取前城者也。(卷十五《伊水》)

鲁昭公二十三年(前519)

《春秋》昭公二十三年,吴败诸侯之师于鸡父者也。(卷三十二《决水》)

鲁昭公二十四年(前518)

《春秋·左传》所谓吴公子光伐楚,拔钟离者也。(卷三十《淮水》)

鲁昭公二十六年(前516)

昭公二十六年,赵鞅使女宽守阙塞者也。(卷十五《伊水》)

鲁昭公二十七年(前515)

《春秋》,晋伐陆浑,请有事于三涂。(卷十五《伊水》)

《春秋·左传》昭公二十七年,楚令尹子常以舟师及沙汭而还。(卷二十二《渠》)

《春秋·左传》,楚救灊,司马沈尹戍与吴师遇于穷者也。(卷三十《淮水》)

《春秋》昭公二十七年,吴因楚丧围灊是也。(卷三十三《沘水》)

鲁昭公二十八年(前514)

《春秋》,齐师围郕,郕人伐齐,饮马于斯水也。(卷二十四《汶水》)

鲁昭公三十年(前512)

《春秋》昭公三十年,吴子执钟吾子,遂伐徐,防山以水之,遂灭徐,徐子奔楚,楚救徐弗及,遂城夷以处之。(卷八《济水》)

鲁昭公三十二年(前510)

《春秋》昭公三十二年,晋合诸侯大夫成成周之城,故亦曰成周也。(卷十五《洛水》)

吴王僚八年(前507)

《国语》曰:吴伐楚,堕会稽。(卷三十《淮水》)

鲁定公四年(前506)

鲁定公四年,吴师入郢,昭王奔随,济于成臼,谓是水者也。(卷二十八《沔水》)

冈下有渎水,谓之子胥渎,盖吴师入郢所开也。(卷二十八《沔水》)

《春秋·左传》定公四年,吴师伐郢,楚子常济汉而陈,自小别至于大别。(卷二十八《沔水》)

《春秋·左传》定公四年,吴败楚于柏举,从之及于清发。(卷三十一《涢水》)

《春秋·左传》定公四年,吴、楚陈于柏举。(卷三十五《江水》)

定公四年,左司马戍败吴师于雍澨。(卷四十《禹贡山水泽地所在》)

鲁定公六年(前504)

《春秋》定公六年,郑伐冯滑负黍者也。(卷二十二《颍水》)

北有大城,楚昭王为吴所迫,自纪郢徙都之,即所谓鄢郢卢罗之地也,秦以为县。(卷二十八《沔水》)

鲁定公八年(前502)

《春秋》定公八年,公会晋师于瓦,鲁尚执羔,自是会始也。(卷八《济水》)

鲁定公九年(前501)

《春秋》,齐伐晋夷仪,晋车千乘在中牟,卫侯过中牟,中牟人欲伐之,卫褚师固亡在中牟曰:卫虽小,其君在,未可胜也,齐师克城而骄,遇之必败,乃败齐师。(卷二十二《渠》)

鲁定公十年（前500）

齐侯使莱人以兵劫鲁侯,宣尼称夷不乱华是也。（卷二十六《淄水》）

鲁定公十二年（前498）

《春秋·左传》定公十二年,叔孙氏堕郈。（卷二十四《汶水》）

公山弗援师袭鲁,弗克,后季氏为阳虎所执,弗扰以费叛,即是邑也。（卷二十五《沂水》）

鲁定公十三年（前497）

《春秋》定公十三年,赵鞅以晋阳叛,后乃为赵矣。（卷六《晋水》）

鲁定公十五年（前495）

颍水又东迳胡城东,故胡子国也。《春秋》定公十四年,楚灭胡,以胡子豹归是也。（卷二十二《颍水》）

浙江又东迳辟塞南,旧吴、楚之战地矣,备侯于此,故谓之辟塞。（卷四十《浙江水》）

越王句践三年（前494）

昔越王句践为吴所败,以五千余众栖于稽山,卑身待士,施必及下。《吕氏春秋》曰:越王之栖于会稽也,有酒投江,民饮其流,而战气自倍。所投即浙江也。（卷四十《浙江水》）

鲁哀公二年（前493）

《春秋》哀公二年,晋赵鞅率师纳卫太子蒯聩于戚。（卷五《河水》）

《春秋》哀公二年,季孙斯伐邾,取漷东田及沂西田是也。（卷二十五《泗水》）

《春秋·左氏传》哀公二年,郑罕达帅师,邮无恤御简子,卫太子为右,登铁上,望见郑师,卫太子自投车下,即此处也。（卷五《河水》）

鲁哀公四年（前491）

《春秋·左传》哀公四年,齐国夏伐晋,取曲逆是也。（卷十一《滱水》）

《春秋》所谓左师军于兔和,右师军于仓野者。（卷二十《丹水》）

（汝水）东历麻解城北,故鄤城也,谓之蛮中,《左传》所谓单浮余围蛮氏,蛮氏溃者也。（卷二十一《汝水》）

《春秋·左传》哀公四年,楚侵梁及霍。服虔曰:梁霍,周南鄙也。（卷二十一《汝水》）

吴王夫差七年（前489）

昔吴将伐齐,北霸中国,自广陵城东南筑邗城,下掘深沟,谓之韩口,亦曰邗溟沟。

（卷三十《淮水》）

鲁哀公七年（前488）

哀公七年，季康子伐邾，囚诸负瑕是也（卷二十五《泗水》）

鲁哀公八年（前487）

《春秋》经书，齐人取讙及阐，今阐亭是也。（卷二十四《汶水》）

鲁哀公十年（前485）

《春秋·左传》哀公十年，赵鞅帅师伐齐，取犂及辕，毁高唐之郭。（卷五《河水》）

鲁哀公十一年（前484）

《春秋》哀公十一年，会吴，伐齐取博者也。灌婴破田横于城下。（卷二十四《汶水》）

鲁哀公十六年（前479）

《春秋·左传》哀公十六年，吴人伐慎，白公败之。（卷二十二《颍水》）

鲁哀公十七年（前478）

又南迳宛城东，其城，故申伯之都，楚文王灭申以为县也。（卷三十一《淯水》）

越王句践二十四年（前473）

左丘明述《国语》曰：越伐吴，战于五湖是也。（卷二十九《沔水》）

《国语》曰：越伐吴，吴御之笠泽，越军江南，吴军江北者也。（卷二十九《沔水》）

晋出公六年（前469）

《竹书纪年》晋出公六年，齐、郑伐卫，荀瑶城宅阳。（卷七《济水》）

《春秋》哀公二十六年，冬……左师兴空泽之士千甲，奉公自空桐入如沃宫者矣。
（卷二十三《获水》）

赵襄子元年（前457）

赵灭代（殿本案：此下有脱文）。（卷十三《㶟水》）

《史记》，赵襄子杀代王于夏屋，而并其土。（卷十三《㶟水》）

晋出公十九年（前456）

《竹书纪年》晋出公十九年，晋韩龙取卢氏城。（卷十五《洛水》）

晋幽公三年（前431）

《竹书纪年》元公三年，鲁季孙会晋幽公于楚丘，取葭密，遂城之。（卷八《济水》）

（案晋幽公时当周考王及魏文侯，而元公不可查考。故按杨守敬所疏作晋幽公三年）

魏文侯二十五年（前422）

滱水又东迳乐羊城。《史记》称，魏文侯使乐羊灭中山。盖其故城，中山所造也，
故城得其名。（卷十一《滱水》）

晋烈公三年（前417）

《竹书纪年》晋烈公三年，楚人伐我南鄙，至于上洛。（卷二十《丹水》）

晋烈公四年（前416）

《竹书纪年》晋烈公四年，越子朱句灭郯，以郯子鸹归。（卷二十五《沂水》）

晋烈公五年（前415）

《竹书纪年》晋烈公五年，田公子居思伐邯郸，围平邑。（卷五《河水》）

晋烈公九年（前411）

《竹书纪年》晋烈公九年，齐田肸及邯郸，战于平邑，邯郸之师败逋，获韩举，取平邑新城。（卷五《河水》）

晋烈公十一年（前409）

《竹书纪年》晋烈公十一年，田悼子卒，田布杀其大夫公孙会，公孙会以廪丘叛于赵，田布围廪丘，翟角、赵孔屑、韩师救廪丘，及田布战于龙泽，田师败逋是也。（卷二十四《瓠子河》）

周威烈王二十三年（前403）

《史记》称智伯率韩、魏，引水灌晋阳，不没者三版。智氏曰：吾始不知水可以亡人国，今乃知之。汾水可以浸安邑，绛水可以浸平阳。（卷六《浍水》）

晋智伯瑶攻赵襄子，襄子奔保晋阳。（卷六《浍水》）

昔在战国，襄子保晋阳，智氏防山以水之，城不没者三版，与韩、魏望叹于此。（卷六《晋水》）

赵敬侯九年（前378）

司马迁《史记》，赵敬侯九年，败齐于灵丘。（卷十一《滱水》）

周烈王二年（前374）

《竹书纪年》曰：秦苏胡率师伐郑，韩襄败苏胡于酸水者也。（卷八《济水》）

梁惠成王元年（前369）

《竹书纪年》曰：梁惠成王元年，赵成侯偃、韩懿侯若伐我葵，即此城也。（卷九《沁水》）

《史记》，魏惠王元年，韩懿侯与赵成侯合军伐魏，战于浊泽是也。（卷二十二《溟水》）

梁惠成王二年（前368）

《竹书纪年》梁惠成王二年，齐田寿帅师伐我，围观，观降。（卷五《河水》）

梁惠成王五年（前365）

《竹书纪年》梁惠成王五年,公子景贾率师伐郑韩明,战于阳,我师败逋。（卷八《济水》）

梁惠成王十二年（前358）

《竹书纪年》梁惠成王十二年,楚师出河水,以水长垣之外者也。（卷五《河水》）

《竹书纪年》梁惠成王十二年,龙贾率师筑长城于西边,自亥谷以南,郑所城矣。（卷七《济水》）

越王无疆八年（前355）

句践霸世,徙都琅邪,后为楚所伐,始还浙东。（卷四十《渐江水》）

梁惠成王十六年（前354）

《竹书纪年》梁惠成王十六年,邯郸伐魏,取漆富丘城之者也。（卷八《济水》）

《竹书纪年》梁惠成王十六年,齐师及燕战于泃水,齐师遁。即是水也。（卷十四《鲍丘水》）

《竹书纪年》梁惠成王十六年,秦公孙壮率师伐郑,围焦城,不克。即此城也。（卷二十二《渠》）

梁惠成王十七年（前353）

《竹书纪年》梁惠成王十七年,齐田期伐我东鄙,战于桂阳,我师败逋,亦曰桂陵。案《史记》,齐威王使田忌击魏,败之桂陵,齐于是彊,自称为王,以令天下。（卷八《济水》）

《竹书纪年》梁惠成王十七年,宋景斁卫公孙仓,会齐师围我襄陵。（卷三十《淮水》）

周显王十七年（前352）

《竹书纪年》曰:燕人伐赵,围浊鹿,赵武灵王及代人救浊鹿,败燕师于勺梁者也。（卷十一《㶟水》）

《竹书纪年》梁惠成王十八年,惠成王以韩师败诸侯师于襄陵,齐侯使楚景舍来求成。即于此也。（卷三十《淮水》）

赵肃侯元年（前349）

《史记》,赵肃侯夺晋君端氏而徙居之。（卷十《浊漳水》）

周显王二十二年（前347）

《竹书纪年》曰:壬寅,孙何侵楚,入三户郛者是也。（卷二十《丹水》）

梁惠成王二十五年（前346）

《竹书纪年》曰：魏章率师及郑师伐楚，取上蔡者也。（卷二十一《汝水》）

梁惠成王二十八年（前343）

《竹书纪年》梁惠成王二十八年，穰疵率师及郑，孔夜战于梁赫，郑师败逋。即此城也。（卷二十二《渠》）

秦孝公二十年（前342）

秦使公子少官率师会诸侯逢泽。（卷二十二《渠》）

《竹书纪年》梁惠成王二十九年，齐田肸及宋人伐我东鄙，围平阳者也。（卷二十五《泗水》）

周显王三十五年（前334）

《竹书纪年》曰：楚吾得率师及秦伐郑，围纶氏者也。（卷十五《伊水》）

赵肃侯二十年（前330）

赵肃侯二七年，韩将举与齐、魏战于乘丘。即此县也。（卷二十五《洙水》）

赵肃侯二十二年（前328）

《史记》云：秦昭王伐赵，取离石者也。（卷三《河水》）

楚怀王元年（前323）

《史记》，楚昭阳伐魏，取郾是也。（卷二十一《汝水》）

周慎靓王五年（前316）

来敏《本蜀论》云：秦惠王欲伐蜀，不知道，作五石牛，以金置尾下，言能屎金。蜀王负力，令五丁引之成道，秦使张仪、司马错寻路灭蜀，因曰石牛道。（卷二十七《沔水》）

秦惠王遣张仪等救苴侯于巴，仪贪巴苴之富，因执其王以归，而置巴郡焉。（卷三十二《江水》）

魏襄王七年（前312）

《竹书纪年》襄王七年，韩明率师伐襄丘。（卷八《济水》）

魏襄王九年（前310）

《竹书纪年》襄王九年，楚庶章率师来会我，次于襄丘者也。（卷八《济水》）

魏襄王十二年（前307）

《竹书纪年》魏襄王十二年，秦公孙爰帅师伐我皮氏，翟帅师救皮氏围。（卷六《汾水》）

秦武王以甘茂为左丞相，曰：寡人欲通三川，窥周室，死不朽矣。茂请约魏以攻韩，

斩首六万,遂拔宜阳城,故韩地也,后乃县之。(卷十五《洛水》)

楚襄王元年(前298)

《史记》,楚襄王元年,秦出武关,斩众五万,取析十五城。(卷二十《丹水》)

秦昭王十三年(前294)

《史记·白起传》称:涉河取韩安邑,东至乾是也。(卷六《浍水》)

燕昭王二十八年(前284)

昔乐毅攻齐有功,燕昭王以是县封之。(卷二十四《瓠子河》)

乐毅攻齐,守险全国。(卷二十六《沭水》)

秦昭王二十四年(前283)

秦始皇使左更、白起取安邑,置河东郡。(卷六《涑水》)

秦昭王二十八年(前279)

昔白起攻楚,引西山长谷水,即是水也。旧竭去城百许里,水从城西灌城东,入注为渊,今熨斗陂是也。水溃城东北角,百姓随水流,死于城东者数十万,城东皆臭,因名其陂为臭池。(卷二十八《沔水》)

秦令白起伐楚,三战而烧夷陵者也。(卷三十四《江水》)

燕惠王元年(前278)

乐毅自燕降赵,赵封之于此邑。(卷十《浊漳水》)

秦昭襄王使白起为将,伐楚取郢,即以此地为南阳郡。(卷三十一《淯水》)

魏昭王二十年(前276)

东流迳晋鄙故垒北,谓之晋鄙城,名之为魏将城。昔魏公子无忌矫夺晋鄙军于此。(卷九《荡水》)

赵惠文王二十四年(前275)

《史记》,秦昭王三十二年,魏冉攻魏,走芒卯,入北宅。(卷七《济水》)

《史记》曰:赵廉颇伐魏取黄,即此县。(卷九《淇水》)

《史记》,韩厘王二十一年,使暴鸢救魏,为秦所败,鸢走开封者也。(卷三十《淮水》)

秦昭襄王三十三年(前274)

《史记》,秦昭襄王三十三年,白起攻魏,拔华阳,走芒卯,斩首十五万。(卷二十二《洧水》)

赵惠文王二十九年(前270)

秦伐赵阏与,惠文王使赵奢救之,奢纳许历之说,破秦于阏与,谓此也。(卷十《清

漳水》）

魏安厘王十一年（前266）

《史记》，魏攻冥厄。（卷三十《淮水》）

秦昭襄王四十七年（前260）

按《韩非书》，秦昭王越赵长平，西伐修武。（卷九《清水》）

《史记》曰：秦使左庶长王龁攻韩，取上党，上党民走赵，赵军长平，使廉颇为将，后遣马服君之子赵括代之，秦密使武安君白起攻之，括四十万众降起，起坑之于此。（卷九《沁水》）

《上党记》曰：长平城在郡南山中，丹水出长平北山南流，秦坑赵众，血流丹川。（卷九《沁水》）

周赧王五十七年（前258）

秦攻赵邯郸，且降，传舍吏子李同说平原君胜，分家财飨士，得敢死者三千人，李同赴秦军，秦军退，同死，封其父为李侯。（卷七《济水》）

秦庄襄王元年（前249）

《史记》，秦庄襄王元年，蒙骜击取成皋、荥阳，初置三川郡，即疑骜所筑也。（卷二十三《阴沟水》）

楚考烈王灭鲁，顷公亡迁下邑。（卷二十三《获水》）

魏安厘王三十一年（前246）

秦伐魏，取郪丘，谓是邑矣。（卷二十二《颍水》）

赵孝成王二十一年（前245）

《史记》，赵将廉颇伐魏，取繁阳者也。（卷五《河水》）

赵王迁元年（前235）

按《史记》，秦破赵将扈辄于武隧，斩首十万，即于此处也。（卷十《浊漳水》）

秦始皇十七年（前230）

秦始皇十七年，灭韩，以其为颍川郡。（卷二十二《颍水》）

秦始皇二十二年（前225）

秦始皇二十二年，灭燕，置辽东郡，治此。（卷十四《大辽水》）

《战国策》曰：秦与荆战，大破之，取洞庭五渚者也。（卷三十八《湘水》）

秦始皇二十四年（前223）

秦灭楚，置南郡，号此为北部。（卷二十八《沔水》）

秦灭楚，立长沙郡。（卷三十八《湘水》）

秦始皇三十二年（前215）

薛瓒曰：秦逐匈奴，收河南地，徙民以实之，谓之新秦也。（卷三《河水》）

秦始皇三十三年（前214）

《史记》曰：秦使蒙恬将十万人，北击胡，取高阙，据阳山北假中是也。（卷三《河水》）

秦始皇逐匈奴，并河以东，属之阴山，筑亭障为河上塞。（卷三《河水》）

按《秦始皇本纪》，西北逐匈奴，自榆中，并河以东，属之阴山。（卷三《河水》）

秦二世元年（前209）

陈涉遣周章入秦，少府章邯斩之于此。（卷四《河水》）

（穀水）东迳安山北，即砀北山也，山有陈胜墓，秦乱，首兵伐秦，弗终厥谋，死，葬于砀，谥曰隐王也。（卷二十三《获水》）

秦末起兵，萧何、曹参迎汉祖于此城。（卷二十五《泗水》）

蕲水又东南迳蕲县，县有大涉乡，陈涉起兵于此。（卷三十《淮水》）

秦二世二年（前208）

始皇大兴厚葬，营建冢圹于丽戎之山。……作者七十万人，积年方成，而周章百万之师已至其下。（卷十九《渭水》）

楚汉彭城之战，吕后兄泽军于下邑，高祖败，还从泽军，子房肇捐地之策，收垓下之师。（卷二十三《获水》）

秦二世三年（前207）

昔项羽与蒲将军英布济自三户，破章邯于是水。（卷十《浊漳水》）

秦二世三年，汉祖入自武关攻秦，赵高遣将距于峣关者也。（卷十九《渭水》）

汉祖下析郦，攻武关。文颖曰：武关在析县西百七十里，弘农界也。（卷二十《丹水》）

沛公攻陈留县，郦食其有封，封高阳侯（卷二十四《睢水》）

汉高祖入关，破南阳太守吕齮于犨东，即于是地。（卷三十一《潕水》）

汉高祖元年（前206）

项羽以封董翳为翟王，居之三秦，汉高祖破以县之。（卷三《河水》）

高祖北定三秦，萧何守汉中。（卷二十七《沔水》）

汉高祖二年（前205）

昔韩信之袭魏王豹也，以木罂自此渡。（卷四《河水》）

高祖二年，曹参假左丞相，别与韩信东攻，魏将孙遬军东张，大破之。（卷六《涑水》）

《风俗通》曰:高祖与项羽战于京索,遁于薄中,羽追求之,时鸠止鸣其上,追之者以为必无其人,遂得脱。及即位,异此鸠,故作鸠杖以扶老。(卷七《济水》)

(井陉水)东北流,屈迳陈余垒西,俗谓之故壁城,昔在楚汉,韩信东入,余拒之于此,不纳左车之计,悉众西战,信遣奇兵自间道出,立帜于其垒,师奔失据,遂死泜上。(卷十《浊漳水》)

汉祖北定三秦,引水灌城,遂灭章邯。(卷十九《渭水》)

汉高祖三年(前 204)

汉破曹咎,羽还广武为高坛,置太公其上,曰:汉不下,吾烹之。高祖不听,将害之,项伯曰:为天下者,不顾家,但益怨耳。羽从之。(卷七《济水》)

夹城之间有绝涧断山,谓之广武涧,项羽叱娄烦于其上,娄烦精魄丧归矣。(卷七《济水》)

汉王之困荥阳也,纪信曰:臣诈降楚王,宜间出。信乃乘王车出东门,称汉降楚,楚军称万岁,震动天地。王与数十骑,出西门得免楚围,羽见信大怒,遂烹之。(卷七《济水》)

汉祖之出荥阳也,令御史大夫周苛守之,项羽拔荥阳,获苛,曰:吾以为上将军,封三万户侯,能尽节乎? 苛瞋目骂羽,羽怒烹之。(卷七《济水》)

《汉书·曹参传》:击羽婴于昆阳,追至叶,还攻武强,因至荥阳。(卷二十二《渠》)

汉高祖四年(前 203)

汜水又北迳虎牢城东,汉破司马欣、曹咎于是水之上。(卷五《河水》)

高祖与项羽临绝涧对语,责羽十罪,羽射汉祖中胸处也。(卷七《济水》)

秦末,张耳、陈余为陈胜略地,燕、赵命蒯通说之,范阳先下是也。(卷十一《易水》)

昔韩信与楚将龙且,夹潍水而阵于此,信夜令为万余囊,盛沙以遏潍水,引军击且,伪退,且追北,信决水,水大至,且军半不得渡,遂斩龙且于是水。(卷二十六《潍水》)

汉高祖五年(前 202)

余按《史迁记》:鲁王楚守,汉王示羽首,鲁乃降。(卷八《济水》)

汉高祖五年,项羽自垓下,从数万骑,夜驰渡淮,至阴陵迷失道,左陷大泽,汉令骑将灌婴以五千骑追及之,于斯县也。(卷三十《淮水》)

洨水又东南流,迳洨县故城北,县有垓下聚,汉高祖破项羽所在也。(卷三十《淮水》)

(池)水出东城县,东北流,迳东城县故城南,汉以数千骑追项羽,羽帅二十八骑,引东城,因四隤山斩将而去,即此处也。(卷三十《淮水》)

汉高祖七年（前200）

汉高帝击韩王信，自代过曲逆。（卷十一《滱水》）

汉高祖十二年（前195）

汉高祖并三秦，复以为县。（卷三《河水》）

高祖十二年，周勃定代，斩陈豨于当城，即此处也。（卷十三《㶟水》）

约高后七年（前181）

后南越王尉佗举众攻安阳王，安阳王有神人名皋通，下辅佐，为安阳王治神弩一张，一发杀三百人，南越王知不可战，郤军住武宁县。按晋《太康记》，县属交趾，越遣太子名始，降服安阳王，称臣事之，安阳王不知通神人，遇之无道，通便去，语王曰：能持此弩王天下，不能持此弩者亡天下。通去，安阳王有女，名曰媚珠，见始端正，珠与始交通，始问珠，令取父弩视之，始见弩便盗，以锯截弩讫，便逃归报南越王，南越进兵攻之，安阳王发弩，弩折遂败，安阳王下船，迳出于海。（卷三十七《叶榆河》）

约汉文帝前元二年（前178）

匈奴冒顿单于破月氏，杀其王，以头为饮器，国遂分。（卷二《河水》）

汉景帝前元三年（前154）

汉景帝时，七国悖逆，命曲周侯郦寄攻赵，围邯郸，相捍七月，引牛首水灌城，城坏，王自杀。（卷十《浊漳水》）

汉景帝后元二年（前142）

（濡河）东南流，迳渔阳白檀县故城。《地理志》曰：濡水出北蛮中。汉景帝诏李广曰：将军，其帅师东辕，弭节白檀者也。（卷十四《濡水》）

汉武帝建元六年（前135）

汉武帝建元六年，以唐蒙为中郎将，从万人出巴符关者也。（卷三十三《江水》）

汉武帝元光五年（前130）

司马相如定西南夷，桥孙水是也。（卷三十六《若水》）

后唐蒙开牂柯，斩竹王首，夷獠咸怨。（卷三十六《温水》）

汉武帝元朔二年（前127）

汉武帝元朔二年，大将军卫青绝梓岭，梁北河是也。（卷三《河水》）

阴山东西千余里，单于之苑囿也。自孝武出师，攘之于漠北，匈奴失阴山，过之未尝不哭。（卷三《河水》）

汉武帝元朔四年（前125）

汉元朔四年，卫青将十万人，败右贤王于高阙，即此处也。（卷三《河水》）

汉武帝元朔六年（前 123）

校尉张骞,随大将军卫青西征,为军前导相望,水草得以不乏。(卷三十一《消水》)

汉武帝元狩三年（前 120）

汉武帝元狩三年,骠骑霍去病出陇西,至皋兰,谓是山之关塞也。(卷二《河水》)

汉武帝元鼎元年（前 116）

武帝元鼎元年,路博德为伏波将军,征南越,出桂阳,下湟水,即此水矣。(卷三十九《涯水》)

汉武帝元鼎二年（前 115）

汉武帝元鼎二年,始并百越,启七郡。(卷三十七《叶榆河》)

汉武帝元鼎五年（前 112）

至武帝元鼎五年,遣伏波将军路博德等攻南越,王五世,九十二岁而亡,以其地为南海、苍梧、郁林、合浦、交趾、九真、日南也。(卷三十七《浪水》)

后汉遣伏波将军路博德讨越王。(卷三十七《叶榆河》)

汉武帝元鼎六年（前 111）

《汉书》曰:武帝元鼎六年,将军缑氏,至左邑桐乡,闻南越破,以为闻喜县者也。(卷六《涑水》)

邛都县,汉武帝开邛莋置之。……后复反叛,元鼎六年,汉兵自越嶲水伐之,以为越嶲郡,治邛都县。(卷三十六《若水》)

(牂)水南出交州合浦郡,治合浦县。汉武帝元鼎六年,平越所置也。(卷三十六《温水》)

汉武帝元封二年（前 109）

汉武帝元封二年,遣楼船将军杨僕、左将军荀彘讨右渠,破渠于浿水,遂亡之。(卷十四《浿水》)

约汉武帝太初间（前 104—前 101）

敦煌索劢,字彦义,有才略,刺史毛奕表行贰师将军,将酒泉、敦煌兵千人,至楼兰屯田,起白屋,召鄯善、焉耆、龟兹三国兵各千。(卷二《河水》)

汉武帝太初四年（前 101）

汉武帝闻大宛有天马,遣李广利伐之,始得此马,有角为奇。(卷二《河水》)

汉昭帝元凤四年（前 77）

楼兰不恭于汉,元凤四年,霍光遣平乐监傅介子刺杀之。(卷二《河水》)

汉成帝鸿嘉三年（前 18）

鸿嘉三年……是岁，广汉钳子攻死囚，略吏民，衣绣衣，自号为仙君，党与漫广，明年冬伏诛，自归者三千余人。（卷十七《渭水》）

王莽初始元年（公元 8）

王莽之篡也，东郡太守翟义兴兵讨莽，莽遣奋威将军击之于圉北，义师大败，尸积数万，血流溢道，号其处为万人散，百姓哀而祠之。（卷二十二《渠》）

王莽地皇三年（22）

唐子陂在唐子山，南有唐子亭，汉光武自新野屠唐子乡，杀湖阳尉于是地。（卷二十九《比水》）

谢沈《汉书》称，光武攻淯阳不下，引兵欲攻宛，至小长安，与甄阜战，败于此。（卷三十一《淯水》）

世祖之败小长安也，姊元遇害。（卷三十一《淯水》）

后汉兵起击唐子乡，杀湖阳尉，进拔棘阳。（卷三十一《淯水》）

以为南新市也，中山有新市，故此加南，分安陆县立。又王匡中兴初举兵于县，号曰新市兵者也。（卷三十一《涢水》）

淮阳王更始元年（23）

更始元年，王莽征天下能为兵者，选练武卫，招募猛士，旌旗辎重，千里不绝，又驱诸犷兽虎豹犀象之属，以助威武，自秦汉，出师之盛，未尝有也。世祖以数千兵，徼之阳关，诸将见寻邑兵盛，反走入昆阳。世祖乃使成国上公王凤、廷尉大将军王常留守，夜与十三骑出城南门，收兵于郾，寻邑围城数十重，云车十余丈，瞰临城中，积弩乱发，矢下如雨，城中人负户而汲，王凤请降，不许。世祖帅营部俱进，频破之，乘胜以敢死三千人，径冲寻邑兵，败其中坚于是水之上，遂杀王寻，城中亦鼓噪而出，中外合势，震呼动天地，会大雷风，屋瓦皆飞，莽兵大溃。（卷二十一《汝水》）

昔汉光武与王寻、王邑战于昆阳，败之，走者相腾践奔殪，百余里间。会大雨如注，滍川盛溢，虎豹皆股战，士卒争赴，溺死者以万数，水为不流。王邑、严尤、陈茂轻骑，皆乘尸而渡矣。（卷三十一《滍水》）

谢沈《后汉书》："甄阜败光武于小长安东，乘胜南渡黄淳水，前营背阻两川，谓临比水，绝后桥，示无还心。汉兵击之，三军溃，溺死黄淳水者二万人。"（卷三十一《淯水》）

淮阳王更始二年（24）

白沟又东北迳铜马城西，盖光武征铜马所筑也。（卷九《淇水》）

《东观汉纪》曰："光武使邓禹发房子兵二千人，以铫期为偏将军，别攻真定宋子余贼，拔乐阳禀肥垒者也。"（卷十《浊漳水》）

《东观汉记》:光武击王莽二公,还到汝水,上于涯以手饮水,澡颊尘垢,谓傅俊曰:今日疲倦,诸君宁怠也。(卷二十一《汝水》)

汉光武帝建武元年(25)

建武元年,朱鲔遣持节使者贾强、讨难将军苏茂,将三万人从五社津渡,攻温,冯异遣校尉与寇恂合击之,大败,追至河上,生擒万余人,投河而死者数千人。(卷五《河水》)

更始三年秋,光武追铜马于馆陶,大破之,遂降之,贼不自安,世祖令其归营,乃轻骑行其垒,贼相谓曰:萧王推赤心置入腹中,安得不投死乎? 遂将降人。(卷十《浊漳水》)

汉光武追铜马五幡于北平,破之于顺水,乘胜追北,为其所败,短兵相接,光武自投崖下,遇突骑王丰,于是授马退保范阳。(卷十一《滱水》)

汉光武遣吴汉、耿弇等,破铜马五幡于潞东,谓是县也。(卷十四《鲍丘水》)

后汉光武元年,光武遣十二将追大枪五幡,及平谷,大破之于是县也。(卷十四《鲍丘水》)

汉光武帝建武二年(26)

光武二年,遣司空王梁北守潋关、天井关,击赤眉别校,皆降之。(卷四《河水》)

耿弇之讨张步也,守巨里,即此城也。三面有城,西有深坑,坑西,即弇所营也。与费邑战,斩邑于此。(卷八《济水》)

《东观汉纪·安平侯盖延传》曰:延为虎牙大将军,与永等战,永军反走,溺水者半,复与战,连破之,遂平沛,楚临淮悉降。(卷八《济水》)

建武二年,强弩大将军陈俊,转击金门白马,皆破之。(卷十五《洛水》)

縠水又东迳秦、赵二城南……冯异又破赤眉于是川矣。(卷十六《縠水》)

建武二年,世祖遣征虏将军祭遵攻蛮中山贼张满、时厌新、柏华余贼,合攻,得霍阳聚,即此。(卷二十一《汝水》)

(桓水)迳贾复城北复南,击郾所筑也。(卷二十一《汝水》)

世祖建武二年,成安侯臧宫,从上击堵乡。(卷三十一《淯水》)

汉光武帝建武三年(27)

《东观汉记》曰:苏茂杀淮阳太守,得其郡营,广乐大司马吴汉围茂,茂将其精兵,突至湖陵,与刘永相会济阴山阳,济兵于此处也。(卷八《济水》)

(鲍丘水)屈而东南流,迳潞南城,世祖拜彭宠为渔阳太守,治此,宠叛,光武遣游击将军邓隆伐之,军于是水之南,光武策其必败,果为宠所破,遗壁故垒存也。(卷十四《鲍丘水》)

《续汉书》曰:世祖东驾西征,盗贼群起,郏令冯鲂为贼延衮所攻,力屈,上诣纪氏,群贼自降,即是处。(卷二十一《汝水》)

建武三年,光武遣征南岑彭击(秦)丰。(卷二十八《沔水》)

建武三年,世祖自堵阳西入,破房将军邓奉怨汉掠新野,拒瓜里,上亲搏战,降之,夕阳下,遂斩奉。(卷三十一《淯水》)

建武三年,上自宛遣颍阳侯祭遵西击邓奉年终,破之于杜衍,进兵涅阳者也。(卷三十一《淯水》)

建武三年,祭遵引兵,南击董诉所堵乡。(卷三十一《淯水》)

世祖建武三年,傅俊、岑彭进击秦丰,先拔黄邮者也。大司马吴汉破秦丰于斯水上。(卷三十一《淯水》)

汉光武帝建武四年(28)

(建武)四年,朱祐擒(秦)丰于犁丘是也。(卷二十八《沔水》)

汉光武帝建武五年(29)

建武五年,耿弇东击张步,从朝阳桥济渡兵,即是处也。(卷八《济水》)

汉光武帝建武六年(30)

汉护羌校尉温序行部为隗嚣所拘,衔须自刎处也。(卷十七《渭水》)

汉光武帝建武八年(32)

建武八年,世祖征隗嚣,吴汉从高平第一城若水谷入,即是谷也。(卷二《河水》)

建武八年,牛郎将来歙,与祭遵所部护军王忠,右辅将军朱宠,将二千人,皆持卤刀斧,自安民县之杨城……从番须回中,伐树木,开山道,至略阳,夜袭击嚣,拒守将金梁等,皆杀之,因保其城,隗嚣闻略阳陷,悉众以攻歙,激水灌城,光武亲将救之,嚣走西城,世祖与来歙会于此。其水自城北注川,一水二川,盖嚣所堨以灌略阳也。(卷十七《渭水》)

建武八年,世祖至阿阳,窦融等悉会,天水震动。隗嚣将妻子奔西城从杨广,广死,嚣愁穷城守。时颍川贼起,车驾东归,留吴汉、岑彭围嚣,岑等雍西谷水,以𦂅幔盛土,为堤灌城,城未没丈余,水穿雍不行,地中数丈涌出,故城不坏。王元请蜀救至,汉等退还上邽。(卷二十《漾水》)

吴汉之围西城,王捷登城向汉军曰:为隗王城守者,皆必死无二心,愿诸将亟罢,请自杀以自明,遂刎颈而死。(卷二十《漾水》)

汉光武帝建武九年(33)

盖延转击狄道安故五溪反羌,大破之,即此也。(卷二《河水》)

有落门聚,昔冯异攻落门,未拔而薨。(卷十七《渭水》)

汉光武帝建武十年（34）

建武十年，来歙又攻之（落门），擒隗嚣子纯，陇右平。（卷十七《渭水》）

汉光武帝建武十一年（35）

建武十一年，公孙述遣其大司徒任满、翼江王田戎，将兵数万，据险为浮桥，横江以绝水路，营垒跨山以塞陆道。光武遣吴汉、岑彭，将六万人击荆门，汉等率舟师攻之，直冲浮桥，因风纵火，遂斩满等矣。（卷三十四《江水》）

张堪为县，会公孙述击堪，同心义士，选习水者，筏渡堪于小别江，即此水也。（卷三十六《延江水》）

汉光武帝建武十二年（36）

臧宫进破涪城，斩公孙恢于涪……臧宫溯至平阳，公孙述将王元降，遂拔绵竹。（卷三十二《涪水》）

昔岑彭与臧宫，自江州从涪水上，公孙述令延岑盛兵于沈水，宫左步右骑，夹船而进，势动山谷，大破岑军，斩首溺水者万余人，水为浊流。（卷三十二《梓潼水》）

江水自武阳东至彭亡聚，昔岑彭与吴汉逆江水入蜀，军次是地，知而恶之，会日暮不移，遂为刺客所害。（卷三十三《江水》）

汉光武帝建武十六年（40）

建武十六年，（临安）县民郎稚作乱，贺齐讨之。（卷四十《浙江水》）

汉光武帝建武十八年（42）

（吴）汉自广都乘胜进逼成都，与其副刘尚，南北相望，夹江为营，浮桥相对。公孙述使谢丰军市桥，出汉后，袭破汉，坠马落水，缘马尾得出，入壁，命将夜潜渡江，就尚击丰，斩之于是水之阴。（卷三十三《江水》）

故马援言，从牂泠水道出进桑王国，至益州贲古县，转输通利，盖兵车资运所由矣。（卷三十七《叶榆河》）

汉武帝建武十九年（43）

建武十九年，伏波将军马援上言：从牂泠出贲古击益州，臣所将骆越万越人，便习战斗者二千，兵以上弦毒矢，利以数发，矢注如雨，所中辄死。愚以行兵，此道最便，盖承借水利，用为神捷也。（卷三十七《叶榆河》）

建武十九年九月，马援上言：臣谨与交趾精兵万二千人，与大兵合二万人，船车大小二千艘，自入交趾，于今为盛。十月，援南入九真，至无切县，贼渠降，进入余发，渠帅朱伯弃郡，亡入深林巨薮，犀象所聚，羊牛数千头，时见象数十百为群。援又分兵入无编县，王莽之九真亭，至居风县，帅不降，并斩级数十百，九真乃靖。（卷三十七《叶榆

河》)

汉光武帝建武二十三年(47)

汉建武二十三年,王遣兵来,乘革船南下,攻汉鹿茤民,鹿茤民弱小,将王所擒,于是天大震雷疾雨,南风漂起,水为逆流,波涌二百余里,革船沉没,溺死数千人。(卷三十七《叶榆河》)

汉建武二十三年后数年(47以后数年)

后数年,复遣六王,将万许人攻鹿茤,鹿茤王与战,杀六王,哀牢耆老共埋之,其夜,虎掘而食之;明旦,但见骸骨。惊怖引去,乃惧谓其耆老小王曰:哀牢犯徼,自古有之,今此攻鹿茤,辄被天诛,中国有受命之王乎,何天祐之明也。即遣使诣越嶲奉献,求乞内附,长保塞徼。(卷三十七《叶榆河》)

汉光武帝二十五年(49)

夷山东接壶头山,山高一百里,广圆三百里,山下水际,有新息侯马援征五溪蛮停军处,壶头径曲多险,其中纡折千滩,援就壶头,希效早成,道遇瘴毒,终没于此,忠公获谤,信可悲矣。(卷三十七《沅江》)

(武冈)县左右二冈对峙,重阻齐秀,间可二里,旧传后汉伐五溪蛮,蛮保此冈,故曰武冈县,即其称焉。(卷三十八《资水》)

汉明帝永平十八年(75)

汉永平十八年,耿恭为戊己校尉,为匈奴左蠡王所逼,恭以此城侧涧傍水,自金蒲迁居此城,匈奴来攻之,壅涧绝水,恭于城中穿井,深一十五丈,不得水,吏士渴乏,笮马粪汁饮之。恭乃仰天叹曰:昔贰师拔刀刺山,飞泉涌出,今汉德神明,岂有穷哉?整衣服,向井再拜,为吏士祷之,有顷,水泉奔出,众称万岁,乃扬水以示之,虏以为神,遂即引去。(卷二《河水》)

汉章帝建初元年(76)

后车师叛,与匈奴攻(耿)恭,食尽穷困,乃煮铠弩,食其筋革。恭与士卒同生死,咸无二心,围恭不能下。关宠上书求救,建初元年,章帝纳司徒鲍昱之言,遣兵救之,至柳中,以校尉关宠分兵入高昌壁,攻交河城,车师降,遣恭军吏范羌,将兵二千人迎恭,遇大雪丈余,仅能至,城中夜闻兵马,大恐,羌遥呼曰:我范羌也。城中皆称万岁,开门相持涕泣,尚有二十六人,衣履穿诀,形容枯槁,相依而还。(卷二《河水》)

汉章帝建初三年(77)

建初二年,羌攻南部都尉于临洮,上遣行车骑将军马防,与长水校尉耿恭救之,诸羌退聚洮阳,即此城也。(卷二《河水》)

建初二年,马防、耿恭从五溪祥檻谷出索西,与羌战,破之,筑索西城,徙南部都尉居之,俗名赤水城,亦曰临洮赤城也。(卷二《河水》)

马防以建初二年,从安故五溪出龙桑,开通旧路者也。(卷二《河水》)

汉章帝章和元年(87)

羌豪迷吾等万余人,到襄武、首阳、平襄、勇士,抄此苑马,焚烧亭驿,即此处也。(卷二《河水》)

汉和帝永元五年(93)

永元五年,贯友代聂尚为护羌校尉,攻迷唐,斩获八百余级,收其熟麦万斛,于逢留河河上筑城以盛麦,且作大船,于河峡作桥以渡兵,迷唐遂远依河曲。(卷二《河水》)

汉和帝永元九年(97)

永元九年,迷唐复与钟存,东寇而还。(卷二《河水》)

汉和帝永元十年(98)

(永元)十年,谒王信、耿谭西击迷唐,诏听还大、小榆谷。迷唐谓汉造河桥,兵来无时,故地不可居,复叛居河曲,与羌为仇,种人与官兵击之先川,去迷唐数十里,营止,遣轻兵挑战,因引还,迷唐追之,至营因战,迷唐败走,于是西海及大、小榆谷,无复聚落。(卷二《河水》)

汉安帝永初二年(108)

汉安帝永初二年,剧贼毕豪等数百,乘船寇平原,县令刘雄,门下小吏所辅,浮舟追至厌次津,与贼合战,并为贼擒,求代雄,豪纵雄于此津。所辅可谓孝尽爱敬,义极君臣矣。(卷五《河水》)

汉桓帝元嘉元年(151)

沅水又迳窦应明城侧,应明以元嘉初伐蛮所筑也。(卷三十七《沅水》)

汉桓帝延熹二年(159)

延熹二年,西羌烧当犯塞,护羌校尉段颎讨之,追出塞,至积石山,斩首而还。(卷二《河水》)

昔段颎击羌于石城,投河坠坑而死者八百余人,即于此也。(卷二《河水》)

汉桓帝延熹八年(165)

下邳陈球为零陵太守,桂阳贼胡兰攻零陵,激流灌城,球辄于内因地势反决水淹贼,相拒不能下。(卷三十八《湘水》)

汉灵帝建宁元年(168)

段颎为护羌校尉,于安定高平若水讨先零,斩首八千级于是水之上。(卷二《河

水》)

汉破羌将军段颎,破羌于奢延泽,虏走洛川。(卷三《河水》)

昔段颎追羌出桥门,至走马水,闻羌在奢延泽,即此处也。(卷三《河水》)

汉灵帝中平元年(184)

中平元年,北地羌胡与边章侵陇右,汉长史盖勋屯阿阳以拒贼,即此贼也。(卷十七《渭水》)

汉灵帝中平四年(187)

汉中平四年,渔阳张纯反,杀右北平太守刘政、辽东太守张纮。(卷十四《鲍丘水》)

汉灵帝中平五年(188)

中平五年,诏中郎将孟益,率公孙瓒讨(张)纯,战于石门,大破之。(卷十四《鲍丘水》)

汉灵帝中平六年(189)

(漯)水自城东北迳武阳县故城南……臧洪为东郡太守,治此。曹操围张超于雍丘,洪以情义,请袁绍救之,不许,洪与绍绝,绍围洪,城中无食,洪呼吏士曰:洪于大义,不得不死,诸君无事,空与此祸。众泣曰:何忍舍明府也。男女八千余人,相枕而死。洪不屈,绍杀洪。邑人陈容为丞,谓曰:宁与臧洪同日死,不与将军同日生。绍又杀之,士为叹伤。今城四周,绍围郭尚存。(卷五《河水》)

汉献帝初平元年至四年(190—193)

后汉末,有范曾,字子闵,为大将军司马,讨黄巾贼至此。(卷三十一《淯水》)

汉献帝初平二年(191)

《后汉书》称,公孙瓒破黄巾于般河,即此渎也。(卷五《河水》)

《英雄记》曰:公孙瓒击青州黄巾贼,大破之,还屯广宗。(卷九《淇水》)

初平二年,黄巾三十万人入渤海,公孙瓒破之于东光界,追奔是水,斩首三万,流血丹水,即是水也。(卷九《淇水》)

袁本初遣别将崔巨业攻固安不下,退还,公孙瓒追击之于巨马水,死者六、七千人,即此水也。(卷十二《巨马水》)

汉献帝初平三年(192)

初平三年,曹公击黄巾于寿张东,鲍信战死于此。(卷二十四《汶水》)

汉献帝初平四年(193)

沧河又西迳居庸县故城南,魏上谷郡治,昔刘虞攻公孙瓒,不克,北保此城,为瓒所擒。(卷十三《灅水》)

曹太祖东征陶谦于徐州,张邈迎吕布,郡县响应,程昱说允曰:君必固范,我守东阿,田单之功可立,即斯邑也。(卷二十四《瓠子河》)

汉献帝兴平元年(194)

曹太祖与徐荣战不利,曹洪授马于此处也。(卷七《济水》)

北海相孔融,为黄巾贼管亥所围于都昌也,太史慈为融求救刘备,持的突围其处也。(卷二十六《潍水》)

汉献帝兴平二年(195)

《汉书》:昔献帝东迁,逼以寇难,李傕、郭汜追战于弘农涧,天子遂露次曹阳,杨奉、董承外与傕和,内引白波、李乐等破傕,乘舆于是得进,复来战,奉等大败,兵相连缀四十余里,方得达陕。(卷四《河水》)

公孙瓒之败于鲍丘也,走保易荆,疑阻此水也。(卷十四《湿余水》)

鲍丘水又西南流,公孙瓒既害刘虞,乌丸思刘氏之德,迎其子和,合众十万,破瓒于是水之上,斩首一万。(卷十四《鲍丘水》)

汉献帝建安元年(196)

刘备之为徐州也,治此,袁术遣纪灵攻备,备求救吕布,布救之,屯小沛,招买请备共饮,布谓灵曰:玄德,布弟也,布性不喜合斗,但喜解斗。乃植戟于门,布弯弓曰:观布射戟,小枝中者,当各解兵;不中,可留决斗。一发中之,逐解。此即布射戟枝处也。(卷二十五《泗水》)

浙江又东迳相塘,谓之相渎。昔太守王朗拒孙策,数战不利,孙静果说策曰:朗负阻城守,难可卒拔,相渎去此数十里,是要道也,若从此出,攻其无备,破之必矣。策从之,破朗于固陵。(卷四十《浙江水》)

汉献帝建安二年(197)

《世语》云:张绣反,公与战,败,子昂不能,进马于公而昂遇害。《魏书》曰:公南征至宛,临淯水,祠阵亡将士,歔欷流涕,众皆哀恸。(卷三十一《淯水》)

魏武与张绣战于宛,马名绝景,为流矢所中,公伤右臂,引还沘阴,即是地也。(卷三十一《沘水》)

汉献帝建安三年(195)

袁本初自往征(公孙)瓒,合战于界桥南二十里,绍将麹义,破瓒于界城桥,斩瓒。冀州刺史严纲,又破瓒殿兵于桥上,即此梁也。(卷九《淇水》)

(下邳)南门谓之白门,魏武擒陈宫于此处矣。(卷二十五《泗水》)

(湍水)又东南迳魏武故城之西南,是建安三年,曹公攻张绣之所筑也。(卷二十九《湍水》)

湟水又东南,迳安众县,竭而为陂,谓之安众港,魏太祖破张绣于是处,与荀彧书曰:绣遏吾归师,迫我死地。(卷二十九《淯水》)

汉献帝建安四年(199)

昔曹太祖纳许攸之策,破袁绍运处也。(卷七《济水》)

汉献帝建安五年(200)

献帝建安中,袁绍、曹操相御于官渡,绍逼大司农郑玄载病随车,届此而卒。(卷五《河水》)

渠水又左迳阳武县故城南,东为官渡水,又迳曹太祖垒北,有高台,谓之官渡台,渡在中牟,故世又谓之中牟台。建安五年,太祖营官渡,袁绍保阳武,绍连营稍前,依沙堆为屯,东西数十里,公亦分营相御,合战不利,绍进临官渡,起土山地道以逼垒,公亦起高台以捍之,即中牟台也。(卷二十二《渠》)

(沔水)又迳岘山东,山上有桓宣所筑城,孙坚死于此。(卷二十八《沔水》)

汉献帝建安六年(201)

昔刘表之攻杜子绪于西鄂也,功曹柏孝长闻战鼓之音,惧而闭户,蒙被自覆。渐登战而观,言勇可习也。(卷三十一《淯水》)

汉献帝建安九年(204)

魏武之攻邺也,引漳水以围之。《献帝春秋》曰:司空邺城围周四十里,初浅而狭,如或可越,审配不出争利望而笑之。司空一夜增修,广深二丈,引漳水以注之,遂拔邺。(卷十《浊漳水》)

魏遣张郃、乐进围雍奴,即此城矣。(卷十三《灅水》)

涣水又东南迳蕲县故城南,《地理志》曰:故垂乡也,汉高帝破黥布于此。(卷三十《淮水》)

汉献帝建安十年(205)

清河又东北迳南皮县故城西……建安中,魏武擒袁谭于此城也。(卷九《淇水》)

汉献帝建安十一年(206)

魏太祖征蹋顿,与沟口俱导也,世谓之新河矣。(卷十四《濡水》)

汉献帝建安十二年(207)

陈寿《魏志》:田畴引军出卢龙塞,堑山堙谷五百余里,迳白檀,历平冈,登白狼,望柳城。(卷十四《濡水》)

《魏书国志》曰:辽西单于蹋顿尤强,为袁氏所厚,故袁尚归之,数入为害。公出卢龙,堑山堙谷五百余里,未至柳城二百里,尚与蹋顿将数万骑逆战,公登白狼山,望柳城

卒与虏遇,乘其不整,纵矢击之,虏众大崩,胡、汉降者二十万口。(卷十四《大辽水》)

汉献帝建安十三年(208)

建安十三年,魏武平荆州,分南郡,立为襄阳郡。(卷二十八《沔水》)

曹太祖之追刘备于当阳也,张飞按矛于长坂,备得与数骑斜趋汉津,遂济夏口是也。(卷二十八《沔水》)

其故城在东百四十里,谓之东城,在绿林长坂南,即张翼德横矛处也。(卷三十二《沮水》)

吴黄盖败魏武于乌林,即是处也。(卷三十五《江水》)

江水左迳百人山,右迳赤壁山北,昔周瑜与黄盖诈魏武大军处所也。(卷三十五《江水》)

沔左有郤月城,亦曰偃月垒,戴监军筑,故曲陵县也,后乃沙羡县治,昔魏将黄祖所守,遣董袭、凌统,攻而擒之。(卷三十五《江水》)

县有关羽濑,所谓关侯滩也,南对甘宁故垒。昔关羽屯军水北,孙权令鲁肃、甘宁拒之于是水,宁谓肃曰:羽闻吾咳唾之声,不敢渡也,渡则成擒矣。羽夜闻宁处理,曰:兴霸声也,遂不渡。(卷三十八《资水》)

汉献帝建安十六年(211)

郭缘生记曰:汉末之乱,魏武征韩遂、马超,连兵此地。今际河之西,有曹公垒,道东原上方李典营。(卷四《河水》)

《曹瞒传》曰:操与马超隔渭水,每渡渭,辄为超骑所冲突,地多沙,不可筑城,娄子伯说:今寒,可起沙为城,以水灌之,一宿而成。操乃多作缣囊以堙水,夜汲作城,比明城立于是水之次也。(卷十九《渭水》)

王氏《交广春秋》曰:步骘杀吴巨、区景,使严舟船,合兵二万,下取南海,苍梧人衡毅、钱博,宿巨部伍,兴军逆骘于苍梧高要峡口,两军相逢,于是遂交战,毅与众投水死者千有余人。(卷三十七《浪水》)

建安十六年,交州刺史赖恭,自广信合兵小零陵越城,迎步骘,即此地也。(卷三十八《漓水》)

汉献帝建安十八年(213)

后汉马超之围冀也,凉州别驾阎伯俭潜出水中,将告急夏侯渊,为超所擒,令告城无救,伯俭曰:大军方至,咸称万岁。超怒数之,伯俭曰:卿欲令长者出不义之言乎?遂杀之。(卷十七《渭水》)

汉献帝建安十九年(214)

阆水出阆阳县而东迳其县南,又东注汉水。昔刘璋之攻霍峻于葭萌也,自此水上。

（卷二十《漾水》）

刘备嘉霍峻守葭萌之功。（卷三十二《梓潼水》）

刘备自将攻洛,庞士元中流矢,死于此。（卷三十三《江水》）

约汉献帝建安二十年（约215）

汉建安中,曹公西讨巴汉,恶南路之险,故更开此道。（卷四《河水》）

汉献帝建安二十年（215）

曹公南征汉中,张鲁降,乃命夏侯渊等守之。（卷二十七《沔水》）

又东有逍遥津,水上旧有梁,孙权之攻合肥也,张辽败之于津北,桥不撤者两版,权与甘宁蹴马趋津,谷利自后著鞭助势,遂得渡梁,凌统被铠落水,后到追亡,流涕津渚。（卷三十二《施水》）

汉献帝建安二十三年（218）

魏任城王彰,以建安二十三年伐乌丸,入涿郡逐此,遂至桑乾,止于此也。（卷十三《灅水》）

魏遣夏侯渊与张郃下巴西,进军宕渠,刘备军汎口,即是水也。（卷二十八《沔水》）

汉献帝建安二十四年（219）

建安二十四年,刘备并刘璋,北定汉中。（卷二十七《沔水》）

城东,容裹溪水注之,俗谓之洛水也。水南导巴岭山,东北流,水左有故城,凭山即险,四面阻绝,昔先主遣黄忠据之,以拒曹公。（卷二十七《沔水》）

（樊城）城周四里,南半沦水,建安中,关羽围于禁于此城,会河水泛滥三丈有余,城陷禁降。庞德奋剑乘舟,投命于东冈。魏武曰:吾知于禁三十余载,临危授命,更不如庞德矣。（卷二十八《沔水》）

侧水谓之白马塞,孟达为守,登之而叹曰:刘封、申耽,据金城千里,而更失之乎。（卷二十八《沔水》）

沮水又东南迳驴城西、磨城东,又南迳麦城西,昔关云长诈降处,自此遂叛。（卷三十二《沮水》）

传云:子胥造驴、磨二城以攻麦邑,即谚所云:东驴西磨,麦城自破者也。（卷三十二《沮水》）

昔关云长保麦城,诈降而遁,潘璋斩之于此。（卷三十二《漳水》）

（江陵县）旧城,关羽所筑,羽此围曹仁,吕蒙袭而据之。羽曰:此城吾所筑,不可攻也,乃引而退。（卷三十四《江水》）

魏文帝黄初三年（222）

黄初中,贾逵为豫州刺史,与诸将征吴于洞浦,有功,魏封逵为羊亭里侯,邑四百

户,即此亭也。(卷二十四《瓠子河》)

蜀章武二年,刘备为吴所破,改白帝为永安。(卷三十三《江水》)

刘备为陆逊所破,走迳此门,追者甚急,备乃烧铠断道,孙桓为逊前驱,奋不顾命,斩上夔道,截其要径,备踰山越险,仅乃得免,忿恚而叹曰:吾昔至京,桓尚小儿,而今迫孤,乃至于此,遂发愤而薨矣。(卷三十四《江水》)

魏文帝黄初四年(223)

朱褒之反,李恢追至盘江者也。(卷三十七《叶榆河》)

魏文帝黄初六年(225)

诸葛亮表言:五月渡泸,并日而食,臣非不自惜也,顾王业不可偏安于蜀故也。(卷三十六《若水》)

叶榆水自泽,又东北迳滇池县南……诸葛亮之平南中也,战于是水之南。(卷三十七《叶榆河》)

盘水北入叶榆水,诸葛亮入南,战于盘东是也。(卷三十七《叶榆河》)

魏文帝黄初七年(226)

孙权使贺齐讨黟歙山贼,贼固黝之林历山,山甚峻绝,又工禁五兵,齐以铁杙椓山,升出不意,人以白棓击之,气禁不行,遂用奇功平贼,于是立始新之府于歙之华乡。(卷四十《浙江水》)

魏明帝太和二年(228)

魏明帝遣将军太原郝昭筑陈仓城成,诸葛亮围之,亮使昭乡人靳祥说之不下,亮以数万人攻昭千余人,以云梯冲车,地道逼射昭,昭以火射连石拒之,亮不利而还。(卷十七《渭水》)

诸葛亮与兄瑾书曰:有绥阳小谷,虽山崖绝险,溪水纵横,难用行军,昔逻候往来,要道通入,分使前军砍治此道,以向陈仓,足以扳连贼势,使不得分兵东行者也。(卷十七《渭水》)

祁山在蟠冢山之西七十许里,山上有城,极为岩固,昔诸葛亮攻祁山,即斯城也。(卷二十《漾水》)

诸葛亮与兄瑾书云:前赵子龙退军,烧坏赤崖以北阁道,缘谷百余里,其阁梁一头入山腹,其一头立柱水中,今水大而急,不得安柱,此其穷极,不可强也。(卷二十七《沔水》)

诸葛亮出洛谷,戍兴势,置烽火楼,通照汉水。(卷二十七《沔水》)

魏明帝太和五年(231)

(酉水)又东南迳潘承明垒,承明讨五溪蛮,营军所筑也。(卷三十七《沅水》)

魏明帝青龙二年(234)

青龙二年,诸葛亮出斜谷,司马懿屯渭南,雍州刺史郭淮,策亮必争北原而屯,遂先据之,亮至,果不得上。(卷十七《渭水》)

渭水又东迳五丈原,《魏氏春秋》曰:诸葛亮据渭水南原,司马懿谓诸将曰:亮若出武功,依山东转者,是其勇也;西若上五丈原,诸君无事矣。亮果屯北原,与懿相御。(卷十七《渭水》)

诸葛亮与步骘书曰:仆前军在五丈原,原在武功西十里余。……是以诸葛亮表云:臣遣虎步监孟琰据武功水东,司马懿因水长攻琰营,臣作竹桥,越水射之,桥成驰去。(卷十八《渭水》)

诸葛亮与步骘书曰:马冢在武功东十余里,有高势,攻之不便,是以留耳。(卷十八《渭水》)

魏明帝景初二年(238)

公孙渊遣将军毕衍拒司马懿于辽队,即是处也。(卷十四《大辽水》)

司马宣王之平辽东也,斩公孙渊于斯水之上者也。(卷十四《大辽水》)

巨洋水又东北迳益县故城东……司马宣王伐公孙渊,此徙丰人,住于此城,遂改名为南丰城也。(卷二十六《巨洋水》)

魏齐王正始二年(241)

魏太尉王凌与吴将张休战于芍陂,即是处也。(卷三十二《肥水》)

魏齐王正始八年(247)

故广武都尉郭淮破羌,治无戴于此处也。(卷二《河水》)

魏齐王正始九年(248)

魏凉州刺史郭淮,破羌遮塞于白土,即此处矣。(卷二《河水》)

魏正始九年,林邑进侵至寿泠县,以为疆界,即此县也。(卷三十六《温水》)

吴赤乌十一年,魏正始九年,交州与林邑,于(古战)湾大战,初失区粟也。(卷三十六《温水》)

魏齐王嘉平元年(249)

白水又东迳郭公城南,昔郭淮之攻廖化于阴平也筑之,故因名焉。(卷二十《漾水》)

魏齐王嘉平三年(251)

《魏书·郡国志》曰:宣王军次丘头,王凌面缚水次,故号武丘矣。(卷二十二《颍

水》)

魏嘉平三年,司马懿帅中军讨太尉王凌于寿春,自彼而还,帝使侍中韦诞劳军于五池者也。(卷二十二《渠》)

《魏书国志》曰:司马宣王讨太尉王凌,大军掩至百尺堨,即此堨也。(卷二十二《渠》)

吴会稽王建兴元年(252)

昔诸葛恪帅师作东兴堤以遏巢湖,傍山筑城,使将军全端、留略等,各以千人守之。魏遣司马昭督镇东诸葛诞率众攻东关三城,将毁堤遏,诸军作浮梁,陈于堤上,分兵攻城。恪遣冠军丁奉等,登塘鼓譟奋击,朱异等以水军攻浮梁,魏征东胡遵,军士争渡梁坏,投水而死者数千。塘,即东兴堤;城,即关城也。(卷二十九《河水》)

魏齐王嘉平五年(253)

《魏书国志》有曰:司马景王征毋丘俭,使镇东将军豫州刺史诸葛诞,从安风津先至寿春,俭败,与小弟秀藏水草中,安风津都尉部民张属斩之,传首京都,即斯津也。(卷三十《淮水》)

魏高贵乡公甘露二年(257)

文钦之叛,吴军北入,诸葛绪拒之于黎浆,即此水也。(卷三十二《肥水》)

魏高贵乡公甘露三年(258)

魏甘露三年,蜀遣姜维出洛谷,围长城,即斯地也。(卷十八《渭水》)

魏元帝景元四年(263)

(白水)又东北迳桥头,昔姜维之将还蜀也,雍州刺史诸葛绪邀之于此,后期不及,故维得保剑阁,而钟会不能入也。(卷二十《漾水》)

姜维之还也,邓艾遣天水太守王颀败之于强川,即是水也。(卷二十《漾水》)

昔姜维之冠陇右也,闻钟会入汉中,引还,知雍州刺史诸葛绪屯桥头,从孔函谷将出北道,绪邀之于此路,维更从北道渡桥头入剑阁,绪追之不及。(卷三十二《羌水》)

涪水又东迳江油戍北,邓艾自阴平景谷步道,悬兵束马入蜀,迳江油戍、广汉者也。(卷三十二《涪水》)

晋武帝泰始元年(265)

沈约《宋书》言:泰始元年,豫州刺史殷琰反,明帝假勔辅国将军讨之,琰降,不犯秋毫,百姓来苏。(卷三十二《肥水》)

晋武帝泰始八年(272)

孙皓凤凰元年,(步)阐息阐复为西陵督,据此城降晋,晋遣太傅羊祜接援未至,为

陆抗所陷也。（卷三十三《江水》）

晋武帝太康元年（280）

晋武帝平吴,割临沮之北乡,牛庐之南乡,立上黄县,治轮乡。（卷二十八《沔水》）

杜元凯之攻江陵也,人以瓠系狗颈示之,元凯病瘿故也。及城陷,杀城中老小,血流沾足,论者以此薄之。（卷三十四《江水》）

江水又迳南平郡孱陵县之东乡城北,吴陆抗所筑,后王濬攻之,获吴水军督陆景于此渚上。（卷三十五《江水》）

晋惠帝太安二年（303）

昔陆机为成都王颖入洛,败北而返。（卷十六《穀水》）

《晋后略》曰:成都王颖,使吴人陆机为前锋都督,伐京师,轻进,为洛军所乘,大败于鹿苑,人相登,蹑死于堑中及七里涧,涧为之满,即是涧也。（卷十六《穀水》）

涢水又南迳石岩山北,昔张昌作乱于其下,笼彩凤以惑众。晋太安二年,镇南将军刘弘遣牙门皮初,与张昌战于清水,昌败,追斩于江渼。（卷三十一《涢水》）

晋惠帝永安元年（304）

荡水出（荡阴）县西石尚山……晋伐成都王颖,败帝于是水之南。（卷九《荡水》）

卢琳《四王起事》曰:惠帝征成都王颖,战败时,举辇司马八人,辇犹在肩上,军人竞就杀举辇者,乘舆顿地,帝伤三矢,百僚奔散,唯侍中嵇绍扶帝,士将矢之,帝曰:吾吏也,勿害之。众曰:受太弟命,惟不犯陛下一人,遂斩之,血汗帝袂。将洗之,帝曰:嵇侍中血,勿洗也。此则嵇延祖殒命之所。（卷九《荡水》）

晋惠帝永兴元年（304）

晋惠帝永兴元年,骠骑王浚遣乌丸渴末,迳至梁期,候骑到邺。成都王颖遣将军石超讨末,为末所败于此也。（卷十《浊漳水》）

刘曜之将攻河南也,晋将魏该奔于此,故于父邑也。（卷十五《洛水》）

晋惠帝永兴二年（305）

安次县故城,西晋司空刘琨所守,以拒石勒也。（卷十二《巨马水》）

晋建兴中,刘琨自代出飞狐口,奔于安次,即于此道也。（卷十三《灅水》）

晋怀帝永嘉元年（307）

刘琨之为并州也,刘曜引兵邀击之,合战于洞过,即是水也。（卷六《洞过水》）

晋怀帝永嘉间（307—313）

永嘉中,太尉郗鉴将乡曲保此山,胡贼攻守不能得,今山南有大峄,名郗公峄。（卷二十五《泗水》）

晋怀帝永嘉五年(311)

《晋阳秋》称,晋太傅东海王越之东奔也,石勒追之,焚尸于此,数十万众敛手受害,勒纵骑围射,尸积如山,王夷甫死焉。(卷二十二《渠》)

晋怀帝永嘉六年(312)

徐广《晋纪》又言:石勒自葛陂寇河北,袭汲人向冰于枋头,济自棘。(卷五《河水》)

晋愍帝建兴二年(314)

李玲、李稚,以氏王杨难敌,妻死葬阴平,袭武街,为氏所杀于此矣。(卷二十《漾水》)

晋明帝太宁元年(323)

昔李骧败李流于温水是也。(卷三十六《若水》)

晋明帝太宁二年(324)

晋明帝太宁二年,李骧等侵越巂,攻台登县,宁州刺史王逊,遣将姚岳击之,战于堂琅,骧军大败,岳追之,至泸水,赴水死者千余人,逊以岳等不穷追,怒甚,发上冲冠,帕裂而卒。(卷三十六《若水》)

晋成帝咸和四年(329)

江水又东迳邾县故城南……(咸和)四年,豫州刺史毛宝,西阳太守樊俊共镇之,为石虎将张格度所陷,自尔丘墟也。(卷三十五《江水》)

晋穆帝永和五年(349)

徐广《晋纪》曰:石遵自李城北入,斩张豺于安阳是也。(卷九《洹水》)

永和五年,征西桓温遣督护滕畯,率交广兵伐范文于旧日南之卢容县,为文所败,即是处也。退次九真,更治兵,文被创死,子佛代立。(卷三十六《温水》)

晋穆帝永和七年(351)

(永和)七年,(滕)畯与交州刺史杨平,复进军寿泠浦,入顿郎湖,讨佛于日南故治,佛蚁聚连垒五十余里,畯、平破之,佛逃窜川薮,遣大帅面缚,请罪军门,遣武士陈延劳佛,与盟而还。(卷三十六《温水》)

晋穆帝升平三年(359)

升平三年,温放之征范佛子湾,分界阴阳圻,入新罗湾,至焉下,一名阿贲浦,入彭龙湾,隐避风波,即林邑之海诸。(卷三十六《温水》)

晋穆帝升平四年(360)

又东迳湖陵城东南,昔桓温之北入也,范懂擒慕容忠于此城。(卷二十五《泗水》)

晋穆帝升平五年（361）

《郡国志》所谓宛有瓜里津、夕阳聚者也。阻桥，即桓温故垒处。温以升平五年，与范汪众军北讨所营。（卷三十一《淯水》）

晋废帝太和三年（368）

太和三年，范文侵交州，于横山分界，度比景庙，由门浦至古战湾。（卷三十六《温水》）

晋废帝太和四年（369）

晋太和中，桓温北伐，将通之，不果而还。（卷七《济水》）

《郡国志》曰：睢阳县有卢门亭，城内有高台，甚秀广，巍然介立，超焉独上，谓之蠡台，亦曰升台。……晋太和中，大司马桓温入河，命豫州刺史袁真开石门，鲜卑坚戍此台，真顿甲坚城之下，不果而还。（卷二十四《睢水》）

晋孝武帝宁康元年（373）

沔水又东迳西乐城北，城在山上，周三十里，甚险固，城侧有谷，谓之容裘谷，道通益州。……诸葛亮筑以防遏，梁州刺史杨亮，以即险之固，保而居之，为苻坚所败。（卷二十七《沔水》）

晋孝武帝太元二年（377）

江水又东迳上明城北，晋太元中，苻坚之寇荆州也，刺史桓冲，徙渡江南，刘波筑之。（卷三十四《江水》）

晋孝武帝太元三年（378）

汉水又东，右得大势，势阻溪急，故亦曰急势也。依山为城，城固二里，在峻山上，梁州督护吉挹所治。苻坚遣偏军韦钟伐挹，固守二年不能下，无援遂陷。（卷二十七《沔水》）

晋孝武帝太元八年（383）

昔在晋世，谢玄北御苻坚，祈八公山，及置阵于肥水之滨，坚望山上草木，咸为人状，此即坚战败处。非八公之灵有助，盖苻氏将亡之惑也。（卷三十二《肥水》）

晋孝武帝太元十一年（386）

慕容垂伐慕容永于长子，军次潞水，永率精矢拒战，阻河自固，垂阵台壁，一战破之，即是处也。（卷十《浊漳水》）

晋孝武帝太元十三年（388）

沽水又西南迳赤城东，赵建武年，并州刺史王霸为燕所败，退保此城。（卷十四《沽河》）

晋孝武帝太元二十年（395）

按《燕书》，建兴十年，慕容垂自河西还，军败参合，死者六万人。（卷十三《灅水》）

晋安帝隆安三年（399）

扬水又东北与柞溪水合……东流迳鲁宗之垒，南当驿路，水上有大桥。隆安三年，桓玄袭殷仲堪于江陵，仲堪北奔，缢于北桥。（卷二十八《沔水》）

孙恩作贼从海上来，杨亭被烧。（卷四十《浙江水》）

（浦阳）江南有故城，太尉刘牢之讨孙恩所筑也。（卷四十《浙江水》）

晋安帝元兴三年（404）

北江有故乡洲，元兴之末，桓玄西奔，毛祐之与参军费恬射玄于此洲。玄子昇，年六岁，辄拔去之。王韶之云：玄之初奔也，经日不得食，左右进粗粥，咽不下，昇抱玄胸抚之，玄悲不自胜，至此，益州都护冯迁斩玄于此洲，斩昇于江陵矣。（卷三十四《江水》）

江之右岸有李姥浦……北对峥嵘洲，冠军将军刘毅破桓玄于此洲，玄乃挟天子，西走江陵矣。（卷三十五《江水》）

晋安帝义熙元年（405）

（枝江）县东北十里，土台北岸有迤洲，长十余里，义熙初，烈武王斩桓谦处。（卷三十四《江水》）

晋安帝义熙五年（409）

义熙五年，刘武帝伐慕容超于广固也，以借险难攻，兵力劳斃，河间人玄文说裕云：昔赵攻曹嶷，望气者以为沤水带城，非可攻拔，若塞五龙口，城当必陷。石虎从之，嶷请降。降后五日，大雨雷电震开。后慕容恪之攻段龛，十旬不拔，塞口而龛降，降后无几，又震开之。今旧基犹存，宜试修筑。裕塞之，超及城内男女，皆悉脚弱，病者大半，超遂出奔，为晋所擒也。然城之所跨，实凭地险，其不可固城者在此。（卷二十六《淄水》）

晋安帝义熙六年（410）

白帝山城周回二百八十步，北缘马岭，接赤岬山，其间平处，南北相去八十五丈，东西七十丈，又东傍东瀼溪，即以为隍，西南临大江，阚之眩目，惟马岭小差委迤，犹斩山为路，羊肠数四，然后得上。益州刺史鲍陋镇此，为谯道福所围，城里无泉，乃南开水门，凿石为函道，上施木天公，直下至江中，有似猨臂，相牵引汲，然后得水。（卷三十三《江水》）

卢循之寇交州也，交州刺史杜慧度，率水步晨出南津，以火箭攻之，烧其船艦，一时溃散，循亦中矢，赴水而死，于是斩之，传首京师，慧度以斩循勋，封龙编侯。（卷三十

七《叶榆河》)

晋安帝义熙九年(413)

《林邑记》曰:义熙九年,交趾太守杜慧度造九真水口,与林邑王范胡达战,斩胡达二子,虏获百余人,胡达遁。五月,慧度自九真水历都粟浦,复袭九真,长围跨山,重栅断浦,驱象前锋,接刃城下,连日交战杀伤,乃退。(卷三十六《温水》)

晋安帝义熙十二年(416)

义熙中,刘公西入长安,舟师所属,次于洛阳,命参军戴延之与府舍人虞道元,即舟溯流,穷览洛川,欲知水军可至之处。(卷十五《洛水》)

洛水又东迳龙骧城北,龙骧将军王镇恶从刘公西入长安,陆行所由,故城得其名。(卷十五《洛水》)

魏文帝黄初中立为东莞郡,《东燕录》谓之团城,刘武帝北伐广固,登之以望王难。(卷二十五《沂水》)

晋安帝义熙十三年(417)

郭缘生记曰:汉末之乱,魏武征马遂、韩超,连矢此地,今际河之西有曹公垒,道东原上有李典营。义熙十三年,王师曾据此垒。(卷四《河水》)

《西征记》曰:沿途逶迤,入函道六里,有旧城,城周百余步,北临大河,南对高山,姚氏置关以守峡。宋武帝入长安,檀道济、王镇恶,或据山为营,或平地结垒,为大小七营,滨带河险。姚氏亦保据山原,陵阜之上,尚传故迹矣。(卷四《河水》)

济水又东合荥渎,渎首受河水,有石门,谓之荥口石门也。……义熙十三年,刘公西征,又命宁朔将军刘遵,考仍此渠而漕之。始有急湍东注,而终山崩壅塞,刘公于北十里,更凿故渠通之。(卷七《济水》)

宋武帝西征长安,令垣苗镇此,故俗有垣苗城之称。(卷八《济水》)

渎水又东迳相国城东,刘武帝伐长安所筑也。(卷三十二《肥水》)

宋少帝景平元年(423)

魏攻北司州刺史毛祖德于虎牢,战经二百日,不克。城唯一井,井深四十丈,山势峻峭,不容防捍,潜作地道取井。(卷五《河水》)

宋文帝元嘉元年(424)

元嘉元年,交州刺史阮弥之征林邑,阳迈出婚不在,奋威将军阮谦之领七千人先袭区粟,已过四会,未入寿泠,三日三夜无顿止处,凝海直岸,遇风大败。阳迈携婚,都部伍三百许船来相救援。谦之遭风,余数船舰,夜于寿泠浦里相遇,闇中大战,谦之手射阳迈柂工,船败纵横,昆仑单舸,接得阳迈。谦之以风溺之余,制胜理难,自此还,渡寿泠至温公浦。(卷三十六《温水》)

宋文帝元嘉二年（425）

宋元嘉二年，卫将军荆州刺史谢晦阻兵上流，为征北檀道济所败，走桃班三治，吴旧屯所，在荆州界。（卷三十五《江水》）

宋文帝元嘉七年（430）

宋元嘉中，右将军到彦之留建威将军朱脩之守此城，魏军南伐，脩之执节不下，其母悲忧，一旦，乳汁惊出，母乃号踊，告家人曰：我年老，非有乳时，今忽如此，吾儿必没矣。脩之绝援，果以其日陷没。（卷五《河水》）

宋文帝元嘉十年（433）

昔杨难当令魏兴太守薛健据黄金，姜宝据铁城。宋遣秦州刺史萧思话西讨，话令阴平太守萧垣攻拔之，贼退酉水矣。（卷二十七《沔水》）

宋文帝元嘉十九年（442）

元嘉十九年，宋太祖遣龙骧将军裴方明伐杨难当，难当将妻子北奔，安西参军鲁尚期追出塞，即斯峡矣。（卷二十《漾水》）

宋文帝元嘉二十年（443）

元嘉二十年，以林邑凶顽，历代难化，恃远负众，慢威背德，北宝既臻，南金阙贡，乃命偏将与龙骧将军交州刺史檀和之，陈兵日南，修文服远。（卷三十六《温水》）

宋文帝元嘉二十三年（446）

（元嘉）二十三年，杨旌从四会浦口入郎湖，军次区粟，进逼围城，以飞梯云桥，悬楼登垒，钲鼓大作，虎士电怒，风烈火扬，城摧众陷，斩区粟王范扶龙首，十五以上，坑截无赦，楼阁血雨，填尸成观。（卷三十六《温水》）

元嘉二十三年，交州刺史檀和之破区粟，已飞于盖海，将指典冲，于彭龙湾上鬼塔，与林邑大战，还渡典冲林邑入浦，令军大进，持重故也。（卷三十六《温水》）

宋文帝元嘉二十七年（450）

宋奋威将军鲁方平，建武将军薛安都等，与建威将军柳元景北入，军次方伯堆者也。堆上有城，即方平所筑也。（卷四《河水》）

宋元嘉中，遣辅国将军萧斌，率宁朔将军王玄谟北入，宣威将军垣护之以水军守石济，即此处也。（卷五《河水》）

河之南岸有新城，宋宁朔将军王玄谟前锋入河所筑也。（卷五《河水》）

宋元嘉二十七年，以王玄谟为宁朔将军，前锋入河，平碻磝，守之。都督刘义恭以沙城不堪守，召玄谟，令毁城而还。（卷五《河水》）

洛水又东迳高门城南，即《宋书》所谓后军外兵庞季明入卢氏，进高门木城者也。

（卷十五《洛水》）

王智深《宋史》云：宋太尉刘义恭,于彭城遣军主稽玄敬,北至城觇候魏军,魏军于清西,望见玄敬士众,魏南康侯杜道儁引趣泡桥,沛县民逆烧泡桥,又于林中打鼓,儁谓宋军大至,争渡泡水,水深酷寒,冻溺死者殆半。（卷二十五《泗水》）

宋文帝元嘉二十九年（452）

宋世,沈庆之于西阳上下诛伐蛮夷,即五水蛮也。（卷三十二《蕲水》）

宋文帝元嘉三十年（453）

江中有五洲相接,故以五洲为名,宋孝武帝举兵江洲,建牙洲上,有紫云荫之,即是洲也。（卷三十五《江水》）

宋孝武帝大明六年（462）

（长蛇水）南流迳长蛇戍东,魏和平三年筑,徙诸流民以御陇寇。（卷十七《渭水》）

宋明帝泰始二年（466）

王智深云：汝南太守周矜起义于悬瓠者是矣。（卷二十一《汝水》）

浉水又北迳贤首山西,又北出东南,屈迳仁顺城南,故义阳郡治,分南阳置也。……昔常珍奇自悬瓠遣三千骑,援义阳行事庞定光,屯于浉水者也。（卷三十《淮水》）

宋泰始初,豫州司马刘顺帅众八千,据其城地以拒刘勔,赵叔宝以精兵五千,送粮死虎,刘勔破之。（卷三十二《肥水》）

北魏孝文帝太和十八年（494）

大谷水又南迳独石西,又南迳御夷镇城西,魏太和中,置以捍北狄也。（卷十四《沽河》）

梁武帝天监四年（505）

泗水又迳宿预城之西……魏太和中,南徐州治,后省五戍。梁将张惠绍北入,水军所次,凭固斯城,更增修郭堑,其四面引水环之,今城在泗水之中也。（卷二十五《泗水》）

二十、《历代郦学家治郦传略》序

《水经注》成书于公元 6 世纪初，到《隋书·经籍志》始见著录。隋代编纂类书《北堂书钞》已经引用了此书内容，唐初类书《初学记》摘钞《水经注》的文字更多，此外如《艺文类聚》、《文选注》、《史记正义》等，也都引及此书。但这些都不能作为对《水经注》一书进行研究的例子。尽管《唐六典》已经把此书内容说得非常清楚："桑钦《水经》所引天下之水百三十七，江河立焉。郦道元注《水经》，引其枝流一千二百五十二。"①《唐六典》的编者要把这 1200 多条枝流，从 30 多万字的注文中排比出来，确实也得下一番工夫。但此书，在唐代尚不受人注意，则是非常明显的。郑德坤《水经注版本考》说："唐儒如颜师古、魏王泰、太子贤、司马贞诸人皆不重郦注，杜佑据河源、济渎二事，訾毁百端，谓学僻书，刘知几《史通》，亦以为繁而不穷。"②所说确是事实。终唐一代，可以列为郦学家的只有两人：一是陆羽撰《续水经》，二是李吉甫撰《删水经》。不过前者只见清毕沅《赵一清水经注释序》，陆羽其人，新、旧《唐书》均无传，《续水经》也早已亡佚，自来不见他书著录，亦无后人引及，陆氏在郦学研究中的贡献如何，已经无法查核。后者是元和年代的宰相，现存的我国最早全国总志《元和郡县图志》就是在他的主持下完成的。因此，虽然他所撰《删水经》一书也早已亡佚，但从《元和志》所引的不少郦注来看，他虽不能与明、清郦学家相比，在郦注尚不受人重视的唐代，李吉甫身任政事繁剧的宰相而能兼及于此，因此，作为一个早期的郦学家，是可以当之无愧的。

　　从唐代后期起,《水经注》开始从朝廷藏书而传入民间,读者顿时增加,由于此书内容丰富,文字生动,得到了不少人的爱好和欣赏。例如唐末诗人陆龟蒙的"山经水疏不离身",[③]北宋著名文学家苏轼的"嗟我乐何深,水经亦屡读"。[④]郦注成为这些人不可或缺的精神食粮,其受人推重,可见一斑。不过欣赏此书的人,不一定就是研究此书的专家,在北宋一代中,还找不出一个对此书确有研究的郦学家。当然,对此书的价值,已经逐渐为社会所认识,而南宋一代中,终于出现了两位证据确凿的郦学家。一位是金礼部郎中蔡珪(正甫),他撰述《补正水经》3卷,虽然其书也不传,但根据至今尚存的元代学者为此书所作的序跋,[⑤]可以窥见其书确实对郦注有所补正。所以郑德坤《水经注版本考》中所谓"蔡氏《补正》实为专门研究《水经注》之始"的话并不算过分。南宋时代的另一郦学家是稍晚于蔡珪的龙图阁学士程大昌。假使说蔡珪是"专门研究《水经注》之始",那么程大昌应该是专门编绘《水经注图》之始。程氏所编图虽然名为《禹贡山川地理图》,[⑥]其内容除《水经注》外,也包括《禹贡》和《汉书·地理志》等,但据他附在图内的一篇论说《删润郦道元所释水经》所说:"叙载事实,皆是《水经》,臣但隐括令有条理。"说明他的地图,主要是按《水经注》记载并结合南宋现状的作品。到了清代,郦学家在郦学研究中绘制(《水经注图》)的颇不乏人,如黄仪、董祐诚、汪士铎、杨守敬、熊会贞等,而程大昌在这方面是起了创导作用的。

　　《水经注》一书受到学者的高度重视始于明代,在正德、嘉靖、万历各朝中,研究此书的学者甚多,他们有的抄录当时尚存的宋代版本加以校勘,有的还在校勘后付诸刊印以广流传,前者如柳佥(大中)、谢兆申(耳伯)、赵琦美(清常)等,他们校勘的本子,对后来的郦学家都起了重要的作用。后者如黄省曾和吴琯等,他们的刊本流行甚广,直到清代,不少郦学家的郦学研究,都仍以这些刊本作为底本。可惜明代郦学家的研究成果存留至今的只是少数,以致有不少郦学家,他们虽然毕生努力,但由于成果亡佚,使我们无法对他们的研究工作作出真正的评价。对现存的少数郦学成果进行评价,则明代的郦学家中,当以万历年代的朱谋㙔(郁仪)贡献最大。他的校本《水经注笺》,刊行于万历四十三年(1615),曾被顾炎武称誉为"三百年来一部书"。[⑦]清代的许多郦学家的郦学研究,《水经注笺》都是重要的参考资料和底本。直到晚近,熊会贞在他亲笔《十三页》[⑧]中,仍规定以朱本为《水经注疏》的底本,指出:"必如此,全书方有主义。"

　　清代是郦学家人才辈出的时代,特别是在嘉庆以前的清朝前期,造诣不凡的郦学家风起云涌,诸如顾炎武、阎若璩、黄仪、胡渭、刘献廷、孙潜、何焯等,都以他们在郦学研究中的卓越成就著名于世。在这一辈学者努力钻研的基础上,终于出现了乾隆年代以全祖望、赵一清、戴震3位著名郦学家为代表的郦学史上的一个登峰造极的时代。

此后,郦学界虽然由于赵戴《水经注》案的论战而分散了力量,减少了有价值的研究成果,但著名的郦学家如杨守敬、熊会贞等,仍然以他们的非凡努力,在郦学史上增添了光辉。

《水经注》成书已有1400多年,但是如前面指出的,直到唐代,此书还未曾引起学者们的重视,虽然在这个《传略》中也列入少数唐代的郦学家,但是真正的郦学研究,应该是从金蔡珪的《补正水经》开始的,至今也已有800多年了。这期间出现的郦学家,为数相当可观,他们各以各的研究成果,不断地为郦学史锦上添花。尽管每个郦学家都有他们各自的时代背景,治学方法,研究方向和不同的研究成果,但他们之间显然存在着两个重要的共同特点。

第一个特点是这些郦学家的毕生苦学,力攀高峰。例如明朝的郦学家朱谋㙔,他是郦学史上被誉为"三百年来一部书"著名郦注版本的作者。他虽然身为明朝宗室,但是他并不眷恋于超人一等的优裕生活,而是倾全力于学问。《明史》[⑨]说他"闭户读书",著作达百余种,"皆手自缮写",终于成为著名的郦学家。另一位在地理学上下过极大工夫的郦学家曹学佺,他对地理书籍的大量阅读令人吃惊。他在其所撰《大明舆地名胜志》一书的序言中说:"予在金陵时,泛观四库诸书,凡可为各省山川名胜资者,悉标识其端,积有七簏,用二十夫之力舁以相随。"难怪在他的《大明舆地名胜志》中,基本上已把《水经注》中有关各省山川名胜的内容全部抄入,而且其中有大量的郦注佚文,成为今天我们为《水经注》辑佚的重要依据。

清代的著名郦学家也无不如此,以清初的胡渭为例,他从事河川水利的研究,并以郦注为本,撰写《禹贡锥指》一书,对《水经》的成书年代,作了深入的研究,他毕生力学,老而弥勤,《禹贡锥指》完成之日,他已经年逾古稀,康熙帝因此赐予"耆年笃学",确是受之无愧。另一郦学家孙潜,他也是勤奋治郦,终于使名本流传。他以明代郦学家柳佥在正德年代的钞朱本和赵琦美在万历年代的三校本这两种名本相互比勘,把这两本过录在他自己的校本上。他于康熙六年(1667)冬季以柳佥本校勘时,在严寒中力疾工作,令人钦佩。他在其所校卷二十九《比水》下手写:"(十二月)廿五日用柳大中家钞本勘正,廿七日上午呵冻勘此卷。"在卷十六《穀水》下手写:"岁事卒卒,兼患痔痛,故自腊月七日辍笔,至今九日,始得续校也,以艰于久坐,止校得此卷复辍也。"现在,柳佥本和赵琦美本这两种郦学史上的著名钞本都早已亡佚,由于他的辛勤工作,得以从他的校本中保留至今。另一位在《清史稿》[⑩]中被称为"通经史百家之学"的何焯,曾于康熙三十三年(1694)、三十五年(1696)、五十七年(1718)三次校勘郦注,赵一清称道何焯校勘此书的勤奋是"夜以继日"。[⑪]何焯校本虽未付刊,但至今仍是郦学家珍视的名本,这当然不是偶然的。还有一位在雍正年代校勘郦注的沈炳巽,他的研究成果《水经注集释订讹》，也是郦学史上的著名版本之一。《四库提要》[12]说明他的治郦工作是："炳巽作此书，凡历九年而成，丹铅矻矻，手自点定。"用九年苦功校成一书，在历来的郦学家中，这还是常见的事。倾毕生之力于一书的，也不乏例子。

现在来看全、赵、戴三人毕生苦学，攀登郦学高峰的情况。在迄今为止的郦学史上，此三人贡献最大，这或许是众所公认的。今天我们能够读到这样一部基本上完整的《水经注》，这三人出力最多，也是不庸置疑的。他们在郦学史上的巨大成就，当然都是他们锲而不舍，刻苦努力的结果。全祖望生长在一个郦学世家之中，他的祖辈，数代以来，都曾研治郦学，成绩斐然，所以全氏自幼受到郦学的熏陶。这就是他为赵一清《水经注释》所作的序言中所说的："余年二十以后，雅有志于是书。"但他正式投入此书的校勘工作，其时已在乾隆十四年(1749)，当时他年已45岁，从此直到他于51岁去世，一直校勘不辍，6年之中，校勘了7次，完成了现在我们所见到的成果《七校水经注》。据董小纯所撰《全谢山年谱》说："乾隆十四年己巳，先生四十五岁，校《水经注》，是年有诗三集，而《水经注》一书，先生晚年精力所注，用功最勤。"全氏晚年多病，但仍抱病校勘，48岁之年，客居广东，而"朝夕不倦者，则《水经注》，盖七校矣。十八年癸酉，先生四十九岁，自粤中归，又云自七月乃归家养疴，犹以《水经注》未卒业，时时检阅。十九年甲戌，先生五十岁，居扬州，是年春尽，维扬故人以书招往养疴，仍治《水经注》，十一月乃归。二十年乙亥，先生五十一岁，卒于家。"《年谱》提供的资料，说明《七校水经注》还不是全氏的最后成果，因《七校本》成于他48岁，此后三年，他仍然力疾治郦，直至去世。可惜他身后郦学研究成果多已散佚。

赵一清也是一位学识渊博的地理学家和郦学家。他何时开始治郦不见记载，但他精于地理学，而且以郦注记载与他的地理学研究相印证。他早年曾主修《直隶河渠书》130卷，后继此事者是戴震，戴氏亦修复此书80卷。戴书卷一《唐河篇》下，附录赵一清所撰《卢奴水考》一篇，戴氏案云："杭人赵一清，补注《水经》，于地学甚核。"从戴震案语中知赵氏早年已有补注《水经》之作，足见其毕生治郦与深厚造诣的一斑。赵一清郦学研究的最后成果是其校本《水经注释》，完成于乾隆十九年(1754)，此书全部被收入于王先谦的《合校水经注》之中，王氏在卷首《例略》中称道赵氏此书是他数十年考订苦心。全祖望为此书所作的序言云："东潜夺蠹而登，囊括一切。"赵氏此书实际上就是戴震所校武英殿聚珍版本的底本，因此，全氏对此书的评价并不过分。

戴震是3人之中年齿最幼，而且有机会进入四库馆校勘郦注的学者，这是一位学识渊博而性格高傲的学者。他的正式治郦始于乾隆三十年(1765)，当时，由于他考订胡渭的《禹贡锥指》，发现胡氏所引《水经注》的一些错误。就在这年秋天，戴震自定《水经》一卷，[13]并自记云："夏六月，阅胡朏明《禹贡锥指》引《水经注》，疑之。因检郦氏书,展转推求,始知郦明所由致谬之故,实由唐以来经注互讹。……今得其立文定例,就郦氏所注考定经文,别为一卷,兼取注中前后倒窜不可读者为之订正,以附于后。"戴氏从此潜心于郦学。乾隆三十七年(1772)在浙江金华书院任主讲时,已经完成了他的自定校本(即以后由孔继涵整理刊行的微波榭本)。乾隆三十八年,他奉诏入四库馆,主校《水经注》。他以四库馆的优越条件,遍睹朝廷所藏的各种郦注版本,包括赵一清的《水经注释》和《永乐大典》本《水经注》等。他以超人的学识和果断的行动,淘汰他在四库馆所见的大量版本,包括他自己入馆前的校本,而以赵一清的《水经注释》作为底本,并吸取《永乐大典》本、归有光本、朱谋㙔《水经注笺》等本的优点,以非凡的努力和惊人的速度,在一年多时间中,完成了一部郦学史上成就空前的佳本,即武英殿聚珍版本。

全、赵、戴以后,勤苦努力,造诣高深的郦学家仍然不断涌现。例如乾嘉年代的孙星衍,他钻研郦注,竟至熟读,到晚年犹能朗朗上口。据顾广圻《孙氏水经注校本跋》云:"伯渊观察于此书,用功甚深,晚年对客,犹能称引翻澜,不须持本也。"又如光绪年代的王先谦,他也毕生勤奋于此书,据其所撰《合校水经注例略》云:"余耽此三十年,足迹所至,必以自随,考按志乘,稽合源流,依注绘图,参列今地,兼思补正,各史关涉水地事迹,及经注未备各水,为之作疏。"对于这些郦学家研治郦学的孜孜不倦以及他们郦学基本功的深厚扎实,确实均可为人楷模。

从晚清以至近代,郦学史中毕生苦学,力攀高峰的代表人物,当以杨守敬、熊会贞师生最为著名。杨守敬是著名的地理学家,他的地理学,和王念孙、段玉裁的小学,李壬叔(善兰)的算学,被称为清代的"千古绝业"。[14]他于咸丰八年(1858)二十岁时,因友人郑谱香晒书,得见《六严舆地图》,从此有志于地学。[15]同治年间即开始从事《水经注疏》的撰述,而于光绪五年(1879)完成了初稿。潘存在这一年有《题水经注疏初稿叙语》之作,略云:"楚北杨君惺吾,博览群籍,好深湛之思,凡所论述,妙语若百诗,笃实若竹汀,博辨若大可,尤精舆地之学。……而《水经注疏》神光所照,直与郦亭共语,足使谢山却步,赵、戴变色。"以后,在其学生熊会贞的襄助下,他又陆续完成《水经注疏要删》和《水经注图》等郦学巨著。临死尚嘱咐熊氏继续完成《水经注疏》的修订工作,使之出版。杨氏死后,熊会贞继承其郦学研究的未竟任务,据郦学家汪辟疆《杨守敬熊会贞合传》[16]所载:"守敬卒后,会贞居菊湾杨氏故居,又二十二年,书凡六、七校,稿经六次写定。"汪氏在另一篇《明清两代整理水经注之总成绩》[17]一文中也说道:"杨氏既归道山,熊氏仍馆其家,暝写晨抄,二十余年如一日。"熊氏自己也表示:"自杨师下世,会贞继续编纂,无间寒暑,志在必成。"[18]尽管熊氏在最后受到疏稿被盗卖的重大打击而不幸弃世,但今日影印出版的北京本《水经注疏》和台北本《杨熊合撰水经注疏》,都是他在杨氏去世后 20 余年中"暝写晨抄"的辛勤成果,而其中台北本和他的最后定稿已基本相似。[19]杨氏的筚路蓝缕和熊氏的艰苦继承,终于为我们留下了这样一部在郦学史上光辉闪烁的巨著。

历代郦学家中毕生苦学,力攀高峰的例子还有很多,例如近代的著名学者胡适,他早年即已推崇戴震,曾于民国十三年(1924)发起"戴东原先生(诞辰)二百周年纪念会"。[20]足见他对戴氏治郦,必已早有留意。由于赵戴《水经注》案中,绝大部分学者均论定戴书袭赵,胡适遂于 1943 年正式宣布要"研究一百多年来的所谓赵戴《水经注》案的一切有关证件",[21]"替我同乡戴震(东原)申冤"。[22]从此直到 1962 年去世,他全力投入郦学史上这一问题的研究。为此问题所写的论文、函札等,收入于他身后的《胡适手稿》1 至 6 集(每集 3 册),共达 18 册之多。[23]尽管他的 20 年苦功实际上达不到替戴震申冤的目的,又尽管他的郦学研究被议论为对枝节问题的"费词"。[24]但他在这 20 年中对郦注版本做了前所未有的工作,搜集的各种版本多达 41 种,使他成为郦学史上搜集版本最多的学者,从这一点上说,他仍然攀登了前人所未曾到达过的高峰。又如日本著名郦学家森鹿三,他是在京都大学求学的时代接受他老师小川琢治的嘱咐而决心毕生治郦的,他从 1931 年在京都《东方学报》发表其第一篇郦学论文《水经注所引之法显传》以来,一生中发表郦学论文近数十篇,最后在 1974 年出版了由他组织主译的日译节本《水经注(抄)》,成为郦学史上第一部比较完整的《水经注》外文译本,获得中国郦学界的好评。[25]

如上所述,自从金蔡珪正式揭开了郦学研究的序幕以来,在这 800 多年中,由于许多郦学家的毕生辛勤,前后相继,夺取了这门学问中的一个又一个的高峰,使得这一部经注混淆,错漏连篇的残籍,最后基本上恢复了原书的本来面貌,成为一部众所能读的历史名著,使之在各种学术研究中发挥作用。

历来郦学家从事郦学研究的第二个特点是,后代学者吸取前代学者的研究成果和当代学者之间的合作互助。郦学是一门包罗宏富、牵涉广泛的学问,但是研究这门学问的基础条件是要把从宋代以来变得混乱残缺、不堪卒读的这部《水经注》进行复原。而这项工作的本身,也就成为研究中的一个首先面临的艰难课题。明、清两代郦学家的大量精力,几乎都投在这项工作之上。从郦注的著名钞本来看,诸如柳金、谢兆申、赵琦美等人,他们把宋代的本子抄下来加以校勘,而清初的孙潜,又继承柳、谢、赵的成果,把他们的本子抄下来进行校勘,使这些前代著名郦学家的校勘成果得以代代相传。从郦注的刊本来看,北宋元祐以前刊行的此书第一部刊本,只有 30 卷,内容仅有后来的本子的 1/3。[26]元祐二年(1087)的第二部刊本,经过补充,勉强凑成 40 卷之数,实际上仍然是个残本。到了明代,黄省曾和吴琯在上述宋本的基础上加以校勘付刻,而朱谋玮又继承宋、明以来诸刊本和钞本之长,校勘并刊印了明代的名本《水经注笺》,使清代郦学家的研究工作能在这一名本的基础上继续提高。例如全、赵、戴3家之中,赵氏的研究工作,首先就从钻研朱本着手,吸取了朱本的成功之处,订正朱本的讹误,撰成《水经注笺刊误》12卷,在这样的基础上,最后校订了远胜朱本的《水经注释》。全、戴两家也同样对朱本进行了细致深入地研究,尽管全氏的七校本和戴氏的殿本,其成就都远远超过朱本,但其中都包含了朱本的成果在内。特别是殿本,由于它实际上继承了赵本、全本、朱本以及明、清一切郦学家的优秀成果,因而成为一种在郦学史上划时代的版本。

在整理宋代以来这部混乱不堪的郦注的过程中,分清经注是历代郦学家们复原此书的关键。在这个关键问题上,也可以清楚地看出郦学家们承前启后的业绩。前辈郦学家在这个问题上苦思冥想所获得的线索,又为后辈郦学家紧紧继承和进一步完善,而最后获得成功。早在明正德年代,郦学家杨慎就重视了这个问题,他说:"汉桑钦《水经》旧录三卷,纪天下诸水,首河,终斥江,凡一百十有一。曰出,曰过,曰迳,曰合,曰分,曰屈,曰注,曰入。此其八泽也,而水道如指掌矣。"[20]当然,杨氏的所谓"八泽",仍然包含着错误,例如"过"是经文的用语而"迳"是注文的用语,不能混为一谈。但杨氏在体例上的这种研究,使以后的郦学家受到启发,使这种研究不断得到完善。到了全祖望的时代,这种研究就有了很大的提高。全氏在《五校本题辞》中说:"经文与注文颇相似,故能相溷,而不知熟玩之,则固判然不同也。经文简,注文繁;简者必审择于其地望,繁者必详及于渊源。一为纲,一为目。以此思之,盖过半矣。"全氏按照他所定的这个分清经注的原则校勘,《河水篇》的经文从254条减为53条,《济水篇》从70条减为30条,《江水篇》从128条减为22条,《淮水篇》从22条减为8条,《沔水篇》从102条减为18条,使经注基本上得到清理。而戴震又把全氏的研究成果加以总结,用简明扼要的语言,写下区分经注的原则。戴氏云:"至于经文注语,诸本率多混淆,今考验旧文,得其端绪:凡水道所经之地,经则云过,注则云迳,经则统举都会,注则兼及繁碎地名;凡一水之名,经则首句标明,后不重举;注则文多旁涉,必重举其名以更端;凡书内郡县,经则但举当时之名,注则兼考故城之迹。"[21]以这个重要的关键问题为例,在一代一代郦学家的辛勤耕耘之下,郦学研究中这种一步一个脚印的进展,现在看来是很清楚的。

明清郦学家除了善于继承前代郦学家的研究成果外,当代郦学家之间的相互切磋,共同提高,也是这个时代郦学研究中的一个重要特色。以朱谋玮校勘《水经注笺》为例。这部名本,其实并非他一人的研究成果。朱氏在此书卷首的自序中明确指出,他的校勘工作是在另外两位郦学家谢兆申(耳伯)、孙汝澄(无挠)的襄助下进行的。

稿成以后，又得到郦学家李克家的订正。在清代的郦学家之中，彼此交谊甚好、相互讨论学问、利用成果的例子甚多。例如清初的郦学家阎若璩和黄仪之间，就曾在郦学研究中相互质疑问难。而黄仪与另一著名郦学家刘献廷之间也有很好的交谊。全祖望在《沈氏水经注校本跋》（《全校水经注附录》上）一文中谈及他和郦学家沈炳巽（绎旃）之间的关系。因沈氏撰有《水经注集释订讹》一稿，全氏希望在他的郦学研究中参考沈氏原稿。全氏说："岁在庚午（驿案，乾隆十五年，1750），予贻书求其稿，绎旃欣然携之至杭，并亡友董讷夫（驿案，另一郦学家董祐诚）之本以来，讷夫亦义门（驿案，指郦学家何焯）高弟也。绎旃与予讨论浃旬，遂留置于插架中。"这里不仅让我们看到了两位郦学家之间的互助合作的关系，更令人佩服的是沈炳巽的高尚风格。即使在今天，仍然可以作为我们学习的榜样。全祖望与赵一清之间的学术友谊更是众所共知的。二人在郦学研究中，相互切磋，函札不断，其中全氏致赵氏函札，均收在全氏《鲒琦亭集》之中。赵氏《水经注释》卷首参校诸本下列有"全氏祖望七校本"一种，赵氏在此本下说："四明全谢山翰林，取诸本手校于箧笥，谓道元注中有注，本双行夹写，今混作大字，几不可辨，盖述其先世旧闻。斯言也，予深然之。河、洛、济、渭、沔、江诸篇，经注混淆，卧病中忽悟其义，驰书三千里至京师告予。予初闻之，通夜不寐，竟通其说，悉加改正。今秋下榻春草园之西楼，各出印证，宛然符契，举酒大笑，因制序焉。"在郦学研究中，交谊如此深厚，讨论如此认真，确是郦学史上的一段佳话。另一位道光年代的郦学家张穆，他为了要弄清全、赵、戴3家之间的所谓《水经注》案，很想查阅当时已经散佚的全氏原稿，这项工作本来是相当困难的。但是另一位郦学家王梓材（馥轩）竟帮助他完成了这项任务。张穆在《赵戴水经注校案》[㉒]一文中记述了此事始末："老友王君馥轩告余曰：谢山稿本，今尚有十余册，藏之月船卢氏。穆问可致否？馥轩曰：试为子询之。卢氏重馥轩请，别请书手传钞十卷，并谢山《题辞》、《目录》一卷，于甲辰（驿案，道光二十四年，1844）春附公车寄到。"这里，张穆和王梓材当然有旧交，但卢氏（卢文弨之后）与张穆绝无关系，为了学术研究，卢氏竟显得如此大方。不禁使我联想到，我由于受浙江省之嘱，主编《浙江古今地名词典》，此书编纂中需要参考《大明舆地名胜志》中的浙江卷，此书，东南各地只有某著名图书馆藏有完整的一部。今年4月间，编委会特派人携公家介绍信前往该馆联系复制，该馆当时不作肯定答复，嗣后寄来盖有公章的复信，复制不过457页，需支付该馆复制费、资料费等，费用合计2000元。我们只好望洋兴叹。

在郦学研究中，像上述郦学家之间相互合作的例子还可以举出很多。王先谦在光绪年代编纂《合校水经注》，也就获得了不少郦学家的帮助。如萧穆，就把他手自过录的孙星衍校本寄赠。在当时，孙星衍校本除汪均之所藏原本外，其钞本仅刘履芬、薛福成、萧穆各录有一本,天地之间,连原本不过4本,但是为了郦学研究,萧穆却是如此慷慨。视今日的少数书侩,以国家藏书为己有,漫天索价,闻上述郦学家之风,亦可以少愧矣。

杨守敬和熊会贞师生在郦学研究中的结为一体,也是郦学家之间紧密合作的生动事例。熊氏在杨氏生前就是得力助手,据汪辟疆《杨守敬熊会贞合传》云:"(杨守敬)自序并云多熊生之力.及《水经注疏》稿将成,守敬挟其稿走京师,告侯官陈衍曰:今吾书幸成,多弟子熊生助属稿。"又据汪氏《明清两代整理水经注之总成绩》云:"易箦语熊会贞曰:《水经注疏》不刊,死不瞑目。熊泣曰:鞠躬尽瘁,死而后已。"杨、熊师生在《水经注疏》撰述中的这种生死与共的精神,确实为郦学史增添了无限光彩。在郦学史上,师生合作,共同从事郦学研究的事,在日本也有现成的例子。据船越昭生《森鹿三先生和水经注研究》⑳一文所述,森氏之所以立志毕生献身郦学,是受其老师小川琢治的嘱咐,小川也是日本的著名郦学家之一,他和森氏之间,必然有过一番合作,只是不见于记载。但森氏与他的学生之间在郦学研究中的合作关系,却是人所共知的。森氏于1964年4月到1970年3月间,在京都大学人文科学研究所举办了为时6年的《水经注疏》订补研究班,每周由他主持一次《水经注》的会读,而参加这个研究班的,大部分都是他早年在京都大学执教时的学生。这个研究班的主要成果之一是由他主译的日译节本《水经注(抄)》,在这个译本的译者中,除了日比野丈夫是和他同辈的著名郦学家以外,其余3人日原利国、藤善真澄、胜村哲也,都是他的学生。

从以上所述的历代郦学家研治郦学的两个特点来看,简单地说,就是郦学家的个人努力和郦学家之间的前后继承及相互合作。其实,整个人类社会的一切学问,都是这样发展起来的。因此,对于今后的郦学家和郦学研究的发展,前代郦学家的事迹,是具有启发和教育意义的。而我撰写这个《传略》,动机也在于此。我选入《传略》的125位郦学家之中,大部分都是历史人物,但也有少数是当代健在的学者。在这些人物之中,大部分都是在郦学研究中贡献卓著的学者,但是也有一部分由于历史记载疏缺,使《传略》的撰写遇到不少困难。有的郦学家,知道其郦学研究成果的名称,但不知其内容;有的郦学家成就卓著,但却无法了解他的出身行历。在中国历史上,虽然大部分时代都重视学术,但历史记载重官位而不重学术成就的倾向却也历来存在。例如康熙年代的郦学家孙潜(字潜夫),他学识渊博,勤奋苦学,在郦学史上有很大贡献。但是到了时隔不远的乾隆初年,他的事迹在其家乡就已经泯泯然无人知晓。全祖望在《孙氏水经注再校跋》(《全校水经注附录》上)一文中说:"想见国初文明之盛,稽古之士,日得所未见,以恢张耳目,不禁神驰。予游吴下,问诸后世,莫知潜夫本来矣。"像孙潜这样的郦学家,《传略》中不在少数。与这些名不见经传的学者相反,在《传略》中列名的郦学家中,还有一些学者,他们有的是政治上的大人物,有的在郦学以外的其他学问上有极大的名声。但是对于《传略》来说,其内容是只含治郦,不及其他。当然也必须指出,在这 125 人之中,也有极少数贡献并不很大,或者在某些方面存在缺陷甚至是学术品质上的缺陷。我之所以将这样极少数人物也作为郦学家收入于《传略》之中,因为他们或多或少都从事过郦学研究,而他们所存在的缺陷,正可以作为后学的鉴戒。

这 125 位郦学家在《传略》中的排列次序,基本上按照他们所在的年代,而外国郦学家则列在最后。但有些郦学家因其所在的年代也不甚了了,只好按估计大致排列其间。必须说明的是,在《传略》列名的不少郦学家中,《传略》的叙述有时难免发生一些重复,这是因为,如前面已经指出的,后代的郦学家常常继承前代郦学家的研究成果,而同时代的郦学家之间,又有不少人存在彼此研讨,相互合作的关系。特别是在郦学史中,不幸发生了绵延 200 多年的赵戴《水经注》案,许多郦学家被牵连在这场时旷日久的论战之中。而成稿不过五十年的杨、熊《水经注疏》,又不幸发生了第三者插足盗名窃誉的事件。所有这些,由于事情牵涉到许多郦学家,因此,在《传略》记载涉及这些有关郦学家时,都不得不有所叙述,尽管同一事件在有关每一位郦学家的叙述中都有所侧重,但重复仍然是难免的。而且,由于《传略》在一定程度上具有工具书的性质,我们不能要求只希望查阅某一郦学家的读者通读《传略》,因此,必要的重复只能让它存在。

谭其骧教授、侯仁之教授以及香港的郦学家吴天任教授,都为《传略》列名的某些郦学家提供过材料或线索,谨在此志谢。

1987 年 8 月于杭州大学历史地理研究室

注释:

① 《唐六典》卷七《工部·水部郎中》注。

② 《水经注版本考》,载《水经注引书考》卷末,台北艺文印书馆 1974 年版。

③ 陆龟蒙《和袭美寄怀南阳润卿》。

④ 苏轼《寄周安孺茶诗》。

⑤ 元至顺刊本欧阳元序(见《国朝文类》卷三六),苏天爵跋(见《滋溪文集》)。

⑥ 今有《指海》本及《丛书集成》本。

⑦ 阎若璩《古文尚书疏证》卷六(下)。

⑧ 熊会贞亲笔所写修改《水经注疏》的意见,共 13 页,影印附于台北本《杨熊合撰水经注疏》卷首,因有人篡改其内容后称此为《遗言》,故此处称为《十三页》以示区别。

⑨　《明史》卷一一七《宁献王权传》。

⑩　《清史稿》卷四八四。

⑪　《水经注释》卷首参校诸本"何氏焯再校本"下赵一清案语。

⑫　《四库提要》卷六九《史部地理类》二。

⑬　此《水经》今尚存两本,一为至德周暹藏本,另一为北京大学藏廖嘉馆李氏旧藏本。见胡适
　　《戴震自定水经一卷的现存两本》(《胡适手稿》第一集上册)。

⑭　支伟成《杨惺吾年谱》。

⑮　吴天任《杨惺吾先生年谱》。

⑯　载《国史馆刊》创刊号,1947 年。

⑰　载台北中华书局影印本《杨熊合撰水经注疏》卷首。

⑱　熊会贞《关于水经注之通信》,载《禹贡半月刊》第 3 卷 6 期。

⑲　见拙著《关于水经注疏不同版本和来历的探讨》,载《中华文史论丛》1984 年第 3 辑。

⑳　胡适《评论王国维先生的聚珍本戴校水经注跋》(《胡适手稿》第六集下册)。

㉑　胡适《评论王国维先生的八篇水经注跋尾》(《胡适手稿》第六集下册)。

㉒　胡适《水经注考》,载《胡适言论集》甲论,台北华国出版社版。

㉓　台湾省"中央研究院"胡适纪念馆发行,从 1966 年起陆续出版,共 10 集,每集分上、中、下
　　3 册。

㉔　见拙著《胡适与水经注》,载《中华文史论丛》1986 年第 2 辑。

㉕　胡道静《谈古籍普查和情报》,载《历史研究》1982 年第 4 期。又见拙著《评森鹿三注译水
　　经注(抄)》,载《杭州大学学报》(哲学社会科学版)1981 年第 4 期。

㉖　见拙著《论水经注的版本》,载《中华文史论丛》1979 年第 3 辑。

㉗　杨慎《水经序》,载赵一清《水经注释附录》下。

㉘　《四库提要》卷六九《史部地理类》二。

㉙　此文在《张约园本》作《赵戴水经注校案》,又收入于《七校水经注》附录及光绪《鄞县志》卷
　　五十四,作《全氏水经注辨诬》。

㉚　《地理》1981 年第 3 期,东京古今书院版。

原载《杭州大学学报》(哲学社会科学版)1987 年第 4 期

二十一、历代郦学家治郦传略

目 次

二九、顾祖禹	六一、王梓材
三〇、季振宜	六二、沈钦韩
三一、姜宸英	六三、杨希闵
三二、胡渭	六四、温遂之
三三、黄仪	六五、周懋琦
三四、阎若璩	六六、徐松
三五、刘献廷	六七、董祐诚
三六、董熜	六八、沈垚
三七、孙潜	六九、庞钟璐
三八、项絪	七〇、汪士铎
三九、杭世骏	七一、谢钟英
四〇、何焯	七二、郑茂烨
四一、沈炳巽	七三、韩绿卿
四二、齐召南	七四、杨椿
四三、马曰璐	七五、王峻
四四、黄晟	七六、王咏霓
四五、施廷枢	七七、雅堂
四六、全祖望	七八、丁履恒
四七、赵一清	七九、董沛
四八、戴震	八〇、庞鸿书
四九、顾广圻	八一、林颐山
五〇、袁廷梼	八二、陈澧
五一、孙沣鼎	八三、王先谦
五二、沈大成	八四、孙锵
五三、王谟	八五、王初桐
五四、孔继涵	八六、孙诒让
五五、孙星衍	八七、李慈铭
五六、段玉裁	八八、丁谦
五七、林伯桐	八九、王礼培
五八、张匡学	九〇、杨守敬
五九、魏源	九一、王国维
六〇、张穆	九二、熊会贞

一、陆裓

赵一清《水经注释》卷首毕沅序云："即如李唐一朝,陆裓既曾续《水经》,李吉甫又尝删《水经》矣。"案陆裓《两唐书》均无传,生平事迹不详。其所续之《水经》不传。

二、李吉甫(758—814)

字鸿宪,唐赵郡人(郡治在今河北省赵县)。曾任宰相。《新唐书·艺文志》著录其所撰地理书有:"《元和郡县图志》五十四卷,又《十道图》十卷,《古今地名》三卷,《删水经》十卷。"案《删水经》亡佚已久,不知李所删是何家《水经》。但因其所撰《元和郡县图志》中曾引及郦道元《水经注》颇多,其中如"泽发水出董卓垒东"(《元和志》卷十三)且为今本郦注所无。故知李不仅称引郦注,其所见本当是足本。则其所删《水经》或是郦书。李生平事迹见《旧唐书》卷一四八、《新唐书》卷一四六本传。

三、蔡珪(？—1174)

字正甫,金真定人(今河北省正定县),天德(1149—1153)进士,曾官金礼部郎中,是我国早期郦学家之一。据《金史》本传:"珪之文,有《补正水经》五篇。"清倪灿《补辽金元艺文志》著录与《金史》同。但钱大昕《元史艺文志》著录作《补正水经》3卷,又称一作《水经补亡》40篇。与《金史》篇数甚有出入。但据元好问《中州集》所载,蔡珪撰《补正水经》40篇。元与蔡同代人,所记或不致有讹,大约篇数有40而厘为3卷,今因其书久佚,无可核实。苏天爵于泰定、至顺间为元朝史官,曾购得此书写本,于至顺三年(1332)刊行。据苏为此书所撰《题补正水经后》云:"(至顺三年)七月归至岳阳……华容县尹杨舟方校《水经》,念其文多讹阙,予因以《补正》示之,今所刻者是也。"因郦注至元代已残缺讹漏,不堪卒读,而此书对之多有补正。此书卷首欧阳元所作序云:"然以余观正甫之博洽多识,其见于他著作者,盖刘原父、郑渔仲之风,中州之巨擘也,是书因宇文氏(驿案,指宇文虚中,字叔通,曾任金补部尚书,《金史》卷七十九有传)之感发而有正蜀板迁就之失,而详于赵、代间水,此固景纯之所难,若江自浔阳以北、吴淞以东,则又能使道元之无遗恨者也。"足见此书对当时流行的《水经注》蜀板(案指北宋的成都府学宫刊本,仅30卷,内容只有原书的1/3),确实甚有补充。故此书虽已亡佚,但历来对蔡珪的郦学研究评价甚高。郑德坤《水经注版本考》称:"蔡氏《补正》实为专门研究《水经注》之始。"拙著《论郦学研究及其学派的形成与发展》一文中认为:"蔡珪对于《水经注》的研究,实开校勘疏证、补遗纠缪之先河,在郦学史上具有重要的意义。"蔡珪生平事迹,附于《金史》卷一二五《蔡松年传》下。

四、程大昌(1123—1195)

字泰之,宋徽州休宁人,绍兴二十一年(1151)进士。曾撰述《禹贡山川地理图》,是现存最早的《水经注图》。拙著《编绘水经注图刍议》(《地图》1986年第2期)一文中指出:"现在最早的《水经注图》,则宋程大昌所绘制的《禹贡山川地理图》。此图原有5卷,包括《禹贡》、《汉书·地理志》、《水经注》等古代文献记载的、直到宋代为止的各个时代的地图31幅。并有作为这些地图说明的论说50篇,后又有续论8篇,共60篇。图文曾于南宋淳熙四年(1177)由泉州学宫刊行。但原图久佚,明归有光为其论说作跋,又清朱彝尊《经义考》所述,都仅见其文而未见其图。直到乾隆年代编纂《四库全书》之时,才知程氏图、论均为《永乐大典》所抄存。今所见此图28幅,虽较原作已缺少 3 幅,但基本上尚属完整。在此 28 幅之中,程氏完全按《水经注》绘制的有三幅,即《水经济汶互源图》、《郦道元张掖黑水图》和《水经叶榆入南海图》。其余各图虽未标郦注之名,但实际上都是参考了《水经注》而绘制的。程氏在一篇论说《删润郦道元所释水经》标题下自注云:'叙载事实,皆是《水经》,臣但隐括令有条理'。说明作者即使是绘制宋朝当代地图,也仍然参照郦注所记载的水道情况,古今对照,钩稽沿革,从而提高了他的绘图质量。"从其《郦道元张掖黑水图》中,并可知程所据宋本郦注,较今本完整。程大昌生平事迹,见《宋史》卷四三三本传。

五、杨慎(1488—1559)

字用修,号升庵,四川成都人,正德六年(1511)进士。《明史》称:"明世记诵之博,著作之富,推慎为第一,诗文外杂著至一百余种,并行于世。"杨氏于《水经》研究甚深,曾撰有《水经补注》一种,未分卷数。又撰《水经》三卷,正德十三年(1518)由盛熙刊行,今均已亡佚。盛熙刊本卷首杨慎序略云:"汉桑钦《水经》旧录三卷,纪天下诸水,首河,终斥江,凡一百十有一,曰出,曰过,曰迳,曰合,曰分,曰屈,曰注,曰入,此其八泽也,而水道如指掌矣。"此"八泽",乃是杨考据《水经》经、注体例之心得,足见其用功之深。但对于郦氏注文内容,除欣赏词章外,发明不多。其《水经序》又云:"原钦此志,盖祖述《禹贡》而宪章《山海》者也。《职方》、《王会》之遗图,《沟洫》、《河渠》之杂志,辎车观风之赴告,谣俗闻见之传信,其不为无稽之籍,可知也,岂必地之方向而后笔哉。……余近得之,惜其纸敝墨朦,乃重为校辑,止存钦之本文,若郦氏注衍为四十卷,厌其枝蔓太繁,颇无关涉,首注河水二字,泛引佛经怪诞之说几数千言,亦赘已。今之史传类文引用,例称为郦道元《水经》,遂使钦之用心与其姓名俱泯焉,诚可慨夫。"赵一清《水经注附录》卷下评论杨氏这段议论,赵云:"杨子可谓失言矣,《水经》一书,历古志记,莫能定为何人所作,乃云桑钦姓名由道元而泯,亦甚诬矣。"杨慎对于郦注词章,多有赞赏之词。《丹铅总录》卷二云:"《水经注》所载事为他书所未有者,其叙山水奇胜,文藻骈丽,比之宋《卧游录》,今之《玉壶冰》,岂不天渊,予尝欲抄出其山水佳胜为一帙,以洗宋人《卧游录》之陋,未暇也。又其中载古歌谣如《三峡歌》云:'巴东三峡巫峡长,猿啼三声泪沾裳'。又云:'朝见黄牛,暮见黄牛,三朝三暮,黄牛如故。'又云:'滩头白勃坚相持,倏忽沦没别无期'。记《僰道谣》云:'楢溪赤水,盘蛇七曲,盘羊乌栊,势与天通。'皆可入诗材。"对于杨慎偏重郦注词章之论,赵一清对之甚有贬语,《水经注附录》卷下云:"若夫獭祭之徒,或喜其文采绚烂,取为诗材赋料之用,至比《玉壶冰》、《卧游录》,雕虫小技,乌足数哉? 不知其有助于神禹之故迹,而为来学之津梁,世乏窃比之心,穷经博史之彦,罕有深昧其言者。"杨慎又撰有《水经注碑目》1卷,由其孙宗吾梓行。但此书因内容遗缺,历来评价不高。《四库全书提要》卷八十七,《史部目录类存目》云:"昔宋洪适作《隶释》,尝以《水经注》所载诸碑,类为三卷。慎偶未检,遂复著此编,未免床上之床,且精密亦不及适。……混淆不分,亦无体例。"赵一清《水经注附录》卷下亦云:"其书别无发明,且于郦注所载,尚多遗漏。"杨慎生平事迹,见《明史》卷一九二本传。

六、柳佥

字大中,别号味茶居士,明正德间吴人,潜心郦学,据宋刊本《水经注》钞校郦注,所校之本成为明代钞本中的难得佳本。案康熙五十三年项絪刊本乾隆重刊本卷末海宁吴寿旸于乾隆二十九年(1764)写跋云:"(柳佥)书钞于正德中,前有道元原序,虽阙而不全,顾别皆无之,吉光片羽,洵稀世之珍也。"全祖望《柳氏水经校本跋》(《全校水经注附录》上)云:"其所校《水经》以宋椠,手钞极审,改正错简,如《颍水篇》、《渠水篇》、《濄水篇》皆大有功。当是时杨用修、王慎中之本尚未出也。大中隐约衡门,世莫之知。历朱郁仪、吴中珩诸人所开雕皆未问及于大中。其书在洞庭叶石君家,盖二百年,至康熙初始出,故如亭林诸老,犹未之见,而《渭水篇》中补得脱简四百余字,世之有功于是书者,孰能如大中乎。谢耳伯拜下风矣。石君储藏甲于吴中,能为大中传此本,亦可尚也。"全氏在此跋中称道柳佥兼及叶树廉(石君名),但其实论功也应包括孙潜,因为此书是孙潜于康熙六年(1667)从洞庭叶树廉处借钞的。事详孙潜传略中。胡适认为:"柳本有四大长处,可以补正赵谢朱(驿案,指赵琦美、谢兆申、朱谋㙔)三家所见各本的四处整叶的缺陷:(一)卷首有郦道元《自序》,止缺半叶,傅增湘藏本有孙潜亲笔补钞的此序。(二)卷十八有脱叶一整叶,孙潜自记云:'戊申(一六六八)正月九日,补写缺叶,潜夫'。(三)卷二十二《颍水篇》有错简,谢兆申曾自称依宋本改正了,朱本从谢本改正……谢兆申不知道这里互错的是两整叶,他假托宋本来改正,越改越错了,柳佥钞本,最近于《永乐大典》本,此两叶不错,故孙潜依柳本改正此两叶。(四)卷二十二《渠水篇》有错简两叶,赵琦美、谢兆申、朱谋㙔都没有校出,柳本此处也不错,孙潜也照改了。"(《记孙潜过录的柳佥水经注抄本与赵琦美三校水经注本并记此本上的袁廷梼校记》,载《胡适手稿》第四集中册)。

七、归有光（1507—1571）

字熙甫,昆山人,嘉靖四十四年(1565)进士。归氏曾校钞《水经注》,赵一清《水经注释》卷首参校诸本云:"归氏有光本,太仆家藏旧钞,何义门曾见之。"戴震校武英殿聚珍本《水经注》中,亦曾引归氏校本7条,则乾隆时其本尚在。但王国维《聚珍本戴校水经注跋》(《观堂集林》卷十二)云:"以东原之原诬《大典》观之,则其所引归本,亦疑伪托也。"孟森以为"戴目空一切,何故独尊归有光? 归有光以文笔为世所推,其考订之功,未必为戴所心折,其必用有光之说以自庇者,压全赵也"(《戴东原所谓归有光本水经注》,载民国二十五年11月12日天津《盖世报·读书周刊》第74期)。但胡适在其《王国维判断官本水经注校语引归有光本五条是错误的》(《胡适手稿》第六集中册)一文中,又为戴氏辩护。案归有光校本《水经注》之存在可以无疑,但戴震是否确见此本则无法核实。归有光生平事迹,见《明史》卷二八八本传。

八、黄省曾

字勉之,号五岳山人,吴县人,嘉靖十年(1531)举人。著名刻书家及藏书家,毕生校刻之书甚多,《水经注》是其中之一,此刻本成于嘉靖十三年(1534),卷首有黄氏自序及引用书目,卷末附《山海经》,故或称《山水经》,《水经注》在黄氏刊行以前,南宋刊本已经极稀,唯抄本流传较多,经注混淆,错漏不堪。虽然黄本亦非佳本,如郑德坤《水经注版本考》所云:"校雠欠善,误字苦多。"但刊印较为精美,流传从此始广,以后直到清代,不少郦学家均借此本从事郦学研究,甚至在民国年代,书肆中犹有翻刻的黄本出售。流行之广,可见一斑。今国内外图书馆中收藏者尚有不少,就郦注刊本而言,除北京图书馆所藏的一部宋刊残本以外,黄本是目前尚存而且数量较多的最早刊本。故黄本的刊行,于郦学发展,不无贡献。《寒瘦山房鬻存善本书目》卷三著录此本云:"《水经注》四十卷,明嘉靖黄省曾刻本,此本刻工精美,真如白玉之无瑕也。惜明刻皆无善本。"王国维在其《沈乙盦黄省曾刻水经注跋》(《胡适手稿》第五集下册)一文中云:"此本原出宋刊,观其错叶,实与宋刊行款全同,盖与《大典》所据之本同出一源,而文字颇以《大典本》为胜,盖《大典》从宋刊录出,而此或据影钞本也。"这些都是对黄本恰如其分的评价。胡适在其《水经注版本考》(《胡适手稿》第四集上册、中册)一文中,认为:"黄省曾刻本四十卷……此本的底本是两种旧刻本或旧抄本凑合而成的。"又在其《与钟凤年先生论水经注的四封信》(《胡适手稿》第四集下册)的第四函中指出黄省本的十大缺陷:(一)无郦氏自序,(二)卷一错一叶,(三)卷二错一叶,(四)卷九与卷十三各互错两叶,(五)卷廿二《颖水》错一叶,(六)卷廿二《渠水》错一叶,(七)卷卅错一叶,(八)卷十八脱一整叶,(九)卷十八脱末叶,(十)卷卅一脱一叶错在卷卅三。胡氏所指十大缺陷确实存在,但这是一部错乱的残籍在校勘中难免的过程。胡适在同文中认为:"四百年来的《水经注》纠纷,其根源实由于黄省曾刻本留下了十大缺陷与无数小缺陷。"此说未免责人过甚。黄省曾生平事迹,附于《明史》卷二八七《文征明传》下,又见于同治重修《苏州府志》卷八十《人物》七。

九、吴琯

　　字中行,歙人,万历时刻书家,毕生校刻之书甚多,《水经注》是其中之一,万历十三年(1585)刻成于金陵。卷首有王世懋及方沇序,卷末亦附《山海经》。案王世懋序略云:"新安太学吴君绝爱此书,志存嘉惠,乃延江都陆君至白下,假以岁月,穷其搜剔,于是梓匠殚技,观者厌心,书成。……吴君名琯,陆君名弼,皆一时娴于文词人也。"此书印制精良,是嘉靖黄省曾刻本以后又一流行较广的郦明刻本,明代著名的朱谋㙔《水经注笺》即以此本作底。直至民国年代,书肆犹有此书翻刻本出售,于郦学传播,甚有贡献。故郑德坤《水经注版本考》云:"吴氏笃爱郦注,鉴黄本校讐之未精,乃延陆弼重为校刊者也。今书肆犹有出售,规制亦精,惜校勘未当,无甚发明耳。"胡适在其《水经注版本考》(《胡适手稿》第四集上册、中册)一文中认为:"吴琯此本是用黄省曾刻本作底本,加上一番考订校改的工夫,然后付刻的。"他又指出:"吴琯本的弱点,正是他们没有得见一个胜于黄省曾本的《水经注》古本或善本,所以黄省曾本的十处整叶的大缺陷,吴琯都不能订正。"在同文中,胡适甚至把吴琯贬低为"妄人"。对此,胡的学生费海玑曾在其所著《胡适著作研究论文集》的《第四集摘要》中有所解释,费云:"全祖望、赵东潜都没有认识吴琯是一位妄人,戴震方有识力去判断吴琯之妄,关于吴琯之为妄人,我曾因读周中孚的《郑堂读书记》而知之。周中孚是段玉裁的门人,他说吴琯把杨氏《九经补韵》妄增,所以此书纰缪百出。可见吴琯之妄行,不仅加于《水经注》。胡适先生在《手稿》里,屡言吴琯之妄改古书……读者可以覆按。"案古籍校勘,常有一个不断完善的过程,前代校勘者筚路蓝缕,差讹是所难免;后代校勘者继承前业,自能精益求精。后代校勘者以"妄约"、"妄人"论前代校勘者之讹,不唯乖于事理,抑且有失厚道。此外,胡适认为吴琯本以黄省曾本为底本的说法,郦学界也有不同意见。张宗祥在北京图书馆所藏宋刊残本《水经注》卷末写跋云:"吴琯刻出自元祐。"案"元祐"指宋元祐二年(1087)《水经注》刊本,是郦注版本史上晚于成都府学宫刊本的第二个刊本。拙著《论水经注的版本》(《中华文史论丛》1979 年第 3 辑)指出：
"元祐刊本是郦注版本史上的一个重要起点，因为它和目前流行的版本已经大同小
异。其体例规模除了从目前尚存的吴琯刊本中可以窥及外，今北京图书馆所藏的宋刊
残本，有人认为就是这个刊本的继承。"故按张宗祥的意见，吴琯刊本虽然在校勘上高
出黄省曾本并不很多。但在郦注版本史上具有重要的意义。

十、谢兆申

字耳伯，绥安人，明末郦学家之一，他在万历年间获得一部较好的郦注钞宋本，以
此本校勘，曾有裨于朱谋㙔所校的《水经注笺》。即朱在卷首自序中所云："顾传写既
久，错简讹字，交棘口吻，至不可读，余甚病焉。间尝绅绎割正十之六七，已与友人绥安
谢耳伯，婺源孙无挠，商榷校雠，十得八九。"全祖望《五校本题辞》云："已而有谢耳伯
者，以宋本校正《河水》、《淇水》、《㶏水》、《江水》、《淯水》诸篇错简，又补《渭水简》脱
文凡八十余字，其后朱郁仪见谢本大喜，悉引其书入笺中，大行于世。"又全祖望《五校
钞本》卷首参校诸本"朱郁仪谋㙔本"下云："内采孙汝澄，李克家二人语，而得之谢耳
伯者尤多。"

一一、朱谋㙔

字郁仪，明宁献王权之后，受封为镇国中尉，故后人多以封号称其为中尉。著名郦
学家。《明史》称其"暇则闭户读书，著《男象通》、《诗故》、《春秋》、《戴记》、《鲁论笺》
及他书凡百十有二种，皆手自缮写"。于万历四十三年(1615)刊行《水经注笺》，卷首
自序云："在昔志地者，《禹贡》而下，代有撰述，迄于齐、梁，至二百四十四家。陆常侍
澄、任太尉昉先后集为一部，各《地理书》，极称赅博。隋唐之际，图史散失，陆、任所纂
已不可得，而别集自行者，犹五十余家，乃今所传仅《山海》、《佛国》、《十洲》、《神异》
数种而已。然奇编奥记，往往散见《水经注》中，造语命词，殊为彪炳，则知《水经》一
注，撷彼二百四十四家，菁英居多，岂不诚为六朝异书哉。顾传写既久，错简讹字，交棘
口吻，至不可读，余甚病焉。间尝绅绎割正十之六七，已与友人绥安谢耳伯、婺源孙无
挠商榷校雠，十得八九，则惧古今闻见，互有异同，未敢轻致雌黄也。乃援引载籍，以为
左券，名曰《水经注笺》，簏而藏之。"在明刊《水经注》各本中，此书校勘最精，故清阎若
璩《古文尚书疏证》卷六下引顾炎武语，谓此书是"三百年来一部书"。但黄宗羲在《今
水经序》中则讥其"郁仪毛举一二传写之误，无所发明"。故赵一清撰《水经注笺刊误》

12卷，纤正此书之误。《四库全书提要》卷六十九《史部·地理类》二云："此书自明以来，绝无善本，惟朱谋㙔所校盛行于世，而舛谬亦复相仍。"但清叶德辉在其《郎园读书志》驳斥《四库提要》的说法云："然戴不仅窃赵，而且窃朱，朱笺所引宋本，《大典》大半相同，是戴又确见朱笺而掠其美，实无解于人言。且《提要》既称朱笺盛行，何以存目并不著录，疑当日馆臣恐其书传世，后人得比勘其是非，故欲湮没无闻，使他日少得赃证耳。"杨守敬在其《水经注疏要删自序》中云："朱笺多挂荆棘，所以来诚甫之白眼；但独辟蚕丛，何必不为五丁之先导。"近人张慕骞、毛春翔更认为《水经注笺》胜过赵氏《水经注释》，浙江图书馆《馆藏善本书题识》（《浙江图书馆馆刊》第3卷6期）云："朱氏疑注文有误，不敢妄改，故为作笺。兹举数则申其冤诬，如卷一《河水》一注云：'一名板松'。笺引《广雅》及嵇康《逝仙诗》证其宜作板桐，于本文，则未改也；又注云：'《尔雅》曰'下笺云：此下当补河出昆仑墟五字；又注云：'雷电龙即阿耨达宫也。'笺云：雷电龙三字误。绝未改窜本文，态度极为忠实，高出赵一清万万。赵氏《水经注》定本确曾妄改注文，脱误之处，亦不知补，如于板松二字未致疑，《尔雅》曰下亦未看出脱文，最可笑者，于雷电龙三字不疑其误，反为曲解曰：'龙即垄字，古字通用，《沔水注》：龙下地名也，有邱郭坟墟，即是此义。'其谬妄何如。以责朱者责赵，方为定评，聚珍未出以前，要当以朱氏笺本差为完善耳。"王国维《朱谋㙔水经注笺跋》（《观堂集林》卷十二）评曰："朱氏之书，自明以来，毁誉参半。冯定远云：朱郁仪校《水经》，精审之至，然直以俗本为据，意所不安，惟小注云，宋板作某字耳，何尤乎不学之小生。余案冯氏之言，颇中朱书之病，朱书底本，实用吴琯《古今逸史》本，而以宋本、黄本校注于下，国朝全、赵、戴三家，始并朱氏所引之宋本而疑之。余以宋刊残本校朱本，始知朱氏实见宋本。……然朱氏此笺，实有大功于郦书，又实亲见宋本，其方法之误，当校勘学萌芽之时，固不能免，观于戴氏之校《大典本》，固无庸深责朱氏矣。"胡适在其《水经注版本考》（《胡适手稿》第四集上册、中册）一文中，对此书亦予肯定。胡云："朱谋㙔《水经注笺》四十卷，明万历四十三年（1615）刻成，朱氏用吴琯本作底本，他所称'旧本'即黄省曾本，他曾用谢兆申的校本校勘，谢兆申曾见一部钞宋本，故他能订正卷一、卷二、卷九与卷十三、卷三十及卷三十一的错简。……朱笺考订史实，征引史书及类书，作为笺注，而不轻易改动底本。其方法甚谨严，其成就亦甚可观。"汪辟疆在《明清两代整理水经注之总成绩》（台北本《杨熊合撰水经注疏》卷首）云："惟朱谋㙔所笺，疑人所难疑，发人所未发，用力甚勤，故神明焕发，顾亭林尝推为有明三百年来一部书。虽其后论者，褒贬互见，然引证故实以辅注文，固远胜黄、吴二家也。"明清以来，郦学家校勘郦书，以朱笺为底本者甚多，如明钟惺、谭元春评点本，清项絪刻本、黄晟刻本、何焯校本、杭世骏校本、王国维校本以至晚近的杨、熊《水经注疏》等。熊会贞在其亲笔《十三页》(台北本《杨熊合撰水经注疏》卷首)第六条云:"《合校本》以戴为主,看甚分明,今变动传例,以朱为主,而据赵、戴订之,或自订之。通体朱是者作正文,非者依赵、戴案改作正文,不能如《合校本》之尽以戴作正文也。此点最关紧要,会贞衰颓,不能再通体修改,全仗鼎力。必如此,全书方有主义。"熊氏之重视朱谋㙔书如此。朱生平事迹,附于《明史》卷一一七《宁献王权传》下。

一二、李克家

字嗣宗,曾参与朱谋㙔《水经注笺》的校刊。此书朱谋㙔自序云:"乃援引载籍,以为左券,名曰《水经注笺》,箧而藏之,万历甲寅(驿案,万历四十二年,1614 年),齐安李公分陕左右,既及奏最,政教恢卓,风化穆清,甘棠之颂,洋溢郡国,间于退食之暇,延见绅带,表章幽微。一日询古先逸典于太学生李嗣宗,嗣宗偶以不佞《水经注笺》对,公遽索观之,慨然叹曰:是书脱误可憾,几致沦废,乃今笺校精详,殆还郦氏旧物,可无与当世好古之士共观乎?遂损锾梓之,仍属嗣宗董校其申,极深研几,阅五月而告成。"又此书李长庚序略云:"南洲郁仪氏专攻此书有年,而架帙甚富,腹笥更广,又与四方博雅之士,所得于遒收逷览者,互相参纠蕲归,于是遂成此书。忠臣李生克家,佐有劳勋。"故知李克家于朱笺实有贡献。又据郑德坤《水经注版本考》,上海《中国书店书目》有李克家批点本《水经注》一种,郑氏云:"并不详其来历,今亦未详其入何人之手。"案此书今不传,此李克家与明李克家是否同是一人,不得而知。

一三、孙汝澄

字无挠,婺源人,明末郦学家,曾襄助朱谋㙔编撰《水经注笺》。朱笺自序略云:"则知《水经》一书,撷彼二百四十四家,菁英居多,岂不诚为六朝异书哉。顾传写既久,错简讹字,交棘口吻,至不可读,余甚病也。间尝绅绎割正十之六七,已与友人绥安谢耳伯,婺源孙无挠商榷校雠,十得八九。"《水经注附录》卷下赵一清按语云:"谢耳伯名兆申,孙无挠名汝澄,李嗣宗名克家,三子与有功焉。"

一四、冯舒

字已苍,号梦祯,万历进士。曾校《水经注》。赵一清《水经注释》卷首参校诸本云:"古老传言,冯祭酒梦祯以经注混淆,间用朱墨分勾乙其本,惜未之见。"案隋唐以还,朝廷设国子监祭酒,《明史·职官志》:"国子监祭酒一人,从四品。"故冯当是学官,但其人《明史》无传,故行历不详。案《爱日精庐藏书志》著录云:"《水经注》四十卷,旧抄校本,后魏郦道元注。是本系冯氏已苍手校,黄笔涂改者,据柳大中影写宋本也;间青笔侧注者,据朱郁仪本也;红笔增改者,据谢耳伯所见宋本也。每卷末有冯氏题识。冯氏题识云:校用柳金本,黄笔涂改者是,奇事用青△,朱改亦用青,佳言玮句用黑○,或△,此本不误而柳本误者,亦用朱笔侧注柳氏所作之字,直用红笔增者,谢耳伯所见宋本也。"又曰:"校阅此书,俱炤柳金宋版印抄本,行间青笔,炤朱谋玮郁仪所校。"据陆心源《冯已苍校本水经注跋》(《仪顾堂续跋》卷八)所述,冯氏所校为蓝格钞本,其中道元《自序》"不能不犹"下,注明"缺二百二十字"。余与《大典本》同。胡适《冯舒(已苍)校柳金本水经注》(《胡适手稿》第四集上册)云:"柳金本被冯舒用来校勘,是在崇祯十五年(1642),这时候朱谋玮的《注笺》(1615)已经刻成二十七年了,谭元春批刻的《水经注笺》崇祯二年(1629)已刻行十三年了。这个柳本的长处很多,可惜当时天下已大乱,竟没有人能利用。"诸如上述,可见冯舒治郦用功甚深,成就卓著,惜其本早已亡佚,赵一清亦不及见。

一五、曹学佺(1574—1647)

字能始,号石仓,福建侯官(今闽侯县)人,万历二十三年(1595)进士,精舆地之学,撰《大明舆地名胜志》一百九十三卷。杨守敬《水经注疏要删自序》称:"昔石仓藏书最富,所撰《名胜志》几以《水经注》全部汇入,其所订为赵氏所不收者,尚千数百字,而其沿误与朱本同者亦不少,若谓曹氏不见宋本耶,何以异同间出,且有遗文;若谓曹氏见宋本耶,何以不能与赵、戴同耶"。杨又在其《晦明轩稿》、中评论曹书云:"其著书之意不在沿革古迹,而在于名胜,名胜为古所无者,不得不取近代方志,故不著所出,意欲成一家言,然其引唐以前古书,又未尝不载出典也。平心而论,上拟《元和郡县志》、《太平寰宇记》诚不足;以视祝穆《方舆胜览》、王象之《舆地纪胜》则为简而要矣。"郑德坤《水经注板太老》亦云:"明人颇重郦注,刊刻研究,已如上述,而学者称引其文,无过于曹学佺,学佺藏书甚富,所撰《舆地名胜志》,几以全部《水经注》编入明代府县,非用力之深,不及此也,所采颇多逸文。"案曹氏《名胜志》卷首序云:"予初得《太平寰宇记》钞本,为宋太平兴国间宜黄乐史所撰者,又得建溪祝穆所编《方舆胜览》,盖麻沙书坊板也……又得杨用修家所抄秘阁东阳王象之《舆地纪胜》,象之先为蜀漕,故于蜀事尤详。然予在金陵时,泛观四库诸书,凡可为各省山川名胜资者,悉标识其端,积有七簏,用二十夫之力舁以相随。未几出峡返闽,简点旧编,多所残缺。……又过一载,江西方伯李友卿寄宗侯郁仪《水经注笺》,予亟取而读之,其所有者正不必有,其所无者正不必无。"曹氏藏书中仅山川名胜之书即"积有七簏,用二十夫之力舁以相随",则杨、郑所云"藏书最富"之语当非虚言。但其在《水经注》版本上,仅有出峡后所得的《水经注笺》一种,此外并无别本,当然更不见宋本。至于杨所云:"其所订为赵氏所不收者,尚千数百字。"郑氏所云:"所采颇多逸文。"拙著《水经注版本余论》(《水经注研究》第382—387页)一文中已经作了解释:"曹氏书中的大量郦佚,又是从何处得到的呢?曹氏自序中其实已经说明了此中端倪。曹氏藏书虽然'积有七簏',但他特别指名的地理书却只有三种,即钞本《太平寰宇纪》、麻沙本《方舆胜览》和钞本《舆地纪胜》。曹氏引及的大量《水经注》佚文,大概就是从这些书上转引的。……特别值得注意的是曹氏的钞本《寰宇记》,这可能就是他获得郦佚的主要来源。前面已经提及《名胜志》所引郦佚超过50条,而在这50条之中,见于今本《寰宇记》就有29条,我在《论水经注的佚文》一文中指出,目前存在的郦佚之中,《寰宇记》竟四居其一。谁都知道,今本《寰宇记》是个残本,则曹氏的钞本必然是个足本。即使不把它从《纪胜》所获的计算在内,足本《寰宇记》比今本也无非多出郦佚20余条,这就毫不足怪了。"曹学佺生平事迹,见《明史》卷二八八本传。

一六、朱子臣

字无易,四川成都人,万历中官德安知府,崇祯初以右参政任贵州贵宁道。曾于万历四十六年(1618)撰《水经注删》8卷,今北京图书馆藏有此书刊本,其间取舍,多以词章为重。又校《水经注》,引辛氏《三秦记》补《渭水篇》神女唾疮事。何焯校本曾载及此事,赵一清《水经注释》卷首参校诸本亦引及,但其本不见。钟惺、谭元春评点本卷首谭叙云:"而蜀朱无易先生者,渊人也。来官我楚,揖我而坐卧于桑郦之间,当是时,师友渊源,通理辅性,外慕等夷,内怀悱发,真有如雷次宗所云者,于是有钟、朱二家之选,而予评遂逸去,不复能自爱惜矣。"故知朱氏与钟、谭相类,亦是郦学家中之词章学派。朱生平事迹,见同治重修《成都县志》卷六《人物志》。

一七、钟惺(1574—1624)

字伯敬,号退谷,湖广竟陵人(今湖北省天门县),万历三十八年(1610)进士。以朱谋㙔《水经注笺》为底本,与谭元春共同评点《水经注》。钟、谭二人均为《水经注》研究中词章学派的代表人物,事详谭元春传略中。历来学者对钟惺及其评点的《水经注》颇多指摘。黄宗羲在其《今水经序》中云："然近世读是书（驿案，指《水经注》）者，大抵钟伯敬其人，则简朴之诮，有所不辞尔。"近人郑德坤在其《水经注版本考》（1974年台北艺文印书馆出版《水经注引书考》）中评论此书云："其书不过标取字句之藻饰，供俭腹者之诹闻肤受耳。"钟生平事迹见《明史》卷二八八《文苑传》。

一八、谭元春（1586—1637）

字友夏，湖广竟陵人（今湖北省天门县），天启七年（1627）举人。谭与钟惺于崇祯初以朱谋㙔《水经注笺》为底本，评点郦注，由武林严忍公于崇祯二年（1629）刊行，此书一般称为钟惺、谭元春评点本《水经注》。钟、谭两人均为当时著名文学家及诗人，由于两人均出于竟陵，其文字风格被称为"竟陵体"，声名不下于以袁宏道为首的"公安体"（驿案，今湖北省公安县西北）。故《明史》云："钟、谭之名满天下。"惟朱笺以考据见长，而钟、谭均词章之士，与朱笺相较，不免见拙，故《明史》亦有："然两人学不甚富，其识解多偏，大为通人所讥"之论。但钟、谭治郦，实系从词章入手，谭元春在评点本序言中云："予所得之于郦注者，自空濛萧瑟之外，真无一物，而独喜善长读万卷书，行尽天下山水，囚捉幽异，掬弄光影，归于一绪。"充分说明了两人治郦专重词章的观点。故拙作《论郦学研究及其学派的形成与发展》（《历史研究》1983 年第 6 期）一文中，将此两人作为郦学研究中词章学派的代表人物。拙作云："作为一个治郦学派，特别是他们所研究的这部著作，在文学上确实具有很大价值，因此，评论中纵然存在一些糟粕，我们自然不必求全责备了。"谭元春生平事迹见《明史》卷二八八《文苑传》。

一九、钱允治

初名府，字功甫，明隆庆、万历间吴县人。父钱毂，字叔宝。郑德坤《水经注版本考》据《云间韩氏藏书目》云："《水经注》校本，明黄省曾刊本，钱叔宝旧藏，其子功甫手校，据朱谋㙔本并手抄首三卷补全，前后有跋四则，又有黄尧圃跋二则，某氏跋一则。"郑考将钱所校本列入"清儒《水经注》校本"，功甫明人，故误，此本今不传。

二〇、赵琦美

字文度，号清常道人，常熟人，家有脉望馆，藏书甚富。曾于万历末叶，以《水经注》宋本、黄省曾本、谢兆申本等三本进行校勘，使其所校之本成为明代著名校本之一。其本后藏洞庭叶树廉家,于康熙初年由孙潜借得录出。孙潜校本中所录出的赵氏跋语云:"万历三十七年正月廿九日晦,校于燕邸承恩寺之客馆,清常道人。本年五月十七又校,是日雨,清常。庚戌三十八年三月十八日又校一过,清常。"故知赵氏在1609—1610年间,曾作过3次校勘,因而此本通称赵琦美三校本,后归扬州马氏小玲珑山馆。但胡适认为此本不如柳金本,他在《记孙潜过录的柳金水经注钞本与赵琦美三校水经注本并记此本上的袁廷梼校记》(《胡适手稿》第四集中册)一文中述及:"因为赵琦美此本缺了卷九至卷十五,共缺七卷,所以孙潜又向叶树廉借到柳金(大中)家钞本来补对,他才发现了柳本还胜于赵本……他校赵本,只用了十三天;他校柳本,共用了三十五天,可见他对柳本的重视。"

二一、汪兆竞

明人,生平事迹不详。郑德坤《水经注版本考》引《持静斋书目》:"《水经注》校本,明嘉靖刊本,上端考订甚详。校者三人:一汪兆竞,一汪义门,一惕斋,皆不知其名,有萧爽斋、朱叙、尧峰诸印。"案今所知《水经注》嘉靖刊本唯黄省曾刊本一种,创此校本或即以黄本作底,因其书早已亡佚,详情不得而知。

二二、汪义门

明人,生平事迹未详,曾校《水经注》,事见郑德坤《水经注版本考》引《持静斋书目》。参见汪兆竞传略。

二三、惕斋

明人,生平事迹未详,曾校《水经注》,事见郑德坤《水经注版本考》引《持静斋书目》。参见汪兆竞传略。

二四、陈仁锡

字明卿,长洲人(今苏州市),天启二年(1622)进士,授翰林编修。《明史》称其"性好学,喜著书,一时馆中、阁中博洽者鲜其俦"。曾于万历中校勘《水经注》。赵一清《水经注释》卷首参校诸本载及。其校刊之本早已亡佚,但武汉大学图书馆藏有万历四十三年朱氏家刊本《水经注笺》一部,有宣统三年(1911)湘乡王礼培的五色朱墨圈点批校,其中绿笔依朱子臣,蓝笔依陈明卿,紫笔依钟惺、谭元春,墨笔依何义门,朱笔是王礼培自校。故陈仁锡校本尚留存在此本之中。陈生平事迹,附于《明史》卷二八八《焦竑传》下。

二五、周婴

字方叔,福建莆田人,崇祯贡生。曾校《水经注》。全祖望《五校钞本》卷首参校诸本中列有周方叔婴本,赵一清《水经注释》卷首参校诸本中亦列有此本,但其本不见。赵一清在"周氏婴本"下加注云:"著《析郦》,见《卮林》。"案《析郦》(载《卮林》卷一)文中,对于《水经注》的评论云:"括地脉川,绁奇珍异,六合之外,宛在目中,三竺之流,如漾足下,神州地志,斯多最瓌关。然皆躔法显之行踪,想恒流之洄洑,其间水陆未辨,道里难明,所计差池,厥类亦众。"杨守敬在其《水经注疏要删自序》中认为:"惟周方叔之《卮林》,考古功深,为郦亭净友。"但周氏文中所谓"然皆躔法显之行踪",是指郦氏引用《法显传》(即《佛国记》)而言。案《水经注》卷一中叙述今新疆及印度各地时注文的错误,并非全由《法显传》。郦注在此篇中所引文献,计有《释氏西域记》、《广志》、《外国事》等十种,《法显传》只是其中之一。注文引及《释氏西域记》达十五处,引及《法显传》仅八处,即黄宗羲《今水经序》所云:"然开章'河水'二字,注以数千言,援引释氏无稽,于事实何当。"此处"释氏",即指《释氏西域记》。故周婴语尚可斟酌。

二六、夏允彝

崇祯进士,曾于崇祯间校《水经注》,全祖望曾见此本。今校本不传。

二七、黄宗羲(1610—1695)

字太冲,号南雷,学者称为梨洲先生。余姚人,明末清初著名学者,擅舆地,精郦学,撰《今水经》一卷,并在其序言中指出郦道元《水经注》的篇幅冗繁而内容讹误。略云:"《水经》之作,亦《禹贡》之遗意也。郦善长注之,补其所未备,可谓有功于是书矣。然开章'河水'二字,注以数千言,援引释氏无稽,于事实何当,已失作者之意。余越人也,以越水证之:以曹娥江为浦阳江,以姚江为大江之奇分,茗水出山阴县,具区庄余姚,沴水至余姚入海,皆错误之大者。以是而概,百三十有七水,能必其不似此欤?"为此,黄氏有志于删《水经》及撰述《今水经》。赵一清《水经注释》卷首参校诸本云:"黄氏宗羲删本。梨洲尝尽删郦注之无豫于《水经》者,盖欲复唐李氏《删水经》十卷之旧而未成者。有《今水经》行于世。"但《今水经》仅一卷,内容过简。卷首列表综示全国水道,以后分淮水以北诸水为北水,江水以南诸水为南水,均以独流入海诸水为主流,各支流附于主流之后,条理甚为明晰,颇可补内容简陋之病。黄氏在此书序言中曾述及写作此书的指导思想:"乃不袭前作,条贯诸水,名之曰《今水经》,穷源按脉,庶免空言,然今世读是书者,大抵钟伯敬(驿案,即钟惺,本篇有其人传略),则简朴之诮,有所不辞尔。"黄氏本意欲以此书删郦注之繁而正道元之讹,但终因缺乏文采而讹误依然,所以历来评价不高。《四库全书提要》卷七十五《史部地理类存目》云:"其所说诸水,用今道不用故道,用今地名不用古地名,创例本皆有法;而表不用旁行斜上之体,但直下书之,某入海,某入某,某又入某,颇不便检寻;又渭入河,漳、清、汧、泾、沮入渭,洛入河,瀍、涧、伊入洛之类,皆分条;淇、漳、汶、漳、桑入卫,清入淇,沙、易入滱,温、义入易,洋入桑之类,又合条。则排纂未善也。其书作于明末,西嘉峪,东山海,北喜峰、古北、居庸,皆不能逾越一步。宗羲生于余姚,又未亲历北方,故河源尚剿《元史》之说,而滦河之类,亦治《明一统志》之旧,松花、黑龙、鸭绿、混同诸江,尤传闻仿佛,不尽可据。"郑德坤《水经注版本考》亦认为:"《今水经》刊行,无甚精采。"黄氏生平事迹,见《清史稿》卷四八〇本传。

二八、顾炎武(1613—1682)

字宁人,江苏昆山人,学者称亭林先生,擅长地学,并精于郦注。毕生有关地学的著述甚多,如《肇域志》、《天下郡国利病书》、《日知录》、《昌平山水记》、《山东考古录》、《京东考古录》等,其著述多与《水经注》互相发挥,彼此印证。对朱谋㙔《水经注笺》研读至深,称誉其为"三百年来一部书"(见阎若璩《古文尚书疏证》卷六下)。曾自校《水经注》,其本何焯曾见之。赵一清《水经注释》卷首参校诸本云:"义门(驿案:何焯字)云:历子九月二十四日,得先生改正者,又改定二十余字。"全祖望《五校钞本》卷首参校诸本云:"顾亭林炎武本","未得见,但旁见于其所著之书甚多"。说明乾隆时代的全、赵均已不及见到此本。顾氏生平事迹,见《清史稿》卷四八九本传。

二九、顾祖禹(1631—1692)

字端五,号景范,明末清初无锡人,因其家乡名宛溪,故学者又称宛溪先生。擅长地学,撰《读史方舆纪要》130卷,是我国历史军事地理的巨构,其中引《水经注》甚多,并有今本所不见的佚文,于郦学心得最深。此书《凡例》云:"水道迁流,最难辨析,河渠沟洫,班、马仅记大端,而余史或缺焉。其详为之辞者,惟郦氏《水经注》,而杜佑甚病其荒谬,盖河源纡远,尚依史汉旧文,而江汉以南,又皆意为揣测,宜其未尽审也。若其掇拾遗闻,参稽往迹,良为考古之助。余尝谓郦氏之病,在立意修辞,因端起类,牵连附合,百曲千回,文采有余,本旨转晦。使其据事直书,从源竟委,恐未可多求也。"据传顾氏有《水经注》校本,但自来无人曾见。全祖望《五校钞本》卷首参校诸本中虽列有"顾宛溪祖禹本",但并未实见,仅云:"旁见于其所著之书甚多。"赵一清《水经注释》卷首参校诸本中亦列有此本,全氏既未及见,赵氏自亦未见。

三〇、季振宜(1630—?)

字诜兮,号沧苇,顺治四年(1648)进士,泰兴人。曾校《水经注》。此事,《季沧苇藏书目》未曾言及,但《楹书隅录》初编所载沈大成跋《水经注》云:"乾隆乙卯(驿案,乾隆二十四年,1759)暮春,从吾友金陵陶蘅湘圃借季沧苇校本,写于芜湖客舍,匝月而竟,沈大成记。"足见季氏校郦书属实,《季沧苇藏书目》失记而已。季氏生平事迹,见光绪《泰兴县志》卷二十一《人物志》二。

三一、姜宸英(1628—1699)

字西溟,号湛园,浙江慈溪人。曾校《水经注》。赵一清《水经注释》卷首参校诸本云:"姜氏宸英本,西溟手自校定,全谢山家有之。"故姜所校本,乾隆时犹在,今其书不传。姜氏生平事迹,见《清史稿》卷四八四本传。

三二、胡渭(1633—1714)

初名渭生,字朏明,号东樵,浙江德清人。精于舆地之学,研治郦学,耄耋而用功尤深。赵一清《水经注释》卷首参校诸本云:"胡氏渭本。……著《禹贡锥指》,悉本《水经注》,援古证今。《沔水》、《渭水》二篇,是其厘定。"李振裕《禹贡锥指序》云:"莫详于郦道元之《水经注》,而文士但以为荟萃之书,不知其沿波讨澜,穷端竟委,琐而不失之杂也。"胡渭对《水经注》的渊源体例等多所研究议论,《禹贡锥指例略》云:"《水经》不知何人所作,注中每举本文,必尊之曰经。使此经果出于钦,无直斥其名之理。或曰钦作于前,郭、郦附益于后,或曰汉后地名,乃注混于经,并非。盖钦所撰名《地理志》,不名《水经》。《水经》创自东汉,而魏晋人续成之,非一时一手作,故往往有汉后地名,而首尾或不相接,不尽由经注混淆也。"《例略》又论郦注体例云:"《水经注》凡二水合流,自下互受通称,其在《禹贡》则漾与沔合,亦称沔水;漳与绛合,亦称绛水是也。又有随地异名,非由合他水而然者,沇东流为济,漾东流为汉,又东流为沧浪之水是也。有大水分为支流而异其名者,江别为沱,汉别为潜,河别为漯是也。有伏流显发而异其名者,济溢为荥是也。小水合大水谓之入,大水合小水谓之过,二水均势相入谓之会,此又正名辨分之义。高山,《地志》、《山经》者矣,山体不动,其盘基广大者,亦不过占数县界,若水,则源流长,往往灌注于千里之外,伏见虽合,曲直向背,变化无方,名称不一。故撰《山经》易,撰《水经》难。"胡渭所校之《水经注》不传。全祖望《五校钞本》卷首参校诸本虽列"胡东樵渭本"之名,但其实仅"旁观于其所著之书甚多"而已。赵一清《水经注释》卷首参校诸本亦列其名,但全氏尚且不见,何况赵氏。胡渭生平事迹,见《清史稿》卷四八一本传。

三三、黄仪

　　字子鸿(《清史稿》作六鸿),常熟人。《清史稿》称其:"精舆地之学,尝以班固《地志》所载诸川,第评水出其中间经历之地,备著于《水经》,然读者非绘图不能了,及反复寻究,每水各为一图,凡都邑、建署、沿革、山川,险易皆具焉,条缕分析,各得其理。阎若璩见之叹曰:郦道元千古后一知己也。若璩尝问仪,《后汉志》温县济水出,王莽时大旱遂枯绝,是河南无济矣,何郦言之详也? 仪曰:新莽时虽枯,后复见,郦氏所谓,其后水流迳通,津渠势改,寻梁脉水,不与昔同是也。杜君卿乃不信《水经》,专凭彪志。窃以彪特纪一时灾变耳,非谓永不截河南过也。"据传黄氏曾校勘《水经注》,惜其校本与图均不传。全祖望《五校钞本》及赵一清《水经注释》卷首参校诸本中均列有黄氏本。《五校钞本》在顾亭林炎武本、顾宛溪祖禹本、黄子鸿仪本、胡东樵渭本、阎潜丘若璩本、刘继庄献廷本下云:"以上六本,皆未得见,但旁见于其所著之书甚多。"说明全、赵均未亲见黄仪所校之本。黄氏生平事迹,见《清史稿》卷四八四本传。

三四、阎若璩(1636—1704)

　　字潜丘,山西太原人,迁居江苏淮安。精于地学,撰有《古文尚书疏证》、《四书释地》、《释地余论》等与地学有关的专著,各书引及《水经注》甚多,并对郦学渊源,多所考证。其中有辨正《水经》撰述年代者,如《古文尚书疏证》所云:"《通典》以《水经》所载地名有东汉顺帝更名者,知出顺帝以后纂序,王伯原又因而广之,下及魏晋地名,疑《旧唐志》作郭璞撰者近是。余请一言以析之曰:璞注《山海经》引《水经》者八,此岂经出璞手哉? 即郦氏于《济水》引郭景纯曰,又云经言,固亦判而二之,近黄太冲撰《今水经》,序文竟实以璞著,惜不及寄语此。"又《潜丘札记》论郦注云:"唐人地理之学,的有源委,去西汉未遥,《元和志》容有抵牾,郦道元则近而加核矣。"据传阎氏有《水经注校本》,其中如晋祠泉水等句,不见于今本,惜其本未得流传。全祖望《五校钞本》卷首参校诸本中虽列有"阎潜丘若璩本",但并未亲见,仅云"旁见其所著之书甚多"。赵一清《水经注释》卷首参校诸本中亦列有此本,但全氏尚不及见,何况赵氏。阎氏生平事迹,见《清史稿》卷四八一本传。

三五、刘献廷(1648—1698)

字继庄,一字伯庄,祖籍苏州吴县,因父官太医,遂居太兴(今北京市)。15 岁父去世后,又南返居吴江。终生不问科名仕途,精于舆地之学,于郦学造诣尤深,与郦学家黄仪友善,有志于撰述《水经注疏》而未成,其郦学思想与理论,均在其笔记《广阳杂记》之中。此书卷四云:"郦道元博极群书,识周天壤,其注《水经》也,于四渎百川之原委支脉,出入分合,莫不定其方向,记其道里,数千年之往迹故渎,如观掌纹而数家宝,更有余力铺写景物,片言只字,妙绝古今,诚宇宙未有之奇书也。时经千载,读之者少,错简脱字,往往有之,然古玉血斑,愈增声价。余在都门,为昆山定《河南一统志》稿,遇古今之沿革迁徙盘错处,每得善长一语,涣然冰释,非此无从问津矣。但其书详于北而略于南,世人以此少之。不知水道之宜详,正在北而不在南也。……西北非无水也,有水而不能用也,不为民利,乃为民害。旱则赤地千里,潦则漂没民居,无地可潴而无道可行,人固无如水何,水亦无如人何矣。……予谓有圣人出,经理天下,必自西北水利始……西北水道莫详备于此书,水利之兴,此其粉本也,虽时移世易,迁徙无常,而十犹得其六七,不熟此书,则胸无成竹,虽有其志,何从措手,有斯民之志者,不可不熟读而急讲也。"刘氏撰写《水经注疏》也见于此书卷四:"古书有注后有疏,疏以补注之不逮,而通其雍滞也。郦道元《水经注》无有疏之者,盖亦难言之矣。予不自揣,蚊思负山,欲取郦注从而疏之,魏以后之沿革世迹,一一补之,有关水利农田攻守者,必考订其所以而论之,以二十一史为主,而附以诸家之说,以至于今日,后有人兴西北水利者,使有所考正焉。"刘氏对于《水经注》研究之目的,既轻视词章,亦不重考据,而着眼于实用。《广阳杂记》卷四云:"《水经注》千年以来无人能读,纵有读之而叹其佳者,亦只赏其词句,为游记诗赋之用耳,然亦千万中之一二也。吾友虞山黄子鸿能沈酣此书,参伍错综,各得其理,好学深思,心知其事,吾于子鸿见之矣。……惜其专于考订而不切实用,尺有所短,无可如何。予东归后,思以此本照宋板割裂改正,装裱成书,命门人抄录其图,并二十一史舆地志考,而顾景范有《读史方舆纪要》,传是楼有《一统志》稿,皆亟录之,以为疏《水经注》之资云。"侯仁之《中国古代地理学简史》(科学出版社1962年版)评论刘氏云:"刘继庄壮年逝世,除去一本随笔性质的《广阳杂记》之外,没有留下什么地理著作。但是他对地理学的见解,在整个封建社会时期的中国地理学史上却是空前的创见,因此也是占着非常重要的地位的。"刘献廷生平事迹,见《清史稿》卷四八四本传。

三六、董熯

初名臣爌,字谓瑄,一字讷夫,号江南汉策孙,清初乌程人(今湖州市)。诸生,雍正十二年(1734)荐博学鸿词。家富藏书,曾校《水经注》,其书全祖望、沈炳巽、赵一清均见之。赵一清《水经注释》卷首参校诸本著录,但今已不传。董熯生平事迹,见光绪《乌程县志》卷十七《人物志》及《两浙輶轩录补遗》卷四。

三七、孙潜

字潜夫,号卧园,又字节生,亦号知节君。明末清初吴人。曾用赵琦美及柳佥本《水经注》从事校勘,治郦至精。今赵、柳二本均已亡佚,唯孙本独存,借此保存了赵、柳二本的许多校勘成果,是郦学史上的一位功臣。其本于《河水》末校云:"丁未(驿案,康熙丁未,1667)十一月十八日借得叶石君所藏清常道人(驿案,即赵琦美)手校本,其本于万历丙午、己酉、庚戌年校三次,可谓佳本。十二月十一日又用柳大中钞本一勘,本亦藏叶石君所,正德二年旧钞也。"全书卷末批云:"戊申(驿案,康熙戊申,1668)正月三十日勘完,用柳大中家钞宋本,其本亦藏叶石君处。是日,石君从洞庭来,述山中所闻见,如龙眼《三马》,米元章楷书《宝章待访录》(所见也),白乐天手书《金刚经》(一行书,一楷书),赵普《家谱》,张循王《铁券》,倪云林手书所著《江南词》(所闻未见者)等,皆宝玉大弓也。嗟乎,何日得尽观之以畅余怀乎,记此以俟异日耳。"卷二十九《比水》下云:"廿五日用柳大中家钞本勘正,廿七日上午呵冻勘此卷。"卷十六《穀水》下云:"岁事卒卒,兼患痔痛,故自腊月七日掇笔,至今九日,始得续校也,以艰于久坐,止校得此卷复辍也。"抱病治郦,古人为学之勤奋可见。孙潜别名甚多,如卷十一下署蔚庵道人,卷十三下署龙溪病夫,卷二十四下署知节君,卷二十八下署节生等。孙氏治郦之功甚著,但其生平事迹却懵焉不详。全祖望《孙氏水经再校跋》云:"柳、赵诸本皆以国初始出,而集其成于潜夫,其功最笃。……想见国初文明之盛,稽古之士,日得所未见,以恢张耳目。不禁神往。予游吴下,问诸后进,莫知潜夫本末矣。"故其行历在乾隆时已经鲜为人知,但他在郦学研究中所下的功力对后世甚有贡献。胡适在其《水经注版本考》(《胡适手稿》第四集上册至中册)、《冯舒(已苍)校柳佥本水经注》(《胡适手稿》第四集上册)及《记孙潜过录的柳佥水经注钞本与赵琦美三校水经注本并记此本上的袁廷梼校记》(《胡适手稿》第四集中册)等文中,均称道孙潜在郦学研究中的贡献。

三八、项絪

字书存,又字宪子,康熙间歙人。曾于康熙五十四年(1715)刊行《水经注》,称为群玉堂刊本。卷末附《山海经》,故又称《山水二经》。此书刊印甚精,流传称广,但学术价值甚微。项氏在卷首序云:"近得吴本(驿案,此所谓吴本,非吴琯本,而是黄省曾本,以其刻于苏州,故称吴本)于长洲故家,其卷尾署云:虞山钱曾据宋本校定,盖绛云旧物也,因不敢自秘,欲付开雕,用贻同好。适吾友长洲顾南原蔼来相商榷,复出朱谋垏注笺见示,疏引精核,旷若发蒙,足为郦氏羽翼,爰偕嘉定赵荫谷虹,同里程松门鸣,共加点缀,勒定成本。……是役也,经始于康熙甲午季秋,断手于乙未孟冬,其间殚心譬勘助余不逮者,三君之力为多。"但此书历来评价不佳。吴骞槎在其《客尖阳丛笔》卷一(《适园丛书》)云:"歙项氏踵而刻者,但有剿袭之陋,略无是正之功。"拙著《论水经注的版本》(《中华文史论丛》1979年第3辑)亦曾论及此书:"项絪刊本系项氏与顾蔼、赵虹、程鸣等合黄省曾本及朱笺校勘而成,但内容多循朱笺,无甚建树。"又拙著《水经注版本余论》(《水经注研究》)又论及此书:"我在《论水经注的版本》一文中,对此本以'内容多循朱笺,无甚建树'一语评价,看来是相当宽容的。后来我在《五校钞本》看到全祖望对此本的批评是:'近有项絪,取其本(驿案,指注笺本)略加变节,以为已有',就比我的说法严格得多了。"但此本印数较多,以后成为不少郦学家治郦的底本,到乾隆年间,黄晟(另有传略)又翻刻此本,于是流行益广,故对传播郦学不无贡献。项絪生平事迹,见民国《歙县志》卷九《人物志》。

三九、杭世骏（1696—1772）

字大宗，号堇浦，一号秦亭老民，雍正二年（1724）举人，浙江仁和（今杭州市）人。乾隆元年（1736），举博学鸿词科，授编修，曾校《水经注》。赵一清《水经注释》卷首参校诸本云："杭氏世骏本，里人杭堇浦编修手校朱笺。"故知杭氏校本系以《水经注笺》为底本。但其本今已不传。杭氏生平事迹，见民国《杭州初志》卷一四五《文苑二》。

四〇、何焯（1661—1722）

字屺瞻，号茶仙，学者称义门先生。长洲（今苏州市）人。康熙四十二年（1703）进士，又举乾隆元年（1736）博学鸿词。《清史稿》称其"通经史百家之学"。毕生治郦，曾于康熙三十三年、三十五年、五十七年三校《水经注》。全祖望《何氏水经三校本跋》（《全校水经注附录》上）云："义门先生《水经》三本，予皆见之，其初校本于甲戌，未见所学，犹不免竟陵气也（驿案，指钟惺、谭元春，喻只在词章上做工夫）；再校本以丙子，及见亭林所订，则进矣；三校本以戊戌，更进矣。"今何氏原校本之一，系何焯亲笔校于朱谋㙔《水经注笺》之上，藏台湾省"中央图书馆"。后人临写的何焯校本较多，上海复旦大学图书馆藏有嘉业堂旧藏何焯校本，其本以黄晟刊本作底。北京图书馆藏有稽瑞楼旧藏，何焯、顾广圻校本。南京图书馆藏有八千卷楼旧藏，佚名临明赵琦美、清孙潜、何焯等校本。武汉大学图书馆藏有湘乡王礼培五色朱墨圈点批校朱子臣、陈明卿、钟惺、谭元春、何义门等校本，其书以朱笺作底。胡适生前亦藏有此书一种，系聊城杨氏过录沈大成乾隆庚辰（1760）过录的何焯校本，以赵一清《水经注释》作底（见《胡适手稿》第四集中册《水经注版本考》）。复旦大学藏本有何焯在卷首朱谋㙔序上的眉批："甲戌八月，寓临沂，读《三国志》毕，因裴注而及此书，郁仪中尉非博士家言所急之诮（驿案，《水经注笺》朱谋㙔自序云：嗟乎，《水经》一书，原本山川而作，非有道业名理可味也，又非当世博士家言所急也），庶可解免。然此书携以自随，又逾一年，始得寓目，而余于科举之学未尝少进，恐博士既从而哫之如中尉者，又将嗤郦之耳。"卷首《北史》本传后则批云："善长生长河外，丧乱之余，载籍盖寡，其所引用，俭于刘昭之补注《郡国》也。特其所有者，自唐以下，又磨灭大半，然后人视之，犹多异闻新事耳。"赵一清《水经注释》卷首参校诸本云："何氏焯再校本。义门，中吴名士，生当文盛之日，耆儒宿学，风流未泯，入官翰林，多觌古图籍，世以博洽推之，故其勘定诸书，颇可依据。自记于康熙甲戌八月初十日始校是书，夜以继日，九月十三日卒业，戊戌八月再跋，其用力亦勤矣。"由此可见赵一清未见其丙午据顾炎武所校之本,但赵氏推崇何氏之语,足见何校之精。胡适在《史语所藏杨希闵过录的何焯、沈大成两家的水经注校本》(《胡适手稿》第四集下册)一文中云:"何义门终身校勘古书,方法颇严谨,他虽不是专门研究《水经注》的人,他的校本曾留下很大的影响。"何焯生平事迹,见《清史稿》卷四八四本传。

四一、沈炳巽(? —1756)

字绎旃,浙江归安(今湖州市)人,精研郦学,乾隆间,始据黄省曾本从事校勘,又以郦氏征引之书,极为博赡,传写既久,讹误相仍,因再检《史记》、《汉书》志、表及正史地理志等,取其文字异同者录于下方,以备参考,并附以诸家考订之说,撰成《水经注集释订讹》一书。其书原为钞本,《清史稿·艺文志》、《浙江采集遗书总录》等俱有著录,全祖望、赵一清等均见之。全祖望《沈氏水经校本跋》(《全校水经注附录》上)云:"岁在庚午(驿案,乾隆十五年,1750年),予赍书求其稿,绎旃欣然携之至杭,并亡友董讷夫之本以来,讷夫亦义门高弟也。绎旃与予讨论浃旬,遂留置于插架中,其发摘讹误……不特有功于善长而已。予于是书所借助老友,莫如绎旃,通家子则赵生一清,不意丛残譬对中逢此二特,是则厚幸也夫。"此钞本在《四库》开馆时经浙江巡抚采入,《四库全书提要》卷六十九《史部地理类》云:"炳巽作此书,凡历九年而成,丹铅砣砣,手自点定,其初未见朱谋㙔本,后求得之,而所见大略相同,亦可知其用心之勤。至虽不能尽出前人范围,而钩索考证之功,亦未可没也。"《清史稿》称其:"以己意校定之,遍检古籍,录其文字异同者,间附诸家考订之说,州县沿革,则悉以今名释也。初未得朱谋㙔本,后求得多与之合。"商务印书馆于1934—1935年间,遴选《四库》二百数十种,影印为《四库珍本初集》,此书亦得选在内,因而公之于世。卷首有乾隆十五年长洲沈德潜序,并有沈氏自订凡例六条,其末条云:"是书经括于雍正三年,脱稿于雍正九年(驿案,与《提要》'九年'之说稍有抵牾),其考索钩纂虽属炳巽一人,而助余不逮者,季弟劳山与有力焉。至于抄录成书,则族弟霞绮一人手笔,故得附书。"沈氏生平事迹,附于《清史稿》卷四八五《沈炳震传》下。

四二、齐召南(1673—1768)

字次风,号琼台,浙江天台人,乾隆元年(1736)举博学鸿词科。精研郦学,曾校《水经注》,其本为全祖望、赵一清所并见,惜不传。撰《水道提纲》28卷,是《水经注》

以后,我国历史上最详细的概论性河流地理著作。《四库全书提要》卷六十九评论此书云:"历代史书,各志地理;而水道则自《水经》以外,别无专书。郭璞所著,久佚不传;郦道元所注,详于北而略于南,且距今千载,陵谷改移,即所述北方诸水,亦多非其旧。国初余姚黄宗羲作《今水经》一卷,篇幅寥寥,粗具梗概,且塞外诸水,颇有舛讹,不足以资考证。召南官翰林时,预修《大清一统志》,外藩蒙古诸部,是所分校,故于西北地形,多能考验,且天下舆图,备于书局,又得以博考旁稽,乃参以耳目见闻,互相钩校,以成是编。"齐氏生平事迹,见《清史稿》卷三〇五本传。

四三、马曰璐

字佩兮,号半槎,扬州人,原籍皖之祁门。家有小玲珑山馆,藏书之富著东南,明代郦注著名钞本如柳佥钞宋本及赵琦美三校本,最后均归其所有。曾摘钞《水经注》,自《河水》至《渐江水》,摘其文句辞藻优美者,故亦属于词章学派之流。钞本今藏北京图书馆,卷首有咸丰七年(1857)翁同书朱笔序。马氏生平事迹见同治重修《扬州府志》卷五十一《人物·文苑》。

四四、黄晟

字东曙,号晓峰,皖新安歙人,居扬州。乾隆十八年(1753)刊行《水经注》,称为槐荫草堂刊本。黄自作跋,却置于卷首。略云:"爰取旧本,重为校刊,俾作之于前者,得以流传于后,聊存好古之心,用普同人之愿。"但经核对,其书实为翻刻康熙项絪刊本。故郑德坤《水经注版本考》云:"自跋称取旧本重为校刊,而不著其何本,书中校语,大抵与朱笺合。"赵一清称真州镂板,窃朱笺为己有者(驿案,赵氏《水经注附录》卷下云:"近年真州重又镂板,颇称工致,然窃朱笺为己有,中多删节,俗学疑也),疑则谓此本也。其书刊印颇精,后附《山海经》,书肆犹有出售"(驿案,郑氏此文写于30年代前期,当时书肆尚有出售)。案黄晟刊本形同剽窃,其事不足为训。但当时戴震校武英殿本尚未问世,郦注流传尚稀,而此本印制精美,宽本大字,以后翻刻甚多,郦学家常以之作为底本,故对郦学传播,不无贡献。但如中山大学《中文书目》称为"黄晓峰校",丁丙《善本书室监书志》称之为"校刊本"等,未免言过其实。《邸亭见知传本书目》称为"天都黄氏翻项本",则是事实。黄晟生平事迹,见民国《歙县志》卷九《人物志》。

四五、施廷枢

字慎甫,杭州人,曾校《水经注》。全祖望《五校钞本》卷首参校诸本云:"近有杭人赵东潜一清本,施慎甫廷枢本,皆足称是书功臣,大有饮于予者。"案《五校钞本》中引及施廷枢校语颇多,全氏确见此本,可以无疑。如卷四十《浙江水注》华信钱塘下,全氏引施廷枢云:"钱塘之得名以钱水也。《国语》:陂唐汙庳,以成其美(驿案,今本《国语·周语上》作陂塘汙庳,以钟其美)。盖唐实即后州塘字,《说文》无塘字,可按也。则钱塘者,钱水之塘,非所引华信千钱诳众之陋也。"

四六、全祖望(1705—1755)

字绍衣,号谢山,自署鲒埼亭长,又署篁庵病翁。浙江鄞县人,乾隆元年(1736)进士,著名史学家和郦学家。其治郦有家学渊源,全氏先世全元立、全天叙、全吾麒等,都是郦学家,并校勘《水经注》。全氏《五校本题辞》云:"世但知是书之经与注乱,而不知注之自相乱也。夫注何以自相乱,盖善长之注,原以翼经,故其专言水道者为大注,其兼及于州郡城郭之沿革而不关于水者,乃小注,旁引诸杂书,沿革、逸事,又附注之余录也。故大注为大文,小注则皆小字。……是言也,前人从未有见及之者,首发之先司空公,实为创获,其后先宗伯公始句出为朱墨分其界,先大父赠公又细勘之,至予始直令缮写为大小字作定本,虽未必一一尽合于旧,然而饺若列眉矣。"全祖望有志于郦学为时甚早,于赵一清《水经注释》全序云:"予年二十以后,雅有志于是书。"但正式校勘此书,为时已较晚。据董小纯《全谢山年谱》(《全校水经注附录》)所云:"乾隆十四年己巳(驿案,1749),先生四十五岁,校《水经注》,是岁有诗三集,而《水经注》一书,先生晚年精力所注,用功最勤,实始于是夏。十五年庚午,先生四十六岁,仍校《水经注》,春病甚,一日忽瘳。十七年壬申,先生四十八岁,在广东,……而朝夕不倦者,则《水经注》,盖巳七校矣。十八年癸酉,先生四十九岁,自粤中归,又云自七月乃归家养疴,犹以《水经注》未卒业,时时检阅。十九年甲戌,先生五十岁,居扬州,是年春尽,维扬故人以书招往养疴,仍治《水经注》,十一月乃归。二十年乙亥,先生五十一岁,卒于家。"从《题辞》及《年谱》所载,足见全氏晚年校《水经注》之勤笃及其创见。赵一清《水经注释》卷首参校诸本《全氏双韭山房旧校本》下云:"鄞全侍郎元立,字九山;孙天叙,字伯典,亦官侍郎;天叙之从孙吾麒,字北翁。三世校之。今翰林祖望,其孙也。"又《全氏祖望七校本》下云:"四明全谢山翰林,取诸本手校于篁庵,谓道元注中有注,本双行夹写,今混作大字,几不可辨,盖述其先世旧闻。斯言也,予深然之。河、洛、渭、济、沔、江诸篇,经注混淆,卧病中忽悟其义,驰书三千里至京师告予,予初闻之,通夜不寐,竟通其说,悉加改正。今秋下榻春草园之西楼,各出印证,宛然符契,举酒大笑,因制序焉。"由此可知,全、赵两人治郦之中相互切磋琢磨之事,而赵氏《水经注释》注文用大细字交错形式,凡事涉河川者用大字,不涉河川者用细字,这种书写体例,即是全祖望郦学思想对赵一清的影响。全氏从45岁起校勘《水经注》,望一校至七校,《全校水经注附录》上所载点传锴《双韭山房书目》可以为征。该书目著录云:"五校《水经》八本,六校《水经》六本,七校《水经》四十本,又清常道人校《水经》八本,沈炳巽校《水经》二套十六本,赵校《水经》十四本,又小山堂校本《水经注》七本,又硃笔批点李长庚本《水经注》八本,又《山海经合刻》十六本,又八本。"从此项著录可见,全校本自五校至七校,余则为其参校之本,各本渊源在其《五校本题辞》及其与赵一清往返函札中均有记及。张穆于道光间撰《赵戴水经注案》(或作《全氏水经注辨诬》,见张穆传略)曾推崇全氏之本云:"今世谈《水经注》者,必主戴本,次则赵一清本。穆按,两家于此书,皆不为无功,至凿山通道,则谢山全氏之功为多。两家皆拾潘于全氏者也。"但因全氏死后,所藏书稿流散,因此,对于其书目中所列各本,特别是七校本,传说纷纭。《全校水经注附录》上董小纯《题鲒埼集外编》云:"《水经注》用功最勤,经七校,俱有更正。其第七校拟移经文诸错简,重定剪缀,分黏大半,而先生卒。今若依题跋所摘而整理之,当可成就,予以任之蒋孝廉学镛,竟未克为。"胡适在其《试考全祖望〈双韭山房书目〉所记〈水经注〉各本》(《胡适手稿》第二集下册)一文中,就肯定七校本是全氏预列的未成书目。胡云:"《七校水经注》当然是未完成的书,谢山自编藏书目,预列他的著作,不可作为某种书已写定的证据。"此后,王梓材根据卢杰(友焜)所藏稿本10卷,林氏所藏稿本28卷,副本10余卷,于道光间作了重录。光绪间,董沛又根据王梓材重录本及殷权所藏残抄本12卷及张师亮残钞本15卷进行整理校勘,于光绪十四年(1888)由薛福成刊行《全氏七校水经注》。此书刊行后,慈溪林颐山即斥其伪造(详见林氏传略),而王先谦在光绪间编纂《合校水经注》,即据林颐山之言置此书于不顾。胡适对此书贬之尤甚,他认为王梓材所录全氏《五校本题辞》是王所伪造。他在《证明全校水经注的题辞是伪造的》(《胡适手稿》第二集上册)一文中说:"道光二十三年到二十四年之间,王梓材开始制造《全氏七校水经注》的前十卷,他先造了一卷《序目》,一卷《题辞》,做这部《全氏水经注》的纲领。……民国二十三年的春初,我细细研究全谢山的文集,赵东潜的文稿,把他们两人的交谊行踪弄明白了,又把自从明朝中叶以来四百年的《水经注》刻本的大概历史也摸清了。这时我看出这篇《五校本题辞》原来是一大堆冒充内行的大话,里面的材料大部分是抄袭谢山、东潜的遗著,而有不少的错误,不少的漏洞,不少的笑话。这时候我才敢断定这篇《题辞》也是王梓材伪造的,绝不是谢山的手笺。"又在其《全氏七校〈水经注〉四十卷的作伪证据十项》(《胡适手稿》第二集上册)一文中说王梓材是"白日见鬼",是"鬼话",甚至认为光绪十四年刊行的《全氏七校水经注》"是一个妄人主编的(骈案,指董沛),一个妄人出钱赶刻赶印的(骈案,指薛福成)一部很不可靠的伪书"(《跋合众图书馆藏的林颐山〈论编辑全校郦书〉的函稿》,《胡适手稿》第二集下册)。不过当胡适看到了天津图书馆所藏的全氏《五校钞本》以后,知道《五校钞本》中123水的次序与《七校本》完全相同,他于是承认《七校本》中的《序目》和《题辞》都是真的,并非王梓材所伪造。而且他看到王梓材"钞写谢山的校语确很谨严"。所以他虽然早已论定过七校本以王本为底本,但至此又说:"我才明白董沛薛福成刻行的《全校水经注》已全不是王梓材的真面目了。"因此,他"对王梓材的信心提高了一点,对董沛则甚轻视而痛恨"(均见《胡适手稿》第六集下册所载《覆洪业杨联陞书》)。胡适的评论,不仅涉及王梓材、董沛,并且针对全祖望。他在《覆洪业函》(《胡适手稿》第六集下册)中,认为全的《五校钞本》是据赵一清的成果为己有,认为全氏"对于《水经注》毫无心得。"又说"我在十年中积了几百条无可疑的证据,使我对谢山不能不怀疑他的为人与为学。……谢山有绝顶的天才,往往不免有英雄欺人的毛病"(《答洪业杨联陞函》,《胡适手稿》第六集上册)。胡适对全祖望的评论,受到港、台学者的许多批评,如吴天任在其《胡适手稿论水经注全赵戴案质疑》(《水经注研究史料汇编》下册)云:"胡氏之厚诬谢山,安得起全、赵两公于九原而质之乎?"全祖望生平事迹,见《清史稿》卷四八一本传。

四七、赵一清(1709—1764)

字诚夫,号东潜,又自称琼花街散人。杭州仁和人,国子监生,世家,藏书数十万卷,学有根底,于郦学造诣尤深。曾主修《直隶河渠书》130卷,后戴震继其事,又修《直隶河渠书》110卷,戴氏在其卷一《唐河篇》下,附录赵一清《卢奴水考》一篇,并案云:"杭人赵一清,补注《水经》,于地学甚核。"说明赵氏不仅精于地学,而且有补注《水经》之作,戴震必当见之。赵一清何时开始治郦,于事不详,但王先谦《合校水经注例略》称其"数十年考订苦心",足见其耽此甚久。赵氏治郦,当从朱谋㙔《水经注笺》一书始,撰有《水经注笺刊误》12卷,对朱笺得失,剖析入微。赵氏与另一郦学名家全祖望交谊甚深,两人各校郦注,相互切磋,信札不断。例如赵氏《水经注释》中所采用的大细字体例,即受全氏"注中有注,双行夹写"的影响。《水经注释》卷首参校诸本"全氏祖望校本"下云:"四明全谢山翰林,取诸本手校于篁庵,谓道元注中有注,双行夹写,今混作大字,几不可辨,盖述其先世旧闻。斯言也,予深然之。河、洛、济、渭、沔江诸篇,经注混淆,卧病中忽悟其义,驰书三千里至京师告予。予初闻之,通宵不寐,竟通其说,悉加改正。今秋下榻春草园之西楼,各出印证,宛然符契,举酒大笑,因制序焉。"足见两人在郦学研究中交谊之深。赵氏《水经注释》成稿于乾隆十五年(1750),是明、清两代中郦学考据学派的空前成果。《四库提要》虽然推崇殿本,但对此本也不得不称其:"旁征博引,颇为淹贯,订疑辨讹,是正良多,自官校宋本以外,外间诸刻,固不能不以此为首矣"。历来各家多有好评。郑德坤《水经注版本考》据各家评论,将此书优点归纳为三:"案一清校释《水经注》亦可分三部得之。旁征博引,订疑辨讹,是正极多,卷首所据参校者凡三十种,乾隆以前重要版本,无不得见,一也;证以本注,杂采他籍,考补原佚,辑得滏、洺、滹沱、洞、滋、伊、灋、涧、洛、丰、泾、沩、渠、获、洙、滁及日南、弱、黑十八水,于瀤水下分瀤余水,又考验本经,知清漳水、浊漳水及大辽水、小辽水皆原分为二,共补二十一水,与《唐六典》原数相符,二也;细校经注,厘正混淆,辨验文义,杂柠其注中之注,以大字细字分别书之,使语不相杂而文仍相属,三也。凡此三者,皆赵氏研究《水经注》之贡献。"赵在卷末又附有《水经注附录》二卷,上卷载隋唐以来正史及学者所记有关《水经注》之著录以及各家对郦书的评论;下卷收录历代各家钞校《水经注》的序跋,如杨慎、黄省曾、王世懋、朱谋㙔、李长庚、谭元春、钱曾、欧阳元、苏天爵、黄宗羲等。而上、下卷每一专题后,均有赵氏案语,解释人物,评论得失,甚有裨于郦学掌故。关于赵氏《水经注释》刊行于何时的问题,历来有两种说法。一说刊行于乾隆十九年(1754),《邰亭知见传本书目》卷五《史部十一·地理类·河渠之属》著录云:"《水经注释》四十卷,刊误十二卷,附录一卷,国朝赵一清撰,乾隆十九年赵氏刻本,赵氏板后归振绮堂汪氏。"又《书目答问补正》卷二《史部》著录云:《水经注释》四十卷、刊误十二卷,赵一清,原刻本。补,乾隆十九年赵氏家刻,乾隆五十一年毕沅开封刻本,光绪间四明张寿荣花雨楼刻本,光绪间会稽章寿康刻本。"案《四库》向各省采集遗书,其事远在赵书开封刻本以前,但《四库提要》著录赵本云:"外间诸刻,因不能不以是为首矣。"则《提要》明言赵本是殿本以外,外间诸刻之首。又案赵本卷首有全祖望序。王国维《水经注释跋》(《观堂别集》第三卷)云:"谢山先生于乾隆十四年始校《水经注》,至十七年凡七校,其中十六年秋曾在杭州,十七年在广东,十八年七月归,十九年秋则在扬州,以春往,十一月始归。然则为东潜作此书序,殆在十六年或十八年秋也。至二十年六月而谢山病殁矣。"赵乞序于全,当是书成付刻的信号,而赵自序于乾隆十九年,则此书于是年付刻,甚有可能。想系印数过少,流传不广,所以随即亡佚。另一说甚为普遍,认为赵书初刻于乾隆五十一年(1786),当时毕沅官河南巡抚,赵子载元适守归德府,在毕的支持下,此稿刊于开封,故卷首有毕沅序。载元深恐其稿不合毕意，付刊前曾托其同乡学者梁玉绳（曜北）、梁履绳（处素）兄弟加以整理修润。据胡适考证，赵氏《水经注释》刊本，计有五种，即：甲，乾隆五十一年初刻初修本；乙，乾隆五十一年以后初刻再修本；丙，乾隆五十九年修改定本；丁，光绪六年宁波张寿荣刻本，参用甲、丙两本；戊、光绪六年会稽章寿康刻本，用丙本翻刻（《跋赵一清水经注释钞刻本四种》，《胡适手稿》第四集下册）。此5种均是经过梁氏兄弟整理过的本子，所以基本相同，仅有个别字句差异。假使如上所述乾隆十九年刻本确实存在，则此五本为乾隆十九年刻本当有较大差异。此5种中，甲、乙、丙3种均有赵氏“小山堂”堂记，至今存书已经甚稀，据胡适考证：“赵氏《水经注释》的小山堂雕本，现存天地间者，大概不过十部，至多十二三部而已（《关于赵一清水经注释小山堂初刻重修本》，《胡适手稿》第六集下册）。”胡适的这项考证，对于乾隆十九年刻本之事，可能是一种旁证。因为在毕沅支持下刊行，而以后一再重修重刊之书，至今已成稀物，则刊印数甚少的乾隆十九年赵氏家刻本的亡佚，就不足为怪。赵书乾隆五十一年刊本问世后，传播较广，学术界骤见此书与乾隆三十九年刊行的殿本，从内容到体例“十同九九”（杨希闵《水经注汇校》卷首周懋琦序中语），不胜骇异，于是，戴氏门人段玉裁首先发难，于嘉庆十四年（1749）冬致书梁玉绳（时履绳已故），询以是否在整理赵书时“捃戴书以正之”？时旷日久的赵戴《水经注》案从此开始，而魏源、张穆随即撰文驳段，论战连年，参与者日众，其间拥赵者多而拥戴者寡。虽然赵书袭戴之说，后世亦不乏附和之人，但如杨守敬在《水经注疏要删自序》中所云：“赵之袭戴在身后，一二小节，臧获隐匿，何得归狱主人；戴之袭赵在当躬，千百宿赃，质证昭然，不得为攘夺者曲护。”所以赵书袭戴，责在梁氏兄弟，与赵氏本人无涉，因而赵书声誉日隆，而戴氏则处于四面楚歌境地。虽然有王先谦“存而不论”（《合校水经注例略》）和梁启超“闭门造车，出门合辙”（《中国近三百年学术史》）等调停之论，但论战仍不稍止。30年代郑德坤撰《水经注赵戴公案之判决》（《水经注版本考》卷末附录），综合各家言论，判定戴书袭赵。四十年代初，胡适声言要为戴震翻案，搜罗版本，广征博考，撰写论文、函札达百万言，但各家指责，议论纷纷，胡适虽尽其全力，而终因赵戴两书“十同九九”，结果徒劳。事详全祖望、戴震、魏源、张穆、杨守敬、王国维、孟森、胡适、郑德坤、吴天任等各家传略中。关于赵戴《水经注》案，我在拙著《论戴震校武英殿本水经注的功过》（《中华文史论丛》1987年第2辑）一文中指出：“他（戴震）以非凡的才能和惊人的速度博览（四库）馆内所有《水经注》版本，并且立刻作出决定，断然放弃他入馆前所校定的本子的格局，而以他在四库馆所见到的最好的版本即赵一清的《水经注释》（或是浙江巡抚采进的钞本，或是乾隆十九年的赵氏家刻本）作为底本，此外并参校了宋本、大典本、朱谋玮本、归有光本等较好版本，加上他自己历年来的研究成果，因而使殿本成为郦学史上的最佳版本。尽管殿本以赵本作底,从体例到内容与赵本'十同九九',但是由于戴震在馆内一年多时间中在赵本上花了不少工夫,所以显然优于赵本。不然的话,何至于出现'赵袭戴'的流言,而杨守敬也何至于说'赵之袭戴在身后'的话。……假使戴震没有机会进入四库馆,而郦注版本中或许就没有今日所见的殿本,对于戴震来说,其在郦学上的成就,就不过以今日所见的微波榭本而终,同样,赵一清的《水经注释》也就失去了被戴震选作底本的机会,恐怕也难以达到今天这样的声望。"赵一清生平事迹附于《清史稿》卷四八五《沈炳震传》下。

四八、戴震(1723—1777)

字东原,一字慎修,皖休宁人。乾隆二十七年(1762)举人。以后多次会试不第,乾隆四十年(1775)会试仍不第,奉命与乙未贡士一体殿试,赐同进士出身,授翰林院庶吉士。戴震治郦学,始于乾隆三十年(1765),是年秋,定《水经》一卷,自记云:"夏六月,阅胡朏明《禹贡锥指》引《水经注》,疑之。因检郦氏书,辗转推求,始知朏明所由致谬之故,实由唐以来经注互讹。……今得其立文定例,就郦氏所注考定经文,别为一卷,兼取注中前后倒紊不可读者为之订正以附于后。"(段玉裁《戴东原年谱》)此戴震所定单行本《水经》一卷,今尚存两本,一为至德周暹藏本,一为北京大学所藏廖嘉馆李氏旧藏本,但两本各有异同,说明均非戴氏原本而经过传钞者。戴氏自此潜心于郦学,并治地学,乾隆三十三年(1768),曾应直隶总督方观承之聘,北上主修《直隶河渠书》110卷。乾隆三十七年(1772)主讲金华浙东书院,此时,其所校定《水经注》已完成并付刻,但刻仅及四分之一,于次年奉诏入四库馆,因而中辍,此书以后由孔继涵刻成,即今所见微波榭本《水经注》。戴震入四库馆后,得见内库收藏的各种郦注刊本写抄本,其中《永乐大典》本为内库所独有而外人均不得见。故戴在四库馆条件优裕,远胜外间。戴遂于乾隆三十九年(1774)校上其本,由武英殿以聚珍版(驿案,即木活字版)刊行,即所谓殿本,亦曰官本。殿本校上案语略云:"是书自明以来,绝无善本,惟朱谋㙔所校盛行于世,而舛谬亦复相仍。今以《永乐大典》所引,各按水名,逐条参校,非惟字句之讹,层出迭见,其中脱简,有自数十字至四百余字者,其道元自序一篇,诸本皆佚,亦惟《永乐大典》仅存,盖当时所据,犹属宋椠善本也。谨排比原文,与近本钩稽校勘,凡补其阙漏者,二千一百二十八字,删其妄增者,一千四百四十八字,正其臆改者,三千七百一十五字,神明焕然,顿还旧观,三四百年之疑窦,一旦旷若发蒙,是皆我皇上稽古右文,经籍道盛,琅环宛委之秘,响然并臻,遂使前代遗编,幸逢昌运,发其光于蠹简之中,若有神物挐捞呵,以待圣朝而出者,是亦旷世之一遇矣。"乾隆帝对此书甚为赞赏,特御制诗大韵以褒奖,其中有云:“悉心编纂诚堪奖,触目研摩亦可亲,设以春秋素臣例,足称中尉继功人。”此书校上之次年,戴震会试又不第,因此书之功,竟得会试不第而进士及第。殿本刊行以后,各省书局纷纷翻刻,于是殿本行天下而别本加速消亡。但殿本问世以后仅六年,即已传出戴氏有剽袭之嫌的议论,今上海图书馆所藏武英殿本内有孙沣鼎于乾隆四十五年(1780)写跋云:“吾友朱上舍文藻自四库总裁王少宰所归,为予言,此书参用同里赵□□(驿案,当是东潜或诚夫两字)一清校本,然戴太史无一言及之。”跋语中所云的朱文藻是杭州仁和人,四库开馆时,传谕各省呈进藏书,朱曾参与编纂《浙江采集遗书总录》,故对浙江当时呈进仁和人赵一清的《水经注释》事了如指掌。王少宰指陕西韩城人王杰,为四库副总裁,曾提督浙江学政,故与朱文藻相识。故“此书参用同里赵一清校本,然戴太史无一言及之”之言,是从王杰传至朱文藻,又从朱文藻传至孙沣鼎。可见当时四库馆内已有此类议论。及至乾隆五十一年(1736),赵一清《水经注释》由毕沅作序在开封刊行。学者骤见赵书与殿本“十同九九”(杨希闵《水经注汇校》卷首周懋琦序中语),舆论哗然,而首先发难者则是戴震学生训诂学家段玉裁。因赵书在付刊前,赵氏早已物故,赵子载元曾请仁和人梁玉绳(曜北)、梁履绳(处素)兄弟作过一番整理,段氏因此致书梁玉绳(时履绳已故),责其捃戴书以正赵书。梁氏当时是否复书,不得而知,梁身后文集《清白士集》中未收复书,故学术界有言梁氏确有据戴饰赵之事。段氏与梁氏书收入于段氏文集《经韵楼集》卷七,道光间,魏源读此书后,甚为赵一清不平。魏氏认为明明是戴书窃赵,段氏竟反责赵书窃戴,因撰《赵校水经注跋》(文载周寿昌《思益堂日札》卷五)一文,力驳段书之非,列举戴书之“五妄”,最后归结到戴氏之为人。略云:“戴为婺源江永门人,凡六书、三礼、九数之学,无一不受诸江氏,有同门方晞所作《群经补义序》称曰‘同门戴震’可证。及戴名既盛,凡己书中称引师说,但称为同里老儒江慎修,而不称师说,亦不称先生。其背师盗名,合逢蒙、齐豹为一人。则攘他人之书,犹其罪之小者也。平日谈心性,诋程、朱,无非一念争名所炽。其学术、心术均与毛大可相符,江氏亦不愿有此弟子也。”道光二十一年(1841),张穆因缘得入翰林院,得见《永乐大典》本《水经注》,并校出一部,然后与殿本对勘,发现殿本实非全据大典本,而大典本所载《水经注》,在水字韵内,绝非殿本《校上案语》中所谓“各按水名,逐条参校”。张穆因撰《全氏水经注辨诬》(载于全氏《七校本附录》下)一文,文中除据其所见大典本揭露戴震之诈外,又据其所见卢镐所藏全祖望残稿,指出:“余用(全稿)以合校(戴、赵)两家,然后知戴、赵皆窃据谢山书。”张氏此文出后,戴、赵案中又加入全氏,但全、赵交谊甚笃,在郦学研究中相互切磋,人所共知。因而问题成为戴书既袭赵又袭全的性质。以后杨守敬又搜集许多材料,肯定戴书袭赵。虽然杨氏也认为赵书亦有袭戴之处,但二者性质不同。即《水经注疏要删自序》中所云："赵之袭戴在身后（驿案，指梁氏兄弟整理赵本时以戴饰赵），一二小节，臧获隐匿，何得归狱主人。戴之袭赵在当躬，千百宿赃，质证昭然，不得为攘夺者曲护。"民国以后，王国维、孟森诸氏，又纷纷撰文指责戴震，其中王国维推究戴氏见赵书，实在乾隆三十五年戴氏修纂《直隶河渠书》之时，尚早于其进四库馆之前。王氏云："东原修此书，实承东潜之后，当时物力丰盛，赵氏《河渠书》稿百三十卷，戴氏《河渠书》稿百十卷，并有数写本，又赵校《水经注》，全氏双韭山房录有二部，则全氏校本，赵氏亦必有之。《水经注》为纂《河渠书》时第一要书，故全、赵二校本，局中必有写本无疑，东原见之，自必在此时矣。"王氏在其《聚珍本戴校水经注跋》（《观堂集林》卷十二）中，最后提出其历来指责戴震的最严厉的语言："凡此等学问上可忌可耻之事，东原胥为之而不顾。"不过王氏文中虽力斥戴氏，但对殿本评价仍然甚高，略云："盖《水经注》之有善本，非一人之力也。更正错简，则明有朱王孙，国朝有孙潜夫、黄子鸿、胡东樵；厘订经注，则明有冯开之，国朝有全谢山、赵东潜；捃补逸文，则有全、赵二氏；考证史事，则有朱王孙、何义门、沈绎旃；校定文字，则吴、朱、孙、沈、全、赵诸家，皆有不可没之功。戴东原氏成书最后，遂奄有诸家之胜，而其书又最先出，故谓郦书之有善本，自戴氏始可也。"在他的另一篇跋文《沈乙盦藏黄省曾刻水经注跋》（《胡适手稿》第五集下册）中也说："戴校诚为近世第一善本。"晚清以后，在赵戴《水经注》案中，绝大多数学者均拥赵反戴，但日本郦学家森鹿三却成为十分少数的拥戴派。他于1934年在京都《东方学报》第3期所发表的《关于戴校水经注》一文（驿案，1936年《地学杂志》第1、2、3期有郑德坤译文）中，提出3点，认为戴氏整理篇目，以何焯校本为据，并非因袭全祖望；厘定经注，是戴氏创见，并非窃全、赵书；戴氏校正字句，亦有其所据，并非抄袭全、赵。在森鹿三撰述此文之次年，郑德坤氏根据200年来赵戴案中的大量文献，分析归纳，撰成《水经注赵戴公案之判决》一文，提出7个问题，而第七个问题，即戴氏剿全、赵问题，是全案的中心。其结论则为："戴震剿袭赵一清、全祖望之罪名，虽百喙不能解之，而《水经注》赵戴案可以判决矣。"故赵戴《水经注》案到30年代后期由于戴书袭赵基本论定而渐趋平静。但1943年，胡适声称要研究此案的一切有关证件，要为戴震申冤，直到1962年胡适去世，为此发表了论文、函札等百余篇，身后收入于《胡适手稿》1至6集（每集3册），共18册。胡适为戴震申冤的主要论文有《戴震未见赵一清书的十组证据》（《胡适手稿》第一集中册）、《与钟凤年先生讨论水经注疑案的一封信》（《胡适手稿》第一集中册）、《真历史与假历史》（《胡适手稿》第一集下册）、《试举七证证明官本及四库水经不但未诈称大典本分割入韵并且明白表示原本是整部收入的》（《胡适手稿》第一集下册）等，但郦学家对胡适的论证，大多报以否定的意见。例如吴天任在其《胡适手稿论全赵戴案质疑》（《水经注研究史料汇

编》下册）一文中云："胡氏虽反复百端，为戴氏申辩，恐亦无法澄清。"故胡适花了20
年时间，倾全力为戴震洗刷，但结果仍然无法证明戴书未曾袭赵，徒然又一次掀起赵戴
《水经注》案的争论。我在拙著《论戴震校武英殿本水经注的功过》（《中华文史论丛》
1987年第2辑）一文中指出："总的说来，对于这种足以代表明、清郦学家长期研究成
果的殿本的诞生，戴震无疑是有功的。他的功绩主要是在大量的各种郦注版本中，选
出最优秀的版本即赵一清的《水经注释》作为殿本的底本；然后再吸取其他许多佳本
的精华，使殿本锦上添花；又撰写许多《注内案语》，便于读者阅读和进一步研究。由
于他的非凡天才和勤奋工作，使《水经注》这部从南宋以来经注混淆不堪卒读的残籍，
在很大程度上恢复了它的本来面貌。殿本的成就在郦学史上当然是刻划时代的，作为
殿本的主编，戴震的功绩也是十分杰出的。可惜的是，由于私心杂念作祟，戴震在此书
上竟要求获得超越主编的荣誉，把许多郦学家特别是全祖望、赵一清等学者长期来的
研究成果，作为他一己的专著。为了达到这种目的，又挟其独占大典本的优势，过分地
夸大大典本的不同凡响。最后终因赵本的刊行和大典本的公布，使他受到学术界的长
期挞伐，不仅损害了个人声誉，甚至殃及实际上成就空前的殿本。这当然是郦学史上
非常不幸的事件。"戴震生平事迹，见《清史稿》卷四八一本传。

四九、顾广圻（1770—1839）

字千里，号涧薲，又号思适居士，元和（今苏州市）人。清藏书家，藏书甚富，其藏
书处称思适斋，其藏书印记称一云山人。吴晗《江浙藏书家史略》称其"喜校书，皆有
依据，绝无凿空，其持论谓天下书皆当以不校校之。论古书外谬处，细若毛发，棼如乱
丝，一经剖析，骎然心开而目明。"曾校《水经注》，但原校本不见，后人过录与何焯校本
合为一本，系稽瑞楼旧藏，今藏北京图书馆。据王先谦《合校水经注》卷首例略，顾氏
曾为孙星衍（另有传略）校本《水经注》作跋云："伯渊观察于此书，用功甚深，晚年对
客，犹能称引翻澜，不须持本也。手校丹青满纸，中多与戴东原氏异说，尤可资考索。"
但杨守敬在《水经注疏凡例》中却认为："顾千里跋谓其用功甚深，对客翻澜，不须持
本，此亦由千里地学不深，故推之过当。"顾氏生平事迹，附于《清史稿》卷四八一《卢文
弨传》下。

五〇、袁廷梼（1764—1810）

又名廷寿，字又恺，又字寿阶，号五砚楼主人。吴县人，曾用顾之逵钞宋本校勘朱

谋玮《水经注笺》后记,于郦学甚有贡献。胡适在其《记孙潜过录的柳佥水经注钞本与赵琦美三校水经注本并记此本上的袁廷梼校记》(《胡适手稿》第四集中册)云:"袁氏的校记有最重要的《水经注》版本史料。沅叔(驿案,指傅增湘)与静安(驿案,指王国维)诸先生都不曾注意,我要特别保存在这里。……'案朱笺所引宋钞本、旧本、古本,往往与(余)据校之旧抄本同,则(此抄)为影宋钞无疑矣,然乌焉满目,而精美处亦不少。今不别是非,悉著之,以俟考定,旧抄本从顾氏小读书堆所借也,又恺记'。朱笺所引'宋抄本',即是谢兆申本;所引'旧本'、'古本',即是黄省曾本。"袁廷梼生平事迹,见同治重修《苏州府志》卷八十三《人物十》。

五一、孙沣鼎

号白狱山人,曾校项绵本,《水经注》及武英殿本,并于乾隆四十五年(1780)作《武英殿校本水经注跋》。上海合众图书馆(今已并入上海图书馆)藏有其所校殿本一部,该跋文即书于此本卷末,略云:"今年夏,门人范封以武英殿聚珍版本来质,其校自休宁戴太史震……沣案,太史所校与宋本、朱氏本互有异同,而文字差显易。吾友朱上舍文藻自四库总裁王少宰所归,为予言,此书参用同里赵□□(驿案,当是东潜或诚夫二字)一清校本,然戴太史无一言及之。兹用其本,一一校雠,曩校项本以墨,今则以丹笔别之。"案朱文藻,杭州人,乾隆间诸生,曾在汪氏振绮堂校勘群书,精六书而又通史学,经大学士王杰引见,入京参与《四库》编校工作,奉敕在南书房考校,故知四库馆故事。王杰是乾隆二十六年(1761)状元,曾提督浙江学政,后以内阁学士兼礼部侍郎任《四库》副总裁。胡适认为孙沣鼎在殿本上的跋语中所引朱文藻之语,是戴校官本《水经注》引起猜疑的最早记载,事见《戴震的官本水经注最早引起的猜疑》(《胡适手稿》第一集上册)。

五二、沈大成(1700—1771)

字学子,号沃田,华亭人。曾于乾隆己卯、庚辰(1759—1760)间校《水经注》。胡适在《史语所藏杨希闵过录的何焯沈大成两家的水经注校本》(《胡适手稿》第四集下册)一文中推崇此本云:"沈大成此本纪录了戴震当时的《水经注》校记,可以考见戴氏早年治郦氏书的思想历程,所以也可以算是一件很可宝贵的郦学史料。"案沈氏于乾隆己卯始据季振宜(沧苇)本校写一过,庚辰再据何焯(义门)本复校。据《楹书隅录》初编所载沈氏《跋水经注》云:"乾隆己卯暮春,从吾友金陵陶蘅借季沧苇校本写于芜郡客舍,匝月而竟。"又云:"庚辰初夏从吾友吴中朱游夅借何义门先生校本复校于广陵,同观者休宁戴东原震,亦嗜古之士也。"故胡适在上述论文中又云:"沈大成校本纪录的有季振宜(沧苇)校本、何焯校本、'冯具区校本'(此人我未考得原名,但可以推知不是冯舒的校本)、戴震校本和他自己的校本。"足见沈氏治郦,功力甚深,不仅所见校本较多,而治学方法亦并非仅录他人校本。沈氏校本在《海源阁藏书目》及《带经堂书目》均有著录,但今已不传。

五三、王谟

字仁圃,又字汝麇,晚年自号汝上老人。江西金溪人,乾隆四十三年(1778)进士。毕生辑刻汉唐遗书,矻矻弥勤,计有《汉魏丛书》、《汉魏遗书钞》、《汉唐地理书钞》等,在辑刻古籍中,引及《水经注》甚多,于郦学功力不浅。《丛书举要》著录其曾辑《水经注补》,但今《汉唐地理书钞》流行各本均未及此,王谟所定《汉唐地理书钞·总目十二门》中,亦不见此目。张国淦《中国古方志考》叙例云:"王谟《汉唐地理书钞》,通行本有目无书者十居八九;昔年曾见一足本,本编所据者即此。"但张所谓"足本",今亦不传,亦未知此足本中是否有此一篇。王谟生平事迹,见同治《金溪县志》卷二十四《人物志·文苑》。

五四、孔继涵(？—1783)

字红谷,号诵孟,山东曲阜人,乾隆进士,官户部郎中,精天文、算术,兼擅地学,郦学造诣亦深,曾整理戴震进四库馆前之郦注校本,即微波榭本《水经注》,并撰有《水经注释地》8卷,初刊入微波榭《孔戴遗书》中,后收入于《积学斋丛书》。光绪六年(1880),会稽章氏重刊此书,由海宁钱保塘、华阳吴祖椿复校。《清史稿·艺文志》、《稽瑞楼书目》等均有著录。此书对《水经注》中80余条河流及《禹贡山水泽地所在》篇中的若干河川、山岳、郡县等地名加以考释,其所考释在郦注地名总数中实在微不足道,历来褒贬不一。李慈铭《孟学斋日记》甲集《首集下》、同治二年十月三十日(《越缦堂日记》一函二册)云:"《水经注释地》八卷,条注《水经》而专释其地名,辨正古籍而实指其今为何地,自为读桑经者所不可少。"但郑德坤《水经注引得序》云:"孔书考释平凡,无甚发明。"此书稿本今尚存,据胡适《跋孔继涵水经注释地稿本》(《胡适手稿》第一集上册)一文云:"这个稿本是孔继涵亲笔抄写的,原藏李氏麟嘉馆,今归北京大学,一册,不分卷。"至于孔氏整理的微波榭本《水经注》,即杨希闵《水经注汇校》中周懋琦序所云："顾东原之校上《水经注》也，稽之戴氏年谱，事在乾隆三十九年甲午十月，先生年五十有二。先于乙酉年，先生四十有三，始检校郦氏书，灼知经注互讹之故，立文定例，考定经文，订正注脱，辗转推求，竭八年之功，至壬辰已有定本。奉诏入馆，未及刊行，今所传曲阜孔氏刊本也。"此本与殿本甚多差异，据周懋琦序："岁戴氏书孔氏刊本与聚珍本两两参校，颇多殊异，如聚珍版经文悉依旧卷，详载校语，经注相淆者悉更之。孔氏刊本通为十四册，不分卷数，此篇第之不同也。经文改定，注文循其段落，跳行另起，删去校语，此体例之不同也。以今一百三十有三水，每水各为一篇，以河水、江水为纲，按地望先后分属河、江左右为次，此水道次序之不同也。其字句违异者共后十余事。"拙著《论水经注的版本》（《中华文史论丛》1979 年第 3 辑）一文中，将微波榭本与殿本的不同简单归纳为："不仅目次大异，其所立篇名亦异，河水只分 3 篇，江、沔、渭、济均不分篇，汶水之一称大汶水，沮水之一称南沮水，辽水不分大小，江以南至日南郡 20 水不列入篇目，并在斤员水（殿本作斤江水）篇之中。至于内容差异，也是俯拾可得，仅卷三十九《洣水》经'洣水出茶陵县上乡，西北过其县西'注中，戴本注文多出殿本即达 32 字，两本的差异可见一斑"。

五五、孙星衍（1753—1818）

字渊如，又字季仇，江苏阳湖人（今常州市），乾隆五十二年（1787）进士，授翰林院编修，其手校《水经注》为萧穆所得，王先谦《合校水经注例略》云："孙星衍伯渊所手校，桐城萧穆敬甫，闻余校刊《水经》，持以相饷。"案萧穆《记孙渊如先生水经注手校本》（《敬甫类稿》卷八）云："阳湖孙伯渊观察星衍，生平于《水经注》用功极深，生前未及整理付梓，原稿流落吾邑汪均之先生家。同治间为独山莫子偲先生友芝得之于皖城，穆于丙寅、丁卯间在金陵，素与莫先生往还，一日谈及，出以见示。乃用天都黄晓峰刊本，点窜涂乙，朱墨交错。本行本叶不足，夹以纸片黏缀成之。每卷亦多记年月及校勘之地，行役之余，辄以从事者也。据其自记云：《水经》向无善本，予骤读之，便知经注错乱，以意定之，凡所乙者数十处。嗣以唐人引此书如《史记正义》、《索隐》、《文选注》、《艺文类聚》、《初学记》、《元和郡县图志》校之，又正其谬者十五。顷得休宁戴东原君原本，所校极精，多与郦意相合，复是正数十条，始知闭门合辙，语非妄也。其与戴君不同者甚多，亦不敢附和云云。观察先生此记，尚未见仁和赵一清之本，故此校本有与赵本相同者，未申明之。近人有见戴氏校本多与赵氏相同，以为戴氏窃赵氏之本成之。其实赵戴二公同时从事于此，戴书成较赵书稍后，两公意见时有相同，即孙先生闭门合辙之说也。使孙先生不著名见戴氏之书，则后人又将疑孙先生窃赵戴二公之书为之矣。穆以孙先生之书未及刊行,欲照录一部以广流传,而若厚稿丛杂,理董为艰,一时无从下手。逾年,莫先生携此本客游苏州书局,江山刘泖生太守履芬,竭竟岁之功,将此稿本清理,又取所引各书逐条核对,仍用黄刊本誊一清本。时吾友无锡薛叔耘副宪福成,在苏州书局与刘君同事,即假刘君所录清本照录一部。又逾年为同治甲戌,穆访刘、薛二君于苏州书局,即假薛君所录之本携归上海方言馆照可标录一部,其所引各书小注,则浼秀水沈子旬代录之。五、六年前,长沙友人王益吾祭酒先谦,曾取赵戴诸公之书合刊一编,闻穆曾录孙先生之本,假为合刊,仍以原来见还。穆旧曾为此书长跋,稿旋失之,今家居雨窗无俚,检得旧录之本,略以此书原委,传示子孙,当珍守之,戊戌闰三月六日记”(驿案,戊戌是光绪二十四年,1898)。除萧穆所录本外,刘履芬亦用乾隆八年黄晟槐荫草堂刊本的同治二年余氏明辨斋补修本作底,录出一本,卷末有刘履芬跋云:“同治戊辰闰四月录始,至六月竣工,朱墨一依厚本。初十日,江山刘履芬记于吴中书局。”此本之末录有孙氏自记一段云:“庚子(驿案,乾隆四十五年,1780)十二月一日,醉。十二月二日。自定远至寿州,道中读宿姚冈”。王氏《合校本》卷首例略引顾千里《孙氏水经注校本跋》云:“伯渊观察于此书,用功甚深,晚年对客,犹能称引翻澜,不须持本也。手校丹青满纸,中多与戴东原氏异说,尤可资考索。道光四年闰月,观于桐城汪君均之插架,为记其后。”但杨守敬在其《水经注疏凡例》中,对此书颇有贬词,杨氏云:“孙伯渊词章之士,于地理学甚疏,王氏《合校本》录之,则以其名重之故,余按其校多引《山海经》,与毕校本合,毕本故出伯渊手,此当非伪作,而地望多疏,不值与赵戴作舆台,故自称开卷便知经注错乱,又言以《史记索隐》等校之,不知《索隐》引此注绝少也。顾千里跋谓其用功甚深,对客翻澜,不须持本,此亦由千里地学不深,故推之过当。王氏虽录之,亦有微词,吾甚惜王氏不为伯渊藏拙也。”在《水经注疏要删自序》中又云:“孙校踳驳,此事本非当家,而名震一代,不嫌为耳食者鍼膏肓。”清叶德辉《郋园读书记》云:“孙星衍校《水经》,仅以康熙时项絪刻本为底本,不知项本亦本朱笺再刻。”汪辟疆《杨守敬熊会贞合传》(民国三十六年《国史馆刊》创刊号)云:“星衍有校释,说多违戾。”孟森在其《禹贡山水泽地所在篇中之熊耳山》(《禹贡半月刊》第7卷6、7合期)一文中云:“孙渊如先生学问之名,不下于戴,然于郦学,亦非专家,其手校《水经注》,除尊信戴之《永乐大典》外,心得无几。”孙氏生平事迹,见《清史稿》卷四八二本传。

五六、段玉裁(1735—1815)

字若膺,号茂堂,江苏金坛人,乾隆二十五年(1760)举人,著名训诂学家,曾在京师见戴震,因好其所学,遂以为师,故亦兼擅郦学,其所撰《校水经江水注》、《校水经溱水注》、《水经无泒河》等篇,均收入于其文集《经韵楼集》卷七,皆是师承之作。戴氏殁后10余年,赵书在开封刊行,段氏骤读之,与戴书极为相同,段氏知赵戴未尝相识,因疑梁玉绳、履绳兄弟据戴书饰赵。时履绳(处素)已去世,遂驰书玉绳(即《经韵楼集》卷七所收之《与梁曜北论赵戴二家水经注》),责以参取戴书以校勘赵书,其书最后云:"足下昆仲之意则善矣,但足下亦不宜深没其文默默而已也。果出于闭户造车,出门合辙,当著其奇,以见东圣西圣心里之必同;果出于相取,当著其实,以见多闻从善之有益。果二公未尝相取,而出于校勘者集腋成裘,亦当为后序以发明之,以见其期于郦书完善,而非借光邻壁。不则无解于仆之疑,亦无解于天下后世或谓戴取赵、或谓赵取戴之疑。是则足下昆仲将尊戴而适侵戴,将助赵而适诬赵也。此仆之所以不敢下言也。……足下及今为后序刊于赵书之末,洞陈原委,破天下后世之疑,俾两先生皆不被窃美之谤于地下。仆实企望焉,愿明以教我。"后因梁曜北文集《清白士集》中未收梁与段复信,人遂有以为玉绳确因参取戴书而不便作答于段,而段氏所作《戴东原年谱》乾隆三十九年下云:"赵书经钱塘梁处素校刊,有不合者,捃戴本以正之,故二本大段不同者少也"。赵戴《水经注》案绵延达200余年,牵连甚众,成为我国学术史上罕见之大案,而段氏此书,实开此案之端。段氏生平事迹,见《清史稿》卷四八一本传。

五七、林伯桐

字桐君,号月亭,广东番禺人(今广州市),嘉庆元年(1796)举人,曾授德庆州学正,撰《两粤水经注》四卷,《清史稿》及萧一山《清代学者生卒及著述表》著录,但其书不传。林氏生平事迹,附于《清史稿》卷四八二《曾钊传》下。

五八、张匡学

清新安人,于嘉庆二年(1797)撰《水经注释地》四十卷,自刊本,卷末附《水道直指》一卷,《补遗》二卷,后又有上池书屋重刊本。《清史稿·艺文志》、《郘亭知见传本书目》、《东海藏书楼书目》等著录。此书卷首张匡学于嘉庆二年自撰凡例云:"《水经注》刻本仅见明吴琯、国朝黄氏二家。内所称宋本、原本未见,鄙见黄本,参稽较密,今照依刊刻。"案在嘉庆二年,不仅朱谋㙔《水经注笺》刊本流行已久,而戴氏武英殿聚珍版本及赵氏《水经注释》亦均已刊行问世,而张氏仅能见吴琯、黄晟二本,其中黄晟本即是朱笺翻刻本,张氏亦懵然无知。顾亭林谓朱笺是"三百年来一部书",语存阎若璩

《古文尚书疏证》,张氏未曾读阎氏书,可以云必。故其孤陋寡闻,不难想见。此书所释内容如卷二《河水注》"下封",释云:"当作崖下",卷十六《榖水注》"奇制作",释云:"未详"。卷二十九《沔水注》"牛渚",释云:"古名姑熟"等,均是以讹传讹。故杨守敬《水经注疏要删凡例》云:"若张匡学之《释地》,绝无心得。"郑德坤《水经注版本考》亦云:"其书辑前人之说,绝无心得,杨守敬已有微词,而王先谦竟不言焉。"

五九、魏源(1794—1857)

原名远达,字默深,法名承贯,湖南邵阳人。道光二年(1822)举人,精舆地之学,著述甚丰,如《释道山三条四列》、《释道山北条阳列》、《释道山北条阴列》、《释道山南条阳列》、《释北条弱水黑水》、《释道南条九江》、《释道南条汉水》、《释道南条三江》、《释云梦》、《释江源》、《通释禹贡》等,并将林则徐主持翻译的西方史地资料《四洲志》和历代史志等,增补为《海国图志》。魏源在郦学研究中亦甚有心得,上列各文常与郦注相贯通。道光间,因见段玉裁《与梁曜北论赵戴二家水经注》,极为赵、梁抱不平,于是遂作《书赵校水经注后》一文(文载周寿昌《思益堂日札》卷五),指出戴震之"五妄",即第一,"赵氏书未刊以前先收入《四库》……是戴氏在四库馆时先睹预窃之明证";第二,"若谓赵氏序例中未言经文不重举某水,注必重举某水之例,则不知赵本第二卷《河水篇》下首言之矣……皆戴氏所本,何谓赵氏不言";第三,"且赵一清与全氏祖望同时治《水经》……是则注中有小注之说,戴氏既窃之而又斥之。盗憎主人,不顾矛盾";第四,"戴氏臆改经注字句,辄称《永乐大典》本……皆系戴之伪托《大典》";第五,"至赵氏《畿辅水利书》百六十卷为戴氏就馆方制府时删成八十卷,则段氏亦不能曲讳,谓戴就方敏恪制府馆半载,何能成此巨帙,知其必有底稿,非出戴一人之手……是戴氏之于赵,一窃再窃"。魏氏文最后并及于戴震人身,其文末云:"戴为婺源江永门人,凡六书、三礼、九数之学,无一不受诸江氏,有同门方晞所作《群经补义序》称曰'同门戴震'可证。及戴名既盛,凡己书中称引师说,但称为同里老儒江慎修,而不称师说,亦不称先生。其背师盗名,合逢蒙、齐豹为一人。则攘他人之书,犹其罪之小者也。平日谈心性,诋程朱,无非一念争名所炽,其学术、心术,均与毛大可相符。江氏亦不愿有此弟子也"。魏氏此文以后,赵戴《水经注》案于是扩大,造成200余年之争端。魏氏此文并收入于会稽章寿康刻赵氏《水经注释附录》,又收入于《胡适手稿》第五集下册。魏氏其他有关地学文章,收入于《古微堂集》及中华书局1976年出版的《魏源集》。魏氏生平事迹,见《清史稿》卷四八六本传。

六〇、张穆(1805—1849)

初名瀛暹,字诵风,一字硕洲,又作石舟,号殷斋,晚号靖阳亭长,山西平定人,贡生出身,精于地学,尤擅西北史地,撰有《蒙古游牧记》等专著,因见段玉裁《与梁曜北论赵戴二家水经注》而甚感不平,于是考究事实,撰述文字,文题在《张约园本》作《赵戴水经注校案》,后收入于全祖望《七校水经注》附录下及光绪《鄞县志》卷五十四艺文三,文题作《全氏水经注辨诬》,又收入于范文澜《水经注写景文钞》,文题作《全氏水经注辨》。若文开始略云:"今世之读《水经注》者,必主戴震本,次则赵一清本。穆按,两家于此书,皆不为无功。至凿山通道,则谢山全氏之力为多。两家皆拾瀋于全氏者也。一清治《水经》,谢山屡称之,题词曰:杭人赵一清,瑰丽淹雅,极多考证。而其书至乾隆丙午始刊行,在戴本既行之后十三年。然戴氏必尝窥见全书及赵书,而窃据润饰以为己有也。戴以校正此书,博世名,膺懋赏。其最得意者两端:一曰据《永乐大典》原本也,一曰分别经注,不相牵溷也。《大典》藏翰林院,获见者少,穆于辛丑(驿案,道光二十一年,1841)之秋,幸得亲览秘书,用明以来通行《水经注》本校出一部,勘验戴书,始觉其诈。老友王君舣轩(驿案,即王梓材,别有传略)告余曰:谢山稿本,今尚有十数册藏之月船卢氏。穆问可致否? 舣轩曰:试为子询之。卢氏重舣轩请,别倩书手传钞十卷,并谢山《题辞》、《目录》一卷,于甲辰(驿案,道光二十四年,1844)春附公车寄到。余用以合校两家,然后知戴、赵皆窃据谢山书。即分别经注之说,亦权舆谢山,戴但整比加密尔。谢山之功不容没,则赵、戴之书皆不可不辨。"为了辨赵、戴之书,张氏此文共列举10点,洋洋数千言。郑德坤《水经注赵戴公案之判决》(民国二十四年《国立北平图书馆季刊》第9卷第3期)一文中,将张氏论点归纳为三:"戴东原盗书成性,《水经注》一书即剿全氏,一也;赵氏为全氏挚友,共治《水经》,本无剿袭之可言,然赵之后人实有剿全之举,二也;赵书后出,梁氏兄弟不但参校全氏,且亦采用戴书以刊赵书,三也。"自张氏此文出后,赵戴《水经注》案遂扩大成为全赵戴《水经注》案,并且愈演愈烈,不可稍止。张氏生平事迹,附于《清史稿》卷四八五《祁韵士传》下。

六一、王梓材

字楚材,号舣轩,鄞人,道光十四年(1834)以优行贡举于乡试,曾知广东乐会县。全祖望《七校水经注》在全身后即告散失,王百计访求此稿,从卢杰(友焜)处得原稿本10卷,又得林氏所藏稿本28卷,副本10余卷,补缀重录,成《全氏七校水经注》,卷首有《五校本题辞》及《序目》，其中《题辞》长达6000余言，全氏毕生治郦，其思想心得，几全在此6000余言之中。以后此《五校钞本》虽于清末为傅增湘所购得而辗转藏入天津图书馆，但由于缺佚卷首一册，以致《题辞》与《序目》俱佚。由于王梓材录出了这篇《题辞》并《序目》，使郦学史上的这一重要文献得以流传，厥功不小。王氏又依郦注作水道表一种，但今已不传。王氏整理《全氏七校本》并录出《题辞》与《序目》之事，颇受郦学界的非议。认为王氏作伪。首先提出此事的是林颐山（另有传略），他在《上夫子大人函》（其函无年月及受函者姓名），胡适考定为光绪十二年林致黄以周函，（见《胡适手稿》第二集下册），函略云："盖王录序跋，大非可信之书。……至于王录伪造之迹，尤难备述。"王先谦编纂《合校水经注》，亦因林颐山之言，将《七校本》排斥于《合校本》之外。对王梓材责备最深的是胡适，他在《证明全校水经注的题辞是伪造的》（《胡适手稿》第二集上册）一文中说："道光二十三年到二十四年之间，王梓材开始制造《全氏七校水经注》的前十卷，他先造了一卷《序目》，一卷《题辞》，做这部《全氏水经注》的纲领。"又说他"荒谬的可惊……白日见鬼"。"可怜的王梓材，……偏不肯安分，偏偏要装出《水经注》专家的大架子来骂人"（《全氏七校水经注四十卷的作伪证据十项》，《胡适手稿》第二集上册）。但后来当胡适看到天津图书馆藏的《五校钞本》及上海合众图书馆藏的叶揆初藏书3种全谢山校本以后，不得不承认王梓材录入于《全氏七校本》的《序目》和《题辞》均出全氏而非王所伪造。他在《上海合众图书馆有叶揆初先生收藏的全谢山水经注校本三种》（《胡适手稿》第三集上册）一文中说："那时我很疑心这本子是王梓材制造的伪书，不是全谢山的校本。……我研究的结果使我不能不承认我从前的判断错误。"他在《复洪业杨联陞函》（《胡适手稿》第六集下册）中又说："他（驿案，指王梓材）自己钞写的谢山的校语确很严谨。"他在《全谢山水经注题辞写成的年月》（《胡适手稿》第二集中册）一文中也承认："王梓材确曾得着全谢山改定的《水经注》序目，并且得着这篇《五校本题辞》。"王梓材生平事迹，见民国《鄞县通志》第四《文献志·甲编·人物》。

六二、沈钦韩（1775—1832）

字文起，号小宛，别号织帘居士，江苏吴县（今苏州市）人。嘉庆十二年（1807）举人，曾官皖宁国府训导。潜心郦学研究，撰《水经注疏证》，经始于嘉庆十一年（1806），成稿于道光元年（1821），历时15年之久。书未刊，《清史稿·艺文志》及《汇刻书目》等均有著录。此书原稿本于1947年12月在西安图书馆发现。今此本藏于南京图书馆，北京图书馆藏有抄本，原稿本共35卷，分订8册。1947年此本在西安发现时，胡适曾请西北大学校长杨钟健录出一个副本,此副本去向不明。关于此本内容,段熙仲曾撰《沈钦韩水经注疏证稿本概述》(《中华文史论丛》1979 年第 3 辑)一文,评述沈氏治郦之认真与成就:第一,"沈氏以史学名家兼治地理,其态度谨严,真所谓一字不苟。例如戴震所校《水经注》,武英殿聚珍版本及武英殿丛书本,颇有讹字,杨疏本虽能知其讹而改正,但径改而不出校记,不似其于朱谋㙔笺本之一字不漏,全赵本所改正必一一明记。"第二,"沈氏疏证有时由于重名实之相符,一语破的,要言不烦"。第三,"沈氏之作疏证,不仅考古功深,又能以后世文献中资料,郦氏所不及者,引以证明"。第四,"沈氏有诗文集,而《水经注》一书又特以记山水之美,为读者所欣赏,唐代柳宗元之《永州八记》等篇模拟注文,有目共见,沈氏于点勘时亦有表现,全书句读用点,独有用圈之例外,出现于郦注中之描摹自然景物处,沈氏似有所选择,凡出于道元自运者,摘句用圈,甚或字字加圈,想见其心赏佳句,不禁自乱其点读全书之通例,其眼光亦确有见地"。第五,"沈氏深通训诂,于注文单辞微吐,究其出处,释其隐义"。但杨守敬在其《水经注疏凡例》中云:"近时有沈文起之注疏稿本,汪梅村之《水经注释》,均未刊板,吾不得见,然吾见沈氏之《左传补注》,发明无多。"杨氏以其所见之《左传补注》,评论其所不见之《水经注疏证》,其事与光绪十九年四月十二日杨致梁鼎芬书中评论戴震所引《永乐大典》本《水经注》"直无其事"相类,无端推论,有失学者持重风度。沈钦韩生平事迹见同治重修《苏州府志》卷八十四《人物》。

六三、杨希闵

字铁镛,号卧云,江西新城人。同治间校《水经注》,以朱谋㙔《水经注笺》、何焯校本、沈大成校本、赵一清《水经注释》及武英殿本等合校,成《水经注汇校》一书。卷首有殿本《四库提要》,注笺本朱序,注释本赵序,微波榭本戴序,何焯及沈大成本识语,注笺本引用书目,《北史》郦传,《大典本》郦氏原序。卷末并有赵一清《水经注附录》上下两卷。光绪七年(1881)周懋琦为之序于卷首而刊行于福州。杨氏自序则撰于同治四年(1865),略云:"吾校《水经注》官本外凡五家,朱郁仪本、何义门本、沈沃田本、赵东潜本、戴东原本也。……吾今参用各本以官本为主,更端提行,参用戴氏;征引考证,参用朱、赵;点圈文妙,参用何、沈;间有鄙见,以闵案别之。"杨氏治郦颇勤,据此书杨氏自跋,在其校阅过程中,曾用硃笔誊何义门本,靛笔誊沈大成本,墨笔参校殿本、戴本与赵本。他誊录何本,费时十日夜,虞有脱漏,又反复校三日夜。但编次平凡,所谓"闵案",也多是人云亦云。故杨守敬《水经注疏要删自序》以为:"杨希闵之《汇校》,只同胥钞。"王先谦编纂《合校水经注》,正值此书刊行以后,但王对此却不暇一顾。郑德坤《水经注版本考》则以为:"其本盖排比编辑诸本之说,汇参为一,无甚发明。且所据诸本,并非秘籍,鲜新颖之说,其于郦注,实有多此一举之嫌。杨守敬讥之,王先谦亦不取焉。"

六四、温汝遂

字遂之,以字行,又自号竹箩生汝,广东顺德人。据《蝉隐庐书目》著系:"《水经注》校本,顺德温遂之朱笔手校,极精。"但书不见,亦不知其所校为何种版本。温氏生平事迹,见咸丰《顺德县志》卷二十七《列传》七。

六五、周懋琦

清绩溪人,曾致力于郦学,事见其光绪七年(1881)为杨希闵《水经注汇校》所作序言。略云:"因琦近年致力于戴书、赵书,而惜以海防紧要,案牍旁杂,每夜于烛光下互相参校,或作或辍,时阅两年,尚未卒业,惓怀仕学,不胜荒落之感云尔。"周氏校本以后是否完成,于事不详,亦不见其本流传。但周氏为杨希闵《汇校》所作序言,今尚存该本卷首,功力颇深。此序首述郦注渊源,其间剖析赵、戴二书,甚有见地。略云:"赵书著录于《四库》,钱塘梁履绳为之刊行。今核赵书,剖析地理,校正字句,最为详晰,而更正经注,与戴书十同九九。戴赵两先生未尝相识,所业未尝相闻,而数十年冥心考订,及其成尔,不俟而合。其校正之精确可知也。"在赵戴《水经注》案中,人习知王先谦、梁启超等均欲调停其争端,而周懋琦于光绪初即有"不俟而合"之说,故周氏或是赵戴争端中最早倡调和之人。

六六、徐松(1781—1848)

字星伯,大兴(今北京市)人,原籍浙江上虞。嘉庆十年(1805)进士,授编修,生平潜心郦注,尤精舆地之学。坐事戍新疆,亲历天山南北二路,以其所见,并参稽群籍,撰《西域水道记》,纠旧时之谬甚多,其书拟《水经》,复自为释,以比道元之注。又撰《汉书西域传补注》2卷及《新斠注地理集释》等,均流传,其中引《水经注》甚多,足见其郦学根底。徐氏生平事迹,见《清史稿》卷四八六本传。

六七、董祐诚(1791—1823)

字方立,阳湖(今常州市)人,嘉庆二十三年(1818)举人。精于郦学,撰《水经注图说》,但著作未竟而于 33 岁之年早逝。其兄董基诚,取其说刊入遗书,而图遂亡佚。道光十年(1830),其子董沇又为之刊行,名为《水经注图说残稿》4 卷,即《清史稿·艺文志》所著录者。《书目答问》亦著录此书,《书目答问补正》会稽章寿康刻单行本,为光绪六年(1880)所重刊。今各本均见存,并为王先谦《合校水经注》所全收,分别录入各有关卷篇之中。全书卷一、二为《河水》(但止于卷四《河水》经"又东过河东北屈县西"注"又南为采桑津",此以下及卷五《河水》并缺),卷三、四为《汾水》、《浍水》、《涑水》。故于郦氏全书而论,为数甚微。杨守敬在《水经注疏要删自序》中,称道此书为"脉水事密,为郦氏忠臣"。故董氏治郦,精深可见。董祐诚生平事迹,见《清史稿》卷四八六本传。

六八、沈垚(1798—1840)

字敦三,号字惇,浙江乌程(今湖州市)人。优贡出身,精舆地之学,撰《西游记金山以东释》,《清史稿》赞其:"遐荒万里在目前矣。"曾拟撰《水经注地名释》,惜书未成,稿已散佚,仅存《河水篇》富平县、上河峡等七条,收入于张穆所整理的《落帆楼文集》卷十二《外集》六。又据《水经注》及其佚文,撰《漳北滱南诸水考》,计釜水、寝水、渭水、溉水、渚水、泜水、济水、槐水、洨水、绵曼水、木马水、忻水、虖沱水、滋水、鹿水、泒水共十六水。篇首序略云:"然使郦道元《水经注》全书具在,则水流虽与古异,故道犹可援书以考。不幸而郦注又有缺佚,江自为雄以东,及泾、洛、虖沱诸篇,今皆散失不存。旧籍沦亡,昔形难考,测地者不能,为之深惜哉。金蔡正甫撰《补正水经》五卷,欧阳原功叙称其详赵代间水,书今不传。齐侍郎召南《水道提纲》,于江南塞北诸水,巨细靡遗,可谓创于古未有者矣,然叙中原诸水,则失之太略。中原之水,虽有《水经注》详于前,但水道古今不同,有意略中原,殊非详内略外之义。又诸水多沿方俗之称,不能合古今以求其是,亦得失参半焉。戴吉士震撰《直隶河渠书》六十四卷,想于水所经历及古今迁变之故,言之必历历如绘,惜不得见。垚收漳北滱南诸水,《水经注》既散佚,《水道提纲》于虖沱外,他水又概从略,幸《寰宇记》征引较多,郦注佚文犹散见一二,因参取而分别考之,而深觊东原《河渠书》得一见之,而质所疑也。"此文收入于《落帆楼文集》卷三。沈垚生平事迹,附于《清史稿》卷四八六《徐松传》下。

六九、庞钟璐（？—1876）

字宝生，江苏常熟人，道光二十七年（1847）进士，卒谥文恪。生平推崇《水经注》，曾以孔继涵整理的戴震校微波榭本《水经注》及戴震校武英殿本《水经注》对勘，自定其校本，但其本不传。庞氏校勘《水经注》以及推崇郦注，又在郦注各本中独尊戴本等观点，均详其子庞鸿书《读水经注小识》卷首段落中，庞鸿书另有传略。庞钟璐生平事迹，见《清史稿》卷四二一本传。

七〇、汪士铎（1803—1889）

字振庵，别字梅村，江宁（今南京市）人，道光举人。生平于郦学用功至深，著述甚丰，据《国朝未刊遗书志略》著录："《水经注提纲》四十卷，《水经注释文》、《水经注图》二卷。"但前两种不传，《水经注图》则以胡林翼之助，由晏圭斋于咸丰十年刊行，共2册，图后附有《订正水经注文》12篇。此图后又为湖北书局所重刊，合为1册，卷首胡林翼序略云："江宁汪梅村士铎，余道光庚子试江南所取士也。嗜山水，无仕进志，四上春官，特借以浏览山川风土，不谒一人，不待榜而归，其视富贵利禄泊如也。雅性好学，藏书二万六千余卷，闭户绝庆吊，莳花木，读书为乐。……粤逆之乱，一切毁于贼，遂辟地绩邑北山深谷中，客授自给，号曰无不悔翁。咸丰九年，余召来楚北，询其旧作，无一存者，惟授徒之暇，曾补为《水经注图》二卷，盖为《班志》而作，非其前书之旨矣。余重悯其学行，又经丧乱，年已衰病，无子息。至可悲叹，故为刊其《水经注图》，以悲黄子鸿（驿案，即黄仪，另有传略）之所逸，而牵连其为人如此云。"此图，《清史稿·艺文志》著录，无卷数。《八千卷楼书目》著录石印本2卷。王先谦《合校水经注》卷首例略云："江宁汪士铎《水经注图》，精思密致，经纬厘然，然亦颇有讹误，惜其不及参绘今地，未为尽善。"杨守敬《水经注疏凡例》云："观汪氏《水经注图》，与郦书多不照，其改订错简，亦任意移置，其书即传，恐亦可见不逮所闻。"郑德坤《水经注版本考》认为汪氏此图，"原为汉志而作，与郦注多不照，其改订，错简又任意移置，绘摹未精，讹误迭见。"

七一、谢钟英

清武进人，研究《水经注》佚篇，颇著成绩。撰有《水经注洛泾二水补》2卷，卷末附《武陵五溪考》1 卷,收入于《南菁书院丛书》,王先谦《合校水经注》全录洛、泾二水于卷十九《渭水篇》下,郑德坤《水经注版本考》称其“编辑经注,颇复旧观,功实过于赵补”(驿案,赵一清亦辑补泾水等水)。案谢氏在《补泾水》卷首云:“《水经注》逸《泾水篇》,胡氏渭补之,皆著本朝州县,是今泾水,非《水经注》泾水也。泾水逸文,胡氏渭、赵氏一清收集者十数条,今采是者,次其前后,复采误作洛水者以次补入,不足,又取《地理志》、《元和志》、《寰宇记》、《方舆纪要》、《水道提纲》诸书,编为《泾水篇》,其故事之关涉水地者从略,志完旧帙,非广异闻也。”

七二、郑茂烨

福建莆田人,撰有《水经注笺钞》4 卷。据沈复粲《鸣野山房书目》卷二《史之十·图志类》著录:“《水经注笺钞》四卷,蒲田郑茂烨著。”郑茂烨生平事迹不详。

七三、韩绿卿

清人,生平事迹不详。郑德坤《水经注版本考》据《云间韩氏藏书目》云:“《水经注》四十卷,旧抄棉纸蓝格本,卷首有西皋老人识语,卷末有沈延芳跋,韩绿卿据明朱谋㙔本校并跋。”此本今不见。案云间是江苏松江府的别称,则韩是松江人。

七四、杨椿

撰《水经注广释》,见萧一山《清代学者生卒及其著述表》著录。但其书不传。杨是清人,生平事迹不详。

七五、王峻

字艮斋,常熟人,雍正二年(1724)进士。曾撰述《水经广注》,《清史稿》称其:“尤精地理,尝以《水经》正文及注混淆,欲一一厘定之,而补唐以后水道之迁变及地名之同异,为《水经广注》,手自属稿,未暇成也。”稿未成,故其书不传。王峻生平事迹,见《清史稿》卷四八五本传。

七六、王诠霓

名霓,以字行,更字旌甫,浙江黄岩人,同治九年(1870)举乡试。曾精校赵一清《水经注释》,据郑德坤《水经注版本考》引《古书流通处旧书目录》:"《水经注释》,赵一清。黄岩王诠霓手校,极精。"但其书今不见。王生平事迹,见光绪《黄岩县志》卷十四《选举》。

七七、雅堂

郑德坤《水经注版本考》引《受古书店旧书目录》云:"《水经注释》四十卷,赵一清初印本,有雅堂先生硃笔批校,全书到底,异常认真。"今此校本不见,雅堂当是别号,不知其姓氏籍贯,亦不知其生平事迹。

七八、丁履恒

曾撰《游水疏证》,考证唐仲冕《海州志》(驿案,嘉庆《海州直隶州志》32卷,唐仲冕修、汪梅鼎等纂,嘉庆十六年(1811)刻本)等书,指涟河为海州之误。而称道"郦注条分缕析,不特游水故道昭然可见,并赣榆县境诸故城遗迹亦了如指掌矣。"王先谦《合校水经注》采此文于卷三十《淮水注》之末。郑德坤《水经注版本考》则云:"其说鳞爪片甲,不足道也。"

七九、董沛(1828—1895)

字孟如,号觉轩,浙江鄞人,光绪三年(1877)进士,曾知江西清江、东乡、上饶等县。生平遍读藏书,求之同县烟屿楼徐氏、抱经楼卢氏、天一阁范氏,又至杭州借文澜阁书阅之。曾主讲崇实书院。吴晗《两浙藏书家史略》(中华书局1981年版)云:"全谢山先生《七校水经注》原本,为有力者窃据,乃搜求底稿,重加校勘,谋于观察无锡薛公付梓,复为完璧。"但胡适对董沛及其校勘的《全氏七校水经注》的评价殊不相同。他在《全氏七校水经注四十卷的作伪证据十项》(《胡适手稿》第二集上册)一文中云:"光绪十四年薛福成在宁波刻印流传的《全氏七校水经注》,是宁波文人董沛用道光晚期王梓材制造的原本,加上他自己的一些改窜,很匆忙的刻板印行的。"又在《跋合众图书馆藏的林颐山〈论编辑全校郦书〉的函稿》(《胡适手稿》第二集下册)一文中云:"光绪十四年戊子(1888)的下半年……鄞县进士董沛用王梓材的重录本作底子,胡乱的加上一点改动,编成所谓'今悉改定以复先生之旧'的《全氏七校水经注》,董沛把此本交给宁绍台兵备薛福成。"又云:"我们就可以明白光绪十四年宁波刻印的《全氏七校水经注》,是一个妄人(驿案,指董沛)主编的,一个妄人(驿案,指薛福成)出钱赶刻赶印的一部很不可靠的伪书了。"胡适在《跋中央研究院藏的奉化孙锵原校的薛福成董沛刻本全氏七校水经注》(《胡适手稿》第二集下册)一文中又云:"光绪十四年薛福成在宁波刻成《全氏七校水经注》,主持校刻的人是宁波进士董沛,书刚刻成,薛福成已升任湖南按察使了,他急于要进京,又要带这个新刻的书去送礼,所以这书的初刻初印本的校勘是很潦草的,错误多到不可胜计。"但他以后看到天津图书馆藏的全谢山《五校钞本》、上海合众图书馆藏的陈劢录本《全校水经注》残本、张寿镛藏的王梓材重录本40卷抄本后,又在《复洪业杨联陞函》(《胡适手稿》第六集下册)中云:"他自己(驿案,指王梓材)钞写谢山的校语确很严谨。"因此,过去曾被他目为"荒谬的可惊"、"白日见鬼"(均见《全氏七校水经注的作伪证据十项》)的王梓材,至此,"我对王梓材的信心提高了一点,而对董沛则甚轻视而痛恨"(《复洪业杨联陞函》)。案董沛所整理的《全氏七校本》,确系以王梓材本作底,故其书每卷末均刊有"后学王梓材录,董沛重校"一行。至于七校本作伪之事,郦学界说法不一,而最早提出怀疑的是林颐山,见林氏传略。董沛生平事迹,见民国《鄞县通志》卷四《文献志·人物》。

八〇、庞鸿书

字劬庵,江苏常熟人,光绪六年(1880)进士,曾官贵州巡抚。光绪十六年(1890)起,始撰《读水经注小识》,至光绪三十年(1904)成书,共4卷,同年石印刊行。按庞氏治郦,出于家学,其书卷首叙略云:"鸿书弱冠时,侍先文恪公于京邸,见先公方手校《水经注》,以孔氏微波榭本(驿案,指孔继涵整理的戴震未入四库馆以前所校定之本)与武英殿本互勘。从旁窃窥,爱其文辞,时时取而读之。先公诏之曰:读是书者非徒撷其文采已也。胡身之本之以注《通鉴》,胡朏明本之以释《禹贡》,盖六朝以前,舆地家之渊海,研经读史者,皆宜于是书求之焉。今所通行者为赵东潜本,其校订实不如东原戴氏之精,而微波榭所刊乃东原真本,武英殿本虽亦题戴氏名,然已经馆中诸人改易,其校语亦非尽出东原手也。鸿书谨识此语不敢怠。岁庚寅,馆课之暇,乃取赵氏本以戴本改定之,有疑,则杂采诸书证其同异。……戊戌,出巡大名,职兼河工修守事,翌年夏秋,驻于河上,是岁也,冯夷不波,行馆事简,复取是书重加校勘,稽疑摘误,日必数

条,积之得数百。然以簿书之分其心虑,杂置几案间,仍未汇录成帙也。陈臬来湘,乃
箧排比,次为四卷,令写官录而藏之。其校勘大旨,并分条著于左云。"案叙,知庞鸿书
父文恪公(驿案,即庞钟璐,另有传略)有《水经注》校本,今不传。庞鸿书生平事迹附
于《清史稿》卷四二一《庞钟璐传》下。

八一、林颐山

字晋霞,浙江慈溪人,光绪十八年(1892)进士,曾任南菁书院山长。光绪十四年
薛福成刊行董沛编次之全祖望《七校水经注》卷首,曾称林颐山别为校本,略云:"慈溪
林颐山别为校本,旁稽博引,纠正更多,然刊刻本旨,但期无失先生七校之旧,非与前辈
为难也,故不暇他及云。"但林氏校本未见。王先谦《合校水经注》卷首例略云:"全氏
《七校水经注》晚出,浙中慈溪林颐山晋霞斥其伪造抉摘至数十事,顷岁刊行此编,一
字不敢阑入。"郑德坤《水经注研究资料汇编》上册(1984 年台湾艺文印书馆出版)《林
颐山校水经注》下云:"至王氏合校本凡例,称颐山斥全氏七校本为伪造,其说亦不知
见于何书,海内君子,有以教之。"案林颐山斥全书伪造事,见其《上夫子大人函》。此
函原本藏上海合众图书馆(今已并入上海图书馆),函无年月,亦无受函者姓氏。胡适
考定其为光绪十二年(1886)上黄以周(黄曾于宁波府城的辨志六斋为林业师)之书
(《胡适手稿》第二集下册《跋合众图书馆藏的林颐山〈论编辑全校郦书〉的函稿》一文
中附有此函的复制件)。因当时江苏学政王先谦以全氏《七校本》事函黄以周,黄致书
林查询,故有此复书。书中略称:"盖王录(驿案,指王梓材)序跋,大非可信之书。
……至于王录伪造之迹,尤难备述。"胡适曾称赞林颐山"用这种很严格的怀疑精神来
评判当日所能得到的材料"(同上文,《胡适手稿》第二集下册)。但杨守敬《水经注疏
要删自序》云:"全氏之书最为后出,王氏称慈溪林颐山作为伪书。余按其书精华,多
已见赵书中……然中有赵所不载者,虽未必一一皆当,自非沈酣此书者不能,谓尽子虚
亦太过,王氏《合校本》一概不录,亦太过。"胡适原来非常推重林颐山,正是因为胡自
己亦断定七校本的《序目》和《题辞》全出王梓材的伪造。他在上述《论编辑全校郦书
的函稿》一文中指出:"用这段话来比较林颐山批判王录本的话,我们就可以明白,光
绪十四年宁波刻印的《全氏七校水经注》,是一个妄人主编的,一个妄人出钱赶刻赶印
的一部很不可靠的伪书了"。但后来当胡适看到了天津图书馆所藏的《五校钞本》后,
他在《上海图书馆有叶揆初先生收藏的全谢山水经注校本三种》(《胡适手稿》第三集
上册)一文中云:"那时我很疑心这本子是王梓材制造的伪书,不是全谢山的校本。
……我研究的结果使我不能不承认我从前的判断错误。"胡适不仅承认王梓材所收七

校本的《序目》和《题辞》均出全氏而并非王所伪造。他在《复洪业杨联陞函》(《胡适手稿》第六集下册)中并云:"他(驿案,指王梓材)自己钞写谢山校语的确很严谨。"据此,则林颐山所云"盖王录序跋,大非可信之书"云云,实非有根据之事。

八二、陈澧(1810—1882)

字兰甫,广东番禺(今广州市)人。道光十二年(1832)举人。曾任广州学海堂长,晚年主讲菊坡精舍,治地学甚精。著有《水经注西南诸水考》及《汉书地理志水道图说》等书,《清史稿》并云其尚有《水经注提纲》四十卷之著,但此书不见。今唯《水经注西南诸水考》流行较广。此书成于道光二十七年(1847),除陈氏家刊及湘乡蒋氏刊本外,广雅书局及湖南书局也均有翻刻本。此外并收入于《东塾遗书》及《求实斋丛书》。卷首自序云,"郦道元身处北朝,其注《水经》,北方诸水,尺致精确,至西南诸水,则几无一不误。……阮太傅《浙江图考》绘郦注之图而指其误,斯可谓善谈郦注者。盖郦君之书,讲水道者固宜奉为至宝,然于郦君之误说,墨守而沿袭之,以误后人,不可也。余固爱读郦氏书,其北方水道,间有小谬者不暇论,而读《汉志》豚水、鬰水,知郦氏《温水》、《浪水》二篇注之谬,又连而及之,知《若水》、《淹水》、《沫水》、《青衣水》、《叶榆水》、《存水》诸篇之注之谬,又连及《江水篇》自发源至若、淹二水入江以上之谬。条而辨之,既证以今日水道,复就郦注为图,俾览者晓然于其差谬而弗相沿焉。其余未暇悉辨,此非敢攻讦古人也,不敢回护古人而贻误后人也。"但杨守敬对陈澧此书颇有指责,《水经注疏要删自序》云:"当郦氏时,滇黔之地,沦于爨谢,两汉州郡所在,未必一一得实,然去古未远,必犹有缋籍可寻,观于桥、温乱流,豚、郁异氏,婉转以求合班书,必不肯凿空附会。唯叶榆水截温水而下,浪水枝津逆东江而上,更始水下入酉阳,榖水车迳鸟伤,颇乖地势,必由其所据之图未精,遂致斯谬,其他固未可凭臆移易也。而陈氏未明互受通称之例,又不计其中有变迁流移,但据今日之图与郦氏不甚合,别为《水经注西南诸水考》以驳之,将豚水移而南,而郦氏所指两汉故县尽行易位,曾不思武帝伐南越,由夜郎下牂柯,必不逾南、北盘江,始行登舟也。王氏合校本不录陈书,似有微意。陈氏所著《汉志水道图说》,弊与此书同。"陈澧生平事迹,见《清史稿》四八二本传。

八三、王先谦(1842—1917)

字益吾,湖南长沙人。同治四年(1865)进士,历任翰林院编修、国子监祭酒、各省考官、湖南岳麓书院、城南书院院长等职,毕生编纂刊行书籍甚多,于地学及郦学研究至深。《合校水经注例略》云:"少时读《汉书·地理志》,惊叹以为绝作,惜其上溯古迹,旁罗水道,宏纲已举,细目未赅,虽为书之体固然,而于探奇嗜古之怀,犹歉然弗惬也。嗣读郦善长《水经注》,深美其用意,足辅班志所不逮。盖班之志水,撮举终始,而所过之地从略,郦则于汉世郡县端委并包,曲折贯串,旁引支流以千数百计,使后之搜渠访渎者,一展卷而如案古图书。班之志地,根据经籍,俾三代以来之要典,不致放失无稽,郦尤因地致详,元魏以上故事旧文,皆可考求而得,实其繁简虽异,精思实同,洵乎阂览之山渊,方舆之键辖也已。夫地无古不立,水非地不章,郦谓为书之旨,在因水以证地,而即地以存古,是故迁贸毕陈,故实骈列。世或訾其好奇骋博,及视为词章所取资,虽谓于地理之学,概未有闻焉可也。今非无颛疏水道之书,以校彼优绌,果何如哉? 余耽此三十年,足迹所至,必以自随,考按志乘,稽合源流,依注绘图,参列今地,兼思补证,各史关涉水地事迹,及经注未备各水,为之作疏。人事牵牵,惧不获卒偿斯愿,曾用官校宋本,参合诸家,辑为一编,久藏箧笥,先授梓人,以质海内之好读是书者,而推其要义如此。"由此可见,王氏不仅精读郦注,并以郦注作为其实地考察地理山川的依据,在古代郦学家中实属可贵。合校本正文以武英殿本为依据,校以赵一清《水经注释》、朱谋㙔《水经注笺》及孙星衍校本,凡此三本与殿本不同者,悉加旁注,但正文字分大小,则依赵本。此外并增入赵补滍水、洺水、滹沱水、泒水、丰水、泾水、沟水、滁水、弱水、黑水,谢钟英补泾水,丁履恒游水考证及董祐诚、汪士铎诸氏之说,但全祖望《七校水经注》则被排除。据《例略》所云:"慈溪林颐山晋霞斥其伪造,抉摘罅漏至数十事,顷岁刊行兹编,一字不敢阑入。"为此,郑德坤《水经注版本考》认为:"王氏《合校本》只字不录,殊为可惜。"范文澜《水经注写景文钞》自序也叹其:"可惜把全氏《七校本》随手抹煞。"《合校水经注》为殿本问世以来流行仅次于殿本的版本,除光绪十八年(1892)王氏自刻于长沙者外,又有湖南新化三味书屋重刻本,颇得郦学界的好评,但汪辟疆《明清两代整理水经注之总成绩》(台北本《杨熊合撰水经注疏》卷首)云:"王先谦乃综合三家,……以戴为正文,列诸家校刊之语于下,名曰《合校水经注》,读者称便。然王书但有综辑之功,并无精思独运之见也,是为校理《水经注》之事。"王先谦在赵戴《水经注》案中,曾希望调和平息。提出"存而不论"之见。《合校本例略》云:"《四库全书》以乾隆三十九年校上此本,而赵氏之书先成于乾隆十九年,至五十一年丙午指谋锓板,其流布反在官本之后,世罕觌《大典》原文,见戴校与赵悉合,疑为戈取。然圣明在上,忠正盈廷,安有此事。且书中增补删改多至七千余字,既著之案语中,其订正各条明注本文之下,并非尽出《大典》,是纂修时或旁考群书,或独伸己见,亦未尝隐而不言也。赵氏覃精极思,旁搜广证,台契古籍,情理宜然,特以数十年考订苦心,一旦为中秘书所掩,因而俗论滋纷。今于官本案语下并列赵氏所释及刊误各条,俾读者右文盛世,秘籍应运而呈奇,而鸿生稽古之功,亦不致听其湮没,庶因两美之合,以释千载之疑,诸家聚讼,若段玉裁茂堂、魏源默深、张穆石舟各执一词,存而不论可也。"王先谦生平事迹,见《清史稿》卷四八二本传。

八四、孙锵

浙江奉化人,光绪十一年(1885)贡生,曾校勘全祖望《七校水经注》。胡适《跋中央研究院藏的奉化孙锵原校的薛福成董沛刻本全氏七校水经注》(《胡适手稿》第二集下册)云:"光绪十四年薛福成在宁波刻成《全氏七校水经注》,主持校刻的人是宁波进士董沛,书刚刻成,薛福成已升任湖南按察使了,他急于要进京,又要带这新刻的书去送礼,所以这书的初刻初印本的校勘是很潦草的,错误多到不可胜计。后来有个奉化秀才孙锵曾校出了错误'千余条',董沛依据孙锵的校本,挖改刻本,改正甚多。"又在《跋孙锵等校"全氏七校水经注"的后记》(《胡适手稿》第二集下册)中云:"所以我的结论是,孙锵秀才的校勘是值得敬意的。"孙锵生平事迹,见光绪《奉化县志》卷二十一《选举》。

八五、王初桐

生平事迹不详,据《行素堂目睹书目》著录:"《水经注补正》一卷,《古香堂十三种丛书》本,清嘉定王初桐(字于阳)著。原名元烈,字耿仲,又号竹所。"

八六、孙诒让(1848—1908)

字仲容,号籀庼,浙江瑞安人,同治六年(1867)举人,晚清著名经学家和文学家,对郦学研究亦成就卓著,其中比较突出的有三项,均收入于其所著《札迻十二卷》卷三之中。卷十四《濡水》经"又东南过海阳县西,南入于海"注:"又按《管子》齐桓公二十年,征孤竹……至卑耳之溪,有赞水者,从左方涉,其深及冠;右方涉,其深至膝。……今自孤竹南出,则巨海矣,而沧海之中,山望多矣,然卑耳之川若赞溪者,亦不知所在也。"对此,孙诒让云:"案上引《管子》,齐桓公至卑耳之溪,有赞水者,从左方涉,其深及冠;右方涉,其深至膝。文见《小问篇》。房注云:赞水,谓赞引渡水者。是被水即指卑耳溪水,赞者,谓导赞知津之人,诏桓公从右方涉耳。非卑耳之旁别有溪水名赞者也。郦氏殆误会其旨。”又卷二十二《颍水》经“又东南过阳翟县北”注:“渠中又有泉流出焉,时人谓之嵎水,东迳三封山东,东南历大陵西连山,亦曰启筮亭,启享神于大陵之上,即钧台也。”对此,孙诒让云:“案此文‘连山亦曰启筮亭’七字有误。考《御览》八十二引《归藏易》云:昔夏后启筮享神于大陵而上钧台枚占,皋陶曰不吉(《初学记》二十三亦引其略)。此文疑当作《连山易》曰:启筮享神于大陵之上。盖《连山》、《归藏》两易皆有此文,抑或本出《归藏》,郦氏误忆为《连山》,皆未可知。今本‘连山亦’,‘亦’即‘易’之误(易、亦音近),‘启筮亭’三字又涉下‘启筮享’三字而衍(亭、享形相近),文字传讹,构虚成实,遂若此地自有山名连,亭名启筮者。不知郦意,但引《连山易》以释大陵耳,安得陵之外,别有山与亭乎?”又卷五《河水》经“又东过黎阳县南”注:“余按《竹书纪年》,梁惠成王十一年,郑厘侯使许息来致地,平丘、户牖、首垣诸邑及郑驰道,我取枳道及郑鹿,即是城也。”对此,孙诒让云:“案改地为道,盖据今本《纪年》及《通鉴地理通释》校,以驰道为地名也。赵校亦同,并非是。驰地者,易地也。《战国策·秦策》云:秦攻陉使人驰南阳之地,正与《纪年》义同。梁取韩枳道而与韩鹿(郑即韩也),即弛地之义。今本《纪年》乃明人摭拾伪托,不足据校。”以上列三例,均是征引翔实,信而有征,足见孙氏郦学造诣之深。孙氏生平事迹,见《清史稿》卷四八二本传。

八七、李慈铭(1829—1894)

字悉伯,号莼客,室名越缦堂,清末会稽(今绍兴市)人,光绪元年(1880)进士。晚清著名学者,曾手校戴震各书,据《李慈铭先生批校藏书目录》著录,有校本十四册,系手批戴氏遗书,其所校《水经注》,今藏北京图书馆。李慈铭生平事迹,见《清史稿》卷四八六本传。

八八、丁谦(1843—1919)

字益甫,杭州仁和人,同治四年(1865)举人,清末民初地理学家,对我国边疆地理研究甚有贡献,著述甚丰。兼治郦学,撰有《水经注正误举例》5 卷,分期刊载于北平《地学杂志》9 卷第 1 期至 11 卷第 10 期。民国八年(1919)收入于刘氏《求恕斋丛书》,以后又收入于《蓬莱轩地理学丛书》(又名《浙江图书馆丛书》)。丁氏于民国乙卯(1515)所作小引云:“《水经注》一书,地理学家与班志并尊,视同圣经贤传,不敢稍私参议,今俨然为之正误,知见者必谓为狂呓无疑。窃思地理学者,征实之学,水与山之位置,皆造物者预为排完,岂人力所能意为更张。此书注释校笺,自明后已三十余家,硕彦鸿儒,均毕生尽力于此。所不解者,诸公矻矻,类于故纸中讲求水道,绝不于实地上探寻水道,以故作者愈众,谬戾愈多。余每取其书与舆图合读,辄懵然如堕云雾,思欲仿董方立《残稿》(驿案,指董祐诚所撰《水经注图说残稿》,见董氏传略)遗意,以今地为主,证明而疏通之,凡遇颠倒错杂诸条,不得不谓之误,非故意讦击也。惟卷帙繁重,又迫桑榆晚景,讵敢必有其成,故握笔而中止者屡矣,兹始决然为之。余浙人也,特草《浙江篇》以启其端,姑尽其力所能为,即弗成,后人可推其意以为赓续,因为《举例》云。"刘承敢于民国庚申(1920)为此书作后序,对丁氏多所驳正,略云:"惟其中义有可商,而不能不为之厘订者,《浙江篇》以西安县之乌溪为定溪,则在毂水东,以开化县马金岭水为苏姥布水,则在毂水西北,中隔江山县定阳溪,势不能上承。《漳水篇》中加雍水注之一句,非出郦氏原文,《濡水篇》中索头水及武列、五渡、高石诸水所在地。杨惺吾图皆遵《大清一统志》,而丁先生全翻旧说,亦未揭明前人误在何处,阅者无从释疑。《河水》一篇附考西域诸地,多据洪文卿侍郎《中俄交界图》,此图蓝本俄人,重译多误,兹以宣统初年《新疆图》校正之。《河水》二篇,河曲、积石、湟水等处,原稿据胡文忠旧图,多未密合,以光绪中甘肃舆图局之图核改之。又《河水》二篇中沿《明一统志》之误,以驳郦往之漓水。《河水》三篇谓契吴亭水东南流,并力斥树颓水、沃水之误,而不知此皆郦氏所亲历者也。又以宁夏塞外大河正流当郦注临戎县之支渠,皆未允当。又以郦说湟中小月氏为误,此又不知其本于《后汉西羌传》也。汉、晋、北魏县邑当今何地,丁先生所释往往与《一统志》不同,官书出于众手,原难尽信,然《一统志》乃摘取各省通志及郡邑志,多成于其乡人,纵或附会,未必全讹,今为订正数处,不敢尽改。又《漳水篇》中斥丘县所在,与《元和志》异,蒲领县、廮陶县与《寰宇记》异。凡此皆其疏舛,而未及理董者也。至原稿多新名词,非考古家所宜,则均为更易之云。"丁谦生平事迹,见《浙江人物简志》下册。

八九、王礼培

清末民初湖南湘乡人,曾校勘《水经注》。据拙著《论水经注的版本》(《中华文史论丛》1979年第3辑):"武汉大学图书馆所藏的万历四十三年朱氏自刊本:《水经注笺》,有宣统三年湘乡王礼培的五色朱墨圈点批校,其中绿笔依朱之臣,蓝笔依陈明卿,紫笔依钟惺、谭元春,墨笔依何义门,朱笔是王礼培自批。尽管除了何焯一家外,其余各家的批校多是词章上的工夫,而且依钟、谭的紫笔,已经褪色无法辨认,但在朱笺各本中,此本仍不失为一部善本。"案此本我曾反复阅读,王礼培朱笔批校仍然完好,当是郦学学派中的词章家一流。

九〇、杨守敬（1839—1915）

　　字惺吾，别署邻苏老人，湖北宜都人，同治元年（1882）举人。其耽心地学，始于咸丰八年（1858），是年，余杭郑谱香居宜都，因晒书，杨见其《六严地图》，即借回影绘。同治二年（1863）在京，已有志于地学，是年与邓铁香同撰《历代舆地沿革险要图》。光绪二年（1876），饶敦秩邀杨氏同撰《历代舆地沿革险要图》，饶氏作书后略云："去岁与杨君惺吾论及此，出旧稿一帙，云系十年前与归善邓君承修所同撰者，其中自正史而外，有历代割据及十六国等图，较江阴六氏沿革图为翔实，而梁陈周齐四代仍缺焉。余以为此不可不补之也，乃延惺吾至余家，与之钩稽排比而成之。又推广于东晋东西魏五代宋南渡，及历代四裔诸图，合之前稿，共得六十九篇，略著其说于图隙，使读者易于省察。"此是杨氏地理、地图著作中首次付刊的成果。此图以后又于光绪三十二年（1906）与熊会贞校补，陆续刊印，至晚年始成。光绪五年（1879）冬，据吴天任《杨惺吾先生年谱》所载，潘存撰《题杨守敬水经注疏初稿叙语》略云："楚北杨君惺吾，博览群籍，好深湛之思，凡所论述，妙悟若百诗，笃实若竹汀，博辨若大可。尤精舆地之学。……而水经注疏神光所照，直与郦亭共语，足使谢山却步，赵戴变色，文起梅村，未堪比数，氤缊岁久，燠若神明，旷世绝学，独有千古，大雅宏达，不我河汉。"丁山《郦学考序目》（《历史语言研究所集刊》第3卷3期，1932年中央研究院刊行）云："杨氏寻绎三君（骈案，指全、赵、戴），进而详水道迁流，横流纵剔，直欲还经、注单行本旧观，皆大有功于郦书也。"但胡适在其《跋杨守敬论水经注案的手札两封》（《胡适手稿》第五集中册）一文中，认为这篇潘存的题辞，是杨守敬所伪造。胡适云："潘存在北京做穷官，待杨守敬有大恩，见于《年谱》廿五岁、卅六岁，四十一岁各年下。杨守敬要报答潘存的大恩，故要在他的大杰作里留下这位死友的姓名，这大概是捏造这篇初稿序语的一个用意吧。"杨氏于光绪六年（1880）作为使馆随员去日，其时正值日本明治维新之后，朝野崇尚西学，汉学故籍，弃如敝屣，世家所藏，纷纷售出，几论斤作价，杨氏值此千载一遇之良机，确实大开眼界。他于光绪九年（1883）从日本致书友人黄萼云："弟现在所藏书已几十万卷，其中秘本亦几万卷，就中有宋板藏书，可以相并，其他皆不足言也。自幸此身有此奇遇，故一切富贵功名，皆漠不关怀。"杨氏于光绪十年（1884）返国后任黄冈教谕，于光绪十二年初招熊会贞到黄冈为其家庭教师，并于是年与熊氏起草《隋书地理志考证》，此书以后数次改稿，直到光绪二十一年（1895）始刊行。光绪十九年（1893），当时杨已任黄州府学教授，于是年四月十一日在武昌梁节盦酒宴中谈及赵戴两家《水经注》事，席间诸公咸以为戴书袭赵，而叶浩吾更认为戴所称《永乐大典》本"皆直无其事"。事后，杨于四月十二、十三两日，连续致书梁节盦，此两函真迹，后为陈垣所收藏，杨认为戴书袭赵，事无可疑，略云："戴氏所据订正者，十之八九，出于赵氏意订，未必宋本，皆一一与赵意合，而赵氏于书凡言脱误不可订者，戴本亦同其误，此其为袭赵书，无疑也。独怪当时纪文达、陆耳山并为总纂，曾不检大典本对照，遂使东原售其欺。"又云："戴氏盗袭赵书，已成铁案。"此为杨守敬介入赵戴《水经注》案之始。对此，胡适曾撰《跋杨守敬论水经注案的手札两封》一文加以批驳。胡氏云："那天杨守敬把梁鼎芬所收到的王先谦《合校水经注》借去翻看了一夜，明天就写前一札，说他'恍然悟戴氏袭赵有确征也'。后一天他又写了后一札，补充前札的'意犹未尽'的话。……这时他五十五岁了，他不过'好读郦书而已'，他要买《水经注合校本》，他不过'喜其便于翻阅'而已。两札里没有一个字提到他有一部《水经注疏》稿本，两札里的话也可以看出他对《水经注》的知识还是很浅薄的。"胡氏在《论杨守敬判断水经注案的谬妄——答卢慎之先生》（《胡适手稿》第五集下册）一文中又说："因为杨氏在那个学术衰落的光绪时期颇负虚名，因为他号称地理学专家，又曾自己宣传他著有《水经注疏》八十卷，所以后来的学者如王静安，如孟心史，都信任杨惺吾的谬说，以讹传讹，至于今日。"光绪二十五年（1899），因湖广总督张之洞电邀，就任武昌两湖书院教习，主讲地理一门。但杨氏所任教者为旧地理，新地理另由邹代钧任教。光绪二十七年（1902），就任武昌勤成学堂总教长。至光绪三十年（1904），《水经注疏》稿成。杨氏于其自订《年谱》中云："国初刘继庄拟为《水经注疏》而未成，道光间沈文起亦有是作，未付刊，余乃与崮芝发愤为之疏，厘为八十卷，凡郦氏所引之典，皆标所出，批于书眉行间，凡八部皆满。"并订《水经注疏凡例》25条，置于卷首。次年（1905），《水经注图》刻成，全图8册，采用古今对照，朱墨套印的形式，颇具实用价值。此图今国内藏本已稀，但台湾省及日本，均有复制本流行。据杨氏自订《年谱》云：因此图之出，"上虞罗叔蕴（振玉），得吾书叹赏之，谓吾地理之学，与王怀祖（念孙）、段若膺之小学，李壬叔（善兰）之算学，为本朝三绝学。推挹过当，但不知后世以为何如也"。罗振玉此语，以后传播颇广，贺昌群在其北京科学出版社《影印水经注疏的说明》中亦曾引及此语。同年，《水经注疏要删》亦刻成，据其自订《年谱》云："以《水经注疏》卷帙浩博，整写不易，而吾年已迈，恐不能上木，崮芝寒士，亦未能任此巨款，乃为要删入册，使海内学者，知吾有此书，他日有好事者，得吾书而刊之，不致有赵戴之争，此刊《要删》之微意也。"杨氏在此《要删》卷首自序中，又一次表达了他在赵戴《水经注》案中的观点："赵之袭戴在身后，一二小节，臧获隐匿，何得归狱主人。戴之袭赵在当躬，千百宿赃，质证昭然，不得为攘夺者曲护。"此后，又于次年刻成《水经注疏要删补遗》40卷。宣统元年（1909），并刻成《续补》约百叶,另又有《水经注疏要删再续补》,稿成未刊。光绪三十二年(1906),另一地理著作《禹贡本义》刻成,次年,《三国郡县表补正》及《三国地图》刻成。杨氏于宣统三年(1911)从武昌移居上海,是年十一月,与傅增湘在上海谈论治郦之事,杨以未见郦书宋本为憾。后傅竟得残宋本,而杨氏已先逝。事见《国学季刊》新2卷2期傅所撰《宋刊残本水经注书后》。杨氏寓沪时已值暮年,除书法金石外,主要是与熊会贞从事《水经注疏》撰写。但以规模庞大,杀青无日,曾语熊云:"此稿不刊,死不瞑目。"因山东刻工较廉,曾有部分送往该地付刻(今有残叶装成一册,附于北京影印本卷后)。但全书在杨生前未能修订完竣出版,杨氏逝世后,由熊会贞移至武昌继续从事,事详熊氏传略。除前已述及者外,杨氏毕生撰述之地理著作,尚有《汉书地理志校补》二卷(光绪二十六年刊行),《湖北江汉水利议》(收入于《杨惺吾先生年谱》光绪三十四年下),《晦明轩稿》二卷,续稿十卷(光绪二十六年刊行),内有《山海经·汉志·水经庐江异同答问》、《汉志绛水考》、《汉志郡下系水说》、《垣东垣考》、《汉志定陵系汝水考》、《郭璞无水经注说》、《城父父城考》、《汉志东西汉水考》、《王险城考》、《渭水考》、《淇水考》、《郡国志辽东属国昌黎无虑考》、《郡国志东冶侯官考》、《汉志从河为瓠河之误说》、《衡山考》、《汭水考》、《碣石考》、《禹贡泾属渭汭说》、《沮漳水考》、《汪士铎汉志释地驳议》等地理考证文字,又有《辑古地志》32卷(宣统二年辑成,未写定)、《瀛寰译音异名记》(未见书)等。杨氏毕生的郦学研究以地理学为重点,故拙著《论郦学研究及其学派的形成与发展》(《历史研究》1983年第6期)一文中认为:"杨、熊二人都是对地理学有精湛研究的学者,而《水经注疏》初稿和《水经注图》的编绘,标志着郦学研究中的地理学派已经成熟……作为地理学派代表人物的杨守敬和熊会贞在郦学研究中作出了卓越的贡献。"杨守敬生平事迹,附于《清史稿》卷四八六《张光剑传》下,又见汪辟疆撰《杨守敬熊会贞合传》(《国史馆刊》创刊号,民国三十六年出版)

九一、王国维(1877—1927)

字静安,又字伯隅,号观堂,又号永观。浙江海宁人,著名史学家和考据学家,一生著述甚多,曾任清华学校(今清华大学前身)国学研究院导师。擅长历史地理,于西北历史地理造诣尤深,精治郦学,有《水经注》校本,并有郦学论述多种。民国十四年(1925)出版的《清华学报》第1期,同时刊出他的《宋刊水经注残本跋》、《永乐大典本水经注(前二十卷)跋》、《海盐朱氏藏明钞本水经注跋》、《朱谋㙔水经注笺跋》、《孙潜夫校水经注跋》、《聚珍本戴校水经注跋》共6篇《水经注》的各种版本的跋尾文章。王身后此 6 文均收入于《观堂集林》第十二卷。吴天任《杨惺吾先生年谱》中华民国十四年乙丑下云："王静安水经注诸本跋刊于《清华学报》二卷一期，此为静安历年校勘《水经注》之总成绩。"另外，台湾省"中央图书馆"藏有明黄省曾刊本《水经注》一部，是嘉兴沈曾植的旧藏，此书卷末，王国维也写有跋尾一篇，胡适为它加上《黄省曾刻本水经注跋》的题目(《评王国维先生的八篇水经注跋尾》，《胡适手稿》第六集下册)。除上列七篇外，王氏尚另有《水经注》跋尾两篇，收入于赵万里校样的《观堂别集》4 卷的第三卷之中。一篇题为《水经注笺跋》，即胡适《评论王国维先生的八篇水经注跋尾》(《胡适手稿》第六集下册)一文中的《赵万里临校本水经注跋》。另一篇则在胡适所谓的"八篇水经注跋尾"以外，题为《水经注释跋》。故王氏一生所撰的《水经注》跋尾文章一共有 9 篇。此 9 篇中，《聚珍本戴校水经注跋》一文，对戴震剽袭《水经注释》以及将剽袭成果虚归《大典本》甚至刊补《大典本》等，指责甚厉。据胡适《评论王国维先生的聚珍本戴校水经注跋》(《胡适手稿》第六集下册)及《致王国维函》(《北京图书馆文献》1983 年第 15 辑)等文所述，民国十三年一月十九日，是戴震出生的 200 周年纪念，北京大学的《国学季刊》拟出一个纪念专号，胡适事前曾写信向王国维征稿，胡函略云："季刊此次出东原专号，意在为公平的评判，不在一味谀扬。"但王氏并未寄稿，却在戴东原二百年纪念后的两个月内，写成了这篇文字。胡适云："这篇文字显然是对于我们提倡'戴东原二百年纪念'的人的一个最严厉的抗议，也显然是对于戴震的人格的一个最严厉的控诉。"在历来评论戴震的文章中，此文确实十分严厉，其结尾云："凡此等学问上可忌可耻之事，东原胥为之而不顾，则皆由其气矜之一念误之，至于掩他人之书以为己有，则实非其本意，而其迹则与之相等。平生尚论古人，雅不欲因学问之事，伤及其人之品格，然东原此书，方法之错误，实与其性格相关，故纵论及之，以为学者戒，当知学问之事，无往而不当用其忠实也。"王国维并且列举实例，提出戴震刮补涂改《大典本》之说。王云："此汉人私改兰台漆书之故智，不谓东原乃复为之。"此说随即为孟森所附和，孟又另撰专文论述此事(见孟氏传略)。故在赵戴《水经注》案中，王国维与孟森，均是反戴派中言词激烈的代表人物。王国维生平校勘《水经注》，成果亦甚卓著，事详其门人赵万里的治郦传略中。郑德坤《水经注版本考》云："丁卯之变(驿案，指民国十六年王投昆明湖自尽事)，藏书分散，《水经》校本，幸为国立北平图书馆所得，学者无不以先睹为快。后某要人借出校阅，收藏失慎，首卷被毁，王氏校本，遂成残卷，惜哉。"今北京图书馆及长春吉林大学图书馆均藏有王氏校本一部，北京本除王氏校语外，并录入章炳麟校语，并有钱玄同等题款，当是以后他人过录之本。吉林本已于 1984 年由上海人民出版社排印出版，其书系以朱谋㙔《水经注笺》作底据校，与各书所载赵万里过录本同。卷首有李长庚序及朱谋㙔自序，并有征引书目,上海人民出版社排印出版时,又请吴泽教授作长篇《前言》,备述此书始末。但标点错误甚多,深可惋惜。王国维生平事迹,见辽宁大学林风所撰《王国维行年考》,载《海宁人物资料》第1辑。

九二、熊会贞(1859—1936)

字崮芝,湖北枝江人,著名地理学家及郦学家,毕生从事地理学及郦学撰述,襄助杨守敬完成《历代地理沿革总图》、《隋书地理志考证》、《汉书地理志补校》等地理著作以及《水经注疏要删》、《水经注图》等郦学著述。杨守敬暮年,熊氏全力助杨撰述《水经注疏》,杨去世后,熊氏继续从事22年,终抵于成。熊氏何时成为杨门人,未见具体记载,杨氏于同治元年(1862)即设馆授读时,时熊氏仅3岁。此后杨于同治二年、八年、九年、十一年、十二年均曾设馆授读(据吴天任《杨惺吾先生年谱》),时会贞已十余岁,其为杨氏门人,或许就在杨氏设馆授读之后期。另一说法是,熊氏并未在杨设馆授读时就读于杨,因从光绪二年(1876)起,杨在家经营纸行,自任经理,不再设馆授读,故吴撰《年谱》光绪四年下引《邻苏老人年谱》:"招门人枝江熊崮芝授二儿读。"熊于是年始进杨宅,以杨氏为师,遂成杨氏门人。汪辟疆《杨守敬熊会贞合传》(民国三十六年《国史馆刊》创刊号)云:"会贞初入杨宅为童子师,先生守敬居武昌,荆南七属赴乡举者,皆馆其家,报罢,则留其谨愿者,俾任钞胥,月致二饼金。会贞尤诚笃,不厌烦碎,守敬既馆西席,会贞遂师事之。"但熊氏是否有过乡试落第的经历,不得而知。民国四年(1915),杨氏在沪逝世,据汪辟疆《明清两代整理水经注之总成绩》一文所云:"易箦语熊会贞曰:水经注疏不刊,死不瞑目。熊氏泣曰:鞠躬尽瘁,死而后已。杨氏既归道山,而熊氏仍馆其家,暝写晨抄,二十余年如一日,盖已难能矣。"据刘禺生《述杨氏水经注疏》(中华书局出版《世载堂杂忆》)所载,熊氏在杨死后的20余年中,"书凡六七校,稿经六易"。又据杨家骆《水经注四本异同举例》(《学粹》第4卷5期,1962年台北出版)云:"民国二十二年谒惺吾先生弟子熊崮芝先生于武昌,欲见《水经注疏》稿,崮芝先生靳不一视,复与论全赵戴之争端,亦嘿不一言。揖别时则呜咽而言曰:余为先师司誊录,初无真知确见可以益君,先师之稿未出,不欲以增口舌,辜君枉过,亦相谅否。"说明熊氏在20余年中兢兢业业,专心一志,继承师业的情况。熊在其继事的20余年中,获睹的郦学文献如残宋本、大典本、明钞本等远远超过其师,而新的地理学思想源源引入,科学的地理学著作及新式地图大量出版,故熊氏在郦学与地理学的造诣上已经远过其师。因此,熊氏所继事的《水经注疏》,其成果与杨氏所初创者已有较大的改易与发展。其中较重要者为第一,关于底本,杨氏在《水经注疏要删自序》中规定:"其卷叶悉依长沙王刊本(驿案,指《合校本》),以便校勘。"而熊氏在其亲笔《十三页》中则更改云:"《合校本》以戴为主,看甚分明,今变动体例,以朱为主,而据赵戴订之,或自订,通体朱是者作正文,非者,依赵戴改作正文,不能如《合校本》之尽以戴作正文也,此点最关紧要。会贞衰颓,不能再通体修改,全仗鼎力。必如此,全书方有主义。"第二,杨守敬生前唯恐此书再发生一次赵戴之争,因此,即使杨熊是师生之谊,杨也不敢在这个问题上掉以轻心。生前已将此书署名格式安排定当,即《十三页》中所云:"先生初说此书二人同撰,文各一半。"最后并定为:"每篇首标题作宜都杨守敬纂疏,门人枝江熊会贞参疏。"但以后熊在继事过程中,杨守敬之孙杨先梅(驿案,字岭香,杨第三子蔚光所出),襄助堪称得力,其中残宋本、大典本、明抄本三本之比勘,均是先梅之作。故《十三页》云:"先生未见残宋本、大典本、明抄本,此书各卷,凡说残宋、大典、明抄,不得属之先生。……以先生说改为岭香孙世兄补疏。全书各卷中,先生按残宋本作某,大典本作某,明抄本作某,尽改为先梅按残宋本作某,大典本作某,明抄本作某。每卷开首题各加一行,作孙先梅补疏。"此亦为熊书的极大改易。后因李子魁在其篡改的所谓《遗言》中删去此条,而在今台北影印本的底本上挤入自己的名字,故熊氏之意未得实现。第三,杨生前介入赵戴争端,而且出言颇有武断之处,例如光绪十九年四月致书梁节盦附和叶浩吾之言云"世称戴所云《永乐大典》本。皆直无其事。"又在《要删自序》中云:"乃知《大典本》与朱本,实不甚有异同。"迨熊氏之时,《大典本》已为其目睹,故熊在《十三页》坦率地纠正了杨的无据之言云:"人多以戴出《大典本》为诬录,以见戴多本《大典》,不尽本《大典》,而戴之冤可以大白于天下,戴之伪亦众著于天下矣。"第四,杨守敬介入赵戴争端,确信戴书袭赵,因此鄙薄戴震,所以每引郦书,其排列均作全、赵、戴。熊氏对此亦作了极大变易。由于熊认为王梓材、董沛在《七校本》的整理中的作伪已成定论,因此,从《七校本》引全实已全、戴难分,故已无必要。所以在今台北本中,"全"字多已删去,而杨原来所排列的赵前戴后,熊氏已均作了勾乙,改为戴、赵。在《十三页》中,熊氏从实际出发,写下"唯戴之功大"五字,一反杨生前的主张。熊氏在此书上作了 20 年的努力,到了民国二十四年(1935)已经濒于完成。故是年《禹贡半月刊》第三卷 6 期所发表的熊氏所撰《关于水经注之通信》一文中云:"大致就绪,尚待修改。"据汪辟疆《明清两代整理水经注之总成绩》一文中解释熊氏此言为:"全疏增删补正,略已大定,惟《渭水》、《沔水》尚待修订。"但即在此后,熊氏 20 年惨淡经营之成果,发生了两大不幸事件,第一是杨守敬之孙杨勉之私自出售了熊氏手稿,造成了刘禺生《述杨氏水经注疏》中所叙的悲惨结局:"杨氏后人,阴售疏稿,图断会贞生计,会贞郁郁寡欢,因而自裁,写稿俱逝,时民国二十五年五月也。"第二是因熊氏之逝,引起第三者李子魁的介入,李自称受熊氏之托

（其实在《十三页》中熊氏并无此托，详见李子魁传略），窜改熊氏亲笔《十三页》，冠以
《遗言》字样，并且在今台北影印本的底本上任意涂改，在每卷题下挤入"乡后学李子
奎补疏"一行，又在卷内各处抹去"守敬按"，改为"子奎按"，鱼目混珠，制造混乱。幸
而熊氏亲笔《十三页》最后仍落人间，胡适、吴天任等，均对真伪二件细加核对，撰文指
责李之作伪，使事实得以基本廓清。熊氏在其"书凡六七校，稿经六易"过程中，曾抄
出若干副本，目前所知至少有3种：一种是1957年北京科学出版社影印本的底本，此
本抄成后，由熊氏友人徐恕（另有传略）收藏，因抄录后除卷二十一《汝水》徐与熊氏藏
本校对一过外，其余均未曾校过，以致错漏极多，钟凤年于此本出版之日即从事校勘，
最后校出各种错误达2400余处，事详钟氏传略。另一本是台北中华书局1971年影印
本的底本，此本由于抄成后由熊氏本人收藏，随时得到熊的校改，虽然与《十三页》所
要求的仍有颇大距离，但与熊氏的最后定稿本最为接近。另一本现藏日本京都大学人
文科学研究所，抄写格局与北京、台北两本同，各册卷首均有"森鹿三寄赠"字样，当是
森氏赠与该所者。案汪辟疆《杨守敬熊会贞合传》云："日人森鹿三极服熊氏以一生精
力，成此绝业，民国十四年四月，遣松浦嘉三郎走武昌，求其稿，不获，又两谒，许以重
金，乞写副，会贞以大夫无域外之交，固拒之，卒不为夺。呜呼，若会贞者，此宁可求诸
今世士大夫耶。"此后，向宜甫在1949年武昌亚新地学社排印的《水经注疏》序言及刘
禺生《述杨氏水经注疏》中，均引及汪氏此项资料，故长期以来国内均据此项资料，认
为日本无此书抄本。但1983年我去日本关西大学讲学，森鹿三的学生之一，奈良女子
大学教授船越昭生告诉我京都大学人文科学研究所藏有此书抄本的信息，并其中掌
故。于是我请森鹿三的另一学生关西大学教授藤善真澄陪同前往该所，果然得览此
书，事详拙作《关于水经注疏不同版本和来历的探讨》（《中华文史论丛》1984年第3
辑）一文中。此外，抗日战争期间，熊会贞之子熊小固与李子魁两人，曾携《水经注疏》
稿本一部走重庆，至中央大学中文系主任汪辟疆处，汪亲见此本，并在《明清两代整理
水经注之总成绩》一文中记云；"是《水经注疏》一书，自杨氏创始至今，已逾60余年
矣。稿凡数本：其一本为中央研究院所得（驿案，即今台北影印本的底本）；其誊清正
本，则仍在李子奎处，今余及览者，则李君所藏之正本也。"汪氏所云李子魁所藏之誊
清正本，以后未见出版，至今不知下落。熊会贞在郦学研究中以精于地理学著名，他与
杨守敬，同为郦学地理学派的创始人，其生平事迹，见汪辟疆所撰《杨守敬熊会贞合
传》（民国三十六年《国史馆刊》创刊号）。

九三、孟森（1868—1937）

字纯荪，号心史，江苏武进人，著名历史学家，以明、清史见长，兼擅郦学，参与赵戴

《水经注》案，进行大量考证，撰述论文多篇，用以证明戴书袭赵。主要论文有《董方立之怀疑水经注校本》（民国二十五年十月一日天津《益世报·读书周刊》第68期）、《商务印书馆永乐大典水经注已经戴东原刮补涂改弊端隐没不存记》（民国二十五年十一月十二日天津《益世报·读书周刊》第74期）、《戴东原所谓归有光本水经注》（民国二十五年十一月十二日天津《益世报·读书周刊》第74期）、《杨守敬所举赵氏水经注释转袭戴氏嫌疑辨》（《北平图书馆馆刊》第10卷第5号）、《水经注原公水篇诸家之订正》（《禹贡》第7卷第1、2、3合期）、《禹贡山水泽地所在篇中之熊耳山》（《禹贡》第7卷第6、7合期）、《戴本水经注所举脱文衍文》（《国学季刊》第6卷第2期）、《拟梁曜北答段懋堂论赵戴二家水经注书有序》（《故宫文献论丛》）、《畿辅安澜志与赵戴两书公案》（《图书季刊》第5卷第4期）等。孟氏为反戴派学者中的重要人物，言词激烈，不下于王国维。如《水经原公水篇诸家之订正》文中云："戴之订正《水经注》，果尽出于《大典》，其校勘之功，亦不过对读无遗漏耳，何足与赵较功力？其自炫所长，则曰《大典》之《水经注》，已散在各韵各字下，一一辑出，复为四十卷全书，则校正不难，辑散为整则不易也。既而知《大典水经注》并非散见，已讶戴氏之言不售，令人骇愕。今《大典水经注》已印行，所有校改皆是窃自赵本而冒称原本。"在其《拟梁曜北答段懋堂论赵戴二家水经注书》一文中则云："东原之所为，实为学林所应公愤，石舟、默深、静安诸君子，岂好辨哉。"胡适不同意孟森的论点，曾撰有《孟森先生审判水经注案的错误——同据的五条水经注杨守敬用来证明赵氏袭戴孟森用来证明戴氏袭赵》（《胡适手稿》第五集下册）一文力驳孟氏的论点。但吴天任《杨惺吾先生年谱》光绪三十年下驳斥胡适云："至于孟氏有关考辨《水经注》之论文，凡有多篇，曾分别由《益世报·读书周刊》、《文献论丛》、《禹贡半月刊》、《北京图书馆刊》、《国学季刊》发表，胡氏《手稿》亦多有转录。于戴氏袭赵而诈称《永乐大典》，皆经细心考校，条举证据，更有补充先生（驿案，指杨守敬）未备者，而于先生所云梁玉绳兄弟校刊赵书，亦有转袭戴氏嫌疑之说，则未敢苟同。可见其是非有根据，亦岂如胡氏所谓误信谬说以讹传讹者耶？"

九四、傅增湘

字沅叔，四川省江安县人，光绪戊戌进士，曾任翰林院编修，著名藏书家，著有《藏园群书题记》，题跋多种古籍，甚有见地。《水经注》名本今北京图书馆所藏宋刊残本，原为他的藏书，其所撰《宋刊残本水经注书后》云："此宋刊本《水经注》，余于丙辰春见数卷于袁抱存公子处，其后辗转竟以归余。嗣又得数卷于淮南旧家，遂合而装之。"傅在文中述此书初得时之残破情况云："此本旧藏内阁大库，故外间无由得见，然以丛积数百年无人整理,虫伤水浥,残损已甚,所存各卷,霉湿熏染,纸册胶凝,坚实如饼,曝之蒸之,差可触手,乃扬之使开,装背成册,聊便披览,而文字断烂,求一叶之完者已不可得,洵可谓硕果仅存者矣。"同文中,傅又鉴别此书来历云:"昔袁抱存初得此书,曾加题识,援钱氏《敏求记》之说,断为元祐二年转运使晏知止所刻。余观其字迹虽工,初不类蜀中风气,其言未可深信。且详审其结体整严,而气息朴厚,要是南渡初浙杭所开,则张君阆声谓为绍兴刻本者(驿案,阆声,张宗祥字,张于1919年在此书卷末写跋,谓是南宋绍兴刻本),庶几近之矣。"现存郦注另一名本《永乐大典》本,其中一部分原亦是傅氏旧藏。傅在上述同文中云:"近年大典本《水经注》,幸得集合全本,播传于世。原本《大典》八册,后四册为余旧藏,辗转归之涵芬楼。"此外,郦注名本出自傅氏藏书者,尚有孙潜过录的柳佥钞宋本残本16卷,事见胡适《记孙潜过录的柳佥水经注钞本与赵琦美三校水经注本并记此本上的袁廷梼校记》(《胡适手稿》第四集中册),及《水经注版本考》(《胡适手稿》第四集上册至中册)。故傅氏在《水经注》版本的保藏方面,厥功甚伟。

九五、汪辟疆

　　名国垣,近人,曾任中央大学国文系主任,著名郦学家。早年与杨守敬、熊会贞有交,吴天任《杨惺吾先生年谱》中华民国元年(1912)下云:"冬,汪辟疆国垣赴沪,因李振唐介绍先生。"汪氏郦学主要代表作为《明清两代整理水经注之总成绩》,吴天任特为之列入《杨惺吾先生年谱》。《年谱》中华民国二十九年庚辰下云:"汪辟疆《明清两代整理水经注之总成绩》,刊于渝版《时事新报·学灯》第69至70期。"1971年台湾省台北中华书局影印《杨熊合撰水经注疏》,卷首以此文代作序言。台北中华书局编辑部在卷首案云:"辟疆先生长文,泛论明清以来整理《水经注》之总成绩,而归于杨熊之精义入神。其于此籍之崎岖历尽,娓娓详尽,倘此文不作,至今无复余人能道有关掌故,后世懵焉而已。是知辟疆先生固因杨熊书而发雄文,杨熊书实亦因辟疆先生之文而愈显光芒,可谓相得益彰者矣。"汪氏此文,除详述明清两代郦学史以外,主要在论述杨熊《水经注疏》之价值与成绩,其主旨在:"抉择精审,包孕宏富,前修是者,片长必录,非者,必严加绳正,期于至当,其引而未申者,稽考不厌其详,故精语络绎,神智焕发,真集向来郦注之大成也。……自有杨熊二氏之书,而郦注之沈霾千百年间,一旦开朗,即朱全赵戴四家之书,前人妄为左右袒者,至是可息,后有开物寄兴之士,端坐深居,取此一编,遥想孤吟,或自证其山水之好,或有志于济物之功,真同起郦亭于千古,若端拜而共识者也,岂非学术界一厚幸哉!"汪氏的另一重要郦学著作为发表于民国三十六年(1947)《国史馆刊》创刊号的《杨守敬熊会贞合传》。其文数千言,首述自清初以来的郦学发展史,从顾祖禹、胡渭、阎若璩、刘献廷、黄仪五家开始,先后计名家十余人,剖析精深,评论得体。然后评述杨熊师徒在地理学和郦学研究中的经历和造诣以及《水经注疏》一书的编撰过程和价值,推崇杨氏:"守敬之于郦疏,可谓神光独照者已"。推崇熊氏:"守敬有撰述,会贞为之遍稽群籍,兼条举得失,最矜慎不苟,其胜义往往为守敬所叹服,绝爱重之。"汪氏毕生服膺于郦学,为一忠厚长者,因此也不免为人所乘,例如其名著《明清两代整理水经注之总成绩》文后,他作了《附记》一篇,述熊氏死后事,竟信他人一面之词,在《附记》中云:"李君(驿案,指李子魁)追随熊固之先生最久,私淑邻苏,而又亲佐熊先生钩稽群籍,襄此鸿业,熊先生于民国二十五年逝世,临卒,又手草补疏遗言凡四十条,交李君赓续整理,以竟全功,则此后整理全疏非李君莫属也。"实者,熊氏手书《十三页》中,仅云"继事君子",并未有请李子魁赓续之言,而此《十三页》亦绝无遗言事样,汪氏所谓"补疏遗言",乃是李子魁窜改之物。《十三页》中所述对熊氏撰述襄助之人,仅列徐恕、杨先梅二人,绝未见李之魁之名,更不必言"钩稽群籍"、"襄此鸿业"甚至"私淑邻苏"云云,汪氏以此等子虚乌有之事写入《附记》,予人以可乘之机,造成后人对《水经注疏》的许多误解。又,抗日战争期间,熊会贞之子熊小固与李子魁携带《水经注疏》钞本一部(此书来历尚不明白,至今不知下落)至重庆谒汪氏,汪氏称此本为"誊清正本",介绍李子魁往谒章士钊,推荐出版此书,并作七言诗两首计三十六韵致章士钊,全诗亦收入其所撰《附记》。第二首末四句云:"杨熊行辈谁敢卿,李子负书世所惊,乃知一书更三手,班昭马续非沽名。"论者以为李氏列名于杨熊之后,乃蚍蜉之撼大树,汪氏是君子可欺以方也。汪氏的另一郦学著作《杨守敬熊会贞合传》,除仍然重复"补疏遗言"之讹外,还有其他较为重要的资料错误。《熊会贞传》云:"日人森鹿三极服熊氏以一生之力,成此绝业。民国十九年四月,遗松浦嘉三郎走武昌,求其稿,不获,又两谒,许以重金,乞写副,会贞以大夫无域外之交,固拒之,卒不为夺。呜呼,若会贞者,此宁可求诸今世士大夫耶?"案松浦氏去武昌访熊会贞事,亦见于森鹿三所撰《水经注解说》(日译本《水经注(抄)》卷末),森氏云:"我们的同事松浦嘉三郎于一九二九年(驿案,与汪氏所云民国十九年小异)去武昌熊氏私宅访问。"故其事属实。今日本京都大学人文科学研究所藏有《水经注疏》钞本一部,每卷均书有"森鹿三寄赠"字样,其抄写的格局体例,与今北京、台北两影印本绝无二致。事实俱在,故汪氏所记必属传讹。而其中"会贞以大夫无域外之交"一语,不应出自熊氏之口、因其师杨守敬域外之交甚多。吴天任《杨惺吾先生年谱》光绪八年壬午下云:"是时与日本文人往来最密者:岩谷修、日下部东作、冈千仞"。其中冈千仞在杨氏于光绪十年(1884)返国时随杨同来,杨并陪他到苏州参观李梅生、顾子山两家藏书。又吴撰《年谱》宣统三年辛亥下云:"九月初,有日人水野疏梅来谒先生,愿受业为弟子,学书法及金石之学,先生初以老辞,嗣悯其诚而许之,使其教两孙学日语。水野呈诗申谢,并李先生诗,先生亦勉赋二绝句,分酬翰臣、水野。"后来杨氏又应水野要求,自撰《邻苏老人年谱》,此中经历,熊氏必了如指掌,故"大夫无域外之交"之言,必不出自熊氏,乃汪氏所传讹。日本藏有《水经注疏》钞本事,至1983年方为国人所知,故汪氏此讹,沿袭竟达37年。

九六、任松如

字启珊,湖北黄陂人,撰有《水经注异闻录》一书,今存民国二十四年(1935)三月上海启智书局再版本,初版本未有流传,故何时初版不详。案此书卷首作者叙中有"始于戊辰,讫于庚午"之言,戊辰为民国十七年(1928),庚午为民国十九年(1930),初版当在1930年后。全书分上下二卷,每录一异闻,篇首均立一二字标题,如"千子"、"战水"、"拜泉"之类。计上卷323题,下卷401题。全书卷首并加《魏书》及《北史》郦氏本传各一篇。

九七、丁山

安徽和县人,曾于民国二十一年(1932)撰《郦学考序目》一文,是郦学史上的重要文献之一。日本著名郦学家森鹿三推崇此文,在其《最近关于水经注之研究》(1938年京都《东方学报》第7期)一文中提及,森氏当时如见此文,则其《关于戴震的水经注校定》(京都《东方学报》第3期)一文可以不作。吴天任《杨惺吾先生年谱》特于"中华民国二十一年辛未"下标出:"丁山《郦学考叙目》,刊行于中央研究院历史语言研究所《集刊》三卷三期",以说明此文的重要性。全文先叙《水经》撰述的时代及其作者,次考《水经注》作者郦道元的生平略历及年表,泛论历代郦注版本的优劣得失,而于全赵戴各家特详。评议赵戴《水经注》案,立言公正,分析细致,最后列述历来对《水经注》一书的损誉褒贬及其价值,文末附列郦学书目,分上、中、下三卷,堪称完备,卷首说明此三卷书目:"上卷可以见版本源流,校勘得失;中卷可以见疏通证明,研绎得失;下卷可以见弼违匡谬,刊正得失。"丁氏在郦学研究中颇有见地,他在《郦学考序目》中论及全祖望《七校本》卷首的《五校本题辞》时,坚信这个《题辞》绝非伪造。因为这个论点,曾经受到胡适的奚落。胡适在《证明全校水经注的题辞是伪造的》(《胡适手稿》第二集上册)中云:"我们同时的学者丁山先生颇疑心这部所谓《全氏七校水经注》是'王梓材一手包办成功'的伪书,但他终相信这篇《题辞》是全谢山的真笔。丁山先生说:'世或因为王梓材董沛伪造《七校》内容,而并《五校题辞》及残卷疑之。呜呼! 埋没了英雄矣'。"胡适在此文最后斩钉截铁地说:"我们可以判断那篇题着'乾隆庚午仲夏卒业于篁庵,而内容已是侃侃高谈经注混淆与经注如何改订的《五校本题辞》完全是伪造的。"但以后当胡适在天津图书馆和上海合众图书馆看到了《五校钞本》和全氏的其他一些本子后,就不得不承认《五校本题辞》确实出于全祖望之手,绝非王梓材所伪造。这说明丁山在这个问题上的剖析,比胡适要高明得多。

九八、储皖峰

近人,曾从事郦学著述,据民国十七年(1928)《国学月报汇刊》第二集所载之《水经注碑录附考》,知储氏有《水经注十录》及《水经注选萃》之撰。储文云:"两年前读《水经注》,粗成《十录》,置之不复问也,迩承师友催促整理,先取《碑录》(或名《碑碣录》)校之,时计两月,稿凡三易,因以朝代为次序,依立碑年月之先后订为一编,复参证金石诸书补碑,不下数十余。兹编所补,以注无明文,而文字形迹,尚有可寻者,附录于后,略加考语,嗜古之士,或有取焉。"又从储氏文,知《十录》为:碑录、冢墓录、祠宇录、园宅录、两汉侯国录、动植矿物录、谣谚录、故事录、怪异录、引用书目录。但《十录》及《选萃》二书今不见,当时是否已编成出版,亦不得而知。储氏生平事迹不详。

九九、岑仲勉(1885—1961)

广东顺德人,曾任中山大学教授,著名隋唐史专家,兼治郦学,所撰历史地理与地名学论著甚多,往往与《水经注》相印证。例如《南海昆仑与昆仑山之最初译名及其附近诸国》(《圣心》1933 年第 2 期)、《晋宋间外国地理佚书辑略》(同上)、《评秦代初平南越考》(中山大学《史学专刊》1936 年第 1 卷 3 期)、《唐代大商港 A1—Wakin》(《东方杂志》1944 年第 40 卷 22 号)、《北魏国防的六镇》(《文史周刊》1947 年第 54 期)、《怀荒镇故地辨疑》(《文史周刊》1947 年第 57 期)、《昆仑一元说》(《西北通讯半月刊》1948 年第 2 卷 7 期)、《穆天子传西征地理概测》(《中山大学学报》社会科学版1957 年第 2 期)等均是其例。岑氏的专著如《黄河变迁史》、《汉书西域传考释》、《突厥集史》、《西突厥史料补阙及考证》等,亦均引及大量《水经注》资料,足见其郦学功力之深。岑氏的主要郦学著作则为发表于 1933 年广州《圣心》杂志第 2 期的《水经注卷一笺校》。全文 3 万 5 千余言,卷首有自序一篇,简评《水经注》版本得失,主要郦学家成就及全赵戴《水经注》案略况。岑氏云:"余谓朱氏不轻改古书,表示治学之笃实者其德犹只及身,而不致引后学于迷途者其功永世不可没也。全氏赵氏,已露掩袭迹,戴则竟登堂入室,据为己有矣。守敬又言:'戴之袭赵在当躬,千百宿赃,质证昭然,不得为攘夺者曲护'。学犹如此,行何以堪! 窃深服膺杨氏之言,故于戴无恕辞焉。"文末以多种考证,探索郦注成书年代。岑云:"综比观之,可决郦注之成,应在延昌至孝昌(512—527)时代,但确为何年,殊不可考。"案《水经注》卷一,即《河水》之第一篇,篇中所述地区,包括今新疆、中亚及印度,是古代梵语流行地区,岑氏精通梵语,以梵语释此卷,确是得心应手。例如以梵语 Trayastrim' sat 释"忉利天",以梵语 Sangharama 释"僧伽蓝",以梵语 Punda Vasu 释"丰达钵愁",以梵语 Krōsa 释"据卢舍",以梵语 Yoga-na 释"由延",而梵语 Kanauj 应作"羯饶夷",殿本作"羯宾饶夷"的错误,即是因为戴震不谙梵语之故。注文中出现的植物,岑氏均一一考证,释以性状及学名,如婆罗树(Shorea robusta)、须迦树(Saraca indica Linn)、阎浮树(Prosopis spicigera)、贝多树(Barassus flabellifer Linn)等以语言学、植物分类学革新的科学知识笺注《水经注》,自学者笺注郦注以来,实未尝有,故岑氏之笺注,确属首创,于郦有功。

一〇〇、徐恕(1890—1959)

字行可,湖北省黄陂县人,今人,曾襄助熊会贞编纂《水经注疏》。熊会贞亲笔《十三条》(台北本《杨熊合撰水经注疏》卷首)云:"友人黄陂徐恕行可,博学多闻,嗜书成癖,尤好是编(驿案,指《水经注》),每得秘籍,必持送以供考订,益我良多,永矢弗萱。"胡适在《记熊会贞晚年才用水经注永乐大典本、残宋本及明钞本校勘他的水经注疏》(《胡适手稿》第五集中册)一文云:"熊会贞先生晚年始知道整理《水经注》必须搜集《水经注》的古写本及古刻本来做校勘,这是他的老师杨守敬先生没有教他的校勘方法,指示他的人大概就是他的朋友黄陂徐恕,字行可。……徐行可是余季豫先生嘉锡的朋友,他的女儿嫁给季豫先生的儿子让之(吴相湘先生说)"。但李子魁审改过的《熊先生补疏水经注遗言》中删去此条。又说:"九一八日寇猖狂侵略我东北领土,熊氏深虑稿本失传,允许汉口华实里书商徐行可抄录副本。"(据拙著《关于水经注疏不同版本和来历的探讨》,《中华文史论丛》1984 年第 2 辑)李不欲把"永矢弗萱"的熊、徐关系传知其人,又把余嘉锡的亲家说成"汉口华实里书商"(徐在汉口设过书肆当然可能),其中必有缘故。但徐所录副本于事属实。徐所藏之本,新中国成立后由中国科学院收购,即是今北京科学出版社影印本《水经注疏》的底本。徐在收藏此本过程中,曾对其中卷二十一《汝水》作过校勘。贺昌群在北京本卷首《影印水经注疏的说明》中指出："《水经注疏》稿中应当修改和补正的地方一定是很多的,单看徐行可校勘过的卷二十一《汝水》一册,便可略知。"钟凤年在其《水经注疏勘误》(《古籍论丛》,1982 年福建人民出版社出版)一文中也提及："此卷已经售稿人徐行可修正,因而抄错处所遗无多。"不过贺、钟所言均在未见此书台北影印本之前,今经核对台北影印本,知徐行可校改均录自该本,该本底本原由熊会贞自藏,足见当年徐必借熊所藏底本转录,故今所见北京本卷二十一《汝水篇》校勘,不应属于徐氏。

一〇一、范文澜(1893—1969)

字仲澐,绍兴人,历史学家,早年曾治郦学,撰有《水经注写景文钞》一书,于民国十八年(1929)在北平横社出版,为《范文澜所论》第七种。卷首有自序及张穆《全氏水经注辨》、王先谦《合校水经注例略》、胡渭《禹贡锥指例略》等,郑德坤《水经注版本考》称道此书:"爱读《水经注》美文者便之。"范氏自序略云:"从郦道元《水经注》录成这本小册子,差不多费了一个月光阴。很显然,我不是想在《水经》上做些稽古寻今的苦功,也没有像《丹铅总录》所说'予尝欲抄出其山水佳胜为一帙,以洗宋人《卧游录》之陋'的那样雅兴。我这个动作,无非拿几本旧书消遣苦闷的岁月罢了。因为如此,所以仅用王先谦的本子,依样抄下,虽然我也有似校非校似注非注几条在内,却是无关重要的。王氏校本在众家中要算最好,可惜把全氏七校本随手抹煞。全赵戴三本之纷纤,我当然无心而且无力去加辩论,林颐山斥伪,不知道说些什么,无意去搜寻来看,不过张石舟辩诬,近在手边,何妨写在一起。全本的字,我也采用了几个。"

一〇二、钟凤年(1888—1987)

安徽桐城人,郦学家,早年毕业于北京译学馆法文班,30 年代起即从事郦学研究,发表郦学论著,享年 100 岁,毕生治郦,著作甚丰。其早期代表作为《水经注析归》(《禹贡半月刊》第 7 卷 6、7 合期,1937 年 6 月出版)。他认为:"《水经注》一书,为历来考证古代水流及其他地理问题者所必备,惟以流传散乱已久,其最初它是何种体例,今已莫由考见。"故他以全注各水,按经流支流层次,分别整理,用表格排列,分列经、注文字,经大字而注小字。此种归析,虽有割裂之弊,颇得寻省之易,有裨于后人学郦。他又对《水经注》中《颍水》、《瓠子河》、《潜水》、《泱水》等篇重加校勘,撰成《水经注之一部分问题》一文,载于《史学集刊》第 5 期。1957 年北京科学出版社影印出版杨熊《水经注疏》后,由于原稿未经校对,错误甚多,钟氏即悉心细加校勘,费时 10 余年,校

出此书讹漏达 2400 余处,撰成《水经注疏勘误》一文,发表于 1982 年福建人民出版社
出版的《古籍论丛》一书之中。北京影印本《水经注疏》之所以错误千出,实由当年钞
本录出后,即归徐恕(行可)收藏,除卷二十一《汝水》一篇外,其余均未经熊氏校对之
故。此书的另一部钞本由于藏在熊会贞身边,得到熊氏的不断校改,以后辗转流入台
湾省"中央图书馆",即 1971 年台北中华书局影印出版的《杨熊合撰水经注疏》,不仅
钟氏校出的 2000 余处讹漏,该本基本上全已改正,尚有钟氏未曾校出者以及原稿不讹
而熊氏另出新意增改者,均列于该本之中。由于信息不通,钟氏 10 余年辛勤劳动,未
免可惜。钟氏晚年之郦学代表作为《评我所见的各本水经注》(《社会科学战线》1979
年第 2 期),该文就他所见的 20 余种郦注版本,进行逐本、逐句、逐字的校勘,对各本的
是非优劣,一一进行考核评比,态度严谨,持论公允,深得各种版本之要领。钟氏在其
毕生治郦过程中,曾和另一郦学家胡适就郦学中的赵戴《水经注》案作过许多讨论,今
《胡适手稿》中收有《与钟凤年先生论水经注疑案的一封信》(《胡适手稿》第一集下
册)及《与钟凤年先生讨论水经注的四封信》(《胡适手稿》第四集下册)等函札。据民
国三十六年十一月廿七胡适致钟氏函,钟氏曾于该月亲去胡适寓所参观胡氏搜集的
《水经注》各种资料,并与胡氏讨论了赵戴《水经注》案(事见《胡适手稿》第四集下
册)。除郦学外,钟氏并精于历史地理,曾在《禹贡半月刊》连载《战国疆域沿革考》及
《战国疆域变迁考》等文。钟去世后,留有《水经注校补》遗稿一种,尚待整理出版。

一〇三、胡适(1891—1962)

　　字适之,安徽绩溪人,著名考据学家和郦学家,毕生著述甚丰。胡适治郦甚早,民
国十三年(1924),是戴震出生的 200 周年,胡与北京大学及北京学术界人士举行了
"戴东原先生二百周年纪念会"。胡所主编的北京大学《国学季刊》为此出版了纪念专
号。胡事前曾向王国维(另有传略)约稿,但王不仅未寄稿,还在纪念会后的两个月内
发表了一篇题为《聚珍本戴校水经注跋》的文章,据胡适所云:"那是一篇痛骂戴震的
文字"(见《胡适手稿》第六集下册《评王国维先生的聚珍本戴校水经注跋》)。说明在
郦学界的反戴和拥戴之争中,胡适在早年就已经表示了他的观点。据杨家骆《水经注
四本异同举例》(《学粹》第 4 卷第 5 期,1962 年台北出版)一文所载:"民国二十五年
胡适之先生过沪,谓将为东原撰冤词",足见到了 30 年代中期,胡适对《水经注》已经
作了较深研究,以至可以与杨家骆谈及他认为戴震有冤的看法。胡适倾其全力于郦
学,当在 40 年代之初。据其撰于 1960 年的《评论王国维先生的八篇水经注跋尾——
重审赵戴水经注案之一次审判》(《胡适手稿》第六集下册)一文所云:"我是从民国三

十二年(1943)十一月开始研究一百多年来的所谓'赵戴水经注案'(又称全赵戴三家水经注案)的一切有关证件,到于今已经十六七年了。"1952年,胡适在台湾大学文学院讲学时指出:"我审这个案子,实在是打抱不平,替我同乡戴震(东原)申冤。"说明胡虽倾全力于郦学,而研究目的限于赵戴《水经注》案。故胡的学生费海玑在其所著《胡适著作研究论文集》(台北商务印书馆1970年出版)中云:"胡先生研究《水经注》的动机,却不是去治地理学,而是辨别戴震窃书的是非。"以胡适的声势盛名,在郦学研究中仅局限于此,而持论又与多数学者相反,故各方多有微词。如澳门学者汪宗衍《赵戴水经注案小纪》(吴天任《水经注研究史料汇编》下册)一文云:"为兹枝节问题,虽曰求是,实于郦书何干? 亦费词矣。"胡适由于必须对200余年中所有指责戴震的言论加以研究与批驳,因而其工作甚为繁巨,20年中,其所往返的书札,撰写的论文,搜罗的版本等,在历来的郦学家中均无出其右。但因戴书袭赵为绝大部分郦学家长期以来所论定,胡适属于孤军作战,虽然征引至广,辨析至深,而效果仍然不佳。如林明波在《六十年来之水经注》(《六十年来之国学》第3册,台北正中书局1974年出版)一文中所云:"仍恐不足以服人心。"而港、台郦学家如吴天任、杨家骆(两人均有传略)等,均纷纷撰文驳斥胡氏论点。吴天任《杨惺吾先生年谱》1966年下云:"胡氏于兹学考据上之贡献如何,姑勿具论,即以其搜书之富,与考校之勤,其功诚不可没。而无如门阀偏见过深,不论前修后学,凡异己者皆在排斥之列。其辩驳文字,更多凭武断或避重就轻,小题大造,每撷拾一字半句之微,断章取义,作为攻击口实,于前辈之惺吾先生,数十年研治郦书以成空前集大成之疏稿,不惟无一字之称扬,反借枝节问题之赵戴疑案,用尽恶毒字句,肆意毁骂,不留余地,既伤忠厚,尤非论学态度。"但胡适在其研究中重视郦注版本的搜集,在这方面作出了卓越贡献。费海玑在《胡适著作研究论文集》中云:"三十五年(驿案,1946年)胡先生回国,记者传出他研究《水经注》的话,于是上海的朋友纷纷把见过的《水经注》告诉他,北平的朋友亦然,于是全国的《水经注》,均集中在他寓所,达三大橱之多。"他于1948年北平和平解放前夕,在北京大学举办《水经注》版本展览,展出的各种郦注版本共有41种,他无疑是郦学史上迄今为止搜罗版本最多的郦学家。胡适去世以后,台湾省"中央研究院"胡适纪念馆于1966年开始发行《胡适手稿》第一集,到1969年出版到第六集,以后又续出4集,共10集,但后4集与《水经注》无关,胡适的郦学研究成果,全部收在一至六集中,每集分上中下3册,共18册,兹将各集内容按目录抄录如下。

第一集上册:

与魏建功书　戴东原《书水经注后》全文的发现　跋戴震自定水经的《附录》　戴震试补渭水中篇的脱文　再跋戴震自定水经的《附考》　戴氏自定水经一卷的现存两

本　跋孔继涵水经释地稿本　全祖望戴震改定水经各水次第的对照表　戴震的官本水经注最早引起的猜疑

第二集中册：

戴震未见赵一清水经注校本的十组证据　与钟凤年先生讨论水经注疑案的一封信　庞鸿书读水经注小识石印写本自序及校勘大旨　跋段玉裁的《东原先生札册跋》　森鹿三论戴震的水经注校本杨联陞节译　跋梁任公论戴校水经注

第一集下册：

真历史与假历史——用四百年来的水经注研究史作例　试举七证证明官本及四库本水经注不但未诈称大典本分割入韵并且明白表示原本是整部收入的　关于戴震的官本水经注的杂件

第二集上册：

全氏七校水经注的作伪证据十项　证明《全校水经注》的《题辞》是伪造的　天津的全校本似另有一首册　记沈炳巽水经注最后校本的过录本　伪全校本诬告沈炳巽并且侮辱全祖望

第二集中册：

赵一清与全祖望辨别经注的通则　所谓全氏双韭山房三世校本水经注　全谢山改定水经注五卷的经文有先后各本的异同　全谢山《水经题解》写成的年月　跋所谓《黄友补录本》全校水经注　跋陈劢的全氏七校水经稿本跋

第二集下册：

林颐山遗札（顾廷龙影抄）及其他有关资料　跋合众图书馆藏的林颐山论《编辑全校郦书》的函稿　试考董沛所见全祖望的水经注校本　跋中央研究院藏的奉化孙锵原校的薛福成董沛刻本《全氏七校水经注》　试考《双韭山房书目》所记水经注各本

第三集上册：

天津市立图书馆藏全谢山五校水经注　天津省立图书馆所藏全氏五校本的目次　《谢山五校水经注本》里面保存的翦剩碎片　记全祖望的《五校水经注》　上海合众图书馆藏有叶揆初先生的三种残本全氏水经注　张詠霓先生藏的《全氏七校水经注》　胡适整理上海合众图书馆所藏叶揆初藏三种水经注抄本的笔记草稿　上海合众图书馆收藏的全谢山水经注校本三种

第三集中册：

上海合众图书馆收藏的全谢山水经注校本 3 种（驿案，此文上册与中册连载）胡适顾起潜讨论水经注的通信　合众图书馆所藏的三部全谢山水经注残抄本第三集下册：

赵一清水经注释的校刻者曾用戴震校本校改赵书吗 杂记赵一清水经注释刻本依戴震本修改的例子 校《赵一清渭水下篇后记》 证赵一清的水经注的第一次写定本 论赵一清的水经注释稿本的最后状态 试论硃墨校本朱笺里保存的全祖望赵一清两家改定经注的记录 补记硃墨校本二事 洛水篇校增的山海经曰——跋赵一清硃墨校的朱谋㙔水经注笺 跋北平图书馆藏的硃墨本水经注笺 野母惊抷——跋赵氏硃墨校本水经注笺 跋全谢山赠《赵东潜校水经序》

第四集上册：

水经注古本现存卷数总表 北宋时的水经注已不完全了 傅增湘宋刊残本水经注书后胡适水经注版本考

第四集中册：

水经注版本考（驿案，此文上册与中册连载） 我的三柜水经注目录 记孙潜过录的柳佥水经注抄本与赵琦美三校水经注本

第四集下册：

史语所藏的杨希闵过录的何焯沈大成两家的水经注校本 跋赵一清水经注释钞刻本四种 胡适新收的水经注本子 与钟凤年先生讨论水经注的四封信 记赵戴两家水经注的一些不大相同之处 关于《宋明刊本水经注》

第五集上册：

全祖望水经注五校本的首尾 五校本题辞 双韭山房水经序目 全氏七校水经本目次考异 王梓材重录本的三篇序跋 王梓材全校水经郦注水道表 平定张穆赵戴水经注校案

第五集中册：

王重民记水经注笺赵一清硃墨校本 邻苏老人年谱 杨守敬致梁鼎芬的两札 跋杨守敬论赵戴水经注案的两札 熊会贞补疏水经注疏遗言 李子魁整理水经注疏之经过 汪辟疆明清两代整理水经注之总成绩 记熊会贞晚年才用水经注永乐大典本残宋本明抄本来校勘他的水经注疏

第五集下册：

论杨守敬判断水经注案的谬妄——答卢慎之先生 考据学的责任与方法 王国维水经注笺跋附胡适后记 王国维沈乙盦藏黄省曾刻水经注跋 魏源论赵戴两家水经注 魏源书赵校水经注后 孟森杨守敬所举赵氏水经注释转袭戴氏嫌疑辨 孟森水经注原公水篇诸家之订正 孟森禹贡山水泽地所在篇中之熊耳山 孟森拟梁曜北答段懋堂论戴赵二家水经注书 孟森戴东原所谓归有光本水经注 孟森董方立之怀

疑戴氏水经注校本　孟森商务影印永乐大典水经注已经戴东原刮补涂改弊端隐没不存记　胡适孟森先生审判水经案的错误　孟森戴本水经注所举脱文衍文

第六集上册：

影印杨联陞洪煨莲洪业讨论水经注之来函及胡氏答函抄稿共十四通

第六集中册：

王国维判断官本水经注校语引归有光本五条与赵本同是错误的　涧于日记里的薛福成与薛刻全校水经注　先赠公与柳浦　赵氏水经注释　不可解一则　二尺六寸与三尺六寸　水经注里的南朝年号

第六集下册：

评王国维先生的八篇水经注跋尾　评王国维先生的聚珍本戴校水经注跋　丁山郦学考序目　记故宫博物院藏的两部清高宗御制诗集里的题郦道元水经注六韵　又与洪煨莲杨联陞往来书信　水经注考　试考水经注写成的年岁

一〇四、赵万里（1905—1980）

字斐云,别署芸盦、舜盟,浙江海宁人,版本目录学家。原在南京东南大学求学,1925年去北京,以同里王国维为师,甚受王氏器重。王氏治郦学,造诣至深,赵氏亦潜心于此,曾借用王氏所校郦注,以校朱谋㙔《水经注笺》。王氏于民国丁卯(民国十六年,1927年)在其《校本水经注笺跋》(《观堂集林别集》卷三)一文中曾言及:"门人赵斐云,酷嗜校书,于厂肆访得朱本,借余校本临校一过,并嘱记其颠末,忆余初校此书,距今仅六阅寒暑,而交游之聚散,人事之盛衰,书籍流转,已不胜今昔之感。余近年方治他业,又未能用力于此书,斐云力学,必能补校,以成此书之善本,然则斐云以四阅月之功,为余校本留此副墨,亦未始非尘劫中一段因缘也。"郑德坤《水经注版本考》云:"今王本虽残,副墨犹存,王氏之灵,默为呵护也夫。客岁初夏,赵先生为余言,其校本较馆藏本为善,并许借余临校一过,适值敌迫平津,先生因事南下,余亦回闽就事,校阅是书,遂遥遥无期矣。"赵万里以后毕生从事图书馆事业,新中国成立后任北京图书馆研究员兼善本特藏部主任。

一〇五、洪业（1893—1980）

字煨莲,福州人,早年留学美国,1923年起任燕京大学教授,1948年起任美国哈佛大学哈佛燕京学社研究员。历史学家,兼治郦学。郑德坤《水经注研究史料初编序例》(郑德坤、吴天任合编《水经注研究史料汇编》上册卷首)云:"民国二十年春,余整理《山海经》方竣,交神州国光社付印,由洪师煨莲、顾师颉刚之指导,点校《水经注》,可得版本,无不检阅一过。"又云:"郦书四十卷,篇幅繁杂,宜有引得,然后检查方能不虚费时刻,因用洪师编纂引得法(驿案,'引得'即英语 Index 的音译,意译即为'索引'),钩点一过,备作引得(郑氏此序例撰于民国二十四年六月五日。又郑氏撰于民国二十三年一月二十四之《水经注引得序》,亦有此数语)。"故知洪氏实为郑德坤研究《水经注》之导师。在胡适研究《水经注》并为戴震辨诬的过程中,洪氏曾几次致函胡适,阐述其不同意见。1954 年 10 月 7 日,洪氏以胡适撰《赵一清与全祖望辨别经注的通则》(《胡适手稿》第二集中册)一文中认为全祖望捏造校改根据,致函胡氏表示反对此说。同月 20 日,再次致函胡氏,为全祖望辨诬。同年 12 月 8 日,又列举许多例证,函胡氏为全辨诬。1955 年 5 月 6 日,又致函胡适,指出全祖望在乾隆二年已经注意甄别经注问题,洪函云:"若谓其尔时尚茫然于经注混淆之问题,殆不然矣。"今上述各函均影印附于《胡适手稿》第六集上册(《手稿》同集同册中,亦收入胡适致洪业的信札多件),各函均提出大量数据,广征博引,充分显示其在郦学研究冲的造诣。

一〇六、李子魁

又名子奎,湖北枝江人,燕京大学历史系毕业,曾从事《水经注》研究,据其自撰《述整理水经注疏之经过——并附熊会贞先生补疏水经注遗言》(附载于台北影印本《杨熊合撰水经注疏》卷首汪辟疆《明清两代整理水经注之总成绩》文后)云:"顾天不假年,熊先生逝世,易篑之前,曾致余书:谓《水经注疏》初稿已成,惟踳驳之处多,急当修改,年华已暮,深恐不能勒为定本,望即南旋,以续整理之业。且手写补疏《水经注》遗言若干条,嘱余助其未竟之功。子魁受命整理,朝夕其事,爰叙其经过,以告海内君子。"但熊会贞亲笔《十三页》影印附于台北本《杨熊合撰水经注疏》卷首,绝无"遗言"字样,亦绝无李文中所云:"嘱余助其未竟之功"等字样。其中第三条云:"此全稿复视,知有大错,旋病,未及修改,请继事君子依本卷末附数纸第四页所说体例改,多删名子,甚易也。"而李氏在其上述文字后整理的所谓《熊先生补疏水经注遗言》中,此条由李纂改成:"此稿复视,知有大错,请依下列所说体例补疏,多删名字,甚易也。"熊氏《十三页》第二条云:"先生未见残宋本、大典本、明抄本,此书各卷,凡说残宋、大典、明抄,不得属之先生。当概删残宋本作某句,大典本作某句,明抄本作某句。今拟不删(驿案,此四字在《十三页》上空两格写,这是因为熊氏在经过一番考虑后改变了他原来的主意),以先生说改为岭香孙世兄补疏,全书各卷中,先生按残宋本作某,或大典本、明抄本作某,尽改为先梅(驿案,杨先梅,字岭香,杨守敬之孙,系杨氏第三子杨蔚光所出)按残宋本作某,大典本作某,明抄本作某。每卷开首题各加一行,作孙先梅补疏。"这一条,李子魁改为:"杨师未见残宋本、大典本、明抄本,残宋本、大典本、明抄本皆批见朱笺各卷书眉,又见各卷后,改补疏者按。"而事实上,在疏稿各卷之首,题名除"宜都杨守敬纂疏,门人枝江熊会贞参疏"之旁,李子魁均挤入一行"乡后学李子魁补疏"(在台北影印本中,这一行多数已被抹去)。胡适于1948年从台湾省"中央图书馆"所藏的今台北影印本底本中,把熊氏亲笔《十三页》抄出,然后与李篡改过的《遗言》作了核对,并在其《熊会贞补疏水经注疏遗言》(《胡适手稿》第五集中册)一文中为李所抹去的"岭香孙世兄"6字处云:"李子魁抹去此六字,是有意要暗示遗言是为他留下的。"又云:"可见此人是存心盗名,有意作伪的。"吴天任在其所编《水经注研究史料汇编》下册(《李子魁校刊水经注疏》)文前案语云:"枝江李子魁,为熊会贞弟子(驿案,熊氏年龄比李大50岁左右,李毕业于燕京大学,怎能成为师生?),自云受其师命,整理《水经注疏》稿。民国三十六年二月,徇湖北师范学院教授唐祖培之请,以《水经注疏》稿首刊于唐氏主编之《史地丛刊》第二、三合刊,预期全稿四十卷刊毕,即合订成书。终以战火南移,经费又绌,仅至第二卷而中辍。其后胡适疑李氏作伪,此稿非《水经注疏》真本。余曾以台北中华书局及大陆北京科学出版社影印之两部疏稿分别对勘,乃知三本疏文,亦不过大同小异。惟李氏强改熊会贞补疏遗言,又删'守敬按'之'守敬'二字,未免有作伪盗名之嫌耳。"另据汪辟疆《明清两代整理水经注之总成绩》文后《附记》:"宜都杨守敬、枝江熊会贞《水经注疏》四十卷稿,今由熊先生哲嗣小固及李子魁君运渝,而杨、熊二氏生前所用参考书凡百数十种,丹黄满帙,极可宝爱,近亦从武昌设法运至安全地带。李君追随熊固之先生最久,私淑邻苏。……目前李君来谒,亟思于此时设法刊布全稿,以永流传,亦杨、熊二先生之素志也。余曾以此稿语之行严先生(驿案,即章士钊),行严先生极愿尽力,因属子魁往谒之。"又据唐祖培1950年2月3日致吴天任函(吴天任《水经注研究史料汇编》下册)云:"忆民国三十五年秋,弟主持国立湖北师范学院史地系,特开'水经注疏研究'一课,为全国各大学专攻杨疏之始,并请李子魁教授以所整理之杨熊遗著《水经注疏》分期发表于弟主编之《史地丛刊》。"事详唐祖培传略。又1949年武昌亚新地学社印行《水经注疏》1册,仅《河水》3卷,卷首有向宜甫序,卷一署宜都杨守敬撰,卷二署宜都杨守敬撰,枝江李子魁编,卷三则署杨、熊、李3人名。卷一与卷二间插入李子魁所撰叙言、凡例,叙言中又称"据长沙王先谦氏合校本起草。"但熊会贞在《十三页》中明白指出:"《合校本》以戴为主,看甚分明,今变动体例,以朱为主,而据赵、戴订之,或自订之。通体朱是者作正文,非者依赵,戴等改作正文,不能如《合校本》之尽以戴作正文也。此点最关紧要,必如此，全书方有主义。"今李的所谓《水经注疏》竟置熊氏以注笺本为底本之训于度外，体例乖戾，不可置评。胡适所谓"不是《水经注疏》真本"的评论，并非过分。

一〇七、段熙仲（1897—1987）

安徽芜湖人，毕业于东南大学中文系，曾任中央大学、南京师范大学等校教授，治郦学有年，特别对于清沈钦韩稿本《水经注疏证》的研究造诣甚深，曾发表《沈钦韩水经注疏证稿本概述》（载《中华文史论丛》1979 年第 3 辑）及《水经注疏证手稿与钞本完书喜在神州》（载《南京师范学院学报》（社会科学版）1980 年第 1 期），对沈氏稿本有深刻的分析和高度的评价，参见沈钦韩传略。近年又潜心点校杨守敬、熊会贞《水经注疏》（与陈桥驿合作），多所匡正，并撰有《水经注六论》，附于点校本《水经注疏》卷末。

一〇八、唐祖培（1898—　　　）

字季申，号节轩，湖北咸宁人。武昌中华大学中国哲学系毕业，为黄季刚门生。曾任山西大学、湖北师范学院、台湾师范大学、台湾东吴大学等校教授。治地学，撰有《郑和航海志》、《新方志学》等专著。精郦学，在其任国立湖北师范学院史地系主任时，曾主持在该系开设郦学课程，是我国大学中最早主持开设郦学课程的学者。据吴天任《杨惺吾先生年谱》中华民国三十五年丙戌（1946）先生卒后三十一年下云："秋，咸宁唐节轩祖培，任国立湖北师范学院史地系主任，特开设《水经注疏》研究专课，为全国大学研究先生《水经注疏》之始。"唐氏曾勉励全系师生，各治郦注中一水，以杨守敬《水经注疏》为考古之资，更用新法测绘，详制图说，期于 10 年内撰成一考古兼可通今之《水经注》新疏，并拟合力修订杨氏《历代舆地图》，惜均未成。又请李子魁修订杨熊《水经注疏》，事亦见《杨惺吾先生年谱》。又《年谱》中华民国三十六年丁亥（1947）先生卒后三十二年下云："唐节轩《史地丛刊》编后校记：宜都杨惺吾先生《水经注疏》，自枝江熊崮芝先生接力属草以还，未付剞劂者有年矣。兹者熊氏弟子李子魁先生理其遗稿，于本刊出刊，复以院方额定本刊经费不给，同人分捐薪水以资足之，夫是得以振邻苏之绝学，发潜德之幽光，杨熊两先生地下有灵，亦当瞑目矣。"又"唐节轩《史地丛刊》启事：杨熊二先生《水经注疏》全稿，迄未印行，实为史学界一大憾事。现由李子魁教授整理，由本刊分期付梓，以他日合订成书。惟全稿数十册，本刊弥感绵薄，不易早成，倘有胜缘，助以大力，自当提前成书，俾获先睹之快"。胡适曾于 1947 年 8 月 25 日致书唐祖培,为北京大学图书馆订购其《史地丛刊》5 份,唐氏即有复信致胡,备述此中经过,均详吴天任《杨惺吾先生年谱》。胡适在阅读了《史地丛刊》中登载的李子魁整理的《水经注疏》第一、二卷后,在其《熊会贞补疏水经注疏遗言》(《胡适手稿》第五集中册)一文的跋尾中云:"民国卅六年到卅七年,李子魁在湖北一个师范学院的学报上发表了所谓杨守敬、熊会贞的《水经注疏》第一与第二卷。我曾在两年前见过中央研究院寄存的商务印书馆的《水经注疏》四十大本,我颇疑心李君发表的材料不是《水经注疏》的真本(驿案,《史地丛刊》发表的李氏《水经注疏》,1949 年又由武昌亚新地学社铅印,事详李氏传略)。"胡氏读书之仔细于此可见,唐祖培毕生热心于郦学,却竟与人以可乘之机,致使赝品鱼目混珠,徒增《水经注疏》之疑团。事详拙著《关于水经注疏不同版本和来历的探讨》(《中华文史论丛》1984 年第 3 辑)。

一〇九、杨家骆

今人,辞书学家,毕生编纂各种辞书甚多。由于辞书而涉及《水经注》,故在郦学研究上亦有造诣,对于各种版本的郦注多有接触。曾于民国二十二年(1933)到武昌求见熊会贞,冀阅《水经注疏》稿。据其《水经注四本异同举例》(《学粹》第 4 卷 5 期,1962 年台北出版)一文所记:"崮芝先生靳不一视,复与论全赵戴之争端,亦嗫不一言,揖别时则呜咽而言曰:余为先师司誊录,初无真知确见可以益君,先师之稿未出,不欲以增口舌,辜君枉过,亦相谅否。骆曰:长者之风,中心悦服,无言之教,益我已至多矣。"同文又记及:"民国二十五年胡适之先生过沪,谓将为东原撰冤词,骆益惶恐无所适从。相俟十余载,读其所发表诸文,假设固至肯定,求证会得其反,于静安先生肯定之论,终不能正面列证予以推翻。"杨由于其所主编的《中华大辞典》中以水名立条者二万数千目,因择《水经注》中叶数最少的卷十八《渭水》一篇,并列殿本、大典本、赵一清《水经注释》、杨熊《水经注疏》四本之文进行排比,其结果是:"统计在异文十百十处中,除杨本异文无与赵戴争端外,大典、戴校、赵释之本有异同者凡九十处,其中戴同于赵者四十三处,戴同于大典十二处,戴异于二本者卅一处,三本互违者四处,倘或就赵氏校释中谓应作某者考之,凡戴异于赵,亦多阴本于赵氏校释之说,则戴之不忠于大典而复袭于赵,固至显然也。"

一一〇、杨联陞(1914—   )

字莲生,河北保定人,原籍浙江绍兴,今已定居美国。1937 年北平清华大学经济

系毕业,1950 年在哈佛大学获得博士学位,任哈佛大学东亚语言文化学系教授,直至
1980 年退休。治郦学,曾与胡适就《水经注》问题,信札往还,信函中称胡适为"先
生",自署"学生",当是胡氏后辈。1950 年 7 月 2 日《致胡适函》(原件影印,附于《胡
适手稿》第六集下册),与胡氏论"凫没鸾举"问题,其考据方法与见解,均可证其于郦
学颇有造诣。案胡适《与钟凤年先生讨论水经注的四封信》(《胡适手稿》第四集下
册),其中第四函,胡氏举《水经注笺》卷十六《穀水》经"又东过河南县北,东南入于
洛"注:"游观者,升降耶阁,出入虹陛,望之状凫没鸾举矣。"此"凫没鸾举",朱谋㙔据
吴琯所改,胡适评定仅 50 分,谢兆申作"鸟没鸾举",胡亦评 50 分,黄省曾作"岛没鸾
举",残宋本同,胡评为 75 分,《大典本》作"岛没峦举",胡评定 100 分。杨联陞以为不
然。他遍查资料,在《佩文韵府》中查得《易林》卷二"凫得水没",《禽经》"凫好没",曹
植《七启》:"翔尔鸿翥,溅然凫没",《淮南子·兵略训》:"鸾举麟振,凤飞龙腾",故"凫
没鸾举"一语出处甚明。函云:"先生所给分数,似乎甚不公道,恐是千虑一失,依我看
吴琯、殿本(驿案,殿本亦作'凫没鸾举')均应得一百分也。"又云:"以先生聪明绝顶
而力主'笨校',我了解这是苦口婆心警戒后学不可行侥幸。不过证据是死物,用证据
者是活人,连版本也不能算绝对确实证据,古书尤其如此(驿案,这一句又是与胡适针
锋相对的说法,胡适在其《手稿》第五集下册《孟森先生审判水经注案的错误——同据
的五条水经注杨守敬用来证明赵氏袭戴孟森用来证明戴氏袭赵》一文中说"这一百多
年争论的赵戴两家《水经注》一案里许多问题,都只有比勘本子一个笨法子可以解答,
所见的本子越多,解答的问题越多"。)理校之妙者,甚至可以校出作者自己的错误,因
人都可以误记误用,笔误更不必说。人类用语文作造意工具,能'达'与否,真是大问
题也。"《胡适手稿》中也收入胡氏致杨氏的函札多件。

一一一、郑德坤(1909—　　　)

福建人,燕京大学毕业,从顾颉刚、洪煨莲诸名师学,1931 年在美国哈佛大学获博
士学位,曾任厦门大学教授,并应聘去英国剑桥大学讲学。1952 年任香港中文大学副
校长,1957 年起任香港中文大学中国文化研究所所长,直至退休。郑氏为 30 年代我
国最著名的郦学家之一,作品甚多,国内外声誉甚著。在其 1934 年为《水经注引得》
一书所写序言中,知其于 1932 年—1933 年中,完成了郦学论著 5 种,其序略云:"二年
以来,完成工作凡五。郦书四十卷,篇幅繁杂,宜有引得,然后查检,方能不虚费时刻。
因用洪师编纂引得法,钩点一过,备作引得,一也。杨熊注图虽善,然旧式装订,展阅困
难,因用新式图例,重为编绘,合六百零八图为四十二及总图一,名《重编水经注图》,

将来如得付印,当附引得,以与经注引得相经纬,二也。清儒颇重《水经注》,然未有细考其版本者,因以书目为据,目验为凭,作《水经注版本考》,三也。明本载戴氏《引用书目》,只得百余种,余考郦氏引书凡四百三十七种,因作《水经注引书考》,四也。世人爱《水经注》故事者甚众,或欲辑出单行而未成,因抄出五百零二种,分为十二类,作《水经注故事钞》,并著《略说》,五也。凡此五者皆二年来研究郦书之成绩。"上述 5 种之中,《水经注引得》早于 1934 年由北平哈佛燕京学社出版(1987 年上海古籍出版社又有重版本发行)。但《水经注引书考》及《水经注故事钞》两书,直至 1974 年始由台北艺文印书馆出版。《水经注引书考》卷首吴天任序略云:"君早岁即治郦书,卓然有成,所著《水经注引得》、《水经注版本考》、《水经注引书类目》、《水经注书目录》、《水经注赵戴公案之判决》,均经刊布。其未刊者尚有《重编水经注图》、《水经注故事钞》、《水经注研究史料汇编》、《水经注引书考》、《水经注戴校本与永乐大典本互校记》诸稿,皆专门家学,体大思精之作。廿余年前,余方撰《杨惺吾年谱》,以杨氏毕生瘁力于《水经注疏》,恒与君过从,欲参其箧衍资料,兼撰《水经注学史》。洎君远赴英伦,执教剑桥大学,乃举已刊未刊诸作,交余参订。近者杨氏《年谱》稿成,附以《水经注疏清写本与最后订本校记》,交由艺文印书馆合并刊行,庶见杨熊师生六十年穷力兹学之苦心。因函征郑君同意以其《水经注引书考》及《水经注故事钞》,同时付梓,借此引起学术界注意,或可重振沉寂已久之郦学云尔。"1936 年,郑氏又在《燕京学报》第 19 期发表《水经注赵戴公案之判决》一文(1974 年版《水经注引书考》卷末亦附此文,此稿卷末云:"民国廿四年八月廿七日完稿于厦大",故知稿成于 1935 年),全文约 25000 字,备述赵戴案始末及郑氏本人对此案之看法。日本郦学权威森鹿三曾于 1938 年京都《东方学报》第 7 期中发表《关于最近的水经注研究——特别是郑德坤的成绩》一文,赞扬郑氏的郦学研究,特别是《水经注赵戴公案之判决》一文。森氏云:"郑德坤先生发表了一篇文章《水经注赵戴公案之判决》,其中介绍并评论《关于戴校水经注》,虽是概论,也已经记录在《水经注版本考》中。这次的论文写得诚恳又详细,不是为应酬而写的。"郑氏完稿于 1934 年的另一郦学著作《水经注研究史料初编》,于 1974 年由台北艺文印书馆出版(此书出版时名为《水经注研究史料汇编》上册,因另有下册,为吴天任所编,见吴氏传略),全书始于《水经》,终于熊会贞《关于水经注之通信》,凡 78 人(其中《水经》作者亡佚,故实为 77 人),每人之郦学研究成果,均经录入,并作简介。但郑氏个人之郦学研究成果,并不列入此书。作者在卷首《序例》中言及:"本编作者关于《水经注》之著作,《水经注引得》有序,取材于《水经注版本考》最多,《重编水经注图》有英文报告一篇,存洪师(驿案,指洪业,另有传略)处,《水经注引书考》有序及凡例,冠原稿,《水经注故事抄》有《水经注故事略说》,亦冠原稿。凡此诸文与原书并行,不录入此编,以免重复。"郑氏有关郦学的最新论述,是1984年在香港中文大学中国文化研究所任所长时所撰的《重编水经注图总图跋》一文,收入于吴天任《水经注研究史料汇编》下册。案《重编水经注图》事,已见于郑氏《水经注引得序言》。此文系指《重编水经注图》中之总图而言。文略云:"图稿完成于一九三三年夏,当时因篇幅宏巨,制版印刷繁复,又逢日军紧迫京津,余亦应聘回厦门大学任教,该稿交由哈燕社保存。不意抗战军兴,举国动荡,绵延十余载,其后哈燕社撤销解散,图稿已不知下落。幸当时绘图员张颐年君因余将离京,特复制总图一纸以赠,借为合作纪念。今吴君增编《水经注研究史料汇编》,拟将此图影印制版于卷首,与若干《水经注》版本并列,又嘱书简文,俾可图说兼备,因记数语叙述原委,并志学术合作愉快之经过云。"但今见吴氏《水经注研究史料汇编》下册卷首并未插列此图,亦无版本照片,当是出版者所省略,甚可惋惜。郑氏《水经注》研究诸文,除单行出版者外,其余多收入1980年出版,香港中文大学文化研究所中国考古研究中心集刊中之郑氏《中国历史地理论文集》。

一一二、顾廷龙(1904—　　)

字起潜,苏州人。历史学家,曾任上海合众图书馆及上海图书馆馆长,各馆所藏郦书丰富,从事郦学研究,见识丰富。与胡适讨论郦注版本及校勘者等问题,信札往还,甚有见地。《胡适手稿》第二集下册《跋合众图书馆藏的林颐山论编辑全校郦书的函稿》及第三集上册《上海合众图书馆藏育叶揆初先生的三种残本全氏水经注》、《上海合众图书馆所藏叶揆初藏三种水经注抄本的笔记草稿》、《上海合众图书馆收藏的全谢山水经注校本三种》,第三集中册的《胡适顾起潜讨论水经注的通信》、《合众图书馆所藏的三部全谢山水经注残抄本》等篇,均与顾氏有关。《中华文史论丛》1979年第2辑发表的胡适遗稿《水经注校本的研究》中,亦有胡、顾间的通信。吴天任《胡适有关水经注论跋函札提要》(台湾商务印书馆《东方杂志》复刊第19卷第4期)简述云:"以西安发现沈钦韩《水经注疏证》稿本喜讯,函告顾氏,并谢其与徐森玉、胡文楷合校瞿氏藏明抄宋本,将与沈稿抄本参加北大《水经注》版本展览,后又函谢其负担沈稿抄写费。"费海玑《胡适著作研究论文集》所述第三集的重要内容云:"《胡适手稿》第三集最可注意的是胡先生和顾起潜先生讨论《水经注》的通信。因为凡是聪明人遇到难题,一时解决不了,便暂时搁开,招朋友对之发生兴趣,共同研究。……顾起潜先生为胡先生做了很多工作,对《水经注》研究很有帮助,例如影印全谢山重校本卷二首叶,影抄林颐山、陈劢、王梓材诸人的序跋函札等。而顾先生提到的沈文起《水经注疏证》稿,也是一本重要的书。三十七年十一月十八日夜半,胡先生致顾先生函中,便把沈文起的稿本三十五卷在西安发现称为'喜讯'。"《胡适手稿》第三集中册,收有顾廷龙答胡适函的影印原函两种,第一函:末日期为民国三十七年十一月十三夜,详言上海合众图书馆所藏《全校水经注》稿本、陈劢录本、黄友录本与薛刻本内容不同之处,并列举七校本与五校本之各本书目。第二函:未署民国三十七年十二月六日夜十二时,函中言及:"近闻沪藏家有《水经注》批校本二种:一洪亮吉、孙星衍校,顾千里跋(陈澄中藏),一武进丁绍基批校,历时十五年之久(范行准藏),俟吾设法观到后,再行奉闻。"此两本,不知顾氏后来是否观到,又不知至今尚存否。

一一三、吴晓铃

近人,据其所撰《书胡适跋芝加哥大学藏的赵一清水经注释后》(载《北京图书馆文献》第15辑,1983年3月),吴曾于40年代在印度孟加拉邦国际大学中国学院与印度学者师觉月博士(Dr. Praboddha Chandra Bagchi)合作翻译《永乐大典》本《水经注》。但所译为英语抑印地语,该书是否译成,均不得而知。

一一四、吴天任(1916—   )

号荔庄,广东南海人,广州大学毕业,曾任香港学海书楼主讲,葛量洪师范学院讲师等职,现任树仁学院高级讲师。生平治郦,用功甚勤,成绩斐然。其第一种重要的郦学著作为《杨惺吾先生年谱》,1974年台北艺文印书馆出版。此书从搜集资料到成书出版,历时30年,内容详尽,对杨守敬的出身、行历、资产、家庭、社交、科举、言论、信札、著述等,以及社会上发生的重大事件,按年记叙无遗。例如朋友过从,必录双方言论;信札往返,均摘彼此要旨;对杨氏所校刻的丛书遗编,必详列目录,兼及序跋;对其所著专书,则除目录序跋外,并摘抄内容,力求完备。而且言必有据,引及了大量文献资料。并且还千方百计,对学术界老一辈人士以及杨氏乡人湖北籍名流进行调查访问。《年谱》内容约达15万字,外加两个附录,第一个附录是《水经注疏清写本与最后修订本校记》,共20万字,篇幅超过《年谱》,系以北京、台北两种影印本详对,分别书列二本的不同字句,由于北京本的底本错误千出,这个附录对藏有北京本的学者甚有裨益,价值远胜于钟凤年的《水经注疏勘误》。第二个附录是《杨惺吾先生著述及辑刻图书表》,把杨氏著述,包括已刊未刊,按成稿及出版年代,详为罗列,各书稿均有简要说明。《年谱》卷首附有插页多幅,包括杨氏遗像及墨迹多种,均是郦学史上的重要文物。吴氏治郦的另一重要著作为1984年台北艺文印书馆出版的《水经注研究史料汇编》下册。此书分上、下二册,上册为郑德坤所撰(见郑氏传略),下册为吴氏所撰。吴氏序略云:"本编继郑氏《水经注研究史料初编》(驿案,即此书上册),辑录近六十年来之《水经注》研究史料,故名续编,与初编合并刊行,故称汇编。郑氏初编,辑至民国二十年间止,此期前容有未及入之有关史料,本编亦并补录。"故诸如清魏源、张穆等论赵戴《水经注》案的文章,均是郑氏遗漏的重要郦学文献而由吴氏加以补辑,全书计收录上起清代下至现代的郦学文献计 168 种,每一篇文献之首,吴氏均作简要提示及详注文献来源,然后摘录文献的重要部分。全书之中,汪宗衍的《赵戴水经注案小记》及吴氏本人的《杨守敬与水经注》、《水经注疏清写本与最后修订本校记》、《读胡适跋杨守敬与梁鼎芬论水经注案的两札书后》、《读胡适论杨守敬判断水经注案的谬妄书后》、《水经注疏最后定本易水滱水篇中列举全赵戴校字相同之例证》、《清代学者整订水经注之贡献与全赵戴案之由来》、《胡适手稿论水经注全赵戴案质疑》等九篇,均是以往未曾发表过的著作,是郦学研究中的重要文献。此外,吴氏尚有《胡适手稿有关水经注论跋函札摘要》(《东方杂志》复刊第 19 期,台北东方杂志社 1985 年出版)等郦学文献。

一一五、贺次君

近人,曾受业于顾颉刚,于 1924 年撰《水经注经流支流目》一文,连载于《禹贡半月刊》第 2 卷第 8、12 期,第 3 卷第 1、2、7、11 四期。此文卷首云:"《水经注》目录著经而无枝,枝流之名,多有不为世所熟知者,检阅之际,往往苦索竟日而不得。谭季龙先生主讲地理沿革史课于辅仁大学,有感于此,特嘱该校同学,分卷辑录,将全书经枝列出,俾一目了然,意其美也。夏初颉刚师以该校同学所录成者数卷付余,嘱为校补。余方以《水道提纲》校读《水经注》,于郦氏大义条例略有所得,暑期稍闲,辑成此目,用备治此学者寻省,得如谭先生所期望者耳。"其作以王先谦合校本为据,并注明页数,颇便于寻省。

一一六、王重民

字有三,河北省高阳县人,曾任北京大学教授。研治郦学,与胡适书信往返,讨论、赵戴《水经注》案,撰有《记水经注笺赵一清硃墨校本》一文。原文发表与否或发表于何处不详,今《胡适手稿》第五集中册影附原文。文略云:"按清儒之治《水经》,全赵戴三家最称巨擘,戴本最先出,赵本次之(乾隆五十九年,一清子载元等校刻),乾嘉学者,以赵本多同于戴本,反谓赵攘戴书,莫之能辨。道光咸同以来,指反其案,至今已成定谳。"据《胡适手稿》第五集中册第 227 页所记,民国三十二年十一月,王重民函胡氏,并寄所撰《水经注笺赵一清校本提要》一文(驿案,即上述《记水经注笺赵一清硃墨校本》文),胡适在函上批云:"重民此信与此文,作于民国卅二年十一月,寄到后,我写了长信给他,表示此案并不已成定谳。后来我费了五六年工夫来重审此案,都是重民此信惹出来的。"说明胡适后半生全心治郦,与王氏此文甚有关系。王氏在此文中断言戴书袭赵,已成定谳。但民国三十七年七月一日,王氏又有《答胡适书》(《胡适手稿》第三集下册),认为戴震实未见赵书,其分别经注,乃属闭门造车之作。而卢文弨从臧琳所抄的宋本中抬出一篇《水经注》郦序,是卢氏向东原的有意攻击。原书略云:"东原在四库馆利用《大典》,其于《水经》,一如其于《大戴方言》等书,不过把他已经校好的旧稿,再多用一个《大典》本而已。所以能成书那样快。"据此,则王氏在后期,对于赵戴《水经注》案,已经一反其以前的观点。

一一七、费海玑

今人,《胡适手稿》第六集出版后,于 1970 年在台北商务印书馆出版其所著《胡适著作研究论文集》,篇目包括《胡适先生研究水经注的经过》、《胡适手稿第一集研究》、《胡适手稿第二三四集总说》、《胡适手稿第五集要义》、《水经注郦道元注之真凡例》、《全祖望行谊考》、《郦学发凡》等。其内容多为胡适有关郦学著作的解释与阐发,有助于研究胡适著作,亦有助于读郦。吴天任《水经注研究史料汇编》下册《序例》云:"费海玑氏之《胡适著作研究论文集》,分析胡氏手稿有关郦注之论著,确可为研读胡著之一助。"但费氏著作中包括了若干毫无依据的杜撰之论,例如在其《胡适手稿第一集研究》中,述其在台湾大学演讲(并有政治大学学生旁听)之讲稿《胡适与水经注》云:"在梁履绳逝世之后,段玉裁致书梁玉绳,询其有否捃戴本以校赵书?梁玉绳诿称校书的是他已死的哥哥,是否偷了戴的作赵的,他不得而知。这明明是偷窃共犯抵赖之词。"案段玉裁确致书梁质询,其书全文今存段氏《经韵楼集》卷七,但因梁死后在其文集《清白士集》中不收复书,当时是否复书,不得而知。今费氏不仅肯定梁玉绳复书,而"诿称"一段竟捏造梁复书内容,实属荒唐。而且所云"是他已死的哥哥"一语,其说更是可笑。案履绳卒于乾隆五十八年(1793),年四十六;玉绳卒于嘉庆二十四年(1819),年七十六。故玉绳为兄,履绳为弟(履绳幼于玉绳四岁),这个关系,只要在上台湾大学讲坛之前随手翻检一下《清史稿》(案在卷四八一《孙志祖传》下)就可以免出笑话,而他却以此等子虚乌有、颠倒错误之事在大学演讲,在读书不多、缺乏鉴别能力之青年人中间散布不实之言,更属误人子弟,以故受人物议。吴天任在《杨惺吾先生年谱》1966 年下云:"至费氏之胡氏著作研究论文,除对胡于先生(驿案,指杨守敬)之丑诋恶骂,加以推波助澜外,于胡氏更阿谀备至,至推为台湾圣人,尤为识者齿冷。"

——八、沙畹(Edouard Chavannes)(1865—1918)

法国著名汉学家,于 1893 年主持法兰西学院的中国讲座,曾于 1905 年著《魏略所见的西域诸国考》一篇,译《水经注》卷二《河水》作为此文附录,发表于当年在巴黎出版的《通报》(To'ung—Pao)第 563 页。此为将《水经注》译作外文的嚆矢,故所译虽甚少,但具有重要意义。吴天任《杨惺吾先生年谱》特为记载此事,《年谱》光绪三十一年乙巳下云:"法国汉学名家沙畹,据光绪六年会稽章氏刊赵一清注释本,选译《水经注》卷二,刊于一九〇五年《通报》。"据郑德坤《水经注研究史料汇编》上册译载此译本之引言云:"余再举《水经注》关于天山南路及蒲昌海一带之国家二段于下。《水经注》系丽道元(郑氏原案,丽为郦之误),字善长之作品,郦氏死于公元五二七年(见《北史》卷二十七本传)。《水经注》为研究古代地理最重要之史料,惜讹误迭见,其校释诸本,赵一清一七五四年所著者为最佳之一。赵氏以注中有注,其书刊刻遂以大字为注,小字为注中之注。此种办法颇能使注语气一贯,然以大小字分别实有造作之嫌,而失郦书本来面目,盖注中之注,原亦系郦氏著作也。余所译者系据一八八〇年赵一清刻本,(卷二页四至六,九至十),以二星(＊)注大字,以一星注小字。"

——九、小川琢治(1870—1941)

日本和歌山县人,著名地质学家及地理学家,京都大学历史系的第一位地理学教授,对中国地理甚有研究,中国古代地理书如《山海经》、《禹贡》、《水经注》等造诣甚深。曾于 1918 年在《艺文》第 8,9 两期连载其郦学著作《水经及水经注》一文,后收入于《支那历史地理研究》初集(弘文堂书房,1928 年出版)这是日本学术界第一次发表的全面介绍并论述《水经注》的文献,影响甚大。他经常鼓励学生利用中国古籍研究中国历史地理。日本郦学权威森鹿三曾在京都大学受业于他门下,据船越昭生《森鹿三先生和水经注研究》(东京古今书院《地理》1981 年第 3 期)所载:"他(按指森鹿三)的研究对象和兴趣与顾颉刚氏极为相像,其中对《水经注》和沿革地理的研究,是遵照当时他的导师小川琢治博士之嘱开始的。"说明其对于日本历史地理学界和郦学界有重要的影响。

一二〇、师觉月（Dr. Praboddha Chandra Bagchi）

印度人,曾于 40 年代任教于印度孟加拉邦国际大学中国学院。据吴晓铃《书胡适跋芝加哥大学藏的赵一清水经注释后》(载《北京图书馆文献》第 15 辑,1983 年 3 月)所述,吴与师觉月曾合作翻译过《永乐大典》本《水经注》。但两人所译是英语抑是印地语,全书有否译成,均不得而知。但国际上绝无任何外文的《永乐大典》本《水经注》出版,故知两人所译,即使译成,亦并未出版。

一二一、森鹿三（1906—1980）

出生于日本本州兵库县,著名郦学家,京都大学历史系东洋史专业毕业,曾任京都大学教授,京都大学人文科学研究所所长等职。森氏是遵照他的导师小川琢治博士的嘱咐而从事《水经注》研究的,他于 1931 年在京都《东方学报》第 1 期发表他的第一篇研究成果《水经注所引之法显传》。从此经常在《东方学报》及其他刊物发表郦学研究成果。据其学生奈良女子大学教授船越昭生(另有传略)在 1981 年《地理》第 3 期(东京古今书院出版)发表的《森鹿三先生和水经注研究》一文的分析,森氏的郦学研究可分两个时期,从 1931 年到 1950 年为第一时期,其研究以拥护戴震的《水经注》校勘成果,即武英殿聚珍版本《水经注》为中心,他是郦学史上的少数拥戴派之一。其代表作为 1933 年在《东方学报》第 3 期所发表的《关于戴校水经注》(驿案,此文有中译本,郑德坤译,连载于民国二十五年《地学杂志》第 1、2、3 期)。船越昭生推崇此文:"是包括中国在内,全部《水经注》研究史上的杰作。……足以使森鹿三的名字在郦注研究中永志不朽。"在这一时期,森并且从熊会贞处获得《水经注疏》的钞本一部,我在拙作《评台北中华书局影印本杨熊合撰水经注疏》(《水经注研究》第 405—432 页)文末有一个《附记》,说道:"我承日本关西大学的聘请,到大阪为该校研究生院讲学。……以后,在访问奈良女子大学时,与日本已故的郦学权威森鹿三教授的高足船越昭生教授畅谈竟日,承他告知了此钞本的始末。森鹿三教授曾于三十年代派他的助手去武昌与当时尚健在的熊会贞协商,获得《水经注疏》钞本一部。但彼此之间有一项口头协定,即在中国未出版此书前,日本绝不出版此书。是以此抄本一直收藏在京都大学供学者研究。"《水经注疏》钞本在森氏第二时期的郦学研究中起了重要的作用。森氏郦学研究的第二时期从 1951 年开始直到他的去世。这一时期是森氏对其《水经注》研究进行润色整理、协调风格的集大成时期。这一时期的重要著作有 1958 年在《书报》7 月号(极东书店出版)发表的《杨熊二氏的水经注疏》,此文说明他对此书的高度重视。
他于1964年4月到1970年3月,在京都大学人文科学研究所主办了一个《水经注疏》
订补研究班,组织日本全国的著名郦学家和他的学生多人,每周由他主持一次《水经
注》会读,对《河水》、《汝水》、《泗水》、《沂水》、《洙水》、《沔水》、《淮水》、《江水》等篇
进行了细致深入的集体讨论,并在另一著名郦学家日比野丈夫(另有传略)的协助下,
于1974年出版了日本译节《水经注(抄)》(东京平凡社出版)。这个译本不仅推动日
本的郦学研究,而且得到了中国郦学界的好评,我国科学史专家胡道静,曾在他的《谈
古籍普查和情报》(《历史研究》1982年第4期)一文中,称道这个译本的完善。我也
为此译本撰写了《评森鹿三主译水经注(抄)》(《杭州大学学报》1981年第4期,译载
于日本关西大学出版的《史泉》第57号,1982年)。这个译本是郦学史上第一部篇幅
较大的郦注外文译本(篇幅为原书的1/4),森氏在译本卷末撰写了长篇说明《水经注
解释》。船越昭生总结森氏的郦学研究成就:"不仅是日本的中国历史地理研究的代
表和支柱,也对中国的中国历史地理研究和《水经注》研究起过非同小可的影响。"

一二二、日比野丈夫(1914—　　　)

京都府人,1936年毕业于京都帝国大学,1962年以《汉代历史地理研究》获得文
学博士学位。现为京都大学名誉教授,是著名的中国历史地理学家,著作甚丰。对郦
学造诣甚深,与森鹿三共同主译《水经注(抄)》,其中《洛水》、《榖水》、《渭水》等篇,由
日比野氏主译。

一二三、日原利国(1927—　　　)

京都大学文学院毕业,文学博士,国立大阪大学文学院教授,曾在森鹿三领导下参
加日译本《水经注(抄)》的翻译工作,日原氏在此书翻译过程中承担的工作,是将《水
经注》原文译成日语古文,完成此书翻译的第一步。

一二四、藤善真澄(1934—　　　)

九州鹿儿岛人,鹿儿岛大学文理学院东洋史学科毕业,京都大学研究生院课程修
毕,现任大阪关西大学教授。藤善氏曾受业于著名郦学家森鹿三,在关西大学讲授东
洋史及《水经注》课程,1964年起参加森鹿三主办的《水经注疏》订补研究班,并在森

氏领导下参加日译本《水经注（抄）》的翻译工作，藤善氏在此书翻译过程中承担的工作，是将日原氏所翻译的《水经注》古文，再译成现代日语。

一二五、船越昭生（1929—　　　）

　　九州鹿儿岛人，京都大学史学科地理专业毕业，曾受业于郦学名家森鹿三，现任奈良女子大学地理系教授，中国地理学史及地图学史专家，兼治郦学，著作甚丰，撰《森鹿三先生和水经注研究》一文，发表于1981年《地理》第3期（东京古今书院出版），评论森氏毕生从事《水经注》研究的经过及其成就，资料完备，论述甚得要领，已由乐祖谋译成中文，载于1983年《历史地理》第3辑。

一二六、胜村哲也（1937—　　　）

　　京都府人，神户大学文学院东洋史专业毕业，京都大学研究生院课程修毕，现任京都大学副教授，曾参加森鹿三主办的《水经注疏》订补研究班，并在森氏领导下，参加日译本《水经注（抄）》的翻译工作。胜村氏承担的翻译工作，是将日原氏译成的《水经注》日语古文，再译成现代日语。

原著山西人民出版社1992年版

水经注研究四集

序

从 1985 年起，我开始出版《水经注》研究论文集，已经先后出版了三集。现在出版第四集，或许也是我有生之年出版的最后一本《水经注》研究论文集。由于这一集是为了纪念家乡绍兴环城河与古运河的整治成功而整理付梓的，所以这是我对蒸蒸日上的家乡水利事业的一点心意；也是我学郦数十年，对家乡父老朋友们的一番交代。

为了阐述《水经注》与绍兴的关系，我特为此集写了《〈水经注〉记载的古代绍兴》一文。除了此文所叙郦注对古代绍兴的许多记载之外，《水经注》与绍兴其实还有更重要的渊源。因为《水经注》是写水的书，如郦氏在《序》中所说："天下之多者，水也，浮天载地，高下无所不至，万物无所不润。"由于他毕生没有到过这个地区，对于这一带的记叙，包括古代绍兴在内，显然存在不少错误。但对于这个地区的水乡泽国，他是明确的。卷二九《沔水》经"又东至会稽余姚县，东入于海"注中，他指出："吴、越之国，三江环之，民无所移矣。但东南地卑，万流所凑，涛湖泛决，触地成川，枝津交渠，世家分漅，故川旧渎，难以取悉，虽粗依县地，缉综所缠，亦未必一得其实也。"绍兴正是他笔下所谓"万流所凑，涛湖泛决，触地成川，枝津交渠"的地方。

往年台北锦绣出版企业慕美国《国家地理杂志》（*National Geographic*）的风行全球，投入许多力量，编辑出版一种名为《大地》的地理杂志，而且仿《国家地理杂志》体例，力求图文并茂。总编辑曾广植先生因羡绍兴之名，派专人到杭州约我写一篇关于绍兴城的专文，我就以《绍兴水城》为题，写了一篇五六千字的文章。他们重视此文，作为刊物封面的标题文章。绍兴县志编委会提供照片,全文插入彩照近40幅,其中东湖1幅,占了16开版面的两个全版,发表于该刊1992年9月号。后来一位台湾朋友告诉我:"《绍兴水城》名扬台湾,绍兴被你写得像威尼斯一样了。"其实,把绍兴比作威尼斯,有记载可查的人是18世纪末叶的法国传教士格罗赛(Grosier)。《纳盖尔导游百科全书——中国卷》(*Nagel's Encyclopedia Guide—China*)中引了他的几句话:"它(按:指绍兴城)位于广阔而肥沃的平原中,四面被水所包围,使人感觉到宛如在威尼斯一样。"与威尼斯相比,绍兴是"万流所凑"、"枝津交渠",城内是水,城外也是水,它实在要超过威尼斯。以《四集》纪念这个名闻遐迩的家乡水城,也是我的夙愿。

我的《三集》(原名是《郦学新论——水经注研究之三》)是1992年出版的。此后,我的郦学研究转向版本校注和郦道元传记方面。对于前者,因为我长期来希望校注一种以殿本为底本而参校较多别本的版本,所以几十年一直为这项工作作积累。在我国历史上,见到郦注版本最多的无疑是胡适,他于民国三十七年(1948)曾为北大50周年校庆举行过一次《水经注》版本展览,展出各种版本达41种。不过他展出的版本中,其中颇有些是雷同的,是一种版本的不同传刻。他以毕生的最后20年时间利用版本考证,却不曾利用版本校出一种新的版本。我在拙作《水经注校释》的跋中说:

> 胡适利用他的名气看到许多版本,如费海玑所说:"三十五年(按:1946)胡先生回国,记者传出他研究《水经注》的话,于是上海的朋友纷纷把见过的《水经注》告诉他,北平的朋友亦然,于是全国的《水经注》都集中到他的寓所,达三大橱之多。"①我则利用我的力气,同样看到许多版本,因为当年年轻能跑,跑遍国内收藏各种郦注版本的图书馆,跑到国外,也到处寻找。

所以,《水经注校释》参校的版本达33种,是历来参校版本最多的本子。另外,我又应约点校了一种简化字的《水经注》。因为简化字是汉字发展过程中今后相当长时期的大势所趋,如我在此本《后记》所说:"为了让这个本子在今后能够长期通行,最重要的是要使此本摆脱繁体字的羁绊,用简化字排印。"所以此本是《水经注》的第一种简化字版本。

此外,由于出版社的约稿,我曾邀请了几位朋友,共同编写了两种《水经注全译》,用现代汉语逐字逐句地译写了此书。当时,文化界有一股反对古书今译的声浪,在某些权威媒体上出现了好几篇讨伐古书今译的文章。但我却持不同意见,认为今译并不是坏事,所以接受了这项任务,并在书的卷首写了表达我意见的序言。还为其中一种附有原文的译本,逐卷作了《题解》。令人欣慰的是,《全译》不仅在大陆受到欢迎,台湾中国古籍出版公司也向出版此书的出版社买去了在台出版的版权，经过几年加工，把原来的上下两册扩展为 8 册，装帧讲究，印刷精美。说明今译古书有它的社会基础，受到许多读者的欢迎。

除了版本工作以外，这段时期中，我也对郦道元本人的毕生行历和思想下了一点功夫。上世纪 90 年代之初，南京大学前校长匡亚明先生主编一套"中国思想家评传"丛书，约我撰写《郦道元评传》，对于这位在《魏书》本传只有 309 字和《北史》本传只有 612 字（包括全录《魏书》309 字）的传主，我感到为他写一部详细的评传既是历史的要求，也是我的责任。所以确实殚精竭虑，最后写成了 20 余万字的书稿，并且在卷末作了一个比较详尽的《索引》。此外，石家庄的一家著名出版社为了出版一套"人与自然旅行家系列"，特地赶到杭州面请我撰写《郦道元》这一册，重点在郦道元与自然界的关系。考虑到我对自然界原来就有一些自己的看法，因此接受了他们的约稿，写成了 1 册 17 万字的小书，表达了我自己的若干观点。

此外就是《郦学札记》，这原来是我随读随写的郦学笔记，从念高中的时代就开始写作，后来在"十年浩劫"中冒险抢救了下来，事情详见我的《我读〈水经注〉的经历》一文中。以后由于某些媒体和期刊的约稿，从上世纪 90 年代之初，陆续整理，分别发表于香港《明报月刊》和西安《中国历史地理论丛》。上世纪末，上海书店出版社为了组织一套"当代学人笔记"丛书而派人到杭州求稿。由于这些笔记的写作时间跨度长达半个世纪，其中有的是对郦学一知半解的青年时代写的，有的是在"文革"的恐怖时代写的，有的已经发表，有的尚未发表，所以不得不花时间重新整理，在若干篇末加写一个《附记》，最后又写了一篇《自序》，并且应前辈史念海先生之嘱将《自序》提前在他主编的《中国历史地理论丛》发表。此书出版以后，却意外地收到了许多读者的来信，估计有二三十封，我没有保留这些信件，因为他们实在不是研究郦学的。多数来信都是对《自序》的称赞和为几篇《附记》叫好，并且表示他们的同情和愤慨，也有长篇大论，诉说自己在"文革"中的遭遇和不幸。我虽然同意和同情这些来信，但是对于《札记》来说，都是节外生枝。《札记》毕竟是一本学术专著，对于学术以外的事，我用不着答复，何况我也不愿意花时间节外生枝。

由于上述原因，《水经注研究四集》的事被搁下来了。虽然在这段时期中，我实在也发表过一些郦学论文，特别是有关胡适和其他一些郦学家的评介，而且在大陆、台湾和国外作过几次郦学演讲。虽然自知文不雅驯，但是论数量，已经应该整理出版了。去年 10 月，承绍兴市各界为我的虚度 80 举行祝寿会，而绍兴市水利局又以参观环城河作为祝寿活动的内容。时隔不久，绍兴市水利局邱志荣副局长又与我商量市区内古运河的整治事宜，并且向我约稿。这就使我想起了《四集》的事。我曾经为家乡绍兴的水环境写过好几篇文章,从禹治水的传说直到绍兴水利史。我是从小在家乡的水环境中长大的,这半个多世纪中,家乡水环境的种种变化,一直使我萦绕于怀。《四集》的整理出版,就算我对家乡水环境的一种纪念吧。

收入此集的40多篇文章,绝大多数都是这十几年中公开发表过的,当然也有少数几篇例外。除了专为《四集》写的《〈水经注〉记载的古代绍兴》外,也还有几篇是过去曾经发表而以后又增补改写的。例如《杨守敬传》,往年我曾写过《历史地理学家杨守敬及其〈水经注〉研究》,原刊于《书林》,并收入《三集》,但此稿属于期刊约稿,事后我感到言犹未尽。杨守敬当然是个著名郦学家,但其为学也存在一些缺陷,所以之后我又本着不为贤者讳的态度,重写了此文。另一篇是《熊会贞与〈水经注疏〉》,往年我也写过一篇《熊会贞郦学思想的发展》,原载《中华文史论丛》,后来收入《二集》。熊氏在道德学问上都是我深深敬佩的郦学家,《水经注疏》之成,他实在做出了重要贡献,也可能超过乃师,所以又写了此篇。这次与杨传一起收入《四集》。

自从我的《水经注》研究论文集以及其他郦学论著出版以来,中外学术界都已发表了不少评论,其中有的是我的前辈学者,有的是我熟悉的朋友,也有的是素昧平生的同行,数量已达数十篇。承蒙他们的鼓励、鞭策、批评、指正,我当然由衷感激。特在此集卷末附录四篇,其中两篇发表于大陆,两篇发表于台湾,供读者参阅,并希望继续得到学术界的批评指正。

陈桥驿

2003 年 2 月于浙江大学

注释:

① 费海玑《胡适著作研究论文集》,台北商务印书馆1970年版。

读胡适研究《水经注》的第一篇文章

　　《中华文史论丛》于 1979 年发表了胡适遗稿《〈水经注〉校本的研究》，包括胡适致顾廷龙、陈垣、徐森玉等信札 10 封，论文 6 篇，资料若干种。当时，大陆学术界以为这是胡适留在大陆（上海图书馆收藏）的未曾发表过的《水经注》研究著作，所以弥感珍贵。实际上，这是海峡两岸学术界消息不通之故。当《中华文史论丛》发表这些材料时，《胡适手稿》（以下简称《手稿》）在台湾已经出版了将近 10 年。[①]胡适夫人江冬秀在《手稿》卷前《卷头的话》中说："他平常过日子，什么都可以随便，只有做学问，写文章，不肯随便。他找材料，作文，都是自己动手；有些文章一夹一夹收存起来，也是自己动手，又小心放着，从不弄乱。"这话的确不错，后来我查对《手稿》，《中华文史论丛》发表过的胡适遗稿都分别收到《手稿》各集之中，说明他做学问，果然"不肯随便"。这些留在上海的材料，他都另外留有一套，"小心放着，从不弄乱"。《中华文史论丛》用很大篇幅发表的这一批材料，对当时的大陆学者当然很有价值，但其实是台湾在 10 年前已经正式出版的东西。

　　胡适是近现代的著名学者，他把他一生中的最后 20 年时间倾注在《水经注》的研究之中。他的研究成果，包括论文、函札和其他资料，约近百篇，计 100 余万字，全部收入《手稿》一至六集（每集三册）之中。现在我们发掘出来的《乾隆郦学全、赵、戴三家札记——三家研究〈水经注〉独立同归探讨》一文[②]（以下简称《札记》），或许是《手稿》以外的唯一一篇胡适的郦学文章，这篇用英文撰写的文章，被收入在一本非常重要的著作之中。

这里有必要把收入《札记》的这部著作稍作介绍。美国著名汉学家阿瑟·赫梅尔（Arthur W. Hummel，汉名恒慕义，1884—1975），即曾于 80 年代出任过美国驻华大使的恒安石（Arthur W. Hummel Jr.）的父亲，他在 40 年代，组织数十位美国、中国和日本的汉学家，编著了一部拥有八百余人传记的《清代中国名人传略（1644—1912）》（Eminent Chinese of the Ching Period 1644—1912），胡适为这部《传略》写了《序言》。他在《序言》中涉及有关清代学者《水经注》研究的问题。由于《序言》不可能详谈这个问题，因此他又于次年写了这篇《札记》，置于《传略》卷末，作为《传略》的一种附录。《传略》于 1944 年由美国国会图书馆出版，这是美国近数十年来的一部有关中国的重要典籍，《札记》附录于这部巨书之末，它的重要性当然不言而喻。《手稿》没有收入此文，《手稿》是按照"一夹一夹收存起来"的文章影印的，《手稿》无此文，说明胡适没有把此文收入他的文夹中，此事或许可作两种解释：一种是胡适的遗忘；另一种是根据《手稿》全部 10 集的情况看，胡适的文夹中没有英文文章。

这篇文章之所以重要，除了它附录于一部重要典籍以外，值得注意的是，这是胡适研究《水经注》的第一篇文章。因为根据他在 1960 年所写的《评论王国维先生的八篇〈水经注·跋尾〉——重审赵戴〈水经注〉案的一次审判》[③]一文中所说："我是从民国三十二年（1943）十一月开始研究一百多年来的所谓赵戴《水经注》案的一切有关证件，于今已经十六七年了。"但他为《清代中国名人传略》作序，序末署 1943 年 3 月 13 日，比他所说的 1943 年 11 月还早半年多。他在《札记》中也说："去年我花了整整六个月时间，专门研究这场有名的论战。"《札记》文末署 1944 年 5 月 31 日。因此，他所说的"去年"当指 1943 年。在 1943 年一年中，他"花了整整六个月时间"，此事当然不可能始于他在评论王国维文章时所说的"三十二年十一月"，而或许正是他为《传略》作序的 3 月。从这年 3 月开始，到这年 11 月，已经涉及了他这半年多的研究成果。到《传略》出版前夕，他又要求主编赫梅尔（恒慕义）把《札记》附于《传略》卷末，以和他的《序言》相呼应。所以他在《札记》开头就特别指出："本书编者同意我撰写此文附于书后，我对此深表谢意。"胡适在其研究《水经注》的 20 年时间中，写了上百万字文章，而此文是他开创之篇，它代表胡适个人郦学研究史的开端。此文最后提出了他对全赵戴 3 家《水经注》研究的 5 条结论，这是他在美国花了整整 6 个月的研究成果。

此文发表以后，他在美国继续用一年多时间研究《水经注》。1946 年 7 月回国，他公开宣称：他正在全力从事《水经注》的研究。正如费海玑所说："三十五年（按：1946）胡先生回国，记者传出他研究《水经注》的话，于是上海的朋友纷纷把见过的《水经注》告诉他，北平的朋友亦然，于是全国的《水经注》都集中到他的寓所，达三大橱之多。"[④]

1948 年 12 月初,为了庆祝北大 50 周年纪念,他在北大举办了一次《水经注》版本展览,展出各种《水经注》版本达 41 种。⑤他无疑是郦学史上搜罗《水经注》版本最多的学者。是年 12 月中他从北平南下,在南京和上海又搜罗和查阅了若干版本。他于 1949 年 4 月去美国,继续《水经注》的研究,1958 年 4 月返台湾,直到 1962 年 2 月 24 日去世,一直从事《水经注》研究,20 年从未间断。《手稿》中的这上百万字研究成果,就是这样积累起来的。

现在回过头来看看:这篇《手稿》所不收的《札记》,是他 20 年郦学生涯中头 6 个月的成果,但现在看来,这 6 个月对胡适是至关重要的。因为在这第一篇文章以后的 20 年中,尽管胡适发表了大量的《水经注》研究文章,但他在《札记》中所提出的 5 条结论,除了其中有关全祖望《水经注》的一条被他自己所推翻以外,其余 4 条,他一直坚持到底。而且,为了使这 4 条更为充实,他继续深入研究,写了许多比《札记》更重要的文章。下面把他在《札记》中的 5 条结论及其以后的研究情况作一点说明。

结论的第一条,主要是为了证实戴震没有看到过赵一清的校本《水经注释》。胡适在这个问题上花了极大的力气,因为人们议论戴书袭赵,假使能够证明戴震未见赵书,袭赵之嫌自然开脱。所以他运用了他的全般考据学功力,写成了《戴震未见赵一清校本的十组证据》⑥一文。对于戴书袭赵之说,当然可以提出许多证据,但其中最根本的是,戴震在四库馆校定的本子,与赵一清在 20 年前校定的本子“十同九九”。⑦于是胡适就在两本不同之处做文章,最后下一句结论:“东原绝未见赵书,绝无可疑。”但是这种考证实在只是他一厢情愿的说法,因为四库馆内明明有浙江巡抚呈进的赵一清《水经注释》,而在这以前,戴震曾于乾隆三十五年(1770)继赵一清后为直隶总督方观承修纂《直隶河渠书》,他在此书卷一《唐河篇》下按云:“杭人赵一清,补注《水经》,于地学甚核。”假使没见过赵书,又如何能写出这样的按语来呢?后来我在《郘亭知见传本书目》⑧及《书目答问补正》⑨中发现了赵书已于乾隆十九年(1754)有了家刻本,证明赵书在戴书以前 20 年已经刊行,则戴氏未曾见赵书的事实又如何置辩?香港郦学家吴天任在其所著《郦学研究史》⑩一书中,在《陈桥驿之〈水经注〉研究》题下说:“所举上述两种书目,证明赵书家刻本,已在乾隆十九年面世,前此治郦诸家,无人提及,胡适虽称博收郦书版本,竟亦不提及,或确不知有此。今经陈氏发现,可打破赵本面世后于戴校殿本,及戴氏未见赵本而袭其校语之谬说。”

第二条结论说明郦学界一件长期误会的事实。赵书于乾隆五十一年(1771)在开封付刊前,赵一清子载元曾请梁玉绳、梁履绳兄弟再做了一次整理,当时戴校殿本早已刊行。开封刊本行世以后,戴震的学生段玉裁首先提出:“且赵书经钱塘梁处素履绳校刊,有不合者捃戴本以正之,故今二本大段不同者少也。”即所谓赵书袭戴,此论在郦学界也曾经流行一时。连断言"戴书盗赵书，已成铁案"的杨守敬，在这个问题上也说："赵之袭戴在身后，一二小节，臧获隐匿，何得归狱主人；戴之袭赵在当躬，千百宿赃，质证昭然，不得为攘夺者护曲。"[11]胡适否定赵书袭戴，也就否定了在此案中首先发难的段玉裁。这当然是正确的，因为段氏只看到赵书乾隆五十一年（1786）刊本，没有看到收入于《四库》的赵书原本。胡适查对了《四库》赵书原本，发现与开封刊本没有多大差别，说明梁氏兄弟并未据戴校赵。从今天来说，《四库》已经付诸影印，要查清这样的问题轻而易举，但是在当年，《四库》不是人皆能见，胡适显然是利用了他在这方面的优越条件。

　　第三条结论对胡适来说是至关重要的。因为学者发现戴书袭赵，主要是因为两书"十同九九"，也就是段玉裁所说的"大段不同者少"。胡适要为戴震开脱，必须解释两书如此雷同的道理。这就是这篇《札记》的主题："三家研究《水经注》独立同归。"这里所谓"三家"，其中一家是全祖望。但全氏的《七校水经注》与赵戴二本差别甚大，所以其实是赵戴两家。对于这两家的雷同，胡适认为这是"科学史上一种很自然的现象"。也就是以后他在《赵一清〈水经注释〉的校刊者曾用戴震校本来校改赵书吗》[12]一文中所说的："所以他们的两部校本有百分之九十八九的相同，这是校勘学应有的结果。"这类解释显然不能自圆其说。因为戴氏在未进四库馆以前，已经有了他自己的《水经注》校本，即是后来由孔继涵整理刊行的微波榭本。他进四库馆不过年余，却校出了一部与他自己原来的校本相去甚远，却与他的同行赵一清在 20 年前完成的（现在证明已经刊行）校本"十同九九"的本子。校勘学能有这样的结果吗？

　　结论的第四条是专门对全祖望和他的校本的。在这方面，胡适在《札记》以后又做了大量考证工作，写了诸如《〈全氏七校水经注〉四十卷作伪证据十项》、《证明全校〈水经注〉的题辞是伪造的》等文章。他痛斥在全氏身后整理《七校水经注》的王梓材："证明王梓材的荒谬诈欺，绝无可疑，也绝无可恕。……这真是王梓材白日见鬼了。"[13]又说王梓材伪造七校本卷首的《序目》和《题辞》："全篇摆出一个《水经注》学者的大架子，装出眼空一切的神气和调子。"[14]他把七校本说成是"一个妄人主编的，一个妄人出钱赶刻赶印的一部很不可靠的伪书"。[15]他当年的这些话说得何等斩钉截铁，说得何等尖刻。但当他于 1947 年春看到了天津图书馆收藏的全祖望五校抄本，1948 年又在上海合众图书馆（按：即今上海图书馆的长乐路分馆）看到了全氏的重校本，他不得不承认他在这个问题上的考证全盘错误。在《手稿》所载《作伪证据十项》一文的开头，他用红笔批注："此篇是错误的，适之，三八·一·十七。"其时已是他离开大陆的前夕了。此文之末，又加了一个《后记》，署："一九四九年一月十日夜在南京"。《后记》说明，《作伪证据十项》一文是他于 1946 年从美国回国时在船上所写，后来看到了诸如上述的本子，所以"我决定承认重校本也是谢山的校本，又承认王梓材确曾得见谢山的一些残稿，最后我才承认《题辞》与《序目》也是谢山的原作"。而且在其《复洪业、杨联陞函》[16]中称赞王梓材："他自己抄写的校语确很谨严。"前面已经指出，这是胡适早年的研究成果中，唯一一种被他自己在后来所推翻的。

　　在《札记》的最后一条结论中，胡适开列了一批学者的名单，都是曾经撰文批判戴震剽袭赵书的。所有这些列入名单的人，以后他都撰写专文，逐个驳斥。对于胡适来说，这是他一开始就决心要做的事。他于 1952 年在台湾大学文学院的演讲中，开宗明义地说："我审这个案子，实在是打抱不平，替我同乡戴震（东原）申冤。"[17]但对于整个郦学界来说，这实在是一种不幸。赵戴《水经注》案，自段玉裁发难以来，持续了 150 多年，本来已经逐渐平息。由于胡适又一次重起战端，使论战又延长了近半个世纪。在学术论战中，胡适是以出言尖薄、不留余地出名的，前面已经举过他痛斥王梓材的例子。他于 1948 年写信给杨守敬的年逾古稀的学生卢慎之，[18]斥责坚决反戴的杨守敬："无一字不谬，无一字不妄"，"岂非考据学的堕落"。所有这些，我在拙作《〈水经注〉戴赵相袭案概述》、[19]《胡适与〈水经注〉》、[20]《评〈胡适手稿〉》[21]等文中已叙其详，这里不再赘述。对于戴震的剽袭行为，虽然并未因胡适花了 20 年时间而获得开脱，但在《水经注》研究中，戴震也和胡适一样，是做出了贡献的。对此，我已另有《论戴震校武英殿本〈水经注〉的功过》[22]一文评述其事。

　　章清先生在其近著《胡适评传》[23]中，曾经比较详细地记叙了胡适花 20 年时间研究赵戴《水经注》案的过程。他有一段话说：

　　　　著名历史地理学家陈桥驿先生这些年来倾力于《水经注》版本及胡适重审赵戴《水经注》案的研究，先后写下《论〈水经注〉的版本》、《胡适与〈水经注〉》、《评〈胡适手稿〉》等论著，可以说基本厘清了胡适重审赵戴《水经注》案的经过情形，也使我们大致可以判断说，胡适重审赵戴《水经注》案没有获得成功。[24]
章清先生是一位仔细人，他又以这个问题，请教了其他一些学者。他继续写道：

　　　　因为笔者自知是《水经注》研究的门外汉，没有什么发言权，因此在参考陈桥驿先生有关论著的同时，又就这个问题请教著名的历史地理学家谭其骧先生及其高足周振鹤先生，他们也认为陈桥驿先生基本上搞清了这些问题，胡适重审赵戴《水经注》案的结果无疑是失败的。[25]

　　本文就以章清先生的这两段话作为结尾。文场犹如战场，不以成败论英雄。何况胡适的《水经注》研究，除了其主要目标没有成功外，他在版本搜集、考证和校勘方面，都取得了卓越的成绩。《胡适手稿》一至六集所汇集的大量论文、函札、资料，无疑是郦学史上的一宗财富。现在，有关他研究《水经注》的第一篇文章获得发掘和汉译，以此文置于《手稿》之首,《手稿》就成为完璧,在郦学史上当然具有重要的意义。

注释:

①　《胡适手稿》各集出版时间:第一集,1966 年 2 月;第二、三集,1968 年 8 月;第四集,1968 年
　　10 月;第五集,1969 年 1 月;第六集,1969 年 8 月;第七、八、九、十集,1970 年 6 月。

②　此文以及胡适为《清代中国名人传略》所作的《序言》等,均由我的儿子陈三平博士委托他
　　执教的加拿大 Carleton 大学图书馆通过馆际互借获得的,特表谢意。

③　《胡适手稿》第六集下册。

④　费海玑《胡适著作研究论文集》,台北商务印书馆 1970 年版。

⑤　据胡适自编《〈水经注〉版本展览目录》。

⑥　《胡适手稿》第一集中册。

⑦　杨希闵《水经注汇校》卷首周懋琦《序》。

⑧　民国七年(1918)上海扫叶山房石印本。

⑨　民国二十年(1931)南京国学图书馆排印本。

⑩　台北艺文印书馆 1991 年版。

⑪　杨守敬、熊会贞《水经注疏要删·自序》。

⑫　《胡适手稿》第一集下册。

⑬　《〈全氏七校水经注〉四十卷作伪证据十项》,《胡适手稿》第二集上册。

⑭　《证明全校〈水经注〉的题词是伪造的》,《胡适手稿》第二集上册。

⑮　《跋合众图书馆的林颐山论编辑全校郦书的函稿》,《胡适手稿》第二集下册。

⑯⑰　《胡适手稿》第六集下册。

⑱　《胡适手稿》第五集下册。

⑲　《郑州大学学报》(哲学社会科学版)1986 年第 1 期。

⑳　《中华文史论丛》1986 年第 2 辑。

㉑　《中华文史论丛》1991 年第 47 辑。

㉒　《中华文史论丛》1987 年第 2、3 合辑。

㉓　《国学大师》丛书,百花洲文艺出版社 1992 年版。

㉔　《胡适评传》第 246 页。

㉕　《胡适评传》第 265—266 页。

原载《杭州大学学报》(哲学社会科学版)1994 年第 1 期

[附录]

乾隆郦学全、赵、戴三家札记
——三家研究《水经注》独立同归探讨

胡　适

《杭州大学学报》编者按：胡适在他一生的最后 20 年时间中，倾全力于《水经注》研究，成绩卓著。其研究成果在他身后收入《胡适手稿》一至六集（每集三册）。我国著名历史地理学家陈桥驿教授最近从美国汉学家恒慕义主编的《清代中国名人传略》一书的附录中，发现了胡适用英文撰写的这篇未曾收入《手稿》的郦学论文，按其研究《水经注》的开始时间，这是他的第一篇郦学论文，在郦学史上有重要价值。现叶光庭先生将它译成中文，并作为本刊同期陈桥驿教授文章的附录刊布于此，以供学者研究。

　　我在本书——《清代中国名人传略》的序文中引述了"关于《水经注》的百年旧案"，作为这些传记的作者"富有成果地利用当代中国学术成就"的一个实例。去年我花了整整 6 个月的时间，专门研究这场有名的论战，其中涉及 18 世纪的 3 位大名鼎鼎的人物：赵一清、全祖望和戴震。这一番研究使我现在可以把那几篇传记中所作的盖棺论定彻底予以翻案。这篇札记意在还他们 3 人以公道，本书编者同意我撰写此文附于书后，对此我深表感谢。

　　这场举世轰动的争论集中于《水经注》的三四个校本上。《水经注》系郦道元（卒于公元 527 年）对一本早期地理学著作《水经》所加的注文。这本早期著作不知出于何人之手，可能于公元 265 年以前成书，极简略地记述了中国的 137 条河流，全书共约 8250 字。郦道元是北魏时期的一位学者和官员，他根据自己的研究和实地考察，为《水经》作了译注，把全书篇幅扩大到大约 345000 字。经、注两相结合，包含着极为丰富的史地知识，因而此书在 1400 年间一直被视为一部古典名著。

　　但是这部卷帙浩繁的巨著在历代传抄中造成了很多舛讹。甚至 1087 年刊印的所谓"足本"，事实上似乎也是一部舛讹极多且不全的刻本。此书并不完全，因为虽则这个版本号称共有 40 卷,但实则只有 35 卷,还有 5 卷已佚。除了无数枝枝节节的舛讹外,此书还有一个重大的错误,即早期的《水经》与郦道元的注文混淆不清,这一大弊实际上使正确的解释成为不可能,直到 18 世纪才被看出来,并加以订正。

现代中国的《水经注》研究可追溯到 16 世纪,并可分为三个时期。第一个时期(1534—1615)有三个重要的《水经注》版本问世:一为黄省曾(1490—1540)本,1534 年刊行;一为 1585 年的吴琯本;又一为 1615 年的朱谋㙔本。最后一个版本在文字上作了许多重要的校勘,综合了 3 位学者精心的注疏,因而曾被奉为圭臬几近 200 年之久,并为后世在这方面的研究提供了基础。

第二个时期大致上包括 17 世纪后半叶,以一批学者所作的若干历史地理学巨著为特色。退休刑部尚书徐乾学为编《大清一统志》曾把这些著作汇编起来。这些学者包括阎若璩、顾祖禹、胡渭和黄仪,他们都对《水经注》研究做出了重大贡献。后两人,即黄仪和胡渭,试图利用当时的地理学知识,并绘出一套地图来表示河道,以求对文字作进一步的订正。黄仪的著作只有部分在胡渭的《禹贡锥指》中保存下来,此书中有 47 幅地图,成为研究主要河道历史变迁时解惑指迷的最重要的参考书。

第三个时期(1725—1794)可称《水经注》鉴别研究的完成时期。此期有 3 位超群出众的学者,即全祖望(1705—1755)、赵一清(1711—1764)和戴震(1724—1777)。这三位学者基于前人所积累的研究成果,运用同样的鉴定方法,对前一时期留下的许多问题得出了几乎相同的答案。他们的方法和成果是如此显著地相似,说也奇怪,竟引起了一场历时一个半世纪的怀疑,以为他们非此即彼,有相袭之嫌。

3 人中戴震年齿最幼,他差不多同时刊出了两种《水经注》版本。一种即 1775 年问世的武英殿聚珍版本;一种是自定校本,也许是同年或 1776 年年初刊出。殿本依传统分成四十卷,有相当详细的按语。自定校本不分卷,而按河流地理位置相近编排。只有戴氏订正并重视编排过的原文,而无片言只字的按语。

殿本是以戴震为编纂《四库全书》而备的底本为基础的。在校定这个本子时,他有权利用《永乐大典》本来对校。大典本最初抄写于 1403 年—1408 年之间,16 世纪时又重新抄写,此本可能是比他年长的全、赵两氏所未见的唯一重要版本。

最近发表的于敏中大学士的两封信表明,1774 年夏,戴震校毕提交了他的定本以后,遭到《四库全书》一位副总裁的强烈反对,因而有必要进行斡旋,最后方才得到采用,抄入《四库全书》。对于这场争论,人们曾做过种种胡乱的揣测。我本人则猜想他之所以遭到反对,也许主要是由于他坦率地认为大典本舛讹甚多;由于他切望让人知道所用校本是他自己毕生心血的结晶;我还猜想朝廷诸纂修官所做的斡旋,很可能就如今天在提要中所见的那样,绝口不提戴震所费的苦功,并过分强调发现大典本的重大意义,这种斡旋可能激起了戴震及其朋友们的愤懑不平。他在《水经注》自定校本的序中对大典本不置一词,也没有提到乾隆皇帝盛赞他的殿本的诗。至少他的4位朋友——他晚年时有朱筠和孔继涵,他死后有洪榜和段玉裁——都曾煞费苦心地记述过,戴震是在他亲校的《水经注》业已完成并部分付梓时进入四库馆的,而最后所用的版本,照朱筠的说法,则是"其生平所校《水经注》本",此本具有与大典本对校做出最后决定的好处。

戴震的《水经注》,特别是加注的殿本,立即被当时的有些功力深厚的学者,如朱筠、钱大昕等所接受,推为当时所存的最佳版本。他把混入注文的经文分开,并另行列出,几乎受到同样的赞扬。戴震巧妙地运用归纳和综合的方法,立了四条原则,作为区分经与注的标准。

戴震卒于1777年7月1日,《四库全书总目》则成于1781年。在选入全书的3450部书目中,还有一部关于《水经注》的巨著,即赵一清的《水经注释》,共40卷,附录2卷,另附《〈水经注笺〉刊误》12卷。此书提要的作者显然对前300年间《水经注》的学术研究一窍不通,竟不知道赵氏的著作从未刻版刊行过,因而赞扬它是"外间诸刻"之首。这篇提要暴露了作者对该著作的伟大功绩全然无知,不了解著者曾呕心沥血历30余年方成此力作,无疑可与戴震的两个校本相媲美。

这篇提要提供了明确的证据,表明赵一清的手稿并未交戴震审定过。此稿抄本是"浙江省呈进"的4600部著作之一,也是《四库全书》纂修者评论并作过提要的10230条节目之一。此著在1774年春当已送进四库馆(设在翰林院内)。大约又过了几年,这部出自一位当时还不大知名的作者之手的著作,才被挑选出来并受到评论。从1774年8月7日(农历七月初一)于敏中的一封信中可以清楚地知道,戴震所校《水经注》是那年初夏完成的,那么在他完成自己的著作以前,当不大会去审阅赵氏的校本的。1776年4月,戴震得了重病,从此直到去世都不能再到四库馆去,只得在家校勘多种数学及古籍的版本,把它们编入朝廷的文库中。赵一清的著作被交给一个并无专门研究的纂修官,要他写一篇草率的提要。这一点就清楚地表明,如果它不是在戴震不在馆时,就是在他死后写的。

那些兢兢业业的纂修官们竟都没有看出赵一清书中这许多重大而有创见的贡献,他本人也许难辞其咎。因为在他1754年所作的序中既未说明或讨论过该书的主要特点,在他的朋友和同人全祖望撰写的另一篇序中也没有说明或讨论过,特别是对分开了早期的《水经》和郦道元的注文这一极有创见、极其重大的贡献竟只字未提。全祖望和赵一清大约是在 1751 年完成这一功绩的,戴震也在 1765 年独立地达到。赵一清在校订他的本子的重要工作中所采取的总指导原则只有一个,戴震则有四个;赵氏是在附录中评论胡渭的 30 字中①,又在《〈水经注笺〉刊误》卷六的 15 字中②体现这一原则的。因此一个对这项研究的浩如烟海的文献并不熟悉的马虎的评阅者,完全未能抓住赵氏这部巨著的显著要点,这就不足为奇了。此书得以收入《四库全书》,真是纯属幸运。

我们现在才知道,赵一清虽在 1754 年即撰写了自序,但他又继续在他的手稿上花费了 10 年时间。现在已确切地证明他死于 1764 年春或初夏。但在《水经注释》(卷二四,第二十五至二十六页)中,他插进一条冗长的释文,对 1764 年 3 月 26 日至 31 日他在病榻上所写的一组 5 篇文章作了摘要叙述。这一点再加上书中的另一些证据,毫无疑问地证明他死时手稿尚未完全写成。王国维声称赵一清和全祖望的校本戴震在 1768 年直隶总督衙门都能看到,都是无根据的猜测。

直到 1772 年或 1773 年,赵一清的家人才给他的《水经注释》的最后稿本誊出两份抄本:一本由省当局呈进北京,如前所述,转抄入《四库全书》;另一本誊写时略有缺点,由其家人保存。1786 年他的儿子在当总督的学者毕沅的资助下,根据这个抄本刻印了最早的一个版本。这个版本总的说来与《四库全书》抄本无异,也有不少细小的舛讹。1786 年后不久,这些舛讹刻板时得到了更正,在附录上也作了少数增删,《刊误》中则增加了几十条新注、这个订正如今芝加哥大学图书馆还收藏着一部。美国国会图书馆也拥有一部 1794 年翻印的同样的刻本,但有少数几处又作了订正。

因此,说在 1786 年到 1794 年之间赵家聘请了某一位有学问的高手来作这些细小的订正,一切都以早已亡故的赵一清的名义进行,这样说是不会错的。但所有这些细枝末节上的订正也都是为了使这部书更加完善而作的。在所有主要特点上,1786 年—1794 年之间刊印的诸版本,几乎都与《四库全书》抄本无异,在新泽西州普林斯顿的杰斯特中文图书馆中,现在还藏有一部根据《四库全书》本抄写的足本,虽则并不完美。

在一条短注中,赵一清承认自己深受他的朋友全祖望之惠。他说:“四明全谢山翰林……卧病中忽悟其义(指《水经注》诸本经注混淆的情况——译者),驰书三千里至京师告予。予初闻之,通夜不寐,竟通其说,悉加改正。今秋下榻春草园之西楼,各出印证,宛然符契,举酒大笑,因制序焉。”

　　全祖望卒于1755年8月,在他们这次值得纪念的会晤后不到一年。他曾七次校勘过《水经注》,他的第七次也是最后一次的校本定会包含他这一伟大发现所带来的所有重要更正的。但他在那年进行辛勤校勘时却患了重病,因而没有时间和精力来完成这一工作。在他的两个文集中保留下30来篇研究《水经注》的短文,其中一篇有一条注还带有日期,离他逝世只有两个月。他似乎已放弃了完成这部巨著的希望,只以撰写这些短文为满足了。他所校的《水经注》一直留于一位名叫蒋学镛的门生之手,而蒋学镛则显然把它搁着没有动过。有人看到过这部原稿,说它很难整理出版。蒋学镛死后不久,这些手稿看来都散佚了。

　　这就是有关那3位校勘的《水经注》著作——即戴震的两部和赵一清的一部——的历史基本情况。全祖望未曾完成他的著作,提到他的手稿很难整理出版,还是他逝世约50年后的事。戴震的自定校本被用得不多,此书仅有校订过的本文而无一处加注。后来的争论完全是围绕着他的殿本和赵一清的刻本的。

　　赵戴两家的刻本异乎寻常地相似,立即就引起了学者们的注意。上文说起的段玉裁是戴震的门生,他本人也是一位大学者。1809年他给梁玉绳写了一封长信,首先发难,信中他对赵一清的《水经注释》作了高度的赞扬,但他指出,他无法理解赵一清分出的经注与戴震的校本何以会如此密切吻合。他也不能理解赵一清对每处恢复原文的细枝末节,通常总是煞费苦心,要作一番解释的,但对分清经注的那许多重大之点,何以却完全忽略了,没有说明理由。于是段玉裁唤起人们注意他的老友卢文弨的一段话,大意是说:梁玉绳及其已故兄弟梁履绳帮助修润赵氏校本付印时,曾利用过戴本来参校。他说:"意足下昆仲校刊时一切仍旧,独经注互伪之处,不从戴则多不可通,故勇于从戴以补正赵书。"

　　但段玉裁是一位对历史音韵学和古籍研究富有经验的学者,信中也并不排除两位作者各自独立达到相似或甚至相同解决的可能。他只不过要梁玉绳把这件事的真相告诉他和公众罢了。

　　梁玉绳的答复没有给我们传下来。但5年后,即1814年,段玉裁当时79岁,他发表了一篇《戴东原年谱》,其中他很清楚地重述了这件事。他首先说到赵一清与全祖望之间的交情,说到他们的密切合作以及实际上共有《水经注》的研究成果,然后说到在许多地方他们的研究所达到的解决和戴震独立地达到的十分相似;最后他说,这是一个显著的例子,两位学问渊博的学者互不相知彼此所做的研究,然而在同一个领域内却取得了几乎一致的结果。

　　然而在这番话的末了,段玉裁接着又说:"且赵书经钱塘梁处素履绳校刊,有不合者据戴本以正之。故今二本大段不同者少也。"

我相信他这番话是由梁玉绳的复信引起的,但不幸此信未曾发表过。段玉裁提到梁玉绳已故的兄弟——并不是兄弟俩——曾做过修润工作,似乎表明那位尚还在世的兄弟这样告诉过他。段玉裁死于1815年,即他发表上述年谱的次年。梁玉绳一直活到1819年,如果他不满段玉裁的这番话,那么在年谱发表后的这5年时间内,他尽有充分的时间可以反驳的。

因此我们可以断言:梁玉绳是个知情人,在段玉裁得悉这些实际情况后,他有心要坚持这两点结论,即赵、戴两个版本之间的相似,是两位独立的研究者达到相同结果的实例,而梁履绳——不是他的兄弟——则曾使用戴本来订正赵本中的一些错误。

对这场历来的争论做了6个月的研究后,我也达到了基本相同的结论。对赵一清的著作说句公道话,我必须再说一遍:梁履绳所作的订正全都是些琐细的枝节,因为这些订正不得不受到原刻版面严格限制的影响。将赵一清著作与《四库全书》抄本作一番仔细的比较,毫无疑问地证明,在涉及把原来的经与后来的注分开的地方,在文字的订正上没有什么改变,甚至在赵戴截然相异的地方也是如此。

全祖望写给杭州施廷枢(1714—1758)的一封信中,告知施、赵两位同人他对各本中经注混淆的发现。此文今存于全氏的《鲒埼亭集》(卷三四,第十一篇)中。在这封信中全祖望只说起他把《水经注》卷七的七段文字顺利地重新做了整理。当这部分抄稿寄到北京赵一清手中后,全祖望的提示使他大为鼓舞,虽然他远在3000里外也在校订同一个本子,却也达到了酷似他的朋友的结果。

1764年夏,戴震对14年前引导全祖望发现问题的卷七那七段文字冥思苦想,也得到同样的发现,这件事真是很值得注意的。在全祖望苦心研究以前的半个世纪,胡渭就已发现这几段文字使人困惑,但也只在一段中移动了两个字,在另一段则提出一种新的句读,以解其惑。这种解决办法无论全祖望还是戴震都不能满意,他们两人认为第一段本属早先的经,而以下六段则当归之于注。把这个原则加以发挥,应用到全书,全祖望、戴震两人完全不谋而合,而赵一清则照着全祖望的提示,3人都把《水经注》的几百段混淆不清的文字整出新的条理。

戴震给《水经注》的重新整理过的新本子写了一篇相当长的跋,叙述了他这个经验。戴震这篇跋、上述全祖望的信和赵一清有关全祖望的注,提供了中国校勘史上独立同归的一个极其有趣的例子。3位学者的研究工作都是从同样的那七段令人困惑的文字开始,从胡渭的同样难以令人满意的解释开始的,这一事实对所有一切此类独立同归取得发现和发明的现象下所潜在的普遍规律,提出了一个极好的例证。这个规律可以陈述如下：设若有一个共同的文化基础，那么研究类似问题的有类似素养的人，常常可能在大致相同的时间取得相似或者甚至相同的发明或发现。科学史和各国专利局的记录中都充满着这种几乎同时获得相似的发明和发现的事例。多萝西·托马斯小姐在她的论文《发明是不可避免的吗?》(《政治科学季刊》卷三十一）开列了148种由两个以上的人独立做出发明和发现的例子（又见威廉·费尔丁·奥格朋斯的《社会变革》第二部分第五章）。

段玉裁承认赵一清和戴震校勘《水经注》的工作是学术研究中独立同归的事例，这是完全正确而且公正的。全赵戴3家利用16世纪的标准版本，以17世纪的历史地理学知识为基础，并对前代传下的困惑难解的同一些段落冥思苦想，都在20年的时间内(1751—1772)自然地而且几乎不可避免地对好几百个问题达到了多多少少相类似的结论。这些问题不但涉及要把属于不同时代、不同作者的两种著作中混淆了的文字分清，而且也涉及另一些较小的文字上的订正、复原和移动。

哈佛大学中文图书馆发现了一个片断，从这里可以看出戴震复原和订正原文的方法。这是他在1765年得出的，有个不知姓名的赏识者把这片断抄录到一部1753年的《水经注》刻本中。这个片断清楚地表明戴震最初发现那些标准时，他的校本的格式是怎样的，后来这些标准终于引导他理清了全书中的混乱。此外，这个片断也证明段玉裁在戴震年谱中说到他1765年的校本的许多话。

这就是18世纪3位著名学者及其校订《水经注》著作的故事。下文讲的是一个不同的故事，是一个存心欺蒙和编造，或是无意间怀有偏见和武断的悲剧故事。

段玉裁死后26年，又重新掀起了这场争论，这一次它却循着一条与1809年段玉裁所持态度截然相反的路线进行的。批评者这次公开谴责戴震剽袭全祖望和赵一清，他们怀疑他在后两人的稿子发表前就已看到并加以利用。

有两个事件助成了重新掀起这场论战。第一件是1841年张穆、魏源两位学者得到一个机会看到《水经注》在1403年—1408年抄入《永乐大典》的手抄本。张穆肯定地说他"即明知其伪，亦必照收"。他并未做过此类工作，因为我们知道，他连大典本中有好些段落——其中一处长达400余字——在所有别的版本中都缺漏了都没有觉察到。魏源说的同样不真实，他说："大典本……即系明朱谋㙔等所见之本，不过多一郦序。"张魏两人显然只是漫不经心地浏览了一下大典本，即遽然断言戴震未曾使用过它，断言他声称取自大典本之处，实则都是从他这两位长辈的未发表的稿本中剽袭来的。

第二件是 1844 年忽然出来了《水经注》前 10 卷的抄本,此本据说是从全氏原稿中抄录下来的。此本前有一篇 5000 字的《题辞》,并有全书 40 卷加注的目录,是一位名叫王梓材(1792—1851)的宁波学者告知张穆的。张穆立即宣称这是真实可靠的,对它加以欢迎,并把它作为指控戴震的重要证据。他在一篇题为《为全氏〈水经注〉辩诬》的长文中,提出全氏校本为赵戴两人校勘成果的主要来源。根据这个据称是全氏著作的抄本,特别是那篇《题辞》,他断言戴震必定每一处都是从全氏剽窃过来的,包括那些指导他把经注相混淆的各段分开整理出来的原则。他还叙述了一件纯属道听途说的事,意谓赵一清的儿子向全家购得原稿,并聘请了几位纂修人员把它汇编入其父的《水经注释》中去。

王梓材用一句话把这一整个事件加以总结:"戴袭之于当躬,赵袭之于身后。"

王梓材因张穆的轻信而受鼓舞,四年后(1848)又拿出一部据称是全校《水经注》的四十卷本。他把此本带到北京,以便张穆可把它放入《连筠簃丛书》中。但刻了几十张木板后,这一计划不知何故却又放弃了。

这一(据称)全祖望《水经注》校本直到 40 年后才出版。1889 年年初,此书又经另一位名叫董沛(1828—1895)的宁波学者稍加重校后,即由薛福成出资付印。这个 1889 年的版本被看作反戴的白纸黑字的铁证受到高度的重视,竟使我们当代的一位极有眼力的学者,即上文说到的王国维,在 1924 年宣称:"至光绪中叶,薛叔耘刊全氏书于宁波,于是戴氏窃书之案几成定谳。"

我在仔细研究了这个所谓全氏校本后,以中文写了一篇 4 万字的综述,确切地证明整部著作,包括其貌似渊博的《题辞》,其实是蓄意而拙劣的伪造,是 1837年—1848 年之间先由王梓材拼凑起来,1888 年又由董沛略加修改而成的。虽然这两人声称已经发现许多稿本,但我已无可置疑地指出,其实他们谁都没有见到过。王梓材只是把赵一清的校本和戴震的两个校本拼凑起来,并从赵一清的校本中摘出其中所保留的所有全祖望的评注。当他看到这些真的评注还凑不足一本书时,他又取了戴赵校本中的注文,冒称是全氏手笔。

幸亏王董两人都绝非《水经注》的专门研究者,他们的作伪也是匆促凑成的。王梓材两次承认他抄的 40 卷足本是在不到 75 天内完成的(自 1848 年 2 月 20日—5 月 2 日)。因此我可以轻而易举地在上述这篇文章中揭露出,他甚至不想费心仔细地读一下原文,或是正确地窃取过来;甚至是真正全氏的注文也被拙劣地歪曲了,或抄得不精确。这部所谓全氏校本充满了愚笨的谬误,很多还是一眼看得出来的,不知怎么会在长达百年的时间内都没有被识破,真使人不禁感到惊讶。

　　这些伪造者为了证明他们对赵一清和戴震的指控,用心是何等险恶,只要举一个证据就足以证明了。在伪书卷九第19页,有一条所谓"全氏手注",断言旧刻作"南阳县"的一处地名显系舛讹,因南阳为郡名而非县名;赵本从《元和郡县志》,作"南阳鲁县"亦误。因而断言:"祖望按:当作'南阳鲁阳县'。"张穆得意地引了此例作为赵戴校本中作"南阳鲁阳县"必定是取自全氏本。40年后,董沛在王梓材伪造的校本中加上一条注说:"赵戴刻本皆采全氏,然查赵氏原稿,实作'南阳鲁县'。"

　　我比较过现存的所有赵氏校本,包括《四库全书》中的抄本,却发现诸本不但一致,皆作"南阳鲁阳县",而且还有一条注文,清清楚楚地批驳了旧刻及《元和郡县志》文。王梓材分别是从赵、戴校本中摘出这句话的,却说成是全氏的,然后又蓄意谎言赵本有论文,以证明他本人伪造的校本之优。40年后董沛又蓄意撒了另一个关于赵氏原稿抄本的弥天大谎,来支持那个先由王梓材传播出去,然后又由张穆加以鼓吹的谎言。

　　那个被认为给戴震永远定了剽窃铁案的新发现的重要证据,其真相就是如此!

　　1924年,梁启超先生和我在中国发起戴东原200周年纪念,当时发表了一批阐述戴震哲学思想的论文。然而这次对戴震哲学思想重新引起的兴趣和评价,却激发了一批知名学者对戴震的新攻击。这次,在近年重新找到了《永乐大典》原本(卷一一二七至一一一四一)中找到了一种新武器,即其中包含着的《水经注》。先前人们以为此书已在1900年翰林院被焚烧时烧毁了,后来却知道还由两位私人收藏家保管着,合起来刚好凑成一部完整的书,1935年由商务印书馆影印出版。

　　王国维先生对此书的一部分做了一番研究后,在1924年撰写了一篇论文,次年在《清华学报》第二卷第一期发表,文中他重新肯定了近一世纪前魏源、张穆对戴震的指控,说戴震实际上没有使用过大典本;说他确实采取了赵全二氏的研究成果;说他为了不让他那两位杰出的先辈受到赞誉,他就把他们著作里真正有用的东西全都说成是从大典本中找到的。另一位平常颇有见地的学者孟森教授,在1936年—1937年也发表了几篇论文,文中他大动肝火,以尖酸刻薄的语言来攻击戴震,提出许多"证据"来证明一般以为戴震取自大典本的地方,其实大典本中都找不到,因此必定是在赵氏手稿发表前从那里剽窃来的。因为王孟两位学者地位甚高,他们的观点没有受到多少反驳就普遍被接受了。迟至1943年,我也觉得我这两位可敬的朋友总不会没有一点有力的事实根据就对一位旷代大思想家作出如此严厉的指控的。但现在我却不得不断定,他们两位都是不知不觉间让某种偏见影响了或者蒙蔽了他们本来是很有眼光的判断力,他们对戴震的指控则是由于误解和偏颇地解释了那些他们视为事实的东西,他们匆忙地接受了伪造的全氏校本。这就清清楚楚地证明了:因为一心要诋毁戴震,他们不自觉地抛弃了平素的研究方法,竟让自己被这样一个本子所蒙骗。其实只要再作一番认真的鉴别,他们本来该会很容易地辨认出这是一种拙劣而恶毒的伪造。

那些利用大典本作为反戴证据的人同样是没有眼光的。首先,说戴震未能运用此本来校他本人的手稿,这话是很不真实的。我比较过戴本与大典本,发现他校得很细,充分利用了它的不同处。对这一点有个明显的证据,他有些字句十分独特,有时甚至有错误,曾受到杨守敬、岑仲勉等现代批评家的嘲笑,这些地方实际上都是他依赖大典本的结果,有时甚至太过分了。

王国维只引了一个例子来支持他对戴震的指控,这个例子只表明他自己存有偏见,很不公正。此例涉及《水经注》卷一八的一个印张,1774年前刊印的版本都漏掉了这一张,但赵、戴两人把它恢复了。赵氏是从1667年—1668年孙潜所校的一个本子中抄过来的,孙潜又是从16世纪初的一个本子中得到的。戴震则从大典本抄了这一张,又加上他本人的订正。赵本此张有418字,大典本为417字,戴本订正后为437字。王国维非但没有称道戴震对原文所作的改进,反而作了下列的断语:"戴氏所补,乃不同于大典本,反而同于全赵本,谓非见全赵之书,不可矣。"王氏素以校勘精细著称,他下此论断实在极不公正,因为所探讨的那一页中,戴本与赵本不同昭然若揭,不但字数不同,而且至少有十处异文,其中六处他严格遵从大典本,另四处则是他本人所补正。

戴震充分利用了大典本中所有显著的要点,这是毫无疑问的。例如他在卷二二《颍水》部分所作的文字位置调动在千字以上,皆与这部明初校本一致。赵一清则据孙潜本独立地做出了几乎完全相同的文字位置调动,孙本源于16世纪初的一个本子,几与大典本同样可靠。这又给我们提供了另一个例证,说明使用相类似的研究工具可能产生独立同归的结果。

第二,如那些批评家所作的断言,说戴震在文字上的订正都要归功于大典本,这完全是不实之词。他在全书中作了成千处的文字订正而没有引述任何权威著作或出处;他担当了全部责任,只注明"近刻讹某"。虽则在校勘工作中这完全是正当的做法,但批评他的人们却大做文章,作为他有意欺蒙的证据。第一个对此做这样解释的是张穆。他说:"戴校每曰:'近刻讹某'。夫'近刻讹'者,对'原本不讹'而言也,原本何指? 指大典本也。"③这个分量很重的解释,一百年来被所有批评戴震的人毫不怀疑地接受了。当他们发现大典本多处均有相当错误时,他们又立刻断言戴震是从别处窃取订正的,然后把一切归之于大典本,以博取皇恩,因为皇室创制《四库全书》的目的之一,即是从类似《永乐大典》那样的来源恢复散佚了的著作。

但对戴震的纂修做法作这样的解释既不公正,也是不符合事实的。他并没有说他是据大典本来订正的意思,因为事实上在他一生从事《水经注》研究所参考过的无数版本和著作中,大典本只不过是其中的一部。查阅他的校注,可以看到他提到过42种不同类型著作的书名。但我们确切地知道,他还用过许多著作,只不过认为没有必要引其书名来支持他的订正罢了。对有的地方所作的复原,可由一些参考书来证明,而这些书是这一领域内的研究者尽人皆知的;而对另一些提出的订正,则既无旧本又无参考书可资印证,于是他觉得不值得陈述理由了。有许多地方他觉得所有手头的本子同样舛讹,而所需参考资料又常常很不可靠。在卷二五的一条异乎寻常的长注中,他指出在进行必要的订正时,他发现所有现存的诸本皆讹,包括大典本在内;而可供比较的必不可少的一条资料,则是《汉书》中一段40字的文字,其本身却有8处舛误! 他在1770年写给曹学闵(1720—1788)的一封信中,又指出在曹引自《元和郡县志》——也是研究《水经注》所不可或缺的参考书——的一段话,有6处严重事实错误!

因为这些理由,所有研究《水经注》有成就的学者,都只好越过现有的本子和参考书。卷一九提供了最值得注意的例子,戴赵两人都做了多达好几千字的文字位置移动,而没有受益于一种有权威的资料。赵一清在分开所有相混淆的经注时,采取了与戴震完全相同的做法,只在每处注明某段误入于经中或注中。在所有地方,赵戴都对所作的更动或订正自负其责,不能从这种方法推论出什么邪恶的动机或意向。一长排聪明的学者以此种莫须有的意向扩大成一场反戴案,这既不公正也很荒谬——这不公正,因为被控的人早已亡故,再也不能为自己辩护了;这很荒谬,因为并无证据可以支持。对戴震的指控可以休矣,因为不值得做严肃的探讨。

因此我的结论是:(一)在戴震完成他本人的校本收入《四库全书》以前,并无证据表明他看到或利用过赵一清的《水经注》著作。(二)1786—1794年之间,赵一清的刻本由梁履绳略加修润,但未作重大改动,此本今天仍基本上与过去转抄入《四库全书》时相似。(三)戴赵两本都高妙地把长期混淆了的经注分出来,并在文字上作了几千处较小的订正,两本上看得出来的那许多实际相同之处,说明了科学史上一种很自然的现象,即以相同资料进行研究的人,常常会独立地达到相近甚至相同的结论。(四)全祖望独立地做出了许多近似于赵戴的解决办法,但没有完成就谢世了,其注本今已不存;1889年刊印的所谓《全氏七校水经注》旨在传世,但不需费力即可指明其为拙劣的伪造。(五)那些指控戴震剽袭的学者——主要是张穆、魏源、王国维和孟森——都是激于义愤,意气用事,致使他们急于提出指控,却没有去寻求此案的事实,或甚至去证明他们所提证据的真实性或可靠性。

　　在某种意义上,戴震身后长期遭受挞伐的历史,一个半多世纪前,在他本人的著作中就已见出预兆了。他明确地告诫我们:如果不是客观地把"理"看作事物本身的条理,却主观地看作"具于心"的东西,并且只在不为私欲所蔽时才会有,这就会发生一种危险,使一些自命正义的人能假"理"之名定无辜者以死罪,而其所谓"理",不幸常常实则只是其未经检验的一己的意见罢了。戴震说:"人之死于法,犹有怜之者;死于理,其谁怜之?"这位说了这样的预言的哲学家,自己就遭受到在道德上被定了死罪的命运,一百年来几乎得不到平反,得不到同情,而那些给他定罪的一长行正义人士,却也真心相信,这样把他们个人对"理"的观念大加发挥,他们还是在捍卫公理呢!

1944 年 5 月 31 日于纽约

注释:

①　赵一清评论胡渭的原文是:"一清按:经仿《禹贡》,总书为'过',注以'迳'字代之。以此为例,河、济、江、淮诸经注混淆,百无一失。"这里说 20 字,是以除去"一清按"3 字计的。

②　《刊误》原文是:"笺曰:克家云,东迳,《史记》作东过,按《尚书》本作东过,不独《史记》也。且道元注例用迳字,以别于经文之过。"胡适所说即最后 15 字。

③　胡适英译时做了删略,今按原文抄上。

评《胡适手稿》

　　《胡适手稿》(以下简称《手稿》)在台湾已经出版了 20 年左右,港、台和国外各地,已经发表了不少评介文章。在台湾并且已经出版了《〈胡适手稿〉研究》[①]一类的著作。但在大陆,20 年来尚不见对此书有什么评论。不仅没有评论,收藏此书的图书馆也为数极少,在某些高级的社会科学研究机构中,至今仍赖复制本流传,与《手稿》原貌相去很远。[②]大陆学术界还有不少人对此书的出版和内容,至今懵然无知。这当然是令人遗憾的。胡适(1891—1962)是我国学术界有重要影响的现代学者,《手稿》是一部有重大历史价值的巨著,让大陆学者对这样一部巨著引起一点注意,增加一点了解,或许是很有必要的,而我或许又是大陆上为数不多的既收藏了这部《手稿》又基本上通读了这部《手稿》的学者之一。[③]为此,我愿意不自量力,对这部巨著作一番评介。

一

　　胡适去世以后,台湾"中央研究院"曾组织了一个胡适先生遗著编辑委员会,预备编辑《胡适全集》。在《全集》未出以前,先将《手稿》影印问世,这是胡适夫人江冬秀的决定。她在《手稿》卷首《卷头的话》中说:

　　　　适之留下来的没有发表过的手稿,我想应当全影印出来。

　　　　适之的学问事业我虽然不参加,他一辈子早晚工作的情形我最知道。他平常过日子什么都可以随便,只有做学问、写文章不肯随便。他找材料,作文,都是自己动手;有些文章一夹一夹收存起来,也是自己动手,又小心放着,从不弄乱。所以影印他留下的稿子更应当尽量照他的次序,尽量让人看到原样,不要轻易有什么变动。

　　……

　　编印适之的全集,现在还谈不到。我想先要影印他没有发表过的文章。这是我的责任,我要尽力量办这件事。等这件事办好,再筹划编印全集。

胡适夫人江冬秀影印《手稿》的决定,得到了台湾和海外学术界的赞同,胡适早年的学生、美国哈佛大学教授杨联陞为《手稿》所写的《序》说:

　　我很欢迎胡夫人这个英断。因为这样全部影印的办法不只可以使将来整理研究胡先生遗著的人得不少方便,也替我解决了两三年来心里常想的一个难题。

　　胡先生生前有两次对我说过:学生替先生编定诗文遗集,要用自己的判断力,该收的收,该去的去,不要把随便什么东西都收进去。两次结句都是"你们后死有责!"

　　胡先生逝世后,我自然应当帮助想想怎样整理他的遗著。我想起胡先生生前的话,觉得很为难,因为实在不容易实行。不但我一个学生的判断力难以取信,我想连胡先生的老朋友,如果说遗著中某些部分不必发表,恐怕也会有人反对。在台北的胡先生的朋友和学生都极注重求真,不肯轻易删节移动原稿。

　　求真的最好办法,自然是影印手稿。这样虽然难免有重复的地方,读者却可以看出来胡先生"工作的历程,思索的路线,以及他保存自己著作的习惯"(历史语言研究所《胡适先生纪念论文集》附载《胡适先生中文遗稿目录·前记》)。遗著中有好几处胡先生改正自己的错误,在旧稿上批注,这种精神是值得效法的。影印本正可以让读者看到这些批注的原样。

《手稿》于1966年2月出版了第一集,到1970年6月出版了最后七、八、九、十四集而全部完成。每集分上、中、下3册,共30册,线装,版本大小为长185厘米,宽26厘米(与16开本近似),分集计页,总数约5000页,每集卷首有该集目录,第十集下册卷末,有全部10集总目录。《手稿》所收的是胡适生前收藏在22个文稿夹中的论文、札记、往来论学的书信、若干论文或演讲的草纲、初稿及尚未写完的文稿,此外还有不少写在卡片上、便条纸上、笔记簿上以供写作文章的材料。除了用黑色墨水的毛笔和钢笔外,胡适另外常用红色、紫色、绿色等毛笔或钢笔写标题及涂抹勾乙,影印《手稿》均保持原来面目。全部10集中所收的文字,除了第一集中一封写于1937年的给魏建功谈论《水经注》疑案的信和第十集中的不少诗篇以外,全是1943年后的作品。

全部 10 集中所收的主要是关于《水经注》研究的文章和信札等,江冬秀在《卷头的话》中对此有所说明:

> 适之这些稿子大半是关于《水经注》这个案子的。民国三十五年(1946)他从美回来,先在上海暂住,以后在北平两年多,后来又在上海几个月,一直时局不安,他为审这个案找材料没有断过,每天只要有工夫就一点一点写,也没有断过;再后来在美国,还为这件工作忙了好几年。这些事我都记得。当初的老朋友,傅增湘先生,徐鸿宝先生,叶揆初先生,还有另几位先生,帮他找材料的情形,我也都记得。现在影印适之的稿子,也许可以把他当初不断工作和朋友热心帮忙的情形略为表达出来。

当然,除了有关《水经注》文章外,也还有其他许多论著和他收录的一些材料。10集的编排,大概是一至六集是有关《水经注》研究的部分,七至十集则是其他方面的文章和材料。兹将十集内容简介如下:

第一集(分三册、5 卷):《水经注》案中的戴震部分。重要的论著有《戴震对江永的始终敬礼》、《戴震的官本〈水经注〉最早引起的猜疑》、《戴震未见赵一清〈水经注〉校本的十组证据》、《真历史与假历史》等,其中《戴震未见赵一清〈水经注〉校本的十组证据》一文,是胡适在重审这个案子中费力最大且最重要的论文。这一集收入的信札主要有《与魏建功书》、《与钟凤年先生讨论〈水经注〉疑案的一封信》及《杨联陞来信》等。

第二集(分三册、3 卷):《水经注》案中的全祖望部分。重要的论著有《〈全氏七校水经注〉四十卷作伪证据十项》、《证明全校〈水经注〉的题辞是伪造的》、《伪全校本诬告沈炳巽并且侮辱全祖望》、《赵一清与全祖望辨别经注的通则》等,其中《〈全氏七校水经注〉四十卷作伪证据十项》和《证明全校〈水经注〉的题辞是伪造的》等文,是胡适在重审《水经注》案中另外两篇费力极大且极重要的论文。这一集收入的信札主要有《岑仲勉的来信》、《林颐山遗札(顾廷龙影抄)及其他有关材料》等。

第三集(分三册、5 卷):与第二集同,也是《水经注》案中的全祖望部分。重要的论著有《记全祖望的五校〈水经注〉》、《上海合众图书馆有叶揆初先生收藏的全谢山〈水经注〉校本 3 种(有题记)》、《赵一清〈水经注释〉的校刊者曾用戴震校本校改赵书吗》、《跋全谢山赠赵东潜校〈水经〉序》等。这一集收入的信札主要有《胡适顾起潜讨论〈水经注〉的通信》等。

第四集(分三册、2 卷):论述《水经注》的各种版本。重要的论著有《〈水经注〉版本考》、《黄省曾刻本〈水经注〉的十大缺陷》、《我的三柜〈水经注〉目录》、《史语所藏的杨希闵过录的何焯沈大成两家的〈水经注〉校本》等。这一集收入的信札主要有《与钟凤年先生讨论〈水经注〉的四封信》等。

第五集(分三册、3卷):关于自张穆到孟森等几家对戴震的指控的评论。重要的论著有《平定张穆赵戴〈水经注〉校案》、《跋杨守敬论赵戴〈水经注〉案的两札》、《考据学的责任与方法》、《孟森先生审判〈水经注〉案的错误》等。这一集收入的信札主要有《陈垣先生来信》、《答陈垣先生》、《论杨守敬判断〈水经注〉案的谬妄——答卢慎之先生》等。

第六集(分三册、4卷):与洪煨莲(业)、杨联陞讨论《水经注》案的信札以及对王国维等指控戴震的评论。重要的论著有《评论王国维先生的八篇〈水经注·跋尾〉》、《丁山邮学考序目》、《〈水经注〉考》、《试考〈水经注〉写成的年岁》等。这一集中与洪、杨的往返信札占了很大篇幅,并有影印的全祖望、赵一清和戴震的手迹。

第七集(分三册、3卷):禅宗史考证。重要论著有《禅宗的真历史与假历史》、《密宗的神会略传》、《北宋惟白和尚关于西天祖师偈颂来历及〈宝林传〉〈圣胄集〉等书的记载》等。这一集收入的信札主要有《与柳田圣山论禅宗史纲领的信》等。

第八集(分三册、3卷):中国早期佛教史迹和中国佛教制度及经籍等的考证。重要的论著有《从牟子理惑论推论佛教初入中国的史迹》、《伦敦大英博物院藏的十一本〈阎罗王授记经〉》、《〈楞严经〉的来历有七种不同的说法》、《记美国普林斯登大学葛思德东方书库的〈碛砂藏经〉原本》等。这一集收入的信札主要是《与人矢义高先生讨论神会语录的来往的信》,来往信札各10通,占了很大篇幅。

第九集(分三册、3卷):朱子汇抄和考证以及几种旧小说等的考证。重要的论著有《朱子语类的历史》、《朱子论禅家的方法》、《所谓曹雪芹小像的谜》、《永宪录里与〈红楼梦〉故事有关的事》、《俞平伯的〈红楼梦〉辨》以及《聊斋志异》、《四进士》戏本等的考证。

第十集(分三册、4卷):诗集。上册胡适自题《每天一首诗检存稿·绝句一百首》,是胡适每天背诵的唐宋明清人绝句。中册前半部是胡适选录的民歌,多是山歌与情歌一类。中册下半部和下册全部,胡适自题《尝试后集》,均是历年来胡适自撰诗歌。

全书卷首有江冬秀《卷头的话》、杨联陞的《序》和《出版说明》,卷末有《编者附记》、胡颂平的《编辑后记》和台湾大学教授毛子水的《〈胡适手稿〉跋》。

以上简介的《手稿》内容当然是很粗略的。我所介绍的各集重要论著和信札不过五六十种,但在《手稿》第十集下册的总目录中,独立成篇的就达600多种。不少论著在篇目之下还附了许多杂件,如往来信札,被胡适评论的别家文章或别家评论胡适的文章等等。限于篇幅,就无法详细介绍了。

二

《手稿》当然是一部很有价值的著作,这中间,首先是《手稿》发表了胡适的大量学术研究成果,这些成果中有许多是十分卓著的,它们无疑是极有价值的学术财富。胡适的后半生倾其全力于《水经注》研究,所以《手稿》中的主要研究成果,大部分是有关于《水经注》方面的。在这方面,胡适的最大成就是《水经注》版本的搜集和研究。

我在拙著《胡适与〈水经注〉》④一文中称道胡适"是郦学史上搜罗版本最多的学者"。他所搜集的版本,详载于《我的三柜〈水经注〉目录》(第四集中册)清单中。正如他的学生费海玑所说:"三十五年(按:1946年)胡先生回国,记者传出他研究《水经注》的话,于是上海的朋友,纷纷把见过的《水经注》告诉他。北平的朋友亦然,于是全国的《水经注》均集中到他寓所,达三大橱之多。"⑤在现存的所有《水经注》版本中,除了杨守敬、熊会贞的《水经注疏》抄本(当时尚无影印本)和沈钦韩的《水经注疏证》抄本(当时虽已在西安发现稿本,但不及录副)外,其余都已为他所获得。他曾于1948年12月在北京大学举办了一次《水经注》版本展览,展出了9类《水经注》版本,计:甲,宋刻本;乙,明抄宋本;丙,明刻本;丁,清代校刊朱谋㙔笺本;戊,清早期重要版本;己,18世纪四大家之一沈炳巽各本;庚,18世纪四大家之二赵一清各本;辛,18世纪四大家之三全祖望各本;壬,18世纪四大家之四戴震各本。以上9类,共达41种之多。展出版本中的不少名本当然不属于他的三大柜之物,而是从几个图书馆和一些私人藏书家中借得的。胡适另有一张《水经橱内藏应送还书单》,这中间如残宋本《水经注》借自傅增湘,全氏五校抄本和明练湖书院抄本借自天津图书馆,王国维校《四部丛刊》本《水经注》借自北平图书馆,明朱子臣《水经注删》借自北京大学图书馆等,此清单当是胡适请人抄写,抄写人常在书名后注上胡适的嘱咐,如"胡先生云,还傅沅叔先生残宋本七册,孙潜校本八册"等,在全单末尾,胡适亲自用红笔写明:"以上均系我十二月十四日夜半后清点注明的。"另外,胡适后来还在天头上批注这些版本的归还情况,这些批注当在他离开北平以后,有的可能还是离开大陆以后,如残宋本和孙潜校本,胡注:"由赵斐云(按:即赵万里)亲手送还傅家。"又如全氏五校抄本和明练湖书院抄本,胡注:"已送北平图书馆保存,并已函知河北教育厅。"想系当时平、津间交通已经困难,此种善本不便送归天津。⑥又有张氏约园抄本全氏七校《水经注》12册,抄写者注:"胡先生注云,应还给光华大学张芸联先生。"胡在天头上用红笔批注:"此书闻尚未归还,至今耿耿。"说明了胡适对这些版本的关心情况。

胡适毕生搜罗《水经注》版本的丰富已如上述。当然,藏书并不足以证明一个人的学问,藏书以充文雅,其实浅薄得可笑的人,古今都很不少,但胡适绝不是这样的人,他的三柜《水经注》,包括上述在展览后分头归还的珍稀版本在内,他都是认真阅读过的。从《手稿》中反映的,经过他仔细阅读并写作序跋或其他文字的《水经注》版本,共达39种之多。

对于各种不同版本的《水经注》,胡适确实下了极大的研究功夫。例如他对明代的最早刻本,也是现存的《水经注》最早的完整刻本,即嘉靖十三年(1534)的黄省曾刻本的研究即是如此。他开始写了一篇题为《黄省曾刻本》(第四集中册)的评介文字,指出了它的优点:"此本雕刻甚精,但改动原本之处亦不少,试举出其最甚之例……但因为此本确是出于两部旧抄宋本,故与残宋本、大典本、明抄本都很接近。"接着又指出了它的10处缺陷:"(1)无郦道元自序,(2)卷一八《渭水》中篇脱去第二页,(3)又脱去末页五行……"全文不过500字。但他后来阅读了其他本子,发现由于黄省曾刻本的错误,造成了以后许多版本中的连锁反应,有的以讹传讹,有的明见其错而臆改,闹出许多笑柄。所以他在《黄省曾刻本》文题的天头上用红笔批上"应重写"三字,在此文后,紧接了另一篇重写的题为《黄省曾刻本〈水经注〉的十大缺陷》一文,举例详述了这十大缺陷,文长达2000字。这两篇文章,何时初写,何时重写,都没有注明日期,但这一册中紧接两文以后的第三篇文章《吴琯刻〈水经注〉》,长达5000字,文末说:

> 总之,吴琯、陆弼诸君并没有得见任何古本,他们没有本子的依据,他们的唯一底本是黄省曾刻本。他们改正黄本之处,有是有非。他们用《水经注》引用的古书作依据,往往有改善黄本之处,但他们有时凭借意见,妄改黄本的字句,往往闹出笑柄来。

此文文后注明:"一九五三·十·一,胡适重写。"说明《吴琯刻〈水经注〉》一文和《黄省曾刻本〈水经注〉的十大缺陷》一文一样,也是经过重写的文章,所不同的是,评论黄本的初稿收在《手稿》之中,而评论吴本的初稿未曾收入。既然评论吴本的重写稿写于1953年,则评论黄本的重写稿或许也成于这个时候,因为两文是互相关联的。由此可以说明,胡适是一而再、再而三地阅读和评论《水经注》版本,其态度是十分严谨、十分认真的。

《手稿》第四集上册《〈水经注〉版本考》的总标题,经过胡适考证的著名版本有宋刻本(即残宋本)、《永乐大典》本、袁又恺用顾之达藏抄宋本校本的残本、铜琴铁剑楼瞿氏藏的明抄本、海盐朱氏藏的明抄宋本、天津图书馆藏的明抄本(练湖书院抄本)、冯舒(已苍)校柳金本、朱谋㙔《水经注笺》、朱子臣《水经注删》、钟惺《水经注抄》、谭元春刻《水经注》批点本、孙潜校本残本、何义门校本、项絪校刻本等等。在所有这些版本的考证评介中,上述黄省曾刻本或许是胡适在版本研究中极有心得的一种,花的功夫也可能最多,因为在不少版本的评介中,他常常和黄省曾本联系对比,例如在宋刻本(即残宋本)的论述中,他指出:"傅(按:指宋刻本收藏者傅增湘)跋用吴琯本校宋本,他说,世以吴本为最善,谓其所据为宋本。这是错的。吴琯实未见任何宋刻本或抄宋本,仍据黄省曾刻本为底本。"他曾于1947年9月和1948年春两次校阅和撰文论述铜琴铁剑楼瞿氏藏明抄本,都和黄省曾本有密切联系。1947年文中说:"卷六《浍水篇》引《古文琐语》一段,黄省曾本(第十二页)是这样的……朱本与瞿本(瞿本此处有错简)均与黄本相同。"1948年文中说:"此本错页最多,不可胜数,瞿风起先生曾用大典本改正错页甚多,但仍有改未尽的,例如……此是黄省曾本不误的,瞿君失校。"又说:"黄省曾本的十大缺点,此本皆无。"又如他评论《海盐朱氏藏的明抄宋本》中在文末指出:"最后我要说明此本的祖本与黄省曾本与《永乐大典》本祖本的关系。黄省曾的底本似是两种款式不同的旧抄本(或旧刻本)凑合起来的。……黄省曾所据的半页十一行本与此本最相近。"他所详述的各本中,这样的例子极多,不胜枚举。像这样抓住一个关键性的版本,经过详细的研究考证,然后与别本联系对比,探索各本之间的关系,阐明《水经注》的版本源流,这个提纲挈领、举一反三的版本研究方法,在古籍的版本研究中,确实是一种事半功倍的方法。

胡适在《水经注》的版本研究中,除了对上述许多版本作了评论,写了不少文字外,他还对几种重要的古本做了一项统计工作。这就是收入第四集上册的《〈水经注〉古本现存卷数总表》。胡适在此《总表》前的简短说明中指出:

> 此表中的古本限于残宋本、抄宋本、校宋本,而以黄省曾刻本为对照。黄本以后的刻本都不算古本。

这个《总表》所列的对比项目,除了以阿拉伯数字标出从1到40的卷数外,最后还有两项:一项是郦序的有无,另一项是《元祐本跋》的有无。列入表内的古本,依次有:残宋本、大典本、天津图书馆藏练湖书院抄本、铜琴铁剑楼藏徐海隅抄本、袁又恺用顾千里藏抄宋本校孙潜本、静嘉堂藏冯舒用柳佥本校本6种,加上写在各页天头上的黄省曾刻本,一共是7种。看了这个《总表》,不仅对于这7种古本的情况一目了然,7种古本之间的关系也就眉目清楚了。

如上所述,可以论定,胡适不仅是我国郦学史上搜集《水经注》版本最多的学者,同时也是研究《水经注》版本最有成就的学者之一。正是由于他对《水经注》各种版本的大量搜集和广泛阅读,使他最终得以纠正了一件他在版本研究中的重大错误,以下当再论及。

三

《手稿》所反映的胡适的《水经注》研究成果,除了版本的搜集和研究以外,另外还有两项值得称道的:第一,他对《水经注》的文字和内容做了不少精湛的考证;第二,《手稿》中收入了许多《水经注》有关的材料,其中有不少是很珍贵的。

我在拙著《胡适与〈水经注〉》一文中曾经指出,胡适"不属于郦学研究中的考据学派"。因为郦学考据学派的考据目的是为了使《水经注》从残籍走向完璧,但胡适治郦的目的却十分明确,是为了重审赵戴《水经注》案。正如费海玑所说:"胡先生研究《水经注》的动机,却不是去治地理学,而是辨别戴震窃书的是非。"[⑦]确实,胡适对《水经注》的文字和内容的考证,往往是从这个目的出发的。同样,《手稿》中除了论文、信札等以外,胡适还收入了许多附件,这些附件多半也都是与赵戴《水经注》案有关的。但是,只要这些考证和材料于郦学有功,我们就不能因为重审赵戴《水经注》案没有成功而抹杀他在这方面的成绩。当然,《手稿》中的许多考证并非全部正确,其所收入的许多材料,在郦学史上也并非都有价值。但其中有裨于订正错误,有裨于郦学史研究的确实不少,因此,《手稿》在这方面的贡献完全应该肯定。

在《水经注》的文字和内容的考证方面,《手稿》成功的例子是很多的。第一集上册所收胡适于1943年撰于海外的《长安横门,汉人叫做光门》一文,从卷一九《渭水注》的"北出西头第一门,本名横门,王莽更名霸都门左幽亭。如淳曰:音光,故曰光门"一段文字,盛赞戴震与王凤喈书中,推断《尧典》的"光被四表",古书必有作"横被四表"的。同时也指出戴震在解释此字上有错误。戴震说:"横转写为桄,脱写为光。"胡适说:"今看横门汉人叫做光门,可知横光本同音,故或作'横被四表',或作'光被四表',与横门叫做光门,又写作光门,同是一个道理。"在这个例子中,胡适的考证显然是正确的,他比戴震更前进了一步。

第三集下册中对于"野母惊扑"的考证,也很令人信服。卷三一(《手稿》误作卷二一)《灈水注》中有一段文字:

> 山溪有白羊渊,渊水旧出山羊,汉武帝元封二年,白羊出此渊,畜牧者祷祀之。俗禁拍手,尝有羊出水,野母惊拍,自此绝焉。

这个"野母惊拍",大典本与黄省曾本均作"野母惊忭"。吴琯本改"惊扑"为"惊仆",朱谋㙔本从之。殿本作"惊拍",当从上文"俗禁拍手"臆改。赵一清《水经注释》的刻本与《四库》抄本均作"惊扑",真是莫衷一是。胡适后来找到了赵一清的一种朱墨校本,在这一条上有朱校:"孙潜夫本改仆作扑,《楚辞·天问》注:'手兮,鳌虽扑而不倾。'王逸此注,一本作'手拍曰抃'。《康熙字典》引《天问注》即作'手拍曰抃',赵氏原校如此。……《水经注》此条当作'抃',作'拍'亦通,作'扑'则误。'手拍曰抃',观上文'俗禁拍手'之说,'抃'字为是。"

胡适在最后作了论证,他说:"此条赵氏校语最可见朱墨校本之可贵,第一,库本与刻本同出一个底稿,底本抄写时已误作'扑',实应作'抃'也。第二,此条出于孙潜校本,作'抃'字,与大典与黄本相同,而底本失记所出。第三,《楚辞·天问》原文是'鳌戴山抃,何以安之'。王逸注:'击手曰抃。'……"

从上述考证可见,大典本和黄省曾本作"惊抃"是对的,各本作"惊仆"、"惊扑"均非,而殿本改"惊拍"其实也是没有依据的臆改。虽然这个考证原是赵一清在其朱墨校本中的成果,但胡适把它发掘出来,并且作了进一步的论证,当然是一种有功于郦学的贡献。

收入于第九集下册的《采旅·采稆·采稽》一文,是《手稿》一至六集以外的唯一一篇有关《水经注》考证的文字。胡适在此文中将王国维的考证成果进一步加深。王国维在其《宋刊残本〈水经注〉跋》[⑧]一文,指出卷四〇《浙江水注》"入山采薪"一句,此处"采薪",宋刊刻本作"采旅",大典本作"采振",当然是"采旅"的刊误,黄省曾本改作"采薪",从此各本(包括殿本)均沿袭黄本作"采薪"。王国维肯定黄本改"旅"为"薪"是错误的,并引《后汉书·光武帝纪》"野谷旅生"注:"旅,寄也,不因播种而生,故曰旅,今字书作稆,音稆,古字通。"胡适在此文中认为"静安先生此条最精确",并引《长阿含经》中的一个故事说:"彼国有二人,一智一愚,自相谓言,我是汝亲,共汝出城采稆求财。《大正大藏》本作稆,校记云,宋藏作稆,元明藏作稽。"胡适最后论证说:"看这故事,可知当5世纪初年(《长阿含经》译成在姚兴弘始十五年,413),'采稆求财'还是一句通行的话,其意思是'出门找机会发点财',是'出门碰运气发点财'。'稽'训自生,'旅'训不因播种而生,故借用作'运气'、'机会'的意思。"其实,从情理也可以断定"薪"、"旅"两字的谁是谁非。因为《浙江水注》叙述的孝子杨威携母入山的故事,假使是采薪,采薪的劳动量很大,却毋须鉴别,但采旅则不同,劳动量虽不大,却必须有度荒经验的老年人鉴别何者可食,何者不可食。孝子携母上山,当然是采旅无疑。王国维的考证是正确的,胡适的补证,显然于王氏有裨。

收入于第六集中册的《〈水经注〉里的南朝年号》一文,是为了纠正全祖望的错误而写的。全氏出错不足怪,在《水经注》这样一部包罗浩瀚的巨著中,哪一个郦学家都不能样样精通。但胡适的考证,却是很有价值的。卷三《河水注》有"其水南流,迳武川镇城,城以景明中筑,以御北狄"一节。全氏七校本在此书下有校语:"按沈炳巽曰:景明是宋少帝年号。愚谓非也。善长岂用南朝年号乎? 是世祖年号。"这里,全氏所说的"沈炳巽曰",指的是沈氏所撰的《水经注集释订讹》稿,全氏曾于乾隆十五年(1750)在杭州向沈氏借阅此稿,所以见到沈氏这段校语。⑨胡适指出了全氏的这个错误:"谢山先生曾五校、七校《水经注》,他岂不知郦道元《水经注》用南朝年号有好几十次之多。"胡适举了许多例子,证明郦氏常常使用南朝年号。他说:"《水经注》叙述南方水地的史事,很自然的用南朝年号。"

胡适通过全氏七校本提出了《水经注》中过去不大为人注意的这个问题,其实倒是很重要的。全氏在这个问题上的错误之所以不足怪,因为在他的处境,根本想不到要考虑这个问题。他生当清初的几次大文字狱以后,完全清楚,一个顺治、雍正时代的文人,假使用南明年号著书立说会发生什么后果。怎能设想一个北朝命官的著作中使用南朝年号,而且使用次数很多,使用范围很广。除了胡适所说"叙述南方水地的史事,很自然的用南朝年号"以外,叙述北方水地史事竟也有使用南朝年号的。如卷五《河水注》中的一段:

> 宋元嘉二十七年,以王玄谟为宁朔将军,前锋入河,平碻磝,守之。都督刘义恭,以沙城不堪守,召玄谟令毁城而还,后更城之,魏立济州,治此也。

按:刘宋元嘉二十七年(450),即北魏太平真君十一年。这里记载的是刘宋和北魏在黄河的一个渡口碻磝城的争夺战,宋军虽一度得势,终于败退。这年年底,北魏太武帝拓跋焘一直进军到刘宋首都建康以北的瓜步,并于次年大会群臣于瓜步山上,南朝震惊。在像这样北朝势力极盛时期,南北之间在战争中南朝偶然占领一个北朝城邑,这样的事竟用南朝年号记载。胡适整理的这些材料,不仅纠正了全祖望的错误,更为重要的是为郦学家和历史学家提出一个研究北朝政治、社会、士大夫心理和南北关系等方面的课题。

《手稿》在《水经注》版本研究以外的第二项重要贡献,是它收入了许多有关《水经注》研究的珍贵材料。在这方面,因为收入材料实在太多,我们只能举其荦荦大端。

《手稿》第一集中册有一篇题为《记中央图书馆藏的〈直隶河渠书〉稿本二十六册》的文章,胡适花了40页的篇幅,提供了这部《直隶河渠书》的宝贵材料。《直隶河渠书》是乾隆中直隶总督方观承聘请若干名流修纂的一部地方水利书。赵一清、戴震等均先后受聘参加修纂。后因方观承在任上去世而全书未成,据缪荃孙后撰《戴氏〈直隶河渠书〉跋》所说:"原稿存戴处,清稿存周处(按:指接方观承为直隶总督的周元理)。"以后周稿不知下落,戴稿由孔继涵保存而最后流入书肆,为缪荃孙所购得。由于此书与赵戴《水经注》案有瓜葛,⑩所以胡适把这部硕果仅存的稿本按册录出篇目,并加说明,这当然是水利史上的珍贵材料。

第一集下册收入了占30页篇幅的《段玉裁年谱草稿》。这是胡适自己拟为段氏撰述的年谱草稿。从雍正十三年乙卯（1735）段氏出生，到嘉庆二十年乙亥（1815）段氏81岁去世，草稿中逐个写上许多材料，有的行下已用红、黑两色笔写得密密麻麻，有的则尚是空白。此稿最后没有完成，但胡适肯定已为此花了大量精力，对研究段氏行历者，这个草稿当然有重要价值。

《手稿》第二集下册收入了顾廷龙为他从上海合众图书馆影抄的《林颐山遗札》。《遗札》以后，胡适又收入了与此有关的附件10种。由于林颐山此信是写给"夫子大人"的，为了考证这位"夫子大人"，胡适煞费苦心，先后提出了潘衍桐、黄以周和王先谦等人。林颐山是检举王梓材、董沛整理《全氏七校水经注》作伪的发难人。除了这封上夫子大人的《遗札》外，他还向于光绪中叶编纂《合校水经注》的王先谦递送过同样的信息。所以王先谦在合校本卷首《例略》中说："《全氏七校水经注》晚出，浙中慈溪林颐山晋霞斥其伪造抉摘罅漏至数十事，顷岁刊行兹编，一字不敢阑入。"林颐山对七校本的指责，除了《遗札》中"王录诡称七校底本，其实并半校而无之"等毫无根据的话外，并无具体例证，无法取信于人。我早年在拙作《论〈水经注〉的版本》[11]一文中已经指出："王先谦竟以林颐山的几句指摘而把七校本排斥于合校本之外，这样的做法实在有失公正，而且也是合校本的美中不足。"以后事实证明，王梓材的确看到了全氏底本。胡适在阅读了天津图书馆的全氏五校抄本和上海合众图书馆的一些全氏校本后，证明七校本的《序目》和《题辞》都出自全氏，绝非伪造，因而为王梓材平了反，下文还要论及。林颐山当年根本没有看到这些材料，因此，他提出七校本作伪，到底有无根据，其动机如何，至今都仍是个谜。[12]林颐山事虽无结论，但胡适为此而搜集的大量材料，都是弥足珍贵的。材料共分10个附件，例如，因为林曾任江阴县南菁书院讲席，附件中就有一份《关于江阴南菁书院的史料》，长达20余页。1959年，胡适从台北乘飞机去美国，同机有南菁书院出身的钮永建，当时已89岁，飞机在冲绳岛停半小时，他们就谈论南菁的史料，胡适当时还口占一绝赠钮："冲绳岛上话南菁，海浪天风不解听。乞与人间留记录，当年侪辈剩先生。"南菁书院后来改为南菁中学，出自此校的名人甚众。诸如此类材料，当然很有价值。

由于赵戴《水经注》案的论战，《手稿》收入了许多与胡适意见相反的材料，这类材料中，也有不少是很可宝贵的。例如，王国维是近代学者中校阅《水经注》版本甚多的学者之一。民国十四年（1925）出版的《清华学报》第2卷第1期中，曾发表了他的6篇《水经注·跋尾》，这是王国维为残宋本、大典本（前20卷）、[13]海盐朱氏藏明抄本、朱谋㙔《水经注笺》、孙潜校本、聚珍本（即殿本）这样6种版本所写的校跋，后来收在《观堂集林》卷一二之中。此外，在《观堂别集》卷四中，又收有他的一篇《赵万里临校本〈水经注笺〉跋》，所以一般以为王氏对《水经注》所作的校跋就是这7篇。而其实在台北中央图书馆所藏的一部沈曾植所藏的黄省曾刻本中,还有他的一篇,写于民国十一年(1922),是王国维对《水经注》不同版本的最早校跋。胡适从中央图书馆把这篇校跋抄出,收入《手稿》第五集下册,所以这是十分难得的材料。

另外一位著名的史学家孟森(心史),是赵戴《水经注》案中反戴最力的学者之一,他曾为此发表过9篇论文,在当时有极大影响。但9篇论文均发表在如《北平图书馆馆刊》、《故宫文献论丛》、《国学季刊》、《益世报·读书周刊》之类的报刊上,至今都已成为稀物。《手稿》采用复制和抄录的方法,将孟氏9文全部收入,完整地保存了这些重要的材料。

顺便还应该指出,《手稿》除了在前六集收入许多有关《水经注》的珍贵材料外,在后四集中,也不乏其他方面的珍贵材料。例如,胡适为了考证"十殿阎王",在第八集上册中,收入了1篇《伦敦大英博物院藏的11本〈阎罗王授记经〉》的文章,这些材料,都是斯坦因从敦煌取走的。为了这个课题的研究,《手稿》在此文之下,还收入了十多个附件。在第十集下册的这个总目录之下,《手稿》的编辑者加了几句附言:"以下所收的有关材料,都是预备考证'十殿阎王'用的,文未成而先生去世了。"说明胡适最后没有完成这个课题,但这批材料对后来研究这个课题的人显然是很有用处的。又如《手稿》第九集中册收入了他的《所谓曹雪芹小像的谜》一文,文中提出了许多证据,否定这幅小像,这当然是可以讨论的,但因此引出了其他9篇红学文章,其中有几篇是论述版本的,当然有裨于红学研究。第十集是诗集,其中中册收录古今中外的民歌,例如《云谣集》杂曲子30首,他是用伦敦本和巴黎本重校过的,除胡适的不少按语外,卷末还附有王国维、罗振玉、朱孝臧、龙沐勋四家的跋语,这些材料,也都是很有价值的。

四

《手稿》是学术成果,主要当然是属于胡适的,但无疑也包括了其他许多学者的学术成果在内。且不论胡适在论文中吸取的他人成果,直接收入《手稿》的其他学者的学术论文、函札、治学方法、治学精神等学术成果,为数也很不少。在《手稿》中,与胡适之间有函札往返的知名学者有陈垣、魏建功、王国维、岑仲勉、瞿同祖、钟凤年、洪业(煨莲)、杨联陞、顾廷龙、王重民、人矢义高、柳田圣山等十余人;虽无函札收入《手稿》,但胡适在文字中常常提及彼此有学术交流的知名学者有傅增湘、赵元任、赵万里、钮永建、黄晴云、高天成等人。这些学者的论著、函札、言语、诗篇等等,丰富了《手稿》的内容,为《手稿》锦上添花。

以往来函札为例,在《手稿》中与胡适往来函札最多的学者有洪业、杨联陞、钟凤年、顾廷龙以及日本花园大学教授人矢义高等。例如胡适为了研究神会[14]语录,于1959年—1961年间与人矢义高通信,往复10次,两人函札均复制收入《手稿》第八集下册。人矢的10封函札,长达15000言,全用中文书写,他精通佛学,侃侃而谈,所论神会行历语录,至详至深,是佛学研究的重要材料。

洪业(煨莲,1893—1980)与胡适的往来函札,收在《手稿》中的都是为了讨论赵戴《水经注》案。胡致洪计6函,其中3函收在第六集上册,另3函残缺,收在第六集下册。洪致胡计4函,均收在第六集上册。函札甚长,如1954年10月11日胡致洪函,长达12000言,同年12月8日洪复胡函亦长达8000言。从两人函札中,可以看到洪氏在许多观点上与胡氏相左。例如胡适在《赵一清与全祖望辨别经注的通则》(第二集中册)一文中指出全祖望捏造校改根据;同集《全祖望的三代祖宗的〈水经注〉宋本》一文中,认为全氏虚构版本以扬名显亲。洪氏在1954年10月7日致函胡氏,认为全氏辨别经注非无所据,而他实有家传校本,并非虚构以荣先世。胡适于1954年10月11日致函洪氏,指责全祖望"不忠厚,不老实"、"英雄欺人",又说全氏妒忌赵一清,欲覆没其校释郦书之功,全氏五校本,乃是吞没赵书,以为已有。洪氏于当年10月20日以长达五千言的复函致胡适,提出了许多证据,否定了胡对全的指责,并且认为胡适罗织过甚。洪氏说:"昔人往矣,骨朽而舌不存,不能起九原与吾辈之挦扯纠绳者争曲直。是以凡事涉嫌疑,文无确证,则考古论人,与其失入,宁失出,想公亦当以为然也。"他在信中还奉劝胡适:"我辈读古人书,要勿忘孟子之教:不以其文害其辞,不以其辞害其志,斯可耳。"

洪业在1923年—1946年之间任燕京大学历史系教授,1947年去夏威夷大学及哈佛大学讲学,以后就一直在哈佛燕京学社任研究员,国内学术界特别是后一辈学者知道他的已经不多。他是胡适的同辈学者,彼此交谊甚厚。他和胡适的通信语言亲切,措辞谦逊,但在学术问题上却绝不迁就,虽然文字婉转,却始终坚持自己的意见。他所表达的意见,都是经过反复考证,持之有据的。从《手稿》收入的洪业函札中,我们不仅了解他的学术观点,同时也看到了他的治学精神。

在《手稿》中收入许多往返函札的另一位旅居美国的学者是杨联陞(莲生,1913年生,哈佛大学东亚语言文学系教授,1980年已退休)。他是胡适的学生,彼此关系甚密。第六集下册收入了他1950年7月2日致胡适一函;第一集中册收入了他写于1953年8月19日和9月1日致胡适的2函,长达5000余言;第6集上册又收入了他1954年10月至11月间致胡适的5函,也写得非常详尽。胡适致杨的信,有几封收在第6集上册,其中写于1954年11月15日的一封长达5000言,另外有几封是写给洪、杨两人的,收在第六集上册和下册。

杨联陞致胡适的信称胡为"先生"，自署"学生敬上"，执礼甚恭，但在学术问题上，尽管措辞委婉，其实和洪业一样，他是绝不随和的。例如对胡适论定全祖望不老实的事，他在1954年10月1日致胡适函说："您说谢山不老实，全校……似非有意仵伪，也许以不论为宜。"对于胡适认为全祖望吞没赵一清所校郦书事，他于1954年11月1日致函胡适说："关于吞没赵氏手抄校本一点，其中似有曲折。"特别值得赞赏的是杨氏1950年7月2日致胡适的一函。杨写此信的缘由，是因为当时两人均在美国，杨在胡寓中读到了胡在北平时于1948年7月25日致钟凤年的函稿（第四集下册），其中说道：

> 今试举一条略示版本与字句校勘的关系。朱本卷一六页十下："石略崎崛，岩嶂峻崄，云台风观，缨峦带阜，游观者升降耶阁，出入虹陛，望之状凫没鸾举突。"（《笺》云：凫没，古本作岛没。谢兆申云：一作鸟没，吴本作凫没。）

> 末句黄本作岛没鸾举，75分；吴琯改凫没鸾举，50分；谢云一作鸟没鸾举，50分；我检傅沅叔藏残宋本是岛没鸾举，与黄本同，75分；但《永乐大典》作岛没峦举，100分。若无古本，则是非如何能定？（即此一例，可见大典本的底本与残宋本虽同出一源，而大典本偶有胜处。）

> 能从搜集版本入手，则知一百五十年的《水经注》纷争都由于一班学者不懂得这是一个校勘学问题，只有比勘本子可以解答。

杨联陞看了以上一段，觉得不以为然，他致胡适函说：

> 这一段不知当时钟先生有无讨论，我在火车里"理校"一下，觉得仍以"凫没鸾举"为最近情。"岛没峦举"拟于不伦，何况上有"状"字，似嫌不辞。今日匆匆检《佩文韵府》，《易林》卷二师"凫得水没"，《禽经》"凫好没"，曹植《七启》"翔尔鸿鹜，潎然凫没"，《淮南》十五《兵略训》"鸾举麟振，凤飞龙腾"，均可为"凫没鸾举"作证。先生所给分数，似乎甚不公道，恐是千虑一失。

杨联陞的考证是信而有征的。"凫没"和"鸾举"都是古人习用的词汇，胡适却只给最低的分数。胡适所看中的"岛没峦举"，其实是毫无根据的，只是凭他个人的好恶，而这种个人好恶的基础则是"古本"，即他致钟凤年信中所说的："若无古本，则是非如何能定？"因为"岛没鸾举"出自残宋本，而"岛没峦举"则出自古本中"偶有胜处"的大典本。这种先入之见，造成他的惟古本是从，连像《佩文韵府》这种大路货的辞书也不屑翻一下。杨氏此信的最末一段更为精彩：

> 以先生之聪明绝顶而力主"笨校"，我了解这是苦口婆心警戒后学不可行险侥幸。不过证据是死物，用证据者是活人，连版本也不能算绝对确实证据，古书尤其如此。理校之妙者，甚至可以校出作者自己的错误，因人人都可能误记误用，笔误更不必说。人类用语文作达意工具，能达与否，真是大问题也。

　　胡适说:"若无古本,则是非如何能定? ……只有比勘本子可以解答。"杨联陞说:"证据是死物,用证据者是活人,连版本也不能算绝对确实证据,古书尤其如此。"真是针锋相对。

　　胡适是国际知名的学者,他的后半生倾全力重审赵戴《水经柱》案,当然引起学术界的瞩目,他的重审结果受到学术界的重视是无疑的。在附和他的人中,有的属于捧场性质,可置勿论;有的则是盲目崇拜,认为这样一位大学者,必然不会发生错误,于是来不及做好研究,就写文章选择他的重审结果。不说港台,在大陆上就出现过这样的文章:"他从1943年开始重审此案,前后用了将近20年的工夫,对于所谓'戴(震)偷赵(一清),赵戴皆偷全(祖望)'之说,进行了全面的考证。此案100多年来几乎已成定案,现在他用了千百个证据,把这个诬告案子昭雪了。"⑮杨联陞凭他与胡适的亲密师生关系,胡适重审此案的事,他是从头到尾清楚的,而且也必然详细读了所有的重审材料。但是他绝对不说胡适重审此案获得成功的话。他在为《手稿》写的《序》中说:"胡先生从民国三十三年(1944)十一月起重审此案,前后近二十年,他的用力之勤令人惊叹;收获的丰富,连胡先生自己都没有预想到。对于所谓'戴(震)偷赵(一清),赵戴皆偷全(祖望)'之说,胡先生早就提出了不可信的证据,现在把他的大批考证文字印出来,更可以让人充分评论。"杨氏对他老师的《水经注》研究以"用力之勤"和"收获的丰富"加以推崇,这确实不是恭维话,我在前面也已经列举了。但是对于"重审",他只说:"现在把他的大批考证文字印出来,更可以让人充分评论。"而我们的有些学者,如我在上述《光明日报》上的那篇拙文所指出的"不仅没有读过胡适以外的别家郦学文章,就连胡适一家的文章,恐怕也不算读透",却遽尔提出"现在他用了千百个证据,把这个诬告案子昭雪了"的话。对比之下,更说明了杨联陞的治学态度值得学习。

　　在《手稿》函札中牵涉较多的另一位学者是上述杨联陞函中提到的钟凤年。第一集中册收入了《与钟凤年先生讨论〈水经注〉疑案一封信》,此信长达3000余言,已于1947年5月7日在《经世日报·读书周刊》发表,收入《手稿》的是一个复制件。胡适离开大陆后,在此信上用红笔作了不少批注。在标题上批云:"此书多误,其时我还未得全氏校本,又未认识上海所存全校各本。适之。"全信中有四段,例如:"薛刻全校本,乃是王梓材杂凑赵戴两家三个校本(兼取戴自刊本的各水次第)而成,其荒谬不可胜数。"胡用红笔写上一个"误"字。因为他当时已经知道了曾经被他痛诋的王梓材的本子并不是冒牌货。此外还有其他不少段落用红笔和绿笔画出,虽然未写"误"字但实际上已站不住脚的话。可惜钟凤年的信没有附入,以致钟氏的意见只能在胡函中看到一鳞半爪。《手稿》第四集下册收入了《与钟凤年先生讨论〈水经注〉的四封信》,胡适发信的日期分别是1947年11月27日、1948年6月23日、1948年7月7日、1948

年 7 月 25 日。比第一集的那一封显然要晚。从信的内容来说，当时胡适已经看到了全氏五校抄本，但尚未看到上海合众图书馆的本子。4 函约共 8000 言。从这些函札分析，可以看出钟凤年学术成就和治学态度的两个侧面。第一，胡适对钟氏的学问是很佩服的，例如第一集函中，胡在函末说："先生用功此书最勤，故敢略述鄙见如此，倘蒙赐以教正，不胜感谢。"第四集收入的第二函说："大作抽印本已匆匆读过，甚佩服先生的功力。"第三函说："我敬依尊命，已全删此论。"从四封信中看到，因为当时两人均在北平，钟氏曾去胡寓阅读郦注，而胡对钟是很欢迎的。第一函说："星期日先生惠临舍间，参观《水经注》各种材料，使我得略述此问题之复杂性。"第四函说："他日有暇，甚盼先生来同观此种宝物（按：指胡适考证的戴震未见赵书的证据）。"第二，从这些函札中可以说明，钟凤年在《水经注》研究中，其学术观点和治学态度，与胡适是很不相同的。譬如胡适说道："但王葵园此书（按：指王先谦《合校水经注》）不收伪全氏七校本一字，却是他的卓见，先生误信全校本，实为千虑之一失。"说明钟凤年早就认为七校本并非伪造，这和胡适的意见恰恰相反。又如第四集收入的第二函中，胡适说："先生此次所说，观点已甚忠厚。"这里的所谓"忠厚"，其实就是上述洪业所说的："考古论人，与其失入，宁失出"。这与胡适的治学态度也是不同的。这里必须指出的是，在胡适的通信伙伴中，多是知名的教授学者，但钟凤年在当时却是个处境坎坷、社会地位卑微的知识分子。由于没有正规的大学学历（他早年在译学馆学法语），他在北平一直没有正式的、稳定的职业。而且早年失偶，留下一个女儿。尽管生活艰难，他却孜孜苦学，写出了不少有价值的文章。新中国成立后他在北京考古研究所工作，60 年代初以副研究员身份退休时已经年逾古稀，但仍埋头于《水经注》研究。1979 年，他在《社会科学战线》第 2 期发表《评我所见的各本〈水经注〉》一文时，他年已 90。从 1957 年科学出版社影印出版杨守敬、熊会贞《水经注疏》起，他就致力于此书的校勘，花了 20 多年工夫，校出了错误 2400 余处，撰成《〈水经注疏〉勘误》长文，于 1982 年年底在《古籍论丛》（福建人民出版社版）发表。他生于 1889 年，1987 年去世，按中国习惯，算是活了 100 岁。他毕生在艰苦的环境中坚持研究，坚持自己的学术观点，而其治学态度，如胡适所说，又能做到忠厚待人。这些都是值得我们学习的。

五

前文已经引及了胡适夫人江冬秀在《手稿》《卷头的话》中所说的："适之的这些稿子大半是关于《水经注》这个案子的。"胡适在 1960 年撰写的《评论王国维先生的八篇〈水经注·跋尾〉——重审赵戴〈水经注〉案的一次审判》（第六集下册）一文中说："我是从民国三十二年(1943)11 月开始研究 100 多年来的所谓赵戴《水经注》案(又称全赵戴 3 家《水经注》案)的一切有关证件,到于今已经十六七年了。"的确,胡适的后半生是倾全力于《水经注》研究的。他的研究重点就是他自己所说的赵戴《水经注》案,或者又称全赵戴 3 家《水经注》案。本文在前面已经指出,在《水经注》研究这个课题上,胡适的最大成就是《水经注》版本的搜集和研究。至于重审赵戴《水经注》案,其结果没有获得成功。关于这方面,我在拙著《胡适与〈水经注〉》一文中已述其详,这里不必重复。"有意栽花花不发,无心插柳柳成荫"。胡适的《水经注》研究,恰恰就是这样。

从收入《手稿》的文章和其他材料来看,他的所谓"重审",包括两个方面:第一,因为从清魏源、张穆、杨守敬以来,包括民国王国维、孟森等诸氏都肯定戴书袭赵,所以他要大量搜集证据,证明戴书没有袭赵。这些文章和材料都收在第一集中,内容虽多,但胡适的思路只有一条,即是"戴震未见赵一清校本"。既然未见校本,又从何抄袭。第二,因为清张穆(石舟)认为赵戴皆窃全氏,"戴氏攘窃于当躬,赵氏窜掇于身后"。所以《手稿》中另有大量文章是针对全祖望的,占了《手稿》二、三两集,内容很多,除了和第一方面一样的戴震未见全书外,还有另外三项论证:(一)薛刻全氏七校本"是一个妄人主编的,一个妄人出钱赶刻赶印的一部很不可靠的伪书"(第二集下册);(二)全氏治学不忠厚,有英雄欺人的毛病(第六集上册);(三)全祖望吞没赵一清多年校勘整理的本子,据为己有,绝无可疑(第六集上册)。从这两个方面评价《手稿》的成果,第一方面如上所述,当然绝未成功;而第二方面,收入于第二集三册之中的文章,存在许多极大错误。在胡适离开大陆的前夕,他在北平读了天津图书馆的全氏五校抄本,又到上海读了合众图书馆的几种全氏校本。正如本文前面指出的,由于他对《水经注》版本的大量搜集和广泛阅读,使他最终得以纠正了一件他在版本研究中的重大错误。这些改正错误的文章,多收在《手稿》第三集之中。当然,在其他各集中,凡是涉及这个错误的,胡适也往往在稿纸的天头作了批注,上面提到过的收在第一集中的《与钟凤年先生讨论〈水经注〉疑案的一封信》上的批注"此书多误"即是属于这一类。

没有一个学者能够做到他毕生学术研究的每一个课题都能获得成功,胡适当然也不例外。但不幸的是,他所研究的这个"重审"课题,是他花了 20 年光阴,花费了大量的、他毕生最后的精力而完成的。其结果却如我在拙著《胡适与〈水经注〉》一文中所说的,遭到港台学者的大量非议。甚至连长期追随他、为他整理《手稿》并作《序》的门生杨联陞,在这个课题上也无法苟同,而只能说:"现在把他的大批考证文字印出来,更可以让人充分评论。"我当然绝无因为他的这个课题的失败而贬低《手稿》的学术价值的意思。但是,细细地咀嚼《手稿》中的许多文章和材料,探索一下胡适在这个课题上失败的原因,对于后辈学者,包括我自己在内,或许不是没有好处的。

这里就不得不提及"大胆的假设，小心的求证"的工作方法问题。这是胡适公开提倡的做学问的方法，在他的文章和讲话中，常常提到这句话，例如《手稿》第一集上册收入的他以"藏晖"这个笔名在1946年11月1日《益世报·读书周刊》发表的《海外读书记·长安横门，汉人叫做光门》：⑯

戴东原与王凤喈书，因孔传"光，充也"一条，欲就一字见古之难，因大胆的推想尧典"光被四表"古本必有作"横被四表"者。

我在二十三年前（民国九年，1920）曾引此例作我的《清代学者治学方法》一篇的最后一个例子，说这个故事最可以代表清代学者做学问的真精神。

东原在乾隆乙亥（1755）提出"尧典古本必有作横被四表者"的大胆假设。此后几年中共得着六个证据。

……

这真是"大胆的假设，小心的求证"的最好例子。

我抄这一段，并无对此进行批评的意思。因为从这段文字来看，确实是"大胆的假设，小心的求证"获得成功的例子。说明用这种方法做学问，有时也可以获得成功，不宜全盘否定。另外，胡适毕生提倡这种方法，这是事实，但他并非这种方法的发明人，从上面这段文字中，可证古代学者也有用这种方法做学问的，所以由来已久。何况，这种方法的应用，现在看来，早已超越学术领域，各行各业都有人服膺。而且更有甚者，"假设"称得上高度"大胆"，而"求证"不存在半点"小心"，却把仓猝"求证"的结果大肆吹嘘，强加于人者比比皆是。所以要认真地讨论这个问题，其实早已超出了学术领域。现在我还是就《手稿》论《手稿》，从胡适这位知名学者身上，看看他用这种方法做学问的结果。

应该承认，在胡适毕生治学的过程中，运用"大胆的假设，小心的求证"这种方法获得成功的例子是不少的。即使在他失败的课题中，也有依靠这种方法免致全盘失败的例子。上面提到的胡适对于全祖望的研究就是如此。他大胆假设薛刻全氏七校本是伪书，包括卷首的《序目》和长达5000言的《题辞》，都是王梓材伪造的。胡适说："这篇《题辞》是王梓材颇用心的文章，全篇摆出一个《水经注》学者的大架子，装出眼空一切的神气和调子，洋洋洒洒地讨论几个重要的《水经注》问题。初读这篇文字的人，往往被这一派大架子吓倒了，都不敢怀疑他的诈欺性质了。"⑰"证明王梓材的荒谬诈欺，绝无可疑，也绝无可想。……这真是王梓材的白日见鬼了。"⑱胡适把话说得这样斩钉截铁，说明对于"伪书"的"大胆的假设"，经过他的"小心的求证"，已经掌握了十足可靠的证据。但事实却并非如此，最后的结果证明了他在这个课题的研究中是"大胆"有余而"小心"不足。后来经过了再一次的"小心的求证"，才算修正了这个错误。

当然，作为一个认真的和正直的学者，他勇敢地修正了他的错误，这是值得人们学习的。他在《手稿》的《〈全氏七校水经注〉四十卷作伪证据十项》题目的天头上批注："此篇是错误的。适之。三八·一·十七。"其时已是他离开大陆的前夕了。在文末，他又加了一个《后记》，署"一九四九年一月十日夜在南京"：

> 此篇是一九四六年（民国三十五年）六月底我在船上（按：指从美国返国的轮船）修改旧稿，抽出独立的一篇文字。一九四六年秋间，我得见日照许瀚在道光廿四年抄的《题辞》与《序目》一卷，一九四七年我得见谢山的五校本，细细过录在薛刻本上。一九四八年我重新研究上海合众图书馆藏的谢山重校本。中间我又细细研究张氏约园抄的王梓材重录本七校本。我决定承认重校本也是谢山的校本，又承认王梓材确曾得见谢山的一些残稿，最后我才承认《题辞》与《序目》也是谢山的原作。

他在《证明全校〈水经注〉的题辞是伪造的》一文之前，加入了他用红笔中楷写的一页文字：

> 校勘学的正路是多寻求古本——寻求原稿本或最接近原稿本的古本。同样的，考证学的正路是多寻求证据，——多寻求最直接的、最早的证据。"推理的校勘"不是校勘学的正路，证据不够的推求也不是考证学的正路。

这段文字以后，他认真地签上他的名字，所署的日子是"一九四九·七·五"。说明这段文字是他离开大陆后在美国时，经过思考以后写的，是他经过七校本、《序目》、《题辞》等的沉重教训以后的反省。可惜他的反省，还局限于"小心的求证"这后半句，没有触及造成错误的主因，即"大胆的假设"这前半句。而他所反省出来的这条校勘的正路——"多求古本"，在事隔一年以后，又在"凫没鸾举"四字之上，被他的学生杨联陞一针见血地指出了此中症结："证据是死物，用证据者是活人，连版本也不能算绝对确实证据，古书尤其如此。"

关键在于前半句"大胆的假设"。如我在前面指出的，在做学问这个领域中，轻率地把这句话加以否定，当然也是不对的，因为有不少课题，确实用这种方法获得了成功。问题是这个被"假设"的课题能否"大胆"。某些课题，前人已经做过类似的研究，或者前人在研究旁的课题时，已经涉及了这个课题的某些部分，有了若干旁证材料。对于这样一类课题，"假设"得"大胆"一些，当然没有问题。对于另外一类课题，前人没有做过什么研究，资料较少，因此，"假设"就应该谨慎。还有一类课题，前人做过许多研究，结论已经明确，但有人还要从事这类课题的研究，旨在推翻前人的论断。对于这样的课题，"假设"当然应该特别慎重。如同胡适从事的这个"重审"的课题一样，以前已有许多知名学者,包括魏源、张穆、杨守敬、王国维、孟森、郑德坤等,经过十分详细的研究,他们以千百种证据,一致肯定戴书袭赵。如杨守敬所说:"千百宿赃,质证昭然,不得为攘夺者曲护。"⑲胡适居然选择这样的课题,"大胆的假设"戴书不曾袭赵,所以虽然花了近20年岁月,费了大量精力,而结果是徒劳。这是我们从《手稿》应该吸取的最大教训。

此外,《手稿》中洪业奉劝胡适的话,对一切做学问的人都有意义。洪语前已提及,即"凡事涉嫌疑,文无确证,则考古论人,与其失入,宁失出"。洪业所说的就是做学问的一种宽厚态度。洪业之所以把这话告诉他的老朋友胡适,因为他清楚,这正是胡适做学问的一个重要缺点。在全部《手稿》中,我们随处可以看到,他在考古论人中的不留余地。前面已经述及,他评论王梓材作伪,百端斥责,直至"白日见鬼",而结果错误的却是他自己。他写给杨守敬的一个年已古稀的学生卢慎之的信,⑳说杨是"考证学的堕落","狂妄,轻率,武断","无一字不谬,无一字不妄"。他在《王国维判断官本〈水经注〉校语引归有光本五条与赵本同是错误的》(第六集中册)一文中说:"王先生这一段话是很不正确,又很错误的,我可以详细指出他的错误。第一,王国维先生指出官本'五引归有光本'那是不正确的。官本的后十卷,引归有光不止五次,共有七次。……第二,王先生说:'今核此五条,均与全赵本同。'王先生不曾研究刻本《全氏七校水经注》如何制造成书的历史,所以误信此本为完全可靠的全校本;他又不曾细检这个全校本与赵一清校本的异同,所以他往往同时泛举全赵本。这种粗心的大错误,在校勘学上是不容宽恕的。"这里,在《全氏七校水经注》如何制造成书的历史问题上铸成大错的正是胡适自己,姑置不论。而王国维把官本引归有光本七次误作五次,于事确属"粗心"。但胡适苛责此事,"很不正确,又很错误的","不容宽恕的",却是小题大做,责人过甚。因为像这样一类的"粗心",在《手稿》中也常常可见。例如第九集下册《张淏云谷杂记》一文中,胡适推断张淏年龄:"我们可以暂推定他生在隆兴五六年(1169—1170)。"按:武英殿本《云谷杂记·提要》说,张是绍兴二十七年(1157)进士,则胡适所推断的出生年代,已在他中进士10年以后。即使《提要》有讹,但隆兴年号仅有2年(1163—1164),又何来五六年的推断? 又如第六集中册《先赠公与柳浦》一文中,胡适在引全祖望"《南史》所载浦阳征战之事"一语后,指责全氏:"我曾遍检南朝在浙东一带的战争,从晋末孙恩的战乱,直到隋末,我没有发现一次战争提到浦阳江或浦阳的名字。"这里,我可以随手检出涉及浦阳江的南朝战争。《南齐书·沈文季传》:"时会稽太守王敬则朝正,故寓之谓乘虚可袭,泓至浦阳江,郡丞张思祖遣浃口戍主汤休武拒战,大破之。"又《资治通鉴·齐纪二·永明四年》:"又遣其将孙泓寇山阴,至浦阳江,浃口戍主汤休武击破之。"胡适在引用古书的问题上不相信全祖望,本来已属不智,自己声称"遍检",却竟连"二十四史"和《资治通鉴》都不曾翻阅。可见"粗心"之事,人皆有之,只要不是重要问题,就不是"不容宽恕"的"大错误"。这正是洪业所说的:"考古论人,与其失入,宁失出"。宽厚对人,是一个学者应有的风度,在学术争论中尤须如此。

以上是我对《手稿》的一些看法。《手稿》无疑是我国学术界的一部具有重大历史价值的巨著,对于这样一部10集、30册、5000页的巨著,我的这篇两万字的评论,显然是挂一漏万的,或许也是十分肤浅的,希望得到学术界的指正。

注释:

① 费海玑《〈胡适手稿〉研究》,台北商务印书馆1970年版。

② 《胡适手稿》按胡适书写原稿影印,除黑笔文稿外,用红、绿、紫色的笔涂抹勾乙,均保持原色、原貌。

③ 感谢吴天任教授以他自己珍藏的此书全部慨赠,益我良多,永矢弗萱。

④ 《中华文史论丛》1979年第3辑。

⑤ 费海玑《〈胡适手稿〉研究》,台北商务印书馆1970年版,第32页。

⑥ 我于1979年在天津图书馆阅读了此二种版本,说明此两本最后已物归原主。

⑦ 费海玑《〈胡适手稿〉研究》,第103页。

⑧ 《观堂集林》卷一二。

⑨ 今《四库珍本丛书》中《水经注集释订讹》已无此校语,当是沈炳巽后来所修改。

⑩ 《直隶河渠书》稿本第十册《唐河》卷一《卢奴水》下有戴震一段按语:"杭人赵一清,补注《水经》,于地学甚核,尝游定州,为定州牧姚立德作《卢奴水考》,并附于右。"论者认为这是戴震见到赵书的明证。

⑪ 《中华文史论丛》1979年第3辑。

⑫ 《胡适手稿》第二集下册第455页,胡适有一段话:"林颐山是当时一个有学问的秀才,他自己搜罗了一些关于全谢山《水经注》的资料,他的研究还没有完成,宁波进士董沛(光绪三年进士)粗制滥造的《全氏七校水经注》已被宁绍道台薛福成出钱刻印出来了,林颐山当时就提出许多证据来,指出这个刻本是伪造的。"根据胡适的这段话,根据《全氏七校水经注》并非伪书的事实,林颐山指控的动机,大概已可明白。

⑬ 嘉靖重录《永乐大典》本《水经注》前四册第一至二〇卷,为乌程蒋氏传书堂所藏,王国维所见即此,后四册第二一至四〇卷,为北平李玄伯所藏,王未得见,1935年商务印书馆将8册影印出版。

⑭ 唐佛教禅宗高僧,生于668或686年,卒于760年。

⑮ 参见拙作《关于〈胡适传〉中涉及〈水经注〉问题的商榷》,《光明日报》(史学版)1987年1

月 14 日。

⑯　文末署撰写时间:"三十二·十一·十八下午",则是 1943 年,当时他尚在美国,所以称为《海外读书记》。

⑰　《证明全校〈水经注〉的题辞是伪造的》,《胡适手稿》第二集上册。

⑱　《〈全氏七校水经注〉四十卷作伪证据十项》,《胡适手稿》第二集上册。

⑲　杨守敬、熊会贞《水经注疏要删·自序》。

⑳　《论杨守敬判断〈水经注〉案的谬妄——答卢慎之先生》,《胡适手稿》第五集下册。

原载《中华文史论丛》1991 年第 47 辑

论胡适研究《水经注》的贡献

　　胡适（1891—1962）是一位大郦学家，又是一位特殊郦学家。所以称"大"，因为他研究《水经注》数十年，写了上百万字郦学文章，历来郦学家中，除了校勘郦注者外，只有少数一二人可以与之颉颃。所以称"特殊"，因为学者研究郦学，总不外乎考据、辞章、地理三派，[①]但胡适不属于其中的任何一派，正如费海玑所说："胡先生研究《水经注》的动机，却不是去治地理学，而是辨别戴震窃书的是非。"[②]他自己也毫不讳言："我审这个案子，实在是打抱不平，替我同乡戴震（东原）申冤。"[③]

　　假使仅仅从替戴震申冤的这一目的评价，则胡适的研究没有获得成功。不过我认为对胡适的《水经注》研究，只从"重审"的问题上评价，显然是不够公平的。对我来说，虽然坚信戴袭赵不可怀疑，胡适在这个问题上的努力当然是徒劳的，但是如我在拙作《读胡适研究〈水经注〉的第一篇文章》一文中最后指出的：

　　　　胡适的《水经注》研究，除了其主要目标没有成功外，他在版本搜集、考证和
　　校勘方面，都取得了卓越的成绩。《胡适手稿》一至六集所汇集的大量论文、函
　　札、资料，无疑是郦学史上的一宗财富。

　　我之所以几次表示这样的态度，是因为赵戴《水经注》案的论战已经进行了200多年，在整个郦学大案中，此案无非是个小节，本来不宜以小节影响大局。而胡适在这场论战中属于少数派，他的论战对手们所注意的，往往集中于他的弱点，而把他在《水经注》研究中实际上做出的贡献置于不顾，这当然是不够公平的，却也是热烈的论战

中所难免的。现在,论战已经基本平息,而参加论战的学者大部分也已成古人,时至今日,我们完全有必要对胡适的《水经注》研究作一番平心静气的检讨,除了他致力20年的重审赵戴《水经注》案确实没有成功以外,对他在郦学上的其他许多贡献,应该做一番系统的发掘和整理,使这些成果在今后的郦学研究中发挥作用。

　　为了总结胡适的郦学成果,有一个问题还有进一步研究的必要,这就是,他实际上是从什么时候起开始研究《水经注》的? 我们常说他以毕生的最后20年时间从事郦学研究,这是根据他在《评论王国维先生的八篇〈水经注·跋尾〉——重审赵戴〈水经注〉案的一次审判》④一文中所说"我是从民国三十二年(1943)十一月开始研究一百多年来的所谓赵戴《水经注》案的一切有关证件"一语的计算而得的。但这句话实际上是说他研究赵戴《水经注》案的开始,并不是他研究《水经注》的开始。他研究《水经注》的时间,显然比民国三十二年要早。即使从赵戴《水经注》案来说,民国三十二年十一月,是他正式动手研究的时间,他思想上对这个问题其实早已有所酝酿,只是没有正式动手而已。根据杨家骆在《〈水经注〉四本异同举例》⑤一文中提及:"民国二十五年,胡适之先生过沪,谓将为东原撰冤词。"说明在正式动手前7年,他已经开始考虑这个问题了。在这7年之间,他对这个问题还有过颇大的反复,在民国二十六年(1937)之初,当他读了孟森的两篇讨伐戴震的文章以后,他曾一度承认戴袭赵。他于这年1月19日致书魏建功,⑥其中说:

　　　　"昨天莘田说,心史先生有一长文给《季刊》,⑦亦是证实戴东原偷赵一清《水经注》一案。莘田说你颇有点迟疑,我托他转告你不必迟疑。我读心史两篇文字⑧,觉得此案似是已定之罪案,东原作伪似无可疑。古人说,吾爱吾师,吾尤爱真理。东原是绝顶聪明人,其治学成绩确有甚可佩服之处,其思想之透辟也是三百年中数一数二的巨人。但聪明人滥用其聪明,取巧而讳其所自出,以为天下后世皆可欺,而不料世人可欺于一时,终不可欺于永久也(此是林肯语)。这亦是时代之病,个人皆不能完全脱离时代的风气。往昔佛教大师、禅门巨子,往往造作伪史以为护法卫道之具,他们岂存心作伪吗? 在那个时代里,他们只认为护法卫道,而不自觉其为作伪也。东原之于《水经注》,当时也许只是抄袭赵书,躲懒取巧,赶完一件官中工作而已。初不料皇帝大赏识此书,题词以光宠之;又不料他死后段玉裁等力辩赵书袭戴,乃更加重东原作伪之罪了。若必坐东原以欲得庶常之故而作伪,则稍嫌涉于"诛心",凡"诛心"之论皆新式史家所宜避免。

　　这封信就是胡适对此事思想反复的证据。最后他决定动手为戴震翻案,是经过他几年深思熟虑的结果。所以仅仅从这个案子来说,胡适的研究已有了较多时日,至于对《水经注》一书的研究,则肯定比研究此案还要早得多。据《北京图书馆文献》第十五辑所收录的民国十三年（1924）胡适《致王国维函》，当年为了纪念戴震诞辰 200 周年，胡适曾向王国维约《论戴东原〈水经注〉》稿，以刊登在他主编的北京大学《国学季刊》上，但王没有答应胡的要求，却于 200 周年纪念以后两个月内，写了一篇《聚珍本戴校〈水经注〉跋》^⑨的文章，是历来斥责戴震剽袭的最严厉的文章之一。胡适后来在《国学季刊》的纪念专号上对此文作了评论，他说："王国维先生似乎很不赞成我们那种称颂戴震及'戴学'的态度。他在'戴东原二百年纪念'后的两个月内，写成了这两篇题著'甲子二月'的文字，特别是《聚珍本戴校〈水经注〉跋》，那是篇痛骂戴震的文字。……这篇文字，也显然是对于我们提倡'戴东原二百年纪念'的人的一个最严厉的抗议，也显然是对于戴震的人格的一个最严厉的控诉。"从这里可见，胡适早在民国十三年就主办戴震二百周年的纪念活动，约王国维撰写关于戴震治郦的文章，也评论了王国维的文章。假使他没有研究过《水经注》，这些工作将凭什么进行呢？为此，对于胡适与《水经注》的关系，我们大致可以说，从 20 年代起，他就开始研究《水经注》，并且考虑为戴震申冤，但是其间也有过反复。从民国三十二年（1943）起，开始全力投入为戴书袭赵进行翻案的研究。所以他的郦学研究，大体上有 42 年左右的时间，但后 20 年与前 20 年大不相同，大量文章都是在这个时期完成的。杨联陞于 1965 年为《胡适手稿》所写的序中指出：

> 十集手稿的大部分是讨论《水经注》的文字，胡先生从民国三十二年十一月起重审此案，前后近二十年，他的用力之勤令人惊叹，收获的丰富，连胡先生自己都没有预想到。

这里还有一个问题需要稍作说明，即他"重审"开始的时间，他自己与对杨联陞都说是 1943 年 11 月，但我根据他的一篇用英文发表的郦学文章，即我称之为"胡适研究《水经注》的第一篇文章"内的话，他的开始"重审"，当比 1943 年 11 月稍早。这篇文章发表在恒慕义（Arthur W. Hummel）主编的《清代中国名人传略 1644—1912》（*Eminent Chinese of the Ching Period* 1644—1912）的卷末，是此书的一个附录。文题中译为《乾隆郦学全、赵、戴三家札记——三家研究〈水经注〉独立同归探讨》^⑩（以下简称《札记》），此文为《手稿》所不收。他为什么要在《传略》书末写这篇《札记》作为附录？这是因为《传略》卷首的序也是他写的，他在序中已经提到了郦学三大家全、赵、戴之事，但是语焉不详。所以他才要求主编恒慕义让他再写一篇《札记》附于书末，署"一九四四年五月三十一日于纽约"。他的序则署"一九四三年三月十三日"。在这篇《札记》中，他提到："去年我花了整整六个月时间，专门研究这场有名的论战。"这里所说的"去年"，当然指 1943 年，在 1943 年中花 6 个月时间研究这场论战，说明他的工作最迟开始于 1943 年 6 月。

现在再回到本题上来,前面已经述及,胡适在近20年时间中进行的所谓"重审"工作没有获得成功,但他研究《水经注》实际上有40年左右的时间,为了"重审",他同时做了大量有关《水经注》的版本、校勘、历代郦学家和郦学著作等方面的发掘和整理工作,获得了许多成绩,做出了很大贡献。现在就我所见,简论如下。

在胡适研究《水经注》的各种贡献之中,最重要的首先是对于《水经注》版本的搜集和研究方面的成就。我在拙作《民国以来研究〈水经注〉之总成绩》一文中,把版本的搜集和整理列为从清末至今80余年中郦学研究的首要成绩。我说:

> 这一时期在版本搜集中成绩最为卓著的是胡适。据费海玑所云:"三十五年(1946)胡先生回国,记者传出他研究《水经注》的话,于是上海的朋友,纷纷把见过的《水经注》告诉他,北平的朋友亦然。于是全国的《水经注》都集中到他寓所,达三大橱之多。"①民国三十七年(1948)十二月,为了庆祝北京大学建立五十周年纪念,胡适在北平举办了一次《水经注》版本展览,展品中包括他自藏的和借自公私藏书的,计分:甲,宋刻本;乙,明抄宋本;丙,明刻本;丁,清代校刊朱谋㙔笺本;戊,清早期重要版本;己,18世纪四大家之一沈炳巽各本;庚,18世纪四大家之二赵一清各本;辛,18世纪四大家之三全祖望各本;壬,18世纪四大家之四戴震各本。以上共九类,达四十一种,有胡适自作的《目录提要》。胡适举办的这次《水经注》版本展览,集郦学史上版本之大成,胡适无疑是历来搜集《水经注》版本最多的郦学家。

胡适不仅搜集郦注版本,同时也研究郦注版本,他把版本研究作为解答赵戴《水经注》案的主要手段。他说:"这一百多年争论的赵戴两家《水经注》一案里许多问题,都只有比勘本子一个笨法子可以解答,所见的本子越多,解答的问题越多。"②版本比勘虽然没有最后在他的"重审"中正确地解答戴书袭赵的问题,但抱着这种见解,他在版本研究中做出了极大的努力,获得了丰硕的成果。我在上述拙作中继续指出:

> 在版本研究中著述最丰的是胡适,他所撰有关郦注版本的文章,除了通论性的《〈水经注〉版本考》(《胡适手稿》四集上册)和《〈水经注〉考》(《胡适手稿》第六集下册)以及罗列版本目录的《我的三柜〈水经注〉目录》(《胡适手稿》第四集中册)以外,专论某一种或数种版本的文章,据我从《胡适手稿》一至六集的约略统计,约有七十余篇之多。这个统计不包括与别人通信中论及有关版本的问题。胡适关于版本的论述,其中有不少创见,但也有不少错误的论断。有些错误如对于全氏《水经注》的议论,后来已由他自己撰文更正。所有这些,我在《胡适与〈水经注〉》及《评〈胡适手稿〉》诸文中已述其详。

总的说来,胡适对于《水经注》版本的研究在郦学史上是划时代的,除了不少在郦学史上价值连城的文章如《记孙潜过录的柳佥〈水经注〉抄本与赵琦美三校本〈水经注〉本并记此本上的袁廷祷校记》(《手稿》第四集中册)、《跋赵一清〈水经注释〉抄刻本四种》(《手稿》第四集下册)、《史语所藏杨希闵过录的何焯沈大成两家的〈水经注〉校本》(《手稿》第四集下册)、《关于赵一清〈水经注释〉小山堂初刻重修本》(《手稿》第六集下册)等以外,由于他的这种研究,让郦学界开了眼界,使郦学研究中这个长期来相对沉寂的领域变得活跃起来,以后在这方面出现的一些佳作如《评我所见的各本〈水经注〉》(《社会科学战线》1979 年第 2 期)、《论〈水经注〉的版本》(《中华文史论丛》1979 年第 3 辑)等,这些文章的撰写,或多或少地都有他的影响在内。

除了版本上的成就以外,胡适的郦学研究,在考据和校勘等方面也取得了不少出色的成绩。尽管他的若干论断,后来被证明是诬断,但令人信服的见解也是很多的。例如《手稿》第一集上册所收胡适于 1943 年撰于海外的《长安横门,汉人叫做光门》一文,从卷一九《渭水》注的"北出西头第一门,本名横门,王莽更名霸都门左幽亭。如淳曰:音光,故曰光门"一段文字,盛赞戴震与王凤喈书中,推断《尧典》的"光被四表",古书必有作"横被四表"的。同时也指出戴震在解释此字上有错误。戴震说:"横转写为桄,脱写为光。"胡适说:"今看横门汉人叫做光门,可知横光本同音,故或作'横被四表',或作'光被四表',与横门叫做光门,又写作光门,同是一个道理。"在这个例子中,胡适的考证显然是正确的,他比戴震更前进了一步。

《手稿》第三集下册中对于"野母惊抃"的考证,也很令人信服。卷三一(《手稿》误作卷二一)《灅水注》中有一段文字:

> 山溪有白羊渊,渊水旧出山羊,汉武帝元封二年,白羊出此渊,畜牧者祷祀之。俗禁拍手,尝有羊出水,野母惊抃,自此绝焉。

这个"野母惊拍",大典本与黄省曾本均作"野母惊抃"。吴琯本改"惊抃"为"惊仆",朱谋㙔本从之。殿本作"惊拍",当从上文"俗禁拍手"臆改。赵一清《水经注释》刻本与《四库》抄本均作"掠抃"。真是莫衷一是。胡适后来找到了赵一清的一种朱墨校本,在这一条上有朱校:"孙潜夫本改仆作抃,《楚辞·天问》注:'手兮,鳌虽抃而不倾。'王逸此注,一本作'手拍曰抃'。《康熙字典》引《天问注》即作'手拍曰抃',赵氏原校如此。……《水经注》此条当作'抃',作'拍'亦通,作'仆'则误。'手拍曰抃',观上文'俗禁拍手'之说,'抃'字为是。"

胡适在最后作了论证,他说:"此条赵氏校语最可见朱墨校本之可贵,第一,库本与刻本同出一个底稿,底本抄写时已误作'仆',实应作'抃'也。第二,此条出于孙潜校本,作'抃'字,与大典与黄本相同,而底本失记所出。第三,《楚辞·天问》原是'鳌戴山抃,何以安之'。王逸注:'击手曰抃。'……"

从上述考证可见,大典本和黄省曾本"惊扑"是对的,各本作"惊仆"、"惊扑"均非,而殿本改"惊拍"其实也是没有依据的臆改。虽然这个考证原是赵一清在其朱墨校本中的成果,但胡适把它发掘出来,并且作了进一步的论证,当然是一种有功于郦的贡献。

收入于《手稿》第九集下册的《采旅·采秅·采稺》一文,是《手稿》第一至六集以外的唯一一篇有关《水经注》考证的文字。胡适在此文中将王国维的考证成果进一步加深。王国维在其《宋刊残本〈水经注〉跋》[⑬]一文中,指出卷四○《浙江水注》"入山采薪"一句,此处"采薪",宋刊残本作"采旅",大典本作"采振",当然是"采旅"的刊误,黄省曾本改作"改薪",从此各本(包括殿本)均沿袭黄本作"采薪"。王国维肯定黄本改"旅"为"薪"是错误的,并引《后汉书·光武帝纪》"野谷旅生"注:"旅,寄也,不因播种而生,故曰旅。今字书作稺,音秅,古字通。"胡适在此文中认为"静安先生此条最精确",并引《长阿含经》中的一个故事说:"彼国有二人,一智一愚,自相谓言,我是汝亲,共汝出城采秅求财。《大正大藏》本作秅,校记云,宋藏作秅,元明藏作穭。"胡适最后论证说:"看这故事,可知当五世纪初年(《长阿含经》译成在姚兴弘治十五年,413),'采秅求财'还是一句通行的话,其意思是'出门找机会发点财',是'出门碰运气发点财'。'稺'训自生,'旅'训不因播种而生,故借用作'运气'、'机会'的意思。"王国维的考证是正确的,胡适的补证,显然有裨于王氏。

收入于《手稿》第六集中册的《〈水经注〉里的南朝年号》一文,是为了纠正全祖望的错误而写的。全氏出错不足怪,在《水经注》这样一部包罗浩瀚的巨著中,哪一位郦学家都不可能样样精通。但胡适的考证,却是很有价值的。卷三《河水注》有"其水南流,迳武川镇城,城以景明中筑,以御北狄"一句。全氏七校本在此句下有校语:"按沈炳巽曰:景明是宋少帝年号。愚谓非也。善长岂用南朝年号乎?是世祖年号。"这里,全氏所说的"沈炳巽曰",指的是沈氏所撰《水经注集释订讹》稿,全氏曾于乾隆十五年(1750)在杭州向沈氏借阅此稿,所以见到沈氏有这段校语。[⑭]胡适指出了全氏的这个错误:"谢山先生曾五校、七校《水经注》,他岂不知郦道元《水经注》用南朝年号有好几十次之多。"胡适举了许多例子,证明郦氏常常使用南朝年号。他说:"《水经注》叙述南方水地的史事,很自然的用南朝年号。"

胡适通过全氏七校本提出了《水经注》中过去不大为人注意的这个问题,其实倒是很重要的。全氏在这个问题上的错误之所以不足怪,因为在他的处境,根本想不到要考虑这个问题。他生当清初几次大文字狱以后,完全清楚,一个顺治、雍正时代的文人,假使使用南明年号著书立说会发生什么后果。怎能设想一个北朝命官的著作中使用南朝年号,而且使用次数很多,使用范围很广。除了胡适所说"叙述南方水地的史

事,很自然的用南朝年号"以外,叙述北方水地史事竟也有使用南朝年号的。如卷五《河水注》中的一段:

> 宋元嘉二十七年,以王玄谟为宁朔将军,前锋入河,平碻磝,守之。都督刘义恭,以沙城不堪守,召玄谟令毁城而还,后更城之,魏立济州,治此也。

按:刘宋元嘉二十七年,即北魏太平真君十一年。这里记载的是刘宋和北魏在黄河的一个渡口碻磝城的争夺战,宋军虽然一度得势,终于败退。这年年底,北魏太武帝拓跋焘一直进军到刘宋首都建康以北的瓜步,并于次年大会群臣于瓜步山上,南朝震惊。对于像这样北朝势力极盛时期,南北之间在战争中,南朝偶然占领一个北朝城邑,这样的事竟用南朝年号记载。胡适整理的这些材料,不仅纠正了全祖望的错误,更为重要的是为郦学家和历史学家提出一个研究北朝政治、社会、士大夫心理和南北关系等方面的课题。

胡适研究《水经注》的第三种贡献,是他对郦学史上某些问题的见解坦率准确,虽然言语不免尖刻,但事实是,他为郦学史上若干容易为人误解的问题说清了是非,对后辈郦学家显然有裨。可以举两个例子。

第一个例子是杨守敬的所谓己卯《叙语》问题。杨守敬在其自撰的《邻苏老人年谱》[15]66岁下记了一篇他在北京的一个当官朋友潘存(孺初)所写的对他的《水经注疏》初稿的《叙语》,此《叙语》也收录在《水经注疏要删·自序》之后,《叙语》说:

> 楚北杨君惺吾,博览群籍,好深湛之思,凡所论述,妙语若百诗,笃实若竹汀,博辨若大可。尤精舆地之学,尝谓此事在汉以应仲远为陋,在唐以杜君卿为疏,此必有洞见症结而后敢为斯言,所谓眼高四海空无人者也。所撰《历代舆地图》,贯穿乙部;《〈隋书·地理志〉考证》,算及巧历;而《水经注疏》,神光所照,直与郦亭共语,足使谢山却步,赵、戴变色,文起梅村,未堪比数,霾缊岁久,焕若神明,旷世绝学,独有千古,大雅宏达,不我河汉。

对于这篇《叙语》,胡适提出了尖锐的批评。他说:

> 这篇杨守敬自赞,太过火了,就露出马脚来了。光绪己卯(五年),他只有四十一岁,他刚到武昌做卖书生意,何处有《历代舆地图》! 何处有《〈隋书·地理志〉考证》! 更何处有《水经注疏》! ……潘存在北京做穷官,待杨守敬有大恩,见于《年谱》二十五岁、三十六岁、四十一岁各年下,杨守敬要报答潘存的大恩,故要在他的大杰作里留下这位死友的姓名,这大概是捏造这篇初稿《叙语》的一个用意吧。[16]

其实,对于杨守敬在己卯《叙语》中的作伪,郦学家汪辟疆和郑德坤都曾提及过。汪云:"潘氏题词,其为杨氏伪撰,托孺初先生以自重其书无疑也。"[17]郑氏云:"此系杨铺张之辞。"[18]但是对于这样一种有损于学术界风气的重要问题,汪、郑两位,似嫌轻描淡写。我在拙撰《杨守敬传》中基本上同意胡适的看法,并且详细地列举了《叙语》不能成立的理由。但是我在论述此事以后,特意说明了几句:"我在论述杨守敬的《水经注》研究时,开头就提及此事,这是因为这件事无法回避,不若先提为好。一位成功的学者,难免也会有缺陷。"因为我认为我们不宜以这件并不光明磊落的事对一位著名学者责备过分,;另一方面为了教育后辈学者不要沾染这类不正之风,所以我们也不能为贤者讳。因此,胡适的做法是正确的。

第二个例子是李子魁盗名窃誉的问题。李子魁何许人? 一直要到1993年,熊会贞的孙子(熊心赤小固的儿子)熊茂治为了整理他祖父的著作,从湖北宜昌赶到杭州访问我,以后又连续寄信为我解释往事,我才完全弄清了郦学史上这个不光彩的人物和这个不光彩的事件。李于30年代初在武昌荆南中学教书,1934年曾因缘进入杨宅,结识了杨勉之的次子杨世汉,因而也常到武昌北城角熊宅走走。在这些年中,他抄得了一些《水经注疏要删》。熊会贞死后,他又制造了所谓私淑邻苏和受熊会贞托付修改《水经注疏》稿本的谎言,并窜改熊亲笔所写的《十三页》,[19]擅称此为《遗言》。所有这些,曾经欺骗了不少人,包括像汪辟疆先生这样的忠厚长者,[20]流毒甚广。而首先揭露李子魁盗名窃誉的正是胡适。他在《手稿》第五集中册《熊会贞遗言》之下写云:

民国卅六到卅七年,李子魁在湖北一个师范学院的学报上发表了所谓杨守敬、熊会贞《水经注疏》第一与第二卷(按:武昌亚新奥地学社于1950年为此两卷出了铅排本),我曾在前两年见过中央研究院寄存商务印书馆的《水经注疏》四十大本(按:即今台北影印本的底本),我颇疑心李君发表的材料不是《水经注疏》的真本。

胡适在重庆《时事新报·学灯》所载汪辟疆《明清两代整理〈水经注〉之总成绩》的影印件下又用红笔写了几句,因为他已经经过核对,查清李自己吹嘘的所谓"誊清正本"的真相。胡适说:"李子魁的'誊清正本'是他合并杨氏三部《要删》及熊氏的《要删再续补》而成的。"

胡适同时也查核了《学灯》所载汪辟疆文末所附的由李子魁撰写的《述整理〈水经注疏〉之经过——并附熊会贞先生补疏〈水经注疏〉遗言》,因为它和寄存在中央研究院的《水经注疏》稿本卷首的熊会贞亲笔《十三页》有许多不同。胡适在此写云:

但此《学灯》本,显然有李子魁涂改添字的痕迹……《水经注疏》稿本每卷有李子魁擅添"枝江李子魁补疏"一行,此可见作伪的用意。[21]

另一处又写云:

中央研究院所收《水经注疏》每卷首行题名添"枝江李子魁补疏"一行,均被熊(?)家后人删去,书稿中"守敬按"、"会贞按"往往涂改作"子魁按",又被人用墨抹去,又改作"守敬按"。可见此人是有心盗名,有意作伪的。

胡适在这篇有关所谓《遗言》的各种影印件下所作批注,署1950年6月16日。当时,大陆郦学界对李子魁的这种行径还懵然无知,直到1956年北京本《水经注疏》影印前夕,李尚去北京科学院图书馆招摇撞骗。直到80年代,我们才逐渐了解此事,所以能逐渐了解,主要仍然依靠胡适的仔细查核和无情揭露。

胡适的郦学研究除了上述贡献以外,在他的治学作风上,也还有两件可以作为学术界表率的事例。首先是他在学术研究中的勇于认错。这事必须从全祖望的七校《水经注》说起。此书为全祖望生前所完成,但全氏不久谢世,遗稿流散,结果是由王梓材从抱经堂卢氏之后卢杰家中搜罗遗稿整理而成的。在整理过程中,并把五校本中的《序目》和《题辞》也收录在内。首先提出七校本作伪的是慈溪人林颐山,此人胡适称他为"有学问的秀才",据我在拙作《全祖望与〈水经注〉》[22]一文中的考证,他是不是一位正人君子不好随便议论,但至少无法证明他的动机是纯正的。可惜大名鼎鼎的王先谦轻信了他的话,在编辑合校《水经注》时排斥了七校本,于是,七校本作伪的流言蜚语就进一步扩大,至于胡适而达到极点。胡适花了大量考证功夫,撰成《证明全校〈水经注〉是伪造的》(《手稿》第二集上册)、《〈全氏七校水经注〉四十卷作伪证据十项》(《手稿》第二集上册)、《证明全校〈水经注〉的题辞是伪造的》(《手稿》第二集上册)等文章。在这些文章里,他口诛笔伐,说了许多十分尖薄的话:"这篇《题辞》是王梓材颇为用心的文章,全篇摆出一个《水经注》学者的大架子,装出眼空一切的神气和调子,洋洋洒洒地讨论几个重要的《水经注》问题,初读这篇文字的人,往往被这一派大架子吓倒了,都不敢怀疑他的诈欺性质了。"甚至指出:"证明王梓材的荒谬诈欺,绝无可疑,也绝无可恕。……这真是王梓材白日见鬼了。"

但是胡适后来读到了天津图书馆收藏的全氏五校抄本,又读到了上海合众图书馆收藏的其他几种全氏校本,他立刻改正了他的错误。他在《上海合众图书馆有叶揆初先生收藏的全谢山〈水经注〉校本三种》(《手稿》第三集上册)一文中说:"我研究的结果,使我不能不承认我从前判断的错误。我不能不承认:一、五校本里一百廿三水的次序,经全谢山亲笔改排成一个合理的新次序,而这个新次序和王梓材传抄出来的五校本《水经序目》完全相同,可见那一卷《水经序目》是真的。二、王梓材编定《全氏七校水经注》,而《水经题辞》与《水经序目》都明说只是五校,可见这两卷都还是谢山原文,没有经过王梓材的改动。王梓材说和他弟子陈劢用《题辞》与《序目》整理谢山的《水经注》校本残稿,我相信是真话。"于是,他立刻为王梓材平反,肯定王梓材"抄写谢山的校语确很谨严"。[23]勇于认错,胡适不愧为一位著名学者。那些文过饰非,自己永远正确,把一切错误推给别人的,这种人实在可憎!我在此借用一句韩愈在《柳子厚墓志铭》中的话,(可将其改作)"闻胡适之风,亦可以少愧矣。"

　　胡适治学作风的另一件值得学习的事例是在学术上礼贤下士。这就是他与钟凤年之间的关系。钟凤年是一位很有成就的郦学家,但是如我在拙作《钟凤年与〈水经注〉》[24]一文中所介绍的,他是一位十分坎坷的知识分子。如比较熟悉他的王世民教授所说,曾经论于"几乎没有饭吃"的困境。抗日战争胜利以后,总算勉强进入了当时北平研究院的史学研究所安身,而此时正是胡适返国出任北京大学校长的时候。从社会地位来说,两人的差距实在无法比较;但在学术上,恰恰都是《水经注》的爱好者。于是两人就很快成为学术上的朋友。胡适当然是因为看到了钟凤年发表的文章而知道这位地位卑微的小知识分子的,但他确实做到了《论语·公冶长》的"不耻下问"。他写信给钟氏,现在从《手稿》中看到的,一共有 5 次,即《手稿》第一集中册的《与钟凤年先生讨论〈水经注〉疑案的一封信》和《手稿》第四集下册的《与钟凤年先生讨论〈水经注〉的四封信》。《四封信》中的第一封信写于 1947 年 11 月 27 日,此信开头就说:"星期日先生惠顾舍间,参观《水经注》各种材料,使我得略述此问题的复杂性,并使先生得知我的工作不是要打官司,只是要平心静气的用笨工作来审查这一百五十年的官司,要使全赵戴三公都得着一个公平的估价。"从这样的话来看,这个星期日(按:当是 1947 年 11 月 23 日)钟氏造访胡府,当是胡适的邀请。因为胡适佩服他在郦学研究中的造诣,而当时胡氏已经得到了全祖望的五校抄本,发现他过去一口咬定全氏七校本中的《序目》和《题辞》是王梓材伪造的论断完全错误,而他在 1947 年 4 月 7 日致钟氏信(收入于《手稿》第一集中册)所议论的也多半错误,因此,他约钟氏面谈一下,说明一些他所以致误的原因。这就是他在此信中接着说的:"星期日给先生看的全校本,即是天津图书馆借用的。现存的全谢山抄本,只有天津存的四十卷全部,是最完全(按:此'完全'《手稿》原作'可靠',后来用红笔改作'完全'的),我现在逐条过录津本,已完成三分之一。"这一段话就是为了向钟氏解释,胡适过去对全氏校本判断的错误是因为没有看到这部五校抄本,是情有可原的。胡适不仅邀钟氏面谈,面谈后又写这封信以表达"言犹未尽",其实就是错误的一方向正确的一方认输。

　　胡适在致钟氏的其他信中,也说了诸如"大作抽印本已匆匆读过,甚佩服先生的功力","我敬依尊命,已全删此论","因为先生用功此书最勤,故敢略述鄙见如此,倘蒙赐以教正,不胜感谢"之类的话,如此等等,不胜枚举。我在拙作《评〈胡适手稿〉》一文中曾经指出:"在胡的通信伙伴中,多是知名的教授学者,[25]但钟凤年在当时却是个处境坎坷、社会地位卑微的知识分子。"胡适与钟凤年之间的交往,在学术史上实在是一个值得颂扬的掌故。

　　以上是胡适研究《水经注》的主要贡献。撰写此文,免不了也有一点感触。胡适是个做过大官的高层知识分子。作为一个高层知识分子，生平总有一段时间与学术打过交道，或者说曾经做过学问。孔子的高足子夏说过："仕而优则学，学而优则仕。"（《论语·子张》）这句话，历来当官的知识分子往往只记下句。1922年5月，胡适与蔡元培、陶行知、梁漱溟、李大钊、丁文江等十余位知名人士，在他主编的《努力周刊》上联名发表了《我们的政治主张》，即所谓"好人政府"。[⑩]我当然绝非评论此事，不过此后的确有不少做学问的人当了官，应了子夏所说的下句："学而优则仕。"当然，这些人中的多数，以后就没有时间也没有兴趣再做学问了。但对于胡适来说，倒是全面奉行儒家的这两句训条的。胡适在抗日战争期间，于1938年4月17日被任命为驻美大使，到1942年8月15日免去大使职务，他毕生正式当官，就是这4年。抗战时期的驻美大使，公务不消说是十分繁重的，但4年之中，他仍然出版和发表了诸如《藏晖室札记》、《中国章回小说考证》、《当代哲学流派校注》、《国语文法研究法》、《知识的准备》等学术专著和论文。我并不希望做官的人同时都做学问，却希望做过学问的人在弃学从官以后，仍然能够关心一点做学问的事。我的一位学生陈田耕副教授，几年来花了极大的精力连续编撰出版了两本工程浩大的工具书：《地理文献检索与利用》[㉗]与《地理事实和数据检索指南》。[㉘]两书都由我写了序，我在后者的序中写了这样的话：

> 做学问这种行业，有其与众不同的特色，它没有什么侥幸可图，也没有什么捷径可走，确是要老老实实，一点一滴地从基础做起，日积月累，才能有所长进。从田耕君的这两本书中所列载的这许许多多文献资料，就可以明白此中道理。古人所谓"十年寒窗"，也已形容尽致。所以对于做学问这种行业，尽管它确定维系着我们民族的文化命脉，但不少人却不屑一顾。行外人固然绝无问津之意，行内人近年来也颇有知苦而退者。这种现象，常常使人忧心忡忡。我在学术界的一些外国朋友，包括我的两个在外国大学执教的儿子，也都表示过他们的焦虑情绪。

抱有这种焦虑情绪的人可能不是很少，为此，我感到在议论胡适的郦学贡献的同时，顺便留心一下他勤奋为学的一生，或许不是没有好处的。

1995年1月于杭州大学历史地理研究中心

注释：

① 陈桥驿《论郦学研究及其学派的形成与发展》，《历史研究》1983年第6期。收入《水经注研究二集》，山西人民出版社1987年版。

②⑪ 费海玑《胡适著作研究论文集》，台北商务印书馆1970年版。

③④　《胡适手稿》第六集下册。

⑤　《学粹》第 4 卷第 5 期,台北,1962 年。

⑥　《胡适手稿》第一集上册。

⑦　孟森(心史)公开发表的抨击戴震的文章计有 9 篇,主要发表在《益世报·读书周刊》及《禹贡半月刊》。胡适所说的"有一长文给《季刊》",当是《戴本〈水经注〉所举脱文衍文》,全文 1 万字,可称"长文",发表于《国学季刊》第 6 卷第 2 期。

⑧　此外胡适说"我读心史两篇文字",与前面"有一长文给《季刊》"并不矛盾。按:孟森当时另有一文,题作《书郑毅生先生影印〈三国志注补〉序后》,内容仍为揭露戴书袭赵,文略云:"东原《水经注》一案张石洲发之,魏默深证之,杨惺吾、王静安覆勘定之,今日《永乐大典·水经注》行世,纵有复为左袒东原者,亦已可无疑议。"

⑨　《清华学报》1925 年第 1 期。

⑩　此文由叶光庭翻译,作为附录,附于拙撰《读胡适研究〈水经注〉的第一篇文章》之后。

⑫　《孟森先生审判〈水经注〉案的错误》,《胡适手稿》第五集下册。

⑬　《清华学报》1925 年第 1 期。

⑭　按:《四库珍本丛书》中的《水经注集释订讹》并无此语,因谢山所见者为沈氏稿本,此语当是以后为沈氏删去。

⑮　收入《胡适手稿》第五集中册,又有上海扫叶山房石印本。

⑯　《跋杨守敬论〈水经注〉案的手札两封》,《胡适手稿》第五集中册。

⑰　《水经注疏》,《汪辟疆文集》,上海古籍出版社 1988 年版。

⑱　《水经注研究史料汇编》下册,台北艺文印书馆 1984 年版。

⑲　熊会贞晚年亲笔所写修改《水经注疏》稿本的意见,共 13 页,无题目,现影印于台北本《杨熊合撰水经注疏》卷首。李子魁擅改内容,称为《遗言》,附于汪辟疆《明清两代整理〈水经注〉之总成绩》之末。

⑳　参见拙作《关于〈水经注疏〉定稿本的下落——与刘孔伏、潘良炽二先生商榷》,《中国历史地理论丛》1988 年第 2 辑。收入于《郦学新论——水经注研究之三》,山西人民出版社 1992 年版。

㉑　按:此稿本内,李子魁到处插入其名,但"魁"均作"奎"。

㉒　《历史地理》1993 年第 11 辑。

㉓　《复洪业、杨联陞函》,《胡适手稿》第六集上册。

㉔　《陕西师范大学学报》(哲学社会科学版)1992 年第 3 期。

㉕　当然还有许多当官的,不在本文评论之列。

㉖　这一部分材料均据曹伯言、季维龙《胡适年谱》,安徽教育出版社 1989 年版。

㉗㉘　西安地图出版社 1991 年版。

原载《胡适研究丛刊》第 2 辑

我说胡适

评论像胡适这样一位人物，现在大概可以畅所欲言了。譬如我想说：他是个正派人物，是个很学问的人物。中国人惯用"道德学问"这个词汇称赞一位有成就的正派学者。现在，我把这个词汇加到他身上，或许会有人反对，但是我至少不会再"心有余悸"了。

我是一踏进初中门槛就读到《胡适文存》的。开始我欣赏他的《吾我篇》、《尔汝篇》之类。因为我与同龄的其他同学不同，从小由我的祖父、一位清末举人启蒙和承包家教，早已背熟了不少古书。我祖父的教学方法，除了讲解音训以外就是读和背。读了胡适的这类文章以后，才知道其中还有许多学问，颇使我开了眼界。以后又拜倒在他的"八不主义"下。总之，我在少年时代就对他有了深刻印象。

后来就爆发了抗日战争，从初中高年级到大学，都处在颠沛流离的生活中，既读不到他的文章，也没有心绪再想到这位学者，直到抗战胜利，他回国当北大校长，才知道他正在研究北魏郦道元的《水经注》。我从小喜欢此书，似乎与他走到了一起。当时我已经开始粉笔生涯，课余常常写点读郦札记。从报上看到他研究《水经注》，主要是为了弄清"赵戴《水经注》案"，但我对此案并无兴趣，所以也没有搜求他的文章。但后来又看到报上登载他在北大举行《水经注》版本展览，展出了40多种不同版本。而当时我手头所有的此书版本不过4种，对他的展览当然心向往之。

此后不久，胡适就成了一个批判对象，是一个唯心主义和反动思潮的代表，实足的洋奴。批判的力度愈来愈大，及至"凡是敌人拥护的我们就要反对"这个公式发展到极致的时候，由于胡适不仅是敌人拥护的人，其本人也是敌人，所以在当时，如果与"胡适"这个名字有牵连，就可以让人家破人亡。《吴晗与胡适》这一篇张开血盆大口的文章，不仅吞噬了吴晗一家，还毁灭了许多无辜的家庭。年岁大些的知识分子，恐怕记忆犹新。

1983年我应聘到日本关西大学大学院（研究生院）讲课，内容主要是《水经注》研究。与40年代不同，此时我已完全清楚了"赵戴案"的前因后果，但是我仍然反对在郦学研究中把这个枝节问题小题大做，所以我在讲课中没有考虑这个课题。但是在我的讲课快要结束之前，研究生们提出了这个问题，希望我增加这个内容。我到该校讲课，包括讲授时间、使用语言、章节目录等，都有书面材料与大学院达成协议，所以我本来可以拒绝这种要求。但是我发现先后几位研究生和我谈话，对于此事都是一知半解，而且几乎人言人殊，所以最后我还是同意了在讲课中增加这个课题。这其实是我在《水经注》研究的言论中第一次公开涉及胡适。我在讲题中开宗明义：

> 《水经注》赵一清、戴震相袭一案，至少已超过二百年。二百年来，郦学界议论纷纷，无时或止。在一个时期内，对这样一个实际上属于枝节问题的争论，竟至少代替了正规的郦学研究，它不仅轰动了郦学界，郦学界以外的其他学者也介入论战，并且波及国外。在我国学术研究史上，实在找不出另外例子。

这件事之所以必须牵涉到胡适，我在讲题中指出：

> 在民国以后的双方论战中，站在戴震一方的学者是很少的，但其中有一位重要人物，就是胡适。

我对日本研究生们说，胡适希望为戴震翻案，但结果是失败的。但是我也叮嘱他们，此事不过是郦学史上的一个枝节，没有什么值得小题大做的。

此事过去几年，河南省地理研究所请我讲学，熟悉的朋友谈起此事，在场的《郑州大学学报》陈有忠先生希望我把当时的讲稿在他们学报发表。因为我在那里讲课用英语，讲稿是用英文写的，我只好又译成中文，加上《〈水经注〉戴赵相袭案》这样一个题目，在该刊1986年第1期发表。由于此文对胡适只是就事论事，容易让人误会，所以完稿后又另撰一篇《胡适与〈水经注〉》的文章，寄给《中华文史论丛》（发表于1986年第2辑）。却不料没有多久，又发生了一件涉及胡适的事。我收到了史学界老前辈杨向奎教授发于1986年10月31日的来信，并剪附了当时在《光明日报》（1986年10月30日）连载的《胡适传》的一篇。杨先生在信上针对《胡适传》有关章节说："这未免颠倒黑白。我并不研究《水经注》，但关心此案，因为我（的）几位师友卷入此案中，希望看到公平的答案。胡适先生是我的老师，但我不同情他为同乡辩护而不说理，希望你出头说一下以澄清是非。"杨先生在《胡适传》的下列一段下画了线条：

　　关于《水经注》的真伪问题,他从一九四三年开始重审此案,前后用了将近二十年的功夫,对于所谓"戴(震)偷赵(一清),赵戴皆偷全(祖望)之说",进行了全面的考证。此案一百多年来几乎已成定案。现在他用了千百个证据,把这个诬告案子昭雪了。他认为戴并没有抄袭赵的书,也没有抄袭全的书,而是赵家的人抄袭了戴的书。全的书,有部分是自己的,其中一部分是托先世的。胡适说他不老实,"英雄欺人"。又说:他自己开始审这个案子是打抱不平,要为同乡戴震申冤……

　　于是,我遵杨先生之嘱,在《光明日报》(史学版)(1987年1月14日)发表了一篇题为《关于〈胡适传〉中涉及〈水经注〉问题的商榷》的文章。由于撰写此文,我才把多日连载的《胡适传》浏览了一下,发现不仅是对《水经注》,对胡适的另外一些议论也存在问题。但是我们的报刊能够刊登这样的文章,应该是一件值得庆幸的事,说明政治形势、学术氛围已相当宽松,胡适不仅不再是反动文人、无耻政客的代名词,并且还可以公开地对他进行称赞。不过政治可以大变,学术却并不如此。杨先生在此文发表后次日,就急忙把它剪寄给我,主要就是为了《胡适传》中"他用了千百个证据,把这个诬告案子昭雪了"这句话。戴书袭赵的案子是翻不了的,我的文章只是为了说明这个事实,对《胡适传》的作者,我很谅解。所以文章开头就说:"胡适是著名的郦学家,而传记的作者未必一定精通郦学,发生这样那样的错误,是可以理解的。"此外还得考虑眼下相当流行的一个称为"逆反心理"的词汇,政治形势已从《吴晗与胡适》的时代走到《胡适传》的时代。如周清先生在《胡适评传》[①]中所说,"很大程度只是出于对胡适的崇拜",促使作者急于发表像《胡适传》这类的文章,以致出现我在拙文中所说的:"不仅没有读过胡适以外的别家郦学文章,就连胡适一家的文章,恐怕也不算读透。"我的这句话没有错,因为拙文中引及我发表不久的《胡适与〈水经注〉》一文,《胡适传》作者随即写信问我:此文发表在哪里? 他的这一问,让我下决心又花时间写了两万多字的《评〈胡适手稿〉》一文,于1991年在《中华文史论丛》第47辑发表。所以后来章清先生在其专著中写道:

　　　　著名历史地理学家陈桥驿先生近些年来倾力于《水经注》版本及胡适重审赵戴《水经注》案的研究,先后写下《论〈水经注〉的版本》、《胡适与〈水经注〉》、《评〈胡适手稿〉》等论著,可以说基本厘清了胡适重审赵戴《水经注》案的经过情形,也使我们大致可以判断说,胡适重审赵戴《水经注》案没有获得成功。

章先生是个仔细人,他接着又说:

　　　　在参考陈桥驿先生有关论著的同时,又就这个问题请教著名的历史地理学家谭其骧先生及其高足周振鹤先生,他们也认为陈桥驿先生基本上搞清了这些问题,胡适重审赵戴《水经注》案的结果无疑是失败的。

我之所以最后撰文评《胡适手稿》，除了阐明"赵戴案"以外，还为了说明他在《水经注》研究中的贡献，同时也对他在这三四十年中受了攻讦最甚的"大胆的假设，小心的求证"这一点，提出了我的看法。拙文指出：第一，这八个字并非胡适的发明，前代学者做学问早已使用了这种方法；第二，这种方法在前代学者和胡适做学问中，获得成功的例子不少。而且为此我还节外生枝，发了一点议论：

> 何况，这种方法的应用，现在看来，早已超越学术领域，各行各业都有人服膺。而且更有甚者，"假设"称得上高度"大胆"，而"求证"不存在半点"小心"，却把仓猝"求证"的结果大肆吹嘘，强加于人者比比皆是。所以要认真地讨论这个问题，其实早已超出了学术领域。

尽管拙文说了"赵戴案"以外的许多事，但人们的兴趣常常集中在"赵戴案"上，从不少朋友的来信或闲谈中可以看出，他们不免把我作为一个胡适的批判派看待。所以当我在1995年年初接到耿云志教授邀请参加这年6月在上海举行的"胡适与新文化国际研讨会"的通知时，恰逢我要去北美访问讲学，我们夫妇原来已经订好了6月底的机票，但是为了参加这次会议，我决定推迟半月启程。在上海的会上，我宣读了《论胡适研究〈水经注〉的贡献》的论文。[②]论文一开始就指出："胡适的《水经注》研究，除了其主要目标没有成功外，他在版本搜集、考证和校勘方面，都取得了卓越的成绩。《胡适手稿》第一至六集所汇集的大量论文、函札、资料，无疑是郦学史上的一宗财富。"此外，我还列举了胡适在治学为人方面值得我们学习之处，约有四个方面：

第一，胡适勇于承认错误。例如对全祖望的七校《水经注》，他长期确认这是一部由王梓材制作的伪书。特别是卷首的一篇《题辞》，他一口咬定是王梓材"荒谬诈欺"的作品，"绝无可疑，也绝也可恕"。[③]但当他看到了天津图书馆所藏的全氏五校抄本以后，他立刻认错："我研究的结果，使我不得不承认我从前判断的错误。"[④]并且为王梓材平反，说他"抄写谢山的校语确很谨严"。[⑤]所以拙文说："勇于认错，不愧为一位著名学者。那些文过饰非，自己永远正确，把一切错误推给别人的，这种人实在可憎！我在此借用一句韩愈在《柳子厚墓志铭》中的话，（可将其改作）'闻胡适之风，亦可以少愧矣'。"

第二，胡适听得进不同意见，包括针锋相对的尖锐意见。例如他的好友洪业（煨莲）劝他不要对全祖望责备过甚："昔人往矣，骨朽而舌不存，不能起九原与吾辈之挦扯纤绳者争曲直。是以凡事涉嫌疑，文无确证，则考古论人，与其失人，宁失出，想公亦当以为然也。"[⑥]他的学生杨联陞对胡适在一处考证上的错误指出："以先生之聪明绝顶而力主'笨校'，我了解这是苦口婆心警戒后学不可行险侥幸。不过证据是死物，用证据者是活人，连版本也不能算绝对确实证据，古书尤其如此。"[⑦]杨联陞的话对于胡适强调的"只有比勘本子可以解答"的主张，真是赤裸裸的讽刺。对于这类尖锐的批评者,胡适当然不会一棍子打死他们,因为他没有这种权力;但在胡适的思想上,也并无一棍子打死他们之意,因为他绝不具有这种"品质"。这是有证据的,他和洪业始终朋友如故,两人间通信有长逾万言者。他和杨联陞也始终师生如故,他身后的《手稿》还是杨写的序。

第三,胡适在学术交往上能够礼贤下士。他和钟凤年之间的关系就足以证明。钟凤年是一位生平坎坷的知识分子,如我在《钟凤年与〈水经注〉》中所考证的,他虽然对郦学很有造诣,但在旧社会经常失业,抗战胜利后才算到北平研究院史学研究所安了身。胡适作为北大校长、一位国际知名的学者,两人间的身份地位实在悬殊。但由于钟的郦学文章为他所佩服,收入于《手稿》的 5 封信函中,胡适说道:"大作抽印本匆匆读过,甚佩服先生的功力","我敬依尊命,已全删此论","因为先生用功此书最勤,故敢略述鄙见如此,倘蒙赐以教正,不胜感谢"。并且于 1947 年 11 月 23 日邀请钟到他家做客谈论学问。他的这种作风,很值得今天的不少人学习。

第四,他毕生勤奋为学。孔子的学生子夏说过:"仕而优则学,学而优则仕。"[⑧]但古今都有不少人只服膺这话的后半句。胡适却不是这样。譬如说,他从 1938 年 4 月到 1942 年 8 月当了 4 年多驻美大使。抗战时期的驻美大使,公务肯定不轻。但在这期间,他仍出版了诸如《藏晖室札记》、《中国章回小说考证》、《当代哲学流派校注》、《国语文法研究法》、《知识的准备》等学术专著和论文。绝不像有些人把做学问作为做官的敲门砖,一旦戴上乌纱帽,从此就告别学问。

当然,人不可能没有缺点。胡适是个做学问的人,从做学问的事来说,他的极大缺点,就是洪业劝告过他的,他在学术批评中责人过严,责人过分。例子确实很多,且不说"赵戴案"以及他对全祖望等的批评,他在写给杨守敬的一位年逾古稀的学生卢慎之的信中,居然说杨守敬是"考据学的堕落"。[⑨]又如王国维说官本《水经注》曾"五引归有光本",其实这是王氏的偶误,官本引归有光本实有七次。胡适因此事批评王国维是"不容宽恕的"。[⑩]其实这类偶误在《手稿》也很常见,例如第九集下册《张淏云谷杂记》文中,胡适推断张淏年龄:"我们可以暂推断他生在隆兴五六年(1169—1170)。"其实,按殿本《云谷杂记·提要》,张淏是绍兴二十七年(1157)进士。则胡适所推断的出生年代,已在他中进士后 10 年。即使《提要》有讹,但隆兴年号只有两年,何来五六年的推断? 又如他在《先赠公与柳浦》一文中[⑪],引全祖望"《南史》所载浦阳征战之事"一语后,指责全氏"我曾遍检南朝在浙东一带的战争,从晋末孙恩的战乱,直到隋末,我没有发现一次战争提到浦阳江或浦阳的名字。"这里,我可以随手检出涉及浦阳江的南朝战争。《南齐书·沈文季传》:"又遣伪会稽太守孙泓取山阴,时会稽太守王敬则朝正,故寓之谓乘虚可袭。泓至浦阳江,郡丞张思祖遣浃口戍主汤沐武拒战,大破之。"又《资治通鉴·齐纪二·永明四年》："又遣其将孙泓寇山阴,至浦阳江,浹口戍主汤沐武击破之。"胡适自称"遍检",却竟连"二十四史"和《资治通鉴》都不曾翻阅。可见偶误之事,人皆有之,只要不是重要问题,就不是"不容宽恕的"。

对于胡适的总的评价,本文开头已经说过。我要说胡适的,就是如此。

注释:

① 百花洲文艺出版社 1992 年版。

② 发表于《胡适研究丛刊》1996 年第 2 辑。

③ 《胡适手稿》第二集上册。

④ 《胡适手稿》第三集上册。

⑤⑥ 《胡适手稿》第六集上册。

⑦ 《胡适手稿》第四集下册。

⑧ 《论语·子张》。

⑨ 《胡适手稿》第五集下册。

⑩⑪ 《胡适手稿》第六集中册。

原载《辞海新知》1999 年第 4 辑

全祖望与《水经注》

　　全祖望(1705—1755)，字绍衣，人称谢山先生，浙江鄞县(今宁波市鄞州区)人，是清初的著名郦学家，他在《水经注》研究中，曾作出重要贡献。

　　全祖望的潜心于《水经注》研究，与他的家庭有很大关系。他的家庭是个郦学世家。他的祖上全元立，官南京工部侍郎；其孙全天柱，官少詹事兼侍读学士；天柱之从孙全吾骐，三世均校《水经注》，有双韭山房校本。全祖望是全吾骐之孙，他对郦学的爱好，显然与家学有关。他在乾隆十九年(1754)为赵一清《水经注释》所作的序言中就明确指出：

　　　　予家自先司空公、先宗伯公、先赠公三世，皆于是书有校本。故予年二十以后，雅有志于是书也。始也，衣食奔走，近者衰病侵寻。双韭山房手校之本，更是迭非，卒未得毕业，眷怀世学，不禁惭赧，而东潜夺纛而登，囊括一切，犹以予为卑耳之马，不弃其鞿绊，岂知羽毛齿革，君之余也，聊举先世遗闻以益君，则庶几也。

　　全祖望的治郦过程，在董秉纯(字小钝)所编的《全谢山年谱》。[①]中记得最为简明：

　　　　乾隆十四年己巳，先生四十五岁，校《水经注》，是岁有诗三集，而《水经注》一书，先生晚年精力所注，用功最勤，实始于是夏。十五年庚午，先生四十六岁，仍校《水经注》，春病甚，一日忽瘥。十七年壬申，先生四十八岁，适广东。……而朝夕不倦者则《水经注》，盖已七校矣。十八年癸酉，先生四十九岁，自粤中归于家。

又云七月乃归家养疴,犹以《水经注》未卒业,时时检阅。十九年甲戌,先生五十岁,居扬州,是年春尽,维扬故人以书抬往养疴,仍治《水经》,十一月乃归。二十年乙亥,先生五十一岁,卒于家。

从《年谱》可见,全祖望校《水经注》始于1749年夏,到了1752年,为时3年,已经校了七次,而且仍认为他的校订工作没有完成,所以在1753、1754两年,1755年半年(他死于1755年夏历七月初二),继续抱病续校。据吴传锴《双韭山房书目》:[②]"五校《水经》八本,六校《水经》六本,七校《水经》四十本。"可见他每一次校勘,大概都留有校本。由于全氏死后书稿流散,直到他去世133年以后(光绪十四年,1888),他的《七校水经注》才刊行问世。说明他生前最后两年半即49岁、50岁和51岁(半年)的治郦成果,或许是十分重要的成果,没有留传后世,这当然是十分可惜的。董小钝《题鲒埼亭集外编》一文中有几句话,我们可以窥见全氏在这最后两年半的治郦于一二:"《水经注》用功最勤,经七校,俱有更正。其第七校拟移经文错简,重定点缀,分粘大半,而先生卒。"董小钝所说的还只是全氏在七校中校出的经文错简分粘处理的问题,这当然也是他在七校以后赓续进行的工作,但除了这些工作以外,他在最后两年半中必然还有校订上的收获,甚至是郦学上的一些发明,如同他过去提出的分别经注的原则和注中有注的见解之类,但这些都已经无法查核了。

为此,对于全祖望在郦学上的贡献,我们只能评论到他48岁之年为止,也就是《七校水经注》所展示的成就。其中主要的约有下列五项。

第一,合理编排了《水经注》所载河流的次序篇目。《水经注》原来当然是有篇目的,全氏也曾研究过宋本篇目,但他认为宋本篇目不可靠。五校抄本卷首有一段话说:"右宋椠跋尾,不知作者,见于钱曾《读书敏求记》中,读之可知今本《水经》篇帙次序之失,皆(按:此字原本模糊,姑作'皆'字)自宋椠已然。"他在五校本《题辞》中,也说了相似的意见:"今世得一宋椠,则校书者凭之,以为鸿宝。宋椠间有误,然终不至大错也,但独不可以论于《水经》,盖《水经》自初雕时,已不可问矣。"所以他按全国河流的地理位置,把郦注记载的河流分成北渎和南渎两派,再以大水统小水的原则,把123条干支流,整理得眉清目楚,在五校本编排了一个《序目》。以后的郦学家,如赵一清和戴震的校本,虽然有所改动,但实际上都是参照了他的《序目》。清张穆在其《赵戴〈水经注〉校案》[③]一文中指出:"戴氏自订《水经注》(按:指孔继涵整理的微波榭本)次序,以河、江分二大纲,即谢山南渎、北渎说而稍变通之。"连一直对全祖望存有成见的胡适,到最后也不得不承认,全氏《序目》中所编排的河流次序,是一个"合理的新次序"。

第二,《水经注》其书自《隋书·经籍志》始见著录,原来藏于朝廷,宋初以后,开始流入民间,辗转传抄,错漏迭出,而且经注混淆,不堪卒读。明正德年间的郦学家杨慎就已经发现了这个问题。他在其《跋新刻〈水经注〉》④一文中指出："吴中新刻郦道元《水经注》，规制装潢甚精，但误字苦多矣。"其中特别是经注混淆，成为此书大病，杨慎在其《水经·序》⑤中，曾经提出旨在清理经注的所谓"八泽"。他说："汉桑钦《水经》旧录凡三卷，纪天下诸水，首河，终斤江，凡一百十有一，曰出，曰过，曰迳，曰合，曰分，曰屈，曰注，曰入。此其八泽也。"但杨慎的所谓"八泽"，实际上仍然把经注用语混在一起。所以有明一代的郦注各本，经注混淆的情况并未得到改正。现在大家已经很难看到经注混淆的明本，但不久以前排印出版的《水经注校》，为我们提供了一种样本。这是王国维校阅过的朱谋㙔《水经注笺》，卷首《标点说明》中说："本书是一部以明朱谋㙔本《水经注笺》为底本，对校了宋本、明《永乐大典》本、清聚珍本和明、清诸名家版本的王国维手校本。"这里，标点者擅加"清聚珍本"四字，实在误人不浅。所以此书出后，不少人写文章批评此书的标点错误。但我在《古旧书讯》⑥中却说："标点错误连篇，这是事实，但不足以成为此书的大病。"这是因为读古书的人，一般总有鉴别能力。

我在该文中说："但有一点却是性质严重的"，指的就是标点者擅加的"清聚珍本"四字。因为聚珍本（即殿本）是经注已经分清的清人校本，王国维在该本版框上端绝未有与殿本对校的话。我把此本的河、济、江、淮、渭、洛、沔七水与殿本对校了一下，此本把注文混作经文的达476条。仅《江水》一条，《水经注校》以注作经者104条；又两处，注混入经，计12字；经混作注两条，计34字；经脱字一条，计9字。这就是经注混淆的明人校本的情况，此书因为排印出版，大家容易看到，所以我以它作例。

区分经注是从全祖望开始的，他在五校本《题辞》中说：

> 经文与注文颇相似，故能相溷，而不知熟玩之，则固判然不同也。经文简，注文繁；简者必审择于其地望，繁者必详及于渊源，一为纲，一为目，以此思之盖过半矣。若其所以相溷者，其始抄胥之厉耳，及版本仍之，而世莫之疑矣。犹幸割裂所及，止于河、济、江、淮、渭、洛、沔七篇，若其余则无有焉，盖居然善长之旧本也。故取其余之一百十有七篇，而熟玩之，而是七篇者可校矣。然是七篇者大川也，被溷而莫之正，则其书无可观者，是以不可不急定也。今以予所定《河水》经文，不过五十三条，而旧以注溷之，为二百五十四条；《济水》不过三十三条，而旧为七十条。……然其缠络之所以不相贯通者，皆由于此，一旦更张而合并之，遂觉星罗棋布，经文固无重复支离之失，而注亦益见章法矣。

全氏的上述一段区分经注的原则，在郦学史上有重要地位。张穆称此为："此分别经注创始谢山之坚据。"⑦清魏源也从其所见全氏抄本中称道全氏的这项成就："全氏《水经》未刊，予尝见其抄本凡例一卷，于经注分析尤详，凡戴所举三例，皆在其中。"⑧丁山在其《郦学考序目》⑨文中也说："全氏于经注分析尤详，凡戴氏所举三例，皆在其中。"魏源和丁山所说的戴震"所举三例"是什么？即是殿本卷首《校上按语》中的几句话：

> 至于经文注语,诸本率多混淆,今考验旧文,得其端绪:凡水道所经之地,经则云过,注则云迳,经则统举都会,注则兼及繁碎地名;凡一水之名,经则首句标明,后不重举,注则文多旁涉,必重举其名以更端;凡书内郡县,经则但举当时之名,注则兼考故城之迹。

应该承认,戴震总结的区分经注的话,比全氏条理清楚,文字简练。但是他在这方面吸取和继承了全氏的成果,这是没有疑问的。其中"考验旧文,得其端绪"一语,未免有占前辈学者成就为己有之嫌。魏源和丁山为之不平,想必在此。郑德坤在其《〈水经注〉赵戴公案之判决》⑩一文中说:"卷五'又东济水入焉'条曰:全氏曰,按经文言济水自成皋入河,注言济水自温入河,水道有变更也。故于此预书济水注河,至成皋下,则曰今济水自温入河,不于此也,此特济之故渎耳。其文了然,一自钞胥妄作割裂,始以此注为经,历千年而莫之正也。……段茂堂断断于经注之分,归功戴氏,读此条始知全氏实为先导矣。"

第三,全祖望提出《水经注》在体例上的注中有注、双行夹写的见解。他在五校本《题辞》中说:

> 世但知是书之经与注乱,而不知注之自相乱也。夫注何以自相乱,盖善长之注,原以翼经,故其专言水道者为大注,其兼及于州郡城郭之沿革,而不关于水者乃小注。旁引诸杂书,沿革逸事,又附注之余录也。故大注为大文,小注则皆小字。如《毛诗》之有《郑笺》,不知何时尽抄变为大文,而于是注中之文义遂多中隔,不相连属。盖自宋椠已然,则从而附会之曰善长之文之古也。而求水道者愈目眩神摇,求其纲领而不得。若细观之,则其横亘之痕迹显然,且其中音释之语,亦溷为大文,古今书史无此例也。

对于上述见解,《题辞》接着说明:"是言也,前人从未有见之者,首发之先司空公。"在其五校抄本卷首参校诸本"吾家阿育王山房本"下加注:"先司空于嘉靖中校之,先宗伯于万历中校之,先大父赠公于顺治中又校之,其谓道元注中有注,各本双行夹写小字,而今本皆传写作大字,是前人所未及。"

对于全氏的这种来自他先人的见解,郦学界后来有很不相同的评价。清陈运溶在其《荆州记序》(载《麓山精舍丛书》)中说:"赵一清尤觉妄诞,其引全祖望之说,谓道元注中有注,本双行夹写。于是字分大小,强为勾乙。旧文具在,臆造甚明,斯诚卤莽灭裂矣。"尽管陈运溶把这种体例一笔抹杀,但乾隆年间的两位郦学大师,却接受了全氏的这种见解。赵一清由于和全祖望交谊甚笃,治郦学又相互切磋,因此,他是公开而全盘地接受了全氏的见解。他的《水经注释》中,辨验文义,离析其注中之注,以大细字分别书之,使语不相杂而文仍相属。戴震的情况与赵一清不同,他在殿本校注只字未及全赵,但实际上却不声不响地接受了全氏的这种见解。他在卷一《河水》经"出其东北陬"注"《物理论》曰:河色黄者,众川之流,盖浊之也"下按云:"此十六字,当是注内之小注,故杂在所引《尔雅》之间,书内如此类者甚多。"同卷经"屈从其东南流,入渤海"注"《括地图》曰:冯夷恒乘云车驾二龙"下按云:"此十三字,当是注内之小注,故杂在所引《山海经》之内。"例子甚多,不胜枚举,足见戴震亦以全氏此说为然。所以他不厌其详地在各处加上这类按语。难怪魏源在其《书赵校〈水经注〉后》一文中指责戴震:"及戴氏所校《水经》,则又于第一卷《河水篇》《尔雅》'河出昆仑墟'引《物理论》十六字为注中之小注,故杂在所引《尔雅》之间……是则注中小注之说,戴氏既窃之而又斥之。盗憎主人,不顾矛盾,一至是乎。"

第四,对于《水经》的成书年代,戴震在其殿本的《校上按语》中说:

> 又《水经》作者,《唐书》题曰桑钦,然班固尝引钦说,与此经文异,道元注亦引钦所作《地理志》,不曰《水经》。观其《涪水》条中,称广汉已为广魏,则决非汉时;《钟水》条中,称晋宁仍曰魏宁,则未及晋代。推寻文句,大抵三国时人。

由于殿本是官本,出书早而流行广,所以郦学界都认为考证地名,甄别年代,从而解释《水经》成书于何时,这是戴震的贡献。但其实全祖望早已对这个问题做了研究,并且在五校本《题辞》中作了近千言的长篇论证。兹节录其中若干于下:

> 《水经》在唐世尚未有指其撰人者,以其为桑氏,盖自《唐六典》始也。而杜岐公以为东京和、顺二帝以后人作,乐永言从之。……近世胡东樵则以为东汉人创之,晋魏后人续成之。

> 然经用东汉地名,则陕西、河关、中山、曲阳、京兆、上洛之文可据也,是必不出桑氏之手,则亦明矣。且诸公亦但以地名间求之,而未及乎其大者,遮害口之道,则以王莽河为故渎矣;《淇水》、《洹水》诸篇,则及于曹氏所遏之白沟矣;浊漳水由清漳入河而至是尽改其旧。是岂可尽以为经注之相淆哉?

> 故吾曰:东京初人为之,曹魏初年人续成之,是不易之论也。

杨守敬在其《水经注疏·凡例》中说:"自阎百诗谓郭璞注《山海经》引《水经》者七,而后郭璞撰《水经》之说废。自《水经注·序》出,不言经作于桑钦,而后来附益之说为不足凭。前人定为三国魏人作,其说是矣。"戴震《校上按语》中所证《水经》作者只及三国,魏人之说,实始于全氏。杨守敬所指实即全氏,由于杨氏见此说于《七校水经注》之中,而七校本被林颐山斥为伪造,以致王先谦编纂《合校水经注》未予采入,所以杨氏只能含混地说"前人定为三国魏人作"云云。张穆在其《赵戴水经注校案》中就说得十分清楚,他说:"戴氏谓《水经》为三国时人作,此语亦本谢山。"张氏由于在道光二十四年(1844)就获得了五校本中的《序目》和《题辞》抄本,当时林颐山的说法还远未出笼,所以他不受任何干扰,持论是公正的。

第五,全祖望在其对郦注的七次校勘之中,引用了大量的参考文献。他列于五校本卷首的参校诸本,计有:柳大中金本、杨用修慎本、黄五岳省曾本、归熙甫有光本、吴中珩瑄本、朱郁仪谋㙋本、清常道人赵琦美本、朱无易之臣本、卧园孙潜潜夫本、钟伯敬惺本、周方叔婴本、陈明卿仁锡本、吾家阿育王山房本、黄南雷宗羲本、顾亭林炎武本、顾宛溪祖禹本、黄子鸿仪本、胡东樵渭本、阎潜丘若璩本、刘继庄献廷本、姜湛园宸英本、何义门焯本、沈绎旃炳巽本、赵东潜一清本、施慎甫廷枢本。

全氏列举上述25种本子,若干处有夹注解释。除了前已述及的吾家阿育王山房本以下的夹注外,在朱郁仪谋㙋本下夹注说:"内采孙汝澄、李克家二人语,而得之谢耳伯者尤多。近有项絪,取其书略加芟节,以为己有。"在刘继庄献廷本下夹注说:"以上六本(按:指顾炎武、顾祖禹、黄仪、胡渭、阎若璩、刘献廷)皆未得见,但旁见于其所著之书甚多。"此外,在列举各本以后,另书一行云:"丁敬云:杭有汪师韩所藏一本,甚旧,多校正,但不见出谁人之手,他日须访求之。"

从上述参校书目及其夹注,可见全氏做学问的态度是认真严肃的。例如项絪本,这是清初流行甚广的本子,由于它印刷精美,印制数大,后来又经黄晟翻刻,成为清代许多郦学家的工作底本,但全氏指出其占朱笺"以为己有"。从这一点可以推知,设若全氏生于戴氏之后,则其对于戴氏之讨伐,必将十分严厉。又所谓顾炎武等六本,全氏虽列举其名,但声明不见其书,仅从六人的其他著作中"旁见"。因为此六人治郦的声名甚著,对全氏来说,均属前辈,全氏不能不列其名,但他们的治郦成果其实都在其他著作如《肇域志》、《方舆纪要》、《禹贡锥指》、《古文尚书疏证》、《广阳杂记》等之中。全氏声明"旁见",这是他既尊重前辈而又谨慎处事的态度。我在拙作《小山堂抄本全谢山五校〈水经注〉》[⑪]一文中曾经指出:"抄本之篇目内容与坊刻七校本大略相同,而双行夹写,则全氏所独创,正文以外,批注甚多。"从大量批注中可以发现,全氏确实从所列参校诸本中作了许多对勘工作,绝非虚列书名以壮声势。例如所列施廷枢本,在当时并非著名本子,但全氏亦一一对勘,据以参校。卷四十《浙江水》经"北过馀杭,东入于海"注下,注文在叙述华信故事后云:"故改名钱塘也。"此外,五校本引施廷枢云:"钱唐之得名以钱水也。《国语》,陂唐污庳,以成其美。盖唐即后世之塘字,《说文》无塘字,可按也。则钱唐者,钱水之唐,非如所传华信千钱诳众之陋也。"

以上所举是全祖望在郦学研究中的五项重要贡献。在乾隆年间郦学考据学派全盛时期,全、赵、戴是这个时期的主要代表人物。而从年齿长幼、从事郦学研究的时间早晚、对郦学贡献的大小等方面进行评价,全、赵、戴的排列次序,也是公允而合理的。但不幸的是,全祖望在郦学研究中的声名,却曾因一件莫须有的指责而受到损害,成为郦学史上一个轰动一时的风波。

光绪中叶,王先谦在长沙编纂《合校水经注》,书成,于十八年(1892)刊本,流行甚广。合校本收录了不少郦学名家和名本的校勘成果,唯独不见全祖望及其七校本。王先谦在此书卷首《例略》中云:"全氏《七校水经注》晚出,浙中慈溪林颐山晋霞斥其伪造抉摘罅漏至数十事,顷岁刊行兹编,一字不敢阑入。"王先谦声名大,合校本又确实是历来郦注中的佳本,随着此本的流行,大家都看到了王先谦否定七校本的话。尽管不少郦学家对此深抱不平,[⑫]但毕竟对七校本甚至全氏本人发生了不良影响。

王先谦是根据林颐山的指责而在合校本中排斥七校本的。林是何许人?这个曾被胡适称为"有学问的秀才",[⑬]曾经当过南菁书院的山长。上海合众图书馆(今已并入上海图书馆)藏有他不记年月和无受者姓名的《上夫子大人函》一通。据胡适考证,此函是他于光绪十二年(1886)致黄以周的。信中说:"盖王录(按:指七校本编辑者王梓材)序跋,大非可信之书。……至于王录伪造之迹,尤难备述。"[⑭]这里的所谓"王录序跋",当然是王梓材录出的五校本《序目》和《题辞》。所以林颐山实是这个风波的发难人。他为什么要一口咬定《序目》、《题辞》和七校本的作伪,现在只有两种解释:第一,假使林颐山确实是个做学问的正人君子,那么他当时一定有一种自己认为可以肯定王梓材作伪的证据(尽管后来事实证明王梓材没有作伪);第二,假使他别有用心,那就是因为黄以周曾经向王先谦介绍,林可以担任编辑《全校郦书》的工作,因为他已经有了一个编辑《全校郦书》的计划(《胡适手稿》第二集下册)。他是光绪十八年(1892)才中进士的,在这以前,他不过是个"有学问的秀才"。没有体面的人物首肯,是担不起编辑《全校郦书》的大任的。却不料刚刚喜得有力者的推荐,而光绪三年(1877)就中了进士的董沛,却于光绪十四年(1888)据王梓材的本子完成了七校本的编辑工作,并由宁绍台兵备薛福成出资刊行。这就是说,他已被比他体面得多的人捷足先登。董沛在七校本卷首曾礼貌地指出:"林颐山别为校本。"想必林编辑《全校郦书》的打算已为董沛所闻悉。但是林显然拿不出他的校本来。对于这件事,原来是我早年的一种设想,但后来读《胡适手稿》,知道胡适倒是做过一番考证的,《手稿》第二集下册第455页说:"林颐山是当时一个有学问的秀才,他自己搜罗了一些关于全祖望《水经注》的资料,他的研究还没有完成,宁波进士董沛粗制滥造的《全氏七校水经注》已被宁绍台道薛福成出钱刻印出来了,林颐山当时就提出许多证据来,指出这个刻本是伪造的。"

由于林颐山的这一番后来被证明莫须有(特别是对于《序目》和《题辞》)的指责,

由于王先谦轻信了林的话而刊入《合校水经注》，于是就出现了不少流言，到了胡适而至于极点。当然，林颐山掀起的不过是小小风浪，后来成为轩然大波，也有一部分是七校本本身的原因。全氏去世以后，藏书遗稿随即流散。七校本是王梓材从抱经堂卢氏之后卢杰家中所得的稿本，在道光中整理出来的。王不仅整理了七校本，并且还录出五校本的《序目》和《题辞》。这个本子没有刊行，光绪年间董沛再加以整理，董氏在整理之中，确有以殿本校核原稿之举，情况犹如乾隆后期梁履绳、梁玉绳兄弟整理赵一清《水经注释》时所作的一样。⑮这就是七校本授人以柄的地方。

为了证明《序目》、《题辞》和七校本的作伪，兼及全氏本人的治学态度，胡适作了大量考证，写了许多文章。他在《证明全校〈水经注〉是伪造的》⑯一文中说："这篇《题辞》是王梓材颇用心作的文章，全篇摆出一个《水经注》学者的大架子，装出眼空一切的神气和调子，洋洋洒洒地讨论几个重要的《水经注》问题。初读这篇文字的人，往往被这一派大架子吓倒了，都不敢怀疑他的诈欺性质了。""有不少的错误，不少的漏洞，不少的笑话。这时候我才敢断定这篇《题辞》是王梓材伪造的，绝不是全谢山的手笔"。这里，胡适没有引用林颐山比他早半个多世纪就发现的"王录序跋，大非可信之书"的话，说明林颐山的确是个小人物。胡适对王梓材的口诛笔伐还不止于此。在《〈全氏七校水经注〉四十卷作伪证据十项》⑰一文中，实在已经到了破口大骂的程度："证明王梓材的荒谬诈欺，绝无可疑，也绝无可恕。……这真是王梓材白日见鬼了。"

对于光绪十四年（1888）刊行的《全氏七校水经注》，前面已经指出了该书在整理过程中有攫取殿本成果的缺陷。情况其实与乾隆五十一年（1786）在开封刊行的、经过梁氏兄弟整理的赵一清《水经注释》一样。但胡适唯独厚责于七校本："一个妄人主编的，一个妄人出钱赶刻赶印的一部很不可靠的伪书。"⑱

胡适同时也贬低全祖望的治学态度和郦学成就。对于全氏所说的他的先世治郦的事，特别是关于体例中的注中有注、双行夹写的见解，胡适说："文人往往捏造来源，谢山尤多此病。"⑲甚至说："我在十年中积下了几百条无可疑的证据，使我对谢山不能不怀疑他的为人与为学"，"不忠厚，不老实"，⑳又说全氏"对于郦书毫无心得"，㉑如此等等，不胜枚举。

当然，胡适毕竟是个大学者，当他后来读到了天津图书馆的全氏五校抄本和上海合众图书馆的另外几种全氏校本以后，他立刻改正了他的错误。他说："我研究的结果，使我不能不承认我从前的判断错误。我不能不承认：一、五校本里一百廿三水的次序，经全谢山亲笔改排成一个合理的新次序，而这个新次序和王梓材传抄出来的五校本《水经序目》完全相同，可见那一卷《水经序目》是真的。二、王梓材编定《全氏七校水经注》，而《水经题辞》与《水经序目》都明说只是五校，可见这两卷都还是谢山原文，没有经过王梓材的改动。王梓材说和他弟子陈劢用《题辞》与《序目》来整理谢山的《水经注》校本残稿，我相信是真话。"[22]在这样的情况下，他当然也不得不替王梓材平反，肯定王梓材"抄写谢山的校语确很严谨"。[23]凡此种种，拙作《胡适与水经注》已详，这里不再赘述。

因此，全祖望在郦学研究中的卓越贡献和他在郦学史上的崇高地位是不可动摇的。对七校本，特别是《序目》和《题辞》首先发难的林颐山，可以不必置评，"蚍蜉撼大树，可笑不自量"，如此而已。至于胡适，他开始说了许多过火的话，丝毫不留余地，以致他的朋友洪业（煨莲）于1954年10月20日从美国给他写了长达5000言的信，用大量证据否定了胡适对全氏的指责。洪氏信中最后说："昔人往矣，骨朽而舌不存，不能起九原与吾辈之持扯纠绳者争曲直，是以凡事涉嫌疑，又无确证，则考古论人，与其失入，宁失出，想公亦当以为然也。"[24]洪业的话说得很恳切，宽厚待人，是一个学者应有的风度，在学术争论中尤应如此。

由于许多确切的证据没有湮没，而且解铃还需系铃人，有些证据是胡适自己找到的。这场由林颐山掀起的风波总算平息。当然，胡适的勇于探索，勇于承认错误，也是值得称道的。不过，在全部《胡适手稿》中，由于指责全氏的事情实在太多，所以胡适的承认错误，还只能说是在主要的问题上做到了。其他还有不少细节，胡适其实是错误的，但他恐怕到死也没有想到。举个例子，在《手稿》第六集中册的《先赠公与柳浦》一文中，胡适在引全祖望"《南史》所载浦阳征战之事"一语后，指责全氏："我曾遍检南朝在浙东一带的战争，从晋末孙恩的战乱，直到隋末，我没有发现一次战争提到浦阳江或浦阳的名字。"这里，我可以随手检出涉及浦阳江的南朝战争。《南齐书·沈文季传》："时会稽太守王敬则朝正，故　之谓乘虚可袭。泓至浦阳江，郡丞张思祖遣浃口戍主汤休武拒战，大破之。"又《资治通鉴·齐纪二·永明四年》："又遣其将孙泓寇山阴，至浦阳江，浃口戍主汤沐武击破之。"胡适在引用古书的问题上不相信全祖望，本来已属不智，自己声称"遍检"，却竟连正史和《资治通鉴》都不曾翻阅。这或许是智者千虑，必有一失。当然，我们不会在这些枝节上对胡适求全责备。"考古论人，与其失入，宁失出"。这虽然是洪业对他说的话，但其实对每个做学问的人都有意义。

注释：

①② 《全氏七校水经注·附录》上。

③ （清）同治《鄞县志》（光绪三年刊本）卷五四《艺文》三。

④ 《丹铅杂录》卷七。

⑤　《水经注释·附录》下。

⑥　1989 年第 5 期。

⑦　《赵戴〈水经注〉校案》。

⑧　《书赵校〈水经注〉后》,《胡适手稿》第五集下册。

⑨　中央研究院《历史语言研究所集刊》1932 年第 3 卷第 3 期。

⑩　《燕京学报》1936 年第 19 期。

⑪　《杭州大学学报》(哲学社会科学版)1981 年第 4 期。

⑫　杨守敬《水经注疏·凡例》认为七校本"自非沉酣此书者不能,谓尽属子虚亦太过,王氏合
　　校本一概不录,殊为可惜"。又郑德坤《水经注引书考》(台北艺文印书馆 1974 年版):
　　"王氏合校本只字不录,殊为可惜。"

⑬　《胡适手稿》第二集下册。

⑭⑱　《跋合众图书馆藏的林颐山论编辑全校邮书的函稿》,《胡适手稿》第二集下册。

⑮　赵一清子赵载元,曾委托乡人梁履绳、梁玉绳兄弟整理赵书,于乾隆五十一年(1786)在开
　　封刊行。杨守敬《水经注疏·凡例》:"赵氏之袭戴者甚少,然亦间有一二……当是梁氏伯
　　仲所为。"

⑯⑰　《胡适手稿》第二集上册。

⑲　《与钟凤年先生论〈水经注〉的四封信》,《胡适手稿》第四集下册。

⑳㉓　《复洪业、杨联陞函》,《胡适手稿》第六集上册。

㉑　《复洪业函》,《胡适手稿》第六集下册。

㉒　《上海合众图书馆有叶揆初先生收藏的全谢山〈水经注〉校本三种》,《胡适手稿》第三集
　　上册。

㉔　《中华文史论丛》1986 年第 2 辑。

㉕　洪业《答胡适函》,《胡适手稿》第六集上册。

原载《历史地理》1993 年第 11 辑

赵一清与《水经注》

赵一清(1709—1764),字诚夫。其作诗文,常自署东潜村民,故号东潜,又有琼花街散人、泊花居士、勿药子、虞乐生等别号。仁和(今浙江杭州)人。他生长于书香门第,他的父亲赵昱,号谷林;叔父赵信,号意林。两人称为"二林",是杭州著名的藏书楼小山堂的主人,明末绍兴祁氏澹生堂藏书大半归于此。所以藏书达数万卷。赵一清撰有《小山堂书目》两卷。据全祖望《小山堂藏书记》所载,赵一清"好聚书,甚于其父,每闻一异书,辄神飞动,不取之不止,其所蓄书,连茵接屋"。[①]所以《清史稿》说他"禀其家学,博极群书"。[②]胡适说:"东潜是个早慧的天才,幼年承受了几代书香的丰富环境。"[③]《胡适手稿》第六集下册(第482页)影印了一篇赵一清校阅郦注的手迹,胡适在此手迹下云:"这些校记,都可以表示东潜开始校勘是在他少年时代。他见着孙潜校本似乎也在他少年时代(所谓少年时代,指他二十岁上下)。他的字迹很嫩弱,但他始终不写草字,这就是不苟且的美德。他的成就全靠这种不苟且、不潦草的美德。"所以总的看来,他的成就显然是家学、天资和勤奋三者的结合。

赵一清从哪一年开始治郦,没有明确记载。王先谦《合校水纪注》卷首《例略》中称赵氏撰《水经注释》"以数十年考订苦心"。说明他治郦历时长久。根据胡适的考证:"我们可以推知赵一清借校孙潜校本《水经注》是在乾隆九年甲子(1744),那时他三十六岁,已很用功研究《水经注》了。"[④]至于赵氏《水经注释》何时完成初稿,胡适也做过考证:"我们根据东潜三篇跋的年月日,[⑤]同他乙丑除夜的杂诗,[⑥]可以推断赵一清在乾隆九年到十一年(1744—1746)之间,写他《水经注》的第一次定稿。"⑦其实,根据杨希闵《赵一清自序跋》,《水经注释》最后定稿在乾隆十五年(1750),其时赵氏才过四十岁。

前面提到了赵一清有个藏书丰富的家庭,所以他在郦学研究的版本方面,显然比当时的其他郦学家具有优越的条件。不少郦学家不易获致的版本,他多能得见。而在所有当时的郦注版本中,他选择了朱谋㙔的《水经注笺》作为他的工作底本。这样选择无疑是正确的。顾炎武称朱笺为"三百年来一部书"。⑧这是有明一代的最好版本。杨守敬在《邻苏老人年谱》光绪三十年(1904)下称誉朱笺:"独辟蚕业,始导先路。"我在拙作《论郦学研究及其学派的形成与发展》⑨一文中指出:"朱谋㙔在郦注的研究中,深校细勘,旁征博引,进行了大量的考据工作,从而促成了我国郦学研究中第一个学派即考据学派的诞生。"当然,朱笺所代表的只是明代郦学研究的最高水平。到了清初,著名郦学家如孙潜、何焯等均有校本。前面提到赵一清在乾隆九年(1744)就用孙潜校本进行他的郦学研究工作。清初学者的成果,当然已比朱笺有了很多提高。赵一清借助于这类清初的名家校本,加上他自己的读书心得,对《水经注笺》进行考订,完成了他的《〈水经注笺〉刊误》12卷。《刊误》的成就,其实就是他的《水经注释》的基础。

《水经注释》按前述完成初稿于1744年—1746年间,定稿于1750年,卷首有全祖望序,据王国维考证,全氏"为东潜作此书序殆在(乾隆)十六或十八年秋也"。⑩此外还有赵一清的自序,署"乾隆十九年(1754)"。《水经注释》有抄本与刊本的不同说法,留待以下再论。但1754这一年,应该被认为是他郦学研究完成的一年。这一年他45岁。赵一清死于乾隆二十九年(1764),享年55岁。也就是说,在《水经注释》完成以后,他又活了10年。在这10年之中,他仍然不断地从事郦学研究。他最后病故于其妹夫泰安府知府姚立德的官舍中,就在这一年夏历二月,他写成《泰山五汶考》5篇,每篇下都署明写成时间,其中第一篇下署云:"乾隆二十九年二月廿四日病中书。"说明他是抱病力作。泰山五汶在他为郦注卷二四《汶水》作释时已经提及,在经"过博县西"注"汶水又西迳汶阳县故城北而西注"下,赵释云:"《禹贡锥指》、《元和志》,乾封县界五汶源别而流同,五汶者,曰北汶、嬴汶、柴汶、牟汶其一,则经流也"(按:此处当漏"浯汶"二字)。赵一清并且考证"五汶"一名的来源,同条释文下又云:"一清按,五汶之名始于郭缘生《述征记》,曰泰山郡水皆名曰汶,汶凡有五。"说明他对"五汶"早已有所研究。但或许多半是参考他人的文献,而他最后去到泰安,则是为了实地考察,把考察的结果,抱病写成《五汶考》,也说明他对郦学研究直到临终仍然孜孜不倦。在上述同条释文的最后一句:"予有《五汶考》五篇,辞多不载。"这一句话置于这一段释文之后,大概有两种可能,一种可能是他于乾隆二十九年临死前,力疾把它插入原来关于

"五汶"的释文之后；另一种可能则是梁履绳、梁玉绳兄弟在整理此书抄本时加入的。不管是他自己或是后人把这项资料加入他早年的著作之中，都足以说明赵一清毕生治郦，把他生命的最后时刻都奉献给郦学。

赵一清在郦学研究中的贡献，最重要的约有下列数端：

第一，赵一清在分清经注方面有深入的研究和卓越的见解。经注混淆是明代以来《水经注》的大病之一，全赵戴3家均在这方面做了大量研究，取得了优异的成绩。全祖望在其五校本《题辞》中有"经文与注文颇相似，故能相溷，而不知熟玩之，则固判然不同也"一段，戴震在其殿本的《校上按语》中有"凡水道所经之地，经则云过，注则云迳"一段，所以后世学者往往认为在分清经注的见解中，全戴都有建树而赵却无所发明。其实这是一种误会。全赵两家，由于在郦学研究中彼此切磋，互相引用研究成果，故在这方面的研究中孰先孰后尚难判定，但戴氏在《校上按语》所述种种，其晚于赵氏却是无疑的。例如戴氏所云"经则云过，注则云迳"的话，赵氏在其《水经注释·附录》卷上《禹贡锥指例略》后早已指出："一清按：经仿《禹贡》，总书为'过'，注以'迳'字代之，以此为例，河、济、江、淮诸经注混淆，百无一失。"清魏源在其《书赵校〈水经注〉后》[⑪]一文中也说："若谓赵氏序例中未言'经文不重举某水，注必重举某水'之例，则不知赵本第二卷《河水篇》下首言之矣。江水又东至永安宫下，为注之混经，则《附录》中欧阳玄《水经序》又言之矣，皆戴氏所本，何谓赵氏之言？"魏源认为："且赵一清与全祖望同时治《水经》……故赵书不复重述凡例。"当然，我们不能因为全赵关系密切，就认为全氏五校本《题辞》中的分清经注的见解也包括赵一清的研究成果在内。但全氏的郦学研究，据董小钝《全谢山年谱》，[⑫]始于乾隆十四年（1749），而赵氏的《水经注释》到乾隆十五年（1750）就已经定稿。全氏为赵书所撰序言中云："故予年二十以后，雅有志于是书也。始也，衣食奔走，近者，衰病侵夺。双韭山房手校之本，更是迭非，卒未得毕业，眷怀世学，不禁惭赧，而东潜夺纛而登，囊括一切，犹以予为卑耳之马，不弃其鞅绊，岂知羽毛齿革，君之余也……"这里，全氏所说他自己"卒未得毕业"，"而东潜夺纛而登，囊括一切"的话，都不算客气话。因为虽然全氏长赵氏4岁，但他始校郦书之时，赵氏已经校勘完毕。全氏五校郦书于乾隆十五年，这一年正是赵书定稿之年。则五校本《题辞》或许包含赵氏见解，所以魏源的看法，并非没有道理。区分经注是郦学考据学派的一项重要贡献，而赵一清对此显然甚有建树。

第二，赵一清在《水经注》的体例上推出了新的格局。虽然这种新格局的创始者是全祖望和全氏祖辈，但是在郦注版本的勘定中，赵氏首先采用了这种新的格局。全氏在其五校本《题辞》中提出了《水经注》原为注中有注、双行夹写的先世传闻，这是众所周知的。赵一清在其《水经注释》卷首参校诸本的最后一本"全氏祖望七校本"[⑬]下按云：

　　四明全谢山翰林，取诸本手校于篁庵，谓道元注中有注，本双行夹写，今混作大字，几不可辨，盖述其先世旧闻。斯言也，予深然之。河、洛、渭、济、沔、江诸篇，经注混淆，卧病中忽悟其义，驰书三千里至京师告予。予初闻之，通夜不寐，竟通其说，悉加改正。今秋下榻春草园之西楼，各出印证，宛然符契，举酒大笑，因制序焉。

　　这里，赵氏所说"予初闻之，通夜不寐，竟通其说，悉加改正"的话，说明他对全氏的这种见解曾作过十分深刻的思考，然后下决心对他已经完成的《水经注释》作了全盘的修改。由于这种修改是注文与河流水道直接有关的词句用大字，而其他的改用小字，所以其修改必须辨验文义，离析其注中之注，以大细字分别书之，使语不相杂而文仍相属，具有很大的工作量。全氏的见解，在赵氏的著作中第一次实现。现在，《水经注释》虽然已经不易见到，但王先谦编辑的《合校水经注》还不是稀物，合校本的文字虽然以殿本为准，但书写体例却一从赵本，所以《水经注释》注中有注、大细字有别的体例，我们仍可从合校本看到。这种体例在郦学界当然褒贬互见，清陈运溶在其《荆州记序》（《麓山精舍丛书》）中说："赵一清尤觉妄诞，其引全祖望之说，谓道元注中有注，本双行夹写。于是字分大小，强为勾乙。旧文具在，臆造甚明，斯诚卤莽灭裂矣。"胡适从另外一种角度贬低这种见解，他在《所谓先世遗闻其实都是谢山先生自己的见解》[⑭]一文中说："说大诳是一件很难的事，说诳要人相信，必须要具备一些条件。消极的，必须毁灭种种可以叫人不相信的反证文件；积极的，还得造出种种可以替自己圆谎的证件。"胡适把这件郦注体例上的大事说得轻描淡写，却狠狠地指责全祖望"说大诳"。不过对于这位经过"通夜不寐，竟通其说"，而且首先在自己的著作上付诸实施的赵一清，他却不置一词。这或许是因为赵一清的做法，另一位胡适赞赏的郦学大师戴震，不声不响地也在殿本中学着做了。魏源在《书赵校〈水经注〉后》中说："及戴氏所校《水经》，则又于第一卷《河水篇》《尔雅》'河出昆仑墟'下引《物理论》十六字为注中之小注，故杂在所引《尔雅》之间；《山海经》下引《括地图》十三字，亦同此例。"其实，戴震引注中有注之说甚多，如卷二《河水》经"又东过金城允吾县北"注"六山名也"下按云："此四字……亦注内之小注。"卷三《河水》经"至河目县西"注"南屈迳河目县，在北假中，地名也"下按云："此三字，亦注内之小注"，如此之类，不胜枚举。说明《水经注》书写的这种体例，其实是全赵戴3家都赞同的。而赵氏则首先在其著作中采用这种体例，厥功不容低估。

　　第三，《水经注》在北宋景祐年间（1034—1038）编纂《崇文总目》时已亡佚5卷，此书的第一种刊本，即成都府学宫刊本，已经只有30卷，后来虽经各家增补，但实际上仍是一部残籍。这就是殿本《校上按语》中所说的："《崇文总目》称其中已佚五卷，故

《元和郡县志》、《太平寰宇记》所引滹沱水、泾水、洛水,皆不见于今书,然今书仍作四十卷,疑后人分析以足原数也。"为了使这部残籍走向完璧,赵一清做了大量辑佚工作,补撰了亡佚的河流18条,又考订分析,使《水经注释》所载河流与《唐六典》符合。《四库提要·史部·地理类二·水经注释》下云:"《唐六典》注称桑钦所引天下之水百三十七,江河在焉。今本所列仅一百十六水。考《崇文总目》载《水经注》三十五卷,盖宋代已佚其五卷。今本乃后人离析篇帙以合原数。此二十一水,盖即在所佚之中。一清证以本注,杂采他籍,得滏、洺、滹沱、泒、滋、伊、澶、涧、洛、丰、泾、汭、渠、获、洙、滁、日南弱、黑十八水,于灅水分灅余水,又考验本经,知清漳水、浊漳水、大辽水、小辽水皆原分为二,共得二十一水,与《六典注》原数相符。"当然,历来郦学家从事补失辑佚的也颇有其人,例如王先谦的合校本中就收入清谢钟英所补的洛、泾两水。但搜罗如此之广、增补如此全面如赵一清的,却未尝有。当然,赵氏所增补的,是花了大力气从各种古籍中辑来,古籍引用郦注,不免有所变通省略,赵氏把这样的佚文加以缀合,鉴别词句,排列前后,使之成篇,虽得原文主旨,却无郦注文采,这当然是无法弥补的缺陷。今天我们能够获睹这亡佚已久的19水,虽然不过一斑,但可借此揣摩全豹。赵一清的这一功绩,当然可以载入郦学史。

第四,赵一清以他毕生精力校勘郦注,他所校定的《水经注释》,前面已经说明定稿于乾隆十五年(1750)。我们完全可以肯定,赵本是乾隆十五年以前全部郦学史上最佳的郦注版本。毕沅为此书作序,曾列举了此本的许多优异之处,例如:"今考道元云:循水东北迳豫宁县,故西安也,晋太康元年更从今名。则《晋志》仍作豫章县为误;又《沈志》(按:指沈约《宋书·州郡志二六·江州·豫章太守下》)豫宁侯相,汉献帝建安中立,吴曰要安,'要'字系'西'字之讹。"毕沅最后说:"总之,道元之注足以证经史之阙遗,而先生是书又足以补道元之讹漏。经不可无注,注又不可无释,断断然也。"毕沅的表彰是公允的。这里当然不可能一一胪列此书的菁萃,但我们从卷首参校诸本的规模中,可以看到赵氏用功的程度。赵氏所参阅,计有:杨氏慎刊本、黄氏省曾刊本、归氏有光本、柳氏金本、赵氏琦美三校本、吴氏琯刊本、朱氏之臣本、周氏婴本、陈氏仁锡刊本、钟氏惺谭氏元春刊本、全氏双韭山房校本、钱氏曾本、黄氏宗羲删本、孙氏潜再校本、顾氏炎武本、顾氏祖禹本、阎氏若璩本、黄氏仪本、刘氏献廷本、胡氏渭本、姜氏宸英本、何氏焯再校本、沈氏本、沈氏炳巽本、董氏熜本、项氏绚本、齐氏召南本、全氏祖望七校本。除上述29本以外,他最后又指出:"以上各本,予悉取之与明南州朱谋㙔笺相参证,录其长而舍其短。第见闻有限,颇怀生晚之叹,观者幸勿哂其陋也。古老传言,冯祭酒梦祯以经注混淆,间用朱墨分勾乙,其本惜未之见。"

《四库提要·史部·地理类二·水经注释》下认为赵书参校诸本,"不免影附夸多"，并夹注云："如所称黄宗羲本，原无成书，顾炎武本、顾祖禹本、阎若璩本，皆所著书引用考辨，实无刻本……"《四库提要》的这几句话，显然因为殿本不列参校诸本，并把诸本之长统归于当时只有戴震独见的大典本，对比之下，赵本参见甚多，故以辞令压低赵本。其实，赵本所列参见诸本，每本之下均有双行夹注，说得非常明白。而刊本与抄本也交代清楚，绝不混淆。如杨慎、黄省曾、吴琯、钟惺等均称"刊本"，其余则称"本"。在"黄氏宗羲删本"下注："梨洲尝尽删郦注之无豫于《水经》者，盖欲复唐李氏《删水经》十卷之旧而未成，有《今水经》行于世。"说明赵氏所参校即是《今水经》。又如顾炎武、顾祖禹、阎若璩各本，赵氏在各本下夹注甚明："亭林著《肇域志》、《天下郡国利病书》、《日知录》、《昌平山水记》，辨正《水经注》极多。""宛溪著《读史方舆纪要》，引《水经注》多所补正"。"太原阎百诗著《古文尚书疏证》、《潜丘札记》，援引《水经注》精义，多前人所未发"。所以上述各本，赵氏系旁见此三人所著他书，并非实见其本，夹注甚明，不容牵混。赵氏之所以能够在书海中左右逢源，实赖其小山堂之丰藏；而戴震不同于赵氏，须俟其进入四库馆才得以饱览稀籍，所以不可同日而语。

以上列举的四项，是赵一清在郦学研究中的丰功硕果。赵氏的《水经注释》定稿以后，即乾隆十五年（1750）以后，首先流行的当然是抄本，数量甚少。四库开馆时，浙江巡抚呈进的抄本见《浙江采集遗书总目》戊集。但是从各种资料和迹象研究，乾隆十九年（1754）赵氏曾将此本副刊，印数当然不多，以致鲜为人知。据《郘亭知见传本书目》⑮卷五《史部——·地理类·河渠之属著录》："《水经注释》四十卷，《刊误》十二卷，《附录》一卷，赵一清，乾隆十九年赵氏家刻本，赵氏版后归振绮堂汪氏。"又民国二十年南京国学图书馆排印本范希曾《书目答问补正》卷二《史部·地理类·水道之属著录》："《水经注释》四十卷，《刊误》十二卷，赵一清，原刻本。［补］乾隆十九年赵氏家刻，乾隆五十一年毕沅开封刻本，光绪年间四明张寿荣花雨楼刻本，光绪间会稽章寿康刻本。"从以上两种著录来看，乾隆十九年（1754）的家刻本是实有其事的。此书在乾隆十五年（1750）定稿，十六至十八年（1751—1753）秋全祖望为之作序，而赵氏自序于乾隆十九年，这实在就是此书在这一年付刻的迹象。郑德坤《水经注研究史料汇编》⑯上卷所说："一清寒士，无力刊书，然学者竞相抄录，后世所传抄本颇多。""后世所传抄本颇多"的话或许不错，当然也必须看到，《水经注》本文有34万余字，赵氏释文估计有20余万字，一部近60万字的巨书，传抄委实非易。至于"一清寒士，无力刊书"的话就颇可商榷。赵一清没有当官，可能是"寒士"之说的来由。但是他是小山堂的主人，小山堂购书的气派，据全祖望所说："凡书贾从苕上至，闻小山堂来取书，相戒无得留书过夕，恐如齐文襄之待祖珽也。"⑰所以刊行一部40卷的书，对赵氏来说，或许是并不困难的。另外，从《四库提要》的说法中，也可窥见其中端倪。《提要》说："然旁征博引,颇为淹贯,订疑辨讹,是正良多,自官校宋本以外,外间诸刻,固不能不以是为首矣。"《提要》的这一段主要说明两点:第一,《四库》官校本(即殿本)的唯我独尊地位不容动摇;第二,赵本是外间诸刻之首。这里特别要注意"诸刻"二字。《提要》用"诸刻"而不用"诸本",说明其所指即是乾隆十九年的家刻本,而且也说明四库馆显然有这种本子。这种本子现在或许已经绝迹,对于古籍,这是常事。郦注版本中这类例子很多。赵本《附录》卷下李长庚《水经注集序》文末赵一清按语:"近年真州又重镂板,颇称工致,然窃朱笺为己有,中多删节,尤乖旨趣,俗学疑也,故表出之。"这里所说的真州版,赵一清当然亲见,但此书以后绝未见他书著录,其亡佚可以无疑。若以《水经注释》为例,自从乾隆十九年家刻以后,又曾刊印过多次,第一次是乾隆五十一年(1786),由河南巡抚毕沅支持,赵一清之子载元在开封刻版。由于有毕沅这样的大人物支持,赵载元特别重视,特请他的同乡梁玉绳、梁履绳兄弟再做一次整理校订,所以这一次的印数估计不会很小,但胡适对此做了调查考证,发现这种版本"现存天地间者,大概不过十部,至少十二三部而已"。[18]足见古籍亡佚,乃是常有之事,不足为怪。

如上所述,赵一清在郦学研究中贡献甚巨,而他的主要成果《水经注释》是郦学史上数一数二的著名版本。不幸的是,郦学史上竟因此一版本的出现而发生了持续200多年的赵戴《水经注》案,令人不胜遗憾。

按:戴震于乾隆三十八年(1773)奉诏入四库馆,次年就校毕《水经注》呈上。他在四库馆校书,因《水经注》一书得到乾隆的赞赏。但当时四库馆内有什么议论,外间无从得悉。他死于乾隆四十二年(1777),死后3年,就传出四库官员对他的非议。上海合众图书馆(后并入上海图书馆)藏有武英殿本《水经注》一部,其上有孙沣鼎校阅后于乾隆四十五年(1780)的一段写跋:

> 沣按:太史所校,与宋本、朱本互有异同,而文字差显异。吾友朱上舍文藻自《四库》总裁王少宰所归,为予言:此书参用同里赵□□(按:此二字不清,当是诚夫或东潜)一清校本,然戴太史无一言及之。

此一写跋涉及孙沣鼎和朱文藻两人(按:朱是杭州人,故称赵一清为"同里"),但事情却与此两人无关。实质性的话在"为予言"以下一段,这一段却是四库副总裁王杰(按:王是乾隆辛巳状元,时任吏部侍郎,故称少宰)的话。这话说出了四库馆内当时对戴震的议论。议论中关于他参用赵本的话不足怪,著书立说而参用他人著作,学术界历来有之。赵本卷首的参校书目近30种之多即是其例。关键在于"无一言及之"一句。这就成为后来许多学者所说的剽袭。

但孙沣鼎的写跋不易为他人所见,四库官员估计也鲜有把馆内议论向外传扬的。另外,赵书抄本和家刻本流传极少,而戴校本则由武英殿大量印行,各省又纷纷翻刻,所以

学术界除了知道戴校本得自《永乐大典》以外，其他鲜有所知。直到乾隆五十一年
(1786)赵书开封刻本行世以后，学者骤睹赵书竟与12年前刊行的殿本"十同九九"，[19]于
是舆论哗然。而首先发难的是戴震的学生、训诂学家段玉裁。他第一个指出赵书袭戴。
不过戴校郦注，称其所校均得自大典本。因大典本深藏馆内，人不能见。但张穆于道光
二十一年(1841)，因缘得入翰林院，用他本将大典本尽行校出，才发现戴所云据大典本
者，其实多据其只字不提、讳莫如深的赵本，于是舆论大哗，论战骤起，学者撰文讨伐戴
氏，竟成四面楚歌之势。多数学者如魏源、张穆、杨守敬、孟森、王国维、郑德坤等，均为赵
抱不平；但也有少数学者如胡适和日本的森鹿三，却站在戴震一边。其中特别是胡适，竟
花了他晚年的最后20年主要精力，力争重审此案，为戴震昭雪。他做了大量考证，写了
许多文章，用以证明戴书并未袭赵。最重要的一篇文章是《戴震未见赵一清书的十组证
据》，[20]这是他花了多年工夫的力作。因为假使确能证明戴氏未见赵书，则袭赵当然没有
可能。但问题是，戴震不仅在四库馆看到赵书，而且如王国维所说，早在乾隆三十五年修
《直隶河渠书》时就见到了赵书。[21]因为赵氏修《直隶河渠书》在前，戴氏在后。段玉裁在
其《经韵楼集》卷七《赵戴〈直隶河渠书〉辨》一文中不得不指出，戴氏在该稿《唐河》卷一
中有一段写跋："杭人赵一清，补注《水经》，于地学甚核，尝游定州，为定州牧姚立德撰
《卢奴水考》。"戴震怎能知道赵"补注《水经》"？又怎能知道他"于地学甚核"？按：直隶
总督方观承邀赵一清纂辑《直隶河渠书》约在赵家刻《水经注释》后不久。赵必随带此家
刻本前去纂辑《河渠书》。而戴受邀则在乾隆三十五年(1770)，时当他入四库馆前3年。
所以戴氏实在见到了赵书家刻本。当然，当时他或许仅作浏览而并未细读，他对赵书的
细读，无疑在他进入四库馆以后。

　　所以总的说来，戴震当然见过赵书，而戴震袭赵，也是无可置疑的。于此，郑德坤
的《〈水经注〉赵戴公案之判决》[22]一文中已述其详，而我在拙作《〈水经注〉赵戴相袭案
概述》、[23]《论戴震校武英殿本〈水经注〉的功过》、[24]《胡适与〈水经注〉》[25]等文中，也都
从各方面作了论证，这里不必赘述。从整个事件来看，毕竟只是郦学史上的一次偶发
事件，不过是郦学史的枝节而绝非主流，为此枝节而展开如此一场牵涉广泛、时旷日久
的论战，竟至影响了正常的郦学研究，实在是很不幸的。

　　现在，戴震《水经注》案已经完全判明，殿本肯定是以赵本作为底本，再参校了大
典本、归有光本、朱谋㙔本和其他名本而成的。因此从殿本本身来说，已经超过了赵
本，这是事实；但殿本的主要成果得自赵本，这一点也是毋庸置疑的。我在拙校武英殿
本《水经注》[26]卷首《前言》中指出："既然戴赵之书十同九九，则《四库》戴书何尝不就
是《四库》赵书。能作如是想，当年的争论，或许不至于时旷日久，愈演愈烈。"今天，赵
一清在郦学研究中的卓越贡献已经论定，《水经注释》在郦注版本中的丰硕成就也已

经周知。我们应该完全摆脱两个多世纪来的论战影响,在前辈郦学家辛勤耕耘的基础上继续努力,使郦学研究获得更大的发展。

注释:

① 《鲒埼亭集外编》卷一七。

② 《清史稿·赵一清传》(附于《文苑传·沈炳震》后)。

③④ 《记赵一清的〈水经注〉的第一次写定本》,《胡适手稿》第三集下册。

⑤ 前北平图书馆藏别下斋蒋生沐旧藏朱谋㙔《水经注笺》赵一清校记:乾隆甲子仲春述,后三年丙寅中秋录竟,又《渭水篇》乾隆乙丑冬尽日后记。

⑥ 赵一清《乙丑除夜杂诗》:"流年磨蝎坐宫中。甲乙丹铅枉费功,一卷《水经》翻覆勘,浊河清济笑冬烘。"

⑦ 胡适《记赵一清的〈水经注〉的第一次写定本》。

⑧ 阎若璩《古文尚书疏证》卷六下。

⑨ 《历史研究》1983 年第 6 期。

⑩ 《水经注释·跋》,《观堂别集》卷四。

⑪ 《胡适手稿》第五集下册。

⑫ 《全校水经注·附录》卷上。

⑬ "七校本"当做"五校本",赵书定稿时,全氏尚仅五校,此"七校本",当是梁氏兄弟所改。

⑭ 《胡适手稿》第二集中册。

⑮ 民国七年(1918)上海扫叶山房石印本。

⑯ 台北艺文印书馆 1984 年版。

⑰ 《小山堂藏书记》。

⑱ 《关于赵一清〈水经注释〉小山堂初刻重修本》,《胡适手稿》第六集下册。

⑲ 杨希闵《水经注汇校》卷首周懋琦《序》。

⑳ 《胡适手稿》第一集中册。

㉑ 《聚珍本戴校〈水经注〉跋》,《观堂集林》卷一二。

㉒ 《燕京学报》1936 年第 19 期。

㉓ 《郑州大学学报》(哲学社会科学版)1986 年第 1 期。

㉔ 《中华文史论丛》1987 年第 2、3 合期。

㉕ 《中华文史论丛》1986 年第 2 期。

㉖ 上海古籍出版社 1990 年版。

原载《中华文史论丛》1993 年第 51 辑

杨守敬传

杨守敬(1839—1915),字惺吾,湖北宜都人。50 岁时曾在黄州筑邻苏园藏书,[①]故晚年别号邻苏老人。

杨守敬于清道光十九年(1839)春生于宜都一个商人家庭,家里开设几个店铺,由祖父和父亲亲自经营。他父亲在他 4 岁那年就去世,家业是由祖父掌管的。因为家庭的关系,他从小就受到一些商业的熏陶,5 岁时就在店中数钱,[②]11 岁时就奉祖父之命去姑夫孙氏开设的店铺中习商,次年,回到自家的店铺中照料店务。成年以后,他曾经做过生意,开过店铺,这将在以下提到。杨守敬当然是个学者,但由于这种经历和学习,使他毕生具有一种商人的头脑和精明。

杨守敬天资聪颖,父亲死后,6 岁起就由母亲教他识字和读书。8 岁时,开始由一位姓覃的老师授读,读熟了四子书。9 岁就学作文。10 岁时就改由一位姓谢的老师授读,前面提到他 11 岁时就辍读从商,但到了 14 岁,他由一位名叫朱凤池的老师授读,这是他幼年师傅中第一位有姓名可考的。就在这一年,他开始参加宜都县考,终复第13 名。18 岁时,曾参加过一次府试,三场都落第。据他自己估计,失败的原因是由于书法草率。19 岁那年,他又从朱槐卿老师读。这位老师命生徒作文,要求快捷成章,在他的培养下,杨守敬学得了为文迅速的能力。这一年,他在县城和府试中连捷,五场均第一名。不过省城的科场他并不顺利,20 岁的乡试和 21 岁的恩科乡试都不中,直到同治元年(1862)他 24 岁时,才通过乡试,获中第 80 名举人。但从此以后,他在科场中频频失利,他于 25 岁、27 岁、30 岁、33 岁、36 岁、42 岁、48 岁各年,先后 7 次到北京参加会试,结果都名落孙山。尽管他对于每一次的落第,都有一些自我安慰的理由③,但榜上无名,毕竟是一种残酷的事实。在那个时代里,科名原是绝大多数读书人憧憬的前程,杨守敬当然不是一个超然物外的人,而他从小习商的经历,或许更促进了他在这方面的欲望。他于 42 岁第六次会试落第后,曾经作为清政府驻日公使的随员去日本。由于在那里意外地获得了许多在中国已经亡佚的珍本古籍,一度冲击了他的科名欲望,他在 45 岁之年,曾从日本写信给他家乡的友人黄荂,他说:"自幸此身有此奇遇,故一切富贵功名,皆漠不关怀。"④但后来的事实说明,"漠不关怀"的话,只是他在国外的一时冲动。他在 46 岁回国后,当了黄冈县教谕的小小学官。两年以后,他已经 48 岁,仍然赴京参加他一生中的第七次会试,这次会试落第,他才真的"绝意科名,专心著述"。⑤这次会试的失败,对他确属"塞翁失马"。因为对于一个官欲未绝的人说,专心做学问或许是不可能的。他从日本归国的这一年,驻日公使黎庶昌曾经上奏保荐:"该员学问优长,与东土士人交接,甚有声誉,请以知县遇缺即选,并加五品衔。"杨守敬对黎的这种保荐极为重视,当然也充满希望,特地把它写在他 46 岁的《年谱》中。幸亏这个保奏一直没有兑现,要到他 68 岁之年,才被选授安徽霍山知县,届时,他在书法和学术上的声名已经甚盛。尽管十分懂得他的心理的张之洞劝他赴任,比他年轻 12 岁的安徽藩台沈曾植也贻书劝驾,但他到底以"年老不耐簿书"而辞。这大概也是他晚年在学术上继续获得成就的关键之一。韩愈在《柳子厚墓志铭》上说:"以彼易此,孰得孰失,必有能辨之者。"对杨守敬来说,也正是如此。

在那个时代,一个已经有了秀才和举人功名的知识分子,在攀不上进士的阶梯时,除了富贵人家的子弟外,一般读书人的出路就是坐馆。借坐馆以维持生活,在坐馆中继续寒窗苦读,以等待下一次大比中的拼搏。《儒林外史》中的周进就是这样。杨守敬也是这样,他曾于 24 岁、27 岁、29 岁、31 岁、32 岁、34 岁、35 岁各年 7 次坐馆授读。第一次坐馆时,他还不过是个秀才,据《年谱》是因为"谋生无术,乃设馆授读,计束金四十千",确实是个穷差使。第二次在北京东草厂胡同为苏次屏授子读。第三次到山西高平县为知县龙皓臣授子读,都是条件比较优裕的。因为馆设在一个有社会地位的人物家中,授读的对象只是此人的儿子,待遇比较优厚,工作比较清闲,而且还能趁此结识几个社会上的名人。但 31 岁以后的几次坐馆都在家乡,身为举人而坐冷板凳的滋味,当然是痛苦的。如他在《年谱》中所说:"学馆在新街姜姓空屋中,束金仍不及百千,而火食皆由家中自备,其苦不堪缕述。"情况与《儒林外史》中的周进相似。

和一般落第的知识分子不同的是,杨守敬从小有经商的素养,而且家庭也并不贫寒,他屡试不第时,家中仍然开着米店,仍然可以供应他到北京会试的旅费。他于 35

岁最后一次在家设馆授读以后,这年冬季又入京参加会试,但次年会试第五次报罢,他在京向他的好友潘存(孺初)借得银子 800 两,请其同乡商人张云陔从北京贩卖蘑菇到湖北牟利,但结果是款项被张云陔所挪用,这次经商以全盘亏损告终。38 岁那年,由于看到经营纸业颇能获利,于是又在本族人中借用一笔资金开设纸行,由他自任经理,一直到到 40 岁,每年都颇有盈利。因为他决心从事比纸行更为有利可图的经营,所以在这一年把纸行交给他的弟弟杨先三,而自己则带了他在上一年完成、于这年刻竣的《楷法溯源》的书板,并随带 20 岁的长子道承,去武昌卖书。当时他已经有了 3 个儿子,但是为了去武昌有人照顾生活,这一年他又娶妾龚氏,说明几年来的纸行经营,手头是颇有盈余的。

他在武昌卖书,由于有人为他吹嘘,所以《年谱》"四十一岁"说:"卖书亦颇得利。"当然,《楷法溯源》是他自己的著作,自著、自刻、自卖,还不算是一个完全的书商。但就在这一年,一个在荆州当知府的倪豹臣,知道他在省城卖书获利,就将他叔叔倪祖模的著作《古今钱略》稿交杨守敬付刻。因此,杨幼年在家时作米商,后来作纸商,40 岁以后又做过书商。

他在 37 岁之年,第一次以他的书法获取报酬。《年谱》说:"同大浦何子峨如璋出天津,子峨乃遍告天津商人,言余善书,即僦居于郑君兰行中,不半月,遂得润金百五十元。"以后在一生中,鬻书成为他的一项重要收入。当然,鬻书以取得笔润,绝非一种商业行为,却是一种生财之道。书法之道无疑也是一种学问,但它和其他的学问有不同之处,它十分需要达官贵商的扶持。天津的第一次经验告诉他,商人需要冒充斯文,又出得起钱,是购书法的大户头。59 岁之年,他在《年谱》中写道:"又以斧资罄尽,家用维艰,即赴上海为卖字计,寓洋行街陈源盛栈,以其主人陈雁初光第,旧友也。雁初乃遍告其同乡及南洋新加坡诸侨商,亦颇有所获。"他 68 岁到上海卖字,住在怡和洋行总办甘翰臣家,这位总办"酷爱书法,故邀余住其家,殷勤备至,并为推荐同乡,不惮齿颊,不两月已得千余元"。71 岁之年,"返上海仍住翰臣家,又卖字,其时守敬之字声誉大起,求书者踵接于门,目不暇接,继之以夜"。可以看出,他的书法身价的扶摇直上,和贵商如甘翰臣之流的吹嘘很有关系。另外一途是达官。他 68 岁那年,到金陵两江总督端方署中,为他题跋所藏金石碑版,71 岁又到端方处重作冯妇。从这些事实中可以看出,杨守敬当然是一位渊博的学者,但是他具有商人的敏感和精明的性格,在这一点上,他和他的高足熊会贞大不相同。

当然,知识分子与达官贵商周旋,从来都包含着风险,他在《年谱》"六十二岁"写道:"是年为柯中丞巽庵逢时刻《大观本草》。"但他的同乡刘禺生在《记杨守敬先生一则》⑥中,却说了另外一个掌故:

　　守敬居武昌长堤,与柯逢时邻近,杨得宋刻《大观本草》,视为孤本,逢时许重价代售,请阅书昼夜即还。柯新自江西巡抚归,吏人甚众,尽一昼夜之力,抄全书无遗漏,书还杨,曰:闻坊间已有刻本。不数月而《大观本草》出矣。杨恨之刺骨,至移家避道,终生不相见。乡人曰:杨一生只上过柯巽庵大当。

　　不管刘禺生说的是否真实,但学者万不得已要与这类人打交道,确实必须小心谨慎。杨守敬毕生与这类打不得交道的人周旋,却只上了一次当,正是说明了他的精明之处。

　　前面提到杨守敬毕生七次入京会试,均遭败北,但另一方面,他借入京的机会,结识了许多名流学人,对他以后的学问事业,都很有裨益。他25岁第一次入京,就遇到了潘存和邓承脩(铁香),据他自己在《年谱》所说:"孺初精诣卓识,罕有伦匹;铁香卓荦不群,皆一代伟人。守敬得闻绪论,智识日开。"以后又陆续结识了李慈铭、何如璋、龚橙(龚自珍之子,段玉裁之外孙)、袁昶、谭献廷等名流。就是这位何如璋,不仅曾在天津为他的鬻书吹嘘,而且由于何当了驻日公使,招杨作为随员,去驻日公使馆供职。他四十二岁去日,在何如璋的后任黎庶昌属下供职,居日本一共4年。这段时期对他有很大影响,而其中最重要的是当时在日本见到大量在国内已经亡佚的古籍。这使他喜不自禁,大开眼界。他到日本半年以后,即写信给李慈铭,告诉他在日本所见的如唐人写本《五篇》、慧琳《一切经音义》和隋杜台卿《玉烛宝典》等珍本,使嗜书成癖的李慈铭也为之神往[⑦]。当时日本正值明治维新之后,如杨守敬后来在《日本访书志·缘起》中说:"日本维新之际,颇欲废汉学,故家旧藏,几于论斤估值,尔时贩鬻于我土者,不下数千万卷。"杨到日本之初,日人尚不重视汉籍,他就乘机搜罗,收获甚丰。又襄助公使黎庶昌在日本选刻《古逸丛书》,计26种、200卷,于光绪十年(1884)刊行。他自己在光绪十年也完成了《日本访书志》16卷,于光绪二十七年(1901)刊行。尽管前已引及的他致黄莘信中所说的"一切富贵功名,皆漠不关怀"的话,或许言不由衷,但这一段经历在他一生中至关重要,而且也是他对后世所做的一大贡献。

　　杨守敬是晚清著名的地理学家,他毕生撰述和编纂了许多地理书,留待以下再论,他61岁之年,湖广总督张之洞电邀其出任两湖书院教习,主讲地理一门。因此,他或许称得上是我国高等学校中最早的专业地理教师。在以后对他的记载中流传着一种说法:杨守敬的地理学,王念孙、段玉裁的小学,李善兰的算学,为清代三绝学。这几句话,原是罗振玉读了他的《水经注图》以后对他的赞词,见于他的《年谱》"六十七岁"之下。他自己还加了一句谦逊话:"推挹过当,但不知后世以为如何也。"其实,他在晚清地理学家中的权威地位,在光绪二十九年(1903)张之洞和端方合词保举中也已经明确:"四品顶戴候选知县前黄冈县训导杨守敬,湖北宜都人,壬戌举人,老成凤望,博览群书,致力舆地学数十年,于历朝沿革险要熟洽精详,著书满家,卓然可传于世。”按照这段保词所说的“于历朝沿革险要熟洽精详”,核对他的地理著作目录,杨守敬所精详的其实不是清代当时的地理,而是历代沿革地理。据陈衍《杨守敬传》⑧所述“守敬治旧地理,邹代钧治新地理,分教两湖书院”,当时所说的“沿革地理”和“旧地理”,其实就是历史地理,所以正确地说,杨守敬是晚清著名的历史地理学家。

　　杨守敬对于地理学的兴趣,始于咸丰八年(1858),当时他20岁。由于太平天国战争,余杭郑兰(谱香)避居宜都,赁杨家余屋居住,杨在郑兰晒书时看到一种《六严舆地图》,向他借来影绘了两部,受到郑兰的赞赏。他第一次入京,据袁同礼《杨惺吾先生小传》,⑨说他在潘存和邓承修的怂恿下,颇有志于地理学,并与邓承修同撰《历代舆地沿革险要图》。不过此图在当时实未完成,亦未刊印。他在《年谱》“三十八岁”下曾记及:“东湖饶季音敦秩招余至其家,同撰《历代沿革险要图》。”此图后来在光绪五年(1879)刊印,原图卷末饶敦石《书后》云:

　　　　去岁与杨君惺吾论及此,出旧稿一帙,云系十年前与归善邓君承修所同撰者,其中自正史而外,有历代割据及十六国等图,较江阴《六氏沿革图》为翔实,而梁、陈、周、齐四代仍缺也,余以为此不可不补之也。乃延惺吾至余家,与之钩稽排比而成之,又推广于东晋、东西魏、五代、宋南渡,及历代四裔诸图,合之前稿,共得六十九篇,略著其说于图隙,使读者易于省察。……此区区与惺吾辑录之意,不第以考古为读史助也。

此图到光绪末叶又作了修改和补充。他在《年谱》“六十八岁”下云:“重订《历代沿革险要图》及《春秋地图》成。”而在光绪三十二年(1906)《自序》云:

　　　　四十年前,余在京师,与归善邓鸿胪承修同撰《历代舆地沿革险要图》,光绪戊寅,复与东湖饶君敦秩增编而刊之,岁久漫漶,鄂中、沪上、西蜀均有翻本,而讹谬滋多,拟重镌之,未暇也。迩来有日本河田熊者,就余书删并,竟以南北朝合为一图,而图中又只题刘宋、北魏两代,岂知南之宋、齐、梁、陈,北之元魏、齐、周,其疆域州郡,分合不常,乃以一图括之,五代十国亦只一翻,反谓余图为疏略,其诬妄何可言。使初涉亥步者,惊其刻印之观美,不考其事实之有无,贻误后学,匪浅鲜也。乃嘱门人熊会贞重校之,亦间补其缺略,吾愿读此图者,勿徒观其表焉可也。

　　在邓、饶两图的基础上,杨、熊师生在光绪末叶完成的这套地图是我国历史上第一套朝代完整的历史地图。根据杨氏自撰《年谱》,这套地图是陆续刊印完成的,完成的年代和图幅如下:⑩

公历	中国纪元	图幅名称
1904	光绪三十年	前汉地图
1906	光绪三十二年	春秋地图,《历代沿革险要图·自序》
1907	光绪三十三年	三国地图
1909	宣统元年	战国、秦、续汉、西晋、东晋、刘宋、萧齐、隋地图
1910	宣统二年	明地图、北魏、西魏地图
1911	宣统三年	十六国、梁、陈、北齐、北周、唐、五代、宋、辽、金、元地图

　　这套地图,后来又简称《历代舆地图》,在中国地图学史上,当然是具有重要意义的。甚至直到1954年谭其骧教授主持编绘《中国历史地图集》时,他的编绘组织尚名为"重编改绘杨守敬《历代舆地图》委员会"。直到委员们发现"重编改绘杨图不能适应时代要求"之时,才放弃杨图,重创新业。对此,我拙文《评〈中国历史地图集〉》中已经指出:

　　　　当然,杨守敬不仅是著名的地理学家,并且还是我国郦学研究史中地理学派的代表人物。他主持编绘的《历代舆地图》和《水经注图》,具有重要的价值和深远的影响,这些都是毋庸置疑的。但是,我们推崇杨守敬的地图,也正和我们推崇裴秀的"制图六体"以及他的《禹贡地域图》一样,因为它们都代表一定时期中我国地图绘制的高度成就。他们绘制的这些地图,在一定时期中,都有很大的实用价值。到了现在,这些以往的著名地图,也都是我国地图学史中的重要文献。它们的主要作用,是让我们看到,我们在地图学上的发展和在历史地图的编绘中所走过的脚步。因为按照现代科学绘制的地图,是根据投影原理的有经纬网络和比例尺的地图,它不仅具有完整的地理意义,并且还具有精确的计量意义。它和"制图六体"指导下绘制的古典式地图是不可同日而语的。

　　除了《历代舆地图》外,杨守敬的地理著作还有下列各种:

名称	卷数	刊印时间
《〈隋书·地理志〉考证》	9卷,补遗1卷	与熊会贞合撰初稿(光绪十二年),光绪十六年二稿,十八年三稿,二十一年刊印
《晦明轩稿》	2卷,续稿10卷	光绪二十六年
《〈汉书·地理志〉校补》	2卷	光绪二十六年

续表

名称	卷数	刊印时间
《水经注图》	40卷，补1卷	光绪三十一年
《水经注疏要删》	40卷	光绪三十一年
《水经注疏要删补遗》	40卷	光绪三十二年
《水经注疏要删续补》	约百页	宣统元年
《水经注疏要删再续补》		稿成未刊
《禹贡本义》	1卷	光绪三十二年
《三国郡县表补正》	8卷	光绪三十二年
《湖北江汉水利议》		光绪三十四年[①]

除了上表所列的以外，杨守敬襄助黎庶昌在日本选刻的《古逸丛书》中，有影旧抄卷子本《天台山记》1卷，影宋《太平寰宇记》补缺5卷半。在他自辑的《日本访书志》中，卷六内有旧抄本《桂林风土记》1卷，宋刻本《太平寰宇记》残本，宋刻本《方舆胜览》前集43卷、后集7卷、续集20卷、拾遗1卷，宋刻本《方舆胜览》70卷，宋藏本《大唐西域记》12卷。所有这些，都是他从日本获得的古代地理书的珍贵版本。

综观杨氏毕生撰述的地理书，我们可以把他的地理学研究的历程和成就归纳为三点。

第一，在他的全部地理著作中，除了《湖北江汉水利议》一文是当代地理著作外，其余都是历史地理著作，因此，如前已指出的，杨守敬无疑是一位历史地理学家。

第二，他从同治二年（1863）25岁开始与邓承脩撰述《历代舆地沿革险要图》，光绪四年（1878）又和饶敦秩再次撰述此图，光绪十五年（1889），又与丁栋臣起草作《汉地图》而未成。经过多次尝试，到光绪末叶，最后和熊会贞共同完成此图，先后经历40余年。在这段漫长时期中，他对历代沿革地理的变迁，当然随时留心，此图的最后完成，证明了他在中国历史地理上的雄厚功力。

第三，正因为他是一位功力雄厚的历史地理学家，所以他才有可能最后在《水经注》研究中获得辉煌的成就，成为我国自从乾隆年间郦学鼎盛以来，有清一代最后一位卓越的郦学家。因为《水经注》是一部包罗宏富、牵涉广泛的古代地理名著，没有扎实的地理学基础和深厚的学术造诣，是不可能在此书的研究中有所成就的。

由于杨守敬毕生的最终研究和最卓越的成就是《水经注》研究，因此，本文最后还必须把他的《水经注》研究作一番叙述。

杨守敬何时开始研究《水经注》，在他自撰的《年谱》中没有提及。但是他在咸丰八年(1858)20岁时就影绘《六严舆地图》,同治二年(1863)25岁时就与邓承脩同撰《历代舆地沿革险要图》。《水经注》是人所皆知的地学名著,在历代沿革地图的编撰中具有重要参考价值,因此,杨守敬对郦注的一般涉猎,想必早已开始,也就是他在光绪十九年(1893)致梁节盦信中所说的"好读郦书"。⑫但是他从何时开始对郦书做深入的研究,包括为郦书绘图作疏,却无法找到确切的根据。

按照一般的逻辑推理,人们对一门学问,从启蒙到深入,总有一个渐进的过程。杨守敬的地学兴趣,是从影绘《六严舆地图》开始的,这大概就是引导他撰绘《历代舆地沿革险要图》的原因。撰绘沿革地图必须依靠资料,而从他对于《〈汉书·地理志〉校补》、《〈隋书·地理志〉考证》等的撰述中,说明他依靠撰绘地图的资料,主要就是正史地理志。从各朝图名如《晋地理志图》、《南宋州郡志图》、《北魏地形志图》、《隋地理志图》等,也足以说明,杨氏是在对正史地理志深入钻研的基础上绘制地图的。《水经注》对这些地图的绘制当然也有裨益,但显然不是主要的参考文献。所以杨氏对郦书的深入钻研,可能是较晚的。因此,他在自撰《年谱》"六十六岁"下所引潘存对他的《水经注疏》的己卯(按:光绪五年,1879)《叙语》(按:此《叙语》收入于《要删自序》之后)就颇令人不解。《叙语》说:

> 楚北杨君惺吾,博览群籍,好深湛之思,凡所论述,妙语若百诗,笃实若竹汀,博辨若大可。尤精舆地之学,尝谓此事在汉以应仲远为陋,在唐以杜君卿为疏,此必有洞见症结而后敢为斯言,所谓眼高四海空无人者也。所撰《历代舆地图》,贯穿乙部;《〈隋书·地理志〉考证》,算及巧历;而《水经注疏》,神光所照,直与郦亭共语,足使谢山却步,赵、戴变色,文起梅村,未堪比数,霾缊岁久,焕若神明,旷世绝学,独有千古,大雅宏达,不我河汉。

胡适对这一段《叙语》曾作过尖锐的批评:"这一篇杨守敬自赞,太过火了,就露出马脚来了。光绪己卯(光绪五年,1879),他只有41岁,他刚刚到武昌做卖书生意,何处有《历代舆地图》!何处有《〈隋书·地理志〉考证》!更何处有《水经注疏》!"⑬胡氏的话或许偏激,但却是值得重视的。《叙语》写于光绪五年,《历代舆地图》虽然到光绪末叶才刊印,但他早年曾与邓承脩、饶敦秩编撰过此图,潘存或许看到草稿,姑置不论。但潘氏所说的"算及巧历"的《〈隋书·地理志〉考证》,据杨氏《年谱》,要到光绪十二年(1886)才与熊会贞起草,十六年(1890)"参互为第二稿",十八年(1892)"又校隋志为第三稿"。潘存怎能未卜先知?《水经注疏》也是一样,一部80卷的大书,事前毫无动静,怎能在光绪五年一旦为潘存所见?而且全祖望的七校《水经注》直到光绪十四年(1888)才刊行,事前绝未流传,潘存怎能在此书刊行前九年,就定好"谢山却步"的调子呢?陈三立在其所撰《宜都杨先生墓志铭》中,明明说:"著书数百卷,而于晚岁成

《水经注疏》一书。"[14]杨氏在光绪三十一年（1905）刊行的《水经注疏要删·自序》中说："乃与门人熊会贞，发愤为《水经注疏》，稿成八十卷。"按：熊氏第一次入杨宅为其三儿授读，时在光绪四年（1878），而第二次入杨宅授读，并参与地理书之编撰，时在光绪十二年（1886），均有杨氏自撰《年谱》可证。就算第一次入杨宅就发愤合作著书，"发愤"不过一年，潘存在次年就为此80卷巨书作《叙语》，当然是绝不可能的。其实，杨氏在其宣统元年（1909）刊行的《水经注疏要删补遗·序》中，自己也承认《水经注疏》尚无其书。《序》云："《水经注疏要删》初成，长沙王祭酒（按：指王先谦）见之，致函愿出钱刻全书，而吾书实未编就。"所以郑德坤说："杨氏《要删自序》称有完稿八十卷，无力全刊，此系杨铺张之辞。"[15]现在看来，所谓潘存己卯《叙语》的来源有两种可能，第一种可能，《叙语》确出自潘存之手，潘在听了杨告诉他的一些日后的写作打算以后，信手就写了这些。潘存是个当官的，他只知道官场应酬中的一套胡诌，不懂得做学问的严肃性，可以不必置评；另一种可能，或许是前面已经指出的杨氏性格上的精明和敏感，为了引起学术界的重视，杨自己在光绪三十年（1904）写了这个署名潘存的己卯《叙语》。胡适认为潘存对杨有大恩，所以杨要在他的这部重要著作中留下潘的姓名，因而才提出这篇《叙语》。胡适的原话说得太尖薄，但杨在其41岁的《年谱》中，确实写上："孺初以穷京官，自顾不暇，而啬衣缩衣，以济吾困。……记之以告子孙，其恩不可忘也。"所以胡适的说法，也是不无道理的。其实，郦学家汪辟疆在《水经注疏》[16]一文中明白指出："潘氏题词，其为杨氏伪撰，托孺初先生以自重其书，无疑也。"

　　我在论述杨守敬的《水经注》研究时，开头就提及此事，这是因为这件事无法回避，不若先提为好。一位成功的学者，难免也会有缺陷。王国维评论戴震："平生尚论古人，雅不欲因学问之事伤及其人之品格，然东原此书，方法之错误，实与其性格相关，故纵论及之，以为学者戒，当然学问之事，无往而不当用其忠实也。"[17]己卯《叙语》的事尚无定论，当然更不宜与戴震相比，但王国维"当知学问之事，无往而不当用其忠实也"的话，对一切古今学者，都是具有意义的。

　　我在拙作《论郦学研究及其学派的形成与发展》[18]一文中，已经指出了我国郦学史上考据、辞章、地理三个学派的形成和发展过程，而杨守敬是郦学地理学派的代表人物。这中间，重要的标志之一，是《水经注图》的编绘刊行，全图8册，采用古今对照、朱墨套印的形式，很有实用价值。杨氏在卷首《自序》中说："至国朝常熟黄子鸿始创为补图，而未闻传世。咸丰间，江宁汪梅村复为之图，治此学者差有津逮，惜其参稽未周，沿溯不审，往往与郦书违异。余既同熊君会贞撰《水经注疏》，复为图以经纬之，昕夕商榷，年历三周乃成。"杨所说的郦图始于黄仪（子鸿），或许并不确切，现存的宋程大昌绘制的《禹贡山川地理图》28幅，其实也是《水经注图》的一种。[20]当然，杨图是一切《水经注图》中迄今为止的翘楚,这是毫无疑问的。

杨守敬在郦学研究中的最大贡献当然是《水经注疏》的编撰。《年谱》"六十六岁"下云:"《水经注疏》稿成。""六十七岁"下又云:"刻《水经注疏要删》成,以《水经注疏》卷帙浩博,整写不易,而吾年已迈,恐不能上木,崗芝寒士,亦未能任此巨款,乃为《要删》八册,使海内学者知吾有此书,他日好事者,得吾书而刊之,不至有赵戴之争,此刊《要删》之微意。"这一段话虽然和他四年以后在《水经注疏要删补遗·序》中所说的"而吾书实未编就"有明显的矛盾,但可以认为,他确实编成过一部相当粗糙的《水经注疏》稿,而《要删》是从此稿中整理出来的。当然,所有这些,都是与他的门人熊会贞合作的。根据后来熊会贞所说:"先生初说,此书二人同撰,文各一半。"[21]再分析杨熊两人的不同性格,熊所承担的实际工作,显然要超过杨。但无论如何,全书毕竟是在杨的指导下编撰的。杨在《要删》卷首写下了 25 条《凡例》,这 25 条,内容广泛,包括郦学史、郦书体例、郦书版本、全赵戴公案等等。其中有 6 条论及地理与地图。所以,这 25 条包罗了杨氏的主要郦学思想,至关重要。

根据杨氏《要删凡例》,他的郦学思想主要是下列五个方面:

第一,肯定了殿本按语中《水经》是三国时人所作的论断。并且在进一步作郡县设置和地名演变的详细分析以后,证明是三国魏人所作。

第二,评论了许多版本及郦学家,推崇明朱谋㙔《水经注笺》:"顾亭林推朱笺为有明一部书……征引秘文,自非胸罗九流者不能,且不轻改古书,在明人实为罕见。"对当时被某些学者所不齿的全祖望七校《水经注》,认为:"自非沈酣此书者不能,谓尽属子虚亦太过,王氏合校本一概不录,殊为可惜。"

第三,评论了全赵戴公案,认为全赵互取不足病。戴书既剽赵,又剽全,此百喙所不能辩。赵书亦有袭戴处,此梁氏兄弟之所为。[22]故其结论是:"赵之袭戴在身后,一二小节,臧获隐匿,何得归狱主人;戴之袭赵在当躬,千百宿赃,质证昭然,不得为攘夺者曲护。"

第四,对郦书各种版本总的评论是:"此书为郦原误者十之一二,为传刻之误者十之四五,亦有原不误,为赵、戴改订反误者,亦十之二三。"

第五,重视从地理学研究郦注,注意用地图研究郦注。用对地理学的造诣评论历来郦学家,例如:"孙伯渊辞章之士,于地理学甚疏,王氏合校本录之,则以其名重之故";又:"顾千里跋谓其用功甚深,对客翻澜,不须持本。此亦由千里地学不深,故推之过当。"对于地图的重要性,则指出:"郦氏书中,左右互错,东西易位,亦不一而足,此本形近易讹,按图考之,可十得其九。"

当然,作为一个著名的郦学家,他也存在着一些缺陷,除了前面已经提及以外,非常重要的一点是他在郦书版本上的见识较小。杨氏一生读书甚多，在日本4年又搜罗了大量善本和孤本，他在黄州造了邻苏园藏书，在武昌菊湾也造了他的藏书楼。但他毕生阅读的郦学版本却实在很少，王先谦的《合校水经注》刊行于光绪十八年（1892），长沙与武昌又甚近便，但他一直到次年四月在梁节盦的宴会中才看到此书，如获至宝，因而写信购求：“喜其便于翻阅……能为购得一部，尤为至感。”熊会贞在他的《十三页》㉓中也说：“先生未见残宋本、大典本、明抄本。”宣统三年（1911），傅增湘曾在上海与他谈论郦学，他自己也以未见宋刻本为憾。㉔

正是由于他在版本上的见闻较稀，因而在这方面容易接受一些不正确的影响，以致发生重要的判断错误。在上面已经提及的光绪十八年的梁节盦宴席中，有一个对郦学其实一窍不通，却又大言不惭的叶浩吾，为了攻击戴震的剽袭，胡诌了一通，却对杨生了很大的影响。次日他就写信给梁节盦，附和叶浩吾的胡诌：“叶君浩吾谓世称戴所云《永乐大典》本，皆直无其事。”由于他深信大典本并无其书，因此在《要删凡例》中竟说：“乃知大典本与朱本，实不甚有异同。”武断往往出于无知，杨氏去世后不久，熊会贞即看到了大典本的前20卷，到1935年，全部大典本就影印问世。杨氏生前的这一武断，到后来给他的学生熊会贞带来了很大麻烦，此事将在熊会贞的传记中交代。

辛亥革命后，杨氏从武昌移居上海，一直在熊会贞的襄助下编撰《水经注疏》，直到民国四年（1915）。易箦之际，仍然耿耿于此稿的完成和刊行，对熊会贞作了谆谆的嘱咐。而在熊的继续努力下，在杨守敬去世后20年，此书终于完成。尽管事实上，熊会贞在此书上所花费的精力，已经远远地超过了他，但是作为此书的创导者和擘划者，作为郦学研究中的地理学派的主要代表人物，杨守敬在我国郦学史上应该占有崇高的地位。

注释：

① 因其城之北，即苏轼作《赤壁赋》之赤壁，故名邻苏园。

② 《邻苏老人年谱》：“癸卯五岁，……守敬尝于数钱时摘古钱而弄之，盖天性然也。”按：《邻苏老人年谱》为杨守敬晚年所自撰。有自刊本和《胡适手稿》第五集中册复印自刊本。本文所引据《手稿》复印本，并简称《年谱》。本文所述杨氏行动，凡未注出处者，均从《年谱》。

③ 例如：同治七年（1868）第三次会试：“是科首起为‘畏大人畏圣人之言’二句，余文仅三百余字，示同人，皆惊服，以元许之。”同治十年第四次会试：“于中丞次棠得余卷，亟推荐之，谓三场一律，非积学之士不能。及榜发，仍不中。”

④ 据吴天任《杨惺吾先生年谱》（台北艺文印书馆1974年版）引容肇祖《杨守敬小传》。

⑤ 《年谱》“四十八岁”。

⑥ 《世载堂杂忆》，中华书局 1962 年版。

⑦ 《越缦堂日记》光绪六年（1880）十二月二十日。

⑧ 《虞初近志》卷七。

⑨ 据吴天任《杨惺吾先生年谱》。

⑩ 《年谱》所记图名，当是约略言之，因为实际上其图共有 69 种，例如唐地图中包括《唐地志图》和《唐藩镇图》，明地图中包括《明地理志图》和《明九边图》。此外，还有各朝的《四裔图》。《清一统图》、《地球图》等，《年谱》均无记及。

⑪ 此文见于民国三十六年（1947）湖北师范学院《史地丛刊》第 2、3 合期，不记著作年月，此处据吴天任《杨惺吾先生年谱》作为光绪三十四年（1908）。

⑫ 此信原件后来由陈垣收藏，《胡适手稿》第五集中册有抄件。信末署四月十三日，据胡适考证，是光绪十九年（1893）。

⑬ 《跋杨守敬论〈水经注〉案的手札两封》，《胡适手稿》第五集中册。

⑭ 据吴天任《杨惺吾先生年谱》所引。

⑮ 《杨守敬熊会贞〈水经注疏〉及〈水经注图〉》，《水经注研究史料汇编》下册，台北艺文印书馆 1984 年版。

⑯ 《汪辟疆文集》，上海古籍出版社 1988 年版。

⑰ 《聚珍本戴校〈水经注〉跋》，《观堂集林》卷一二。

⑱ 《水经注研究二集》，山西人民出版社 1987 年版。

⑲ 原有图 31 幅，刊于南宋淳熙四年（1177）泉州学宫，为《永乐大典》所收录。今有《指海》及《丛书集成》本，已缺 3 幅，存 28 幅。

⑳ 据台北中华书局影印《杨熊合撰水经注疏》1971 年版，卷首熊会贞亲笔《十三页》。

㉑ 赵一清《水经注释》乾隆五十一年（1786）开封刊本付刊前，曾由赵子载元委托梁玉绳、梁履绳兄弟整理。

㉒ 熊会贞晚年陆续写成的修改《水经注疏》的意见，共 13 页，并无任何标题。后来有人更改其内容，并冠以《遗言》的标题。本文据影印 13 页原文（台北中华书局《杨熊合撰水经注疏》卷首），姑名为《十三页》，以示区别于后人更改过的《遗言》。

㉓ 傅增湘《宋刊残本〈水经注〉前后》，《藏园群书题记初集》卷三。

熊会贞与《水经注疏》

　　熊会贞(1859—1936)，字崮芝，湖北枝江人。对他幼年和家庭的情况缺乏了解。杨守敬自撰的《邻苏老人年谱》①第一次涉及熊是在光绪四年(1878)："招门人熊崮芝会贞授三儿读。"当时杨守敬四十岁，正在家开纸行之时。熊比杨小20年，当年是20岁。据汪辟疆《杨守敬熊会贞合传》②："会贞初入杨宅为童子师。先是，守敬居武昌，荆南七属赴乡举者，皆馆其家，报罢，则留其谨愿者，俾任胥抄，月致二饼金。会贞尤诚笃，不厌烦碎。守敬既馆以西席，会贞遂师事之。"由此可知，熊会贞按其出身是个乡试不第的秀才。杨守敬当时是个纸行老板兼经理的商人，他招收这些穷秀才任胥抄，一个月只花两块白洋却能换取一个曾经"十年寒窗"的劳动力，说明他的精明之处。在这样一个精明的东家之下，能够被选中为家庭教师，除汪辟疆所说的"会贞尤诚笃，不厌烦碎"以外，显然也是因为他的真才实学。因为杨守敬在当时虽然经商，但毕竟是个会试不第的举人，在科名上要高出熊一个层次。而且已经有五次晋京的经历，交了一批官场和学术界的朋友，眼界开阔，学有根底，被这样一位兼有商人的精明和学者的知识的人选中作为家庭教师，实在是十分不容易的。对于熊会贞这样一位诚笃、忠厚的年轻秀才，确实是非常荣幸和感恩的。他在杨守敬去世后，在《邻苏老人年谱》卷末写了一段：

　　　　会贞亲炙先生四十年，于舆地之学，得窥门径者，莫非先生之赐，先生不弃愚顽，命赞襄著述，以作壤流之资，文字因缘，恩同骨肉，晚年专注重《水经注疏》，屡谓会贞曰:"此书不刊,死不瞑目。"促会贞速为校雠,早蒇厥事。今先生已弃我矣,仍当勉力竟功,率德承、蔚光、先楸等③,缮付梓人,以偿先生之夙愿。因敬谨补述年谱,并书以自励云。

熊在这一段所署的年月是(1915)1月26日,当时他也已经57岁。这一段文字,充分表现了熊为人诚笃忠厚。当然,他能40年如一日,在杨的门下奉令承教,杨去世以后,又能20年如一日,完成杨的遗志,除了他在性格上的诚笃忠厚以外,十分重要的原因是他们在学术上的志同道合。熊会贞也是一位地理学家,他们在郦学研究的方向上和方法上,有以地理学为基础的共同观点。这种共同的观点,成为他们长期合作共事的纽带。

前面已经提及,熊会贞是光绪四年(1878)作为杨守敬第三个儿子蔚光的家庭教师而进入杨家的,这种家庭教师当了几年,不得而知。杨于光绪六年(1880)去日本,到十年(1884)始返国,这一段时期中,熊大概已经离开杨宅,因为杨回国后到黄冈就任教谕,次年(光绪十一年,1885),承担了《湖北通志》沿革一门的编撰任务,即以熊作为助手(后以《通志》主持人病故而中辍)。光绪十二年(1886)正月,又招熊会贞到黄冈,继续作三儿蔚光的家庭教师。当时蔚光已经16岁,是杨的宠儿,杨再次招他授读,说明对他的信任。而且,熊这次到黄冈,除了当家庭教师以外,开始作为杨的助手。这一年,杨在《年谱》中说:"乃与崮芝同起草为《〈隋书·地理志〉考证》。"一年后,熊会贞因回家养亲,辞馆返枝江,杨将《〈隋书·地理志〉考证》初稿录出一份,嘱其带回家中继续修订。熊在这部首次与杨合作的地理著作中,肯定是下了极大功夫的。他花了两年多时间,于光绪十六年(1890),才把修改后的稿子送给杨守敬,而且与初稿有许多不同,杨才在这个基础上,修改成第三稿。3年以后,此书刻成。因此,《〈隋书·地理志〉考证》9卷、补遗一卷,大概是熊会贞生平第一部正式刊行的地理著作,其时他已经36岁。

杨守敬于光绪二十五年(1899)应湖广总督张之洞之邀,从黄州府教授去武昌两湖书院任教习,主讲地理一门。次年,他就招熊会贞到武昌,襄助他校勘和起草各种地理书。从此以后,熊每年都要到武昌参加杨氏主持的各种地理书的编撰工作。在这一时期,杨氏刊行的地理著作,如《〈汉书·地理志〉校补》和《晦明轩稿》等,无疑包括熊会贞的劳动成果在内。在杨守敬晚年的3种篇幅庞大的地理著作《历代舆地沿革险要图》、《水经注图》、《水经注疏》之中,熊的功绩更大,杨氏在其《年谱》和各书序言中均有记及。《重订历代舆地沿革险要图·自序》说:

　　四十年前,余在京师,与归善邓鸿胪承修,同撰《历代舆地沿革险要图》。光绪戊寅,复与东湖饶君敦秩增编而刊之,岁久漫漶,鄂中、沪上、西蜀均有翻本,而讹谬滋多，拟重镌之，未暇也。迩来有日本河田熊者，就余书删并，竟以南北朝合为一图，而图中又只题刘宋、北魏两代，岂知南之宋、齐、梁、陈，北之元魏、齐、周，其疆域州郡，分合不常，乃以一图括之，五代十国亦只一翻，反谓余图为疏略，其诬妄何可言。使初涉亥步者，惊其刻印之观美，不考其事实之有无，贻误后学，匪浅鲜也。乃嘱门人熊君会贞重校之，亦间补缺略，吾愿读此图者，勿徒观其表焉可也。

从这篇《自序》可见，这一套69幅的浩繁地图，最后是在熊会贞的校订和补缺以后完成的。杨氏在《水经注图·序》中说："余既同熊君会贞撰《水经注疏》，复为图以经纬之。昕夕商榷，年历三周乃成。"由此可知，《疏》、《图》两者，都是杨熊合作的成果。而且这中间，《水经注疏》直到杨氏去世，还只是一部相当粗糙的草稿，因为在宣统元年（1909），杨氏自己承认，此书实未编成。[④]杨氏在辛亥革命爆发之时，仓皇离开武昌，东下上海，熊会贞随行，从此，熊氏一直在上海襄助编撰此书，直到杨去世后才重返武昌。

熊会贞与他的老师杨守敬相比，其经历是十分简单的，自从20岁之年作为一个乡试落第的秀才进入杨宅以后，在杨去世前的37年中，一直襄助杨氏编撰各种地理书。即他自己所说的"亲炙先生四十年"。在这段漫长的时期中，他获得了大量地理知识，成为一位地理学家。他襄助杨氏的工作，从一般的沿革地理研究和沿革地图编绘，逐渐转入到《水经注》研究和整理，而最后则集中全部力量于《水经注疏》一书的编撰。杨去世以后，熊继续这项工作21年。因此，《水经注疏》一书是熊毕生学问和事业之所在，此书对于熊的关系，实际上比对杨更为重要，而倾注于此书的时间精力，熊也远过于杨。据汪辟疆所云：

> 易箦语熊会贞曰：《水经注疏》不刊，死不瞑目。熊氏泣曰：鞠躬尽瘁，死而后已。杨氏既归道山，而熊氏仍馆其家，暝写晨抄，二十余年如一日，盖已难能矣。[⑤]

熊氏自己也说："自杨师下世，会贞继续编纂，无间寒暑，志在必成。"[⑥]这中间，"书凡六七校，稿经六易"。[⑦]工作是十分艰巨的。说明熊氏在20多年中，一直是兢兢业业地秉承杨的遗志，为此书的完成和刊行而殚精竭虑。

熊会贞倾注其全部精力于《水经注疏》，可从其对赵戴公案的绝不介入中得到证明。杨守敬在世之时，赵戴公案论战正酣，杨自己也介入了这种论战，认为戴书袭赵，千百宿赃，质证昭然，虽百喙不解。杨氏死后，正当熊氏全力编撰此书之时，赵戴公案的论战又一时掀起，著名学者如王国维、孟森、郑德坤及日人森鹿三等，都纷纷撰文，卷入这场论战。但熊氏除了默默地为他老师生前的过激意见和武断言论进行弥补以外，绝不介入这种论战。据杨家骆所云："民国二十二年谒惺吾先生弟子熊崮芝先生于武昌,欲见《水经注疏》稿,嵑芝先生靳不一视;复与论全、赵、戴之争论,亦嚜不一言。揖别时则呜咽而言曰:余为先师司誊录,初无真知确见可以益君,先师之稿未出,不欲以争口舌,辜君相过,亦相谅否?骆曰:长者之风,中心悦服,无言之教,益我多矣。"⑧

　　《水经注疏要删》刊于光绪三十一年(1905),熊氏修改《水经注疏》基本完成于1935年,其间相隔达30年。这30年中,特别是杨氏去世以后的20年中,熊氏晨写暝抄,不间寒暑,书凡六七校,稿经六易,必然阅读了大量资料。在这段时期中,郦学界本身发生了许多新的事件,例如《续古逸丛书》(其中包括大典本郦注)的陆续影印,郦注珍稀版本的交流,而熊氏自己也通过努力,获得了黄陂徐氏藏残宋本、南林蒋氏藏大典本前20卷以及校录明抄本等郦注珍本。从地理学界来说,除了国外新的地理学思想学说在这一时期大量引入外,在国内,传统的舆地之学也正在向科学的地理学过渡,许多地理书籍、新式地图以及著名的地理学期刊如《地学杂志》、《禹贡半月刊》、《地理学报》等相继出版。这些事物的出现,必然要从各方面影响熊会贞的郦学思想,使之不断发展。而这种郦学思想的发展首先就会反映在他所编纂的《水经注疏》之中。因此,《水经注疏》的最后定稿本,与30年前的《要删》相比,必然会有较大的差距。而其中某些部分,或许还会离开杨守敬当年的旨趣。这样的现象,在任何一门学术的研究史中,都是不可避免的。

　　所以,要研究熊会贞郦学思想的发展,最能说明问题的,当然是他的《水经注疏》的最后定稿本。但不幸的是,这部稿本至今不明下落。这样,我们只好退而求其次,到最后定稿本以前的一些稿本或抄本中去寻求答案。熊氏在杨氏去世后的20多年中增删此稿,"稿经六易"。在这"六易"的过程中,留下了若干抄本。其中我所过目的,就有今北京影印本、台北影印本以及收藏于日本京都大学人文科学研究所的、由森鹿三转赠的一部抄本。后者,由于我没有逐字逐句地细读,因此现在只能从北京、台北这两种影印本来研究这个问题。

　　首先,这两种影印本的底本是在什么时候抄出的?对于这一点,我在拙作《评台北中华书局影印本〈杨熊合撰水经注疏〉》⑨一文中,曾经引用李子魁所说抄于"九一八事变"以后的说法。现在鉴于李在这个问题上散布的许多虚伪之事已经核对出来,因此,我在那篇拙作中所引李的言论自应作废。而且事实上,我在日本京都大学人文科学研究所见到的那部抄本,在体例格局方面,与今北京、台北两种影印本可以说完全一致,估计这3部抄本在时间上不会有多大差距。向宜甫说:"日人森鹿三,极服熊氏以一生精力成此绝业,乃于一九三○年夏四月,遣松浦嘉三郎走武昌求其稿。"⑩这个年代在"九一八事变"以前,中日没有正式交恶,森鹿三从熊氏处获得此抄本当属可能。这样看来,这三部抄本可能都在20年代末期抄成。

拿北京影印本与台北影印本相比,立刻可以看出,它们的底本前者抄录在后,而后者抄录在前。其抄录的过程,也可大致明了:即台北影印本的底本抄出后,经过熊会贞的初校,然后再从这个初校后的抄本,抄录今北京影印本的底本。因为,今台北影印本中的许多涂乙之处,在北京影印本中已经根据前者的涂乙抄录更正。而台北影印本中还有许多熊会贞初校时所作的技术性注记,如"此处提行"、"此处再校某书"等等,在北京影印本中已经不存。对于"提行"之类的注记,北京本多已照改。

两本抄成以后,经历就完全不同,北京本的底本,收藏在后来向中国科学院出售此底本的徐行可手中,而台北本的底本,则仍为熊会贞所有,并且得到熊的不断增删修改。这中间,徐行可曾因某种机会,借得熊修改过的今台北本底本中的一卷,即卷二一《汝水》,和他所收藏的今北京本底本作过一次校对,使今北京影印本中也存在着这样一卷与台北影印本基本上完全相同的卷篇。就因此事,还引起了一些郦学家的误会⑪。除此以外,北京影印本的底本在抄录后未曾作过任何校对,所以错漏满帙。北京影印本出版后,钟凤年曾校出了各种错误达 2400 余处。⑫

假使刘禺生所说的"稿经六易"的话完全无讹,则今台北本影印本的底本,估计可能就是"六易"中的第五稿。这一方面是因为经过熊氏继续增删修改的这部抄本,从其文字体例和内容所反映的熊氏郦学思想,较之今北京影印本的底本有颇大的不同。另一方面,从以下将要提到的熊氏亲笔《十三页》⑬来看,此本在某些方面已相符合。《十三页》很可能就是熊氏针对这部抄本的修改而在他生前的最后两三年中陆续写成的。则熊不断地修改今台北本的底本,直到他最后放弃这部底本而另立新稿,即他被杨勉之所私卖的最后一部稿本。其间的时间差距不会超过两三年。现在,由于他的最后定稿本下落不明,因此,台北影印本的内容,加上他在《十三页》中提出的修改意见,是目前我们所能获得的熊会贞编撰《水经注疏》及其郦学思想的最后材料。

还必须把《十三页》再作一点说明。李子魁为了自己的目的,大量窜改这份材料的内容,并妄加《遗言》的名称。现在看来,《十三页》绝非杨勉之私售稿本以后所写,而在比此要早得多的时候陆续写成的。促使熊写这一份材料,其动机可能是他生了一场大病,自恐体力不济,预写这些,以防万一。所以若非李子魁谣言惑众,《遗言》的名称,或许是可以接受的。因为《十三页》的第三条就说:"此全稿复视,知有大错,旋病,未及修改,请继事君子依本卷末附数纸第四页所说体例修改,多删名子(字),甚易也。"这里所说的"此全稿复视"的"全稿",很可能就是今台北影印本的底本。今台北本的板框上端,常有"因病,此处未及修改"之类的眉批,可以为证。不过,在陆续写了这《十三页》以后,熊的身体又得到了恢复,用不着"继事君子",而是由他自己动手另起新稿。到了 1935 年,这部新稿除了渭、沔两水尚待增补外,已经"大致就绪"。所以当年他就通过郑德坤在《禹贡半月刊》发表了信心洋溢的《关于〈水经注疏〉之通讯》。⑭却不料就在此时，他的这部最后定稿竟被杨氏的不肖子孙杨勉之私售，因而造成了熊氏的悲惨结局。今天，我们若把今台北影印本中按《十三页》已作的修改和台北本尚未修改而《十三页》已经提出的两者联系起来，则熊被私售的这部最后定稿本的大致轮廓，或许还可勾画出来。

在《十三页》中，熊会贞除了他在杨守敬临终时所表示的"鞠躬尽瘁，死而后已"的态度绝未少变外，随着20多年来实际情况的发展，有很重要的两点，是他和他老师生前的主张大相径庭的。

第一，杨守敬在《水经注疏要删·自序》中说："其卷页悉依长沙王氏刊本，以便校勘。"指的就是王先谦的合校本。但《十三页》却推翻了杨守敬的这种主张。熊说："合校本是非并列，不置一词，此疏据以起草。……合校本以戴为主，看甚分明，今变动体例，以朱为主，而据赵、戴订之，或自订。通本朱是者作正文，非者，依赵、戴改作正文。不能如合校本之尽以戴作正文也，此点最关紧要。会贞衰颓，不能再通体修改，全仗鼎力。必如此，全书方有主义。"又说："顾亭林推朱笺为有明一部书……今以朱为祖本，据赵、戴订之，或自订之，俾更加密焉，全书依此。"熊在这一点上坚决改变他老师的旨趣，据《十三页》所提出的原因，只不过是"全书方有主义"，"顾亭林推朱笺为有明一部书"等几句话，好像并不能自圆其说。在这方面，熊或许还有他的难言之隐。就他和杨守敬的关系而言，杨是他的老师，直到最后，他对杨还是毕恭毕敬的。但是在学术上，经过20多年如上所述的主客观条件的变化，他的知识已经比杨丰富得多，眼界也要开阔得多，在郦学的阶梯上，他比杨高了好几个级次，早已青出于蓝了。在杨当年决定以合校本为底本时，理由简单而明确，即是"以便校勘"。虽然合校本尊戴，正文以殿本为准，但杨早已一口咬定戴书袭赵，他的尊全赵而贬戴的立场是众所共知的，因此，杨用合校本纯粹是为了工作方便，决不会因此招来任何褒贬。但到了熊手上，由于他在郦学研究上获得了大量杨所未曾接受的材料，他发现，戴赵相袭的问题，实际上比杨所了解的远为复杂。除了戴生前袭赵、赵身后袭戴以及张穆所谓戴赵袭全等材料，在熊手上更为丰富外，王梓材和董沛用殿本校改七校本的事实在熊已予定案，再加上下文要述及的关于大典本的问题等，对于前辈郦学家的评价，熊在思想上已经无法再和他的老师保持一致。他意识到，以殿本作底，今后必多是非，不若用朱笺为妥。于是，就以顾亭林的一句冠冕堂皇的话为理由，改变他老师的旨意，把底本从合校本改为朱笺。从郦学史来说，这是一种倒退；从熊氏来说，这是出于不得已。

第二，杨守敬在《水经注疏要删·自序》中说："日月易迈，恐一旦填沟壑。熊君寒士，力亦未能传此书。易世之后，稿为何人所得，又增一赵戴之争，则余与熊君之志湮矣."为此,杨对《水经注疏》日后刊行时的署名问题,生前规定得清楚明白。这就是熊氏在《十三页》上所说的:"先生初说,此书二人同撰,文各一半."并且定了署名的具体格式。但是,杨去世后的20多年中,熊又获得了大量杨生前所未睹的资料。其中特别是残宋本、大典本、明抄本,对全书至关紧要。但是文献浩瀚,头绪纷繁,靠熊1人,实在无法应付。因此,他就物色了杨守敬的宠孙先梅(岭香)作为助手,襄助编辑,而其中残宋、大典、明抄3本中的字句异同,全部由杨先梅录出。起初,他把杨先梅从此3本录出的字句异同,统一归入"守敬按"之下,今台北影印本中所见即是如此。但查阅《十三页》,就可知道他曾因此事而发生内心上的极大矛盾。他在《十三页》上说:"先生未见残宋本、大典本、明抄本,此书各卷,凡说残宋、大典、明抄,不得属之先生。当概删残宋本作某句,大典本作某句,明抄本作某句."但在经过反复思考以后,他又决定不删,所以《十三页》在空了一格以后,他又继续写道:"今拟不删,以先生说改为岭香孙世兄补疏。全书各卷中,先生按残宋本作某,或大典本、明抄本作某,尽改为先梅按残宋本作某,大典本作某,明抄本作某。每卷开首题各加一行,作孙先梅补疏."这是为什么呢? 从《十三页》字面上的理由说,杨既然没有看到这3种版本,把这3本归于杨的名下,自然是不妥当的。但是,对熊来说,这个理由其实是并不重要的。因为,如今我们把北京、台北两本核对一下,北京本上作"会贞按",在台北本上被改成"守敬按"的,全书不下数百。而北京本上还有大量只作"按"字的疏文,在台北本上也多被加上"守敬"二字。因为尽管杨曾嘱咐此书"文各一半",但熊还是自谦,在《十三页》中最后说:"文,先生三分之二,会贞三分之一."在台北本的底本中所以改动许多疏文的署名,很可能是熊为了要替杨凑足三分之二之数。其中必有不是杨的按语而署杨之名的。但是这3本中,其核心问题是大典本,情况却完全不同。假使署名冠以杨,则杨生前在大典本上对戴震的那些武断而过激的言论将何以自解? 所以熊曾一度考虑删这3本。但在学术上这不是一种光明磊落的做法,更绝非真正的尊师以德。这就是他在这个问题上的难言之隐。经过慎重考虑以后,他决定把这3本保留下来,而且特地要杨先梅来承担此3本的工作。熊为什么把此3本的事专嘱杨先梅?《年谱》"七十五岁"下写道:"先生以三孙先梅颇诚笃,又资禀过人,将来当能世其家学,特钟爱之,每出,必令随侍左右."[⑮]从熊会贞对此3本(主要是大典本)所作的措施,不仅说明了他处事的深思熟虑,而且也说明了他为人的诚笃忠厚。

以上说的是《十三页》上的事,下面再来看看从熊会贞对今台北本底本的修改中他的郦学思想的发展情况。

这里首先要提出的,仍然是上述大典本的问题。这是在北京影印本中绝不涉及的问题,但在台北影印本中,凡是朱笺字句与前述3本有异之处,他都举3本相核对。而且在绝大多数情况下,都是以 3 本修改朱笺。其中最关紧要的是大典本,这也就是我在上文提到的他的一种难言之隐。因为杨氏在世之日,对戴震及其殿本,显然相当鄙视。这中间,除了他确信戴氏袭赵外,另一原因就是他确信戴所云大典本为子虚乌有。杨在致梁节盦札中说[16]:"叶君浩吾谓世称戴所云《永乐大典》本,皆直无其事。"杨又说:"独怪当时纪文达、陆耳山并为总纂,曾不检大典本对照,遂使东原售其欺。"他在《要删凡例》中也说:"乃知大典本与朱本,实不甚有异同。"其实,这些话出于没有见于大典本的杨氏之口,不仅武断,并且意气用事,在学术论争中是很不可取的。杨去世后,熊获得南林蒋氏所藏大典本前 20 卷,以之与殿本核对,始知杨言之孟浪。以后,当全部大典本收入《续古逸丛书》影印出版后,此事就成为举世皆知。郦学界名流如汪辟疆[17]和日本森鹿三[18]等,都认为戴震在这一点上蒙受了不白之冤。所以熊在《十三页》上指出:"据《提要》,戴概从大典本,实不尽然,多从大典,或自订。"其实,《提要》(按:指《四库提要》)说"今以《永乐大典》所引,各按水名,逐条参校",却并无"概从大典本"的话。而殿本按语中指明据别本校勘的也不少,仅郦有光本一种,殿本据以校勘的就达 7 处。所以事实上也并非"概从大典本"。熊的这一个"概从大典本",仍然包含着为他老师的过激言论留一点余地的意思。当然,熊作为一位治学严谨的学者,《十三页》中毕竟写出:"人或以戴出大典本为诬,故标出,非复也。"又说:"人多以戴出大典本为诬录,以见戴多本大典,不尽本大典,而戴之冤可大白于天下,戴之伪亦众著于天下矣。"这里泛称的"人",其中十分重要的角色,正是他自己的老师。熊在末尾特意加上"戴之伪"云云一句,其实,在引大典本的问题上,由于《提要》本来就没有"概从大典本"的话,因此,戴作伪之处,或许是很有限的。熊加上这一句,其用意也和"概从大典本"一样,还是为他的老师留下一点面子。当然,熊在台北影印本中的反复标出大典本的作法,在郦学研究史上,确是一种值得赞赏的公正措施。而对于他的老师来说,熊对此事的处理方法,实际上做到了真正的尊师以德。

当然,熊在台北影印本底本上所采取的这种措施,其目的只是为了对他老师认为戴引大典本"直无其事"做出更正,并不涉及同时否定戴赵相袭的问题。杨在《要删自序》中说:"赵之袭戴在身后,一二小节,臧获隐慝,何得归狱主人;戴之袭赵在当躬,千百宿赃,质证昭然,不得为攘夺者曲护。"在这个问题上,熊的观点看来到最后仍与杨保持一致。不过熊对戴的态度,显然与杨有了较大的变化。即使在这个问题上,熊的做法比杨也要温和得多。例如在卷十五《伊水》经"又东北过新城县南"注"故世有三交之名也"句下的疏文中,熊删去"此亦戴袭赵之一证"8 字。这可能是接受其老师在这些问题上言辞过激的教训,但同时也表示了熊显然不愿在这类问题上旧事重提。当然,凡在证据确凿之处,熊仍然并不让步。例如卷五《河水》经"又东北过高唐县东"注

"京相璠曰：今平原阳平县"句下疏文："此犹得谓戴非袭赵耶？"又如卷二九《沔水》经"又东过会稽余姚县，东入于海"注"江水东迳赭山南"句下疏文："此犹得谓戴不见赵书乎？"像这样的例子，全书仍然不胜枚举。但熊绝不采取他老师的那种揪住不放的办法，尽管他从不否认戴书袭赵的事实，但是对于前辈郦学家，他在20多年的独力研究中，已经形成了他自己的评价标准，在这方面也不同于他的老师，以下将再提到。

在台北影印本中所反映的熊会贞郦学思想的发展，另外一个重要的问题是关于全祖望及其七校本的问题。杨守敬尊全赵而贬戴，因此，凡有所校正，必提全氏之名；凡列3家姓氏，必称全赵戴。全居首而戴殿后。当然，按3人的年齿而论，这种排列并无不当。但是，林颐山指责七校本作伪的事以及王先谦在合校本中只字不收全书的事，杨是完全清楚的。而且，在今北京、台北两影印本中，也存在着这样一类议论，例如卷七《济水》经"又东过封丘县北"注"北济也"句下疏文："是王梓材据戴本之所为。"又如卷十五《洛水》经"洛水出京兆上洛县讙举山"注"是也"句下疏文："王梓材据戴改全。"诸如此等，都是杨自己的按语。杨去世后，郦学界不少学者提出的证据和熊自己对七校本的继续校核，发现王梓材和董沛据戴改全的事，的确相当普遍。这样，七校本在某种程度上就是殿本，因此，在许多场合下，疏文中的"全赵戴改"或"全戴同"之中的"全"字就失去了意义。而熊会贞终于步王先谦的后尘，在台北影印本的底本中，涂去了大部分全祖望的名字。所保留的只是关于全氏分清经注方面的和其他可以确认全的学说。可能是由于熊不希望比他的老师走得太远，因此，他的做法比王先谦要缓和得多。除了在上述特殊情况下保留若干"全"字外，北京影印本中还有一些为七校本辩解的话。例如卷一〇《浊漳水》经"又东过壶关县北"注"谓之为滥水也"句下疏文："足见近刻全本不尽伪。"又如卷一八《渭水》经"又东过武功县北"注"左会左阳水"句下疏文"知全氏注中之说非谬"等，在台北影印本中也保留了下来。

由于发生了上述大典本和七校本等事情，在熊会贞的郦学思想里，戴震的地位显然和他老师的观点有了差别。现在我们在台北影印本中所看到的，凡是全赵戴并列的疏文，"全"字涂抹以后，赵戴两字在大部分场合都作了勾乙，戴从末位上升到首位。关于这一点，《十三页》中也有解释："初，全赵戴并举，后多删全，以戴名过于赵，作戴赵改。"不仅如此，在北京影印本中有许多以赵改戴的字句，在台北影印本中常被熊涂改，反过来以戴改赵。例如卷十八《渭水》经"又东过武功县北"北京本注"群臣毕贺"，"臣"字下疏文："戴臣作官"。而台北本注文已从戴，作"群官毕贺"。"官"字下疏文："赵官作臣。"又同条经文下北京本注"终如其言矣"句下疏文："戴删其字，非。"但台北本却改殿本，作"终如言矣"。"如"字下加疏文："赵有其字。"原来的"戴删其字，非"五字则被删去。此外，杨守敬称"不得为攘夺者曲护"，但熊却在戴的许多错误处，为戴婉言辩解。例如卷十九《渭水》经"又东过霸陵县北，霸水从县西北流注之"注"秦襄公时有天狗来下"，此处"天狗"，朱笺和殿本均作"大狗"。北京本疏文原作："守敬按：《类聚》九四、《御览》九〇五并引《三秦记》此条，全文本作天狗，赵改天是也，故全从之，何戴犹仍朱之讹耶?"但在台北影印本中，熊把它改作："守敬按：残宋本、大典本并作天，《类聚》九四、《御览》九〇五并引《三秦记》此条，全文本作天狗，戴仍朱之讹，是其偶疏也。"又同卷经"又东过华阴县北"注"操乃多作缣囊以埋水，夜汲作城"句下，北京本疏文云："按：《魏志注》，埋水作运水，夜汲作夜渡兵。"台北本改作："守敬按：残宋本、大典本并作搋水，是也。《南史·何运传》，为武昌太守，以钱买井水，不受钱者，搋水还之，是其证。赵本沿朱本，戴亦舍大典而从之，是其偶疏也。"

如上所述的熊在这方面有所更改，都并不是偶然的。对此，他在《十三页》中有五个字的概括解释："惟戴之功大。"这也是熊会贞晚年经过他的长期分析研究而形成的郦学思想。在郦学界，具有这种思想的学者是不少的，若要举出最权威的人物来，那么，中国的胡适和日本的森鹿三都是这方面的最好例子。

以上论述的熊氏郦学思想的发展，主要是关于郦学研究史和郦学界重要人物的评价方面。下面再来看看熊氏在郦学研究的内容方面的发展。熊会贞和他的老师一样，是一位地理学家。在杨去世后的20多年中，正如前面所指出的，由于地理学在我国的迅速发展，因此，熊氏在地理学素养和方法的运用上，也有了较大的进步。以台北影印本和北京影印本作对比，他对北京本的许多改易，都是有关地理学方面的。例如卷三〇《淮水》经"又东过庐江安丰县东北，决水从北来注之"句下，他改北京本的"安丰"为"安风"，并加疏文云：

> 朱安风作安丰，下同，各本皆同。会贞按，《决水篇》，安丰在决水西。安丰之东北为阳泉县，阳泉之东为安风县。郦氏准以地望，知经之决水当为穷水。穷水出安风（见后），必是谓安风东北注淮者穷水。由此知所见必作安风。自校此书者习见安丰，少见安风，改经，并作安丰，而传刻者亦皆沿之，不知其地望不合也。今订。

在这条疏文中，熊从安丰与安风两县的地理位置进行细致深入的研究，最后获得正确的结论，把各本均错的"安丰"改成"安风"。这样的例子，在台北影印本是不胜枚举的。另外，熊氏在疏文的修改中，常常用比较新的地理学说代替陈旧的地理学说，例如卷一《河水》经"昆仑墟在西北"句下，杨守敬原来有一段疏文说：

> 守敬按：此本《山海经·海内西经》说：《山海经》作墟，而《说文》虚字下称昆仑虚，毕本、郝本《山海经》改作虚。然考《类聚》七、《初学记》六、《通典》、《白帖》五引《水经》并作墟。又各书亦多作昆仑墟，则墟字承用已久。郭璞《海外南经》

注：墟，山下基也。按言河源者，当以《汉书·西域传》为不刊之典，以今日舆图证之，若重规迭矩。作《水经》者，不能知葱岭即昆仑山，又见《史记·大宛传赞》云：恶睹所谓昆仑？《汉书·张骞传赞》亦云尔。遂以昆仑置于葱岭之西。郦氏似知昆仑即葱岭而不敢质言，又博采传记以敷合之，遂与经文同为悠谬。

熊会贞对于这一段疏文是很不满意的。上半段是从"此本《山海经·海内西经》说"到"墟，山下基也"，引经据典，无非解释这个在地理上无关紧要的"墟"字和"虚"的来历。因而他就全部予以删节。下半段虽然指出了经文的错误，但仍然没有说明这一带的山川形势和昆仑墟的地理位置。他虽然碍于他老师的作品而勉强保留了下半段，以致像"按：言河源者，当以《汉书·西域传》为不刊之典"这种在熊看来已属荒谬的议论仍然见诸疏文，但为了抵消这类疏文的错误，紧接杨的这段疏文以后，熊又加上了他自己的一段疏文：

会贞按：《一统志》，西藏有冈底斯山，在阿里之达克喇城东北三百一里。此处为天下之脊，众山脉皆由此起，乃释氏《西域记》所谓阿耨达山即昆仑也。又齐召南《水道提纲》：巴颜喀喇山即古昆仑山，其脉西自金沙江源犁石山，蜿蜒东来，结为此山。山石黑色。蒙古谓富贵为巴颜，黑为喀喇，即唐刘光鼎谓之紫山者，亦名枯尔坤，即昆仑之转音。戴震《水地记》，自山东北至西宁府界千四百余里。《尔雅》：河出昆仑虚，不曰山。察其地势，山脉自紫山西连犁石山，又南迤西连，接恒水所出山。今番语冈底斯者，亦言群山水根也。置西宁府边外五千五百余里，绵亘二千里，皆古昆仑墟也。

这一段描述青藏高原的山川地理的疏文，按今日地理学发展的水平来看，当然存在不少错误和缺点，但根据20年代末期的情况，特别是出自一位没有受到现代地理科学训练的学者之手，已经可算差强人意了。若与前面一段杨守敬的疏文相比，则青出于蓝更是一望而知。

另外，杨熊作为地理学派的郦学家，在他们的疏文中十分重视沿革地理的描述。诸凡郡县城邑，均细叙其沿革变迁，而最后必指出它们的今地所在。在这方面，熊会贞在今台北本上所作的许多修改，较之杨守敬也很有发展。我们在今北京本中所见的杨在这方面的叙述，今地的确定往往借助于《方舆纪要》、《续山东考古录》、《一统志》和"钱坫曰"[19]等。但在台北本中，这些文献绝大部分都被熊删去，而是由熊直接考证今地所在。与北京本相比，不少今地的位置，都已修改得更为精确。这当然是因为到了熊的时代，有经纬网格和比例尺的新式地图陆续问世，熊氏可以通过这些地图考订今地，不必再借助于古代地理文献了。

在郦学研究中，重视与地理学的联系和地图的运用，这是《水经注疏》不同于其他版本郦注的特色。读《水经注疏》者必须对此引起注意，否则就会造成错误，1979 年出版的《辞海》就是一个例子。《辞海》的"水经注疏"条说："因未经审校，错别字及脱漏之处甚多，如《涪水》漏抄郦注本文竟达九十多字。"这里，未经审校错漏甚多的话，对于北京影印本来说是完全正确的，我在拙作《关于〈水经注疏〉不同版本和来历的探讨》[②]一文中已述其详。但《涪水》漏抄郦注本文 90 多字的话，却完全不是事实。《辞海》作者对照殿本或其他考据学派校勘的版本，发现注文"涪水出广汉属国刚氏道徼外，东南流"之下，少了"迳涪县西，王莽之统睦矣。臧宫进攻涪城，斩公孙恢于涪，自此水上。县有潺水，出潺山，水源有金银矿，洗取火合之，以成金银。潺水历潺亭而下注涪水。涪水又东南迳绵竹县北，臧宫溯涪至平阳，公孙述将王元降，遂拔绵竹。涪水又东南"一段，共 91 字，就不再研究一番，信手拈来，作为北京本脱漏的例子。其实，这条释文的作者，只要再往下阅读几段，不仅可以发现这 91 字在注文中并未少去一个，而且还可以在"遂拔绵竹"句下，读到熊会贞的一段疏文：

> 会贞按：……朱"徼外"句下，接"东南流迳涪"云云，至"遂拔绵竹"，下接"涪水又东南与建始水合"，至"迳江油、广汉者也"。全赵戴（按：此据北京本，台北本删"全"字，"赵""戴"乙）同。准以地望，建始水在上，江油在下，涪县又在下，何能先迳涪县而后会建始水而迳江油也？明有错简。"东南流"三字下当接"与建始水合"至"迳江油、广汉者也"。又移"与建始水合"上"涪水又东南"五字于其下，乃接"迳涪县西"至"遂拔绵竹"方合，今订。

熊会贞无疑是对照地图研究了这段注文，然后加以校改，并写下了这段疏文的。

前面已经提及，熊会贞在杨去世后继续工作了 20 多年，而这一时期，正是西方科学著作大量迻译，而国内科学界也获得较大发展的时代。熊本人无疑会受到这些现代科学的启发，从而认识到，在旧郦学的内容中存在着迷信落后的一面。从他对今台北影印本的底本所作的不少修改中，完全可以反映出他刷新郦学研究的愿望。当然，在这方面，他常常是力不从心的。因为，他虽然是个地理学家，但他所精通的，只是传统的沿革地理，却缺乏为《水经注》作出科学注疏所必备的现代自然地理学、地质学和生物学等知识。为此，在他修改的不少疏文中，可以看出科学性有了改进，但还远远不能臻于完美。例如，他在卷一《河水》经"又出海外，南至积石山下，有石门"注"积石宜在蒲昌海下矣"句下，果断地删去了原来的全部疏文计 1982 字，这是他在台北影印本中所删节的最大的一段。这段疏文，大部分从赵氏《水经注释》抄来，无非是引经据典、翻来覆去地阐述黄河重源的谬说。熊氏当然已经认识到黄河重源的违反科学，所以全部删去，而换上了一段 288 字的短小疏文。在这段新的疏文中说到："董祐诚又谓，自此以上为河之东源，下从葱岭出者为河之西源，至蒲昌海伏流而重见为东源。皆非也。"说明对于黄河重源的错误,熊氏已经十分了解。但是由于他没有地质学、地貌学等科学知识,新的疏文虽然远胜旧的,但仍然没有把整个问题解释清楚。

再举一例,卷二七《沔水》经"又东过城固县南,又东过魏兴安阳县南,涔水出自旱山北注之"注"有盐井,食之令人瘿疾"句下疏文,北京本作:

> 会贞按:《博物志》,山居多瘿,饮泉水不流者也。郦氏言食此井盐令人瘿疾,盖亦其水之不流耳。

但台北本改作:

> 会贞按:《博物志》,山居多瘿,饮泉水不流者也。此则井盐,食之致疾为异耳。

在北京本的熊疏中,他附和《博物志》的说法,认为瘿疾的原因是山居饮不流之泉水。井水也是不流之水,故食井盐同样能致瘿疾。但以后,他经过考虑,或许是查阅了其他资料,开始怀疑《博物志》的说法,但却也无法驳倒它的说法,所以只好保留《博物志》的话,而把他自己原来附和《博物志》的话作了修改。这当然不失为一种知之为知之、不知为不知的科学态度。现在我们已经知道,所谓瘿疾,就是甲状腺肿大,其病源是由于山居缺乏含碘的食物。

我在拙作《论郦学研究及其学派的发展》[21]一文中指出:"考据学派是郦学研究中最古老的学派,可是并没有完成历史任务,再接再厉,还在后学。"熊会贞作为一个地理学派的代表人物,但他在《水经注》的考据方面,在杨守敬去世后的20多年中,也仍然做出了不少贡献。拿台北本与北京本相比,在考据方面的新成果也是不少的。例如卷十九《渭水》经"又东过霸陵县北,霸水从县西北流注之"注"王莽更之曰水章"句下,熊氏在版框上端增加了一段新的疏文:

> 会贞按:今本《汉志》作水章,与此同。然莽于汉县名陵者多改陆,章字与秦名霸水之意虽合,而与莽意不合。残宋本郦注作水革,大典本、黄本同。霸字从革,疑莽隐喻革命之意而取以名县。则《汉志》本作革,传抄讹为章也。自吴本改革为章,朱本沿之,至今遂无有知其非者矣。兹反复推求而得之。

如上述,尽管有残宋本、大典本、黄省曾本作依据,熊氏并反复推求而写了这样一段疏文,但郦注正文中的"章"字却不作更改。熊氏因为事涉《汉书·地理志》,所以修改必须慎重,疏文只供学者参考而已。这里,我们不仅看到了熊氏在考据上所下的工夫,同时也看到了他的谨慎持重的治学态度。

在我国郦学界,历来杨熊并提,而《水经注疏》一书,尽管熊氏在杨氏身后继续惨淡经营,"稿经六易",但无论如何,它仍是杨熊二人合作的成果。不过,从上文所述,熊氏在杨氏去世后的20多年中,由于主客观条件的不断变化,与杨氏相比,他在郦学思想上显然有了很大的发展。在郦学研究史的郦学家人物的评价中,熊氏就戴震引用大典本的问题将他老师生前的武断言论作了实事求是的更正,而且采取现实主义的态度,撇开历史上纠缠不休的戴赵相袭的旧事,改变杨氏崇全赵而贬戴的立场,事实上把戴震提到郦学家中的最高地位。在郦学研究中,他继承杨氏地理学的衣钵,把主要精力放在充实疏文的地理学内容方面。同时,在新的科学思潮的启发下,正视了旧郦学研究中的落后一面,而力图刷新郦学研究的内容和方向,删节内容上有明显错误的疏文,加入了不少经过他反复推敲的新资料。

前面已经提到,熊会贞是一位性格诚笃而有真才实学的学者。他在《十三页》上谦逊地修改了他老师"文各一半"的话,而说成是"文,先生三分之二,会贞三分之一"。其实,只要对疏文做过一番研究的人都会看得出来,"会贞按"的疏文和署"守敬按"而其实属熊的疏文,显然占了全部疏文中的多数。假使与《要删》相比,更可以看到疏文的质量也有很大的提高。这些当然都是熊会贞在杨去世后辛苦20年的卓越贡献。青出于蓝,原是事物发展的必然规律,《水经注疏》当然是杨守敬和熊会贞两人合作的成果,但是,从郦学研究的成果来说,熊会贞显然已经超过了他的老师。

熊会贞郦学思想的发展及其在《水经注疏》一书中作出的巨大贡献,对我们今天的郦学研究是一种有益的启发。它告诉我们在郦学研究中继承与发展的关系。从郦学学派来说,地理学派是继承了考据学派而发展起来的。没有考据学派为郦学研究奠定基础,地理学派就很难在郦学领域中有所发展。但地理学派既已在郦学领域中扎根壮大,就应该摆脱考据学派留下来的许多无益争论,放眼于开拓地理学在郦学研究中的广阔前途。另外,尽管地理学派是郦学研究中的新学派,但随着科学的日新月异的发展,地理学派本身也必须不断地去旧更新,使郦学研究随着时代而前进,攀登新的科学高峰。

注释:

① 杨守敬晚年自撰的年谱,以下简称《年谱》。有杨氏自刊本、《胡适手稿》第五集中册复印自刊本。本文所引据《胡适手稿》复印本。

② 《国史馆刊》创刊号,1947年。

③ 德承、蔚光,杨守敬子;先枨,杨守敬孙。

④ 《水经注疏要删补遗·序》(宣统元年刊行):"《水经注疏要删》初成,长沙王祭酒(按:指王先谦)见之,致函愿出钱刻全书,而吾书实未编就。"

⑤⑰ 汪辟疆《明清两代整理〈水经注〉之总成绩》,台北中华书局影印本《杨熊合撰水经注疏》卷首。

⑥　《关于〈水经注疏〉之通讯》,《禹贡半月刊》1935 年第 3 卷第 6 期。

⑦　刘禹生《述杨氏〈水经注疏〉》,《世载堂杂忆》,中华书局 1962 年版。

⑧　《〈水经注〉四本异同举例》,《学粹》第 4 卷第 5 期,台北,1962 年。

⑨　《水经注研究》,天津古籍出版社 1985 年版。

⑩　《水经注疏》排印本卷首向宜甫《序》,武昌亚新舆地学社 1949 年版。

⑪　贺昌群《影印〈水经注疏〉说明》(北京本卷首)及钟凤年《〈水经注〉疏勘误》(载《古籍论丛》,福建人民出版社 1982 年版)。由于贺、钟两人均未见过台北本,两人均误以为北京本《汝水》是徐行可所校改。

⑫　钟凤年《〈水经注疏〉勘误》。

⑬　原件共 13 页,是熊会贞亲笔,影印于台北本卷首。

⑭　《禹贡半月刊》1935 年 5 月第 3 卷第 6 期。

⑮　按:杨守敬自撰《邻苏老人年谱》至 73 岁,卷末有"辛亥十一月十一日邻苏老人记于上海虹口旅次"语;自 74 岁(民国元年,1912)起至 77 岁(民国四年,1915),为熊会贞所续写。

⑯　此札后为陈垣所收藏,《胡适手稿》第五集中册有原札抄件。

⑱　[日]船越昭生《森鹿三先生之〈水经注〉研究》,《地理》第 26 卷第 3 期,东京古今书院 1981 年版。

⑲　指清钱坫所撰《新斠注地理志》等书。

⑳㉑　《水经注研究二集》,山西人民出版社 1987 年版。

汪辟疆与《水经注》

汪辟疆(1887—1966)，名国垣，号方湖，江西彭泽县人。长期任教于南京大学及其前身中央大学，是近现代的著名学者，生平对《水经注》有精湛研究，是一位著述丰富的郦学家。汪氏何时开始研究郦学，《汪辟疆文集》[①]卷末他的学生程千帆所撰《后记》中有一段说明：

> 汪老师在抗日战争以前，虽然也常和学生们谈到《水经注》的可贵，但专门致力于这部书的研究，则开始于抗日战争中住重庆时。一九三九年，李子奎将熊会贞受杨守敬遗嘱，以惊人毅力完成的《水经注疏》带到了重庆，拟请老师设法刊印，这在当时当然是不可能的，但老师从事于《水经注》的研究，这件事可能是一种契机。

这段文字中述及李子奎(魁)的几句，其实是李的盗名作伪，以下将再论及。但李的这一次与汪氏见面，成为汪继续深入研究郦学的"契机"，大概是确定的，我们可以引汪氏所撰《〈水经注〉的版本和整理工作》一文中的一段相对照：

> 在抗战初起的时候，我因避乱到重庆乡间居住，偶然把手边戴校《水经注》从头到尾细细读了一遍，就马上感受尚有不少的困难问题。那时很想搜集众本，再来一次校勘工作，但是因为借书困难，而我行箧所携，只有赵一清乾隆五十一年重刊本和杨守敬熊会贞《水经注疏》不全稿本，后来又借到沈炳巽《水经注集释订讹》、王先谦《合校水经注》，仍然缺乏甚多，这工作只好搁下。

　　汪氏在此文中提到的他的行箧中的"杨守敬熊会贞《水经注疏》不全稿本",
显然就是李子魁1939年携往重庆去见他的所谓"稿本"。此"稿本",汪氏曾请章
士钊设法刊行,但不获成功,所以有一段时期曾置于汪氏处。汪氏于抗战初随中央
大学溯长江西行入蜀,后来撰有《西陵竹枝词》9首,收入《峡程诗纪》②篇中,其序言中
提及:"三峡之说,至为歧异,今按杨守敬《水经注疏》卷三三'江水又东迳广溪峡'句
下,杨氏疏云:……"此处汪引杨疏270余字,文字与今北京本及台北本颇有不同,足见
汪所引者,即是李子魁携渝的所谓"稿本"。汪氏在其《明清两代整理〈水经注〉之总成
绩》一文中说:"稿凡数本,其一本,为中央研究院所得;其誊清正本,则仍在李子奎处,
今余所及览者,则李君所藏之正本也。"汪氏把李子魁的所谓"稿本"称为"誊清正本",
这就是我在拙作《关于〈水经注疏〉定稿本的下落》一文中所说的:"有些一心一意做学
问的人,常常容易受骗上当,这叫做君子可欺以方。"不过李子魁的"稿本",却也绝不
是李的作品,本文下面将要论及,乃是杨熊早年所撰述。而汪氏治郦除此本以外,还有
殿本、注释本、合校本以及《水经注集释订讹》等各本互相参照,所以并不影响汪氏的
研究成果。汪氏的治郦成果,曾经公开发表而现在尚可获致的,约有下列各种:

名称	发表处	备考
《明清两代整理〈水经注〉之总成绩》	初载于重庆《时事新报》副刊《学灯》第69、70期(1940年1月22、29日),《胡适手搞》第五集中册影印《学灯》原件,台北中华书局1971年影印杨熊合撰《水经注疏》载此文于卷首以代序言。	《胡适手稿》全录此文,题下有胡适括注(记熊会贞晚年才用《水经注》《永乐大典》本、残宋本及明抄本来校勘他的《水经注疏》)。
《分析〈水经〉和〈水经注〉作者的分歧问题》	原载《江海学刊》创刊号,1958年第1期,收入《汪辟疆文集》。	
《〈水经注〉与〈水经注疏〉》	原载《中国文学》第1卷第4期,收入《汪辟疆文集》。	程千帆在《汪辟疆文集》后记中说:"其中《〈水经〉与〈水经注疏〉》一文,仅存前半,但其详述杨守敬《水经注疏》成书以前,历代对《水经注》的研究情况,对我们仍是非常有益的。"
《杨守敬熊会贞传》	原载重庆《中国学报》第1卷第2期(1943年10月10日),收入《汪辟疆文集》。	此文又载于《国史馆刊》创刊号(1948年),文题作《杨守敬熊会贞合传》。

续表

名称	发表处	备考
《〈水经注〉的版本和整理工作》	原载《申论》第1卷第10期,收入《汪辟疆文集》。	
《致胡适论〈水经注〉书》③	原信不见,仅有胡适于民国三十五年十一月二十二日复信,收入于《〈水经注〉的版本和整理工作》。胡适此信,不见于《胡适手稿》。	《〈水经注〉的版本和整理工作》云:"近年又听说胡适之先生也正在从事整理工作,并且闻他在美国已搜求了不少版本。在三十五年的冬天,我写了一封信给他,并且将拙撰《明清两代整理〈水经注〉之总成绩》、《杨守敬熊会贞合传》及其他有关郦注的论文,交马骒程君带去,后来接到适之复函,颇以我对于杨熊有过于回护的地方为憾。"
《水经注疏》	收入《汪辟疆文集》。	此文撰于民国三十二年四月一日。
《熊会贞遗事》	收入《汪辟疆文集》。	此文撰于民国三十二年四月三日。
《李子魁携〈杨守敬熊会贞合撰水经注疏〉全稿》	七言古诗2首,计32韵,附于重庆《时事新报》副刊《学灯》第70期(1949年1月29日)《明清两代整理〈水经注〉之总成绩》之后。	武昌亚新舆地学社1949年铅印《水经注疏》一至三卷中亦收入此诗。

在汪氏所撰的《水经注》研究诸文中,最重要和影响最大的当然是《明清两代整理〈水经注〉之总成绩》。1971年台北中华书局影印出版的《杨熊合撰水经注疏》把此文置于卷首,具有代序言的性质,中华书局编辑部在卷首附有《〈杨熊合撰水经注疏〉稿本提要》一篇,篇末云:

> 辟疆先生长文,泛论明清以来整理《水经注》之总成绩,而归结于杨熊书之精义入神,其于此籍之崎岖历尽,娓娓详尽。倘此文不作,至今无复余人能道,有关掌故,后世懵焉而已。是知辟疆先生固因杨熊书而发为雄文,杨熊书因辟疆先生之文愈显光芒,可谓相得益彰者矣。

这段话一方面概括了汪文的主要内容,另一方面则指出了汪文的重要价值,可谓深得汪文之要领。这里必须说明的是,前面已经提及,汪氏曾说:"今余所及鉴者,则李君所藏之正本也"。说明汪氏既未见今北京本的底本,也未见台北本的底本,而所谓李子魁的"正本",实在并非《水经注疏》的真本。汪氏据这个"正本"撰写他的这篇宏文,则汪氏此文是否具有价值? 事实是,汪氏虽然未见杨熊真本,但汪氏此文的价值却不容怀疑。这是因为,李子魁的这个所谓"正本",其实也是杨熊早期的作品。虽然不能与熊氏最后稿本即台北本的底本相提并论,但大体上仍然粗具《水经注疏》的规模。此事之所以能够调查清楚,倒是全赖胡适的考证功夫。事实是这样,李子魁以这个本子上的两卷,于1947年发表于湖北师范学院的《史地丛刊》之中,为胡适所见,胡作了仔细核对,并且评论说:

> 民国三十六年到三十七年,李子魁在湖北一个师范学院的学报上发表了所谓杨守敬熊会贞的《水经注疏》第一卷、第二卷,我曾于前两年见过中央研究院寄存商务印书馆的《水经注疏》四十大本,我颇疑心李君发表的材料,不是《水经注疏》的真本。……民国三十七年九月,我在南京,又借了《水经注疏》四十册稿本(原注:此时稿本已在中央图书馆)来看,同时又借了国立编译馆收买的《水经注疏要删再续补》稿本(原注:即第四部要删)来对勘。我对勘的结果,证明了李子魁发表的,是他把杨熊两公的四部《水经注疏要删》合并编纂而成的,用王先谦的合校本作底本,其中采用《要删再续补》的最多。④

其实,除了胡适的考证以外,对于这个本子,李子魁自己也有所交代。因为他除了在《史地丛刊》发表了《河水》2卷外,又于1949年出了一个《河水》3卷本,由武昌亚新舆地学社排印,卷首有向宜甫序,其中说道:

> 余于一九三九年冬季晤李子魁教授于重庆沙坪坝,尝为余道其遗事,并搜集散稿,钩稽群籍,更改体例重加整理,汇订成书。

由此可知,李子魁携往重庆的《水经注疏》,其实就是拼凑各本《水经注疏要删》而成的本子。在那个时代,国内仅有的两种《水经注疏》稿本,一本由中央研究院委托商务印书馆保藏(后转到中央图书馆),另一本则在汉口书商徐行可手中,研究《水经注》的学者,除了极个别的如胡适以外,谁也没有看到过这些本子。当时学者议论《水经注疏》,实际上都据各本《水经注疏要删》。由于《要删》具有《水经注疏》底本的性质,所以所有这类议论,包括汪氏的这篇宏文在内,应该说虽不中亦不远矣。

在近代郦学家中,汪辟疆的研究侧重于《水经注疏》,他不仅研究此书的本身,而且还为杨熊撰写传记。他对《水经注疏》推崇备至,指出"其书精诣,有突过前人者"的四个方面,即:一、确定朱本为正文,而据赵戴或己见以订正;二、详著注文之出处,以见郦氏删取群书之迹;三、博采经传雅记,三五互证,以疏郦注之凝滞;四、细按地记图反复校雠,以弼郦亭之违失。这四条中的第一条,他显然从李子魁窜改过的所谓《熊先生补疏〈水经注〉疏遗言》中得到,其余三条则得之于李子魁携渝之本,实即各本《要删》,所以基本上仍是杨熊治郦精神。汪氏在《水经注疏》的版本上受人之欺,其责不在汪氏,而从他对于杨守敬刊于《水经注疏要删·自序》之后的所谓己卯《叙语》一事的判断中,说明他是非分明,处事公正,是一位治学严谨的学者。

所谓己卯《叙语》,是指光绪己卯(1879)杨守敬自称潘存崇扬杨的一篇《叙语》⑤,《叙语》大大称赞了杨氏的著作如《历代舆地图》、《〈隋书·地理志〉考证》和《水经注疏》。杨氏把这篇《叙语》收入于《要删》和他自编的《邻苏老人年谱》,而其实,在光绪五年,《叙语》称赞的这些著作,有的没有出来,有的没有完全出来。胡适对这篇《叙语》的评论是:⑥

潘存在北京做京官,待杨守敬有大恩,杨守敬要报潘的大恩,故要在他的大著作里,留下这位死友的姓名,这大概是捏造这篇《叙语》的一个用意吧。

胡适又说:

这一篇杨守敬的自赞,太过火了,就露出马脚来了。光绪己卯(五年),他只有四十一岁,他刚刚到武昌做卖书生意,何处有《历代舆地图》! 何处有《〈隋书·地理志〉考证》! 更何处有《水经注疏》!

胡适的批评没有错,但作为一位著名的学者,出言未免过于尖薄,汪辟疆对于己卯《叙语》意见,其实与胡适相同,他在《水经注疏》一文中,首先考证了潘存(孺初)的行历:

孺初于学靡不通,读书能看透数层,又熟精掌故,工文事,承修疏稿,传诵一时,悉经先生改定,书法尤自喜。

汪氏对潘存作了许多褒赞,因为杨守敬假潘存之名吹嘘自己,其责不在潘存,但既然事涉潘氏,对他就必须有一番公正的评价。至于《叙语》的本身,汪氏说:

据此,则杨氏《水经注疏》一书,在光绪五年以前已有成书矣。然实则刊于光绪三十一年乙巳(按:指《要删》),其前三年癸卯,杨氏跋潘氏后又云:此文潘先生孺初二十年前题语也,今先生墓木已拱而吾书方成。据此又可断定,光绪初元杨氏实未成书。然而潘氏题词,其为杨氏伪撰,托孺初先生以自重其书无可疑也。

与上述胡适的评语相比,同样的结论,但汪氏却说得平心静气,公正有理,表现了他的学者风度。杨守敬、熊会贞是师生关系,熊会贞事师恭敬诚笃,人所共知。师生合作撰写,熊氏尤逾格自谦,《水经注疏》一书,熊氏倾其20余年精力,但在《十三页》却说:"文先生三分之二,会贞三分之一。"对于杨熊在这方面的关系,汪辟疆在仔细揣摩注疏文字以后,作了实事求是的评论。他在《杨守敬熊会贞传》中指出:"实则郦疏泰半出自熊氏,其自言,疏文杨师三之二,会贞三之一者,盖谦辞也。"对于《水经注疏》以外的其他地理著述,汪氏也指出:"守敬多所研治,未能专力亥步,乃悉以委诸熊氏,故杨氏舆地诸书,几尽出会贞之手,书成缮写,守敬仅加序跋而已。"对于杨熊师生在著书立说中的这种故事,历来学者不是没有所见,但由于杨氏盛名,而且事涉关系密切的师生之间,所以迄未有人论及于此,汪辟疆实是在这方面进行议论的第一人。《典论·论文》说:"盖文章,经国之大业,不朽之盛事。"所以这是不容含糊的大事。何况在《水经注》一书的历史上,已经有过绵延200余年的赵戴一案,汪氏在这个问题上的秉笔直书,正是他对后世学者负责的行为。台北中华书局编辑部所说:"倘此文不作,至今无复余人能道,有关掌故,后世懵焉而已。"或许就是指此。

对于熊会贞在《水经注疏》一书中的毕生辛勤及其最后的不幸遭际,汪氏所记特详,为一切同类著述所不及,字里行间充满了汪氏对熊会贞学问事业上的钦佩、处世为人的崇敬及其最终结局的同情。他在《杨守敬熊会贞传》中,推崇熊氏《水经注疏》中的耕耘业绩和卓越成就:

> 故守敬卒后,会贞居菊湾杨氏故庐,又二十二年,书凡六七校,稿经六次写定。于是每下一义,妥弨宁极,淖入凑理,钩深致远,实迈其师。方诸挽近,郑堂之补惠《易》,叔晚之补《论语》,或犹过之。

对于熊会贞的最终不幸,虽然曾有刘禺生及向宜甫记及,但不仅所记不详,而且与事实亦有出入。刘禺生记云:"杨氏后人,阴售疏稿,图断会贞生计,会贞郁郁寡欢,因而自裁,与稿俱逝,时民国二十五年五月也。"[⑦]而向宜甫所记尤为疏略:"顾昊天不悯,熊氏竟自缢逝世。"[⑧]其实,熊氏之死很有一段曲折过程,在今天我们能见的记载中,只有汪氏把这种过程和盘托出,他在《熊会贞遗书》一文中说:

> 守敬临卒知郦疏为必传之作,遗命分年谷八十石佐熊氏膏火,仍嘱其子馆熊于家,一如杨氏生前。故杨卒而熊仍居菊湾杨宅,历二十二年不少懈。其专力于此疏,有如此者。会贞卒之前一年,召杨氏子孙及守敬旧交宴之,手奉郦疏全稿置案上(按:此当是今台北本之底本),曰:某遵师命补疏,今略已就绪。惟镂板不容缓,师临终资某膏火,丝毫未敢领,今愿以此为刻书之资,区划悉听公等。杨氏子孙颇有违言,会贞亦返枝江,既愤杨氏子孙无刻书意,而流言日滋,且诮其老悖者。会贞大愤,绝食数日不死,终以剃刀自刎,时二十五年三月某日也。

汪氏在上文中所记的唯一错失是熊会贞的去世日期,汪言二十五年三月,实应为五月。按:《禹贡半月刊》第5卷第8、9合期(民国二十五年七月一日出版)有题为《熊会贞先生逝世》的报道一篇,谓其去世在5月25日,当属可信。吴天任称汪辟疆所以致误之由:"汪传称三月卒,殆换算阴历有误所致。"[⑨]因此年5月25日是夏历四月初五。汪在《杨守敬熊会贞传》中亦有此误,大概都是这个原因。

如上所述,汪辟疆在《水经注》研究,特别是在《水经注疏》与一代著名郦学家杨守敬、熊会贞的研究方面,是做出了卓越贡献的。当然,由于李子魁的干扰,也给汪氏的研究工作造成一些缺陷。这中间主要是前已述及的,由于李子魁的欺骗行为,使汪氏把一部李杂凑而成的杨熊旧作误作《水经注疏》的"誊清正本"。汪氏在向章士钊推荐此稿所作的诗中,竟有"杨熊行辈谁敢卿,李子负书世所惊"的句子,足见他受骗之深。李子魁当年对汪氏的欺骗行为应该说相当高明,他自知假使此稿由他一人单独携渝,则容易引起别人的怀疑,为此,他在汪氏面前曾声称此稿是由熊会贞的儿子熊小固(心赤)与他共同携渝的。所以汪氏在《总成绩》文后的《附记》中说:"宜都杨守敬、枝江熊会贞《水经注疏》四十卷稿,今由熊先生哲嗣小固及李子魁君运渝。"其实,汪与熊绝未见面,全是李的一面之词。

今年10月,熊小固之子熊茂洽因事来杭州,曾到舍下与我详谈此中经过。熊小固确于1939年9月到过重庆,当时,他因受四川广安中学之聘去该校执教,而熊茂洽则随父去该校初中就读。据他回忆,船抵重庆已薄暮,在渝仅一宿,次晨即换舟溯嘉陵江去广安,绝未有《水经注疏》稿,亦绝未有与汪辟疆见面之事。汪氏在《附记》中说:"李君追随熊崮芝先生最久,私淑邻苏,而又亲佐熊先生钩稽群籍,襄此鸿业。"这段话的来源,当然也是李在汪面前的自我吹嘘。李在其《述整理〈水经注疏〉之经过》[⑩]一文中曾说:"顾天不假年,熊先生逝世,易箦之前,曾致余书,谓《水经注疏》初稿已成,惟踳驳之处多,急当修改,年华已暮,深恐不能勒为定本,望即南旋,以续整理之业。"其实,据熊茂洽面告,熊与李原来并不相识,李从北平返回湖北,因找不到工作,以枝江同乡的关系,托熊谋事,熊为他介绍到武昌一私立中学任教。熊去世以后,他又以这种关系,因缘进入杨宅,名为整理《水经注疏》,实际上却做了许多鱼目混珠之事。详情已见拙撰《关于〈水经注疏〉定稿本的下落》[⑪]一文中,这里不再赘述。所以胡适在其《手稿》第五集中册全文刊载汪氏《总成绩》的《附记》之下加批说:"《水经注疏》稿本每卷有李子魁擅添'枝江后学李子魁补疏'一行,此可见作伪的用意。"又说:"可见此人是存心盗名,有意作伪的。"

汪氏在《杨守敬熊会贞传》中最后说:"熊崮翁,余未获奉手,然其乡人李子奎(魁)当为余道其遗事,因次而合传之,不能备详也。"说明汪氏在为熊氏作传时,也有李子魁向他传送的信息,而这种信息,现在看来也有李别有用心的捏造,汪氏不察,写入传中,因而造成明显的错误。现在可以查得出来的,例如,汪氏说:"日人森鹿三,极服熊氏以一生精力成此绝业。民国十九年(1930)四月,遣松浦嘉三郎走武昌求其稿,不获;又两谒,许以重金,乞写副。会贞以大夫无域外之交,固拒之,卒不为夺。呜呼!若熊翁者,此宁可求诸今世士大夫耶?"汪氏此说,后来广为流传,刘禺生《世载堂杂忆》及吴天任《杨惺吾先生年谱》等都传播了这种说法。现在看来,此说无疑是李子魁为了提高他带到重庆去的这个本子的身价而通过汪氏散布出来的。对于此事,我在拙作《关于〈水经注疏〉不同版本和来历的探讨》[⑫]一文中已经说明,森鹿三当年从熊氏处录得抄本一部,为我在日本所亲见。所以松浦嘉三郎求书是确有其事,但"大夫无域外之交"云云,则是李子魁的捏造。李或许不知道,杨守敬在日本数年,有许多"域外之交"。宣统三年(1911),日人水野疏梅到沪拜杨氏为师,其时熊氏亦在杨寓,熊与水野同寓共餐,朝夕相处,则熊氏也早已有了"域外之交"。所以其说不足信,是十分显然的。

最后需要说明的是,1986年11月,香港《明报月刊》曾经发表过刘孔伏、潘良炽两位先生的大作《〈水经注疏〉定稿本的下落》,对我以往发表的若干文章中提出的关于今台北本的底本不是熊氏最后认可的定本的说法,提出不同意见,认为:"《水经注疏》定本已经亡佚的结论,尚有进一步讨论的必要。"我当时写了与刘、潘两位先生商榷的《关于〈水经注疏定稿本的下落〉》一文,我在拙文中说:"从感情上说,我很希望将来得到的结论能够证实我的判断错误,这样就算排除了一件郦学史上的不幸事件。"我之所以一直耿耿于怀者,即是汪辟疆的话:"其誊清正本,则仍在李子奎处。"现在通过我这几年的继续调查,并且与熊茂洽作了面谈,汪氏所说的"誊清正本"其真相已经清楚,这个弄虚作假的本子,没有再加以重视的必要。则今台北本的底本,也就是汪氏在《熊会贞遗事》文中所说熊氏最后"手奉郦疏全稿置案上"的这部"郦疏全稿",乃是熊氏二十二年心血的最后稿本。这部稿本,并不像刘禺生所说,杨氏子孙在熊氏生前就"阴售疏稿",而是在熊氏死后,才由杨先梈(勉之)卖给前中央研究院的。同时也需要说明,这部稿本虽然是熊氏毕生治郦的最后稿本,但并不是他认可的稿本,因为他在稿本中附入了他亲笔所写的具有遗言性质的《十三页》,指出:"此全稿复视,知有大错,旋病,未及修改,请继事君子依本卷末附数纸第四页所说体例修改"。但以后这部稿本并无"继事君子"按熊氏所嘱作过修改,除了被胡适称为"存心盗名"的李子魁在每卷杨熊的名字之旁插入"乡后学枝江李子魁补疏"一行[13]以外,别无其他修改。

在郦学研究史上,曾经出现过赵戴《水经注》案的重大事件,这个案子涉及的两人,都是鼎鼎大名的学者。而李子魁不过是个小人物,其所作所为,本来不必动诸笔墨,但因他的所谓"誊清正本"是通过他对汪辟疆这位知名学者的欺骗,从汪氏口中传播出来的,所以也能在郦学界掀起一点风波。现在好在事实已经辨明,这点风波就可以平息了。

注释:

① 《汪辟疆文集》,上海古籍出版社1988年版。

② 《汪辟疆文集》,上海古籍出版社1988年版,第1045—1060页。

③　此题目为我所加。

④　《熊会贞遗言》,《胡适手稿》第五集中册。

⑤　《叙语》全文载拙作《历史地理学家杨守敬及其〈水经注〉研究》,《中国历史地理论丛》1990
　　年第 4 辑。

⑥　《跋杨守敬论〈水经注〉案的手札两封》,《胡适手稿》第五集中册。

⑦　刘禺生《述杨氏〈水经注疏〉》,《世载堂杂忆》,中华书局 1962 年版。

⑧　《水经注疏》,武昌亚新舆地学社 1949 年排印本《序言》。

⑨　《杨惺吾先生年谱》,台北艺文印书馆 1974 年版。

⑩　附于台北本《水经注疏》汪辟疆文后。

⑪　《中国历史地理论丛》1988 年第 2 辑。

⑫　《中华文史论丛》1988 年第 3 辑。

⑬　在今台北影印本中,此一行多已被涂抹,当是洞察其伪的人在原稿中所为。

原载《史念海先生八十寿辰学术文集》,陕西师范大学出版社 1996 年版

钟凤年与《水经注》[*]

  钟凤年(1889—1987),安徽桐城人。自从宣统三年(1911)毕业于北京译学馆法文班以后,一直很不得志。我曾经访问过不少当年在北平的老一辈学者,他们都很少能谈得出钟氏的经历,只知他早年丧偶,一直过着鳏居生活,为了糊口,到处求职,但长期得不到较好的工作,甚至失业。中国社会科学院考古研究所的王世民教授,可能是眼下对钟氏最了解的人,承他告诉我他所知道的钟氏情况:^①

    关于钟先生的生平,我们知道的太少了。这是由于他生平交游不广,有数的同辈人都没有他这样长寿,比如徐炳昶先生同他关系最好,顾颉刚先生也可能较了解,早多少年就去世了,所以无处查询。

  钟氏按中国习惯算是活了一百岁,同辈人确已无存,他只有一个女儿,60年代才从外地调回北京,现在也已70多岁,对其父情况也是所知不多。感谢王世民教授,通过他的多方努力,毕竟了解到钟氏的若干情况,王教授致我的信中继续说到:

    钟先生在辛亥以后至抗战胜利,大约生活最不安定,一直未在文教单位工作。……抗战胜利后,住在北京的一处会馆,几乎没有饭吃,幸得老同学徐炳昶先生关照。当时,徐老是北平研究院史学研究所所长,社会地位较高,向院方推荐,可能见到北研代院长李书华,李看到钟先生病怏怏的,有所犹豫,徐老一再担保,方才

---

  *　本文承王世民教授提供资料,谨致谢忱。

被录用。因此,钟先生与胡适通信,正是他已到北研的时候。

钟氏一生虽相当坎坷,但他做学问,特别是对于《水经注》研究,却非常认真努力,在郦学史上留下了卓著的成果。钟氏何时开始研究《水经注》,现已很难获悉详情。20 世纪 80 年代初,有一篇署名医天的评介文章《水经—水经注—钟评水经注》[②]说道:"钟老先生九十多岁了,从三十年代起,就致力于《水经注》的研究工作。"他在郦学研究中的早期论文如《〈水经注〉之析归引言》,发表于《禹贡半月刊》第 7 卷,时在1937 年,则"从三十年代起"的话大概可信。据现在可以查得的资料,钟氏的郦学论文,主要有下列各种:

名称	发表处	发表年份
《〈水经注〉之析归引言》	《禹贡》第 7 卷第 6、7 合期	1937
《〈水经注〉之一部分问题》	《史学集刊》第 5 期	1947
《〈水经注〉校勘小识》	《古学丛刊》第 6 至 9 期	1940
《〈水经〉著作时代之研究》	《齐鲁学报》第 1 期	1941
《〈水经注〉校补质疑》	《燕京学报》第 32 期	1947
《评〈水经注〉选释》	《考古》第 5 期	1961
《就郦注考谭国故址》	《考古》第 9 期	1961
《评我所见的各本〈水经注〉》	《社会科学战线》第 2 期	1977
《〈水经注疏〉勘误》	福建人民出版社出版《古籍论丛》	1982
《水经注校补》[③]	遗稿未刊	

从上列论文中可以看到,钟凤年是一位考据学派郦学家。我在拙作《论郦学研究及其学派的形成与发展》[④]一文中指出:"自从明朱谋㙔以来,考据学派至清乾隆间而达于全盛,学者最多,著述最丰,在郦学研究中作出了巨大的贡献。但是,尽管古人在这方面已经做了大量的工作,在今后的郦学研究中,考据仍有必要。……考据学派是郦学研究中最古老的学派,可是并没有完成历史任务,再接再厉,还在后学。"上列钟氏的论文,就是一个现成的例子。

钟氏在郦学研究中所作的考据工作,方向相当宽广,其中有的是对《水经注》本文及后人笺疏的校勘和考订,例如《就郦注考谭国故址》一文,就前人几成定论的、以山东历城龙山镇城子崖为春秋谭国故址的论断,提出质疑,引卷八《济水》经"又东北过台县北"注文及《魏书·地形志》,论证城子崖应为北魏的平陵城。又如《评〈水经注〉

选释》，则是对《中国地理名著选释》⑤一书中的《水经注》部分所选释的《渭水》、《灢水》、《鲍丘水》等篇中的释注提出不同意见。此外，如《〈水经注〉之一部分问题》及《〈水经注〉校补质疑》等文，涉及河流包括河水、汾水、济水、渭水等20余条，并兼及今本郦注所亡佚的泾水和丰水，这当然是他多年积累的校勘成果，而以一篇论文汇集发表的。在《〈水经〉著作时代之研究》一文中，钟氏提出了既不同于胡渭"《水经》创自东汉，而魏晋人续成之，非一时一手作"，⑥又不同于《四库提要》及杨守敬考证的三国魏人作的说法，他根据《汉书·沟洫志》所说"王莽时征能治河者以百数"一段，认为："经文即所征诸治河专家，因适群聚于首都，得千载难逢之会，当座谈之余，各本所知，而合纂以成。其不得主名者，以本非出自一人，故不能独云谁何也。此大著作，包括纵横各近万里之巨细水流，设非集散居全国之专门人才，各抒所长，势必无完成之理，人事时会，舍此莫属矣。"他并且据此推论了《水经》的成书年代："《水经》之著，约即在后二年及天凤初年，因此期天下乱尚未起，人犹得聚而著述也。"

钟氏对于《水经》成书时代的推论，其根据之一是经文中地名的沿革变迁，因为"经所举县两汉并有"和"县不同时而并见"等情况，所以他认为："余以为原著成立甚早，乃后人遇其间地名已易者，就一己所知，随时更改，似较近实际。"他的另一根据是《水经》无撰人名氏，他认为："其不得主名者，以本非出自一人，不能独云谁何也。"

钟氏的考虑或许比较片面。因前代地名可为后代所长期袭用，但后代地名却绝不可能见于前代，所以《四库提要》所说："观其涪水条中，称广汉已为广魏，则决非汉时；钟水条中，称晋宁仍曰魏宁，则未及晋代，推寻文字，大抵三国时人。"加上杨守敬在《水经注疏·凡例》所指出的："魏兴为曹氏所立之郡，注明言之。""古淇水入河，至建安十九年，曹操始遏淇水东入白沟，而经明云东过内黄县南为白沟，此又魏人作经之切证。"看来在《水经》成书年代这个问题上已不容争辩。至于以集体著作解释"不能独云谁何"，也不免牵强，因为古书之无法考实撰人名氏者，自《汉书·艺文志》著录以来，所在多有，非独《水经》而已。而集体著作之由个人署名者历史上也不乏例子，如《盐铁论》。按：《水经》所述河川，内容疏简，语焉不详，钟氏所谓"此大著作，包括纵横各近万里之巨细水流，设非集散居全国之专门人才，各抒所长，势必无完成之理"，看来也言过其实。《禹贡》成于战国后期，描述已及于九州，而《水经》所记河川，《两汉志》中已大多言及，故三国时人撰述此书实已不难。何况汉时桑钦已撰有《水经》，因其书不传，无法揣摩内容，观《汉书·地理志》引桑书6处河川，包括绛水、灢水、汶水、淮水、弱水、易水，其中除淮水外，均非巨川大渎，则桑书亦并非十分疏略，三国撰《水经》者，据桑书而扩充提高，实属顺理成章。

不过应该承认，钟氏在这个问题上所作的考证仍然具有价值。这就是他所征引的

《汉书·沟洫志》的一段记载。王莽时召集能治河者以百数,"但崇空语,无施行者"。
从这"但崇空语"一句中可以证明,这百余位治河专家当时确实聚集在首都议论过一
番,这些议论想必当时做有记录,如同汉昭帝时代参加盐铁会议的文学们一样,而这类
记录,必然涉及全国各地的河川水道,或许就是那一位已经不传姓名的三国魏人撰写
《水经》时的重要参考资料。这种假设可能比较大胆,但钟氏根究因果,追索资料的广
泛深入是值得赞许的。何况《汉书·沟洫志》所揭示的,即王莽时代的这些水利专家
所议论的资料,确实值得追究。

　　《〈水经注疏〉勘误》是我们能见到的钟氏著述中篇幅最大的一种。这是自从《水
经注疏》于1957年在北京科学出版社影印出版后,他经过多年校勘,日积月累的成果。
我在拙作《关于〈水经注疏〉不同版本和来历的探讨》[⑦]一文中,曾对现存各本《水经注
疏》及其底本逐一作过分析,北京科学出版社影印本(简称北京本)的底本,"原是熊会
贞在其修订过程中请人录出的一部抄本,由住在武昌的黄陂人徐恕(行可)所收藏"。
徐氏收藏此书后,除了曾用今台北中华书局影印本的底本(当时由熊会贞所藏)校对
过卷二一《汝水》1卷以外,没有经过任何校对,也就是我在《排印〈水经注疏〉的说
明》[⑧]中所指出的:"1955年仓猝影印,到1957年年底即行出版,郦学界稍经浏览,即发
现其错误满帙,我国郦学界的老前辈钟凤年先生,从此书发行之日就进行校勘,最后校
出的错误达两千四百余处。"当然,在钟氏所校出的大量条目中,其中也有一些是值得
商榷的。王国忠在《中国地理学史上的丰碑——〈水经注疏〉撰写史及其历史价值
论》[⑨]一文中指出:"对北京本错误加以校勘,令人佩服,但评其缺点,语气过激,似失公
允,笔者曾加校核,亦发现钟氏甚多错校之处。"另外,在钟氏校勘北京本的后期,台北
中华书局影印本也已出版,由于海峡两岸的学术交流当时还处于隔绝状态,因此,钟氏
的校勘工作显然存在着大量的重复劳动。正如我在拙作《关于〈水经注疏〉不同版本
和来历的探讨》一文中所指出的:"因为钟先生最后没有获得台北中华书局影印本加
以对勘,否则,他必然能节省大量的精力,并且校出更多的错误。以《渐江水注》一篇
为例,钟先生校出了杨熊疏文中的错误共四十七处,而我用台北本对勘,却校出了北京
影印本的错误共五十五处。"

　　不过虽然钟氏的《勘误》不是尽善尽美,但应承认,他对北京本《水经注疏》20年
如一日的辛勤校勘,仍然是于郦注有功的。这不仅因大陆学者能够读到台北本的毕竟
是少数,《勘误》可以作为北京本的一种补编,他的这种细致踏实、锲而不舍的工作精
神更值得后辈学习。现在有一类人不屑做校勘工作,认为费力大而效益(对他个人)
小,还有一类人则急功近利,不愿像钟氏那样勤勤恳恳地工作,而只求在浩瀚的卷篇中
摭拾几处错误,举一二细故,于是就以"讹误不少,略举数例"之类的搪塞语言虚张声

势,拼凑出一篇校勘文章,对于这样两类人,钟氏的校勘功夫是值得表彰和提倡的。

钟氏晚年在郦学研究中最重要的著作是《评我所见的各本〈水经注〉》。此文发表于1977年,当时他已属88岁高龄,耄耋笃学,令人钦敬。他在此文中评论的郦注版本,包括残宋本、大典本、明抄本以及黄省曾、吴琯、朱谋㙔、谭元春诸明本,项纲、孙潜、何焯、沈炳巽、全祖望、赵一清、戴震、王先谦诸清本和杨守敬、庞鸿书、丁谦等本,共达20种之多。对于钟氏此文,郦学界曾经发表过不少评论,在本文前面已经提到的署名医天的评价文章中,从两方面赞扬了钟氏此文,第一是他解决了《水经注》研究中多年来没有解决的问题,即戴震所校的殿本与大典本及赵一清校本的关系问题,经过钟氏以戴本与其他各本逐条、逐句、逐字的核校,"发现戴震所提问题四千四百余条中,其确与大典本相同的仅七百二十条,此外明言据他书以改正者约二百四十条,其余三千余条只能说别有所本。又核对戴震殿本第一卷'非真出《大典》者七十七条',第二卷'非真出《大典》者一百三十三条',因而得出结论,戴震所谓原本确非独指大典本,而是另外又采取了黄、吴、朱、谭、项、何、某甲、沈、全、赵及孔刻诸本,也并不是完全剽袭了赵一清的校本。而戴所谓的近刻,也并不是谭元春本一种,还有其他旧本。因而基本上解决了这个久悬未决的疑案"。第二是钟氏不盲目崇拜名家,一切都要经过他的检验。"杨守敬,在许多人看来是研究古地理的'名家',而把他的《水经注疏》当作研究《水经注》的最有价值的书,向别人推荐。杨守敬自己也常常自负名高,经常指斥别人'俱矣'、'颠耶'。但是钟老先生并不盲目崇拜他,对他的名著《水经注疏》也要逐条、逐句、逐字地核对。钟老先生经过研究后指出,杨守敬的《水经注疏》在订正讹误时,只根据赵(一清)校本、殿本和极不可靠的薛刻本,就断定是非,而对当时很容易找到的黄、吴、朱、谭、项、孔等本均未对勘。又指出他只根据殿本,就决断戴震的是非,而不知殿本和孔刻还有许多不同的地方。这些都证明杨守敬在治学的态度上是极不严肃的。"

但寓居香港的著名郦学家吴天任对钟氏此文却有不同的看法,他在《郦学研究史》[⑩]一书中指出:"按钟氏所见《水经注》版本诚属不少,校勘尤极精详,而亦不免有涉于苛细吹求者。"吴天任对钟氏文中所说"全氏(按:指全祖望)不识古字而自误","不明训诂而妄改",说杨守敬"缺乏常识"等多处都提出了钟氏评论错误的详细证据。特别是钟氏对《水经注疏》的评论,吴氏甚不同意。吴文云:

> 《水经注疏》之成就价值如何,举世自有公论,何容执小疵而遗大纲?况钟所据,不过北京影印之本。尚未得窥见台北影印本,以台北底本,经熊会贞后来继续修订,较北京本改进甚多,钟氏仅据北京本遽下定论,岂可谓平?古今伟大著述之完成,小节舛矣,自不能免,昔欧阳公作《新唐书》成,而吴缜纠谬,摘其缺失,累牍

连篇,终无害其为不朽之正史。郑渔仲倡为通史之《通志》,而议者徒摘其援据之疏、裁剪之未定者,纷纷攻击,章实斋则称其"所振在鸿纲,而末学吹求,则在小节,是何异讥韩彭名将,不能邹鲁趋跄,绳伏孔巨儒,不善作雕虫篆刻耶?"(《文史通义·申郑篇》)钟氏所评,无乃类此。近见王国忠所论,亦谓其语气过激,似失公允,亦甚多错校之处(见《中国地理学史上的丰碑》)。吾亦云然。

吴天任在郦学研究中功力深厚,著述甚丰。由于他深知郦学维艰,所以其校勘力求全面深入,而议论则崇尚宽厚公正。对于钟氏来说,校勘的全面深入,郦学界有目共睹,但在议论褒贬之中,确实存在主观片面、苛细吹求之处,这是钟氏在郦学研究中的缺陷,其所以致此,下文当再论及。当然也应该承认,钟氏对许多郦注版本所作的逐条、逐句、逐字的校勘,对郦学研究是一项重要的贡献。钟氏所评的20种版本,其中有不少已非一般学者所易见,而从钟文可以窥及一斑。所以此文虽然褒贬互见,仍不失为郦学史上的一篇重要文献。

以上评述的是钟凤年在郦学研究中的重要论文。除此以外,钟氏还有一些有关郦学研究的学术通信,在说明钟氏的郦学思想方面具有重要意义。现在可以查证的学术通信,是他与胡适之间的通信。《胡适手稿》以两个标题收入了胡适致钟氏的5封书信,虽然《手稿》不收钟信,但从胡信可以获悉钟信的端倪。《与钟凤年先生讨论〈水经注〉疑案的一封信》,胡适自署写于民国三十六年(1947)4月7日,曾公开发表于同年5月7日《经世日报·读书周刊》第37期,并复印,收入《手稿》第一集中册。因为在发表时略去了开头的一些话,所以正文之始冠以"(上略)"两字,因此,虽然从内容来看是胡适致钟氏的复信,但却无法知道钟氏何时致信于胡。胡信所谈的主要是全祖望本、戴本和大典本的关系问题。信中提到:"但王葵园此书(按:指合校本)不收伪全氏七校一字,却是他的卓见,先生误信全校本,实为千虑之一失。"从这里可见钟氏原信中重视全氏七校本的价值,认为王先谦的合校本不应排斥七校本。胡信又提及:"至于王静安、孟心史诸公与先生用大典本校戴本,指出戴本改订之文字'皆为《大典》所异而同于赵',则往往是诸公不曾校勘各种本子之过失,而不是戴氏的罪状。"从这里可见钟氏信中必指出戴震假托《大典》而剽袭赵书。胡信最后说:"因为先生用功此书最勤,故敢略述鄙见如此,倘蒙赐以教正,不胜感谢。"这一段话说明,虽然胡适当时身居北京大学校长的高位,是国际知名的大学者,而钟氏不过是个北平研究院的普通研究人员,但对于他在郦学研究上的造诣,胡适是很佩服的,所以我在拙作《评〈胡适手稿〉》一文中指出:"在胡适的通信伙伴中,多是知名的教授学者,但钟凤年在当时却是个处境坎坷、社会地位卑微的知识分子。"胡适后来承认了他在这封信中所说的话多半是错误的,在信上用红笔作了眉批:"此书多误,其时我还未得全氏五校本,又未认识上海所存全校各本。"胡适的这条眉批,说明钟氏对全氏校本的看法不误。胡适与钟凤年的另外四次通信,以《与钟凤年先生讨论〈水经注〉的四封信》为题,收入《手稿》第四集下册。其中第一封写于 1947 年 11 月 27 日,此信开头就说:"星期日先生惠临舍间,参观《水经注》各种材料,使我得略述此问之复杂性,并使先生得知我的工作不是要打官司,只是要平心静气的用笨工作来审查这个一百五十年的官司,要使全、赵、戴三公都得着一个公平的估价。"从这样的语气来看,这个星期日(按:当时 1947 年 11 月 23 日)钟氏造访胡府,当是胡适的邀请。因为胡适佩服钟氏在郦学研究中的造诣,而当时胡适已经得到了全祖望的五校抄本,[⑪]发现他过去一口咬定全氏七校本中的《序目》和《题辞》是王梓材伪造的论断完全错误,而他在 1947 年 4 月 7 日致钟氏信中的论断也多半错误,因此,他约钟氏面谈一下,说明一些他所以致误的原因。这就是他在信中接着说的:"星期日给先生看的全校本,即是天津图书馆借来的,现存的全谢山校本,只有天津存的四十卷全部,是最可靠(按:'可靠'二字,用红笔改作'完全'),我现在逐条过录津本,已完成三分之一。"这一段话就是为了向钟氏解释,胡适过去对全氏校本判断的错误,是因为没有看到这部五校抄本,是情有可原,胡适不仅邀钟氏面谈,面谈后又写这封信以表达"言犹未尽",其实就是错误的一方向正确的一方认输。

　　胡适致钟凤年的另一封信写于 1948 年 6 月 23 日,信中说到:"大作油印本已匆匆读过,甚佩服先生的功力。……我是佩服卷一'三'一条,卷六'文颖'一条,余则'卫国县'条订正全说,'鸿门条'指鸿门、霸上的距离,我全都很赞同,将来重读,若有所见,当写出寄上。"胡适所说的"油印本",当是钟于 1947 年发表于《燕京学报》第 32 期的《〈水经注〉校补质疑》一文,从胡适的全信来看,胡写此信的目的并不在于"甚佩服先生的功力",尽管这话并非假话。胡适的目的,在于信中所说"说了这半天,只是要向先生说明(按:此处用红笔从旁插入'夫近刻云伪者,对原本不讹而言也'[⑫]十四字)那句话是刀笔杀人,绝不可信"。胡信接着又说:"先生此次所说,观点已甚忠厚,但仍不免张穆的刀笔所误,故尚有'假托大典'、'袭赵校'诸语。"关于张穆的事,我在拙作《〈水经注〉戴赵相袭案概述》[⑬]一文中已叙其详,这里不再赘述。前面信中已经说到胡适就全祖望校本判断错误的事向钟氏认输,从这封信中可见,对于胡适所考证的最重要的问题,即戴书未曾袭赵亦未假托大典本这个问题,虽然胡适面谈笔述,但钟氏仍然不为所动,坚持自己的观点。钟的观点,到晚年亦未稍变,即他在《评我所见的各本〈水经注〉》一文中所指出的:"殿本虽号称为据大典本所证订,实则,戴氏所提问题四千四百条中,其所改确与大典本相同者仅七百二十条,其明言据他书改正者约二百四十条,其余三千条,只能说别有所据。"胡适所谓"先生此次所说,观点已甚忠厚",是因为自来挞伐戴震者，多言戴书全盘袭赵，周懋琦的"十同九九"⑭可以为例，但钟氏则认为："殿本文乃于大典外，兼采黄、吴、朱、谭、项、何、某甲、沈、全、赵及孔刻各本而成，非独采自赵校，只是采自赵校较多而已"。现在事实证明，胡适在这个问题上，无疑也是个输家。当然，这场论战的胜家甚多，钟氏不过是其中之一而已。

《四封信》中的第三封写于1948年7月7日，此信开头说："中午得七月六日信，所问数事……答如下。"所以这是胡适对7月6日钟去信的复信。胡适是个大忙人，但钟信他隔日就复，说明了他对钟氏的重视。钟信向胡适所提的问题，属于一般的字句校勘问题，这里不必细述。但胡信末尾一段却甚为重要："我敬依尊命，已全删此论。此事太复杂，先生不宜凭主观立论。"接着又说："简单说来，官本《水经注》的字句校订，其绝大多数（按：此五字后来又用红笔删去）未必全出于东原之手……此种例子甚多。"

由于我们看不到钟氏7月6日去信的内容，所以胡信所云"我敬依尊命，已全删此论"的"此论"究竟是什么，不得而知。胡适一方面"敬依尊命"，另一方面却还辩解几句："此事太复杂，先生不宜凭主观立论"。这就说明，钟氏提出要胡适删去的"此论"，胡适是在无法驳倒钟氏的情况下忍痛割爱的。辩解几句，无非为了替自己下场。从下面"官本《水经注》的字句校订，未必全出于东原之手"一句忖度，可见钟氏要胡适删去的，显然是用他获得的殿本中戴书袭赵而假托《大典》的有力证据来击破胡适袒护戴震的某些完全站不住脚的论点。胡适在无可奈何下"敬依尊命"，但又提出强辩："官本《水经注》的字句校订……未必全出于东原之手"，无非是他的自我解嘲罢了。

《四封信》的最后一封写于1948年7月25日，信的前面注明"（上略）"，正文开始说："我曾作长文论校勘学的方法（《胡适论学近著》），大致说校勘学的惟一大路是用善本比勘，故我不热心于先生的所谓'超重独抒己见'的校勘"。这几句话说明，胡适在7月7日寄发了致钟氏的复信以后，钟氏也写过复信，信中提出了"超重独抒己见"的话，所以胡适在此话上加了引号。为了说明他的"校勘学的唯一大路是用善本比勘"这个论点的正确性，花了大量文字，在信中举了卷一六《縠水篇》中"凫没鸾举"4字的例子。胡适比勘了黄省曾本、吴琯本、朱谋㙔本、谢兆申本、残宋本和《永乐大典》本7种本子，在各本的差异之中做出结论，认为《永乐大典》本的"岛没峦举"是唯一正确的，并且说："若无古本，则是非如何能定？"对于这个"善本比勘"的例子，钟氏有无复信评议，现在已无从获悉，但胡适的学生、哈佛大学教授杨联陞曾于1950年7月2日专门为此致书胡适表示异议。⑮杨氏查了《佩文韵府》、《易林》、《禽经》、曹植《七启》、《淮南子·兵略训》等文献和工具书，指出"凫没鸾举"是古人习用的词汇，而"岛没峦举拟于不伦"。杨氏在信中对"善本比勘"的方法也作了评论："不过证据是死物，用证据者是活人,连版本也不能算绝对确实的证据,古书尤其如此。"事详拙作《读〈水经注〉札记之三》,⑯此处不再赘述。

此信最后说:"此三证均是毫无可疑的证据,此皆从《水经注》四百年校订史上证知,故绝无可疑,他日有暇,甚盼先生同来观此种宝物。"这里的所谓"三证",均是胡适搜罗的用以证明戴震未见赵书的证据;所谓"宝物",指的是胡适认为可以作为戴震未见赵书的主要依据即北大所藏和周一良家藏的两种戴震自定《水经》。钟凤年后来有没有再去胡府观看这种"宝物",不得而知,从胡适自署此信写于"卅七·七·廿五半夜"这一点来看,他对钟氏的邀请是诚恳的。

胡适从1943年以后倾其全力研究《水经注》,他是一个声名甚大而自视极高的人物,但他对钟凤年的通信中表现出对钟氏的恳切和尊重,而且在信稿上用红笔作了许多批注和删改,很仔细地把它们收藏在他的22个文稿夹子里,这实际上说明了钟氏在郦学研究上的造诣。从收入《手稿》的5封信中,可以看到当年钟氏与胡适之间的郦学讨论是广泛而认真的,尽管两人的意见实在很不相同。由于《手稿》没有收录钟氏的去信,钟氏当年或许留有信稿,但从50年代到70年代,保存这种信稿是一件十分危险的事,所以估计早已不存。因此,钟氏当年与胡适讨论郦学的全部过程和内容,现已无法获悉。但从胡适致钟氏各信所述,与钟氏晚年所撰《评我所见的各本〈水经注〉》一文相印证,钟氏在最主要的两个问题上,观点与胡适完全相左,而且坚持到底。第一是关于全祖望校本的评价,他认为全本价值甚高,⑰王先谦合校本排斥全本这是一种损失;第二是戴震校殿本,假托大典本而剽袭赵本和其他版本。对于第一点,胡适在通信中以认输告终。对于第二点,胡适虽然到死仍坚持其"戴震未见赵书"之说,但学术界其实早已否定了他的观点。⑱

在两人的通信中,也可以看到钟凤年的郦学研究在思想方法上存在的某些问题,这或许就是他在不少考证上主观片面、苛细吹求的原因,这就是胡适信中所引的钟氏原语"超重独抒己见"。举凡他对《水经》成书年代的考定,对杨守敬的过激批评以及在《〈水经注疏〉勘误》中的若干明显错误,往往是因为没有经过详细考证而仓猝"独抒己见"的结果。

总的说来,钟凤年当然称得上是一代著名的郦学家。他的壮年时期生活于穷困之中,但能在艰难的环境中埋头钻研。建国以后,虽然生活趋于安定,但他已年逾花甲,却仍能振奋精神,为郦学作出贡献。他于1961年以副研究员从中国科学院考古研究所退休,当时虽已年过古稀,却继续在郦学研究上勇往直前,他毕生最大的两项郦学研究成果,即《评我所见的各本〈水经注〉》和《〈水经注疏〉勘误》,都完成于他的晚年。可惜他的遗稿《水经注校补》未能刊出,也不知稿存何处,令人遗憾。希望他生前工作

过的单位和有关的学术界,能够整理他的遗著,使这位毕生辛勤的郦学家的研究成果,
能够在学术界发挥更大的作用。

注释:

① 据王世民教授 1989 年 3 月 22 日的来信。

② 《社会科学战线通讯》1980 年第 1 期。

③ 据王世民教授的来信。

④ 《历史研究》1983 年第 2 期。收入《水经注研究二集》,山西人民出版社 1987 年版。

⑤ 侯仁之主编,科学出版社 1962 年版。

⑥ 《禹贡锥指例略》。

⑦ 《中华文史论丛》1985 年第 2 辑,收入《水经注研究二集》。

⑧ 江苏古籍出版社排印本《水经注疏》卷首。

⑨ 中国台湾台中市东海大学哲学系编:《中国文化月刊》1989 年第 1 期。

⑩ 中国台北艺文印书馆 1991 年版。

⑪ 现藏天津图书馆,参见拙作《评〈水经注〉的版本》文末《附记》,载《水经注研究》,天津古籍
出版社 1985 年版。

⑫ 此 14 字是张穆《赵戴〈水经注〉校案》一文中的原话,见《胡适手稿》第五集上册。

⑬ 《郑州大学学报》1986 年第 1 期,收入《水经注研究三集》。

⑭ 《水经注汇校·序》。

⑮ 参见拙作《评〈胡适手稿〉》。

⑯ 《明报月刊》1990 年 10 月号。

⑰ 《评我所见的各本〈水经注〉》:"全氏于厘订经文与分析注文上,确实领先,功不可没。"

⑱ 参见拙作《胡适与〈水经注〉》,《中华文史论丛》1986 年第 2 辑,收入《水经注研究二集》。

原载《陕西师大学报(哲学社会科学版)》1992 年第 3 期

吴天任与《水经注》

我在拙作《港台〈水经注〉研究概况评述》①一文中曾经指出:"寓港郦学家中著述最多的是吴天任,他潜心郦学研究,数十年于兹,所以成绩卓著。"吴天任(1916——),字荔庄,广东南海人。他是一位学识渊博、著述丰富的学者,他之所以潜心于郦学并成为著名的郦学家,或许是由两方面的原因促成的。第一,他原来是一位年谱学家,他所撰述并出版的大型年谱,已有黄公度、梁节盦、梁任公、蔡松坡等近 10 种。他于 20 世纪 40 年代中期开始撰述《杨惺吾先生年谱》,②杨氏是近代的郦学巨匠,又是郦学研究中地理学派的创始人,通过杨氏年谱的编撰,吴氏在对郦注的认识上有很大转变,虽然他对此书并不陌生。他在近著《郦学研究史·自序》③中述及了他的这个转变过程:

> 余往读《水经注》,亦与辞章派但赏其隽句名章者无大异,于水道地理、历史名物各节,曾未究心。廿余年前,辑撰《杨惺吾(守敬)年谱》,并取影印行世之杨熊《水经注疏》北京本与台北修订本互校,得其改动较大者,凡七百余条。校勘之余,始稍留意是书之内容价值,于历代诸家有关论述,并事研寻。

这一段经历说明了吴氏对于《水经注》从一般欣赏到专门研究的过程。吴氏从事郦学研究的第二个原因,是他与著名郦学家郑德坤的关系。郑氏在郦学研究中的声名与成就我已撰文专述,④而吴氏与郑氏的关系,见吴氏为郑氏所撰《〈水经注〉引书考》⑤一书的序言:

> 君早岁即治郦书,卓然有成,所著《〈水经注〉引得》、《〈水经注〉版本考》、

《〈水经注〉引书类目》……诸稿，皆专门家学、体大思精之作。廿余年前，余方撰《杨惺吾年谱》，以杨氏毕生瘁力于《水经注疏》，恒与君过从，欲参其箧衍资料，兼撰《水经注学史》。洎君远赴英伦，执教剑桥大学，乃举其已刊未刊诸作，交余参订。

这段话说明了吴氏的郦学研究曾经受到郑氏的教益，不仅是郑氏已经出版的郦学著作，吴氏可尽数罗致，悉心研读；郑氏尚未出版的手稿，如《〈水经注〉引书考》、《〈水经注〉故事抄》、《水经注研究史料汇编》上册等，由于郑氏离港赴英，均由吴氏整理出版，在这些著作的整理过程中，吴氏当然获益匪浅。例如，吴氏所著《水经注研究史料汇编》下册，[⑥]篇幅两倍半于郑氏所编的上册，内容精湛，实亦胜于上册，这显然是继郑氏之绪而完成的。所以，《杨惺吾先生年谱》的编撰以及郑德坤的影响，这是吴天任从事郦学研究并获得如此成就的重要原因。

吴天任的第一部郦学巨构是《杨惺吾先生年谱》，从卷首自序所述可知，此书始撰于40年代中期，至70年代初完成，历时30年之久。《年谱》对杨守敬的出身、行历、资产、家庭、科举、言论、函札、著述等等，以及当时社会上发生的巨大事件，按年记叙，详尽无遗。例如朋友过从，必录双方言论；函札往返，均摘彼此要旨。对其所校刻丛书遗编，必详列目录，兼及序跋；对其所著述专书，则除目录序跋外，并摘抄内容，力求完备，而且言必有据，引及了大量文献资料，还千方百计，对学术界老一辈人士及湖北籍名流学者进行调查访问。既扩大了信息来源，又提高了资料的可靠性。

杨守敬是一位著名的学者，《年谱》编撰当然首重学术性，而特别根究杨氏从事学术的契机。《年谱》咸丰八年（1858）杨氏"二十岁"下："是年交孙玉堂璧文，因假郑谱香兰之《六严舆地图》，各影绘之，是为先生治地学之始。"从此，《年谱》的编撰，显然以杨氏在古地图、沿革地理等地理学研究发展到郦学研究的过程作为核心。凡与此有关，则事无巨细，均尽量搜罗，尤其是杨氏在郦学研究中的见解和成果，如《水经注疏·凡例》25条，郑德坤《〈水经注〉赵戴公案之判决》17条，《水经注疏要删·自序》等，不仅全文载入，而且详叙其撰写过程、思想渊源、学术价值等等，例如在"光绪三十年甲辰（1904）先生六十六岁"下，全录《水经注疏·凡例》25条后，《年谱》按云：

> 按：《水经注疏·凡例》二十五条，为先生著述此书之本旨，最关重要，其后以注疏原稿，卷帙繁博，不易刊行，始删取精义，刊为《要删》，以《凡例》冠诸卷首。近时分存大陆台湾之《注疏》原本，先后影印行世，先生虽不及见，而实为其毕生至愿。惟两影印本均未将《凡例》编入，殊属疏略，大抵编者以《凡例》已刊入《要删》，不必重见，不知熊会贞言《注疏》如告竣，则《要删》等可废。今《注疏》全稿，既已影印行世，于先生阐明著书要旨之《凡例》，自仍应归入原书，以见梗概。

吴氏的这段按语显然是正确并且重要的。此《凡例》25 条，如我在拙作《历史地理学家杨守敬及其〈水经注〉研究》⑦一文中所指出的："这二十五条，内容广泛，包括郦学史、郦书体例、郦书版本、全赵戴公案等等……包罗了杨氏的主要郦学思想，至关重要。"现在，《凡例》仅存于《要删》，而《要删》已成稀物，所以北京、台北两本均不载《凡例》，确实是一种重要的疏误，郦学界实有必要纠正这种疏误，使郦学史上的这一重要文献得以保存和流传。

《年谱》的一个非常重要的特色，也是《年谱》的重要成就，即是吴氏撇开了一般年谱编撰中的从呱呱坠地到寿终正寝的刻板形式，而是以杨氏毕生的郦学研究为重。《水经注疏》是杨氏事业的核心，所以《年谱》不以杨氏生命的结束为终点，而是以杨氏事业完成即《水经注疏》的出版为终点。杨氏逝世于民国四年（1915），时年 77 岁，《年谱》在这一年下特别引述其门人熊会贞所述的杨氏生前嘱咐："此书不刊行，死不瞑目。"所以杨氏死后，《年谱》以"先生卒后若干年"为标题，继续编撰，从"先生卒后一年"到"先生卒后五十六年"，即从 1916 年到 1971 年，赓续了 55 年，当然，在这 55 年之中，并不是按年记述，而是根据郦学研究中出现的大事择年而记，共记述了 19 年。例如"先生卒后二十年（1935）"："《永乐大典》本《水经注》，本年由商务印书馆涵芬楼出版。"并全录张元济跋。"先生卒后四十二年（1957）"："北京科学出版社将贮存大陆之《水经注疏》清写本影印出版，是为全疏正式面世之始。"并全录贺昌群《影印〈水经注疏〉的说明》。"先生卒后五十一年（1966）"："胡适遗著《胡适手稿》第一集出版。……出第五、第六集，每集分上中下三册，此六集几全为胡氏有关《水经注》之论文书札序跋。"并全录《手稿》一至六集目录。"先生卒后五十六年（1971）"："台北中华书局……商借中央图书馆藏《水经注疏》最后修订本影印出版，定名为《杨熊合撰水经注疏》。"并全录卷首汪辟疆《明清两代整理〈水经注〉之总成绩》及中华书局编辑部所写《提要》。《年谱》到这一年结束。《年谱》在其赓续的记述之中，都与杨守敬的郦学研究有关。例如《永乐大典》本《水经注》的影印出版，这是因为熊会贞在其亲笔《十三页》中不胜遗憾地指出："先生未见大典本"。这中间包括杨氏曾对戴震在关于大典本问题上发表过一些武断的言论，事详拙作《熊会贞郦学思想的发展》⑧文中，这里不再赘述。《年谱》记及《胡适手稿》的出版，因为胡适对杨氏曾有许多尖锐的批评，各文均收入《手稿》，事详拙作《胡适与〈水经注〉》⑨，此处亦不再论。至于《水经注疏》北京本与台北本的影印出版，这是杨氏毕生事业的最后完成，《年谱》到此结束，真是恰到好处。

《年谱》中还有两种很有价值的《附录》，其中之一是《〈水经注疏〉清写本与最后修订本校记》，其实就是北京本和台北本的对勘，长达 20 万字，共 700 余页。由于北京本的底本在抄成后没有经过熊会贞的校对，所以错误极多，吴氏的这种两本对勘，可使大陆上许多未见台北本的学者窥及该本的基本面貌。另一种是《杨惺吾先生著述及辑刻图书表》，把杨氏毕生著述，包括已刊未刊，按成稿及出版年代详为罗列，各书均有简要说明，已刊者说明何地何处出版，未刊者说明稿藏何处，甚有裨于对杨氏生平著述的研究。

吴天任在郦学研究中的另一重要著述是《水经注研究史料汇编》。此书分上下两册，上册为郑德坤所纂辑，因郑氏去剑桥大学执教而由吴氏整理出版，其书从郭璞、郦道元起至森鹿三、熊会贞，约 15 万字。下册由吴氏纂辑，从魏源、张穆、杨守敬、孟森、郑德坤、钟凤年、胡适、洪业、杨联陞以至现代大陆及港台郦学家，约 37 万字。此书对每一郦学家的主要著作，均尽量收入，如孟森收入 9 篇，郑德坤收入 10 篇，胡适收入 76 篇。所有论著，均经吴氏仔细斟酌后摘其要旨录入，俾读者窥一斑而知全豹。吴氏对每篇论著，均作简介和评论，既客观又深入，甚有裨于读者作进一步的分析研究。全书最后收入吴天任所撰郦学论文 8 篇，分别为：《杨守敬与〈水经注〉》、《〈水经注疏〉清写本与最后修订本校记》、《李子魁整理之〈水经注疏〉与大陆台湾两影印本校记》、《读胡适〈跋杨守敬与梁鼎芬论水经注疑案〉的两札书后》、《读胡适〈论杨守敬判断水经注案的谬妄〉书后》、《〈水经注疏〉最后定本易水滱水篇中列举全赵戴校字相同之例证》、《清代学者整订〈水经注〉之贡献与全赵戴案之由来》、《〈胡适手稿〉论〈水经注〉全赵戴案质疑》。

在上列 8 文之中，前 3 篇关于杨守敬的《水经注》研究以及几种《水经注疏》版本的校勘研究，这当然是吴氏在 30 年时间中撰写《杨惺吾先生年谱》的收获。吴氏在北京本与台北本两者之间作了细致的对勘，下了大工夫，不仅校正了许多错误，而且查出了李子魁的盗名窃誉。吴氏认为李子魁"其最不可恕者，乃在强改熊氏补疏遗言……胡氏（按：指胡适）谓'可见此人是存心盗名，有意作伪的'，当不诬也"。按：李子魁生前虽然未曾离开大陆，但其在《水经注疏》书稿中作伪之事，大陆学者曾长期懵然无知。最早发现此事者，当推胡适与吴天任二氏。其后由于台北本流入，大陆学者始获悉真相，我已在拙作《关于〈水经注疏〉不同版本和来历的探讨》[⑩]一文中详细说明。即胡适与吴天任二氏所提及的《遗言》一语，亦绝未见诸熊会贞的亲笔原件，是李子魁所擅加，所以我已把此件名称改为《十三页》。我在拙作中为此事而叹息："在郦学研究中发生这样的事情，真是不胜遗憾。"

吴氏的另外二文，即关于胡适跋杨守敬与梁鼎芬二札及胡适论杨守敬判断郦案的谬妄，均是吴氏对胡适进行批判之作。我在拙作《胡适与〈水经注〉》一文中曾经指出："胡适在重审此案（按：指赵戴《水经注》案）中所发表的许多论文，也引起了其他一些不好的反应。至少是在港台的老一辈郦学家之中，有些人因胡氏的某些言论而感到十分气愤。原因之一,是因为胡的论文中有许多措辞不当、言语过激的地方。"我所说的"港台老一辈郦学家",吴氏即是其中之一。的确,胡适贬低杨守敬在郦学研究中的成就,如吴文所云:"于杨氏四十余年致力《水经注疏》与古舆地学上之伟绩,并一笔抹杀。"而且出言尖刻,不留余地,如"狂妄、轻率、堕落","无一字不谬,无一字不妄","岂非考据学的堕落"等。吴氏对此均根据事实,一一予以驳斥。我在拙作《胡适与〈水经注〉》中也提及:"胡适对杨守敬的指责,后来为不少学者所议论,确实出言粗鲁,有失学者风度。"胡适对于杨守敬的如上所列的严词挞伐,见之于他答复杨的弟子卢慎之的信函。[11]当时卢已是古稀老人,所以吴氏说:"于他人弟子面前诋毁其师,至用此等语气,不惟学界仅见;即恒人交恶,恐亦不忍出此,而谓众望儒林如胡氏者,而躬自蹈之,而为大伤忠厚之事,其谁信乎?"其实,胡适对于杨守敬在郦学领域上指责,其中除了吴氏所指出的,有不少确实"是岂非对人不对事之偏见作祟欤?"但另外也有一些是有一定根据的。例如杨氏在其自撰《邻苏老人年谱》"六十六岁"下所全文抄录的潘存对他的《水经注疏》的己卯(光绪五年,1879)《叙语》。这篇《叙语》,文字夸张尚在其次,而不少事实属于未卜先知,我在拙作《历史地理学家杨守敬及其〈水经注〉研究》一文中指出,其真实性的确尚可讨论。但每逢这种场合,胡适的评论常常流于偏激,如同吴氏引述的胡适原话:"这一篇杨守敬自赞,太过火了,就露出马脚来了。"胡适的这种性格,我在《评〈胡适手稿〉》一文中已经引用了胡氏的老友洪业(煨莲)对他的规劝:"昔人往矣,骨朽而舌不存,不能起九原与吾辈之捋扯纠绳者争曲直。是以凡事涉嫌疑,文无确证,则考古论人,与其失人,宁失出,想公亦当以为然也。"吴天任是一位性格宽容公正的学者,对于胡适的这种尖薄措辞,自然不以为然。记得往年段熙仲教授和我合作点校《水经注疏》,[12]出版以后,虽然颇得海内外郦学家的好评,但也有一位读者写了一篇《点校〈水经注疏〉疏误举例》的文章,我对此颇为感谢,当时也嫌其"略举数例"而不够满足,希望能像当年钟凤年为北京影印本所作的《勘误》[13]一样,俾再版时遵循。但吴氏在港看到此文后却颇不为然,来信中以为此"数例"当然可以在再版中补正,但也说了一番议论:"以百万余言之巨籍,点校工作需时数年,偶有小疵,自亦难免,旁观者摭拾一二,毛举细故,近似吹求。此如吴缜摘欧公《新唐书》之谬,而新唐一史无害其为不朽正史,章实斋讥戴震等不识郑樵《通志》,所振在鸿纲,指其小失,实近无聊。"[14]这实在是吴氏学术上议古论今的厚道之处,是值得后辈学习的。

吴氏在《汇编》中的最后两篇论文,即清代学者整订《水经注》之贡献和对胡适关于全赵戴《水经注》案论点的质疑。两文主旨,都是为了驳斥胡适所持戴书不曾袭赵的论点。吴氏的论文,在港台学者中具有代表性。因为其结论与绝大多数港台学者相同,但分析的细致、议论的深透、考证的详尽则有过之。为了旁证戴书袭赵,吴氏在其收入《汇编》时另外一篇论文中,从台北本细勘易水、滱水两篇(《汇编》仅录易水),把赵戴雷同者逐一列举,结果是:"赵戴同者凡五十条。"按:辞书学家杨家骆为此亦曾细校卷十八《渭水》一篇,查出赵戴雷同者 43 条。但杨氏在台北《学粹》第 4 卷第 5 期(1962 年)发表的《〈水经注〉四本异同举例》一文中,只提出异同数字,没有如吴氏一样地逐条列举,较之吴氏犹嫌不足,特别是吴氏的《清代学者整订〈水经注〉之贡献与全赵戴案之由来》一文,对有清一代的郦学研究,从学者到成果,作了细致深入的分析论证,而最后总结出清代郦学研究的六大贡献,即判别经注标准,增补亡佚卷篇,匡正郦氏失误,编绘郦注舆图,考实《水经》作者,订正注文字句。此六项,确实将清代郦学家的成就概括无遗。所以吴氏此文,实为郦学史上的重要文献,可以与汪辟疆《明清两代整理〈水经注〉之总成绩》[15]一文媲美。

吴天任郦学研究的另一重要著作是不久前出版的《郦学研究史》。按:《水经注》成书迄今已近 1500 年。从金蔡珪作《补正水经》,也就是郦学研究的开始,至今已逾 800 年(蔡珪是金世宗大定年间人)。这 800 年中,郦学家风起云涌,郦学著述推陈出新,却未有郦学史之作,实为郦学界的憾事。吴氏在此 30 余万言的汇编中,广泛搜罗古今中外,特别是 50 年代以来大陆学者的郦学研究成果,进行全面深入的分析研究。全书以《水与人类生活》这一根本课题为发端,然后对《水经注》其书、郦道元其人作细致而全面的阐述与考证,见解新颖,发他人之所未发。这些篇章,既是治郦的基本功夫,又是郦学的入门课程。在此基础上,全书转入郦学研究史的核心部分,纵论历代郦学研究,举凡自然景观、人文掌故,无不广泛搜罗,兼容并蓄,旁及学术文教、地名解释、歌谣谚语、文学观点等,真是巨细不遗,洋洋大观。而最后以《〈水经注〉之研究方向》一章作为总结,指出今后郦学研究的六大任务,即重编郦注新版本,编纂《水经注词典》,重绘《水经注地图》,利用《水经注》地理资料做实地研究,在大专院校开设《水经注》研究专课以及《水经注》索引的推广。此六项,确实是今后郦学研究的荦荦大端,吴氏的这个总结,值得引起海内外郦学界的重视,群策群力,互切互磋,把郦学研究推向一个更高的层次。希望在后人撰写《郦学研究史》的续篇中,能够看到这六大任务的完成。

郦学已经成为一门国际性的学术研究,今天,大陆与港台的郦学研究正在取得较大的进步,研究的内容在深度和广度上都有了发展和创新。在日本和欧美,学者研究郦学或将郦学成果应用到其他汉学研究方面的,也已经与日俱增。吴氏在郦学研究中功力深厚,成果卓著;而他寓居港埠,适当海内外郦学研究的桥梁。所以我们寄厚望于吴氏,继续为郦学界作出贡献。

注释：

① 《史学月刊》1986 年第 1 期。收入于《水经注研究二集》，山西人民出版社 1987 年版。

② 中国台北艺文印书馆 1974 年版。

③ 《郦学研究史》，台北艺文印书馆 1991 年版。

④ 《郑德坤与〈水经注〉》，《中国历史地理论丛》1990 年第 3 辑。

⑤ 中国台北艺文印书馆 1974 年版。

⑥ 中国台北艺文印书馆 1984 年版。

⑦ 《中国历史地理论丛》1990 年第 4 辑。

⑧ 《中华文史论丛》1985 年第 2 辑。收入于《水经注研究二集》。

⑨ 《中华文史论丛》1986 年第 2 辑。收入于《水经注研究二集》。

⑩ 《中华文史论丛》1984 年第 3 辑。收入于《水经注研究二集》。

⑪ 《论杨守敬判断〈水经注〉案的谬妄——答卢慎之先生》，《胡适手稿》第五集下册。

⑫ 江苏古籍出版社 1989 年版。

⑬ 《〈水经注疏〉勘误》是钟凤年对北京影印本所作，达 2400 余条。收入于《古籍论丛》，福建人民出版社 1982 年版。

⑭ 1992 年 12 月 12 日吴天任来信。

⑮ 此文首发于民国二十九年（1940）重庆《时事新报》副刊《学灯》第 69 至 70 期，台北中华书局 1971 年影印《杨熊合撰水经注疏》，将此文冠于卷首。

原载《中国历史地理论丛》1992 年第 2 辑

民国以来研究《水经注》之总成绩

　　民国二十九年(1940)，前中央大学国文系主任汪辟疆在重庆《时事新报》副刊《学灯》第69至70期(1.27—1.28)发表《明清两代整理〈水经注〉之总成绩》一文，这是郦学史上的一篇极为重要的文章。1971年，台北中华书局影印出版收藏于中国台湾中央图书馆的《水经注疏》的最后一种稿本，定名为《杨熊合撰水经注疏》，并将汪氏此文置于卷首，台北中华书局在卷前写有《〈杨熊合撰水经注疏〉稿本提要》一篇，述及汪文云："辟疆先生长文，泛论明清以来整理《水经注》之总成绩，而归结于杨熊书之精义入神，其于此籍之崎岖历尽，娓娓详尽，倘此文不作，至今无复余人能道，有关掌故，后世懵焉而已。"汪文的价值，于此可见。

　　《水经注》成书于公元6世纪初，但自唐以来，文人学士一直只是撷取其佳句妙语作为诗文之资，无人对此书进行深入研究。宋初以后，此书残佚，几濒沦亡。南宋时，金礼部郎中蔡珪作《补正水经》三卷，成为学者研究《水经注》的嚆矢。但蔡书随即亡佚，后继无人。此后，由于辗转传抄，经注混淆，错漏连篇，几至不能卒读。明代以后，学者才开始对这部残缺错乱的《水经注》进行整理和研究，如正德年间杨慎撰《水经补注》，又整理《水经》，归纳河川运行的所谓"八泽"。①而柳佥(大中)于正德年间用宋本校《水经注》，是明代的名本。其后黄省曾在嘉靖年间，吴琯在万历年间均刊行郦注，并都用宋本作过一番校勘。赵琦美(清常道人)于万历年间三校郦注，与正德柳大中本并称佳本。特别重要的是万历四十三年(1615)朱谋㙔刊行的《水经注笺》，其书校勘细致,笺注精详,开创了郦学研究中的考据学派,曾被清顾炎武誉为"三百年来一部书"。[②]所以朱谋㙔无疑是明代整理研究《水经注》的翘楚。

及至清季,《水经注》的研究风气大开,初期有孙潜的精心校勘,明代的柳大中、赵琦美二名本,赖孙氏在校勘中全部录入,才得免于亡佚。其后如顾炎武、阎若璩、黄仪、刘献廷、顾祖禹、胡渭、何焯、沈炳巽诸氏,均致力于郦学研究,他们有的留有郦注校本,如何焯校本、沈炳巽《水经注集释订讹》等;有的在郦学研究的基础上撰成其他地学专著,如顾炎武的《天下郡国利病书》和《肇域志》、顾祖禹的《读史方舆纪要》、胡渭的《禹贡锥指》等等。到了乾隆年间,全祖望、赵一清、戴震3大家先后兴起,《水经注》的整理研究,至此臻于鼎盛。经过此3家的精心校勘,区分经注,订正字句,《水经注》终于成为一部可读之书。此3家的校本,即全氏《七校水经注》,赵氏《水经注释》,戴氏武英殿本《水经注》,都是至今流传的佳本。此后王先谦于光绪年间集考据学派的成果,刊行《合校水经注》,也是清代名本。

自全、赵、戴3家以后,郦学研究中的考据学派已经基本完成了整理《水经注》的任务,此三家并包括明朱谋㙔的成果,为晚清郦学地理学派的创立奠定了基础,这就是杨守敬、熊会贞所开辟的郦学研究方向。他们先后刊行《水经注疏要删》、《水经注疏要删补遗》、《水经注疏要删续补》、《水经注疏要删再续补》[③]以及《水经注图》,而且在这种基础上着手编撰《水经注疏》。所以汪辟疆的长文,在总结明清两代整理《水经注》的掌故以后,又以很大的篇幅,议论了这部规模宏大的《水经注疏》。

汪氏撰述此文,至今已逾半个世纪,而且,由于汪氏事实上没有读到杨熊《水经注疏》的真本,[④]并不知道熊会贞在杨氏下世后的20多年中,郦学思想已有极大的变化,在评论《水经注疏》时,杨熊二氏有必要分别对待。为此,我愿不自量力,继汪氏宏文之后,把自民国迄今80余年来的《水经注》研究,作一番回顾和探讨。

这一时期《水经注》研究的首要成果是版本的搜集和整理,这是明清两代所望尘莫及的。明清郦学家对版本的见闻甚稀,当时交通不便,传递困难,纵然闻知版本之名,亦难得获致。而且由于郦学家多半孤军作战,即使偶然得一珍稀版本,所能见者亦仅一家而已。例如明柳大中抄宋本及赵琦美三校本,清初叶石君有此二本,孙潜校郦,于康熙六年(1667)从叶石君处借此二本,过录于其校本之上。以后此二本为小玲珑山馆所有,随即不知所终。则郦学家得见此两本者,唯孙潜1人而已。又如沈炳巽于雍正年间校郦,所校即今《四库珍本》的《水经注集释订讹》。沈氏在此书《凡例》中云:"是书宋本既不可得,今世所行,唯明嘉靖间黄氏刊本,其他如朱郁仪、钟伯敬及休宁吴氏诸本,亦仅或有之,余家所藏止黄氏一本。"《四库提要·史部·地理类》一云:"炳巽作此书,凡历九年而成,丹铅矻矻,手自点定,初未见朱谋㙔本,后求而得之。"说明像沈炳巽这样的书香门第,其所有者惟经注混淆、错漏连篇的黄省曾本一种,像注笺本这种至今尚不属稀见的本子,他当年竟要"后求而得之",足见版本搜求的不易。

杨守敬是晚清著名的郦学家,但所见的郦注版本,却也十分有限。例如,王先谦的《合校水经注》刊于光绪十八年(1892),长沙与武昌相去不远,他却要到出书后的次年四月在梁节盦的宴会中才看到此书,竟至如获至宝。⑤宣统三年(1911),傅增湘在上海与他谈论郦学,他提及了以生平未见宋本为憾的话。⑥其实,他所未见的又何止宋本,熊会贞在《十三页》上写得很明白:"先生未见残宋本、大典本、明抄本,此书各卷凡说残宋、大典、明抄,不得属之先生。"正是由于杨守敬在版本上的见闻较稀,使他在郦学研究中发生了一些至关重要的判断错误,以后给熊会贞造成了困难。⑦

民国初年,在各方的搜求之下,《水经注》的珍稀版本陆续出现。最早获致的是宋本,系光绪、宣统年间故舍人吴县曹氏、宝应刘氏掇拾于大库废纸堆中,傅增湘于民国五年(1916)起收拾残卷,共得卷五末七页,又卷六至卷八、卷一六至卷一九、卷三四、卷三八至卷四〇,共十一卷有余。继此残宋本以后,原在大库的《永乐大典》本亦接踵而出,此书原装八册,前四册(卷一至二〇)为乌程蒋氏傅书堂所得,王国维于民国十一年(1922)已见之。后四册为北平李玄伯所得,以后此8册均归涵芬楼,商务印书馆于民国二十四年(1935)影印出版。此外又出现了明抄本,除了民国十二年(1923)由王国维所跋的海盐朱氏藏本以外,天津图书馆有明练湖书院抄本,北京图书馆又有何焯、顾广圻校明抄本。至于清代的珍稀版本则有天津图书馆所藏的全谢山五校抄本和陕西图书馆发现的沈钦韩《水经注疏证》稿本。这些版本的不断搜罗发现,对郦学研究当然大有裨益。

这一时期在版本搜集中成绩最为卓著的是胡适。据费海玑所云:"三十五年(按:1946年)胡先生回国,记者传出他研究《水经注》的话,于是上海的朋友纷纷把见过的《水经注》告诉他,北平的朋友亦然。于是全国的《水经注》都集中到他寓所,达三大橱之多。"⑧民国三十七年(1948)12月,为了庆祝北京大学建立50周年纪念,胡适在北京大学举办了一次《水经注》版本展览,展品中包括他自藏的和借自公私藏书的,计分:甲,宋刻本;乙,明抄宋本;丙,明刻本;丁,清代校刻朱谋㙔笺本;戊,清朝早期重要版本;己,18世纪四大家之一沈炳巽各本;庚,18世纪四大家之二赵一清各本;辛,18世纪四大家之三全祖望各本;壬,18世纪四大家之四戴震各本。以上共9类,达41种,有胡适自作的《目录提要》。胡适举办的这次《水经注》版本展览,集郦学史上版本之大全,胡适无疑是历来搜集《水经注》版本最多的郦学家。

随着《水经注》版本在这一时期的广泛搜集和大量发现,学者对各种版本的研究也就同时获得了许多成果,为前代所不可比拟。王国维于民国十二年(1923)起开始对若干珍稀版本和流行版本进行校勘,并撰写《跋尾》,到民国十六年(1927),一共写成了包括残宋本、大典本、明抄本在内的《水经注·跋尾》8 篇,在郦学界有很大影响。郑德坤于民国二十二年(1933)撰成《〈水经注〉版本考》一文,把历代郦注版本,上起唐代,下至近时,或存或佚,或亲眼所见,或仅见书目,依次罗列,并作简评。此外,对历来郦注版本从事评论的,还有钟凤年的《评我所见的各本〈水经注〉》⑨及拙作《论〈水经注〉的版本》⑩等。

在版本研究中著述最丰的是胡适,他所撰有关郦注版本的文章,除了通论性的《〈水经注〉版本考》⑪和《〈水经注〉考》⑫以及罗列版本目录的《我的三柜〈水经注〉目录》⑬以外,专论某一种或数种版本的文章,据我对《胡适手稿》一至六集的约略统计,约有 70 余篇之多。这个统计不包括与别人通信中论及有关版本的问题。胡适关于版本的论述,其中有不少创见,但也有不少错误的论断。有些错误如对全氏《水经注》的议论,后来已经由他自己撰文更正。所有这些,我在《胡适与〈水经注〉》⑭及《评〈胡适手稿〉》。诸文中已述其详。

《水经注》的各种影印本和排印本在这一时期空前增加。前面已经提及的《永乐大典》本的影印出版,当然是郦学版本史上的一件大事。与此同时,以殿本、合校本进行排印出版的有商务印书馆的《四部丛刊》本和《国学基本丛书》本,中华书局的《四部备要》本以及世界书局的排印本等等,而杨熊《水经注疏》的影印出版,成为郦学版本史上的又一重大事件。《水经注疏》影印本先后出版了两种,第一种是北京科学出版社 1957 年出版的书名称为《水经注疏》;另一种是 1971 年台北中华书局出版的,书名称为《杨熊合撰水经注疏》。我在拙作《关于〈水经注疏〉不同版本和来历的探讨》⑮和《熊会贞郦学思想的发展》⑯等文中曾经论证过,北京本的底本在抄成以后就离开熊氏,未经熊氏校对,所以后来发现错误百出。台北本的底本抄成后一直留在熊氏身边,由他不断校改,所以不仅甚少错漏,而且内容比较符合熊氏在其亲笔《十三页》上所表达的郦学思想。

这一时期在版本方面的另一重要成就,是把各种《水经注》版本进行点校排印,以便利读者。上海人民出版社 1982 年出版的王国维的《水经注校》即是其中之一。此本是王氏以朱谋㙔《水经注笺》作底本,用残宋本、明抄本、孙潜本、袁寿阶手校本、大典本、黄省曾本、吴琯本对勘之本,⑰所以是郦学史上的名本。前面已经提及的《水经注疏》两种影印本,北京本由于底本不善,错误百出。台北本虽然称佳,但因海峡两岸当时消息阻隔,内地学者无从获致。段熙仲据北京本,花数年时间从事点校;我又据台北本对段校本进行复校,终于将北京、台北二本合二为一,由江苏古籍出版社于 1989

年排印出版。该书卷首《编辑说明》指出："故此铅排本就其学术价值言,可谓杨熊《水经注疏》最佳之本。"《编辑说明》是出版社写的,我是此书点校者之一,当然承受不起"最佳之本"的话。不过我在此书卷首所写《排印〈水经注疏〉的说明》中有一段话:"全书经过段老数年于兹的精心校勘,基本上消灭了其中的错漏,而我的补充校勘,除了继续修补了若干《注》文和《疏》文的错漏外,又把北京、台北两影印本糅合在一起。因此,在目前尚存的此书各种版本中,这个排印本或许称得上是除了熊氏的最后定稿本以外的最完整的《水经注疏》版本了,它在一定程度上弥补了熊氏最后定稿本失落的损失。"当然,尽管这种点校排印本是《水经注疏》最完整的版本,但是它并不是一种通行的版本,因为虽然把影印本改成排印本,但篇幅仍近四千页,分装三大册,而售价也仍然高昂。为此,另一种由我点校的武英殿本《水经注》于1990年由上海古籍出版社出版。我在拙作《论〈水经注〉的版本》中曾经指出:"殿本以后的不少版本,在疏证上当然比殿本更为详尽,但在校勘的成就方面,基本上都还是殿本的水平。"总的说来,殿本的优点是经注区分清楚,注文校勘正确,而注疏量很小,所以适宜于一般读者,是一种很理想的通行版本。此本出版以后,也曾获得了学术界的一些好评,山西大学教授师道刚在评论此本时,以《弘扬郦学进程的一座里程碑》[18]为题,备加赞扬。著名史学家杨向奎认为这种点校本"当然是现在通行最好的一种版本"。[19]

顺便还要提及,这一时期在《水经注》版本上的另外一项收获是此书日文译本《水经注(抄)》的成就。译本是在日本著名郦学家京都大学人文科学研究所所长森鹿三的主持下,集合日本的数位郦学家合力译成的,于1974年由东京平凡社出版,虽然译本只包括《河水》、《洛水》等8卷,占全书的1/4,但这是一部非常成功的译本,也是此书唯一的一部外文译本。对此书详情,我已在拙作《评森鹿三主译〈水经注(抄)〉》[20]一文中介绍。

除了版本以外,民国以来《水经注》研究的第二项成就是校勘的深入。关于郦注的校勘,明清两代的考据学派郦学家已经做了大量工作,大体上恢复了郦注的原貌。当然,余留的问题还是不少,而这一时期的校勘成果,是在明清学者校勘基础上的继续深入。下面可以举一些例子。

卷三五《江水》经"又东北至江夏沙羡县西北,沔水从北来注之"注云:

> 通金女、大文、桃班三治,吴旧屯所,在荆州界尽此。

对于上列"三治",历来无人能解。李鸿章在同治间为李兆洛《历代地理志韵编今释》作序说:"金女、大文、桃班、阳口、历口之类,皆不见于诸志……亦不能无疑也。"因为既然地名称"治",看来不像个小地名,而历代地理志均不见,李鸿章对此有疑,却无法解决。《水经注疏》为这些地名作了正确的解释。在金女、大文、桃班下,杨守敬疏云：

> 《隋志》：江夏县有铁。《寰宇记》：冶唐山在江夏县南二十六里，《旧记》云：宋时依山作冶，故名。疑即注所指之治。

杨守敬怀疑金女、大文、桃班三治，"治"字是"冶"字之误。这项校勘很有价值，但是尚非确据。后来在熊会贞的校勘中，才算彻底解决了这个问题。卷三五《江水》经"鄂县北"注云：

> 江津南入，历樊山上下三百里，通新兴、马头二治。

此处，熊会贞疏云：

> 《晋志》：武昌县有新兴、马头铁官。《唐志》：武昌有铁。《御览》八百三十三引《武昌记》：北济湖当是新兴冶塘湖，元嘉发水冶。……《一统志》：新兴冶在大冶县南。

熊疏由于找到了新兴冶的确切依据，可以充分证明金女、大文、桃班、新兴、马头五处，各本郦注中的"治"字，均应改作"冶"字。

卷一八《渭水》经"又东过武功县北"注云：

> 渭水又东，温泉水注之，水出太一山，其水沸涌如汤，杜彦达曰：可治百病，世清则疾愈，世浊则无验。

对于这一温泉的记载，目前能见的郦注各本均同。但温泉疗疾竟与"世清"、"世浊"拉扯在一起，实在牵强附会。在这方面，康熙《陇州志》所引郦注为深入校勘提供了极好的依据。《陇州志》卷一《方兴·温泉》引《水经注》云：

> 然水清则愈，浊则无验。

由此可知，现存各本的"世清"、"世浊"，乃是"水清"、"水浊"的音讹。

还可以再举一个有关温泉的校勘例子，卷三八《溱水》经"东至曲江安聂邑东屈，西南流"注云：

> 又与云水合，水出县北汤泉，泉源沸涌，浩气云浮，以腥物投之，俄顷即热。

这里的"俄顷即热"，在大典本、黄省曾本、吴琯本、何焯校明抄本、王国维校明抄本、注释本、注疏本等之中，原作"俄顷即熟"，但注笺本作"俄顷即热"，殿本因之。"热"和"熟"虽然一字之差，但以之描述水温，差距却是很大的。要判断此二字的正误，对此进行深入的校勘，当然必须寻求依据。按：《太平御览》卷七一《地部三六·温泉》引《幽明录》云：

> 始兴灵水，源有汤泉，每至霜雪，见其上蒸气高数十丈，生物投之，须臾便熟。

《幽明录》是南朝宋刘义庆所编的志怪小说，郦注所引，其实正是此书，而此文最后两句是"生物投之，须臾便熟"。据此，则不仅"热"字是"熟"字之误可以判定，而

"腥物"是"生物"的音讹,也可一并勘正。

民国以来,许多郦学家对《水经注》的继续深入校勘都有所贡献,而王国维在这方面尤为独到,他在《颍水注》中,对"旧颍州治"一句,把诸本皆作"颍州"的"颍",按明抄本勘正为"预州"的"预"("预"是"豫"的别字)。又在《浙江水注》中,"入山采薪"一句,诸本皆作"薪",而王氏按残宋本将此句勘定为"入山采旅","薪"字是后人对"旅"字的擅改。这些都是王氏深入校勘的杰出例子,我在拙作《王国维与〈水经注〉》[21]一文中已述其详。没有深厚的功底,不经周密的思考,是得不到这样的校勘成就的。

另外一位郦学家岑仲勉在其所著《〈水经注〉卷一笺校》[22]中,对郦注卷一《河水》的校勘也极精深,兹举两例如下:

经"屈从其东南流,入渤海"注云:"恒水又东迳罽宾饶夷城"。岑云:

"罽"下诸本皆有"宾"字,《水经注疏要删补遗》谓戴于"罽"下增"宾"字,似不自戴始。按:《法显传》只作"罽饶夷"(彝),即今之 kanauj,盖后人因涉罽宾而误也。

又注文"彼日浮图尽坏,条王弥更修治一浮图,私诃条王送物助成"。岑笺作:"彼日浮图尽坏,条三弥更修治一浮图,私诃条王进物助成。"岑云:

"三"原讹"王",据《御览》八一二引支僧载《外国事》,条三弥乃斯诃条国大富长者之名。《外国事》又云:私(原误和)诃条国在大海之中,地方二万里。

此外还有不少郦学家如孟森、胡适、钟凤年、杨联陞、段熙仲、吴天任等,都对郦注继续有所校勘订正。当然,在这些校勘之中,有的可以肯定误在各本郦注;有的则谁是谁非尚可斟酌;有的则郦注不误,误在校勘者。如胡适对卷一六《穀水》经"又东过河南县北,东南入于洛"注内"凫没鸾举"一句,原句不误,而他的校勘则牵强附会。[23]所以总的说来,民国以来的郦学家,在《水经注》的继续校勘中,取得了许多成果,但对于所有这些校勘成果,必须区别对待。

民国以来研究《水经注》的第三项重要成就是对于《水经注》记载的各种资料的整理。这种郦学研究工作,在前代郦学家中,除了明杨慎有《水经注碑录》一种外,绝无其他例子。不过应该指出,这项研究工作得以开展的基础是乾隆以来郦注佳本的出现。在明代的那种经注混淆、错漏连篇的版本中,要系统地整理郦注的各种资料,这是不可想象的。下面表列的,是民国以来整理《水经注》资料的主要成果。

名称	著者	出版者及出版时间	备考
《〈水经注〉十录》	储皖峰	民国十七年《国学月报汇刊》第二集。	《十录》为:碑录、冢墓录、祠宇录、园宅录、两汉侯国录、动植矿物录、谣谚录、故事录、怪异录、引用书目录。仅《碑录》发表于《国学月报汇刊》。
《水经注引得》	郑德坤	民国二十三年哈佛燕京学社引得编纂处。	上海古籍出版社1982年重印。
《〈水经注〉写景文抄》	范文澜	民国十八年北平朴社版。	卷首有序、张穆《全氏〈水经注〉辩诬》、王先谦《合校水经注·例略》、胡渭《禹贡锥指例略》。
《〈水经注〉异闻录》	任启珊	民国二十四年上海启智书局版。	上下两卷,计异闻401则。
《〈水经注〉故事抄》	郑德坤	《华文学报》1942年第1期,香港中文大学东南亚研究所1963年重刊,台北艺文印书馆1974年版。	计有神仙故事、帝王传说、名人故事、战争故事、动物故事等类。
《〈水经注〉引书考》	郑德坤	台北艺文印书馆1974年版。	计考证郦注引书目463种,其中今存者91种。
《〈水经注〉经流支流目》	贺次君	民国二十三年《禹贡半月刊》第3卷第1、2、7、11期。	以王先谦合校本作底,凡经水顶格,注入经水之支流低一格,入支流之水再低一格,以次递降。
《〈水经注〉文献录》	陈桥驿	序发表于《杭州大学学报》1986年第3期,转载于《新华文摘》1987年第1期,全文收入于《水经注研究二集》,山西人民出版社1987年版。	考证郦注所引文献,计18类,共479种。
《〈水经注〉金石录》	陈桥驿	序发表于《山西大学学报》1984年第4期,全文收入于《水经注研究二集》。	考证郦注所载金石碑刻357种。
《〈水经注〉碑录》	施蛰存	天津古籍出版社1987年版。	考证郦注所载碑刻278种。
《〈水经注〉地名汇编》	陈桥驿	序一篇,各类地名说明36篇收入于《水经注研究二集》。	郦注地名按不同性质分为65类,每类卷首附说明一篇。
《〈水经注〉通检今释》	赵永复	复旦大学出版社1985年。	列载郦注记载的干支流,有今地可释者附以今地名。

　　除了上表所列的对《水经注》全书的各种资料进行整理研究以外,近年来又有学者对郦注资料进行了分省、分河段的整理研究。例如谢鸿喜所著《〈水经注〉山西资料辑释》,[24]即是把郦注记载的在今山西省境内的河流如黄河、汾河、桑乾河等,按《水经

注》卷篇做出辑录和解释。杨世灿、熊茂洽合著的《水经注三峡补注》,⑤则是节录《水经注疏》三峡段诸卷,包括卷三三、三四《江水》,卷三二《沮水·漳水》,卷三七《夷水》等篇,再详加注释。最近,该书作者之一、熊会贞的孙子熊茂洽,曾从湖北专程赶到杭州,与我商谈,他们还准备就《水经注疏》有关长江各篇,整理资料,作一次补注。《水经注》研究的这种发展趋势,是令人高兴的。

民国以来《水经注》研究的第四项成就是地理研究的加强。我在拙作《论郦学研究及其学派的形成》⑩一文中,曾对地理学派作过一点说明:"在郦学研究发展的过程中,它形成较晚,但却具有极强的生命力和远大的前途。因为《水经注》本身是一部地理著作,拥有丰富的自然地理和人文地理内容,它为我们在地理学研究上提供了充分的资料。"在现代郦学研究中,假使忽视了郦学界的这种发展趋势,就会造成错误,《辞海》在《水经注疏》条中所出现的错误,其原因即在此。

《辞海》(1979年初版以来,各版均同)"水经注疏"条云:

因未经审校,错别字及脱漏之处甚多,如《涪水》漏抄郦注本文竟达九十多字。

《水经注疏》北京本错漏连篇,前面已经述及,《辞海》所说甚是。但后半句说《涪水》漏抄九十多字的话,却是《辞海》自己的错误。《辞海》作者认为《水经注疏》漏抄的郦注本文,所指就是"迳涪县西,王莽之统睦矣。臧宫进破涪城,斩公孙恢于涪,自此水上。县有潺水,出潺山,水源有金银矿,洗取火合之,以成金银。潺水历潺亭而下注涪水。涪水又东南迳绵竹县北,臧宫溯涪至平阳,公孙述将王元降,遂拔绵竹。涪水又东南"共91字。这条释文的作者,由于没有考究这一带的山川地理,而只拿殿本或合校本之类的郦注与之对照,一旦发现"涪水出广汉属国刚氐道徼外,东南流"之下,少了上列91字,就立刻断言这91字被杨熊或他们的书手所漏抄。其实,只要他能够对照一下地图,或稍稍耐心一点,再往下读几段,就会发现,这91个字原来未曾少去一个,只是次序前后,被地理学派的熊会贞重新安排过了。熊会贞在"臧宫溯涪至平阳,公孙述将王元降,遂拔绵竹"句下按云:"朱'徼外'句下,按'东南流迳涪'云云,至'遂拔绵竹',下接'涪水又东南流与建始水合',至'迳江油、广汉者也'。全戴赵同。准以地望,建始水在上,江油在下,涪县又在下,何能先迳涪县而后会建始水而迳江油也?明有错简。'东南流'三字,当接'与建始水合'至'迳江油、广汉者也',又移'与建始水合'上'涪水又东南'五字于其下,乃接'迳涪县西'至'遂拔绵竹'方合。"说明从清代到民国,《水经注》的校勘,已经从一般文字训诂上的校勘发展到地理学的校勘。《辞海》作者由于在这方面的认识停步不前,因而造成这种自误而诬人的大错。

近年来,我国学者以《水经注》的记载为依据,进行历史地理学和现代地理学的研究,成就卓著,例子不胜枚举。例如史念海根据卷四《河水注》研究壶口瀑布位置的迁移,成功地推算出黄河这一河段的溯源侵蚀速度。㉗陈吉馀根据《河水注》、《濡水注》、《鲍丘水注》、《淄水注》等资料,研究古代渤海海岸的变迁,也获得了令人满意的成绩。㉘吴壮达根据《浪水注》研究古代广州城市的形成与发展,由于注文内有关于"水坑陵"的记载,从而查获了古代番禺的最早聚落所在。㉙所有这些例子,都说明按地理学方向进行郦学研究,将为郦学研究创造出一个新的鼎盛局面。

为了鼓吹郦学研究朝地理学方向发展,我曾于1964年发表《〈水经注〉的地理学资料与地理学方法》㉚一文,从此,我整理《水经注》的地理学资料,把属于自然地理学的地貌、水文地理、伏流、瀑布、湖泊、温泉、峡谷、植物、动物、热带地理、自然灾害等方面,属于人文地理学的行政区划、城市、内河航行、道路、水利工程、农田、工业、兵要、桥梁、津渡等方面,进行专题研究,撰成专文,收入拙著《水经注研究》。㉛

在《水经注》与地理学的关系中,还有一项重要的内容是地图。郦道元在卷首序言中说道:"今寻图访颐者,极聆州域之说。"又说:"川渠隐显,书图自负。"说明郦氏在注文撰述时是有地图作为依据的。这就是杨守敬在《水经注图·自序》中所说的:"郦氏据图以为书。"历代学者绘制《水经注图》的甚多,从南宋程大昌的《禹贡山川地理图》起,清黄仪、董祐诚、汪士铎等,都曾尝试《水经注图》的编绘。但这些地图,或存或佚,其绘制方法,都是旧式的示意图,没有计量价值。民国以前的所有《水经注图》中,当然以杨守敬、熊会贞绘制的为最佳。不过此图以胡林翼于同治二年(1863)在湖北刊印的《大清一统舆图》为底,有经线而无纬线,仍以老法把图面分成两块,每方50里—80里,计量的准确性不大,按今天的要求仍有很大差距。

民国以后继续绘制《水经注图》的是郑德坤,他的编绘经过,见其1984年所撰的《重编水经注总图·跋》一文中:

> 图稿完成于1933年夏,当时因篇幅宏巨,制版印刷繁复,又逢日军紧逼平津,余亦应聘回厦门大学执教,该图由哈燕社(按:即哈佛燕京学社)保存。不意抗战军兴,举国动荡,绵延十余载,其后哈燕社撤销解散,图稿已不知下落。幸当时绘图员张颐年君因余将离京,特复制总图一纸以赠,藉为合作纪念。㉜

郑氏上文所说的这幅《总图》,几经周折,现在已折附于吴天任《郦学研究史》卷末,名为《郑德坤重编水经注图(总图部分)》。其图系以民国时代的全国地图作底,绘上《水经注》记载的河流,经文与注文记载牴牾的,则经注所记俱绘,如"经潜水"、"注潜水"、"经淹水"、"注淹水"等,正图以外,并有附图《西域图》、《禹贡图》、《越南图》三幅。郑氏此图由于用具备经纬网格的新式地图作底,在计量价值上当然超过杨熊旧图,可惜除总图幸存外,其余均已亡佚,这当然是郦学研究中的一种损失。

总的说来,民国以来的《水经注》研究,在地理学方面的收获非前代所能比拟,但在《水经注图》的绘制方面却显得薄弱,直到今天,还没有一种可以取代杨熊《水经注图》的著作。为此,我曾撰有《新编出版〈水经注图〉刍议》③一文,呼吁郦学界"参照谭其骧教授主编的《中国历史地图集》的形式和方法",编绘一套《水经注图》,以供目前的急需,因为郦学研究中地理学派的迅速发展与《水经注图》编绘的相对落后,已经成为一种亟待解决的矛盾。后者必须迎头赶上。

民国以来《水经注》研究的最后一项成就是郦学史和郦学家的研究。这个课题,前代几乎也是空白,是最近数十年中所开创的郦学研究的新领域,至今已经取得了卓著的成果,而寓居香港的郦学家在这方面尤多贡献。

在郦学史的研究方面,重要的成果之一是《水经注研究史料汇编》上下二册,④上册为郑德坤所纂辑,收入上起晋郭璞、下至熊会贞的《水经注》研究史料77项。下册为吴天任所纂辑,篇幅数倍于上册,收入清代、民国及晚近郦学家40余人的《水经注》研究史料160余项。继此书之后,吴天任又有《郦学研究史》⑤一书的撰述,此书上起《水经》的成书与郦道元为《水经》作注的动机和背景,接着以若干章节论述《水经注》的丰富内容,又分章议论唐以前以至近代的郦学研究,其最后四章的标题分别为:《近四十年中国大陆〈水经注〉研究之进展》、《近四十年台湾香港等地之〈水经注〉研究》、《外国学者之〈水经注〉研究》、《今后〈水经注〉研究之新方向》。所以全书可称详今明古,甚有裨于郦学史的研究。此外,本文开头提出的汪辟疆所撰《明清两代整理〈水经注〉之总成绩》一文,也是这一时期郦学史研究的巨著。

在郦学家研究方面,对于郦道元本人,《魏书·郦道元传》只有309字,而《北史·郦道元序》也只有612字,包括全录《魏书》在内。如此一部名著的作者而传记寥寥,当然令人引为莫大遗憾。而近年来所见到的有关郦氏生平文章,大多是其出生年代、遇难地点考证等枝节问题。我曾于1987年撰《郦道元与〈水经注〉》⑥一书,尝试从郦注内寻索郦氏业绩。最后又完成了《郦道元评传》⑦一书,或许稍可弥补这方面的缺憾。

对于历代郦学家的研究,吴天任所撰《杨惺吾先生年谱》⑧堪称巨构。吴氏撰述此书,费时30载,对杨氏经历,包括言论、著作、往来函札以及公事家务,可谓巨细不遗。其尤可贵者,《年谱》记载不以杨氏去世而终,而以"先生卒后若干年"的体例,赓续记载郦学大事,直至"先生卒后五十六年(1971)",台北中华书局影印出版《杨熊合撰水经注疏》为止。此外,对于其他著名郦学家如全、赵、戴以及王国维、胡适、钟凤年、郑德坤、吴天任,我都已有专文发表。我并撰有《历代郦学家治郦传略》⑨一篇,把历代郦学家(包括外国郦学家)126人的治郦业绩,作了简要介绍。

以上是民国以来研究《水经注》的初步总结,应该指出,这一时期的郦学研究,不仅在学术上取得了丰硕的成果,并且还建立了良好的学风。良好的学风之一是,不少学者毕生治郦,作出了贡献,而且耄耋笃学,值得钦佩。例如熊会贞,他继承杨守敬的事业,"暝写晨抄,二十余年如一日"[40]。熊氏于其19岁之年进入杨氏为杨子授读,至其77岁之年去世,初则随杨氏钻研地学,继则潜心《水经注疏》之撰述,"书凡六七校,稿经六易"[41],毕生尽瘁于郦学,实属难能可贵。另一位著名学者胡适,是从1943年开始治郦的,直到1962年去世,以他一生中的最后20年光阴,全力以赴地投入《水经注》研究。尽管他为戴震翻案的努力没有成功,但20年中,他在郦注版本研究中做出了前无古人的成绩,在郦注的深入校勘方面,也有一定的贡献。又如钟凤年,他毕生在十分坎坷的遭际之中埋头于郦学研究,他于1957年开始校勘北京本《水经注疏》时,已经年近古稀,经20年的辛勤,终于校出了错误2400余处。[42]他发表郦学研究的最后一篇名作《评我所见的各本〈水经注〉》时,已届88岁高龄。段熙仲也是如此,他于77岁之年接受《水经注疏》的点校任务,工作完成之日,已经年过8旬。这些前辈学者的学术业绩和学风,都是后辈学人学习的榜样。

　　这一时期郦学界的另外一种良好学风,是在学术讨论中坚持原则,各抒己见,即在师生、朋友或地位悬殊的学者之间,也绝不应奉苟且。例如熊会贞,他对其业师杨守敬的尊敬众所共知,他秉承杨氏遗志续成《水经注疏》确是鞠躬尽瘁。但在学术上,由于杨守敬生前未见残宋本、大典本、明抄本,也不及汲取许多新的地学知识。熊在继事过程中,绝不在学术上迁就师生关系,而是作了大量修改,所以学术界认为《水经注疏》"泰半出自熊氏"[43](事详拙作《熊会贞郦学思想的发展》一文之中)。胡适与他的学生杨联陞之间的郦学论争也是一个很好的例子,前面已经提及,郦注卷一六《穀水注》中的"凫没鸾举"一句,各本颇有差异,胡适认为各本均误,惟大典本作"岛没峦举"为正。杨联陞查阅了《佩文韵府》《易林》等书,得知"凫没"、"鸾举"都是古文中习用之词,立刻致函胡氏,提出了针锋相对的意见:"证据是死物,用证据者是活人,连版本也不能算绝对可靠"。(事详拙作《评〈胡适手稿〉》)胡适毕20年之精力,力求否定戴书袭赵之事,但杨联陞为《胡适手稿》作序,只说:"现在把他的大批考证文字印出来,可以让人充分评论。"绝无偏袒他老师之意。胡适与钟凤年之间的关系,也可以说明这种事实。1947年,胡适是身为北大校长的著名学者,钟凤年在当时只是北平研究院史学所的一个落魄知识分子。胡因为读到了钟所发表的几篇郦学文章,写信邀他于星期日到胡寓作客,讨论《水经注》问题,把他所搜集的各种版本让钟观看。胡适居于如此高位而对一个普通文人礼贤下士,这当然是应该称赞的,以后两人之间互通长函数次,胡虽竭力向钟表达戴震清白的观点,但钟始终坚持自己的观点,不为稍动。所以我在拙作《钟凤年与〈水经注〉》[44]一文中,指出在胡、钟两人的学术争论中,"胡适无疑是个输家"。又如胡适与美国哈佛大学教授洪业(煨莲)是多年至交,他们之间的学术通信频繁,在收入《胡适手稿》的往返函札中,胡致洪函有长达 12000 言的,洪复胡函也有长达 8000 言的。洪对胡的尊戴非全(祖望)观点,一直持批评态度,其至奉劝胡氏:"我辈读古人书,要勿忘孟子之教,不以其文害其辞,不以其辞害其志。"(事详拙作《评胡适手稿》)

　　民国以来《水经注》研究中的主要干扰,是学者承袭了清代以来赵戴《水经注》案的争论,而且在一个时期论战激烈,影响了正常的郦学研究。除了熊会贞 1 人以外,几乎所有郦学家包括日本的森鹿三在内,都被卷入这场论战。有些造诣很高的学者如孟森,他曾经发表过 9 篇郦学论文,但全部都是论战文章,实在可惜。中华人民共和国建立以后,这场论战在内地已趋平息,但由于胡适的缘故,这种论战在港台又一度重启。详情我已在《〈水经注〉赵、戴相袭案概述》⑮及《港台〈水经注〉研究概况评述》⑯各文中说明。好在论战现在已经基本结束,郦学家可以不再在这个枝节问题上浪费精力,希望从此以后,《水经注》研究能够获得更大的成就。

注释:

① 杨慎《丹铅杂录》卷七:"曰出,曰过,曰迳,曰合,曰分,曰屈,曰注,曰入,此其八泽也。"
② 阎若璩《古文尚书疏证》卷六下。
③ 此书未刊,稿本由前国立编译馆收买。
④ 根据汪文,汪所见者是李子魁携到重庆的本子,李后来把这个本子中的开头三卷在湖北师范学院的《史地丛刊》发表,于是胡适就作了考证,在《熊会贞遗言》(《胡适手稿》第五集中册)一文中说:"不是《水经注疏》的真本,是他(按:指李子魁)把杨熊二公的四部《水经注疏要删》合并编纂而成的。"
⑤ 据光绪十九年(1893)四月十二日杨守敬致梁节盦书。
⑥ 傅增湘《宋刊残本〈水经注〉书后》,《藏园群书题记初集》卷三。
⑦ 参阅拙作《历史地理学家杨守敬及其〈水经注〉研究》。收入《郦学新论——水经注研究之三》,山西人民出版社 1992 年版。
⑧ 费海玑《胡适著作研究论文集》,台北商务印书馆 1970 年版。
⑨ 《社会科学战线》1977 年第 2 期。
⑩ 《中华文史论丛》1979 年第 3 辑。
⑪ 《胡适手稿》第四集上册。
⑫ 《胡适手稿》第六集下册。
⑬ 《胡适手稿》第四集中册。
⑭ 《中华文史论丛》1986 年第 2 辑。
⑮ 《中华文史论丛》1984 年第 3 辑。
⑯ 《中华文史论丛》1985 年第 2 辑。

⑰　此书卷首《标点说明》中说此书与聚珍本对勘,绝非事实,参阅拙作《关于〈水经注校〉》,
《郦学新论——水经注研究之三》。

⑱　《山西大学学报》(哲学社会科学版)1993 年第 1 期。

⑲　杨向奎《读〈水经注〉》,《中国历史地理论丛》1993 年第 1 辑。

⑳　《杭州大学学报》(哲学社会科学版)1981 年第 4 期。译载于日本关西大学出版《史泉》第
57 号,1982 年 12 月。

㉑　《中华文史论丛》1989 年第 2 辑。

㉒　《中外史地考证》上册,中华书局 1962 年版。

㉓　参阅拙作《读〈水经注〉札记之三》,载香港《明报月刊》1990 年 10 月号。

㉔　山西人民出版社 1990 年版。

㉕　湖北人民出版社 1992 年版。

㉖　《历史研究》1983 年第 6 期。

㉗　史念海《河山集》二集,三联书店 1982 年版。

㉘　《中国自然地理·历史自然地理》第五章,科学出版社 1982 年版。

㉙　吴壮达《水经注的"水坑陵"问题》,《华南师范学院学报》(自然科学版)1980 年第 2 期。

㉚　《杭州大学学报》(自然科学版)1964 年第 2 期。

㉛　天津古籍出版社 1985 年版。

㉜　吴天任纂辑《水经注研究史料汇编》下册,台北艺文印书馆 1984 年版。

㉝　《地图》1986 年第 2 期。

㉞　台北艺文印书馆 1984 年版。

㉟　台北艺文印书馆 1991 年出版。

㊱　上海人民出版社 1987 年版。

㊲　南京大学出版社 1993 年版。

㊳　台北艺文印书馆 1974 年版。

㊴　《郦学新论——水经注研究之三》。

㊵　汪辟疆《明清两代整理〈水经注〉之总成绩》。

㊶　刘禺生《述杨氏〈水经注疏〉》,中华书局 1960 年版。

㊷　钟凤年《〈水经注疏〉勘误》,载《古籍论丛》,福建人民出版社 1982 年版。

㊸　汪辟疆《杨守敬熊会贞传》,《汪辟疆文集》,上海古籍出版社 1988 年版。

㊹　《陕西师大学报》(哲学社会科学版)1992 年第 3 期。

㊺　《郑州大学学报》(哲学社会科学版)1986 年第 1 期。

㊻　《史学月刊》1986 年第 1 期。

原载《中华文史论丛》1994 年第 53 辑

近代郦学家与郦学研究

  《水经注》成书于公元 6 世纪初期,至隋唐类书如《北堂书抄》、《初学记》等之中,已经屡屡引及。唐末陆龟蒙诗"山经水疏不离身",[①]则此书流传开始渐广。到了宋初,朝廷所编类书如《太平御览》、地理书如《太平寰宇记》等,均大量采录此书原文。苏轼诗"嗟我乐何深,《水经》亦屡读",[②]说明此书声名已甚著。不过类书及地理书的引述和文人学士的吟诵,毕竟不是对此书的研究。及至南宋,金礼部郎中蔡珪撰《补正水经》三卷,其书虽佚,但从元至正刊本欧阳玄序中窥及,[③]其内容颇有补正郦注之处。所以蔡珪的著作,可以认为是郦学研究的嚆矢。

  明代,郦注的刊本渐多,如嘉靖黄省曾刊本、万历吴琯本等,付刊前都经过不少校勘。而万历四十三年(1615)刊行的朱谋㙔《水经注笺》,笺注勘误尤为深入细致,清顾炎武誉之为"三百年来一部书"。[④]朱谋㙔因此书之校,开创了郦学研究中的考据学派。而钟惺、谭元春等,剖析郦注结构,评点郦注文字,建立了郦学研究中的辞章学派。此外如杨慎、李克家、朱子臣、曹学佺等,对郦学的考据、辞章等方面,也都有所建树,郦学研究,一时趋于兴盛。

  清代承明代研究的成果,在其初期,即显出其不同凡响的形势。著名郦学家如孙潜、何焯、黄仪、阎若璩、顾炎武、顾祖禹、刘献廷、胡渭、沈炳巽等,风起云涌,获得了许多重要的研究成果;而乾隆年间出现了全祖望、赵一清、戴震三大家,把郦学研究中的考据学派推向鼎盛。先后刊行了戴氏武英殿聚珍本、赵氏《水经注释》、全氏《七校水经注》等校勘精密的郦注校本,而王先谦又博采众本之长,在殿本的基础上于光绪年间刊行了合校《水经注》。《水经注》从此版本完备,为后辈学者的郦学研究创造了便利的条件。在清一代,特别后来居上的是杨守敬及其门生熊会贞,他们从地理学角度研究郦注,刊行了《水经注疏要删》和《水经注图》,创立了郦学研究中的地理学派,为郦学研究开辟了灿烂的前程。

自从《水经注》成书以来,明清两代学者对此书的研究确实成就非凡。他们前后相继,从各个方面进行研究,形成了这门包罗宏富的郦学,而且先后创建了考据、辞章、地理三个学派。经过许多学者的努力,使这部从宋初以来亡佚残缺、经注混淆的古籍,基本上恢复了它的原貌。所有此两代中的研究业绩,郦学家汪辟疆撰有《明清两代整理〈水经注〉之总成绩》一文,推本溯源,详为评述,成为《水经注》成书以来迄于明清两代郦学研究的总结,是郦学史上一篇千古文章。本文则在汪文的基础上,对汪文以后迄于晚近的主要郦学及郦学研究加以评述。

近代郦学家甚多,但成果卓著者,按出生年代排列,有熊会贞、王国维、钟凤年、胡适、郑德坤、吴天任六人。其间,熊会贞在清代已有郦学著作,光绪三十一年(1905)刊行的《水经注图》及《水经注疏要删》,均为杨守敬与熊会贞合作之作,杨守敬《水经注图·自序》云:"余既同熊君会贞撰《水经注疏》,复为图以经纬之。昕夕商榷,年历三周乃成。"又《邻苏老人年谱》云:"以《水经注疏》卷帙浩博,整写不易,而吾年已迈,恐不能上木,嵒芝寒士,亦未能任此巨款,乃为《要删》八册,使海内学者知吾有此书。"说明熊氏在有清一代中已对郦学有所建树。不过他在郦学研究中的主要成就是在清末以后,所以仍在本文评述的范围之中。以下对上列诸家及其研究成果略加评述。

熊会贞(1859—1936),字嵒芝,湖北枝江人。吴天任《杨惺吾先生年谱》[⑤]光绪四年(1878):"招门人枝江熊嵒芝授二儿读。"从此,熊氏进入杨门,拜杨守敬为师,毕生追随杨氏,以兴地学及《水经注》研究为业。如前已指出的,他与杨氏共同完成了《水经注图》和《水经注疏要删》的编撰,和杨氏共同创建了郦学研究中的地理学派。杨守敬于民国四年(1915)去世,临死以《水经注疏》的继续修订刊行嘱熊,据汪辟疆《明清两代整理〈水经注〉之总成绩》云:"易箦语熊会贞曰:《水经注疏》不刊,死不瞑目。熊氏泣曰:鞠躬尽瘁,死而后已。杨氏既归道山,而熊氏仍馆其家,暝写晨抄,二十余年如一日,盖已难能矣。"在这期间,"书凡六七校,稿经六易"。[⑥]用熊氏自己的话来说:"自杨师下世,会贞继续编纂,无间寒暑,志在必成。"[⑦]直到民国二十四年(1935),熊氏在其《关于〈水经注〉之通信》一文中说:"大致就绪,尚待修改。"这个"大致就绪",是从杨氏下世后经过整整20年时间而获得的。

在杨守敬去世以前,熊会贞曾与杨合作,从事过一些《水经注》以外的历史地理著述,如《历代舆地沿革险要图》、《〈隋书·地理志〉考证》等。但杨氏下世以后,熊氏倾其全力于《水经注疏》的撰述,而在其郦学思想上,则比与杨共事之时有了很大的发展。这是因为熊氏在其继事的20余年中,获睹的郦注版本如残宋本、大典本、明抄本等,远远超过其师。而新的地理学思想在这一时期源源引入,科学的地理学著作及新式地图大量出版。所以熊在地理学与郦学的造诣上,实已远过其师。因此,他所继事的《水经注疏》,与杨氏初创时期相比,确已有了较大的改易与进步。其中较重要者为:第一,关于底本。杨氏在《水经注疏要删·自序》中规定:"其卷页悉依长沙王氏刊本(按:指合校本),以便校勘。"而熊氏在其亲笔《十三页》中则更改云:"合校本以戴为主,看甚分明,今变动体例,以朱为主,而据赵、戴订之,或自订。通本朱是者作正文,非者,依赵、戴改作正文,不能如合校本之尽以戴作正文也,此点最关紧要。"说明熊氏《水经注疏》以朱谋㙔《水经注笺》为底本,与杨氏大不相同。第二,杨守敬生前唯恐此书再发生一次赵戴之争,因此,即使杨熊是师生之谊,杨也不敢在这个问题上掉以轻心。生前已将此书署名格式安排停当,即《十三页》中所云:"先生初说,此书二人同撰,文各一半。"最后并定为:"每篇首标题作宜都杨守敬纂疏,门人枝江熊会贞参疏。"但以后熊在继事过程中,杨守敬之孙杨先梅(按:字岭香,杨第三子蔚光所出),襄助甚为得力,其中残宋本、大典本、明抄本三本的比勘,均是先梅之作。故《十三页》云:"先生未见残宋本、大典本、明抄本,此书各卷,凡说残宋、大典、明抄,不得属之先生。……以先生说改为岭香孙世兄补疏。全书各卷中,先生按残宋本作某或大典本、明抄本作某,尽改为先梅按残宋本作某,大典本作某,明抄本作某。每卷开首题各加一行,作孙先梅补疏。"此亦为熊书的极大改易。后因李子魁在其所窜改的所谓《遗言》中删去此条,而在今台北影印本的底本上挤入自己的名字,故熊氏之意未得实现。第三,杨生前介入赵戴争端,而且出言颇有武断之处,例如光绪十九年四月致书梁节盦附和叶浩吾之言云:"世称戴所云《永乐大典》本,皆直无其事。"又在《要删自序》中云:"乃知大典本与朱本,实不甚有异同。"迨熊氏之时,大典本已为其目睹,故熊在《十三页》坦率地纠正了杨的无据之言云:"人多以戴出大典本为诬录,以见戴多本大典,不尽本大典,而戴之冤可以大白于天下,戴之伪亦众著于天下矣。"第四,杨守敬介入赵戴争端,确信戴书袭赵,因此鄙薄戴震,所以每引郦书,其排列均作全赵戴。熊氏对此亦作了极大的变易,由于熊认为王梓材、董沛在七校本的整理中作伪已成定论,因此,从《七校本》引全实已全戴难分,故已无必要。所以在今台北本中,"全"字多已删去,而杨原来所排列的赵前戴后,熊氏已作了勾乙,改为戴赵。在《十三页》中,熊氏从实际出发,写下"惟戴之功大"5字,一反杨生前的主张。

除了上述四个方面以外,作为郦学地理学派奠基人之一的熊会贞,在其撰述中着重于地理学的考证,不仅仍与杨氏保持一致,而且也还有所发展。试举一例:1979 年出版的《辞海》,在"水经注疏"这一条释文中,指出:"《涪水》漏抄郦注本文竟达九十多字。"《辞海》作者,对照殿本或其他考证学派的版本,发现注文"涪水出广汉属国刚氏道徼外,东南流"之下,少了"迳涪县西,王莽之统睦矣。臧宫进破涪城,斩公孙恢于涪,自此水上。县有潺水,出潺山,水源有金银矿,洗取火合之,以成金银。潺水历潺亭而下注涪水。涪水又东南迳绵竹县北,臧宫溯涪至平阳,公孙述将王元降,遂拔绵竹。涪水又东南"一段,共 91 字,就不再研究一番,信手拈来,作为北京影印本脱漏的例子。其实,这条释文的作者只要往下阅读几段,不仅可以发现,这 91 个字在注文中并未少去一个,而且还可以在"遂拔绵竹"句下,读到熊会贞的一段疏文:

> 会贞按:……朱"徼外"句下,接"东南流迳涪"云云,至"遂拔绵竹"下,下接"涪水又东南与建始水合",至"迳江油,广汉者也"。全赵戴(此据北京影印本,台北影印本删"全"字,"赵""戴"乙)同。准以地望,建始水在上,江油在下,涪县又在下,何能先迳涪县而后会建始水而迳江油也? 明有错简。"东南流"三字下当接"与建始水合"至"迳江油、广汉者也"。又移"与建始水合"上"涪水又东南"五字于其下,乃接"迳涪县西"至"遂拔绵竹"方合,今订。

这个例子可以说明,在杨氏下世以后的 20 余年中,熊会贞在地理学上有了更为深厚的造诣。

熊氏在此书上作了 20 余年的努力,到了民国二十四年(1935),已经近于完成,故有上述发表于《禹贡半月刊》上的"大致就绪,尚待修改"的通信。但就在此后,熊氏20 余年惨淡经营的成果,发生了两大不幸事件,第一是杨守敬之孙杨勉之私自出售了熊氏手稿,造成了刘禹生《述杨氏〈水经注疏〉》中所叙述的悲惨结局:"杨氏后人,阴售疏稿,图断会贞生计,会贞郁郁寡欢,因而自裁,与稿俱逝,时民国二十五年五月也。"第二是因熊氏之逝,引起第三者李子魁的介入,李佯言受熊氏之托,改写熊氏亲笔《十三页》,冠以《遗言》字样,并且在台北影印本的底本上任意涂改,在每卷题下挤入"乡后学枝江李子奎补疏"一行,又在卷内各处抹去"守敬按",改为"子奎按",鱼目混珠,制造混乱。幸而熊氏亲笔《十三页》最后仍在人间,胡适、吴天任等均对真伪之件细加核对,撰文指责李之作伪,使事实得到基本澄清。⑧

熊氏在其"书凡六七校,稿经六易"过程中,曾抄出若干副本。目前所知至少有三种:一种是 1957 年北京科学出版社影印本的底本。此本抄成后,由熊氏友人徐恕收藏,其中除卷二一《汝水》曾由徐与熊氏藏本校对一过外,其余均未曾校过,以致错漏极多,钟凤年于此本出版之日即从事校勘,最后校出错误竟达 2400 余处。另一本是台北中华书局 1971 年影印本的底本。此本由于抄成后由熊氏本人收藏,随即得到熊的校改,虽然与《十三页》的要求仍有颇大距离,但与熊氏的最后定稿本最为接近。另一本现藏日本京都大学人文科学研究所,抄写格局与北京、台北二本同,各册卷首均有"森鹿三寄赠"字样,当是森鹿三赠与该所者。按:汪辟疆《杨守敬熊会贞合传》⑨云:"日人森鹿三,极服熊氏以一生精力成此绝业,民国十九年(1930)四月,遣松浦嘉三郎走武昌求其稿,不获;又两谒,许以重金,乞写副。会贞以大夫无域外之交,固拒之。"以后,向宜甫在1949年武昌亚新舆地学社排印本《水经注疏》序言及刘禺生《述杨氏〈水经注疏〉》中,均引及汪氏此项说法,认为日本无此书抄本。1983年我去日本关西大学讲学,森鹿三的学生之一、奈良女子大学教授船越昭生告诉我京都大学人文科学研究所藏有此书抄本的消息,于是我请森鹿三的另一位学生、关西大学教授藤善真澄陪同前往该所,果然得览此书,事详拙作《关于〈水经注疏〉不同版本和来历的探讨》一文中。此外,抗日战争期间,熊会贞之子熊小固与李子魁两人,曾携《水经注疏》稿本一部走重庆,至中央大学中文系主任汪辟疆处求出版。汪亲见此本,并在《明清两代整理〈水经注〉之总成绩》一文中记云:"是《水经注疏》一书,自杨氏创始至今,已逾六十余年矣。稿凡数本:其一本,为中央研究所所得(按:即今台北影印本的底本);其誊清正本,则仍在李子奎处,今余所及览者,则李君所藏之正本也。"汪氏所云李子魁所藏之誊清正本,以后未见出版,至今不知下落,实为郦学史上的一大损失。

王国维(1877—1927),字静安,号观堂,浙江海宁人。他是学识渊博、著述丰富的近代学者。他毕生校勘古籍两百种,其中对《水经注》一书用功尤深。他对此书的校勘和论证,在郦学史上具有重要意义,对发展我国的郦学研究甚有贡献。王氏在民国十四年(1925)出版的《清华学报》第1期中,同时刊出他的《宋刊〈水经注〉残本跋》、《〈永乐大典〉本〈水经注〉(前20卷)跋》、《海盐朱氏藏明抄本〈水经注〉跋》、《朱谋㙔〈水经注笺〉跋》、《孙潜夫校〈水经注〉跋》、《聚珍本戴校〈水经注〉跋》,共6篇。吴天任《杨惺吾先生年谱》中华民国十四年乙丑下云:"王静安《水经注》诸本跋刊于《清华学报》2卷1期,此为静安历年校勘《水经注》之总成绩。"另外,台湾"中央图书馆"藏有明黄省曾刊本《水经注》一部,是嘉兴沈曾植的旧藏,此书卷末,王国维也写有跋尾一篇,胡适为它加上《黄省曾〈水经注〉跋》的题目。除上列7篇外,王氏尚有《水经注》跋尾两篇,收入赵万里编纂的《黄省曾〈水经注〉跋》的题目。除上列七篇外,王氏尚有《水经注》跋尾两篇,收入于赵万里编纂的《观堂别集》卷三之中,一篇题为《水经注笺·跋》,即胡适《评论王国维先生的八篇〈水经注·跋尾〉》⑩一文中所称的《赵万里临校本〈水经注〉跋》;另一篇为《水经注释·跋》,在胡适的评论文章以外。所以一共是9篇。

在上述9篇跋尾中,王氏举例校改郦注最多的一篇是《明抄本〈水经注〉跋》。在

这篇跋尾中,王氏举例校改的共有《颍水》、《沔水》、《温水》、《叶榆水》等14篇共21条。如《颍水篇》云:

> 颍水又东迳项城中,楚襄王所郭以为别都。都内西南小城,项县故城也,旧豫州治。按"豫"者,"豫"之别字,诸本并讹作"颍"。考项县在汉魏时本属豫州汝南郡,至后魏孝昌四年始置颍州,不得为项县地,而天平二年,置东扬州,乃治项城,是项县故城,当是旧豫州治,不得为后魏颍州治也。且下文云:又东迳刺史贾逵祠。刺史上不著州名,乃承上文旧豫州治言之(魏书本传,逵为豫州刺史)。则此本作豫州是,诸本作颍州者误也。

这里,王氏的校勘是精细并信而有征的。他从历史沿革证明诸本"颍"字之讹,而明抄本的"豫"字是正确的。又引《魏书·贾逵传》作为旁证,使证据具有更大的说服力,从而勘正了诸本皆讹的"颍"字。王氏的这一校勘成果,其价值还不仅是校出了一处诸本皆讹的错误,尤其重要的是他指出的"豫者,豫之别字"。这是一种重要的校勘方法,特别是对于抄本的校勘。不少古籍校勘者,由于不注意王氏指出的这种校勘方法,而把古人随意书写的一个别字或异体字,看得高不可攀,于是遍索各种典籍和小学书,从此误入歧途,不可自拔,浪费了许多时间精力,而结果归于错误。在郦注校勘中,就有这样的例子。今本郦注有一种称"坈"的地名,如卷四《河水注》的"曹阳坈",卷五《河水注》的"马常坈"、"落里坈"等,全书共有八九处。⑪对于这种称"坈"的地名的自然地理属性,卷五《河水》经"又东北过高唐县东"注中说得十分明白:"漯水又东北迳千乘县二城间……又东北为马常坈,坈东西八十里,南北三十里,乱河枝流而入于海。河、海之饶,兹焉为最。《地理风俗记》曰:漯水东北至千乘入海,河盛则通津委海,水耗微涓绝流。"

从上述注文可知,这种称"坈"的地名,其实就是季节性的积水坑,而大典本和黄省曾本也多作"坑"。但后来各本却一概作"坈",而且从朱谋㙔的《水经注笺》开始,包括朱之臣的《水经注删》和张匡学的《水经注释地》等,都从小学书《玉篇》上去找寻这个"坈"字的答案,小题大做,不得要领。假使他们也能如王国维那样从别字或异体字的线索去考虑这个"坈"字,问题就会迎刃而解。今各本《水经注》中,卷五《河水》经"又东北过高唐县东"注中有"秦坑儒士,伏生隐焉"一语,这个"坑"字,残宋本恰恰就作"坈"字。另外,今各本卷二《河水》经"又东过陇西河关县北,洮水从东南来流注之"注中,有"投河坠坈而死者八百余人"一语,这个"坈"字,在何焯校明抄本中,恰恰也作"坑"字。由此可知,郦注这八九处称"坈"的地名,其实就是"坑","坈"字不过是"坑"字的别字而已。光绪《山东通志》卷三二在引《水经注》"平州坈"后云:"坈当作坑,《太平御览》地部四〇引《述征记》曰:'齐人谓湖曰坈。'"今郦注中的八九处称

"坑"的地名中,除了《浪水注》的"水坑"以外,其余均在齐地。所以"坑当作坑"可以无疑。

古籍校勘的工作确实是应该谨慎从事的,如上述"坑"字,因为字形冷僻,诱使校勘者惟小学书是从,结果是钻入牛角尖而不能自拔。但另外有一些字却因字形熟悉,诱使校勘者全然不顾小学书,而自以为是,轻率臆改,同样得到错误的结果。在王国维的校勘成果中,《宋刊〈水经注〉残本跋》就提供了这方面的例子。王文云:

> 卷四〇《渐江水注》,"入山采旅",谐本皆作"薪"。按《后汉书·光武纪》,野谷旅生。注:旅,寄也,不因播种而生,故曰旅。今字书作稆,音和,古字通。又《献帝纪》尚书郎以下,"自出采稆"。注引《埤苍》曰,稆训自生。稆与稆同。郦云采旅,正与范书语合,诸本改作薪,盖缘不知采旅为何语耳。

按:王氏所举此例出于今各本《渐江水注》经"北过馀杭,东入于海"注中,原文云:"县东北上亦有孝子杨威母墓。威少失父,事母至孝,常与母入山采薪。"这个"薪"字,显然是某一个自以为是的校勘者所轻率臆改的。因为"旅"字字形熟悉,他一见之下,全然不想到小学书上对此还有其他训诂,而肯定它是个错字,一笔就改成"薪"字。从此以讹传讹,流传至今。其实这一臆改,显然失去了郦书原意。因为采旅和采薪大不相同,"旅"是野生食物,"薪"是燃料。前者需要识别何者可食,何者不可食,但采集的劳动量不大;后者无需识别,但采集的劳动量甚大。因此,孝子携母上山,当然是采旅而不是采薪。王国维校勘郦书的细致谨慎,于此可见。

对于戴震剽袭赵一清书而伪托大典本之作,王氏最为深恶痛疾。在历代挞伐戴震的学者之中,王氏出言最重,他在《聚珍本戴校〈水经注〉跋》一文中指出:"凡此等学问上可忌可耻之事,东原胥为之而不顾,则皆由其气矜之一念误之。至于掩他人之书以为已有,则实非其本意,而其迹则与之相等。平生尚论古人,雅不欲因学问之事,伤及其人之品格,然东原此书,方法之错误,实与其性格相关。故纵论之,以为学者戒,当知学问之事,无往而不当用其忠实也。"王氏对戴震的批评或许偏激,但他所说"当知学问之事,无往而不当用其忠实也"的话,则对于一切学人都有教育意义。

钟凤年(1889—1987),安徽桐城人。在本文评述的六个近代郦学家中,钟氏是一位生活道路十分坎坷的人物。按中国习惯,他活了一百岁,但是由于一直没有获得很好的职业岗位,以致长期以来生活在贫困之中。抗日战争胜利后,才算因缘进入当时北平研究院的历史研究所。新中国成立以后,他进入中国科学院考古研究所工作,生活趋于安定,但已年逾花甲。1961 年以副研究员身份退休,当时已过古稀,但仍埋头于郦学研究,确实难能可贵。

钟氏毕生撰述的郦学著作,现在可以考查的有《〈水经注〉之析归引言》、《〈水经〉

著作时代之研究》等十余种,已详拙作《钟凤年与〈水经注〉》文中,这里不再赘述。钟氏的郦学研究成果,在其晚年,尤见功力。他晚年最重要的郦学著作是《评我所见的各本〈水经注〉》。[12]此文发表于 1977 年,当时他已经 88 岁高龄,耄耋笃学,令人钦敬。他在此文中评论的郦注版本,包括残宋本、大典本、明抄本以及黄省曾、吴琯、朱谋㙔、谭元春诸明本,项纲、孙潜、何焯、沈炳巽、全祖望、赵一清、戴震、王先谦诸清本和杨守敬、庞鸿书、丁谦等本,共达 20 余种之多。对于钟氏此文,郦学界曾经发表过不少评论,有人认为此文至少在郦学的两个方面做出了贡献。[13]第一,他解决了《水经注》研究中多年没有解决的问题,即戴校殿本与大典本及赵一清校本的关系问题。经过钟氏以殿本与其他各本逐条、逐句、逐字的核校,发现戴震所提问题 4400 余条中,其确与大典本相同的仅 720 条,此外明言据他书以改正者约 240 条,其余 3000 余条只能说别有所本。又核对出戴震殿本第一卷,非真出大典者 77 条,第二卷并非真出大典者 133 条,因而得出结论,戴震所谓原本,确非独指大典本,而是另外采取了黄、吴、朱、谭、项、何、某甲、沈、全、赵及孔刻诸本,也并不是完全剽袭了赵一清的校本,而戴震所谓近刻,也并不是谭元春本一种,还有其他旧本。因而基本上解决了这个久悬未决的疑案。第二,钟氏并不盲目崇拜名家,一切都要经过他的检验。杨守敬在许多人看来是研究历史地理的名家,而把他的《水经注疏》当作郦学研究最有价值的书。但钟氏并不盲目崇拜他,对他的名著《水经注疏》也要逐条、逐句、逐字地核对。钟氏经过研究后指出,杨氏此书在订正讹误时,只根据赵一清校本、殿本和极不可靠的薛刻本就断定是非,而不知殿本和孔刻本还有许多不同的地方,这些都证明杨守敬在治学的态度上是极不严肃的。

以上评述的是钟氏在郦学研究中的重要论文,除此以外,钟氏还有一些有关郦学研究的学术通信,在说明钟氏的郦学思想方面具有重要意义。现在可以查证的学术通信,是他与胡适之间的通信,《胡适手稿》以两个标题收入了胡适致钟氏的 5 封书信,虽手稿不收钟信,但从胡信可以获悉钟信的端倪。对于钟氏与胡适的通信,我已在拙著《钟凤年与〈水经注〉》一文中记述其详,这里不再赘述。胡适从 1943 年以后倾其全力研究《水经注》,他是一个声名甚大而自视极高的人物,但他在与钟凤年的通信中表现出对钟氏的恳切和尊重,而且在信稿上用红笔作了许多批注和删改,很仔细地把它们收藏在 22 个文稿夹子里,这实际上说明了钟氏在学术研究上的造诣。从收入《手稿》的 5 封信中,可以看到当年钟氏与胡适之间的郦学讨论是广泛而认真的,尽管两人的意见实在很不相同。由于《手稿》没有收录钟氏的去信,钟氏当年或许留有信稿,但从 50 年代到 70 年代,保存这种信稿是一件十分危险的事,所以估计早已不存。因此,钟氏当年与胡适讨论郦学的全部过程和内容,现已无法获悉。但从胡适致钟氏各信所述,与钟氏晚年所撰《评我所见的各本〈水经注〉》一文相印证,钟在最主要的两个问题上,观点与胡适完全相左,而且坚持到底。第一是关于全祖望校本的评价,他认为全本的价值甚高,王先谦合校本排斥全本,这是一种损失;第二是戴震校殿本,假托大典本而剽窃赵本和其他版本。对于这一点,胡适在通信中以认输告终。对于第二点,胡适虽然到死仍坚持其"戴震未见赵书"之说,但学术界其实早已否定了他的观点。

胡适(1891—1962),字适之,安徽绩溪人,是我国学术界有很大影响的现代学者。他的后半生致力于《水经注》研究,其成果包括论文、函札、跋识等百余篇,在其身后刊行的《胡适手稿》10 集之中占了 6 集。所以他是近代郦学家中著述最丰富的学者之一。

胡适为什么要研究《水经注》? 据他的学生费海玑所著《胡适著作研究论文集》[⑭]所说:"胡先生研究《水经注》的动机,却不是去治地理学,而是辨别戴震窃书的是非。"对此,胡适自己也说得十分坦率。他于 1952 年在台湾大学文学院的讲学中,开宗明义地说:"我审这个案子,实在是打抱不平,替我同乡戴震(东原)申冤。"[⑮]我在拙著《郦学研究及其学派的形成与发展》[⑯]一文中,把历来的一切郦学家,分成考据、辞章、地理三个学派。胡适发表了上百篇《水经注》文章,应该是个大郦学家,但是按照我那篇拙文的论述,胡适算不上上述三派中的任何一派。胡适原来自称是个有"考据癖"的人,他在《水经注》研究方面所写的文章,也都是些考据文章,但是按照拙文所定的归属,他不属于郦学研究中的考据学派。因为这个由明朱谋㙔开创而鼎盛于乾隆年间的学派,不论是学派中的著名人物如全祖望、赵一清、戴震,或是其他一些次要人物;不论他们从什么角度从事他们的考据工作;不论是整卷整篇地校勘,或是一字一句地考订,其目的只有一个,就是要使这部残缺的《水经注》尽可能地恢复它的本来面目。但胡适的考据工作,目的绝不在此,所以在历来的郦学家之中,胡适是个特殊的例子。

胡适的郦学文章,全都收入于《胡适手稿》第一至六集(每集 3 册)共 18 册之中,我在拙著《评〈胡适手稿〉》一文中已述其详,此处不再赘述。概括说来,他的郦学文章可分三大部分,第一部分是赵戴《水经注》案的重审,第二部分是全祖望校本《水经注》的研究,第三部分是《水经注》版本的研究。

在第一部分的许多论文中,特别重要的有《戴震未见赵一清书的十组证据》(第一集中册)、《真历史与假历史》(第一集下册)、《与钟凤年先生讨论〈水经注〉的四封信》(第四集下册)、《孟森先生审判〈水经注〉案的错误》(第五集下册)、《评论王国维先生的八篇〈水经注·跋尾〉——重审赵戴〈水经注〉案的一次审判》(第六集下册)等。对于赵戴两本《水经注》雷同,他的解释是:"所以他们的两部校本有百分之九十八九的相同,这是校勘学应有的的结果。"[⑰]也就是"大都闭门造车,出而合辙"。[⑱]

　　当然，在胡适发表这些文章的时候，反戴派中的主要人物如杨守敬、王国维、孟森等人都早已物故。假使起这些人于地下，则胡适的论点无疑是他们所断乎不能承认的。事情很简单，因两书的"十同九九"[19]之中，也包括不少由这些学者核对出来的赵讹而戴亦讹的材料。这是无法用"闭门造车，出而合辙"的话来解释的。另外一个胡适既没有解释也无法解释的问题是，戴震在入四库馆以前，已经有了他自己的《水经注》校本，即今日大家都能看到的微波榭本。他进四库馆不过一年，却校出了一部与他以前下了多年苦功的微波榭本截然不同的本子。而不幸的是，这部本子竟和他的另一位同行学者二十年前的作品"十同九九"，不仅同其正，而且同其误。是不是两人都根据同一种底本，因而造成这种体例如一而又正误同归的结果呢？在郦注的版本史中，绝对找不出这样的版本。何况殿本中提及的版本主要是三种，即大典本、归有光本和所谓"近刻"。其中，殿本所持以为据的，主要就是大典本。但现在大家都已经看到了大典本，而且有不少学者核对过，证明戴震作伪。其实，只要看看一望而知的体例，大典本是一种样子，赵戴两本又是另一种样子。

　　胡适的这些文章发表以后，寓居香港的郦学家吴天任和寓居澳门的学者汪宗衍等，都纷纷撰文，对胡适有所指责。就在胡适去世的这一年（1962），大陆上老一辈学者所熟知的辞书学家杨家骆，也在台北《学粹》第 4 卷第 5 期发表了一篇题为《〈水经注〉四本异同举例》的文章。他以赵本、殿本、大典本、杨熊注疏本 4 本，选《水经注》全书篇幅最小的卷一八《渭水》作为对勘对象，其结果是：

　　　　统计在异文一百十处中，除杨本异文无与于赵戴争端外，大典、戴校、赵释三本有异同者凡九十处，其中戴同于赵者四十三处，戴同于大典者十二处，戴异于二本者卅一处，三本互异者四处。倘复就赵氏校释中谓应作某者考之，凡戴异于赵，亦多阴本于赵氏校释之说，则戴之不忠于大典而复袭于赵，固至显然也。

　　因此，杨氏评论胡适发表的这些论文说：

　　　　读其所发表诸文，假设固至肯定，求证会得其反，于静安先生肯定之论，终不能正面列证予以推翻。

　　的确，胡适虽然花了极大的精力，写了大量文章，以反驳前人对戴震的种种指责，但在很大程度上，他都如杨家骆所说的"终不能正面列证予以推翻"。这是他重审赵戴《水经注》案的一个最大弱点。

　　在第二部分的许多论文中，特别重要的有《〈全氏七校水经注〉四十卷作伪证据十项》（第二集上册）、《证明全校〈水经注〉的题辞是伪造的》（第二集上册）、《记全祖望的〈五校水经注〉》（第三集上册）等。在这些论文发表的前前后后，他对他批判全祖望校本的观点，曾经作了 180 度的大转弯。开始，他极端鄙视在全祖望身后整理七校本的王梓材,论定:"我们就可以明白,光绪十四年宁波刻印的《全氏七校水经注》,是一个妄人主编的(按:指王梓材),一个妄人(按:指薛福成)出钱赶刻赶印的一部很不可靠的伪书了。"[20]而且一口咬定,七校本的《序目》和《题辞》也都是王梓材伪造的。但是当他于1947年看到天津图书馆所藏的全谢山五校《水经注》抄本以后,才知五校本中123水的次序与七校本完全相同,说明他过去的"大胆的假设"错了,于是他承认七校本的《序目》和《题辞》都是真的,并非王梓材所伪造。并且还反过来赞扬王梓材,说"他自己抄写的校语确很谨严"。[21]当然,在确凿的证据前面承认自己过去判断的错误,这是胡适的可贵之处,有些学者在这方面对他有所非议,这恐怕是不恰当的。

胡适《水经注》研究的第三部分是《水经注》版本的研究。尽管他在这一部分的研究目的并不是为了在郦注版本上下功夫,方法也并不着重于郦学史。但在客观上他毕竟做到了集郦注版本之大全的结果,其成就是值得称道的。由于胡适到底是个特殊人物,他声名大,地位优越,正如费海玑所说:"三十五年(1946)胡先生回国,记者传出他研究《水经注》的话,于是上海的朋友纷纷把见过的《水经注》告诉他,北平的朋友亦然,于是全国的《水经注》均集中到他寓所,达三大橱之多。"他于1948年在北京大学举办《水经注》版本展览,展出的各种郦注版本达41种之多,他无疑是郦学史上迄今为止搜罗版本最多的学者。

郑德坤(1909—   ),福州人。早年毕业于燕京大学,曾受业于洪业(煨莲)、顾颉刚诸名师。20世纪30年代初在美国哈佛大学获得博士学位。他从事郦学研究始于30年代之初,数年之中完成了六项工作。从民国二十四年(1935)他在厦门大学为其《水经注研究史料汇编》所写的《序例》中,可以窥见其研究工作的概貌:

> 民国二十年(1931)春,余整理《山海经》方竣,交神州国光社付印,由洪师煨莲、顾师颉刚之指导,点校《水经注》,可得版本无不检阅一过。深知欲治郦书,必由王先谦合校本以及杨守敬、熊会贞《水经注图》入手,次及赵一清、戴东原、全祖望三家校释,再及杨守敬、熊会贞、王国维三家校疏,然后前人精华可一网打尽矣。三年以来,或作或辍,完成工作凡六。郦书四十卷,篇幅繁杂,宜有引得,然后检查方能不虚费时刻。因用洪师编纂引得法钩点一过,备作引得,一也。杨熊注图虽善,然旧式装订展阅困难,因由新式图例,重为编绘,合六百零八图为四十二及总图一,名《重编水经注图》,将来如得付印,当附《引得》,以与经注《引得》相经纬,二也。清儒颇重《水经注》,然未有细考其版本者,因以书目为据,目验为凭,作《〈水经注〉版本考》,三也。明本载郦氏引用书目只得百余种,余考郦氏引用书凡四百三十六种,因作《〈水经注〉引书考》,四也。世人爱《水经注》故事者甚众,或欲辑出单行而未成,因抄出五百零二种,分为十二类,作《〈水经注〉故事抄》,并著

《略说》,五也。吾人研究《水经注》应先知前人研究《水经注》之经过,然后可得其门而入,可择其道而行,免徘徊歧路,履前人之覆辙,因集群籍序跋题识,编为《水经注研究史料汇编》,六也。

在上述引文中,郑氏罗列的郦学研究成果,除《水经注图》42 幅已经不存在外,其余 5 种,均已先后出版,并收入 1980 年香港中文大学中国文化研究所《中国考古学术研究中心集刊》之一的郑氏《中国历史地理论文集》。上述各种,不计《水经注图》,约为 80 万言。加上未列入上述各种的其他郦学著作如《〈水经注〉书目录》、《〈水经注〉戴校本与大典本互校记》、《〈水经注〉赵戴公案之判决》和郦学译稿《关于戴校〈水经注〉》等,当在 100 万字之谱。在以前列举的近代郦学家中,熊会贞固以撰述之多著名,但熊的撰述主要是为郦注作疏及编图,字数不易计算,而又系与杨守敬合作,熊氏个人所撰几何,尤难获得确数。胡适的郦学著述,从其《手稿》估计,当亦超过百万言,但因《手稿》中选入了许多其他郦学家的论著和信札,所以学者估计胡氏本人所撰的文字仅 70 余篇,数十万言。[22]因此,在近代郦学家中,以著作之多而言,郑氏与熊氏或相伯仲,而较之其他诸家,显然遥遥领先。

郑氏治郦始于 30 年代,这期间,正是赵戴《水经注》案论战频仍之时,著名学者如孟森和日本的森鹿三等,连续发表论战文章,郑德坤当然不可能回避这种现实,也于 1935 年发表《〈水经注〉赵戴公案之判决》[23]一文。这类文章虽然各据其理,但一般说来,都是言辞激烈、声色俱厉的。我在拙著《论戴震校武英殿本〈水经注〉的功过》[24]一文中曾经指出:"这中间,难免有责备过分、出言偏激的情事,例如杨守敬附和梁鼎芬的言论,一口咬定戴震说作为殿本依据的大典本是'直无其事'。王国维更斥责戴震'凡此等学问上可忌可耻之事,东原胥为之而不顾'。在这样一场时旷日久、牵连广泛的大论战中,出现一些武断的言论和意气用事的指责当然是难免的。"但是现在重温这些论战文章,就应该承认,郑氏的这篇《〈水经注〉赵戴公案之判决》,不但是所有论战文章中篇幅最大的一篇(约 27000 言),而且是交代论战过程最完整、说理最透彻、论断最公正的一篇。文章当然以论战为线索,但是实际上也叙述了从乾隆年间开始的整个郦学史过程。论文由九个部分组成,其标题是:一、绪言——公案之事实;二、公案之发端——段玉裁责赵;三、公案之反议——魏源驳段;四、公案之扩大——张穆之拥全;五、公案之研究——杨守敬之非戴;六、判决之拟定——王国维之非戴;七、公案之调取——梁启超之和事;八、判决之反驳——森鹿三之拥戴;九、结论——公案之判决。全文最后的结论是:"戴震剽袭赵一清、全祖望之罪名,虽百喙不能解之,而《水经注》赵戴公案可以判决矣。"

郑氏此文囊括了赵戴《水经注》案的全部材料,读此一篇,不仅此案发生和发展的过程一目了然,而且案中的是非曲直也昭然若揭,具有很强的说服力。所以此文出后,除孟森在稍后尚有几篇指责戴震的短文以外,这场论战基本平息。以后由于胡适在40年代初期又公开宣称要为戴震打抱不平,因此重启战端,在港台等地迄今尚未完全平息,事详拙著《胡适与〈水经注〉》[25]文中,这里不再赘述。

吴天任(1916—1992),字荔庄,广东南海人,1949年以后寓居香港,执教于几所高等院校。我在拙著《港台〈水经注〉研究概况评述》[26]一文中曾经指出:"他潜心郦学研究,数十年于兹,所以成绩卓著。"

吴氏的第一部郦学巨构是《杨惺吾先生年谱》,从卷首自序所述,此书撰于40年代初期,至70年代初完成,历时达30年之久。《年谱》对杨守敬的出身、行历、资产、家庭、科举、言论、函札、著述等,以及当时社会上发生的巨大事件,按年记叙,详尽无遗。例如对朋友过从,必录双方言论;函札往返,均摘彼此要旨;对其所校刻丛书遗编,必详列目录,兼及序跋;对其所著述专书,则除目录序跋外,并摘抄内容,力求完备。而且言必有据,引及了大量文献资料。还千方百计,对学术界老一辈人士及湖北籍名流学者进行调查访问,既扩大了信息来源,又提高了资料的可靠性。

《年谱》中还有两种很有价值的附录,其中之一是《〈水经注疏〉清写本与最后修订本校记》,其实就是北京本和台北本的对勘,长达20万字。由于北京本的底本在抄成后没有经过熊会贞的校对,所以错误极多,吴氏的这种两本对勘,可使大陆上许多未见台北本的学者窥及该本的基本面貌。另一种是《杨惺吾先生著述及辑刻图书表》,把杨氏毕生著述,包括已刊未刊,按成稿及出版年代详为罗列,各书均有简要说明,已刊者说明何地何处出版,未刊者说明稿藏何处,甚有裨于对杨氏生平著述的研究。

吴天任在郦学研究中的另一重要著述是《水经注研究史料汇编》,[27]此书分上下两册,上册为郑德坤所纂辑,因郑氏去剑桥大学讲学而由吴氏整理出版,其书从郭璞、郦道元起至森鹿三、熊会贞,约15万字。下册由吴氏纂辑,从魏源、张穆、杨守敬、孟森、郑德坤、钟凤年、胡适、洪业、杨联陞以至当今大陆及港台郦学家,约37万字。此书对每一郦学家的主要著作,均尽量收入,所有论著,均经吴氏仔细斟酌后摘其要旨录入,俾读者窥一斑而知全豹。吴氏对每篇论著,均作简介和评论,既客观又深入,甚有裨于读者作进一步的分析研究。全书最后收入吴天任所撰郦学论文《杨守敬与〈水经注〉》、《〈胡适手稿〉论〈水经注〉全赵戴案质疑》等8篇,都是吴氏历年来的力作。

吴天任郦学研究的最后一种重要著作是《郦学研究史》。[28]在这部30余万字的巨编中,吴氏广泛搜罗古今中外,特别是50年代以来大陆学者的郦学研究成果,进行全面深入的分析研究。全书以《水与人类生活》这一根本课题发端,然后对《水经注》其书、郦道元其人,作仔细与全面的阐述与考证,见解新颖,发他人之所未发。这些篇章,既是治郦的基本功夫,又是郦学的入门课程。在此基础上,全书转入郦学研究史的核心部分,综论历代郦学研究,举凡自然景观、人文掌故,无不广泛搜罗,兼容并蓄,旁及学术文教、地名解释、歌谣谚语、文学观点等,真是巨细不遗,洋洋大观。而最后以《〈水经注〉之研究方向》一章作为总结,指出今后郦学研究的六大任务,即重编郦注新版本,编纂《水经注词典》,重绘《水经注地图》,利用《水经注》资料作实地研究,大专学校开设《水经注》研究专课,《水经注》索引的推广。此六项,确实是今后郦学研究的荦荦大者。吴氏的这个总结,值得引起海内外郦学界的重视,群策群力,互切互磋,把郦学研究推向一个更高的层次。希望在后人撰写《郦学研究史》的续篇中,能够看到这 6 大任务的完成。

以上是近代著名郦学家以及他们郦学研究成果的约略评述。总结这些郦学家的研究成果,下列各项成绩最为显著。

第一是《水经注》的考据与整理。在这个时期,虽然郦学的考据工作,大部分已在乾隆年间的考据学派鼎盛时期完成,但仍然还有不少遗留的问题尚待继续探索考订,如上述王国维对"预州"、"颍州"及"采旅"、"采薪"等的考证均是其例。钟凤年晚年所撰《〈水经注疏〉勘误》[29]一文,是他花 20 多年时间为北京本《水经注疏》所作的勘误,共达二千四百处之多。虽然这些错误在台北本中当年已为熊会贞所修改,钟氏的工作多半属于重复劳动,但这是由于海峡两岸 30 余年中学术界消息隔膜所致,而钟氏的辛勤,对于无缘获睹台北本的学者也仍然不无价值。郑德坤的《〈水经注〉引得》[30]是整理郦注的巨大工程,有此一篇,郦注中的大量字句,都得以随时查证,确是功德不浅。在郦注考据与整理工作中的最重要成果,是熊会贞继杨守敬以后 20 多年耕耘而成的《水经注疏》。此书今存 1957 年北京科学出版社影印本与 1971 年台北中华书局影印本两种版本,段熙仲教授与我,经过几年努力,已把北京本和台北本合二为一,加上标点排印,于 1979 年在江苏古籍出版社出版。

第二是《水经注》的版本研究,成绩斐然,是前代学者所远远不及的。王国维就九种不同版本进行校勘,撰写跋尾。郑德坤撰《〈水经注〉版本考》[31]一书,考证宋、明、清三代版本 76 种,虽然其间不少版本已经亡佚,但郑氏能广征博引,一一厘定其源流,足为后学指津。而钟凤年晚年所成的《评我所见的各本〈水经注〉》一文,是其毕生治郦之力作,确实功力不凡。在这方面,成绩特别卓著的是胡适,他在郦学研究中特别重视版本,也撰有《〈水经注〉版本考》一文。[32]他对版本的见解是:"这一百多年争论的赵戴两家《水经注》一案里的许多问题,都只有比勘本子一个笨法子可以解答,所见的本子越多,解答的问题越多。"这当然还很有商榷余地。但他搜集了40多种版本,对每一种版本都作过一番研究,如前面已经指出的,他是郦学史上迄今为止搜罗版本最多的学者,也是这方面贡献最多的学者。

第三是郦学家研究。前面已经提及,自从金蔡珪补注《水经》以来,历元、明、清三代,郦学家辈出,但自来很少有专为某一郦学家及其郦学研究立传的。汪辟疆在民国三十六年(1947)的《国史馆刊》创刊号上撰《杨守敬熊会贞合传》,传记重点放在杨熊师生俩的郦学研究。这是近代研究郦学家及其治郦业绩的先声。吴天任的《杨惺吾先生年谱》是此项研究中最成功的例子,此一《年谱》,除了前已指出的资料详尽以外,特别值得称道的是吴氏撇开了一般年谱编撰中的从呱呱坠地到寿终正寝的刻板形式,而是以杨氏毕生事业《水经注疏》的编纂为重,在杨氏下世后以"先生卒后若干年"的形式赓续作谱,记载郦学研究中的重大事件,直至"先生卒后五十六年(1971):'台北中华书局……商借中央图书馆藏《水经注疏》最后修订本影印出版,定名为《杨熊合撰水经注疏》'"。杨氏毕生事业到此完成,而《年谱》就在这一年结束,真是恰到好处。

第四是郦学史研究。前面指出的汪辟疆撰于1940年的《明清两代整理〈水经注〉之总成绩》一文,是近代郦学史研究的嚆矢。1971年台北中华书局影印《杨熊合撰水经注疏》,将汪氏此文置于卷首。中华书局编辑部识云:"辟疆先生长文,泛论明清以来整理《水经注》之总成绩,而归结于杨熊书之精义入神。其于此籍之崎岖历尽,娓娓详尽。倘此文不作,至今无复余人能道,有关掌故,后世懵焉而已。"说明此文之重要,也说明郦学史研究的重要。郑德坤与吴天任的《水经注研究史料汇编》上下册,通过对历代郦学家一百余人的介绍,阐述了上起三国人撰写《水经》,下及近代人研究郦注的重要史料。在郦学史研究中集其大成的,当推吴天任的《郦学研究史》。由于此书之出,《水经注》成书以来千余年之中的郦学史,已经包罗殆尽了。

以上论述的是自从杨守敬下世以后约80年中,我国的郦学家和郦学研究,人才之众,著述之丰,研究之精深博大,影响之广泛深远,从各方面来说,都已超越了前代。当然,这一时期的郦学研究,如同晚清一样,同样受到赵戴《水经注》案的干扰。在上述郦学家之中,除熊会贞一人外,无不介入了这场时旷日久的争论。其中如胡适的《水经注》研究,其动机就是介入这场争论。这当然影响了郦学研究的正常发展。时至今日,赵戴《水经注》案的争论在大陆上早已平息,为了郦学研究的更大发展,我们应该向前看,不要再在这类枝节问题上纠缠不休,让海内外的郦学家团结起来,捐弃成见,正视现实,创造郦学研究的新的鼎盛局面。

注释：

① 　赵一清《水经注·附录》卷上所引。

② 《寄周安孺茶诗》，赵一清《水经注·附录》卷上所引。

③ 《国朝文类》卷三六。

④ （清）阎若璩《古文尚书疏证》卷六下。

⑤ 台北艺文印书馆 1974 年版。

⑥ 刘禺生《述杨氏〈水经注疏〉》，《世载堂杂忆》，中华书局 1962 年版。

⑦ 《关于〈水经注疏〉之通信》，《禹贡半月刊》第 3 卷第 6 期，1935 年 5 月。

⑧ 胡适《熊会贞补疏〈水经注疏〉遗言》，《胡适手稿》第五集中册；吴天任《李子魁校刊〈水经注疏〉》，《水经注研究史料汇编》下册。

⑨ 《国史馆刊》创刊号，1947 年。

⑩ 《胡适手稿》第六集下册。

⑪ 全书共有 9 处，但卷八《济水注》中的一处，殿本作"平州"，无"坑"字，微波榭本及注疏本作"平州坑"。

⑫ 《社会科学战线》1977 年第 2 期。

⑬ 《水经—水经注—钟评水经注》，《社会科学战线通讯》1980 年第 1 期。

⑭ 台北商务印书馆 1970 年版。

⑮ 《胡适手稿》第六集下册。

⑯ 《历史研究》1983 年第 6 期。

⑰ 《赵一清水经注释的校刊者曾用戴震校本校改赵书吗》，《胡适手稿》第三集下册。

⑱ 《真历史与假历史——用四百年的〈水经注〉研究史作例》，《胡适手稿》第一集中册。

⑲ 杨希闵《水经注校》卷首周懋琦《序》。

⑳ 《跋合众图书馆藏的林颐山论编辑全校郦书的函稿》，《胡适手稿》第二集下册。

㉑ 《复洪业、杨联陞函》，《胡适手稿》第六集下册。

㉒ 汪宗衍《赵戴〈水经注〉案小纪》，《水经研究史料汇编》下册。

㉓ 《燕京学报》第 19 期。收入于郑德坤《中国历史地理论文集》，香港中文大学出版社 1980 年版。

㉔ 《中华文史论丛》1987 年第 2、3 合辑。

㉕ 《中华文史论丛》1986 年第 2 辑。

㉖ 《史学月刊》1986 年第 1 期。

㉗ 此书分上下两册，分别由郑德坤、吴天任纂辑，台北艺文印书馆 1984 年版。

㉘ 台北艺文印书馆 1991 年版。

㉙ 《古籍论丛》，福建人民出版社 1982 年版。

㉚ 此书为哈佛燕京学社引得编纂处 1935 年出版,上海古籍出版社 1998 年重印。

㉛ 此文发表于《燕京学报》1935 年。收入于郑德坤《〈水经注〉引书考》(附录),台北艺文印书馆 1974 年版。

㉜ 《胡适手稿》第四集上册、中册。

原载《文史》1996 年第 41 辑

《水经注》与郦学

——并简论日本的郦学研究

　　中国从 4 世纪初期开始了一场很大的混乱。这场混乱,牵涉到庞大集团的人群在自然地理环境和人文地理环境上的深刻变异。假使我们把 15 世纪以后的一段时期中,人们对于新航路和新大陆的探索称为"地理大发现",那么,从 4 世纪初期到 6 世纪后期之间的这种发生在中国境内的巨大人群所经历的地理变异,应该做称为"地理大交流"。

　　"地理大交流"的结果是,大群生活在北方草原上的游牧民族,一个部落接着一个部落地跨过秦始皇花了惊人代价建造起来的所谓万里长城,相继进入华北和中原。他们放弃了"天苍苍,野茫茫"的自然地理环境和"风吹草低见牛羊"的游牧生活,而定居到这片对他们来说完全陌生的土地上从事农业活动。同样,原来居住在这个地区的汉族,也就被迫大批南迁,放弃了他们世代定居的这片坦荡的小麦杂粮区,迁移到低洼潮湿的江南稻作区。因此,不论在中国的北方和南方,数量巨大的人群,都面临着新的自然地理环境和人文地理环境。在这场地理大交流中,直接参加交流的人们,新、旧地理环境构成了他们现实生活和思想上的强烈对比,空前地扩大了他们的眼界和丰富了他们的地理知识。对于那些没有直接参加交流的人们,他们有的是留恋故土,宁愿承受恶劣的处境而安土重迁;有的则是直接参加交流者的后代,这些人尽管没有地理大交流的实践经验,但他们同样地从他们的亲属和父老那里,获得他们的故土和新领地的地理知识。

地理大交流的结果是大批地理学家和地理著作的出现。和中国早期的地理学家和地理著作不同,早期的地理著作如《山海经》、《禹贡》、《穆天子传》等,作者虽然都有一定的资料基础,但其间也包括大量的假设和想象。这类早期的地理学家,在实践经验方面,显然是相当薄弱的。现在,规模巨大的地理大交流为许多地理学家提供了实践的机会,因此,这一时期的地理学家和地理著作,不仅在地理资料上左右逢源,而且他们之间,多数都直接间接地参与了这场地理大交流。他们在作品中反映了大量的实践成果,这是前代地理学家和地理著作所无法比拟的。

我在《地理学报》1988年第3期的拙作《郦道元生平考》中,列举了这个时期的许多地理学家和地理著作的名称。在所有这些知识丰富的地理学家中,最杰出的,无疑是北魏的郦道元(?—527),而他所撰写的名著《水经注》,正是这个时代的一切地理著作中登峰造极的作品。它不仅是地理大交流的丰硕成果,而且是我国地理学史上的一颗光辉夺目的明珠。

日本地理学界的元老之一、年逾八旬的广岛大学名誉教授米仓二郎先生于1987年7月28日写给我的一封信中,提出了他对郦道元的看法(原信是用英文写的):

> 我认为郦道元是中世纪时代世界上最伟大的地理学家。这是欧洲历史上所谓的黑暗时代,当时的欧洲,就连一个杰出的地理学家也没有。从全球的观点来看,地理学史不能不提到郦道元。我希望你一定要用英文写一篇有关郦道元的论文,在某种地理刊物发表。[①]

米仓先生称誉郦道元为"中世纪时代世界上最伟大的地理学家"。这当然是和他的杰作《水经注》一书密切相关的。的确,历代以来,人们对此书的赞美真是车载斗量。早在唐代,诗人陆龟蒙已吟出"水经山疏不离身"[②]的诗句,宋朝的大文豪苏轼诗说:"嗟我乐何深,水经亦屡读。"[③]以后随着从明代开始对此书的深入校勘、考证,声名愈著。清初著名学者刘继庄称此书为"宇宙未有之奇书",[④]而清末学者丁谦,更把此书比做"圣经贤传",[⑤]盛誉可见一斑。当然,盛誉绝非偶然,是由它的内容所决定的。

《水经注》原书40卷,宋初景祐年间发现亡佚5卷。明代以来,由于许多学者的精湛考订,亡佚部分得到了一定程度的弥补。由于大量有才华的学者的研究,出现了此书研究中的考据、辞章、地理三大学派,[⑥]终至形成了一门博大精深的"郦学"。郦学研究,不仅盛行于国内,而且传播到海外。从清代末叶起,西欧汉学家就开始了他们的郦学研究。如沙畹(Edouard Chavannes)、伯希和(Paul Pelliot)、费琅(C. Ferrand)、马伯乐(H. Maspero)、鄂卢梭(L. Aurousseau)等,他们翻译、考证、研究《水经注》,并以《水经注》记载的资料从事于他们其他的汉学考证,获得了可观的成绩。

　　中国以外,郦学研究成绩特别卓著的是日本。早在 1918 年,著名的地质、地理学家,京都帝国大学的小川琢治教授(1870—1941)就撰写了《〈水经〉与〈水经注〉》一文,于该年《艺文》第 6、9 两期发表。此文详细地介绍了郦道元的《水经注》,推赞此书的丰富内容和崇高价值。此文的发表,在日本学术界发生了很大影响,引起了日本学术界对《水经注》的兴趣和重视。从此以后,日本学术界研究、考证和利用《水经注》的学者开始增加,有关《水经注》的著作也纷纷出现。例如宫崎市定在 1934 年的《史学杂志》第 45 卷第 7 期发表了《〈水经注〉二题》的文章,足立喜六在他的《〈法显传〉考证》⑦一书中,论证了《水经注》的撰述年代,藤田丰八在他的许多研究中,都利用了《水经注》的成果。例如在《西域研究》⑧一书中,对于扜泥城和伊循城以及对于焉支与祁连的研究等,《水经注》记载的资料,都是他重要的论据。

　　在日本的郦学家中,最著名的无疑是执教京都大学并三次出任京都大学人文科学研究所所长的森鹿三教授(1906—1980)。他是小川琢治的学生,他的郦学研究,显然是继承了他导师的衣钵。但是在这方面,他不仅青出于蓝,而且最后成为郦学史上一位贡献卓著的著名郦学家。

　　根据森鹿三的学生之一奈良女子大学船越昭生教授所撰《森鹿三先生和〈水经注〉研究》⑨一文,森鹿三的郦学研究成果如下表所列:

名称	发表处	发表时间(年份)
《〈水经注〉所引之〈法显传〉》	《东方学报》(京都)第一册	1931
《关于戴校〈水经注〉》	《东方学报》(京都)第三册(按:此文在中国有郑德坤译文,载《地学杂志》1936 年第 1、2、3 期)	1931
《关于〈十道志〉所引之〈水经注〉》	《东方学报》(京都)第 4 册	1934
《关于最近的〈水经注〉研究——特别谈郑德坤的成绩》	《东方学报》(京都)第 7 册	1936
《郦道元传略》	《东洋史研究》第 6 卷第 2 号	1941
《〈水经注〉所引之史籍》	《羽田博士颂寿纪念东洋史论丛》	1950
《杨熊二氏的〈水经注疏〉》	《书报》7 月号(极东书店出版)	1958
《东洋学研究·历史地理篇》	《东洋史研究合刊》	1970
《水经注(抄)》(合译,附内容简介)	《中国古典文学大系》第 21 卷(平凡社版)	1974

　　写到这里,我不得不暂停我的系统叙述,在此说明一件重要事情。前中央大学中

文系主任、郦学家汪辟疆教授,曾于1947年在《国史馆刊》创刊号中发表一篇《杨守敬熊会贞合传》,其中有一段说:

> 日人森鹿三,欲得先生之《水经注疏》稿,以熊崮芝复审将成,民国十九年四月,遣松浦嘉三郎走武昌求其稿,不获;又两谒,许以重金,乞写副。崮芝以大夫无域外之交,固拒之,卒不为夺。呜呼,若熊翁者,此宁可求诸今世士大夫耶?

汪辟疆的这一段话,以后就流传开来。1949年武昌亚新舆地学社排印本《水经注疏》卷首向宜甫序和1962年中华书局出版的刘禺生《世载堂杂忆》一书中的《述杨氏〈水经注〉疏》一篇,都重述了汪氏的这一段话。国内学术界,对于一部绝不涉及政治、军事秘密的学术著作不让外国同行学者传抄,是不是就算士大夫的美德,看法确有不同;但对于日本没有《水经注疏》抄本,汪氏说了以后,大家倒是相信了。对我来说,长期存在的另外一个疑窦是"崮芝以大夫无域外之交"一语。不必查究这话出自何典,但我认为熊会贞是绝不会说出此话的。熊氏是杨氏的学生,其对师生的尊敬人所共见。杨氏居日本四载,"域外之交"甚多。如岩谷修、日下部东作、冈千仞等,都是见诸《邻苏老人年谱》的域外密友。宣统二年(1910),杨氏寓沪上,日人水野疏梅请为授业弟子,杨氏收之。杨授水野以金石书法,而水野授杨二孙日语。杨氏自撰《邻苏老人年谱》,亦是应水野之请。水野在沪时,每日午餐于杨宅,当时熊亦在座。则熊氏实已早有"域外之交"。所以对始于汪辟疆而以后广为流播的这一段话,我确实长期不解。

1981年船越昭生的《森鹿三先生和〈水经注〉研究》一文发表,我即嘱我的研究生乐祖谋君翻译,刊于《历史地理》第3辑。文中颇有述及《水经注疏》事,使我对昔年汪辟疆所云种种更生怀疑。1983年秋季我第一次去日本讲学,即在奈良女子大学询及船越昭生教授,探问日本有无此书抄本之事。承他相告,当年熊会贞曾允许森鹿三录出一部副本,他们之间,当时有一项君子协定,即在中国未出版此书时,森鹿三不得以任何形式在日本出版此书。森鹿三遵守了这项协定,并将此抄本赠给京都大学人文科学研究所。听到这一消息以后,森鹿三的另一位学生关西大学藤善真澄教授就陪同我访问了京都大学人文科学研究所。承该所负责书库的狭间直树教授的接待,让我阅读了这部抄本。抄本分装四函,共40册,有京都大学藏书章,每册卷首均有"森鹿三氏寄赠"6字。全书字迹端正,格局、体例与北京、台北两本无异,其为同一时期抄录之副本可以无疑。事详拙撰《关于(水经注疏)不同版本和来历的探讨》⑩一文,这里不再赘述。

引以为憾的是,当年由于时间关系,我来不及细读这部抄本。1985年春,又去京都大学两次,由于那年我正撰《日本学者的中国历史地理研究》一文,而我的内人正在翻译几篇日本学者的历史地理论文,到京都忙于各自查索所需资料,又一次失去阅读此书的机会。我之所以对此抄本耿耿于怀,因为如今流传于世的此书抄本共有三部,一部是北京本的底本(现藏科学院图书馆),由于抄后既不经熊过目,又无行家校阅,以致北京影印本出版以后,学者发现错误百出。[11]另一部台北本的底本(现藏台湾"中央图书馆"),抄成后留在熊氏身边,经熊氏随时校改,所以远胜北京本。但熊的校改笔迹潦草(熊当时不会想到此本要影印出版),熊去世后,经盗名窃誉的李子魁涂改,又经另一人(为了抹去李子魁的涂改)的再涂改,因此不少地方字迹模糊,句子杂乱,难以卒读。而据我的估计,京都大学人文科学研究所所藏之本,很可能是三部抄本中的最佳之本。所以虽然段熙仲教授和我已经把《水经注疏》北京本和台北本合二为一,作了比较仔细的点校,并且排印出版,[12]但是我认为京都所藏的这部抄本,或许有超过北京、台北两本之处,实在还有继续研究的必要。

　　森鹿三和日本其他郦学家在郦学研究上的贡献是值得称道的。而我之所以要在上面穿插《水经注疏》抄本的掌故,因为日本学者在这方面的特别重要的贡献,正是《水经注疏》订补研究班从 1964 年—1970 年在京都大学的举办。这个研究班网罗了日本全国的郦学家和森鹿三的学生,从事郦学研究。每周由森鹿三亲自主持一次会读,对《河水》、《汝水》、《泗水》、《沂水》、《洙水》、《沔水》、《淮水》、《江水》等篇,进行讨论和分析。经过这样深入细致的数年集中研究,森鹿三又领导了《水经注》的翻译工作。翻译的过程是极端认真慎重的。以《河水》五卷为例,首先由森鹿三和其他译者进行对原文的集体钻研和反复讨论,然后由大阪大学日原利国教授译成日语古文,最后由藤善真澄和胜村哲也两教授译成现代日语。《河水》以外的其余部分,主要由另一位著名郦学家、京都大学名誉教授日比野丈夫所译。森鹿三本人还在译本的卷末写了详细的《水经注解释》一文,阐明郦学的主要渊源。最后终于在 1974 年出版了这部日译节本《水经注(抄)》。尽管不是一部全译本,内容只及《水经注》全书的四分之一,但已经可算是此书历史上第一部比较完整的外文译本了。而且译文信达,注释详尽,又选用杨守敬的《水经注图》加以配合,受到学术界的好评。我国科学史专家胡道静先生曾在他的《谈古籍普查和情报》[13]一文中称道这个译本的完善。我也为此译本撰写了《评森鹿三主译〈水经注(抄)〉》[14]一文,充分肯定了译本的成就。我的文章在中国发表后,关西大学的研究生金秀雄君又将其译成日文,在关西大学出版的《史泉》第 57 号(1982 年 12 月)发表。

　　森鹿三去世以后,由于他生前的倡导和建立的基础,日本的郦学研究仍有可观。例如,关西大学的藤善真澄教授,为学生开设《水经·江水注》研究的郦学课程。为大学生开设"水经注"课程,从这一点来说,已经超过了郦学发源地的中国。又如,日本文部省教科书调查官山口荣先生,撰写了《胡适与〈水经注〉研究》的长篇论文,于

1981年和1984年,连续在《中国水利史论集》及《中国水利史论丛》⑮发表。论文详细地评述了胡适的郦学研究,特别是在版本研究上的成就,全文引述丰富,论证严密,令人折服。从日本的郦学研究条件来说,由于森鹿三和其他老一辈郦学家的多年经营,基础扎实,人才济济,前途大有可为。据船越教授《森鹿三先生和〈水经注〉研究》文中所说:"在日本,凡是知道森研究《水经注》的资历之长、水平之高的人,都在盼望他能有一部《水经注》的译稿公布于世。"现在《水经注(抄)》虽然已经出版了,并且获得声誉,但它毕竟是一部节译本,像日本这样一个汉学鼎盛、郦学发达的国家,翻译出版一部《水经注》的全译本,是完全可以做到的。我们期待着《水经注》日文全译本的早日诞生。

我跻身郦学研究数十年,虽然做了一点工作,但贡献实在微不足道。而且这中间,日本学术界的帮助对我的研究工作起了不小的作用。藤善真澄教授在1981年就把台北中华书局影印的《水经注疏》全套十八册寄赠给我,当时,大陆与台湾之间还无法联系,藤善教授赠我此书,当时在大陆还是第一部。不仅是我如获至宝,由于北京本错误百出,因而整个大陆郦学界也受惠不浅。另外还特别要感谢关西大学的大庭脩教授,由于他的鼎力支持,我得以在1983年第一次去日本讲学,以有关《水经注》的几个课题,在关西大学研究生院讲演,与藤善教授等切磋琢磨,使我获得提高。

现在,中国的郦学研究也有了较大发展。我们已经点校出版了两种重要的版本,除了上述段熙仲教授和我合作的《水经注疏》外,我个人点校的武英殿本《水经注》也已经出版。⑯我个人有关郦学研究的近百篇论文,则分别收入于《水经注研究》一集、二集、三集⑰之中。我们正在组织从事《水经注》的现代汉语翻译工作,其中简译本(不附原文,不注释)明年就可以出版,而详译本(附原文,有注释)稍缓也可以出版。此外,《名家〈水经注〉研究》(包括森鹿三)和《水经注辞典》等专著和工具书等,也正在计划之中。我们计划中的最后两项工作是新版本《水经注》的编纂⑱和《水经注图》的编绘。⑲由于此二者的工作量极大,所以必须待以时日。我们十分愿意加强与日本郦学界和其他学术界的合作,也希望一切海外的郦学家给予我们支持。

注释:

①　在米仓先生寄来此信以前,我已应国际地理联合会《地理学家传记研究》(*Geographers Biographical Studies*)的主编、已故地理学家弗里曼教授(T. W. Freeman)的约稿,把一篇用英文撰写的《郦道元生平考》(*The Life of Li Daoyuan*)寄给了他,后来发表于该刊1988年第12卷。就在这一年,弗里曼教授与世长辞。

② 据赵一清《水经注·附录》卷上所引。

③ 《寄周安孺茶诗》,据赵一清《水经注·附录》卷上所引。

④ 《广阳杂记》卷四。

⑤ 《〈水经注〉正误举例》小引,《求恕斋丛书》。

⑥ 参见拙作《论郦学研究及其学派的形成与发展》,《历史研究》1983 年第 6 期。

⑦ 中译本,何健民、张小柳合译,国立编译馆 1937 年版。

⑧ 中译本,杨链译,商务印书馆 1936 年版。

⑨ 《地理》1981 年第 3 期,东京古今书院版。

⑩ 《中华文史论丛》1984 年第 3 辑。

⑪ 钟凤年校出此书错误 2400 余处,撰有《〈水经注疏〉勘误》一篇,载《古籍论丛》,福建人民出版社 1982 年版。

⑫ 江苏古籍出版社 1989 年版。

⑬ 《历史研究》1983 年第 4 期。

⑭ 《杭州大学学报》(哲学社会科学版)1981 年第 4 期。

⑮ 均由东京国书刊行会出版。

⑯ 上海古籍出版社 1990 年版。

⑰ 《水经注研究》(一集),天津古籍出版社 1985 年版;《水经注研究二集》,山西人民出版社 1987 年版;《郦学新论——水经注研究之三》,山西人民出版社 1992 年版。

⑱ 参见拙作《编纂〈水经注〉新版本刍议》,《古籍论丛》,福建人民出版社 1982 年版。

⑲ 参见拙作《编绘出版〈水经注图〉刍议》,《地图》1986 年第 4 期。

原载《中日汉籍交流史论》,杭州大学出版社 1992 年版

探索"郦道元思想"的初步想法

知道"中国思想家评传"丛书的一次讨论会将在南京举行，我实在很愿意参加这个会议，因为这样的会议肯定对我大有帮助。遗憾的是我早就接受了日本广岛大学的邀请，这个时候正要去日本讲学。只好写一点书面的想法在会上交流，希望我从日本回来以后能够看到一份会议的发言记录，让我从中获得教益，以弥补我不能出席会议的损失。

自从接受了"中国思想家评传"丛书中的《郦道元》一书的写作任务以后，我一直在考虑如何着手的问题。郦道元虽然留下了《水经注》这样一部不朽的名著，但是对于他本人，《魏书·郦道元传》只有寥寥 309 个字，《北史·郦道元传》也不过 612 个字，而且包括抄录《魏书》的 309 个字在内。说实话，有时我颇有点后悔接受任务时还欠考虑。在资料十分缺乏的情况下，颇顾虑自己是否能够完成这项任务。

1987 年，我收到日本地理学界的元老、年逾 8 旬的广岛大学名誉教授米仓二郎先生于当年 7 月 28 日写给我的一封信，信中有一段话说（原信是用英文写的）：

   我以为郦道元是中世纪时代世界上最伟大的地理学家。这是欧洲历史上的所谓黑暗时代，当时的欧洲，就连一个杰出的地理学家也没有。从全球的观点来看。地理学史不能不提到郦道元。我希望你一定要用英文写一篇有关郦道元的论文，在某种地理刊物发表。

米仓先生的来信给予我很大的启发，因为在中国，还从来没有人把郦道元提到这样的高度。既然一位外国的老科学家给予他如此崇高的评价,这就不得不引起我的注意。我曾于1983、1985年两次在日本的关西大学、国立大阪大学等校讲学,讲学的内容有一半是《水经注》研究。但遗憾的是我很少联系作者郦道元本人,更不必说从思想史的角度对他有所评述了。米仓先生敦促我用英文写一篇有关郦道元的论文,他的意思是很明确的,他认为像郦道元这样一位伟大人物,值得让世界上的学术界人士知道。其实,在米仓先生来信以前,我已经接受了在英国出版的 *Geographers Biographical Studies* 杂志的主编 T. W. Freeman 教授的约稿,用英文写了一篇题为《郦道元》的论文,后来发表在该刊1988年第12卷上。在那篇文章中,我对郦道元也只是作了一般的介绍,并没有像米仓先生那样将他提到这样的高度。虽然评论了一点他的爱国主义思想,但现在看来,还是相当简单和肤浅的。

由于"中国思想家评传"丛书的写作任务在身,由于外国的老科学家居然对郦道元提出如此崇高的评价,当然也由于我自己多年来从事《水经注》研究,从内心深处确实有一种研究"郦道元思想"的愿望。为此,这几年来,我的确常常思考这个问题——怎样才能全面、深入、系统地把郦道元的思想作一番实事求是的评价。当然,这样的工作有许多困难。在中国历史上,对于郦道元其人,除了《魏书》和《北史》的几百个字的记载外,几乎没有人为他写过点滴材料。当然,有一点我是明确的,历来正史立传,常常是以官定人,历史上有不少学识渊博、思想出众、著述等身的优秀人物,由于官职低微或未入仕途,泯泯然不见于正史者,所在多有。正史上多少无所作为的帝王将相,史官为他们立传,动辄千言。但其实,到后世史籍浩瀚,他们虽然有长篇传记,却是内容平凡,言语空洞,如今除了偶然为历史学家所触及外. 其泯泯然不见于世正与庶民同。郦道元虽然在正史上寥寥数言,但却有30多万字的不朽名著留传后世,他毕生的思想和活动,都可以从这30多万字中进行探索、分析和提炼,虽然这中间有大量细致的工作要做,但是我认为只要下工夫,我的任务或许是可以完成的。

从《水经注》中探索和分析郦道元的思想,首先就是他从内心深处的热爱大自然的思想。美国学者亨利·G·施瓦茨在他所著的《徐霞客与他的早期旅行》一书中,用"中国人的自然之爱"这样的标题,来描述包括郦道元、徐霞客等在内的许多中国古代学者,说明这种热爱大自然的思想,在中国古代的知识分子中是相当普遍的。作为一个"中世纪时代世界上最伟大的地理学家",对大自然的无比热爱,成为郦道元毕生用心认识大自然、研究大自然、描述大自然的动力,是他所以能写出《水经注》这样千古杰作的思想基础。郦道元热爱大自然的思想的另一重要方面,表现在他对人和自然的关系上的正确态度。尽管在他的时代,中国已经发生过多少次可怕的水灾,黄河早已为"一石水,六斗泥"的悬河(《水经注》卷一《河水》),人们在滔天洪水中已经付出了难以估计的代价。但是在《水经注》卷一二《巨马水》中,他毫不含糊地写下了"水德含和,变通在我"的至理名言。这种人定胜天的思想,在中国后世的地理学家、水利学家等之中,发生了极为深远的积极影响。

在政治上,郦道元的思想也表现得十分明确和坚定。尽管在他的时代,中国南北分裂已有一个半世纪,但是他确信西汉王朝的版图应该成为一个统一的中国版图。所以虽然他的足迹绝未到达江南,却仍然在西汉王朝版图的基础上撰写了《水经注》这部不朽名著。他在政治上的这种坚持统一的思想,对于后世我国领土的完整、疆域的稳定、民族的团结等方面,都发生了极为重要的作用。

以上是迄今为止,我对"郦道元思想"的重要方面的初步探索和分析。当然,从《水经注》的内容中,还可以发现他的思想境界的其他一些方面,例如他歌颂了许多热爱人民的清官名宦,鞭挞了不少残害人民的贪官污吏;他反对厚葬,不信鬼神;他虽然一生戎马,但其实却对那种惨无人道的战争恶绝深痛。如此等等,我还将继续进行深入的研究。当然,郦道元是一个1400多年前的历史人物,在他的思想中显然存在着一些消极的东西。对此,必须根据历史唯物主义的态度,进行实事求是的评价。

中国是个历史悠久、文化发达的伟大国家,在我们的历史长河中,曾经出现过许许多多著名的思想家和各种先进的思想。这是我们民族和国家的一宗价值连城的财富。因此,把这些著名的思想家及其思想,进行一次全面的、深入的和系统的整理、分析和评述,把他们之间可以代表我们民族、国家优秀传统的一些积极的东西加以发扬光大,这是一件极有意义的事。尽管对于像郦道元这样年代久远而历来几乎无人评论的人物,要对他的思想进行评述,存在着相当大的难度。但是我一定竭尽驽钝,克服一切困难,尽可能地把这本书写好。希望得到参加这次讨论会的同人们的指教。

[附记]

此稿本来是打算以"书面发言"的形式寄到南京大学中国思想家研究中心去的,但是由于临去日本广岛的前夕,国内连续有两个必须出席的学术会议,所以出国前非常忙乱,"书面发言"忘记了寄发,这年年底回国以后,也没有看到这次讨论会的报道或记录,我还是以自己的设想写作此书,大概在一年多后交稿。南京大学出版社于1994年出版了此书,1997年又再版一次,说明还有一些"海畔逐臭"的读者。

使我感到颇为不解的是,从研究中心寄来的"中国思想家评传"丛书《动态信息》第101期中获悉,此书在出版后次年(1995)就获得华东地区大学出版社研究会第二届优秀学术专著一等奖和同年国家教委第二届全国高校出版社优秀学术著作优秀奖。对于这类"奖",我实在毫无兴趣,而且相当反感。撇开这类玩意中的凑热闹、走过场、流弊甚至腐败等以外,从情理上说,也是荒唐的。一本书出版了不过一年,凭什么判断它的"一等"和"优秀"呢?何况如我在《关于〈郦道元评传〉的序言》一文中所交代的,此书之中,确实写了一些我不吐不快的观点,包括若干令某些人厌恶的措辞。即使在当年相对宽松的气候(当然不是谭先生所说的"畅所欲言")条件下,必然仍有一些大人先生们为此而气恼。所以我估计这类评奖属于例行公事,当年的参评诸公中,只要有一人对我的上述观点和措辞提出指摘,则此书不仅绝对凑不足"一等"和"优秀"的票数,兴许还有人拿"以阶级斗争为纲"时代所常用的诸如"借古讽今"、"影射"、"别有用心"等词汇加以挞伐呢。

在中国,应该受奖的书当然很多,例如《十三经注疏》,包括叶绍钧的《十三经索引》、杜预的《春秋经传集解》等等,至今仍在重印;就说在撰写年代绝对评不上奖的如《三国演义》、《红楼梦》之类吧,现在仍然重印不绝,而且印数甚大。我在《郦道元评传》中论及他在《魏书》中被列入《酷吏传》事时,曾说过几句话:

> 这件事,给人们一种启发,有权有势者,要想除了一个人,打倒一个人,在当时确是易如反掌。但是即使是最有权力的人,对于历史,他是无权的。历史无情,是非功罪,后世自有公论。

对人如此,对书也是如此。一部书是好是坏,能不能得奖,留着让历史评价吧。

《水经注》记载的古代绍兴

我在拙作《我读〈水经注〉的经历》①一文中，曾经提及，我毕生喜爱此书的机缘得自儿时听祖父在夏夜纳凉时所讲的故事：

> 有许多故事，是我长期不会忘记的，例如他讲到我家北面的一座小山，他说：越王句践杀死了有功劳的大夫文种，葬在这座山上，过了一年，那个同样很有功劳而被吴王夫差杀死的伍子胥，就来把他带走，一同当了潮神。又如他讲到我家南面的一座小山，他说：这座山原在山东东武县海中，忽然飞到这里，还有好几百家压在山底下呢。

这些有关家乡绍兴的故事，后来成了我的郦学启蒙。因为我看到他在讲故事前，常常翻阅一叠小书，如我在此文中所说："由于家庭的影响，我在小学三四年级的时候，就能读一点文言文了，到这时才知道这一叠使我肃然起敬的小本子，原来是一部巾箱本《水经注》。"我在拙著《郦学札记》②的《宋本》一篇里回忆："回想那时，家里真像一个线装书的书海，我祖父的藏书不少，可惜后来在抗日战争中毁于一旦。"但是这部石印巾箱本《合校水经注》，由祖父很早就交给了我，"经过这四五十年中的许多灾难，奇迹般地一直保留到今天。这或许是我祖父的大量收藏中唯一一部留在人间的吧"。我就是这样从听《水经注》记载的古代绍兴开始而毕生从事郦学研究的。

我在上述拙作中说到《水经注》记载的有关古代绍兴的故事，诸如"葬着文种的种山和从东武县飞来的怪山，都不过是其中一篇《浙江水注》中的记载"。所以我在儿童时代,常常涌读此篇,后来又写了《水经·浙江水注补注》③的文章。当然,郦注记载的古代绍兴,主要确在此篇之中,但此篇以外,全书记及古代越事的还有不少。例如卷一《河水》经"屈从其东南流,入渤海"注中所说"若苍梧、会稽,象耕、鸟耘矣"就是古代绍兴流行的传说。这个传说,在卷十三《灅水》经"灅水出雁门阴馆县,东北过代郡桑乾县南"注中又写入一次:"池中尝无斥草,及其风箨有论,辄有小鸟翠色,投渊衔出,如会稽之耘鸟也。"单凭这两卷中的"鸟耘"、"耘鸟",不熟悉掌故的人当然还无法知道这个掌故的底细,卷四○《浙江水》经"北过馀杭,东入于海"注中,才把它记叙清楚:

> 昔大禹即位十年,东巡狩,崩于会稽,因而葬之。有鸟来,为之耘,春拔草根,秋啄其秽,是以县官禁民不得妄害此鸟,犯则刑无赦。

这个传说当然不是始于《水经注》,而是从《越绝书》流传下来的。但今本《越绝书》记叙此事非常简单,在卷八中有两处:"大越滨海之民,独以鸟田","无以报功,教民鸟田,一盛一衰。当禹之时,舜死苍梧,象为民田也,禹至此者,亦有因矣"。此外,《吴越春秋》卷六也记及:"天美禹德,而劳其功,使百鸟还为民田。"

王充在《论衡》中也曾经记及这种"鸟田"的传说,他在《偶会篇》中揭穿了这种传说的虚妄:"传曰:舜葬苍梧,象为之耕;禹葬会稽,鸟为之田。失实之事,虚妄之言也。"在《书虚篇》中,他对"鸟田"的现象作了科学的解释:"鸟田象耕,报佑禹舜,非其实也。实者,苍梧多象之土,会稽众鸟所居……象自蹈土,鸟自食草,土蹶草尽,若耕田状,土靡泥易,人随种之。"《偶会篇》又解释了"鸟耘"的鸟来自何处:"雁鹄集于会稽,去避碣石之寒,来遭民田之毕,蹈履民田,啄食草粮,粮尽食索,春雨适作,避热北去,复至碣石。"

《越绝书》和《吴越春秋》的记叙都很简单,王充在科学地解释"鸟田"现象方面,当然令人佩服,但对"鸟田"传说的本身,也不过是《越绝书》和《吴越春秋》的重复。在这方面,《浙江水注》的记叙,显然超过它们,特别是:"是以县官禁民不得妄害此鸟,犯则刑无赦。"对于这一句,我往年为何业恒教授《中国珍稀鸟类的历史变迁》④一书写序,序中曾引及于此:"当时,如前所述,也有县官懂得:不得妄害此鸟。"我在拙著《郦学札记》的《会稽鸟耘》一篇中,特别写了一段:

> 《浙江水注》记载的会稽鸟耘的故事……其中有几句话,现在看来特别具有价值,即:"是以县官禁民不得妄害此鸟,犯则刑无赦。"这种鸟类既为民耘田,当然是益鸟,因此县官加以保护,否则就予以法律制裁。这或许是我国有关动物保护的最早记载。

以上说的是《水经注》卷一、卷一三、卷四○所记古代绍兴的"鸟耘"传说。此外,卷四《河水》经"又南过汾阴县西"注引古本《竹书纪年》:"魏襄王七年,秦王来见于蒲

坂关,四月,越王使公师隅来献乘舟,始罔及舟三百,箭五百万,犀角、象齿焉。"我在拙著《于越历史概论》⑤一文中对此指出:

> 按:魏襄王七年为公元前312年,时距越王无疆之被杀仅二十二年,派公师隅北上的越王是谁,史籍没有记载,但这条记载至少可以说明两点:第一,被楚国击溃而分崩离散的越部族,此时又在他们原来的基地即宁绍地区统一了起来,并且又出现了可以称王的领袖。因为假使仅仅是一个支族的首领,是没有可能聚集起如此大量的物资向魏国进贡的。把这样一大批物资从宁绍地区运送到魏都大梁,必须组织一支巨大的运输力量,也不是一个支族可以办到的。第二,向魏国进贡的这批物资,都是于越的土产。船是越部族居民最熟悉的东西,《吴越春秋》卷六引越王句践的话:"以船为东,以楫为马。"早在句践时代,就已在其首都大越五十里之处建立了他们的造船工业。箭就是竹,它和犀角、象齿,都是会稽山地中的山林产品。于越在当时能于新败之余一次向魏国进贡如此大量的物资,足见这个地区不仅自然资源丰富,其生产力也必相当可观。这些都说明这个部族还有很大的潜力。

《水经注》全书中记及的人物当然很多,但其中范蠡是记及最多的人物之一。全书在卷六《涑水》,卷七《济水》,卷二五《泗水》,卷二七、二八、二九《沔水》,卷三二《夏水》,卷四〇《浙江水》共8卷之中,都从各方面记载了此人。范蠡是越大夫,越灭吴后离越经商,即陶朱公,他是郦道元所钦敬的人物,详见拙撰《〈水经注〉记载的范蠡》一文,这里不再赘述。

最后说《浙江水注》,这是郦注全书中记载古代绍兴人、地、事物最多的一篇。此篇在《水经注》中也称得上是个长篇,所以内容相当丰富。其中涉及古代绍兴,包括诸暨、剡县(今嵊州)、上虞、永兴(今萧山)等地,共达70条左右。郦道元从未到过这个地区,他是参阅了当时有关这一带的许多文献而撰写的。这些被他引用的文献,有的早已亡佚,有的也已残缺,所以在他记及的古代绍兴的70条左右的掌故中,至今有不少已经成为《水经注》的独家资料,值得重视,值得研究。可以随手举几个例子:

第一例,注文记载了今诸暨与嵊州的瀑布,这是现存古籍中对这些瀑布的最早记载。对于诸暨的瀑布,在经"北过馀杭,东入于海"注中说:

> (浦阳)江水导源乌伤县,东迳诸暨县,与泄溪合。溪广数丈,中道有两高山夹溪,造云壁立,凡有五泄。下泄悬三十余丈,广十丈;中三泄不可得至,登山远望,乃得见之,悬百余丈,水势高急,声震水外;上泄悬二百余丈,望若云垂。此是瀑布,土人号为泄也。

注文接着又记载了今嵊州瀑布:

　　江水又东南迳剡县与白石山水会。山上有瀑布,悬水三十丈,下注浦阳江(按:浦阳江当是曹娥江之误)。

　　现在上述两处瀑布都已成为旅游胜地,特别是五泄瀑布,由于郦道元记叙详细,声名远扬,历来文人学士到此游览和题咏者甚多。不过,人们迄未注意到这段记叙中"此是瀑布,土人号为泄也"一句。称瀑布为"泄",如同《越绝书》卷三,所记越人称船为"须虑",卷八所记越人称盐为"馀"一样,是一个至今尚存的稀见古代越语词汇,借郦注而保存下来。上世纪80年代,由于诸暨修纂地方志,请我担任顾问,并邀我们夫妇游览了五泄胜景。当时,好几位同行者请我题诗,我缺乏诗才,即景生情,随意胡诌了几首,但都与《水经注》有关。其中之一是:

　　　　五级飞清千嶂翠,西龙幽壑东龙水。

　　　　老来来到绝胜处,脚力尽时山更美。⑥

　　五泄景区分成东龙潭和西龙潭两处,前者五级瀑布,后者则是一条沿溪幽迳。我在此诗中用了"飞清"一词,因为以此词喻瀑布,历来只在《水经注》见到,是郦道元的独家词汇。

　　第二例,注文曾引《吴越春秋》:"所谓越王都埤中,在诸暨北界。"又引《记》:"(秦望)山南有瞧岘,岘里有大城,越王无馀之旧都也。"此处记叙了两处越国旧都,埤中和瞧岘大城,其一引自《吴越春秋》,但今本《吴越春秋》并无此文,当已缺佚。另一引自《记》,疑是南朝宋孔灵符《会稽记》,此书早已亡佚,所以这两处至今都成为《水经注》的独家资料。为了埤中这个他书所不见的越国旧都,往年我也曾在诸暨西施故里题诗:

　　　　于越流风远,埤中在暨阳。

　　　　西子音容邈,典范照故乡。⑦

　　第三例,注中记叙兰亭:

　　　　浙江又东与兰溪合,湖南有天柱山,湖口有亭,号曰兰亭,亦曰兰上里。太守王羲之、谢安兄弟,数往造焉。吴郡太守谢勖封兰亭侯,盖取此亭以为封号也。太守王廙之移亭在水中。晋司空何无忌之临郡也,起亭于山椒,极高尽眺矣。亭宇虽坏,基陛尚存。

　　此文不知引自何书,但全文解释了兰亭的名称由来、兰亭的亭址所在和几次迁移,并且记叙了兰亭与王羲之、谢安兄弟的关系,其实就是著名的兰亭修禊。由于郦注的启示,我曾先后写过《兰亭及其历史文献》⑧及《兰亭与〈兰亭〉》⑨两文,指出了当今一般人对兰亭地址的误会。在拙著《郦学札记》的《兰亭》一篇中,我在引郦注上述注文后,写了一段简短的说明:

今兰亭与东晋兰亭已经全不相涉。清吴骞槎在《尖阳丛笔》卷一(《适园丛书》)云:"今之游兰亭者求右军故迹,不特茂林修竹,风景已非,即流觞曲水之地亦无可据,盖今所谓,去兰亭旧址远矣。"全祖望在其《宋兰亭石柱铭》(《鲒埼亭集》卷二四)一文中也指出:"自刘宋至赵宋,其兴废不知又几度,顾不可考。若以天柱山之道按之,其去今亭三十里。"

第四例,注文记叙了古代绍兴鉴湖:

浙江又东北得长湖口,湖广五里,东西百三十里。沿湖开水门六十九所,下溉田万顷,北泻长江。

鉴湖兴修于东汉永和五年(140),现存有关此湖的最早记载是南朝宋孔灵符的《会稽记》,但此书已经亡佚,只在鲁迅所辑《会稽郡故书杂集》中留下几句:"筑塘蓄水高丈余,田又高海丈余,若水少,则泄湖灌田;如水多,则开湖泄田中水入海。"所以《水经注》的记叙,在湖陂规模、水门、灌溉效益等方面,都比《会稽记》详尽。我往年曾撰《古代鉴湖兴废与山会平原农田水利》[⑩]一文,据北宋和南宋人的记载,复原鉴湖初创及历代变迁图,并且按五万分之一地形图求积,得出此湖初创时的面积为 206 平方公里,与郦注"湖广五里,东西百三十里"之数差可相比。郦道元的这项资料究竟引自何书,现在已经无从查考。我在《鉴湖研究概况综述》[⑪]一文中指出:"郦道元足迹未涉东南,《浙江水注》所载,必引自他书。但《会稽记》说'开湖泄田中水入海',《浙江水注》说:'北泻长江',看来郦注并非引自孔氏,说明《会稽记》以外,从后汉至晋宋,必然还有记载鉴湖的其他文字,可惜已经亡佚。"

《浙江水注》篇中记及古代绍兴的人、地、事物达 70 条左右,所以像上述这类例子实在还有不少。仅仅从篇内记叙的古代绍兴一带的地名来说,诸如鼓吹山、石帆山、麻潭、郑公泉、侯山、康乐里、东明里、甘漦、大吴王村、小吴王村、琵琶圻、大独山、小独山、覆舟山、蜂山、马目山、罉山、罉浦、姚山、姚浦、乌山、兰风山、太康湖等等,也都是此篇以前他书所罕见的。

如上所述,《水经注》对古代绍兴的记载不少,特别是《浙江水注》一篇,对我们研究古代绍兴很有价值,值得重视。

注释:

① 《书林》1980 年第 3 期。收入《水经注研究》,天津古籍出版社 1985 年版。

② 上海书店出版社 2000 年版。

③ 《水经注研究》,天津古籍出版社 1985 年版,

④　湖南科技出版社 1994 年版。

⑤　《浙江学刊》1984 年第 2 期。收入于《吴越文化论丛》,中华书局 1999 年版。

⑥　收入《郦学札记·五泄》。

⑦　陈侃章、何德康主编《苎萝西施志》,杭州大学出版社 1991 年版。

⑧　《绍兴师专学报》1985 年第 4 期。收入于《吴越文化论丛》。

⑨　《历史月刊》1998 年 10 月号,台北历史月刊社。

⑩　《地理学报》1962 年第 3 期。

⑪　盛鸿郎主编《鉴湖与绍兴水利》,中国书店 1991 年版。

郦道元笔下的洛阳

　　北魏郦道元的《水经注》是我国的一部不朽名著，它内容丰富，文字生动，长期以来，学者从各方面研究此书，形成了一门包罗宏富的郦学。郦学牵涉广泛，从自然科学到人文科学，可说门类俱全。近年发展很快的城市学研究，也是郦学的重要研究对象。

　　郦学之所以与城市学关系密切，是因为《水经注》记载了大量城市。不说一般城市，仅著名城市，以北魏以前的古都而论，《水经注》全书就集中了180余处。这中间，从今天来看，有许多早已成为废墟，但有不少却一直在《水经注》以后的中国历史上巍然屹立，继续得到发展，洛阳就是其中之一。

　　在《水经注》记载的古都中，郦道元特别重视他当时的首都洛阳。卷一〇《浊漳水》篇中，注文提出了三国曹魏时代的"五都"："魏因汉祚，复都洛阳；以谯为先人本国，许昌为汉之所居，长安为西京之遗迹，邺为王业之本基，故号五都也。"在当时的洛阳、谯、许昌、长安、邺五处著名都城中，郦道元有意把洛阳置于"五都"之首，表达了他对这个都城的重视。

　　《水经注》记载洛阳主要在两个卷篇之中。卷一五《洛水》篇中记载了洛阳的初建："洛阳，周公所营洛邑也。故《洛诰》曰：我卜瀍水东，亦惟洛食。其城方七百二十丈，南系于洛水，北因于郏出，以为天下之凑。"这里记载的是周公选址建洛阳的故事，事详《尚书·洛诰》。周成王五年（约公元前11世纪），周公在伊、洛、瀍、涧四水之间选址建城，这是世界上有历史记载的从勘测到建城的最早文献。《洛诰》清楚地说明了洛阳建城在地理位置上的优势:"南系于洛水,北因于郏山(即邙山),以为天下之凑。""以为天下之凑",这就是以后"洛阳为天下之中"一语的起源。

《水经注》记载洛阳的另一篇是《穀水》篇,此卷在经文"又东过河南县北,东南入于洛"之下,郦道元作7000余字,是全书第一长篇。因为洛阳是北魏的当代首都,郦道元身历其境,所记内容不仅生动真实,而且丰富多彩。这7000余字,除了他自己的目击记载外,还引用了《洛阳记》、《中州记》、《东京赋》、《洛阳诸宫名》等文献60余种,《茅茨碑》、《太学赞碑》等碑碣10余种。他所引及的这些文献碑碣,现在绝大部分已经亡佚,如今全赖《水经注》一书,保留了这些珍贵资料的吉光片羽。

现在将注文记载的洛阳城市的主要方面介绍如下。

河川水利

洛阳虽然位于伊、洛、瀍、涧之间,但《水经注》把洛阳城市的记载置于《穀水》篇中,这是因为在魏晋南北朝时期,与洛阳关系最密切的是穀水。穀水是洛水的支流,流至洛阳城西北,经过人工疏导,分出一支阳渠水,围绕洛阳城,成为洛阳的护城河。阳渠水又分出几条支渠,从洛阳西城的阊阖门、西明门,北城的大夏门等流入城内,与城内的泉池如瞿泉、天渊池、绿水池、九龙池等相沟通。从西城门和北城门流入城内的渠道,又穿城而过,从南城门和东城门流出城外,仍与环城的阳渠水相通,形成了满城流水的美丽风光。为了让城内外的渠道得到控制,以免泛滥或枯竭,注文又记载了穀水及其支流的许多水利工程如千金碣、九龙渠、五龙渠等,以及这些水利工程的效用和历史掌故。穀水后来在洛阳城东的洛阳沟东流,形成一个"东西千步、南北千一百步"的鸿池,然后东流注入洛水。

水陆交通

洛阳是"天下之凑",伊、洛、瀍、涧和许多陆道在这里汇聚,方便的交通成为洛阳建都的极大优势。其中水道在当时具有重要地位。注文说:"城下漕渠,东通河、济,南引江、淮,方贡委输,所由而至。"这里所说的"城下漕渠",即是护城河阳渠水。特别是城东东阳门以北的太仓,是一个重要的水运码头。注文说:"大城东有太仓,运船常有千计。"除了太仓以外,洛水沿岸还有一处计素渚,卷一五《洛水》篇中说道:"洛水又东迳计素渚,中朝时,百国贡计所顿,故得其名。"在陆上交通方面,除了道路以外,《水经注》特别重视桥梁的记载,篇中共记载了皋门桥、建春门石桥、马市石桥等9座。其中如七里涧上的旅人桥,注文说:"桥去洛阳宫六七里,悉用大石,下圆以通水,可受大舫过也。"清楚地写出了一座净空很大的石拱桥的形象和水、陆交通两盛的情况。注文记述这些桥梁在交通上的价值时指出:"桥工路博,流通万里。"

城门宫殿

北魏洛阳是一座规模很大的都城,有许多建筑宏伟的城门,就是《水经注》所说的"洛阳十二门"。注文分别描述了如建春门、东阳门、广莫门,西明门、阊阖门等大部分重要城门,包括它们的别名和有关掌故。洛阳城的正中是皇宫,宫城的正门也称阊阖门,此外还有许多建筑瑰丽的宫门如云龙门、神虎门、通门、掖门等。例如东西相对的云龙门和神虎门:"二门衡栱之上,皆刻云龙风虎之状,以火齐薄之,及其晨光初起,夕景斜辉,霜文翠照,陆离眩目。"真是气象万千。注文也记载了皇宫内外的许多宫殿,如金镛宫、崇德殿等。注文提及:"魏太和中,皇都迁洛阳,经构宫极,修理街衢。"郦道元时代的洛阳,确实是一座富丽繁华的都城。注文记载洛阳南宫的朱雀阙:"偃师去洛四十五里,望朱雀阙,其上郁然与天连,是明峻极矣。"洛阳宫殿的宏伟崇高,于此可见。

街 市

《水经注》记载的洛阳街市,自皇城正门阊阖门到城南宣阳门,是全城的主街,称为铜驼街,即注文所说:"迳太尉、司徒两坊间,谓之铜驼街……自此南直宣阳门,经纬通达,皆列驰道。"这条主街为什么称为铜驼街?注文也作了解释:"旧魏明帝置铜驼诸兽于阊阖南街,陆机云:驼高九尺,脊出太尉坊者也。"在这样一个都城中当然少不了繁华的集市,注文记述了全城最重要的所谓"三市",即金市、马市和羊市(注文仅说金市和马市,未提及羊市之名。《寰宇记》卷三引《洛阳记》云:大市名金市,在大城西南;羊市在大城南,马市在大城东)。北魏洛阳城街衢修整,集市繁荣。郦道元以其亲眼所见,记载了这番盛况。

园 林

《水经注》记载的洛阳园林,主要是芳林园和华林园。芳林园是三国魏明帝所创建,注文说:"明帝愈崇宫殿,雕饰观阁,取白石英及紫石英及五色大石于太行毅城之山,起景阳山于芳林园,树松竹草木,捕禽兽以充其中。"不过到了北魏,这个园林已经衰落:"今也,山则块阜独立。江无复仿佛矣。"另一处是华林园,注文对此园的描写,真是引人入胜:"石路崎岖,岩嶂峻险,云台风观,缨峦带阜,游观者升降阿阁,出入虹陛,望之状凫没鸾举矣。其中引水飞皋,倾澜瀑布,或枉渚声溜,潺潺不断,竹柏荫于层石,绣薄丛于泉侧,微飙暂拂,则芳溢于六空,实为神居矣。"除此两园外,注文记及的风景点还有翟泉、土山、九曲、方湖、鸿池等。满城河渠,到处泉池,在郦道元笔下,洛阳不仅是一座繁华的都城,而且也是一座美丽的都城。

寺　观

洛阳以寺观出名,《水经注》记述了其中最重要的如白马寺、永宁寺、望先寺、宣武观、平望观、平乐观等。白马寺是中国最早的寺院,所以注文详细地记述了它的创建沿革。永宁寺以其九层浮图著名,注文也特别着重此九层浮图的描述。注文说:"水西有永宁寺,熙平中始创也。作九层浮图,浮图下基方十四丈,自金露槃下至地四十九丈,取法代都七级,而又高广之,虽二京之盛,五都之富,利刹灵图,未有若斯之构。按《释法显行传》,西国有爵离浮图,其高与此相状,东都、西域,俱为庄妙矣。"此塔建于熙平元年(516),到永熙三年(534)就因火灾而焚毁,其存在时间不到20年,郦道元是目睹此塔而记入《水经注》的。虽然杨衒之在《洛阳伽蓝记》中也记入此塔的崇高:"去京师百里,已遥见之。"但杨衒之撰文已在东魏武定五年(547),据他自己在此书序言上所说,洛阳已经"城郭崩毁,宫室倾覆,寺观灰烬,庙塔丘墟"了,所以杨衒之和郦道元不同,《洛阳伽蓝记》只是事后的记载。建国以后,中科院考古所曾于70年代之初勘察永宁寺九层浮图遗址,勘察结果,证实了《水经注》的记载。

从《水经注》对洛阳的记载中,我们看到了洛阳古都的壮丽繁华,也可以认识到《水经注》资料在研究洛阳古都中的重要价值。

原载《文史知识》1994年第3期

《水经注》记载的淮河

　　《唐六典》云："桑钦①《水经》所引天下之水百三十七，江河在焉。郦善长注《水经》，引其枝流一千二百五十二。"②《唐六典》在《水经》所引的137条大河中，只着重提出"江河在焉"。《礼记·王制》说："天子祭天下名山大川，五岳视三公，四渎视诸侯。"说明古代天子所祭的大川是"四渎"。何谓"四渎"？《尔雅·释水》有明确解释："江、河、淮、济为四渎。四渎者，发源注海者也。"所以"四渎"指四条独流入海的大河。除了《唐六典》所说的长江、黄河以外，还包括淮河与济水。《水经注》卷一《河水》也引《风俗通》说："江、河、淮、济为四渎。"又引《释名》："渎，独也，各独出其所而入海。"《释名》其实是《尔雅》的重复。但从此可见，在《水经注》记载的一千多条河流中，最重要的是"江、河、淮、济"。济水早已湮废，现在只存"江、河、淮"三水了。

　　我虽然从事郦学研究多年，但对郦注中的绝大多数河流实在很少寻根究底。稍有涉猎者，也不过是少数几条大河而已。80年代初应日本关西大学大学院（研究生院）之聘，去该校讲授中国历史地理及"水经注"课程。由于该校文学院本科生早由藤善真澄教授开设"水经·江水注"课程，而藤善先生又一直旁听我为研究生讲授的《水经注》，所以我不得不在讲授中增加《江水注》的内容，后来在讲稿的基础上写成《〈水经·江水注〉研究》③一文，这是我发表的第一篇以《水经注》中的一条河流为研究对象的文章。以后又应几种刊物之约，先后写了《〈水经注〉记载的黄河》、④《〈水经注〉记载的三晋河流》、⑤《〈水经·浿水篇〉笺校》、⑥《〈水经注〉记载的广西河流》⑦等文。

对于淮河,我曾于 50 年代之初写过《淮河流域》[⑧]一书。但内容主要是近代淮河,很少涉及古代。去年 5 月,承涡阳县老子文化研究会之邀,在皖北跑了不少地方,都是淮河干支流所经之处。使我恍然忆起 50 年代初期撰写《淮河流域》的旧事,促使我搜索资料,对古代淮河特别是《水经注》记载的淮河做一点肤浅的研究。

古代的淮河与今天很不相同。今天我们研究淮河,即使足不出户,也可以通过大比例尺地形图以及航片和卫片等,获得许多资料。例如,我们在地形图上就可看到,由于废黄河的中亘,古今淮河的重大区别,即原来的淮河水系已经被分割为在一般时期互不沟通的淮河与沂沭河两个水系。研究古代淮河,也就是南宋以前独流入海的淮河,除了必要的通过历史地理学方法的野外考察以外,还需要查阅许多古代的文献资料,这中间,《水经注》是非常重要的一种。

《水经注》记载的淮河涉及许多卷篇。卷三〇《淮水》记载淮河干流,卷二一《汝水》记载淮河的重要支流汝河。卷二二《颍水·洧水·潩水·潧水·渠》记载淮河的五条支流。卷二三《阴沟水·汳水·获水》,卷二五《泗水·沂水·洙水》所记也都是淮河支流。此外,卷二四所记的 3 条河流中,睢水是淮河支流;卷二六所记的 6 条河流中,沭水是淮河支流;卷三二记及 14 条河流,其中决水、沘水、泄水、肥水 4 条也是淮河支流。

卷三〇《淮水》经“淮水出南阳平氏县胎簪山,东北过桐柏山”;注文则详细地描述了淮源的自然地理概况以及源地的一些支流如石泉水、九渡水等。淮河从源地外流,注文记载了它沿途接纳的近 30 条支流。经文最后说:“又东至广陵淮浦县,入于海。”注文则描述了河口概况:“淮水于县枝分,北为游水,历朐县与沭合。”这是一种河口三角洲的地理景观。淮浦在今江苏涟水县附近,所以淮河在古代是一条够得上称“渎”的独流入海的大河。

汝河作为一条淮河支流而单独成卷,这或许与郦道元对这条河流的熟悉有关。汝河发源鲁阳(北魏改称北山,今河南鲁山),郦道元在北魏水平年间(508—512)曾任鲁阳太守,并且亲自勘查过汝河的发源地。注文说:“余以永平中蒙除鲁阳太守,会上台下列《山川图》,以方志参差,遂令寻其源流。此等既非学徒,难以取悉,既在迳见,不容不述。”所以郦道元记述的此河发源情况,是他野外实地考察的结果,是一项可贵的历史地理资料。汝水流程中,《水经注》记及的入汝支流多达 15 条。汝水最后在汝口成注入淮水。汝口成当在今新蔡县以西。

卷二二记载了淮河的五条支流,其中颍河如汝河一样,是独流入淮的一级支流,也是淮河最大的支流。注文说:“颍水又东西迳蜩蟟郭东,俗谓之郑城矣,又东南入于淮。”这个郑城,就在今颍上县附近。这一卷中的洧水和潩水,都是颍水的支流,而潧水则是洧水的支流。此卷记载的最后一条河流,武英殿本《水经注》卷首总目作《渠》,卷内目录在"渠"字下加"沙水"两字。明朱谋㙔《水经注笺》虽也记载此水,但从卷首总目到卷内目录都不列此水名称。清赵一清《水经注释》作《渠水》,杨守敬、熊会贞《水经注疏》作《沙渠水》。这种各本不同的现象,反映了此水历来的复杂多变。从郦注涉及的淮河水系各卷和不同版本的比较,此水实为古代鸿沟,后称蒗荡(亦作荡)渠,又称沙水,又称蔡水,总之是古代沟通黄河与淮河间的一片水系,由于黄河多次泛决,济水湮废,河道发生很大变迁,与今天当然相去甚远了。

卷二三记载了阴沟水、汳水和获水3条河流,都是淮河的支流。经文说:"阴沟水出河南阳武县蒗荡渠。"蒗荡渠即卷二二所述的渠水,说明它是渠水的一条支流,也就是注文所说的"同受鸿沟、沙水之目"。此后,经文说:"东南至沛,为涡水。"注文解释说:"阴沟始乱蒗荡,终别于沙,而涡水出焉。"从此,全篇绝不再提阴沟水之名而只说涡水。注文说:"涡水又东,左合北肥水";"北肥水又东南迳向县故城南……又东入于涡,涡水又东注于淮。"注文明确地记载了北肥水是涡水的支流。但现在北肥水已在涡河以东独流入淮。这当然是淮河袭夺的结果。

此卷记载的另一河流是汳水。经文说:"汳水出阴沟于浚仪县北。"说明汳水也是阴沟水的支流。而注文接着说:"阴沟,即蒗荡渠也。"所以汳水也是鸿沟水系中的一条支流。经文最后说汳水"又东至梁郡蒙县,为获水",则汳水又和此卷记载的最后一条河流获水交错在一起,也就是经文在《获水》首句所说的"获水出汳水于梁郡蒙县北"。获水最后注入泗水,经文说:"又东至彭城县北,东入于泗。"注文则说它"襟汳带泗"。说明这些河流互相交错汇合的情况。在黄河没有干扰这个水系之前,这里是一片河湖交错、四通八达的平原水网。关于这方面的情况,卷八《济水》经"又东南过徐县北"注中,还有一项重要的记载。注文说:"偃王治国,仁义著闻,欲舟行上国,乃通沟陈、蔡之间。"这里的偃王,是传说中的徐戎始祖,约当西周时代。这个传说是说徐偃王在陈、蔡之间开凿运河。这或许是世界上开凿运河的最早记录,要比卷三○《淮水注》中吴国开凿邗溟沟(邗沟)要早得多。而陈、蔡间的运河正是鸿沟水系中的一部分。

卷二四记载了3条河流,即睢水、瓠子河、汶水,其中属于古代淮河水系的仅睢水一条,瓠子河和汶水都是古代济水的支流。《水经注》与《水经》相去不过300年,但从经注之间的差异可以看出这300年中河道已经有了较大的变迁。经文说:"(睢水)又东过相县南,屈从城北东流,当萧县南,入于陂。"但注文却说:"睢水又左合白沟水,水上承梧桐陂,陂侧有梧桐山,陂水西南流,迳相城东而南注于睢。睢盛则北流注于陂,陂溢则西北注于睢。"说明在这片平原水网中,即使不受黄河的干扰,河道还是不断变迁的。

卷二五记载了泗水、沂水、洙水三条河流,三水在古代都是淮河水系的河流。泗水原是淮河下游最长的支流,沂水和洙水都是泗水的支流。经文说:"泗水出鲁卞县北山。"但郦道元以其亲身考察的经历,补充了经文的说法:"余昔因公事,沿历徐、沇,路迳洙、泗,因令寻其源流。水出卞县故城东南桃墟西北。"按郦氏查勘,泗水源地当在今山东省中部,沿途接纳洙水、沂水等近10条大小支流。注文说:"泗水又东迳角城北,而东南流注于淮。"则此水入淮之处,当在今淮阴市以东。所以在《水经注》时代,泗水是一条源远流长、支流众多的淮河支流。由于金章宗明昌五年(南宋绍熙五年,1194),黄河在阳武决口,夺泗注淮入海,泗水的流路受阻,水流长期阻滞在今济宁和徐州之间,逐渐形成了长120公里的所谓南四湖(南阳、独山、昭阳、微山)。作为淮河支流的古代泗水,从此名存实亡。

卷二六记载的各水之中,沭水也属淮河水系的河流,是沂水的支流。经文说:"(沭水)又南过阳都县,东入于沂。"不过到了《水经注》的时代,此水流路又有了变化。注文说:"《经》言于阳都入沂,非矣。"这是因为:"魏正光中,齐王之镇徐州也,立大堨遏水西流,两渎之会,置城防之曰曲沭戍。自堨流三十里,西注沭水旧渎,谓之新渠。"所以沭水从此已与沂水分离,在沂水以东注入泗水,成为泗水的支流。

《水经注》全书中与淮河有关的最后一卷是卷三二。此卷列名的河流共有14条,是全书在卷内列名最多的一卷。其中决水、泚水、泄水、肥水四水,都是淮河水系的河流。决水在注文中说得很清楚:"(决水)世谓之史水。决水又西北,灌水注之。"所以决水就是今天的史河。泗水即今汲河,泚水即今淠河,肥水即今东肥河。注文也都有明确记载。虽然河道流路都有过不同程度的变迁,但各河至今都仍然存在。

在《水经注》中,除了淮河十支流如上所述外,注文在这个水系中还记载了大量湖陂。计有湖泽近40处,陂池达100余处。由于湖陂众多,在卷三〇《淮水》经"又东过庐江安丰县东北,决水从北来注之"注中出现了一个"富陂县"。注文说:"汝南郡有富陂县。……多陂塘以溉道,故曰富陂县也。"此县故址按《水经注》记载,当在今阜阳市以南。这个地区古代湖陂在历史的变迁实在比河流更大。我在拙作《我国古代湖泊的湮废及其经验教训》⑨一文中曾以淮河水系为例:

例如《渠注》记载的圃田泽,是《职方》、《尔雅》和《汉书·地理志》等都记载的古代大湖之一。它位于今河南中牟以西,对黄河及其以南的鸿沟水系有重要的调节作用。当郦道元记载此湖时,湖泊的范围(即自然地理学上的湖盆)还相当大:"西限长城,东极官渡,北佩渠水,东西四十许里,南北二十许里。"其面积估计在二百平方公里以上。但整个湖盆当时已经不是全部蓄水,而是分割成许多小湖,即所谓:"上下二十四浦,津流径通,渊潭相接,各有名焉,有大渐、小渐、大灰、小灰……浦水盛则北注,渠溢则南播。"这种由大到小、由整体到分散,是湖泊湮废过程中常常发生的现象。到了宋代以后,所谓二十四浦也陆续湮废,至今完全淤成平陆,湖泊早已不存在,绝大部分都成为耕地。

古代淮河水系中这种大湖变小湖、小湖成平陆的例子实在很多,另外一个例子是我在上述拙文中指出的在卷三二《沘水》和《肥水》中都有记载的芍陂。《肥水注》说"陂周百二十许里",确实是个大湖。我在该文中说:"今日地图上的安丰塘,即是古代芍陂的最后残余部分,其面积还不到芍陂全盛时代的十分之一。"

以上是对《水经注》记载的淮河的简单论述。淮河是我国古今变迁最大的河流之一,所以用郦注记载对比古今,这在水利史研究上具有很大的价值。正是由于变迁甚大,所以今天我们要把所有古代淮河干支流和沿河湖陂的位置、流路、地名等进行逐一考实,是一件难度很大的工作。前面已经提及去年我曾应邀到皖北做考察的事。我所见到的,与我在50年代初撰写《淮河流域》时相比,人文地理景观的变化实在巨大,但自然地理景观的变迁,即淮河干支流流路的情况,还是基本稳定的。因此,我在50年代工作的基础上,到涡河沿岸做了一番考察,由于为了与老子故迹相比勘,所以我重点选择了《水经注》记载的谷水。谷水是郦注重名很多的河流,仅在淮河水系中,《颍水》、《渠》、《阴沟水》、《淮水》四篇中都有谷水,我考察的当然是《阴沟水》篇中的谷水。此篇经"东南至沛,为涡水"注中说:"涡水又东北屈,至赖乡西,谷水注之。"注文没有记及谷水发源于何地,仅知其在襄邑县东接纳支流涣水,然后流经承匡城,已吾县故城、柘县故城、苦县故城,至赖乡城而注入涡水,说明谷水是一条流程相当长的涡水支流。因此,在历史变迁的过程中,此水的流路播迁当然是可能的,但肯定不会完全湮废,被其他河流袭夺的可能性不大。为此,我在涡阳、淮北、亳州、河南鹿邑等地做了几天考察,对这一带的涡水支流都做了查勘。通过自然地理(河流流向、河床、河谷阶地等)和人文地理(《水经注》和其他文献记载的老子故迹),得出了《水经注》谷水就是涡阳以北注入涡水的支流武家河的结论。当然,这是我个人的考察结果,也是对我50年代初所撰写的《淮河流域》的一点补充。希望学术界的指正。

注释:

① 此是《唐六典》之讹,汉桑钦撰有《水经》,但郦道元所注的《水经》非桑钦《水经》,是三国魏人(佚名)的作品。

② 《唐六典》卷七《工部·水部郎中》注。

③　《杭州大学学报》(哲学社会科学版)1984 年第 3 期。收入《水经注研究二集》,山西人民出版社 1987 年版。

④　《黄河史志资料》1990 年第 1 期。收入于《郦学新论——水经注研究之三》,山西人民出版社 1992 年版。

⑤　《中国历史地理论丛》1988 年第 4 期。收入于《郦学新论——水经注研究之三》。

⑥　《韩国研究》,杭州大学出版社 1995 年版。

⑦　《广西民族学院学报》1998 年第 1 期。

⑧　上海春明出版社 1953 年版。

⑨　《历史地理》第 14 辑,上海人民出版社 1998 年版。

原载《学术界》2000 年第 1 期

《水经注》记载的广西河流

　　《水经注》是一部不朽的历史名著,长期来学术界对此书研究和评论甚多,早已形成一门包罗宏富的硕大学问——郦学。此书从形式上说是把一种三国魏人①(佚名)所撰的《水经》进行注释,但实际上是北魏郦道元(?—527年)所撰的一部以水道河川为纲的地理专著。《水经》所记载的河流只有137条,而《水经注》记载的河流达1252条。②《水经》记载河流,每条只是发源、流径、归宿,寥寥十数字,最多也只数10字。而《水经注》记载河流,对河流的整个流域进行描述,记及大量自然景观和人文景观,注文超过经文达20余倍。而且写景生动,文字优美。所以此书除了极高的学术价值外,也是一部优秀的游记和文学作品,因此,一直受到古今中外的人们的推崇。

　　郦道元不仅是一位学识渊博的地理学家,而且也是一位爱国主义者。他虽然身为北魏命官,而中国在当时南北分裂已达两百余年,但他仍希望看到一个统一的强大国家。所以尽管他身居北国,但其著作仍以强大的西汉版图为基础,而且兼及域外。现在我们阅读的《水经注》虽然已经残缺,③但在今全国境域中,除了西藏、东北北部和福建省以外,没有一处不在他的记载范围之中,当然也包括今广西壮族自治区全境。

　　郦道元撰写《水经注》,非常重视野外考察,所以对许多他亲自踏勘的河流记载生动而翔实。但由于当时国家分裂,他的足迹未涉南方,对于南方河流,只好依靠当时流行的文献资料。尽管他对其引用的资料,选择非常谨慎,但由于古人的地理著述大多没有经过实地考察,以讹传讹者不少,所以《水经注》一书中对于南方河流的记载,也有许多错误失实之处。关于这方面,历来早有学者指出。清刘继庄说:"予尝谓郦善长天人,其注《水经》,妙绝古今,北方诸水,毛发不失,而江、淮、汉、河之间,便多纰缪。郦北人,南方诸水,非其目及也。"④明末黄宗羲在其《今水经序》中更明确地举出了此书对南方诸水记载的错误:"郦越人也,以越水证之,以曹娥江为浦阳江,以姚江为大江之奇分,苕水出山阴县,具区在馀姚县,河水之馀姚入海,皆错误之大者。"今广西境内的河流,在中国属于西南地区河流,当然也有许多错误。清陈澧撰有《〈水经注〉西南诸水考》一书,其序言指出:"郦道元身处北朝,其注《水经》,北方诸水,大致精确,至西南诸水,则几乎无一不误。"陈澧的话是不错的,但值得讨论的是,对于这部1400多年前的著作,特别是在当时南北分裂的政治形势下,这种错误实在是不可避免的。其实,对于北方河流,刘继庄所谓"毛发不失"的话,也不免言过其实。郦注对北方河流也不是全无错误。今通行的武英殿聚珍本《水经注》,卷首载有清乾隆的《热河考》一文,文中纠正了郦注《濡水》篇的错误。此文结尾说:"道元又安能以其所未经见者而一一详订其曲折耶?"现在,我们地理工作者进行野外考察,随身带有大比例尺地形图,还有许多仪器,而有时不免仍有错误,则何况乎古代? 所以《水经注》虽然在不少河流的记载中存在错误,但对于这部历史名著来说,属于瑕不掩瑜,实在无损于此书的崇高学术价值。

在《水经注》的时代,中国处于南北分裂的政治局面之下,今广西在南朝是一块边陲地区,并不受人重视。中国自秦统一以来,历两汉而至西晋,期间除了四十余年的三国鼎立外,都是以汉族为中心的一统天下。但是晋室东渡以后,这种一统天下的局面就宣告终结,而《水经注》恰恰就是这个时期的作品。今广西在东晋分属三州境域,大部分地方属广州,包括晋兴郡(治所在今南宁)、桂林郡(治所在今柳州)、永平郡(治所在今岑溪)、苍梧郡(治所在今梧州)、鬱林郡(治所在今桂平)、宁浦郡(治所在今横县);北部属荆州,包括始安郡(治所在今桂林)、临贺郡(治所在今贺县附近);南部是交州的一部分,属今广西的有合浦郡(治所在今合浦以北)。南北朝宋的行政区划于东晋已有变化,在东晋属于广州的境域中,增置了临漳郡(位于交州合浦郡以东)。东晋荆州,易名为湘州。交州除合浦郡外,又增置宋寿郡(治所在今钦州以北)。郦道元撰写《水经注》大约在南朝的齐、梁之间,当时,今广西的行政区划变迁较大。以南齐为例,广州废置了临漳郡而增置了齐熙郡(治所在今融安以南)。广州以南,包括今广东雷州半岛在内,另立越州,属于今广西境内的有安昌、百梁、封山、龙苏、南流、北流、定州、陆川诸郡。交州废置合浦郡仍留宋寿郡。对于身处北朝的郦道元来说,今广西在当时涉及的州郡,不仅常有变迁,而且都属于边陲蛮陌之区,即卷三七《叶榆河》注中所谓"南八蛮:雕题、交趾,有不粒食者焉。《春秋》不见于传,不通于华夏"的化外之区。正是由于在文化上的落后,郦氏可以见到的有关这个地区的地方文献也非常贫乏。《水经注》全书引及文献达 477 种⑤,但关于这个地区的,只有庾仲雍《湘州记》、罗君章《湘中记》、王范《王氏交广春秋》、裴渊《广州记》、王歆之《始兴记》、杨孚《南裔异物志》等寥寥数种。为此,《水经注》记载这个地区的河流,确实存在很大困难,错误自属难免。

《水经注》记载广西境内的河流,涉及卷三六《存水》、《温水》,卷三七《浪水》,卷三八《湘水》、《漓水》,卷四〇《斤江水》、《江以南至日南郡二十水》等卷篇。当然,记载中存在许多错误,但也有不少有价值的资料,其中卷三八《湘水》和《漓水》两篇有关湘、漓同源的记载是最突出的例子。

《湘水》经"湘水出零陵始安县阳海山"注云:

即阳朔山也。应劭曰:湘出零山,盖山之殊名也。山在始安县北,县,故零陵之南部也。魏咸熙二年,孙皓之甘露元年,立始安郡。湘、漓同源,分为二水。南为漓水,北则湘水,东北流。罗君章《湘中记》曰:湘水之出于阳朔,则觞为之舟;至洞庭,日月若出入于其中也。

《漓水》经"漓水亦出阳海山"注云:

漓水与湘水出一山而分源也。湘、漓之间,陆地广百余步,谓之始安峤。峤,即越城峤也。峤水自峤之阳南流注漓,名曰始安水,故庾仲初之赋《扬都》云:判五岭而分流者也。

上列湘、漓二注,即一般所说的湘、漓同源。按:《汉书·地理志·零陵郡·零陵县》:"阳海山,湘水所出,北至酃入江,过郡二,行五千二百三十里。又有漓水,东南至广信入鬱林,行九百八十里。"虽然湘、漓二水均置于零陵县下,但其所述,并不明确同源之意。《说文》有湘水:"湘水出零陵阳海山,北入江。"⑥但无漓(离)水。说明许慎亦不知湘、漓同源之说。而《水经》所说"湘水出零陵始安县阳海山……漓水亦出阳海山"应该是我国最早明确提出湘、漓同源的文献。不过《水经》仅两句,并没写出同源的实况。因此,《水经注》的记载"湘、漓同源,分为二水";"漓水与湘水出一山而分源也。湘、漓之间,陆地广百余步"才把同源分流的实况记载清楚,这当然是很有价值的。

除了湘、漓同源以外,《水经注》记载的广西河流不少,但如《〈水经注〉西南诸水考》所说,记载中都存在错误,必须经过分析、校核,才能与当今的河流相符合。例如卷三六《存水》经"存水出犍为郁邬县"下,三段经文与注文,都有不少错误。按:"郁邬",《水经注笺》作"郁鄢"。《水经注疏》指出:"《集韵》:郁鄢,县名,在犍为,或从水作涝。是有存水之证。或以今北盘江当存水,然考经以《汉志》之周水为存水下流,周水即今独山河,北盘江与独山河悬隔不通流。若谓以北盘北之簸渡河当存水,此河亦与独山河悬隔不通流。岂作经者所见之图误乎?"此外,清王念孙、全祖望和赵一清等,也都对经注文字提出若干不同的解释和意见,也不一一赘述。《〈水经注〉西南诸水考》指出:"存水,今贵州独山州龙江也。《地理志》牂柯郡毋敛县,刚水东至潭中入潭,即此水。盖独山州北境为郁邬县地,西境为毋敛县地,志与经各举一县耳。"⑦这里,对于郁邬县和毋敛县的解释,姑且不予多议,因为这个地区历史上的郡县建置比较复杂,几句话不易说清。但他认为存水即是贵州独山州龙江,却是正确无讹的。此河发源于独山以东,上游清代称为劳村江,今称打狗河,在荔浦南进入广西,到河池成为金城江,东流即称龙江,到柳州注入柳江。

在卷三六《温水》一篇中,包括温水与其他支流,讹误不少,而历来议论甚多。《〈水经注〉西南诸水考》云:"温水,今广西西林县同舍河也。"⑧《水经注疏》对此表示赞同。杨守敬疏云:"陈澧以镡封县为今西林县,夜郎为今凌云县,温水为今同舍河。近之。郦氏叙温水迳滇池,则今南盘江上渠为温水,而近世地理学家以为典据者也。"上述杨守敬的话,前后存在矛盾⑨。前段同意陈澧说,认为温水即同舍河;但后段则举近世地理学家之说,认为汶水即南盘江。这里的问题是目前在大比例尺地图上也不易找到的同舍河。陈澧对此河的说明是:"温水即今同舍河,至西林县东南会西洋江,过百色厅,有泗城府水自西北来注之。"⑩按:西洋江发源于今云南省广南以西,入广西今从西林南流的驮娘江,东流,在百色与今凌云(清泗城府)南流的澄碧河(即陈澧所谓"泗城府水")合。此河实为今右江,而非南盘江。郑德坤认为温水为今右江上源⑪,即是根据陈澧之说。由于《温水篇》的经文和注文本身存在许多牵强附会之处,所以要清理此篇头绪,确实相当困难。但总的说来,以今南盘江当之最为恰当。《水经注疏》所谓"近世地理学家以为典据者也"的话是不错的。

《温水注》记载的支流很多,其中许多都不涉及今广西,可以不论。但对于其中的牂柯水,却必须作一点说明。对于此篇,经文开头就说:"温水出牂柯夜郎县。"这个"牂柯",当然是指牂柯郡。直到经"又东至领方县东,与斤南水合"下,注文才提出"牂柯水"之名。而在《存水》经"东南至郁林定周县,为周水"下,注文也已经提出过"牂柯水"之名。两处都无解释。最后在《温水》经"东北入于郁"下,注文解释了此水:"豚水东北流迳谈藁县,东迳牂柯郡且兰县,谓之牂柯水。"牂柯水当今何水? 历来说法颇不一致。《史记·西南夷传》说:"牂柯江,广数里,出番禺城下。"既然已经到了番禺城下,则所指当是今西江下游入海一段。但《史记》并未解释牂柯江缘何得名。在这一点上,《水经注》显然比《史记》说得准确,此水之得名,由于它流经牂柯郡。问题是注文也夹杂了许多以讹传讹的内容,所以要理清此水脉络,实在并非易事。但总的说来,以今北盘江或北盘江的支流之一的蒙江当之,可以差强人意。郑德坤在其《重编水经注图(总图部分)》中,把今北盘江,包括广西境内的红水河,作为《水经注》牂柯水,这是最适当的。

在上述经"又东至领方县东,与斤南水合"注中,注文提及:"县有斤南水、侵离水,并迳临尘,东入领方县,流注鬱水。"斤南水即卷四〇《斤江水》。侵离水在卷四〇《江以南至日南郡二十水》中也有提及:"侵离水出广州晋兴郡,郡以太康中分鬱林置,东至临尘入鬱。"此二水,当是今凭祥以北的平而、水口诸河。至于要确定究竟是什么河流,因为这些发源于越南北部的河流,支流甚多,所以比较困难。

在《水经》和《水经注》中,鬱水都作为一条大水。卷三六《温水》篇的许多河川,如温水、朱涯水、牂柯水、斤南水、侵离水等,最后都注入鬱水。注文还提出鬱水的别名为豚水。鬱江在今广西境内当然是一条大河。但经注文字把今北盘江、南盘江、右江、左江等都牵混在一起,存在不少错误,显然也是因为这个地区在古代缺乏文献的缘故。

在《水经注》记载的今广西河流中,还有卷三七《浪水》。关于此水,经文记及了它的一些别名,如鬱溪、大水等,并且记及其下游今珠江三角洲的情况。注文开首就记及今广西东隅的苍梧郡治。以下即入今广东省境,直到番禺。所以浪水下游,无疑也是今西江,而其上游,即《水经注》浪水的本身,当是今洛清江。

以上是《水经注》记载的今广西境内的河流概况。由于上面已经论及的种种原因,此书所记载的这个地区的任何一条河流,都必须经过仔细的校核查究,才能确定其正确的流路和当今的名称。历来不少学者,如陈澧、杨守敬、熊会贞、郑德坤等,都曾对此做过深入研究,为经文和注文中牵强附会之处进行疏理,使之脉络清楚。但所有这些工作,也不能完全正确无误。例如陈澧的《〈水经注〉西南诸水考》,是考证《水经注》有关这个地区河川的最完整详细的著作,但如上所述,对于温水的流路,仍然难免先后牴牾。而本文所述,也恐怕仍有失误之处,还希学术界指正。

注释:

① 杨守敬《水经注要删·凡例》:"自 百诗谓郭璞注《山海经》引《水经》卷七,而后郭璞撰《水经》之说废。自《水经注·序》出,不言经作于桑钦,而后来附益之说多不足凭。前人定为三国魏人作,其经是矣。"

② 《唐六典》卷七《工部·水部郎中》注:"桑钦《水经》所引天下之水百三十七,江河在焉。郦善长注《水经》,引其河流一千二百五十二。"

③ 武英殿本《水经注》卷首《校上按语》:"《崇文总目》称其中已佚五卷,故《元和郡县志》、《太平寰宇记》所引溻沱水、泾水、洛水,皆不见于今书。然今书仍作四十卷,疑后人分析以是原数也。"

④ 《广阳杂记》卷四。

⑤　参见拙撰《〈水经注〉文献录·序》,《水经注研究二集》,山西人民出版社 1987 年版。

⑥　《说文》卷一一(上)《水部》。

⑦⑧⑩　《〈水经注〉西南诸水考》卷二。

⑨　本文所引《水经注疏》,据段熙仲与我合作的总校本(江苏古籍出版社 1989 年版)。此本中,熊会贞所作的不少校语,因其谦逊,多有归于其师杨氏者。这一段名为杨守敬的校语,其后半段“近世地理学家”云,当出于熊氏之手。我在该书卷首《排印〈水经注疏〉的说明》中已经言及。

⑪　郑德坤《重编水经注图(总图部分)》,载吴天任《郦学研究史》卷末,台北艺文印书馆 1991 年版;拙撰《水经注全译》(下册)卷末,贵州人民出版社 1996 年版。

原载《广西民族学院学报》(哲学社会科学版)1998 年第 1 期

《水经注》中的三峡

  长江三峡是自古以来名闻遐迩的世间绝景,《水经注》是一部记述河川地理的不朽名著,此书对长江三峡有大量生动逼真的描写,成为我国古籍中对三峡风光最著名的写真,历来为文人学士所传诵,甚至在学生的语文课本上,也常常选入此书中对三峡描写的精彩片段,所以影响极大。

  《水经注》全书之中,"三峡"之名凡六见。在全书的第一篇《河水》之中就记及三峡。卷四《河水》经"又东过砥柱间"注云:[1]

    其山虽辟,尚梗湍流,激石云洄,澴波怒溢,合有十九滩,水流迅急,势同三峡,破害舟船,自古所患。

  这段注文记载的是黄河三门峡砥柱山。三门峡当然是黄河巨险,但郦道元却引三峡作比,说明三峡在全国河川中的独特地位。

  《水经注》记载三峡的其余5处,均在卷三三、三四《江水篇》中。即:卷三二《江水》经"又东过鱼复县南,夷水出焉"注:"江水又东迳广溪峡,斯乃三峡之首也。"卷三四《江水》经"又东过巫县南,盐水从县东南流注之"注:"(新崩滩)其下十余里有大巫山,非惟三峡所无,乃当抗峰岷、峨,偕岭衡、疑,其翼附群山,并概青云,更就霄汉,辨其优劣耳。"同条经文下另一处注:"自三峡七百里中,两岸连山,略无阙处。"又一处注:"巴东三峡巫峡长,猿鸣三声泪沾裳。"最后一处是卷三四《江水》经"又东过夷陵县南"注:"《宜都记》曰:自黄牛滩东入西陵界,至峡口百许里……所谓三峡,此其一也。"

《水经注》全书中记载各地名胜古迹比比皆是,但还找不到一处被郦道元反复记述次数之多如同三峡的,足见三峡在当时早已名传天下,所以郦氏才有如此的重视。

这里需要考究一下,由于长江在这一段之中峡谷甚多,所以三峡一名,历来说法纷纭。三峡所指究竟是哪三处峡谷,实有正名的必要。卷三三《江水注》"斯乃三峡之首也"下杨守敬按:[②]

> 此云广溪峡为三峡之首,下云江水东迳巫峡,自三峡七百里中,两岸连山,略无阙处,又云,江水东迳西陵峡,所谓三峡,此其一也。是郦氏以广溪、巫峡、西陵为三峡。而有谓明月、广德、东突者,庾仲雍《记》也。谓西峡、巴峡、归峡者,《寰宇记》也。谓西陵、巫峡、归峡者,宋肇《记》也。《蜀轺日记》云:惟王洙瞿塘、巫山、黄牛之说近似。今自夔府,东至宜昌,将六百里,奇险尽在其间。盖自滟滪堆至虎须滩,统名瞿塘峡,一名广溪峡,即夔峡也。自空亡沱至门扇峡,统名巫峡,其尾尽于巴东,故又曰巴峡也。自兵书峡主平善坝,统名西陵峡,其峡起于归州而翘于黄牛,讫于扇子,故又曰归乡峡、黄牛峡、扇子峡也。诸说纷纷,断以夔峡、巫峡、西陵峡为三峡,因亲历其境目击其阻且长者,有此三处。陶《记》[③]与郦氏合,盖知郦说之不可易矣。

杨守敬所谓"郦说不易"的话是不错的。清代以来,三峡的说法渐归统一,其实所据即《水经注》。例如《方舆纪要》卷一二八《川渎五·大江》:"西陵峡在焉,与夔州之瞿塘,巫山之巫峡,共为三峡。"郦氏所称的广溪峡,据上述杨守敬按语,即是瞿塘峡。郦注在"斯乃三峡之首也"下,也曾记及"峡中有瞿塘、黄龛二滩"。而郦注原本在此处还有一段记及瞿塘的谚语,十分生动,而为今通行各本所佚。明《寰宇通志》[④]引《水经注》云:"白帝城西有孤石,冬出二十余丈,夏即没,秋时方出。谚云:'滟滪大如象,瞿塘不可上;滟滪大如马,瞿塘不可下。'峡人以此为水候。"《寰宇通志》的这段引文,《天下名山胜概记》[⑤]和《方舆纪要》[⑥]也都引及,只是文字稍有不同。而"滟滪"今本作"淫预",也不过语音之差。这一段谚语非常生动,我已另有专文论及[⑦],此处不再赘述。

《水经注》描写三峡,涉及其书的两卷和五段经文,内容非常丰富,而其中历来传诵的最精彩的千古文章,在卷三四《江水》经"又东过巫县南,盐水从县东南流注之"注下:

> 自三峡七百里中,两岸连山,略无阙处。重岩叠嶂,隐天蔽日,自非停午夜分,不见曦月。至于夏水襄陵,沿溯阻绝,或王命急宣,有时朝发白帝,暮到江陵,其间千二百里,虽乘奔御风,不以疾也。春冬之时,则素湍绿潭,回清倒影,绝𪩘多生怪柏,悬泉瀑布,飞漱其间,清荣峻茂,良多趣味。每至晴初霜旦,林寒涧肃,常有高猿长啸,属引凄异,空谷传响,哀转久绝。故渔者歌曰:巴东三峡巫峡长,猿鸣三声

泪沾裳。

　　明末清初学者张岱认为郦道元是我国历史上擅长写景的第一人,他说:"古人记山水,太上郦道元,其次柳子厚,近时则袁中郎。"⑧柳子厚即唐宋八大家之一的柳宗元,在游记写作方面以《永州八记》而脍炙人口。袁中郎即袁宏道,是著名的明公安派诗人,毕生写过许多生动的游记,后人把他的游记编辑成集,称为《袁中郎游记》⑨,名重一时。但在张岱的评论中,柳、袁两家都居于郦下,看了上面这一段对三峡的描写,则张岱的话实非虚言。唐代著名诗人李白有一首大家熟悉的七言绝句《早发白帝城》:"朝辞白帝彩云间,千里江陵一日还。两岸猿声啼不住,轻舟已过万重山。"现在大家一望而知,李白的这首千古杰作其实是受郦道元"有时朝发白帝,暮到江陵,其间千二百里,虽乘奔御风,不以疾也"这一段的启发而写成的。郦道元对三峡的精湛描述,在我国文学史上称得上是登峰造极的作品。

　　郦道元身处北朝,当时南北分裂,他毕生并未到过三峡,他是根据许多当时的文献而撰写《江水》这一篇和三峡这一段的。从卷三三经"又东过鱼复县南,夷水出焉"起,到卷三四经"又东过夷陵县南"止,在一共五段经文之下,注文指名引用的文献达21种,简表如下:

文献名称	引用次数	备考
《华阳记》	5	即《华阳国志》,引文一处称《华阳记》,四处称"常璩"。
《晋书·地道记》	1	
《尔雅》	1	
《江水记》	1	引文称"庾仲雍"。
《淮南子》	1	
《荆州记》	2	引文称"郭仲产"。
《左传》	2	
《地理志》	3	
《蜀都赋》	1	
《江赋》	2	引文称"郭景纯"。
《山海经注》	1	引文称"郭景纯"。
《山海经》	1	
《楚辞》	1	引文称"宋玉"。
《乐纬》	1	

续表

文献名称	引用次数	备考
《宜都记》	10	引文3次作《宜都记》,5次作"袁山松",一次作"山松言",一次作"袁山松记"。
《春秋》	1	
《离骚》	1	
《春秋左氏传解谊》	1	引文作"服虔"。
《诗经》	1	
《荆州记》	1	引文作"盛弘之"。
（应劭）	1	此为《汉书·地理志》所引,应劭著述甚多,如《十三州记》、《地理风俗记》等,不知所指何书。

　　除了以上21种以外,另外实际上还有不少未在注文中指名的文献,说明郦道元为了撰写三峡一段,的确博览群书。在他所引用的文献之中,袁山松(或作袁崧)的《宜都记》(又作《宜都山水记》或《宜都山川记》)被引及达10次之多。这是因为此书是袁山松在当地的目击记载,即今天所称的第一手材料,所以特别得到郦道元的重视。袁山松是东晋人,好游历,善文辞,著作甚多,《晋书》有传。可惜《宜都记》早已亡佚,今仅有数种辑本流传,而其中多数辑自《水经注》,⑩正是因为郦氏的大量引用,为《宜都记》这部佳作留下了吉光片羽。

　　除了文献以外,《水经注》在描写三峡风光中还引用了许多民间的歌谣谚语。例如卷三四经"又东过巫县南,盐水从东南流注之"注中引用了渔歌"巴东三峡巫峡长,猿鸣三声泪沾裳"。在经"又东过夷陵县南"注中引用了行人歌谣"朝发黄牛,暮宿黄牛,三朝三暮,黄牛如故"。这些都是经过千锤百炼的群众语言,郦道元利用这样的语言,使三峡风景倍增光彩。袁山松在三峡游览时,有一句非常感人的话,为郦道元所引:"仰瞩俯映,弥习弥佳,流连信宿,不觉忘返,目所履历,未尝有也。既自欣得此奇观,山水有灵,亦当惊知己于千古矣。"而郦道元足未履其地,却能以他对祖国河山的深厚感情,为三峡山川写出如此空前绝后的文章,山水有灵,更当惊知己于千古矣。

　　我是一个地理学者,又是《水经注》的爱好者,自幼读郦。此书描写三峡的奇文,曾经反复吟赏,幼年就已能背诵如流,却一直无缘亲临其境,引为莫大遗憾。由于日本文部省委托我考证西南丝绸之路的历史实况,得以于1991年春偕老伴入蜀匝月,归程出三峡到武汉。客轮在黎明驶离万县港,我站在二等舱外的栏杆边,左顾右盼,应接不暇。直到葛洲坝在望,才因腿酸而回舱休息。这其间,老伴为我送水送点心,连摄影的任务都由她承担。因为我甚怕在摄影瞬间,窥一斑而失全豹。记得曩年在厦门鼓浪屿,见到摩崖所刻的何绍基诗句"脚力尽时山更美"。站在船上当然不是登山涉水,但因毕竟有了一点年纪,凭栏久站,腿力仍感不支。何绍基的诗句,或许是老年人游山玩水的共同感受。却因自然风景实在美不胜收,而且舟行画中,更行而更入佳境,三峡的无限魅力,给了我充分力量,终于坚持到底。读郦一生,终于得有此行,真是如愿以偿。旅行归来,亲友偶有问及,我却嗫不敢言。我游览过的国内外名胜地也不少,对这些名胜地,我都能说道一番,写上几笔。惟独郦注记及的地方不敢,而三峡更甚。记得往年出访北美加拿大和美国,返国后有文学刊物约我撰文,我在《尼亚加拉瀑布》一篇的末尾也说过与郦注有关的话:

> 回到岸上,脱下淋透了水花的雨披。儿子对我说:"你熟读《水经注》的孟门瀑布一段,对此(按:指尼亚拉加瀑布)有什么感想?"我说:"正因为我是研究《水经注》的,所以我考察过孟门瀑布(今称壶口瀑布),这个瀑布宽不过三十米,落差只有二十米,但郦道元能够写出如此栩栩如生的千古文章,足见文学描写确实是一种天赋。我没有这种天赋,今天,搜尽枯肠,也不过一句套语:叹为观止。"[11]

对于三峡,我连"叹为观止"的话也不能说,因为"叹为观止"的话是对尼亚加拉瀑布而说的,而三峡,被张岱称为"太上"的郦道元已经在1400多年以前写下了千古文章。"来来往往一首诗,鲁班门前弄大斧"。同样是先人在这条滔滔大江沿岸的故事,我并不是说,对于前辈学者到达的顶峰,后辈就不能逾越。但是对于我自己,这一点自知之明还是有的。

长江三峡是历史悠久的寰宇奇观,三峡文化是渊源深厚、五彩缤纷的江河文化,它不仅值得发扬光大,而且需要继续精研。《水经注》中对三峡掌故的记载和风景的描写,对于三峡文化来说,真是锦上添花,它是三峡文化中的突出光辉。从文学上说,《水经注》对于三峡的描写,惟妙惟肖,出神入化,历来是人们吟诵欣赏、陶冶性情的佳作名篇。唐陆龟蒙诗"山经水疏不离身",宋苏轼诗"嗟我乐何深,水经亦屡读",说明古代文人对于此书文字的推崇。而三峡篇章,是郦注中的精华,对后人在精神上的享受,包括今天强调的爱国主义教育,其作用实在不言而喻。此外,郦注三峡,对学术研究也有重要价值。例如,注文引及的古代文献袁山松《宜都记》、庾仲雍《江水记》、郭仲产和盛弘之的两种《荆州记》等,都早已亡佚。今天,不仅是依靠郦注获睹这些古代名作的吉光片羽,而对文献学的研究也仍然具有意义。

使我感到欣慰的是,对于《水经注》三峡的研究,近代以来,得到不断的重视和发展,在杨熊合撰《水经注疏》之中,对于三峡片段,注疏精辟,发人深省。不久以前,杨世灿、熊茂洽又合撰《水经注疏·三峡注补》,不仅补注了《江水》,并对长江三峡一段有关支流《沮水》、《漳水》、《夷水》各篇也作了补注。后继有人,令人感奋。

注释:

① 本文所引《水经注》原文,均据我所点校的武英殿本《水经注》,上海古籍出版社 1990 年版。

② 本文所引《水经注疏》,均据段熙仲点校、陈桥驿复校本,江苏古籍出版社 1989 年版。

③ 指清陶澍《蜀輶日记》。

④ 《寰宇通志》卷六五《夔州·山川·滟滪堆》。

⑤ 明何镗编,上海华东师范大学图书馆藏明刊本。

⑥ 《方舆纪要》卷六六《四川一·瞿塘关》。

⑦ 《论〈水经注〉的佚文》,原载《杭州大学学报》(自然科学版)1987 年第 3 期。收入于拙著《水经注研究》,天津古籍出版社 1985 年版。

⑧ 《跋寓山注二则》,《琅嬛文集》卷五。

⑨ 中国图书馆出版社 1996 年版。

⑩ 如清代王谟《汉唐地理书钞》辑本,其中袁崧《宜都山水记》辑自《水经注》或辑自他书而与《水经注》对勘的,即达 10 余条。

⑪ 《北美散记》,《野草》1996 年第 3 期。

原载《三峡文化研究》1997 年第 2 期

《水经·浿水篇》笺校
——兼考中国古籍记载的朝鲜河川

引　言

　　朝鲜半岛三面濒海，所以富于河川。中国古籍对该地河川常有记载，但其中讹谬不少。有的一水数名，有的数水一名，颇难一一考实。中国古籍最早记载朝鲜半岛河川的是《山海经》，以后如《汉书·地理志》、各正史《地理志》、《东夷传》及与朝鲜有关的人物列传至于清《读史方舆纪要》等等，记及的朝鲜河川古名超过20（与今名相同的如汉江、大同江或大通江，鸭绿江或鸭渌水等不计），在这些记载中，有的各篇之中彼此矛盾，有的一篇之内大相径庭。《三国志·魏书·东夷传》云："又有小水貊，句骊作国，依大水而居；西安平县北有小水，南流入海，句骊别种，依小水作国，因名之为水小貊。"由于边陲遥远，语言不同，地名纷歧，考实为难，所以在正史之中，因为无法辨定河川本名，不得已用"大水"、"小水"名之。则中国古籍记载这个地区河川地名的错杂附会自属难免。

　　中国古代记载河川的典籍以撰于三国时代的《水经》及北魏郦道元所撰《水经注》最为著，而且至今基本完整。《唐六典》①云："桑钦②《水经》所引天下之水百三十七，江河在焉。郦善长注《水经》，引其枝流一千二百五十二。"③在《水经》记载的上百条河川和《水经注》记载的上千条河川之中，涉及朝鲜的仅有浿水一条，编入卷一四，文字十分简单，《水经》述浿水仅有 18 字，《水经注》述浿水也仅 236 字，而且内容含糊，引起后世的许多争议。包括浿水本身当今朝鲜半岛何水，也尚无确切结论。昔年岑仲勉先生撰《〈水经注〉卷一笺校》④，对西陲河川（包括今印度次大陆）的自然和人文多所订正发明，载誉学术界。我也不自量力，试对《浿水篇》作一番初步笺校，汇录前人说法，并提出一些浅薄见解，用以抛砖引玉，供学术界参考和指正。此外，由于《浿水篇》与岑仲勉先生笺校的卷七《河水篇》不同，卷一《河水篇》是个长篇，该篇之中，西陲河川几已无所不包，但《浿水篇》是个短篇，全篇所述的东陲河川仅浿水一川，所以在笺校此水之际，把中国古籍记及的今朝鲜半岛其他河川也稍作考证。

《浿水篇》经文

浿水出乐浪镂方县，东南过临浿县，东入于海。

浿水在中国古籍中首见于《史记·朝鲜列传》："满亡命，聚党千余人，魋结蛮夷服而东走出塞，渡浿水。"杨守敬《王险城考》⑤云："浿水，今大同江也。"《中国历史地图集》第二册《幽州刺史部图》（图二七至二八，又六一至六二）以今清川江为浿水。《辞海》"浿水"条云："古水名，所指因时而异。《史记·朝鲜列传》：'东走出塞，渡浿水。'此浿水在今朝鲜平壤之北，当即今之清川江；但也有说是今大同江或鸭绿江的。《三国史记》载，高句丽广开土王'阵于浿水之上'。此浿水在古百济国北部，或谓即今礼成江，一说是临津江。《隋书·高丽传》：都平壤城，'南涯浿水'。此浿水在平壤之南，即今之大同江。"《东北历史地理》⑥第一卷第三篇《前汉时期东北地区的民族分布与行政建置》三"浿水"下云："关于浿水为今何水，自来有多说。一说为今鸭绿江，但此水汉时已称马訾水，不能又称为浿水。另一说为清川江，《中国历史地图集东北地区资料汇编》⑦力主此说。且列举四点理由。其一，为'秦时王险城即今平壤地区，是箕氏朝鲜的政治中心，秦障塞不可能修在今大同江南岸'。但据《史记·朝鲜列传》载：'自始全燕时，尝略属真番、朝鲜，为置吏，筑障塞。秦灭燕，属辽东外徼。汉兴，为其远难守，复修辽东故塞，至浿水为界，属燕。……满亡命……而东走出塞，渡浿水，居秦故空地上下障……'《索引》按《地理志》'乐浪有云障'。都证明燕时已在浿水以南的朝鲜筑障塞，秦属辽东外徼。所谓'秦故空地上下障'，也表明了秦时有两道障塞，一道是到遂城的秦长城，这大约是所谓上障；一道是到朝鲜的云障，应即所谓下障。因此，史籍已明确记载，秦筑的障塞已到大同江南岸。从而认为浿水为清川江的理由不能成立。其二，认为'汉使涉河不会在未渡今大同江以前即刺杀朝鲜裨王长'。按《史记·朝鲜列传》载：'元封二年，汉使涉何诱谕右渠，终不肯奉诏，何去，至界上，临浿水，使御刺杀送何者朝鲜裨王长，即渡，驰入塞。'从这记载我们看不出涉何在未渡大同江前不能刺杀朝鲜裨王长的必然性。其三,'如浿水即今大同江,左将军在破浿水上军以后,就无须继续前进绕到王险城下'。据《汉书·朝鲜传》:'左将军破浿水上军,乃至城下,围其西北。'则浿水正应为今大同江,故破浿水上军,即能前至城下。若浿水为清川江,则距城尚甚远,不可以'乃至城下'。其理由之四,为'右渠之子不渡浿水,走了一段路才返折王险,从而谓为引归,否则引归二字殊嫌调费'。此理由也难成立,这一段的长短文中并未记载。而且如浿水为清川江,则右渠之子须先渡大同江,再渡浿水,文中均不见反映,似离王险城即渡浿水,也反证了浿水应为今大同江。总之,浿水于两汉为清川江,汉以后始为大同江之说,颇难成立。并且汉以前既称清川江为浿水,汉以后又改称原称列水之大同江为浿水,其理又安在?也史无前例。故不取浿水为清川江说,而定浿水为大同江。浿水既定为大同江,则此县当正乐浪郡(今平壤西南土城里)之东北,大同江南流段之西。"

乐浪镂方县见《汉书·地理志》:"乐浪郡,武帝元封三年(前108)开……县二十五。"《中国历史地图集》第二册《幽州刺史部图》(图二十七至二十八)置乐浪郡及朝鲜县于列水(今大同江)南岸。《东北历史地理》第一卷云:"据《汉书·地理志》,朝鲜县为乐浪郡首县,当为郡治所在。……因此,大致可以将此县的位置定于浿水(今大同江)东,列水(今载宁江)北。从考古发现看,在今平壤大同江西南一里外之土城洞,发现了一座汉代古城址,周围共发现汉代古坟一千四百座,曾发现'乐浪太守章'、'朝鲜右尉'等封泥,及前汉的钱币、铜器,已为学者肯定为乐浪郡治。此城正位于大同江东、载宁江北,朝鲜县当即在此。"

镂方县为乐浪郡25县之一。《中国历史地图集》第二册《幽州刺史部图》(图二十七至二十八)置此县于今朝鲜平安南道阳德附近。

东南过临浿县。

"过"字下,注笺本、[8]注释本、[9]七校本[10]等均有"於"字,殿本[11]删"於"字,以为衍文,注疏本[12]从殿本。杨守敬云:《通鉴》汉武帝开封二年注引此,"过"下无"於"字。

临浿县,学者颇有争议。注释本赵一清云:"《两汉志》、《晋志》、《魏志》、《隋五代志》俱无临浿县,未知从何得名?"此卷中之大可疑者。注疏本杨守敬云:"《水经》三国时人作,临浿县当是曹魏所置,旋废,故郦氏注亦不详临浿。"按:杨说虽无确据,但《水经》县名不见于正史者,除临浿外,尚有牛渚(《沔水篇》)与金兰(《〈禹贡〉山水泽地所在篇》),《水经注》县名不见于正史者则有金兰(《决水篇》)、牛渚、姑孰(均见《沔水篇》)、沌阳(《江水篇》)、护龙(《沫水篇》)、溧阳(《澧水篇》)、豫宁(《赣水篇》)等。又《晋书·陶侃传》云侃曾为枞阳令,但《地理志》无枞阳县,一史之中,牴牾尚且如此,故《水经》经注所见郡县而不见于正史者,除非有确凿证据证明经注附会,均应视作正史之疏缺。详见拙作《〈水经注〉记载的行政区划》[13]一文。《东北历史地理》第一卷第三编云:"浿水县当临于浿水,故或称临浿县。"这种推测纯系文字揣摩,古今均乏此例,不足为凭。

"东入海"一句有明显错误。《汉书·地理志·乐浪郡·浿水》下云:"水西至增地入海。"《史记·朝鲜列传》:"至浿水为界。"《正义》引《地理志》:"浿水出辽东塞外,西南至乐浪县,西入海。"[14]所叙均正确无误。但许慎《说文解字》卷一一上《水部·浿水下》云:"水出乐浪镂方,东入海。从水,贝声,一曰出浿水。"《水经》本《说文》,随《说文》而误。其所以致误之由,因中原大水如江、淮、河、济,均西东流向,东入海。而不知朝鲜半岛地形,东有摩天岭山脉、狼林山脉、大白山脉等之阻,境内大水均东西流向,西入海。《说文》与《水经》作者,既未经实地考察,又无可靠地图,以中原况东陲,以有此误。

《浿水篇》注文

　　许慎云:浿水出镂方,东入海。一曰浿水县。

已见经文考证。浿水县,汉乐浪郡二十五县之一。

　　《十三州志》曰:浿水县在乐浪东北,镂方县在郡东。

《十三州志》,《隋书·经籍志》著录作 10 卷,《旧唐书》作 13 卷,《新唐书》作 14 卷。书已佚,辑本收入《知服斋丛书》第二集、《关中丛书》第一集、《汉唐地理书钞》、《玉函山房辑佚书补编》、《丛书集成》初编等。《二酉堂丛书》辑本张澍云:"后魏敦煌阚骃玄阴撰《十三州志》……颜师古《汉地理志注》多引之。其言曰:'中古以来,说地理者多矣,或解释经典,或纂述方志,竟为新异,妄有穿凿,安处附会,颇失真实,今并不录,独有取于阚氏,亦可知其书之精审。所惜散佚不传,书征引者亦复寥寥,余搜集传注,都为一卷,断珪碎璧,弥觉可珍云。'"阚骃,字玄阴,北魏敦煌人,《魏书》、《北史》均有传。

浿水县,既曰是浿水所出,今浿水尚有大同江与清川江二说,但二江均东北、西南流向,故"在乐浪东北"之说不误。

镂方县,已见经文考证。

　　盖出其县南迳镂方也。

"南",注笺本作"而",注释本、殿本、注疏本作"南"。

　　昔燕人卫满自浿水西至朝鲜。

注笺本引谢耳伯云,宋本缺以上 12 字。"西",注笺本作"而",注释本据孙潜校本改"西",殿本、注疏本均从注释本。

燕人卫满事,见《史记·朝鲜列传》:"朝鲜王满者,故燕人也。"《索隐》:"按《汉书》,满,燕人,姓卫,击破朝鲜王而自王之。"

朝鲜,故箕子国也。

注疏本熊会贞引《尚书·大传》:"武王胜殷,释箕子之囚,箕子不忍为周之释,走之朝鲜,武王因而以朝鲜封。"

箕子教民以义,田织信厚,约以八法,而下知禁,遂成礼俗。

《三国志·魏书·东夷传》下云:"昔箕子既适朝鲜,作八条之教以教之,无门户之闭而民不为盗。"

战国时,满乃王之,都王险城,地方数千里。

《史记·朝鲜列传》云:"朝鲜王满者,故燕人也。自始全燕时,尝略属真蕃、朝鲜,为置吏,筑障塞。秦灭燕,属辽东外徼。汉兴,为其远难守,复修辽东故塞,至浿水为界,属燕。燕王卢绾反,入匈奴,满亡命,聚党千余人,魋结蛮夷服而东走出塞,渡浿水,居秦故空地上下障,稍投属真蕃、朝鲜蛮夷及故燕齐亡命者王之,都王险。会孝惠、高后时,天下初定,辽东太守即约满为外臣,保塞外蛮夷,无使盗边。"《汉书·地理志》所记略同。据《史记》、《汉书》,则满称王应在秦末汉初,不应在战国时。王险城,《史记·地理列传》:"郡王险。"《集解》:"徐广曰:昌黎有险渎县也。"《索隐》:"韦昭云:古邑名,应劭注《地理志》云,辽东有险渎县,朝鲜王旧都。瓒云:'王险城在乐浪郡浿水之东也。'"按:《史记》、《汉书》均言"渡浿水",则辽东险渎之说属于无稽。

《后汉书·东夷传·东沃沮》下"在高句丽盖马大山之东"注:"其山在今平壤城西。平壤,即王险城也。"自《后汉书注》以后,学者多以王险城为平壤,《辞海》"王险城"条云:"公元前 2 世纪古朝鲜的都城,在今朝鲜平壤市。"《东北历史地理》第一卷亦从此说。但杨守敬以此说为非,其所撰《王险城考》[15]云:"《史》、《汉》并言朝鲜王满都王险。《史记集解》引徐广曰:昌黎有险渎也。《索隐》引韦昭云古邑名,应劭注《汉志》云,辽东险渎县,朝鲜王旧都,依水险,故曰险渎。臣瓒曰:王险在乐浪郡浿水之东,此是险渎也。师古曰:瓒说是。按险渎在昌黎则在辽水之西,而《史记》明云渡浿水居秦故空地,则应劭、徐广说诚非也。臣瓒说在浿水之东者,必其城当浿水东南流曲处,故不言南而言东,言东则不在浿水北可知矣。而《水经注》言王满都王险城,今高丽之国都,城在浿水之阳,是以平壤城当王险城矣。故《括地志》云,平壤城即王险城,古朝鲜也。《后汉书》注王险城即平壤以后,则无不为典据者。余读《史记》、《汉书》朝鲜传而知王险在浿水之南,平壤城非王险城也。其证有四:浿水今大同江也,平壤城在大同江之北,而《史》、《汉》并言满渡浿水都王险。证一也。楼船将军杨僕从齐浮海至列口,左将军荀彘出辽东,是汉以楼船由水道攻其南,左将军由陆路攻其北,楼船先至王险,军败遁山中,进退皆不言渡浿水。左将军击朝鲜浿水西军,是荀彘与朝鲜战,尚在浿水之西,未能至王险城。证二也。右渠愿降,遣太子入谢。方渡浿水,太子疑左军诈,杀之,遂不渡浿水,复引归。证三也。武帝灭朝鲜,定为四郡。而乐浪郡治仍名朝鲜,其因王险故城可知。自朝鲜灭后,高丽始都丸都城(丸都在鸭绿江东北),至三国时为毌丘俭所破,王奔南沃沮,魏兵退,始移都平壤(见《朝鲜史略》)。其时乐浪、带方皆为魏属郡,不容高丽以丧败之余,夺其乐浪郡治也。是平壤城非王险城审矣。至隋唐,高丽并都平壤,魏王章怀不考,遂以卫满之王险城合而为一,误矣。"

至其孙右渠。汉武帝元封二年,遣楼船将军杨仆、左将军荀彘讨右渠,遂灭之。

汉武帝讨右渠事,见《汉书·朝鲜传》。

若浿水东流,无渡浿之理。

按:《汉书·朝鲜传》:"今见信节请服降,遣太子入谢,献马五千匹及馈军粮,人众万余,方渡浿水。使者及左将军疑其为变,谓太子,已服降,宜令人毋持兵。太子亦疑使者、左将军诈之,遂不复渡浿水。"因《汉书》有两个"渡浿水"之文,故郦氏云:"若浿水东流,无渡浿之理。"郦氏已见《汉书·地理志》"西至增地入海"及《地理志》(疑桑钦作)"西南至乐浪县,西入海"之文,故知《水经》"东入于海"为讹,遂以此驳之。

其地今高句丽之国治,余访蕃使,言城在浿水之阳。

按:指北魏与高句丽相处甚洽。据《魏书·高句丽传》:"世祖(按:北魏太武帝拓跋焘)时,钊(按:指高句丽国君)曾孙琏始遣使者安东,表贡方物,并请国讳。世祖嘉其诚款,诏下帝系名讳于其国。遣员外散骑侍郎李敖拜琏为都督辽海诸军事征东将军,领护东夷中郎将辽东郡开国公高句丽王。敖至其所居平壤城,访其方事……迄于武定末,其贡使无岁不至。"由于高句丽"贡使无岁不至",故郦氏"余访蕃使"无法查实何年。惟蕃使所言"城在浿水之阳"一语,可为平壤在浿水北岸之确证,亦可为浿水即今大同江之确证。郦氏撰述《水经注》,其方法从实地查勘、稽核地图、引征文献以至访问外国使节,可谓尽其所能,深得地理著述之要领。《水经注》一书之所以载誉古今中外,殊非无因。

其水西流迳故乐浪朝鲜县,即乐浪郡治,汉武帝置。

《汉书·地理志·乐浪郡》:"武帝元封三年(前108)年开。"

而西北流。

按:平壤市区以西,北起牡丹台,经万寿台(海拔61米),苍光山(海拔49米),其西南又有大宝山(海拔372米)。故即使在古代,其水亦不可能西北流。"而西北流"恐为"而西南流"之误。

故《地理志》曰:浿水西至增地县入海。

《中国历史地图集》第二册《幽州刺史部图》(图二〇至二八)以清川江为浿水,置增地县于今新安州。杨守敬《历代地理沿革总图·前汉地理志图》置增地于龙冈西、三和北。《东北历史地理》第一卷第三编认为杨图不讹。

又汉兴,以朝鲜为速,循辽东故塞至浿水为界。

按:此是《汉书·朝鲜传》语。"循",《汉书》作"修",注疏本从《汉书》。

考之今古,于事差谬,盖经误证也。

按:全篇中郦氏正《经》之误者有二:《经》云"浿水出乐浪镂方县",《注》云"'浿'出其县南迳镂方也";又《经》云"东入于海",《注》云"若浿水东流,无渡浿之理"。

中国古籍所载朝鲜河川简考

中国古籍最早记及朝鲜河川的是《山海经》,《海内北经》云:"朝鲜在列阳,东海北山南,列阳属燕。"注:"朝鲜今乐浪县,箕子所封也。列亦水名也,今在带方,带方有列口县。"对于这条列水,《汉书·地理志·乐浪郡·吞列县》下记载较详:"分黎山,列水所出,西至粘蝉入海,行八百二十里。"早于《汉书》的《辑轩使者绝代语释别国方言》[16](按:即扬子《方言》)一书中,此"列水"作"洌水"。此书现存十三卷,除卷一、九、十、十二、十三、十五卷外,其余八卷均记入此水。各卷中,有作"朝鲜洌水"、"北燕朝鲜洌水"、"燕之外郊朝鲜洌水"等。列水当今何水,历来说法纷纭。《方舆纪要》引《通鉴》胡注:"列口,列水入海之口也。"又云:"列口城亦在王京西南。"则《纪要》明以列水当今之汉江。杨守敬《历代地理沿革总图·前汉地理志图》[17]以列水为今临津江。《中国历史地图集》第二册《幽州刺史部图》(图二七至二八)以列水为今大同江。《东北历史地理》第一卷第三编《前汉时期东北地区的民族分布与行政建置》"吞列"下云:"列水应为大同江南之另一水,故定今瑞兴江为列水,以吞列县位于瑞兴江上游瑞兴附近。"按:瑞兴今在黄海北道,河流经过城南,西流至沙里院南的三江汇合,称为载宁江,在南浦以南注入西朝鲜湾。《方舆纪要》卷三八《吞列城》引张晏曰:"朝鲜有湿水、列水、汕水,合流为洌水。"其说与今"三江"符合。但瑞兴江是一条小河,不能与汉江及临津江相比,而何以中国的几种古籍均记及此水? 此事存疑。

前述《海内北经·列阳》郭璞注:"列亦水名也,今在带方,带方有列口县。"而《汉书·地理志·乐浪郡·含资县》下云:"带水西至带方入海。"《汉志》明已记及带方入海的带水,而郭璞注却把列口县移至带方,则带方入海之水应为列水。这又是一个分辨为难的问题。《东北历史地理》第一卷第三编云:

关于带水的所在,旧说颇有纷歧。白鸟库吉等《满洲历史地理》卷一以今汉江当带水,但汉江有北汉江、南汉江,含资应在北汉江,故乘船不能达辰韩。芩中当在南汉江,正通辰韩。《中国历史地图集东北地区资料汇编》以今瑞兴江当带水,置含资于瑞兴附近。然含资若在此地,则户来等从辰韩来,不可能首诣含资县。该书所据瑞兴郡西凤山郡文井面曾发现带方太守张抚夷夫妇墓,不足为凭。因带方太守死后不一定葬于带方。

白鸟库吉以带水为今汉江,正如顾祖禹以列水为今汉江一样,都有从大处着眼的想法,自然不可轻易否定。但带方太守张抚夷夫妻墓在今瑞兴一带发现,以“带方太守死后不一定葬于带方”一语来否定,似乎有失轻率。按:张抚夷《汉书》无传,但观其姓氏,非彼方人可以无疑。宦游域外,死后既不归葬故里,又不留葬任所,却在城外葬于一处离任所数百里的地方,这是很难自圆其说的。则带方在今黄海北道也有可能。

《汉书·地理志·玄菟郡·西盖马》县下云:“马訾水西北入盐难水,西南至西安平入海,过郡行二千一百里。”对于这条马訾水,后来的记载是清楚的,《新唐书·高丽传·东夷》下云:“有马訾水,出靺鞨之白山,色若鸭头,号鸭绿水。”《方舆纪要》卷三八《鸭江》下云:“《汉志》所谓马訾水也。”则马訾水即今鸭绿江可以无疑。而《汉志》所谓“西北入盐难水”,盐难水当然是今浑江。

《后汉书·东夷传·扶余国》下云:“东明奔走,南至掩㴲水。”注:“今高丽中有盖斯水,疑此水是也。”不论是掩㴲水或盖斯水,现在都难以在朝鲜半岛上确定对应的当今河流。

隋唐两代,因为与朝鲜有过多次战争,不少河流在战争过程的记载中出现。

《隋书·宇文述传》:“东济萨水,去平壤城三十里。……众半济,贼击后军,于是大溃,不可禁止,九军败绩,一日一夜还至鸭绿水,行四百五十里。”

萨水当今何水?此水“去平壤城三十里”,又“一日一夜还至鸭绿水,行四百五十里”。《隋书》记载的里程当然不能精确,多是估计之数。但萨水显然不是一条小河,在小河上不大可能发生渡水时的大战。所以此河是位于平壤城与鸭绿江之间的一条大河,唯一可以落实的就是今清川江。

唐代史籍记载甚多而至今存在争议的河流之一是熊津江。《旧唐书·苏定方传》云:“自城山济海至熊津江口。”《新唐书·东夷传·百济》下云:“龙朔元年,仁轨发新罗兵往救道琛,立二壁熊津江。”此熊津江,《方舆纪要》卷三八云:“即汉江也,旧为百济、高丽分界处,江口接大海,为登涉要津。”但《中国历史地图集》第五册《河北道北部图》(图五〇至五一)中,以今锦江当之。《辞海》“熊津江”条云:“古水名,即今朝鲜南部的锦江。7世纪时唐军渡海侵百济,曾大战于此江口。”汉江与锦江二说中,当以后说为是。按:《资治通鉴》卷二〇〇《唐纪十六·高宗显庆五年》"定方水陆并进,直趣其都城"胡注:"《北史》,百济都俱拔城,亦曰固麻城,其外更有五方……北方曰熊津城。"《方舆纪要》卷三八《俱拔城》下云:"在全州。"又《熊津城》下云:"在全州西北,即熊津江口。"全州在今全罗北道,其西北正是今锦江口,距汉江甚远,故以今锦江当唐熊津江,大概可以论定。

《旧唐书·刘仁轨传》还记及了熊津江附近的另一条河流:"仁轨乃别率杜爽、扶余隆率水军及粮船自熊津江往白江。会陆军同趣周留城,仁轨遇倭兵于白江之口。"此白江当今何水? 对照上文,其江当与周留城相近。《方舆纪要》卷三八《周留城》下云:"在全州西。"按:今全州以西在地形上是一片平原,称为湖南平原,平原上有若干独流入海(群山湾)的小河,白江当是其中之一。究是何水,颇难确定。

《旧唐书·刘仁轨传》云:"东伐新罗,仁轨率兵迳渡瓠卢河。"《新唐书·刘裴娄传》作"瓠芦河"。《新唐书·东夷传·高丽》下云:"李谨行破之于发卢河。"瓠卢河、瓠芦河、发卢河,当是一水。《方舆纪要》卷三八《发卢河》下云:"在庆州西界。"庆州在今庆尚北道,则发卢河当是今洛东江的一条支流。

《新唐书·东夷传·高丽》下云:"男建以兵五万袭,绩破之萨贺水上。"《方舆纪要》卷三八《萨贺水》下云:"在开州西南,一作薛贺水……东南流入鸭绿江。"按《纪要》所述寻索,则唐代萨贺水很可能是今鸭绿江支流之一长津江。

《新唐书·东夷传·高丽》下云:"庞孝泰以岭南兵壁蛇水,盖苏文攻之,举军没。"《方舆纪要》卷三八《蛇水》下云:"在平壤西境。"则此蛇水可能是大同江的一条支流。《纪要》在《蛇水》下又论及:"宋天禧二年,契丹伐高丽,战于茶、陀二水,败而还。"《纪要》说此二水"俱在平壤西北"。按:今平壤西北除清川江外,在肃川、平原、华津里一带有若干独流入海(西朝鲜湾)的小河,茶水、陀水,包括前述蛇水,都有属于这些小河的可能。

《方舆纪要》卷三八《月不唐江》下云:"在黄州安岳县之东,其水西流入海。"按:黄州在今黄海北道,安岳在今黄海南道,这一带的最大河流是从南浦以南注入广梁湾的载宁江,载宁江上流有三条河流汇合于三江而成。《纪要》在《吞列城》下曾说"朝鲜有湿水、列水、汕水"三水,月不唐江是否是此三水之一,不得而知。

《方舆纪要》卷三八《白马江》下云:"在清州南……其下流合于汉江。"清州在今忠清北道,属于南汉江流域,则白马江当是南汉江的一条支流。

《方舆纪要》卷三八《三浪江》下云:"在梁山郡南,志云,梁山西北有峻岭,上容双马,路险绝,南有三浪大江,直通金海竹岛。"《竹岛》下云:"在广州境,西南滨海……又巨济岛在竹岛东。"由此可知三浪江即今洛东江,今庆尚南道,沿江尚有地名称三浪津,可以为证。竹岛当是洛东江口一小岛,金海地名至今仍在,巨济岛应在竹岛之西,这是《纪要》的错误。

《方舆纪要》卷三八三《浪江》下又云:"晋江在庆州西南,泗州城北,或谓之西江,东南注于海。"庆州在今庆尚南道西境,位于洛东江的一条支流北岸,此水东流至三浪津与洛东江干流汇合注海,此支流今名南江,但其流域在庆州西境,则古时可能称为西江。又晋州南今有地名泗川,或即《纪要》所称的泗州。则"泗州城北"之说不误。

[附记]

由于没有一种大比例尺的朝鲜地形图,我的考证工作甚感困难,有些明明可以考实的问题因而无法考实,记得 1983 年应日本关西大学之聘,在该校大学院(研究生院)讲授"水经注"等课程,韩国籍博士生金秀雄君参与听课,并以拙作《评森鹿三主译〈水经注(抄)〉》日译刊载于《史泉》第 57 号,与我相处甚得,承金君告知,韩国有 1:7000 地形图,如以这种大比例尺地形图对照考证,则某些难题或可迎刃而解。

注释:

① 《唐六典》卷七《工部·水部郎中》注。

② 郦道元作注之《水经》是三国时人所撰,非桑钦《水经》,此是《唐六典》之误。

③ 《困学纪闻》卷一〇《地理》:"《水经》引天下之水百三十七,江河在焉。"王应麟按:"今本《水经》所列仅一百一十六水。"

④ 原载《圣心》1933 年(广州)第 2 期。收入于《中外史地考证》上册,中华书局 1962 年版。

⑤⑮ 杨守敬《晦明轩稿》上册。

⑥ 孙进已、王绵原主编《东北历史地理》,黑龙江人民出版社 1989 年版。

⑦ 复旦大学 1979 年铅印本。

⑧ 朱谋㙔《水经注笺》。

⑨ 赵一清《水经注释》。

⑩ 全祖望《七校水经注》。

⑪ 戴震《武英殿聚珍本水经注》。

⑫ 杨守敬、熊会贞《水经注疏》。今有北京科学出版社 1957 年影印本及台北中华书局 1971年影印本。本文所引据段熙仲点校、陈桥驿复校《水经注疏》排印本,江苏古籍出版社 1989年版。

⑬ 《水经注研究》,天津古籍出版社 1985 年版。

⑭ 《史记正义》所引《地理志》不同于《汉书·地理志》。按:《汉书·地理志》曾引及桑钦六处,但未言何书。而《水经注》所引则明言桑钦《地理志》,故《正义》所引是桑钦书。但因此书早已亡佚,无可核实。

⑯ 《丛书集成》初编本。

⑰ 光绪三十二年(1906)刊本。

原载《韩国研究》第 2 辑,杭州大学出版社 1995 年版

《水经注》记载的禹迹
——再论禹的传说

　　自从我发表《越为禹后说溯源》①一文以来,同意者有之,异议者有之,同意而加以补充者有之。这当然是学术讨论中的一种好现象。由于1995年春绍兴市举行了规模很大的祭禹盛典和学术讨论会,于是就一时涌现出许多议论禹的文章,内容丰富,方面甚广,引书涉及四书五经、诸子百家,甚至《马恩选集》,并竟有引及亡佚书籍如《遁甲开山图》、《帝王世纪》、《述异记》者。唯《水经注》引者甚少,只在《祭禹考略》文中引及,而所引均从卷四〇《渐江水》一篇而来。使我想到,平时读郦,所言及禹者不少,但迄未对此有所整理分析。为特抽暇排比郦注全书,疏理其中涉及禹迹注文,逐条录出。禹因治水而事传千古,郦注则以记水而载誉宇内。两者关系密切,或可从此获得若干提供研究之端倪。

　　今录《水经注》各卷篇记及禹迹者约50条,其中明言引自《禹贡》者居1/4,如卷五《河水》经"又东北过黎阳县南"注:"《禹贡》沇州,九河既道"。卷四〇《禹贡山水泽地所在》经"华山为西岳,在弘农华阴县西南"注:"《古文》之惇物山也。"《禹贡》以外,郦注记述禹迹,尚引及《史记》(注文有时作《太史公》)、《晋书地道记》、《淮南子》、《魏土记》、《礼乐纬》、《吕氏春秋》、《国语》、《华阳国志》(注文称常璩)、《江水记》(注文称庾仲雍)、《江赋》(注文称郭景纯)等10种文献。其中《晋书地道记》、《魏土记》、《礼乐纬》、《江水记》4种已经亡佚。此外,从引文内容看,或许还引及司马迁所提及的《禹本纪》,[②]但由于此书也已亡佚,无可核实,所以只好存疑。

　　此外,注文述及禹迹,有一些并未指出引自何书,但其实也来自《禹贡》,或是以《禹贡》所记,而郦氏稍作发挥。例如卷一《河水》经"又出海外,南至积石山下"注:"西北入禹所导积石山。"这一条显然全出《禹贡》。又如卷四《河水》经"又东过砥柱间"注:"砥柱,山名也。昔禹治洪水,山陵当水者凿之,故破山以通河。"这一条也来自《禹贡》而由郦氏稍作发挥的。这类例子还可以举出不少。由于郦道元出自一个书香传家的官宦门第,而《禹贡》是经书,所以他显然对此尊重有加,并且是深信不疑的。卷七《济水》经"与河合流,又东过成皋县北,又东过荥阳县北,又东至砾溪南,东出过荥泽北"注中,郦氏对禹有八字歌颂,说明了他对经书的尊重:"昔禹修九道,《书》录其功。"

　　注文记述禹迹的另一些内容,虽然不见于《禹贡》,也不指明引自何书。但这些文字,不管确实有古籍记载或是出自郦氏自己。其实并未超越《禹贡》"导嶓冢,至于荆山","导河积石,至于龙门"之类的模式。例如卷一五《伊水》经"又东北过伊阙中"注:"昔大禹凿以通水。"卷二九《河水》经"分为二,其一东北流,其一又北过毗陵县北,为北江"注:"吴国西十八里有岠岭山,俗说此山本在太湖中,禹治水移进近吴。"等等,以上种种郦注记载的禹迹,都属于《禹贡》体系。

　　由于禹的传说在中国古代不仅内容丰富,而且流传甚广,所以除了上述《禹贡》体系以外,《水经注》还记载了不少并不属于《禹贡》体系的内容,对于我们研究禹迹,或许更有价值。

　　首先,禹的传说起源于古代洪水,没有洪水也就不会流传禹的故事。关于洪水的传说,我在拙作《关于禹的传说及历来的争论》[③]一文中曾经指出:"在地球上许多遭遇过更新世、全新世海进的地方,往往有这类传说和神话的流传。"但是现在我们见得到的在国外流传的这类神话,都述及洪水的来源,例如我在该文中举例的《旧约·创世纪》的洪水,是因上帝的意旨而降临的。又如希腊神话中狄凯良和庇拉面临的洪水,也是由于上帝的意旨而通过长久的降雨而发生的。但中国古代的洪水传说,却从未涉及洪水的来源。《禹贡》虽然详述禹的治水业绩,却并未记及洪水。《诗·商颂·长发》只说:"洪水茫茫,禹敷下土方。"《尚书·尧典》只说:"汤汤洪水方割,荡荡怀山陵,浩浩滔天下。"都未说明洪水是从哪里来的,而《水经注》卷四《河水》经"又南过河东北屈县西"注中,引《淮南子》对洪水作出了解释,注文云:《淮南子》曰:"龙门未辟,吕梁未凿,河出孟门之上,大溢逆流,无有丘陵,高阜灭之,名曰洪水。大禹疏通,谓之孟门。"这里就明确指出,洪水的来源是黄河。因为"龙门未辟,吕梁未凿",黄河没有出路,所以造成"无有丘陵,高阜灭之"的洪水。

　　我为《大禹研究》④一书所写的序言中提及，世界各地有关上古洪水的神话，"其内涵主要包括两个方面，第一是上苍恩赐，第二是劝善惩恶"。所谓上苍恩赐，即是卷三五《江水》经"又东南，油水从东南来注之"注中记及的："禹笑曰：吾受命于天。"对于这个"受命于天"。历来有不同的内容和地点。《吴越春秋》卷四曾经记载禹的这类故事："登宛委山发金简之书，案金简玉字，得通水理。"《水经注》也有类似的记载，卷四〇《浙江水》经"北过余杭，东入于海"注云："又有石匮山，石形似匮，上有《金简玉字之书》。言夏禹发之，得百川之理也。"宛委山和石匮山都在会稽山的范围以内，内容也并无分歧。但《水经注》记载的禹迹中，这类故事还有不少，卷二《河水》经"又东过陇西河关县北，洮水从东南来流注之"注云："禹治洪水，西至洮水之上，见长人，受《黑玉书》于斯水之上。"卷五《河水》经"又东过平县北，湛水从北来注之"注云："昔禹治洪水，观于河，见白面长人，鱼身，出曰：吾河精也。授禹《河图》而还于渊。"又卷三八《湘水》经"又东北过重安县东，又东北过酃县西，承水从东南来流注之"注云："禹治洪水，血马祭山，得《金简玉字之书》。"又卷四〇《禹贡山水泽地所在》经"衡山在长沙湘南县南"注云："禹治洪水，血马祭衡山，于是得《金简玉字之书》，按省《玉字》，得通水之理也。"

　　如上所述，说明禹所得的上苍恩赐，有《金简玉字之书》、《黑玉书》、《河图》等不同版本。而受赐的地点，则遍及河水、洮水、湘水、浙江水。上苍除了把这类恩赐预先安置在宛委山、石匮山、衡山等地，让禹自己发掘外，还派遣了诸如长人、鱼身白面长人、河精等等神怪出面授予。《水经注》在这方面的记载，称得上丰富多彩。

　　对于禹的出生，经书和诸子百家的记载，只及于其父鲧。而《水经注》则记载了他的出生地。卷二《河水》经"又东过陇西河关县北，洮水从东南来流注之'注云："（大夏川水）又东北迳大夏县故城南，……《晋书地道记》曰：县有禹庙，禹所出也。"据此，则禹是大夏县人。又卷三六《沫水》经"沫水出广柔徼外"注云："（广柔）县有石纽乡，禹所生也。今夷人共营之，地方百里，不敢居牧，有罪逃野，捕之者不逼，能藏三年，不为人得，则共原之，言大禹之神所佑之也。"据此，则禹是广柔县石纽乡人。按照《水经注》的这两种记载，则禹所出生均非汉地，禹当是蛮夷之人。

　　《水经注》还记及了禹的著述。卷一〇《浊漳水》经"又东北过曲周县东，又东北过巨鹿县东"注云："禹著《山经》，淇出沮洳。"又卷三九《庐江水》经"庐江水出三天子都，北过彭泽县西，北入于江"注云："上霄之南，大禹刻石志其丈尺里数，今犹得刻石之号也。"据此，则禹不仅有著作，并且有刻石。不过，直到今天，还没有谁见到过夏朝的文字。禹的著作和刻石是用什么文字书写的？当然，神话和传说是不必计较这类细节的。

关于禹的立国建都,《水经注》也有各种记载,卷六《涑水》经"又西过安邑县西"注云:"安邑,禹都也。"卷二二《颍水》经"又东南过阳翟县北"注云:"颍水自垌东迳阳翟县故城北,夏禹始封于此为夏国。"时至今日,我们还不时听到"发现"夏代城垣的报导。这是因为《世本·作篇》及《作篇补遗》确有"鲧作城郭"的话。而《艺文类聚》卷六三引《博物志》也说:"禹作城,强者攻,弱者守,敌者战,城郭自禹始也。"按照这类记载,筑城建都的事,不是始于老子,就是始于儿子。眼下有关夏代城垣的报导,大概是受《世本》或《类聚》之类的启发。由于这些报导都绝未涉及放射性碳素或热释光等的检测。其价值或许不及《水经注》的记载。

此外,《水经注》还有关于禹迹的其他种种记载,例如我在《关于禹的传说和历来的争论》中提及的关于涂山的争论,郦道元也是这种争论的介入者。卷六《涑水》、卷三○《淮水》、卷三三《江水》、卷三四《江水》各篇都记及涂山。按郦氏记述禹迹,一般都是据文献直叙,虽然间有发挥,但绝未论及文献本身。唯独对于涂山,他却提出了和某些古人不同的意见。卷三三《江水》经"又东北至巴郡江州县东,强水、涪水、汉水、白水、宕渠水五水合,南流注之"注云:"江之北岸有涂山,南有夏禹庙,涂君祠庙铭存焉。常璩、庾仲雍并言禹娶于此。余按群书,咸言禹娶在寿春当涂,不于此也。"这里,郦道元不同意常璩(指《华阳国志》)和庾仲雍(指《江水记》)的说法,其依据是"余按群书"。他的所谓"群书",除《左传》杜注⑤可以肯定外,其他是些什么?我们无从查考。可能都已亡佚。但按郦氏治学的严谨态度,"群书"在当时是存在的。不过另一方面也可以肯定,"群书"显然不包括《越绝书》和《吴越春秋》在内。此两书,都是列入郦氏作注的引用书目之内的。《越绝书》卷八说:"涂山者,禹所取妻之山也,去县五十里。"《吴越春秋》卷四则更为详细地记载了禹年三十在越地涂山娶妻的故事。但郦道元显然不同意此两书的说法,如同他否定常璩和庾仲雍一样。因为这件事涉及禹是谁家的女婿的问题,是汉家的女婿,西戎的女婿抑是南蛮的女婿?在这个问题上,可以看出郦道元的儒学传统。在全部注文中对禹迹的记载从未表态的人,却在这里毅然站出来,坚持禹是汉家的女婿。

总之,《水经注》记载的禹迹,其内容包括天命、出生、治水、立国建都、巡行、婚娶、著述、归葬等等,其地区范围,东北达碣石、九河,西北到敦煌、居延,西南至广柔徼外,东南抵太湖、会稽。禹是一位能力巨大的神明,他受命于天,无所畏惧。"昔禹南济江,黄龙夹舟,舟人五色无主,禹笑曰:吾受命于天,……何忧龙哉?于是二龙弭鳞掉尾而去"(卷三五《江水注》)。他可以移山倒海:"禹乃以息土填鸿水,以为名山,掘昆仑墟以为下地"(卷一《河水注》)。最引人入"胜"的是《史记》,《越世家》中说:"越王句践,其先禹之苗裔。"《匈奴传》也说:"匈奴,其先祖夏后氏之苗裔也"。就这样,南蛮缺舌、祝发文身的越王，与韦韝毳幕，膻肉酪浆的单于，结成了一南一北的昆仲关系。现在看起来不免荒唐滑稽，但是应该相信，太史公决不是一个信口开河的人，他的记载显然根据当时流行的传说。在那个时代，关于禹的传说无疑是极多的。像上述这类南北同祖的传说，我们认为荒唐滑稽，但太史公在那个时代能够接受并且写入他的著作，另外还有一类传说，就连太史公在当时也接受不了，前面提及的《禹本纪》就是其中之一。《禹本纪》顾名思义是记载神禹的书，可惜已经亡佚，但从《大宛列传赞》中引及的一句，就可以断言这是一个荒诞不经的神话。

关于禹的记载不过是个神话的说法，顾颉刚在 20 年代就已经提出，[⑥]顾氏提出此说以后 7 年，另一著名学者傅斯年于民国二十二年（1933）《庆祝蔡元培先生 65 岁论文集》[⑦]中也指出："禹的踪迹的传说是无所不在的，北匈奴，南百越，都说是禹后。而龙门、会稽，禹之迹尤著名。即在古代僻居汶山（岷山）一带不通中国的蜀人，也一般的有治水传说。"傅氏最后指出："盖禹是一种神道，即中国之 Osiris，[⑧]禹鲧之说，本中国之创世传说（Genesis）。"[⑨]顾、傅两氏的这种观点，后来相当普遍。著名的美籍俄罗斯汉学家卜弼德在其《试论中国上古的演变》一文中也说："中国上古的洪水故事，正如大家所知道的，不过是个神话。"[⑩]

读一读《水经注》记载的禹迹，对我来说，也不无启发。因为这从这里看到了禹的传说在内容上和地域上都有进一步的扩大。神话和传说本来不必如同历史一样地认真对待，但应该承认，它们仍然是值得研究的。其实，对于上古历史，特别是经过儒家打扮并且统一了口径的上古历史，它们与神话、传说的差距有时实在不大。就以这个夏朝为例，对于传说中的禹的儿子、或许实际上是夏这个部落的第一位酋长启，有关他的登台，儒家经典与其他文献就有截然不同的记载。《孟子·万章上》说："禹荐益于天，七年，禹崩，三年丧毕，益避禹之子于箕山之阴，朝觐讼狱者，不之益而之启，曰：吾君之子也。讴歌者，不讴歌益而讴歌启，曰：吾君之子也。"但古本《竹书纪年》却说："益干启位，启杀之。"长期在儒教薰陶下的中国人当然既不愿也不敢相信《竹书》的话。何况《竹书》在泥土里埋了五、六百年，而在这段时期里，儒家的学说早已先声夺人，一统天下。

现在我们也不妨设想一下，按照儒学，夏朝初期的这种权力斗争是和平过渡的。但按照《竹书》，夏部落中的启和益两大势力，是在腥风血雨中定局的。假使真的如此，那么，启无疑是夏部落的第一位酋长。至于我们要议论的禹，作为治水先驱，那当然是个神话；作为夏朝的开国之君，则其身份也不过是以后的周文王而已。

注释：

① 《浙江学刊》1985 年第 3 期。

② 《史记·大宛列传赞》："太史公曰：《禹本纪》言河出昆仑，昆仑其高二千五百余里，日月所相避隐为光明也，其上有醴泉瑶池。……故言九州山川，《尚书》近之矣，至《禹本纪》、《山海经》所有怪物，余不敢言之也"。

③ 《浙江学刊》1995 年第 4 期。

④ 浙江人民出版社 1995 年版。

⑤ 《左传·哀公七年》："禹会诸侯于涂山，执玉帛者万国。"杜注："在寿春东北。"

⑥ 《古史辨》北平朴社民国十五年（1926）版。

⑦ 古埃及的主要神明。

⑧ 指《圣经·旧约·创世记》。

⑨ 国立中央研究院历史语言研究所集刊外编第一种。

⑩ 卜弼德（Peter A. Boodberg）Proletical Remarks on the Evolution of Archaic Chinese，Selected Works of Peter A. Boodberg，University of California Press，Berkeley and Los Angeles，1979。

原载《浙江学刊》1996 年第 5 期

《水经注》记载的范蠡①

　　我在拙著《郦道元评传》②中,专门有一章议论郦道元的思想。郦氏思想中十分重要的一个方面就是"疾恶扬善"。我说:"郦道元常常借引用他人他书来表达自己的思想"。这中间,"不管是借古人古书发挥,还是他自己发表意见,都有一个明显的基本立场,这就是疾恶扬善"。《水经注》揭露和鞭挞了许多遗臭万年的坏人,同时也标榜和颂扬了许多流芳百世的好人。《水经注》虽然是一部地理书,记叙山川地理,细腻而生动;但它同时也具有历史书的作用,在褒贬历史人物时,确实做到善恶分明,一针见血。例如他同样记载两个老人渡河的史事,其用意就在表扬一位好人而怒斥一个坏人。卷二六《淄水注》云:

　　　　《战国策》曰:田单为齐相,过淄水,有老人涉淄而出,不能行,坐沙中,单乃解裘于斯水之上也。

　　卷九《淇水注》云:

　　　　一水出朝歌城西北,东南流。老人晨将渡水而沉吟难济,纣问其故,左右曰:老者髓不实,故晨寒也。纣乃于此斩胫而视髓也。

　　以上两段注文,记的都是涉水老人,而田单与纣两人,前者是如何地善良可嘉,后者又是如何地残酷可憎,郦氏自己不置一语,但其实完全表达了他疾恶扬善的深意。

　　《水经注》全书中表扬的好人好事不少,但各卷中多次为一人扬善的并不多见。而对于范蠡其人其事,全书各卷篇中,记载竟达 13 次,这在《水经注》中实属罕见。

　　中国古代文献记载范蠡事迹的不少,但其中原始资料丰富的权威著作是《越绝书》和《吴越春秋》。这是因为两书都出自越地,而范蠡服官于越,为越大夫。越国之能由小而大,转弱为强,范蠡具有最大的功绩,所以此两书记载范蠡特详。但两书所记,均是范蠡兴越灭吴的故事,并不记及他去越以后事迹。越地文献以越事为重,这当然是顺理成章的。但《水经注》记载范蠡与上列两书不同,在全书 13 处有关文字中,记及越事的实际上只有两条,一条是《浙江水注》记及的:"句践语范蠡曰:先君无馀,国在南山之阳,社稷宗庙在湖之南。"另一条亦为《浙江水注》记及:"浙江又迳固陵城北,昔范蠡筑城于浙江之滨,言可以固守,谓之固陵,今之西陵也。"这第一条,当是范蠡从楚到越后的初期之事,句践向他介绍于越先君史事,说明当时范蠡对越国之情尚不甚了解。第二条则是记载范蠡在吴越之战中建筑国防工事的业绩。作为一个杰出的政治家和军事家,他在这方面的事业均在越地,郦注当然不能完全撇开这段史实。此外,郦注记及的 13 条中,也有两条是记载范蠡功成去越之事。此两条均在卷二九《沔水注》中。一条引自左丘明《国语》:"范蠡灭吴,返至五湖而辞越。"另一条引自《吴越春秋》:"范蠡去越,乘舟出三江之口,入五湖之中者也。"郦道元是赞赏范蠡去越是果断英明的,在此后的注文中还将提到。

注文中有 3 条引用古书,记载范蠡去越以后从事实业和经商之事。虽然如同《水经注》褒贬人物的惯用体例一样,郦道元自己一般都不说话,但其实是表达了他的意见。卷六《涑水注》中,注文引《孔丛》:

> 刭首在西三十里,县南对泽,即猗顿之故居也。《孔丛》曰:猗顿,鲁之穷士也,耕则常饥,桑则常寒。闻朱公富,往而问术焉。朱公告之曰:子欲速富,当畜五牸。于是乃适西河,大畜牛羊于猗氏之南,十年之间,其息不可计,赀拟王公,驰名天下,以兴富于猗氏,故曰猗顿也。

这段注文说明了范蠡不仅是一位畜牧业的行家,而且能慷慨地把他的致富之术传授给别人,使穷困的猗顿也能因而致富。卷二八《沔水注》中又引及了范蠡的著作《养鱼法》(又称《鱼经》或《养鱼经》),注云:

> (沔水)又东入侍中襄阳侯习郁鱼池。郁依范蠡《养鱼法》作大陂,陂长六十步,广四十步,池中起钓台,池北亭,郁墓所在也。列植松篁于池侧沔水上,郁所居也。又作石洑逗引大池水于宅北作小鱼池。池长七十步,广二十步,西枕大道,东北二边限以高堤,楸竹夹植,莲芡覆水,是游宴之名处也。

按范蠡所撰《养鱼法》一书,《汉书·艺文志》没有著录,直到《隋书·经籍志》才有著录:"梁有陶朱公《养鱼法》一卷,亡。"《隋书》认为此书已经亡佚。这是《隋书》纂者检索不精之故,其实也并未亡佚。它的大部分内容被辑存在北魏高阳太守贾思勰的《齐民要术》卷六《养鱼》第六十一之中,这一篇说:

> 陶朱公《养鱼法》云:威王聘朱公,问之曰:闻公在湖为渔父,在齐为鸱夷子皮,在西戎为赤精子,在越为范蠡,有之乎?曰:有之。曰:公任足千万,家累亿金,何术乎?朱公曰:夫治生之法有五,水畜第一。水畜,所谓鱼池也。

由此可知,范蠡从事的实业中,水产养殖曾是非常重要的内容,而且他经营养鱼的经验,很可能是在越国这个水环境中学习和积累起来的。关于这方面,今绍兴一带的古代方志多有记及。当然,由于方志错误甚多,学术价值不高,所以学术界一般慎引。但郦注记及习郁的故事价值就不同一般,习郁是西汉末、东汉初人,说明此书在两个汉间已经流行。而此书之所以能为北魏人辑录,也说明范蠡可能是在北方经营实业时总结其越地经验所撰。此书历来评价甚高,由集美水产学校、广东水产专科学校、山东水产学院合编的《鱼类学》(农业出版社出版)一书中,推崇此书是世界上最古老的养鱼文献。近代农学史专家王毓瑚在其《中国农学书录》(农业出版社出版)中也指出:"本书可说是现存最早的养鱼专书"。我在拙作《论胡适研究〈水经注〉的贡献》[③]一文中,由于胡适在抗战时期担任驻美大使期间,仍然不断做学问而感慨系之。我说:"我并不希望做官的人同时都做学问,却希望做过学问的人在弃学从官以后,仍能够关心一点做学问的事。"现在看看范蠡的为人,他既当官,又从事实业和经商,但仍然不忘著书立说做学问。就凭这一点,他实在是应该作为后世官场和工商界的表率。

卷七《济水注》中的一段,郦氏大概引自《史记·货殖列传》:

> 战国之世,范蠡既雪会稽之耻,乃变姓名寓于陶,为朱公。以陶天下之中,诸侯四通,货物之所交易也。治产致千金,富好行德,子孙修业,遂致巨万。故言富者,皆曰陶朱公也。

前面提到郦道元赞赏范蠡功成去越的话,这条注文在卷二五《泗水注》中:"(泗水)又迳亚父冢东,……按《汉书·项羽传》:历阳人范增,未至彭城而发疽死,不言之居巢,今彭城南有项羽凉马台,台之西南山麓上,即其冢也。增不慕范蠡之举,而自绝于斯,可谓褊矣。"

这里,郦道元的意思是,范增作为项羽的谋士,但项羽多次不听从他的忠谏,所以他其实应该早早离开项羽这个匹夫的,如同范蠡离开那个只能共患难、不能共安乐的句践一样,但范增没有这样做,而结果落得如此下场,"可谓褊矣"。这就是郦道元的二范有一褒一贬。

《水经注》记载范蠡的另外几条都是后人对范蠡的纪念和崇敬。卷三二《夏水注》中说:"王隐《晋书·地道记》曰:陶朱冢在华容县,树碑云是越之范蠡。"同注又记及:"郭仲产(按:当指其所撰《襄阳记》)言在(华容)县东十里。捡其碑,题云:故西戎令范君之墓。碑文缺落,不详其人,称蠡是其先也。"

　　上面这两条有关范蠡的记载，后一条是用郭仲产之所见纠正了王隐的错误。即华容县的范冢并不是范蠡墓，而是一位姓范的"故西戎令"之墓，但从残缺的碑文中知道此人是范蠡之后。虽然这是个误会，但也说明了人们对范蠡的纪念和崇敬。

　　《水经注》有关范蠡的最后两条记载，所记的主旨是，即使像句践这样一个"长颈鸟喙，鹰视狼步"（《吴越春秋》卷六）的忘恩负义的国君，在范蠡去越以后，他也不得不表示一点纪念这位功臣的举措，《浙江水注》中记及的一条是：

　　　　（浙江）又迳会稽山阴县，有苦竹里。里有旧城，言句践封范蠡子邑也。

　　卷二七《沔水注》中也记及一条：

　　　　越王怀范蠡之功，铸金以存其像。

　　以上所录的是《水经注》对范蠡事迹的有关记载。郦道元是一位褒贬人物非常严肃的学者，从他对范蠡多次记载和表扬之中，可以窥及范蠡的崇高和伟大。

注释：

①　本文原为山东肥城范蠡研讨会会议报告论文。

②　南京大学出版社 1994 年版。

③　《胡适研究丛刊》第 2 辑，中国青年出版社 1996 年版。

《水经注》中的非汉语地名

我在拙著《郦道元与〈水经注〉》一书中,曾经论及《水经注》在文学、语言上的贡献,我说:"《水经注》的语言运用,还有一个重要的特色,就是作者不回避外来语言。"[①]例如僧伽蓝摩(Saṅghārāmā)意为寺院,由旬或由巡(Yojana)是古代印度的一种度量单位,吉贝(Kāpoq)是木棉的马来语名称,如此等等,不胜枚举,郦道元都在注文中使用。《水经注》是一部地理书,书内拥有大量地名。此书撰成于汉族政权十分削弱、统治地域相当狭小的南北朝时期,但全书的叙述范围却根据西汉王朝的版图,而且兼及域外,这中间包括了大片的非汉语地区,因此,全部注文之中,拥有大量的非汉语地名。这些非汉语地名流行的地区,原来当然是汉族以外的少数民族居住地区,但现在他们之中的很大部分,有的已经流散,有的已经汉化,有的已经消亡。其中有些非汉语地名,其命名的主人在郦道元撰写注文时就已经不复存在,但地名却仍然广泛流传,说明地名一旦形成,具有极强的生命力。今天,我们对《水经注》记载的许多非汉语地名进行研究,从地名的分布、迁移以及地名渊源的探索,对于了解这些少数民族的地域分布、风俗习惯以及他们的发展情况、兴衰沧桑、迁移路线、消亡原因等等,都有很大的价值,是民族史和其他许多有关学科的重要资料。

在《水经注》的卷一、卷二两篇《河水》之中,注文记载了大量今印度和新疆的地名,绝大部分都是非汉语地名。由于这个地区的古代语言非常复杂,所以这里出现的非汉语地名也有极大的复杂性。古代印度流行的语言很多,但梵语(Sanskrit)和巴利语(Pali)具有很大优势,许多地区,至今仍可根据这些语言进行查索。但《水经注》记载这个地区的地名,多半根据《法显传》、竺法维《佛国记》、释氏《西域记》、支僧载《外国事》、竺枝《扶南记》等著作。现在除《法显传》外,余书均已亡佚,因此,对于这些地名的查索,仍然存在困难之处。从地名本身来说,由于译音和译意并无一定标准,一名多译的情况常常出现,对地名的渊源来历,也详略不一,所以掌握这个地区中的郦注非汉语地名,困难确有不少。例如同样是城市地名,卷一《河水注》的波罗奈城(Bārāṅsi 或 Vārāṅsi)和王舍城(Rāǧaṛha)虽然均是梵语地名,但前者译音,后者译意,不谙梵语者就可能把后者误作汉语地名。卷一《河水注》还有一个例子:"自河以西,天竺诸国,自是以南,皆为中国,人民殷富。"这个"中国",往往被误作汉语地名的中国。其实我们中国在梵语中称为振旦、真丹或震旦(Cinasthāna),而此处"中国"却是梵语 madhya-deśa 的意译,madhya 意为"中间的",deśa 意为"国家"。艾德尔在其《佛教手册》中解释:"中国,印度中部的王国。"[②]《摩奴法典》说得更为明确:"位于喜马瓦特山和温特亚山之间的、东至钵罗耶伽、西至维那舍那的那块地方叫做中国。"[③]其地相当于今旁遮普邦的巴地阿拉(Patiala)。

一名多译的情况,《水经注》中也常常出现。如卷一《河水注》:"山西有大水,名新头河。郭义恭《广志》曰:甘水也,西域之东,名曰新陶水。"这里的"新头"、"新陶",《水经注》又译作"天竺",此外还有"天笃"、"身毒"、"贤豆"等译法。其实就是今天的印度。此词在梵语作 Sindhu,在波斯语作 Hindu,"新头"、"新陶"、"天竺"等等,都是一名多译。卷二《河水注》:"河水重源有三,非惟二也。一源西出捐毒之国。"这个"捐毒之国",《水经注》的许多版本如明黄省曾本、吴琯本、朱谋㙔本、清项绒本、沈炳巽本、赵一清本等,都作"身毒之国"。殿本改正作"捐毒之国"后,刘宝楠的《愈愚录》卷六中,还自以为是,反指殿本"以身毒为捐毒"的错误。这个错误之所以如此普遍,是因为唐朝的大学者颜师古注释《汉书·西域传》时,在无雷国条"北与捐毒,西与大月氏接"下云:"捐毒即身毒,天笃也。本皆一名,语有轻重耳。"其实,捐毒读作 Yuāndù,是古代西域的一个游牧部族,在今新疆乌恰县境,去印度甚远,绝不相涉。正是由于"印度"的一名多译,使博学如颜师古也莫知所从。对新疆做过实地考察的清徐松在这方面就了如指掌,他在《〈汉书·西域传〉补注》中说:"捐毒在葱岭东,为今布鲁特地;身毒在南山南,为五印度地。二国绝远,颜君(按:指颜师古)比而同之,斯为误矣。"

又如卷一《河水注》引竺枝《扶南记》:"林杨国去金陈国步道二千里,车马竹,无水道。"卷三六《温水注》:"金潾清迄,象渚澄源。"又同注:"昆仑单舸,接得阳迈。"按《御览》卷七九〇《四夷部·金邻国》引《异物志》:"金邻一名金陈,去扶南可二千余里。"而岑仲勉认为:"阿拉伯文之 Kamrun,译以唐宋之音,则为甘仑,……甘仑之为昆仑亦不足异也。广语甘与金混，均读如 Kum，昆仑国与 Kamrun 之即金潾，盖无致疑之余地。"④则《水经注》地名中的昆仑、金陈、金潾，均是阿拉伯语 Kamrun 不同译法。

《水经注》记载地名，十分重视地名渊源的考证，但对于这些梵语地名的渊源，有时十分明白，有时却又相当困难。例如卷一《河水注》："日暮便去半达钵愁宿。半达，晋言白也；钵愁，晋言山也。"这个梵语地名，至今可以便利地用梵语复原，即梵语 Punda Vasu，Punda 意为白，Vasu 意为山，半达钵愁就是白山。但某些地名如卷一《河水注》的耆阇崛山，梵语作 Gradhrakūṭa，巴利语作 Gijjhakūṭa，意译作"鹫峰"、"鹫头"、"灵鹫"等。中国去天竺的高僧如法显、玄奘、义净与天行禅师等，都曾参拜过此山，所以非常著名，但对此山何以称为耆阇崛（鹫），《水经注》却提供了三种不同的说法：

> （法显）入谷傅山，东南上十五里，到耆阇崛山，未至顶三里，有石窟南向，佛坐禅处。西北四十步，复有一石窟，阿难坐禅处。天魔波旬化作雕鹫恐阿难，佛以神力，隔石舒手摩阿难肩，怖即得止。鸟迹、手孔悉存，故曰雕鹫窟也。其山峰秀端严，是五山之最高也。释氏《西域记》云：耆阇崛山在阿耨达王舍城东北，西望其山，有两峰双立，相去二三里，中道鹫鸟，常居其岭，土人号曰耆阇崛山。胡语耆阇，鹫也。又竺法维云：罗阅祇国有灵鹫山，胡语云耆阇崛山。山是青石，石头似鹫鸟。阿育王使人凿石，假安两翼、两脚，凿治其身，今见存，远望似鹫鸟形，故曰灵鹫山也。数说不同，远迩亦异，今以法显亲宿其山，诵《首楞严》，香华供养，闻见之宗也。

《水经注》所录的关于耆阇崛山的三种地名渊源，虽然郦道元认为《法显传》是"闻见之宗"，但其实最为荒谬。不过因为释氏《西域记》和竺法维《佛国记》均已亡佚，无可核实，所以也就无法深究了。

《水经注》卷二《河水》记载了今新疆和甘肃等地的许多非汉语地名。古代西域是一个民族复杂、语言纷繁的地区，是一个民族和语言的历史博物馆。现在，古代在这一带活动的许多民族已经流散，他们的语言已经消亡，只有地名依然存在，成为这个民族和语言历史博物馆的见证。这一带，历史上流行的语言有佉卢语、维吾尔语、粟特语、吐火罗语（包括焉耆语和龟兹语等分支）、梵语、波斯语等。例如佉卢语（Kharosthi），原是一种印度俗语（Parkrit），流行于古代印度西北部，但它在公元 3—4 世纪，即印度的贵霜王朝时代，曾在今新疆塔里木盆地使用。斯坦因（M. A. Stein）曾在尼雅遗址（在今民丰县境内）获得大量佉卢文书。卷二《河水注》所出现的地名，如精绝（Cadòla）、子合（Cuku-pa）等，都是佉卢语。又"疏勒"一名是至今流行的古代西域地名，维吾尔语作 Qasġar，但一说来自佉卢语的 Kharoṣṭra，一说来自粟特语的 Sogdaq，现在已经无法查证。而"龟兹"一名，在卷二《河水注》中有龟兹、屈茨两种称谓，其实就是古代龟兹语的不同译法。古代龟兹语属于吐火罗语的一个分支,现在早已消亡,它和佉卢语地名一样,都已无法查实。

从河西走廊直到今兰州、青海东部一带,也是自古以来民族角逐、语言纷杂的地方,卷二《河水注》记载的这个地区的地名,由于许多民族最后迁离这个地区,有的汉化,有的消亡,所以地名渊源甚难考证。例如卷二《河水注》中的"阿步干鲜卑山",注文就没有做出什么解释,清初郦学家全祖望才考证出这是一个鲜卑地名,他在他的七校本《水经注》中按云:

> 阿步干,鲜卑语也。慕容廆思其兄吐谷浑,因作阿干之歌。盖胡俗称其兄曰阿步干,阿干,阿步干之省也。今兰州阿干山谷、阿干河、阿干城、阿干堡,金人置阿干县,皆以阿干之歌得名。

由此可知,"阿步干"是鲜卑语中"兄"的意思。鲜卑是古代东胡族的一支,秦汉时代附于匈奴。有人认为鲜卑与西伯利亚(Siberia)是一名二译,[⑤]说明其分布和迁徙范围甚广。魏晋南北朝时期,其一部分进入华北,包括慕容、乞伏(卷二《河水注》作乞佛)、秃发、宇文、拓跋等分支,他们之中,以拓跋氏势力最盛,建立了北魏王朝,但最后都先后汉化,却留下了不少非汉语地名。今兰州以南尚有阿干镇,足证地名的顽强生命力。

河西走廊和今青海一带,古代同时也是藏族(羌)活动的地方,卷二《河水注》记载的所谓"河曲羌",就有烧当、迷唐、钟存等部落,所以其中有些非汉语地名,可能是属于藏语之系的。例如注文中记载的唐述窟:

> 悬岩之中,多石室焉。室中若有积卷矣,而世士罕有津达者,因谓之积书岩。岩堂之内,每时见神人往还矣,盖鸿衣羽裳之士,练精饵食之夫耳。俗人不悟其仙者,乃谓之神鬼,彼羌目鬼曰唐述,复因名之为唐述山。指其堂密之居,谓之唐述窟。

由于如上所述许多民族和语言在这个地区的流散消亡,所以不少地名不知其属于何种民族和语言,也无法获得其渊源的解释。注文中引及的如野虏、消铜城、列城等,郦道元在当时就无法考证,只能说:"考地说无目,盖出自戎方矣。"又如另一个别致的地名"素和细越",注文只能说:"夷俗乡名也。"另一处城邑"可石孤城",注文说:"西戎之名也。"郦道元对于各地出现的非汉语地名的解释是实事求是的,他并不牵强附会地用汉字之义曲解,不像有些学者望文生义。如应劭在《汉书音义》中对"敦煌"的解释:"敦,大也;煌,盛也。"郦道元在卷二《河水注》中对一再出现的这个"敦煌"没有解释,估计也是个非汉语地名。

从卷二《河水》的下半篇起,包括卷三、卷四《河水》,卷六《汾水》及其他诸水,《水经注》的记叙从西北转到华北,这以下包括许多卷篇,都涉及这个地区。这是一个从公元 4 世纪初到 6 世纪之间在我国所发生的所谓"地理大交流"的首当其冲的地区。我在拙作《地理学思想史·序》[⑥]中说:

> 在上述时期中发生在中国境内的巨大人群在自然地理环境和人文地理环境上的深刻变异,应该被称为"地理大交流"。在这段时期中,大群生活在北方草原上的游牧民族,一个部落接着一个部落地跨过被称为"万里长城"的这道汉族人所设置的防线,定居到这片对他们来说是完全陌生的土地上从事农业生产活动。而原来居住在这个地区的汉族,被迫大批南迁,放弃了他们世代定居的这片干燥坦荡的小麦杂粮区,迁移到低洼潮湿的江南稻作区。因此,不论在中国的北方和南方,数量巨大的人群,都面临着新的自然地理环境和人文地理环境。对于这些移民及其子孙,新领地为他们大开眼界,而故土仍为他们世代怀念。这就是在这个时代中人们的地理学思想所以特别活跃的原因。地理学思想空前活跃的结果,是大量地理著作的出现。

其实,地理大交流的结果,不仅是大量地理著作的出现,也是大量新地名的出现。由于人们对故土的怀念,使"地理大交流"在某种意义上说成为"地名大交流"。在南方,北方的汉族移民带来了许多他们故土的州、郡、县名,这就是所谓侨州、侨郡和侨县。在北方,许多少数民族,一方面把他们在草原中的大量非汉族地名带到他们的新领地,另一方面又在他们的新领地用他们的民族语言到处命名,而郦道元恰巧又在这样的时候撰写他的《水经注》,以致使这位当代的地理学家,对于这许多光怪陆离的地名,也弄得不知所措。既不知它们属于什么民族的语言,也不知从何解释。对于这类地名,他在注文中只好笼统地用"北俗谓之"一语,如"北俗谓之敢贷山"、"北俗谓之树颓水"等等之类。郦道元世代都是北方人,却不能在注文中说清这种"北俗"。其实,他所说的"北俗",是以他的家乡为基准的,即是今华北以北的草原地带,所指也就是在"地理大交流"时代越过长城南下的许多少数民族。这类非汉族地名数量庞大,无法一一列举,仅在卷三《河水》的"又南过赤城东,又南过定襄桐过县西"这一条经文之下,注文中用"北俗谓之"一语解释的非汉语地名就有下列诸名:

山	水	城邑	其他
大浴真山	大浴真水	北右突城	契吴亭
敢贷山	敢贷水	可不塈城	仓鹤陉
乌伏真山	可不塈水	阿养城	大谷北堆
吐文山	吐文水	昆新城	

续表

山	水	城邑	其他
	灾豆浑水	故槃回城	
	诰井袁水	太罗城	
太罗水			
树颏水			

　　这里顺便也指出《水经注》在我国东北地区记及的非汉语地名。郦注全书中记载的东北地区的河流极少，只有卷一四的大、小辽水和浿水，浿水即今朝鲜的清川江（一说为大同江），已在域外。大、小辽水篇幅短小，但也记及了一些非汉语地名，如："（高平川水）东流迳倭城北，盖倭地人徙之；又东南迳乳楼城北，盖迳戎乡邑，兼夷称也。"又"渝水南流东屈与一水会，世名之曰櫶伦水，盖戎方之变名耳"。这里的倭城、乳楼城、櫶伦水，显然都是非汉语地名，但它们的渊源来历，注文中除倭城外，都已不得其详了。

　　中国东南地区在古代是越族繁衍生息的地方，所以这一带流行越语地名。《水经注》内容涉及这个地区的，主要有卷二九《沔水》的下半篇和卷四〇《浙江水》。"越"一作"戉"，《汉书·地理志》作"粤"，都是古代越语的不同汉译。[⑦]"越"既是部族名称，也是地名。由于越族历史悠久，今余姚河姆渡遗址已经长达7000余年；越国的民族中心今绍兴城建于公元前490年，至今也近2500年。在公元前3世纪越族流散而汉族入居这个地区以后，越语地名逐渐汉化，所以《水经注》虽然记载了这个地区的大量越语地名，却无法进行正确的解释。卷二九《沔水注》中，注文记及的越语地名有馀姚、馀暨、馀杭、句馀、句馀山、句章、乌程、乌上、姑胥、姑孰、无锡、武原、由卷、浙江等，卷四〇《浙江水注》（已见于《沔水注》的不列）则有会稽、会稽山、馀干大溪、馀衍、馀发溪、句无、乌伤、于潜、武林山、武林水、姑蔑、固陵、租塘、租浚、若耶溪、御儿乡、柴辟、诸暨、剡、上虞、上虞江等等。郦道元是北方人，江南非他足迹所至，而且在郦道元的时代，这个地区的越语地名，已经为后来迁入的汉人加上了许多穿凿附会的汉化故事。因此，《水经注》虽然记载了这许多越语地名，却无法正确地解释这些地名的渊源来历，而且还免不了用穿凿附会的汉化故事来解释它们。对于郦道元来说，这是无可厚非的事。何况他仍然利用十分有限的资料，提供了一点越语地名的线索。《浙江水注》中说："（浙江）东迳诸暨与泄溪合，……此是瀑布，土人号为泄也。"这其实就是指出了泄溪不是汉语地名。

　　对于这些越语地名的汉化，当然是汉族入居这个地区以后发生的，《水经注》也引及了一些。例如乌伤县，《浙江水注》引用了南朝宋刘敬叔的《异苑》：

《异苑》曰：东阳颜乌，以淳孝著闻，后有群乌助衔土块为坟，乌口皆伤，一境以为颜乌至孝，故致慈乌，欲令孝声远闻，又名其县曰乌伤矣。

乌伤是秦建会稽郡时所置县，"乌"是越语中的普遍语音，分明是个越语地名。颜乌的故事，当然是汉人传播出来的。因为王莽曾改乌伤为乌孝，说明这个故事的流传远比刘敬叔的《异苑》要早。郦道元在他的一个完全陌生的地区引用流传已久的这类故事，这是不足为怪的。郦道元以后，学者开始注意这个地区的越语地名，唐颜师古注《汉书·地理志》"句吴"云："夷俗语发声，犹越为于越也。"清李慈铭说得更清楚："盖馀姚如馀暨、馀杭之比，皆越之方言，犹称于越、句吴也。姚、暨、虞、剡，亦不过以方言名县，其义无得而详。"李慈铭是绍兴人，是他生活在这个地区长期思考之所得，才能说得这番道理。不过，绝大部分越语地名虽然如他所说："其义无得而详。"[⑧]但对于越语地名上常见的这个"馀"字，《越绝书》却难得地留下了解释："朱馀者，越盐官也，越人谓盐曰馀，去县三十里。"[⑨]这就使人恍然大悟，原来越语"馀"就是汉语"盐"。《浙江水注》引汉末童谣："天子当兴东南三馀之间。"这个"三馀"，就是馀杭、馀姚、馀暨。这三个县，在地理位置上都濒海，所以都和盐有关，和当时大越城以北三十里的朱馀一样。这中间，除了馀暨县在三国吴改为永兴，到唐初又改为萧山外，馀杭（今余杭）和馀姚（今余姚）至今仍然存在，地名的生命力真是不可思议。

越族原来以今绍兴为中心的浙东地区为其民族繁衍的基地，秦始皇统一中国后，对于这一支强悍的民族引为极大焦虑，[⑩]而采用了强迫迁徙的政策，他一方面勒令居住在浙东的越族迁徙到今浙西和皖南的乌程、余杭、黝、歙、芜湖、石城一带；另一方面又把"天下有罪适吏民"迁移到浙东各地以填补越族迁出的地区，[⑪]以削弱越族的势力。对于不服从迁移的越族，就实行武力镇压。于是越族中不少反抗秦统治的居民就向南流散，即以后所称的"三越"。明焦竑说："此即所谓东越、南越、闽越也。东越一名东瓯，今温州；南越始皇所灭，今广州；闽越今福州。皆句践之裔。"[⑫]这样，越语地名又随着流散的越族从东南地区迁移到南部和西南地区。在《水经注》的记载中，如《温水注》的南越、骆越，《叶榆河注》的骆越、百越、雒，《浪水注》的南越、百越等，都和历史上浙东的越族的迁徙流散有关。只要把东南地区《水经注》（卷二九《沔水》、卷四〇《浙江水》）记载的地名，与西南地区《水经注》（卷三六《桓水》、《若水》、《存水》、《温水》，卷三七《叶榆河》等）记载的地名相比，这种越语地名的移动情况就清晰可见。下表列的是东南地区和西南地区的六类越语地名的比较。

表一 含"无"、"毋"的地名

东南地区		西南地区	
沔水注	无锡县	若水注	小会无、会无、会无县
浙江水注	无余国、句无、句无县	存水注	毋敛水
		温水注	无变、无劳究、无劳湖、毋掇县、毋单县、毋敛县、毋血水
		叶榆河注	无切县

表二 含"句"的地名

东南地区		西南地区	
沔水注	句章、句章县、句馀、句馀山、句馀县	若水注	乌句山
		温水注	句町县、句町国
浙江水注	句无、句无县、句章县	叶榆河注	句漏县

表三 含"乌"的地名

东南地区		西南地区	
沔水注	乌上城	若水注	乌枒、乌句山
浙江水注	乌程、乌伤县		

表四 含"朱"的地名

东南地区		西南地区	
浙江水注	朱室、朱室坞	桓水注	朱提郡
		若水注	朱提山、朱提县、朱提郡
		温水注	朱崖、朱崖州、朱崖郡、朱涯水、朱吾浦、朱吾县
		叶榆河注	朱县

表五 含"姑"的地名

东南地区		西南地区	
沔水注	姑熟县、姑胥	若水注	姑复县
浙江水注	姑蔑	淹水注	姑复县
		叶榆河注	姑复县

表六　含"馀"的地名

东南地区		西南地区	
沔水注	馀杭县、馀姚县、馀暨县	叶榆河注	馀发县
浙江水注	馀杭县、馀衍县、馀发溪、馀暨县、馀干大溪		

从上表可以看到越语地名随着越族从东南地区搬迁到西南地区的实况，《水经注》虽然没有对这些非汉语地名做出较多的解释，但是由于它记载了这些地名，使我们仍有可能根据它的记载对这些地名进行分析和归纳，进行我们所需要的有关非汉语地名的地名学研究。

我国幅员广大，历史悠久，而且民族众多，语言复杂，在他们发展变迁的过程中，留下了大量非汉语地名，除了《水经注》以外，其他许多古籍也都拥有这方面的资料。既然我国是个多民族的国家，我们的地名学研究就有必要重视大量存在的非汉语地名，希望地名学界今后能在这方面加强研究，获得丰硕的成果。

注释：

① 上海人民出版社 1987 年版，第 100 页。

② Ernest J. Eitel, Handbook of Chinese Buddhism being a Sanskrit – Chinese Dictionary with Vocabularies of Buddhist Terms, Tokyo, Sanshusha, 1904, p. 83.

③ 《摩奴法典》为古印度有关宗教、哲学和法律的一种汇编，传说由"人类始祖"摩奴（Manu）制定。约在公元前 2 世纪至公元 2 世纪编成。此处译文据季羡林主编《〈大唐西域记〉校注》第 326 页。季编书名为《摩奴法论》。

④ 《南海昆仑与昆仑山之最初译名及其附近诸国》，《中外史地考证》上册，中华书局 1962 年版。

⑤ 《外国地名语源词典》，上海辞书出版社 1983 年版，第 140 页。

⑥ 《中国历史地理论丛》1989 年第 3 辑。

⑦ 由于越族中的一支"外越"在第四纪卷转虫海侵时漂流海外，故今越南和日本，均有含"越"字的地名，"越"在越南语中读作"Viet"，在日语中有"eji"和"o"、"oko"（uku）三种读法，都是促音，这大概接近于古时越人的发音。今日汉语把"越"读作"Yue"，这是汉人读音，与越人不同。

⑧ 《越缦堂日记》，同治八年（1869 年）七月十三日。

⑨⑪ 《越绝书》卷八。

⑩ （清）孙楷《秦会要订补》卷六："始皇尝曰，东南有天子气，于是东游以厌之。"这就是秦始

皇对越族的焦虑。

⑫ 《焦氏笔乘续集》卷三。

部分原载《中国方域》1993 年第 3 期

《水经注》和它的文学价值

　　《水经注》是一本怎样的书？清初学者刘献廷在其所著《广阳杂记》中,称此书为"宇宙未有之奇书"。刘献廷对此书作了极高的评价,但尚未说出此书的性质和内容,所以这里首先对它作一点介绍。

　　三国时代,有一位佚名的作者,写了一本《水经》,记载了河流137条,每条河流都以同样的体例,写下了它的发源、流程和入海,寥寥数语,内容十分简单。到了南北朝北魏,郦道元(？—527)为《水经》作注,河流增加到1252条,而且对每条河流的记载,从河流本身扩大到河流的整个流域,把流域内的大量自然地理景观和人文地理景观都作了细致的描述。《水经》的一条经文不过数字或十数字,但一条经文之下的注文有长达六七千字的,注文比经文要多20余倍,成为一部独立的著作。由于此书内容丰富,文字生动,历代以来吸引了大量学者的爱好和研究,因而形成一门专门的学问——郦学。

　　自从隋唐以来,不少学者就已对《水经注》进行研究,但郦学作为一门学问,要到明朝以后才获得发展。清乾隆年间(1736—1795),由于先后出现了全祖望、赵一清、戴震3位郦学大师,郦学研究趋于极盛。全、赵、戴3人都有他们各自校定的《水经注》版本,均为《水经注》的佳本。到了清末以至民国,又有杨守敬、熊会贞师生两人,尽毕生精力,对《水经注》作了非常详细的注释。郦道元对《水经》的注释称为"注",杨、熊二人对《水经注》的注释称为"疏",所以杨、熊的著作叫做《水经注疏》,有了全、赵、戴和杨、熊的这些版本,后人研究《水经注》就更为方便了。

郦道元撰《水经注》已近1500年,而学者研究《水经注》也已逾千年,在这漫长的过程中,人们从各个不同角度从事郦学研究,逐渐形成了郦学的三大学派。

第一个学派是考据学派。《水经注》原有40卷,到宋初亡佚5卷,而且由于经过长期的辗转传抄,产生了许多错误。除了字句的讹漏以外,经文和注文的混淆尤为严重,竟使这样一部名著达到不堪卒读的地步。于是,从明代开始,就有学者致力于对此书的考据和校勘,使能改正错漏,分清经注,恢复它的本来面目。在这项工作中,贡献最大的是上述全、赵、戴3家,他们仔细推敲经文和注文,发现了两者的明显区别,如戴震在他所校的武英殿聚珍本上所说的:"凡水道所经之地,经则云过,注则云迳;经则统举都会,注则兼及繁碎地名;凡一水之名,经则首句标明,后不重举,注则文多旁涉,必重举其名以更端;凡书内郡县,经则但举当时之名,注则兼考故城之迹。"按照这样的文字规范,于是旧本混淆的经文和注文,就完全得到分清。他们又通过各种版本之间的互相校勘,并且与其他有关的古籍对勘,校出了数千处错漏。从此,全书除了宋初亡佚的五卷无法补外(现在仍作四十卷,是后人分割的),《水经注》基本上恢复了它的原貌,成为一部可读之书。所以考据学派是郦学研究中的基础学派,没有这个学派的学者对此书进行考据和校勘,其他学派的郦学研究和广大读者的阅读,都将是很困难的。

第二个学派是地理学派。《水经注》是一部包罗广泛的历史名著,但是就最主要的方面来说,此书是一部以水道为纲的地理著作。古今有不少学者,通过此书研究山川地理。早在南宋,程大昌就已经利用此书资料,撰成一部《禹贡山川地理图》。清初学者如顾炎武、顾祖禹、胡渭等,都根据此书写出他们的地理名著的,如《肇域志》、《读史方舆纪要》、《禹贡锥指》等。另外一些学者如黄仪、董祐诚、汪士铎等,都绘制过《水经注图》。而杨守敬、熊会贞师生在清末编绘成《水经注图》8册,采用古今对照,朱墨套印,成为历来绘制最精的郦图,此图至今仍然流行。此外,杨、熊两人在《水经注疏》的撰述中,也十分重视地理学的内容,所以杨、熊实在是郦学地理学派的创立者。近年以来,地理学派有了很大的发展,这是因为《水经注》在自然地理学和人文地理学的各个分支方面,都提供了大量资料,利用此书从事历史地理学和现代地理学研究,确能左右逢源。地理学派是郦学研究中的实用学派,在今后有远大发展前途。

第三个学派是辞章学派,这个学派是郦学研究中的欣赏学派。《水经注》虽然是一部地理著作,但它文笔生动,辞藻瑰丽,具有极高的写作技巧,在文学上有很高造诣。因此,对于此书辞章上的欣赏,无论在陶冶人民性情,丰富人民精神生活以及培养读者的写作技巧等方面,都有非常重要的价值。古代文人对于此书的欣赏由来已久,如唐末诗人陆龟蒙诗："山经水疏不离身"，宋代著名文学家苏轼诗："嗟我乐何深，水经亦屡读"，不胜枚举。明代的两位学者，即著名的竟陵派诗人钟惺和谭元春，他们从郦注的写作技巧和美丽文字出发，评点了一本《水经注》。所以此两人可以说是辞章学派的创立人。谭元春在评点本上说："予之所得于郦注者，自空蒙萧瑟之外，真无一物，而独喜善长读万卷书，行尽天下山水，囚捉幽异，掬弄光采，归于一绪。"明末清初学者张岱说："古人记山水，太上郦道元，其次柳子厚，近时则袁中郎。"柳子厚即柳宗元，是唐宋八大家之一，他的写景著作《永州八记》脍炙人口，袁中郎即明代公安派诗人袁宏道，他毕生写过许多生动的游记，后来有人把他的游记编成一帙，名为《袁中郎游记》，名传一时。但在张岱的评价中，柳、袁均在郦道元之下。

《水经注》的文字为什么如此生动？总的说来，当然是由于郦道元写作技巧的高明，但是具体加以分析，郦道元写作技巧的高明之处，首先是他所使用的文字新颖多变，不用陈词滥调。例如瀑布，这是自然界常见而郦注常记的事物，他绝不刻板地使用"瀑布"这个词汇，而是根据瀑布的不同形象以变化无穷的文字来进行描述，如"洪"、"泷"、"悬流"、"悬水"、"悬涛"、"悬泉"、"悬涧"、"悬湍"、"悬波"、"颓波"、"飞波"、"飞清"、"飞泉"、"飞流"等，让读者随时有新鲜生动之感。又如对于溪泉水流的清澈现象，他也了许多惟妙惟肖的语言进行描写。例如他在卷二二《洧水注》中说："绿水平潭，清洁澄深，俯视游鱼，类若乘空矣，所谓渊无潜鳞也。"卷三七《夷水注》中说："其水虚映，俯视游鱼，如乘空也。"卷三七《澧水注》中则说："水色清澈，漏石分沙。"

柳宗元在《永州八记》中的一篇《至小丘西小石潭记》中，也有类似的描写："潭中鱼可百许头，皆若空游而无所依。"柳宗元的这段描写，显然是吸取了郦道元的写作技巧，所以张岱所作的"太上"、"其次"的排列，不是没有根据的。

除了自己创作生动的语言以外，郦道元还善于吸取别人的生动语言，以丰富他自己的写作。对于自然景物的描写，《水经注》全书中有许多精彩的片段，其中有些篇章郦道元即是采用了别人的生动描写。例如，风景秀丽的长江三峡，由于国家分裂，郦氏无法亲历其地，于是，他就采用了曾经多次游览此处的晋宜都太守袁山松在《宜都山水记》中的描写。这是全部郦注中十分脍炙人口的一段，这一段（卷三四《江水注》）中说道：

　　自三峡七百里中，两岸连山，略无阙处。重岩叠嶂，隐天蔽日，自非停午夜分，不见曦月。

"自非停午夜分，不见曦月"，以这样的语言描写两岸高山壁立的形势，确实没有比这更高明的手法了。这一段中另外几句还说：

　　至于夏水襄陵，沿溯阻绝，或王命急宣，有时朝发白帝，暮到江陵，其间千二百里,虽乘奔御风,不以疾也。

唐代著名诗人李白有一首大家熟悉的七言绝句《早发白帝城》:

> 朝辞白帝彩云间,千里江陵一日还。两岸猿声啼不住,轻舟已过万重山。

现在大家可以一望而知,李白的这首千古杰作,其实就是从郦道元的上述一段加工而成的。

再举一例,黄河从今山西、陕西二省界上向南奔流,在陕东华山以北,即今潼关与风陵渡之间拐一个大弯折而向东,这当然是自然界的一种伟大壮观。对此,郦道元引用了当地流行的古语:

> 华岳本一山当河,河水过而曲行,河神巨灵,手荡脚踏,开而为两,今掌足之迹仍存。

这当然只是个神话,但文字的气魄宏大,读之令人心胸开广。所有这些,都说明郦道元在吸取他人的生动描写方面是如何的得心应手。

郦道元的写作技巧,除了他自己创作的许多生动语言和尽量吸取他人的生动语言外,还有一个重要的方面,就是他能广泛地采集各地的歌谣谚语,穿插在有关的卷篇之中。这类歌谣谚语,除了极少数查得到原作者之外,绝大多数都是各地世世代代流传下来的,是经过千锤百炼的群众语言。清刘献廷推崇郦氏的写作技巧:"更有余力铺写景物,片言只字,妙绝古今。"这中间有不少就是郦氏采集的各地歌谣谚语。

《水经注》写作是以河流为纲的,所以郦道元特别留意长期活动于河流中的舟人、渔夫及旅行者的歌谣谚语。例如河道曲折,是河流的一种很普通的自然现象,在历代诗词歌赋和游记等之中,描写这种自然现象的章篇,可以说俯拾即是。但郦道元却与众不同,他采集了当地的歌谣谚语。例如在卷三四《江水注》中,有一段非常曲折的江道,注文记:

> 江水又东迳黄牛山,下有滩,名曰黄牛滩,南岸重岭叠起,最外高崖间有石,色如人负刀牵牛,人黑牛黄,成就分明,既人迹所绝,莫得究焉。此岩既高,加以江湍纡回,虽途迳信宿,犹望见此物,故行者谣曰:朝发黄牛,暮宿黄牛,三朝三暮,黄牛如故。言水路纡深,回望如一矣。

这里,"朝发黄牛,暮宿黄牛,三朝三暮,黄牛如故"一谣,短短十六字,但对于说明江道曲折,实在胜过千百字的描写。同样在卷三八《湘水注》中也有一段描写湘江江道曲折的注文:

> 衡山东南二面临映湘川,自长沙至此,江湘七百里中,有九向九背。故渔者歌曰:帆随湘转,望衡九面。

这一首湘水的渔歌,和前面江水的行者谣,确是异曲同工,把这类千曲百回的江道,写得惟妙惟肖,宛如一幅图画。

在《水经注》一书中,郦道元自己创造的生动语言和吸取他人的生动语言以及他所引用的歌谣谚语,多得不胜枚举。明代学者杨慎,曾把此书中的出色描写摘录成编,以供吟诵欣赏。现在,我们的不少游记选编甚至语文课本中,也常常选入此书的精彩片段,供读者欣赏和学习,这些也都说明《水经注》一书在文学上的造诣和价值。

原载《古典文学知识》1994 年第 3 期

说梦记鬼

——《水经注》索隐（一）

　　梦是一种人人都经常遇到的生理现象，至今或许还没有科学的、正确的解释。因此，不少人对梦视作是一种神秘的现象，视作是一种事情的征兆，所以十分重视。记得年轻时在离佛教圣地天台山不远的一个城市执教，才知道每逢一年的冬至前夜，必有来自四面八方的许多求梦者，背了被褥到天台山寺院两廊甚至寺院门外露宿。因为据说这个晚上的梦出奇的准。而冬至之日，寺内必有不少摆起桌案的老人，所谓"详梦人"，为许多得了梦的人详梦，道出其中的凶吉。据说因为求梦者多，而详梦者少，冬至一日，全山各寺院人山人海，不管你所得何梦，详梦人多半详成吉兆，因为这样就可以多得报酬，双方皆大欢喜。当地也流传着一些得梦和详梦出奇灵验的故事，这多半是那些详梦人有意散发出来的广告。

　　1995 年我访问北美，在一位朋友家中读到了一本德国精神学家弗洛伊德（Sigmund Freud）所著的《梦的解释》（ *The Interpretation of Dreams* ）的书，他可称是研究梦的权威。在序言中，美国的琼斯博士（Dr. E. Jones）称赞此书是一本"改变历史的书"。我看琼斯的话说得过分了。因为作者自己承认："所谓梦，乃是在睡眠之中，部分脑机能活动的精神现象。但要以之做出完全科学的解释，却至今未能达到。"作者又说："那么梦是否能预示将来呢？这个问题当然并不成立，倒不如说梦提供我们过去的经验，因为从每个角度来看，梦都是源于过去。"由此让我回忆到冒着寒冷在冬至前夜到天台山求梦和那些油嘴滑舌的详梦人的荒唐。弗洛伊德的书内，对梦的论述确实洋洋大观。历代哲学家如柏拉图、亚里士多德等对梦的解释,此书都搜罗无遗。其中也论及古人有不少认为梦是一种"神谕",而尤以原始民族为最。甚至认为梦比自己白天的感受更为可信。例如非洲加纳的土人,假使在梦中与他人之妻做爱,就要遭到奸罪的罚款。勘察加的土人,假使梦中得到他人的土地,则此人就可以无偿获得这片他人的土地。在古代巴比伦,有一类所谓"魔术书库学者"(Learned Man of the Magic Library),这实在是和天台山的"详梦人"是同样的角色,无非他们的地位崇高,而天台山的那些老人们则是属于有识之士所不齿的九流三教。

据琼斯博士为此书所写的序言,此书德文初版出于1900年,而在1929年弗洛伊德去世时已经出了八版,有英、俄、法、日、西班牙等译本(我看的是英译本)。可惜未见到中文本,假使能有人中译,我想此书一定是受人欢迎的。

由于此书的启发,我立刻联想到中国古籍中有关梦的种种记载和解释。上面所说的天台山的求梦者和详梦者,多半是知识浅薄的芸芸众生,但其实,中国古代对于梦也是十分重视和相信的。《水经注》卷一六《榖水》经"又东过河南县北,东南入于洛"注云:

> 昔汉明帝梦见大人,金色,项佩白光。以问群臣,或对曰:西方有神名曰佛,形如陛下所梦,得无是乎? 于是发使天竺,写致经像,始以榆樏盛经,白马负图,表之中夏。故以白马为寺名。

皇帝一梦而发使天竺,兴师动众,建造一座宏大的寺院,这就是一个例子。

《水经注》在各篇中一共记载了各类梦近20处,这在全部郦注内容中当然并不重要,但是分析此书记载的梦,可以看出郦道元说梦的心态,有一类梦大概是做梦者确实经历的梦境,卷四《河水》经"又东过陕县北"注云:

> 按秦始皇二十六年(前221),长狄十二见于临洮,长五丈余,以为善祥,铸金人十二以象之,各重二十四万斤,坐之官门之前,谓之金狄。……(王莽)地皇二年(前21),王莽梦铜人泣,恶之,念铜人铭有皇帝初兼天下文,使尚方工镌灭所梦铜人膺文。

王莽梦见铜人哭泣,这大概属于弗洛伊德书中所引亚里士多德对梦的解释:"梦是一种持续到睡眠状态的思想。"这是王莽作贼心虚的表现。这个表面上十足君子而心底里彻底小人的人物,心理上一直摆脱不了他篡位的沉重负担。"铜人泣",这是他长期耿耿于怀而持续到睡眠常态的思想。王莽是十分相信梦的,他之所以最后断然扯下假面具而篡夺汉室,正是由于刘京告诉他昌兴亭长的梦。据《汉书·王莽传上》:"宗室广饶侯刘京上书,言七月中齐临淄昌兴亭长辛当一暮数梦,曰,吾天公使也,天公使我告亭长曰:摄皇帝当为真。即不信我,此亭中当有新井。亭长晨起视亭中,诚有新井,人地且百尺。"刘京,如同古今历史上一切"抬轿子"的小人一样,他所说的梦,显然与王莽见铜人泣的梦不同,是事前布置伪造的。卷九《洹水》经"又东北出山,过邺县南"注云:

> 一水北迳东明观下。昔慕容隽梦石虎啮其臂,痛而恶之,购求其尸,而莫之知。后宫婢妾言,虎葬东明观下,于是掘焉,下度三泉,得其棺,剖棺出尸,尸僵不腐,隽骂之曰:死胡,安敢梦生天子也。使御史中尉阳约数其罪而鞭之。

石虎生前是慕容隽的死敌,慕容隽虽然建立了他的小小王朝,但是对于石虎,他实在心有余悸,而石虎在梦中咬他的手臂,就是他的这种心理状态的反映。

《水经注》记载的另一类梦,不能确定是否真的有梦,或许就是说梦人假托梦境以达成某一种愿望。例如卷五《河水》经"又东北过黎阳县南"注云:

> 昔南阳文叔良,以建安中为甘陵丞,夜宿水侧,赵人兰襄梦求改葬,叔良明循水求棺,果于水侧得棺,半许落水。叔良顾亲旧曰:若闻人传此,吾必以为不然。遂为移殡,醊而去之。

按照中国古代传统的道德准则,为即将被水冲毁的棺木改葬,是一件积德的善事,也是属于郦氏愿意表扬的事。但文叔良是否真的得梦,就很难说。或许是他在白天已经看到了这具行将落水的棺木,恻隐之心,让他在晚上得梦;也或许是,他根本未曾得梦,为了使他所做的善事发生更大的影响,他就借"梦"发挥,以博得人们对他的表扬和景仰。从"叔良顾亲旧曰"这一句中,可以揣摩这种迹象。

卷三〇《淮水》经"又东过新息县南"注云:

> 慎水又东流,积为焦陂,陂水又东南流为上慎陂,又东为中慎陂,又东南为下慎陂,皆与鸿却陂水散流。其陂首受淮川,左结鸿陂。汉成帝时,翟方进奏毁之。建武中,汝南太守邓晨欲修复之,知许伟君晓知水脉,召与议之。伟君言:成帝用方进言毁之,寻而梦上天,天帝怒曰:何敢败我濯龙渊?是后民失其利。时有童谣曰:败我陂,翟子威,反乎覆,陂当复,明府兴,复废业。童谣之言,将有征矣。

注文所说汉成帝梦上天的事,显然是许伟君所说的假话。假使汉成帝当年确实得到这样的梦,则这些陂湖早已修复,何必等到邓晨?这个梦是许伟君鼓励邓晨下决心复陂而编造出来的。包括这个所谓"童谣",也是同样的来源。但是由于兴修水利是一件好事,特别是郦道元十分赞赏的事,所以虽然许伟君所说的梦无疑是个假梦,但郦道元却是很乐意地把它写入注文。

卷三八《溱水》经"东至曲江安聂邑东,屈西南流"注中的梦,同样不是真梦,注云:

> 晋太元初,民封驱之家仆,密窃(银)三饼归,发看,有大蛇螫之而死。《湘州记》曰:其夜,驱之梦神语曰:君奴不谨,盗银三饼,即日显戮,以银相偿。觉视,则

奴死银在矣。

这实在是《湘州记》记载的一个神怪故事,但故事的宗旨在于郦道元服膺的疾恶扬善,所以郦氏收入了他的注文。

由此可知,《水经注》说梦,实在是郦道元表达他疾恶扬善思想的一种手段。说梦的事因为用不着提出凭证,可以随心所欲。一个阴谋诡计可以利用梦,如上述刘京一样;一种善良的愿望也可以利用梦,郦道元说梦就都是这样。

在古代,除了梦可以为人利用外,鬼也常可为人利用。当然,古人与今人不同,现在,多数人都不信有鬼,但在古代,只有少数人才不信有鬼,多数人都是相信鬼的。而且,不管信不信,反正见鬼和做梦一样,也是不必提出凭证的,所以大家都可以利用。

我在拙著《郦道元评传》[①]中论述郦道元在《水经注》中所表达的思想,其中之一就是不信鬼神。注文中证据很多,卷一九《渭水》经"又东过霸陵县北,霸水从西北流注之"注中有一段文字足以说明郦氏的这种思想,注云:

> 《汉武帝故事》曰:(汉武)帝崩后见形,谓陵令薛平曰:吾虽失势,犹为汝君,奈何令吏卒上吾陵磨刀剑乎? 自今以后,可禁之。平顿首谢,因不见。推问陵傍,果有方石,可以为砺,吏卒常盗磨刀剑。霍光欲斩之,张安世曰:神道茫昧,不宜为法。乃止。

死掉的汉武帝居然在自己的陵墓上出现,这叫做白日见鬼。郦道元通过张安世的话来反对这种荒谬的白日见鬼,所以他是不信鬼神的。但不信鬼神的郦道元,却在《水经注》中记载了许多鬼的故事,这是为什么? 因为鬼其实是一件大家都不曾见过的东西,道理与他的说梦一样。好人与坏人都可以用鬼做幌子,达到各自的目的。

记得在60年代之初,有一位名叫孟超的剧作家,编出了《李慧娘》这样一种剧本。于是,京剧名角赵燕侠在北京演出了这出鬼戏。当时正值反右派、反右倾等运动之后,知识界噤若寒蝉。编演这样的鬼戏,很可能是因为人不能说话,让鬼来说话。利用鬼的人当然心照不宣,他们对于防民之口甚于防川的这种时局深痛恶疾,通过李慧娘这个女鬼舒一舒心中的积愤,或者也可以唤起一些尚未泯灭的良心,让大家知道,压力虽大,人心未死。但被这个女鬼触及了痛处的人也同样心中有数,由于后者都是当权有势的人,于是,鬼戏演出不久,这些人也同样利用鬼,在报上登出了凶恶地挞伐此剧的文章:"用死鬼来推翻无产阶级专政","是一场严重的阶级斗争"。前者利用鬼,但心中无鬼;后者也利用鬼,而心中实有鬼。后者当然胜利,于是全国停演鬼戏,而且领导戏剧的文化部,被痛斥为"帝王将相部,才子佳人部,外国死人部"。

前面提到,中国在古代,只有少数人不信鬼神。这少数人是读四书五经的知识分子,他们崇敬儒教,而儒教是不信鬼神的。诸如"子不语,怪、力、乱、神",[②]"敬鬼神而远之"③等,都是孔老夫子的最高指示。也有一位不识相的季路偏偏要问他鬼神之事,老夫子讨厌地训斥了他:"未能事人,焉能事鬼?"④当然,孔子自己也参加祭祀的活动,但这不过是"祭如在,祭神如神在",⑤装装样子而已。对于这一类古人,他们有时也说鬼,他们说鬼,实在有难言之隐,在一个人不敢说话的时代,不得不让鬼出来说话,也就是说,活人在不得已的时候,只好利用死鬼。

1400多年前的郦道元,也知道鬼是可以利用的。我在上述拙著中论述他的思想,专门表彰了他处世为人的疾恶扬善。我说,在《水经注》一书中,"不管是借古人古书发挥,还是他自己表达意见,都有一个明显的基本立场,就是疾恶扬善。"因此,他在此书中选入了许多鬼的故事,目的也是在此,不妨举一点例子。

卷九《淇水》经"又东北过广宗县东,为清河"注云:

> 汉光武建武二年(26),西河鲜于冀为清河太守,作公廨未就而亡,后守赵高计功用二百万。五官黄秉、功曹刘适言:四百万钱。于是冀乃鬼见白日,道从入府,与高及秉等对共计校,定为适、秉所割匿。冀乃书表自理,其略言:高贵不尚节,亩垄之夫,而箕踞遗类,研密失机,婢妾其性,媚世求显,偷窃很鄙,有辱天官,易讥负乘,诚高之谓,臣不胜鬼言。谨因千里驿闻,付高上之。便西北去三十里,车马皆灭不复见。秉等皆伏地物故。

郦道元当然不会相信这种白日见鬼的事,但是由于他十分痛恨活动于他身边,也是任何时代都存在的赵高、黄秉、刘适一类人物,也十分为鲜于冀一类好人抱屈,所以不得不在注文中记入他自己实在很不相信的荒诞故事。

卷一八《渭水》经"又东过武功县北"注云:

> (武功)城西南百步有稷祠,郿之藨亭也。王少林之为郿县也,路经此亭。亭长曰:亭凶杀人。少林曰:仁胜凶邪,何鬼敢忤。遂宿,夜中闻女子称冤之声。少林曰:可前求理。女子曰:无衣不敢进。少林投衣与之。女子前诉曰:妾夫为涪令,之官,过宿此亭,为亭长所杀。少林曰:当为理寝冤,勿复害良善也。因解衣于地,忽然不见。明告亭长,遂服其事,亭遂清安。

这也是一个鬼告状的故事,内容同样十分荒诞,但郦道元还是不愿割爱,把它收入了自己的著作。除了表达他自己疾恶扬善的素衷以外,在古代,这类故事还有另外一点作用。当时,读过四书五经而不信鬼神的人毕竟是少数,多数人还是信鬼的,让这类故事流传,多少还有一些劝善惩恶、警戒世人的意义。

注释:

① 南京大学出版社1994年版。

② 《论语·述而》第七。

③ 《论语·雍也》第六。

④ 《论语·先进》第十一。

⑤ 《论语·八佾》第三。

原载《历史地理》第 14 辑

裴秀与京相璠　伍子胥与文种
——《水经注》索隐(二)

裴秀与京相璠

　　《晋书·裴秀传》所载司空裴秀的学术业绩:"作《禹贡地域图》十八篇,奏之,藏于秘府。"此图并且有《序》,也收入《晋书》,其中说道:"上考《禹贡》山川、海流、原隰、陂泽,古之九州及今之十六州,郡国、县邑、疆界、乡陬及古国、盟会、旧名,水陆径路,为地图十八篇。"特别重要的是还在《序》中提出了我国古代的制图理论,即所谓"六体":分率、准望、道里、高下、方邪、迂直。就这样,裴秀成了我国古代的著名地图学家,而他在《〈禹贡地域图〉序》提出的所谓"六体",就成为我国最早的制图理论。从此,各公私著录,均以裴秀为此图作者,《玉海》卷一四"晋《禹贡地域图》"条,亦按《晋书》,称其为"博学洽闻"。及至丁国钧、文廷式、秦荣光等各家《补晋书艺文志》,亦都著录裴秀此图。

　　裴秀在西晋官至司空,位近宰辅,政务繁重,却能绘制出上起《禹贡》下迄晋代的全国地图,并创立"六体"理论,为官而又有学术,确实令人钦佩。但读《水经注》卷一六《穀水》经"又东过河南县北,东南入于洛"注"京相璠与裴司空彦季(按《晋书》,彦季当是季彦之误)修《晋舆地图》,作《春秋地名》",才使我感到,这一件历史上侵夺他人著作权的真相,竟被郦道元所揭露。所以我早在60年代为《中国建设》(英文版)所写的《中国古代的地图绘制》①一文中,就已经指出:"裴秀(的地图)依靠得力助手,其中最出名的是京相璠。"

现在流行的《晋书》撰于唐初,去晋时已远。而《水经注》离晋较近,所以其说法较《晋书》可靠。我在《中国建设》所撰拙文说京相璠是裴秀得力助手的话,其根据不是《水经注》。京相璠是一位名不见经传的知识分子,除了《水经注》以外,只在《隋书·经籍志》上露过一面,但这一露面却非常重要,因为不仅让我们知道郦注常引的《春秋土地名》三卷确实是京相璠所撰,而且《隋书》有"晋裴秀客京相璠"的话,我们才知道京相璠原来是裴秀的门客。古代当大官的养一批门客是常事,孟尝君的门客中,有鸡鸣狗盗之徒,而京相璠有知识和技术,作为一位门客,替主人绘制地图,著书立说,这是理所当然。所以刘盛佳教授在其《晋代杰出的地图学家——京相璠》②一文中解释《水经注》中"京相璠与裴司空彦季修《晋舆地图》,作《春秋地名》"有一段话:"郦道元的话,译成现代汉语即是:'京相璠给裴秀编绘《晋舆地图》,撰写《春秋地名》。'这样不仅符合古汉语的用字规范,也与京相璠的身份、地位和职责相符。"

著书立说,对于知识分子来说,是一件重要而严肃的大事。曹丕在《典论·论文》中说:"盖文章,经国之大业,不朽之盛事。"时至今日,大家更知道,这属于"知识产权",是不可侵犯的。关于这方面,郦学史上有最现成的例子,就是纠缠近两百年的"赵戴《水经注》案"。王国维斥责戴震:"凡此等学问上可忌可耻之事,东原胥为之而不顾。"③对于抄袭他人著作,占别家著述成果为己有的人,历来都要受到严厉的责备。韩愈在《南阳范绍述墓志铭》中说:"惟古于词必己出,降而不能乃剽贼。"明杨廉在《梦蛙赋》中斥责这种人为:"老聃鸣蛙,道德剽窃。"所以后来人们用剽窃、剽袭这类贬词揭露文抄公们的可耻行为,大概就是从韩愈的"剽贼"开始的。这种行为在学术界是人人所不齿的。

但是从古今的现实来议论这个问题,事情却往往不是一概而论的。我们常常看到有一类小人物,有的为了一点稿费,有的为了提升职称,总之是为名利所驱,于是就不择手段,抄袭别人的作品,或者是改头换面,移花接木,侵占了一部分他人的成果为己有。对于这类人,一旦被发觉,挞伐是很严厉的。这当然是咎由自取。

不过同样的行为发生在另外一类人之中,情况却就不是一样。郦学史上典型例子是戴震。对于戴震,这里不议论他的学问,只说《水经注》。他所校定的武英殿本(或称官本),与赵一清在20年前校定的《水经注释》"十同九九"。④不仅同其正,而且同其误。这些都是经过许多郦学家考证论定的。戴震声称他所校的殿本,是依据当时大家都见不到的《永乐大典》本,但现在《永乐大典》本早已公之于世,并且也经过许多郦学家的考证,他所据主要实非此本。事情已经明白到如此程度,但居然仍有胡适这样的著名学者站出来说:"我审这个案子,实在是打抱不平,替我的同乡戴震(东原)申冤。"⑤

另外也还可以举出一些例子,例如有一位曾经被认为权威的人士,竟然在其著作中抄袭了一位后辈学者的关于美学方面的文章,而且是大段大段地剽窃。尽管这位权威后来已经失势,但这位后辈学者在查明了自己的作品遭到剽窃以后,写文揭露这件事实时,仍然不得不称这位剽窃者为"贤者"。⑥

与前述的一些小人物相比,同样剽窃别人的成果,但由于他们有名望,所以即使像戴震那样处于四面楚歌的情况之下,仍然有胡适这样的名人出面为他辩护。像施昌东这样,明知自己的作品被人剽窃,不得已而撰文申诉,却又不得已而在文章的题目上先退让三分。当然,假使与当司空的裴秀相比,则戴震之类的人物仍只得甘拜下风。因为尽管戴震声名甚盛,但由于在《水经注》的问题上暴露了真相,就免不了像王国维这样措辞严峻的讨伐。也有像郑德坤这样的学者,把他的剽窃行为,从头到底地完全剥开,然后对他进行"判决"。⑦至于上面所说的另外一位权威,受害人虽然碍于时势,碍于剽窃的书仍然有另外一些权威为之作序捧抬,但是他还是采用了最实际的办法,把他自己的文字和剽窃的文字,逐段逐段地录出,白纸黑字,让公众对比,让剽窃者的面目昭然若揭,无可逃遁。我想,这种后果,也是他们所应该承担的。何况,与小人物相比,因为他们有了名气,所以毕竟高人一等。即使用韩愈的话,他们也可以当一个体面的"剽贼"。

至于当官到了裴秀这样的地位,情况就大不相同。他们绝对不必像戴震那样,需要在殿本《校上按语》中那样采用"虚构之言,闪烁之词,阿谀之语"⑧来欺骗皇帝和后世,也绝不要提防像施昌东这样的受害人出来揭发,因为他们养着一批京相璠之类的门客,这些人是甘心情愿地为他们的主子"立言"的。《晋书》为裴秀立了1700余言的长传,而在这篇洋洋洒洒的传记之中,他编绘地图的动机和功绩以及照录《〈禹贡地域图〉序》全文,篇幅竟超过全传的1/3。这1/3,实际上应该称为《京相璠传》。

我在拙著《郦道元评传》⑨中,曾经由于郦道元被《魏书》列为《酷吏传》而提出了对"正史"的批评:

> 既立《酷吏传》和《佞幸传》,为什么不立《暴君纪》和《昏君纪》?在我国历史上,酷吏和佞幸当然很多,但暴君和昏君何尝会少?而且暴君和昏君给人民造成的灾难,又岂是酷吏和佞幸可比。这实在是"正史"的极不公正之处。

其实,"正史"的不公正之处,除上面指出的荦荦大者以外,其他还有很多。像裴秀这样身为大官可以剽窃门客著作而心安理得,"正史"竟予以公开承认,所以我在上述拙著中继续申述:"但是即使最有权力的人,对于历史,他也是无权的。历史无情,是非功罪,后世自有公论。"裴秀剽窃京相璠著作以后两百多年,郦道元就在《水经注》

中揭露了这个事实,而刘盛佳教授更为京相璠彻底翻案,称他为晋代杰出的地图学家。

历史对我们确实是极有价值的,史鉴是必须重视的教训。奉劝为官者,好好做官,为人民服务,为知识分子服务,为学术界服务,不必在知识分子和学术界动不正当的脑筋,占他们的研究成果为已有。有权批钱资助学术当然是好事,但自己不动手的,不必去挂上那些主编、总纂或学会会长和理事长的虚荣头衔。也要奉劝知识分子特别是学术界人士,应该踏踏实实做学问,为人类社会做出贡献,不要走剽窃的歪门邪道。历史地理学泰斗谭其骧先生曾经在他的《长水集·自序》中揭露过一位剽窃者,他说:"此人在学术界已有一定地位,不知何以竟无视科学道德一至于此,宁不可叹!"⑩说明了谭先生对剽窃行为的深痛恶疾。

裴秀与京相璠之间的事,虽然已经邈远,但是古代和现代学术界都仍有人议论,对古今都是一种有益的教训。

伍子胥与文种

《水经注》卷四○《渐江水》经"北过馀杭,东入于海"注云:

> 昔子胥亮于吴,而浮尸于江,吴人怜之,立祠于江上,名曰胥山。……文种诚于越,而伏剑于山阴,越人哀之,葬于重山。

吴王夫差杀伍子胥和越王句践杀文种,这实在与后来历代开国之君大诛元勋的性质相似,《越绝书》和《吴越春秋》对此都有记载。《越绝书》卷五所记夫差杀子胥的经过,表面上的原因是因为子胥以越国为大敌,因而反对夫差伐齐,而结果伐齐获胜。"吴王不听,果兴师伐齐,大克还,以申胥为不忠,赐剑杀申胥。"卷一四又记载了伍子胥临死的预言:"高置吾头,必见越人入吴也。"《越绝书》对此事的评论是:"夫差诛子胥,自此始亡之谓也。"

夫差杀子胥,从上述记载中(《吴越春秋》卷五所记相似),似乎还有一种借口:"以申胥为不忠。"而句践杀文种,实在毫无借口。据《吴越春秋》卷六所记,范蠡早已看透了句践的为人和居心:"范蠡知句践爱垆土而不惜群臣之死,以其谋成国定,必复不须功而返国也。"他并且把这种看法告诉了文种:"子来去矣,越王必将诛子。"此书同卷收录了一封范蠡出走后致文种的信,实在是一种极有价值的历史文件,特别值得对政治有兴趣的人服膺:

> 吾闻天有四时,春生冬伐;人有盛衰,泰终必否。知进退存亡而不失其正,惟贤人乎。蠡虽不才,明知进退。高鸟已散,良弓将藏;狡兔已尽,良犬就烹。夫越王为人,长颈鸟喙,鹰视狼步,可以共患难而不可共处乐,可与履危,不可与安。子

若不去,将害于子明矣。

可惜文种不相信范蠡的忠告,看不透句践居然会如此毒辣。而结果是,范蠡不幸而言中:"越王复召相国谓曰:子有阴谋兵法、倾敌取国九术之策,今用其三已破强吴,其六尚在子,所愿幸以余术,为孤前王于地下,谋吴之前人。于是种仰天叹曰:嗟乎! 吾闻大恩不报,大功不还,其谓斯乎。吾悔不随范蠡之谋,乃为越王所戮,……遂伏剑而死。"

郦道元是很佩服范蠡的这种先见之明的。《水经注》记及于他的甚多。卷二九《沔水》经"分为二:其一东北流,其一又过毗陵县北,为北江"注云:"范蠡灭吴,返至五湖而辞越。"同卷又引《吴越春秋》:"范蠡去越,乘舟出三江之口,入五湖之中者也。"卷二五《泗水》经"又东南过彭城县东北"注中,郦氏以范增与范蠡相比,注文说:"增不慕范蠡之举,而自绝于斯,可谓褊矣。"郦道元的意思是,范增早已应该急流勇退,等到项羽受刘邦反间,被削了权以后再走,已经晚了。

同样的原因,郦道元非常推崇春秋晋介子推,注文曾三次记及这位不阿谀曲从而甘愿自隐的高人。卷四《河水》经"又南至华阴潼关,渭水从西来注之"注云:

　　　　汲郡《竹书纪年》曰:晋惠公十五年(前636),秦穆公帅师送公子重耳,涉自河曲。《春秋左氏》僖公二十四年(前636),秦伯纳之,及河,子犯以璧授公子曰:臣负羁绁,从君巡于天下,臣之罪多矣,臣犹知之,而况君乎? 请由此亡。公子曰:所不与舅氏同心者,有如白水。投璧于此。子推笑曰:天开公子,子犯以为功,吾不忍与同位,遂逃焉。

这里的子犯,即晋文公的舅父狐偃。介子推虽然随重耳流放西陲,同时患难十九年,在重耳归国即位前夕,由于他目睹狐偃如此阿谀奉承,而重耳则轻信不疑,所以他就毅然离开了他们。卷六《汾水》经"又南过平陶县东,文水从西来注之"注中又一次记及,注云:"(绵水)北注迳石桐寺西,即介子推之祠也。昔子推逃晋文公之赏,而隐于绵上之山也。晋文公求之不得,乃封绵为介子推田。曰:以志吾过,且旌善人。因名斯山为介山。故袁山松《郡国志》曰:界休县有介山、绵上聚、子推庙。"

同卷经"又西过皮氏县南"注中,郦注第三次记载此事:"余按介推所隐者,绵山也,文公环而封之,为介推田,号其山为介山。"

另外一位郦注重视的人物是后汉初的严光,他也是属于范蠡、介子推一类的人物。卷四〇《浙江水》经"浙江水出三天子都"注云:

　　　　凡十有六濑,第二是严陵濑,濑带山,山下有一石室,汉光武帝时,严子陵之所居也。故山及濑皆即人姓名之。山下有磐石,周围十数丈,交忧潭际,盖陵所游也。

卷三四《江水》经"又东过枝江县南,沮水从北来注之"注中,郦道元又一次把严光作为立身处世的榜样。注云：

> 县东二里有县人刘凝之故宅，凝之字志安，兄盛公，高尚不仕。凝之慕老莱、严子陵为人，立屋江湖，非力不食。

平心而论，晋文公和汉光武帝大概不至于是夫差和句践一类人物，介子推和严光不退隐山林江湖，或许不会落得像伍子胥和文种的下场。但是郦道元按范蠡"可以共患难而不可共处乐，可与履危，不可与安"的话，对照夫差、句践的为人与子胥、文种的灾祸，对历史重演的可能做了深思熟虑。因为介子推曾与重耳共患难十九年，严光虽然不曾与刘秀共过患难，但毕竟也是微贱时的同窗。尽管二人隐退以后，两位国君都表现得十分殷切，但句践当年对已经远走高飞的范蠡又何尝不做过一番姿态。卷二七《沔水》经"沔水出武都沮县东狼谷中"注中曾记及："越王怀范蠡之功，铸金以存其像。"所以二人若不急流勇退，其结果如何，实在也难以预测。郦道元对于历史这门学问，看来相当精通，因为总的说来，历史的发展与郦氏的看法颇相一致。从他以后至今一千四百多年，像夫差和句践一类的国君着实后继有人，而在创业时患难与共，而事成以后落得如伍子胥和文种下场的，也实在不少。"殷鉴不远，在夏后之世。"[11]历史重演的事，的确可以找到许多例子。《水经注》是一部地理书，历史掌故的记载并不很多，但细细品味，也可以看到不少奥秘。

注释：

① 'Map – making in Ancient China', *China Reconstructs*, April 1966.

② 《自然科学史研究》1987 年第 1 期。

③ 《聚珍本戴校水经注·跋》，《观堂集林》卷一二。

④ （清）杨希闵《水经注汇校》，卷首周懋琦《序》。

⑤ 1952 年在台湾大学文学院的讲演，《胡适手稿》第六集下册。

⑥ 施昌东《不为贤者讳》，《书林》1983 年第 2 期。

⑦ 郑德坤《〈水经注〉赵戴公案之判决》，《〈水经注〉引书考》，台北艺文印书馆 1974 年版。

⑧ 陈桥驿《论戴震校武英殿本〈水经注〉的功过》，《郦学新论——水经注研究之三》，山西人民出版社 1992 年版。

⑨ 南京大学出版社 1994 年版。

⑩ 《长水集》（上），人民出版社 1987 年版。

⑪ 《诗经·大雅·荡》。

鲜卑语和鲜卑文

——《水经注》索隐(三)

  中国在西晋末期发生了所谓"八王之乱"的朝廷内讧。原来觊觎在长城以北的许多少数民族，就乘机纷纷越过长城，进入北方，建立了五胡十六国，即历史上所称的"五胡乱华"。这"五胡"，指的是匈奴、羯、氐、羌、鲜卑，最后由鲜卑族的拓跋氏所统一，即南北朝时代的北魏。鲜卑是什么民族？这是一个至今仍可讨论的问题。我在拙著《郦道元评传》①中提出："鲜卑一名，大概是西伯利亚(Siberia)的古译，所以它的起源，很可能就是今西伯利亚地区。"这当然是我一家的说法，大家不见得都同意。我在拙著中也提及："在两晋南北朝时，鲜卑族有慕容、乞伏、秃发、宇文、拓跋等部落，先后在今华北和西北等地建立政权。"这是我引了史学界的一般说法，也并非自来一致的意见。例如周一良先生在其《论宇文周之种族》②一文中就有另外说法："自来谓北周宇文氏出于鲜卑，其说实不可信。宇文周实匈奴南单于远属，载籍斑斑可考，谓出于鲜卑者，诬也。"当时中国北方是一个少数民族纷纷出场的舞台，迁徙频繁，消长倏忽，现在要弄清这许多民族的脉络，确实是一件难事。

  一个时期许多民族在中国北方活动，这里还牵涉到各个民族的语言问题，有的民族或许还有文字，所以问题就更趋于复杂。在这些少数民族的语言中，学者们讨论最多的是统治这个地区的鲜卑人的语言，并且还涉及有没有鲜卑文的问题，学术界至今也存在不同的观点。

　　郦道元在《水经注》中提及过不少民族的语言,例如在卷一《河水》经"屈从其东南流,入渤海"注中记载的梵语"半达钵愁",至今仍可以复原成为古代梵文,[③]所以我曾经指出:"可以证明郦氏对梵文是有过研究的。"[④]又如卷三《河水》经"又北过北地富平县西"注中的"唐述山"和"唐述窟",郦氏在注文中指出:"彼羌目鬼曰唐述",说明他也略知西羌语言。此外如卷二《河水》经"又东过陇西河关县北,洮水从东南来流注之"注中的"可石孤城"、"素和细越"等,郦氏虽不知其义,但却能说出这些是"西戎之名"、"羌名"。按照这些地名的分布来看,都在羌(西域)境内,所以郦氏所说不讹。

　　但《水经注》绝未提及鲜卑语和鲜卑文的话。按郦氏家族,他们与鲜卑族的关系可称密切。郦道元的曾祖郦绍服官于鲜卑族的慕容后燕,任濮阳太守。从此世代都服官于拓跋魏,对鲜卑语言必然熟谙。若鲜卑族有文字,则郦氏家族也必可懂得。从前述《河水注》地名"半达钵愁"、"素和细越"等可知,地名最足以反映当地曾经居住的民族语言。但郦注《河水》、《汾水》、《灅水》等篇,所记都是古代鲜卑族活动居住之地,而此等篇中地名如大浴真山、契吴亭、敢贷水、北右突城、树颓水、可不埿水、灾豆浑水、丑寅城、苦力干城等,郦氏均无法解释。在注文中常以"北俗谓之"、"胡汉译言"、"语出戎方"等语,言其不知此等地名的由来。

　　鲜卑语在早期可能流行一时。唐长孺先生认为:"鲜卑语显然是通行于各部落间的语言。"[⑤]不过对于汉族知识分子来说,即使在早期鲜卑语流行的时代,通晓这种语言的人也是不多的。《北史·祖莹传》:"神武谓陈元康、温子昇曰:昔作芒峤碑文,时称妙绝,今定国寺碑当使谁作也? 元康因荐(祖)珽才学,并解鲜卑语,乃给笔札,就禁所具草,其文甚丽。"由此可知,祖珽的"才学"之一,就是他"解鲜卑语"。所以当时懂得这种语言的汉人是不多的。据《北史·高允传》:"时鲜卑共轻中华朝士,惟惮(高)昂,神武每申令三军,常为鲜卑语,昂若在列时,则为华言。"说明即使在拓跋时统治的初期,鲜卑领导层中也已经能说汉语,但"不久之后,那些贵族们竟然完全忘掉了自己本民族的语言,以致要用汉字音译来相传教习那些军容号令了"。[⑥]拓跋氏的贵族已经忘记了自己的语言,则难怪在北魏汉化已经完成的郦道元时代,他无法在注文中解释那些早期鲜卑人的地名了。

　　鲜卑语译作汉语而至今尚存的是《敕勒歌》。《北史·齐神武帝纪》,神武帝高欢为周军所败,"使斛律金敕勒歌,神武自和之,哀感流涕"。《乐府诗集》卷八六收入此歌,这是一首描写蒙古草原的生动作品,汉译歌词说:"敕勒川,阴山下,天似穹庐,笼盖四野。天苍苍,野茫茫,风吹草低见牛羊。"这确是一首值得千古传诵的不朽杰作,也是至今尚存的唯一鲜卑语汉译的完整作品,可惜我们不知原歌从什么时代起开始流行,又不知道为何人所汉译。这位无名的译者,无疑是既熟谙鲜卑语而又精通汉语的。

　　另外一个问题是由鲜卑语引起的鲜卑文。郦道元在《水经注》中已经不提鲜卑语，当然更绝未言及有鲜卑文字。但缪钺先生在其《北朝之鲜卑语》⑦一文中指出："后魏初定中原，军容号令，皆以夷语，后染华俗，多不能通，故录其本言以相教心，谓之国语。据《隋书·经籍志》所著录，国语之书，有下列十余种，《国语》十五卷、《国语》十卷、《鲜卑语》五卷、《国语物名》四卷……既有《国语物名》、《国语真歌》、《国语十八传》、《国语杂文》诸书，可知北魏时，必有可以书写之鲜卑文。"

　　缪先生从《隋书·经籍志》著录的各种《国语》引出鲜卑存在文字的议论，许多学者都不予同意。陈正祥先生在论述鲜卑的两位早期领袖檀石槐和轲比能时指出："从惠魏到两晋之间，有一个颇长时期绝少关于此两人的报导，他们本身没有文字，当然不会有记载遗留下来。"⑧黄仁宇先生也认为："他们在公元3世纪之末到中国北边的时候，拓跋的部落才刚刚脱离原始公社组织，他们仍旧没有居室，没有文字，没有法典，很可能在和中国商人接触之前，没有财产。"⑨周一良先生以拓跋氏的墓葬来说明鲜卑族没有文字，就具有更大的说服力。他说："史书有多处提到鲜卑语，但从未言鲜卑有文字。北魏墓葬及被怀疑为拓跋氏兴起以前的鲜卑墓葬中，都从未发现过他们的文字。如果有自己的文字，嘎仙洞里祭祖宗的祝文就应用鲜卑文，或汉文、鲜卑文并用，而不应只有汉文。"⑩

　　从上述几家的议论中，可以基本肯定，鲜卑族确实不曾有过自己的文字。至于缪钺先生引《隋书·经籍志》著录的这些《国语》，虽然各书均佚，无可对证，但刘盼遂早在30年代已经解决了这个问题。他说："拓跋魏实定中原，军容号令，皆本蕃语，后染华俗，转不能通，故录其本言，传相教心，谓之国语。《隋书·经籍志》所载之《国语物名》、《国语真歌》、《国语号令》等是也。"⑪由此可知，《隋书》著录的这些《国语》，实是汉音转译的鲜卑语。我们还不清楚，这些《国语》，除了汉音以外，有没有汉义的解释。假使它们至今仍存，则至于对于古代鲜卑语的语音研究是很有价值的。《水经注》至少有两个存在争议、可以继续讨论的地名。

（一）"统万城"之争

　　《水经注》卷三《河水》经"又南离石县西"注云："赫连龙升七年（413），于是水之北，黑水之南，遣将作大匠梁公叱干阿利改筑大城，名曰统万城。"郦道元在其注文中，常常解释地名的由来，全书地名在注文中有渊源解释的达两千四百余处之多，⑫郦氏所解释的地名，除了大量汉语地名外，也包括不少非汉语地名，例如前面提及的释"半达钵愁"为"白山"（卷一《河水注》），释"唐述"为"鬼"等等，不胜枚举。不过对不少非汉语地名,郦氏在注文中明言他不解其意。例如对"薄骨律镇城",他指出:"语出戎方,不究城名。"(卷三《河水注》)又如对今山西省境内的许多非汉语地名如"鸟伏真山"、"树颓水"、"比郱州城"(《河水注》、《灅水注》)等,他常用"北俗谓之"、"胡汉译言"等话,说明他不解这些地名的渊源。对于"统万城"一名,注文不置一词。对于这些他不置一词的地名,按郦氏行文作注的习惯,都可以视作他不谙地名的由来。

但这个在郦氏作注时代就不知来由的统万城,在唐太宗作为主编的《晋书》中,却解释作"统一天下,君临万邦"。[13]此后,《元和郡县志》[14]亦从《晋书》之说,而《资治通鉴》[15]因之。直到现在,《辞海》"统万城"条,也袭用前说,则统万城的地名来源,虽郦氏已经不谙,但在郦氏以后一个多世纪的《晋书》中却作出了解释,并且似乎成了定论。对此,缪钺先生却提出了他的怀疑,他说:

> 《北史·宇文莫槐传》称:其语与鲜卑颇异。当是指宇文部落犹属独立时而言。至北魏末叶将近二百年,似宇文氏已不复存在,其与鲜卑语异之匈奴语言矣。然有一事颇可注意,赫连夏之龙昇七年(晋安帝义熙九年,魏道武帝永兴五年,413)于奢延水之北、黑水之南筑大城,名曰统万而都焉(《水经注·河水》),《元和郡县志》谓赫连勃勃自言方统一天下,君临万邦,故以统万为名。《通鉴》亦取其说。今按赵万里先生集冢墓四之五四元彬墓志,四之五七元湛墓志,四之六十元举墓志,俱称"统万突镇都大将",三之二三元保洛墓志又称"吐万突镇都大将"。吐、统一声之转,是本译胡语,故或统或吐(《古今姓氏辨证》亦言"统万"亦作"吐万"),或者去"突"字。赫连氏当是自无《元和志》所言之义。《水经注·河水》又北(迳)薄骨律镇城,子注云:"赫连果城也,……遂仍今称,所未详也。"薄骨律与统万突皆是胡语,汉人不识其义,强为之说,则较白口韵骝传说尤为晚矣。[16]

缪氏此说当然稍有不足,即此说如上所述首见于唐初修复的《晋书》而不是始于《元和志》,但他据元保洛墓志及《古今姓氏辨证》,指出"吐、统一声之转,是本译胡语"。其说是可以成立的。又引赫连薄骨律镇城相对比,郦注称薄骨律镇城"语出戎方,不究城名",而对统万城亦不置一语,可为缪氏"汉人不识其义,强为之说"的旁证。所以自从《晋书》直到《辞海》长期以来沿袭的"统一天下,君临万邦"之说,实在很值得考虑。唐初《晋书》主要根据南齐臧荣绪《晋书》。臧书,郦注卷一五《洛水》引及,说明郦氏曾见此书,而注文不及"统一天下,君临万邦"之说,说明南齐时尚无此说。当然,我还不敢论定《晋书》之说完全无据,但至少是口说无凭的。《北史·胡方回传》记及:"方回仕赫连屈丐为中书侍郎,涉猎史籍,辞采可观,为屈丐撰《统万城铭》、《蛇祠碑》诸文,颇行于世。"可惜胡方回的《统万城铭》早已亡佚,如此铭存在,则统万城的地名渊源或许可得根究。解释古代地名,特别是非汉语地名,既不能望文生义,也切忌人云亦云,这是地名学研究者值得注意的。

记得谭其骧先生健在之日,曾与我谈及《汉书·地理志》"敦煌"一名。应劭对这个地名的解释作:"敦,大也;煌,盛也。"谭先生大不为然。他说,诚如此,这个地名就叫"大盛"好了。明明是一个西部地区的非汉语地名,这种强词夺理的解释,实在误人不浅。我一直牢记谭先生的训诲,所以对统万城的似乎已成定论的解释,抱有很大的怀疑。

(二)"阿干"之争

《水经注》卷二《河水》经"又东过金城允吾县北"注中,注文载及了一个"阿步干鲜卑山"的地名。对于这个"阿步干",郦道元在注文中只写出了这个地名,其他不置一词,说明他并不懂得这个地名的来历,但赵一清《〈水经注笺〉刊误》卷一云:

> 全氏云:阿步干,鲜卑语也。慕容廆思其兄吐谷浑,因作《阿干之歌》。盖胡俗称其兄曰阿步干,阿干,阿步干之省也。今兰州阿干山谷,阿干河、阿干镇、阿干堡,金人置阿干县,皆以《阿干之歌》得名。

全祖望的这个说法,显然根据《晋书·吐谷浑传》:"鲜卑谓兄为'阿干',(慕容)廆追思之,作《阿干之歌》。"但《晋书》的这个"阿干",在《魏书·吐谷浑传》和《宋书·吐谷浑传》均作"阿于"。缪钺先生在《北朝之鲜卑语》[17]一文中指出:

> 白鸟[18]氏谓"阿于"为"阿干"之误。钺按,《太平御览》五七〇引《前燕录》:廆以孔怀之思,作《吐谷浑阿于歌》。亦作"阿于"。《前燕录》及《宋书》、《魏书》之撰,均在《晋书》之前,三书均作"阿于",惟《晋书》作"阿干",以校勘古书之惯例衡之,应谓"阿于"是而"阿干"误。惟在《魏书》中又确有"阿干"之名词,为鲜卑语,乃长者、贵者之义。《魏书》一五《常山王遵传》:遵孙可悉陵,"拜内行阿干"。殿本考证张照曰:按《晋书·吐谷浑传》,鲜卑谓兄为"阿干",慕容廆追思其兄,有《阿干之歌》。此云"拜内行阿干",则"阿干"必非兄矣。盖长者、贵者之称。"内行"犹今言"内迁行走"也。……"阿干"乃译音,"长者"与"长"乃译意也。长者之义与兄极相近,似一义引申,就此观之,则似从《晋书》作"阿干"为是。

缪氏在此文中又指出:

> 《元和志》,文水有大于城,本刘元海筑,令兄延年镇之。胡语长兄为"大于"是也。"于"字误,按《魏书·官氏志》有阿伏干氏,中古时尚无轻唇音,"伏"、"步"同音,"阿伏干"即"阿步干"。

如上所述,《水经注》有"阿步干"一词,郦道元曾祖曾服官于慕容鲜卑,以后世代服官于拓跋鲜卑,按理对鲜卑语或应稍有了解,却对此不置一词,因而引出许多争议。有《晋书》的"阿干",《前燕录》、《魏书》和《宋书》的"阿于",又有《元和志》的"大于",《魏书·官氏志》的"阿伏干"。郦道元只是提出"阿干"这个地名,此外别无所言,但后人却有"兄"、"长者"、"贵者"等释义。在刘亚埃、高名凯等编的《汉语外来语词典》[19]中,"阿干"这一条的解释是:

> 阿干,āgān,兄长[源]蒙 akan,axan,ax(口语)。

> 阿干,āgān,兄,长者,贵者。"干",有时讹作"于",又作"阿步干"、"阿伏干"。[源]鲜卑。

这部《词典》对"阿干"的解释,除了肯定"于"字是"干"字之误外,在释义上是对《晋书》和《魏书》的兼容并蓄,并且肯定了"阿步干"与"阿伏干"二词,它们亦即"阿干"。有了《词典》的解释,除了上述《前燕录》、《魏书》、《宋书》被否定以外,其他似乎可以大致论定。但不久以前,陈三平在《中国历史地理论丛》发表了《阿干与阿步干初考——〈水经注〉中鲜卑语地名研究一例》[20]一文。"阿干"之争,看来还不能因《词典》而结束。

陈三平根据原始突厥语、阿尔泰语、中古女真语、蒙古语等许多语言进行论证,并在《晋书》和《魏书》中提出许多证据,认为"阿干"不是"阿步干"的省译,最后指出:"全祖望的上述论证不能成立。"

法国《拉鲁斯大百科全书》在"地名学"条下说:

> 地名学要求语言学家追溯得更远一些。诚然,大多数地方名称一般不靠现代口语来解释,因此,很多法国区域地名远溯于已经消失的语言。人们不知其由来,不然,亦非直接可以解释。如高卢的古塞尔特语,甚至塞尔特人到达前的高卢口语。[21]

中国的情况看来比法国更复杂,边疆地区包括陆疆和海疆,古代曾经是一个民族杂处的舞台,多少民族及语言在这些地方出现,又在这些地方销声匿迹,却留下了许多地名。今天要解释这些地名,确实需要下一番极大的功夫。因为在汉族人居这些地区以后,有一部分非汉语地名发生了汉化的过程,汉人用汉义解释这些地名,编造出不少故事,或是对汉字望文生义,做出错误的解释,上述"统万城"和"阿干"就都是可以继续讨论的例子,由于这种现象是在很长的历史时期中形成的,所以今天我们不可能也不必急于解决,因为其间确实存在颇大的困难。加强民族史(包括民族迁徙史)和民族语言(包括已经泯灭的民族语言)的研究,看来是逐步解决这个问题的重要途径。

注释：

① 南京大学出版社 1994 年版。

② 《魏晋南北朝史论集》，中华书局 1963 年版。

③ 陈桥驿《论地名学及其发展》，《中国历史地理论丛》1981 年第 1 辑。

④ 陈桥驿《中国古代的方言地理学——方言与〈水经注〉在方言地理学上的成就》，《郦学新论——水经注研究之三》，山西人民出版社 1992 年版。

⑤⑥ 《拓跋族的汉化过程》，《魏晋南北朝史论丛续编》，三联书店 1959 年版。

⑦⑯⑰ 《读史存稿》，三联书店 1963 年版。

⑧ 《草原帝国——拓跋魏王朝之兴衰》，香港中华书局 1991 年版。

⑨ 《中国大历史》，台北经联出版公司 1993 年版。

⑩ 《魏晋南北朝史论集续编》，北京大学出版社 1991 年版。

⑪ 《李唐蕃姓考》，北京女子师范大学《学术季刊》，1935 年。

⑫ 陈桥驿《论〈水经注〉的佚文》，《水经注研究》，天津古籍出版社 1985 年版。

⑬ 《晋书·赫连勃勃载记》。

⑭ 《元和郡县志》卷四《关内道四·朔方县》。

⑮ 《资治通鉴·晋纪三十八》安帝义熙九年(413)。

⑱ 指日本汉学家白鸟库吉。

⑲ 上海辞书出版社 1984 年版。

⑳ 《中国历史地理论丛》1993 年第 4 辑。

㉑ *La Grande Encyclopedie*，Librairie Larousse 1974. T. 14. p. 8781—8782. toponymie.

《水经注》版本和校勘的研究

　　中国是个拥有大量古代文献的国家,根据粗略估计,中国的古代文献包括现存的和有目无书也就是已经亡佚的,大概不下 15 万种。而其中尚存世流传可供阅览检证的,也仍在 12 万种以上。^①在这浩瀚的书海之中,《水经注》实在是沧海一粟。

　　不过从学术上和文学上的价值来说,《水经注》却非同小可。清刘献廷称此书为"宇宙未有之奇书",^②而丁谦以此书为"圣经贤传"。^③不论这些学者的评价是否过高,但此书历来受人重视,自不待言。

　　从书名来看,此书无非是《水经》之注,中国历史上后代学者注前代文献所在多见,如裴松之注《三国志》,胡三省注《资治通鉴》之类,历来也负盛名。但《水经注》与至今流传的其他古籍注释甚不相同,郦道元之注,不仅在文字数量上大逾《水经》20倍,在注文内容上也已摆脱《水经》格局而自成体系。特别是因为此书内容丰富,文字生动,历来学者从各方面对此书进行研究和欣赏,形成了一门包容万象的学问——郦学,并且在这门学问中建立了考据、辞章、地理三个学派。^④

　　《水经注》一书首见于《隋书·经籍志》著录,而隋《北堂书抄》已有引用。此后《两唐志》也见著录。虽然隋、唐三志之中,关于《水经》、《水经注》以及作者、卷数等方面都有些分歧出人,但经过历代考证,郦道元为之作注的《水经》,出于三国魏佚名者之手,可以无疑。^⑤

　　《水经注》在唐代尚不甚流行,唯朝廷编纂的类书地志如《初学记》、《元和郡县志》引及于此,杜佑撰《通典》,亦曾指责此书之讹,⑥则此书当时或仅为朝廷所藏。及至唐末,陆龟蒙诗"山经水疏不离身"⑦时,此书或已传入民间。宋初编纂类书地志如《太平御览》、《太平寰宇记》,引及此书甚多。而《崇文总目》著录,此书已由原四十卷缺佚为35卷。即今武英殿本《校上按语》所说:"《崇文总目》称其中已佚五卷,故《元和郡县志》、《太平寰宇记》所引漙沱水、泾水、洛水,皆不见于今书。然今书仍作四十卷,疑后人分析以足数也。"

《水经注》流入民间以后,由于其书为人所喜爱,所以传抄者必然甚多。北宋中期,此书的第一种刊本成都府学宫刊本问世,但全书仅30卷,缺佚甚多。此书究竟刊于什么年代,也不得而知,但估计不会甚早于此书的第二种刊本,即元祐二年(1087)刊本。元祐刊本系据何圣从家藏善本校刊,共40卷,是郦注版本史上的一个重要起点。元祐本也早已亡佚,但从以后各家考证,此书所据也是宋初缺佚后的本子。刊本出现以后,《水经注》的流传出现了刊印与传抄两条路径,但总的说来,浏览欣赏者多而校勘考证者寡,因此在此书流行的过程中,难免发生愈刊愈讹、愈抄愈错的情况。这就是殿本《校上按语》所谓:"是书自明以来,绝无善本,惟朱谋㙔所校盛行于世,而舛谬亦复相仍。"由于几百年来辗转传抄,以致经注混淆,错漏满篇,几至不堪卒读。但戴震所谓"绝无善本"之语,显然值得商榷。有明一代,虽然劣本充斥,但其间也出现过少数佳本。戴震所标榜的《永乐大典》本,即是明代的佳本之一。此外如柳大中(金)影宋抄本、曾为殿本所引的归有光本、赵琦美(清常道人)三校本,都是明代名本。而戴震所称的朱谋㙔本,即《水经注笺》,曾被顾炎武誉为"三百年来一部书"。⑧所有这些明本,除了在郦学史上都有重要意义外,在清代各家的校勘中,也都起过重要作用。

入清以后,郦学之风大兴,从初期的孙潜校本、何焯校本、沈炳巽《水经注集释订讹》而进入乾隆年间(1736—1795)全(祖望)、赵(一清)、戴(震)三大家的郦学全盛期,此三家的校本,即七校《水经注》、《水经注释》、武英殿本《水经注》,都是郦学史上最著名的版本。至光绪年间(1875—1908),王先谦又以殿本为底本,熔明朱谋㙔、清赵一清、孙星衍诸家于一炉,即所谓合校《水经注》为清代的最后一种名本。

往年我曾撰《〈水经注〉的珍稀版本》一文,⑨列入拙文的珍稀版本共有8种:

一、残宋本。此本为傅增湘集吴县曹氏及宝应刘氏旧藏而成,今藏北京图书馆,残存七册,计卷五至八、一六至一九、三四、三八至四〇,共12卷,首尾完整者仅10卷。卷中北宋讳字如匡、玄等均有缺笔,但桓(钦宗名)、构(高宗名)两字亦有缺笔,论者以为可能是北宋藏版到南宋加以修剔印成。除北京图书馆原本外,湖北省图书馆藏有过录本一部。

二、孙潜校本过录本。孙潜(潜夫)校本是清初名本,除孙氏本人成果外,本内又过录了明柳大中影宋本和赵埼美三校本。而此两本均已亡佚,所以弥足珍贵。此本在民国初年尚残存16卷,以后全部亡佚,幸浙江图书馆藏有过录本一部,孙、柳、赵3家成果赖以保存。

三、何焯校本过录本。何焯(义门)曾于康熙年间(1662—1722)校郦三次,成就可观。原本今藏台湾"中央图书馆",上海复旦大学图书馆藏有嘉业堂旧藏过录本1部。

四、佚名临赵琦美、孙潜、何焯等校本。此本是南京图书馆所藏八千卷楼旧藏。其书不知何人临写,但卷中有全祖望门人董秉纯藏书章,则其渊源可见。所录除赵,孙、何诸家外,尚有明孙汝澄(无挠)、清杭世骏(堇甫)等名家,熔明、清郦学家于一炉,实属可贵。

五、王礼培校本。武汉大学图书馆藏有宣统三年(1911)湘乡王礼培校本一部。其书以万历四十三年(1615)朱谋㙔自刊《水经注笺》作底,用五色圈点批校,过录治郦名家校语。其中绿笔依朱子臣,蓝笔依陈明卿,紫笔依钟惺、谭元春,墨笔依何义门,朱笔是王礼培自校。此本不仅集诸家校郦之大成,其底本是朱谋㙔自刊本,也已经是珍稀版本了。

六、孙澧鼎批校殿本。此本为上海图书馆所藏,前上海合众图书馆旧藏。殿本为郦注通行版本,原来无足稀罕。但此本有乾隆四十五年(1780)孙澧鼎写跋:"今年夏,门人范封以武英殿聚珍版本来质,其校自休宁戴太史。……澧按,太史所校与宋本,朱氏本互有异同,而文字差显易。吾友朱上舍文藻自四库总裁王少宰所归,为予言,此书参照同里赵□□(驿按:当是东潜或诚夫二字)一清校本,然戴太史无一言及之。"孙澧鼎此按,为赵戴《水经注》案的最早线索,所以此本在郦学史上甚有价值。

七、全祖望五校抄本。据董小钝《全谢山年谱》,全氏于乾隆十四年(1749)始校郦书,至十七年而七校毕。但一校至六校均未见稿本流传,全氏身后130余年,先后经王梓材、董沛整理的七校本才刊行问世。七校本卷首,刊有五校本的题辞与序目,由此可知,其五校当有稿本。由于全氏身后文稿散佚,其书为后人整理,以致有些学者如王先谦、胡适,认为七校本是赝品。抗战胜利后五校抄本在天津图书馆发现,胡适即撰文承认七校本卷首题辞、序目均非伪造,而王梓材"抄写谢山校语确很严谨"。[⑩]此稿本并七校稿本,已由全国图书馆文献缩微复制中心于1996年影印出版,全书十六开六巨册,书名称为《全祖望校水经注稿本合编》,卷首有我的长篇序言。

八、《水经注疏证》。清郦学家沈钦韩(文起)撰此书始于嘉庆十一年(1806),成于道光元年(1821),历时15年之久。其书未刊,但《清史稿·艺文志》及《汇刻书目》均有著录。1947年,此书稿本在西安图书馆发现,现稿本共8册,收藏于南京图书馆,北京图书馆藏有抄本1部。此本系以殿本作底，段熙仲在《沈钦韩〈水经注疏证〉稿本概述》⑪一文中，盛赞沈氏："其态度严谨，真所谓一字不苟。"

以上略述的郦注版本简史及珍稀版本，均属民国以前。民国以后的版本，主要就是杨守敬、熊会贞师生的《水经注疏》。此书，杨、熊师生经营于晚清，民初杨氏谢世，熊会贞继事20年而始具规模，有数种抄本流传。50年代中国科学院图书馆求得抄本一部，于1957年影印于北京，由科学出版社出版。由于此抄本抄成后未经熊氏校对，所以错误极多。台湾"中央图书馆"藏有经熊氏校改过的抄本一部，于1971年由台北中华书局影印出版。段熙仲教授和我合此两本，经几年点校整理，于1989年由江苏古籍出版社排印出版，而此书流行始稍广。我在此排印本卷首撰有《说明》万余言，详述此书从杨、熊始撰到排印的渊源历程。排印本3册，逾200万字，为历来《水经注》注释量最大的版本。

我个人在几十年读郦的过程中，也曾撷拾前辈心得，以殿本为底本，整理成《水经注校释》一书，全书各卷卷末的总注涉及郦注不同版本33种，各种地方志120余种，其他文献近300种。又在各卷卷末撰《释》1篇，阐述各卷作为篇名的河流的历史变迁及古今对照。此书于1999年由杭州大学出版社出版。

《水经注》一书，由于其流传历程中的特殊性，所以版本极多，但民国以前，学者对此书的版本研究不多，纵有一二佳本，也甚难相互交流。清初沈炳巽校郦，凡9年而成《水经注集释订讹》，但其所有惟黄省曾刊本一种，至其后期始搜求而得朱谋㙔《水经注笺》。以杨守敬之博识，且毕生校郦，但生前未得见宋本、大典本及明抄诸本。民国以后，由于版本发现增多而交流亦趋方便，学者对版本研究也有了很大发展。从事郦注版本研究最早而获得很大成就者，首推王国维。他毕生曾校阅郦注残宋本、大典本、明抄本、《水经注笺》孙潜校本残本、殿本、黄省曾刊本等8种版本，⑫并均写有校跋。⑬此外，郑德坤在这方面也甚有贡献，他曾于民国二十二年（1933）撰成《〈水经注〉版本考》一篇，著录历代版本并作考证。⑭

在《水经注》版本搜集和研究中做出最大贡献的无疑是胡适。他在北京大学校长任上，为了庆祝北大建立五十周年而举办了一次《水经注》版本展览，展出各种版本计9类41种，集此书版本前所未有之大成。在版本研究中著述最丰的也以他为第一。他所撰有关郦注版本的文章，除了通论性的《〈水经注〉版本考》（《胡适手稿》第四集上册）和《〈水经注〉考》（第六集下册）以及罗列版本目录的《我的三柜〈水经注〉目录》（第四集中册）以外，专论某一种或数种版本的文章，据我从《胡适手稿》一至六集的约略统计，约有十余篇之多。这个统计不包括与他人通信中论及有关版本的问题。胡适关于版本的论述，其中有许多创见，当然也有一些错误。有的错误如他对全氏

《水经注》的议论，后来已由他自己撰文更正。所有这些，我在《胡适与〈水经注〉》[⑮]及《评〈胡适手稿〉》[⑯]诸文中已述其详。

《水经注》的版本问题已略如上述，以下试在此书的校勘方面稍作讨论。《水经注》从宋初缺佚以后实际上已经成为一部残籍。而对于这部残籍辗转传抄，辗转翻刻，最后至今经注混淆，错漏连篇，不堪卒读。此书之能达到今日的成就，实为历来校勘家辛勤耕耘的结果，特别是从明朱谋㙔以来以至乾隆年间（1736—1795）诸郦学考据学派精心校勘的成果。此书从旧本以至今日，校勘的成果主要有两项，其一为分清了经、注，其二为校正了许多缺漏、妄增、臆改。

在分清经、注方面，主要是3位郦学家的成绩，始其事于全、赵，而终其功于戴震。区分经注的关键，主要在对经、注文字体例的琢磨。这就是全祖望在五校本《题辞》中所说的："经文与注颇相似，故能相混。而不知熟玩之，则固判然不同也。"所以要发现经、注的"判然不同"，其手段在于"熟玩"，也就是要仔细地揣摩两类文字在行文体例上的差别。可以举赵一清的一个"熟玩"例子。他在其《水经注释·附录》卷上《禹贡锥指例略》下说："经仿《禹贡》，总书为'过'，注以'迳'字代之，以此例河、济、江、淮诸经注混淆，百无一失。"所以在全、赵两家的校本中，经、注已经分清。而戴震把全、赵"熟玩"的经验，归纳为系统分明的语言，殿本《校上按语》中有一段话说：

> 至于经文、注语，诸本率多混淆，今考验旧文，得其端绪：凡水道所经之地，经则云过，注则云迳；经则统举都会，注则兼及繁碎地名；凡一水之名，经则首句标明，后不重举，注则文多旁涉，必重举其名以更端；凡书内郡县，经则但举当时之名，注则兼考故城之迹。皆寻其义例，一一厘定……

分清经、注的过程已如上述，这是3位郦学大师深入钻研经注文字的结果，与版本研究的关系不大。但校勘成就的另一部分，即上述对于旧本缺漏、妄增、臆改的校正，版本研究就起了很大作用。不少成果都是郦家比勘版本所获得的。先说两件大事：第一，殿本以前的多数版本，都没有郦道元为此书所作的原序。殿本是从大典本录入这篇文字的。除大典本外，卢文弨的《群书拾补》也收入此序，系借武进臧琳得自绛云楼宋本，来源虽不同，但全文470余字，两篇间的异字不过十余，当是传抄之讹。又明正德柳大中影宋本亦收有此序，为赵一清从孙潜抄本所录入，但较大典本少219字。所以原序的失而复得，无疑是版本之功。第二是卷一八《渭水》经"又东过武功县北"下，注文"刘曜之世是山崩，长安人刘终于崩"之下，朱谋㙔已经发现其讹，他在《水经注笺》中说："此下文理不属，盖脱简也。"结果也是清初孙潜从柳大中本中抄得脱简共420字，才弥补了其他多本的缺漏。[⑰]

除了上述两件几百字缺漏的大事外，旧本中的其他错漏为数也很多，从朱谋㙔以来各家的校勘成果,最后归纳于殿本的《校上按语》之中:"谨排比原本,与近本钩稽校勘,凡补其缺漏者,二千一百二十八字;删其妄增者,一千四百四十八字;正其臆改者,三千七百一十五字。"这些实际上都是版本比勘的成果。

我在拙作《论〈水经注〉的版本》[⑱]一文中曾经指出:"殿本以后的不少版本,从疏证上当然比殿本更为详尽,但在校勘的成就方面,基本都还是殿本的水平。"我必须声明的是,我的这段话只是大体而言,也就是说,要做出诸如原序和卷一八《渭水注》那样的大段校补的可能性或许不会再有,但个别字句的勘误补缺,这类工作仍有必要继续进行。郦学前辈如杨守敬、熊会贞、王国维、岑仲勉、胡适等,也已经做出了不少成绩。可以举一个《水经注疏》的校勘例子。卷三五《江水》经"又东北至江夏沙羡县北,沔水从北来注之"注云:

> 通金女、大文、桃班三治,吴旧屯所,在荆州界尽此。

对上列"三治",历来无人能解。李鸿章在同治年间(1862—1874)为李兆洛《历代地理志韵编今释》作序说:"金女、大文、桃班、阳口、历口之类,皆不见于诸志,……亦不能无疑也。"因为既然地名称"治",看来不像个小地名,而历代地理志均不见,李鸿章对此有疑,却无法解决。《水经注疏》为这些地名做出了正确解释。在金女、大文、桃班下,杨守敬疏云:

> 《隋志》:江夏县有钱。《寰宇记》:冶唐山在江夏县南二十六里,《旧记》云:宋时依山作冶,故名。疑即注所指之治。

杨守敬怀疑金女、大文、桃班三治的"治"字是"冶"字之误,这项校勘很有价值,但是尚非确据。后来熊会贞的校勘中,才算彻底解决了这个问题。卷三五《江水》经"鄂县北"注云:

> 江津南入,历樊山上下三百里,通新兴、马头二治。

此处,熊会贞疏云:

> 《晋志》:武昌县有新兴、马头铁官。《唐志》:武昌县有铁。《御览》八百三十三引《武昌记》:北济湖当是新兴冶塘湖,元嘉发水冶。……《一统志》:新兴冶在大冶县南。

熊疏由于找到了新兴冶的确切依据,可以充分证明金女、大文、桃班、新兴、马头五处,各本郦注中的"治"字,均应改作"冶"字。

再举一个关于温泉的例子。卷一八《渭水》经"又东北过武功县北"注云:

> 渭水又东,温泉水注之。水出太一山,其水沸涌如汤,杜彦达曰:可治百病,世清则疾愈,世浊则无验。

对于这一处温泉的记载,目前能见的郦注各本均同,但温泉疗疾竟与"世清"、"世浊"拉扯在一处,实在牵强附会。在这方面,康熙《陇州志》所引郦注为深入校勘提供了极好的依据。《陇州志》卷一《方舆·温泉》引《水经注》云:

> 然水清则愈,浊则无验。

可见现存各本的"世清"、"世浊",实为"水清"、"水浊"的音讹。

在拙撰《水经注校释》中,我已经把《陇州志》所引《水经注》的这一句录入注释之中。

例子实在还有很多,不再一一赘述。总而言之,对于《水经注》的校勘,前人已经做出了许多贡献,但是今后仍有不少工作可做。

注释:

① 韩长耕《中国编纂文集之始和现存最早的诗文总集〈昭明文选〉的研究与流传》,《韩长耕文集》,岳麓书社 1995 年版。

② 《广阳杂记》卷四。

③ 《〈水经注〉正误举例》小引,《求恕斋丛书》。

④ 陈桥驿《论郦学研究及其学派的形成与发展》,《历史研究》1983 年第 6 期。

⑤ 陈桥驿《〈水经〉与〈水经注〉》,《郦学新论——水经注研究之三》,山西人民出版社 1992 年版。

⑥ 《通典》卷一七四《州郡》四。

⑦ 《和袭美寄南阳润卿》,《全唐诗》卷六二六。

⑧ (清)阎若璩《古文尚书疏证》卷六(下)。

⑨ 陈桥驿《郦学新论——水经注研究之三》,山西人民出版社 1992 年版。

⑩ 《胡适手稿》第六集下册。

⑪ 《中华文史论丛》1979 年第 1 辑。

⑫ 《清华学报》第一期(民国十四年六月出版)刊有《朱谋㙔〈水经注笺〉跋》一文,又赵万里《海宁王静安先生遗书》的《观堂别集》第三卷收有《〈水经注笺〉跋》一文,二文不同。故王校《水经注笺》当有两种版本。

⑬ 陈桥驿《王国维与〈水经注〉》,《中华文史论丛》1989 年第 2 辑。

⑭ 附录于《〈水经注〉引书考》卷末,台北艺文印书馆 1974 年版。

⑮ 《中华文史论丛》1986 年第 2 辑。

⑯ 《中华文史论丛》1991 年第 47 辑。

⑰ 殿本在"余谓崔骃及《皇览》,谬志也"下按云:"按'所得白玉'至此句'谬'字止,共四百三十七字,近刻脱落,据原本补。"海遗氏《介绍〈永乐大典〉本水经注》(《大公报·图书副刊》第 129 期,民国二十五年五月七日)云:"《水经·渭水注》脱简一页,全祖望于扬州马氏处,

见柳金校本孙潜校本据以校补,赵一清则据全氏本补。戴震自言据大典本补之,今大典俱在,戴氏所补不同于大典本,反而同于全、赵本,谓非见全、赵本不可矣。"

⑱　《中华文史论丛》1979 年第 3 辑。

原载《杭州师范学院学报》2000 年第 1 期

历史上徽州郦学家的《水经注》版本

　　徽学是一门硕大的学问,我素未涉足,对此是门外汉。不过往年曾考证郦学研究的地理分布,撰写过《苏州郦学家》、《安徽郦学家》、《湖北郦学家》[①]3 篇短文。其中《湖北郦学家》文中提及:"在中国历史上,常常出现某一类学问集中在某一个地方的现象,……这种现象的发生并非偶然,只要寻根究底,可以查清其中的因果关系"。在安徽的郦学家中,徽州籍以外的只有两人,即芜湖的段熙仲和桐城的钟凤年。其余的都在南宋徽州和明、清徽州府境内。所以我在该文中说:

　　　　徽州府出郦学家也有它独特的优势。前面提及吴琯在万历年间(1573—1620)刊行了一种明代流行一时的郦注版本。虽然书刻于南京,但他是徽州人,家乡人当然最易得到。以后朱谋㙔编撰《水经注笺》,徽州人孙无挠参与其事,则此书流入徽州必然不少。所以后来徽州人项絅和黄晟,都据此书大量翻刻。《水经注》不是科举书,一般地方是不大容易得到的。但在徽州府,几种版本的郦注汇集在一起,当然有裨这个地方的郦学研究。

　　既然徽州府境域内郦学研究的发达及其成就与这个地区郦注版本的流行具有因果关系,所以本文拟对与这个地区有关的郦注版本做一点探讨。郦注版本势必涉及郦学家,这个地区历史上的郦学家,按拙编《历代郦学家治郦传略》[②]所列,共有 9 人,这中间,最著名的当然是戴震和胡适。此两人,前者是郦学史上最权威的版本武英殿聚珍本的作者,我在拙作《论〈水经注〉的版本》[③]中指出:"殿本以后的不少版本,在疏证上当然比殿本更为详尽,但在校勘的成就方面,基本上都还是殿本的水平。"对于这个版本,近十年来,不仅我所点校的《水经注》④和《水经注校释》⑤都据此本,并且已发表过若干有关此文的论文,由于篇幅所限,所以本文不再对此本(包括戴震进四库馆以前校定之本,即孔继涵整理的微波榭本)有所议论。后者虽然没有校注过郦注版本,但是他是郦学史上的版本权威。我在拙作《民国以来〈水经注〉研究之总成绩》⑥一文中提及:"这一时期在版本搜集中成绩最为卓著的是胡适。"又说:"在版本研究中著述最丰的是胡适。"此外,我对胡适的《水经注》研究也已发表过几篇专题论文。所以本文对此也不再议论。本文讨论的对象,主要是上述戴、胡两家以外,学术界注意不多的几种出自徽州郦学家的《水经注》版本。

当前郦学界议论郦注版本,往往旁及于郦图,而以清末杨守敬、熊会贞师生合作的《水经注图》执牛耳。当然,杨、熊郦图是历来规模最大的《水经注图》,但若以绘制年代而论,则当以南宋程大昌为嚆矢。程大昌(1123—1195),字泰之,徽州休宁人。绍兴二十一年(1151)进士(《宋史》有传),曾撰述《禹贡山川地理图》,是现存最早的《水经注图》。我在拙作《编绘〈水经注图〉刍议》⑦一文中已经指出,此图原有5卷,包括《禹贡》、《汉书·地理志》、《水经注》等古代文献记载的、直到宋代为止的各个时代的地图31幅,并有作为这些地图说明的论说50篇,后又有续论8篇,共60篇。图文曾于南宋淳熙四年(1177)由泉州学宫刊行。但原图久佚,明归有光为其论说作跋,又清朱彝尊《经义考》所述,都仅见其文而不见其图。直到乾隆年间(1736—1795)修纂《四库全书》之时,才知程氏图、论均为《永乐大典》所抄存。今所见此图28幅,虽较原作已缺少3幅,但基本上尚属完整。在此28幅之中,程氏完全按《水经注》绘制的有3幅,即《〈水经注〉汴互源图》、《郦道元张掖黑水图》、《〈水经〉叶榆入南海图》。其余各篇幅虽未示郦注之名,但实际上都参考了《水经注》而绘制的。程氏在一篇论说《删润郦道元所释〈水经〉》的标题下自注云:"叙载事实,皆是《水经》,臣但隐括今有条理。"说明作者即使是绘制宋朝当代地图,也仍然参照郦道元所记载的水道情况,古今对照,钩稽沿革,从而提高了绘图质量。从其《郦道元张掖黑水图》中,并可知他所据的宋本郦注,较今本完整。当然,程图按其性质仍是一种郦图,不是郦注版本。

论及徽州郦学家所出的郦注版本,首先当然是万历十三年(1585)的吴琯刊本。吴琯,字中行,歙人,毕生刻书甚多,《水经注》是其中之一。这个刊本按其内容和校勘成果,当然不能同今天的版本相比,但在郦学史上具有重要的意义。吴琯刊本是现在我们可以看到的历史上存留至今的第二种完整的郦注刊本。在这以前,现在尚存的只有嘉靖十三年(1534)的黄省曾刊本。

现在已积压的《水经注》最早刊本,是刊于北宋而具体年代不明的成都府学宫刊本。这个刊本以后,元祐二年(1087)又有了此书的第二种刊本。但这两种刊本都早已亡佚。有宋一代,《水经注》当然还有其他刊本,但现在所知,仅有北京图书馆收藏的残宋本1种。这个刊本,因为卷内"桓"、"构"两字已经缺笔,所以当是南宋刊本⑧。但全书已经残缺,首尾完整的只有七卷。正因为此,今日议论此书刊本,只能从明刊本说起。

对于吴琯刊本的渊源,各家有不同说法。胡适认为:"吴琯此本是用黄省曾刻本作底本,加上一番考订校改的工夫,然后付刻的。"⑨但张宗祥在上述北京图书馆收藏的残宋本卷末写跋中说:"吴琯刻本出自元祐。"这句话指出了吴琯刊本、残宋本和元祐刊本之间的关系。所以我在《论〈水经注〉的版本》中说:"元祐刊本是郦注版本史上的一个重要起点,因为它和目前流行的版本已经大同小异。其体例规模除了目前尚存的吴琯刊本可以窥及外,北京图书馆所藏的宋刊残本,有人认为就是这个刊本的继承。"我的这段话,主要根据傅增湘、张宗祥二人在残宋本卷末的写跋。傅增湘是残宋本原来的所有者,对这个本子下过很大工夫,其说是比较可信的。也就是说,元祐刊本、残宋本和吴琯刊本这三本之间,存在着一脉相承的关系,则吴琯刊本在郦学史上的价值当然不言而喻。

前面提及,吴琯刊本按其内容和校勘成果,不能与现行的佳本相比。但王国维在《朱谋㙔〈水经注笺〉跋》⑩中却指出:"余以宋刊残本校之,凡吴本与宋本异处,其字皆剜改也,可证吴书原本之佳及校正之勤。"说明此本在明代各本中,仍不失为是一种佳本。直到今天,此本仍然存在对现代流行版本的校勘价值,可以随手举个例子。

卷九《清水》经"淯水出河内修武县之北黑山"注:"其水历涧飞流,清泠洞观,谓之清水矣。"

此一句,全、赵、戴3本及杨、熊注疏本均相同(全"泠"作"冷"),但吴琯刊本作:"其水历涧流,飞清洞观,谓之清水矣。"

与吴琯刊本一致的,在当前尚可查阅的本子中,有明朱子臣《水经注删》、何焯校明抄本,王国维校明抄本。第一种为万历刊本,余两种均为抄本,3本俱藏北京图书馆。

全、赵、戴各本所以把"飞清"改作"飞流",是根据朱谋㙔的《水经注笺》。但清初郦学家孙潜在其校本中指出了这种改易的不当。他说:"朱本、《御览》引此书作'清泠洞观'。按注中屡用'飞清'二字,不必旁引他书以证明也。"孙潜所说"按注中屡用'飞清'二字",指的是郦道元经常在注文中以"飞清"二字描述瀑布,如卷一七《渭水注》的白杨泉等4处瀑布,卷二〇《漾水注》的平乐水瀑布,卷三四《江水注》的孔子泉瀑布,卷三七《夷水注》的佷山北溪水瀑布,注文都用"飞清"。有的郦学家在其批校中赞赏这个词汇,如明谭元春在卷一七《渭水注》中批云:"扬波飞清,止以二字描赞便活现,何其省捷。"⑪杨守敬虽然也在上述《清水注》中把"飞清"改为"飞流",但是他其实是看重这个词汇的,他在《渭水注》作疏时还引《夷水注》为例:"《夷水注》:激素飞清。其辞例也。"所以"飞清"是郦注描写瀑布的一个生动而形象的"辞例"。朱谋㙔以《太平御览》的一条孤证改变这个辞例,而全、赵、戴因之,实在令人遗憾。我是很欣赏"飞清"这个辞例的,记得 80 年代之初,诸暨县计划开发五泄瀑布景区,邀我们夫妇前去参观。五泄瀑布是《浙江水注》记叙甚详的名胜,所以我们欣然前往。这个景区包括东龙潭和西龙潭两部分。前者有五级瀑布,后者是一条缘山沿溪的幽径。参观后要我题诗留念,我临时漫应一绝:"五级飞清千嶂翠,西龙幽壑东龙水。老来到此绝胜处,脚力尽时山更美。"我不仅在诗中用了"飞清"辞例,而且诗末附记:"胡诌几句,用记五泄之游。'飞清'即是瀑布,此词独郦注有之,亦以记生平学郦也。"⑫

　　吴琯刊本在郦学史上的另一贡献是此本以后常被用做郦学家校郦的底本。《水经注》在当时还是抄本风行的时代,刊本仅黄省曾和吴琯二本,作为校勘底本,刊本当然胜于抄本。吴本刊行以后 30 年,朱谋㙔的《水经注笺》问世。这是有明一代的最佳版本,被清顾炎武誉为"三百年来一部书"。⑬而《水经注笺》即是以吴琯刊本作底本的。⑭清朝初年的郦注版本中,前已提及的孙潜校本是一种名本。胡适曾撰《记孙潜过录的柳佥〈水经注〉抄本与赵琦美三校〈水经注〉本并记此本上的袁廷梼校记》⑮详为介绍。此本据王国维所跋系以《水经注笺》为底本。⑯但王氏见孙校原本时已是一个残本,为傅增湘所藏,今不知流散何处。所幸今浙江图书馆,尚藏有过录本一部,将孙校全文过录于吴琯刊本之上。赖吴琯本,保存了孙潜、柳佥、赵琦美诸名家的校勘成果。自来郦学家校勘时用吴琯刊本作底,这并不是偶然现象。郑德坤《〈水经注〉版本考》⑰在"吴琯校刊本"条下云:"今书肆犹有出售,规制亦精。"按郑氏之作在卷末署"民国二十二年(1933)除夕",说明直到 30 年代初期,书肆仍有此书出售,距此书初刊已有 650 余年。说明此书刊印之数甚多,而历年常有重印,其畅销可以想见。之所以如此,除了前面指出的其校勘有可取之处外,"规制亦精",即此书在刊刻、印刷、纸质、装潢等方面均属上乘,因得市场的青睐。所以吴琯刊本无疑是徽州郦学家的一种重要刊本。

　　前面提及的万历四十三年(1615)刊行的《水经注笺》是有明第一名本。此书当然是朱谋㙔领衔的作品。但卷首朱氏自序称:"间尝细绎割正十之六七,已与友人绥安谢耳伯、婺源孙无挠商榷校雠,十得八九。"由此可知徽州学者孙无挠(名汝澄)也曾参与此本校勘。对此,赵一清在其《水经注·附录》卷下中也着重指出,说明这种郦注名本也包含了徽州郦学家的辛勤。

　　时至清代,徽州郦学家的《水经注》版本续有问世。首先是歙人项絪(字书存,又字宪子,民国《歙县志》卷九《人物志》有传)于康熙五十四年(1715)刊行的《群玉堂刊本》。此书卷末附有《山海经》，故又称"山水二经"。其书系他与顾蔼、赵虹、程鸣合作的作品，其中程鸣字松门，也是徽州人。据他在卷首序中所说："经始于康熙甲午(1714)秋，断手于乙未(1715)孟冬。"其间无非一年时间，所以内容主要遵循朱谋㙔《水经注笺》，校勘的成果极为有限，因而在郦学界评价不高。但其书印制甚佳，为历来刊本所罕见。如郑德坤《〈水经注〉版本考》所说："其书刊刻极精，纸本阔大，书肆犹有出售。"所以此书在传播郦学，为后学者作为治郦底本方面，仍然不无贡献。

继项绸刊本以后，歙人黄晟(字东曙，号晓峰，民国《歙县志》卷九《人物志》有传)于乾隆十八年(1753)刊行《水经注》，称为《槐荫山堂刊本》。此本经核对，其实是项绸刊本的翻刻本。所以《邵亭见知传本书目》著录此书称"天都黄氏翻项本"。对于翻刻之事，细阅黄氏置于卷首的跋文，似乎并不回避。黄跋云："爰取旧本，重为校刊，俾作之于前者，得以流传于后，聊存好古之心，用普同人之愿。"这段文字中除了"重为校刊"的"校"字含义不清外，统篇是在事实上承认其书是取旧本的翻刻，这个旧本就是项绸刊本。其翻刻的用意在"俾作之于前者"四句之中也已经阐明。后来郦学界对这个刊本颇多詈言，或许责备过甚。应该看到，当时武英殿本尚未问世，郦学家冶郦，欲得一刊本实属非易。《四库提要》[18]记清沈炳巽撰《水经注集释订讹》，历时9年，其初仅赖其家藏黄省曾刊本，到最后才得朱谋㙔《水经注笺》，郦书在当时传播之困难可以想见。所以黄晟的翻刻在传播郦学方面仍是一种贡献。

清代的另一位治郦学者马曰璐(字佩兮，号半槎，同治《扬州府志》卷五一《人物志》有传)，扬州人，但原籍皖之祁门，所以也出自徽州。他家有小玲珑山馆，藏书之富著于东南，明代郦注的著名抄本即孙潜借以过录的柳金抄本和赵琦美抄本，最后都归他所有(现均已亡佚)。由于家藏郦注版本多，他曾择善加以抄摘，今北京图书馆藏有他的《水经注摘抄》抄本一部，因其所摘多来自善本，所以很有校勘价值。拙撰《水经注校释》曾借重此本，

清代徽州学者中最后一位与郦注版本有关的学者是绩溪周懋琦。他曾于光绪七年(1881)为杨希闵《水经注汇校》作序，其中言及："因琦近年致力于戴书、赵书，但以公务缠身，只于烛下互相参照，或作或辍，阅时两年，尚未卒业。"所以郑德坤《〈水经注〉版本考》亦列有"周懋琦校本"一种，郑氏在抄录周序后云："其后懋琦是否继续校完，无考，其未完校本，亦未闻传世。"

以上论述的是历史上有关徽州郦学家的《水经注》版本概况。《水经注》是一种版本复杂的古代文献，胡适曾于民国三十七年(1948)十二月，为了庆祝北京大学建立50周年纪念，在北大举行了一次《水经注》版本展览，展出了各种郦注版本9类41种。[19]但在这41种之中，同一作者的不同版本都是计数的。譬如朱谋㙔《水经注笺》，既计

数于第三类"明刻本",也计数于第四类"清代校刻朱谋㙔笺本"。又如第六类是"18世纪四大家之一沈炳巽各本",指的是沈撰《水经注集释订讹》,"各本"者,即此书的不同版本。但对于徽州郦学家的郦注版本,我们不能采用当年胡适展览时的统计方法。因为仅戴震的武英殿本《水经注》一种,几乎各省书局都有翻刻,质量良莠不齐,如我往年指出的:"翻刻本中校对较精的有光绪三年(1877)的湖北崇文书局刊本,光绪二十三年(1897)的湖南新化三味书室刊本,光绪五年(1879)的上海广雅书局刊本。"[20]由此可知,仅殿本一种,从各种翻刻本到民国以后的许多铅排本,数量实在很大。当年胡适的展览,目的在于从郦注版本特别是名本的流传以检阅郦学研究的形势,而我在本文中的议论,目的在于从一个地区所出的郦注版本以推求这个地区的郦学渊源。所以对出自徽州郦学家的郦注版本,不计版次、翻刻等重复,概以一书作为一种计数。按照这样的统计,则历史上出自徽州郦学家的《水经注》版本,包括戴震的武英殿本和微波榭本在内,计有吴琯本、项绾本、黄晟本以及程大昌郦图、马曰璐摘抄,共有7种之多。此数尚不计及孙汝澄参与的朱笺和周懋琦的校本(因为此本不能断其是否完成)。所以论《水经注》版本之盛,徽州实居全国之最。作为一个海内著名的郦学之乡,徽州可以当之而无愧。

几年以前,我为熊会贞嫡孙熊茂洽所撰《水经注疏·江水校注补》[21]一书写了《序》。此《序》最后说:"湖北省是杨、熊家乡,《水经注疏》是此省郦学先贤的杰出成果。为此,当代湖北郦学家的工作值得做出更高的评价和更多的关注。希望湖北省在分省、分流域的郦学研究中成为大家学习的榜样,让当代的郦学研究获得更大的成果。"我在《序》中提到"当代湖北郦学家的工作"以及"分省、分流域的研究",主要指熊茂洽新近出版的此书和以前出版的,由杨、熊后人杨世灿、熊茂洽合撰的《水经注疏·三峡注补》[22]两书。此两书都是继人之志、述人之事之作,是值得赞赏的。

以鄂、徽二地相比,前者是一个省,后者则是一个省以下的地方。境域有大小之别,但郦学研究的成果却难分轩轾。鄂地为后人留下了一部郦学史上注释量最大的《水经注疏》,而徽州则留下了著名的殿本和其他不少版本,可谓各有千秋。现在,湖北的郦学家正在承先人之绪,继续从事分省、分流域的郦学研究,而且取得了成果。可以预见,徽州学者凭借如此雄厚的郦注版本优势,今后一定能在郦学研究中获得更为丰硕的成果。

注释:

① 《郦学札记》(十一),《中国历史地理论丛》1996年第4辑。收入于《郦学札记》,上海书店

出版社 2000 年版。

② 《郦学新论——水经注研究之三》，山西人民出版社 1992 年版。

③ 《中华文史论丛》1979 年第 3 辑。收入于《水经注研究》，天津古籍出版社 1985 年版。

④ 上海古籍出版社 1990 年版。

⑤ 杭州大学出版社 1999 年版。

⑥ 《中华文史论丛》1994 年第 53 辑。收入于《水经注校释》作为卷首代序。

⑦ 《地图》1986 年第 2 期，收入于《水经注研究二集》，山西人民川版社 1987 年版。

⑧ 关于这个刊本的说法颇多，张宗祥于民国八年(1919)在卷末写跋中认为是南宋绍兴刊本。但袁抱存在写跋中，根据北宋讳字均缺笔，但南宋讳字"桓"、"构"缺笔与不缺笔共见，认为这种缺笔属于"剜痕"，故其本是元祐刊本的南宋摹印本。

⑨ 《〈水经注〉版本考》，《胡适手稿》第四集上册、中册。

⑩ 《观堂集林》卷一二《史林四》。

⑪ 明钟惺、谭元春评点本，大一阁藏。

⑫ 《郦学札记》(九)，《中国历史地理论丛》1995 年第 4 辑。收入于《郦学札记》，上海书店出版社 2000 年版。

⑬ (清)阎若璩《古文尚书疏证》卷六下。

⑭ 王国维《朱谋㙔〈水经注笺〉跋》(《观堂集林》卷一二)："本书底本，实用吴琯《古今逸史》本。"

⑮ 《胡适手稿》第四集中册。

⑯ 《孙潜夫校〈水经注〉残本跋》，《观堂集林》卷一二。

⑰ 附录于《〈水经注〉引书考》卷末，台北艺文印书馆 1974 年版。

⑱ 《四库提要》卷六九《史部·地理类》二。

⑲ 陈桥驿《胡适研究〈水经注〉的贡献》，《胡适研究丛刊》第 2 辑，中国青年出版社 1996 年版。

⑳ 陈桥驿《水经注》卷首《前言》，上海古籍出版社 1990 年版。

㉑ 熊茂洽、曹诗图合撰《水经注疏·江水校注补》，武汉水利电力大学出版社 1999 年版。

㉒ 湖北人民出版社 1992 年版。

原载《黄山高等专科学校学报》2000 年第 2 期

《全祖望校〈水经注〉稿本合编》序

    《全祖望校〈水经注〉稿本合编》的影印出版，是我国郦学史上的一件大事。全氏在《水经注》研究中的卓越贡献及其在郦学史上的崇高地位众所公认。香港著名郦学家吴天任所著《郦学研究史》①以 7000 言长文专叙全氏的郦学研究，并摘录其五校本《序目》、《题辞》，最后归结为四大贡献：按地望重编篇目，分诸水为北渎、南渎；熟玩文例，区分经、注；创双行夹写之说，离析注中之注；对郦注羡文、错简、脱文、讹字多作校改补正。吴氏最后指出："凡此四者，皆全氏研究郦书之贡献，故赵一清乐从之于同时，杨守敬亦称之于后世也。"

    我曾经反复查核全氏《水经注》研究的历程和业绩，特别是他的五校本《序目》、《题辞》在郦学领域中所到达的前无古人的成就。从郦学史的角度对他进行评价，则他的研究工作在五方面是具有开创性的。

    第一是合理编排《水经注》所载河流的次序篇目。《水经注》原来当然是有篇目的，全氏也曾研究过宋椠篇目。但他认为宋椠篇目不可靠。五校本卷首有一段话说："右宋椠跋尾，不知作者，见于钱曾《读书敏求记》中，读之可知今本《水经》篇帙次序之失。皆自宋椠已然。"他在《题辞》中，也说了相似的意见："今世得一宋椠，则校书者凭之，以为鸿宝。宋椠虽间有误，终不至大错也。而独不可以论于《水经》，盖《水经》自初开雕时，已不可问矣。"所以他按全国河流的地理位置，把郦注记载的河流分成北渎和南渎两派。再以大水统小水的原则，把 123 条干支流，整理得眉目清楚，在五校本编排了一个《序目》。以后的郦学家，如赵一清和戴震，他们在各处的校本中虽然有所改动，但实际上都是参照了全氏的《序目》。清张穆在其《赵戴〈水经注〉校案》②一文中指出："戴氏自订《水经注》（按：指孔继涵整理的微波榭本）次序，以河、江分二大纲，即谢山南渎、北渎说而稍变通之。"连一直对全氏存有成见的胡适，最后也不得不在其《上海合众图书馆有叶揆初先生收藏的全谢山〈水经注〉校本三种》③一文中承认，全氏《序目》中所编排的河流次序，是一个"合理的新次序"。

第二，《水经注》其书自《隋书·经籍志》始见著录，原来藏于朝廷，宋初以后，开始流入民间，辗转传抄，错漏杂出，而且经注混淆，不堪卒读。明正德年间（1506—1521）的郦学家杨慎，已经发现了这个问题。他在其《跋新刻〈水经注〉》④一文中指出："吴中新刻郦道元《水经》，规制装潢甚精，但误字苦多矣。"其中特别是经注混淆，成为此书大病。杨慎在其《水经序》⑤中，曾经提出旨在清理经注的所谓"八泽"。他说："汉桑钦《水经》旧录凡三卷，纪天下诸水，首河，终斤江，凡一百十有一，曰出，曰过，曰迳，曰合，曰分，曰屈，曰注，曰入。此其八泽也。"但他的所谓"八泽"实际上仍然把经注用语混在一起。所以有明一代的郦注各本，经注混淆的情况并未得到改正。区分经注是从全祖望开始的。他在五校本《题辞》中说：

> 经文与注文颇相似，故能相溷，而不知熟玩之，则固判断不同也。经文简，注文繁；简者必审择于其地望，繁者必详及于渊源。一为纲，一为目，以此思之盖过半矣。若其所以相溷者，其始特抄胥之戾耳，及版本仍之，而世莫之疑矣。犹幸割裂所及，止于河、济、江、淮、渭、洛、沔七篇，若其余则无有焉。盖居然善长之旧本也。故取其余之一百十有七篇，而熟玩之，而是七篇者可校矣。然是七篇者大川也，被溷而莫之正，则其书无可观者，是以不可不急定也。今以予所定《河水》经文，不过五十三条，而旧以注溷之，为二百五十四条；《济水》不过三十二条，而旧为一百二十八条。……然则共缠络之所以不相贯通者，皆由于此。一旦更张而合并之，遂觉星罗棋布，经文固无重复支离之失，而注亦益见章法矣。

全氏的上述一段区分经注的原则，在郦学史上有重要地位。张穆称此为："此分别经注创自谢山之坚据。"（《赵戴〈水经注〉校案》）清魏源也称道全氏的这项成就："全氏《水经》未刊，予尝见其抄本《凡例》一卷，于经注分析尤详，凡戴所举三例，皆在其中。"⑥应该承认，戴震总结的区分经注的话，比全氏条理清楚，文字简练。但全氏是这方面的创始人，戴震是吸收了全氏的研究成果而加以提高的。

第三，全祖望提出《水经注》在体例上的注中有注：双行夹写的见解。《题辞》说：

> 世但知是书之经与注乱，而不知注之自相乱也。夫注何以自相乱，盖善长之

注,原以翼经,故其专言水道者为大注,其兼及于州郡城郭之沿革,而不关于水者乃小注。旁引诸杂书,沿革逸事,又附注之余录也。故大注为大文,小注则皆小字,如《毛诗》之有《郑笺》。不知何时尽抄变为大文,而于是注中之文义遂多中隔,不相连属。盖自宋椠已然,则从而附会之曰善长之文之古也。而求水道者愈目眩神摇,求其纲领而不得。若细观之,则其横亘之痕迹显然,且其中有音释之语,亦溷为大文,古今书史无此例也。

对于这种见解,全氏在《题辞》中声明:"是言也,前人从未有见及之者,首发之先司空公。"对于这种见解,郦学界有颇不相同的评价。但与全氏同时的赵一清和戴震这两位郦学大家,都是同意他的见解的。赵一清是公开而全盘地接受全氏的见解,他在其校本《水经注释》中,辨验文义,离析其注中之注,以大细字分别书之,使语不相涉而文仍相属。戴震在其校本中虽然只字未及全赵,但实际上却是不声不响地接受了全氏的这种见解。他在卷一《河水》经"出其东北陬"注"《物理论》曰:河色黄者,众川之流,盖浊之也"下按云:"此十六字,当是注内之小注,故杂在所引《尔雅》之间,书内如此类者甚多。"同卷经"屈从其东南流,入渤海"注"《括地图》曰:冯夷恒乘云车驾二龙"下按云:"此十三字,当是注内之小注,故杂在所引《山海经》之内。"例子甚多,不胜枚举。足见戴震亦以全氏之说为然,所以他不厌其详地在各处加上这类按语。

第四,对于《水经》的成书年代,全祖望在《题辞》中做了近千言的论证,兹节录其中要点如下。

《水经》在唐世尚未有指其撰人者。其以为桑氏,盖自《唐六典》始也。而杜岐公以为东京和、顺二帝以后人之作,乐永言从之。……近世胡东樵则以为东汉人创之,晋魏以后人继成之。

然经之用东汉地名,则陇西、河关、中山、曲阳、京兆、上洛之文可据也,是必不出桑氏之手,则亦明矣。且诸公亦但于地名间求之,而未及乎其大者。遮害口之道,则以王莽河为故渎矣;《淇水》、《洹水》诸篇,则及于曹氏所遏之白沟矣;浊漳水由清漳入河而至是尽改其旧。是岂可尽以为经注之相淆哉。

吾故曰:东京初人为之,曹魏初年人续成之,是不易之论也。

杨守敬在其《水经注疏·凡例》中说:"自阎百诗谓郭璞注《山海经》引《水经》者七,而后郭璞撰《水经》之说废。自《水经注·序》出,不言经作于桑钦,而后来附益之说为不足凭。前人定为三国魏人作,其说是矣。"戴震武英殿本《水经注校上按语》中所证《水经》作者只及三国,魏人之说,实始于全氏。杨守敬所说实指全氏,由于杨氏见此说于七校本之中,而七校本被林颐山斥为伪造,所以他只好含混地说"前人定为三国魏人作"云云。张穆在其《赵戴〈水经注〉校案》中就说得十分清楚,他说:"戴氏谓《水经》为三国时人作,此语亦本谢山。"

第五,全祖望对其七次校勘郦注,引用了大量参考文献,并把参考文献列于卷首,在历来的郦注校本中,这也是他所首创的。他列于五校本卷首的参校诸本,计有柳大中金本,杨用修慎本,黄五岳省曾本,归熙甫有光本,吴中珩琯本,朱郁仪谋玮本,清常道人赵琦美本,谢耳伯兆申本,朱无易子臣本,卧园孙潜潜夫本,钟伯敬惺本,周方叔婴本,陈明卿仁锡本,吾家阿育王山房本,黄南雷宗羲本,顾亭林炎武本,顾宛溪祖禹本,黄子鸿仪本,胡东樵渭本,阎潜丘若璩本,刘继庄献廷本,钱尊王曾本,姜湛园宸英本,何义门焯本,沈绎南炳巽本,赵东潜一清本,施慎甫廷枢本。

全氏列举上述27种本子,并在若干本子之下作了夹注。必须指出的是他在"刘继庄献廷本"下夹注说:"以上六本(按:指顾炎武、顾祖禹、黄仪、胡渭、阎若璩、刘献廷)皆未得见,但旁见于其所著之书甚多。"全氏列举顾炎武等六本,又声明不见其书,仅从六人的其他著作中"旁见",因为此六人治郦的声名甚著,对全氏来说均属前辈,全氏不能不列其名,而他们的治郦成果确实都在全氏所见的其他著作如《肇域志》、《方舆纪要》、《禹贡锥指》、《古文尚书疏证》、《广阳杂记》等之中。

以上总结的全祖望在郦学领域中的五项开创性研究,充分说明了全氏和他的校本在郦学史上的崇高地位。却因一场七校本的风波,全氏校本和全氏本人都蒙受损害;而正是因为天津图书馆所藏的现在影印出版的五校本,使郦学史上的这场风波真相大白,追昔抚今,令人不胜感慨。

按全氏毕生校郦七次。据吴传锴《双韭山房书目》,[⑦]其五校、六校、七校都留有校本。全氏死后著述流散,其七校本先后经王梓材和董沛的整理,在他死后133年(即光绪十四年,1888年)才由薛福成刊行问世。却不料有一位被胡适称为"有学问的秀才"[⑧]林颐山,斥责"王录(按:指王梓材)序跋,大非可信之书",[⑨]所谓"序跋",当然是指的《序目》和《题辞》。林颐山其人其事以及他指斥的动机,我在拙作《全祖望与〈水经注〉》[⑩]一文中已经有所论及,这里不拟赘述。光绪中,王先谦在长沙编纂《合校水经注》,竟轻信了林的言论,没有把七校本的成果收入在他的校本之中,并在卷首《例略》中写明林斥责七校本作伪之事。王先谦是名人,合校本是名书,林颐山的言论由于此书而广为传播。这实在是郦学史上一件很不幸的事。

《序目》和《题辞》实在是全祖望为郦学史所作的巨大贡献,却因林颐山之言而蒙受不白之冤。这场风波至于胡适而发展到极点。为了证明《序目》、《题辞》和七校本的作伪,兼及全氏本人的治学态度,胡适做了大量考证,写了许多文章。他在《证明全校〈水经注〉是伪造的》[⑪]一文中说:"这篇《题辞》是王梓材颇用心作的文章,全篇摆出一个《水经注》学者的大架子,装出眼空一切的神气和调子,洋洋洒洒地讨论几个重要的《水经注》问题。初读这篇文字的人,往往被他一派大架子吓倒了,都不敢怀疑他的欺诈性。""有不少的错误,不少的漏洞,不少的笑话。这时候我才敢断定这篇《题辞》是王梓材伪造的,绝不是全谢山的手笔"。胡适对王梓材和《题辞》的口诛笔伐还不止于此。在《〈全氏七校水经注〉四十卷的作伪证据十项》[⑫]一文中,实在已经达到了破口大骂的程度:"证明王梓材的荒谬诈欺,绝无可疑,也绝无可恕。……这真是王梓材白日见鬼了。"

胡适同时也贬低全祖望的治学态度和郦学成就。对于全氏所说的他的先世治郦的事,特别是关于体例中的注中有注、双行夹写的见解,胡适说:"文人往往捏造来源,谢山尤多此病。"[⑬]甚至说:"我在十年中积下了几百条无可疑的证据,使我对谢山不能不怀疑他的为人与为学。""不忠厚,不老实。"[⑭]又说全氏"对于郦书毫无心得"[⑮],如此等等,不胜枚举。

胡适过度地相信他自己的聪明才智,相信他的考据本领,藐视《序目》、《题辞》和它们的作者郦学泰斗全祖望。在这个他自以为铁证如山的案子中,他实在已经达到了一意孤行的程度。而使他猛然觉醒的,正是天津图书馆所藏的这部五校抄本。当他读了此本,以后又读了上海合众图书馆的另外几种全氏校本,他终于恍然大悟,改正了他多年坚持的错误。他说:"我研究的结果,使我不能不承认我从前的判断错误。我不能不承认:一、五校本里一百廿三水的次序,经全谢山亲笔排成一个合理的新次序,而这个新次序和王梓材传抄出来的五校本《水经序目》完全相同,可见那一卷《水经序目》是真的。二、王梓材编定《全氏七校水经注》,而《水经题辞》与《水经序目》都明说只是五校,可见这两卷都还是谢山原文,没有经过王梓材改动。王梓材说和他的弟子陈劢用《题辞》与《序目》来整理谢山的《水经注》校本残稿,我相信是真话。"[⑯]在这样的情况下,他当然也不得不替王梓材平反,肯定王梓材"抄写谢山的校语确很严谨"[⑰]。凡此种种,我在拙作《胡适与〈水经注〉》[⑱]一文中已述其详。

按董小钝所编年谱,全祖望校郦始于18世纪中叶,而全氏于乾隆二十年(1755)谢世,则五校本当成于18世纪50年代之初。此本浮沉世间已近两个半世纪,在这期间,不仅是全氏校本,特别是郦学圭臬的《序目》、《题辞》备受讥议,而赵戴《水经注》案,竟成为我国学术界罕见的悬案。所幸全氏此书由于天津图书馆的珍藏而得以在40年代之末重出而为郦学界振聋发聩,使《序目》、《题辞》从此在郦学史上永放光芒。赵戴《水经注》案如今也终获澄清。今睹此本中的赵氏校语,益足证全、赵在郦学研究中互相琢磨、共同提高的学术友谊,为郦学界树立了令人景仰的楷模。所以全氏校本的影印出版,不仅在郦学研究中具有重要价值,而在我国郦学史甚至全部学术史中,其意义也不可估量。现在这一部皇皇巨构终于公开问世,感奋之余,爰为之序。

1996 年 4 月于杭州大学

注释:

① 台北艺文印书馆 1991 年版。

② (清)同治《鄞县志》(光绪三年刻本)卷五四《艺文三》。

③ 《胡适手稿》第三集上册。

④ 《丹铅杂录》卷七。

⑤ 《水经注释·附录》下。

⑥ 《书赵校〈水经注〉后》,《胡适手稿》第五集下册。

⑦ 《全氏七校水经注·附录》上。

⑧ 《胡适手稿》第二集下册。

⑨ 胡适《跋合众图书馆藏的林颐山论编辑全校郦书的函稿》,《胡适手稿》第二集下册。

⑩ 《历史地理》1993 年第 11 辑。

⑪ 《胡适手稿》第二集上册。

⑫ 《胡适手稿》第二集上册。

⑬ 《与钟凤年先生论〈水经注〉的四封信》,《胡适手稿》第四集下册。

⑭ 《复洪业、杨联陞函》,《胡适手稿》第六集上册。

⑮ 《复洪业函》,《胡适手稿》第六集下册。

⑯ 《上海合众图书馆有叶揆初先生收藏的全谢山〈水经注〉校本三种》,《胡适手稿》第三集上册。

⑰ 《复洪业、杨联陞函》,《胡适手稿》第六集上册。

⑱ 《中华文史论丛》1986 年第 2 辑。

原载《全祖望校〈水经注〉稿本合编》,

中华全国图书馆文献缩微复制中心 1996 年版

《水经注疏·江水校注补》序

　　《水经注疏·江水校注补》已由近代著名郦学家熊会贞之孙熊茂洽先生等著作完成，行将出版。在这个郦学名省，由郦学世家赓续郦学先贤的事业，实在令人不胜感慨。湖北省是长江横贯的"华中泽国"，它西承三峡，东连彭蠡，北受沔汉，南包云梦。在这样的自然环境中，郦学研究的兴起和发展，显然事非偶然。杨守敬在湖北省的郦学研究中，当然起了带头作用，但此省重视舆地之学的传统，实地具有相得益彰的意义。据吴天任《杨惺吾先生年谱》："湖北总督张香涛电邀先生任两湖书院教习，守敬治旧地理，邹代钧治新地理。"此所谓"旧地理"即是历史地理，而"新地理"即是近代地理。由此可知，两湖书院实为我国首先开设地理课程的高等学府。抗日战争胜利以后，另一位鄂省学者唐祖培（节轩）任国立湖北师范学院史地系主任，他在系内开设"水经注疏"课程，成为我国高等学校开设郦学课程的嚆矢。所以湖北省在郦学和舆地之学方面，渊源深厚，人才辈出，在全国遥遥领先。

　　《水经注疏·三峡注补》和《水经注疏·江水校注补》都是以《水经注疏》为基础的郦学研究成果。《水经注》一书，自从宋初散佚以来，经过历代郦学家的辛勤整理，到明万历朱谋㙔著成《水经注笺》，才初步探获了郦学研究的门径，到清乾隆全、赵、戴3家校本，特别是戴震武英殿本的面世，终于奠定了郦学研究的扎实基础，及至清光绪三十一年（1905）杨、熊《水经注疏要删》及《水经注图》相继刊行，使郦学研究又进入一个新的阶段。杨氏下世以后，熊会贞继续耕耘了20余年，留下了几种《水经注疏》

抄本。尽管这些本子与熊氏《十三页》的要求都还有颇大距离，但从此以后，郦学研究开始登堂入室，获得了前所未有的成果。所以杨、熊以后的郦学研究，实际上都是在《水经注疏》的基础上，进行深入、提高和扩展。日本著名郦学家、前京都大学人文科学研究所所长森鹿三教授领导日本的许多郦学家，从 1964 年—1970 年间，在京都大学举办了一个"《水经注疏》订补研究班"前后达 6 年之久，在《水经注疏》的基础上，翻译出版了第一部日文译本《水经注（抄）》。

按：《水经·江水注》是全部郦注中篇幅仅次于《河水注》的重要卷篇，但也是缺佚甚多，经后来的郦学家勉为凑合的卷篇。正因为如此，这一卷篇很受现代郦学家的重视。森鹿三的高足之一藤善真澄教授，曾在大阪关西大学开设"水经·江水注"的专门课程。我于 1983 年秋应邀到该校大学院（研究生院）任客座教授，因此，在我的讲授中也列了《水经·江水注》研究的课程，并在讲学后整理加以发表。现在熊茂洽、曹诗图等在经过多年的辛勤以后，也完成了对《水经·江水注》的研究，为《水经注疏》此篇，做了精详的注释、校勘、补充。在他们来说，既缵先人之绪，又为郦学研究做出了贡献，确实是值得赞赏的。

《水经注疏》现在流行的版本有北京科学出版社影印本、台北中华书局影印本、南京江苏古籍出版社排印本。这 3 种版本，虽然出版有前后之别，内容有精粗之分，但它们所依据的，都是熊氏生前抄录的本子，其中台北本的底本远胜于北京的底本，但是也不符合熊氏在世的最后几年亲笔写成的《十三页》的要求，熊氏所说："此全稿复视，知有大错。"也未获得改正。正因为如此，就被个别心术不正、投机取巧的人钻了空子，捏造了所谓"誊清正本"进行招摇撞骗，几乎又成为郦学史上的一个疑案。著名郦学家如汪辟疆、吴天任先生等都受其蒙蔽，我曾先后撰有《关于〈水经注疏〉不同版本和来历的探讨》、《关于〈水经注疏〉定稿本的下落》已有杨、熊的传记诸文，但对于"誊清正本"的事，却无法廓清。

现在，使人振奋的是，通过熊茂洽几次与最后执底稿人杨勉之及其子杨世汉面谈、查证，已经真相大白，即台北影印本的底本（现藏台湾"中央图书馆"）就是熊氏的最后本子。这个本子就是抗日战争时期由前中央研究院保藏的本子，此外绝无所谓"誊清正本"。感谢熊茂洽先生于 1993 年不远千里惠临舍下，与我详谈了此中经过。后来熊茂洽在《水经注疏·三峡注补》卷末《后记》中公开说明了这个问题。所谓"誊清正本"的种种流言，其实都是如胡适先生所说，出于"存心盗名，有意作伪"者之口。汪辟疆先生是一位正人君子，误信了这种谎言，因而造成了郦学界多年来以讹传讹是非莫辨的误会。因此我在拙作《汪辟疆与〈水经注〉》一文中作了结论："现在，通过我这几年的继续调查，并且与熊茂洽做了面谈，汪氏所说的'誊清正本，其实真相已经清楚。

这个弄虚作假的本子,没有再加以重视的必要。"

　　贺昌群先生在北京影印本卷首《影印〈水经注疏〉的说明》中提出了"长江后浪推前浪"的话。对于郦学研究来说,这是很重要的启示。杨守敬是《水经注疏》的创始人,但是他生前撰述最后留存于今本之中的其实不多。由于熊会贞在其老师下世以后惨淡经营20余载,书凡六七校,稿经六易,所以汪辟疆在其《杨守敬熊会贞传》中指出:"实疏泰半出自熊氏。"我在拙作《熊会贞"郦学"思想的发展》一文中,曾列举许多事实,说明了熊氏在杨氏去世以后20余年中郦学思想的提高和发展。我在为他所作的传记中指出:"其实,只要把疏文做过一番研究的人,都会看得出来,'会贞按'的疏文和'守敬按',其实属于熊会贞的疏文,几乎占了全部疏文中的大多数。假使与《要删》相比,更可以看到熊氏的疏文在质量上也有很大的提高。青出于蓝,原是事物发展的必然规律。《水经注疏》当然是杨守敬和熊会贞二人合作的成果,但是,从郦学研究的成果来说,熊会贞显然已经超过了他的老师。"现在郦学研究中的这种"后浪推前浪"的形势仍在继续发展,几年以前,杨世灿、熊茂洽合作的《水经注疏·三峡注补》,曾经对长江三峡段的疏文进行了标点、校勘、注补。现在熊茂洽、曹涛图等又对《江水注》的疏文(包括注文)做了考证、注释、补充,再一次让《水经注疏》获得充实和提高。

　　《水经注疏》记载的内容遍及全国大部分省区,所以郦学研究很有分工的必要。我原希冀于我点校的武英殿本出版后,才能分省、分流域请各方面专家合作共事的工作,现在谢鸿喜的《水经注山西资料辑释》一书竟在武英殿本出版前面世,令人喜出望外。现在湖北省的郦学研究又结硕果,我所长期希望的分省、分流域的郦学研究,或许可以加速实现。

　　对于民国以来郦学研究中的良好学风,我在拙作《民国以来研究〈水经注〉之总成绩》一文中都以熊会贞为例,除了我对熊氏毕生为学为人的崇敬以外,也表达了我对杨、熊《水经注疏》在郦学领域中所取得高度成就的重视。湖北省是杨、熊的家乡,《水经注疏》是此省郦学先贤的杰出成果。为此,对当代湖北郦学家的工作值得做出更高的评价和更多的关注。希望湖北省在分省、分流域的郦学研究中成为大家学习的榜样,让当代的郦学研究获得更大的发展。

1996 年 1 月于杭州大学

原载《水经注疏·江水校注补》,武汉水利电力大学出版社 1999 年版

关于《郦道元评传》的《序言》

引　言

我于 1988 年接受南京大学匡亚明先生主编的《中国思想家评传》丛书的约稿,到 1990 年开始撰写完稿,当时,我曾为此稿撰成一篇《序言》,但交稿时考虑了一下,又把这篇《序言》抽下了,此事原因,下面再作交代。

我接受此书的撰写任务,其实是由谭其骧先生敦促而成的。谭先生长我 12 年,虽然我无缘在他门下受业,但在道德学问上,我一直把他当做尊敬的老师。他也一直对我关怀备至,视同出于他门下。为此,对于他的嘱咐,我历来都是唯唯受命的。不过这一次却有一点波折。记得他是 1988 年秋天写信给我的,说匡亚明先生正在组织一套《中国思想家评传》丛书,内容涉及许多历史人物,匡先生要谭先生介绍一些作者,所以他已向匡先生推荐我撰写《郦道元评传》。

为郦道元写传记,这是我已经做了多年而且一直继续在做的工作。我于 1987 年在上海人民出版社出版了一本 10 万字的小册子《郦道元与〈水经注〉》,虽然内容对郦道元其人和《水经注》其书平分秋色,但毕竟涉及了不少郦氏生平和思想。1988 年,我又在《地理学报》发表了《郦道元生平考》一文,这或许是高级科学期刊中第一次发表的郦氏传记。同年,我用英文写的《郦道元》一文,在英国出版的,由著名地理学家弗里曼教授（T. W. Freeman）主编的《地理学家传记研究》（*Geographers Biographical Studies*）第 12 卷发表，这也是一篇相当长的郦氏传记，而且或许是用外文在外国刊物上发表的第一篇郦氏传记。所有这些，在出版或发表以后，我以原书和油印本寄给谭先生求证，这是他都知道的。所以他认为要我写《郦道元评传》是顺理成章的事。对我个人来说，我也并不以发表在《地理学报》和外国刊物上的这些论文为满足，我是有心愿为这位历史上的著名人物写一本较大的传记性专著的。这种打算，我也曾经和国内及港台的某些出版社透露过，他们都表示愿意接受此书的出版。谭先生送来的这个消息使我有些愕然的是，我颇不愿意把我的著作纳入一套丛书，而且是大造声势的丛书之中。这套丛书的来头不小，使我很怕，随着这种来头，对作者的约束或许也不会小。因为书名不称"传"而称"评传"。这种"评"，是否有什么框子？受什么"指导"？由于长期来所接受的不少经验，对于这种来头很大的写作任务，我实在惴惴于心。当然，后来的事实证明，情况和我所估计的完全不同，下面再作说明。当时我给谭先生写了一封简短的复信，说明：第一，为郦道元作长篇传记是我原有的计划；第二，眼下工作很忙，不打算实行这种计划，所以不能接受《评传》的写作任务。谭先生立刻又来了信，因为平时我们之间可以说无话不谈，我在学术上的许多观点他是知道的。他的信大概也包括两种意见：第一是勉励敦促，写了一些如"为郦氏立传非你莫属"之类的话；第二是让我放心，他说现在形势已经不同往昔，写这类学术专著，可以"畅所欲言"。所以我是在谭先生的嘱咐下接受此书的写作任务的。

　　要为郦道元写一种大型传记，情况与在《地理学报》或《地理学家传记研究》等刊物中的不超过 1 万字的论文很不相同。为了说清郦道元的时代背景，必然要牵涉到许多不同时代的人、地、事、物，并且对他们进行评价。对于这种评价，过去的确有过一套不得不遵循的规范，如何者可评，何者不可评，何者应这样评，何者应那样评等等之类。但我实在极不愿意这样做，违心之言，是我素所不愿启齿的。在历次政治运动中谈的是政治，我非政治家，发言时照报纸读几句，明知其非，也有可以自我宽恕的理由。但为郦氏写传记是学术，而且是我毕生从事的学术，假使在这个问题上我不能就我多年来形成的观点畅所欲言，那么我宁愿保持缄默，绝不说一句违心的话。譬如议论郦道元从大时代的背景来说必然要涉及秦始皇，而我从开始读史的年轻时代起，对于这位暴君就绝无好感，而且深恶痛疾。因为他不仅对人民暴虐无道，而且特别仇恨知识分子，他是我国历史上第一个大兴文字狱的可憎暴君。

　　另外，在郦传的写作中，必然要涉及曾经为不少人赞扬过的、被郦道元痛恨的秦始皇的"万里长城"。对于这种由古代人民尸骨堆成的历史文物，我曾经攀登过八达岭和慕田峪等明长城，的确气势雄伟。我在陕西韩城一带考察过战国长城，不过是一条夯土堆叠起来的土垣,夯土剥蚀之处,夯窝密集,说尽了当年夯土者的血汗。而秦长城,这条被杨泉《物理论》描绘为"尸骸相支柱"的土垣,到了郦道元的时代,除了说明秦始皇对汉族北疆的短见与懦弱以外,已经完全失去了作用。一个历史地理学者毕竟与旅游者或者写报告文学和诗词的人心境不同,我实在无法讴歌这种历史文物。

由于郦道元在《魏书》中被列入《酷吏传》,为此,我对这部在清初被定为"正史"的《二十四史》也颇有一番牢骚。我年轻时曾有计划利用业余时间好好读一读这部史书,开始,我是很认真地一篇一篇细读,可惜花了很多年只读完《旧唐书》,引为毕生遗憾。所以总的说来我对"正史"不仅重视,而且尊重。1989 年,我曾为《中国思想家评传》丛书的一次座谈会写过一个《书面发言》(结果没有寄发),也论及所谓"正史",我说:

> 历来正史立传,常常是以官定人,历史上有不少学识渊博、思想出众、著述等身的优秀人物,由于官职低微或未入仕途,泯泯然不见于正史者,所在多有。正史上多少无所作为的帝王将相,史官为他们立传,动辄千言。而其实,到后世史籍浩瀚,他们虽然有长篇传记,却是内容平凡,言语空洞,如今除了偶然为历史学家所触及外,其泯泯然不见于世正与庶民同。

这几句话只是埋怨"正史"为郦道元所写的传记过于简单,其实"以官定人"这种传统不仅由来已久,而且根深蒂固,看到眼下有些讣告上所写如"享受正局级待遇"之类的令人作呕的字句,就可以谅解《魏书》和《北史》。在这方面的疏缺实属情有可原。令人气愤的是《魏书》置郦氏于《酷吏传》。诬郦于酷,这当然是《魏书》主编魏收的过错,我为郦氏作传,辨正这一点无疑是我的责任。但"正史"的体例不在我议论的范围之内,而其实我对"正史"设《酷吏》、《佞幸》二传而不设《暴君》、《昏君》二纪,长期来一直不满。我明知这类事用不着我这个史学界以外的人饶舌,但是为了替郦氏作传,又回避不了这个问题,所以不得不顺便说几句,或许也会被认为是多此一举的。

由以上种种原因,所以当谭先生开始向我约稿之时,我颇感我准备要写的此书,不适宜纳入一种来头很大的丛书之中,以免日后使主编、责编甚至谭先生为难。直到谭先生说了"畅所欲言"的话以后,而且由于谭先生和我实际上存在的师生关系,我才接受了此书的写作任务。

在我接受了这个任务以后,尽管谭先生说过这样的话,但作为一套高规格的丛书,从指导思想到文字体例等等,必然有一些作者必须遵循的规范。和我原来准备撰写而单独出版的郦氏传记显然是有差别的。我既然遵谭先生之嘱接受了此书的写作,除了我长期来形成的如上所述的观点不能改变以外,其他方面我不仅愿意照办,而且为了减轻责编在编辑工作上的负担,我是希望有一种范本或者是有一次学习机会的。大概是在1989年秋季,我接到南京方面的书面通知,邀请我去参加一次《中国思想家评传》丛书的讨论会。这本来是我求之不得的事,可惜当时我正忙着准备出国,不得不写了上面已经提及的不到3000字的《书面发言》。一开头就说:

> 知道《中国思想家评传》丛书的一次讨论会将在南京举行,我实在很愿意参加这个会议,因为这样的会议肯定对我大有帮助。遗憾的是我早就接受了日本广岛大学的邀请,这个时候正要去日本讲学,只好写一点书面的想法在会上交流。希望我从日本回来以后能够看到一份会议的发言记录,让我从中获得教益,以弥补我不能出席会议的损失。

但我于当年年底回国以后,在积压了几个月的大堆书信中,没有看到这次会议的发言记录之类。由于工作一直比较忙,也就不再追查这种资料,而按我自己历来的思想观点和内容设计,于次年动手写作。由于我是长期研究这个课题的,所以写作过程当然比较顺利,做到了按时交稿。在完稿以后,我写了一篇《序言》,除了说明写作经过和简要内容以外,又简单提及了我在若干问题上与许多人不同而又或许为许多人所不容的积愫。记得稿件完成待寄前,我校地理系主任王德瀚教授告诉我他要去南京一行,他是从这个学校出来的,情况当然熟悉,我就决定请他顺便带去。在稿件交给他的前夕,我考虑再三,临时抽下了卷首的《序言》。我是由于两种原因而做出这个决定的:第一,《序言》中说到了我对秦始皇和万里长城之类的观点,考虑到颇有一些人士,尽管并非历史学家甚至并不涉足学术,或许连郦道元其人、《水经注》其书也素所疏阔,但对于秦始皇其人和万里长城其物却很有偏爱。这些人士原来不会去翻读此书,我在《序言》中写出了这类观点,等于告诉他们书中有一些引起他们不愉快的言论。与从事学术的人讨论问题,哪怕是意见截然相反的问题,我是十分愿意的。但是对于那些意气用事的或超乎学术的议论我毫无兴趣,这从我对赵戴《水经注》案纠缠不休所持的一贯反对态度中可以证明。为了不要出现这类节外生枝的事情以免主编特别是责编的为难,所以临时抽去《序言》。第二,当时这套丛书,已有好几本出版并且为我所见到,每本书的卷首都冠以一篇主编匡亚明先生所写的《中国思想家评传》丛书《序》。这是一篇堂堂正正的总序,序内特别强调了"坚持百花齐放、百家争鸣的原则"。既然各书都冠这样的总序,则我的《序言》实在属于多余,所以就毫不可惜地予以抽去。

王德瀚先生回杭就告诉我稿件已经妥为送到。在此后的一年多时间中,记得丛书副主编吴新雷教授曾来过杭州,到舍下造访一次。不过我始终不曾写过一字一句到南京探询稿件的处理情况,因为尽管有匡先生的总序和谭先生的鼓励,但是我还是做好思想准备。原稿的文字润色,责编当然驾轻就熟,不过如果要修改内容,我无疑会采用收回稿件送到别处出版的办法。我并不希望发生这样的事情，但是也并不介意这种事情的发生。因为假使如此，首先是我对谭先生有理由交代；其次是我相信，此书会比纳入这套丛书中出版得更快。

1992 年秋季，我因颈椎病住了医院，就在这期间发生了谭先生的变故，我十分悲痛，但是只能派一位助手代表我到上海参加追悼会。这时我才想起，谭先生之前嘱咐我写的这本书交稿已一年多，却尚无下落，心中不免有愧对师长的感触，因而想到或许有写信到南京询问一下的必要。不过因为住院两月，出院以后事情一大堆，这年恰逢我虚度 70 之年，回校第一件事是学校领导和地理、城市两系及几个学会为我举行的生日庆贺会，由于来了一些外地客人，不免忙碌了几天，随即又到上海参与复旦大学吴松弟先生的博士论文答辩。复旦的朋友们又为我举行了一次丰盛的生日宴会。说实话，这次的上海之行，尽管朋友们热情相待，但是由于这是多年以来第一次见不到谭先生的上海之行，心中不免怆然，而且又想到他老人家嘱咐之书尚无音讯，决定返杭后写信查询。

事情或许属于巧合，这年 12 月底我从上海返杭，在不少信件中看到了南京大学《中国思想家评传》丛书的来信，信是由一位署名巩本栋的先生所写的，至此我才知巩先生是此书责编。他告诉我，书稿已经审阅通过，并且对书稿表示了赞赏和祝贺。赞赏和祝贺当然是巩先生的客气，其实，由于这年祝寿，我的两位助手合作整理了我的著作目录，进行编印，我才知历年以来出书已有 40 种。多此一种，实在无足轻重，不过由于此书是谭先生嘱写，来历不同。所以我特别关心的是巩先生来信中没有提到对内容的商榷问题，这就使我放心。尽管谭先生不能见到此书，但此书不必再作什么周折，可以按照谭先生的嘱咐纳入这套丛书。

1993 年夏季，巩先生把此书的三校样寄来，要我再校对一次，并且做一个索引。我仔细看了校样，十分感谢作为此书责编的巩本栋先生，他是一位尊重学术、尊重作者而又恪尽职责的学者，他不仅绝未改动涉及我的观点的内容，而且又十分仔细地修改了原稿中的错漏字句，逐条核对了我的引文，甚至连我在匆忙中发生的标点符号的疏忽也不轻易放过。至此我才领悟，匡亚明先生为了主编这套丛书，在实际工作方面确实选用了一批能人，巩本栋先生就是其中之一。有了这样的一批能人，丛书的质量肯定是可以保证的。

《郦道元评传》终于在 1994 年冬出版，当我拿到巩先生寄给我的第二批样书时，我又一次闭目凝神，回忆了嘱咐我撰写此书的我的老师谭其骧先生。当年临时抽出的《序言》仍在我手边，为了不使我的郦学研究成果散佚，在说明此事缘由以后，现在重新再把这篇《序言》录出以留纪念。

序　言

　　《郦道元评传》终于写成，从我个人的郦学研究来说，又算完成了一项我原来计划要做的工作。我是一个不大讲究计划工作的人，在郦学研究中要做的事，心中也不过有一种次序先后的约略概念，何者先做，何者后做，一般不会自乱次序。但其中有两件事，却显然因为外来的原因而做了时间上的很大变动，把原来计划晚做的事情做了颇大的提前。

　　这中间第一件事是《水经注疏》的点校工作。这是《水经注》现存版本中的第一部大书，1957年北京科学出版社影印出版的此书错误百出。我在70年代末期就获知台北中华书局影印出版了经过熊会贞多次校阅的稿本《杨熊合撰水经注疏》，而于80年代初就通过日本学术界的朋友获得了这部巨著。于是我就计划在较晚时候，利用台北本把北京本点校一次，但是后来事情发生了变化。

　　1979年夏季，我在秦皇岛出席中国地理学会，回程中到天津住了几天，阅读天津图书馆所藏的全谢山五校《水经注》抄本。由于从天津到南京有民航班机，我又转到南京，在颐和路南京图书馆古籍部核对《大明舆地名胜志》中的几段《水经注》佚文，却不意在馆中与段熙仲先生相邂逅。他正在馆中以北京本作底从事点校工作，全然不知道台北本的出版。他的工作是受北京中华书局委托的，当时已经进行了3年，由于底本的错误太多，感到一筹莫展。他当时已年届8旬，但精神旺盛，使我不胜钦佩。我们以往虽未曾谋面，但早已互知姓名，所以一见如故，从此就开始通信。

　　次年，日本关西大学教授藤善真澄先生就把整套台北本邮寄给我，在当时大陆上恐怕还是第一部，我立刻把这消息告诉了段先生，并且在《杭州大学学报》发表了此书书评，列举了它远胜于北京本的许多优异之处。我当时曾向段先生建议，要北京中华书局向台北同行购买一部，以便于他的点校工作。而当段老看了我书评中以《渐江水》一篇为例所作的两本对比中，立刻清楚，他用北京本做这种工作的底本，实在是浪费精力。但事情显然进展得并不顺利，详情我并不清楚，但北京中华书局并无向台北购书之意，而且不久又不知发生了什么原因，北京放弃了此书的出版，而把它转移到江苏古籍出版社。这中间，段老曾几次写信要求我与他合作从事这项工作。由于他的耄年笃学，我在复信中确实不忍明确拒绝他的要求，但是由于我手头工作很多，复信中也绝未同意过他的建议。1983年秋，我应日本关西大学研究生院之聘前去讲课数月，返杭不久，在处理积压的书信之中，看到段老有将全部点校书稿送到我处的意思，而在我尚未不及复信表态之前，他已请其一位亲戚用一辆小面包车把全部书稿从南京送到杭州舍下,我是在这样的情况下接受这项任务的。此后两年之中,我原来的一切计划都陷于停顿。交稿以前,又蒙段老嘱托,写了一篇作为序言的《排印〈水经注疏〉的说明》,是一篇上万字的长文。此书于1989年由江苏古籍出版社出版。可惜段老竟早此前两年去世,看不到他辛勤耕耘数年的成果,使我不胜遗憾。这件事发生在南京,书也在南京出版。

我在郦学研究中的第二件这类事也发生在南京,而最后的成果也将在南京出版,这真是一种巧合。此书就是我现在交稿的《郦道元评传》。

对于为郦道元撰写传记,这是我早年就决定了的计划。在我的郦学生涯中,我一直为此有所准备。我在1988年的《地理学报》第3期中发表过《郦道元生平考》一文,又在同年出版于英国的《地理学家传记研究》(*Geographers Biographical Studies*)第12卷发表了用英文写的《郦道元》一文。我为华中师范大学刘盛佳教授《地理学思想史》一书所写的长篇序言中,也以郦氏生平业绩为中心。不过由于《魏书》为他立传只有309字,而《北史》为他立传也只有612字,还包括全录《魏书》在内。因此,要为这位著名人物写一部专著性的长篇传记,必须多方搜集资料,从长思考以求融会贯通,然后动笔,才能得心应手。所以我个人的打算是继续做一点郦学研究的基础工作,郦传的写作不宜过早。

1988年,由于谭其骧先生的勉励和敦促,我才知道匡亚明先生正在主编一套《中国思想家评传》丛书,而其中的《郦道元评传》要由我执笔。在经过一番协商以后,我终于没有拂逆谭先生的嘱咐,接受了此书的撰写任务。也就是说,在我的郦学研究诸课题中,又一次提前了一项原来安排在日后的工作。当时,我的《水经注研究三集》正在整理,准备交稿。而《读〈水经注〉札记》也正在陆续脱稿(后来在香港《明报月刊》分期发表)。我只好调整计划,集中力量,先完成《三集》,于次年交稿。《札记》则暂时告停,开始把研究力量转到《评传》中来。经过一年多的工作,现在终于完成了这部近20万字的稿子。使我高兴的是,我的这两次研究计划的改变,都是受我的长一辈学者的嘱咐。段老虽然最后没有看到这部巨构的出版,当他把全部点校资料,从南京车载杭州时,心情的迫切可以理解;当他知道我终于收下了他的书稿时,必然感到宽慰。至于谭先生,我一直把他作为尊敬的老师,我能如期交稿,不负他的嘱咐,或许是能够使他满意的。

《评传》的内容我不拟多说,除了《魏书》和《北史》的十分有限的材料以外,对于郦道元的思想、治学方法以及《水经注》贡献和郦学源流等,一部分根据我过去陆续发表的论文,另一部分则继续求之于郦注。我在1989年秋季为《中国思想家评传》丛书讨论会所写的《书面发言》中就已经提到:

郦道元虽然在正史上寥寥数言,但却有三十多万字的不朽名著留传后世,他毕生的思想和活动,都可以在这三十多万字中进行探索、分析和提炼,虽然这中间有大量细致的工作要做,但是我认为只要下工夫,我的任务或许是可以完成的。

《评传》的确是按我上述书面发言的话撰写的,许多资料都曾经在我已经出版的3集《水经注研究》以及发表于香港《明报月刊》的各篇《读〈水经注〉札记》、发表于《中国历史地理论丛》的各篇《郦学札记》中引用过。唯一不见于上述文献的,是我对《魏书·酷吏传》的分析和批判,这也是我长期来准备要做的工作。《魏书》把郦道元置于《酷吏传》,这当然是一个史学小人魏收的卑鄙勾当,但是"正史"修撰中的一个极不公正的体例,正为这类小人钻了空子。对于这个问题,较《魏书》晚出100多年的《北史》其实已经为郦氏平了反,但不经过分析,人们不容易察觉《北史》的平反性质。清赵一清虽然对此仗义执言,但他的话实在没有超过《北史》,所以我不免要多说几句。

此外,对于撰写《郦道元评传》必须涉及的人、地、事、物中,让我一吐积愫的是秦始皇这个暴君和他用"尸骸相支柱"的代价所修造起来的这条夯土建筑物,即所谓"万里长城"。我的观点很可能是某些先生们所很不乐意的,知我罪我,可以公论。

1990 年 12 月

后　记

《郦道元评传》第二章《郦道元及其家世》中,我引《水经·巨马水注》中的一段,说明郦氏家乡在今河北省的涿州市,又引清孙承泽《春明梦余录》,说明郦氏故居郦亭到清代仍然存在。《评传》对此记叙得比较详细,这是因为不仅《魏书》和《北史》对郦氏的籍贯记载都有模糊和错误之处,而近年来,各方对此也有错误的传说,甚至连公开出版的几种辞书中,也发生这类错误。所以我才从历史地理学的观点做了考证。不过地理学重视实地考察,我研究郦学多年,从理论上考证郦氏故居当然不致有讹;但生平从未到过拒马河流域的郦氏故居考察一番,每念及此,实在不胜遗憾。

《评传》于去年冬出版,正值此时,我忽然先后接到石家庄河北省社科院文艺室主任王畅先生和涿州市政协副主席王大丰先生的来信,说河北省社科院和涿州市政府正在筹备一个关于郦道元《水经注》和《三国演义》的学术讨论会,拟在1995年元宵节前后举行,因为涿州不仅是郦氏故居,而且也是刘备和张飞的老家。他们不仅热诚地邀请我参加,并且要我推荐几位京津一带的郦学家与会。承涿州市的盛情,派该市桃园饭店公关经理南下杭州,把我们夫妇于元宵节当天接到涿州,观赏了历来著名的这个

"天下第一州"的元宵灯会,于次日举行学术讨论会。与会的郦学家有杨向奎、王守春、辛德勇、刘福元等先生,讨论非常热烈。我在会上向郦道元的故乡赠送了刚刚出版的《郦道元评传》和我的其他郦学著作,由市委书记杨新世先生代表接受,以表示我对郦氏故乡的一点心意。会议详情和我在会上的发言,已由《光明日报》记者肖海鹰先生于今年2月22日该报作了报道,这里不再赘述。

这次涿州之行给予我的最大满足是让我亲眼目睹了1500年前郦道元在《水经·巨马水注》中所记述的他的故乡。1995年2月16日下午,我们夫妇到达了这个坐落在涿州市南约5公里现名郦道元村的地方,这是一片典型的海河平原地理景观,村落稀疏,沙土绵漫,景色荒凉,殊非《巨马水注》描述的景象。郦亭沟已经干涸,但沟壑尚在,督亢沟则已无迹可寻。不知在洪水季节,它们与今拒马河的沟通情况如何?涿州市决定在此建造郦道元纪念馆,基石已奠,动工在即,令人不胜欣慰。我们夫妇站在基石边上摄影留念,四顾苍茫,溯昔抚今,为之神往。

最后对《郦道元评传》赘述几句。从涿州回杭后,不久又住进了医院。并不是什么大病,只因连续两年没有参加体格检查,加上耳聋和牙病,因估计有近一个月时间活动较少,所以被劝说住入了医院。却不料《光明日报》记者叶辉先生竟为此书寻踪到医院专访,并于3月29日该报以《著名郦学家陈桥驿提出"地理大交流"的新学说》为题,报道了:"《郦道元评传》中提出'地理大交流'这一新学说后,已在国内外地理学界引起很大反响。"这个报道当然使我受到鼓舞,但更为重要的是报道中提到了日本著名地理学家米仓二郎教授的话,他说郦道元是"中世纪时代最伟大的地理学家"。我们的确为此感到自豪。

1995年4月于杭州浙江医院

《水经注校释》跋

　　我想校释一部《水经注》的念头已有半个世纪,而实际上从事这项工作,为时也已超过40年,只是因为各种各样的原因,进度一直很慢。其中一类原因是这四五十年中知识分子都经受到的,可以不必说明;另一类原因是属于我个人的,所以还是说明几句。

　　《水经注》确实是我毕生研究的重要课题,在这个课题之中,研究的内容非常广泛。这中间常常由于几项工作的孰前孰后而煞费考虑。从50年代后期起,我所接触的《水经注》版本开始增加,使我意识到,校释的工作不宜操之过急,于是我就有意放慢速度,有时慢到几乎近于停顿。而转向郦学领域中其他一些内容的研究。例如,由于看到的版本多起来,就开始研究版本,探索各种版本的差异。特别是历来郦学家不很重视但实际上相当困难的地名差异。因为一般字句有上下文可以揣摩,有引及的古籍可以比勘。但地名,尤其是郦注中大量存在的小地名,就很难用上述方法判断谁是谁非。从地名研究又转入与地名相关的地理研究。其中特别是自然地理学的研究,郦学史上基本属于空白。后来又因几次到日本讲授《水经注》,受到该国已故著名郦学家森鹿三的好几位高足的启发,花不少时间进行历代郦学家的研究,这有一段较长的时间。其间我的郦学研究基本上反映在前后出版的《水经注研究三集》之中。正是由于这些工作,占用了我许多原来可以用于校注的时间。当然,这些工作同时也为我的校释积累了不少数据。

　　在这些年代中,我还点校了两种郦注版本。一种是段熙仲先生和我合作的排印本《水经注疏》。此书在当时没有列入我的工作计划,由于段老的坚邀,而他当时已80余高龄,我不得不同意他,不但参与点校,并且为此书写了长篇作为序言的卷首《说明》。为此一书,曾经打乱了我整整两年的工作计划。另一种是武英殿聚珍本,这是我早年就有计划点校的。因为我一直认为殿本是目前最值得通行的郦注版本。正如我在拙作《论〈水经注〉的版本》一文中所说:"殿本以后的不少版本,从疏证上当然比殿本更为详尽,但在校勘的成就方面,基本上都还是殿本的水平。"后来我在这部殿本的《前言》中指出:"我曾经不止一次地指出,我们必须编纂一部新版本的《水经注》,这件工作非常艰巨,需要集中较多的人力和花费较多的时间,现在,殿本的重新点校和排印出版,就为这种新版本《水经注》的编纂走出了第一步。"

　　为了点校上述两种郦注,又拖延了我自己计划的校注工作。而且说实话,对我现在已经校注完成的这个本子,并无多大好处。因为《水经注》和殿本,都是前人校定的本子,我的点校工作,必须严格遵循杨、熊、戴的原著。对于前者,因为段老以错误百出的北京科学出版社影印本《水经注疏》作为底本,而我手头却有大陆学者当时极少收藏的台北中华书局影印本《杨熊合撰水经注疏》。现在已经证明,这是熊会贞生前校定的最后本子。因为这以前,包括我在内,都误信熊氏尚有一部不知下落的"誊清正本"。此事,我在为熊会贞嫡孙熊茂洽先生新著《水经注疏·江水注补》所作的《序言》中已经说明,这里不再赘述。此外,当时我已经获得同样为大陆学者难得见到的台湾影印本《胡适手稿》,对点校工作当然也带来方便。至于殿本的点校,我的目的极为有限。因为《水经注》一书涉及的方面甚广,时至今日,此书在某种程度上已经成为一种学术界的常用工具书。我们日常阅读学者们的专著和论文,包括自然科学、人文科学和文学等等,都会发现其中引及《水经注》的文字。在这样的情况下,一种通行的郦注版本,实在很有必要。而在目前存在的版本之中,最适宜于作为通行版本的,无疑就是殿本。对此,我在拙作《论戴震校武英殿本〈水经注〉功过》一文中已有详细说明。所以我早就有意点校一本不曾受过其他郦学家干扰的纯正殿本,以供学术界的通常应用。此举,我多半是抱着为学术界服务的思想,所以说目的是有限的。

　　现在,我在几十年时间中断断续续校释的本子总算完成了,对此,我应该在卷末说明几句。首先,今年《人物》第一期,承《光明日报》记者叶辉先生为我写了一篇较长的报道,题目是《敢为〈水经〉作新注——记著名郦学家陈桥驿教授》。这篇报道后来又被不少报刊转载或改写发表,广为传播,引起一些学术界朋友的垂询。因为我往年曾经发表过《编纂〈水经注〉新版本刍议》和《编绘出版〈水经注图〉刍议》两篇文章。这些文章后来甚至传播到大陆以外,台北艺文印书馆出版的吴天任教授专著《郦学研究

史》基本上全文照录了我的两种刍议,日本文部省教科书调查官山口荣先生也在他的
论文《胡适与〈水经注〉》[①]之中论及了我的这种刍议。朋友们看到《人物》的报道,纷
纷问我,是否《刍议》即将付诸实施? 所以我得郑重说明,我现在完成的校注本子,绝
非我往年《刍议》的实现。《刍议》的版本是一件郦学研究的大工程,是需要郦学界合
力从事的工作。假使我能独力完成这样巨大的工作,则我当年又何必提出《刍议》。

我所校释的这个本子,仍然是一种供学术界作为工具书使用的通行本子。不过我
自己认为,这是一种比殿本有较高学术性和实用性的本子。这个本子的正文仍依殿
本,没有改动过片言只字。但是删去了殿本的所有夹注,阅读比殿本便利。殿本的大
量夹注如:"按此十字,原本及近刻并作经","按反,近刻讹作及"等等,不论从专著或
工具书的角度,现在的使用者都没有需要。当然,夹注中也有一些有用的东西,仍然加
以保留,但统统移入篇末的校释之中。

本书校释过程中,曾参校了各种《水经注》版本 33 种,各种地方志 120 余种,其他
文献包括前人的郦学研究成果近 300 种。由于在每一条注释中都写明来源,所以除了
33 种《水经注》列表附入外,其余各书均不另行列表,以免冗复。我这个本子参校的文
献较多,特别是各种郦注版本达 33 种,这或许是以前的郦学家所未曾达到的。在郦学
史上,见到版本最多的是胡适。他于民国三十七年(1948)12 月在北京大学举办的《水
经注》版本展览中,展出了各种郦注版本 9 类 41 种。不过他的版本有不少实际上是雷
同的。例如庚类"18 世纪四大家之二赵一清各本",这些本子,虽然刊印的年代不同,
但其实差异极小。另外,他搜罗这许多版本,其目的如他自己所说,只是为了重审赵戴
《水经注》案,并不想利用这些版本校注一种新的本子。胡适十分强调版本的重要性,
他说:"这一百多年争论的赵戴两家《水经注》一案里的许多问题,都只有比勘本子一
个笨法子可以解答。所见的本子越多,解答的问题越多。"[②]我必须在此说明的是,见
到的版本多,当然是一件好事,但是我绝无以此自诩之意。古代郦学家所见的版本少,
这是事实,这是因为古今条件不同,现在信息流通,传播便利。胡适利用他的名气看到
许多版本,如费海玑所说:"三十五年胡先生回国,记者传出他研究《水经注》的话,于
是上海的朋友纷纷把见过的《水经注》告诉他,北平的朋友亦然,于是全国的《水经
注》,均集中到他的寓所,达三大柜之多。"[③]我则利用我的力气,同样看到许多版本,因
为,当年年轻能跑,跑遍国内收藏各种郦注版本的图书馆,跑到国外,也到处找寻。因
为现在和古代不同,各地都有公共图书馆。此外,版本当然有裨于校勘,但我并不认为
版本能解决一切问题。譬如,《水经注》在宋初缺佚 5 卷,这 5 卷,除了零星的辑佚以
外,绝无希望通过搜罗版本得到解决。从此书的考据、校勘来说,有清一代郦学研究的
最大成果之一,是分清了宋明以来的经注混淆。但这一重要成就是全、赵、戴 3 家钻研

经、注文字的体例规律而获得的,并非比勘版本所得。又譬如辑佚,在郦注的辑佚工作中,除了前人从影宋本中补足卷一八《渭水注》脱文420余字(与后来获致的残宋本核对相符)以外,要通过版本比勘从事辑佚,实际上没有可能。我个人曾恃多年积累,辑录郦佚350余条,都不是通过版本,而是从各种引郦文献中获得的。所以,我虽然重视版本,而且也确实锐意留心过各种版本,但是我并不在研究中过分地依赖版本,也毫无因为这个本子参校了许多版本而自鸣得意。

　　我认为《水经注》一书经过长期的辗转传抄、翻刻,除了经注混淆,字句错漏以外,如前面指出的,特别容易致讹的是地名。而地名对于郦学领域中的地理研究却至关重要。为此,我的校注对地名加以突出的重视,凡郦注各本或其他文献引及郦注,在地名上有差异的,我都一一注明。而在其他字句考证方面,除了少数确实重要的以外,就没有像地名那样地逐条校注。这是因为,我的本子以殿本作底,殿本实际上是清初郦学家集体校勘的成果。另外,我点校过《水经注疏》,这是郦学史上注释量最大的本子,杨、熊师生以毕生精力所作的大量注疏,我都逐条仔细过目。所以我的本子完全没有必要重复前代郦学家的研究成果,徒使本子臃肿膨大,既造成使用者的浪费,也不符合我作为一种通行本的宗旨。

　　最后还有两件事需要稍作交代:第一是《水经注》佚文。如前所述,宋初缺佚5卷是此书不可弥补的损失。但佚文见于他书的不少,包括5卷以外在传抄中遗佚的。对此,我用两种办法收入这个校本。其一是从注释本和合校本把赵一清所补的滏水、沼水、滹沱水等各水和谢钟英所补的洛水、泾水收入各有关卷篇之末。其二是把我历年来辑得的佚文录入于有关卷篇的校注之中。这些佚文来源不同,需要区别对待。我曾撰有《论〈水经注〉的佚文》一文,大体上论述了如何对待这些佚文的问题。第二是我在每卷之末(一条河流分成数卷的在最后一卷之末)都附《释》一篇,主要为了说明郦注记及的每条流河在郦注以后的变迁情况和现状,也为了说明这一卷篇的某种特殊问题。例如"庐江水",即使在郦氏作注之时,也是一条并不存在的河流。在这方面,由于我的知识浅薄,或许会有许多疏漏甚至错误,至祈方家们指正。

　　这个校本是几十年中断断续续完成的,在这段漫长的时期中,有许多人曾经帮助过我的工作。我虽无法一一指名道姓,但我实在是铭感于心的。我特别要感谢日本关西大学的藤善真澄教授,他是著名郦学家森鹿三教授的高足。当他慨然寄赠我台北出版的18册《杨熊合撰水经注疏》时,在大陆还没有学者见过此书。当时如无此书,单靠错漏满篇的北京影印本,段熙仲教授和我是点校不出排印本《水经注疏》的。藤善教授在关西大学开设"水经·江水注"课程,这是在中国也找不到的例子。我在关西大学研究生院讲授"水经注研究"课程,也多承他的帮助和合作。另外,我也应感谢已故的香港郦学家吴天任教授,我们虽然不曾见过面,但是在学术上的神交确是值得怀念的。他在郦学研究中的大量成果,当然使我获益不浅(我曾撰有《吴天任与〈水经注〉》一文),而他把《胡适手稿》30 册寄赠我之时,在大陆显然也是稀物。由于此书中收入了胡适研究《水经注》的全部成果,当时流传于大陆的有关胡适郦学研究的道听途说得以澄清,而我的几种长篇论文如《胡适与〈水经注〉》、《评〈胡适手稿〉》、《论胡适研究〈水经注〉的贡献》等也借此得以完成。

希望这个简要的通行本,能够为使用此书的学者和其他读者提供一些方便。当然,更希望学术界提出宝贵的意见。

1996 年 6 月于杭州大学

注释:

① 《中国水利史论丛》,东京国书刊行会 1984 年版。

② 《孟森先生审判〈水经注〉案的错误》,《胡适手稿》第五集下册。

③ 费海玑《胡适著作研究论文集》,台北商务印书馆 1970 年版。

[**附记**]

我在《跋》中提出要点校一本不曾受过干扰的纯正殿本。在此书点校完成,经过排版和多次校阅以后,使我不得不在《跋》后再作几句说明。因为此书在经、注文字上,虽然严格遵循殿本,但实际上并未完全摆脱干扰。这就是一看即知的经、注中的许多与正体字并存的异体字。诸如"實、寔"、"雁、鴈"、"峰、峯"、"略、畧"、"並、竝、并"等等,不胜枚举。其中有的异体字,由于近几十年来被我们采纳作为正式使用的简化字,于是,在今天看来,似乎成为同一本书中繁、简字体并存的现象。诸如"湧、涌"、"棲、栖"、"掛、挂"、"塗、涂"等,例子也颇不少。发生这种现象的原因,主要是古人对于正体字和异体字的使用并无严格的规范。这中间包括学者、抄手甚至刻工在内。不仅是《水经注》,只要看看现在已经影印出版的《四库全书》,几乎每一种由当年四库馆中抄手抄录的书,都或多或少存在类似情况。

我虽然无权也不应去改动这些异体字,但其间确实也遇到过一些困难。因为我发现,当今存在的各种殿本之中,书写并不一致。在同一条注文中,一本作

"劍",另一本作"劒";一本作"於",另一本作"于"。诸如此类,也是举不胜举,这显然是抄手和刻工的原因。对于这种差异,我的取舍原则首先是"从善",以殿本中的较佳版本如《四部丛刊》本(此本是涵芬楼从武英殿原本影印而得)、光绪三年(1877)的湖北崇文书局刊本、光绪二十三年(1897)的湖南新化三味书室刊本、光绪二十五年(1899)的上海广雅书局刊本以及光绪十八年(1892)的王先谦合校本、光绪二十三年的杨希闵汇校本(此二本正文均循殿本)等进行互勘,择善而定。有时,这些本子也互相分歧,我只好"从众"以多数为准。

　　这不过是个并不涉及内容的小问题,但是容易使读者发生误会,以为这许多异体字包括当今的简化的存在,是不是校对中的疏忽。其实,正是由于这些异体字的存在,增加了校对的许多工作量。此书经过六次校对,而校对诸先生都是经验丰富的。加上责任编辑和我自己的复校,我们确实为此书花了很多精力。一本数十万字的古籍,经过历代无数次的传抄、翻刻,又经过多少学者的校勘、注释,现在重新整理,确是千头万绪,要做到一点失误也没有,或许是困难的。当然,对于这个本子,我还是寄予厚望,愿学者们在利用它引录郦注原文时能够比较放心。

1998 年 8 月于杭州大学

原载《水经注校释》,杭州大学出版社 1999 年版

关于《水经注校释》

　　我用这样的题目写这篇文章，或许并不妥当。尽管此书早已发排，正在由专人细阅校样；尽管此书在发排以前就刊登了广告，①而几个大学也已经前来订购。但是书毕竟尚未出版。而且为了保证书的质量，我还想增加校次，适当推迟出版时间。

　　此书的广告中，说它是我"花了40多年时间"的成果。所以书虽尚未问世，学术界的朋友们看到了广告，就有人写信祝贺，说此书是我的"毕生力作"。诸如此类"40多年时间"和"毕生"等词汇，我不得不稍加说明。的确，我开始从事郦学研究，不过20岁稍后，但我的研究工作绝非始终连续的。不必说"十年灾难"关"牛棚"的事，就算算那些整夜守在小高炉边等待炼出"花生糖"来和背着竹竿整天在野外等麻雀飞来除"四害"等荒唐游戏的时间，也就很难估计了。总之，从1957年—1977年，整整20年，尽管我一再冒着诸如"白专道路"、"死不改悔"等风险，心惊胆战地断断续续从事这种研究，但是效率毕竟是极低的。而这种大量浪费的时间，现在都被计入广告上和朋友们所说的"40多年"和"毕生"之中。这类词汇应该打上很大的折扣。不过因为这是这个时代中绝大部分知识分子的共同遭遇，所以我并不怨天尤人。而且，由于侯仁之教授和史念海教授两位著名历史地理学家的推赞，国家古籍整理出版规划小组给予3万元的资助奖励，使我更感到于心不安。虽然对于此书，我确实花费过大量精力，但是对上述各方的奖掖，实在受之有愧，不得不在开头赘述几句。

　　《水经注》是学术界熟悉的古代文献，由于长期以来许多学者对此书从各方面进行研究,形成了一门包罗宏富的学问,即所谓郦学。我在拙作《论郦学研究及其学派的形成与发展》②一文中,曾经把这门学问分成考据、辞章、地理三大学派。除了考据学派校注的刊本和抄本特多以外,其他学派也都有各自校注的刊本和抄本。为此,《水经注》恐怕是我国古籍中版本最复杂的文献。

在中国郦学史上,胡适大概是搜罗《水经注》版本最多的学者。他于民国三十五年(1946)任北京大学校长后,集中在他寓所中的各种郦注版本达三大柜之多。③他曾于民国三十七年(1948)12月,为了庆祝北京大学建校50周年,在该校举办了一次《水经注》版本展览,自撰《目录提要》,计展出他自藏的以及借自各图书馆的各种《水经注》刊本和抄本达41种之多。④

《水经注》成书于北魏,直到《隋书·经籍志》才见著录,《两唐志》继《隋书》之后,亦各有著录。虽然各志著录存在差别,但其书为朝廷所独藏,绝无可疑。原书各志著录均作40卷,至宋《崇文总目》,发现已缺佚5卷。此后,其书流入民间,在辗转传抄的过程中,造成了许多错误,传抄者愈众,错误也随着愈多。以后刻书家按不同的抄本刊刻,于是各种错误就进入各种刊本之中。而校勘家用各不相同的版本从事校勘,又校出了各不相同的本子。所以《水经注》一书,不仅版本甚多,而各本之间,差异往往极大。自从明朱谋㙔校定《水经注笺》,开创了郦学考据学派以后,迄于清初,佳本迭出,乾隆年代崛起的郦学三大家全祖望、赵一清、戴震,在考据和校勘上投入了大量精力,分清经、注,校正舛讹,删除衍芜,补订缺佚,使一部不堪卒读的残籍,又基本恢复旧观,成为一部价值连城的不朽名著。而全、赵、戴3家的校本,都成为一代名本。及至清末民初,杨守敬、熊会贞师生开创了地理学派,撰成《水经注疏》,成为此书有史以来注释量最大的巨构。在这期间,不少国际汉学家如法国的沙畹(E. Chavannes)、伯希和(P. Pelliot),英国的李约瑟(J. Needham),日本的森鹿三等,也先后加入郦学研究的行列,他们有的评论郦书,有的参用郦书,有的翻译郦书。在日本,若干大学的研究生院,开设郦学专门课程,笔者曾数度受聘为这些学校的客座教授,前去讲授郦学课程。所以时至今日,郦学已成为一门国际性的学问。

此外,由于《水经注》文字生动,语言优美,长期以来为学者欣赏赞美,自从明代钟惺、谭元春开创了郦学中的辞章学派以来,此书在文学上的价值,也很受人瞩目。明末清初学者张岱曾经指出:“古人记山水,太上郦道元,其次柳子厚,近时则袁中郎。”⑤认为郦道元的写景手法在柳宗元和袁宏道之上。甚至当今的不少语文课本之中,常摘录《水经注》的著名段落作为教材。所以此书不仅为专家学者的研究工作所借重,对于一般知识界,也具有欣赏文字、陶冶性情、熟悉掌故、增长认识的意义,这或许是郦学之所以能够欣欣向荣的重要原因。

郦学研究的繁荣发展,涉及的一个重要问题是版本。我往年曾发表《编纂〈水经注〉新版本的刍议》[⑥]一文,建议郦学界能通力合作,编纂一部理想的郦注版本。对此,日本文部省教科书调查官山口荣立刻表示赞同,[⑦]而寓居香港的郦学家吴天任教授更在其所著《郦学研究史》[⑧]中摘抄我的建议,加以鼓吹。当然,我在该文中提出的《水经注》新版本,并非短期内可以成功的。我的计划是首先整理若干现存的具有代表性的版本,然后再在这个基础上继续努力,以期有成。前面提及的杨守敬、熊会贞《水经注疏》是历来郦注版本中注释量最大的本子,科学出版社曾于 1957 年的按祖国大陆所存的一部抄本影印出版。不幸的是这部抄本,熊氏生前未曾校阅,所以出版后,人们立刻发现其错误百出。钟凤年经过几年校勘。校出其错误 2400 余处。[⑨]学术界认为这样一部线装三大函售价奇昂的讹劣版本,实在于郦有损。幸而经过熊氏校阅的另一部抄本收藏于台湾省"中央图书馆",而由台北中华书局于 1971 年影印出版,全书 18 巨册,卷内虽有不少熊氏校改之迹,书写不免模糊,但内容已经无讹。我于 80 年代初到日本讲学时,大阪关西大学郦学家藤善真澄教授以此书全套见赠。当时,段熙仲教授在国内已经接受出版界委托,将科学出版社影印本进行点校纠谬重排,而国内除钟凤年《水经注疏勘误》外,苦无别本可以对勘。于是段老求我与他合作,与台北影印本对勘,经过几年辛勤耕耘,排印本《水经注疏》终于在 1989 年出版,我为此书在卷首写了长篇《说明》,可惜段老已于两年前以 90 高龄谢世,不及见此书的出版为憾。此排印本有 200 余万字,精装三巨册,虽然售价仍然不低,但第一版 2000 册,一年内就告售罄。说明知识界对郦注需求孔殷。而其实,排印本《水经注疏》也有它的缺点,我在点校的武英殿聚珍本《水经注》[⑩]的《前言》中曾经指出:

此书(按:指排印本《水经注疏》)虽说注疏详尽,远非殿本可及,但其实具有颇大的局限性,且不必说卷帙浩大,售价高昂,不是一般读者的购买能力所及。作为历史地理学的基础读物和一般科学研究的底本,都用不着如此浩瀚的注疏内容。从高一级的郦学研究来看,在历史学、考古学、碑版学、文献学、目录学等研究方面,殿本当然不能与注疏本相比。但是,郦学研究的深度和广度,如今已经大大发展。学术界现在还需要利用《水经注》进行自然地理学领域中的地貌学、水文地理学、生物地理学等学科以及人文地理学领域中的城市地理学、人口地理学、农业地理学等学科的研究和诸如生态学、环境学等边缘学科的研究。《水经注》拥有这类内容的大量资料,但杨、熊的注疏纵然详尽,却也满足不了在这些领域中从事研究的需要。对于从事这类研究工作的学者,庞大的注疏本起不了作用,显然不如采用殿本作底本省事。

所以我在与段老合作点校《水经注疏》的同时,又应上海古籍出版社之约,独力点校一部武英殿聚珍本《水经注》，即所谓殿本或官本。我在拙作《论〈水经注〉的版本》①一文中也曾指出：

　　　　殿本之成，无疑是参校了许多版本的。但是按照殿本的校勘成果来看，在其所参校的诸本之中，关键性的有两本，这两本，都是当是四库馆以外的学者所难得见到的。其中一本是内库藏书，即是殿本所公开标榜的《永乐大典》本，的确，大典本为殿本提供了重要的依据。另一本则为当时浙江巡抚所采进的抄本，即是殿本所讳莫如深的赵氏注释本。注释本的成果，已经全部吸收在殿本之中，这也早已不是秘密了。因此，殿本的丰硕成果，别本就无法与之颉颃。正如《四库提要》卷六九所说："凡补其缺漏者二千一百二十八字，删其妄增者一千四百四十八字，正其臆改者三千七百一十五字，神明焕然，顿还旧观。"殿本以后的不少版本，从疏证上当然比殿本更为详尽，但在校勘的成就方面，基本上都还是殿本的水平。

此本晚排印本《水经注疏》一年于1990年出版，第一版5000册在两年内也被购买一空。

　　殿本在一般使用中如上所说较《水经注疏》方便，但作为一部现代的流通本子，也并非没有缺点。首先，全文34万余字之中，夹入了10余万字的戴震按语，其中大量按语，如"按此若干字，原本及近刻并讹作《经》"，"按此某字，近刻讹作某"等，于一般读者，实在毫无意义。另外，《水经注》成书于公元6世纪初，至今已近1500年，除了注文中原来存在的许多错误以外，当时记载中无讹的河流，至今也多有变化。当然，要在原来的注文中做出古今对照，这是极难做到的。但在重要河川的名称上让一般读者有所了解，如沔水当今何水，渐江水当今何水之类，此外，注文中存在的十分重大的错误，也有必要加以指出。诸如此等，都是殿本所未曾虑及（其中有的当是限于那时的科学水平）而后人应该补充的。

　　现在回过头来谈谈我的新校本《水经注校释》的情况。如本文前面提及的，这个校本是我在几十年时间中断断续续地校成的。至于这个校本成为现在这种形式，也就是这个校本的定型，这是最近十几年中点校《水经注疏》和武英殿聚珍本《水经注》的结果。因为我觉得在我早年提出的新版本刍议没有实现以前，应该有一种既能供学术界研究之需，又能满足一般读者阅读方便的《水经注》版本。《水经注校释》采用繁体字横排的形式，即是出于这样的考虑。

　　底本采用武英殿本当然是早就确定了的，但戴震夹注的按语全部删去，其中也有少数有保留价值的，则移至每卷卷末的总注之中。全书各卷卷末的总注涉及《水经注》不同版本33种，各种地方志120余种，其他文献近300种。校注涉及的地方志和其他文献，绝大部分都是过录这些文献引及的《水经注》，也有少数是这些文献引及前代郦学家的研究成果。以不同版本的郦注和其他文献进行校注的主要对象是殿本的地名。因为地名与其他文字不同,不仅各本甚有差异,而且不像其他文字的有上下文可以揣摩。例如卷六"洞过水",在黄本、吴本,五校抄本、七校本等十几种版本以及《初学记》、《名胜志》等好几种文献所引郦注都作"洞涡水",而戴本⑫和《通鉴》胡注、《天下郡国利病书》等文献所引郦注均作"同过水"。这个地名,孰是孰非,至今仍很难分辨,所以校注是很有必要的。校注中的另外一部分是其他版本或文献所引的郦注文字而对于殿本属于佚文的。这些佚文当然来自郦注原本或其他已经亡佚的不同版本。但古人引书往往随意增损,加上辗转传抄致讹,所以不少佚文在文采上显然不合郦注风格,对此,我早年已撰有《论〈水经注〉的佚文》⑬加以说明,读者可以参阅。校注中极少涉及注文中的一般字句,这是由于这一部分如要作注,则数量就非常可观,这个校本势必分册出版,失去了我校注这种版本的原意。而10多年前段熙仲教授和我在这方面所做的大量工作,已经收入于排印本《水经注疏》之中,需要做追索研究的学者,自可从排印本《水经注疏》中求得。

《水经注校释》在每卷末都有一篇称为《释》的文字,其目的是如上所述的解释各卷中作为篇名的主要河流的河名和变迁,包括注文内的重要错误,如《河水》卷的"黄河重源",《济水注》所述济水的"三伏三见"等,又如《庐江水注》,这是卷三九中的一篇,但实际上,尽管不少前人做过许多牵强附会的解决,而从古到今,从来就不曾存在过这条河流。所以《释》的部分,主要是为了让一般读者了解一点中国河流的历史地理概况。

我所依据的30余种郦注版本,有不少属于珍稀版本,其中有的是个别图书馆收藏的孤本,例如残宋本、练湖书院抄本、孙潜校本、何焯校本、全祖望五校抄本⑭等,对此我曾专门撰有《〈水经注〉的珍稀版本》⑮一文,读者可以参阅。也有个别原属孤本的版本,最近由于影印出版而公之于众的,天津图书馆收藏的全祖望五校抄本即是其例。

我所引用的地方志如天顺《襄阳郡志》、正德《建昌府志》、嘉靖《河州志》等,其他文献如《晏元献公类要》、《大明舆地名胜志》(引用时简称《名胜志》)、《古今天下名山胜概记》等等,也都是珍稀版本或个别图书馆收藏的孤本。我都在第一次引用时加以注明。

最后应稍加说明的是,在《水经注校释》整理成稿的过程中,曾经受到学术界和出版界的关注。若干出版社先后来信、来电和来人,表示希望接受此书的出版。我虽然承认确有这样一部书稿正在进行编撰,但由于杀青尚无时日,所以从未对任何一家出版社做出承诺。此书广告刊出以后,又蒙出版界的纷纷垂询。由于一部分书稿最后总只能由一个出版社出版,所以对不少曾经关注过此书的出版社,在此谨表谢意和歉意。

注释:

①　广告见中华书局《文史知识》1996 年第 10 期封底。

②　《历史研究》1983 年第 6 期,收入于《水经注研究二集》,山西人民出版社 1987 年版。

③　费海玑《胡适著作研究论文集》,台北商务印书馆 1970 年版。

④　陈桥驿《胡适研究〈水经注〉的贡献》,《胡适研究丛刊》1996 年第 2 辑

⑤　《跋寓山注二则》,《琅嬛文集》卷五。

⑥　陈桥驿《水经注研究》,天津古籍出版社 1985 年版。

⑦　《佐藤博士还历纪念中国水利史论集》,日本东京国书刊行会 1981 年版。

⑧　台北艺文印书馆 1991 年版。

⑨　钟凤年《〈水经注疏〉勘误》,载《古籍论丛》,福建人民出版社 1982 年版。

⑩　上海古籍出版社 1990 年版。

⑪　《中华文史论丛》1979 年第 2 辑,收入于《水经注研究》,天津古籍出版社 1985 年版。

⑫　此戴本指戴震进四库馆以前校成的本子,即后来由孔继涵整理刊印的微波榭本,与殿本甚不相同。

⑬　《杭州大学学报》(自然科学版)1978 年第 3 期,收入于《水经注研究》,天津古籍出版社 1985 年版。

⑭　此抄本已由全国公共图书馆古籍文献编辑出版委员会于 1996 年在中华全国图书馆文献缩微复制中心影印出版,卷首有我的长篇序言。全书六巨册,售价高达 2000 元,所以流行不广。

⑮　陈桥驿《郦学新论——水经注研究之三》,山西人民出版社 1992 年版。

原载《杭州师范学院学报》1998 年第 5 期

《水经注全译》序

我在拙著《郦道元与〈水经注〉》①一书中，曾经专门有一节，以《编纂〈水经注〉的节本和语译本》为题，提出了用现代汉语全译《水经注》的希望。我在本书上说：

> 《水经注》是一部伟大的爱国主义著作，它除了作为学术界的研究对象和参考文献以外，对于广大的一般读者，也具有进行爱国主义教育的作用。因此，对这部巨著进行一些节选、语译等工作，使其内容更易为一般读者所理解和接受，是很有现实意义的。

我在这篇文字中继续指出：

> 把这部用一千四百多年以前的古代汉语所写的巨著，翻译成为现代汉语，使广大不熟悉古代汉语的读者，也可以通畅顺利地阅读这样一部伟大的古代名著，欣赏此书的生动描写和优美文章，从而激发他们的爱国主义热情，这无疑是一件极有意义的工作。

要翻译这样一部古代名著，当然不是一件轻而易举的事，我当时也曾经说明：

> 要把这样一部具有高度写作技巧和丰富内容而却是古代汉语写作的巨著，用现代汉语翻译，在翻译中又必须忠于原著，保持原著中的生动语言和爱国主义热忱，这是一件十分困难的工作。

的确，这件工作具有极大的难度，这是谁都看得到的。但是我继续强调：

> 由于这是一部可以在广大读者中发生重大影响的古代名著，它在激发广大读

者热爱我们伟大祖国的感情方面,是具有重要作用的。因此,工作虽然困难,却是极有价值的。

我在《郦道元与〈水经注〉》一书中的最后一句话是:

让广大读者能读到《水经注》,让广大读者都来学习郦道元的爱国主义精神。

我是1985年写作该书的,岁月匆匆,于今已经6年。在这6年之中,我和我的一些对郦学研究很有兴趣的朋友们,曾经多次商量过全译《水经注》的工作。当时我们最关心的是底本。因为眼前人间尚存的各种郦注版本,包括刊本和抄本,为数超过40。其中珍稀版本当然既不是我们能够采用、而其实也不宜采用的。有人提出《永乐大典》本,因为此本名气甚大,而且目前尚不难得到。但是我心里明白,《永乐大典》本的名声,其实是被戴震和其他一些并未很好地研究过这种版本的学者吹嘘出来的。戴震吹嘘此本,有他自己的目的,这里不必详述。我在拙校武英殿聚珍本《水经注》[2]的序言中指出:"在景祐以后传抄的本子中,大典本或许确实比他本要好,但渲染过分,就是名实不副,事情非常明白,假使大典本果真可以作为圭臬,则戴震为何不径以此本作为底本,何必另求赵本?"我在拙作《论戴震校武英殿本〈水经注〉的功过》[3]一文中也已经提出:"所谓'大典本'者,充其量不过是北宋景祐以后抄录的本子,虽然与明代一般坊刻本相比,确有不少优点,但绝非北宋初期的本子,除了卷首郦氏自序较赵本从孙潜夫转录于柳大中本的多出223字外,不仅缺佚不少于别本,而经注混写,体例乖异,在许多地方并不可取。"

也有人提出用杨守敬、熊会贞的《水经注疏》。这是各种郦注版本中规模最大的一种,此本现有1955年科学出版社的影印本,但错误百出[4],当然不宜作为底本。另一种是1971年台北中华书局影印的《杨熊合撰水经注疏》,版本较佳。此外,段熙仲教授和我又合作点校排印了此书,于1988年在江苏古籍出版社出版,但同样不宜作为底本。因为我们全译的,只是《水经注》的本文,并不是后人的注疏。对于《水经注》本文来说,《水经注疏》的主要缺点是没有取法乎上。在这篇序言中,我无法详细评述这个问题,所以只好再抄录一段拙作《论戴震校武英殿本〈水经注〉的功过》一文中的话,让读者大致明白其中的缘由:

这中间最典型的例子是杨、熊巨著《水经注疏》,尽管殿本的优异成就实际上人所共见,但由于蔑视戴震其人,同时兼及其书,因此就不顾殿本所代表的明、清郦学家的研究成绩,而宁愿倒退一百五十年,用明朱谋㙔的《水经注笺》作为这部巨著的底本。……打个比方说,人类的旅行已经从坐轿子的时代发展到了坐汽车的时代,但是由于对于汽车的发明人的问题有了争论,因此立誓不坐汽车而坐轿子,这是多么荒唐可笑!

　　我们最后决定用武英殿聚珍本,这是戴震在四库馆校定的本子,简称殿本,也叫官本,它的底本主要是赵一清《水经注释》,当然也有其他的本子,如大典本、归有光本、朱谋㙔的《水经注笺》,并且包括戴震自己的校勘成果。我们用殿本作底本,原因有两个:第一,这是代表明、清郦学家郦学研究最高成就的本子;第二,我们的全译本的主要读者对象是那些不熟悉古代汉语的读者,这些人并不是郦学家,也并不需要用《水经注》做研究工作。为了减轻读者的经济负担,我们在工作之初就决定不附原文。但是事物常常还有另外一面,在这些读者之中,或许也有少数人愿意读一读原文,或者是由于阅读译文而引起了他们的兴趣,想拿原文对照一下。我们就不得不为这种少数读者在如何获得原文的问题上作一点考虑。殿本在建国前原是最流行的版本,木刻本且不说,排印本如商务印书馆的《四部丛刊》本、《国学基本丛书》本、世界书局本等,都属于此本。但建国以后,曾先后出版过大典本,杨、熊《水经注疏》影印本,王国维《水经注》(经注混淆的明抄本),影印王先谦《合校本》,却未曾出版过殿本。为了与这种全译本相配合,我为上海古籍出版社点校的殿本,已于1990年出版,因此,需要读一读原本的部分读者,已经不至于遇到找不着原本的困难。

　　底本决定以后,主要的问题就是翻译。这件事说起来很抱歉。我在拙著《郦道元与〈水经注〉》一书中谈及全译本的问题,我说:"这是一件十分困难的工作,必须有一些知识渊博、感情丰富而又有高度语言素养的译者,才能出色地完成这项任务。"现在,在本书的译者之中,我自己有自知之明,当然不属于上述一流。而我所努力物色的其余几位,自然我明知他们都有深厚的功底,而且在翻译过程中斟酌言语,推敲字句,也的确煞费苦心。但是是否能符合上述要求,还有待于读者的鉴定。

　　有几个问题必须说明一下:

　　第一,《水经注》是一部残籍,虽然经过明、清郦学家的辛勤努力,已经做到了经、注分明。但是在北宋时缺佚的5卷,包括,泾水、(北)洛水、滹沱水等,都不见于今本。整篇的缺佚,对全译本当然并无影响,但问题是,现存的各篇之中,脱字漏句,不仅无法断句,而且不可理解的,为数尚在不少。举个例子,卷二四《睢水》经"东过睢阳县南"注:

　　　　城内东西道北,有晋梁王妃王氏陵表,并列二碑,碑云:妃讳粲,字女仪,东莱曲城人也。齐北海府君之孙,司空东武景侯之季女,咸熙元年(264)嫔于司马氏,泰始二年(266)妃于国,太康五年(284)薨,营陵于新蒙之,太康九年(288)立碑。

　　上述注文中,我把句读断在"营陵于新蒙之"之下,这是不得已的办法。戴震在"之"字下加了一句按语:"按此下有脱文"。像这样一类明显的脱漏,经过戴震加了按语的,全书就达25处之多,而戴震未加按语其实无法断句、不可理解的地方为数更多。

这就是我们翻译工作中所遇到的最大困难。在这种情况下，我们只好揣摩字句，使全译本不存在"按此下有脱文"的按语。因为根据全译本的读者对象，全译本不能采用这样的体例。当然，每遇这种情况，我们都相应作注。

第二，《水经注》是一部15个世纪以前的古代地理著作，郦道元是一位杰出的地理学家。我在刘盛佳先生所撰《地理学思想史》⑤一书的序言中引用日本著名地理学家米仓二郎教授给我的一封信上所说的"郦道元是中世纪时代世界上最伟大的地理学家"的赞语。但是也应该看到，郦道元的地理学研究，受到两种重大的限制。一种是政治的限制。郦道元是一位十分重视实践的学者，他在《水经注》原序中提出"访渎搜渠"的研究方法，也就是现代地理学研究中所强调的野外考察的研究方法。但是由于当时在政治上的南北分裂，郦道元的足迹无法到达南方，所以在《水经注》中，南方河流的记载，错误极多。黄宗羲在《今水经序》中指出："徐越人也，以越水证之，以曹娥江为浦阳江，以姚江为大江之奇分，苕水出山阴县，具区在徐姚县，沔水至余姚入海，皆错之大者。"另一种是科学的限制。和现在相比，当时的科学水平显然是很低的。郦道元在其研究工作中，非常重视地图的运用，这当然是地理学者必须服膺的研究方法。但问题是，当时没有一种准确的地图。他在卷二一《汝水》经"汝水出河南梁县勉乡西天息山"注中说道"余以永平中蒙除鲁阳太守，会上台下列《山川图》，以方志参差，遂令寻其源流。此等既非学徒，难以取悉，既在逵见，不容不述。"这就说明，当时的地图和文献都不可靠。除非亲自考察，否则都"难以取悉"。但是郦道元并不是一个专业地理学家，他的地理研究和《水经注》撰写，都是业余进行的。所以即使在可以实地考察的北方，也无法做到对每一条河流和每一个地区都从事实地考察，仍然不得不根据当地的地图和文献，因而同样地存在不少错误，例如卷一四《濡水》一篇中就有许多错误，已为清乾隆帝所考证⑥。从全书来看，还有不少牵涉更广大、性质更严重的错误，如卷一、卷二《河水》篇中关于黄河重源的谬论，卷三三《江水》篇中关于长江发源于岷山的附会。这是我国在郦道元以前就长期流行的错误说法。《水经注》没有纠正这些错误，并且继续传播了这些错误。所有这些，都与当时的科学水平有关，这是无法强求的。当然，《水经注》全书中存在的许多地理学上的错误，并不影响此书的地理学价值。有关这方面的问题，读者如有进一步了解的兴趣，可以参阅拙著《水经注研究》⑦、《水经注研究二集》⑧、《郦学新论——水经注研究之三》⑨诸书，这里限于篇幅，不再赘述。需要说明的只有一点，即所有郦注中的错误，我们都原文照译，不作任何说明。

第三，《水经注》一书中拥有的地名多达两万左右，和《水经注》以前的不少地理著作如《山海经》、《穆天子传》等不同，此书的地名绝大部分都是实际存在的。但是由于古今地名不同,现在已经成为阅读此书的一个困难问题。《水经注》地名中,至今仍然沿用的如洛阳、定襄、涿县、汾水、渭水、桐柏山、岷山等,为数已经不多。有些地名虽然和今天相同,但地理位置已有很大变化,例如《水经注》的许昌,在今许昌以东;《水经注》东阳郡,不是现在的东阳市,郡治在今金华;《水经注》的济水,是连载两卷的大河,但现在已湮废不存。假使全译本要把这些古今地名一一作注,那就会使全译本成为一部篇幅庞大的巨书,这就不是我们全译此书的意愿。一部分读者或许会有这方面的要求,那就请参阅段熙仲教授和我合校的《水经注疏》,也可以利用谭其骧教授主编的《中国历史地图集》。此外,《水经注》中还有少数地名,是从某些古老的地理书中沿袭而来,其实并不存在和这些地名相应的地理实体,例如北江、中江、南江,即所谓"三江",是《汉书·地理志》误解《禹贡》"三江"而来,其实并不存在。我在日本关西大学研究生院讲授《水经·江水注》时,曾专门阐明了这个问题。讲稿后来收入于拙著《水经注研究二集》,这里不再赘述。另外如专门作为一篇的《庐江水》(卷三九),尽管后来有许多人考证,这条河流到底是什么河流,而且说法纷纭。庐江水其实是《水经》的传讹,实际上并无此水。郦道元为庐江水作注时,已经有所怀疑,由于他足迹未曾到过南方,所以不敢明确否定。不过他在整篇注文中,并不言及此水,而是专述庐山。像这样一类子虚乌有的地名,全书凡有出现,我们也都照译,不加任何注释。

第四,《水经注》指名引用的各种文献达470余种,各书还有不同的别名,例如《竹书纪年》一书在注文中就又以《竹书》、《纪年》、《汲冢书》、《汲冢纪年》等名称出现,又如《从刘武王西征记》一书,注文中多称《西征记》或《从征记》。各种文献当然都涉及作者姓名,但作者有名、有字、有别号,如应劭常称应仲瑗,王粲常称王仲宣,郭璞常称郭景纯等,不胜枚举。另外,注文引用文献,有时反写文献作者姓名,例如"袁山松言",即指袁撰《宜都山水记》,"阚骃云",即指阚撰《十三州志》。也有写及人名,而其著作何书不可考,例如卷一八《渭水》经"又东过武功县北"注:"杜彦达曰:太白山南连武功山,于诸山最为秀杰。"杜彦达所著何书,不得而知。上述情况,在全部郦注中比比皆是。我们也都不作任何注释。一部分读者如有这方面的需要,请参阅段熙仲教授和我合校的《水经注疏》。

对于全译本要说明的问题已如上述。对于此书,我们只是竭尽我们的绵薄,希望能翻译得基本上忠实于原著。当然,我所说的主要是从内容上忠实于原著。至于郦道元用古代汉语所写出的那种生动翔实、得心应手而丰富多彩的文字,我们的译笔是万万达不到这样的水平的。好在郦道元对于祖国河山的热爱,主要是倾注在此书的内容之中,所以我们仍然希望这个全译本能够让广大读者了解这部15个世纪以前的不朽名著的基本面貌。

恭候郦学界和广大读者的宝贵意见。

1991 年 6 月于杭州大学

注释：

① 上海人民出版社 1987 年版。

② 上海古籍出版社 1990 年版。

③ 《中华文史论丛》1987 年第 2、3 合期。

④ 参见陈桥驿《评台北中华书局影印本〈杨熊合撰水经注疏〉》，《水经注研究》，天津古籍出版社 1985 年版。

⑤ 华中师范大学出版社 1991 年版。

⑥ 参见陈桥驿点校的武英殿聚珍本《水经注》卷首《御制滦河濡水考证》。

⑦ 天津古籍出版社 1985 年版。

⑧ 山西人民出版社 1987 年版。

⑨ 山西人民出版社 1992 年版。

原载《水经注全译》(无原文本) ,山西人民出版社 1995 年版

题解本《水经注全译》序

　　《水经注》全译既成，不免要说几句话对这个译本作一点说明。首先要说的或许是题外话，因为这一年多来，接二连三地读到好几篇议论"全译"的文章，文章的作者对"全译"提出许多意见，有的甚至到达挞伐的程度。报刊上发表这样的文章，却很少看到为"全译"说好话的。尽管就我所见，有不少中青年喜欢这样的书，但是他们不全写文章为"全译"鸣屈，即使写文章，恐怕也得不到发表。为此，我不得不在我们的"全译"卷首，为"全译"说几句话。

　　"全译"当然不是现时的发明，我在很小的时候就看到过"言行对照"的《古文观止》和《秋水轩尺牍》等书，抗日战争时期到江西念书，又看到"言文对照"的"四书"。把整部《古文观止》、《秋水轩尺牍》或"四书"等进行"言文对照"，其实也就是"全译"。与我的青少年时代相比，知识分子的数量和书籍的出版发行量，现在都大了好几倍，则"全译"的书比"言文对照"的书增加，这也是很自然的事。另外还有一点促成"全译"的原因，现在，知识分子的队伍比过去庞大，但阅读文言文的能力却比过去要低得多。这当然是由于时代发展的关系，并不是说现在比过去落后。在过去，从我自己来说，因为家庭的关系，祖父是一个清朝的举人，所以从小就接受文言文的训练。七八岁的时候，已经读熟了《学》、《庸》两篇。一般家庭的子弟怎样呢？读文言文的机会也比现在多得多。初中《国文》课本就进入许多文言文，而高中《国文》课本则全部是文言文。记得我念高中的时候，课本中有许多《左传》和《国语》的文章，也有《史记》和《汉书》

的文章,另外还在更古老的如《尚书》、《诗经》、《道德经》、《吕氏春秋》等书中选出文章。而且高中的国文老师就要求学生写文言文。现在当然不能再这样,因为学生要学的课程越来越多,要懂的语言也越来越多。从大学生来说,绝大部分系科,学生懂外文就比懂文言文重要得多。而事实也是如此,譬如在70年代末和80年代初,我用英语在国内接待外国学者或到国外讲学,往往听到外国人的恭维话,说我的英语说得很流利。但现在已经很少再有外国人恭维我的英语,说明现在到外国去的学者在语言上比过去高明得多了。当时,学校在暑期中还要为外国来的学生办一些中国文化讲习班,其中必有中国地理课程,地理系几十位教师,到文化讲习班用英语讲中国地理课程,却非我莫属。现在则不然,有的中青年教师不仅能讲,而且比我讲得好。这些都是好现象,这是一个方面。但是尽管知识分子中学英语、懂英语的人比过去多了,能够获得原版外文书和能够阅读的,在整个知识分子队伍中,毕竟还是少数。所以我们仍有必要把好的外文书翻译过来。记得在30年代,商务印书馆曾经翻译出版过一套“汉译世界名著”丛书,种数很多,像我这样年纪的人大都读到过。而时至今日,商务印书馆仍然在翻译出版世界名著。例如这本《水经注全译》的译者之一叶光庭先生,就接受商务印书馆的约稿,几年来译成了哈得响(Richard Hartshorne)的《地理学的性质》(*The Nature of Geography*)一书,不久就要出版。按照这个比方,则在今天懂得文言文的人大为减少的情况下,把一些著名的古代文言文著作译成现代汉语,这又有什么可以非议的呢?

当然,这些反对“全译”的人,其中不少并非对“全译”抱有一般的成见,他们的反对是有理由的。从已经发表的文章中归纳他们反对“全译”的理由大概是三条:一曰一哄而起,赶大流;二曰名人领衔,其实虚设;三曰译文错误,不堪卒读。

我不敢说所有已经出版的“全译”都不存在这三条指责中的毛病,但是对于《水经注》全译是否与这三条对得上号,我必须解释一下。

第一,对于“一哄而起,赶大流”的问题,从时间上说,我们的书不幸适逢其时。但其实,对《水经注》进行全译的想法,我老早就开始了。我在1985年写作《郦道元与〈水经注〉》(上海人民出版社版)一书,卷末设有《〈水经注〉的节本和语译本》一节,提出了我对此书进行全译的希望。我在这一节里写了许多语译《水经注》的设想,目的是为了把这部文字古老、语句深奥而内容却又丰富多彩的古籍用现代汉语翻译出来。我在这一节中最后说:“让广大读者都能读到《水经注》,让广大读者都来学习郦道元的爱国精神。”

我在1984年为“古文选粹对译”丛书的《历代游记选》[①]所作的总序中也说道:

　　在当今整理古代游记的工作中,本书的编辑出版,又是一种很有意义的尝试。

因为既然古代游记具有我前面所说的种种价值,而要在广大人民之间发挥它的这种价值,却又存在着古今语言差异的困难。因为从全国人民来说,熟悉古代汉语的毕竟是少数,所以如能把古代游记用现代汉语表达,而又不损害原意,虽然工作的难度极大,却是极有意义的。我早年曾经有过一种打算,希望邀集几位古今汉语素养较好的同仁,共同合作,用优美的现代汉语改写出一种供广大读者阅读的白话《水经注》。以后终因工作难度很大而搁置了这种打算。假使本书出版以后能够获得较好的反映,那么,我早年的这种打算今后还是有机会付诸实现的。

以上都是说明这本《水经注》全译是我早已打算进行的工作,并不属于一哄而起的产物。

第二,此书是叶光庭、叶扬二位先生和我翻译的,在翻译过程中,叶杼君也帮了不少忙。我们之中没有"名家",更不存在"名家领衔,其实虚设"的问题。因为我们都为这个全译本做了工作,没有挂空名的人。对此,我还有一点想法,古书今译,当然是一种有价值的事。但是它的本身,不过是如同30年代商务印书馆出版的"汉译世界名著"丛书一样,是一种翻译作品,并不是什么个人的专著。靠译书而出名的人当然有,但毕竟是少数;名家而译书的也有,如鲁迅译果戈理的《死魂灵》,傅雷译巴尔扎克的《人间喜剧》等都是其例。但是作为一个名家,自己不动手,却到别人的译作上面去挂一个名氏,我想这样的名家或许是没有的。

第三,关于译文错误的指责,这一点确实是击中了要害。从这方面对古书全译进行要求,理由是极其正当的。但我想没有一本文言文对照或全译的书,不犯这种毛病,程度大小而已。译书的人谁都希望自己的译文能够正确无误,但实际很难完全做到。这是因为古代的文字难以理解和古今文字存在许多差距的缘故。不过在这个问题上,我完全没有想为古书译者辩护的意思,译书应该对读者负责,这是毫无疑问的,每一位译者,都应千方百计地译好古书,使"全译"更加完善,这是大家所希望的。但是对于《水经注》的全译,我不得不在这里作一点说明。

首先,由于《水经注》是一部残籍,尽管经过明、清两代许多郦学家的精心校勘,但脱漏和无法理解的字句还是很多的。清朝的戴震是著名的郦学大家,他所校勘的《水经注》武英殿聚珍版本,是众所公认的优秀版本,但由他加上按语,认为文中有脱漏的就达25处之多,另外还有不少他认为无法理解的字句。例如卷二《河水》经"又东北过安定北界麦田山"注:"水发县东北百里山"之下,由于文意无法连续解释,戴按:"此处应有讹脱。"又如卷一五《洛水》经"又东过偃师县南"注:"晋元康二年(292)九月,太岁在戌"之下,戴按:"此有脱误,近刻作太岁庚午,考元康元年(291)乃庚子也。"卷一六《穀水》经"穀水出弘农龟池县南墦冢林穀阳谷"注:"檀山在宜阳县西,在穀水南,无南人之理。"戴按："上所引,不言南入,当有脱文"。以上《洛水注》和《穀水注》的两条,和《河水注》一样,戴震都是从前后文的矛盾中看出了注文的脱漏。不过这几句,文意虽然矛盾,但句读仍然明确。全书也有不少连句读也无法区分的,如卷二四《睢水》经"东过睢阳县南"注:"司空东武景侯之季女,咸熙元年(264)嫔于司马氏,泰始二年(266)妃于国,太康五年(284)薨,营陵于新蒙之,太康九年(288)立碑。"这句注文中,"营陵于新蒙之"以下,戴按:"以下有脱文。"这样的文字,连句读也无法处理,不要说翻译了。不可理解的字句在注文中也常常出现,例如卷一六《穀水》经"又东过河南县北,东南入于洛"注:"后太祖乘步牵车乘城,降阅簿作,诸徒咸敬,而桢拒坐,磨石不动。"戴按:"'拒坐'未详。""拒坐"究是何意,连戴震也考究不出来。以上举的都是戴震作过按语的例子,其实,戴震不作按语而文有脱漏的,为数更多。如卷四○《浙江水》经"北过馀杭,东入于海"注:"汉高帝十二年(前195),一吴也,后分为三,世号三吴"。按:"三吴"指的是吴郡、吴兴郡、会稽郡。会稽郡是秦建郡,吴郡建于东汉永建四年(129),吴兴郡建于三国吴宝鼎元年(266),均有史可查。"汉高祖十二年"与三郡建置毫无关系,所以"汉高祖十二年"与"一吴也"之间,显然有文字脱漏。这样的例子全注中不胜枚举。像这样一类的文字,原文既残缺不通,译文自然也只好勉强凑合。

另外,由于古代文字不如现代文字明确,有些字句,我们可以作这样理解,也可以作那样理解。理解既不相同,翻译自然也有差异。举个简单例子,在郦道元的《原序》中有一句"十二经通,尚或难言"的话。记得几年前段熙仲先生与我合作校勘杨守敬、熊会贞的《水经注疏》,[②]他对这"十二经通"的"经"理解为大河或主流,则原句的意思是:"在十条大河之中能否弄清楚两条,还很难说。"但我则把这"十二经"理解为书名。按《庄子·天道》:"于是 十二经以说。"说明郦道元的时代,《十二经》一名早已流行。尽管《十二经》的具体名称,到唐人才有解释,而宋晁公武《郡斋读书录》中列举的《十二经》,即《易》、《书》、《诗》、《周礼》、《仪礼》、《礼记》、《春秋左传》、《公羊》、《穀梁》、《论语》、《孝经》、《尔雅》,在郦注中全部都有引及。因此,郦道元的原意,很可能是:"读通了《十二经》,也或许说不清河流的脉络。"我本来要与段老商量此事,由于段老遽逝,我不愿擅改他的原意,所以这"十二经通"就没有再加书名号。这件事说明《水经注》中的各种字句,可以作不同的解释和翻译。但是《水经注全译》不同于《水经注导读》或《水经注解释》之类,我们必须在几种不同的理解中选定一种,不可能一文二译,自乱体例。

以上是我对《水经注》其书在翻译中所遇的困难作一点说明。当然,这绝不能作为我们译不好此书的借口。在主观上,我们还是竭尽绵薄,努力克服内容中的许多困难,揣摩原意,搜索辞藻,把原书中的残缺弥补起来,而且尽可能地符合原书的文义。

为了让读者对《水经注》一书的简况有所了解,下面把此书稍作介绍。

《水经注》是公元6世纪初期北魏郦道元的著作。从形式上说,全书是他对三国时代成书而不知作者的《水经》的注释。但是在内容上,它不仅比《水经》大20多倍,而且丰富生动,所以成为一部脍炙人口的不朽名著。历来对此书有许多崇高的评价,明末清初的学者张岱曾经评论:"古人记山水,太上郦道元,其次柳子厚,近时则袁中郎",③《水经注》在描写风景方面的声誉可见一斑。《水经注》共40卷,原是朝廷藏书,直到宋初,尚未缺佚,如《太平寰宇记》、《太平御览》等所引,有许多都不见于今本。可以为证。到北宋景祐年间(1034—1038),朝廷编修《崇文总目》,发现已缺佚5卷,所以宋初引及的河流滹沱水、泾水、(北)洛水等,都不见于今本,当在缺佚的5卷之内。而今书仍作40卷,则是后人整理时分割凑合的结果。由于《水经注》成书以后的很长一段时期中,书籍的流行全靠传抄,传抄过程中又出现了许多错误,特别是把经文和注文夹杂在一起。所以此书到了明代,成为一部经注混淆、错漏连篇、不堪卒读的残籍。明万历年间(1573—1620)的学者朱谋㙔等,花了极大精力整理此书,校勘成《水经注笺》一书,成为《水经注》自宋代缺佚以来的最好版本。在这个基础上,清代学者继续努力,特别是乾隆年间(1736—1795),先后出了全祖望、赵一清、戴震三大郦学家,经过他们的精心校勘,除了缺佚的5卷无法恢复外,其余各卷,不仅混淆的经文和注文全部分清,而错漏字也大部得到补正,使《水经注》又成了一部可读之书。

由于《水经注》内容丰富,牵涉广泛,历来学者从各个方面研究《水经注》,形成了一门特殊的学问,称为"郦学"。从明代开始,郦学研究又逐渐形成三大学派。从朱谋㙔零部件勘此书,全、赵、戴三家赓续从事,形成了郦学研究中的考据学派。这个学派通过大量的校勘工作,分清经注,修订字句,尽很大努力使《水经注》从残籍走向完璧。戴震用赵一清校本《水经注释》、《永乐大典》本和其他善本,校成他的武英殿聚珍本(简称殿本),此书与旧本相比,其成果如《四库提要》所说:"凡补其缺漏者,二千一百二十八字;删其妄增者,一千四百四十八字;正其臆改者,三千七百一十五字。"确实成就非凡。另一个学派是辞章学派,由于《水经注》文字生动,语言优美,长期来为人们所喜爱。经过明朝学者钟惺、谭元春等的欣赏评点,终于形成了这个学派。郦学研究中最后形成的是地理学派,这是因为《水经注》记叙河流,兼及自然地理和人文地理,其实是一部经世致用之书,历来早有论及。及至清末民初杨守敬及其弟子熊会贞编撰《水经注疏》,并绘制《水经注图》,空前加强了《水经注》研究与地理学之间的联系,终于形成了这个实用的地理学派。

上面说到郦学研究和它的三大学派的形成,这是把《水经注》作为一种专门学问,属于专家们研究的对象。除了专家们研究以外,《水经注》同时也是广大读者所喜爱的读物。因为《水经注》不仅语言文字丰富多彩，而且收入了许多生动优美的故事和神话，读者阅读此书，既有语言文字的欣赏，又可追索故事、神话的情趣，所以它是一部富于知识性和趣味性的读物。

由此可见，专家们把《水经注》作为一门专门学问——郦学进行研究，而广大读者则把此书作为一种富于知识性、趣味性的读物，所以《水经注》确实是我国历史上的一宗价值连城的文化财富。

前面已经提到了张岱对《水经注》描写风景的评价。古今中外，对于《水经注》其书和郦道元其人的推崇汗牛充栋，无法一一列举。清刘献廷称此书为"宇宙未有之奇书"，④而丁谦竟推此书为《圣经贤传》，⑤都是重要的例子。日本地理学界的元老米仓二郎教授的一段话最具有代表性：

> 我认为郦道元是中世纪时代世界上最伟大的地理学家。这个时期，在欧洲历史上正是人们所说的黑暗时代，是不可能出现什么地理学家的，所以这个时代的世界地理学家，非郦道元莫属。⑥

正是由于上面所叙述的种种事实，所以我早年就有把《水经注》进行全译的愿望，现在竟能如愿以偿地以此书与读者见面，心中雀跃，溢于言表。当然，同时也感到心情沉重，由于我们几位译者的水准有限，加上《水经注》其书如上所述的各种难处，我们的译文不仅难以做到信达，出错之处，也必然难免。在这方面，我们既要求读者见谅，更希望方家指正。

下面再说明一下这个全译本的具体问题：

第一，全译本的底本，主要采用武英殿聚珍版本。我曾为上海古籍出版社点校过此本(1990年版)，此次所附原文，除了删去戴震按语外，均按此本誊录。也有个别地方，参考了段熙仲教授和我合作点校的杨守敬、熊会贞《水经注疏》，⑦这两本都是学术界公认的《水经注》名本，它们代表了明清以来《水经注》校勘的最后成果。必须着重说明的是，我们绝未因翻译的方便而采用它本(《水经》的刊本与抄本，至今尚存40余种)的片言只字，也绝未按我们的要求改动过片言只字。

每卷有《题解》一篇，因为《水经》和《水经注》使用的河流名称都是古名，如黄河称河水，长江称江水等等。原书所记述的河流，有的在当时就存在错误，有的是因为古今河道变迁而发生与现状的差异。《题解》除了说明古今的河名变迁外，也说明《水经注》记载原来就存在的若干错误，让读者了解《水经注》记载的河流的现状。不过《题解》所述的河流现状，也并不一定正确无误，这是因为我们缺乏河流现状的资料。我国的河流，如黄河、长江等大河，它们的河源，一直要到最近三四十年才勘探清楚。次一等的河流如钱塘江和洹河，在最近几年中，才组织力量进行对河源和河道的勘察。

其他许多河流,特别是郦道元《〈水经注〉原序》中所说的"轻流细漾",有的没有经过勘察,有的也可能做了勘察而我们尚未获得资料。所以《题解》所述,只能供读者作一般的参考,如有错误,还请读者指正。

第三,全译本是否需要注释,对于此事,我们考虑甚久,结果决定不注,原因是注不胜注。因为《水经注》一书,要作注释的地方实在太多,当年段熙仲教授和我点校此书,我们对此已经有了体会。一部《水经注》,原文不过34万字,经过杨、熊的注疏以及段老与我的增补,竟成为一部上、中、下三巨册的210余万字的大书。而其实,要供初学者能够比较顺利地阅读,需要注释的地方还有很多。现在这部全译本,包括原文和译文,篇幅已经甚巨,假使再加注就会使全书篇幅超过《水经注疏》,造成阅读的不便与浪费。因此,我只好在此告诉读者,假使在阅读时有难以理解之处,或者是有兴趣在全译本的基础上继续对《水经注》进行深入的研究,那么就请参阅段熙仲教授和我合作点校的杨、熊《水经注疏》,这是迄今为止,所有流行的《水经注》版本中,注释量最大和各种附录资料最丰富的版本。

为了便利读者的阅读,我们在全译本中也做过两种类似注释的工作。第一种是学习日本郦学家森鹿三主译的《水经注(抄)》,[⑧]译文每遇历代帝王年号纪年,我们都括注了公元年代。第二种是遇到原文有脱漏甚至标点无法处理的时候,我们都在卷末出注。这是为了向读者打招呼,让读者注意,这个地方的译文肯定存在矛盾和牵强附会之处。

本书(原文)有两类内容,凡顶格的文字,均为原经,译文亦顶格处理;凡退一格的文字,均为郦道元原注,译文亦退一格处理。

第四,全译本附入了一幅郑德坤教授的《重编水经注图》。此图是我的已故郦学界友人、寓居香港的吴天任教授赠我的。郑氏是我国著名的郦学家,他对于《水经注》的贡献,我在拙作《郑德坤与〈水经注〉》(收入《郦学新论——水经注研究之三》)一文中已述其详。他于1933年编制了《水经注图》一套,后因抗日战争而散失。1984年,由于吴天任编著的《水经注研究史料汇编》下册在台北艺文印书馆出版,插附一些有关地图,郑氏才把他在30年代绘制的《水经注图》中唯一一幅孑遗的《总图》进行重绘,并撰有《重编水经注图·跋》。[⑨]但后又因故,《水经注研究史料汇编》下册来不及将此图插入,直到1991年吴天任教授在台北艺文印书馆出版其《郦学研究史》一书时,才把此图插入。在这以前,天任教授已将此图赠我。郑德坤教授毕生研究《水经注》,著作等身,此图当然是他花了大量精力绘制而成的,他甚至注意到经文所述河川与注文所述同一河川的位置差异,所以图上有"经潜水"、"注潜水"、"经淹水"、"注淹水"等区别。此图对读者肯定有很大帮助,因此,我们把它附入全译本供读者参考。

我当然也应该指出,此图也不是我可指摘的。此图的底图是一幅30年代的中国地图,图中所绘的河流都是现代的河流,郑德坤教授的工作是要把一千四百多年前甚至更早的河流名称,填入现代河流之上,这个任务显然十分困难,当然也不可能完全正确。这一点希望读者注意。

1993 年 1 月于杭州大学

注释:

① 天津教育出版社自 1987 年起分册出版。

② 江苏古籍出版社 1989 年版。

③ 《跋寓山注二则》,《琅嬛文集》卷五。

④ 《广阳杂记》卷四。

⑤ 《〈水经注〉正误举例》,《求恕斋丛书》。

⑥ 陈桥驿:《〈郦学新论——水经注研究之三〉序》,《郦学新论——水经注研究之三》,山西人民出版社 1992 年版。

⑦ 江苏古籍出版社 1989 年版。

⑧ 东京平凡社 1974 年版。

⑨ 《水经注研究史料汇编》下册,台北艺文印书馆 1984 年版。

《水经注全译》(附原文并题解本),贵州人民出版社 1996 年版

简化字本《水经注》后记

我点校不同版本的《水经注》,这是第四种。现在,《水经注》一书,除了郦学家的专门研究以外,已经成为不少自然科学家和人文科学家的通用参考书。所以不同版本的《水经注》和不同点校方式,具有不同的使用价值。

我点校的第一部《水经注》是武英殿聚珍本。《水经注》虽然经过明末清初诸郦学家的精心校勘,但事实上仍然是一部残籍,缺篇、缺句、缺字、讹字,全书中所在多有。在这方面,殿本显然较别本为优。正如我在《论〈水经注〉的版本》一文①中指出的:"殿本以后的不少版本,从疏证上当然比殿本更为详尽,但在校勘的成就方面,基本上都还是殿本的水平。"所以我在此文中论定:"1774 年的殿本,代表这一时期的最高水平的版本。"熊会贞在其晚年亲笔所写的关于请"继事君子"修改其《水经注疏》稿本的《十三页》,②也指出此书的校勘是"惟戴之功大"。所谓"戴之功",大概就是殿本卷首《校上按语》中所说的:"凡补其缺漏者,二千一百二十八字;删其妄增者,一千四百四十八字;正其臆改者,三千七百一十五字。"这种校勘成果,当然是明、清郦学家共同积累的成就,但毕竟是集中在殿本之中。和其他版本一样,殿本也存在它的缺点,我在《论戴震校武英殿本〈水经注〉的功过》一文③中,对此已有详细评论。我们现在当然不必再计较殿本的渊源来历以及诸如两个多世纪以来争论不休的"赵、戴《水经注》案"等问题,因为对于用《水经注》做学问的人,这些都是没有意义的。但是除了那些研究郦学史和郦注版本的学者以外,殿本使多数人感到不便的就是插在注文中的许多双行夹注,亦即所谓"注内按语"。《水经注》全书不过 34 万余字,而这种按语约近 10 万字,所以几乎每一页都因此而把注文分得支离破碎。而其内容,最常见的是:"按此某字,近刻讹作某字。"既然错字已经校正,何必再夹注某些版本(即所谓"近刻")的错误,这对一般使用此书的人还有什么价值? 另一类常见的是:"按此若干字,近刻讹作《经》。"经、注混淆,确实是旧本的大毛病,而殿本在这方面最有功绩。但既然经、注已经分清,则对一般利用此书的人,追述旧本的错误,又有什么必要? 在全书的大量按语中,具有实用价值的实在不多,因此,作为一种许多学科都要使用的古代文献,殿本的这些按语,实在是一种累赘,还不如删去为好。

我所点校的这部殿本于 1990 年出版,由于种种原因,质量很难如人意。主要的原因之一是校样出来的时候我适在国外讲学,校样是由几位研究生分头看的。他们不熟悉《水经注》,又缺乏校对经验。出书以后,承一些学者写书评推赞,特别是老一辈著名学者杨向奎先生在其《读〈水经注〉》④中说:"我这次读《水经注》是用陈桥驿教授点校的本子。陈先生说'我所采用的底本是商务印书馆的《四部丛刊》本,⋯⋯在所有不同版本的殿本中,无疑是最好的本子。'最好的本子加上陈先生的点校,当然是现在通行的最好的一种版本。"杨先生的话实在让我汗颜,因为他不知道我自己没有最后看校样的事,其实此书仍然存在错字和不正确的标点符号。而特别使我不安的是,在我国的一项大工程《中华大典》的编纂中,这个本子被列为规定的采用书目。由于此本印数只有 5000 册,《中华大典》列入书目以后,各方多有来信问询,而其实此书早已售罄。对于这样一种仍然存在错字的本子,使我实在感到为难。

我点校的郦注第二种本子是杨守敬、熊会贞的《水经注疏》。此书,科学出版社曾用中国科学院图书馆所藏抄本影印,于 1957 年出版(以下称北京本),线装 3 函 21 册,售价高昂,不是一般知识分子所能问津。我当年翻阅数卷以后,即发现错误百出,有的文字甚至不堪卒读。1982 年,钟凤年在《古籍论丛》(福建人民出版社版)发表了《〈水经注疏〉勘误》的长篇文章,列举各卷错误达 2400 余处,才知此本竟是错误百出。而钟文发表以前,我已经获得了当时大陆学者均未见过的台北中华书局影印出版的《杨熊合撰水经注疏》(以下称台北本),我以之与北京本对勘后,撰成《评台北中华书局影印本〈杨熊合撰水经注疏〉》一文。⑤以《浙江水》一篇为例,在注、疏文字中,北京本的错误竟达 70 余处,每一处不是错字,就是漏字,全篇注、疏文字中共漏 219 字。由于钟凤年不见台北本,假使他当年能以两本互勘,则北京本的错误恐怕还不止 2400 余处。因为我当时已经知道南京师范大学段熙仲教授早已接受出版社的委托,正在点校此书,所以我并无点校此书的打算。1979 年秋,我去天津图书馆阅读该馆所藏的、曾经让胡适茅塞顿开的全祖望五校抄本,返程顺道到南京图书馆访书,竟在该馆与段老邂逅，我们一见如故。当时他正在馆中孜孜于此书点校，并与我讨论了其中的煞费揣摩之处。当时我们均未见过钟氏《勘误》，更未见过台北本。后来我回忆，段老当年所举的不少疑难之处，实在就是北京本的错讹，与台北本对照，多可迎刃而解。

1980 年，日本的著名郦学家森鹿三教授去世。他的高足藤善真澄教授把森氏主译的郦注日文译本《水经注（抄）》寄给了我。我撰成《评森鹿三主译〈水经注（抄）〉》一文，发表于《杭州大学学报》（哲学社会科学版）1981 年第四期。⑥由于森鹿三在其译本卷末提及他曾参校台北中华书局 1971 年出版的《水经注疏》，我的书评引及此语。书评发表以后，我随即收到段熙仲教授 1982 年初的来信。信中说："我从大作中得知杨、熊两先生《水经注疏》的传抄本之一在台湾已出版了十一年。"又说："当初不匆匆接受任务，是可以注意到质量更多些。"说明段老的点校工作，到 1982 年初已经完成。当初，由于他没有见过台北本，所以信上只说"可以注意到质量更多些"的话。其实，1981 年中，藤善真澄教授已把台北本 18 巨册寄赠给我，而我评论此本的上述书评，到 1982 年 4 月才正式发表。段老骤见我以《渐江水》一篇的两本对勘以后，立刻发现他辛勤数年的点校工作，由于没有与台北本对勘，显然很有不足。于是他随即寄来一封言辞恳切的长信，提出即从《渐江水》一篇来看，他的点校与台北本还有不少差距。因此希望能与我合作，由我在他的基础上，按照台北本和我历年来的校勘成果复校一次，然后以两人名义出版。由于我手头的工作实在太多，无法接受段老的请求，只是由于他当时已届 85 高龄，我对这位前辈的复信，不能用我平时惯说惯写的断然语气，而是措辞委婉地加以推辞。并且建议，要他请出版社通过香港或日本的关系，从台湾购入此书（因台湾与大陆当时尚无来往），而此项工作仍以他赓续为宜。后几个月中，他曾多次来信，而我都礼貌地婉谢。这年秋季，我出访南北美洲，在巴西和美国耽了颇久。回国以后，已有好几封他的来信积压着，语气诚恳而坚定，要求我务必同意复校，并为此本撰写序言。当时由于积压的信件太多，一时还来不及给他复信，但段老却请他亲戚用一辆小车把全部他的点校稿件从南京送到我的家中。我实在为他的诚挚所感动，只好收下这批稿件，堆满了我的这个小小书房。从此我原来的工作计划顿时大乱，整整两年中，除了出国讲学几个月外，全部花在这部书稿上，最后终于在 1984 年底完成了工作，并按段老的嘱咐写了一篇 10000 多字的序言。由于北京本贺昌群写的序言题目是《影印〈水经注疏〉的说明》，我的序言就循贺氏作《排印〈水经注疏〉的说明》。⑦为此书忙到这年年底，而 1985 年初因为聘约关系，我又到日本讲学半年。从此连续几年，我成了学术界的一个大负债户，许多书稿都因此拖欠下来，弄得手忙脚乱。但段老为此感到满意，不仅夸奖我的复校，对我的那篇作为序言的《说明》也倍加赞赏。既然我的工作能让一位耄耋老人多年辛勤的成果得以问世，我虽遭遇一时的困难，但也感到心安了。可惜段老竟来不及看到此书的出版,于1987年因脑溢血逝世。逝世前不久还给我写信,说起出版社重视此书,正由4位责任编辑分头整理,他正盼望着此书的早日出版。言念及此,能不黯然?

此书计210余万字,精装3册,在《水经注》历来的各种版本中,按字数当然领先。上册目录以下,有一篇出版社写的编辑说明,开头一段说:

> 《水经注》点校排印本由南京师范大学已故段熙仲教授依据1957年科学出版社影印本《水经注》为工作底本,参照明、清以来《水经注》研究者之诸刻本及经、史、子、集史料予以点校、增删、勘误。由于段先生未见台北本,故又由杭州大学著名地理学家陈桥驿教授按1971年台北中华书局影印出版之杨、熊合撰《水经注疏》本,参以钟凤年《〈水经注疏〉勘误》,结合个人研究成果对段先生所点校之底本予以复校、增删、勘误。故此铅排本就其学术价值而言,可谓杨、熊《水经注疏》最佳之本,必将引起海内外有关学者之重视。

出版社写这篇说明,事前不曾与我商量,我虽然并不反对这篇说明,但是所谓"最佳之本"云云,因为事实上此书历来没有佳本,所以这种比较是牵强的。此书原有3种抄本,分存于中国科学院图书馆、台湾"中央图书馆"和日本京都大学人文科学研究所。前两者即北京本的底本和台北本的底本,现在大家都可见到。第三种是森鹿三派人从熊会贞处抄出之本,我在京都时曾亲自过目。3本之中当然以台北本为最好,但不仅因为熊会贞的一再涂改,字迹模糊,而且根据熊氏修改此稿的《十三页》意见:"此稿复视,知有大错。"仍然是熊氏本人并不满意的本子。铅排本的所谓"最佳",除了阅读不会影印本的费力外,主要就是我在卷首说明中所说的"减轻读者经济负担"及"收藏和携带的便利而已"。我也必须指出,像这样一部注释量如此浩大的本子,其服务对象主要是为了郦家和高级学术界的需要,绝不是一种通行的本子。

我点校的第三部郦注是不久以前出版的《水经注校释》。这或许是我在郦学研究中花费力量最多和拖延时间最长的一项成果。其实,此书在此时交付出版,并非我自己的心愿,而是在某种不可推辞的客观形势下促成的。此书卷首没有正规的序言,而是以我在《中华文史论丛》第53辑中发表的一篇10000多字的论文《民国以来研究〈水经注〉之总成绩》作为代序。我的意思是,我的这部校本,只不过是民国以来研究《水经注》之总成绩中的一株小草而已。我在卷末写了一篇跋,说明校释此本的过程和若干具体问题。另外我又专门为此书写了一篇《关于〈水经注校释〉》的文章,发表于《杭州师范学院学报》1998年第5期。所以对于这一本,这里不必再详细叙述了。总的说来,此本文字完全遵照殿本,但删去了殿本的全部夹注。我原来希望此本成为一种《水经注》的通行本子,供学术界和其他一般读者之需,但现在看来,我的这种希望恐怕仍难达到。因为校释所涉，是我毕生积累的成果，不说来自其他文献的，以《水经注》的不同版本而言，就达33种。所以校释的主要部分，大概仍然只能服务于郦学家和其他专家，而并不符合一般读者的需要。另一个问题也是我常常考虑的，即这个本子当然不能使用简化字。但是事实上，繁体字的使用圈子，即使学术界，也变得越来越小。《水经注》如上所述，已经成为自然科学者和人文科学者都要使用的参考书。而眼下的中青年学者，除了古典文学、古代史等专业外，恐怕也已经感到不便。再下去，许多人就不再认得繁体字了。因此，这个本子的使用范围，也必将越来越小，所以它不能成为一种通行本，这是很显然的。

最后把我所点校的这第四种本子作一点说明。此本是我点校了上述3种本子以后的作品。按理，有了前面3本的经验，这一本一定可以获得更好的成绩，但事实并非如此。因为前面3本如上所述都不能成为《水经注》的通行本。所以这一本动手以前，心里就有一种打算，希望一定能点校出一种既能供学术界参考，又能适应一般读者需要的通行本。当然，我绝无能力把一部1400多年以前的古典著作点校成为一部科普读物。我的意思是要让对古典文献者兴趣和有一定阅读能力的读者，也能进行在学术研究以外的一般性阅读，使此书的丰富知识、趣味掌故、优美语言、生动文字，也能让专家学者以外的广大知识界所接受和欣赏。要点校出这样一种本子，前面3本的经验，除《水经注校释》稍可参照外，实在并无多大用处。

这个本子是在《水经注校释》的基础上进行工作的，《校释》的底本是殿本，而且是通行的许多殿本之中的最佳本，即《四部丛刊》本。在排除殿本的夹注，即所谓"注内按语"的干扰这一点上，此本也和《校释》一样，全部删去。

但是为了让这个本子在今后能够长期通行，最重要的是要使此本摆脱繁体字的羁绊，改用简化字排印。现在先对少数卷篇中保留的两个繁体字作一点说明：其中一个是卷一六《穀水》篇中的"穀"字（包括卷一五《洛水》、《瀍水》、《涧水》3篇中出现的）。穀水是洛水的一条极小支流，但在《水经注》中，它却是一条独立成卷的名水。其中《经》"又东过河南县北，东南人于洛"之下的这篇注文，长达7000余言，是郦注全书的第一长篇。小水大注，这是因为此水流贯北魏首都洛阳城，人文景观复杂，注文内容因而特别丰富，对洛阳古都的研究有重要价值。所以穀水在《水经注》中是一条特殊的河流。假使把这条"穀水"简化为"谷水"，不仅其特殊性遭到湮没，而且还要考虑郦注全书在《灅水》、《颍水》、《渠》、《阴沟水》、《淮水》、《沔水》、《〈禹贡〉山水泽地所在》7篇中，都各有"谷水"，共有9条之多（《灅水》和《淮水》各有两条）。把这条身份特殊的"穀水"与其他谷水混淆起来，当然不妥。所以在这少数几篇中，穀水和其他有关穀水的"穀"字都未作简化。

　　另外一个保留的繁体字是经、注文字中出现于我国古代越人活动地区地名（包括人名）中的"馀"字。因为这个"馀"字是越语汉译，其意义与汉字的"余"不同。清末学者李慈铭已经发现，他在《越缦堂日记》同治八年（1869）七月十三日下说："盖馀姚如馀暨、馀杭之比，皆越之方言。"《越绝书·地传》"朱馀"下说："朱馀者，越盐官也，越人谓盐曰馀。"则越语"馀"其义为盐，所以不能如同汉语一样地简化为"余"。在《水经注》全书中，这个"馀"字主要出现于卷二九《沔水》和卷四〇《渐江水》两篇之中，由于越人播迁，所以个别也涉及卷三七《叶榆河》篇中。其次，为了避免原书繁体字化简体字后可能引起的古今错位，故对个别人名、地名参照辞书界通行的办法，仍保留原字。这样处理，使新本不仅仍可供学术研究之用，也便于青年读者今后阅读旧本。

　　此本除了化繁为简以外，还有一个处理异体字的问题。《水经注》全书存在许多异体字，如峰、峯、略、畧、雁、鴈、剑、劍等等，不胜枚举。这是一个古籍中普遍存在的问题，发生这种现象的原因，是古人对正体字和异体字的使用没有严格规范。对于郦注，不要说不同的校本，在殿本之中，《四部丛刊》本常常不同于崇文书局本，崇文书局本又常常不同于广雅书局本。说明这种正、异体字的随意使用，主要实在是由抄手和刻工造成。我们当然必须加以处理，存正改异，例如峯、畧分别改作峰、略，改鴈存雁，改劍作剑，并简化为剑等等。

　　在全书的许多与正体字并存在的异体字中，我保留了卷二一《汝水》篇中的"誌"字。此篇"汝水出河南梁县勉乡西天息山"经下的注文："以其方誌参差，遂令寻其源流"。卷二二《渠》经"又屈南至扶沟县北"下的注文："因其方志所叙，就记缠络焉。"全书出现这个词汇的仅此两句，《汝水》篇作"方誌"而《渠》篇作"方志"，"誌"其实是"志"的异体字。我之所以慎改，原因有三：其一因为《汝水》篇的"誌"和《渠》篇的"志"，并不像上述许多版本中存在的彼此不同的异体字一样，除了殿本以外，郦注各名本如朱谋㙔《水经注笺》，全祖望五校抄本《水经注》，赵一清《水经注释》，杨守敬、熊会贞《水经注疏》等，也都相应作"誌"、作"志"。所以保留"誌"字，有从各本之意。其二，修纂地方志是中国的优秀文化传统。旧的方志学著述中常引《周礼》："外史掌书外令，掌四方之志。"这当然是一种牵强附会。其实，学者按通行体例记叙州县史实始于六朝，而首先使用"方志"一词的则为《水经注》。最近20年来，全国各地普修志书，修志同仁多有研读方志学者，他们已经知道《汝水》篇的"方誌"是这种名称的嚆矢。所以这个"誌"字，也以不改为宜。

　　《水经》成书已逾1800年，而《水经注》成书也近1400年。经、注记叙的河流，至今都有较大变化。有的河流如济水，现在早已消失；如庐江水，当时就不在；有时河名如沔水、浙江水等，古名与今名迥异；另外还有一些河流如汝水，当时是可以独立成卷的淮河大支流,但现在已成为一条短小的淮河二级支流。诸如此等,不是专开河川水利史的读者都很难理解。所以我在每一条河流的注释中,首先就注意古今对比,简要地介绍各卷篇中列名河流的历史变迁和当今的名称及概况。对于那些历史上变迁不大,流路清楚可查的河流,我都注明这些河的长度和流域面积,因为这是河流最重要的地理要素。这是我对《水经注》记载的古代河流与现代地理知识相结合的措施。对于一般读者来说,这或许是他们所希望知道的。

对于殿本的夹注,前面已经指出予以删去。不过夹注中也有少量有用的内容,主要是殿本提示注文的错漏,如"按此下有脱文"、"按此句讹舛"等等。我把这类夹注移到卷末的注释之中,并且尽可能与别的本子作一点比较,让读者有所鉴别。我把这些夹注移到卷末,是为了向读者打招呼,《水经注》是一部残籍,在字句脱漏之处,不仅意义难解,有时连标点都无法落实,避免有的读者勉强钻研,浪费时间。对于那些殿本作了夹注认为无法解释而他本却做出了解释的(其中有的解释不免牵强),我也将他本的解释加入注释,以便读者比较。最后是尽量减少殿本与其他版本的牵连。前面提及我在《水经注校释》中涉及了33种不同版本,对于郦学家和专门的学术研究,这当然是有用的;但对于一般读者,实在没有这种需要。为此,这个本子中的注释,只限于明朱谋㙔《水经注笺》,清全祖望《七校水经注》,赵一清《水经注释》,杨守敬、熊会贞《水经注疏》等几种必要的版本。在这些版本以外,只是在实在无法避免时偶尔引及而已。我同时也努力控制注释量,对每一条注释的取舍都作了再三的斟酌,目的也是为了减少这个本子的累赘,使它成为一种可以长久通行的本子。

《水经注》是一部历史名著,现在世界上许多国家都有研究此书的学者,形成一门包罗广泛的国际性学问——郦学。此书作者郦道元,被日本学术界誉为"中世纪时代世界上最伟大的地理学家"。但是由于此书撰写至今已近15个世纪,内容不可避免地存在不少错误,我在拙著《郦道元评传》[8]一书中,最后设有《〈水经注〉的错误和学者的批评》一章。其中最重要的错误如"黄河重源"之类,我也在这个本子中作了注释,并把后世学者的批评写入其中,让现在的读者了解。我在这一章中最后指出:

> 如上所述,说明像郦道元这样的人物所撰写的《水经注》这样的名著,毕竟也存在不少缺点和错误,历来也曾有不少学者,提出过许多批评。让今天的读者了解这方面的事实,实在也是很有必要的。当然,所有这些缺点和错误,对于这部历史名著所取得的成就来说,都是瑕不掩瑜的。

对于《水经注》一书的评价,以此书做学术研究的学者,当然早已清楚。但是对于专业学者以外的一般读者,这个问题仍然有必要正确认识,所以我特地提出来,作为我这篇后记的结尾。

注释:

① 《中华文史论丛》1979 年第 3 辑,收入于《水经注研究》,天津古籍出版社 1985 年版。

② 附录于台北中华书局影印本《杨熊合撰水经注疏》卷首。

③ 《中华文史论丛》1987 年第 2、3 期合辑,收入于《郦学新论——水经注研究之三》,山西人民出版社 1992 年版。

④ 《中国历史地理论丛》1993 年第 1 辑。

⑤ 《杭州大学学报》(哲学社会科学版)1982 年第 1 期。收入于《水经注研究》,天津古籍出版社 1985 年版。

⑥ 译文载于日本关西大学《史泉》第 57 号。收入于《水经注研究》,天津古籍出版社 1985 年版。

⑦ 《水经注研究二集》,山西人民出版社 1987 年版。

⑧ 南京大学出版社 1994 年版。

原载简化字本《水经注》,浙江古籍出版社 2001 年版

《水经注》各卷《题解》

《唐六典》说:"桑钦《水经》所引天下之水百三十七、江河在焉;郦善长注《水经》,引其枝流一千二百五十二。"这是当年卷帙完整的全部《水经注》的规模,也就是《隋书·经籍志》和《旧唐书》、《新唐书》著录的此书40卷的规模。但时至北宋,此书就缺佚了5卷,即武英殿本卷首《校上按语》所说:"《崇文总目》称其中已佚五卷,故《元和郡县志》、《太平寰宇记》所引滹沱水、泾水、洛水皆不见于今书。然今书仍作四十卷,疑后人分析以足原数也。"《唐六典》说此书"所引天下之水百三十七",由于5卷之佚,所引水数当然也随之减少,经过清初不少郦学家的精心考证,其中特别是全祖望的贡献,现在流行的几种郦注版本中,在40卷之中作为各卷卷首标题的,共有123水,较隋唐及宋初点校本少了14水,其中当然包括殿本《校上按语》中指出的滹沱水、泾水、洛水(按:指今陕西省的北洛水)在内。

今本《水经注》中作为各卷标题的123水,情况也很有差别。其中有古今著名的大河,如卷一到卷五共占5卷的河水(黄河),卷三三到卷三五共占3卷的江水(长江)等。也有古时著名的大河但后来湮废不存的,如卷七到卷八共占两卷的济水。还有古时确有其水,但现在已经很难考定究竟是当今何水的,如卷二九的均水,卷三二的涔水等。此外,由于郦道元足迹未到南方,此书所叙南方诸水,大多存在错误,其中如卷三六温水,卷三七叶榆河等,虽然都确有其水,但由于记叙中错误很多,至今很难厘清它们的流路。也有很少数河流,如卷三九庐江水,在当时就并不存在。所以对于今天的读者来说,对这123水逐条作一点简单的解释,或许很有必要。

往年应贵州人民出版社之约,用现代汉语译述《水经注》,书名称为《水经注全译》,由于卷内仍附郦注原文,篇幅较大,书分上下两册于1996年出版。当时我由于手头工作较多,所以邀请了两位对古今汉语都有造诣的朋友,共同完成全译。在译写过程中,我考虑到一个问题:用现代汉语全译《水经注》,当然是为了现代读者的需要;但读者阅读《全译》时,显然也需要知道,譬如沔水就是今汉江,浙江水就是今钱塘江等等。在合作全译的3人之中,唯我从事历史地理工作,我遂于译写工作之余,考证古今资料,对作为标题的123水,按卷次作了一个《题解》。在当时,我无非是按自己的想法做此尝试,而且由于有些河流,古今变异甚大,考证相当困难,所以《题解》显然存在缺陷。但想不到在此书出版以后,却得到不少读者的反映,认为《题解》对他阅读《全译》很有帮助。我的几位研究生也有这样看法,虽然他们早已几次读过郦注原文,但认为《题解》对他们辨清各卷河流脉络,进行古今对比,确实很有作用。

《水经注全译》在台湾也获得了一些读者的欢迎。台湾中国古籍出版公司与贵州人民出版社签订了此书在台湾出版的合同,经过他们的策划整理,把原来按40卷排列的123水,按流域和水系分册(《黄河之水》、《汾济之水》、《海河之水》、《洛渭之水》、《淮河之水》、《沔淮之水》、《长江之水》、《江南诸水》),各册自成一个完整的体系,以8个书号分成8册,于2002年出版,装帧讲究,印刷精美,卷次虽然参差,但《题解》仍然保留。我在台湾的老友,偶然在书店看到此书,但8册已经不全,他立刻挂电话到该出版公司配足8册,并且随即乘其来大陆之便把书交给我(其实出版公司也已打包邮寄,由于寄递费时,所以收到较晚)。我的朋友是经济学家,并不熟悉郦书,但他认为,即使像他这样的外行人,即使内行而却没有时间阅读全书,读读各卷《题解》,也就可以借一斑而窥全豹了。

当年我写《题解》,确实比我参与全译工作花了更多时间,但既然在大陆和台湾都得到一些好评,我的工作也算得到报酬了。为此,我特把此《题解》收入于此集之中。

需要说明的是,在《水经注》40卷中作为各卷标题的这123水,首先是全祖望多年耕耘的成果,以后如赵一清《水经注释》,戴震武英殿本《水经注》(简称殿本),王先谦《合校水经注》、杨守敬、熊会贞《水经注疏》等本,也都以此123水作为各卷标题。但对于40卷的卷次排列,各本有所不同,这123水的名称,各本也互有差异。《水经注全译》是以殿本作为底本的,所以《题解》和各水名称都从殿本,请读者注意。

水经注卷一至五
河水

[题解]

《河水》是《水经注》全书最长的一篇,共分五卷,计五万余字,占全部《水经注》的七分之一。《水经注》一书,注文比经文大二十余倍,但《河水》一篇,注文比经文大九十倍左右。

在卷一经文"河水"之下有一句注文说:"《风俗通》曰:江、淮、河、济为四渎。"意思是说,江、淮、河、济是四条著名的大河。河水是其中之一。这里的四条大河:江、淮、河、济,从地名学上说,都是专名,不是通名。按照地名学上的理论,每一个地名,都有专名和通名两种要素构成,河流也是一样的,譬如"黑龙江"、"桑干河"、"Mississippi River",这里的"黑龙"、"桑干"、"Mississippi"都是专名,而"江"、"河"、"River"则是通名。在古代,"河"是黄河的专名,"江"是长江的专名。作为河流的通名,也就是与英语"River"这个字汇相当的名称,古代称为"水",黄河成为"河水",长江成为"江水"。

在古代,黄河除了"河"和"河水"这两个最通行的名称以外,按不同的习惯、地区和段落,还有大河、浊河、逢留河、金城河、上河、孟津河、鲔水等别名,都见于《水经注》篇内。至于"黄河"一名,《水经注》虽然少用,但也已经出现。五卷之中,共见4处,这就是卷一经文"又出海外,南至积石山下,有石门"下:"莫尚美于黄河";卷二经文"又东过金城允吾县北"下:"即积石之黄河也";卷四经文"又东过陕县北"下:"北临黄河";卷五经文"又东北过黎阳县南"下:"南荫黄河"。这是因为黄河中下游水色黄浊,由来已久。卷一经文"出其东北陬"下,注文引《尔雅》说:"河出昆仑虚,色白,所渠并千七百一川,色黄。"又引《物理论》说:"河色黄者,众川之流,盖浊之也。"这段注文中还指出早在西汉时代,黄河的含沙量已经达到"清澄一石水,六斗泥"的程度。所以这段河流最后以黄河为名,这是很自然的事。

《河水》这一篇,篇幅特别大,除了因为黄河是一条大河以外,另一原因是因为古人没有弄清黄河河源,把黄河河源延伸到今新疆塔里木河支流和田河的上源,甚至更远,这就是所谓"黄河重源"。这种错误的说法,流传已久,《水经》承袭了这种错误,郦道元作注,虽然查阅大量文献,但结果是如他在卷一最后所说的:"余考群书,咸言河出昆仑,重源潜发,沦于蒲昌,出于海水。"这是因为当时郦道元能够看到的资料,全部作这样的记载。郦道元也只好以讹传讹。由于他的注文汇集了许多文献的说法,所以错误就愈闹愈大。卷一之中,注文把黄河与印度河及恒河牵扯在一起,写了许多古代印度的情况。卷二之中,注文说:"河水重源有三,非惟二也。"又说:"河水又东注于泑泽,即《经》所谓蒲昌海(按:今罗布泊)也。……东去玉门阳关千三百里,广轮四百里。其水澄渟,冬夏不减,其中洄湍电转,为隐沦之脉。当其澴流之上,飞禽奋翮于霄中者,无不坠于渊波矣。即河水之所潜,而出于积石也。"所以注文在卷一开头就说:"伏流地中万三千里"。这些当然都是错误的。

读者需要进一步了解《水经注》记载的黄河,除参阅原注以外,还可以参阅陈桥驿《〈水经注〉记载的黄河》一文,此文发表于《黄河史志资料》[①]1990年第1期,此文又收入于《郦学新论——水经注研究之三》(山西人民出版社1992年出版)[②]。

水经注卷六
汾水　浍水　涑水　文水
原公水　洞过水　晋水　湛水

[题解]

卷六包括汾水、浍水、涑水、文水、原公水、洞过水、晋水、湛水八条河流。这些河流全在今山西省境内。其中最大的是汾水,它是黄河在今山西省境内的最大支流。《水经注》记载今山西省河流十分细致,连有些在今天的较大比例尺地图上都排不上位置的河流,注文也加以描述。这是因为,这个地区在北魏时代曾经建都,是郦道元所十分熟悉的。

今山西省因为是一片黄土高原,地形高峻,河流向四方流注,所以水系相当复杂。黄河从北向南流经它的西境,又折而从西向东,流经它的南境。所以仅黄河支流,就包括西流入河支流和南流入河支流两部分。除了黄河水系以外,今山西省还有一些北流和东流的属于海河水系的河流。《水经注》记载的今山西省境内的大小河流达180余条,其中在卷六一卷即上述八条河流之中,记及的河流就达60余条。

在上列八条河流之中,最重要的是汾水,今称汾河。浍水今称浍河,是汾水的支流。文水今称文峪河,《水经注》说:"水注文湖,不至汾也。"其实,它利用汾水故道,经文湖后仍然注入汾水,所以仍是汾水支流。原公水今称禹门河,也是汾水的支流。洞过水今称蒲河,是汾水的支流。晋水既晋祠泉水和南北二渠,也是汾水的支流。

八条河流中唯一一条单独西流入黄的是涑水,今称涑水河,它在今永济以西流入黄河。湛水是卷六记载的河流中唯一南流入黄的黄河支流,这是一条很小的河流,谭其骧主编的《中国历史地图集》第四册《东晋十六国南北朝时期图》图四六、四七,《司、豫、荆、洛等州图》的附图《洛阳附近图》中,以及吴天任《郦学研究史》[③]卷末所附《郑德坤重编水经注图（总图部分）》，均绘有这条河流。但现在国内通行的大型地图集如1974年版《中华人民共和国地图集》中，虽然绘下了这条河流（从山西省析城县发源，经河南省在大峪附近入黄河），却没有注明名称。说明《水经注》记载这个地区的河流的详尽程度。

读者如需要进一步了解卷六记载的各水，可以参阅陈桥驿《〈水经注〉记载的三晋河流》④一文，此文又收入于《郦学新论——水经注研究之三》。又谢鸿喜《水经注山西资料解释》⑤一书也有参考价值。

水经注卷七、八
济水

[题解]

《济水》在《水经注》占了七、八两卷，《禹贡》说："济、河惟兖州。"济水在北方是与黄河并列的大水。所以《河水》篇称："江、河、淮、济为四渎。"济水在中国古籍中有两种写法，《禹贡》、《水经》等作"济水"，《周礼·职方》、《汉书·地理志》等作"沛水"。

中国古籍，包括《水经》和《水经注》在内，对于济水的记载，存在不少错误。《禹贡》说："导沇水东流为济，入于河，以为荥。"《汉书·地理志》河东郡垣县下说："《禹贡》王屋山在东北，沇水所出，东至武德入河。"《水经》继承《禹贡》和《汉书·地理志》的说法："济水出河东垣县东王屋山，为流水。"注文引郭璞（景纯）的解释："泉源为沇，流去为济。"说明沇水就是济水。王屋山的地理位置古今都很清楚，武德在今河南省武陟县东，所以此济水在黄河以北入河。《水经》说："又南当巩县北，南入于河。"三国魏巩县在今河南省巩县偏西，则济水入河处，当三国魏温县（今温县西）附近，注文的说法相同。以上所述的是黄河以北的济水。《水经》说："与河合流"。实际上就是济水注入黄河。但经文接着又说："又东过成皋县北，又东过荥阳县北，又东至砾溪南，东出过荥泽北。"济水既已注入黄河，则成皋、荥阳、砾溪等，其实都是黄河的流程。最后一句"东出过荥泽北"，说明这实在是一条从黄河分出的其他水道，与发源于王屋山的济水毫无关系。但这条河流仍称济水，这是因为《禹贡》有"溢为荥"一句的缘故。《汉书·地理志》为了附和《禹贡》这部经书的说法，所以说："导沇水东流为济，东南入于河，轶为荥。"而《水经》则以"东出过荥泽北"一句以迎合《禹贡》之所说。郦道元当然也不敢冒犯经书，他也引了一些古籍中的错误说法，如《晋地道志》："济自大伓入河，与河水斗，南泆为荥泽。"近人翁文灏在《锥指集·中国地理学中几个错误的原则》中批判这个错误："夫济水既入于河而混于河水矣，又岂能复出。即使入地下，而其皆冲积层，水人其中，百流皆合，济又何能独自保存?"《禹贡》的说法当然是错误的，后人用各种牵强附会的解释为经书圆场，其中最荒谬的就是所谓济水的"三伏三见"。注文引郭璞(景纯)所说:"潜行地下，至共山南，复出于东丘。"注文又说:"今济水重源出轵县西北平地。……俗以济水重源所发，因复谓之济源城。"郑晓在《禹贡图》中甚至说它"三伏四见"。他说:"济水凡三伏而四见，一见于王屋，而遂伏;再见为济，再伏而入于河;三见为荥，三伏而穴地;四见而出陶丘之北，自是不再伏矣。"翁文灏也批判了这种说法:"无论《禹贡》原文应如何解释，而济水绝河，三伏三见，在地理上绝对不可能。"

从黄河南岸分出的这条济水，形成今郑州市西北的一个湖泊，称为荥泽。但荥泽在西汉后期就淤为平地。济水从此东流，又进入巨野泽，流程中与蒗荡渠、汶水、菏水、泗水等许多河流相交错，这个地区是古代鸿沟水系，河道复杂而多边，加上黄河又多次决口改道，注文所记载的河道，包括它的入淮、入海等故道，都已经无法考实了。

水经注卷九
清水　沁水　淇水　荡水　洹水

[题解]

卷九所记载的五条河流，在汉魏以前，清水、沁水和淇水都是黄河支流，荡水和洹水则是漳水支流。后汉建安九年(204)，曹操为了进攻北方的袁绍，在淇水入黄处以大枋木筑堰，遏淇水东入白沟，以资军运。从此，清水和淇水均称白沟，成为海河水系的卫河(即南运河)的一段。在《清水》篇中，《水经》的最后一句:"东入于河"。这就是曹操开白沟以前的情况。郦道元在注文中说:"曹公开白沟，遏水北注，方复故渎矣。"因为在郦道元的时代，清水已不入黄河了，所以注文作了修正。

沁水今名沁河，现在是上列五河中唯一一条注入黄河的河流。清水如上所述，已经不存在这条河名。淇水今称淇河。荡水也是白沟的支流，因为其水甚小，今地图上已经不标出此河。洹水今称安阳河，现在是卫河的支流，北流注入海河。

关于洹水的河源，《水经》说:"洹水出上党泫氏县。"《水经注》说:"水出洹山，山在长子县也。"河南安阳市近年来曾组织力量，对洹水上源做了实地考察，并进行论证，结果认为《水经》与《水经注》的说法都是错误的。孙晓奎的《洹河考述》⑥一文有较详说明:

　　为了弄清洹河的源头所在，安阳市地名办公室于1986年10月21日和11月5日，组织安阳县、林县(今林州市)、安阳市郊区地名办公室的同志，在安阳市水利局的配合下，两次赴山西、林县进行了实地考察。之后，又于同年12月9日，邀请河南省地质一队工程师刘振江、安阳市水利局总工程师丘培佳、万金渠管理处工程师白雪村、林县水利局工程师林广栓等同志，就洹河发源地问题专门进行了学术讨论。经过充分论证，得出结论：洹河发源于林县林虑山。这是因为：

（一）从地表上看，在山西省高平县（古称泫氏县，今高平市），长子县，未发现有东西走向的古河床痕迹；河南省林县与山西省交界处，有南北走向的太行山脉阻隔，洹河不可能由西向东穿山而过；且高平县地址北高南低，该县境内河流——丹河与沁河均由北而南流入黄河。长子县、黎城县境内诸河流，则属浊漳河水系，均注入漳河。从地表情况分析看，山西境内的高平县、长子县和黎城县不可能是洹河的发源地。

（二）从地质构造上看，林县境内的地质构造形态，以断裂为主，褶皱次之。太行山本身就是一个南北走向的大背斜。林县恰在该背斜东翼，而山西省高平县、长子县、黎城县，均在该背斜西翼。此背斜轴部岩性，均为古老的变质岩系，隔水性能良好，在林县和长子诸水之间，形成了一道天然挡水墙，山西高平、长子等县的地表水翻越太行山而进入林县，是根本不可能的。

（三）从实地考察和卫星照片上看，均未发现太行山上有东西走向的古河床沉积物。这说明第四纪以后，太行山以西的地表水，没有进入过林县盆地。

（四）据在考察中访问的长子县地名办公室李裕民讲："在长子县境内进行地名普查时，没有发现有洹山，亦无带'洹'字的地方。"另据高平县地名办公室魏清河说，他们亦无"洹"字的地名存在。上述两县地名办公室在编写本县地名词条时，均未记载"洹山"、"洹水"词条。

以上所述证明：洹河确实发源于林县林虑山。郦道元在《水经》"洹水出上党泫氏县"下注："水出洹山，山在长子县也。"这与事实不符，是错误的。

水经注卷一〇
浊漳水　清漳水

[题解]

浊漳水今称浊漳河，清漳水今称清漳河。它们都发源于今山西省境内，进入今河北省境内后汇合。在岳城以西今拦坝蓄水，即岳城水库。此后就称漳河，最后注入卫河。

在《浊漳水》篇中提及此水的支流中，有滏水、隅（漹）水和洈水；在《浊漳水》佚文中，又记及了洺水。清赵一清在他的《水经注释》中，卷一〇《浊漳水·清漳水》之下，又利用收辑的佚文，增补了《滏水》和《沼水》各一篇。滏水今名滏阳河，沼水今名洺河,东流和滹沱河汇合,称为子牙河,是海河的五大支流之一。滹沱河在《水经注》称为滹沱水,当《水经注》版本完整的时候,它很可能是单独的一篇,但今本《水经注》中,这一篇已经亡佚。赵一清在卷一一《易水·滱水》之下,收辑佚文,增补了这一篇。

水经注卷一一
易水　滱水

[题解]

易水今仍名易水,发源后从今河北省易县的安各庄水库东流,汇合南拒马河,然后注入大清河,成为海河水系的五大支流之一。滱水发源于今山西省境内,《水经注疏》熊会贞按:“今浑源州南七里有翠屏山,为恒岳西麓,唐河源出此,即古滱水”。所以滱水今名唐河,东流经白洋淀注入大清河。

赵一清在《水经注释》卷一一之末,又收辑佚文,增补了《滹沱水》、《泒水》、《滋水》三篇。他认为此三水在《水经注》没有散佚前都各自成篇。滹沱水在《浊漳水》中已经述及,而泒水和滋水,赵一清认为与滱水有关,或是滱水支流,但现在由于河道变迁,地名消亡,都已无法考实。谭其骧主编的《中国历史地图集》第四册图五〇、五一,北朝魏《相、冀、幽、平等州图》中,绘有滋水和泒水,均是滹沱水的支流,可供参考。

水经注卷一二
圣水　巨马水

[题解]

圣水就是指什么河流,现在已经无法考实。不过它是巨马水(今拒马河)北岸的一条支流,这一点是可以肯定的。或许就是今白沟河。由于这个地区历史上河流交错,河流的袭夺现象甚多,古今河流已有很大改变,所以不易论定。谭其骧主编的《中国历史地图集》第四册图五〇、五一,北朝魏《相、冀、幽、平等州图》中,绘有圣水这条河流,其中有一段与今永定河重合,最后注入清河。谭图可供参考:

巨马水今名拒马河,发源于涞源县以西,东流经郦道元的家乡涿县。在经文“又东南过容城县北”之下有一段注文说:

　　巨马水又东,郦亭沟水注之,水上承督亢沟水于遒县东,东南流,历紫渊东。余六世祖乐浪府君,自涿之先贤乡爰宅其阴,西带巨川,东翼兹水,枝流津通,缠络墟圃,匪直田渔之赡可怀,信为游神之胜处也。

这是《水经注》全书中的一段非常珍贵的文字,因为它描写了郦道元家乡的自然风光。

水经注卷一三
溎水

[题解]

溎水在《水经注》的不同版本中也有作湿水的。它发源于今山西省宁武县以南的管涔山,即注文所称的累头山,发源处今名阳方口。从山西流入河北,上游今名桑干河,经官厅水库,下游称为永定河,是海河水系的五大支流之一。不过《水经注》时代的溎水与今永定河河道并不完全一致。郦道元所记的河道在今永定河河北,东南流至渔阳郡雍奴县西(今河北省武清县附近)注入潞河(经文称为笥沟,是潞河的别名),也就是今北运河。

溎水并非大河,但此篇不仅单独成为一卷,而且篇幅不小。在首句经文"溎水出雁门阴馆县,东北过代郡桑乾县南"之下的这篇注文,长达六千字左右,是《水经注》全书中的长篇之一。这是因为此水流经北魏旧都平城(今山西省大同市东侧),附近有许多旧都文物,而且均为郦道元所亲见,所以记载特详。其中注文"又迳平城西郭内"以下一段,记载了许多平城及其近郊的自然和人文景观,是今天研究北魏政治、经济、文化等各方面的重要资料。

读者如需进一步研究《溎水》这一篇,可以参阅谢鸿喜《水经注山西资料辑释》一书。

水经注卷一四
湿余水　沽河　鲍丘水
濡水　大辽水　小辽水　浿水

[题解]

卷一四记载了湿余水、沽河、鲍丘水、濡水、大辽水、小辽水、浿水七条河流。其中湿余水、沽河、鲍丘水三水,均是今潮白河及蓟运河的上游;濡水即今滦河;大辽水、小辽水即今运河;浿水今在朝鲜境内。

湿余水在《水经注》的不同版本中作溎余水。谭其骧主编《中国历史地图集》及《郑德坤重编水经注图(总图部分)》也均作溎余水。在我国其他古籍中,此水也有作温水、温余水,温榆河等名称的。现在的潮白河在密云水库以北,支流众多,如潮河、汤河、黑河、白河等,都是《水经注》所记载的。其中最清楚的是湿余水,在比例尺较大的地图上,仍然绘有此河。例如侯仁之主编的《北京历史地图集》[⑦]第17页,北朝《北魏》的1:80亿图上。作为一条现代河流,湿余水今名温榆河,其上游有北沙河、蔺沟等支流,南流东折,在通县以东汇合潮白河。

沽河即今白河,因为注文说:"沽河出御夷镇西北九十里丹花岭下。"北魏御夷镇,在今沽源以南,赤城以北,正是今白河所经之处。

鲍丘水即今汤河,有关此水的注文记及:"又东南流与温泉水合,水出北山温溪,即温源也。养疾者不能澡其炎漂,以其过灼故也。"至今沿汤河,仍有不少温泉。

濡水今名滦河,与上述湿余水系诸河无关,是一条独流入海的河流。《水经注》记载的濡水,其中有不少错误,清乾隆帝曾为此派人实地考察,并自己动手写了《热河考》、《滦河濡水源考证》等文字,以纠正《水经注》的错误。戴震在武英殿本《水经注》的《校上按语》中特别指出:"至塞外群流,江南诸派,道元足迹皆所未经,故于滦河之正源,三藏水之次序,白檀、要阳之建置,俱不免附会乖错……自我皇上命使履视,尽得其脉络曲折之详。"所以殿本在卷首附载了乾隆撰写的这些考证文章。

大辽水就是今辽河,小辽水就是今浑河,现在,辽河从盘山以南入海,而浑河则从营口附近入海,各不相干,而在古代,大、小辽水汇合以后,从今浑河下游河道入海。古今水道变化,特别是河流的下游,变化更为频繁,这是常见的事。

浿水是《水经注》记载的当时的域外河流。在中国古籍中记载浿水当今朝鲜何水,历来曾有不同见解。但《水经》所说"浿水出乐浪镂方县,东南过临浿县,东入于海",这肯定是错误的。中国内地的主要河流,都是西东流向而东入于海。但朝鲜恰恰相反,主要大河都是东西流向而西入于海。《水经》的作者按中国的情况想当然地看待朝鲜河流,所以铸成大错。郦道元在注文中驳斥了经文的错误。为了弄清事实,他特地访问了当时朝鲜到北魏聘问的使节。注文说:"余访蕃使,言城在浿水之阳。"从这一句中可以断定,此浿水即是今大同江。

水经注卷一五
洛水　伊水　瀍水　涧水

[题解]

卷一五记载的四条河流,洛水是黄河的支流,而伊、瀍、涧三水都是洛水的支流。

洛水今称洛河。由于渭水有一条支流在古代也称洛水(今也称洛河),故习惯上把渭水支流洛水冠以"北"字,以示与此洛水的区别。此洛河发源于今陕西省,流经河南省西部,在巩县以北注入黄河。伊水是洛水的最大支流,今称伊河,它发源于豫西伏牛山地,东北流至偃师南与洛河汇合。洛、伊二河汇合后到入黄这一段,现在常称伊洛河。

涧水今称涧河,发源于渑池以西,东流在洛阳附近入洛。在1979年版的《中华人民共和国地图集》图七二《洛阳图》中,涧河从王城公园南流注入洛河。

瀍水今称瀍河,是洛水的一条小支流。因为它流经洛阳城注入洛水,所以显得重要。在1979版的《中华人民共和国地图集》图七二《洛阳图》中,瀍河从洛阳东站南流注入洛河。

水经注卷一六
榖水　甘水　漆水　浐水　沮水

[题解]

卷一六记载了五条河流,其中包括两个流域,榖水和甘水都是洛水的支流,而漆、浐、沮三水则是渭水的支流。

榖水是洛水的支流,它的上流发源于渑池县,称为渑水,下流其实就是卷一五记载的涧水,所以它是一条很小的河流。但《榖水》却是《水经注》中的一个长篇,其中经过"又东过河南县北,东南入于洛"之下的一篇注文,长达七千余言,是全书的第一长注。小水大注,这是因为榖水流经北魏首都洛阳城,人文景观复杂,所以注文的内容特别丰富。按照河流的流向,榖水原来从北魏洛阳城西北流向东南,注入洛水,但由于人工的修治,榖水在北魏洛阳城西北又分出一条阳渠水,也称榖水,绕城一周,成为洛阳城的城河。而城内又有许多渠道,其中较大的一条西入闾阖门,横城而过,东出东阳门;另一条西入西明门,东出青阳门。水源都来自榖水,在杨守敬的《水经注图》中绘得非常详细。榖水主流是西东流向的洛水支流,从洛水以北入洛水。榖水因源流短小,不见于现代地图集,但谭其骧《中国历史地图集》第四册图四六、四七,北朝魏《司、豫、荆、洛等川图》的附图《洛阳附近图》中,尚将此河绘入。至于另一条从洛水以南注入洛水的更小支流甘水,不要说现代地图中不见此河,谭图也不予绘入了。

浐水今称浐河,发源于秦岭北麓,北流在西安东北注入灞河。至于漆水和沮水,是很古老的河流,常见于《诗经》。《诗·大雅·绵》:“自土漆沮”。《诗·周颂·潜》:“猗与漆沮”。所以这是今陕西周原一带,即西周发祥地的河流。但究竟是今何水,历来甚有争论。北魏阚骃在其《十三州志》中,认为漆沮是一条河流,即今北洛河的下游。此外,如宋程大昌、清胡渭,也都有他们的说法。一般认为,漆水即今麟游县东南的漆水河,沮水则是今富平县一带的石川河。

水经注卷一七至一九
渭水

[题解]

现在通行的几种主要《水经注》版本中,《河水》分为五卷,《渭水》、《沔水》、《江水》均分为三卷,《济水》分为二卷,其余各水,或一水一卷,或数水合水一卷。所以渭水虽然只是黄河的一条支流,却是《水经注》中的重要一篇。渭水今称渭河。

《水经注》由于北宋初期以后的散失,在渭水及其支流中,发现了不少亡佚的卷篇。大的支流如泾水和(北)洛水,或许都能自成一卷,却都不见于今本。此外还有许多较小的支流,如丰水、香川水、乌川水、交水、芮水、泥水、蒲穀水等,现在都可以其他古籍中看到有关这些河流的《水经注》佚文。清赵一清根据古籍中散见的佚文,补写了《(北)洛水》、《泾水》、《丰水》、《芮水》四篇,收入于他的《水经注释》。清谢钟英也补写了《(北)洛水》和《泾水》二篇,收入于王先谦的《合校水经注》之中。

水经注卷二〇
漾水　丹水

[题解]

《禹贡》有“嶓冢导漾,东流为汉”的话,这实际上是《禹贡》的错误,因为它把漾水作为汉水的上源。《水经》继承了《禹贡》的错误,他开头就说:“漾水出陇西氐道县嶓冢山,东至武都沮县为汉水。”其实,东至武都沮县的不是汉水,而是西汉水。西汉水和汉水是两条完全不同的河流,但古人误以为西汉水就是汉水的上源,所以才有这样的错误。这种错误同样也发生在郦道元的注文中,他说:"常璩《华阳国志》曰:汉水有二源,东源出武都氐道县漾山为漾水,《禹贡》导漾东流为汉是也;西源出陇西西县嶓冢山,会白水迳葭萌入汉。始源曰沔。"郦道元引《华阳国志》和《禹贡》作注,认为西汉水就是汉水的西源,东、西两源汇合,称为沔水,沔水就是汉水的古称。郦道元说:"会白水迳葭萌入汉。""会白水(今白龙江)"是不错的,但"迳葭萌入汉"却全是附会。葭萌是南朝益州之地,郦道元根本没有到过这个地方,所以他无法纠正古人的错误。现在可以肯定的是,《水经》和《水经注》所称的漾水,就是今西汉水,是四川境内的长江支流嘉陵江的上流。源出甘肃省礼县秦岭,至陕西省略阳县附近注入嘉陵江。

丹水今称丹江,发源陕西省东南,从荆紫关流入河南省。原来在河南丹阳县(李官桥)以南进入湖北省与汉江汇合(丹江县后来划归湖北省,并改名均县)。今已在丹江入汉处建筑水利枢纽工程,在丹江和汉江形成一个蓄水量达210亿平方米的大型水库。经文说:"又东南过商县南,又东南至于丹水县,入于均。"注文说:"又南合均水,谓之析口。"这里经文和注文所说的"均水",是一条河流的古代名称,现在早无此名。至于此水究系何水?历来也有不同看法,参阅卷二九《均水》篇题解。

水经注卷二一
汝水

[题解]

汝水今称汝河,是发源于河南省境内的淮河支流之一。淮河是一条支流极多的河流,发源于河南省境内的淮河支流,流域面积在100平方公里以上的超过260条。从现代的汝河来看,它在淮河各支流中,不过是一条小支流,从伏牛山东麓发源以后,东流到新蔡县以东就注入淮河的另一支流洪河,流程不出河南省境。

但是在古代却不同,汝水是淮水的最大支流之一。《汉书·地理志》记载的汝水:"过郡四,行千三百四十里。"确实是条大河,所以《水经注》为它单独立卷。《水经》说:"又东至原鹿县,南入于淮"。《水经》是三国时代的著作,当时这个地区属魏,原鹿县的位置在今安徽省阜南县南、河南省淮滨县东,地当今属安徽省的地理城附近。注文说:"所谓汝口,侧水有汝口戍,淮、汝之会也。"在南北朝齐代,北魏与南齐以淮水为界,汝水入淮在北魏辖境之内。到了梁代,北魏的南疆北缩,汝水入淮已在南梁境内。但不管怎样,郦道元所说的汝口,总在今洪河入淮之处,在今河南省淮滨县的谷堆附近。

水经注卷二二
颍水　洧水　潩水　潧水　渠沙水

[题解]

卷二二记载了五条河流。颍水即今颍河,至今仍是淮河的最大支流之一,独流入淮。《水经》说它"又东南至慎县东,南入于淮"。三国魏慎县属南郡,在今安徽省颍上县以北。注文说:"颍水又东南迳蜩蟟郭东,俗谓之郑城矣。又东南入于淮。"这个郑城,就在今安徽省颍上县附近。

这一卷的另外三水,即洧水、潩水和潧水。其中潩水和洧水都是颍水的支流,而潧水则是洧水的支流。洧水即今河南省的双洎河,在彭店以东注入贾鲁河,但从洧川到彭店一段,雨季有水,干季枯水,形成一种季节河的现象。潩水今称潩河,在河南省境内西华县的逍遥镇附近汇合清流河而成为颍河的一支。潧水是条很小的支流,由于这个地区历史上河流泛滥袭夺现象频繁,现在已找不到这条河流。其实,《水经注》的经文和注文对此河说法就不相同,以后的郦学家如清全祖望等,也都弄不清这条河流。

渠是淮河的另一条支流,这条河流很有一些问题。武英殿本《水经注》在卷首目录中只有一个"渠"字,但在卷二二标题中,在"渠"字下,又用小一号字加"沙水"二字。总目录与分卷目录不统一,殿本仅此一处。赵一清《水经注释》成为"渠水"。朱谋㙔《水经注笺》总目录和分卷标题都没有此水名称,但卷内紧接潧水之后仍叙此水并无缺漏。杨守敬、熊会贞《水经注疏》的总目录和分卷标题都作"沙渠水"。从不同版本之间的差异和殿本在总目录和分卷标题之间的差异来看,说明这条河流比较复杂。有人认为殿本总目录作"渠",这是受的《水经》的影响,因为《水经》第一句就作"渠出荥阳北河,东南过中牟县之北",并无"渠水"或"沙渠水"字样。但有人则认为经文原为"蒗荡(亦作狼汤,殿本作蒗菪)渠出荥阳北河"传抄时脱去"蒗荡"二字。《水经注释》作"渠水",是因为郦道元在注文中使用此名。注文开头在引用了《风俗通》的"渠者,水所居也"以后,接着就称:"渠水自河与济乱流",此后一直称"渠水",不称"渠"。殿本卷二二标题在"渠"字下用小一号字加上"沙水"二字,则是因为在经文"又东至浚仪县"下,注文在最后提出了"沙水"这个名称。注文说:"新沟又东北流经牛首乡北,谓之牛建城,又东北注渠,即沙水也。"从此以后,注文再不提渠水,只说沙水,直到最后说:"沙水东流注于淮,谓之沙汭。"由于这条河流名称多,历来变化也多,所以比较复杂。此河实为古代鸿沟,后称蒗菪渠,又称沙水,又称蔡水,总之是古代沟通黄河和淮河之间的一片水系。现在河道变迁,已经找不到这些河流了。现在各地图已无此水,《中国历史地图集》绘有此水,又括注为蒗荡渠,北起成皋(今荥阳北)以东黄河,经浚仪(今开封市)南到项县(今沈丘县)入淮。

水经注卷二三
阴沟水　汳水　获水

[题解]

阴沟水、汳水和获水,也都是古代淮河水系的河流,是淮河的支流。经文:"阴沟水出河南阳武县蒗荡渠。"蒗荡渠即卷二二的渠水,说明它是从渠水分流而出的。但经文后来又说:"东南至沛,为涡水。"则它的下流注入涡水。从这几句经文以下,注文记载的全是涡水及涡水的其他支流。最后写的一条支流是北肥水,一直写到涡水入淮。北肥水和涡水现在仍然存在,称为北肥河和涡河,但历史上这一带水道变迁甚大,现在的北肥河和涡河,与《水经注》的北肥水和涡水并不完全相同。《中国历史地图集》和《郑德坤重编水经注图(总图部分)》都绘有此水,在原武(今原阳县)和浚仪(今开封市)之间。

汳水也是鸿沟水系中的一条古代河流。从《水经》来看,"汳水出阴沟于浚仪县北",说明三国时代的汳水是从阴沟水分出来的一支。郦道元解释这一句经文:"阴沟,即蒗荡渠也。亦言汳受旃然水,又云丹、沁乱流,于武德绝河,南入荥阳合汳,故汳兼丹水之称。"说明在北魏时代,尽管浚仪(今开封市)、荥阳(今荥阳附近)都在郦道元可以亲自考察的北魏疆域之内,但是由于河道迁徙,别名众多,他也已经分辨不清楚了。晋代以后,人民把汳水作为汴水的下流,汳水之名从此废弃不用。甚至有人认为"汳"字是"汴"字的古字,魏晋人怕"反",所以改"反"为"卞"。这些说法并不可靠,却也反映了这个地区水道复杂多变的情况。《中国历史地图集》和《郑德坤重编水经注图(总图部分)》都绘有此水,从浚仪东南流到睢阳(今商丘市)以北,以下成为获水。

获水据《水经》原文:"(汳水)又东至梁郡蒙县,为获水,余波南入睢阳城中。"又说:"获水出汳水于梁郡蒙县北。"由此看来,古代获水是汳水的下流。获水最后注入泗水,这是经文与注文都一致的,但注文在最后描写彭城县的彭祖楼时说:"其楼之侧,襟汳带泗,东北为二水之会也。"说明即使获水会泗之处,古时仍有称汳水的。

从卷二一起,连续三卷,记载的都是古代淮河水系河流,由于河道甚多,河名亦多,变迁频繁,许多河道和河名早已消失,要辨明古今,十分困难。除了前面已经介绍的各种地图集以外,水利部治淮委员会编有《淮河水利史》一书[⑧],可资参考。

水经注卷二四
睢水　瓠子河　汶水

[题解]

卷二四记载了三条河流。睢水是淮河的支流,瓠子河和汶水则是古代济水的支流。但在这一带,许多河流是互相沟通的,卷八《济水》经文"又东南过徐县北"下注文记:"偃王治国,仁义著闻,欲舟行上国,乃通沟陈、蔡之间。"

这里的"偃王"指徐偃王,传说是徐戎的始祖,时当西周。说明早在西周,这一带的水道已有运河互相沟通,这些运河虽然长度不大,但比一般据《左传》哀公九年(前486)记载的"吴城邗,沟通江淮",即吴王夫差开凿的邗沟要早得多,所以《济水》篇的"通沟陈、蔡之间",可以认为是世界上有史记载的最早运河。由于黄河的多次决口、泛滥和改道,济水早已不复存在,古代鸿沟水系及其附近河流都有很大的变化,从卷二一《汝水》起直到本卷的所有河流,有的现在已无此河名,有的河名虽存,但河道与《水经注》记载的已有很大变化。

睢水今称濉河,但河道已有很大变化。仅在《水经》与《水经注》二书的300年之间,变化也已不小。《水经》说:"(睢水)又东过相县南,屈从城北东流,当萧县南,入于陂。"但注文却说:"睢水又左合白沟水,水上承梧桐陂,陂侧有梧桐山,陂水西南流,迳相城东而南流注于睢。睢盛则北流入于陂,陂溢则西北注于睢。"这里经文和注文的差别,不一定是经文的错误,很可能是河流和水文的变化。《水经注》记载的睢水,最后是"东南流入于泗,谓之睢口"。但现在的睢河,包括南面的新睢河,都从泗洪县注入洪泽湖。

瓠子河原是古代在濮阳(今河南省濮阳县南)从黄河分出的一条小河,循黄河往南流,经今山东省梁山北折,注入济水。汉元光三年(前132)黄河决口,河水借瓠子河河道东流,进入巨野泽,造成淮水、泗水一带的连年灾难。元封二年(前109),汉武帝亲临现场,调集兵卒数万人堵黄河入瓠子口。汉武帝在工地所作《瓠子之歌》二首,收入于注文之中。黄河纳入故道后,瓠子河逐渐枯竭,以后就不复存在。

汶水在《水经》和《水经注》中各有两条,这一条是古代济水的支流,另一条收入于卷二六,在今山东半岛,是潍水的支流。此汶水,经文说"入于济",注文说"汶水又西流入济"。所以在古代确系济水支流,济水湮废后,水道有很大变化。现在,汶水称为大汶河,其下流分成两条,北支叫大清河,经东平湖注入黄河;南支从南旺镇附近注入运河,但1960年已筑坝堵塞。所以大汶河目前已成为一条黄河水系的河流。

　　《水经注》记载的今山东省境内诸水,包括本卷及卷二四、二六在内,河流多而变迁大,读者需要古今对照。除前面已经介绍的各种地图集外,"中国地理"丛书的《山东省地理》⑨的《水文》一章叙述较详,可以参阅。

水经注卷二五
泗水　沂水　洙水

[题解]

　　卷二五记载了三条河流。泗水原是淮河下流最长的支流,它发源于今山东省中部,沿途接纳洙水、睢水、沂水、沭水等,直到今江苏省淮阴市以东注入淮水,全长一千数百里。金章宗明昌五年(南宋绍熙五年,1194),黄河在阳武决口,夺泗注淮入海,泗水的流路受阻,水流长期阻滞在今济宁和徐州之间,逐渐形成了长达120余公里的所谓南四湖(南阳、独山、昭阳、微山),古代泗水实际上已不复存在。

　　沂水是泗水支流,汇泗水后入淮。由于泗水湮废,今水道已完全改变。今沂河从山东省进入江苏省后注入骆马湖,下游已疏凿了一条新沂河,循新沂河从燕尾港注入黄河。

　　洙水是泗水的支流,因为流经鲁县(今曲阜)附近,所以古来常以"洙泗"一词称颂孔子。

水经注卷二六
沭水　巨洋水　淄水　汶水　潍水　胶水

[题解]

　　卷二六共记载河流六条,除了沭水在古代是淮河水系的河流以外,其余五水都是从今山东半岛北流注入渤海的小河。其中汶水是潍水的支流,此外各水均独流入海。

　　沭水今称沭河,在山东省境内从北向南,与沂河平行,进入江苏省境内后,水道紊乱,水灾频仍。今已在山东南部曹庄开凿新沭河,引沭河东流经石梁河水库从连云港以北的临洪口注入黄海。

　　在注入渤海诸水中,巨洋水今称弥河;淄水今称淄河,下流与小清河汇合,在羊角沟注入渤海;潍水今称潍河;汶水今称汶河,是潍水的支流之一,在南流镇以东注入潍河;胶水今称胶河,它的下流河道,在元代已经过人工疏凿,即今胶莱河。元代曾经利用海运向其首都大都(今北京市)运送粮食,为了缩短航程和避开成山角之险,计划利用流入胶州湾的大沽河和流入渤海莱州湾的胶河疏凿胶莱运河。工程从至元十七年（1280）进行到二十二年（1285），但仍然未能通航。

水经注卷二七、二八
沔水

[题解]

　　卷二七、二八、二九为《沔水》（卷二九除沔水外还有其他几条小河）。沔水是全书中占三卷篇幅的大河之一，即汉水，今称汉江，是长江的支流之一。中国最早的地理书之一《禹贡》说："浮于潜，逾于沔"，所以汉水很早就被称为沔水。《汉书·地理志》说："汉水受氏道水，一名沔。"始知"沔"、"汉"是同水异名。但《水经》只称沔水，不称汉水，《水经注》则"沔"、"汉"共称。

　　沔水作为长江的支流，在《水经》中有明白的描述："又南至江夏沙羡县北，南入于江。"郦道元在注文中引《禹贡》和《地说》，也指出汉水南至大别入江。但是经文和注文都没有因沔水入江而结束《沔水》这一篇。卷二八的最后一句经文说："南入于江"，而卷二九的首句经文又说："沔水与江合流，又东过彭蠡泽。"这样，长江从今武汉以下的一段，就都并入《沔水》篇中，一直写到"东入于海"为止。

　　《沔水》的第三篇，也就是长江从彭蠡泽（今鄱阳湖）向东这一段，《水经》和《水经注》都有极大的错误。清初黄宗羲在他的《今水经序》中指出了这一篇的重要错误："以曹娥江为浦阳江，以姚江为大江之奇分，苕水出山阴县，具区在馀姚县，沔水至馀姚入海，皆错误之大者。"这种错误首先是由《水经》造成的。《水经》的最后一句是："（沔）水又东至会稽馀姚县，东入于海。"这就是黄宗羲所说的"以姚江为大江之奇分"，"沔水至馀姚入海"。两大错误的来由。其他几个错误："以曹娥江为浦阳江"、"苕水（太湖的支流）出山阴县（今绍兴）"、"具区（今太湖）在馀姚县"，则出于《水经注》。不过郦道元大概也知道这一篇中免不了许多错误，因为他根本没有到过这个地方。所以他在全篇的最后说："但东南地卑，万流所凑，涛湖泛决，触地成川，枝津交渠，世家分伙，故川旧渎，难以取悉，虽粗依县地，缉综所缠，亦未必一得其实也。"他的这一番话，倒是写出了江南这个水乡泽国的地理面貌。

水经注卷二九

沔水　潜水　湍水　均水　粉水　白水　比水

[题解]

卷二九除《沔水》第三篇外,尚有潜、湍、均、粉、白、比六水。其中除潜水是今嘉陵江的支流外,其余各水都是沔水的支流。

"潜水"一名,《禹贡·荆州》提及:"九江孔殷,沱、潜既道。"但《禹贡·梁州》也提及:"岷、嶓既艺,沱、潜既道。"则在今湖北和四川两省境内,都各有一条沱水和潜水。不过《水经》说:"潜出巴郡宕渠县。"宕渠县在今渠县东北,则此潜水当然在四川,为嘉陵江的支流之一。但《水经》的潜水和《水经注》的潜水又有所不同,因为《水经》既然说"潜水出巴郡宕渠县",则此水当是古代的宕渠水,是嘉陵江的东支,今称南江。《水经注》则说:"刘澄之称白水入潜,然白水与羌水合入汉,是犹汉水也。"注文所说的白水是西汉水的支流,在今广元县以西注入西汉水;而注文所说的汉水,即西汉水。所以注文的潜水,是今嘉陵江的干流。郦学家郑德坤在30年代已经注意了这个问题,所以他在《郑德坤重编水经注图(总图部分)》中,绘上两条潜水,一条作"经潜水",另一条作"注潜水"。

湍水今称湍河。《水经》说:"(湍水)东入于淯"。淯水今称白河,从今河南省南阳盆地南流,在今湖北省襄樊市以东注入汉江。

均水,现在不知是何水。《水经注疏》在此篇下按云:"《通鉴》东汉永元元年(89)注引此亦作'淅'。说见《丹水》篇。《汉志》析县下无钧水,而丹水下有水,东至析入钧之文,知本有钧水也。然诊其川流,除《汉志》卢氏之育水外,别无可以当钧水者。故《水经》于淅县变称均(《书》"厥罪惟钧",钧、均同)水以通之,而郦氏遂于下文明揭之。"杨守敬在此说的"郦氏于下文明揭之",指《均水》经文"又南当涉都邑北,南入于沔"之下的注文说:"均水又南流注于沔水,谓之均口者也。故《地理志》谓之淯水,言熊耳之山,淯水出焉。"说明郦道元和杨守敬都同意《汉书·地理志》之说,认为《水经》均水,就是淯(育)水。

但《汉书·地理志》、郦道元、杨守敬等的看法,或许也值得商榷。按行政区划的设置来看,唐朝才在今陕西白河和湖北均县之间的汉江两岸地区设置均州(包括郧西、郧县、十堰等地)。《水经》既已有均水,说明唐代的均州之名是因均水而来。从地理位置来看,淯水是今唐白河水系的河流,距均州甚远,而且《水经注》另有《淯水》篇,所以均水绝不可能是淯水。据《水经》"均水出析县北山",注文说:"县即析县之北乡,故言出析县之北山也。"按南朝齐的析阳郡,在今河南省西峡县,正是淅川沿岸之地,所以均水应为现在的淅川。

粉水今称粉青河,它发源于神农架,下流今称南河。注文说:"粉水至筑阳县西,而下注于沔水,谓之粉口。"从现在的水道来看,注文完全不错。从三国到南北朝,筑阳县的位置不变,即今湖北省的谷城,今南河也从此注入汉江。

白水,《水经》说:"白水出朝阳县西,东流过其县南",又说:"又东至新野县南,东入于淯"。所以按《水经》,白水也是淯水的支流之一。三国魏朝阳县,在今河南省新野县西南。郦道元在《水经注》中已经说不清这条河流,只是说:"盖邑郭沦移,川渠状改,故名旧传,遗称在今也。"从今天的地图来看,在新野县附近西面注入白河(按:《水经注》中的淯水)的支流不少,例如刁河既是其中之一,但无法肯定是哪一条是古代白水。

比水即今唐河,按今天的地图核对,经文和注文都无不符之处。但经文中有一句"泄水从南来注之"的话,郦道元在注文中指出并无此水,是经文误引了寿阳的沘泄。郦道元曾于延昌四年(515)出任过北魏的东荆州刺史,在这个地区做过实地考察,所以不致有误。

水经注卷三〇
淮水

[题解]

古人称江、河、淮、济为四渎。但《河水》有五卷,《江水》有三卷(其实还应该加上《沔水》的最后 1 卷),《济水》也有两卷,唯独《淮水》仅 1 卷。其实,《水经》对淮水的记载尚称详细。《水经》记淮水有 194 字,记渭水仅 130 字,而《渭水》分成三篇。《沔水》也分成三篇,其实《水经》记沔水到沔水入江,即卷二七、二八,也仅 243 字,只比淮水多 49 字。所以《水经注》的卷次编辑,完全是郦道元个人安排。不过从另一方面看。卷二一《濡水》,卷二二《颖水、洧水、㶟水、潩水、渠》,卷二三《阴沟水、汳水、获水》,卷二四《睢水》,卷二五《泗水、沂水、洙水》,卷二六《沭水》,在古代都是淮水支流,所以《淮水》的篇幅,在《水经注》中还是很大的。

《水经》与《水经注》的淮水,就是现在的淮河,但干支流的情况,古今已有较大变化。支流的变化情况已见以上各卷《题解》,对于淮河干流,古今情况也很不相同。《水经》记载淮水:"又东至广陵淮浦县,入于海。"三国魏淮浦县即今江苏省涟水县,淮水当时在此入海。《水经注》认可了《水经》的说法,无非再加上了入海处的一条北支游水。但现在的淮河已很不相同,淮河从源地到豫、皖二省间的洪河口为上游,从洪河口到洪泽湖为中游。洪泽湖以下,大部分水量通过洪泽湖南端的三河闸,经高邮、邵伯二湖,从扬州市以南的三江营入长江,这一段是淮河的下游。另一部分水量经洪泽湖大堤北端的高良闸,循苏北灌溉总渠,从扁担港注入黄海。

读者如需要进一步了解淮河情况,可以参阅水利部治淮委员会编的《淮河水利史》,1990 年水利电力出版社出版。

水经注卷三一
潕水 淯水 澺水 瀙水 溱水 沅水 涢水

[题解]

卷三一记载了七条河流,包括两个水系,淯水和涢水为今汉江水系,其余潕、澺、瀙、溱、沅五水均为淮河水系。

淯水在卷二九《均水》的《题解》中已经说明,此水即从南阳盆地南流的白水。经文说:"南过邓县东,南入于沔。"三国魏荆州邓县在今湖北省襄樊市以北,所以古今河道尚未大变。

涢水今仍称涢水,它从大洪山源地南流,在刘家隔附近汇合北河,在新沟注入汉江。《水经》说它"又东南入于夏",并不直接入汉。郦道元在注文中解释它最后分成两条:"东通滠水,西入于沔。"但这个地区的河湖,古今变化甚大,夏水到底是什么河流也存在疑问,所以古代的具体情况已无法论证。

沅水是汝水的支流,现在称为洪河。经文和注文都说它在定颍县(今河南省西平县)注入汝水。

溱水也是汝水的支流,现在已成为汝河的正源。瀙水是溱水的北支,原来在瀙阳(今河南省遂平县以东)与溱水汇合,但现在这里建有宿鸭湖水库,河道已有变化。

澺水是颍水的支流,《水经》说它发源于澺强县南泽中。三国澺强县在今临颍县以东的瓦店一带,与今颍河正源相去甚远,但郦道元在注文中纠正《水经》"澺水出颍川阳城县少室山",这是正确的。澺水实际上就是今颍河正源。

潕水今名沙河,也是颍水支流,它发源于伏牛山和外方山之间,东流经漯河市,到周口市注入颍河。

水经注卷三二

滠水　蕲水　决水　沘水　泄水　肥水　施水
沮水　漳水　夏水　羌水　涪水　梓潼水　涔水

[题解]

卷三二标题下共有 14 水,是《水经注》全书各卷中标题记载河流最多的 1 卷。但所有这些河流都是小河,有些河流今天已经很难考实。14 条河流分成四个水系:羌水、梓潼水、涪水属于今嘉陵江水系;涔水、滠水属于今汉江水系;沮水、夏水属于今长江水系,所以沮水也见于卷三五《江水》篇;决水、沘水、泄水、肥水属于今淮河水系;而蕲水和施水在今湖北和安徽二省各自注入长江。

羌水即今嘉陵江上流白龙江,梓潼水今称梓潼江,在今射洪县注涪江。涪江即《水经注》涪水,是嘉陵江的南支。

涔水在卷二七《沔水》篇中已见于经文:"(沔水)又东过成固县南,又东过魏兴安阳县南,涔水出自旱山北注之。"这条经文之下,注文长达 1500 余字,但对于涔水,郦道元除"涔水出西南而东北入汉"一句外,没有其他任何解释。现在,卷三二中涔水专立一篇,经文仍说:"涔水出汉中南郑县东南旱山,北至安阳县,南入于沔。"郦道元对它的解释比《沔水》篇多,如"涔水即黄水也","(成固)城北水旧有桁,北渡涔水","黄水右岸有悦归馆,涔水历其北","(涔水)北至安阳,左入沔,为涔水口也",按魏晋安阳县在今陕西石泉县南,在这一带却找不到可以和涔水或称黄水相当的河流。郦道元在《沔水》篇中和《涔水》篇中,只字不提《水经》两度指出的涔水发源地旱山。熊会贞在《水经注疏》的《沔水》篇中作了一条按语:"郦氏置旱山不论,隐有不从经文之意,正其矜慎处。"所以郦道元对《水经》涔水可能是存在怀疑的。现在的地图上,在西乡、石泉二县间,汉江的较大支流有牧马河和泾洋河,是否《水经》涔水,不得而知。

滠水是涢水的支流,今其上游已建成先觉庙水库,下流在今随州市以南的淅河注入涢水。

夏水按《水经》也是沔水的支流,从现在的地图上可以与夏水相当的河流有大富水和溾水两条,都是北河支流,北河东流与涢水汇合,然后入沔。但郦道元的说法与《水经》不同,他说:"夫夏之为名,始于分江,冬竭夏流,故纳厥称。既有中夏之目,亦苞大夏之名矣。当其决入之所,谓之堵口焉。"又说:"自堵口下,沔水通兼夏目,而会于江,谓之夏汭也。"按照郦道元的说法,夏水只不过是沔水入江的若干汊道中的一条而已。

漳水和沮水都是长江的支流,均发源于荆山南麓,漳水在西,沮水在东,南流在当阳以南的河溶汇合,称为沮漳河,在江陵以南注入长江。

蕲水今仍名蕲水,从鄂、皖边境南流,在蕲春县以南注入长江。

施水发源于今合肥市以西,上游已建成董铺水库。东流经合肥市而南折,注入巢湖。注文说:"施水又东迳湖口戍,东注巢湖,谓之施口也。"现在施口这个地名仍然不变。巢湖因通过裕溪河与长江沟通,所以施水也是长江的支流。

决、泄、沘、肥四水,都是古代淮水支流,决水在注文中说得很清楚:"(决水)世谓之史水,决水又西北,灌水注之。"所以决水就是今天的史河,在河南省固始以北与灌河汇合,东流在豫、皖边界入淮。泄水今称汲河,北流城东湖入淮。沘水即今淠河,北流在正阳关附近入淮。肥水即今东肥河,北流经瓦埠湖,从寿县北、八公山南入淮。

水经注卷三三至三五
江水

[题解]

卷三三、三四、三五是《江水》,因为长江是著名的大河。在前面《河水》篇的《题解》中已经说明,在古代,"河"是黄河的专名,而"江"是长江的专名。江水是古代对长江的正规名称,简称就作"江"。《水经注》全书中有近20个卷篇都是提及"江",指的就是长江。另外,如同黄河称为"大河"一样,长江也被称为"大江"。《水经注》全书中约有十多个卷篇提到"大江"这个名称。但包括经文和注文,《水经注》全书没有出现"长江"这个名称。"长江"一名从现存的古代文献来看,三国时代已经出现。《三国志·吴书·周瑜传》:"且将军大势可以拒操者,长江也",又《鲁肃传》:"竟长江所及,据而有之",均是其例。但大概由于这个名称尚未广泛流行,所以《水经注》没有使用。

《水经》记述的长江之源是:"岷山在蜀郡氐道县,大江所出,东南过其县北。"这是因为《禹贡》说:"岷山导江,东别为沱。"《禹贡》是经书,在古代受到极大的尊重,大家都不敢背离它,所以郦道元也只好顺着《水经》说:"岷山,即渎山也,水曰渎水矣,又谓之汶阜山,在徼外,江水所导也。"

其实,古人很早就知道,长江还有比岷江更长的源流。《山海经·海内经》说:"有巴遂山,绳水出焉。"这个绳水,就是长江的正源金沙江。《海内经》一般认为是西汉初期的作品,说明人们对于江源的认识,到西汉初期,已比《禹贡》成书的年代即战国末期前进了一步。到了《汉书·地理志》,情况就更为清楚:"绳水出徼外,东至僰道入江。"僰道即今宜宾市,正是金沙江与岷江汇合之处。

　　《水经注》记载的长江上游,又大大地超过了《汉书·地理志》。卷三六《若水》篇说:"绳水出徼外,《山海经》曰,巴遂之山,绳水出焉。东南流,分为二水:其一水枝流东出,迳广柔县,东流注于江;其一水南迳旄牛道,至大莋与若水合,自下亦通谓绳水矣。"若水即今雅砻江,若水与绳水汇合,其下流仍称绳水,这条绳水,当然就是今金沙江。《若水》篇最后说:"若水至僰道,又谓之马湖江。绳水、泸水、孙水、淹水、大渡水,随决而纳通称,是以诸书录记群水,或言入若,又言注绳,抑或言至僰道入江。正是异水沿注,通为一津,更无别川可以当之。"从这段注文中,可见郦道元对当时长江上游的干支流情况,已经清楚了。注文中的绳水,即今金沙江的通称,淹水是今金沙江的上流,泸水是今金沙江的中流,马湖江是今金沙江的下流,孙水是今安宁河,大渡水是今康定县西的坝拉河。尽管他没有突破《禹贡》的框框,仍把岷江作为长江的正源,但在实际上已经把长江上游的干支流分布记载清楚了。

　　此外,他在卷三七《淹水》篇中,注文还叙述了:"淹水迳(姑复)县之临池泽,而东北迳云南县西,东北注若水也。"临池泽即今云南省永胜县的程海,这是《水经注》明确记载的长江干流所到达的最远之处,说明郦道元对长江上游所掌握的资料已经相当可观了。

　　卷三五《江水》篇在记载到今湖北与江西两省交界处的青林湖后就告结束。虽然以上《沔水》篇的《题解》中已经说明,长江的最后一段,可能已合入《沔水》篇中。自来郦学家也有认为《江水》应该尚有第四篇,但这第四篇已经亡佚。戴震在武英殿本《江水》结束后作了按语,他认为郦道元在《沔水》篇中所写的江水很简略,详细内容当在《江水》篇中。他说:"(《沔水》)下雉县以下大江入海之大略固具,在道元于《江水》叙次必详悉,自宋时已阙逸矣。"全祖望在其《水经江水篇·跋》[10]中也说:"《江水》失去第四篇,而青林湖以下竟无考。"

　　《水经注》是一部残籍,这类问题很多,无法详究。读者如需进一步深入研究《江水》篇,可参阅陈桥驿《〈水经·江水注〉研究》一文。此文发表于《杭州大学学报》(哲学社会科学版)1984年第2期,又收入于《水经注研究二集》(山西人民出版社版)。

水经注卷三六

青衣水　桓水　若水　沫水　延江水　存水　温水

[题解]

　　卷三六记载了七条河流,其中青衣、桓、若、沫、延江五水,都是长江水系的河流,而存水和温水则是珠江水系的河流。

青衣水今称青衣江,是岷江的支流,在乐山市以西与大渡河汇合,注入岷江。桓水是嘉陵江的上游,即今白龙江的支流。若水即今雅砻江。但经文和注文都说若水至僰道入江,僰道就是今四川省宜宾市,所以《水经注》若水,包括雅砻江及雅砻江注入金沙江后直至宜宾的这一段金沙江在内,沫水即今大渡河。延江水是今贵州省境内的乌江,北流在今四川省涪陵市注入长江。

存水是今北盘江的一段。温水即今南盘江。温水是卷三六中最大的一篇,其中经文"东北入于郁"之下,注文写了六千多字,在《水经注》全书中也算得上一篇长注。从注文内容来看,此郁水即今西江支流上源右江,但其下流包括今西江,注文也常称郁水,当然,这其中还有许多错误。

以上说明的是《水经注》记载的这个地区的河流与现代河对应的大概情况。由于郦道元没有到过这个地区,完全依靠当时搜集的文献资料从事写作,所以仔细阅读注文,常可以发现错误。清陈澧为此在道光年间(1821—1850)专门撰写了一本《〈水经注〉西南诸水考》,他在该书序言中指出:"郦道元身处北朝,其注《水经注》,北方诸水,大致精确;至西南诸水,则几乎无一不误。"陈澧在该书中对《水经注》温水、岷水、若水、淹水、沫水、青衣水、叶榆河、存水等河流,逐条纠正了《水经注》的错误。

水经注卷三七
淹水　叶榆河　夷水　油水　澧水　沅水　浪水

[题解]

卷三七记载了七条河流,其中油、澧、沅三水是古代云梦泽水系的河流,他们与淹水、夷水同为长江支流。浪水是珠江水系河流。而叶榆河则是一条记载错误的河流,现在无法找出一条与它相当的现代河流。

油水在经文和注文中相当明确,都说它流经孱陵县。三国吴孱陵县在今松滋县南,这一带河湖错杂,水道变迁甚大,今松滋以西,古代油水或即今界溪河,但松滋以东,由于水道纷歧,已经无法考实。

澧水、沅水,即今澧江、沅江。湘、资、沅、澧,历来是注入洞庭湖的四大水系,现在由于洞庭湖不断缩小,入湖水道与《水经注》时代已有很大变化。

夷水即今清江。经文开头说:"夷水出巴郡鱼复县江。"这一句或有讹,因为对照今日地图,夷水的源头绝对不可能远及三国蜀巴郡,只能到达巴郡以东的涪陵郡。郦道元因为没有掌握这方面的资料,所以他实际上是避而不谈。注文开头说:"夷水,即佷山清江也。"古佷山县在今湖北长阳县以西,已属夷水下流,当然无讹。郦道元的全文,其实是从沙渠县说,沙渠就是今天的恩施。

《浪水》一篇,经文和注文都有很多错误。从《水经注》内容来看,可以发现整篇是由许多不同的资料拼凑起来的。按注文,此水上流指今广西东北部的洛清江,中下流则连接柳江、黔江和西江。最后有一段即在经文"其一又东过县东,南入于海"之下,比较详细地写了今珠江三角洲。

《叶榆河》篇,篇名就很异样,在《水经》全文中,凡河流均称"水",称"河"的只有两条,即卷一四的《沽河》和卷三七的《叶榆河》。但在《水经注》中,"沽河"一名在卷一四《湿余水·沽河·鲍丘水》三篇中,均出现过一次。所以虽然郦道元极少用"河"字称河流,但"沽河"之名他至少是认可的。至于"叶榆河",郦道元在此篇注文和相关的他篇中,均称"叶榆水",绝未使用"叶榆河"之名。前面已经指出,在古代,"河"是黄河的专名,"江"是长江的专名。以后这两个专名作为通名使用,因此,北方河流多称"河",如海河、淮河、泾河、渭河等;而南方河流多称"江",如珠江、湘江、赣江、钱塘江等等。当然,这种把专名用于通名的习惯,是后来慢慢形成的。所以沽河一名,由于沽河在北方,这或许是一种特例;而叶榆河一名,由于叶榆河在南方,这或许是《水经注》的错误。

《汉书·地理志·益州郡·叶榆县》说:"叶榆泽在东"。叶榆县在今云南省大理以北洱海两岸的喜州附近,所以汉叶榆泽就是今洱海。但《水经注》叶榆水,其一部分流程似乎与今元江和越南的红河相合,但又和滇池、温水等相纠缠,所以错误极多。陈澧在《〈水经注〉西南诸水考》中已有论及。

水经注卷三八
资水　涟水　湘水　漓水　溱水

[题解]

卷三八记载了五条河流,其中资水、湘水、涟水属于古云梦泽水系。湘水即今湘江,资水即今资江。在卷三七的《题解》中已经提及。涟水是湘水的支流,今仍称涟水。

溱水和漓水是珠江水系的河流。溱水的上源注文中提出武溪一名,现在仍称武水,溱水的中下流就是今北江。经文最后说"南入于海",注文稍作补充:"溱水又南注于鬱而入于海。"现在的河道仍然如此,北江是先注入西江而后入海的。

漓水即今漓江,经文只写了"漓水亦出阳海山"一句。注文对"漓水与湘水,出一山而分源也",即所谓湘漓同源这种现象上写得相当细致。

水经注卷三九
洭水　深水　钟水　耒水　洣水　漉水
浏水　渌水　赣水　庐江水

[题解]

卷三九记载了十条河流。其中洭水属于今珠江水系,赣水属于古彭蠡(今鄱阳湖)水系,庐江水并无其水。其余深、钟、耒、洣、漉、浏、渌七水,都是湘水的支流。

洭水即今广东省西北部的连江,在今连江口注入北江。

深水即今潇水,钟水即今春陵水,耒水今仍称耒水,洣水今仍称洣水,漉水是经文的称谓,注文已经指出:"(醴陵)县南临渌水,水出安城乡翁陵山。余谓漉、渌声相近,后人藉便以渌为称。"至今仍称渌水。浏水即今浏阳河。

渌水是《水经注》湘水支流中尚可讨论的河流。经文在此卷中提出了:"渌水出豫章艾县,西过长沙罗县西,又西到累石山,入于湘水。"注文对此无所发挥。按经文所说查索,渌水很可能就是今汨罗江,但在卷三八《湘水》篇中,经文已有"(湘水)又北过罗县西,渌水从东来流注"一句。在这句经文之下,注文长达八百字左右,其中提到:"湘水又北迳白沙戍西,又北,右会东町口,渌水也。湘水又左合决湖口,水出西陂,东通湘渚。湘水又北,汨水注之。"从这条注文来看,似乎今汨罗江(汨水)在渌水之北。但注文最后又说:"汨水又西迳汨罗戍南,西流注于湘。《春秋》之罗汭矣,世谓之汨罗口。湘水又北,枝分北出,迳汨罗戍西,又迳磊石山东,又北迳磊石戍西,谓之苟导泾矣,而北合湘水。"这里,注文的磊石山,其实就卷三九《渌水》篇中经文和注文都提及的累石山。所以这样看来,渌水很可能就是汨罗江入湘时分成的汊道。现在,由于洞庭湖和湘江下游的水道变迁,汨罗江已经径注洞庭湖,不再注湘水了。

赣水即今赣江,古今并无大变。

对于庐江水,《水经》只说了一句:"庐江水出三天子都,北过彭泽县西,北入于江。"说明庐江水与卷四〇的浙江水同源,都发源于三天子都。当然,流向完全不同,浙江水东流入海;而庐江水在彭泽县以西入江。郦道元在这条经文下写了1500字左右的注文,但除了引《山海经》"庐江出三天子都,入江彭泽西"一句外,绝不提及庐江水。而《山海经》彭泽与《水经》的彭泽县又大不相同,前者指今鄱阳湖,后者指三国吴彭泽县,位于今彭泽县西南、湖口县以东,即今鄱阳湖东北。在这一带,现在无法找到与《水经》相当的庐江水。杨守敬曾著《〈山海经〉〈汉志〉〈水经注〉庐江异同答问》(《晦明轩稿》上册),认为庐江水即今安徽省的清弋江,实在牵强附会。郦道元在注文中对此水流路不着一字,说明他当时就不知道有此水。由于他足迹未到南方,无法否定,所以注文中实际上只写了一大篇庐山的风景和传说等,根本没有涉及这条河流。

水经注卷四〇
浙江水　斤江水　江以南至日南郡二十水
《禹贡》山水泽地所在

［题解］

卷四〇具有一种拼盘的味道,除了《浙江水》一篇以外,《斤江水》和《江以南至日南郡二十水》两篇都属于附录一类的东西。而《〈禹贡〉山水泽地所在》内容并不完全是河流,似乎是外加的。《水经注》在北宋初期以后散佚,后来整理时,又把它凑成四十卷的足数,所以卷四〇很可能是后人整理时拼凑起来的,不是郦道元原来的编次。

浙江水即今钱塘江,古称浙江,《庄子·外物篇》称淛河。"渐"、"浙"、"淛"均是一音之转。因为这个地区原是越人居住之地,通行越语,至今还保留着不少越语地名,如馀杭、馀姚、诸暨、上虞之类,"渐"、"浙"、"淛"大概都是越语的不同汉译。

《山海经》原称此水为浙江,大部分古籍也都称浙江。惟《汉书·地理志》、《说文》、《水经》有"渐江"之名。郦道元在注文中绝不说"渐江"而只说"浙江",大概他不赞成"渐江"这个名称。

按经文和注文一致的说法,今新安江是此水的干流。但最近数十年来,不知是什么原因,从教科书到辞书,都说钱塘江发源于马金溪上流的莲花尖,也就是注文中所说的定阳溪水。这样,新安江就成了钱塘江的支流。从1983年起,浙江省地理学会、水利学会、林学会、测绘学会等几个学会,联合组成钱塘江河源河口考察队,进行了两年的实地考察。考察的结果,以大量的数据证明了《水经注》把新安江作为此水干流是正确的,并查实了此水发源于安徽省休宁县的六股尖。已于1985年举行了全国水利、地理界的考察成果论证会,得到了一致公认,并通过新华社发了电讯。事详见浙江省科学技术协会编印的《钱塘江河源河口考察报告》。

此外,读者如需进一步了解《浙江水》篇的情况,尚可参阅陈桥驿《水经·浙江水注补注》,收入于《水经注研究》,1985年天津古籍出版社出版。

卷四〇记载的另一条河流是斤江水。武英殿本《水经注》戴震按语:"《汉书》作斤员水。"但实际上或是斤南水之误。卷三六《温水》篇中,经文说:"又东至领方县,东与斤南水合。"郦道元在注文中说:"(临尘)县有斤南水、侵离水,并迳临尘,东入领方县,流注郁水。"既然郦道元在《温水》篇已经作了说明,而且经、注相同,所以此处的"斤江水"，很可能是后来传写的错误，原来应作"斥南水"。斥南水即今西江上流之一的左江。

《江以南至日南郡二十水》，郦道元只在其中的"侵离"下写了注文，侵离水为斥南水即今左江的一条支流，或许是今广西的明江。其余 19 水，现在都已难考实。

《〈禹贡〉山水泽地所在》这一篇相当杂乱，经文写了 60 个地名，包括山四十座，泽8 处，地五处（流沙地，九江地、东陵地、大邳地、三澨地），水 3 条（菏水、益州沱水、荆州沱水），还有敷浅原和陶丘。其中有不少与以前的经、注内容重复。郦道元在 60 条中，仅注了 22 条，其余 38 条没有作注。

注释：

① 河南《黄河志》总编辑室《黄河史志资料》编辑部编。

② 山西人民出版社 1992 年版。

③ 台北艺文印书馆 1991 年版。

④ 《中国历史地理论丛》1988 年第四期。

⑤ 山西人民出版社 1990 年版。

⑥ 《安阳古都研究》，安阳市地方史志办公室、安阳古都学会合编。

⑦ 北京出版社 1988 年版。

⑧ 水利电力出版社 1990 年版。

⑨ 山东教育出版社 1987 年版。

⑩ 《鲒埼亭集外编》卷二二。

原著杭州出版社 2003 年版

郦学札记

自　序

　　为《郦学札记》作序，我实在感慨万端。我是一个平凡的知识分子，毕生化大量时间从事于美其名曰著书立说其实是所谓"爬格子"的营生。这是大人先生们所不屑为而却是我们这一类人的本职。我生平出书，包括专著、译著以及点校古籍和主编辞书之类，据我的研究生们统计，已经接近五十种。这些书的卷首，大概都有一篇自序，但是确实没有哪一篇自序，有像我今天为此书作序时的心潮起伏竟至不能自控的情绪。我已经是一个逾七望八的老人，感谢上苍，让我这样一个历尽灾难的人，又能为我这一本同样历尽灾难的书作序。

　　我是从童年时代就开始诵读《水经注》的，其事属于一种偶然的机遇，后来逐渐成为一种爱好。对于历代以来的许多知识分子，这是一件极为普通的事。假如此书出于先秦，恐怕也不会列入秦始皇这个大暴君的焚坑之列，我自己也断断想不到，在一个不平凡的时代里，我竟因读此一书而受尽折磨。事详拙作《我读〈水经注〉的经历》（见本书附录）一文中。此文在1980年《书林》第3期发表后，以后经上海人民出版社1983年的《治学集》和上海教育出版社1990年的《开卷有益》等书的转载和其他不少报刊的转载或摘载，并收入于拙著《水经注研究》一集（天津古籍出版社1985年版），已经广为传播。其实此文之作，并非出于我自己的主动。1978年秋，由于编撰竺可桢先生主编的《中国自然地理》中的《历史自然地理》分册，十几位学者在上海华东师范大学集中了近两个月，我与我尊敬的谭其骧先生隔室而居，朝夕过从，所以对于他在灾难年头所受的折磨,当时已经洞悉。而在这项工作的后一阶段,我所尊敬的另一位前辈侯仁之先生为了商讨发展历史地理学的问题从北京来到上海。这是我们在经过这场生死大难以后的第一次见面,在"乍见反疑梦,相悲各问灾(原诗作'年')"的心情下,不免要互说这些年代中的遭遇。我向他诉说了我因读郦而遭受的坎坷以及在"牛棚"继续冒险读此书的事,他不仅敦促我把此事经过写出来,而且又透露了我的这番经历,以致《书林》主编金永华先生不久专程到杭州索求此稿。我才痛定思痛,写了这篇短文。好在此文如上所述已在多处转载,并且流传到了国外,所以不必赘述。

正是由于我自幼读郦,成年以后,常常随意写点读书笔记,有时写一篇,有时写几句,这些笔记中的不少材料,后来成为我从1985年起陆续出版的《水经注研究》一集、二集、三集的来源。这些笔记,经过选择和补充,有的加上附记,曾在香港《明报月刊》和西安《中国历史地理论丛》连载发表。现在,承蒙上海书店出版社的关注,约我把这些已经发表和尚未发表的读郦笔记,加以整理,由他们付诸出版。为此,我花了一些时间,通盘检查这些文稿,并作了微小的修改和分类。在这个过程中,也就不可避免地回忆了写作这些笔记的经历,这就是我前面提及的发生了心潮起伏、不可自控的原因。

收入于此书的142篇短文,是从我成年以后陆续写成的,时间前后达半个多世纪。这中间,有一半以上是如我在《我读〈水经注〉的经历》一文中所记的,是在灾难时期通过全家几个通宵的冒险而抢救下来的。另外一些是我在监禁时期的"牛棚"作品。由于以后的人们(包括现在的年轻人)不会懂得"牛棚"是什么? 这里简单地解释一句:所谓"牛棚",就是当原来就十分脆弱的宪法被一手撕毁以后,在全国各地普遍设置的、不必通过公检法和不必出具逮捕令的随时可以关押芸芸众生主要是知识分子的特殊监狱。因为被关入这种特殊监狱的人当时统称"牛鬼蛇神",所以这种监狱被称为"牛棚"。在监狱中写文章,本为古今所常见。文天祥的《正气歌》就是在监狱中写成的。但是在那个时代的这种特殊监狱之中,假使被红卫兵们发现这样的行为,后果当然不堪设想。我是一个素来怕事的人,居然在这件事情上胆大包天,除了生平爱好以外,现在细细反省一下,其中也包含一些逆反心理,就是对这个倒行逆施的时代的抗议!

由于这些笔记如上所述是在一段很长的时间中撰写的,虽然我是一个不问政治的人,但有时从读郦联系到身边发生的事,不免要涉及一点时事。我当然不认为这是议论政治,但弄政治的人硬说这些都是政治。开始我不理解,后来逐渐变为谅解。老子说:"圣人不仁,以百姓为刍狗。"弄政治的人古今绝少有谁排得上"圣人"的行列,但把老百姓当"刍狗"的行径倒是相同的。"刍狗"是他们玩弄权术的资本,所以他们要生存,就非得让"刍狗"们"突出政治"不可。对这一点作了谅解,因此,我只得承认我的笔记也有极少量涉及政治的东西。譬如我在所谓"四清"时所写的《森林》,这就是我亲眼目睹和亲身参加的一场"以百姓为刍狗"的游戏。"四清"后期,我又写了一篇已经在《中国历史地理论丛》1996年第1辑发表的《清官》。其时,我还不知道当"清官"问题被抛出来的时候,一场有计划、有组织、规模最大、残酷特甚,却又冠之以一个温文尔雅的"文化"之名的杀机已经酝酿成熟。正因为我想不到自己这条"刍狗"也将被送上祭坛,所以我在文章中忍无可忍地控诉:"我实在想不通,为政者要如此这般地处心积虑,颠倒是非,结果对自己有什么好处?这些人安的是什么心?呜呼,皇天后土,实所共鉴!"此文写作后没有几个月,"史无前例"随即爆发,"处心积虑,颠倒是非"的目的也就真相大白。我在北京大学聂某人的大字报出来以后的第三天,就荣膺"反动学术权威"头衔而被关入"牛棚",于是就出现了《我读〈水经注〉的经历》一文中发生的故事。当然,尽管如该文中所说"不知在什么力量的驱使下"在牛棚里做了某些为政者所说的"和尚打伞"的事,但是当时我毕竟已经清醒。在这场杀机开动以后,要是我再写如同"四清"时的《森林》、《清官》一类的文章,那无异是自寻死路。所以在"牛棚"中写的笔记,都是属于考证、掌故之类。当然,一旦被红卫兵们发现,后果仍然是不可逆料的。

我在前面所说的"抗议"心情,由于杭州大学地理系举办了一场残酷的"活人展览"而发展到不可抑制。这种"活人展览",其行径宛如一位难友悄悄与我说的,这是《鲁滨逊漂流记》中所描写的生番们在吃人以前的跳舞。《光明日报》著名记者叶辉先生在一篇《"文革"中在杭州大学搞"活人展览"的个别人至今仍然坚持极左的错误观点不改》(1984年4月3日《光明日报》,后收入于《叶辉新闻作品集——走向光明》,浙江大学出版社1998年版)报道中,不仅写出了这场持续一个多月的"展览"情节,而且也记及了我在这场展览中所扮演的角色:"脖子上挂着串起来的卡片,一手拿剪刀,一手拿胶水,冠之以'不学无术的反动学术权威'。"在这一个多月中,这种展览有时一天两场(上下午),有时还有夜场。让那些被鼓动而来的观众,一批批地前来接受"以阶级斗争为纲"的教育。每场展出的时间,以观众多寡而定,从二三个小时到四五个小时。观众可以任意动手,对每个"展品"拳打脚踢。我在受"展"之时,努力抑制愤怒,而以思考郦学内容排遣。白天受"展",晚上借写作牛鬼蛇神日记(规定每个牛鬼蛇神都必须写日记,晚上写,白天挂在室外走廊上让红卫兵们查看)的机会偷偷地写我在受"展"时思考的郦学心得。每写成一篇或写上几句,总感到这是一种胜利。也就是叶辉先生在《敢为水经作新注——记著名郦学家陈桥驿教授》(《人物》1996年第1期)一文中所说的:"很显然,在这场文明与野蛮的较量中,造反派失败了。"

红卫兵们对我的暴行当然令人发指眦裂,正如著名的上海锦江饭店创始人董竹君女士在其《我的一个世纪》(北京三联书店 1997 年版)中所怒斥的:"不知谁给他们如此作威作福的权利?"其实也不必责怪这些人的兽行,因为他们是有后台的。董女士经历的磨难当然远甚于我,但是不知她是否最后弄清了"不知谁给"的问题? 因为灾难的降临近乎迅雷不及掩耳,一刹那间恐怖笼罩了一切,对于"不知谁给"的问题,许多受难者既不敢设想,也无暇考虑。在这方面,我倒是属于例外,因为抗日战争期间我刚进大学不久,就读到了当时出版不久的美国作家斯坦倍克(John Steinbeck)的名著《愤怒的葡萄》(*The Grapes of Wrath*)的原版本,此书对我的印象确实极深,但我并不知道,作者以后居然因此而获得诺贝尔文学奖。其书写的是美国中西部大平原因大规模的资本主义开发经营,致使许多个体小农场毁灭,农民们不得已抛井离乡,纷纷向西部流亡的故事。现在,为了写这篇序,我又找来了此书的一种中译本(北京外国文学出版社 1982 年版),译本的第 49 页,有一段小农场主和拖拉机手的对话。这个名叫乔埃·戴维斯的拖拉机手,原来也是个庄稼汉,现在是银行雇来推倒所有这里的农家房子的。

"我就在窗口里拿枪对付你。等你开得太近了,我就像打兔子似的,一枪把你干掉。"

"这不是我的事,我也没法。如果我不照那么办,我就要失业。你想你打死了我又会怎样呢? 人家只会把你绞死罢了。可是你还没有上绞架以前,早就有另外一个开拖拉机的家伙,会把这房子撞倒。你并没有把该死的人打死。"

"这话有理。"佃户说。"是谁给你下的命令,我要把他找到。应该杀了他才对。"

"你错了,他是奉到银行的命令的。银行告诉他,把那些人统统撵走,否则唯你是问。"

"那么,银行有行长,有董事会。我要把来复枪装好了弹药,闯进银行去。"

驾驶员说道:"有人告诉我,银行也是奉到东部发来的命令。"

好一个"东部发来的命令",它把安居乐业的二三百万芸芸众生赶出了家园。当我在抗日战争年代初读此书之时,确实为美国的这些勤劳朴实的农民在 30 年代遭受的这场灾难感到伤心与同情。却不料时隔 30 多年,我们这个文明古国竟也在一种无法查索的"命令"之下雇致了一场史无前例的全民灾难。我们在这场浩劫中蒙受的损失,据《人民日报》的两位主任编辑马立诚、凌志军所著的《交锋》(今日中国出版社 1998 年版)一书中引用叶剑英的话:"'文化大革命'死了两千万人,整了一亿人,浪费了八千亿人民币。"现在再回过头去看看美国在 30 年代的那场灾难,他们的损失不过是九牛一毛。而且对于"死了两千万人"这个数字也还很难核实,这或许是灾难刚结

束时的初步估计。因为我们另外还看到一个所谓"三年自然灾害"的死亡数字,比这
更为惊人。据杨炳章所著《从北大到哈佛》(作家出版社 1998 年版)一书的第 54 页上
说道:

> 现在已众所周知,1960 年标志着"三年灾害"的开始。在这三年中,不下三千
> 万人,其中大多数是农民或人民公社社员,因受饥饿而死。三千万人,这是一个足
> 以令人惊心动魄的数字!这实际上比中国二十世纪内所有国内外战争中死亡的
> 人数还要多些。

杨炳章接着说:"现在看来,当时发生这样的全国性大灾难是不足怪的,而且主要
是人为造成的。"可惜他只能笼统地用"人为造成"这个词汇来追溯这场灾难的来源,
还及不上美国的那位拖拉机手,能够说得出:"银行也是奉到东部发来的命令。"其实,
对于前 3 年的 3000 万和后 10 年的 2000 万,我们用不着过于认真地研究这些数字的
依据。在一个人命毫不关天的时代和地方,大可不必对这类数字斤斤计较。就算是个
近似值好了。不过这中间,前者与后者倒是颇有区别的,因为前者主要是农民和所谓
"一大二公"的人民公社社员,后者则多半是"资产阶级知识分子",即所谓"臭老九",
其中包括了诸如陈寅恪、傅雷、老舍等民族文化菁英。言念及此,能不痛心!

现在,30 年代在美国发生的这场灾难早已过去,而 60 年代到 70 年代在我们中国
发生的这场灾难也算被"彻底否定"。不过,美国的这场灾难,虽然其损失不过是我们
的九牛一毛,却留下了《愤怒的葡萄》这部不朽名著。但对于中国的这场滔天大劫,虽
然也已经有了不少诸如小说、诗歌、受难者传记、目击者回忆录等等陆续问世,但不论
我在国内或国外读到的,显然都远没有达到斯坦倍克所写的那样生动真实和感人肺
腑。我相信,这样的著作,也总有一天能写出来。至于我的这点笔记,其实并不涉及这
场灾难,它无非是这场灾难的劫后余生。这是一本微不足道的作品,很快就会被历史
所湮没,既不会受人称赞,也不会被人斥责。不像我们的这场史无前例的浩劫那样,它
将永远地载入史册,受到世世代代人们的诅咒。

1998 年 6 月于杭州大学

版　本

宋　本

　　不少人有一种嗜古之癖,南宋时,江西袁州人赵希鹄写过一卷《洞天清禄集》,专辨古代器物,全书分成古琴辨、古砚辨、古钟鼎彝器辨等十门。在古画辨中说:"古画色黑或淡黑,则积尘所成,自有一种古香可爱。"这大概就是"古色古香"一语的来源,后来成为许多嗜古者的口头禅。

　　藏书家的嗜古癖,往往表现在对宋本的搜求。我不是说宋本不好,但是他们笔下的宋本,实在太神乎其神了。明张应文的《清秘录》说:"藏书者贵宋刻,大都书写肥瘦有则,佳者绝有欧、柳笔法,纸质莹洁,墨色清纯,为可爱耳。"明高濂的《遵生八笺》说:"宋人之书,纸坚刻软,字划如写,格用单边,间多讳字,用墨稀薄,虽着水湿,燥无湮迹,开卷一种书香,自生异味。"没有翻过宋本的人,读了他们的描述,就会下定决心,去见识一部宋本,否则真是毕生遗憾。

　　我生长在一个读平装书和精装书的时代,不要说宋本,生平翻阅过的线装书,要是与平装书、精装书相比,实在也是很少的。但是由于家庭的关系,与我年龄相似的一辈人比较,我翻阅的线装书或许比一般人要多得多,而且也算看过几部宋本的。因为从小看到家里堆积如山的线装书,包括我祖父放在红木盒子里不肯轻易示人的几部宋本,和我叔伯一辈读过的用连史纸线装的《共和国教科书》。回想那时,家庭里真像一个线装书的书海。我祖父的藏书不少,可惜后来在抗日战争中毁于一旦。

每当我祖父向几位被他看得起的客人展示他装在红木盒子里的几部宋本时,我常常从旁参与欣赏,但是实在提不起我的兴趣。在祖父的藏书中,我最感兴趣的一部是石印巾箱本《合校水经注》,因为那曾是我幼年时代从我祖父那里获得故事的泉源。后来这部巾箱本就归了我。开始,我经常阅读,但是由于纸质单薄易破,我又舍不得。接着因为商务、世界各书局的铅印本出来了,我就买了铅印本,而把这部石印巾箱本保藏起来。正是因为这部书离开了我祖父的书库,因此幸免于难。经过这四五十年中的许多灾难,奇迹般地一直保存到今天。这或许是我祖父的大量藏书中唯一一部留在人间的吧。

《水经注》当然也有宋本,明代的不少郦学家,都据宋本从事校勘。正德年代的柳佥(大中)影宋钞本,就是明代的名本。而朱谋㙔校勘《水经注笺》,也利用了宋本。但宋本到了清代就凤毛麟角,许多郦学家都以毕生未见宋本为憾事,杨守敬即是其例。据傅增湘《朱刊残本水经注书后》(《图书季刊》新2卷2期或《藏园群书题记初集》卷三)云:

> 忆辛壬(案指辛丑、壬子,即宣统三年与民国元年之间)之交晤杨惺吾于海上,时君方撰《水经注疏》,为言研治此书历四十年,穷搜各本以供参考,独以未睹宋刻为毕生憾事。余语君曰:此书宋刻之绝迹于世固已久矣,设一旦宋刻出世,吾恐经注之混淆,文字之讹夺,仍不能免,未必遂优于黄、吴诸本也。洎余获此书,而君已久谢宾客,不能相与赏异析奇,一慰其生平之愿,思之怆然。

上述傅增湘获得的宋本是个残本,一共7册,只存卷五至八,十六至十九,三十四,三十八至四十共12卷,其中首尾完整的只有10卷(卷五缺前二十六叶,卷十八仅存前五叶),今藏北京图书馆。我有幸阅读了此书的缩微胶卷,在显微阅读器上,整整阅读了4天,以后又在武汉湖北省图书馆阅读了此书的一种过录本。傅增湘与杨守敬谈话时的这种估计是不错的,从这部残籍的10卷来看,"经注之混淆,文字之讹夺,仍不能免"。当然不是说没有优点,但此书在满足人们嗜古的欲望方面,显然大大超过此书能提供校勘上的作用。

《水经注》从隋唐以来都是朝廷藏书,北宋景祐时缺佚5卷,民间传抄刊行的本子,都是景祐以后的本子,所以宋本除了可以嗜古以外,文字上并不可贵。对于这一点,戴震最清楚,他在殿本卷二十二《洧水》经"又东南至慎县,东南入于淮"注"盖颍水之会淮也"下案云:"朱氏以为据宋本,实前后舛谬。"在卷二十《漾水》经"漾水出陇西氐道县蟠冢山,东过武都沮县为汉水"注"今广业郡治"下的案语说得更明白,他说:

"朱谋㙔于其下并云,宋本作广汉。盖此书为宋人臆改者甚多,故宋本往往不足据证。"其实,戴氏在其进四库馆以前所完成的《水经注校本自序》(见孔继涵编《戴氏遗书》)中早已指出:"王伯厚《通鉴地理通释》引《水经》四事,惟魏兴安阳一事属经文,余三事咸郦注之讹为经者。"王伯厚(应麟)宋人,其所引的宋本,已经经注混淆了。所以全祖望在《五校本题辞》中也说:"今世得一宋椠,则校书者凭之。以为鸿宝。宋椠虽间有误,然终不至大错也。而独不可以论于《水经》,盖《水经》自初雕时,已不可问矣。"说明对于宋本《水经》的实际价值,著名的郦学家都是清楚的。

《永乐大典》本也是从景祐缺佚以后的宋本录出的,因为它同样没有滹沱水、洛水、泾水等卷篇,所以同样并不是什么了不起的本子,戴震为了另外目的,大大地替它吹嘘了一番。后来大典本影印问世,大家都看到了,不过如此。其实,假使大典本真真可以作为圭臬,那末,戴震当年为什么不径以它作为底本,却要冒后世责骂的风险而用赵一清的本子呢?

宋本当然不能一概而论,也有在今天的校勘上很有价值的。但宋本《水经注》却不是这样,现在的不少本子,如殿本、赵本、注疏本等,都远远超过了它。作为一种历史文物,它当然价值极高,但是从内容上说,它已经没有多大作用了。

《永乐大典》本《水经注》

《永乐大典》是明初一部规模庞大的类书,收录各种图书约八千种,辑成 22877 卷,并有凡例、目录 60 卷。始修于永乐元年(1403),完成于永乐六年(1408),全书按韵目分列单字,又按单字依次收辑与此字相联系的各项文史记载。因此,往往一部大书,由于各卷篇名目的首字不同,而被割裂在许多不同的韵目之下,这是此书的一大缺点。此书正本在明亡时已毁,但嘉靖、隆庆之间,曾录有副本一部,直到光绪八国联军之役才大部被毁。乾隆修《四库》之时,此书完整,曾作为修《四库》参考。其中亦有《水经注》,对戴震在四库馆主校郦注时起了一些作用,但却也因此而引起一场风波。

戴震的确用大典本校正了郦注的不少错字,但因他进四库馆后选定作为校本的底本是赵一清的《水经注释》,以赵本与大典本相比,戴得之于大典本者实在有限,这是他秘不告人的。而且,他把他从赵本获得的一切校勘成果都归于大典本。因为大典本是朝廷藏书,外人无缘得见,所以他可以毫无顾忌,为所欲为。却不料张穆(石舟)于道光二十一年因缘得入翰林院,从大典本校出一部,比较之下,始知戴震实不据大典奉,张穆撰文公之于世,于是舆论哗然。杨家骆曾于1962年用郦注篇幅最小的卷十八《渭水注》为例,用戴本、赵本、大典本 3 本互校,作了一次抽样调查。结果在 3 本异文

110处之中,戴同于赵者43处,戴同于大典本者12处,戴异于二本者31处,3本互违者4处。则可见戴氏得于赵本者占78%,而得之于大典本者仅12%。

此外,《永乐大典》编纂体例的按韵分割,这是当时人所皆知的事,戴氏校毕后,在其呈送乾隆帝的《校上案语》中说:"今以《永乐大典》所引,各按水名,逐条参校。"这话的意思是说《水经注》各水是按水名分韵割裂的,例如《河水》收入于"五歌"韵下,《江水》收入于"三江"韵下,《洛水》收入于"十药"韵下等等。乾隆帝显然也是作这样的理解,他在看到了《校上案语》以后,非常赏识戴震校勘此书的成绩,特御制六韵以示奖励。六韵中有一句是:"笑他割裂审无术。"并自注云:"《永乐大典》所载之书,类多散入各韵,分析破碎,殊无体例,是书亦其一也。"但后来大典本公之于众,大家看到,此书虽有按韵割裂之繁,但对于《水经注》一书,却并不各按水名入韵,而是以《水经注》的"水"字入韵,所以全书完整地收入"八贿"韵下,从卷一一一二七到卷一一一四一,一韵到底,绝无《校上案语》中所说的"逐条参校"之烦。张元济在《永乐大典本水经注跋》中特别指出:"高宗亲题,谓虽多割裂,按目稽核,全文具存。又曰:《永乐大典》所载之书,散入各韵,分析破碎,殊无体例,是亦其一。余诵其言,初疑必以一水名分列一韵,今睹是本,乃知不然,于此益信为学之道之不可以耳食矣。"在封建时代,戴震对于乾隆,实有欺君之罪,但乾隆不查原书,臣云亦云,以致受欺于臣而反加以赞赏,六韵中留下此一笑柄。有人把"笑他割裂审无术"一句改成"笑他耳食审无术",是其宜也。

《永乐大典》本《水经注》原藏翰林院,后经咸丰庚申之难,亦告散失。民国之初,前四册从《河水》至《丹水》共20卷,为归安蒋氏传书堂所有。以后,后四册亦在北京李玄伯处发现,于是上海商务印书馆涵芬楼于1935年影印出版,编入于《续古逸丛书》,此书终于公之于世。

大典本当然是比较好的版本,卷首有郦氏原序一篇,为历来多数版本所不载(当然不是戴震《校上案语》中的"诸本皆佚"),卷中文字,也颇有可以校勘他本之处。但各本所佚的溿沱水等水,亦均不见于此书,故知其底本也不过是景祐以后的本子。所以戴震在《校上案语》中所谓"盖当时所据犹属宋椠善本也"的话,显然是夸大之词。

全祖望五校钞本

全祖望是郦学考据学派全盛时期的三大家之一,而且从年资来说,又是三大家之首。在厘清自宋、明以来郦书经注混淆的问题上,他是功绩最著的郦学家。他生平校郦七次,最后一校后去世。故其七校本为王梓材在其身后所整理,而于光绪十四年(1888)由薛福成出资刊行。

全氏治郦,历来为学者所推崇,唯独胡适长期来对他抱有成见。他曾于1944年致函在美国哈佛大学任教授的洪业(煨莲)、杨联陞,指出全氏"不忠厚、不老实","英雄欺人",又说他"对于郦书毫无心得"。胡适对全氏的成见和议论,实始于《七校水经注》。他认为此本是王梓材伪作的,特别是此书卷首的《序目》和《题辞》,胡适一口咬定是王梓材的假货。他说:"这篇《题辞》是王梓材颇用心的文章,全篇摆出一个《水经注》学者的大架子,装出眼空一切的神气和调子,洋洋洒洒的讨论几个重要的《水经注》问题。初读这篇文字的人,往往被这一派大架子吓倒了,都不敢怀疑他的诈欺性质了。"为此,他对王梓材破口大骂:"证明王梓材的荒谬诈欺,绝无可疑,也绝无可恕。……这真是王梓材的白日见鬼了。"(均见《胡适手稿》第二集上册)所以胡适断言:"我们就可以明白光绪十四年宁波刻印的《全氏七校水经注》,是一个狂人主编,一个狂人出钱赶刻赶印的一部很不可靠的伪书了。"(《胡适手稿》第二集下册)

不过胡适毕竟是个大学者,是个对中国文化有卓越贡献的正面人物。他对七校本的破口大骂,属于他治学方法的前半句"大胆假设"中的严重错误,但以后在其下半句"小心求证"中,他到底查获了足以推翻他"大胆假设"的铁证,这个铁证,就是天津图书馆所收藏的全氏五校钞本。当他在1947年看到此书以后,才知五校本中一百二十三水的次序与七校本完全相同,于是他在《手稿》的《全氏七校水经注四十卷作伪证据十项》题目的天头上批注:"此文是错误的。"而且反过来赞扬"白日见鬼"的王梓材:"他自己钞写的校语确很谨严。"(《胡适手稿》第六集下册)

实际上,首先提出七校本作伪的是一个光绪年间的慈溪人林颐山(晋霞)。王先谦在其所编《合校水经注》卷首《例略》中说:"全氏《七校水经注》晚出,浙中慈溪林颐山晋霞,斥其伪造抉摘,罅漏至数十字,顷岁刊行兹编,一字不敢阑人。"我不知林颐山是何许人,也不知道他"揭发"七校本的动机和目的。不过由于我曾经仔细地读过七校本,感到郦学史上有这样一件不明情况的事故而耿耿于心。所以曾在拙作《论〈水经注〉》的版本(《中华文史论丛》1979年第3辑)一文中提及:"全氏治郦的造诣以及其七校本的成就,在郦学研究史中无疑有其应有的地位。王先谦竟以林颐山的几句指摘而把七校本排斥于合校本之外,这样的做法实在有失公正,而且也是合校本的美中不足。"

1979年8月,我去秦皇岛出席中国地学会的一次学术会议,会后承陈布雷先生哲嗣、天津人民出版社社长陈砾先生(后调任北京英文《中国日报》总编)之邀,去天津访问,因而得在天津图书馆获睹全氏五校钞本,承当时健在的馆长黄钰生先生热情接待,并详告此书沧桑,对胡适借阅此书年余,颇有微词。我随即撰成一篇《小山堂钞本全谢山五校水经注》的短文,交《杭州大学学报》(哲学社会科学版)发表(1981年第4

期)。在该文中,我曾有"骤见之下,如获瑰宝,精神为之一爽,展读竟日,殊觉爱不释手"之句。香港郦学家吴天任教授在其所编《水经注研究史料汇编》下册(台北艺文印书馆1984年版),全文录入我的这篇短文,于是全氏五校钞本之事,才进一步广泛流传,受到国际郦学界的关注。

[附记]

　　此文系1985年寓居于国立大阪大学国际会馆时所撰,由于此时我才见到了出版已经十余年的《胡适手稿》和问世不久的吴天任《水经注研究史料汇编》,虽然当时来不及逐篇细读,但回忆当年在天津获睹全氏五校钞本往事,实在感慨无穷,才撰写此篇。回国以后,《水经注研究史料汇编》上下册及《胡适手稿》30册,即先后获致,花了不少时间对此二书作了通读,最后并撰成2万余字的《评胡适手稿》一文,发表于1991年出版的《中华文史论丛》第47辑。对于林颐山其人其事及其"揭发"七校本的动机,也通过这几年的阅读而稍获端倪。胡适在其《跋合众图书馆藏林颐山论编辑全校郦书函稿》(《胡适手稿》第二集下册)一文中提及:"林颐山当时是一个有学问的秀才,他自己搜罗了一些关于全祖望《水经注》的资料,他的研究还没有完成,宁波进士董沛粗制滥造的《全氏七校水经注》已经被宁绍道台薛福成出钱刻印出来了。林颐山当时就提许多证据来,指出这个刻本是伪造的。"由此可知,林颐山并不是一位正人君子,无非是因为他妄想攫取的全氏《水经注》成果,在他远未动手以前,发现已被董沛取走。他当时不过是个"有学问的秀才",而董沛早于光绪三年就成了进士。于是,他就怀恨董沛,迁怒王梓材,并且实际上贬低全祖望的声誉。这类人古今都有,好在不久以前新修出版的《慈溪县志》中,也找不到他的名字,历史对这类人总是无情的。

　　全氏五校钞本是一种价值连城的孤本,其书8册,已经破旧,这些年来,我常为它耿耿于怀。1994年年末,我突然接到天津图书馆谢忠岳先生来信,告诉我五校钞本正在筹划影印出版。我当然非常高兴。但另一方面,我又感到这是一件大工程,在当前文化出版趋于低潮的时代,要影印出版这样一部学术价值极高而经济效益很小的巨构,必将遇到许多困难,而迁延时日,势所必然。1995年年初,谢先生又寄我印得非常讲究的预约单,其中并摘录我在《杭州大学学报》发表的文章中的若干语句,同时约请我为此影印本撰写序言。我虽然复信同意撰序,但看了预约单后却又不无顾虑,由于单上写明此书定价要2000元。眼下,出得起2000元的人当然很多,但这些人多半不要此书;而真正需要此书的人,绝大部分都承受不了这笔开支。接着,我去北美访问讲学半年,出乎意料的佳讯是,年底返国后,谢先生催我序言的信已经早我而至。信中说,此书一切就绪,要我速寄序言。于是我连日赶写寄他。1997 年年中,影印出版的《全祖望校水经注稿本合编》6 册就到我手上。此书 16 开本,包括五校本 3 册,七校王梓材稿本 3 册,印刷和装帧均称精美,封面及扉页是顾廷龙先生题签。我的序文以后,有谢忠岳先生的《影印前记》,其中提及:"陈桥驿教授获悉全校《水经注》即将影印的消息,在出访美、加回国之后,便欣然命笔,写出长序。"又提到九三老人顾廷龙先生,"当获悉全氏五校《水经注》稿本影印出版时,欣然为影印本题写了书名"。当我展读这部煌煌巨构之时,喜悦之余,却也感慨万端,花了很大的本钱,影印出这样一部售价高达 2000 元的书来,从现时来说,显然是一桩亏本生意。我们的工作,无疑要为那些在权欲圈子里翻云覆雨的大人先生,为腰缠万贯的巨商富户,为纸醉金迷的公子衙内们视为"海畔逐臭之夫"。但是我认为策划和参与这件工作的人,包括我素所尊敬的顾老先生在内,我们不仅心安理得,并且理直气壮,因为我们都在拯救我们民族文化的事业上作出了贡献。

"三百年来一部书"

现存《水经注》明刊本计有下列 5 种:最早的是嘉靖十三年的黄省曾刊本,其次是万历十三年的吴琯刊本,第三种是万历四十三年的朱谋㙔《水经注笺》。此外两种,一种是万历刊本,朱子臣的《水经注删》(北京图书馆藏),但此非郦注全本;另一种是崇祯三年的钟惺、谭元春评点本《水经注》,但此本以《水经注笺》作底本。所以实际上是黄、吴、朱 3 本。

在明刊各本中,朱本显然优于别本,清阎若璩《古文尚书疏证》卷六下引顾炎武语,谓此书是"三百年来一部书"。"三百年",总称有明一代。此一代中,刊书不计其数,而《水经注笺》竟为一代中的佼佼者,郦学界实与有荣焉。当然,一部明代校勘的书,以佳本迭出的清人看来,不免存在许多不足。所以王国维在《朱谋㙔水经注笺跋》(《观堂集林》卷十二)一文中云:"朱氏之书自明以来毁誉参半。"

关于朱本的优点,近人张慕骞、毛春翔在浙江图书馆《馆藏善本题识》(《浙江图书馆馆刊》3 卷 6 期)中言之最悉:"朱氏疑注文有误,不敢妄改,故为作笺。兹举数则申其冤诬。如卷一《河水一》注云:'一名板松。'笺引《广雅》及嵇康《游仙诗》证其宜作板桐,于本文,则未改也;又注云:《尔雅》曰,下笺云:此下当补河出昆仑墟五字;又注云:'雷电龙即阿耨达宫也。'笺云:雷电龙三字误。绝未窜改本文,态度极为忠实,高出赵一清万万。赵氏《水经注》定本确曾妄改注文,脱误之处,亦不知补,如于板松二字未敢疑,反为曲解曰:'龙即垄字,古字通用,《沔水注》:龙下地名也,有邱郭坟墟,即是此文。'其谬妄何如。以责朱者责赵,方为定评。聚珍本未出以前,要当以朱氏笺本方为完善耳。"张、毛二氏所说"高出赵一清万万"之语当然过分,但所列举的朱本优点则颇有见地。

　　汪辟疆在其《明清两代整理水经注之总成绩》(1940 年重庆《时事新报·学灯》第69、70 期)一文中,对朱本亦推崇备至。汪氏云:"惟朱谋㙔所笺,疑人所难疑,发人所未发,用力甚劬,故神明焕发,顾亭林尝推有明三百年来一部书。虽其后论者,褒贬互见,然引证故实以辅注文,固远胜黄、吴二家也。"汪氏认为朱本远胜黄省曾、吴琯二本,此论最为中肯。明代书当以与同代书相比,才得确见轩轾。清代书在明代书基础上续校,自然胜过明代。清人校勘郦注,多用朱本作底,其成就当然要超过朱本。赵一清撰《水经注笺刊误》12 卷,即是在朱本基础上的提高。上述张、毛两人所说"高出赵一清万万",或指朱氏发旧本之误而未轻改旧本,赵氏则多改旧本而言。但有些事亦未能一概而论,校勘古书者总希望能通过校勘获得一完善本子。朱氏不轻改旧本,当然是一种持重态度,胡适在其《水经注版本考》(《胡适手稿》第四集上册、中册)一文中对朱氏这一点也加以肯定,胡云:"朱氏考订史实,征引史书及类书作为笺注,而不轻易改动底本,其方法甚谨严,其成就亦甚可观。"但假使人人不改,则旧本永远不能更新。赵氏有确据而改之,不能谓之"妄改注文"。正如全祖望在《五校本题辞》中所说:"昔人校书不敢轻下雌黄,于错简则曰疑当在某条之下,于讹字则曰疑当作某字,盖其慎也。予初亦以此施之《水经》,势有所不能,其经注相溷之处若不合并为净本,则读者终茫然无理会,故不能复仍其旧,但于其下注明旧时之误而已。及更定其序目,而卷次俱有别裁,然其实则当年善长面目也。而今而后,《水经注》可读矣。"清代版本如赵一清、戴震、全祖望诸本,优于朱本甚多,人所共见;而这些版本中,有朱本成果在内,亦人所共见。"三百年来一部书",指的是有明一代,并不包括以后,这个道理,也是十分明显的。

　　从现在来说,朱本虽已为不少版本所后来居上,但在郦学史上,它仍有很高地位,研究郦学史者,仍然不可不读。但朱本刊于万历四十三年(1615),至今已成稀物。我曾在武汉大学图书馆读到一种万历四十三年的朱氏自刊本,有宣统三年湘乡王礼培的朱墨圈点批校。其中绿笔依朱之臣,蓝笔依陈明卿,紫笔依钟惺、谭元春,墨笔依何义门,朱笔是王礼培自批。各家中除何义门外,其余都是词章学家,批校多是笔墨上的工夫,而且依钟、谭的紫笔已经完全褪色,但原书版本甚佳,刻制、墨色、纸质均精,不失为一种善本。

《水经注疏》初稿

　　杨守敬撰《水经注疏》,临死而稿尚未成,由其弟子熊会贞赓续继事达20年始成,今日我们所见的北京科学出版社《水经注疏》和台北中华书局《杨熊合撰水经注疏》,即是该书的影印本。但是他在光绪三十一年(1905)刊行的《水经注疏要删》卷首,附有光绪己卯十二月潘存为他所题的《水经注疏》初稿的叙语。己卯是光绪五年(1879),说明此书初稿在《要删》付刊前20多年已经完成。潘存叙语云:

　　　　楚北杨君惺吾,博览群籍,好深湛之思,凡所论述,妙语若百诗,笃行若竹汀,博辨若大可。尤精舆地之学,尝谓此事在汉以应仲远为陋,在唐以杜君卿为疏,此必有洞见症结,而后敢为斯言,所谓眼高四海空无人者也。所撰《历史舆地图》,贯穿乙部;《隋书地理志考证》,算及巧历;而《水经注疏》神光所照,直与郦亭共语,足使谢山却步,赵戴变色。文起梅村,未堪比数,霾温岁久,焕若神明,旷世绝学,独有千古,大雅宏达,不我河汉。

　　案潘存,字孺初,粤之文昌人,杨守敬于同治元年(1862)冬入京会试,途中遇遂溪陈一山,次年抵京,经陈一山之介绍所识。杨氏自撰《邻苏老人年谱》称:"孺初精诣卓识,罕有伦匹。"又同治七年杨氏赴京会试仍不售,寓邓铁香家,《年谱》云:"常与孺初相往还,凡学问流别,及作文写字,得其指授为多。"其时杨氏年30岁,而潘存在京作官已多年,故两人近乎一种师生关系。其叙语评价《水经注疏》初稿,或许失于言语过分,所以胡适甚不相信此叙语出于潘存之手。在其《跋杨守敬论水经注案的手札两封》(《胡适手稿》第五集中册)一文中,认为潘存叙语,是杨氏所伪造。胡适云:

　　　　潘存在北京做穷官,待杨守敬有大恩,见于《年谱》廿五岁、卅六岁、四十一岁各年下。杨守敬要报答潘存的大恩,故要在他的大杰作里留下这位死友的姓名。

　　胡适的话并非没有根据,《水经注疏》初稿或许确实是光绪五年完成的,但潘存叙语中提及的《隋书地理志考证》和《历史舆地图》,据杨氏自撰《年谱》,均成于光绪五年以后,前者于光绪十二年才与熊会贞起草,十五年又加修订,十六年"崮芝以隋志稿来,与前稿多异同,乃参互为第二稿",十八年"又校隋志为第三次稿"。则潘存在光绪五年所说的"《隋书地理志考证》,算及巧历",岂非未卜先知。至于《历史舆地图》,据《年谱》,光绪十四年,他延丁栋臣授读,次年才与丁起草为《汉地图》而未成,这还仅仅是《历史舆地图》的开端。潘存在九年以前,怎能说"《历史舆地图》,贯穿乙部"呢?或许是,《隋志》在当时已经有一个十分粗糙的初稿,曾经让潘存过目;也或许是,杨氏于同治二年曾经与邓承修合撰《历代地理沿革图》,光绪二年,又与饶敦秩增编。饶于光绪五年撰有《历代舆地沿革险要图书后》一篇，潘存所见，即是此图。当然，这样的解释，特别是《隋书地理志考证》的问题，总不免有些牵强。

不过，胡适在该文中所说的另外一些话，看来是可以解释的。胡氏说："张寿荣翻刻的赵氏《水经注释》在光绪六年，薛福成、董沛刻行《全氏七校水经注》在光绪十四年底。潘存在光绪五年怎么会说'足使谢山却步，赵戴变色'的话了呢?"案赵氏书，乾隆五十一年已有开封刻本，潘存何必要到张寿荣翻刻本出来才见此书。全氏书确刻于光绪十四年，但全氏从事郦学研究，人所共知，潘存的所谓"谢山却步"，并不一定要读了七校本后才能作此评论。凭全氏的郦学声名，亦可出此一语。

胡适此文的最后结论是："杨守敬死在民国四年(1915)，在他死前一两年，他才和熊会贞赶成了《水经注疏》的初稿。"这一段也不符合事实。因为杨氏的《水经注疏要删》刊行于光绪三十一年，而今北京科学出版社影印本并附有残稿本卷八《济水注》一册。据陈衍《杨守敬传》(《虞初近志》卷七)所记，这是杨氏早年拟送山东刊刻的稿本。所以认为初稿直到民国初完成，当然不是事实。

所以，胡适对杨守敬《水经注疏》初稿的议论，有能自圆其说之处，也有不符合事实之处，还值得继续研究。

《水经注校》

王国维先生的《水经注校》已于1984年由上海人民出版社排印出版，这是郦学界的一件大事。特别是对于研究郦学史的人，此书的价值是不言而喻的。此书出版以后，许多人立刻抱怨标点错误，并且已经有人发表了文章。当然，标点应该正确，错误的标点比没有标点更不好，因为它会引人误入歧途。不过书既然已经出版，标点的错误也已经木已成舟，我们应当从此书的其他积极意义着想。标点错误不足以成为此书的大病，道理很简单，因为此书不是通行版本，它在研究郦学发展的历史上有极大用处，但对现在一般人研究《水经注》，它只能起聚珍本、合校本和《水经注疏》等版本的辅助作用，决不能单凭此本。而用此本研究郦学发展史的人，大都对错误标点有鉴别能力，他们可以撇开标点，自行其是。

所以必须让一般读者和初入郦学之门的人明白，此书价值虽高，但不宜于初学。"三百年来一部书"，这是清初学者总结明代郦注诸版本的评价。到了清代特别是乾隆年代的考据学派鼎盛时期以后，这种版本就显得落后了。让初学者懂得这一点，这种排印本的某些消极作用就可以避免。所以我说，标点错误不足为大病。但有一点却是严重的，就是此书卷首第十七页《标点说明》中第一项说的几句话：

　　本书是一部以明朱谋㙔本《水经注笺》为底本,对校了宋本、明永乐大典本、清聚珍本和明清诸名家版本的王国维手校本。

　　这几句话的严重性在于,此书的校勘成果中,并不包括清聚珍本在内,《标点说明》把聚珍本也牵扯进去,这既是混淆视听的话,也是极不负责的话,具有引诱初学者误入歧途的性质。这一点假使不加以澄清,此书就将害人不浅。案全、赵、戴三家校勘郦注,戴氏成书最晚,全、赵两家的校勘成果,其实都包罗在戴氏的聚珍本中。因为《水经注》从宋代以来,存在的最大问题莫过于经注混淆,而三家校勘的最大收获之一,也就是区别经注。在区别经注问题上,全祖望做得最早,赵、戴两家都是根据全的成果继续提高的。全氏在《五校本题辞》中说:

　　　　经文与注文颇相似,故能相溷,而不知熟玩之,则固判然不同也。经文简,注文繁;简者必审择于其地望,繁者必详及于渊源,一为纲,一为目,以此思之盖过半矣。若其所以相溷者,其始特胥钞之厉耳,及版本仍之,而世莫之疑矣。犹幸割裂所及,止于河、济、江、淮、渭、洛、沔七篇,若其余则无有焉。盖居然善长之旧本也。故取其余之一百十有七篇而熟玩之,而是七篇者可校矣。然七篇者大川也,被溷而莫之正,则其书无可观者,是以不可不急定也。今以余所定《河水》经文,不过五十三条,而旧以注溷之,为二百五十四条;《济水》不过三十三条,而旧为七十条。……然其缠络之所以不相贯通者,皆由于此,一旦更张而合并之,遂觉星罗棋布,经文固无重复支离之失,而注亦益见章法矣。

　　后来戴震把全氏的研究进一步系统化,在聚珍本《校上案语》中归纳为诸如“经则云过,注则云迳”,“经则统举都会,注则兼及繁碎地名”等明显的经注互不相同的体例,使多年来的经注混淆问题得以解决。全祖望认为要解决这个问题,先从篇幅最大、混淆最甚、问题最多的“河、济、江、淮、渭、洛、沔”7篇着手。现在《水经注校》的《标点说明》中指出其校勘成果包括聚珍本在内,我们不妨就此7篇,核对一下《水经注校》的经注混淆情况:

　　卷一《河水》,此本与聚珍本对勘,经文中有1条多出7字。

　　卷二《河水》,此本以注作经者39条,又1处注15字混入经。

　　卷三《河水》,此本以注作经者38条,又6处注混入经,计42字,又经1条脱9字。

　　卷四《河水》,此本以注作经者37条,又经1条脱1字。

　　卷五《河水》,此本以注作经者103条,又4处注混入经,计71字。

　　卷七《济水》,此本以注作经者15条,又4处注混入经,计12字,又1条经混作注,计7字。

　　卷八《济水》,此本以注作经者20条,又2处注混入经,计26字,又1条经混作注,计 17 字。

卷十五《洛水》,此本以注作经者 15 条,又 1 处注混入经,计 7 字。

卷十九《渭水》,此本以注作经者 9 条。

卷二十七《沔水》,此本以注作经者 33 条。

卷二十八、二十九《沔水》,此本以注作经者 34 条,又一处经混入注,计 5 字,又脱漏经 8 条,计 98 字,注 1684 字。(因此 2 篇 2 本起讫有异,故合并计算)。

除了全祖望提出的上述 7 篇以外,《淮水》中,此本以注作经者 29 条;《江水》中,此本以注作经者 104 条。

在所有上列此本与聚珍本经注互异之处,《水经注校》的天头和文末均不着一言。如卷二《河水》中,"河水又西迳罽宾国北","河水又西迳月氏国南"等注文,《水经注校》均混作经文,说明此本连"经则云过,注则云迳"这样最简明的经注区分原则都未曾考虑。而标点者竟混称此本曾与聚珍本"对校",不唯有损于读者,抑且不忠于校者王国维,实在是一种极不负责的行为。

《十三页》

读李子魁先生所撰《述整理水经注疏之经过》一文于 40 年代末,文末附有《熊先生补疏水经注疏遗言》,当时,十分庆幸上苍既生杨、熊,又生李氏,否则,杨、熊师生毕生辛勤将付之东流。正如汪辟疆先生在《李子魁携杨守敬熊会贞合撰水经注疏稿全稿走渝拟谒行严先生诗以介之》(《明清两代整理水经注之总成绩》,1940 年重庆《时事新报·学灯》第 69、70 期)最后四句所云:"杨熊行辈谁敢卿,李子负书世所惊,乃知一书更三手,班昭马续非沽名。"所以对于李氏在赓续杨、熊未竟之志所作的努力,除了未见李赓续之稿引以为憾外,40 年来一直深信不疑。

1981 年,日本关西大学藤善真澄教授将台北中华书局于 1971 年影印出版的《杨熊合撰水经注疏》全部 18 册邮寄给我。李氏称为《遗言》的熊会贞亲笔,竟影印附于此巨著的卷首,首尾计 13 页,并无《遗言》字样,而以之与李氏发表的所谓《遗言》核对,使人大吃一惊,因为熊氏亲笔与李氏发表的《遗言》有重大差异,李氏显然对此作了极大窜改。案李氏《述整理水经注疏之经过》一文中言及,熊氏曾"嘱余助其未竟之功"。但熊氏亲笔中绝无此类嘱托。熊氏所写第三条云:"此全稿覆视,知有大错,旋病,未及修改,请继事君子,依本卷末附数纸第四页所说体例改,多删名字,甚易也。"李氏在其所谓《遗言》中,此条改为:"此稿覆视,知有大错,请依下列所说体例补疏,多删名字,甚易也。"此处之所以要删去"继事君子"4 字,当因此 4 字泄露了熊氏实未委托李氏的情节;加上"补疏"两字,则为李氏在杨、熊疏稿挤入"李子魁补疏"一行制造依据。熊氏亲笔第二条,是对于书稿中所引残宋本、大典本、明抄本的事。因杨氏生前未见此三本,所以稿中此三本前的"守敬按"三字应删去。熊氏云:"以先生说,改为岭香孙世兄补疏。全书各卷中,先生按残宋本作某,或大典本作某,明抄本作某,尽改为先梅按,残宋本作某,大典本作某,明抄本作某。每卷开首题名加一行,作孙先梅补疏。"案此处的先梅,字岭香,是杨守敬之孙,为杨氏第三子蔚光所出。案吴天任《杨惺吾先生年谱》(台北艺文印书馆1974年版)中华民国二年癸丑下云:"先生以三孙先梅颇诚笃,资禀过人,将来当能世其家学,特钟爱之,每出必随侍左右。"杨去世后,曾襄助熊氏以疏稿与上述三本之间的校勘工作,故熊氏决定在稿本中列入其名。李氏则在其所谓《遗言》中抹去"岭香孙世兄"5字及"改为孙先梅按"的一整段。把熊氏这一条改为:"杨师未见残宋本、大典本、明抄本,残宋本、大典本、明抄本皆批见朱笺各卷书眉,又见各卷后,改补疏者按。"由于如此一改,世人就无法知道曾经襄助熊氏的先梅其人和熊氏指定先梅列名的情节。而李氏则取代先梅,于疏稿中署名处,在"宜都杨守敬纂疏,门人枝江熊会贞参疏"之旁,挤入"乡后学李子魁补疏"一行,真是偷天换日。此外,李氏在其篡改的所谓《遗言》中,还有其他不少删改熊氏亲笔的行为。例如熊氏云:"友人黄陂徐恕行可,博学多闻,嗜书成癖,尤好是编,每得秘籍,必持送以供考证,益我良多,永矢弗萱。"李氏完全删去此条。因为这是熊氏亲笔中所提及的除了先梅以外的第二人,而且关系密切,当然为李氏所不容。熊氏亲笔绝不言及李氏,足见其与李氏无甚关系,李氏既欲享此"未竟之功",当然不能让别人留名熊氏的亲笔之中,而自露其攘夺之迹。

以熊氏亲笔与李氏发表的《熊先生补疏水经注疏遗言》相核对,30多年前对李氏的景仰消失于一旦。熊氏原件原无《遗言》字样,李氏伪立《遗言》之目,其实就是胡适早已揭露的:"可见此人是存心盗名,有意作伪的。"(《胡适手稿》第五集中册)为了去伪存真,拨乱反正,《遗言》字样当然不宜再用。案熊氏亲笔在《杨熊合撰水经注疏》卷首影印共13页,因此,我在一切撰述中,凡是引及熊氏亲笔之时,均改称《十三页》。

[附记]

《十三页》的事,现在已经完全清楚。熊会贞的孙子,亦即熊小固之子熊茂洽先生,于1993年10月从湖北宜昌来到杭州舍下,和我详谈了李子魁弄虚作假的经过。他所谈的一切,我已在《汪辟疆与水经注》(《史念海先生八十寿辰学术文集》,陕西师范大学出版社1996年版)一文中和盘托出。汪辟疆在其《明清两代

整理水经注之总成绩》的名作文末《附记》中说："宜都杨守敬、枝江熊会贞《水经
注疏》四十卷稿，今由熊先生哲嗣小固及李子魁君运渝。"其实，当年熊小固入川
是受广安中学之聘前去执教，熊茂洽随父同行是去该校就读。船到重庆已经薄
暮，在渝仅一宿，次晨即换舟溯嘉陵江去广安，既未见汪辟疆，也绝无《水经注疏》
稿本之事。所以汪氏文中的话，都是李子魁的一面之词，而《遗言》云云，当然也
是李所捏造。另外还有一位此事的知情人杨世灿先生，他在《宜昌师专学报》
1995 年第 4 期发表《杨守敬〈水经注疏〉稿本辨伪》一文，详细说明李子魁篡改
《十三页》的情节。所以真相已经大白。

　　其实，李子魁在燕京大学读书时就是一位不学无术、声名狼藉的人物。据葛
剑雄教授所著《往事和近事》(北京三联书店 1996 年版)一书中的《开风气者与为
师者》篇内提及，当年顾颉刚发起组织的"禹贡学会"人才济济，"但也难免有个别
既无能力又不愿踏实工作的人混迹其中。当时燕京同学中有一位颜某，一位李子
魁，因学问平庸，为人华而不实，被大家戏称为'颜李学派'"。葛文另外还记述了
此人的种种丑事，不再赘述。我在《汪辟疆与水经注》一文中最后说："李子魁不
过是个小人物，本来不必动诸笔墨。因为他的所谓'誊清正本'(李吹嘘熊会贞的
'誊清正本'在他手上，其实是一派胡言)，是通过他对汪辟疆这位知名学者的欺
骗，从汪氏口中传播出来的，所以也能在郦学界掀起一点风波。现在好在事实已
经辨明，这点风波也就可以平息了。"

《水经注》若干名本校勘次数

　　古人校勘书籍，不仅认真，而且刻苦，一本书常常校了一次，再校二次，以至若干
次，毕生用功于此。所以古书校本，常有以校勘的次数命名的，如一校本、再校本等等。
在郦学史上，对于《水经注》的校勘，就有这种例子。

　　《水经注》一书，因为在北宋景祐年间缺佚了 5 卷，加上辗转传抄，弄得经注混淆，
错漏连篇，不堪卒读，以致北宋元祐前的第一种刊本，全书只有 30 卷，内容只有原书的
1/3。所以从明代起，不少学者用苦功校勘，以求恢复此书的原貌。

　　在明代学者校勘的《水经注》中，第一种按校勘次数命名的，就是赵琦美的三校
本。赵别名清常道人，家有脉望馆，藏书丰富。他于万历丙午(1606)一校，万历己酉
(1609)二校，万历庚戌(1610)三校，分别以宋本、谢兆申本、黄省曾本校勘，其书称为
赵琦美三校本，是明代的郦注名本。

　　朱谋㙔的《水经注笺》虽然未以校勘次数命名，但他以吴琯刊本为底本，用宋本及

黄省曾本校勘,所以实际上至少是一种二校本。另外还有一种已经亡佚的冯舒校本,据《邵亭知见传本书目》所著录,系以柳佥影宋本作底,再校以朱谋㙔本及谢兆申本,所以也是一种二校本。

在清初的郦注校本中,孙潜校本也是功力极深的名本。他于康熙丁未(1667)先后用赵琦美三校本及柳佥影宋本校勘郦注,所以其本当是二校本。今赵、柳二本均已亡佚,赖孙潜二校,至今得以流传。

清初的另一著名校本,是何焯(义门)的三校本。全祖望在其《何氏水经注三校本跋》(《全校水经注附录》上)一文中云:"义门先生《水经》三本,予皆见之,其初校本于甲戌(按康熙三十三年,1694),未见所学,犹不免竟陵气也(按指钟惺、谭元春,喻只在词章上做功夫);再校本以丙子(按康熙三十五年,1696),及见亭林所订,则进矣;三校本以戊戌(按康熙五十七年,1718),更进矣。"像这样一校、二校、三校,一步一步地取得成果,这就是古籍校勘的艰难功夫。

清初郦学家校勘《水经注》次数最多的是全祖望,他毕生力学此书,但系统地校勘,则始于45岁之年。据董小钝《全谢山年谱》所记:"乾隆十四年己巳,先生四十五岁,校《水经注》。是岁有诗三集,而《水经注》一书,先生晚年精力所注,用功最勤,实始于是夏。十五年庚午,先生四十六岁,仍校《水经注》。春病甚,一日忽瘥。十七年壬申,先生四十八岁,在广东。……而朝夕不倦者,则《水经注》,盖已七校矣。十八年癸酉,先生四十九岁,自粤中归,又云自七月乃归家养疴,犹以《水经注》未卒业,时时检阅。十九年甲戌,先生五十岁,居扬州。是年春尽,维扬故人以书招往养疴,仍治《水经注》,十一月乃归。二十年乙亥,先生五十一岁,卒于家。"由上述《年谱》可知,光绪十四年薛福成刊行的《全氏七校水经注》,乃是他48岁的作品。此后3年,他仍继续校勘。所以全氏校郦,实际上不止7次。

另外一位校勘《水经注》多次的近代学者是王国维。他每校勘一部郦注,就撰写校跋一篇。今《观堂集林》第十二卷,收有他的校跋6篇,计宋刊残本、大典本、明抄本、朱谋㙔《水经注笺》、孙潜校本、戴震校聚珍本等6本,又《观堂别集》第三卷收有《水经注释跋》1篇,台湾"中央图书馆"所藏黄省曾刻本中亦有王氏写跋1篇。故其毕生共校《水经注》8种,可惜王氏未曾将此8种校勘成果合成1本:王氏于1927年死后,藏书流散,此事已无法弥补了。

杨守敬、熊会贞合撰的《水经注疏》,是郦学史上迄今注疏量最大的《水经注》版本,杨氏于民国初逝世时,此书尚未完成,由熊氏赓续从事。据汪辟疆《杨守敬熊会贞合传》(1947年版《国史馆刊》创刊号)云:"故守敬卒后,会贞居菊湾杨氏故庐,又二十二年,书凡六七校,稿经六次写定。"按《水经注疏》长达一百数十万言,如此巨著,经六七次之校勘,功力之巨,可以想见。按汪氏所云六七校之数估计,则今台北中华书局影印的《杨熊合撰水经注疏》,当是此书的五校本或六校本。

《水经注》图

按《水经注》的内容绘制地图,实始于南宋程大昌。程是绍兴三十一年(1151)进士,其所撰《禹贡山川地理图》,有图 31 幅,论说(其实就是地图说明)50 篇,续论 8 篇,于南宋淳熙四年(1177)由泉州学官刊行。但原图久佚,明归有光为其论说作跋,又清朱彝尊《经义考》所述,均仅见其文而不见其图。但朱氏死后 60 余年,《四库全书》开馆,始知图、论均为《永乐大典》所抄存。但图已缺 3 幅,尚留 28 幅,其中完全按郦注绘制的有《水经济汶互源图》、《郦道元张掖黑水图》、《水经叶榆入南海图》3 幅。但程氏在其论说《删润郦道元所释水经》下云:"叙载事实,皆是《水经》,臣但隐括今有条理。"说明除了上述 3 幅完全按郦注绘制外,其余各幅亦均以郦注水道为底图,而加绘南宋当代河川。所以此图实为现存最早的《水经注图》。

程氏以后,绘制《水经注图》的有清初的黄仪。据《清史稿》本传云:"乃反复寻究,每水各为一图,凡都邑、建署、沿革、山川、险易皆具焉。条缕分析,各得其理。阎若璩见之叹曰:郦道元千古一知己也。"惜其图亡佚已久,无可评论。

董祐诚于乾隆间亦作《水经注图说》,但著作未竟而早逝。其兄董基诚取其说刊入遗书,图遂亡佚。其子董沇又于道光间刊为《水经注图说残稿》,仅存文 4 卷而无图。《残稿》后有数种刊本,至今尚存。

汪士铎于道光年间亦有《水经注图》的绘制,至咸丰末年刊行,有刻本及石印本流传。但其图绘制未精,历来评论不佳。郑德坤《水经注版本考》(《水经注引书考》卷末,台北艺文印书馆 1974 年版)云:"原为汉志而作,与郦注多不照其改订,错简又任意移置,绘摹未精,讹误迭见。"

晚近的《水经注图》则为杨守敬及其弟子熊会贞所绘制,刊行于光绪三十一年(1905)。全图八册,采用古今对照,朱墨套印的形式,颇有实用价值。杨氏在此图序言中云:"余既同熊君会贞撰《水经注疏》,复为图以经纬之。昕夕商榷,年历三周乃成。昔郦氏据图以为书,今乃据书以为图。川土流移,未必悉还旧观。"郑德坤《水经注版本考》评论此图云:"杨熊两人刊刻《水经注图》,昕夕商榷,年历三周乃成。卷首有自序、凡例及编目,通都大会及《禹贡》图分绘卷末。惜其书沿用胡图旧例,细分装潢,展阅者非熟悉旧式经纬,查验费力,或竟不无抚卷兴叹之感。"

郑德坤所云"沿用胡图旧例",是指的胡林翼于同治二年(1863)在湖北刊印的《大清一统舆图》。此图保存了康熙《皇舆全图》经纬网格中的经线，又以老法把图分成方块，每方100里。杨图据胡图，但每方改为50里，西域因区域大，每方为80里。杨氏自知以胡图为底图，这是不得已的办法。他在此图序言中云："今图以胡文忠为底本，胡图未尽可据，近修《会典图》尚未出，间得各省新图，其犬牙交错之处，未能悉合，不便以意迁就，故仍以胡图为据。"说明当时虽已有了若干省区新图，但杨氏无法把这些不同比例尺的省图拼合起来，不得已仍用胡图。胡图虽据康熙《皇舆全图》，但康熙图是采用经纬网格的新式地图，胡图存经而去纬，已比康熙图倒退。杨氏据胡图绘制，这是取法乎下，是杨图的最大缺陷。

杨图以后继续编绘《水经注图》的为郦学家郑德坤，他编绘此图的经过，见他1984年所撰的《重编水经注总图跋》一文，此文收入于吴天任所编的《水经注研究史料汇编》下册（台北艺文印书馆1984年版），文略云：

> 图稿完成于1933年夏，当时因篇幅宏巨，制板印刷繁复，又逢日军紧逼平津，余亦应聘回厦门大学任教，该图由哈燕社（按即哈佛燕京学社）保存。不意抗战军兴，举国动荡，绵延十余载，其后哈燕社撤销解散，图稿已不知下落。幸当时绘图员张颐年君因余将离京，特复制总图一纸以赠，藉为合作记念。

此总图现已附置于吴天任著《郦学研究史》（台北艺文印书馆1990年版）一书卷末。宽65公分，高44公分，系以30年代的中国地图为底图所绘制，有经纬网格，无比例尺。总图以外，还利用边角附加《西域图》、《禹贡图》、《越南图》3幅插图，以与《水经注》全书相配合。从现存总图来看，其绘制和印刷，当然胜于杨图，但因分图已佚，无法全面评价。

经注混淆

《水经注》一书始见于《隋书·经籍志》著录，作40卷。新、旧唐志著录同。说明原书足本是四十卷。宋初修纂类书和地理书《太平御览》与《太平寰宇记》，其所引《水经注》有滹沱水、（北）洛水、泾水等，均为今本所不见。其所引今本所见各水中，也常有今本所无的词句。说明宋初朝廷所藏之本，仍是足本无疑。但北宋景祐年代所修订的朝廷藏书目录《崇文总目》中，此书已仅35卷，较隋、唐3志著录缺佚5卷。从太平兴国到景祐不过60年，这期间，东京（今开封）安谧，绝无水火兵燹之事，此书在崇文院何由而缺？我以为当太平兴国间，朝廷数纂巨书如《御览》、《寰宇记》、《太平广记》等，人多手杂，缺佚当在此时。事后各书收入崇文院，不及检点，至景祐编目时才被发现。

从此,《水经注》通过传抄方式流入民间,辗转于多人之手。而书手之中,既有名流学者,也难免有受人雇用却不甚通文理的人,于是以讹传讹,终至不堪卒读。在各种讹误之中,除了错字漏句以外,最多习见而校改为难的是经注混淆。在传抄之中,经注所以致混之由,可能与原书的写式有关。今本郦注,不仅经注分行,而且经文提高一格,看甚分明。但古本郦注,以今所见的大典本为例,经注即混在一起,无非经文用大字,注文用小字。传抄不慎,将经文大字误写作小字,经注于是开始混淆。以混淆之本再行传抄,结果是愈混愈多,最后竟至不可收拾。

明人校勘郦注,开始设法分清经注,但当时经注混淆已深,若要一字一句地进行甄别分离,实属千头万绪,事倍功半。有的学者所以研究经注行文字句的规律,俾凑速效,而无一失。于是,像正德年代的杨慎,在其《水经注序》中,提出了所谓“八泽”。略云:

> 汉桑钦《水经》旧录凡三卷,凡天下诸水,首河终斤江,凡一百十有一。曰出,曰过,曰迳,曰合,曰分,曰屈,曰注,曰入。此其八泽也,而水道如指掌矣。

杨慎的思路和方法是可取的,但其所总结的“八泽”,在区分经注中仍有明显的错误。“八泽”之中,如“过”,是经文用字;如“迳”,是注文用字。因在杨慎之时,经注混淆已久,杨氏虽用力区分,终因头绪纷繁,所以无法一次告成,但为后来学者提供区分经注的线索,其功自不可没。

在分清经注的研究中,贡献最大的是全祖望、赵一清、戴震三家,而全氏实应首当其功。他在《五校本题辞》中,对此有一段专门的议论:

> 经文与注文颇相似,故能相溷,而不知熟玩之,则固判然不同也。经文简,注文繁;简者必审择于其地望,繁者必详及于渊源。一为纲,一为目,以此思之盖过半矣。若其所以相溷者,其始特胥钞之厉耳,及版本仍之,而世莫之疑矣。犹幸割裂所及,止于河、济、江、淮、渭、洛、沔七篇,若其余,则无有焉,盖居然善长之旧本也。故取其余之一百十有七篇而熟玩之,而是七篇者可校矣。

全氏根据他所订的分清经注的原则进行校勘:《河水》,经文从旧本的254条,删正为53条;《江水》,从128条删正为22条;《淮水》,从24条删正为8条;《沔水》,从102条删正为18条。从全氏的校勘中可见,旧本之中,经注混淆已经达到何种程度。

赵一清区别经注的原则是分散在他的若干郦学撰述中的。例如他在《水经注附录》上篇的《禹贡锥指例略》下云:

> 一清案,经仿《禹贡》,总书为“过”。注以“迳”字代之,以此例河、济、江、淮诸经注混淆,百无一失。

他在《水经注笺刊误》卷六《漆水注》引太史公《禹本纪》“又东迳漆沮入于洛”

下云：

> 笺曰："克家云，东迤，《史记》作过。"按《尚书》本作东过，不独《史记》也。且道元注例用"迤"字，以别于经文之"过"。

他在卷二《河水》经"河水"下云：

> 一清案，凡经文次篇之首有"某水"两字，皆后人所加。皆汉人作经，自为一篇，岂能逆料郦氏为之注而先于每卷交割之处增二字以别之哉？或郦注既成，用二字提掇则可耳，然非经之旧也。此卷首列河水二字，谓重源之再见也，其实例如此。

戴震在其早年，也已经注意了郦注的经注混淆之误。据段玉裁《戴东原年谱》，戴氏于乾隆三十年（1765）秋，自定《水经》一卷，自记云："夏六月，阅胡朏明《禹贡锥指》引《水经注》，疑之，因检郦氏书，辗转推求，始知朏明所由致谬之故，实由唐以来经注互讹。……今得其立文定例，就郦氏所注考定经文，别为一卷。兼收注中前后倒书不可读者为之订正以附于后。"说明他在此时已经推究了经注二者的立文定例。到乾隆三十九年（1774）的殿本《校上案语》，戴震对于区分经注的立文定例已经十分完整，至此，他掌握了经注文字的规律，长期来存在的经注混淆问题，总算完全解决。《校上案语》中有关于此的一段文字云：

> 至于经文注语，诸本率多混淆，今考验旧文，得其端绪：凡水道所经之地，经则云过，注则云迤，经则统举都会，注则兼及繁碎地名；凡一水之名，经则首句标明，后不重举，注则文多旁涉，必重举其名以更端；凡书内郡县，经则但举当时之名，注则兼考故城之迹。皆寻其义例，一一厘定。

"经注同出一手"

1983 年夏季，《中国地理学史》（上册）的责任编辑，商务印书馆的陈江先生，把刚刚出版的此书寄赠给我。不久，此书的著者，著名的老一辈地理学家王成组教授，也把由他签了名的此书寄赠给我。虽然手头有了两本相同的、我原是极感兴趣的书，尤其是我素所景仰的王成组教授亲自签名寄赠给我的书。但我一时却无暇阅读，因为当时正在准备去日本讲学的各种讲稿，思想上已决定把此书带到日本去读。可是正在此时，好几位朋友先来了信，他们告诉我王先生的书中有关《水经注》"经注同出一手"的议论，他们希望最好由我写文章澄清事实。因为让这种显然有错误的议论流传开来并不是好事，特别是这种议论出自一位老学者之口。

为此我不得不在出国前挤时间读了王著。其中确实有这样的议论，在第五篇第一章《郦道元著水经注——著述方法和重要贡献》第一节《作者身世和水经注来历》中说：

> 从《水经注》的内在特征来衡量，经与注可能本是郦氏一家之言。他的原序从没有表示他在为任何人的经作注，序中只说"窃以多暇空倾岁月，辄述水经布广前文"。所谓"辄述水经"，郦氏惯用"水经"一词称述书中的各段经文，而自称为"述"显然表示自编。"前文"不一定是指本书的经文或《水经》，而可能是指注文中所引用的前代旧说。原序末尾又说，"所以撰正本经，附其枝要者，庶被忘误之私，求其寻省之易"。所谓"撰证本经"，也有自撰经文而加注作证的意味。因此，我们认为全书的经注同出于他一人之手。

王先生在同篇同章第九节《小结》中又说：

> 对于传统观念假定郦氏限于为前人所著的《水经》加注，我们认为他的序文没有任何证实此点的迹象，各家的评论都不能确定它出于任何人之手。实际上书中的所谓经与注，可能都是郦氏一手所编成。经的部分一般依据东汉的郡县说明部位。正如所叙述的大河下游入海途径依据王莽时的改道，都是作者选定的一种撰述方法。也只有在他所收集的大量注文的基础上，才能提纲挈领写出经文。

《水经》和《水经注》绝非出自一手，这个问题实际上不必评论。王先生认为"他的序文没有任何证实此点的迹象"。但其实他在序文中表示自己为古人所写的《水经》作注，不仅"迹象"鲜明，而且是信而有征的。序文中的一段说：

> 昔《大禹记》著山海，周而不备；《地理志》其所录，简而不周；《尚书》、《本纪》与《职方》俱略；都赋所述，裁不宣意；《水经》虽粗缀津绪，又阙旁通。所谓各言其志，罕能备其宣导者矣。

郦道元在这段文字中所列举的都是古代的地理书，包括《水经》在内，他对这些地理书都作了一点批评，对《水经》的批评是："虽粗缀津绪，又阙旁通。"正是因为"粗缀津绪"，所以它可以作为郦氏作注的底本；而郦注洋洋三十余万言，也正是为了改变《水经》"又阙旁通"的缺陷。怎能设想，郦氏把他自撰的《水经》混在古人的《大禹记》、《地理志》、《尚书》、《职方》等之中，评论一番，然后再替自己的著作作注呢？

郦道元虽为《水经》作注，但是他在注文中常常纠正《水经》的错误。例如卷四《河水》经"又东过平阳县北，清水从西北来注之"注中，郦氏纠正了经文所说黄河在平阳县北与支流清水汇合的错误。注文说："经书清水，非也，是乃瀵水耳。"卷三《河水》经"又东过云中桢陵县南，又东过沙南县北，从县东屈过沙陵县西"注中，他以亲身野外考察的经历，批评了《水经》的错误。注文说："余以太和中为尚书郎，从高祖北巡，亲所迳涉。……脉水寻经，殊乖川去之次，似非关究也。"又如卷十四《汲水》经"沕水出乐浪镂方县,东南过临狈县,东入于海"注中,郦道元通过对当时高句丽到北魏的外交使节的访问,辨正了《水经》对于浿水流向的重大错误。注文说:"余访蕃使,言城在浿水之阳,其水西流。……考之今古,于事差谬,盖经误证也。"像这样的例子,在全部《水经注》中,实在不胜枚举。

王成组教授不仅认为"经注同出一手",并且还设想了郦氏撰写《水经注》的程序,即是先写注文,然后再"提纲挈领"写出经文。世上哪能有这样的事,注文本来不误,经过"提纲挈领"以后,却"提"出了许多错误。于是再改动注文,让自己撰写的注文,批评自己撰写的经文?

"经注同出一手",这是断乎不可能的。王先生是一位著名的地理学家,是我国最早进行自然区划的著名学者之一,但是他毕竟不是一位郦学家。他之所以在这个问题上发生错误,原因在于:第一,没有仔细地研究前代许多郦学家对《水经》作者和时代的研究成果;第二,没有仔细地通读全部郦注。因为假使他研究了前代郦学家的成果,他必然会知道,《水经》成于三国,这是已有定论的;假使他仔细地通读过郦注,读到许多注文批评经文的段落,他就不会提出"同出一手"和先撰注文、然后再"提纲挈领"再撰经文的说法来了。"智者千虑,必有一失。"这是许多学者都难以避免的事。此事假使出于一般人之口,本来不必如此小题大做,正是因为王先生的声名,很可能会引起一些人,特别是那些富于求知欲和好奇心的年轻人的关心。或许造成以讹传讹,扩大错误的不良影响。好在随即听到已经有人动手写文章澄清,事情也就可以了结了。

《水经》之误

我曾经以"经注同出一手"为题,议论过王成组教授这种说法的错误。其中的理由之一,是注文曾在多处指出经文的错误。由于王先生认为郦道元是先写注文,经过"提纲挈领"以后,再写经文。因此我在举了若干注文批评经文的例子以后,在该文中说:"世上哪有这样的事,注文本来不误,经过'提纲挈领'以后,却'提'出了许多错误,于是再改动注文,让自己撰写的注文,批评自己撰写的经文?"

我在拙作《〈水经〉与〈水经注〉——就"经注同出一手"说与王成组教授商榷》一文中,引杨守敬《水经注疏要删凡例》,说明《水经》为三国魏人所作,学术界已经成为定论。因而后出的《水经注》指正先出的《水经》,这是很自然的事。郦道元批评经文的错误,有时直接写出"盖经之误矣","盖经误证也"等话;有时却并不直接使用这类语言,而是在注文中实际上改正了经文的错误。现在姑且不论后者,只谈注文明言经文错误的,全书就有 39 处之多。涉及 18 卷 24 篇。其中,同一篇内经文谬误达 2 处的有卷十三《灅水》、卷二十二《颍水》、卷二十四《睢水》、《瓠子河》、卷二十五《泗水》、卷二十九《沔水》;同一篇内经文谬误达3处的有卷八《济水》;同一篇内经文谬误达4处的有卷五《河水》、卷三十《淮水》。其中也有一条经文中记载的几项内容均属谬误而注文只用一语批评的(在我的统计中也只作一次计算),例如卷二十《淮水》经"又东过庐江安丰县东北,决水从北来注之"下,注文指出这条经文的两项错误:"决水自舒蓼北注,不于北来也。安丰东北注淮者,穷水矣,又非决水,皆误耳。"由此可见,凡注文直接批评经文错误之处,都是荦荦大者。

现在试以《河水》的5卷5篇为例,说明《水经》的错误和郦道元所作的批评指正。《河水》的卷一、卷二两篇,属于经、注均误,这是一种历史上的特殊原因所造成。我在拙著《郦道元评传》中专设《〈水经注〉的错误和学者的批评》一章,专门议论这两卷的问题,其中最大的错误就是所谓"黄河重源"。唐杜佑在《通典》卷一七四、州郡四中早已指出:"其《本纪》(按指今已亡佚的《禹本纪》)灼然荒唐。"杜佑批评《水经》的话是:"撰经者取以为准的。"对《水经注》的批评是:"郦道元都不详正。"所以《河水》的卷一、卷二两卷,经,注均以讹传讹,姑置别论。

《河水》从卷二到卷五之3篇中,注文明确指出经文错误的共有6处:卷三经"又东过云中桢陵县南,又东过沙南县北,从县东屈南,过沙陵县西"注云:

> 余以太和中为尚书郎,从高祖北巡,亲所迳涉。县在山南,王莽之慎陆也,北去云中城一百二十里。县南六十许里,有东、西大山,山西枕河,河水南流,脉水寻经,殊怪川去之次,似非关究也。

戴震在此下加案云:"案此驳正经文东过桢陵、沙南之误。"殿本的案语是正确的,当然,仔细的读者,即使没有这案语,也可以分辨得出来。注文的"脉水寻经",其可贵之处,正是郦道元的"亲所迳涉"。

卷四《河水》经"又东过平阴县北,清水从西北来注之"注云:

> 灅水西屈,迳关城南,历轵关南,迳留亭西。亭,故周之留邑也。又东流注于河。经书清水,非也,乃是灅水耳。

殿本在此下也加了一条案语:"案清水入河处在平阴县西,灅水则在县东,经于'大河东过平阴县北'之下乃言'清水注河'。故道元辩其非。"这一条批评经文的话,由于没有"亲所迳涉"等字样,尚不能确证这是郦道元野外考察的成果。不过对比其他注文揭示经文谬误之处,凡是根据文献资料纠谬的,郦氏一般都提出文献的名称。例如卷十三《灅水》经"过广阳蓟县北"注下的一段:

> 谢承《后汉书》曰:世祖与铫期出蓟至广阳,欲南行,即此城也,谓之小广阳。

灅水又东北迳蓟县故城南,《魏土地记》曰:蓟城南七里有清泉河,而不迳其北,盖经误证矣。

这条注文中，郦氏引谢承《后汉书》，说明广阳蓟县的位置，又引《魏土地记》，以证明经文"过广阳蓟县北"之误。案《魏土地记》即《隋书·经籍志》著录的《大魏土地记》，其撰时间距郦氏不远，所以这一条虽然郦氏明言引自文献，但用以指正经文之误，仍是很有价值的。而由此可见，上述有关指清水实为漯水之误的一段，郦氏没有提出任何文献，故此事很可能是他自己所亲见。

卷五《河水》经"又东北过杨虚县东，商河出焉"注中，郦道元以三段注文，指出和纠正经文的错误。注云：

> 《地理志》：杨虚，平原之隶县也。汉文帝四年，以封齐悼惠王子将闾为侯国也。城在高唐城之西南，经次于此，是不比也。

对此，殿本在经文下也有一段案语，这段案语除了说明杨虚这个地名外，也有几句附和注文的话："又河先迳杨虚乃至高唐，经次杨虚于高唐后，非也。"注文接着再一次指出经文在这方面的谬误：

> 京相璠曰：本平原县也，齐之西鄙也。大河迳其西南而不出其东，经言出东，误耳。

殿本在此下加案："案此辩前经文过高唐县东之失。"注文最后第三次辨正这个问题：

> 晋灼曰：齐西有平原。河水东北过高唐，高唐，即平原也。故经言，河水径高唐县东。非也。按《地理志》曰：高唐，漯水所出，平原，则笃马河导焉。明平原非高唐，大河不得出其东，审矣。

这三段话，都是注文对经文的同一错误，作了反反复复地改正。郦氏曾引及的文献有《地理志》、京相璠的《春秋土地名》和晋灼的《汉志》注。所引的这三种文献，是为了说明平原与高唐两者的地名关系，因为有的文献误以平原即高唐，《水经》之误的原因在此。而郦氏最后以《地理志》为证，说明平原与高唐并非一地，所以经文肯定是错误的。

这里顺便要说明的是郦注所引的《地理志》一书，其实并不一定是《汉书·地理志》。我早年曾经在《水经注·文献录》（《水经注研究》二集）中作过考证。这中间包括桑钦《地理志》、《汉书·地理志》、《晋书·地理志》（郦氏见及的《晋书》近十种之多，当然不是唐初修纂的《晋书》）、《吴录地理志》等。戴震在这几段中作的案语，把郦引《地理志》均作《汉书·地理志》，所以案语虽然赞同郦氏的说法，但其实戴震本人对此还是一知半解的。案今本《汉书·地理志》平原郡、高唐县下云："桑钦言：漯水所出"，更足以证明，郦氏所引，很可能是桑钦《地理志》。

这条经文下,注文开头就说:"杨虚,平原之隶县也。"戴震在经文下加案:"案杨虚,今《汉书·地理志》讹作楼虚,《功臣表》同,惟《王子侯表》仍作杨虚。"上面已经指出,郦引《地理志》,焉知非桑钦志或《晋书》志,但戴则唯《汉书·地理志》是从,以为"楼虚"是《汉志》之讹,不仅《地理志》讹,《功臣表》亦讹。既然《汉书》志、表均有"楼虚"之名,则杨虚曾名楼虚,不能轻率否定。更足以说明,此处郦引《地理志》,并非《汉书·地理志》。

卷五《河水》郦氏正经之误的最后一处在经"又东北过利县北,又东北过甲下邑,济水从西来注之,又东北入于海"注下:

> 河水又东分为二水,枝津东迳甲下城南,东南历马常坈注济。经言济水注河,非也。

殿本在这条注文下,引用卷八《济水注》:"考《济水注》云'又东北,河水枝津注之,《水经》以为入河,非也,斯乃河水注济,非济入河'。其文与此注互相发明。"

对于郦氏对《水经》的这一条纠谬,或许还可作点分析。《河水注》所说"河水注济,非济入河",在郦道元时代,这当然是正确的。不过这个地区与他区有别,因为这是黄河入海的三角洲地区,支流错杂,变化无常,古人不得不称之为"九河"。郦注卷五经"又东北过高唐县东"之注也曾说"乱河支流而入于海"。《水经》成书早《水经注》三百多年,在此期间,河口三角洲的河道变迁是频繁反复的。所以应该说,《水经注》是正确的,但《水经》或许也不错误。当然,在注文批评经文错误的许多处之中,这一条是一个特殊的例子。总的说来,《水经》的错误确实不少,而郦道元的批评绝大部分都是正确的。

《水经注》之误

《水经注》一书有许多错误。不论其他,只从河流水道而言,错误也是极多的。黄宗羲在《今水经序》中说:"余越人也,以越水证之,以曹娥江为浦阳江,以姚江为大江之奇分,苕水出山阴县,具区在余姚,沔水至余姚入海,皆错误之大者。"陈澧在《水经注西南诸水考序》中也说:"郦道元身处北朝,其注《水经》,北方诸水尺致精确;至西南诸水,则几无一不误。"的确,只要稍稍仔细地核对一下,《水经注》所记载的南方诸水,从发源到入海,全篇无讹的是没有的。陈澧的话不错,而黄宗羲举的例子,确是"皆错误之大者"。

《水经注》记载的北方河流又怎样呢?陈澧说它"尺致精确",刘献廷在《广阳杂记》卷四中说:"予尝谓郦善长天人,其注《水经》,妙绝古今。北方之水,毛发不失,而江、淮、汉、沔之间,便多纰缪。郦北人,南方诸水,非其目及也。"应该说,《水经注》记载的北方诸水,其错误比南方诸水确实要少得多,但所谓"尺致精确"、"毛发不失"云云,无疑都是夸大。《水经注》所记载的北方诸水错误也是不少的。在同一条河流中,某些段落的确达到"尺致精确"、"毛发不失"的程度。但其他段落出现的错误比比皆是。例如卷十四《濡水》经"濡水从塞外来,东南过辽西令支县北",注云:"濡水出御夷镇东南,其水二源双引,夹山西北流,出山,合成二川。"殿本在此下加案语云:"案濡水即今滦河,源出巴延屯图古尔山,名都尔本诸尔,西北至茂罕和硕,三道河始东会之,道元当时未经亲履其地,遂以夹山来会之三道河为滦河正源,殊属失实。"在这以下,注文对西藏水、中藏水、东藏水也有许多错误,殿本也加案语纠正。案语最后说:"道元之附会耳食,显然无疑。"

要说《水经注》所记载的河流中的最大错误,当然是黄河河源的错误。说黄河发源于于阗南山,北流到蒲昌海,"其水澄渟,冬夏不减,其中洄湍屯转,为隐沦之脉"。黄河就这样在蒲昌海隐沦,潜入地下,于是,"伏流地中万三千里,禹导而通之,出积石山"。这真是一种神话。这种神话当然由来已久,但是郦道元把它写入《水经注》,也就算作《水经注》的错误。

《水经注》记载的河流,为什么会出现这许多错误?刘献廷说因为:"郦北人,南方诸水,非其目及也。"《濡水注》的殿本案语认为是由于"道元当时未亲履其地"的缘故。这些话虽然都有一定道理,但其实都并不是主要的原因。一个人写一部包括全国兼及域外的《水经注》,要做到每一条河流都"亲履其地",不仅在那个时代,即使在今天,也是很难做到的。《水经注》错误的主要原因,是郦道元所处的时代技术条件还十分落后。应该说,在他所处的时代中,经过他所作的种种努力,例如勤奋的野外考察,细致的资料分析等等,已经为《水经注》减少了许多错误。"亲履其地"当然比闭门造车要好得多。但是应该看到,在那个时代,即使"亲履其地",也不能保证不出错误。只要对比一下今天,事情就会清楚。今天,我们从事野外地理考察,考察结果之所以能够得到保证,在很大程度上是因为我们有一套现代化的设备,包括一张精确的大比例尺地形图。否则,单凭肉眼观察,错误仍然是难以避免的,更何况于1400多年前的郦道元呢?

上面举出的《水经注》的错误,还仅仅是河川方面的例子,在其他自然地理和人文地理的内容中,错误显然还有不少。但是,所有这些错误对于《水经注》来说都是瑕不掩瑜的。对于这样一部撰写于14个世纪以前的历史名著,我们自然应该历史地、全面地加以评价。像这样一部历史悠久、篇幅浩瀚、内容广泛的著作,哪能不出现一些错误。这些错误,显然无损于这部伟大著作的光辉。

殿本尚可再校

《水经注》研究因各家目的不同,方法有异,自明代以来,分为考据、词章、地理三个学派。其中考据学派发轫最早,势力最盛,成绩最著。考据学派的目的在于恢复郦注北宋景祐缺佚以前的旧观,其方法则着重于郦注各本间的校勘;郦注与古籍中引及郦注,郦注中引及古籍等等之间的校勘,又研究经注的立文定例,纠正经注的混淆。考据学派到乾隆年代而盛极,出现了全祖望、赵一清、戴震三大名家和全氏《七校水经注》、赵氏《水经注释》以及戴氏《武英殿聚珍本》(简称殿本)等名本。除了长期混淆的经注从此分清以外,戴震在殿本《校上案语》称其校勘成果:"凡补其缺漏者,二千一百二十八字;删其妄增者,一千四百四十八字;正其臆改者,三千七百一十五字。神明焕然,顿还旧观,三四百年之疑窦,一旦旷若发蒙。"殿本当然不是戴震一人的成果,而是累积了自从明代以来的所有郦学家的校勘成果。所以殿本问世以后,郦学研究中的考据学派,已经基本上完成了任务。

当然,从殿本的现状来看,学者再想从这一本中校出上百上千的错漏,这显然已不可能。但是这绝不是说殿本已经尽善尽美。今殿本之中存在少数明显缺陷和个别错漏并非没有,精益求精,仍待后学的努力。因此,郦学研究中的考据学派,虽说基本上完成了任务,却不能完全偃旗息鼓。因为学者在此本中校出的错误,仍可举出不少例子。

王国维在《明抄本水经注跋》(《观堂集林》卷十二)中,校出《颍水注》:"项县故城也,旧预州治。""预"为"豫"之别字,故其文不误,但各本"预"多改"颍",殿本亦作"颍",都是以讹传讹。又在《宋刊水经注残本跋》中,校出《渐江水注》"入山采旅",诸本多改"旅"作"薪",殿本亦作"薪"。而其实"旅"是野生可食植物,改"薪"者都是望文臆改。

卷三十五《江水》经"又东北至江夏沙羡县西北,沔水从北来注之"注云:

>江水南出也,通金女、大文、桃班三治,吴旧屯所,在荆州界。

对于这金女、大文、桃班三治,历来为人所不解,李兆洛《历代地理志韵编今释》卷首李鸿章序云:"金女、大文、桃班、阳口、历口之类,皆不见于诸志。……亦不能无疑也。"但《水经注疏》把这三个"治"字改为"冶"字,杨守敬疏云:

>《隋志》,江夏县有铁。《寰宇记》,冶唐山在江夏南二十六里,《旧记》云,宋时依山置冶,故名。疑即注所指之冶。

又同卷经"鄂县北"注云:

江津南入,历樊山上下三百里,通新兴、马头二治。

这个"治"字,《水经注疏》也改作"冶"字,熊会贞疏云:

《晋志》,武昌县有新兴、马头铁官。《唐志》,武昌有铁。《御览》八百三十引《武昌记》,北济湖当是新兴冶塘湖,元嘉发水冶。……《一统志》,新兴冶在大冶县南。

熊会贞在《御览》和《一统志》找到了这个地名,这是校勘中的一把钥匙,因为既然校出了郦注"新兴治"是"新兴冶"之误,那末其余各"治"字都可相应改为"冶"字。

以上所述,是殿本问世以后,别本校改殿本的例子。除此以外,别本尚未校出而殿本确实尚可斟酌之处,也还有不少。例如戴震在殿本《校上案语》中虽说据大典本校,但其实大典本的优点他并未充分利用。卷二十《漾水》经"漾水出陇西氐道县嶓冢山,东至武都沮县为汉水"注中,殿本的注文作:

西汉水又西南得峡石水口,水出苑亭西草黑谷,三溪西南至峡石口,合为一渎。

这里,注文记载的西汉水的支流峡石水,此水发源于苑亭以西的草黑谷,上源有三条溪水,到峡石口合而为一。但既然是源有三溪,难道三溪均发源于一个草黑谷之中?这当然值得怀疑。这一段注文在大典本作:

西汉水又西南得峡石水口,水出苑亭、白草、黑谷三溪,西南至峡石口,合为一渎。

按大典本,则峡石水由上源的苑亭、白草、黑谷三溪汇合而成,说得清楚明白,虽然实际上只有"白"与"西"一字之差,但由于此一字之差,句读也就随之而异,使文义绝不相同。而殿本在这一句上当然不及大典本。

除了大典本以外,其他本子中也有个别文字超过殿本的。卷二十八《溱水》经"东至曲江县安聂邑东,屈西南流"注云:

(泷水)又与云水合,水出县北汤泉,泉源沸涌,浩气云浮,以腥物投之,俄顷即热。

此处的"俄顷即热",在大典本、黄省曾本、吴琯本、何焯校本、王国维校本、注释本、注疏本等之中,都作"俄顷即熟"。但殿本从朱谋㙔《水经注笺》,易"熟"为"热"。"熟"和"热"虽然一字之差,却有极大区别,而且"腥物"与"热",其意亦不可解。按《御览》卷七十九地部引《幽明录》云:

始兴云水,源有汤泉,每至霜雪,见其上蒸气数十丈,生物投之,须臾便熟。

《幽明录》为刘宋刘义庆所撰,郦注此条,很可能就引自此书。而"腥物"和"热",当是传抄之讹。"腥物"是"生物"的音讹,"热"是"熟"的形讹。"生"和"熟"字义相关,"腥"和"热"则是风马牛不相及。故殿本当然应该校改。

又如卷十八《渭水》经"又东过武功县北"注云:

> 渭水又东,温泉水注之,水出太一山,其水沸涌如汤。杜彦达曰,可治百病,世清则疾愈,世浊则无验。

对于这条注文,今所见各本均同。但"世清则疾愈,世浊则无验",实在牵强附会。我早年就不以此语为然,但因各本均同,无可据校。后来看到了康熙《陇州志》卷一《方舆·温泉》下所引《水经注》,却与各本甚不相同。《陇州志》引《水经注》作:

> 然水清则愈,浊则无验。

《陇州志》所引的《水经注》是何种版本? 不得而知,但是其文字显然优于殿本和其他各本。

以上所述,说明殿本虽然从总体来说优于各本,但当然还可以继续再校,继续提高。

《水经注》佚文

中国历史悠久,文化发达。每个时代都有许多文献出现,每个时代也都有不少文献亡佚。历代以来,公家常有编纂类书、地志的事,学者也常常撰写专著笔记或对正史及其他著作作注。有些文献本身亡佚了,但它们的内容往往被吸取在公家的类书、地志等之中,也被吸取在私人的专著笔记等之中。于是,后来的学者,又把分散在许多类书、地志、正史注释和学者的专著笔记等等之中的某一亡佚文献的片段词句收辑起来,使能全部地或部分地恢复这种亡佚的文献。这是我国学术界在我国的特殊条件下所兴起的特殊行业,这种行业就叫"辑佚"。

《水经注》原书40卷,在北宋景祐年间缺佚了5卷,以后由于辗转传抄,缺佚就越来越多。戴震校《武英殿聚珍本》的《校上案语》中说:"《崇文总目》称其中已佚五卷,故《元和郡县志》、《太平寰宇记》所引滹沱水、泾水、洛水皆不见于今书,然今书仍作四十卷,疑后人分析以足原数也。"因此,在郦学研究中,同样存在"辑佚"这个行业。

因为《水经注》缺佚数达5卷,占全书的1/8。而在现存的各卷中,缺词佚名的也所在多有,所以残缺的情况是相当严重的。殿本《校上案语》所说的如滹沱水、泾水、洛水等整篇缺佚的不必说,在未曾缺佚的卷篇中,例如不少人都读过的苏轼名作《石钟山记》(《苏东坡全集》卷三十七)一文中引《水经注》云"下临深潭,水石相搏,声如洪钟"这一句就不见于今本郦注,很可能是现存的卷三十五《江水注》中的佚文。所以《水经注》的辑佚工作,不能单单着眼于亡佚的卷篇,在现存的卷篇中,也有不少佚文需要辑录。现在看来,完全不缺的卷篇是不多的。

在前人辑佚的基础上,我曾经花了二十几年时间,在数百种古籍中辑录郦佚 356 条。当然,距离郦注亡佚的内容还很遥远。且这 300 多条郦佚其中有不少经过引用者的随意改动,和《水经注》的文字风格已有很大不同,我们只能知道,郦注中原来曾有这样的内容,但是肯定不是这样的文字。当然,也有一些佚文,由于引用者忠实于原文,仍能保持郦注原来的风格和趣味。上面所举存在于苏轼《石钟山记》中的郦佚即是其例。又曹学佺《大明舆地名胜志·四川》卷六《成都六·灌县》下引《水经注》一条云:"李冰作大堰于此,立碑六字曰:深淘滩,浅包隑。隑者,于江作埻,埻有左右口。"这一段当然是《江水注》的文字,而其中卷三十三《江水》经"岷山在蜀郡氏道县,大江所出,东南过其县北"注中所缺者,即其中的"立碑六字曰:深淘滩,浅包隑。隑者"共 13 字。此 13 字置于该注"李冰作大堰于此,壅江作埻,埻有左右口,谓之湔埻"(《名胜志》"隑"即殿本"堰",《名胜志》"埻"即殿本"埻")之下,注文就成完璧。这 13 字的郦佚,另外还有重要价值,因为这中间包括都江堰岁修的 6 字碑文在内。李冰当年所立的这 6 字碑文,传闻已久,但历来不见文字记载,一直要到《元史·河渠志》才有此内容。现在在《水经注》的佚文中获得,至少比《元史》提早了 800 年。

前代的辑佚学者,以清赵一清用功最深。他把辑录的佚文,按其内容,分别在他的《水经注释》中补上滋水、洺水、滹沱水、洭水、滋水、洛水、丰水、泾水、汭水、滁水,弱水、黑水等 12 篇。赵氏力求弥补郦注缺佚卷篇的一番苦心,当然值得嘉许。但固如我前已述及的,古人引书多由己意改书,甚或自加案语。赵氏将辑录佚文,合成 1 篇,全无原书文采,已失郦注精神。不若将辑录佚文,附录于有关卷篇以后,以供参考为佳。如泾水等佚文可附于《渭水》篇后,另外有些佚文,如宋陆佃《埤雅》卷一《鱼部》所引郦注:"鱼龙以秋日为夜。"找不到有关卷篇,则可列全书最后。

今所辑佚文,虽然来源甚多,但主要集中在几种类书和地理书之中。唐代各书,当以《初学记》为第一。宋初则以《太平御览》及《太平寰宇记》为最,特别是《寰宇记》,今日所辑郦佚,此书竟四居其一,说明当时所据确是郦注足本。景祐以后,由于郦注已经缺佚,故各书所引郦注已经不多,但亦并非没有,如上述苏轼《石钟山记》即是其例。以后各代,郦佚最多的是《名胜志》,上述都江堰岁修 6 字碑文即得自此书。不过按曹学佺在《名胜志》卷首序言所说,其所引郦注主要来自他所藏的一部《寰宇记》足本,则来源仍在《寰宇记》。

《水经注》按现状来看,虽然还有许多遗文佚篇,但由于散佚已久,弥补恐已困难。总的说来,辑佚工作已经基本完成,以后纵有所获,亦不过零星之数,不可能再有较大的收获了。

《水经注》的索引

我曾撰有《郑德坤与水经注》一文（原载《中国历史地理论丛》1990年第3辑，并收入《郦学新论——水经注研究之三》，山西人民出版社1992年版），阐述他在《水经注》研究中的贡献。在60年代以前，我国（包括日本等郦学研究发达的国家）的郦学研究，不计点校《水经注》，撰写有关郦学论文及为郦注作整理工作的，当以郑德坤与胡适两人成果最多。郑氏从30年代之初开始从事郦学研究，数年之中，完成了六项研究工作。他于民国二十四年（1935）在厦门大学为其《水经注研究史料汇编》所写的《序例》中，提及其完成的六项研究工作之一："郦书四十卷，篇幅繁杂，宜有引得，然后检查方能不虚费时刻。因用洪师（按指洪业，字煨莲，时任燕京大学教授，后去美国哈佛大学任教，最后终老美国）编纂引得法钩点一过，备作引得，一也。"郑氏把为《水经注》作引得，列为他的六项郦学研究工作的首项，说明他对引得工作的重视。按"引得"一词，原为英语index的音译，我国旧称通检或备检，后来才改称索引。对于索引，不少用书作为家庭摆饰或读书不求甚解的人，当然不会考虑及此，但认真读书做学问的人，索引对于他们却是一件至关重要的大事。郑德坤这个毕生做学问的著名学者，当然对此非常重视，所以才把索引工作作为他的郦学研究之首。

30年代之初，燕京大学的若干学者如洪业、顾颉刚等，有见于用古书做学问在检索上的困难，特在哈佛燕京学社成立了一个"引得编纂处"，开始从事于一些篇幅庞大而又为学人所常用的古籍20余种编制索引，《水经注》是其中之一，由郑德坤主持编制。经过几年耕耘，《水经注引得》一书终于在民国二十三年（1934）由哈佛燕京学社出版。这是一件郦学研究中的庞大工程，如我在《郑德坤与水经注》一文中所说："由于《水经注》内容浩瀚，同一地名或人物、文献等，牵涉的卷篇甚多，《引得》每涉篇内一词，就抄录此间下注文一条。例如地名中的'河水'，各卷篇中凡二百六十九见，共抄录注文二百六十九条，'江水'抄录注文达三百二十四条；人物中的'应劭'一名，抄录注文四十七条，'汉高祖'一名，抄录注文八十条，而'王莽'一名，抄录注文达五百三十六条；文献中的《汉书·地理志》一书，全书除卷一《河水》外，各卷都有引及，共达二百七十处。所以《引得》内容详尽，检索方便，成为郦学史上第一部工具书。"

当然，此书也不是没有缺陷，由于汉文与西文不同，西文词汇由字母拼缀而成，索引的编制只需按字母排列，十分简易。汉文的每个单字由笔画构成，与西文大不相同。当时，哈佛燕京学社引得编纂处为此编制了一种称为"中国字庋撷"的方法作为引得编制的规范。当时编制索引的所有二十几种古籍，都按这种规范进行。但从此以后，随着哈佛燕京学社在大陆的消失，这种方法就不再继续使用，无人继承与推广，眼下学术界对此多无所闻，所以使用相当麻烦。幸亏卷首有"笔画检字"一编，使不懂得这种"中国字庋撷"的人也能凑合使用。此外，郑氏在这种索引的编制中，对每一收入索引的词汇，不仅注明卷篇，而且注明页码，兼及此页的上半页或下半页。这当然是非常便于使用的。但由于《水经注》的版本甚多，而郑氏选择了在当时比较流行而且校对较为精确的商务印书馆《四部备要》本，此书现在已经绝版，所以对今天的郦学研究者颇有不便。

此书原来用16开本印刷，纸张及印刷质量均属上乘，我曾于1947年在上海福州路一书摊搜得一册，一直视如珍宝，因为它对我的郦学研究能起事半功倍的作用。可惜在1966年第一次遭受抄家之难时，就被"红卫兵"以"大破四旧"为名，把此书随同其他许多知识价值很高的书籍一齐抄走。直到1987年，上海古籍出版社又将此书重印出版。尽管当时我的郦学研究工作已经就各种重要内容编制成好几种我自己使用的索引，如《水经注佚文》、《水经注金石录》、《水经注文献录》、《水经注地名汇编》、《水经注军事年表》、《历代郦学家治郦传略》等，分别收入于拙著《水经注研究》一、二、三集，但听到郑氏《引得》重印的消息，仍然不胜雀跃，立刻写信到沪上购得一册。重新影印的《引得》从原来的16开本改为32开本，字迹比以前缩小了。而与此书阔别以后的20余年之中，我经过牛棚禁闭、批斗示众、干校苦役等诸种折磨；此后又因希冀夺回失去的时间而加倍耕耘，所以眼睛花得厉害，已经很难再使用这本字迹缩小的工具书了。当我再次获得此书之时，真是溯昔抚今，百感交集。不禁想起《左传》僖公二年的一句话："璧则犹是也，而马齿加长矣。"

索引余论

我因郑德坤《水经注引得》一书，为我的郦学研究带来许多方便。"十年灾难"之初，此书就被奉令抄家者攫去，我的研究工作犹如失去舵手。其实，当其时也，尽管我仍然冒险学郦（事详拙作《我读〈水经注〉的经历》文中，此文原载《书林》1980年第3期，收入于拙著《水经注研究》，天津古籍出版社1985年版），但在心惊胆战的状态之下，效率毕竟极低，即使此书仍在身边，也不敢公开使用。何况在"文革"动乱中，全国大部分知识分子都处于被迫怠工或停工状态，区区一本《水经注引得》的事，无非是这个特殊的大时代中的九牛之一毛，也就用不着计较了。

不过《水经注引得》确实有使人值得怀念之处。因为30年代初期，称得上是我国学术界编制大部头书籍索引的黄金时代。当时，除哈佛燕京学社成立了"引得编纂处"以外,编制索引之风甚盛。例如商务印书馆就在这几年间陆续影印出版了七、八种省志,如雍正《浙江通志》、同治《畿辅通志》、光绪《山东通志》、民国《湖北通志》等等,这些影印的省志,都用精装32开本分成数册,而最后一册的大部分篇幅是由商务编辑人员编制的《索引》(四角号码法)。特别值得提出的是叶绍钧,他于民国十八年(1929)就着手编制《十三经索引》,由其夫人及其他家人襄助,历时一年半而告成,并于民国二十三年(1934)出版(中华书局又于1983年重订再版)。对于索引的重要性,叶绍钧在其《十三经索引》卷首《自序》中的几句话就足以说明:"十二年(按,1923年)春,余始业编辑,编辑者,采录注释耳。其事至委琐,大雅所不屑道,然以余临之,殊非便易,第言注释,一语弗悉其源,则摊书寻检,目光驰骋于纸面,如牧人之侦亡畜,久乃得之,甚矣其憊。"

陈正祥在其《方志的地理学价值》(《中国文化地理》,三联书店1983年版),有一段他利用旧方志做学问的记述:

> 1957年前后,我曾利用方志中蝗神庙的记录,制成了中国蝗灾地图。为查阅方志,我曾遍访日本各著名大学及图书馆,像蜜蜂采蜜似的辛勤工作。中国方志数量极多,每一县有数册或数十册,在书库用梯子爬上爬下取书,逐目逐页地找寻。如果只找寻蝗神庙,浪费时间精力,实在很不经济。

陈正祥在这种没有《索引》的方志中"逐目逐页地找寻"的折磨经历,我自己也同样受到过。侯慧姗在其《陈桥驿与地方志》(原载《中国地方志》1993年第2期,收入于《陈桥驿方志论集·附录》,杭州大学出版社1997年版)一文中提到:

> 无独有偶,正当陈正祥在日本"为查阅方志,我曾遍访日本各著名大学和图书馆,像蜜蜂采蜜似的辛勤工作"的时候,陈桥驿由于几个课题的研究,也正在国内到处查阅方志。而陈正祥在日本查阅方志十年以后,陈桥驿应邀去日本几所大学讲学,利用课余时间,也到日本各大图书馆查阅方志。……例如他花了二十多年积累资料而编纂的《浙江灾异简志》,用了数百种方志。他校勘《水经注》,查阅了除福建省以外(福建省与《水经注》无关)的全国所有方志,不下数千种。

正是由于这样的一些经历,我一直怀念着30年代初期在我国兴起的索引编制热,而希望这种对学者从事研究工作大开方便之门的举措,能够如同30年代初期那样地重新在学术界发展起来。为此,这些年来,我一直为编制索引的事到处呼吁。前面已经提及,当年由于《水经注引得》被查抄以后,我恍然觉得自己的研究工作失去了舵手。所以我为陈田耕所著《地理文献索引与利用》(西安地图出版社1992年版)一书所写的序言中就指出:"文献之需要索引,犹如行舟之需要舵。"

因为如前所述,陈正祥和我在旧方志的利用中,都因没有索引而浪费了大量时间,所以在80年代新的修志高潮兴起之初，我就竭力鼓吹为新修方志编制索引。我在《中国地方志》1992年第5期发表《地方志与索引》一文（收入于拙著《陈桥驿方志论集》），阐述了索引的重要作用，文末指出："希望地方志都能编纂一种内容完备、使用便利的索引，进一步提高地方志的学术价值和实用价值。"除了在方志刊物中发表我的这种意见外，我还在其他许多场合提醒地方志修纂者重视这个问题。1996年，史念海教授主编的巨型城市历史地图集《西安历史地图集》在西安地图出版社出版，我为这部图集撰写了书评《评西安历史地图集》（《历史研究》1997年第3期）。我在此文之末，又提出了关于索引的问题：

> 最后提一提《图集》卷末的《地名索引》，这一份二十八页一千一百零二个字头，约计有地名六千五百余处的《地名索引》，其编制是一件相当浩繁的工程。但是作为一部巨型地图集，这项工程是完全必要的。因为只有这样才能保证《图集》的实用性。如果没有这个索引，要在这样一部规模巨大的地图集中检索一个地名甚为困难。……我之所以特别提及索引，是为了顺便在此提醒当前全国修纂地方志高潮中的方志界同仁。因为直到最近，还有许多新修方志，部头很大，但没有索引。其实，方志的索引如果同地图集的索引相比，前者要简便得多。因为方志的索引只要查出页码，而地图的索引不仅要记录页码，并且必须记录这个地名在不同页码中的具体地理位置，实在要困难得多。

我在此文中提到的至今还有许多新修方志没有索引的事，在国际汉学界也引起了议论。我于1995年去北美加拿大和美国访问讲学半年，由于讲学内容有时涉及方志，因而在相互交流中获得了不少加、美两国汉字家收藏和利用中国方志的信息，所以曾抽暇在美国路易斯安纳州首府巴吞鲁日（Baton Rouge）撰写了一篇《中国方志资源国际普查刍议》的文章，寄回国内发表于《中国地方志》1996年第2期（收入于《陈桥驿方志论集》），为此一文，回国后不久，即承中国地方志指导小组的邀请，参加中国地方志第二次工作会议，并且约定请我在大会发言，介绍外国汉学家对中国新修方志的看法。我遂以《北美汉学家论中国方志》为题，于这年5月5日在北京举行的这次会议中发言（后来刊载于《中国地方志》1996年第2、3合期，又收入于《陈桥驿方志论集》）。我在发言中除了介绍北美汉学家对中国新修方志的赞赏和收藏利用外，提及了他们对中国新修地方志的三种意见。其中有一段话说道：

> 第三种意见涉及新修方志的索引，这或许是我去年在国外听到的对于新志的最尖锐的意见。尽管当加拿大的某些汉学家首先提出这种意见时，我曾即席说明，这个问题正在改进。我举浙江省为例，大部分新出版的市县志都已经编制了索引。但后来到美国，仍有人提出这个问题，而且语言相当刺耳，值得我们注意。

其实,中国报刊上刊载的有关编书没有索引的指责,语言的刺耳也不亚于我在美国听到的。记得1997年5月,《绍兴市志》举行首发式,这是当前全国规模最大的一部地方志,全书六册,最后一册为《索引》,在这方面已经与国际学术界接轨。我在这个首发式上的发言,除了赞扬这部志书特别是索引单独成册外,还提出了1997年1月6日《光明日报·文化周刊》上一篇关于索引的署名文章上的话:

> 没有索引的学术著作在国外很难获得出版,外国著作则不会翻译。因此,每一个自视甚高的学者,如果不为自己的专著编好索引,那么就是对学术著作的自杀。

此文还同时指责出版商:

> 因此每当我买到一本渴望一读却没有索引的名著就会想起英国史家卡莱尔的建议,应该将没有索引的书籍的出版商,罚往地球以外十英里的地方。

这篇札记最后还得提及《水经注》。我曾接受南京大学中国思想家评传中心的约请,在匡亚明主编的《中国思想家评传丛书》中撰写《郦道元评传》一书。1994年出版以后,侥幸获得一点好评,并且得到了1995年全国高校出版社评比的一等奖。我当然受之有愧,而且还得感谢责任编辑巩本栋教授的辛勤加工(此书已于1997年重印)。我是按照这部丛书的写作体例为此书编制了索引的。由于平时常读外国学者寄赠的他们的著作,而我自己的著作也要到国外学术界交流,所以当时我颇嫌自己的索引比之外文书还显得简略。不久以前,读到1997年11月15日《中国思想家评传丛书》编印的《动态信息》第95期,有一篇署名文章,评论拙作,说"作者凭借他精熟《水经注》的优势,穿穴补缀《水经注》里所(记)史料,证成郦道元磊落瑰奇的一生,使读者叹服"。这实在是对我的过誉,也是我受之有愧的。但在另一篇不署名的代函中,却提出《郦道元评传》的索引"过于繁细"。这实在使我感到惶惑。我本来很想以我手头的一些外国学者的著作为例,写信去申述一番拙著的索引实在还嫌简略的道理。但后来忽然忆及年轻时所读曹植的《与杨德祖书》,就放弃了写信的打算。《与杨德祖书》中有一段话说:"人各有好尚,兰茝荪蕙之芳,众人之所好,而海畔有逐臭之夫;《咸池》、《六茎》之发,众人所共乐,而墨翟有非之之论。岂可同哉!"

《水经注》全译

年轻时喜欢逛书店,常常看到一些"言文对照"《古文观止》、"言文对照"《秋水轩尺牍》之类的书,但我始终未曾买过。这是因为,第一,这类书的作用,无非把难懂的文言文,翻译成易懂的白话文。但我家里有一个"翻译机器",那就是我的祖父,他是清末举人,一位很有造诣的小学家,不仅背熟《说文解字》中的 9300 多个字的音训,而且背熟《康熙字典》中的 47000 多个字的音训,对于上起《尔雅》下到《佩文韵府》等小学书,他都下过很大功夫。他是我年幼时的启蒙老师,我在文字上有什么困难,就去请教这个"翻译机器"好了。第二,我祖父不喜欢这类言文对照的书。他为人慈祥宽厚,但在做学问上却很严格,不管是谁出错,他都要当面批评,不假辞色。而这类书上常有译得不妥当甚至错误的文字,其实是难免的,但他在这方面要求很高。我受他的影响,所以对这类书也没有好感。

不过在社会上,这类言文对照的书还是畅销的。抗日战争时期到江西念书,看到书店里陈列的言文对照书很多,竟包括《春秋经传》和《四书》之类,而且生意不错。我虽照样不买不读,但许多同学都有这类书,并且确实认真阅读。这也和当时的具体情况有关。五四运动时虽然不少人提倡白话文,反对读经书,但直到我念中学的时代,初中国文课本中就选入许多文言文,高中国文课本则全是文言文,其中有的文章就是从经书上选来的。特别是大学入学考试国文这一门的作文题目,我当年曾经考过两所国立大学,中正大学的作文题目是"得道者多助说",中山大学的作文题目是"正德利用厚生论"。前者出于《孟子·公孙丑》,后者出于《左传》文公十七年。读过言文对照《春秋经传》和《四书》的人就显然沾光了。

现在的年轻人当然理解不了当时的情况,而且也绝对不必再念这么多文言文,更不必因不懂文言文而担心考不上大学。从大学生来说,在大部分系科里,学生懂外文比懂文言文远为重要。记得 1980 年暑期,我们学校第一次为美国来的大学生举办文化讲习班的时候,十几位任课教师中,只有 1 位教育系的教授和我两人直接用英语讲课,其余的都要仰仗翻译。上课像演相声一样,实在煞风景,而且浪费时间。这或许也有过去重视古文、忽视外文的影响在内。

以上说的是一个方面,但另外一个方面是,从眼下的大学来说,除了中文系的古典文学专业和历史系的古代史专业等以外,念古文的人越来越少。我们国家历史悠久,拥有大量的古代文献。据韩长耕教授的考证统计,中国古代文献包括现存的和有目无书即亡佚的,大概不下 15 万种,而其中尚存世流传可供披览检证的,也仍在 12 万种以上(《中国编纂文集之始和现存最早的诗文总集〈昭明文选〉的研究与流传》,《韩长耕文集》,岳麓书社 1995 年版)。在如此庞大的古代文献中,有不少是很有学术价值的,还有不少是很有欣赏价值的。假使大家都不懂古汉语,那末,这十多万种历史文化遗产,不就白白浪费了吗? 我在国内外,常常与外国汉学家打交道,他们都是地地道道的洋人,但是都很精通中国的古代文献。这种情况也使我颇感焦急。我想,解决这个问题的办法,大概不外乎两条,第一条是应该有更多的一些人学习古汉语。在我读大学的时代，"基本国文"规定是所有系科的必修课，要修两个学期，共6个学分。现在当然不必像过去一样，但是可以考虑把古汉语作为一门公共选修课，鼓励各系科的学生选修，以便使古汉语火种让更多的人传递下去。第二条是翻泽，我们不是把许多外文书翻成了中文吗？过去我对"言文对照"不感兴趣，现在我却感到很有必要了。当然，"言文对照"这个词汇现在已经过时，眼下称为"全译"。

实际上我早就有过把《水经注》译成现代汉语的想法，我的这种想法，开始是受到日文译本《水经注(抄)》(东京平凡社1974年版)的启示。这个译本由日本著名郦学家森鹿三主持，翻译过程首先是集体钻研，然后由森的学生日原利国译成日语古文，再由森的另外两位学生藤善真澄、胜村哲也译成现代日语。我学郦多年，深知此书翻译的难度，但既然日本郦学家通过这样的方法从事翻译，我们从古汉语直接译成现代汉语，比日本郦学家的翻译过程总会简易一些。

1984年，天津教育出版社出版一套《古文选粹对译丛书》，其中《历代游记选》分宋、明、清等分册出版，我为此书写了总序。序中说道："我早年曾经有过一种打算，希望能邀集几位古今汉语较好的朋友，共同合作，用优美的现代汉语改写出一种为广大读者阅读的白话《水经注》，以后终因工作难度很大而搁置了这种打算。假使本书出版以后能够获得较好的反映，那么，我早年的这种打算今后还是有机会付诸实现的。"1985年，我应上海人民出版社之约，撰写《郦道元与水经注》一书，书中专设《水经注的节本和语译本》一节，我在这一节最后说："让广大读者都能读到《水经注》，让广大读者都来学习郦道元的爱国主义精神。"说明我对于《水经注》一书的"言文对照"是早有打算的。

1989年，我终于接受山西人民出版社的约请，组织力量翻译《水经注》。因为我们是初次尝试，没有很大把握，所以与出版社约定，我们的译本是一种仅供一般读者阅读的通俗本。为了让出版社节省成本，这个译本只列经文，不录注文；又为了我们在翻译中的方便，这个译本概不出注。这是因为读者对象基本上是不懂古汉语又不想对《水经注》作什么研究的人。既然不录注文，又不出注，所以凡注文中存在的残句漏字和无法解释的词汇等等，我们都不作说明，而是敷合原意，把文句补足。这个译本于1991年出版，不久以后，责任编辑李广洁先生挂电话告诉我，说初版3000册已告售罄。说明一般读者确有这样的需要。

山西出版的这种《水经注全译》，我把它称为"简本"，原因已如上述。在"简本"译成后不久，贵州人民出版社又与我商量，由于他们当时正在组织一套《中国历代名著全译丛书》，《水经注》被列为其中之一。出版社对这套丛书有统一的规格，不仅附录原文，并且另加注释。我又考虑到，读者们对于作为卷名和篇名的主要河流，也会有了解它们古今变迁和现状的要求。为此,我又在每一卷之末加上"题解"一篇,扼要说明主要河流概况。例如卷七、八两卷的济水,在古代是列为"四渎"之一的大河,但现在早已湮废;又如卷三十九庐江水,其实是一条在当时就并不存在的河流。诸如此等,都在"题解"中加以说明。"题解"中还介绍若干有关这条河流的现代研究成果,以便有需要的读者追索研究。另外,由于《水经注》虽然经过以往许多郦学考据学派名家的校勘订正,但至今仍然是一部残籍,残句漏字和不可解释之处还有不少,遇到这样的原文,都一一出注说明,使读者了解。由于古今河流在地名上的差异,郦学家郑德坤曾于抗日战争前夕绘制过一套《水经注图》,由于战时播迁而散失,唯总图一幅尚存。此总图由香港郦学家吴天任寄赠给我,我将其插于全书之末,以供读者参考。此书上下两册,于 1996 年出版,书名也作《水经注全译》。由于各卷都有"题解",为了与上述"简本"有所区别,我将它称为"题解本"。

我总算完成了这两种《水经注全译》,这实在是我的宿愿。由于《水经注》与其他许多古代文献不同,是一种残损不小的古籍,翻译中曾遇到许多困难。参加工作的朋友,对译本都并不满意。如有重印机会,还可继续修改。我作为这两种译本的组织者,应该深深感谢为此辛勤耕耘的朋友们。

郦　史

贫病耄耋献身郦学

《楹书偶录初编》所载沈大成《跋水经注》云：

> 是书初与戴君同校于广陵，甫数卷而余病中辍，今幸不死，竣事而东原阐为人谮，拂衣归歙，余淹留卧病在家，别未半载，事变如是，未知何日再与友商榷也。

又云：

> 余比年来外伤棘枳，内困米盐，有人世所不能堪者。而惟借善本书校之，丹墨矻矻，逆旅不辍，此书生积习，未能破除，翻借以解我愁耳。是书小春稍闲复校，病余体弱，举笔即昏然思睡，日尽一卷，几不能支，越月始竟。

按沈大成曾于乾隆己卯（1759）据季振宜（沧苇）校本写校一次，庚辰（1760）又据何焯校本复校，校本今已不存，却是郦注校本中的一种名本。胡适在《史语所藏杨希闵过录的何焯沈大成两家的水经注校本》（《胡适手稿》第四集下册）一文中推崇沈本"可以算是一件很宝贵的郦学史料"。但是这个校本，却是在"外伤棘枳，内困米盐"，"病余体弱"的处境中校勘出来的。在郦学史上，像沈大成这样抱病校书的学者并不是个别的。清初的孙潜也是如此，他在其校本卷十六《穀水》下云：

> 岁事卒卒，兼患痔痛，故自腊月七日辍笔，至今九日，始得续校也。又艰于久

坐,止校得此卷复辍也。

孙潜校本因后人多有过录,所以到今尚存,依靠他的抱病力校,明代的两种著名校本即柳佥(大中)影宋本和赵琦美(清常)的三校本赖以流传。

著名郦学家全祖望晚年多病,他的《水经注》校本,从一校到七校,据前文所引董小钝《全谢山年谱》,都是在病魔缠身之中力校完成的。七校以后,他继续抱病校郦二年,可惜他死后萧条,遗书散失,连七校本也是在王梓材、董沛等的努力搜寻下才得以整理刊行的。

除了上述沈大成、孙潜、全祖望等贫病治郦的例子外,还有不少学者直到耄耋之年,仍然治郦不倦。这中间,清初的胡渭就是一个例子。他毕生治郦,老而弥笃,对《水经》成书年代的研究,功力甚深,如赵一清在《水经注释》卷首参校诸本中所云:"著《禹贡锥指》,悉本《水经注》,援古证今,《沔水》、《渭水》二篇,是其厘定。"他在72岁之年,完成他在郦学研究中的巨著《禹贡锥指》20卷(实为26卷),康熙以御书"耆年笃学"4字相赐,这是他受之无愧的荣誉。

耄耋治郦的另一位学者是王谟,他于乾隆四十三年(1778)成进士时已经年近50,即任建昌府教授,告归时年已67,开始倾其全力校勘《汉魏遗书钞》,后即转入《汉唐地理书钞》的辑刻,这是郦学领域中的一项重大研究工作,他在《凡例》中说:"朱郁仪氏谓隋唐之际,图史散失,陆任所纂已不可得,而奇编奥记,往往散见《水经注》中,则知《水经》一注,撷彼二百四十四家,精英居多,诚为六朝异书,今故即据朱氏笺本,按诸地理,分别采辑,单词只句,悉无遗漏,间有舛误,亦为订正。"他的郦学研究是在耄耋之年的艰苦条件下进行的,如他在《自序》中所说的:"大耋已及,贫病交加","困于资力,迫于时日"。而嘉庆四年(1799),不幸家遭回禄,烧毁了许多书板,使他陷入更大的困难。《汉唐地理书钞序》撰于嘉庆辛未(1811),可能就是此书基本完成之日。当时他年已80,耆年笃学,令人钦敬。

在近代,耄耋治郦的学者还有钟凤年(1888—1987)和段熙仲(1897—1987)。钟氏毕生坎坷,但治郦不倦,年逾90,尚撰《评我所见的各本〈水经注〉》(《社会科学战线》1979年第2期)一文,为学术界所崇敬。段氏在年过8旬以后,尚潜心于郦学,与我合作点校杨、熊《水经注疏》,但此书出版时他已谢世,令人怆然。

历史上贫病耄耋而献身郦学的学者,当然还可以举出不少例子。今天,我们在郦学研究中使用他们的成果时,的确令人感到肃然起敬,受到深刻的教育和鞭策。

《水经注》研究始于唐代

我往年曾撰《论郦学研究及其学派的形成与发展》(载《历史研究》1983年第6

期)一文,认为从隋唐到北宋,对《水经注》的研究,还处于较低的水平,主要是剪辑它所记载的各种资料,有的则把这些资料进行分门别类,收入各种类书如隋《北堂书钞》、唐《初学记》、宋《太平御览》、《书叙指南》等;有的则摘取其片言只语,作为其他著作的注释,如唐初司马贞作《史记索隐》、章怀太子注《后汉书》等;也有把郦注资料,按地区分类,录入全国总志或其他地理书,如唐《元和郡县志》、宋《太平寰宇记》、《晏公类要》、《长安志》、《元丰九域志》之类。所有这些,虽然也属于《水经注》研究,但研究的内容仅限于郦注的现成词句,其方法也不过是各取所需,剪辑这些词句而已。这些研究,都属于对郦注的初级研究,虽然对扩大郦注的社会影响具有一定作用,但对郦注本身,却是无所考核发明的。

不过以后又继续思考这个问题,逐渐感到,我在此文中的上述议论,看来还不够全面。我原来认为直到北宋以后,金礼部郎中蔡珪撰《补正水经》3 卷,才是学者研究《水经注》的嚆矢。这种论断,也还值得商榷。事实是,从唐代开始,学者对《水经注》已有比较深入的研究。例如历史学家杜佑,他撰述《通典》这样一部巨型历史典籍,开创了一种史书的体例,以后宋郑樵《通志》继之,历代相传,杜著是《十通》之首。在《通典》卷一七四"州郡四"中,经过研究,他在黄河河源的问题上,对《水经》和《水经注》提出了批评:

> 《水经》所云河出昆仑山者,宜出于《禹本纪》、《山海经》;所云南入葱岭及出于阗南山者,出于《汉书·西域传》,而郦道元都不详正。所注河之发源,亦引《禹纪》、《山经》、释法明《游天竺记》(按即《法显传》)、释氏《西域记》,所注南入葱岭,一源出于阗,合流入蒲昌海,虽约《汉书》,亦不寻究。

杜佑在辨正了诸如河出昆仑,伏流地下至积石等谬论以后,指出《禹本纪》和《山海经》等书"灼然荒唐";指出《水经》、《水经注》、《汉书·地理志》等书"终是纰缪"。杜佑批评这个错误的文字很长,不能一一抄录,但其对郦道元的指责,使用了"殊为诡诞,全无凭据"的话,这恐怕是历来学者对《水经注》最严厉的批评。他是经过对当时认识的黄河河源作了研究,并对经、注文字仔细核对以后才提出这种批评的,说明他对郦注已经作了深入的研究。

另一位研究《水经注》的唐代学者是封演。他撰述《封氏闻见记》10 卷(《四库全书》收入于子部杂家类),在卷二《文字》篇中,提出了他对郦注的研究:

> 善长注《水经》云:临淄人发古冢,得铜棺,前和外隐起为隶字,言:齐太公六代孙胡公之棺,惟三字是古,馀同今书。故知隶书非始于秦氏也。按此,书隶在春秋之前,但诸国或用或不用,程邈观其有便于时,故脩而献,非创造也。

按封演所引郦注文字见于卷十六《穀水》经"又东过河南县北,东南入于洛"注下,封氏引文前尚有一段为："言大篆出于周宣之时,史籀创著,平王东迁,文字乖错,秦之李斯、胡毋敬,又改籀书,为之小篆,故有大篆、小篆焉。然许氏《字说》专释于篆,而不本古文,言古隶之书起于秦代,而篆字文繁,无会剧务。故用隶人之省,谓之隶书。或云即程邈于云阳增损者,是言隶者,篆捷也。孙畅之尝见青州刺史傅弘仁说",封氏所引,紧接此下。但封引"铜棺",今本作"桐棺"。封引最后"故知隶书非始于秦氏也"一句,今本作"证知隶自出古,非始于秦"。封氏所引与今本的差异,或是唐本与宋以后流传版本的差异,或是封氏概括郦书原文而简言之,尚未可知("铜"与"桐"当是版本之异)。但他仔细钻研郦注,以郦注记载的故事,考证隶书之出早于秦代,而程邈并非隶书创造者。像他这样的研究,当然不是剪辑词句,而是郦学的专门研究。所以《四库全书总目》卷一二〇子部杂家类四指出:"《文字》一条,论隶书不始程邈,援《水经注》为证,明杨慎矜为独见者,乃演之所已言。"

从以上所举《通典》和《封氏闻见记》两书与郦学的关系而论,足证《水经注》研究始于唐代。

考据学派

金礼部郎中蔡珪撰《补正水经》3卷,其书虽已亡佚,但此书元刊本的序跋,为元欧阳元和苏天爵所撰,至今犹存,从此可以窥及蔡珪所著之书,实为对郦注的补正。所以一般认为此书是学者研究《水经注》的嚆矢。蔡珪所见郦注为何种版本不得而知,但《崇文总目》著录之郦注已较《隋书·经籍志》少了五卷,则蔡氏所见必非宋初足本,其所补正,当有郦注残缺之篇。因此书不存,已经无法核实了。

从南宋以至明代,虽然《水经注》流传的钞本和刊本不少,但实际上都是一种残本,甚至发展到越钞越错,愈刊愈误的地步,因而引起了学者的注意。若干读书认真、功底深厚的学者,开始着手通过大量的考据工作,希望能够使这部名著从残籍走向完璧。而第一位从事这种工作的就是万历年间的朱谋㙔(郁仪)。他在作了大量考据、校勘并且与其他学者研讨、琢磨以后,终于完成了一种郦注的新版本《水经注笺》。在这个新版本卷首的序言中,他说明了从事这种工作的原因和目的:

> 则知《水经》一注,撷彼二百四十四家,菁英居多,岂不诚为六朝异书哉。顾传写既久,错简讹字,交棘口吻,至不可读,余甚病焉。尝绅绎割正十之六七,已与友人绥安谢耳伯、婺源孙无挠商榷校雠,十得八九,则惧古今闻见,互有异同,未敢轻致雌黄也。乃援引载籍,以为左券,名曰《水经注笺》。

《水经注笺》虽然从现在看来还存在许多问题,但在当时的确不同凡响,所以被清顾炎武誉为"三百年来一部书"。而朱谋㙔正是因为他在这方面的成就,被认为是郦学研究中考据学派出创始人。清初的不少郦学家,他们先后校出了几种优于《水经注笺》的本子,但他们多数都用朱笺作为底本,所以他们的校勘成果,是继承了朱谋纬的成果而获得的。朱氏创立这个学派,厥功甚伟。

当然,应该承认,郦学考据学派要到清初才大有发展,而在乾隆年代趋于全盛。诸如孙潜(潜夫)、何焯(义门)、沈炳巽(绎旃)等学者,都在这方面有所建树。而乾隆三大家,即全祖望(谢山),赵一清(诚夫)、戴震(东原),使这个学派的事业达于顶峰。此3人的校本:全祖望校本(现存有五校、七校二种)、赵一清《水经注释》、戴震武英殿聚珍本(即四库本),都是郦学考据学派最卓越的成果。

全、赵、戴3人虽然都是考据学派的泰斗,但他们其实都继承了朱谋㙔的成果。例如赵一清所撰《水经注笺刊误》12卷,即是说明赵氏的《水经注》校勘,是在他校勘朱本的基础上继续提高的。他们不仅吸取明代郦学家的考据成果,也吸取与他们同时代郦学家的考据成果。全祖望在其《沈氏水经注校本跋》(《全校水经注附录》上)一文中曾经提及其当时与另一位郦学考据学家沈炳巽共同研讨的例子:"岁在庚午(按乾隆十五年,1750年),予贻书求其稿,绎旃欣然携之杭(按沈是湖州人),并亡友董讷夫之本以来,讷夫亦义门高第也。绎旃与予讨论浃旬,遂留置于插架中。其发摘讹误,……不特有功于善长而已。予于是书所借助老友,莫如绎旃。通家子则赵生一清,不意丛残雠对中逢此二特,是厚幸夫也"。沈炳巽的校本,后来也被采进《四库》,即以后商务印书馆影印《四库珍本初集》中的《水经注集释订讹》。

戴震虽然没有在殿本中明言他在朱谋㙔本和清初诸郦学考据学派的校本中所吸取的校勘成果,而把他的一切校勘成果归于当时众人不见的《永乐大典》本。但其实他在另外场合早已说过了实话。乾隆三十五年(1770)修纂《直隶河渠书》时,他在其所纂卷一《唐河》篇下附录赵一清的《卢奴水考》一篇,并按云:"杭人赵一清补注《水经》,于地学甚核。"这说明在其未进四库馆前,已经看到了赵氏《水经注释》。我曾撰有《论戴震校武英殿本水经注的功过》(《中华文史论丛》1987年第2、3辑合刊)一文评述。戴震事实上大量吸取了清初郦学考据学派特别是全、赵的考据成果,这是毫无疑问的。而殿本之所以获得前无古人的成就,吸取前辈考据学家的成果是其最主要的原因。

考据学派是郦学研究中第一个形成的学派,由于这个学派中的许多学者,特别是全、赵、戴三家的辛勤耕耘,使《水经注》从一部经注混淆、错漏连篇的残籍,成为一部相对完整的可读之书。使此后的郦学家有了几种可以作为依据的可靠版本,有裨于郦学研究中其他学派的发展。

　　武英殿聚珍本于乾隆三十九年（1774）校成并刊行以后，郦学考据学派的工作基本完成，这在戴震的《校上案语》中可以说明。但并非已经做完了《水经注》校勘中的所有工作，除了北宋景祐缺佚的五卷，现在看来已经不可补全以外，在郦注文字中尚待斟酌的地方也还有不少。不仅是殿本戴震案语中指出的脱文漏字和不可解释的词汇犹待继续研究，从后出的《水经注疏》在校勘中仍比殿本有所进步就足以证明。所以郦学考据学派的使命应该说尚未完全结束，郦学家在这方面还有用武之地。

词章学派

黄宗羲《今水经序》云：

　　　　若钟伯敬《水经注》钞，所谓割裂以为词章之用者也。余读《水经注》，参考之以诸图志，多不相合，是书不异汲冢断简，空言而无事实，其所以作者之意，岂如是哉。乃不袭前作，条贯诸水，名之曰《今水经》，穷源按脉，庶免空言。然今世读是书者，大抵钟伯敬其人，则简朴之诮，有所不辞尔。

　　黄宗羲文中对《水经注》的评论，姑置不论，这里只说他所提及的钟伯敬。此人名惺，是明万历年代的郦学家，他和另一郦学家谭元春，以朱谋㙔《水经注笺》作底，共同评点了一部《水经注》，由严忍公于崇祯二年（1629）刊行，即所谓钟、谭评点本《水经注》，至今尚存，是郦学研究中词章学派的代表作。《水经注》内容丰富，考证精详，知识广泛。但对于钟、谭两人来说，所有这些，全不在意。谭元春在此书序言中云：

　　　　予之所得于郦注者，自空蒙萧瑟之外，真无一物，而独喜善长读万卷书，行尽天下山水，囚捉幽异，掬弄光影，归于一绪。

　　从上文可知，这个学派对于郦注，唯一玩赏的就是郦氏的生动文字。至于河流的发源、流向、归宿，城邑的分布，历史掌故的记载，人物的评论等等，他们一概毫无兴趣。黄宗羲的话，实际上就是批评钟、谭等词章学派的学者，只图浮丽，不务实际。以后的郦学家，对钟、谭其人其书，也颇多贬词。例如近人郑德坤在其《水经注版本考》（1974年台北艺文印书馆出版《水经注引书考》卷末）中评论此书说："其书不过标取字句之藻饰，供俭腹者之谀闻肤受耳，所录朱笺，颇有异同，王先谦不取焉。"

　　其实，欣赏《水经注》的生动文字，由来已久，唐代著名诗人陆龟蒙《和袭美寄怀南阳润卿》一诗中说："《水经》《山疏》不离身。"北宋著名文学家苏轼在其《寄周安孺茶诗》中说："嗟我乐何深，《水经》亦屡读。"都是这方面的例子，但是他们从来没有受到指摘。《水经注》描写山水风景，语言生动，惟妙惟肖，确是千古文章。明代词章学派学者之所以受到议论，主要是因为他们在评论郦注词章之中，暴露了他们知识的浅薄。

钟惺和谭元春,都是竟陵人,他们以诗文著名,其风格称为"竟陵体",声名不下于以袁宏道为代表的"公安体"。所以《明史·文苑传》说:"钟、谭之名满天下。"但同时又说:"然两人学不甚富,其识解多偏,大为通人所讥。"一个"学不甚富"的人,当他舞文弄墨,赋诗撰文之时,其弱点或许还不致立刻暴露出来。但当他评点《水经注》时,因为郦学家中的考据学派,对此书知之已稔,钟、谭的那种一知半解的评语,就立刻显露了他们的知识浅薄。于是,他们的评点,就难免"识解多偏",所以落得"大为通人所讥"的地步。

这个时代的词章学派学者中,还有一个四川人朱子臣,他也曾和钟惺合作,评点过《水经注》。但谭元春在整理此书时,或许是出于文人相轻的原因,把朱评统统删去。朱自己另有《水经注删》8卷,万历末刊本,今北京图书馆有藏。他删《水经注》即是根据词章。但同样由于知识浅薄,出了不少笑话。例如他所删的卷三十六《温水注》中,在注文的"昆仑单舸,接得阳迈"一语下评云:"舸名新。"他把"昆仑"一词,作为船名,好像今天中国轮船"民主九号"或日本轮船"日章丸"一样。用"昆仑"作船名,在他看来非常新奇,所以写下了这条"舸名新"的贻笑万年的评语。

他根本不知道,在郦注中为了这个"昆仑",考据学派的学者,不知作了多少呕心沥血的考证。《水经注》记载的"昆仑",有西域昆仑与南海昆仑之别。西域昆仑在卷一、卷二《河水注》中频繁出现,记载极多,而南海昆仑在郦注全书中,仅在此"昆仑单舸"中出现一次。"昆仑单舸",指的是操了一只小船的皮肤棕黑的林邑人。可惜朱子臣只知吟诗作词,舞文弄墨,对于温水、林邑、阳迈、昆仑等等,全然不知。词章学派中这些学者所表现的知识浅薄,对于知识丰富,校勘辛勤的考据学派学者来说,不免吃惊,而且生气,所以对他们进行了许多指摘。

《水经注》是一部语言引人入胜,词章丰富多彩的文献,后人研究它的生动语言,欣赏它的优美词章,本来是一件很有意义的事。却由于这些学者的知识浅薄而受到非议,而且贬损了词章学派的声名,这对于现在搞文学创作的人,倒是一个很值得注意的鉴戒。

地理学派

郦学研究中随考据、词章两个学派以后形成和发展的第三个学派是地理学派。《水经注》是一部古代的地理著作,是一部具有经世致用价值的书籍。明末黄宗羲和清刘献廷等郦学家对当时郦学研究的不务实际已经提出了批评意见。另外一些清初地理学家如顾炎武、顾祖禹、胡渭、阎若璩等,他们在各自的地理著作如《肇域志》、《大下郡国利病书》、《读史方舆纪要》、《禹贡锥指》、《古文尚书疏证》等书中,都已密切结合了《水经注》研究。既然郦注是一部以河川水道为纲的地理书,则其对河川水利的研究必可作出贡献。在这方面,经过有清一代的酝酿以后,终于出现了郦学研究中的地理学派,这个学派由郦学家杨守敬所首创。

杨守敬是晚清的地理学家,清末学术界流传一种说法,即杨守敬的地理学,王念孙、段玉裁的小学,李善兰的算学,是清代的三绝学。杨守敬在晚清地理学家中的权威地位,在光绪二十九年(1903)张之洞和端方合词保荐中已经明确:"四品顶戴候选知县前黄冈县训导杨守敬,湖北宜都人,壬戌举人,老成凤望,博览群书,致力舆地数十年,于历朝沿革险要熟洽精详,著书满家,卓然可传于世。"(吴天任《杨惺吾先生年谱》光绪二十九年下,台北艺文印书馆1974年版)而早在光绪二十三年(1897),张之洞就已经聘请他出任两湖书院教习,主讲地理一门。所以他可以称得上是我国高等学校最早的地理教师。

杨守敬地理学功底非常扎实,这是由于他在研究正史地理志的基础上,悉心编绘了《历代舆地图》。他在正史地理志的研究方面,不仅精深,而且有不少著作。例如《隋书·地理志考证》九卷,又《补遗》一卷,是与他的门人郦学家熊会贞合作的成果,初撰于光绪十二年(1886),于二十一年(1895)刊行。此外还有《汉书地理志校补》二卷(光绪二十六年刊行)、《三国郡县表补正》八卷(光绪三十三年刊行)等。与此同时,他又编绘历代地图。从光绪五年(1879)刊行的《历代沿革险要图》开始,以后,在熊会贞的襄助下,自光绪三十年(1904)到宣统三年(1911),陆续完成并刊行了从春秋、战国、秦以至宋、元、明历代地图,所以杨、熊合编的这套《历代舆地图》,实为我国有史以来的第一部历史地图。

在《历代舆地图》的基础上,他的郦学研究当然重视与地理学的结合,所以在其撰述《水经注疏要删》时,即同时编绘《水经注图》。全图八册,有经无纬,用方格计值,每方五十里。当然不是十分理想,但在那个时代,也算差强人意了。此图至今尚为若干图书馆所收藏,我在日本还看到过重新影印的本子。杨氏在其《水经注疏要删·凡例》中,特别强调地图的重要性。他说:"郦氏书中,左右互错,东西易位,亦不一而足。此本形近易讹,按图考之,可十得其九。"绘制地图,用图文对照的方法读《水经注》,这是杨氏以前的郦学家中无人提及的。所以作为郦学地理学派的创始人,杨守敬可以当之而无愧。

在杨氏生前,熊会贞已在诸如正史地理志研究、《历代舆地图》、《水经注疏要删》、《水经注图》等方面,成为其得力助手。所以熊氏显然也是地理学派的主要角色。杨氏去世以后,熊氏赓续修撰《水经注疏》达二十年。这个时代,新的地理学知识不断传入,有经纬网格的新式地图也陆续出版,使熊氏在其《水经注疏》的修撰工作中,有了更为确切的根据。而熊氏本人在地理学的造诣上,也大大超过乃师,其青出于蓝的程度,可举以下一例。

卷一《河水》经"昆仑墟在西北"注下,杨守敬原来有一段疏文说:

> 守敬按,此本《山海经·海内西经》说。《山海经》作墟,而《说文》虚字下称昆仑虚,毕本、郝本《山海经》改作虚。然考《类聚》七、《初学记》六、《通典》、《白帖》并作墟。又各书亦多作昆仑墟,则墟字承用已久。郭璞《海外南经》注:墟,山下基也。按言河源者,当以《汉书·西域传》为不刊之典,以今日舆图证之,若重规迭矩。作《水经》者,不能知葱岭即昆仑山,又见《史记·大宛列传赞》云:恶睹所谓昆仑?《汉书·张骞传赞》亦云尔。遂以昆仑置于葱岭之西。郦氏似知昆仑即葱岭,而不敢质言,又博采传记以敷合之,遂与经文同为悠谬。

熊会贞对于这一段疏文是很不满意的。上半段从"此本《山海经·海内西经》说"到"墟,山下基也",引经据典,无非解释这个在地理学上无关紧要的"墟"字和"虚"字的来历。于是他就全部予以删节。下半段虽然指出了经文的错误,但仍没有说明这一带的山川形势和昆仑墟的地理位置。他虽然碍于他老师的作品而勉强保留了下半段,以致像"按言河源者,当以《汉书·西域传》为不刊之典"这种在熊氏看来已属荒谬的议论仍然见诸疏文,但为了抵消这类疏文的错误,紧接杨氏的这段疏文以后,熊氏又加上了他自己的一段疏文:

> 会贞按:《一统志》,西藏有冈底斯山,在阿里之达克喇城东北三百一里。此处为天下之脊,众山之脉皆由此起,乃释氏《西域记》所谓阿耨达山即昆仑也。又齐召南《水道提纲》,巴颜喀喇山即古昆仑山,其脉西自金沙江源犁石山,蜿蜒东来,结为此山。山石黑色,蒙古谓富贵为巴颜,黑为喀喇,即唐刘光鼎谓之紫山者,亦名枯尔坤,即昆仑之转音。戴震《水地记》,自山东北至西宁府界千四百余里。《尔雅》,河出昆仑虚,不曰山。察其地势,山脉自紫山西连犁石山,又南迤西连,接恒水所出山。今番语冈底斯者,亦言群山水根也。置西宁府边外五千五百余里,绵亘二千里,皆古昆仑虚也。

这一段描述青藏高原山川地理的疏文,按今日地理学发展的水平来看,当然存在不少缺点和错误。但根据20年代末期的情况,特别是出于一位没有受过现代地理科学训练的学者之手。说明从杨守敬到熊会贞,郦学地理学派已经有了很大的进步。随着地理学的不断发展进步,郦学地理学派必将在《水经注》这部不朽名著中获得更为可喜的发现。从今天来看,在郦学研究中的考据、词章、地理三个学派之中,地理学派显然是后来居上,它具有十分宽广的发展前途。

赞　水

书海浩瀚,知识无涯,而千虑一失之事,又往往有之。读书既不可不博,又不可不慎。《濡水注》中"赞水"一语,不仅郦道元本人在此失误,而且从宋到清,又使许多著名学者倾跌,令人感慨不已。

卷十四《濡水》经"又东南过海阳县西,南入于海",注云:

又按《管子》:齐桓公二十年,征孤竹,未至卑耳之溪十里,阘然止,瞠然视,援弓将射,引而未发,谓左右曰:见前乎? 左右对曰:不见。公曰:寡人见长尺而人物具焉,冠,右祛衣,走马前,岂有人若此乎? 管仲对曰:臣闻岂山之神有偷儿,长尺人物具,霸王之君兴,则岂山之神见。且走马前,走,导也;祛衣,示前有水;右祛衣,示从右方涉也。至卑耳之溪,有赞水者,从左方涉,其深及冠;右方涉,其深至膝。已涉大济,桓公拜曰:仲父之圣至此,寡人之抵罪也久矣。今自孤竹南出,则巨海矣,而沧海之中,山望多矣,然卑耳之川若赞溪者,亦不知其所在也。昔在汉世,海水波裹,吞食地广,当同碣石,苞沦洪波也。

对于这段注文中引《管子》的所谓"赞水",郦通元说:"然卑耳之川若赞溪者,亦不知其所在也。"是他第一个把"赞水"作为一条河流。宋程大昌在《禹贡论》卷上《十四·碣石》条云:"郦道元之在元魏记叙骊城濡水,谓齐桓公征孤竹固尝至卑耳,涉赞水。"清胡渭在《禹贡锥指》卷十一上云:"碣石旧是滦河之东可知矣,赞水卑耳之溪沦于海中者,当在乐亭县西南也。"《水经注释·濡水注》"然卑耳之川若赞溪者,亦不知其所在也"下,赵一清按云:"按《齐语》云,桓公悬车束马逾太行辟耳之溪拘夏。韦昭曰:拘夏,辟耳山之溪也。岂亦赞溪之别名乎。"

《水经注》"赞水"究竟是不是一条河流,或者说是不是一个地名,直到清末孙诒让才把事实弄清。孙在其所著《札迻》卷三中,先引述上列《濡水注》的原文,然后评论云:

案上引《管子》,齐桓公至卑耳之溪,有赞水者,从左方涉,其深及冠;右方涉,其深至膝。文见《小问》篇。房注云:赞水,谓赞引渡水者。是彼水即指卑耳溪水,赞者,谓导赞知津之人,诏桓公从右方涉耳,非卑耳之旁,别有溪水名赞者也,郦氏殆误会其旨。

从孙诒让的考证可见,对于这个"赞水",唐房玄龄已经有注,但许多学者都因《濡水注》"然卑耳之川若赞溪者,亦不知其所在也"一语的先入之见,竟不再去读一读《管子》房注。从程大昌起,一直沿袭到赵一清。赵一清校注的《水经注释》是清代名本,但郦注这一段书明引自《管子》,赵氏在校勘中竟不与《管子》核对,却自引《齐语》,把赞水作为辟耳之溪的异名。郦注已经引人误入歧路,而赵释更使人愈误愈深。当然,我们绝不会以这种千虑一失的事而贬损赵氏校勘《水经注》的"数十年考订苦心"(王先谦《合校水经注·例略》对赵书评语),但我们在自己的读书和校书中以此为戒,则是完全应该的。

望文生义

标点古书的事由来已久,记得我年轻时,各地书市场中都有一种一折七扣的标点书出售,这些书的来源多半是上海的小书坊,咖啡色的封面,定价出奇的高,但经过一折七扣以后,售价就很便宜了。一本毕沅的《新校正山海经》,只售十几个铜元,《徐霞客游记》四册,也不过两角大洋而已。但这种书错字多,标点马虎,常常引人误入歧途。

不久以前,台湾商务印书馆出版了一种称为《人人文库》的标点古书,书的形式是一种平装的狭长巾箱本,据卷首1974年王云五序,当时已经出了1500余种,其特点是价钱便宜,印制较精,标点也比较可靠,我几次到日本讲学,暇时逛逛书店,曾购得这种《人人文库》不少,在某种程度上弥补了我在"文革"中的损失。

自从标点二十四史的工作开始以来,我们在古籍点校上的成绩是巨大的。现在,包括二十四史在内的大量古籍,都已经点校出版。一般说来,不论从标点的精确、校勘的认真等方面,其质量都是前所未有的。当然,也难免一些错误,而且也有错误得相当严重的,其中包括一种《水经注》在内。

大凡古书标点的错误,多半是由于望文生义。而望文生义的原因,一种是标点者粗心大意,另一种是标点者学无根底。因为凡是遇到标点困难之处,必须寻根究底,才能减少错误。而前者却不屑寻根究底,后者则不懂得怎样寻根究底。

由于望文生义而造成的标点错误,在1984年出版的《水经注校》,可以随手举出几个例子。

卷二《河水》经"又东过陇西河关县北,洮水从东南来流注之"注云:

> 段国曰:浇河西南一百七十里有黄沙,沙南北一百二十里,东西七十里,西极大杨川,望黄沙,犹若人委干糒于地。

这里,注文所引的段国,是指他所撰的《沙州记》。所描述的是今青海省东部的一片沙漠。大杨川是今贵德县附近的一条黄河支流。标点者却把"大杨川"这个地名拆开,成为:"西极大,杨川望黄沙。"令人啼笑皆非。《水经注》是一部地理书,但标点者不谙地理,不知道大杨川是个河流地名,除"西极大"三字他可以望文生义读得通以外,其余也就不管它了。

卷三《河水》经"又南离石县西"注云:

> 秦昭王三年,置上郡治。汉高祖并三秦,复以为郡。王莽以汉马员为增山连率,归,世祖以为上郡太守。

此处,被王莽任命为增山连率的马员,是著名汉将马援之兄,因此,事见《后汉书·马援传》:"援兄员,时为增山连率。莽法,典郡者,公为牧,侯称卒正,伯称连率,其无封爵者为尹也。"但标点者不知"连率"为何物,望文生义,将原句标点成:"王莽以汉马员为增山连,率归,世祖以为上郡太守。"

卷十二《㶟水》经"㶟水出雁门郡阴馆县,东北过代郡桑乾县南"注云:

> 太和十六年,破安昌诸殿,造太极殿东、西堂及朝堂,夹建象魏、乾元、中阳、端门、东西二掖门、云龙、神虎、中华诸门,皆饰以观阁。

这里,由于标点者不懂得"象魏"是什么东西,他只知道"魏"是个朝代的名称,"乾元"很像是个帝王的年号,——确实是个年号,可惜既不是曹魏的年号,也不是元魏的年号,是唐肃宗李亨的年号——于是就望文生义,把原句标点成:"造太极殿东西堂及朝堂,夹建象,魏乾元中,阳端门东西二掖门……"

其实,"象魏"一词用不着广征博考,《水经注》本身就有十分明白的解释。卷十六《榖水》经"又东过河南县北,东南入于洛"注云:

> 《周官·太宰》:以正月悬治法于象魏。《广雅》曰:阙,谓之象魏。《风俗通》曰:鲁昭公设两观于门,是谓之阙,从门,欮声。

卷十六的这条注文,本来是给标点者一个改正卷十三的错误的机会,可惜他全然不顾注文是说的是什么,一心要把这个"魏"字当作朝代,将原句标点为:"周官太宰以正月悬治法于象,魏《广雅》曰:阙谓之象,魏《风俗通》曰:鲁昭公设两观于门。……"从魏《广雅》一句中,似乎标点者下过一番工夫,因为《广雅》的确是魏张揖的著作。但可以肯定,这绝不是标点者去查过这本书的作者和年代,因为在下面一句"魏《风俗通》曰"中,就露出望文生义的马脚来了。

希望古书的标点者,下点扎实的功夫,不要望文生义,引人误入歧途。

郦道元的尊师重教思想

郦道元出身于世代书香门第,他的尊师重教思想当然不是偶然的。《北史·郦道元传》:"后试守鲁阳郡,道元表立黉序,崇劝学校。诏曰:鲁阳本以蛮人,不立大学,今可听之,以成良守文翁之化。"在蛮夷地区设立学校,说明郦道元对文化教育的重视。而在《水经注》全书之中,尊师重教的记载连篇累牍,这确实是郦道元思想品质的可贵之处。

郦道元极端痛恨秦始皇这个大暴君。他在《水经注》中痛诋秦始皇建造万里长城的残酷暴虐,又在《渭水注》中谴责了他的骇人听闻的厚葬。正因为郦氏的尊师重教思想,所以他决不会放过秦始皇焚书坑儒的罪恶行径。卷十六《榖水》经"又东过河南县北,东南入于洛"注云:"自秦用篆书,焚烧先典,古文绝矣。"卷二十五《泗水》经"西南过鲁县北"注云:"自秦烧诗书,经典沦缺,……时人已不复知有古文。"

和对暴秦毁灭诗书的谴责相反,他对德高望重、学识渊博的师表十分推崇和尊敬。卷五《河水》经"又东北过黎阳县南"注中,他对后汉名儒郑玄身后的表彰可以为例。注云:

> 袁绍与曹操相御于官渡,绍逼大司农郑玄载病随军,届此而卒。郡守以下受业者,衰经赴者千余人。玄注《五经》,谶纬、候历、天文经通于世,故范晔赞曰:孔书遂明,汉章中辍矣。

孔子有学生3000人,而郑玄的学生,郡守以下有千余人,他很可能是孔子以后最大的名师了。无怪郦氏对他肃然起敬。卷十二《巨马水》经"巨马河出代郡广昌县涞山"注中,注文对另一位生徒众多的名师作了赞扬和记载,注云:"涞水又北迳小黉东,又东迳大黉南,盖霍原隐居教授处也。徐广云:原隐居广阳山,教授数千人,为王浚所害。虽千古世悬,犹表二黉之称。"还有一位三国魏的刘熹,尽管他的学生不能与上述郑玄、霍原相比,但郦道元对他的赞扬仍然溢于言表。卷二十九《沔水》经"又南过榖城东,又南过阴县之西"注云:"县令济南刘熹,字德怡,魏时宰县,雅好博古,教学立碑,载生徒百有余人,不终业而夭者,因葬其地,号曰生坟。"

除了为人师表的硕学鸿儒以外,凡是兴学重教,传经刊书的人,他都在注文中加以表彰。卷二十五《泗水》经"西南过鲁县北"注中,他记载了重视文化教育的钟离意。注云:"永平中,钟离意为鲁相,到官,出私钱万三千文,付户曹孔䜣,治夫子车,身入庙,拭几席、剑履。"为官到任后即治孔子庙,这当然是值得推崇的,说明郦道元自己在鲁阳办学,正是受了历史上这类贤牧良守的感召。所以即使是有关这方面的传说,他也尽量收入注文。卷二十九《沔水》经"又南过筑阳县东,筑水出自房陵县东,过其县南流注之"注中记及:"又东迳学城南,梁州大路所由也。旧说昔者有人立学都于此,值世荒乱,生徒罔依,遂共立城以御难,故城得厥名矣。"

对于历代兴办学校,特别是汉代国家大一统之时的朝廷兴学,郦道元无疑是萦萦于怀的。卷十六《榖水》经"又东过河南县北,东南入于洛"注云:

故有太学、小学,教国之子弟焉,谓之国子。汉、魏以来,置太学于国子堂。东汉灵帝光和六年,刻石镂碑载五经,立于太学讲堂前,悉在东侧。……建武二十七年造太学,年积毁坏,永建六年九月,诏书修太学,刻石记年,用作工徒十一万二千人,阳嘉元年八月作毕。……晋永嘉中,王弥、刘曜入洛,焚毁二学,尚仿佛前基矣。

这里,郦道元对汉代盛世朝廷修学的崇敬之情,跃然纸上。而对建武、永建修学和王弥、刘曜"焚毁二学"相对照,虽然寥寥数言,但褒贬是一望而知的。我过去曾经几次论及《水经注》记载中使用南朝年号以及郦氏对十六国之君直呼其名,而对南朝国君却称以庙号,这说明了当时服官于北朝的许多汉族知识分子的心态。而上述注文中,郦氏对尊师重教的崇敬和轻文毁学的憎恶,也正是表达了他的这种心态。

《水经注》记载的古代蚕桑

中国是世界上经营蚕桑业的最早国家。嫘祖发明育蚕制丝的事,当然仅仅是一种传说,但中国古代在欧洲以"丝国"见称,而从西安西达地中海的这条"丝绸之路",也早就行旅频繁,则中国在蚕桑业经营上的历史悠久和规模宏大都是不容怀疑的。郦道元在《水经注》中也常常记及蚕桑,说明当时蚕桑业在国计民生中具有重要的地位。

《水经注》中记及育蚕的事不多,全书仅卷十《浊漳水》经"又东出山,过邺县西"下"三月三日及始蚕之月",卷三十三《江水》经"又东过江阳县南,洛水从三危山,东过广魏洛县南,东南注之"下"蚕桑鱼盐",卷三十六《温水》经"东北入于郁"下"八蚕之绵",如此3处而已。但记及桑的卷篇却很多,既记及桑,当地无疑育蚕。此外,如卷三十二《江水》经"岷山在蜀郡氐道县,大江所出,东南过其县北"下,注文记及:"道西城,故锦官也,言锦工织锦,则濯之江流,而锦至鲜明,濯以他江,则锦色弱矣,遂命之为锦里也。"蜀锦是丝织品,当地当然盛行蚕桑。其实郦注所记的地区,即今成都平原,至今仍然是我国蚕桑业最发达的地区之一,而蜀锦也仍然是我国著名的丝织产品。

蚕桑经营现在当然以南方为盛,北方除了为数不多的柘蚕以外,植桑育蚕的事早已没有所闻。但郦注记载的桑,主要在北方,说明我国古代的蚕桑业发轫于北方。而植桑、育蚕、制丝、织绸,这是一个连续的生产过程,当然也以北方为发达,广大的北方蚕桑区,这是"丝绸之路"的物质基础。

从郦注记载中可以窥及,古代北方植桑,其北限直到今山西省的北部。卷十三《灅水》经"灅水出雁门阴馆县,东北过代郡桑乾县南"注云:"(于延)水侧有桑林,故时人亦谓是水为蘽桑河也。"注文记及的今山西、河南、陕西各地,桑林甚为多见,足见育蚕之事甚盛,以"桑"作为地名的,在注文中尤为多见,如《沂水注》的桑泉水、《巨洋水注》的桑犊亭、《涑水注》的桑泉等等，不胜枚举。

郦道元时代蚕桑业盛于北方，我们还可以从其他史籍中获得许多证明。《北史·崔逞传》记及："道武攻中山，未克，六军乏粮，问计于逞。逞曰：飞鹗食葚而改音，《诗》称其事，可取以助粮。帝虽衔其侮慢，然兵既须食，乃听人以葚当租。逞又言，可使军人及时自取，过时则落尽。"由此可知，当时桑葚之多，多到可以"以葚当租"。则桑林之广，育蚕之盛，可见一斑。

直到宋代，南方蚕桑业已经极盛，但蚕丝质量，仍然以北方为佳。《鸡肋编》卷上记及："河间老卒云：蚕子最耐寒热，腊月八日或二十三日，以新水浴过，至三月间，虽热而桑未可采，则以绵絮裹置深密处，则不生。欲令生，则出至风日中。每槌间用生地黄二两，研汁沥桑叶饲之，则取丝多于其他。……南人养蚕室中，以炽火逼之，欲其早老而省食，其丝细弱不逮于北方也。"

庄季裕的记载虽然不过听"河间老卒"所说，但所说或许不假。《鸡肋编》卷上又论及："河朔、山东养蚕之利，逾于稼穑。"说明直到宋代，北方的蚕桑业在农业各部门中还有重要地位。在宋代之前，其重要性当然更不必说。《书史会要》中记及唐太宗派萧衍南下越地，萧是作为一个鬻蚕种的商人南下的，说明当时南方育蚕，蚕种取给于北方。越地从唐朝以后，不仅蚕桑业获得发展，而丝织业也后来居上，但这中间也有一个从北方引进技术的过程。据唐李肇《唐国史补》卷下所记："初，越人不工机杼，薛兼训为江东节制，乃募军中未有室者，厚给货币，密令北地娶织妇以归，岁得数百人，由是越俗大化，竞添花样，绫纱妙于江左矣。"所以江南蚕桑业和丝织业的发展过程，都并非一蹴而成，而是从北方逐渐引进的。但既获发展，由于南方在气候条件上，不论是植桑和育蚕，毕竟都比北方有利，于是最后终于取代北方，而成为我国蚕桑业和丝织业的中心了。

最近几百年中，我国的蚕桑和丝织，一直以太湖流域、珠江三角洲和成都平原为最发达，但直到最近，我才发现情况仍在不断变化。我于1991年接受日本文部省委托的一个研究课题，要我论证从四川成都南下经云南由缅甸出海的这一条所谓南方的丝绸之路是否确实存在。我于这年春季，专程去四川成都、乐山、南充、重庆等地，作了为时一月的考察，搜集了许多资料，论定了历史上的这条"南方丝绸之路"确实存在。由于这个课题，我也同时对比了一下几百年来蚕桑业发达的太湖流域、珠江三角洲和成都平原的资料，才发现情况已有较大改变，珠江三角洲的蚕桑业已经完全式微，而太湖流域也可以说今不如昔，但四川却欣欣向荣，成为全国蚕桑业最发达的地方。这是由于珠江三角洲生产部门众多，人民富裕，对比之下，蚕桑业劳动繁重而获利不大，所以已被农家摒弃，而太湖流域的所以今不如旨，同样由于这种原因。从《水经注》记载至今一千五百年,北方的蚕桑业由于自然条件的原因而转至江南,而在最近数十年中,南方的蚕桑业由于人文条件的变化而出现地区间的盛衰变异,说明事物总是不断发展变化的。

《水经注》记载的古代水产

《水经注》记载了大量江河湖陂,郦道元是一个务实的人,所以他绝不会忽视这些水体在水产方面的价值,因此全书记及的各种水产甚多,包括动物、植物和矿物。矿物指的是各处盐池的池盐和沿海的海盐,已另有专题议论,这里只说动、植物水产。

《水经注》记载的植物水产,除了一部分属于野生的以外,多数都是人工养殖的。卷七《济水》经"屈从县东南流,过隙城西,又南当巩县北,南入于河"注中所记平皋县李城的李陂:"于城西南有陂水,淹地百许顷,蒹葭莃苇生焉。"又卷十三《漯水》经"漯水出雁门阴馆县,东北过代郡桑乾县南"注中所记雁门水积成的陂泽:"雁门水又东南流,屈而东北,积而为潭,其陂斜长而不方,东北可二十余里,广十五里,蒹葭藜生焉。"这两条注文都记及"蒹葭"。蒹葭是什么?《诗·秦风·蒹葭》:"蒹葭苍苍"。郑玄笺:"蒹葭,葭芦也。"其实就是芦苇(Phragmites communis),是一种生长于陂湖沼泽的禾本科多年生草本植物。虽然是野生的,但人们可以利用它编织席子之类,也可以作为燃料。上述两处陂湖,特别是后者,面积很大,却尚未提及人工养殖利用,但芦苇遍布,利用价值仍然不小。此外如卷十五《伊水》经"又东北过陆浑县南"注中记载的陆浑县禅渚:"渚在原上,陂方十里,佳饶鱼苇。"这个"苇",当然与上述"蒹葭"是同一类植物。

卷二十六《巨洋水》经"又北过临朐县东"注中,记载了郦道元幼年随父客居朱虚县熏冶泉水附近的一个湖泊:"小东有一湖,佳饶鲜笋。"湖的"鲜笋"是什么? 当然不是竹笋。这是现在称为香蒲(Typha latifolia)的野生水生植物,一般称为蒲草,是香蒲科的多年生草本植物。除了可供编织较为细软的物品外,其嫩芽形尖,可供食用,所以称为"笋"。《诗·大雅·韩奕》:"其蔌维何? 维笋及蒲。"所指即此。卷十一《滱水》经"又东过博陵县南"注中记载的阳城淀:"渚水潴涨,方广数里,匪直蒲笋是丰,实亦徧饶菱藕。""蒲笋是丰",指的就是香蒲的嫩芽。从另一句"徧饶菱藕",说明这个陂湖除了野生植物以外,已经有了人工养殖,菱和藕当然不是野生的。此外如卷十三《漯水》经"漯水出雁门阴馆县,东北过代郡桑乾县南"注中记载的青牛渊:"潭深不测,而水周多莲藕生焉。"卷三十三《江水》经"又东过鱼复县南,夷水出焉"注中记载的南浦故县湖泽:"其地平旷有湖泽,中有菱、芡、鲫、雁。"这些注文中,都涉及人工养殖的水生植物,这类例子很多,说明利用湖陂种植菱、藕等水生植物,《水经注》的时代,早已相当普遍。

　　《水经注》记载中对于水生动物的养殖,除了卷二十八《沔水》经"又从县东屈西南,清水从北来注之"注中记载的"襄阳侯习郁鱼池"是按范蠡《养鱼法》经营的淡水鱼养殖外(已另有专文论述),其余记载的都是野生鱼类。例如卷二十七《沔水》经"沔水出武都沮县东狼谷中"注中记及的度口水:"水有二源,一曰清检,出佳鳊;一曰浊检,出好鲋。常以二月、八月取之,美珍常味。"卷三十五《江水》经"又东过下雉县北,利水从东陵西南注之"注中记及的青林湖:"湖有鲫鱼,食之味美,辟寒暑。"记载中除了各种鱼类外,还旁及其他水生动物,如卷十《浊漳水》经"又北过堂阳县西"注中记载的广博池:"池多名蟹佳虾,岁贡王朝,以充膳府。"

　　当时,由于野生动物资源尚未受到较大的破坏,某些山上的潭穴中也常有鱼类生存,而且随着潭穴季节性积水的潴涨,鱼类会发生定期外出的现象。例如卷二十七《沔水》经"沔水出武都沮县东狼谷中"注中记载的丙穴:"褒水又东南得丙水口,水上承丙穴,穴出嘉鱼,常以三月出,十月入地。穴口广五六尺,去平地七八尺,有泉悬注,鱼自穴下透入水。穴口向丙,故曰丙穴。"这类丙穴,在卷三十三《江水》经"又东过鱼复县南,夷水出焉"注中又记及一处:"(阳元水)东北流,丙水注之。水发县东南柏枝山,山下有丙穴,穴方数丈,中有嘉鱼,常以春末游渚,冬初入穴,抑亦褒汉丙穴之类也。"《沔水注》和《江水注》的这两处山穴,地名都作丙穴,因此,其他出鱼的这类山穴,《水经注》记载时也以丙穴类比。例如卷十二《圣水》经"圣水出上谷"注中记载的大防岭石穴:"其水夏冷冬温,春秋有白鱼出穴,数日而返,人有采捕食者,美珍常味,盖亦丙穴嘉鱼之类也。"

　　在《水经注》的时代,由于对海洋的知识还很缺乏,所以对海洋水产的捕捞利用,仅在卷四十《浙江水》经"北过余杭,东入于海"注中记及一处:"(石帆山)北临大湖,水深不测,传与海通,何次道作郡,常于此水中得乌贼鱼。"按乌贼鱼又称墨鱼,是一种海洋洄游鱼类,属头足纲,乌贼科。我国沿海常见的有金乌贼(Sepia esculenta)和无针乌贼(Spiella mainclroni)两种,今浙江省沿海每年捕捞甚多。注文记及的何次道是晋人,晋代由于今钱塘江河口的海塘尚未完全建成,乌贼鱼从东海和钱塘江河口溯游进入今宁绍平原诸潮汐河流之中,这当然是很可能的。

　　《水经注》全书中记及海洋生物的还有卷三十七《浪水》,但其记载并不正确,也不涉及捕捞利用之事,此篇经"其一又东过县东,南入于海"注云:

　　　　浪水又东迳怀化县入于海。水有鲭鱼,裴渊《广州记》曰:"鲭鱼长二丈,大数围,皮皆鳞物,生子,子小随母觅食,惊则还入母腹。"《吴录地理志》曰:"鲭鱼子,朝索食,暮入母腹。"《南越志》曰:"暮从脐入,旦从口出,腹里两洞,肠贮水以养子,肠容二子,两则四焉。"

鲳鱼是什么？既然有3种文献记及,说明不会完全子虚。很可能是鲸的一种,海边有人见过,于是口口相传,添枝加叶,所以这3种文献所记,也都以讹传讹。郦道元足迹未及南土,生平没有见过大海,当然只好按文献录人。总之,在那个时代,人们对海洋水产资源的捕捞利用还很稀少。

《水经注》与野外考察

地理学的教学和科学研究均重视野外实习。在地理系本科学习的四年中,野外实习的机会很多,例如地质野外实习,地貌野外实习,以及水文、土壤、植物、经济地理、城市地理等,都有野外实习。通过野外实习,使课堂中的基本知识与野外的实际现象相结合,可以大大提高教学质量。在地理学的科学研究中,野外考察同样具有重要意义。郦道元在《水经注原序》中说:"脉其枝流之吐纳,诊其沿途之所躔,访渎搜渠,缉而缀之。"这就说明了野外实地考察的重要性。清王先谦在其《合校水经注序》中也说:"余耽此三十年,足迹所至,必以自随,考按志乘,稽合源流,依注绘图,参列今地。"这是学者毕生随带《水经注》从事野外考察的例子。

1981年10月,我也有幸参加了一次《水经注》野外考察,主持人是著名历史地理学家史念海教授。这年10月下旬,以史先生为东道主,在陕西师范大学举行了一次以江、淮、河、珠(江)诸河的水利问题为中心的历史地理学术讨论会。在宣读论文和讨论以后,与会学者约四十余人,其中有著名历史地理学家谭其骧教授,此外并有邹逸麟、陈亚子诸教授,王战、周魁一诸研究员,黄委会科研所王涌泉、中国地理学会秘书长瞿宁淑诸高级工程师等,由史先生带队,驱车前往陕北考察壶口瀑布。

史念海教授本人对壶口瀑布已作过多次考察,有精深的研究。他在《历史时期黄河在中游的下切》(《河山集》二集)一文中,曾经据郦道元在《河水注》中记载的孟门悬流,推算了这一著名瀑布在历史时期的位置变迁。指出壶口的位置在唐朝的《元和郡县志》中,已较《水经注》北移了1475米,每年平均北移5.1米。现在已较郦注记载北移达5000米。从郦注至今,壶口位置每年平均北移3.3米。史先生根据《水经注》等文献对壶口瀑布的研究,确实是历史自然地理研究的卓越榜样,此次由他带队考察,真是一个十分难得的机会。

参加考察的专家们合乘大轿车一辆,于这年10月21日凌晨从西安出发,经渭南、白水、澄城、黄龙诸县,当晚宿于宜川。次晨从宜川直驰壶口。在距壶口5公里处,亦即《水经注》记载的孟门悬流处,车暂停黄河边(此处有陕晋二省间跨越黄河的铁桥一座),专家们下车观看黄河。史先生取出事前准备好的《水经注》,高声朗诵了卷四《河水》经"又南过河东北屈县西"注中关于壶口瀑布的一段：

> 孟门，即龙门之上口也。实为河之巨阨，兼孟门津之名矣。此石经始禹凿，河中漱广，夹岸崇深，倾崖返捍，巨石临危，若坠复倚。古之人有言，水非石凿，而能入石，信哉。其中水流交冲，素气云浮，往来遥观者，常若雾露沾人，窥深悸魄。其水尚崩浪万寻，悬流千丈，浑洪赑怒，鼓若山腾，浚波颓叠，迄于下口。方知慎子下龙门，流浮竹，非驷马之追也。

史先生朗诵此一段郦道元的绝妙文章时，专家们无不聚精会神聆听，领略郦氏对这个瀑布的生动描写。朗诵毕，由我从自然地理学角度向专家们讲解一下关于瀑布的形成、退缩和河流的溯源、侵蚀以及壶口瀑布的具体问题等，这当然是史先生事前嘱我准备的。于是，专家们上车，沿黄河北驶，随即听到了瀑布的澎湃之声，不久就遥见了"崩浪万寻"的壶口瀑布。

公路高出河岸约 20 米左右，专家之中颇有年逾古稀的，但停车后都不顾道路艰危，纷纷攀悬而下，一鼓作气，冲到瀑布边缘，有的摄影，有的作素描，有的写笔记，对瀑布作了全面和仔细的考察。史先生在《历史时期黄河在中游的下切》一文中，在引述了他刚才朗诵的一段以后，对这一段绝妙文章还有几句恰如其分的评语。他说："这完全是壶口的一幅素描，到现在还是这样，到过壶口的人一定会感到这话说得真切。"我初读史先生这篇大作时（此文是发表于《陕西师大学报》1977 年第 3 期，后收入于《河山集》二集）还没有到过壶口，对此体会不深；在有幸参加了这样一次亲临壶口的野外考察后，我完全同意史先生对《水经注》那一段文章的这个评语。

考　证

凫没鸾举

有些人很讨厌考证，一提到考证，思想上立刻冠以"繁琐"二字，嗤之以鼻。的确，繁琐考证是应该反对的。但考证并不一定繁琐，不能一概加以排斥。我年轻时代也有一段时期对考证颇有成见，自己既不想考证，也不愿意读别人的考证文章。后来年齿稍长，读书稍多，阅历稍深，才慢慢地改变了这种成见。

其实，好的考证，一句话，一个数据，把长期来混淆不清的问题迎刃而解，让自己一窍不通的东西，豁然开朗，这不仅是一件好事，而且还是一种功德。记得幼年时读《清平乐》"百啭无人能解，因风飞过蔷薇"一句，真觉意境无穷，百读不厌。但是抱歉的是对于此词作者冯延巳。因为这个"巳"字，同形的有 3 个，即"己"（jǐ）、"已"（yǐ）、"巳"（sì），则作者"冯延"之下，究竟是个什么字呢？

记得 20 岁之年，作为一个青年学生从当时日军占领的沦陷区跑到赣东上饶。有感于半壁河山的沦陷，写了一篇题为《西楼月》的历史小品，加一个副标题——无限江山，别时容易见时难。向当时上饶的最大报纸《前线日报》投稿。编辑先生居然发表了这篇文章，占了报纸的 1/4 版面。我颇有沾沾自喜之感。故事写的是李后主，也有冯延巳的场面。一想到这个"巳"字迄未解决，自己写的文章里竟还有自己不懂得的字眼,这种沾沾自喜,立刻化为内心的惭愧。

30岁之年,在浙江师范学院地理系执教,时夏瞿禅(承焘)老师在中文系。一个礼拜天搭校车上城,旁座适为夏老,言谈间就以此事向他请教。夏老说,这个"巳"字,原来他也弄不清楚,后来读明焦竑《笔乘》,见"未中时,巳也;正中时,午也"一句,他才豁然开朗,因冯字正中,则其名必是延巳(sì)。夏老一言,顿时解决了我从10岁拖到30岁的问题。

现在回到本题,谈谈《水经注》的考证。《水经注》自从北宋缺佚以后,经过辗转传抄,到南宋时已经成为一部经注混淆,错漏连篇的残籍。从明代起,许多学者,花了大量功夫对它进行考证,形成了一个考据学派。考据学派工作的唯一目的就是恢复《水经注》的本来面目。到了清乾隆年代的全祖望、赵一清、戴震三大家以后,这个目的算是基本上达到了。当然,还有不少问题没有解决,还可以继续研究,"凫没鸾举"就是其中之一。

卷十六《穀水》经"又东过河南县北,东南入于洛"注中,有一段描写北魏京都洛阳华林园的文章:

> 御座前建蓬莱山,曲池接筵,飞沼拂席,南面射侯,夹席武峙。背山堂上,则石路崎岖,岩嶂峻险,云台风观,缨峦带阜。游观者升降阿阁,出入虹陛,望之状凫没鸾举矣。

注文最后的这个"凫没鸾举",在今北京图书馆所藏的残宋本中作"岛没鸾举",嘉靖十三年的黄省曾刻本亦作"岛没鸾举"。但《永乐大典》本作"岛没峦举",万历十三年的吴琯刻本才作"凫没鸾举"。万历四十三年的朱谋㙔《水经注笺》,是被顾炎武誉为"三百年来一部书"的名本,他也从吴本,作"凫没鸾举"。此外,明末的郦学家谢兆申曾经看到过一个本子,作"鸟没鸾举"。今通行全、赵、戴各本均从吴本,作"凫没鸾举"。

对于这个"凫没鸾举",胡适之先生居然引起了他的"考据癖"。他在民国三十七年(1948)7月25日致钟凤年先生一信(《与钟凤年先生论水经注的四封信》,《胡适手稿》第四集下册),讨论了这个问题。但这一次的考证,和他往常不同,采用了评分的办法。他的根据,据他说是"善本比勘"。"比勘"的结果,他给吴琯本的,也就是今通行本的"凫没鸾举"评了50分,给谢兆申所见本的"鸟没鸾举"也评了50分,都算是最低的分数。给残宋本和黄省曾本的"岛没鸾举"评了75分,算是中等分数。唯独《永乐大典》本的"岛没峦举"得100分。胡氏的考证,原来以详细的引经据典见长,但这一次除了所谓"善本比勘"外,却寥寥数言。比如,对于残宋本得分何以低于大典本的原因,他只是说:"即此一例,可见大典本的底本与残宋本虽同出一源,而大典本偶有胜处。"至于这个"胜处"是根据什么理由,他的理由是"只有比勘本子可以解答"。

但是,哈佛大学的杨联陞先生为此于 1950 年 7 月 2 日给他写了信(原函影附于《胡适手稿》第六集下册),信中说:

> 这一段不知当时钟先生有无讨论。我在火车里理校了一下,觉得仍以"凫没鸾举"为最近情。"岛没峦举"拟于不伦。何况上有"状"字,似嫌不辞。今日匆匆检《佩文韵府》,查出《易林》卷二"凫得水没",《禽经》"凫好没",曹植《七启》"翔尔鸿鹜,潎然凫没",《淮南》十五《兵略训》"鸾举麟振,凤飞龙腾",均可为"凫没鸾举"作证。先生所给分数,似乎甚不公道,恐是千虑一失。依我看,吴琯、殿本等均应得一百分也。

杨氏信中的最后一段甚发人深省,他说:

> 以先生的聪明绝顶而力主"笨校",我了解这是苦口婆心警戒后学不可行险侥幸。不过证据是死物,用证据者是活人,连版本也不能算绝对确实证据,古书尤其如此。理校之妙者,甚至可以校出作者自己的错误,因人人都可能误记误用,笔误更不必说。人类用语文作达意工具,能"达"与否,真是大问题也。

杨氏生于 1914 年,比胡适小 23 岁,通信中自称学生,所以信上的话虽然坦率,其实还是很有克制的。信上说:"不过证据是死物,用证据者是活人,连版本也不能算绝对确实证据。"其实这话的意思是:"版本是死物,用版本者是活人。"用死的版本比勘,比来比去,岂不丧失了活人的意义。作为一个活人,自然还可以到版本以外去找点证据,而《佩文韵府》和《淮南子》都并不是什么稀籍,但"凫没"和"鸾举",却都现成地存在于这些书上。当年的吴琯和朱谋㙔,或许就是下过这番考证工夫的。

大学讲坛

站在大学讲坛上转瞬 35 年,一直感到如临深渊,如履薄冰,生怕误人子弟。中国的传统道德观念,对误人子弟的谴责是十分严厉的。而自己在良心上受到的谴责,或许比社会的谴责更为沉重,在大学讲坛上当然要讲学术,讲学术,也当然应该阐述自己的观点,可以百家争鸣,百花齐放。但这中间有两条根本的准则,即第一要正确,第二要公正。

胡适先生于 1952 年在台湾大学文学院讲《水经注》,他的讲词说(台湾华国出版社出版《胡适言论集》甲编,《胡适手稿》第 6 集下册影附原文):

> 几十年来我在审一个案子——《水经注》。……我审这个案子,实在是打抱不平,替我同乡戴震(东原)申冤。这个案子牵涉到全祖望、赵一清两个人。全祖

望年纪最长,死得最早,1755 年死的。赵一清是 1764 年死的。戴东原在他们三个人当中死得最晚,1777 年死的。他们三个人都是十八世纪第一流学者,都弄《水经注》。……他们三个人的书,戴的出得最早,全祖望死得最早,而书出得最晚。三个人的书,对于《水经注》,都有很大的贡献。

我认为胡适先生在大学讲坛上的讲演,是符合我上面所说的两条根本准则的。他直截了当地说出他研究《水经注》的目的,是为了替戴震申冤。他并不掩饰他们之间的同乡关系。曾经有人嘲弄胡氏是为了同乡关系才替戴申冤,这种话本来是非常无稽的。内举不避亲,外举不避冤,同乡关系有什么需要回避。尽管他的申冤工作事涉全祖望、赵一清两位郦学家。又尽管他对此两家,特别是全祖望其人其书,抱着许多意见。但是他在大学讲坛上,开宗明义,先对这三家的其人其书,包括他所拥护的和反对的,都作了社会所公认的正确评价:"他们三个人都是十八世纪第一流学者……三个人的书,对于《水经注》,都有很大的贡献。"虽然胡氏的《水经注》研究,是郦学领域中的一个十分次要的课题,虽然他的研究最终没有获得成功(在他的主要目的上),但是他在大学讲坛上对青年学生的讲课,却表现了他对后辈和学术的负责态度。他传授给学生的关于《水经注》的知识,既是正确的,也是公正的。

胡适先生去世以后,费海玑先生撰写了《胡适著作研究论文集》(台北商务印书馆 1970 年版)。正如香港的郦学家吴天任先生所说:"费海玑氏之《胡适著作研究论文集》,分析胡氏手稿有关郦注之论著,确可为研读胡著之一助。"(《水经注研究史料汇编》下册序例,台北艺文印书馆 1984 年版)这是值得欢迎的。但这中间,费氏在台湾大学(并有政治大学学生旁听)根据此书中《胡适手稿第一集研究查十组证据》所作的讲学《胡适与水经注》中,背离了大学讲坛的准则,实在令人遗憾。

胡适先生为了替戴震申冤,曾经撰写过一篇题为《戴震未见赵一清书的十组证据》的论文(见《胡适手稿》第一集中册)。在全部有关胡氏《水经注》研究的《胡适手稿》6 集共 18 册之中,这是十分重要的一篇论文,所以费氏在大学讲坛中为这篇论文作出解释,这当然是具有学术价值而且可以为后学启蒙的。但是既然站在大学讲坛上,讲学的内容必须忠实于胡氏原著,更必须做到正确和公正。不幸的是费氏并不是这样,可以举出他的一段讲词:

> 在梁履绳逝世以后,段玉裁致书梁玉绳,询以有无攘戴本以校赵书。梁玉绳诿称校书的是他已死的哥哥,是否偷了戴的作赵的,他不得而知。这明明是偷窃共犯的抵赖之词。段玉裁终于判定赵书是经梁履绳校刊过的,有不合处便采了戴本去校正,因此二本大体上相同了。

案赵一清《水经注释》乾隆五十一年开封刊本付刻以前,赵子载元,确曾委托赵的同乡梁氏兄弟作过一番整理。梁氏是否以戴本校改赵本,不得而知。戴震的学生段玉裁致书梁玉绳质询,其书存段氏《经韵楼集》卷七。但梁氏死后,其文集《清白士集》中未收复书,故当时是否复书,亦无法论定。对于此事,胡适先生本人是持否定意见的,他在《赵一清水经注释的校刊者曾用戴震校本来改赵书吗》(《胡适手稿》第三集下册)一文中说:

> 所以他们的两部校本有百分之九十八、九的相同,这是校勘学应该有的结果。两个人终身校勘同一部古书,如果两部校本没有百分之九十八、九相同,那就不成为科学的校勘学了。故赵戴两本的"大段不同者少",并不是梁履绳"攘戴本以正"赵本的结果,乃是两位校勘学者独立而同归的自然现象。梁履绳用官本校改赵本,不过修改了几处细微的错误而已。

现在费海玑先生断言梁玉绳复书和梁履绳据戴书改赵书,虽然证据不足,但每个人都可以对某一件事保留他自己的观点,所以仅此一端,还不能说费氏在大学讲坛中有失正确和公正。但是他捏造梁氏复书内容,"诿称校书的是他已死的哥哥,是否偷了戴的作赵的,他不得而知"。试问《胡适手稿》上百万字的论文函札中,哪里有这样一类语言,试问天地之间哪里出现过梁氏的这样一封复信?而其中"是他已死的哥哥"一语,更证明费氏在大学讲坛上对学生极不负责的态度。案梁履绳死于乾隆五十八年(1793),年46;玉绳死于嘉庆二十四年(1819),年79。故玉绳为兄,履绳为弟,玉绳长履绳4岁。假使梁玉绳真有复信,总不至于弄错自己的兄弟关系。现在,费氏不但捏造复信,并且还懒得在上讲坛前去翻一下《清史稿》卷四八一《孙志祖传》下,只凭哥哥先死、弟弟后死的这种想当然的偷懒思想,在大学讲坛上信口开河,留为笑柄。总之,费氏名为解释胡氏著作,但在大学讲坛上背离胡氏原著精神,甚至胡诌绝无事实的梁玉绳复书内容,既有失正确,又缺乏公正,岂不误人子弟。

天象志与地形志

费海玑先生在胡适先生去世后撰有《胡适著作研究论文集》(台北商务印书馆出版),以解释胡氏的《水经注》研究著名。其中有些大作并非解释胡著,而是阐述他自己对《水经注》的见解。例如在其《郦学发凡》标题下的一篇《郦注的真凡例》,即是他自己认为在郦学研究中的一项重大发现和发挥。他的文章说道:

> 因上智读书,就首先察作者的用心。郦道元注《水经》是为什么?他是化腐朽为神奇,把不正确的水系记,变成极有价值的人文地理学!一千数百年来,没有人去问郦注的真凡例,我真不敢相信古人为何不知"读书在知作者之心"?若不

是懒惰,便是愚蠢啦!

我们把《水经注》翻开看,便很明白他注的是什么,我用 ABCDEF,表示各项:

A.凡是人为的设施,如造桥、筑堤、建坞、兴水利,均有闻必录。

B.凡是自然现象的变化,如一水之干枯、改道或泛滥,一山之震动、坍坏或沉陷,一城之淹没、埋没或倾倒,有闻必录。

C.凡历史上之人物生地、死地、葬地、隐地,均有闻必录。

D.凡传说之歧误,随时订正。

E.释名,兴到时释之。

F.志异闻,凡有趣轶事、佳话,可供谈助者,录之。

我在《水经注》的每一页,加上上述 ABCDEF,知道不出这六项之外,于是喜而曰:

郦道元的真凡例,被我找到了。

由于费先生是"上智读书",所以确实与众不同,一举为他找到了这 6 条"真凡例"。一部 30 多万字的大书,被他加上 6 个英文字母,全书就"不出此六项之外"。这六条"真凡例",真像是如来佛的手掌。郦氏地下有知,也必然要感谢这位千古知己的。不过《水经注》是一部以河流为纲的地理书,全书有大量的篇幅是描述河流的发源、流程、与支流汇合,经过城邑,然后入海。例如卷三《河水注》:"河水又东,左会白土川水。"卷三《河水注》:"奢延水又东,与白羊水合。"卷四《河水注》:"河水又南迳北屈县故城西。"卷五《河水注》:"灢水东北至千乘入海。"这样的描述,每一页都有,以费先生的"真凡例"来对号,既不是"人为的措施",也不是"自然现象的变化",又不是人物的生、死、葬、隐,不是"传说的歧误",不是"释名",也并非"异闻",不算"有趣轶事佳话",没有什么"可供谈助"。不知对于这种充篇累牍的描述,费先生的六个英文字母用哪一个为妥,它们是不是在"真凡例"以内?

费先生在他的这篇大作中,最后还有更进一步的"发挥"。他说:

在上述六项中,前四项极为重要,所以我向友人说:……

友人闻言,莫不拍案叫绝。于是我又进一步发挥道:

从第一凡例,全祖望会其心,而重视乡贤设施,这样,我们才能够写宋明贤者的佳传,才能把文化史写得出色。

从第二凡例,我们方有正史上的天象志。

从第三凡例,我们方有正史上的地形志。

从第四凡例,我们得免于被古人所欺。

于是《水经注》被我说得极妙而有极大的价值了。

真要谢谢费先生的这番"发挥"，为《水经注》创造了"极大的价值"。难怪他的友人"莫不拍案叫绝"。而且，我觉得最值得"拍案叫绝"的是他与第二凡例对号的正史天象志和与第三凡例对号的正史地形志。因为从这里知道，他不仅读过《水经注》，而且还读过正史。至少可以证明，他确实读过正史中的一部《魏书》的目录（不包括内容）。这是从他提出的"天象志"和"地形志"两篇而得出的结论。因为在二十五史之中，各史多有天文志和五行志，却无天象志，唯独《魏书》有之。又各史多有地理志、郡国志或州郡志，却无地形志，唯独《魏书》有之。所以在二十五史之中，费先生翻过的，显然就是《魏书》。当然，他所翻阅是《魏书》的目录，并不涉及内容，这是可以断言的。因为他与天象志对号的第二凡例，即上述英文字母 B："凡是自然现象的变化，如一水之干枯、改道或泛滥，一山之震动、坍坏或沉陷，一城之淹没、埋没或倾倒，有闻必录。"《魏书·天象志》虽有四个分卷之多，但第一分卷记的是日（日蚀、日珥、白虹贯日等），第二分卷是月（月蚀、月掩太白等），第三、四两分卷是星（流星、彗星等），却未曾说到河流干枯、泛滥、山震、城淹之类。他与地形志对号的第三凡例，即上述英文字母 C："凡历史上之人物生地、死地、葬地、隐地，均有闻必录。"《魏书·地形志》也有三个分卷之多，但《魏书·地形志》的内容等于别史的地理志，所记只是魏的州、郡、县和户口，绝未涉及人物的生死葬隐之地。假使当时费先生把《魏书》翻开来读一读内容，他恐怕就不会把天象志与地形志和他的"真凡例"挂钩的。

读书只读目录，这是做学问的人谁都用过的方法。即使不是"上智"也是这样。因为书海无边，要把每一部书统统从头到尾细读，这是人的精力所做不到的。对于许多书，读一下目录，知道书的大概体例内容，也就够了。但是等到要引用此书，以此书作进一步研究的时候，那就必须细读，到了那时，假使对此书仍然只有目录的知识，以一点目录知识而竟然引用并加以"发挥"，那就必然要留为笑柄，这样的读书，当然也就算不得"上智读书"了。

留有余地

《东观汉纪·光武帝纪》："家有敝帚，享之千金。"曹丕《典论·论文》："文人相轻，自古已然。"前者是自视过高，后者则是瞧人不起。这些都是说的古代文人的恶习，而近代文人也并非没有。在学术讨论，学术批评中，最忌沾染这种恶习。因为这样，讨论的双方就不能开诚相见。在许多场合中，论证的另一方是古人和古书，已经不是面对面的事了，但这种"相轻"的恶习，有时也会出现。讨论就会流于片面。学术讨论和学术批评的目的，是为了繁荣学术，发展学术，但是，假使参加讨论的成员中，有一些沾了这种恶习的人参与其中,那么,这种讨论就会偏离方向,徒然浪费许多口舌和笔墨,却达不到繁荣学术的目的。

这种恶习的表现形式之一是,话语说绝,不留余地。在郦学史上,当然也有不少这类例子。

光绪十九年(1893)四月十一日,梁节盦在武昌设筵。席间讨论赵、戴两家《水经注》事,叶浩吾在席上说:"世称戴所云《永乐大典》本,皆直无其事。"这就是在学术讨论中把话语说绝,不留余地的典型例子。当日与宴诸公,谁都未曾见过《永乐大典》本,凭什么说它"直无其事"?杨守敬当时也在座,并于次日致函梁节盦,附和叶浩吾"皆直无其事"的话,不仅如此,他在光绪三十年(1904)的《水经注疏凡例》中又说:"乃知大典本与朱本实不甚有异同。"杨氏是个著名的学者,居然在绝未见过大典本的情况下说出如此不留余地的话,确实令人吃惊。

杨守敬以他这样的身份而在他绝未见过的大典本上说了这样一番偏激的话,把他的学生熊会贞置于十分困难的境地。因为他的老师生前断言"直无其事"的大典本,到了熊氏的时代居然出现。熊氏亲自阅读了南林蒋氏所藏的前二十卷,到熊氏去世前一年,全部大典本四十卷,已由商务印书馆涵芬楼影印出版。熊氏不得不为他老师所发表的这些不留余地的言论作出交代。他在《十三页》中说:"据《提要》,戴概从大典本,实不尽然,多从大典,或自订。"又说:"人或以戴出大典本为诬,故标出,非复也。"又说:"人多以出大典为诬录,以见戴多本大典,亦不尽本大典,而戴之冤可以大白于天下,戴之伪亦众著于天下矣。"这许多话中,熊氏所说的"人",最主要的其实就是他自己的老师杨守敬。

在郦学史上,另外一位把话语说绝而不留余地的著名学者是胡适。在这方面,他的例子实在很多。

例如《论杨守敬判断水经注案的谬妄》(《胡适手稿》第五集下册)一文,其实是胡氏写给卢慎之的复信。卢氏是杨守敬的弟子,当时年已古稀。胡在给这位杨氏的老弟子的复信中大动肝火。由于杨氏论定戴书袭赵,与胡氏的意见相左;又由于卢氏致胡信中有"戴之受谤,不自杨始。胡君乃归狱于杨,揆诸考据学责任之语,当乎否耶"的话。胡适在信上说了"岂非考据学的堕落","杨氏之狂妄、轻率、武断","杨氏此条,无一字不谬,无一字不妄"等等极端尖刻而不留余地的话。

他一口咬定全祖望的《七校水经注》,包括卷首的《序目》和《题辞》,都是王梓材伪造的。他在《全氏七校水经注四十卷的作伪证据十项》(《胡适手稿》第二集上册)一文中,说王梓材是"荒谬的可惊","白日见鬼"。在《证明全校水经注的题辞是伪造的》(《胡适手稿》第二集上册)一文中,有一段标榜自己如何的高明,而别人又是如何的蹩脚的话：

> 民国二十三年的春初，我细细研究全谢山的文集，赵东潜的文稿，把他们两人的交谊行踪弄明白了，又把自从明朝中叶以来四百年的《水经注》的刻本的大概历史也摸清楚了。这时我才看出这篇《五校本题辞》原来是一大堆冒充内行的大话。里面的材料大部分是抄袭谢山、东潜的遗著，而有不少的错误，不少的漏洞，不少的笑话，这时候我才敢断定这篇《题辞》也是王梓材伪造的，决不是全谢山的手笔。

他在《跋合众图书馆藏的林颐山论编辑全校郦书的函稿》（《胡适手稿》第二集下册）一文中，为了贬低《全氏七校水经注》，他使用了这样极端的语言：

> 我们就可以明白光绪十四年宁波刻印的《全氏七校水经注》，是一个妄人主编的、一个妄人出钱赶刻赶印的一部很不可靠的伪书了。

胡适在郦学研究中所说的许多不留余地的过激言论，其中有一些由他自己在生前作了更正。例如，他对王梓材伪造全氏书的种种激烈攻击，当他看到了天津图书馆所藏全氏《五校钞本》和上海合众图书馆所藏的一些本子以后，他才恍然大悟，知道自己过去的判断完全错了。他在《上海合众图书馆有叶揆初先生收藏的全谢山水经注校本三种》（《胡适手稿》第三集上册）一文中说："我研究的结果，使我不能不承认我从前的判断错误。……可见那一卷《水经注序目》是真的，……都还是谢山的原文，没有经过王梓材的改动。"

胡适的这种断然改正错误的行动，当然表示了他治学的认真负责，同时也说明了他确实比他的同乡戴震聪明。因为诸如五校本的《序目》和《题辞》的真伪判断，其实并不存在什么高深的校勘学理论。一个并不像胡适那样聪明的人，只要看到本子，也会顿时明白。而这些本子，正像乾隆年代深藏大内的《永乐大典》本一样，有朝一日，难免要为他人所见。譬如我，就在胡氏以后约摸30年，也在上海图书馆的长乐路分馆（就是胡氏所说的合众图书馆）和天津市人民图书馆（就是胡氏所说的天津图书馆）阅读了胡氏曾经读过的这些本子。天津市人民图书馆的老馆长黄钰生先生，还特地为我介绍了这部藏书的沧桑。所以胡适在他看到这些本子以后所作的自我批评，尽管批评自己的调子和批评别人的调子大不相同，但仍然应该认为是做得体面的。当然，由于过去的话说得太不留余地，诸如"荒谬的可惊"，"白日见鬼"，"一大堆冒充内行的大话"之类的话说得太绝，所以至今还有人愤愤不平地反唇相讥："出乎尔者反乎尔也。"

总而言之，郦学研究也好，其他学术研究也好，"家有敝帚，享之千金"和"文人相轻，自古已然"的恶习必须根除，因为研究学术的目的是为了繁荣学术，所以在学术讨论和学术批评之中，无论是对于今人、今书，或者是对于古人、古书；无论是即席发言或写文章,都应该注意留有余地。

四库馆

清乾隆三十七年(1772)开四库馆,纂修《四库全书》,这是我国文化史上的一件大事。据《清史稿·艺文志》所载:

> 特命辑修《四库全书》,以皇子永瑢,大学士于敏中等为总裁,纪昀、陆锡熊等为总纂,与其事者三百余人,皆极一时之选,历二十年始告成。全书三万六千册,缮写七部,分藏大内文渊阁,扬州文汇阁,镇江文宗阁,杭州文澜阁。命纪昀等撰全书总目,著录三千四百五十八种,存目六千七百八十八种,都一万二百四十六种。复命于敏中、王际华撷其精华,别为《四库荟要》凡一万二千册,分缮二部,藏之大内摘藻堂及御园味腴书屋。又别辑《永乐大典》三百八十五种,交武英殿以聚珍版印行。

纂修《四库全书》时机构之所以称为四库馆,是因为其书分经、史、子、集四部而得名。当时抄出的 7 部之中,文汇、文宗、文源三部均已毁于战火,藏在杭州文澜阁的亦散失不少,经过配补才得称全。我原来并不留意这部大型丛书的掌故,由于它与《水经注》有关,才得略知一二。

《清史稿》中所说的"又别辑《永乐大典》三百八十五种,交武英殿以聚珍版印行"。其实付诸印行的只有 138 种,均是从《永乐大典》辑出的宋、元或者更早的著作。这一批书习惯上称为"武英殿聚珍版书"。所谓聚珍版,就是木活字版的别名。戴震所校的《水经注》,因为在其《校上案语》中称是据《永乐大典》校勘的,所以也在其中。此外,1934 年—1935 年间,上海商务印书馆又在其中选择了 200 多种加以影印,称为《四库全书珍本初集》,包括沈炳巽(绎旃)撰的《水经注集释订讹》40 卷在内。除了上述两种已经先后刊行和影印外,收入于史部地理类的,尚有赵一清的《水经注释》40 卷,《刊误》12 卷,又在史部目录类存目的有明杨慎的《水经注碑目》1 卷。

《清史稿》说:"与其事者三百余人,皆极一时之选。"这话是确实的。能选入四库馆的,基本上都是翰林,一般的进士都没有资格入内。但社会上还有极少数确有真才实学而科场不利的学者,经过正总裁的遴选并奏请乾隆批准,也可以入馆修书。这样的学者当然极少,据胡适在《水经注考》(胡适于 1953 年在台湾大学文学院的讲演稿,收于台北华国出版社《胡适言论集》甲编)一文中所考证,一共只有 5 人,3 个进士和 2 个举人,戴震是其中之一。戴震在四库馆期间,又参加了乾隆四十年的会试,却又一次名落孙山。幸亏这部《水经注》得到乾隆的赏识,特赐他参加殿试,获得了科场罕见的会试落第而进士及第的侥幸。于是,赐同进士出身,授翰林院庶吉士。所以他始校郦注时,尚是一个不够格的四库纂修官,也就是庞鸿书在《读水经注小识·序略》中所说的"闻戴氏之入四库馆,于馆中诸公为后进,戴性又傲不肯下人,诸公颇龃龉之,其所校刊,不尽从也"。但当他以后校勘《海岛算经》、《仪礼读识》等书的时候,已经有了翰林院庶吉士的头衔而名正言顺了。

对于四库馆的组织机构,胡适也作过考证,他在上述《水经注考》一文中说:"四库馆分东、西两院,东院三十个翰林,西院也是三十个翰林。两院整理各自的遗书。《永乐大典》是东院整理的,东西两院互相妒忌。……赵一清的《水经注》由西院翰林整理,戴东原在东院,当然没有看到。"

胡适关于东、西两院的考证,是从《清高宗御制诗四集》中得来的。《胡适手稿》第六集下册有《关于戴震的官本水经注杂件》一文,文内从《清高宗御制诗四集》中录有《汇集四库全书联句》,参与联句的有四库总裁于敏中、程景伊、王际华等大臣,其中王际华有句云:"局咨长贰纲都领,厅判东西力众擎。"胡适的东、西两院,即是从此而来。王际华在诗末又自注云:"校勘《永乐大典》者,于原心亭列席;校勘遗书者,于宝善亭列席。"胡适所说的校勘大典本《水经注》的戴震,看不到作为遗书呈进的赵一清《水经注释》,就是从此而来的。

胡适考证了四库馆分成东、西两院以及《永乐大典》和遗书分别校勘都没有错。但他说"东西两院互相妒忌",却并无实际根据,只是想当然的话。不错,曹丕在《典论·论文》中早已说过:"文人相轻,自古已然。"但曹丕的话到底不能作为四库馆内"互相妒忌"的根据。至于他认为由于《永乐大典》和遗书分别校勘,因而戴震当然看不到赵书的说法,也是毫无根据的。因为四库馆的屋宇虽有东西之分,但领导却是统一的。负实际责任的总纂官纪昀说一句话,没有做不到的事情,何况戴震奉命校勘《水经注》,尽管他身在东院,到西院调阅赵本,乃是名正言顺的事,也是轻而易举的事。

南朝年号

早年通读《水经注》,从卷一到卷二十七,所见均是北朝年号,郦道元北朝人,这是理所当然。但卷二十八《沔水》经"又东过荆城东"注云:

> 宋元嘉中,通路白湖,下注扬水,以广运漕。

案刘宋元嘉年代,当北魏太武帝拓跋焘之世,正是北朝国势鼎盛之时,郦氏却用南朝年号,令人奇怪。接着,在卷二十九《湍水》经"湍水出郦县北芬山,南流过其县东,

又南过冠军县东"注中,又一次出现南朝年号:

> 而是墓至元嘉初尚不见发。(元嘉)六年大水,蛮饥,始被发掘。

此后各卷,南朝年号更多。卷三十《淮水注》中有宋泰始元年、宋元徽二年、齐建元四年、齐永明元年、永明十年等年号,卷三十五《江水注》中有宋景平二年、元嘉二年、元嘉十六年(共出现二次)、宋泰始元年等年号,卷三十六《温水注》中有宋元嘉元年、元嘉二十年、元嘉二十三年(共出现三次)等年号,卷三十八《湘水注》中有宋元嘉十六年年号,卷三十九《赣水注》中有宋景平元年年号。

由于这许多南朝年号的出现,我开始的想法是,郦道元在年号的使用中,是否有一个原则,即北水用北朝年号,而南水则北朝年号与南朝年号俱用。因为以上所见的南朝年号,均出现于北魏版图以外的南方地区。但后来我仔细再就这个问题查阅全书,却竟在卷五《河水》经"又东北过茌平县西"注中发现了一个南朝年号,这是我往年通读时所疏忽的。注云:

> 宋元嘉二十七年,以王玄谟为宁朔将军,前锋入河,平碻磝,守之。都督刘义恭以沙城不堪守,召玄谟令毁城而还,后更城之。魏立济州,治此也。

案刘宋元嘉二十七年,即北魏太平真君十一年(450),这里记载的是北魏和刘宋在黄河的一个渡口碻磝城的争夺战,宋军虽一度得势,终于败退。这年年底,北魏拓跋焘一直进军到刘宋首都以北的瓜步,并于次年大会群臣于瓜步山上,南朝震惊。对于像这样北朝势力盛极一时的年代中,南北之间的战争竟用南朝年号记载,确实使人不解。

现在再看看郦氏在南方诸水中使用南朝年号的情况。有的是记载一块碑文而引及立碑年代,例如《肥水注》刘安庙碑立于齐永明十年。有的是记载郡县建置年代,如《湘水注》宋元嘉十六年置建昌郡。在如此场合中使用南朝年号,当然不足为怪。但卷三十五《江水》经"湘水从南来注之"注云:

> 南对龙穴洲,沙阳洲之下尾也。洲里有驾部口,宋景平二年,迎文帝于江陵,法驾顿此,因以为名。文帝车驾发江陵,至此,黑龙跃出,负帝所乘舟,左右失色,上谓长史王昙首曰:乃夏禹所以受天命矣,我何德以堪之。故有龙穴之名焉。

又同卷经"鄂县北"注云:

> 宋孝武帝举兵江洲,建牙洲上,有紫云荫之,即是洲也。

由此可见,郦道元不仅在其著作中使用南朝年号,而且还记述了如"黑龙跃出,负帝所乘舟","建牙洲上,有紫云荫之"之类渲染南朝帝王"真命天子"的传说。同样性质的事件,假使是发生在明、清各代,是够得上大兴一场文字狱,而且把其书列为禁毁书的。

查查郦道元的出身行历,他是绝对不会与南朝有所瓜葛的。当然,他是一个爱国主义者,热爱祖国河山,对于南朝风光,因足迹未涉而尤所萦怀。但在政治上,他对北朝是忠心耿耿的,最后并以身殉国,不容怀疑。所以在他的著作中屡用南朝年号,并无政治上的意义。这说明当时北魏在政治上以实际为重,对上述引用南朝年号之类的事并不敏感,故人们对此亦少所顾忌。

《七校水经注》卷三《河水注》:"其水南流,迳武川镇城,城以景明中筑,以御北狄矣。"全祖望在此处校云:"按沈炳巽曰,景明是宋少帝年号,愚谓非也,善长岂用南朝之年乎? 是魏世祖年号。"案今本沈炳巽《水经注集释订讹》,此处并无全氏所引沈氏此语,但全氏在其《沈氏水经注校本跋》(《全校水经注附录》上)一文中,曾经言及,沈氏因全氏之求,于乾隆十五年携其稿至杭州,与全氏讨论浃旬,并留其稿于全氏插架中。全氏《七校本》校语所据之本当是此本。此本中,沈氏或确有此语,以后沈氏发现宋少帝年号是景平,景明乃是魏世祖年号,随即改正,今所见商务影印《四库珍本丛书》中沈氏之本,当是其最后改定之本,故已无此语。但全氏所云:"善长岂用南朝之年乎?"实在毫无根据。开始,我颇怪全氏读书太不仔细,后来忽悟,全氏生当清初几次重大的文字狱之后,对于此类事,当时的知识分子必心有余悸,校语讹出此言,正是他心中惴栗的反映,所以不足为怪。

南朝年号余论

我过去曾在《中国历史地理论丛》撰文,对郦道元在《水经注》中多次使用南朝年号的事发表了一点粗浅看法,指出这是他的大一统思想的表现。我至今仍然认为这是北朝命臣在著作中使用南朝年号的重要原因。我在拙作《郦道元评传》中提及:"假使《水经注》的撰写是按他的早期思想而以北尊南卑为基础,毫无疑问,此书就不可能取得如此巨大的成就。"现在看来,这话还得作一点修正。在郦道元作为孝文帝元宏近臣的年代,北魏国势蒸蒸日上,在武功方面,郦道元当然希望北魏能一统天下,建立一个如同西汉王朝一样的大帝国。但在文化上,他显然倾向南朝,除了北魏这个他们家族世代服官的王朝以外,对北方在这一时期先后登台的非汉族王朝,他都是不齿的。此中原因,当然是郦氏一家虽然出仕北朝,但他们是服膺孔孟的书香门第,对文化落后的北朝各国,充满蔑视的情绪,这在郦注文字中也处处可见。

除了北魏以外,《水经注》对十六国君王,都是直呼其名。如刘渊(《汾水注》),刘曜(《河水注》、《滱水注》),石勒(《河水注》、《淇水注》),石虎(《河水注》、《浊漳水注》、《汶水注》),苻坚(《渭水注》)等均是其例。特别明显的是郦道元曾祖曾服官的慕容燕,但注文除《濡水注》有一处称慕容儁之谥为"燕景昭"外,其余各篇对慕容氏亦均直呼其名,如前燕的慕容庞、慕容皝,南燕的慕容超等,无不如此。而相反,对南朝诸帝,注文中却常称庙号,如宋文帝、宋孝武帝、宋明帝、萧武帝等,特别是对于刘裕,注文中优礼有加,或称宋武帝(《济水注》),或称刘武帝(《沂水注》),或称刘武王(《洛水注》),南北相比,成为一种明显的对照。

对北魏与南朝的战争,郦氏也在注文的措辞中表达了他的情绪。例如卷五《河水》经"又北过茌平县西"注云:"宋元嘉二十七年,以王玄谟为宁朔将军,前锋入河,平碻磝,守之。"碻磝原为北魏所守,刘宋入侵,攻占此地,注文竟作"平碻磝",令人骇异。按《魏书·傅竖眼传》作:"王玄谟寇碻磝。"甚至《北史·傅竖眼传》也作"王玄谟寇碻磝"。郦氏称王玄谟为"宁朔将军","宁朔"的称号就有北伐之意。按《北史·王慧龙传》"宋将王玄谟寇滑台,……诸将以贼盛,莫敢先,慧龙设奇兵,大破之"。《北史》之撰,已在北朝消亡之后,尚且称"寇"称"贼",敌我分明。则郦氏在注文中所表现的尊南轻北的心态,是何等鲜明。

郦道元的这种心态,无疑是汉族文化熏陶的结果。在当时这个民族杂处的时期,不论在江南或江北,汉族特别是其中的知识分子,这种心态实际上是普遍的。按东晋义熙六年(410),刘裕北伐灭南燕,义熙十三年(417)克长安,灭后秦,但最后终于率军南返。据《宋书·卢陵王义真传》:"三秦父老诣门流涕,诉曰:残民不沾王化,于今百年矣,始睹衣冠,方仰圣泽,长安十陵,是公家坟墓,咸阳宫殿数千间,是公家屋宅,舍此欲何之。"

在这个时期,不仅南人有这种心态,其他民族其实也是仰望着汉族文化的。据《北齐书·杜弼传》所载:"弼以文武在位,罕有廉洁,言之于高祖。高祖曰:弼来,我语尔,天下浊乱,习俗已久,今督将家族多在关西,黑獭常相招诱,人情去留未定;江东复有一吴儿老翁萧衍者,专事衣冠礼乐,中原士大夫望之,以为正朔所在。我若急作法网,不相饶借,恐督将尽投黑獭,士子悉奔萧衍,则人物流散,何以为国?尔宜少待,吾不忘之。"说明一个异族国君,他心里就十分明白,江南是"衣冠礼乐","正朔所在"。我在拙著《郦道元评传》中曾经议论过《魏书》主编魏收的劣迹。像魏收这样一个阿谀北朝帝王的卑鄙小人,其实,他在心底里也是仰望南朝的。据宋刘攽、刘恕、范祖禹所作《旧本魏书目录叙》所载:"北齐孝昭皇建中,命收更加审核。收请写二本,一送并省,一付邺下,欲传录者,听之。"像这样的国史大事,仍然要送到南朝,说明在文化上,当时以南朝为正统的这种观念,实在是根深蒂固的。

刘知几在《史通·内篇·言语》中说得很有道理:

　　自咸济不守,龟鼎南迁,江左为礼乐之乡,金陵实图书之府,故犹能语存规检,言嘉风流,颠沛造次,不忘经籍,而史臣修饰,无所费功。其于中国则不然,何者?于斯时也,先王桑梓,剪为蛮貊,被发左衽,充牣神州,其中辨若驹支,学如郯子,不可多得。

《史通》的话,当然是一派汉家语言,但是留在中国(按:刘氏的"中国",即指北方)的知识分子如郦道元之类,都是长期受儒教熏陶的汉家人士,他们心中的"礼乐之乡"、"图书之府",无疑就在江南。

这种心态当时在汉人和其他民族之间,士大夫和平民之间的普遍存在,现在看来,是一件了不起的大事,因为这实在是大一统的基础。由于大家都向往汉族文化,因此,国家虽然长期分裂,但中华民族却因此而获得融合。的确,在当时,北方的各个民族都大量地吸收了汉族文化,北魏的元宏,只是其中一位典型的代表而已。

酷　吏

清乾隆间编纂《四库全书》,诏定二十四史为"正史"。"正史"在我国是公认的权威史书,但其实也不是没有缺陷。例如,"正史"的第一部《史记》中有一篇《酷吏列传》,第二部《汉书》则设《酷吏》、《佞幸》二传。从此,至少有十多部"正史"遵循这种体例,有的设《酷吏传》,有的设《佞幸传》,有的则两者兼有。读"正史"和用"正史"的人已经习以为常,却并不追究,既设《酷吏》、《佞幸》两传,为什么不设《暴君纪》和《昏君纪》? 在我国历史上,酷吏和佞幸当然很多,但暴君和昏君又何尝会少。而且暴君和昏君替人民造成的灾难,又岂是酷吏和佞幸可比。这实在是"正史"的极不公正之处。

某些"正史"还有比此更不公正的事,《魏书》把郦道元列入《酷吏传》即是一种倒行逆施。案《魏书·酷吏传》共收入酷吏9人:于洛侯、胡泥、李洪之、高遵、张赦提、羊祉、崔暹、郦道元、谷楷。这中间,大部分确实是酷吏,譬如于洛侯:

　　百姓王陇客刺杀民王羌奴、王愈两人,依律,罪死而已。洛侯生拔陇客舌,刺其本并刺胸腹二十余疮,陇客不堪苦痛,随刀战动,乃立四柱,磔其手足,命将绝,始斩其首,支解四体,分悬道路。见之者无不伤楚,阖州震惊,人怀怨愤。

又如张赦提:

　　斩人首,射其口,刺入脐.引肠绕树而共射之,以为戏笑,其为残暴如此。

《魏书》撰者魏收在《酷吏传》卷末"史臣曰"下说:"于洛侯等为恶不同,同归于酷,肆其毒螫,多行残忍,贱人肌肤,同诸木石,轻人性命,甚于刍狗,长恶不悛,鲜有不及。故或身婴罪戮,或忧恚颠陨,异途皆毙,各其宜也。凡百君子,以为有天道矣。"

魏收的这一段话,和他在《郦道元传》中记载实在大不相符。《郦传》说:"道元秉法清勤,引为治书御史,累迁辅国将军东荆州刺史,威猛为治,蛮民诣阙,讼其刻峻,坐免官。久之,行河南尹,寻即真。……"

魏收笔下记郦道元为政"严猛"的事实是:

> 道元素有严猛之称,司州牧汝南王悦,嬖近左右丘念,常与卧起,及选州官,多由于念。念匿于悦第,时还其家。道元收念付狱,悦启灵太后请全之,敕赦之,道元遂尽其命,因以劾悦。是时雍州刺史萧宝夤反状稍露,悦等讽朝廷遣为关右大使,遂为宝夤所害,死于阴盘驿亭。

从这段文字中可见,道元的"严猛之称",很可能是从一些为非作歹的皇亲国戚口中传播出来的。汝南王悦是孝文帝元宏的儿子,也就是当时在北魏当政的胡太后的儿子(但非她所生)。这是一个心理变态的王室纨绔。他最后投奔南梁萧衍,下场可耻。丘念是个仗元悦之势而无恶不作的男妓,但郦道元不管他有亲王的庇护,断然逮捕并处决了他。元悦恨之入骨,所以怂恿胡太后派道元投入虎穴,借叛臣萧宝夤置郦氏于死地。

清赵一清在其《水经注释》所附《北史·郦道元传》下有一段按语说:

> 《魏书》列传,高谦之专意经史,与袁翻、常景、郦道元之徒,咸称款旧。按道元立身行己,自有本末,不幸生于乱世,而大节无亏,即其执法严峻,亦由拓跋朝滛污阘冗,救蔽扶衰使然,何至列之《酷吏传》耶?恐素与魏收嫌怨,才名相轧故耶。知人论世,必有取于余言也。

赵一清举高谦、袁翻、常景诸人,这是为了证明郦道元所结交过的人,都是些正派学者。而魏收是个怎样的人?《北齐书·魏收传》有一段介绍:"收既轻疾好声乐,善胡舞,文宣末,数于东山与诸优为猕猴与狗斗,帝宠狎之。"这段话十分深入地刻画了这个玩猴摸狗者的内心与外貌。至于他所组成的这部《魏书》的写作班子,《北齐书》也有明白的记载:

> 所引史官,恐其凌逼,唯取学流先相依附者。房延祐、辛元植、睦元让,虽凤涉朝位,并非史才;刁柔、裴昂之以儒业见知,全不堪编辑;高孝干以左道求进。修史诸人,祖宗、姻戚,多被书录,饰以美言。收性颇急,不能平,凤有怨者,多没其善。

除了上述以外,《北齐书》评论魏收其人的最重要的一句话是:

> 每言:何物小子,敢与魏收作色,举之则使上天,按之当使入地,

由于魏收是这样一位人物,所以《魏书》在撰成后不久,就有人以此书谐音称其为"秽史"。事实是,李延寿在魏收以后一百多年修《北史》,也为郦道元立传。现在我们拿《魏书》和《北史》的这两篇《郦道元传》对比,可以立刻发现李延寿所公布的当年被

魏收吞没的五项材料。这就是：

第一，"景明中为冀州镇东府长史，……道元行事三年，为政严酷，吏人畏之，奸盗逃于他境"。

第二，"后试守鲁阳郡，道元表立黉序，崇劝学校。诏曰：鲁阳本以蛮人，不立大学，今可听之，以成良守文翁之化。道元在郡，山蛮伏其威名，不敢为寇"。

第三，"道元素有威猛之称，权豪始颇惮之"。

第四，"道元与其弟道峻、二子俱被害。道元瞋目叱贼，厉声而死"。

第五，"事平丧还，赠吏部尚书，冀州刺史，安定县男"。

由于上列五段，《北史》当然不会把郦道元列入《酷吏传》。也正是由于这五段文字，魏收的一些中伤郦道元的话就不攻自破。例如，《魏书·郦道元传》最后说道："然兄弟不能笃睦，又多嫌忌，时论薄之。"清赵一清在《北史》"道元与其弟道峻、二子俱被害"一段下说："观其有从死之弟，则非不能笃睦可知。"

郦道元当然不是酷吏，绝不应列入《酷史传》。魏收可以把他看作"何物小子"，但李延寿却在百年以后把魏收贪没的材料公之于世。赵一清在1200年以后又为郦道元仗义执言。这件事，给人们一种启发，有权有势者，要想除掉一个人，打倒一个人，在当时确是易如反掌。但是即使是最有权力的人，对于历史，他是无权的。历史无情，是非功罪，后世自有公论。

书　信

郦道元在《水经注》的撰写中引用了许多文献，这是众所周知的。其中不少文献是知名度很大的流行文献，如四书五经和正史之类，这类文献，即使在雕板印刷尚未兴起之前，也是容易获致而不足为奇的。但是，在他引用的470多种文献之中，还包括了许多稀见文献。这类文献，现在当然早已亡佚，而即使在当时，恐怕也是不容易得到的。这中间，书信就是一个例子。郦注引用的书信近20种，其中有非常珍贵的资料。这些书信他从何而得？现在揣摩他当年搜集这些书信的过程，真是不可思议。

在郦注所引的书信中，有不少诸葛亮的往返书信，包括《诸葛亮与兄瑾书》(卷十七《渭水》、卷二十七《沔水》)、《诸葛亮与步骘书》(卷十八《渭水》)，又有《孟达与诸葛亮书》(卷二十七《沔水》)。此外，卷二十七《沔水》经"东过南郑县南"注中，还引及《诸葛亮笺》一种，其书寄发何人，不得而知，而且不见于清人张澍所辑的《诸葛忠武侯集》。

诸葛亮是一个集政务和军务于一身的领袖人物，一生之中，除了尽心竭力治理西蜀这片土地以外,又是南征北战,戎马劳顿,却居然能写出许多叙事详细的书信。而且从书信的内容来看,显然不像现在的要人们由秘书代庖的作品,而是出于他自己之手。现在确实难以想象,他用什么时间写这样的书信,这些书信是怎样寄递出去的。因为受信者如他兄弟诸葛瑾,当时服官于东吴,需要远程投递。另外,这些书信又是如何保存下来让后人传抄的。

诸葛亮既是一个文武领袖,又是一个学识渊博的人,因此,他的书信当然不同凡响,其中包含了大量的学问,特别是兵要韬略、山川地理的学问。这是历史文献中的瑰宝。而郦道元通过《水经注》的撰写把这些书信中的片断内容保存了下来,让后人领略诸葛书信的一斑,厥功之伟,也是值得称道的。

卷十七《渭水》经"又东过陈仓县西"注中,注文引用了一段他与其兄诸葛瑾的信云:

> 有绥阳小谷,虽山崖绝险,溪水纵横,难用行军。昔逻候往来,要道通入。今使前军斫治此道,以向陈仓,足以扳连贼势,使不得分兵东行者也。

又卷二十七《沔水》经"沔水出武都沮县东狼谷中"注中,注文也引了他与其兄诸葛瑾通信的一段:

> 前赵子龙退军,烧坏赤崖以北阁道,缘谷百余里,其阁梁一头入山腹,其一头立柱于水中。今水大而急,不得安柱,此其穷极,不可强也。……顷大水暴出,赤崖以南桥阁悉坏,时赵子龙与邓伯苗,一戍赤崖屯田,一戍赤崖口,但得缘崖与伯苗相闻而已。

上述两信中,诸葛亮叙述其进攻陈仓的韬略以及今秦、巴山区的山川形势和栈道交通的困难险峻,真是历历如绘。要不是他亲自在这个地区指挥军事,当然不可能写出这样生动细致的书信来的。

在卷三十六《温水》经"东北入于郁"注中,注文引用了《俞益期与韩康伯书》及《俞益期笺》两种书信(此两种也可能即是同一书信)。应该说,俞益期的书信,不仅是郦注所引书信中值得珍贵的文献,在《水经注》所引的全部文献中,也是十分难得的。

俞益期是一个名不见经传的人,《温水注》中对他有几句话的介绍:"豫章俞益期,性气刚直,不下曲俗,容身无所,远适在南。"则此人是豫章人,流落在今中南半岛的古代林邑国一带。这些书信能够从域外寄递回国,当然已非易事。这些书信的接受者韩康伯,是个东晋的知名人士,曾官太常卿,《世说新语》言语、方正、雅量、品藻、捷悟、贤媛各篇,都曾记及他的掌故。《隋书·经籍志》著录有晋太常卿《韩康伯集》16卷。估计韩集中收有韩康伯致俞益期的复信,而俞笺则附录于复信之后。因为韩集早已亡佚,所以无可查核。当然,这里也有令人不解之处。既然俞益期与韩康伯这样的当朝名流相熟悉,而且书信往返,交谊不同一般,为什么竟至于"容身无所,远适在南"呢? 在文献大量亡佚的情况下,这样的问题看来是难以解答的。

正因为俞益期"远适在南",因此,他的书信中,描述了许多南方的风物掌故,所以具有很高的价值。《温水注》云:

> 《与韩康伯书》曰:惟槟榔树,最南游之可观。但性不耐霜,不得北植,不遇长者之目,令人恨深。

俞益期还在南边对飞鸟恋土,增思寄意。信中说:

> 此鸟其背青,其腹赤,丹心外露,鸣情未达,终日归飞,飞不十千,路余万里,何由归哉。

在同卷同条经文下,俞益期又在信上叙述了一个中国与林邑国之间关系的掌故:

> 《俞益期笺》曰:马文渊立两铜柱于林邑岸北,有遗兵十余家不反,居寿泠岸南而对铜柱。悉姓马,自婚姻,今有两百户,交州以其流寓,号曰马流。言语饮食,尚与华同。山川移易,铜柱今复在海中,正赖此民,以识故处也。

古人的书信中,的确包含了许多有用的资料,是宝贵的历史文献。可惜在现存的大量古代文献中,书信却特别的少,大量书信都被亡佚,实在是很可惜的。

一书多名

古书多名,成为读书的一大困难。书名多,撰者名也多,有名,有字,有别号。书名的变化,加上撰者姓名的变化,使一书多名的情况变得更为严重。例如,《法显传》一书,在《水经注》卷一、卷二《河水注》引及时有《法显传》和《释法显》两名,在卷十六《毂水注》又有《释法显行传》之名。此外在其他古籍著录或引用中,还有《佛国记》、《法显行记》、《游天竺记》、《历游天竺记》、《法明游天竺记》等许多名称,的确使人穷于应付。《水经注》全书引书共达477种,加上每一种书的旁名别称,真如全祖望所说:"读者眩焉。"这是郦学研究中的难处之一。

例如《竹书纪年》一书,是《水经注》的常引书籍,全书中约有30卷篇引及此书,但书名却相当纷歧。除了大部分卷篇称《竹书纪年》外,卷二《河水注》称《竹书》,卷二十二《渠水注》称《汲郡墓竹书纪年》,卷二十一《汝水注》称《汲郡古文》,卷二十二《渠水注》、卷二十六《巨洋水注》、卷三十一《潕水注》称《汲冢古文》,卷二十六《巨洋水注》又称《汲冢书》。又如《太康地记》一书,《水经注》也引及甚多,除多数卷篇以此名引入外,在《夏水注》、《江水注》、《叶榆河注》等篇中,作《晋太康地记》,在卷五《河水注》、《毂水注》、《沔水注》等篇中作《太康地道记》,在卷四《河水注》、《淮水注》等篇中作《太康记》,在《桓水注》中,又作《晋地道记》。案张国淦《中国古方志考》,在晋一代中,以太康为名的地志甚多,据张书著录的,就有《太康三年地记》、《太康地道记》、《太康土地记》3 种,则郦书所引冠以"太康"之书,未必都是同书,情况就更趋复杂。此外,郦注所引,如《史记》、《史迁记》;《徐广史记音义》、《徐广音义》;刘澄之《永初山水记》、《永初记》、《刘澄之记》;《东观汉记》、《东观记》等等,一书多名的情况,在各篇中常常出现,不胜枚举。

晋杜预所撰《春秋释地》一书,是解释《春秋》地名的常用书籍,但郦注引及此书时,又常用《杜预释地》、《杜元凯释地》等别名。在卷二十二《洧水注》中,更出现《京杜地名》的书名,此书,历来绝不见著录,其实是郦道元把晋京相璠的《春秋土地名》和杜预的《春秋释地》两书合而为一的简称。郦氏以京、杜两人均是晋人,而两书又均是解释《春秋》地名之书,合而简称,亦无不当,但读者必须经过一番揣摩,才能悟通他的道理。

《水经注》引用古籍的这种一书多名的情况,前而已经指出,这是人们读郦中的一种障碍。但是从另一方面说,它也可以帮助我们对某些古籍的鉴别和研究。因为,在隋唐诸史的经籍和艺文志中,由于一书多名以及撰者的名、号差别,一书作为两书甚至数书著录的,并不鲜见。我们在郦注引及的古籍中,经过对不同卷篇中书名和撰者名、号的对比分析,不仅有助于弄清郦注引书的实况,同时还可以以此校勘隋唐经籍、艺文志的著录。例如《河水》四、《渭水》三、《汳水》、《泗水》等篇中,常引《西征记》一书,在《河水》五,称戴氏《西征记》,在《济水》二、《洛水》、《榖水》各篇,称戴延之《西征记》,此外,卷二十四《汶水》以及《洙水》、《淄水》等篇,又引《从征记》一书,不著撰者。查隋唐诸史,《隋书·经籍志》著录戴延之《西征记》2 卷,又戴祚《西征记》1 卷。《两唐志》均著录戴祚《西征记》2 卷,无戴延之书。至于《从征记》,则隋唐 3 志俱不著录。这里,对于《西征记》、《从征记》以及隋志著录的戴延之和戴祚两种《西征记》等等之间的关系,实在纠缠不清,而解决这个问题的端倪,却还是从《水经注》的引书中获得的。卷十五《洛水》经"又东过偃师县南"注云:"戴延之《西征记》曰:坞在川南,因高为坞,高十余丈,刘武王西征入长安,舟师所保也。"同注又云:"戴延之《从刘武王西征记》曰:有此尸,尸今犹在。"由此可知,郦注中引及《西征记》和《从征记》多达十余次,而只有在《洛水注》中,才写出此书全名,即戴延之《从刘武王西征记》。《西征记》与《从征记》,原来都是此书略称。明黄省曾刻本《水经注》卷首列有郦注引书目录,把戴延之《西征记》和无著者的《从征记》并列为两书,黄氏未曾详究两书异同,故有此讹。此外,郦氏在此书撰人上屡言戴延之而不及其他,而从"延之"一词揣摩,很可能就是戴祚之字,则《隋书·经籍志》著录的戴祚和戴延之两种《西征记》,其实就是同书。

方　志

修纂地方志是中国的优秀文化传统。据中华书局 1981 年版的《中国地方志联合目录》，历代以来直到建国以前，至今尚存（包括残存）的方志，共有 8371 种。大量亡佚的还不计在内。说明我国历代修纂的方志，真是一个十分庞大的数字。

我国修纂方志始于何时？这当然与方志一名的出现有密切关系。历来学者常以《周礼》"外史掌书外令，掌四方之志"一语作为方志一名的滥觞。但《周礼》无非是战国甚至汉代人们所理想的一种古代制度，这种制度在古代实际上并不存在。因此，被外史所掌管的这种"四方之志"，其实并无其物，更不必说它的体例和内容了。

在我国古籍中，实有所指的方志一词，开端于《水经注》。全书出现的方志一词凡两次：

卷二十一《汝水》经"汝水出河南梁县勉乡西天息山"注云：

　　余以永平中蒙除鲁阳太守，会上台下列山川图，以方志参差，遂令寻其源流。

卷二十二《渠》经"又屈南至扶沟县北"注云：

　　因其方志所叙，就记缠络焉。

这里，郦注所云"以方志参差"和"因其方志所叙"的方志，指的当然是六朝方志。这是我国历史上第一批出现的方志。《水经注》引用这类方志甚多，例如《三秦记》、《三齐略记》、《上党记》、《巴蜀志》、《交州记》、《沙州记》、《东阳记》、《钱唐记》、《武昌记》、《宜都记》等等，为数近百种之多，清陈运溶《荆州记序》（载《麓山精舍丛书》）云："郦注精博，集六朝地志之大成。"这话是确实的。

在《水经注》所引的六朝方志中，现在除了卷十九《渭水注》所引的《三辅黄图》和卷四十《渐江水注》所引的《山居记》两种尚存外，其余均已亡佚。依靠郦注的引述，使这些方志，至今尚能保留它们的吉光片羽。清王谟辑《汉唐地理书钞》，其中六朝方志的主要来源就是《水经注》。由此可知，《水经注》不仅首先提出了方志一词，而且对于我国最早的一批方志即六朝方志的保存，作出了重要贡献。

六朝方志一般都是篇幅短小和内容综合性的地方文献，但它却是我国各地普遍修纂方志的真正渊源。六朝方志后来演化成北宋的图经，图经为我国方志建立了图文并茂的传统。从南宋开始，各地修志，蔚然成风，并为以后大量涌现的明、清方志确立了基本的写作体例和内容规范。从此沿袭以还，地方官多以修志为他们应尽的职责，地方知识界多愿为地方修志而努力，地方一般人民也都重视地方的志书，这样就形成了我国这一优秀的文化传统。而历代以来，积累了这样一宗巨大的文化财富。

建国以后,由于种种原因,我国的这种优秀文化传统,不幸被中断了30余年之久。地方资料无人整理,地方掌故无人知晓,地方文献散佚堪虞。所幸这段时期已经过去,现在这种传统已获得恢复,全国各地的修志高潮正方兴未艾。此时此刻,检读《水经注》所引六朝方志,溯昔抚今,令人慰藉。

辞书之误

郦学是一门包罗广泛的学问,所以许多辞书都有涉及郦学的条目,这当然是一件好事。但是也有不少辞书,在有关这类条目的释文中发生了错误,有的甚至是很大的错误,这就令人不胜遗憾了。

《中国文学家辞典》(1980年四川人民出版社出版)古代第一分册的"郦道元"条和《文学家手册》(1982年内蒙古人民出版社出版)的"郦道元"条,都把郦道元的籍贯说成是涿鹿县人。这个错误虽然源于《北史》,《北史·郦范传》说:"范阳涿鹿人也。"北魏范阳郡根本没有涿鹿县,只有涿县,《北史》"涿鹿"是"涿县"之误。但历来已有不少文献纠正了这个错误。上述两种辞书却还要重复别人早已纠正了的错误,令人诧异。

当然,上述两种辞书,都是地方出版社的一般辞书,它们在郦学条目上的错误,或许不必多作计较。但问题是,全国性的重要辞书,在郦学条目的释文中,也有较大错误的例子,这就值得引起重视了。

让我们看一看《辞海》(1979年上海辞书出版社出版)"水经注疏"一条的释文:

> 近代地理名著。杨守敬、熊会贞合著。……杨氏生前,曾拟将全书付刊未果;死后由熊氏继续增订,直至一九三六年熊氏死。一九五五年始由中国科学院将熊氏写订稿本交科学出版社影印出版。因未经审校,错别字及脱漏之处甚多,如《涪水》漏抄郦注本文竟达九十多字。

的确,北京科学出版社影印《水经注疏》的底本,因当年抄成后即离开熊会贞处,未经熊氏校对,所以错漏极多,这是事实。但《辞海》所举的《涪水》一篇,却并无错别字和脱漏之处。"漏抄郦注本文竟达九十多字"的话,完全不是事实。《辞海》撰稿人对照殿本或其他本子,发现"涪水出广汉属国刚氏道徼外,东南流"之下,注文少了一大段。这一大段是:"迳涪县西,王莽之统睦矣,臧宫进破涪城,斩公孙恢于涪自此水上。县有潺水,出潺山,水源有金银矿,洗取火合之,以成金银。潺水历潺亭而下注涪水。涪水又东南迳绵竹县北,臧宫溯涪至平阳,公孙述将王元降,遂拔绵竹,浩水又东南。"一共91字。这就是"漏抄郦注本文达九十多字"一语的来源。

其实,这条释文的作者,只要稍有耐心,再往下读几段,不仅可以发现,这91个字在注文中完整无缺,而且还可以读到一段熊会贞所写的令人信服的疏文:

> 会贞按,……朱"徼外"下接"东南流迳涪"云云,至"遂拔绵竹"下接"涪水又东南与建始水合"至"迳江油广汉者也"。全、赵、戴同。准以地望,建始水在上,江油在下,涪县又在下,何能先迳涪县而后会建始水而迳江油也? 明有错简。"东南流"三字当接"与建始水合"至"迳江油广汉者也"。又移"与建始水合"上"涪水又东南"五字于其下,乃接"迳涪县西"至"遂拔绵竹"方合,今订。

熊会贞是一位地理学派的郦学家,他校勘郦注,十分重视地图,与考据学派的郦学家只在文献资料上下工夫不同。他对照地图校勘,发现殿本与其他版本,对涪水与建始水会合的地点显然错误,所以把注文的前后作了移动。这一移动,在地理上的错误就得到纠正。而《辞海》的撰稿人不领会此中要义,结果造成错误。

另外一种也是由上海辞书出版社出版的《地理学词典》1983年版,在"水经注疏"这一条释文中也发生了较大的错误:

> 清末,杨守敬、熊会贞总结前人成果,订正前人谬误,详注郦注水道迁流及征引故实,经注一万零九百八十五字,疏三万九千五百字,成为一代地理名著。

读了这条释文,不禁使人大吃一惊。《水经注疏》是一部120万字的巨著,而释文把经、注、疏二者合在一起,只有5万字,岂不怪哉! 写这条释文的作者,肯定承担了许多条目的撰写,其中有些条目是他精通的,另一些条目却是他陌生的,这是眼下集体编写辞书的通病。他肯定没有见到过《水经注疏》其书。假使他见到过北京科学出版社的线装3大函,或是台湾中华书局的平装18巨册,他怎能写出5万字之数。5万字,不过是一本薄薄的小册子而已。

我根究这种辞书上的这个错误,而且查出了错误的来源。当然,5万字之数,并非辞书撰稿人所捏造,而是以讹传讹。错误的来源竟是为科学出版社影印《水经注疏》卷首撰写《说明》的贺昌群。贺氏在《说明》中说:

> 全稿原装一卷一册,计四十卷,共四十册。卷末云:"经注一万零九百八十五字,疏三万九千五百字。"

这当然是贺氏的极大疏忽。按杨、熊《水经注疏》的抄写格局,每页中缝都有:"大字若干,小字若干"的注记,大字指经、注文,小字指疏文。每卷之末,则有"经注若干字,疏若干字"的注记。这一方面当然是可统计经、注、疏的字数,另一方面则是为了计算当时抄写人的工资,这从好几卷之末标有抄资数目可知。贺氏所说的"卷末云",其实是全书最后一卷即卷四十之末,指的是《浙江水》《斤江水》《江以南至日南郡二十水》《禹贡山水泽地所在》这4篇的经、注、疏字数,贺氏竟把它当作全书的经、注、疏字数。贺昌群当然是个知名学者,但是并不研究郦学,他是以中国科学院图书馆馆长(因此影印本的底本为科学院图书馆所有)的身份撰写这篇《说明》的。成稿后又不请一位郦学家过目,因而酿成如此笑话,当然是十分不幸的。而《地理学词典》又信手抄录贺氏的错误数字而不加核对,把这样的错误写入许多人都要查阅的工具书中,谬种流传,不胜遗憾。

范蠡《养鱼法》

卷二十八《沔水》经"又从县东屈西南,淯水从北来注之"。注中,记载了根据范蠡著作,从事淡水养殖的故事。注云:

> (沔)水又东入侍中襄阳侯习郁鱼池。郁依范蠡《养鱼法》作大陂,陂长六十步,广四十步,池中起钓台,池北亭,郁墓所在也。列植松篁于池侧沔水上,郁所居也。又作石洑逗引大池水于宅北,作小鱼池,池长七十步,广二十步。

案范蠡原是春秋越大夫,曾经在句吴围困的会稽山蓄池养鱼。《越绝书》卷八:"会稽山上城者,句践与吴战,大败,栖其中,因以下为目鱼池,其利不租。"故世传其有《养鱼经》(即《沔水注》的《养鱼法》)之作。《旧唐书·经籍志》卷下,《新唐书·艺文志》卷三等均著录此书。清姚振宗《隋书经籍志考证》卷三十一云:"梁有陶朱公《养鱼经》一卷,亡。"但《沔水注》记及"郁依范蠡《养鱼法》作陂"。案郁,东汉初年人,《艺文类聚》卷四十九引《襄阳记》:"习郁为侍中,光武录其前后功,封襄阳侯。"则此书在汉时已经流行,何须到梁时才有陶朱公《养鱼经》?则姚振宗的考证当有讹误。或许在东汉时已经流行,而梁时又有人重录,亦未可知。

《养鱼法》一书,除《沔水注》引及外,《文选》卷三十五,张景阳《七命注》亦均引及。此书亡佚已久,唯《齐民要术》辑存(卷六养鱼第六十一)。宋高似孙《剡录》卷十"草木禽鱼诂下"引此书作范蠡《鱼经》。南宋时此书亡佚已久,故高氏所引当亦是《齐民要术》本。宋代以来,公私书目著录此书者甚多,如《遂初堂书目》"谱录类"、《红雨楼书目》卷三"农圃类"、《澹生堂书目》卷八"牧养类"、《述古堂书目》卷四"鸟兽",《虞山钱遵王书目》卷二"史部·豢养"、《也是园书目》卷二"豢养"、光绪《苏州府志》卷一三九"艺文中"等,所有上列著录,均系《齐民要术》本。而明代以来各丛书所收录者,如《说郛》、《宛委山堂说郛》、《辍耕录》、《玉函山房辑佚书》等,亦均从《齐民要术》传抄而来。

《沔水注》所载习郁所据范蠡《养鱼法》,在《齐民要术》本之篇末云:

> 又作鱼池法,三尺大鲤,非近江湖,仓卒难求,若养小鱼,积年不大,欲令生大

鱼法,要须截取薮泽陂湖饶大鱼之处,近水际,土经十数载,以布池底,二年之内,即生大鱼,盖由土中先有大鱼子,得水即生也。

《水经注》所引书,有时可以正历史上公私著录之误。此《泿水注》所引之《养鱼法》一书,竟比姚振宗《考证》的著录早500多年,即是一例。

马　流

在构成中华民族的许多民族中,汉族很早就是一个文化发达的强大民族。在很长一段时期中,汉族对其周围的其他一些民族,概念是比较模糊的。《礼·王制》云:"东方曰夷,南方曰蛮,西方曰戎,北方曰狄。"这中间实际上包括许多民族,但都以蛮、夷、戎、狄配上方位加以称呼。这一方面当然是古代的一种大民族思想的表现,但是应该说,当时汉族对他们是相当隔膜和模糊的。直到《水经注》的时代,对于汉族以外的少数民族,还使用许多含糊的称谓。一种流行的称谓,是把同一地区的许多不同民族,用一个数词来进行概括。例如在卷二十九《泿水注》以及《湘水注》和《禹贡山水泽地所在注》中,把西南的许多少数民族称为"三苗",《泿水注》和《叶榆河注》中,把南方的许多少数民族称为"百越",《叶榆河注》中另外一个用数词概括南方少数民族的称谓是"南八蛮"。对于定居在某一个小地区的少数民族,则往往采用在蛮、夷、戎、狄的统称之上加一个地方称谓以资识别的办法。例如《沅水注》和《资水注》中的"五溪蛮",卷二十七《泿水注》中的"巴獠",《夷水注》和《叶榆河注》中的"巴蛮",《淯水注》中的"黄邮蛮",《文水注》中的"离石诸胡"等等均是其例。《水经注》中出现上述称谓,也并不完全是大民族主义思想的原因,因为《水经注》的作者,本身就是在所谓"五胡乱华"之中的一胡之下当官的。这中间,有很重要的方面是对这些少数民族缺乏了解。卷三十六《温水注》中记载的"马流"即是明显的例子。

《温水》经"东北入于郁"注云:

> 《俞益期笺》曰:马文渊立两铜柱于林邑岸北,有遗兵十余家不反,居寿泠岸南而对铜柱。悉姓马,自婚姻,今有二百户。交州以其流寓,号曰马流。言语饮食,尚与华同。

这里的《俞益期笺》,案鲁迅《古小说钩沉》(《鲁迅全集》卷八)据《续谈助》卷四所辑《小说》云:"俞益期,豫章人,与韩康伯道,至交州,闻马援故事云。"俞益期不知生平,但韩康伯是东晋名人,《隋书·经籍志》著录有太常卿《韩康伯集》16卷。《世说新语》言语、方正、雅量、品藻等篇均载及其事迹。案《温水注》又引《俞益期与韩康伯书》,故《俞益期笺》当是俞南行后与韩康伯的书信。其中马流云云,是他在林邑所听到的。但郦道元恐怕并不相信俞益期的这种道听途说，所以他在《温水注》的同条经文下，又引用了另外一种资料。注云：

> 《林邑记》：建武十九年，马援树两铜柱于象林南界，与西屠国分，汉之南疆也。土人以之流寓，号称马流，世称汉子孙也。

假使"马流"确实如《俞益期笺》所云，是马援的旧部，则他们无非是留居国外的汉侨。《林邑记》的说法"世称汉子孙也"，含有其实不是汉子孙的意思。关于这一点，《初学记》卷六"海第二"的铜柱下引张勃《吴录》，表达得比《林邑记》更为清楚。《初学记》云："象林海中有小洲，生柔金，自北南行三十里，有西属国，人自称汉子孙，有铜柱，汉之疆场之表。"据此，则所谓汉子孙，确实是西属国（《林邑记》作西屠国）人的自称。因为当时汉族强大，边疆少数民族称汉人以自保，这是很可能的事。

对于"马流"，丁谦在《新唐书南蛮列传考证》（《浙江图书馆丛书》第一集）一文中所作的考证（丁氏作"马留"），比《俞益期笺》和《林邑记》的说法看来要合理得多。丁氏云：

> 马留为南洋黑人种族之名，或作马来，亦作巫来由，皆音译之转。今云马援所留，实望文生义之谈，不足为据。

《水经注》中有不少涉及我国边疆民族的资料，由于当时对这些民族了解很少，记载中颇有以讹传讹的东西，但是对于今天的民族史研究，仍然都是有用的资料。

《水经注》记载的岩画资源

古代岩画是一种重要的文物资源。所谓岩画，往往是一些史前时期的部落居民在岩石上涂抹和雕凿的，它们线条简单，构思粗犷，但却鲜明地反映这些部落的生产和生活，所以除了文物的价值以外，岩画对研究古代不同部落的分布、发展、迁徙以及他们的生产、生活、风俗习惯等许多方面，都有重要的意义。

郦道元在《水经注》中，记载了不少地方的岩画，其中有许多是他亲眼目睹的。卷三《河水》经"又北过北地富平县西"注中，他记载了许多他在旅途中发现的古代游牧民族的岩画，注云：

> 河水又东北历石崖山西，去北地五百里，山石之上，自然有文，尽若虎马之状，粲然成著，类似图焉，故亦谓之画石山也。

在同卷经"至河目县西"注中又说：

> （河水）东流迳石迹阜西，是阜破石之文，悉有鹿马之迹，故纳斯称焉。

按照郦注的记载，这个地区当在今内蒙古阴山一带，近年以来，内蒙古的文物工作者,根据《水经注》的记载,已经发现了"石崖山"、"石迹阜"等的古代岩画,它们位于阴山山脉西段的狼山地区,西起阿拉善左旗,中经磴口县、潮格旗,东至乌拉特中联合旗。东西长约 300 公里,南北宽约 40 至 70 公里,在深山幽谷和峭丽的山巅上,已找到了 1000 多幅各种内容的岩画,真是一宗巨大的岩画资源。所有这些,盖山林在《举世罕见的珍贵古代民族文物——绵延 21000 平方公里的阴山岩画》(《内蒙古社会科学》1980 年第 2 期)等文中已有详细介绍。

由于《水经注》记载的古代岩画资源在内蒙古获得发现,为此,如果我们继续检索《水经注》有关岩画资源的记载,进一步在其记载的相关地区进行野外调查,则继内蒙古阴山地区之后,继续发现古代岩画的可能性是不小的。

我查阅郦注,除了《河水注》的"画石山"和"石迹阜"以外,记载古代岩画的篇幅,在全书中是不少的。

卷二《河水》经"又东过金城允吾县北"注中,注文云:

今晋昌郡南及广武马蹄谷盘石上,马迹若践泥中,有自然之形,故其俗号曰天马径。夷人在边效刻,是有大小之迹,体状不同,视之便别。

卷四《河水》经"又东过河北县南"注云:

其水又迳鹿蹄山西,山石之上有鹿迹,自然成著,非人工所刻。

上述晋昌郡的"天马径"和洛水流域的"鹿蹄山",前者注文说"有自然之形",后者则"自然成著",这与"石崖山"的"自然有文"是一样的。而且注文对"天马径"又清楚地指出"夷人在边效刻"。为此,这两个地区拥有古代岩画资源的可能性是极大的,应该组织力量进行野外调查,使宝贵的古代文物资源得到及时的发现和保护。

除了上述《河水注》的两条以外,全书还有不少涉及古代岩画的记载,例如:

卷二十六《淄水》经"又东过利县东"注中,注文云:

盘石之上,尚有人马之迹。

卷二十七《沔水》经"又东过西城县南"注中,注文云:

山下有石坛,有马迹五所。

卷三十八《湘水》经"又东北过重安县东,又东北过酃县西,承水从东南来注之"注中,注文云:

石悉有迹,其方如印。

卷三十九《洣水》经"又西北过阴山县南"注中,注文云:

山上有仙人及龙马迹。

以上 4 条有关古代岩画资源的记载,因为郦道元均未亲履其地,他是从其他资料上检获而写入注文的。但既然有资料记载了这些可能存在的古代岩画,我们也应按注文所记的地区加以调查,或许也能有所发现。

北魏的商业

在国外访问,偶然的机会读到了黄仁宇先生的《中国大历史》(台北联经出版事业公司 1993 年版)。此书并有英文名称:China:A Macro History。按 Macro 一词,英语释为巨大的、深厚的、特出的等等,我意黄先生此书,Macro 一词或以释"特出的"最为妥帖。则此书寓有简明中国历史之意。《中国大历史》的"大"字,"大要"之谓也,其实就是《中国简明历史》。披阅一过,感到黄先生此书,其内容确选材于简明特出,而且议论人事,都相当公正,所以深为佩服。不过在第九章《统一的途径》中,论及拓跋鲜卑时有一段话说:

> 拓跋氏是一种鲜卑民族,……他们在公元三世纪之末来到中国北边的时候,拓跋的部落,才刚刚脱离原始的公社组织,他们仍旧没有居室,没有文字,没有法典,很可能在和中国商人接触之前,没有财产。

这里,作者指出:"在和中国商人接触之前,没有财产。"拓跋氏在早前没有私人财产,这当然是毋庸置疑的。但原话的另一种意义是,在拓跋鲜卑人和中国商人接触了以后,就开始拥有私人财产了。所以讨论的问题是中国商人到底在什么时候与拓跋族人接触?

我读《水经注》,得到了一条中国商人早期与拓跋族人来往的材料。卷三《河水》经"又南过赤城东,又南过定襄桐过县西"注云:

> 皇魏桓帝十一年,西幸榆中,东行代地,洛阳大贾赍金货随帝后行。

按北魏桓帝即拓跋猗㐌,其十一年是西晋永兴二年(305)。说明在公元 4 世纪之初,从西晋首都洛阳来的大商人,已经深入今山西境内的拓跋氏领地,而且能够带了金钱财货跟随拓跋帝王,从事商业活动,则在这以前,一般的小商小贩在拓跋鲜卑地区从事贸易活动的,想必早有其人。所以黄先生说在公元 3 世纪末的话,是否稍晚了一点,因为既然 4 世纪之初,大商人已经"随帝后行",则一般商人在 3 世纪末以前可能早就存在了。

当然,拓跋氏在当时是一种已经发展了定居农业但仍不放弃游牧的民族,商业对他们还没有极端的重要性。《通鉴》卷一二五元嘉二十七年(450)七月所记可以为证:

> 魏群臣闻有宋师,言于魏王,请遣兵救缘河谷帛。魏主曰:今马未肥,天时尚热,速出必无功。若兵来不止,且还阴山避之,国人本着羊皮袴,何用绵帛?展之十月,吾无忧矣。

这里所说的"缘河谷帛","缘河"指的是今山西、内蒙古一带;"谷帛"即是粮食种植业和蚕桑业。说明北魏当时的定居农业已经相当发达。但遇上战争,魏主却宁愿放弃它们而暂时退避到阴山去过他们的游牧生活。等到秋高马肥时,再来与敌交战。"国人本着羊皮袴,何用绵帛?"说明农业与商业,在不得已时都还是可以放弃的。这是指北魏建国的前期。

但后来元宏迁都洛阳,情况从此大变,北魏成为一个商业发达的中原大国。《水经注》卷十六《穀水》经"又东南过河南县北,东南入于洛"注中记及首都洛阳的情况,城中有"马市"、"金市"等所谓"洛阳三市",市面繁荣,已经到达了"方贡委输","流通万里"的程度。

《洛阳伽蓝记》卷三还记载了当时与外国通商的情况:

> 自葱岭已西,至于大秦,百国千城,莫不观附,商胡贩客,日奔塞下。所谓尽中国区已,乐中国风,因而宅者,不可胜数。是以附化之民,万有余家,门巷修整,阊阖填列,青槐荫柏,绿树垂庭,天下难得之货悉在焉。

从《水经注》等北魏当代的文献可以说明,北魏的商业肇始甚早,但在一个较长时期中,并不占国计民生的重要地位。及至太和十八年(494)迁都洛阳以后,商业日趋繁荣,洛阳甚至成为一个国际贸易中心。

采"薪"和采"旅"

卷四十《浙江水》经"北过余杭,东入于海"注中,有一个关于孝子杨威的故事:

> 县东北上亦有孝子杨威墓。威少失父,事母至孝,常与母入山采薪,为虎所逼,自计不能御,于是抱母,且号且行,虎见其情,遂弭耳而去。

王国维在《宋刊水经注残本跋》(《观堂集林》第十二卷)一文中说:

> 卷四十《浙江水注》,入山采旅,诸本皆作薪。案《后汉书·光武纪》,野谷旅生。注,旅,寄也,不因播种而生,故曰旅。今字书作穭,音吕。又《献帝纪》,尚书郎以下,自出采稆。注引《埤苍》曰,穭自生也。稆与穭同。郦云采旅,正与范书语合,诸本改作薪,盖缘不知采旅为何语耳。

王国维的话,只有一点需要修正,即"诸本皆作薪"。因为王氏生前仅读到《永乐大典》本的前二十卷。其实《永乐大典》本卷四十《浙江水注》中,此处亦作"入山采旅"。所以应该说,除了残宋本与大典本外,其余各本均作"入山采薪"。

"旅"字和"薪"字,从字形和读音上看,两者均无相似之处。不可能是传抄的错误。这中间,一定有一位自以为是的校勘者,以为"旅"是个常见字,却不去查一查小学书上是否还有其他音训,一笔把它改成"薪"字。以后就以讹传讹,于是从黄省曾本开始(当然并不是说其错误始于黄省曾本),直到最近的一切版本,都作"入山采薪"。

现在看来,《水经注》的原文应该是"入山采旅"。除了上面所说"旅"和"薪"形、音悬殊,不会造成传抄之误外,从故事的情节判断,事情也是很清楚的。"旅"是可以食用的野生植物,荒年常用以代粮。《救荒本草》之类的书上多有记载。上山采集这类植物,劳动量并不很大,但必须具有识别的知识,何者可食,何者不可食。"薪"是燃料,上山采薪,需要很大的劳动量,但并不需要识别的知识。一个孝子上山,为什么要与母亲同去?这当然是因为母亲年长识多,具有区别野生植物的知识。若是采薪,自然不必借助于其母。所以郦氏原注应该是"入山采旅"。

古籍校勘确实不易,稍一粗心,就会造成很大的错误,能不慎哉?

别体字

王国维《明抄本水经注跋》(《观堂集林》第十二卷)云:

> 如《颍水注》,颍水又东迳项城中,楚襄王所郭以为别都,都内西南小城,项县故城也,旧预州治。案预者,豫之别字,诸本并讹作颍。考项县在汉魏时本属豫州汝南郡,至后魏孝昌四年始置颍州,不得为项县地,而天平二年置北扬州,乃治项城。是项县故城,当是旧豫州治,不得为后魏颍州治也。且下文云:又东迳刺史贾逵祠,刺史上不著州名,乃承上文旧预州治言之(魏志本传,逵为豫州刺史),则此本作预州是,诸本作颍州者误也。

王氏的这一校勘成果是很出色的,其中"案预者,豫之别字",是这一校勘的关键;他的自注"魏志本传,逵为豫州刺史",是有力的旁证。最后是正确的结论:"则此本作预州是,诸本作颍州者误也。"王氏不愧是一位学识渊博,思路敏捷的学者,令人折服。

王氏所说的"别字",也就是别体字。他抓住这一点,结果获得了这个诸本皆讹唯明抄本不误的校勘成果。王氏的这一校勘方法,对于古书校勘者,特别是古书抄本校勘者,确是一种有益的启发。

《水经注》中有一种称"坈"的地名,在殿本共有 8 处,计卷四《河水注》"曹阳坈",卷五《河水注》"马常坈"、"落里坈",卷八《济水注》"深坈",卷二十三《汳水注》"神坈坞",卷二十六《潍水注》"盐坈",卷三十七《浪水注》"水坈"。另外,卷八《济水注》"平州",在微波榭本和注疏本中均作"平州坈"。对于这种称"坈"的地名的自然地理属性,卷五《河水》经"又东北过高唐县东"注中说得十分明白:

> 漯水又东北迳千乘县二城间,……又东北为马常坈,坈东西八十里,南北三十

里,乱河枝流而入于海。河海之饶,兹焉为最。《地理风俗记》曰:灢水东北至千乘入海,河盛则通津委海,水耗则微涓绝流。

由此可知,这种称"坈"的地名,从自然地理上说,无非是一种季节性湖泊,但问题在于这个"坈"字的音训如何,需要考证。从朱谋㙔的《水经注笺》开始,包括朱之臣的《水经注删》和张匡学的《水经注释地》等,都从小学书《玉篇》上去找寻答案。结果是小题大作,不得要领。假使他们都能如王国维那样从别体字的线索去考虑这个"坈"字,问题就可迎刃而解。

今各本《水经注》中,卷五《河水》经"又东北过高唐县东"注中,有"秦坈儒士,伏生隐焉"一语,这个"坈"字,在北京图书馆所藏的残宋本中,恰恰就作"坈"字。另外,今各本卷二《河水》经"又东过陇西河关县北,洮水从东南来流注之"注中,有"投河坠坈而死者八百余人"一语,这个"坈"字,在北京图书馆所藏的何焯校明抄本中,恰恰也作"坈"字。由此可知,《水经注》中这八九处"坈"字,其实就是"坑"的别体字。原来,大典本和黄省曾本,这个"坈"也多作"坑"字,朱谋㙔从宋本作"坈",却没有与宋本中如"秦坈儒士"之类的"坈"字去核对一下,竟另求《玉篇》,结果反而致误。

至于这一种地理事物为什么称"坈",光绪《山东通志》卷三十三有现成的解释。该书在引《水经注》"平州坈"后云:"坈当作坑,《太平御览》地部四十引《述征记》曰:齐人谓湖曰坑。"上述八、九处称"坈"的地名,除了卷三十七《浪水注》的"水坈"外,其余均在齐地。由此可以得到结论:"坈"是"坑"的别体字,而"坑"则是"湖"在齐地的方言。

校勘古书,确实需要小心谨慎。《渐江水注》的"人山采旅","旅"字被误成"薪"字,因为"旅"字字形熟悉,音训又人所皆知,它诱使校勘者全然不顾小学书,自以为是,轻率臆改。而"坈",字形生疏,音训人所鲜知,它诱使校勘者唯小学书是从,不再从其他线索进行考虑,而其实不过是个别体字。古书校勘者,应该吸取前代学者的这种经验教训。

"大夫无域外之交"

汪辟疆所撰《杨守敬熊会贞合传》(《国史馆刊》创刊号1947年版)云:

日人森鹿三极服熊氏以一生之力,成此绝业。民国十九年四月,遣松浦嘉三郎走武昌,求其稿,不获,又两谒,许以重金,乞写副。会贞以大夫无域外之交,固拒之,卒不为夺。呜呼,若会贞者,此宁可求诸今世士大夫耶?

汪氏此说,后来引用者甚多。例如武昌亚新地学社1949年铅印本《水经注疏》卷首向宜甫序言也说：

> 日人森鹿三，极服熊氏以一生精力成此绝业，乃于1930年夏4月，遣松浦嘉
> 三郎走武昌求其稿，不获，又两谒，许以重金，乞写副。熊氏以大夫无域外之交，因
> 拒之，卒不为夺。若熊翁者，此宁可求诸今世士大夫耶？

向宜甫的说法，当然是从汪文中抄来的，但不知汪氏之说是根据什么材料？松浦
氏到武昌求见熊会贞是事实，森鹿三在日译本《水经注（抄）》卷末的《水经注解释》中
云："我们的同事松浦嘉三郎于1929年去武昌熊氏私宅访问。"此说与汪氏之说符合，
只是汪氏说民国十九年，森氏说1929年，相差一年，当是两人中有一人记忆错误。

汪氏文中所谓"固拒之，卒不为夺"的话是错误的：因为事实上森鹿三得到了这部
副本，而这部各册卷均书有"森鹿三寄赠"字样的副本，现在收藏于京都大学人文科学
研究所中，抄写的体例格局，完全与北京科学出版社影印本及台北中华书局影印本相
同。已为我在日本所亲见，所以不必再论。

使我不解的是汪氏在这段文章中所提出的熊会贞拒绝录副的原因是"大夫无域
外之交"。我不知道此语出自何种典籍，也不曾去查过什么典籍。但这种言语和思想
出于熊会贞，却使人无法相信。因为熊氏是最尊师重道的人物，特别是对于杨氏，熊氏
确实如杨氏临死前受嘱时涕泣而语的"鞠躬尽瘁"。熊氏明明知道杨氏一生之中甚多
"域外之交"。杨氏死后，熊氏竟口出此言，则将置其恩师于何地？案杨氏作为清廷驻
日使馆的随员，在日四年，结识了许多"域外之交"。据吴天任《杨惺吾先生年谱》（台
北艺文印书馆1974年版）光绪八年壬午下云："是时与日本文人往来最密者：岩谷修，
日下部东作，冈千仞。"其中冈千仞在杨氏于光绪十年返国时随杨氏同来中国，杨氏并
陪同他到苏州参观李梅生、顾子山两家藏书。又据《年谱》宣统三年辛亥下云："九月
初，有日人水野疏梅来谒先生，愿受业为弟子，学书法及金石之学。先生初以老辞，嗣
悯其诚而许之，使其教两孙日语，水野呈诗申谢，并李先生诗。先生亦勉赋二绝句，分
酬翰臣、水野。十月，先生应水野疏梅之请，作《书学迩言》，杂评碑帖及诸家书法。岁
暮，水野归日本，先生以草稿付之。"后来，杨氏又应水野之请，自撰《邻苏老人年谱》。
水野在杨氏沪寓时，每日均在杨宅午餐，时会贞亦在座，则熊氏与水野，必然过从无疑。
是则熊氏也早已有了"域外之交"。所以熊氏绝不会出如此矛盾之言，也绝不会做如
此矛盾之事。汪氏引熊氏此语，想必出于附会。

陆游未读《水经注》

《水经注》原来只为朝廷所独藏，直到唐朝，仍然如此。隋虞世南主编《北堂书

钞》，唐初徐坚主编《初学记》，直至李吉甫主编《元和郡县图志》，所引《水经注》不少，但此等均从朝廷藏书而得，仅参与官员始能披阅，民间殊不可得而见。唐朝后期，陆龟蒙诗"水经山疏不离身"。陆无非一小小地方官员，说明郦注已有传抄之本流传外间。及至宋朝，朝廷所藏当然仍旧，所以宋初所纂《太平御览》、《太平寰宇记》诸书，不仅引及郦注甚多，而且常为今本所无，故当是隋唐以还的足本无疑。但传抄必较唐末更盛，加之元祐成都府学宫等刊本行世，则郦注想必已为民间所习见。虽然由于辗转传抄致讹，流行民间者多非足本，但由于其书知识丰富，文字生动，所以当时的文人学士，阅读此书者甚多。苏东坡诗："嗟我乐何深，水经亦屡读"可以为证。

陆游之祖陆佃，对郦注也必细读爱赏，其所编著的《埤雅》一书卷一鱼部，曾引郦注："鱼龙以秋日为夜"。我当年广辑郦佚，曾收入此条，但由于此文不涉河川地名，故不知其在何卷何篇。陆佃既读郦注，而且从这一条可证他所读之本，较当时流行的元祐刊本为完整（元祐刊本已佚，但依据元祐刊本所编的明吴琯刊本无此一句），则此书应是陆氏藏书。陆氏为山阴藏书大家，《嘉泰会稽志》称其为会稽三家之一，此书按理应为陆游所见，但从陆游日后所撰诗文观之，则他似乎未见此书。

陆游的《剑南诗稿》以毕生所撰诗词按年编次，可谓洋洋大观，但未见其有引及郦注者。当然，这不能作为他未读郦注的证明。因为他所撰诗词虽多，但未必与郦注有关。但《渭南文集》卷四十八的《入蜀记》一篇，按日记其从山阴故地入蜀历程，其中乾道六年十月六日"过荆门十二碚"起至二十七日抵夔州，舟行均在长江三峡之中，而其所引昔人记述三峡的诗同不少，却未及郦注。例如：

（乾道六年十月）十日，……与儿曹步涉沙口回望，正见黄牛峡庙后山如屏风叠，嵯峨插天，第四叠上有若牛状，其色赤黄，前有一人如着帽立者。……十一日，过达洞滩，滩恶，与骨肉皆乘轿陆行过滩，……犹见黄牛峡庙后山。李太白诗云：三朝同黄牛，三暮行太迟。三朝又三暮，不觉鬓成丝。欧阳公云：朝朝暮暮见黄牛，徒使行人过此愁。山高更远望犹见，不是黄牛滞客舟。盖谚谓：朝见黄牛，暮见黄牛，一朝一暮，黄牛如故。故二公皆及之。欧阳公自荆渚赴夷陵，有《下牢三游》及《虾蟆碚》、《黄牛庙》诗者，盖在宜时来游也。

按《水经注》卷三十四《江水》曾引行者谣："朝发黄牛，暮宿黄牛，三朝三暮，黄牛如故。"而陆氏却只引李白、欧阳修，未及郦氏名篇。又十月二十六日，陆游舟入瞿塘峡。《入蜀记》云："发大溪口，人瞿塘峡，两壁对耸，上入霄汉，其平如削成，仰视天如匹练。……晚至瞿唐关，唐故夔州，与白帝城相连。杜诗云：白帝夔州各异城，盖言难辨也。关西门正对滟滪堆，堆碎石积成，出水数十丈，土人云：方夏秋水涨时，水又高于堆数十丈。"

按瞿唐峡一段,郦氏在《江水篇》有十分精彩的描述,而陆氏所记载瞿唐之评论,较之郦氏逊甚。此外,郦氏在此篇中并引当地舟人谚语:"滟滪大如象,瞿唐不可上;滟滪大如马,瞿唐不可下。"陆游也仅引杜诗,此均为陆游未读《水经注》之明证。

兰 亭

卷四十《浙江水》经"北过余杭,东入于海"注云:

> 浙江又东与兰溪合,湖南有天柱山,湖口有亭,号曰兰亭,亦曰兰上里,太守王羲之、谢安兄弟,数往造焉。吴郡太守谢勖,封兰亭侯,盖取此亭以为封号也。太守王铄之,移亭在水中,晋司空何无忌之临郡也,起亭于山椒,极高尽眺矣。亭宇虽坏,基陛尚存。

这是目前可见的记载兰亭的最早文献。这段记载所提供的重要资料之一是:"吴郡太守谢勖,封兰亭侯。"谢虽然官为郡守,却是个不见于正史的人物。他封"兰亭侯"的事,对于说明兰亭的性质极有用处。清于敏中《浙程备览·绍兴府》(浙江图书馆藏抄本)云:"或云兰亭非右军始,旧有兰亭即亭堠之亭,如邮铺相似,因右军禊会,遂名于天下。"从谢勖封兰亭侯的记载中,可以证明于敏中的说法是正确的。按后汉制度,列侯功大者食县,小者食乡、亭。关羽封寿亭侯即是其例。因此,兰亭侯的"兰亭",绝非亭台楼阁之亭,而是如于敏中所说的亭堠之亭。兰亭原是县以下的一个小的行政区划单位,所以郦注说:"亦曰兰上里。""里"同样也是县以下的小行政区划单位。

《浙江水注》对兰亭提供的另一重要资料是,在东晋一代中,兰亭就迁移了三次:从鉴湖口迁到鉴湖之中,又从鉴湖之中迁到天柱山顶(椒)。历史上著名的王羲之兰亭修禊,其时兰亭在天柱山下的鉴湖湖口。

东晋永和九年(353)三月上巳,王羲之与谢安、谢万等名流42人修禊于此,事见《晋书·王羲之传》。与会者赋诗多首,而王撰文为之序,即是著名的《兰亭诗序》(此文流传的文题甚多,如《上巳日会兰亭曲水诗并序》、《兰亭集序》、《兰亭修禊序》、《三月三日兰亭诗序》、《临河记》、《兰亭记》等等)。相传王羲之用鼠须笔在乌丝阑茧纸上,把这篇325字的文章一气写成,成为我国书法艺术中的极品。从此,"兰亭"一词就具有两种涵义,一是作为名胜古迹的兰亭,一是作为书法极品的《兰亭》。

作为名胜古迹的兰亭,其地址以后经常迁移。《寰宇记》卷九十六引顾野王《舆地志》云:"山阴郭西有兰渚,渚有兰亭,王羲之所谓曲水之胜境,制序于此。"兰渚是鉴湖中的一个小岛,则南朝梁、陈之间,兰亭又迁回湖中。此说既为《寰宇记》所引,说明直到宋初,兰亭大概仍在湖中。但南宋《嘉泰会稽志》卷十引华镇《兰亭记》:"山阴天章寺,即逸少修禊之地,有鹅池、墨池,引溪流相注。"华镇是北宋元丰年代人,说明到北宋末叶,兰亭又从湖中迁移到天章寺。关于天章寺的地理位置,吕祖谦于淳熙元年(1174)曾道经此处,在其《入越记》(《东莱文集》)中有明确记载,与天柱山已经全不相涉。天章寺在元末毁于火,到明嘉靖二十七年(1548),绍兴知府沈启又在天章寺故址以北择地重建,亭址从此不再变迁。

今兰亭与东晋兰亭已经全不相涉。清吴骞槎在《尖阳丛笔》卷一(《适园丛书》)云:"今之游兰亭者求右军故迹,不特茂林修竹,风景已非,即流觞曲水之地亦无可据,盖今所谓,去兰亭旧址远矣。"全祖望在其《宋兰亭石柱铭》(《鲒埼亭集》卷二十四)一文中也指出:"自刘宋至赵宋,其兴废不知又几度,顾不可考。若以天柱山之道案之,其去今亭三十里。"

作为书法艺术极品的《兰亭》,因真迹早已亡佚,仅有后代的临摹本流传。各家临摹中,以唐欧阳询的《定武本》为著名(旧题《定武兰亭肥本》)。民国六年(1917),上海有正书局影印的《兰亭集序》即是此本。又有清乾隆帝收集的《兰亭八柱帖》,1973年上海书画社影印的《唐人摹兰亭墨迹三种》,即是《八柱帖》的一部分。其中第一种传为《冯承素摹本》,即历来所称的《神龙本》,论者以为与真迹最为接近,因而久负盛名。1964年北京出版社汇集故宫博物院所藏历代临摹《兰亭》的著名墨迹,影印出版《兰亭墨迹汇编》,已经集其大成。近人有论证《兰亭》非右军所书者,文章多属臆度,议论实无根据。而历来临摹名本中,"每览昔人"及"后之览者"两"览"字均书作"揽",显系王羲之避其曾祖王览之讳,《兰亭》出于右军,即此一端,就可定案。凭空翻案,岂有此理!

牛渚县

卷二十九《沔水》经"又东过牛渚县南,又东至石城县。"殿本在此下案云:"案牛渚乃山名,非县名。大江过其北,非过其南,县南二字之上有脱文。"赵一清《水经注释》亦云:"牛渚圻名,汉未尝置县也。"杨、熊《水经注疏》则云:"《通典》,当涂县有牛渚圻,《地理通释》二十引《舆地志》,牛渚山北谓之采石。"

这里,殿本案语中的所谓"大江过其北,非过其南"的话当然是对的。《水经》中特别是对南方河流弄错方位的,所在多有,不足为怪。但把山名误作县名的事,却令人不解。在古代,郡县建置是最重要的事,《汉书·地理志》带头重视此事,以后历代亦无不以此为重。当然,失载的事不能说没有,但原无郡县建置而凭空制造郡县的事却实属罕见。而《水经》居然推出一个牛渚县,郦氏所注,居然又不加纠正。在这条经文之

下,注文云:

> 经所谓石城县者,即宣城郡之石城县也。牛渚在姑孰、乌江两县界中,于石城
> 东北减五百许里,安得迳牛渚而方届石城也。盖经之谬误也。

这里,注文纠正了经文之谬,但所纠正的绝非经文提出的牛渚县名,只是纠正了牛渚的地理位置。按照经、注文字的惯例,经文的牛渚县,就算被注文所承认了。清王鸣盛在《尚书后案》"过三澨至于大别南入于江"下案云:"且牛渚下接县南两字尤紊谬,而鄈亦不辨。盖牛渚非县,县南上疑有脱文"(载《皇清经解》卷四〇六下)。王鸣盛的见解其实是重复了殿本的案语。他们认为牛渚非县是肯定的,因此这一条经文应该作:"又东过牛渚(圻),又东过(□□)县南,又东至石城县。"县南两字上有脱文的设想就是如此。王氏云:"鄈亦不辨。"这话就很难说了,公元3世纪有没有牛渚县的事,究竟是公元6世纪的郦道元不辨,抑是公元18世纪的王鸣盛不辨,或许是很难论定的。

牛渚山或牛渚矶(圻)的存在是无疑的。《说文》九下:"矶,大石激水也。"故苏皖长江沿岸石阜濒江者如采石矶、燕子矶等均是,牛渚矶是其中之一。但牛渚之名由来甚古,《越绝书》卷八:"道度牛渚。"此处牛渚即是渡口之名。《三国志·吴书·周瑜传》:"以瑜恩信著于庐江,出备牛渚。"同书《全琮传》:"以精兵万人,出屯牛渚。"周、全两传的牛渚,既非山名,也非渡口,而是一个军事重镇之名。《通鉴地理通释》卷十二:"孙皓时,以何植为牛渚督。"由此可知,作为一个聚落地名,东吴末年的牛渚,规模已经不小了。到了东晋,牛渚终于成为一个州治。《通鉴》卷一百晋纪二十二穆帝永和十一年,"镇寿春"胡注:"南渡初,祖逖以豫州刺史治芜湖;咸康四年,毛宝以豫州刺史治邾城;六年,庾翼以豫州刺史治芜湖;永和六年,赵胤以豫州刺史治牛渚。"当然,当时的豫州不过是个侨州,所以治所迁移不定。但侨州也有衙门、官吏、皂隶,总不能建在一座小山之上或一个渡口。所以牛渚之有聚落可以无疑。聚落既可以建为州治,当然更可以建为县治。

牛渚非县,根据何在? 赵一清说得很清楚:"汉未尝置县也。"因为《汉书·地理志》不载牛渚县,《晋书·地理志》,宋、齐二书《州郡志》,以上五志俱不载。但奇怪的是,五志之中,除《晋书》出于唐代郦氏不及见外,其余四志,都是《水经注》常用参考书。郦氏明见各志不载,却对经文不作纠正。更奇怪的是,他为了纠正牛渚县的地理位置而提出一个姑孰县来,此姑孰县,同样也为上述五志所不载。其实,《水经》和《水经注》中列载县名,为上述五志所不载的,所在多有。例如卷四十《禹贡山水泽地所在》篇经文中提到的金兰县,注文不仅因各志不载而不加纠正,而且在卷三十二《决水》篇中,注文也提出了"庐江金兰县"之名。说明尽管各志不载,但庐江郡下金兰县

的建置是确实存在的。还有卷十七《渭水注》的武城县,上起《汉书·地理志》,下至《魏书·地形志》均不见记载。卷二十八《沔水注》和卷二十九《粉水注》中并见的上粉县,卷三十二《夏水注》中的西戎县,也均不见于两汉志和晋、宋、齐诸志。此外如卷三十五《江水注》的沌阳县,卷三十六《沫水注》的灵道县,卷三十七《澧水注》的溇阳县,卷三十九《赣水注》的豫宁县,上述四县,注文不仅提出县名,而且都说明建县年代,但两汉志和晋、宋、齐诸志也均不载。由此可知,正史地理志所失载的县名是不在少数的。不必说用《水经注》资料与正史地理志核对,可以查出不少正史失载的县名。即用正史列传与同史地理志核对,也可以查出地理志失载的县名。以《晋书》为例,《陶侃传》言侃"领枞阳令",但地理志却无枞阳县名,其失载可以无疑。由此可知,牛渚在西汉以至三国,其间是否建县,县址存于何处,都不宜轻易否定,而值得继续研究。

《水经注》记"越"

我在拙著《郦道元评传》中,开卷明义第一章就是《郦道元生活的时代与地理大交流》。所谓"地理大交流",其实就是包括汉族在内的许多民族的交流融合。所以在全部郦注中记及的汉族以外的少数民族以及这些民族所建立的政权为数甚多。对于北方的许多少数民族,郦道元所亲自接触,记载比较详明。但对南方的少数民族,郦氏所据只是当时流传的文献资料,所以记载不甚明悉。其中有不少还值得继续研究。其中对于"越"的记载,即是可以讨论的例子之一。

《水经注》全书中记及"越"、"越王"及其他与"越"有关的卷篇甚多,卷四《河水》经"又南过汾阳县四"注中,就引《竹书纪年》:"魏襄王七年,秦王来见于蒲坂关;四月,越王使公师隅来献乘舟,始罔及舟二百,箭五百万,犀角、象齿焉。"魏襄王七年是公元前311年,越王无疆已经败亡。如卷四十《浙江水》经"北过余杭,东入于海"注中所说:"句践霸世,徙都琅邪,后为楚伐,始还浙东。"则这位不著其名的越王派遣公师隅以这样一大批物资向魏国朝贡,为时当在越王返回浙东以后。《禹贡·扬州》:"沿于江海,达于淮泗。"这300艘舟船的北上路径,想必走的这条道路。

《水经注》记载的越名和越事,涉及卷篇甚多,但主要集中在卷二十九《沔水注》、卷三十六《温水注》、卷三十七《叶榆河注》、《浪水注》及卷四十《浙江水注》4卷之中。注文记及的名称有越、大越、南越、外越、百越、骆越等。记及的地区主要是东南地区、西南地区和今中南半岛等。在《水经注》有关越族及其分布地区的种种记载之中,值得研究的是,第一,从名称上说,越与南越、百越、外越、骆越等之间,存在什么差异?第二,从地区上说,东南地区的越,与西南地区及中南半岛等地的越之间有什么关系。

这两个问题,通过从《水经注》的记载进行寻索,看来都有一些信息可以作为继续研究的依据。从名称上说,就《温水注》和《叶榆河注》记及的"外越",即是一项重要的资料。卷三十六《温水》经"东北入于郁"注云:"《林邑记》曰:(寿泠)浦通铜鼓、外越、安定、黄冈心口,盖藉度铜鼓,即骆越也。"卷三十七《叶榆河》经"过交趾麓泠县北,分为五水,络交趾郡中,至南界复合为三水,东入海"注云:"《林邑记》所谓外越、安定、纪粟者也。"《林邑记》其书早已亡佚,郦注两引此书言"外越",值得重视。因为这个名称,除郦注外,现在尚可见及的文献中,只有《越绝书》也有记及。此书卷二《吴地记》云:"娄门外力上者,阖庐所造,以备外越。"又云:"娄北武城,阖庐所以候外越也。"又云:"宿甲者,吴宿兵候外越也。"此书卷八《地传》云:"句践徙治山北,引属东海,内、外越别封削焉。"又云:"是时,徙大越民置余杭、伊攻、□、故鄣,因徙天下有罪适吏民,置海南故大越处,以备东海外越。"这里可见,《越绝书》不但记及"外越",而且还记及"内越"。则"外越"、"内越",只是内、外地理位置有别,其实同属一越。而《温水注》:"盖藉度铜鼓,即骆越也。"这里的骆越,可能即是"外越"的一支。所以石钟健在其《试证越与骆越出自同源》(《百越民族史论集》,中国社会科学出版社1982年版)一文中认为:"越与骆越出自同源,即同出于越。"其说是有道理的。

对于东南的越和西南的越两者之间的关系,按《水经注》的记载,这两个遥远地区之间,它们在地名上却存在着许多相同的称谓。卷二十九《沔水注》和卷四十《渐江水注》中的地名,都是东南地区的地名,而卷三十六《温水注》(包括《桓水注》、《若水注》、《存水注》)和卷三十七《叶榆河注》(包括《淹水注》)中的地名,都是西南地区的地名。但这两者之中,不少地名却出奇地雷同。例如含"无"及"毋"的地名。《沔水注》有无锡,《渐江水注》有无余国、句无;而《若水注》有小会无、会无,《存水注》有毋敛水,《温水注》有无变、无劳究、无劳湖、毋掇、毋单、毋血水,《叶榆河注》有无切;如含"句"的地名,《沔水注》有句章、句余、句余山,《渐江水注》有句无、句章;而《若水注》有乌句山,《温水注》有句町国,《叶榆河注》有句漏。此外还有含"乌"、"朱"、"姑"、"余"的四类地名,如《渐江水注》的乌程、乌伤,《若水注》的乌栊、乌句山;《渐江水注》的朱室、朱室坞,《若水注》的朱提山,《温水注》的朱涯水;《沔水注》的姑胥,《渐江水注》的姑蔑,《叶榆河注》的姑复;《沔水注》的余杭、余姚、余暨,《渐江水注》的余发溪,《叶榆河注》的余发县等,共达30余处。由于"无"(毋)、"句"、"乌"、"朱"、"姑"、"余"等发音,是古代越语中所最常见的,所以从《水经注》对于这些地名在东南和西南各地的记载中,可以推究这两个地区越人的关系。

前面已经引《水经注》所引《林邑记》的"外越"和《越绝书》记载的"内越"和"外越",并举石钟健文,推究了越与骆越的关系。《水经注》在《温水》、《叶榆河》、《浪水》

各篇,多次记及"南越"。这个"南越"与"越"的关系,明代学者焦竑已经作过论证:
"此即所谓东越、闽越、南越也。东越一名东瓯,今温州;南越始皇所灭,今广州;闽越
今福州。皆句践之裔。"(《焦氏笔乘续集》卷三)我往年曾撰有《越族的发展与流散》
(《东南文化》1989 年第 6 期)一文,论述了第四纪海进、海退的过程,并引证了包括
《水经注》在内的许多文献,说明越族在史前从东南地区向西南、中南半岛和东南亚、
日本等地流散的过程。我又以《吴越文化和中日两国的史前交流》为题,在日本广岛
女子大学讲述了史前越人漂往日本的情况(此文后来发表在《浙江学刊》1990 年第 4
期)。我也考究过许多有古代越人足迹的地方,对这个"越"字的发音,我在《多学科研
究越文化》(《国际古越文化研究》,中国社会科学出版社 1994 年版)一文中指出:

> "越",今汉语作 yuè,这或许是和越族语音差距最大的发音。闽南语作 wā,
> 越南语作 viet,发音十分近似,很有研究价值。在日本,称"越"的地名何止千百,
> 把这些地名加以整理,其发音共有三种,本州中部越前、越中、越后的"越",读作
> αzi,四国越智郡的"越",读作 ō,北海道山越郡的"越",读作 keshi。为了进一步研
> 究这个问题,我认为有必要到我国西南地区的少数民族中去调查这个"越"字的
> 语音,或许很有价值。

其实,对于这个民族称谓的汉字表达,也并不完全相同。《春秋经传》、《史记》、
《越绝书》等多数文献作"越",但《汉书》却作"粤"。近代出土的越国青铜剑铭文,如
"戉王旨者于睗剑"则作"戉"。此外不知是否曾有不同的写法。

《水经注》记载的越名、越人和越事确实不少。对于我们研究这个古代民族,具有
重要的价值。

佛教与佛骨

卷十六《穀水》经"又东过河南县北,东南入于洛"注云:

> 穀水又南迳白马寺东。昔汉明帝梦见大人,金色,项佩白光。以问群臣,或对
> 曰:西方有神名曰佛,形如陛下所梦,得无是乎? 于是发使天竺,写致经像,始以榆
> 㯕盛经,白马负图,表之中夏。故以白马为寺名。此榆㯕后移在城内愍怀太子浮
> 图中,近世复迁此寺,然金光流照,法轮东转,创自此矣。

这是关于佛教传入中国的相当普遍的说法,除了《水经注》以外,各书载及的甚
多,而以《魏书·释老志》的记载最为完整详悉:

> 汉明帝夜梦金人,顶有白光,飞行殿庭。乃访群臣,傅毅始以佛对。帝遣郎中
> 蔡愔、博士秦景宪等使于天竺,写浮屠遗范,愔仍与沙门摄摩腾、竺法兰东还洛阳,

中国有沙门及跪拜之法，自此始也。……愔之还也，以白马负经而至，汉因立白马寺于洛城雍关西，摩腾、法兰咸卒于此寺。

这种说法既然出于佛教盛行于中国的六朝时代，所以影响很大。唐韩愈在其《论佛骨表》（《韩昌黎集》卷三十）也说："汉明帝时，始有佛法。"案佛教在2500年前创于印度，印度与中国为邻国。《史记·大宛传》记及张骞在西域所见："臣在大夏时，见邛竹杖、蜀布。曰：吾国人往市之身毒。"身毒即印度，说明中国与印度之间的商品贸易发轫极早，而佛教却要在其创始以后的500多年才传入中国，这实在是令人难以置信的。

案佛教创始于今印度北部锡金的甘托克附近的迦毗罗卫城，创始者是净饭王（Suddhodana）的儿子乔答摩（Gautama，族名，意为好牛）悉达多（Siddhattha，人名，意为达成目的者），属于释迦（Sakys）种族，所以其门徒后来尊称他为释迦牟尼，"牟尼"（Muni），意为贤人、上人、珍珠，故释迦牟尼的全义为"释迦种族的明珠"。释迦牟尼在世的时代，与中国的孔子大致相当（前6世纪至前5世纪），因此他所创立的这种影响极大的宗教传入毗邻的中国，显然不致迟到后汉明帝时代（58—75）。

我认为从各种史籍的记载进行探索，佛教在秦始皇以前就已经传入中国，而是被秦始皇所禁绝的。我为吕洪年教授所著《万物之灵——中国崇拜文化考源》（广西民族出版社1997年版）所写的序言曾经指出：

> 历史上还有一类人物，他们用权力禁止人民对自然和鬼神的崇拜信仰，这类人物往往不是独裁者就是暴君，他们的目的显然就是企图把人民的这种对自然和鬼神的崇拜信仰，扭转为崇拜他们个人。在中国，秦始皇就是这方面的突出例子。他是我国历史上见诸记载的第一个禁止佛教的独裁者。

我提出"历史上见诸记载"的话是有根据的，我在这篇序言中继续写下我的根据：

> 案佛教于二千五百余年前创自印度，不久就传入中国，却为秦始皇所禁绝。《史记·秦始皇本纪》，秦始皇三十三年："禁不得祠明星出西方。"这是秦始皇禁佛的明确记载。

对于《史记》的这一条记载，历来颇有不同见解，包括对句读的分歧在内。但是必须指出的是，错误的见解多半来自不谙梵语的学者。其实秦始皇三十三年记入《史记》的是两件完全不同的大事：一件是"禁不得祠"；另一件是"明星出西方"。句读分明，两者绝不牵混。后一句"明星出西方"，当然是这一年西方出现了一颗彗星，这是古代史书常记的天文现象。前一句"禁不得祠"，关键在于"不得"。"不得"，是梵语Buddha的音译，这个梵语词汇最流行的译法是"佛陀"。"佛陀"是什么？其本义是智者或觉者，即是乔答摩创立这种宗教所追求的最高、最后境界。因而这个词汇到后来就成为门徒对乔答摩的一种尊敬的称谓。但梵语是一种古老外语,它的迻译不比现代的其他外语,在《法显传》《大唐西域记》、唐玄应和慧琳的两种《一切经音义》及宋法云的《翻译名义集》等之中,同一词汇,既有各种不同的音译,也行各种不同的义译,又有省译。例如 Stūpa 一词,在慧琳《一切经音义》卷十三云:"窣睹波,上苏没反,古译云薮斗婆,又云偷婆,或云兜婆,曰塔婆,皆梵语讹转不正也,此即如来舍利砖塔也。"这个词汇,后来又从其音译之一的"塔婆"省译为"塔"。现在我们都认得这个"塔"字,而且懂得"塔"是一种什么样子的建筑,但其实,《说文解字》中是没有这个"塔"字的。Buddha 同样也有许多译法,除了佛陀以外,还有步他、复豆、勃陀,佛图、浮图、浮屠等等,而"不得"也是这个词汇的不同音译之一。既然秦始皇在其二十三年(前214)下令"禁不得祠",说明在这以前,佛教祠庙在民间已经相当流行了。

韩愈认为"汉明帝时,始有佛法"。其所据当然是《穀水注》和《释老志》一类。但《穀水注》记及汉明帝的臣属中能说得上"西方有神名曰佛,形如陛下所梦"。而《释老志》更明确指出"傅毅始以佛对"。说明到了汉明帝时代,"佛"及其形象,已为许多人所知道,所以佛教其实早就传入中国在民间流行了。当然,白马驮经的故事,对于说明佛教为朝廷所接纳,并且公开流行,仍是很有价值的。

在议论了佛教传入中国的时代以外,还有一个关于佛骨即梵语舍利(sarira)的问题,也尚有探讨的需要。卷一《河水》经"屈从其东南流,入渤海"注中,有一段涉及此事的掌故:

> 支僧载《外国事》曰:佛泥洹后,天人以新白緤裹佛,以香花供养,满七日,盛以金棺,送出王宫,度一小水,水名醯兰那,去王宫可三里许,在宫北,以旃檀木为薪,天人各以火烧薪,薪了不燃,大迦叶从流沙还,不胜悲号,感动天地,从是之后,他薪不烧而自燃也。王敛舍利,用金作斗,量得八斛四斗,诸国王、天龙神王各得少许,赍还本国,以造佛寺。

就这段注文看来,乔答摩的舍利共 8 斛 4 斗,当场即被瓜分殆尽。由于舍利少而求者多,所以许多国王和天龙神王,都只能"各得少许"。而且都已被带回国去建造佛寺了。那末,后来流传于中国和中南半岛诸国的佛骨,包括发现于法门寺的那块大得出奇的乔答摩的手指舍利之类,又是从哪里来的呢?

掌　故

《水经注》成书年代

《水经注》一书,现在通行的各种版本都不是足本,尚有 34 万余字。全书未曾缺佚之时,估计当在 40 万字以上。这样一部巨著,郦道元撰成于毕生戎马之暇,确实令人佩服。历代以来,对于郦氏究竟在何时完成此书,学者说法纷纭,莫衷一是,成为郦学研究中长期来悬而未决的问题。

历来学者们对此书撰述年代的说法,主要有下列数端:

蒋维乔在《中国佛教史》(卷上 28 页)说:"郦道元撰《水经注》在魏太和年间。"

这种说法失于含糊。魏太和(477—499)先后达 22 年,在这段时期中,《水经注》确实有不少记载,例如卷三《河水》经"又东过云中桢陵县南,又东过沙南县北,从县东屈南过沙陵县西"注中提到:"余以太和中为尚书郎,从高祖北巡","余以太和十八年,从高祖北巡,届于阴山之讲武台"等。但是这些都不能作为此书撰成于太和年间的证明。因为全书记载中涉及太和以后的为数极多,所以此书撰成的时间要晚于太和,这是毫无疑问的。

法国汉学家伯希和(P. Pelliot)在其所著《交广印度两道考》中说:"六世纪初年撰之《水经注》。"(冯承钧译本第 48 页,商务印书馆版)这种说法过于笼统,正与英国科学史家李约瑟(Joseph Needham)在其所著《中国科技史》中所说的一样:"《水经注》,《水经》的注释,地理学的广泛描述,北魏,公元五世纪末或六世纪初。"(原版本第一卷259页)这种把此书撰成时期用一种大致的年代表示的办法,正是说明,这些学者都无法对此书的成书年代,作出肯定的叙述。

法国汉学家费瑯(G. Ferrand)在其所著《昆仑及南海古代航行考》一书中,却作了非常肯定的论断:"五二七年,郦道元撰《水经注》。"(冯承钧译本第3页,商务印书馆版)527年是北魏孝昌三年,这一年正是郦道元出任关右大使,在阴盘驿亭遭到萧宝夤杀害的年代。费氏以这个年代作为郦氏撰成此书的断限,我不知道他是根据什么?从今本郦注全书来看,没有一点迹象可以证明费氏的这种论断。

日本学者足立喜六在其所著《法显传考证》一书中,对《水经注》的成书年代也提出了不同的看法。其书上编《序说》中提出:"《法显传》系法显自天竺归后自记之历游记行,卷末有岁甲寅之语,故知法显之书,成于义熙九年归至建康迄翌年甲寅之间。……约在百十午之后,北魏郦道元所著之《水经注》卷一、卷二辄引之。"(国立编译馆何健民、张小柳译本第3至4页)案义熙九年为公元413年,则《法显传》成书于翌年即414年,"百十年之后",则为公元524年,当北魏正光五年,距郦氏被害尚有4年。足立氏以此年为郦注成书之年,亦不知其有何根据。但足立氏在其著作下编《校释》中又说:"《水经注》(西历530年顷)。"(国立编译馆何健民、张小柳译本第188页)案两历530年,已在北魏永安三年,距郦氏被害已有3年。从足立氏提出的前后两个年代互相牴牾来看,说明他不过是一种约略估计,并无确凿依据。

日本著名郦学家森鹿三在日译本《水经注(抄)》卷末《水经注解释》中指出:"《水经注》的写作年代,考证为延昌四年到正光五年之间,当他四十七岁到五十六岁之间。"(原版本第387至388页)森氏把郦注撰写年代与郦氏年龄联系起来,这种作法可置勿论。因为历来推算郦氏生年的学者甚多,但一切推算,实际上都以《巨洋水注》中"余总角之年,侍节东州"一语为基础,而"总角"一词并无确切的数量标准,所以均不可置信。但他指出《水经注》成书于延昌、正光之说,却与中国某些学者的意见相似。贺昌群在其《影印水经注疏的说明》(科学出版社影印《水经注疏》卷首)一文中,认为《水经注》成书于延昌、正光之间。岑仲勉在其《水经注卷一笺校》(中华版《中外史地考证》上册第210至211页)一文中指出:"综比观之,可决郦注之成,应在延昌至孝昌(512—527)时代,但确为何年,殊不可考。"以上森鹿三、贺昌群、岑仲勉3人的说法,虽各有所据,但大概都是从《水经注》文字中所引的年代进行估计的结果。

卷二十九《比水》经"比水出比阳县东北太胡山,东南流过其县南,泄水从南来注之"注云:"余以延昌四年,蒙除东荆州刺史。"北魏延昌四年,时当公元515年,这是郦注全书中记载的最后一个具体的年份。上述 3 位学者的说法，均始于延昌，森鹿三更明指延昌四年，都是以这条注文作为依据的。但是这个年份虽然是全注唯一可查的最后一个具体年份，而在这个年份以后，注文中还出现过几个虽然并不具体，却可以肯定晚于延昌四年的年份。例如卷三十《淮水》经"又东过钟离县北"注云："淮水又东迳浮山，山北对巉石山，梁氏天监中，立堰于二山之间，逆天地之心，乖民神之望，自然水溃坏矣。"梁天监（502—519）长达 17 年，似乎难以捉摸，但注文记载的浮山堰的成败过程，在《梁书·康绚传》中确然可考。此堰成于天监十三年（北魏延昌三年），溃于天监十五年八月（北魏熙平元年），郦注既然记及此堰的"自然水溃坏矣"，则事涉熙平元年，已较《比水注》的延昌四年晚了一年。

卷十六《穀水》经"又东过河南县北，东南入于洛"注云："水西有永宁寺，熙平中始创也。"案熙平是公元 516 年—518 年。又卷二十六《沭水》经"又南过阳都县，东入于沂"注云："魏正光中，齐王之镇徐州也，立大堨，遏水西流。"案正光是公元 520 年—525 年，距郦氏被害已不到 10 年。《沭水注》的记载虽然也没有指出具体年份，但却是郦注全书中所出现的距郦氏去世最晚的年代。

上述 3 位学者的论证，都是根据注文中出现的这些年份加以估算。虽然岑仲勉说："但确为何年，殊不可考。"但这已经是我们现在可以论证《水经注》成书年代的比较可靠的根据了。

郦氏据图以为书

郦道元在《水经注原序》中说：

今寻图访赜者，极聆州域之说；而涉土游方者，寡能达其津照。

同序中又说：

川渠隐显，书图自负，或乱流而摄诡号，或直绝而生通称。

从上述文字中，说明郦氏为《水经》作注，必定同时有图。所以杨守敬在其《水经注图序》中说："昔郦氏据图以为书，今乃据书以为图。"当然，"据图以为书"的话，或许言之过甚。在那个时代，不可能每一条河流，每一个流域都找得到地图。但是从注文记载的内容来看，显然在不少地方是对照了当时的地图的。

卷二十一《汝水》经"汝水出河南梁县勉乡西天息山"注云：

《地理志》曰：出高陵山，即猛山也。亦言出南阳鲁阳县之大盂山，又言出弘农卢氏县还归山。《博物志》曰：汝出燕泉山，并异名也。余以永平中蒙除鲁阳太守，会上台下列山川图，以方志参差，遂令寻其源流。此等既非学徒，难以取悉，既在迳见,不容不述。

这段注文明白指出,关于汝水源流,确有一种上台下列的《山川图》,但这种《山川图》并不可靠,所以郦道元要进行实地考察,以纠正错误。

卷二十二《洧水》经"又东南过新汲县东北"注云:

> 杜预《春秋释地》曰:颍川许昌城东北。京相璠曰:郑地也。今图无而城见存,西南去许昌故城可三十五里。

这段注文所说的城,是春秋的桐匠城。郦道元原来希望在地图上观察这个地区的城邑位置,由于图已经亡佚,所以只好采用实地观察的办法。这就是注文所说的"今图无而城见存"。

卷二十四《瓠子河》经"又东北过廪丘县,为濮水"注云:

> 郑玄曰:历山在河东,今有舜井。皇甫谧或言今济阴历山是也。与雷泽相比,余谓郑玄之言为然。故扬雄《河水赋》曰:登历观而遥望兮,聊浮游于河之岩。今雷首山西枕大河,校之图纬,于事为允。

这一条据文才符合杨守敬所说的:"昔郦氏据图以为书。"郦氏根据文字资料,对于历山,郑玄和皇甫谧的说法完全不同;但根据地图,证明郑玄的说法是正确的。

有的注文虽然并未提出地图,但事实上郦氏查阅地图而撰述注文的过程是很清楚的。例如卷之三十六《温水》经"东北入于郁"注云:

> 《地理志》曰:桥水东至中留入潭。又云:领方县又有桥水。余诊其川流,更无殊津,正是桥、温乱流,故兼通称。……而字当为温,非桥水也。盖书字误矣。

《温水注》的这一段文字,与上述《洧水注》所说"今图无而城见存"完全不同。《洧水注》的说法是由于地图亡佚而进行实地考察,但温水不在北魏内,是不可能进行实地考察的。今注文所说:"余诊其川流"的活,显然是郦氏查核了这个地区的地图。

由此可知,郦道元在撰写注文的时候,确实是同时查核地图的。郦氏承魏晋以后,裴秀所主持的《禹贡九州地域图》和《地形方丈图》等全国地图,当时必然存在。而此外如《泰始郡国图》等按郡国绘制的分区地图,郦氏亦必所亲见。这些地图,对郦氏撰写注文,一定起过很大的作用。

和事佬

《通鉴》卷二百九"唐纪二十五"中宗景龙三年云:

> 丙申,监察御史崔琬对仗弹宗楚客、纪处讷潜通戎狄,受其货赂,致生边患。

故事,大臣被弹,俯偻趋出,立于朝堂待罪。至是,楚客更愤怒作色,自陈忠鲠,为琬所诬。上竟不穷问,命琬与楚客结为兄弟以和解之。时人谓之和事天子。

天子和事,称为"和事天子"。庶民之间,也有许多和事的故事和人物。"和事佬"一名,或许就是从唐中宗的故事中引申出来的。在郦学史上,赵戴《水经注》案中,也曾经出现过一些和事佬。

赵戴案实发起于戴的学生段玉裁。而段之所以发难,则由于乾隆丙午、丁未间(1876—1877)卢文弨与段氏的一席谈。卢云梁曜北、处素昆仲校刊赵氏《水经注释》,参处戴书为之。于是段氏贻书梁曜北责问,从此争端开启,不可收拾,延续达200余年。卷入论战的名流学者先后相继,并且波及国外。时至今日,这种论战在大陆上虽已偃旗息鼓,但港、台地方,仍然尚未休止。以一个枝节问题而影响大局,在我国学术史上确实找不出另外的例子。

在论战甚酣的日子里,有几位和事佬苦口婆心,呼吁平息论战。虽然收效甚微,毕竟放出和平气氛,让人们在战云密布的阴霾中看到一丝阳光,让参战双方作一点反省,和事佬还是起了一点作用的。

第一位充当和事佬角色的是光绪年间的王先谦。他在光绪十八年(1892)刊行的《合校水经注·例略》中说:

> 《四库全书》以乾隆三十九年校上此本(见官本校语),而赵氏之书先成于乾隆十九年(见赵本自序),至五十一年始谋锓版(见赵本毕序),其流布反在官本之后,世罕觏《大典》原文,见戴校与赵校悉合,疑为弋取。然圣明在上,忠正盈廷,安有此事。……今于官本案语下,并列赵氏所释及《刊误》各条,俾读者知右文盛世,秘籍应运而呈奇,而鸿生稽古之功,不听其湮没,庶因两美之合,以释千载之疑。诸家聚讼,若段玉裁茂堂,魏源默深,张穆石舟,各执一词,存而不论可也。

王先谦当和事佬的态度是公正的,方法也是可取的,而和事的原则简明,不偏不倚。他采用"官本案语下,并列赵氏所释及《刊误》(案指赵一清所撰《水经注笺刊误》)各条",以达到"庶因两美之合,以释千载之疑"。王先谦本人是一位郦学家,深知赵、戴之间存在的问题实难解决。因此提出"存而不论"的和解原则,其用心可谓至深。当然,他所说"圣明在上,忠正盈廷,安有此事"的话,不免带着官腔。但王氏是同治进士,历任翰林院编修,国子监祭酒和各省考官,身在官场,因而语带官腔,古今都是如此,是可以谅解的。

另一位和事佬是著名的历史学家梁启超。梁氏曾经两次在赵、戴争端中扮演和事佬的角色。第一次在1924年,这年1月19日,是戴震诞辰200周年,北京安徽会馆曾举行纪念演讲会,梁氏与会演讲,题为《东原著述参校书目考》,收入于北京晨报出版的论文集中。梁氏认为,戴氏绝非入四库馆见赵书而剽袭,赵、戴两人对此书均有几十年苦功,造诣各臻其极,其治学方法又大略相同。所以"闭门造车,出门合辙,并非不可能之事"。以后,梁氏于1926年又撰写《中国近三百年学术史》一书,在上海中华书局出版,又一次出面和解此事,不过其论点与1924年有所不同。梁氏云:

> 三君皆好学深思,治此书各数十年,所根据资料又大略相同,则闭门造车,出门合辙,并非不可能之事。东原覃精既久,入馆后睹赵书,先得我心,即便采用,当属事实,其所校本属官书,不一一称引赵名,亦体例宜尔,此不足为戴病也。赵氏子弟制府垂盼,欲益荣其亲,曜北兄弟以同里后学董其事,皆属事实。全本为斯学开山之祖,然赵、戴本既盛行,全本乃没黮百余年,其同里后学王、董辈,深为不平,及得遗稿,亦欲表彰之使尽美,其间不免采彼两本以附益其所未备,恐亦属事实。要而论之,三家书皆不免互相剿袭,而皆不足为深病。三家门下各尊其先辈,务欲使天下之美,尽归于我所崇敬之人,攘臂迭争,甚无谓也。

梁氏的这段调停之言,所不同于戴震诞辰200周年纪念会上的演讲的,主要是当时他以互不抄袭为和解理由,而两年后则以"互相剿袭而皆不足为深病"为和解理由。其实,梁氏所说的话,和杨守敬在《水经注疏要删序》中所说的:"赵之袭戴在身后,一二小节,臧获隐匿,何得归狱主人;戴之袭赵在当躬,千百宿赃,质证昭然,不得为攘夺者曲护。"两者没有实质的区别,但杨氏的话充满火药气味;而梁氏的话,则以和解为主旨。目的是大不相同的。

从郦学研究的全局来看,赵戴《水经注》案无非是一个枝节问题。它既不包含郦学研究的主要内容,也不涉及郦学发展的主要课题,而论战连年,意气用事,实际上严重影响了郦学研究的发展。所以在这场论战中充任和事佬者,实在是于郦学有功,在郦学史上是应该得到称赞的。

"水德含和,变通在我"

郦道元在《水经注》原序中引《玄中记》说:"天下之多者水也,浮天载地,高下无所不至,万物无所不润。"这是他对自然界所存在的这个水体的总的看法。他一方面把水体看得至高无上,另一方面则十分重视人类对水体的利用和改造。所以在全书之中,他搜集和记载了各种水利工程,并且赞扬了历史上许多对水利建设的有功之人。他特别重视人类制服水、与水斗争的事迹,这类事迹,有时已经近乎神话,但是他却在他的著作中津津乐道,表现了他的人定胜天的思想和精神。

卷二《河水》经"其一水出于阗国南山,北流与葱岭所出河合,又东注蒲昌海"注中,他有声有色地叙述了一个人类制服水的近乎神话的故事:

敦煌索劢,字彦义,有才略,刺史毛奕表行贰师将军,将酒泉、敦煌兵千人,至楼兰屯田。起白屋,召鄯善、焉耆、龟兹三国兵各千,横断注滨河。河断之日,水奋势激,波陵冒堤。劢厉声曰:王尊建节,河堤不溢;王霸精诚,呼沱不流。水德神明,古今一也。劢躬祷祀,水犹未减,乃列阵被杖,鼓谯讙叫,且刺且射,大战三日,水乃回减,灌浸沃衍,胡人称神。大田三年,积粟百万,威服外国。

在这个故事中提到的“王尊建节,河堤不溢”的事,在卷五《河水》经“又东北过卫县南,又东北过濮阳县北,瓠子河出焉”注中,有详细的叙述:

粤在汉世,河决金堤,涿郡王尊,自徐州刺史迁东郡太守,河水盛溢,泛浸瓠子,金堤决坏,尊躬率民吏,投沉白马,祈水神河伯,亲执圭璧,请身填堤,庐居其上,民吏皆走,尊立不动,而水波齐足而止,公私壮其勇节。

这两个故事,都有传奇式的内容,索劢与水的斗争,竟至于“列阵被杖,鼓谯讙叫,且刺且射,大战三日”。而王尊对于金堤溃决的措施则是“请身填堤,庐居其上,吏民皆走,尊立不动”。要士兵列队布阵,呐喊助威,真刀真枪地与洪水大战一场,确实令人惶惑不解。但索劢的这个方法,却为五代十国时的吴越王钱镠所仿效。因为钱塘江潮逼杭州城垣,他在后梁开平四年(910)八月,命强弩手数百人射潮。此种传说,始于北宋孙光宪的《北梦琐言》,说有“精卒万人”。但《吴越备史·铁箭考》说“募强弩五百人”。钱塘江边地狭,万人是站不下的,我看是数百人吧。用强弩手去和钱塘江怒潮作战,就能保住杭州城垣吗?其实保住杭州城垣的是钱镠另外从事的一种水利措施,即《通鉴》卷二六七《后梁纪二》太祖开平四年所说的:“吴越王镠筑捍海石塘。”胡三省注:“今杭州城外濒浙江皆有石塘,上起六和塔,下抵艮山门外,皆钱氏所筑。”钱塘江怒潮,是依靠他所筑的捍海石塘挡住的。不过在那个时代,在建筑的同时,用几百个强弩手向滚滚怒潮猛射一通,能够起到激励人心,鼓舞士气的作用,特别是对于那些正在施工筑塘的工人,这一措施,大大有助于他们工作的信心。由此可知,索劢在大战洪水的同时,必然也有相应的水利措施。不然的话,“大田三年,积粟百万”,这是不可想象的。索劢大战洪水,除了鼓舞士气,加速水利工程的修建外,另外还有一个重要的作用,因为他和钱镠不同,是孤军深入域外,他的大张旗鼓,鏖战洪水,还具有在胡人之中显显神通的意义。而结果是“胡人称神”,达到了他的目的。

王尊的故事也是一样,因为金堤溃决,他带领民吏前去抢险堵口,他的“请身填堤”,与其说是向河神陈述愿望,不如说是向吏民表示决心。他的“庐居其上”,当然是为了安定抢险大军的人心。在他这样坚强有力的领导下,水情虽险,但终于抢修完成。

郦道元把这些近乎神话的故事记载在他的著作之中,实际上正是表示郦氏本人对人类和水体之间的关系的正确看法。洪水是可怕的,他在卷六《浍水》经“浍水出河东绛县东浍交东高山"注中引战国智伯的话说："吾始不知水可以亡人国,今乃知之。汾水可以浸安邑,绛水可以浸平阳。"但另一方面,他坚定地相信,只要驾驭、利用得法,水体是可以听命于人,造福于人的。他在卷十二《巨马水》经"又东南过容城县北"注中有一段意义深刻的话:

> (巨马水)又东,督亢沟水注之,水上承涞水于涞谷,引之则长津委注,遏之则微川辍流,水德含和,变通在我。

"水德含和,变通在我。"这是郦道元在《水经注》中的一句十分重要的名言,这句话说明了人类和水体之间的正确关系,也表现了郦道元人定胜天的思想。

铜翁仲

卷四《河水》经"又东过陕县北"注中,有一个关于铜翁仲没入黄河中的故事。注云:

> 河南,即陕城也。昔周召分伯,以此城为东、西之别,东城即虢邑之上阳也。虢仲之所都,为南虢,三虢,此其一也。其大城中有小城,故焦国也,武王以封神农之后于此。王莽更名黄眉矣。戴延之云:城南倚山原,北临黄河,悬水百余仞,临之者咸悚惕焉。西北带河,水涌起方数十丈,有物居水中。父老云:铜翁仲所没处。又云:石虎载经于此沉没,二物并存,水所以涌,所未详也。或云:翁仲头髻常出,水之涨减,恒与水齐。晋军当至,髻不复出。今惟水异耳,嗟嗟有声,声闻数里。

注文所述的铜翁仲,即是《史记·秦始皇本纪》中所载的:"收天下兵,聚之咸阳,销以为钟鐻,金人十二,各重千石,置廷宫中。"《正义》引《汉书·五行志》:"时大人见临洮,长五丈,足履六尺,皆夷狄服,凡十二人,故销兵器,铸而象之,所谓金狄也。"此事,《河水注》所记,比《史记》和《史记正义》更为详细:

> 按秦始皇二十六年,长狄十二见于临洮,长五丈余,以为善祥,铸金人十二以象之,各重二十四万斤,坐之官门之前,谓之金狄。皆铭其胸云:皇帝二十六年,初兼天下,以为郡县,正法律,同度量,大人来见临洮,身长五丈,足六尺。李斯书也。故卫恒《叙篆》曰:秦之李斯,号为工篆,诸山碑及铜人铭,皆斯书也。汉自阿房徙之未央宫前,俗谓之翁仲矣。地皇二年,王莽梦铜人泣,恶之,念铜人铭有皇帝初兼天下文,使尚方工镌灭所梦铜人膺文。后董卓毁其九为钱,其在者三。魏明帝欲徙之洛阳,重不可胜,至霸水西停之。《汉晋春秋》曰:或言金狄泣,故留之。石虎取置邺宫,符坚又徙之长安,毁其二为钱。其一未至而符坚乱,百姓推置陕北河

中,于是金狄灭。

以上记载的,除了秦始皇在咸阳铸 12 金人见于正史外,其余大多是牵强附会的传说。"石虎取置邺宫,苻坚又徙之长安"。每个金人据记载重达 100 多吨,从长安到邺 1000 多里,即使用今天的交通工具运输,也有极大困难,何况乎古代。这个传说最后又归结到陕城以北的黄河急流,由于有铜翁仲落入此处河中,因而使这里"水涌起方数十丈",而且"嗟嗟有声,声闻数里"。说得有声有色。

但郦道元是一位十分认真的学者,他并不人云亦云,妄信这种无稽之谈。而是对于这种传说进行了深入的研究。他在注文中叙述了铜翁仲的这种传说以后,最后说出了他自己的看法:

> 余以为鸿河巨渎,故应不为细梗踬湍;长津硕浪,无宜以微物屯流。斯水之所以涛波者,盖《史记》所云:魏文侯二十六年,虢山崩,雍河所致耳。

郦道元所引的数据在《史记·魏世家》:"(魏文侯)二十六年,虢山崩,雍河。"《正义》引《括地志》云:"虢山在陕州陕县西二里,临黄河,今临河有冈阜,似是颓山之余也。"郦道元的说法显然是信而有征的。但戴延之(《西征记》)或称《从征记》,全称《从刘武王西征记》一书的作者却只凭道听途说,连《史记》这样的权威著作都不曾去查阅一下。正是由于像戴延之之流的人确实不少,所以今天我们读古书,也应该学习郦道元那样的小心谨慎。

鞭挞厚葬

中国在封建社会时代,长期来存在一种资财分散的倾向,所以历史上著名的大富翁、大地主,都持续不了几代。因此,在资本主义萌芽时代,资本的原始积累显得十分困难,使我国早期的资本主义发展非常缓慢。这中间,遗产的均分制是一个重要的方面,儿子不管是嫡出庶出,都能平均从他父亲手上得到一份遗产。资财分散的另一个重要方面是厚葬。这种习俗,把大量财富埋入地下,这些财富,除了有一小部分分散到后代的盗墓者手上外,大部分让它留在地下朽烂。所以厚葬制度,确是一种摧残国计民生的罪恶制度。

郦道元是反对厚葬的。在《水经注》中,他对厚葬进行了无情的鞭挞。大暴君秦始皇是厚葬的典型人物,所以注文对他的暴露和鞭挞也最严厉。卷十九《渭水》经"又东过霸陵县北,霸水从县西北流注之"注云:

> 渭水右迳新丰县故城北,东与鱼池水会,水出丽山东北,本导源北流,后秦始皇葬于山北,水过而曲行,东注北转。始皇造陵取土,其地汙深,水积成池,谓之鱼

池也。在秦皇陵东北五里,周围四里,池水西北流,迳始皇冢北。秦始皇大兴厚葬,营建冢圹于丽戎之山,一名蓝田,其阴多金,其阳多玉,始皇贪其美名,因而葬焉。斩山凿石,下锢三泉,以铜为椁,旁行周回三十余里,上画星宿天文之象,下以水银为四渎、百川、五岳、九州,具地理之势。宫观百官,奇器珍宝,充满其中。令匠作机弩,有所穿近,辄射之。以人鱼膏为灯烛,取其不灭者久之。后宫无子者,皆使殉葬甚众。坟高五丈,周围五里余,作者七十万人,积年方成。而周章百万之师,已至其下,乃使章邯领作者以御难,弗能禁。项羽入关,发之,以三十万人,三十日运物不能穷。关东盗贼,销椁取铜,牧人寻羊烧之,火延九十日不能灭。

以70万奴隶的积年苦役,换取了这个大暴君的陵墓,只要看看今天的兵马俑,这种厚葬制度就值得万世诅咒的了。同卷的同条经文下,还有一处罪恶滔天的汉成帝昌陵。注文说:

汉成帝建始二年,造延陵为初陵,以为非吉,于霸曲亭南更营之。鸿嘉元年,于新丰戏乡为昌陵县以奉初陵。永始元年,诏以昌陵卑下,客土疏恶,不可为万岁居,其罢陵作,令吏民反,故徙将作大匠解万年敦煌。《关中记》曰:昌陵在霸城东二十里,取土东山,与粟同价,所费巨万,积年无成。

"取土东山,与粟同价",说尽了厚葬制度的罪大恶极。帝王大兴厚葬,当官的就跟着效尤,卷二十二《洧水》经"洧水出河南密县西马领山"注中记述的一座坟墓,墓主无非是一个郡守,但墓的气派却非同小可。注云:

(绥水)东南流,徙汉弘农太守张伯雅墓,茔域四周,垒石为垣,隅阿相降,列于绥水之阴,庚门表二石阙,夹封石于阙下。冢前有石庙,列植三碑,碑云:德字伯雅,河南密人也。碑侧树两石人,有数石柱及诸石兽矣。旧引绥水南入茔域,而为池沼。沼在丑地,皆蟾蜍吐水,石隍承溜池之南,又建石楼、石庙,前又翼列诸兽。但物谢时沦,凋毁殆尽。夫富而非义,比之浮云,况复此乎?王孙、士安,斯为达矣。

张伯雅从墓碑上仅知其名叫张德,是个名不见经传的小人物,为官也不过州郡,却造得起如此规模的大坟墓。郦道元把这座坟墓描述得如此详细,显然是有用意的,是为了更有力地揭露这个为官不仁而死求排场的匹夫,"富而非义,比之浮云,况复此乎?"说尽古往今来的无耻厚葬者的结局。而他所表扬的王孙、士安,正是提倡薄葬的典范。

卷三十一《滍水》经"滍水出南阳鲁阳县之尧山"注中,注文记及了一座后汉贪官污吏中常侍州苞(按《后汉书》作州辅)的宏大坟墓。注云:

(滍)水南有汉中常侍长乐太仆吉成侯州苞冢,冢前有碑基,西枕冈城,开四门,门有两石兽,坟倾墓毁,碑兽沦移。人有掘出一兽,犹不全破,甚高壮,头去地减一丈许,作制甚工,左膊上刻作"辟邪"字,门表堑上起石桥,历时不毁。其碑云:六帝四后,是谘是诹。盖仕自安帝,没于桓后。于时阎阉擅权,五侯暴世,割剥公私,以事生死。夫封者表有德,碑者颂有功,自非此徒,何用许为?石至千春,不若速朽;苞墓万古,只彰诮辱。呜呼,愚亦甚矣。

"石至千春,不若速朽;苞墓万古,只彰诮辱。呜呼,愚亦甚矣。"郦道元在注文中一般不常用自己的语言褒贬善恶,这一次,对于这个大兴厚葬的乱臣贼子,他大概确实忍不住了。这几句话,把州苞(辅)这个匹夫民贼的无耻和愚蠢,说得淋漓尽致。

卷二十五《泗水》经"又东过沛县东"注下,注文又斥责了另一个厚葬者。注云:

> 泗水又南迳宋大夫桓魋冢西,山枕泗水,西上尽石,凿而为冢,今人谓之石郭者也。郭有二重,石作工巧。夫子以为不如死之速朽也。

以上所举的例子,从帝王到官吏,都是兴师动众,明目张胆的厚葬者。历史上还有一类自以为聪明的人,他们害怕被盗掘,所以进行悄悄的厚葬。卷二十九《淯水》经"淯水出郦县北芬山,南流过其县东,又南过冠军县东"注中的张詹,就是这类人物之一。注云:

> 碑之西,有魏征南军司张詹墓,墓有碑,碑背刊云:白楸之棺,易朽之裳,铜铁不入,丹器不藏,嗟矣后人,幸勿我伤。自后古坟旧冢,莫不夷毁,而是墓至元嘉初尚不见发。六年大水,蛮饥,始被发掘。说者言,初开,金银铜锡之器,朱漆雕刻之饰烂然,有二朱漆棺,棺前垂竹帘,隐以金钉,墓不甚高,而内极宽大。虚设白楸之言,空负黄金之实,虽意锢南山,宁同寿乎?

上述注文中的最后4句,是郦道元对这个不老实的厚葬者的揭发和揶揄,令人拍手称快。

被郦道元所无情鞭挞的这种厚葬制度,在郦道元以后,又延续了1000多年,今天,我们看到的许多帝王将相的巨大陵墓,其实就是这种厚葬制度的历史见证。当然,从今天来说,它们都是珍贵的历史文物,从这些巨大或精巧的建筑中,可以看到古代那些"将作大匠"的苦心设计和千千万万劳动人民的辛勤劳动。但是,我们也应该记取,和这些庞然大物的陵阜,高耸挺拔的华表,精雕细琢的石人石马同时并存的这个厚葬制度,却是我们民族的灾难,它曾经拖住我们民族前进的脚步。

表彰薄葬

我曾经撰文议论过郦道元对于厚葬的鞭挞(《读水经注札记》之八,《明报月刊》

1991年3月号），特别是对于那些暴君污吏的厚葬，注文已经达到了无情痛斥的程度。但是在另一方面，对于薄葬和那些提倡薄葬的人，他是非常赞赏的，常常在注文中加以表彰。卷二十二《洧水注》中，在他鞭挞了张伯雅"夫富而非义，比之浮云，况复此乎"以下，又加上一句"王孙、士安，斯为达矣"的话。这里表彰的王孙，指的是汉杨王孙，而士安则是指的晋皇甫士安。

按《后汉书·杨王孙传》："及病且终，先令其子曰：吾欲裸葬（颜师古注：裸者，不为衣衾棺椁者也），以反吾真，必亡易吾意，死则为布囊盛尸入地七尺，既下，从足引脱其囊，以身亲土。"对于他的这种薄葬意愿，其子碍于当时习俗，甚感为难，只好去请教杨王孙的友人祁侯。祁侯为此事给他写信，引《孝经》劝说："为之棺椁衣衾，是亦圣人之遗制，何必区区独守所闻，愿王孙察焉。"而王孙的回答很合乎情理："盖闻古之圣王，缘人情不忍其亲，故为制礼，今则越之，吾是以裸葬，将以矫世也。夫厚葬诚亡益于死者，而俗人竞以相高，靡财单币，腐之地下，或乃今日入而明日发，此其与暴骸于中野何异？""靡财单币，腐之地下"，厚葬的劳民伤财，被他一语道破。

皇甫士安名谧，即是《帝王世纪》一书的撰者。他的薄葬思想，其实与杨王孙一样。《晋书·皇甫谧传》云：

> 今生不得保七尺躯，死何故隔一棺之土？然则衣衾所以秽土，棺椁所以隔真，故桓司马石椁不如速朽，季孙玙璠比之暴骸。文公厚葬，《春秋》以为华元不臣；杨王孙亲土，《汉书》以为贤于秦始皇。如令魂必有知，则人鬼异制，黄泉之亲，死多于生，必将备其器用待亡者。今若以存况终，非即灵之意也。如其无知，则空夺生用，损之无益，而启奸心，是招露形之祸，增亡者之毒也。

"黄泉之亲，死多于生，必将备其器用待亡者。"这是对厚葬者的一种别出心裁的嘲笑。"王孙、士安，斯为达矣。"郦道元对他们薄葬思想的表彰，语言简洁，意义深长。这也就是他在《泗水注》中对宋大夫桓魋冢的斥责："夫子以为不如死之速朽也。"

郦道元对诸葛亮墓的简朴而不露形迹，也是很表赞赏的。卷二十七《沔水》经"沔水出武都沮县东狼谷中"注云：

> 诸葛亮之死也，遗令葬于其山（按指汉中定军山），因即地势，不起坟垄，惟深松茂柏，攒蔚川阜，莫知墓茔所在。

"不起坟垄，惟深松茂柏"。说明这位丞相的陵墓绝未大兴土木。让后人"莫知墓茔所在"，最好的方法或许就是随地薄葬，而诸葛亮墓正是如此。郦道元也曾记载了另一座既不欲让后人知道却又大事铺张的越王赵佗墓。卷三十七《浪水》经"其一又东过县东，南人于海"注云：

> 裴渊《广州记》曰：城北有尉佗墓，墓后有大冈，谓之马鞍冈。秦时占气者言：

南方有天子气,始皇发民,凿破此冈,地中出血,今凿处犹存,以状取目,故冈受厥称焉。王氏《交广春秋》曰:越王赵佗,生有奉制称藩之节,死有秘奥神秘之墓。佗之葬也,因山为坟,其垄茔可谓奢大,葬积珍玩。吴时遣使发掘其墓,求索棺柩,凿山破石,费日损力,卒无所获。佗虽奢僭,慎终其身,乃令后人不知其处,有似松乔迁景,牧竖固无所残矣。

《交广春秋》所谓"牧竖固无所残矣"的话,显然是不经之谈。"其垄茔可谓奢大,葬积珍玩",而到三国吴时发掘,"卒无所获"。说明这座"奢大"的坟墓,早已如杨王孙所说的"今日入而明日发","葬积珍玩"在东吴发掘以前,已为前代的盗墓人囊括而去。盗墓当然是一件不道德的罪恶行为,但是比之"靡财单币,腐之地下"和大兴土木的厚葬,实在倒是次要的了。《水经注》记载的盗墓不少,包括对秦始皇陵的"火延九十日不能灭",郦道元也并无谴责之意。而对于薄葬与厚葬,他是爱憎分明的。

斗 虎

古罗马有人虎搏斗的事。贵族选奴隶中的精强力壮者,置之虎栏,赤手空拳与虎搏斗,让观台上的贵族们围观取乐,这个场面当然是很惊险的。虎是百兽之王,是极端凶猛的动物,这样的猛兽,一般人看到就怕,莫说与它搏斗了。搏斗的结果,不是虎伤,就是人亡。古罗马贵族对奴隶的残暴行为,于此可见一斑。

其实,人虎搏斗的事,在古代中国也是常有的。景阳冈的武松打虎,当然是人们编造出来的故事,但这个故事的背景却是古代确实存在这类事实。《诗·郑风·大叔于田》生动地描写了一个猎人,打着赤膊,赤手空拳地活捉猛虎的故事:

叔在薮,火烈具举,袒裼暴虎,献于公所。将叔无狃,戒其伤汝。

(此诗语译:阿叔狩猎林薮中,野火遍地烧得红,赤膊上阵擒大虫,擒得大虫献上峰。阿叔切莫大逞勇,猛虎伤人须保重。)

《郑风》描述的这个猎人,为了向上峰进献,不得不舍了性命赤手空拳地去捕猎猛虎,情况和古罗马相似。

在《水经注》一书中,这种人虎搏斗的事,是常见记载的。卷五《河水》经"又东过成皋县北,济水从北来注之"注云:

《穆天子传》曰:天子射鸟猎兽于郑圃,命虞人掠林,有虎在于葭中,天子将至,七萃之士高奔戎,生捕虎而献之天子,命之为柙,畜之东虢,是曰虎牢矣。

高奔戎与虎搏斗,不是把虎打死,而是要擒住一只活虎,这样的斗虎,恐怕比景阳冈上的武松更为困难。

卷十三《㶟水》经"㶟水出雁门阴馆县,东北过代郡桑乾县南"注云:

> (如浑水)又南迳虎圈东,魏太平真君五年,成之以牢虎也。季秋之月,圣上亲御圈,上勑虎士效力于其下,事同奔戎,生制猛兽,即《诗》所谓袒裼暴虎,献于公所也。故魏有《捍虎图》也。

卷十六《穀水》经"又东过河南县北,东南入于洛"注云:

> 《竹林七贤论》曰:王戎幼而清秀,魏明帝于宣武场上为栏,苞虎牙,使力士袒裼,迭与之搏,纵百姓观之。戎年七岁,亦往观焉,虎乘间薄栏而吼,其声震地,观者无不辟易颠仆,戎亭然不动。

像上述魏明帝与北魏太武帝的作法,与古罗马已经没有两样。而所谓"虎士"、"力士",其处境危险,与古罗马奴隶亦并无二致。除了这类"纵百姓观之"的古罗马式的人虎搏斗以外,中国古代,也有把人投入虎圈中餧虎的一种刑罚,卷十九《渭水》经"又东过霸陵县北,霸水从县西北流注之"注云:

> 《列士传》曰:秦昭王会魏王,魏王不行,使朱亥奉璧一双。秦王大怒,置朱亥虎圈中,亥瞋目视虎,眦裂血出溅虎,虎不敢动。

这里所说的"虎圈",近乎现在动物园中的狮虎山之类,园内当有不少猛虎,处于群虎之中,朱亥的勇敢,也就可想而知了。现在的动物园,要想得到一只虎,除了人工繁殖以外,已经相当困难。但古代到处设虎圈、虎牢,其原因是当时虎甚多。人们行走于山野之中,也常以遇虎为戒。卷三十《淮水》经"又东过寿春县北,肥水从县东北流注之"注云:

> 淮水又北迳莫邪山西,山南有阴陵县故城。……后汉九江郡治。时多虎灾,百姓苦之。

案后汉九江郡治阴陵县,在今安徽凤阳县以南,这个地方在当时尚多虎灾,足见这种动物在古代数量之多。不过按照动物地理学的观点,《水经注》记载的虎,大概都属于华南虎(P. t. amoyensis),只有卷十四《大辽水》经"又东南过房县西"注中记载的:"魏武于马上逢狮子,使格之,杀伤甚众,王乃自率常从健儿数百人击之,狮子吼呼奋越,左右咸惊。"这里的所谓"狮子",我过去已经考证,其实就是东北虎(P. t. amurensis)。

官蛤蟆和私蛤蟆

卷十六《穀水》经"又东过河南县北,东南入于洛"注云:

> 晋《中州记》曰:惠帝为太子,出闻蛤蟆声,问人是官蛤蟆私蛤蟆?侍臣贾胤

> 对曰:在官地为官蛤蟆,在私地为私蛤蟆。令曰:若官蛤蟆,可给廪。先是有谶云:
> 蛤蟆当贵。

晋惠帝名司马衷,是晋武帝司马炎的次子,9 岁被立为太子,23 岁当上了皇帝。韩国磐先生在他所著的《魏晋南北朝史纲》(人民出版社 1983 年版)一书中说他是个"白痴",或许有些过分,但至少是个低能儿。他在位以后,西晋大乱,百姓没有饭吃,大批饿死。他居然说出这样的话来:"何不食肉糜。"(《晋书·惠帝纪》)说明即使不到"白痴"的程度,用现代话来说,这个人的智力商数一定是很低的。

在封建社会里,由于儿子注定要继承父亲的爵位、利禄、权势……他们用不着与别人竞争,社会制度保证了他们世袭的"人上人"地位。历代都有这样一批人,虽然称谓不同,有的称他们为"王孙公子",有的称他们为"衙内",其实都是各朝的高官子弟。这一批人浮在社会上,常常成为社会进步的反面力量。这些人,虽然资质鲁钝,不学无术,但是由于从小在高贵的家族中受了父兄的熏陶,小至挥霍浪费,大至祸国殃民,这些方面的能耐却非常之大。如司马衷,尽管在"官蛤蟆私蛤蟆"的问题上显得多么愚蠢,但是"可给廪"这样的话,出自一个儿童之口,说明了他从父兄那里继承而来的养尊处优,发号施令的气派。

当然,王孙公子辈中,也并非都是司马衷一流的人物。在历史上,毕竟也出过"生子当如孙仲谋"和"太原公子布衣褐裘而来"的出类拔萃的人物。但是从全部历史来看,像孙权和李世民这样的人物,到底是少数。

司马衷的下场当然很惨,他在位时,贾后专政,朝政腐败。他自己的太子,由于非贾后所出,也受到残杀。《穀水注》所说:"昔晋朝收愍怀太子于后池,即是池也。"指的就是贾后残杀太子的事。由于惠帝昏聩,兄弟阋墙,终于酿成了一场自相残杀的"八王之乱"。他自己最后也被东海王司马越在面饼中置毒而鸩死。

我在前面说司马衷虽然愚蠢,但还不能算是"白痴",这是因为在卷九《荡水》经"荡水出河内荡阴县西山东"注中,还记载了他的一句似乎明白道理的话:

> 晋伐成都王颖,败帝于是水之南。卢琳《四王起事》曰:惠帝征成都王颖,战败时,举辇司马八人,辇犹在肩上,军人竞就杀举辇者,乘舆顿地,帝伤三矢,百僚奔散,唯侍中嵇绍扶帝。士将兵之,帝曰:吾吏也,勿害之。众曰:受太弟命,唯不犯陛下一人耳。遂斩之,血汗帝袂。将洗之,帝曰:"嵇侍中血,勿洗也。"

"嵇侍中血,勿洗也"。这一句话与"官蛤蟆私蛤蟆"及"何不食肉糜"相比,却显得大不相同。就凭这一句话,说明司马衷与历史上许多愚蠢的王孙公子和衙内们相比,似乎还略胜一筹。

酒

全世界各民族,不论先进与落后,都有酒的嗜好。在我国酿酒发轫甚早,《周礼·天官·酒正》:"酒政掌酒之政令。"《礼记·郊特牲》:"酒醴之美。"《礼记·射仪》:"酒者,所以养老也。"所以早在先秦,国家已有掌酒之官,而上至典礼祭祀,下至亲朋宴集,酒都是不可或缺之物。因此历代以来,各地名酒甚多。酒以水为重要原料,《水经注》记及的河川井泉,其水之佳者不计其数,但所记载的名酒不多,或言这是郦道元不好酒的证据。

《水经注》记载的各地名酒有以下数种:

卷四《河水》经"又南过蒲坂县西"注云:

> (河东)郡多流杂,谓之徙民。民有姓刘名堕者,宿擅工酿,采挹河流,醖成芳酎,悬食同枯枝之年,排于桑落之辰,故酒得其名矣。然香醑之色,清白若滫浆焉,别调气氲,不与佗同:兰薰麝越,自成馨逸。方土之贡,选最佳酌矣。自王公庶友,牵拂相招者,每云:索郎有顾,思同旅语。索郎反语为桑落也,更为籍征之隽句,中书之英谈。

这段注文记载的桑落酒,对于酿造人、水源和酒的优异特性,都说得非常详细。这种美酒的产地蒲城,与现在的名酒汾酒的产地很近,不知历史上有无关系。

郦注记载的另一种名酒在卷三十三《江水》经"又东过鱼复县南,夷水出焉"注中:

> 江之左岸有巴乡村,村人善酿,故俗称:巴乡清郡出名酒。

卷三十九《耒水注》中,也记载了两种名酒。一种在经"又北过其县之西"注中:

> 县有渌水,出县东侠公山,西北流,而南屈注于耒,谓之程乡溪。郡置酒官,醖于山下,名曰程酒,献同酃也。

程乡产名酒,其事也见于《荆州记》。郦注最后一句"献同酃也",即是指同卷经"又北过酃县东"注中的另一种名酒:

> 县有酃湖,湖中有洲,洲上居民,彼人资以给酿,酒甚醇美,谓之酃酒,岁常贡之。

这就是《吴录》记载的"酃水酒"。从郦注"献同酃也"一句看,酃水酒显然名重于程乡酒。所以西晋张载曾写过一篇《酃酒赋》,以称赞此酒的醇美:"故其为酒也,殊功绝伦,三事既节,五齐必均,造酿在秋,告成在春,备味滋和,体色淳清,宣御神志,导气养形,遣忧消愁,适性顺情。"在文人的笔下,这种美酒真令人垂涎欲滴。

《水经注》全书中所记载的既有名称又有产地的名酒,就是上述四种。注文中另

外也有提到酒的地方,但并无酒名或确实产地。例如卷四十《浙江水》经"北过余杭,东人于海"注云:

> 《吕氏春秋》曰:越王之栖于会稽也,有酒投江,民饮其流而战气自倍。所投,即浙江也。

浙江就是今钱塘江,把酒倒在钱塘江里,让军民去喝江水,不管倒下多少酒,肯定是喝不出酒味来的,这不过是一种激励士气的方法。但因为这个地区恰在今天的绍兴,而绍兴以产黄酒著名。现在,有关绍兴的各种著述,都以"有酒投江"这一条来称述它的酿造历史,而绍兴各酒厂也以这一条作为他们产品的广告。1986年,中国建筑工业出版社出版了一种大型图文并茂的《中国历史文化名城丛书》,其中有《绍兴》一册,书内第231页,在引用了"越王之栖于会稽也,有酒投江,民饮其流而战气百(《水经注》作"自")倍"后,接着说:"又据历代出土文物证明,战国时已有青铜制作的和印纹陶、黑陶等众多酒器,这些都说明春秋战国时绍兴酿造业已十分发达。"我是此书顾问,但对这一条却很难表态,或许确实如此,或许也有些牵强的地方。

[附记]

绍兴人把上述《水经注》所引《吕氏春秋》"有酒投江"的"酒"认作今绍兴黄酒,还有些人把当今"加饭酒"之类的渊源提得更早。我对这类话"很难表态",其实是为了不想让这些人"失望"。因为我自己不嗜酒,又不写酒的文章,何必为这种事表态。这其实也是不负责任的行为。但事情后来发展到我不得不表态的时候,1988年,绍兴市政协组织几位学者撰写《绍兴酒文化》一书,并且与上海中国大百科全书出版社订了合同。而此书在写作前就约定请我审稿作序,于是我只好勉为其难。好在作者之中有我的老同学和老朋友,我可以实话实说。最后为此书作了一序,把当时流行的对于绍兴黄酒史的一切无稽之谈统统"打倒"。对于曾经到处写文章为绍兴黄酒胡言乱语的人,序文最后仍借重《水经注》。我说:"对于这些先生们,我也愿意利用这个机会,让大家一起重温一句王国维先生在《聚珍本水经注跋》(《观堂集林》卷十二)一文中所说的话:'当知学问之事,无往而不当用其忠实也。'"

此书于1991年初出版,就因为这篇序,引出了一点反响。绍兴的一个文学刊物《青藤》冬季号,当年就刊出一篇文末署"1991年3月23日于北京"的文章,是一位叫陈民建的作者写的《读〈绍兴酒文化〉之序》。他称赞此序为"醇香的酒文化,淳厚的酒乡人"。文章最后提出:"我真诚地期待着这样的先生们多多为社会提供好文,多多地为酒坛、更为文坛吹拂清新的春风。"一年多以后,一种据说在酿造界很有影响的刊物《酿造科技》的编者从茅台酒之乡的贵州来信,说他们的刊物虽然是一种纯科技刊物,但由于这篇序言很有价值,希望我同意他们转载。我复信同意。于是该刊1994年第6期就作了转载,但题目被改为《酒文化研究的科学方法与言必有据》(文末编者说明此文为《绍兴酒文化》序),并且在题目之前,加了一段黑体字的《编者按》:

> 这是一篇难得的好文章,是近年酒文化研究的重要成果,值得广大读者、酒厂领导、关心热爱酒文化的专家、学者认真一读。对于当前端正学风,坚持科学的态度和方法,促进酒文化的研究,必将起到积极的推动作用。

我实在有点受宠若惊。一篇序居然引出这种反响,这是什么原因? 想来想去,无非因为我说了真话。一句真话而受到如此青睐,究其原因,实在是因为社会上的假话太多了。说假话,哪一个朝代、哪一个国家没有? 但是或许没有像我们这里如此泛滥、以此为荣的。这种风气始于何时? 我不禁回忆到那个亩产几万斤的时代。那真是一个"假话世纪"! 而且是由领导规划设计好这场假话的格局和规模的,事前而且公开宣布了"阳谋",即不说假话的结局——"算账派"、"观潮派"。在这样的情况下,普天之下,还有谁敢不说假话呢?

现在,一篇小文章由于说了几句真活,就被转载和赞扬,说明真话在我们这里还处于物以稀为贵的状态,也说明40年前开始的这个"假话世纪"的魔影还没有远离我们。

希望我们在日常听到的许多话里,真话多起来,假话少下去。

战　祸

清初郦学家刘献廷(继庄)在其遗稿《广阳杂记》中称道《水经注》为"宇宙未有之奇书"。"宇宙未有"4字未免夸大,但说它是"奇书"倒确实是并不过分的。从此书内容包罗之富这一点来看,也就够得上称"奇"了。《水经注》原是一本以水道为纲的地理书,但它的内容,实在大大超过地理。举个例子,《水经注》记载的从先秦以至北魏当代,中国境内(兼及域外)所发生的战争,资料就非常完备。我早年曾把全书记载的战争一一录出,排列成一张年表,对于研究战争史的人,或许有些用处。

在全部《水经注》中,除了卷一《河水》以外,各卷都有战争的记载,其中某些远古的战争,如黄帝与蚩尤之战,尧的丹水之战,汤伐桀,武王伐纣等战争无法计年,有年可计的战争,始于秦庄公元年(前821),直到梁武帝天监四年(505),其时当北魏宣武帝正始二年,已是北魏中期以后的事了。这中间,历时共达 1300 多年,郦注中有战争记载的达 341 年。有的年份中,一年内有几次战争,所以全书记载的战争,共达 587 次。在这 1300 多年之中,根据郦注记载,无干戈之事超过半个世纪的只有一次,即从汉昭帝元凤元年到汉成帝鸿嘉二年(前 76—前 19),超过 1/4 个世纪的也不过 5 次。但从另一方向看,连年战争不断,持续 5 年以上的,在这 1200 多年中竟有 6 次,而其中最长的一次,即从汉灵帝中平四年到汉献帝建安六年(187—201),战祸连年,持续竟达 14 年之久。

《水经注》记载的北魏以前的战争中,不少战争是规模甚大,杀伤极多的。其中杀伤逾万人的战争就有魏襄王十二年(前 307)"秦武王以甘茂为左丞相,……茂请约魏以攻韩,斩首六万"(卷十五《洛水》);楚襄王元年(前 298)"秦出武关,斩众五万"(卷二十《丹水》);秦昭襄王二十八年(前 279)"白起攻楚,引西山长谷水,……百姓随水流,死于城东者数十万,城东皆臭"(卷二十八《沔水》);秦昭襄王三十三年(前 274)"白起攻魏,拔华阳,走芒卯,斩首十五万"(卷二十二《洧水》);秦昭襄王四十七年(前 260)"秦使左庶长王龁攻韩,取上党,上党民走赵,赵军长平,使廉颇为将,后遣马服君之子赵括代之,秦密使武安君白起攻之,括众四十万降起,起坑之于此。……秦坑赵众,血流丹川"(卷九《沁水》);赵王迁元年(前 235)"秦破赵将扈辄于武隧,斩首十万"(卷十《浊漳水》);王莽初始元年(8)"东郡太守翟义兴兵讨莽,莽遣奋威将军击之于圉北,义师大败,积尸数万,血流溢道"(卷二十二《渠》);淮阳王更始元年(23)"光武与王导、王邑战于昆阳,……会大雨如注,滍川皆溢,虎豹皆股战,士卒争赴,溺死者以万数,水为不流"(卷三十一《滍水》);汉光武帝建武十二年(36)"岑彭与臧宫,自江州从涪水上,公孙述令延岑盛兵于沈水,宫左步右骑,夹船而进,势动山谷,大破岑军,斩首溺水者万余人,水为浊流"(卷三十二《梓潼水》);汉献帝初平二年(191)"黄中三十万人入渤海,公孙瓒破之于东光界,斩首三万,血流丹水"(卷九《淇水》)。卷二十二《渠》经"又东南至汝南新阳县北"注下所记载的一个关于石勒残杀西晋士民的故事,更是惨绝人寰,令人不堪卒读:

> 《晋阳秋》称:晋太傅东海王越之东奔也,石勒追之,燔尸于此,数十万众,敛手受害,勒纵骑围射,尸积如山。

我们的民族和国家,在历史上确实受尽了战争的折磨。《水经注》记载的战争,还不过是发生在北魏以前的战争,北魏以后,历代以还,战争也是史不绝书,而且由于武器的进步,战争愈演愈烈,杀伤越来越大。战争的破坏性较之北魏以前大为增加。希望研究中国战争史的学者,能够把有史以来的一切战争作一次统计,估算出历次战争生命和财产损失的总数,看一看我们的民族和国家,到底在战争中付出了多大的代价。

更希望研究世界战争史的学者,能对全世界有史以来的战争作同样的统计和估算。对于反对战争和呼吁和平,这或许是一件很有价值的工作。

祈　雨

《水经注》记载了许多祈雨的故事,这是灌溉设施落后的古代农业社会的反映。当时,广大地区主要是依靠老天吃饭,作物生长主要依靠降水,因此,这样的农业社会最怕遇到干旱,旱灾发生,赤地千里,事情就不可收拾。当然,一般说来,中国历史上的旱灾,多半是范围较小,持续时间不久。在持续时间很久,受旱范围很大的旱灾发生时,那不要说靠天吃饭的地区,即使是灌溉设施很好的地区,也不免受殃。例如从明崇祯十三年(1640)到十七年(1644)连续五年的全国范围的大旱,旱到使江、浙两省间的面积超过3000平方公里的太湖也大部干涸。《鹿樵纪闻》卷上说:"震泽巨浸,褰裳可涉。"《水经注》记载的旱灾,都没到达这样的程度,明末的旱灾,在历史上是罕见的,明王朝的覆亡,与此也有很大关系。

但是尽管是小范围的和持续时间不久的旱灾,对于受旱的地区来说,也是生命攸关的。在科学落后的古代,人们常常呼吁苍天解救,普遍使用的方法就是祈雨。直到不久以前,一乡一村的小地区祈雨的事,还时有所闻。我自己在年幼时,曾看到过多次这样的场面。至于那些范围较大的一郡一县的祈雨,往往由父母官带头进行。范围更大的祈雨,则由皇帝或皇帝特派的代表主持。卷十五《伊水》经"又东北过新城县南"注中就有这样的例子:

> 王隐《晋书》曰:惠帝使校尉陈总仲元诣洛阳山请雨,总尽除小祀,惟存大石而祈之,七日,大雨。

祈雨七日而得大雨,这当然是一种偶合,但古人却认为这是至诚感天的报应。为了至诚感天的这种说法,地方父母官在当地长期干旱,心焦如焚的情况下,有时竟用曝身甚至自焚的手段,用以感动天听,惠降甘霖。这样的祈雨,《水经注》记载不少。卷十五《洛水》经"又东过洛阳县南,伊水从西来注之"注云:

> 《长沙耆旧传》云:祝良,字召卿,为洛阳令,岁时亢旱,天子祈雨不得,良乃曝身阶庭,告诚引罪,自晨至中,紫云水起,甘雨登降。人为歌曰:天久不雨,烝人失所,天王自出,祝令特苦,精符感应,滂沱下雨。

赵一清《水经注释》卷十《补滋水注》中,从《御览》卷九三〇鳞介部引了一句《水经注》佚文,其内容也是关于祈雨:

> 《浮图澄别传》曰:石虎时,自正月不雨至六月,澄日诣滋祠,稽首暴露,即日,

二白龙降于祠下,于是雨遍千里。

以上两条,都是用曝身的手段祈雨的故事,当然,后一条浮图澄的故事,显然是无稽的。

卷二十二《颍水》经"又东过西华县北"注云:

> 汉济北戴封,字平仲,为西华令,遇天旱,慨治功无感,乃积柴坐其上以自焚,火起而雨暴至,远近叹服。

卷二十一《汝水》经"又东南过平舆县南"注云:

> 按《桂阳先贤画赞》,临武张熹,字季智,为平舆令。时天大旱,熹躬祷雩,未获嘉应,乃积薪自焚,主簿侯崇,小吏张化,从熹焚焉。火既燎,天灵感应,即溍雨。

《水经注》记载的祈雨故事,首先当然说明了干旱对于一个抗灾能力薄弱的农业社会所构成的巨大威胁,另外也反映了古人科学知识的落后。但是有一点却不能忽视,在旱情持续,形势危殆的时刻,往往是地方官挺身而出,用曝身甚至自焚的手段祈雨。这类事,在今天看来未免可笑,而且,在许多这类曝身和自焚的故事中,也不能排除有些地方官在玩弄手段。但是,不管是诚心诚意的曝身和自焚也好,或者是做一种曝身和自焚的样子让老百姓看看也好,有一点我们必须承认,即历来地方官对于他所管辖的地方人民忧乐,是责无旁贷的。

潮　神

卷四十《渐江水》经"北过余杭,东入于海"注云:

> 涛水昼夜再来,来应时刻,常以月晦及望尤大,至二月、八月最高,峨峨二丈有余。《吴越春秋》以为子胥、文种之神也。昔子胥亮于吴,而浮尸于江,吴人怜之,立祠于江上,名曰胥山。《吴录》云:胥山在太湖边,去江不百里,故曰江上。文种诚于越,而伏剑于山阴,越人哀之,葬于重山。文种既葬,一年,子胥从海上,负种俱去,游夫江海。故潮水之前扬波者,伍子胥;后重水者,大夫种。是以枚乘曰:涛无记焉。然海水上潮,江水逆流,似神而非。

潮汐是由于日月引力而造成的一种自然现象,特别是在钱塘江干支流河口的涌潮,更是一种罕见的伟大奇观。古人当然不可能对这种自然现象作出科学的解释,他们把这种海洋奇观归之于受冤屈而死的伍子胥和文种,奔腾澎湃的涌潮,就是他们两人的愤怒。钱塘江南北两岸各地,历来多有潮神祠庙和迎潮神的风俗。据《后汉书·列女传》,孝女曹娥的父亲曹盱,"能弦歌为巫祝,汉安二年五月五日,于县江溯涛迎婆娑神溺死"。说明这种迎潮神的风俗,汉代已经流行,可说由来已久。

不过郦道元并不相信涌潮与伍子胥及文种之间的关系。他说:"然海水上潮,江水逆流,似神而非。"郦氏身居北国,毕生没有得到观看涌潮的机会,但却能作出这样的判断,他的科学态度,的确令人佩服。

其实,《吴越春秋》把子胥、文种作为潮神,这当然是荒诞不经的传说,而从历史的观点,把此两人相提并论,也是一种误会。两人虽然都被他们的国君所杀,但句践杀文种,属于历史上常见的国君大诛元勋一类。范蠡致文种书中说:"高鸟已散,良弓将藏;狡兔已尽,良犬就烹。夫越王为人长颈鸟喙,鹰视狼步,可以共患难而不可以共处乐,可与履危不可与安,子若不去,将害于子明矣。"(《吴越春秋》卷六)后世例子甚多,人所共见。但夫差诛伍子胥,并不属于此类。伍子胥和太宰嚭都是吴王阖庐所重用的楚国亡臣。伍子胥的父兄均为楚大臣而被楚王冤杀,所以奔吴。太宰嚭也是因其祖父无端见杀于楚王而奔吴。两人对楚均有刻骨之仇,阖庐重用两人也正是为此。因为吴楚为敌,战争势所必然。阖庐三年(前512),据《史记·吴世家》:"子胥、伯嚭将兵伐楚,拔舒,杀吴亡将二公子。……六年,大败楚军于豫章,取楚之居巢而还。"说明阖庐依靠这两人的策略是完全正确的。最后仍由于此两人的计谋,在阖庐九年(前506)大败楚军,攻入郢都,而子胥、伯嚭鞭平王之尸,以报父仇。阖庐和子胥、伯嚭三人各自取得了他们所需要的东西。

此后,阖庐按照他北上称霸的既定计划,着手降服南邻的小国越,但不幸的是,阖庐竟败在这个小国手上,砍伤了他的手指而终至身亡。于是,夫差即位,并于次年(前494)以大军深入越境,敉平越军,把句践夫妇作为人质,囚于吴都养马。在击溃楚国的战争中意见与君王完全一致的伍子胥和太宰嚭两人,在如何处置句践的问题上发生了极大的分歧。伍子胥坚决反对夫差北上伐齐。他说:"夫齐之与吴也,习俗不同,言语不通,我得其地不能处,得其民不能使。夫吴之与越也,接土邻境壤,交通属,习俗同,言语通,我得其地能处之,得其民能使之。"(《吕氏春秋·知化》)所以他坚持要趁机除掉句践,以绝后患。他说:"夫飞鸟在青云之上,尚欲缴微矢以射之,岂况近卧于华池,集于庭庑乎?今越王放于南山之中,游于不可存之地,幸来涉我壤土,人吾楚梱,此乃厨宰之成事食也,岂可失之乎。"(《吴越春秋》卷四)但太宰嚭的意见却完全不同,他说:"君王之令所以不行于上国者,齐、晋也,君王伐齐而胜之,徙其兵而临晋,晋必听命矣,是君王一举而服两国也,君王之令必行于上国。"(《吕氏春秋·知化》)所以他反对诛杀句践,并批评伍子胥是"明于一时之计,不通安国之道"(《吴越春秋》卷四)。夫差同意太宰嚭的建议而否定了伍子胥的主张,这就是《吕氏春秋·顺民》所说的:"夫差以为然,不听子胥之言,而用太宰嚭之谋。"

伍子胥和夫差的意见分歧,实际上是对于吴国发展前途和雄心壮志的分歧。伍子胥满足于吴国成为一方之雄,而夫差则下决心要成为天下霸主。太宰嚭的眼光显然比伍子胥远大,所以得到了夫差的信任。《吕氏春秋·长攻》记载的关于越国请籴的故事即是其例。越以饥荒向吴请籴,伍子胥认为应该断然拒绝,他说:"非吴丧越,越必丧吴,今输之粟,与之食,是长吾仇而养吾仇也。"但夫差作为一个一心要北上称霸替周天子行道的明君,不管他的真实心意如何,其言论是冠冕堂皇的。他说:"吾闻之,义兵不攻服,仁者食饥饿,今服而攻之,非义兵也;饥而不食,非仁体也。不仁不义,虽得十越,吾不为也。"太宰嚭的观点与夫差一致,他说:"臣闻邻国有急,千里驰救,是乃王者封亡国之后,五霸辅绝灭之末也。"夫差和太宰嚭的话,都符合于春秋流行的所谓"继绝世,举废国"的道理,凡是想称霸的人,不管是否真的想奉行这种美德,但必须在这方面有一套公开的宣言。伍子胥在这方面是远远不及夫差和太宰嚭的。特别是,他的认为齐不可伐的主张,大大干扰了夫差北上称霸的计划。难怪夫差在伐齐获胜以后,愤怒地数落了他一顿:"今大夫老,而又不自安恬适,而处以念恶,出则罪吾众,扰乱百度,以妖孽吴国。今天降衷于吴,齐师受服。孤岂敢自多,先王之钟鼓,实式灵之,敢告于大夫。"(《国语·吴语》)

但是伍子胥在这个问题上可以说已经到了冥顽不灵的程度。开始,他坚持齐不可伐,等到伐齐胜利,他又认为:"越在腹心,今得于齐,犹石田,无所用。"(《史记·吴世家》)夫差命他出使于齐,他居然"属其子于齐鲍氏"(《史记·吴世家》),置夫差的严重警告于度外而一意孤行,这才引起夫差的大怒,不得不置他于死地。所以夫差诛子胥,是子胥的咎由自取,与句践杀文种不可同日而语。

夫差虽然因越的偷袭而最后败亡,但他毕竟战败齐国,"北会诸侯于黄池,欲霸中国以全周室"(《史记·吴世家》)。尽管时间不长,但到底达到了他称霸的目的。这是春秋诸侯所追求的最高目标,而他终于达成了。

我长期以来想写一篇《论句践与夫差》的文章,用以阐明,此两人都是有雄才大略的国君,都曾经完成了他们的霸业。也用以阐明,夫差诛伍子胥,并不算是妄杀。伍子胥和太宰嚭,也并非长期来被人们传播的,一忠一奸。以成败论人,实在是很不公正的。《浙江水》注的记载对我是一种启发。但是岁月匆匆,杂务碌碌,不知何日才能写出来。

[附记]

已经勉成一篇,发表于《浙江学刊》1987 年第 4 期。

人　事

郦道元籍贯

郦道元是北魏幽州范阳郡涿县（今河北省涿州市）人，这本来是很明确的，却因某些古书如《魏书》记载中只写郡名，不写县名；某些古书如《北史》则把涿县误写作涿鹿县，因而至今还有人存在一些误会。

1984 年年初河北省涿鹿县地名办公室的李怀全先生给我写信，说他曾在报刊上发表了一篇《郦道元传》的文章，文中提到郦是涿鹿县人。以后就接到一些读者来信询问此事，所以他又写了《郦道元籍贯问题的复信》一文，他把此《复信》寄给了我，要我表示意见。我在他的《复信》中知道，把郦氏作为涿鹿县人的，除了《北史》和他的《郦道元传》以外，还有北京语言学院编写、四川人民出版社 1980 年出版的《中国文学家辞典》和金紫千编写、内蒙古人民出版社 1982 年出版的《文学家手册》。说明这种错误，已经蔓延到某些工具书上了。

我于 1984 年 2 月给李怀全先生写了复信，这里只把我复信中直接与这个问题有关的部分抄录下来。信中凡是用书名号的《复信》，都是指的李怀全先生的《郦道元籍贯问题的复信》。我所答复他的内容如下：

　　对《复信》中所说的郦道元是涿鹿人这一点，我不能同意你的意见。

你在《复信》中引用六种有出处的资料,说明你阅读面很广,但在这六种资料中,其实只有《北史》和《辞海》存在差异。而且事涉你和仲延先生(按李的《复信》是写给这位仲延先生的)讨论的问题。因为《魏书本传》和殿本《水经注·四库提要》(就是你《复信》中所说的"戴震《水经注》前言")都只提到范阳郡的郡名,并不涉及县名。而《中国文学家辞典》和《文学家手册》之类的书中所说的话,不宜作为根据,因为这类辞书的编写者,一般都不是郦学家,他们可能都是辗转抄袭而来的。

你在《复信》中另外还有两段,一段是北魏六镇被起义军占领和改镇为州的事,另一段是郦道元被雍州刺史萧宝夤杀害的事,其目的都是为了说明北魏行政区划中确有一个涿鹿县。由于历代行政区划变化频繁,即使在同一朝代中,有时变化也相当大,所以我们现在一定要说北魏没有涿鹿县的建置,当然也并不完全妥当。涿鹿县在《汉书·地理志》属上谷郡,在《后汉书·郡国志》属幽州上谷郡,在《晋书·地理志》属幽州广宁郡。但《魏书·地形志》中,幽州范阳郡领县七:涿、固安、范阳、苌乡、方城、容城、道,并无涿鹿县的建置。《魏书》是北齐时代所撰的,与北魏相去未远。我们虽然不能因这一点就深信《魏书》无误,但这至少是一种比较重要的证据。

至于你在《复信》的最后一段中引及《水经注》的《巨马水》、《漯水》等篇,以说明如涿县、道县、涿鹿县等地名,都曾为郦氏所提到,用以说明涿鹿县在北魏时代的存在。这显然是不妥当的。因为你引用的"又东过涿鹿县北"一句,见于《漯水篇》的经文,经文写于三国甚至三国以前,绝非郦道元的作品,怎能和注文混为一谈呢?不错,郦道元在这句话下,也提到了涿鹿山、涿鹿县故城、涿鹿之野、涿鹿城等冠以涿鹿的地名,但涿鹿县如我在上面所说的,在前、后汉和晋代,都确实有此建置,则郦道元在注文中提到这个名称,乃是很自然的事,并不能说明这个县在北魏的存在。

既然中国历史上的行政区划非常复杂,历代又常有变化,因此,要查明一位古人的籍贯,有时常会发生困难。不过对于郦道元却不是这样,这是因为他给我们留下了《水经注》这样一部地理巨著的缘故。他本人是个造诣很深的地理学家,书上所记载的地理概念是毫不含糊的,更何况对于他自己的故乡。因此,要讨论郦道元的籍贯,我们既可撇开志书,也可以不必计较上述《北史》和《辞海》的差异,就从他自己的著作《水经注》去找答案。

《水经·巨马水注》经"又东南过容城县北"注:"巨马水又东,郦亭沟水注之。水上承督亢沟水于道县东,东南流,历紫渊东。余六世祖乐浪府君,自涿之先贤乡爱宅其阴,西带巨川,东翼兹水,枝流津通,缠绕墟圃,匪直田渔之赡可怀,信为游神之胜处也。"这是郦道元对他自己故乡的一段很能说明事实的描述。按道县故城在今涞水县北一里。而所谓郦亭沟水的郦亭,清孙承泽在他的《春明梦余录》卷六十四中有明白的记载:"郦亭在涿州南二十里,为郦道元之故居。"

按上述《巨马水注》的记载和孙承泽的说明,郦道元的故乡在今河北省涿州市是很明确的,绝不会到今涿鹿县去。你在《复信》中又特别提出北魏涿鹿县县治在今矾山。但这一点也无补于你认为其故乡在涿鹿县的说法。因为北魏至今一千几百年,行政区划的频繁变化虽已不知几度,但自然地理的变化却是不大的。既然郦道元的故乡在拒马河流域,而拒马河流域与桑乾—永定流域之间,有军都山和太行山交接地带的一系列分水岭如小五台山、灵山和百花山等,这些山岳在这一千多年中的变化是十分微小的。矾山尽管在地理位置上比今涿鹿县城偏向东南,但它绝不可能越过这些分水岭而到拒马河流域去。

以上是我对李怀全先生《复信》的复信中的主要部分。由于这种错误已经被写入几种工具书,影响必然要扩大,所以我把此事写入《札记》,希望能起一点纠错的作用。

"全世界最伟大的地理学家"

把郦道元称为"全世界最伟大的地理学家",这句话出自一位异国著名地理学家之口。他是日本郦学研究的开创人小川琢治(1870—1941)的高足米仓二郎教授。小川琢治是日本著名的地质学家和地理学家,是京都帝国大学历史系的第一位地理学教授,他对中国古典地理著作如《山海经》、《禹贡》、《水经注》等,都有较深的造诣。曾于1918年在《艺文》第8、9两期连载其郦学著作《水经及水经注》一文,这或许是日本学术界发表的有关郦学研究的最早论文。他的高足之一森鹿三,后来成为国际知名的郦学家,这当然与其老师有密切关系。米仓二郎也是京都帝国大学的文学博士,师承小川。不过他以后并不研究《水经注》,而是一位很有成就的聚落地理学家。但他仍然关心郦道元和《水经注》,他在这方面的知识和兴趣,当然得自其老师小川琢治。

我们是1985年在日本相识的,虽然他当时已经年近八旬(他出生于1909年),论年资经历,我都是晚辈,但他对我却以国际学术界的朋友相待,优礼有加。以后不仅多次见面,而且经常通信。在日本的老一辈学者中,他的英语不论是口语或书写,都属上乘,所以我们之间,不论是面谈或通信,都不必由翻译者介入。

1988年7月28日,他给我一封长信,其中有论述郦道元的一段。他说:

我认为郦道元是中世纪时代世界上最伟大的地理学家。这是欧洲历史上的所谓黑暗时代,当时的欧洲,就连一个杰出的地理学家也没有,从全球的观点看来,地理学史不能不提到郦道元。我希望你一定要用英文写一篇有关郦道元的论文,在某种地理刊物发表。

米仓先生信中对于郦道元的评价和推崇,当然是令人鼓舞的。但抱歉的是,他要我用英文写一篇有关郦道元的论文,在某种地理刊物发表,显然是希望在这篇论文中把他的观点写进去。由于我在这年之初,已经接受国际地理学会(IGU)在英国出版的《地理学家研究》(*Geographers: Biobibliographical Studies*)主编弗里曼(T. W. Freeman)的约请,写成了一篇《郦道元》(*Li Daoyuan*)的文章,并且得该刊通知,决定在该刊1988年第12卷发表,所以已经无法在这篇英文文章中再加入他的观点。1989年,我应广岛大学之聘到该校担任客座教授,他是广岛大学的名誉教授(日本公立大学教授的退休年龄,除东京大学定为60岁以外,一般定为63岁,退休后由学校授为名誉教授),所以经常见面,我把英国发表的《郦道元》一文的抽印本送给他,并且向他抱歉,因为来不及写入他的观点。他还是很高兴,热情地邀请我们夫妇到他家中做客,以许多美味的菜肴款待我们。席间,他再一次强调了郦道元在国际地理学史上的崇高地位,他说:"郦道元和他的杰出名著《水经注》,不仅是你们中国人的光荣,而且也是国际地理学史上的光荣。"

我终于有机会把米仓先生的观点在我的文章中表达了出来。1990年,华中师范大学地理系的刘盛佳教授完成了他的力作《地理学思想史》(华中师范大学出版社1991年版),求我为他的著作作序。我应嘱写了一篇长序,序中,我把米仓先生当年来信中的这一段,仍以他写信的形式插了进去,并且说清此事的经过。此书出版后,我把这篇序言复印寄给了他,他立刻复信表示真挚的感谢。1993年,中国地理学会历史地理专业委员会在湖南长沙举行历史地理国际学术讨论会,会议是由我主持的,事前我要会议筹备处向他寄发了请柬,虽然年逾8旬,他还是欣然接受了邀请,由他的学生、九州国际大学地理系教授山下丰治陪同而来,我们夫妇在长沙机场接到了他们。从机场返回岳麓山途中,他又与我谈起了郦道元。他说,"既然你在那篇序言上引用了我的那封信,那末,你是完全同意我的观点了。"我告诉他,我完全赞同他的观点,郦道元是中世纪时代世界上最伟大的地理学家。当时,所谓"世界",只不过是亚洲和欧洲这片实际上是互相联结的大陆,大陆的西部正处于"黑暗时代",而大陆东部的中国,却处于一个"地理大交流"的活跃时代,在这样一个时代中出现郦道元这样一位杰出的地理学家,当然不是偶然的。

但是,历史的车轮是不断前进的。欧洲从11世纪以后结束了它的黑暗时代,接着就迎来了资本主义的萌芽和发展,从而促成了新航路的探索而发生了"地理大发现"

的伟大场面。在世界地理学思想史上，另一个波澜壮阔的飞跃时代终于在欧洲出现，而像洪堡（Alexander Von Humboldt）和李特尔（Karl Ritter）这样划时代的地理学家，他们把古典地理学，引向现代科学的地理学。他们在地理学思想史上的崇高地位，当然是值得大书特书的。

与洪堡及李特尔相比，郦道元是一位杰出的古代地理学家，他是写实地理学的开创者，他强调地理学研究中的实践，提倡区域地理研究中的综合观点。他以高度的敏感和极大的努力，将"地理大交流"过程中出现的大量新资料，撰写成为中国地学史上的不朽名著《水经注》。和13个世纪以后的洪堡及李特尔相比，虽然在科学发展的阶段上不可同日而语，但是他们的地理学思想却是如此的接近，这是一种巧合，抑是科学发展史上的必然规律？看来还可以研究。

郦道元与柳宗元

《水经注》以文笔生动著名，特别是描写风景，郦道元确有特别精湛的功夫。正如清初著名郦学家刘献廷在其所著《广阳杂记》卷四中所说："更有余力铺写景物，片言只字，妙绝古今。"明朝学者杨慎在《丹铅杂录》卷七中说："予尝欲抄出其山水佳胜为一帙，以洗宋人《卧游录》之陋，未暇也。"这件由杨慎所提出却未曾着手之事，后来倒是为著名历史学家范文澜做成了。范氏曾把《水经注》全书中描写风景的佳作，抄录成编，于1929年在北平朴社出版了一本名为《水经注写景文抄》的书。可惜此书现在已成稀物，一般人不容易读到了。

明末清初的学者张岱，他在《跋寓山注二则》（《琅嬛文集》卷五）一文中写道："古人记山水，太上郦道元，其次柳子厚，近时则袁中郎。"这里，张岱拿郦、柳、袁3人相比，说明三人都是写景能手。袁中郎就是袁宏道，是明末"公安体"的代表人物，毕生写过不少游记，收入于《袁中郎全集》卷十四。以后又有人把他的游记抽出来，单独出版了《袁中郎游记》（中国图书馆出版部1935年版）。张岱和袁宏道差不多是同时代人，所以完全有资格对袁作出评价，并把他列入3人中的第三位。这种评价是公允的。但是张在郦、柳两人中进行评比，称郦为"太上"，称柳为"其次"，这是根据什么标准呢？柳子厚就是柳宗元，是著名的唐宋八大家之一，在文学上的名气，要比郦道元大得多，却让他屈居郦氏之下，是否有失公平？

不过仔细地咀嚼一下张岱的文字，他的所谓"太上"和"其次"，指的是"古人记山水"。柳宗元毕生写的文章虽多，但山水文章主要以《永州八记》出名。《永州八记》当然是名重一时的千古文章，但是在写景的技巧上，确实有继承郦道元之处。不妨举点例子。

郦注卷二十二《洧水》经"又东南过长社县北"注云：

> 濦泉南注，东转为渊，缘水平潭，清洁澄深，俯视游鱼，类若乘空矣，所谓渊无潜鳞也。

又卷三十七《夷水》经"东入于江"注云：

> 其水虚映，俯视游鱼，如乘空也。

又卷三十七《澧水》经"澧水出武陵充县西，历山东过其县南"注云：

> 澧水又东，茹水注之，水出龙茹山，水色清澈，漏石分沙。

上面列举的各条，郦道元的"俯视游鱼，类若乘空"，"渊无潜鳞"，"漏石分沙"等词句，用以描写水的清澈。而《永州八记》中的《至小丘西小石潭记》中，柳宗元用来描写潭水清澈，也用了这样的词句：

> 潭中鱼可百许头，皆若空游而无所依。

当然，人类的一切学问和经验，后代总是继承前代而不断发展的。柳宗元在写景技巧上吸取了郦道元之长，这是很自然的事。而张岱所说的"太上"和"其次"，看来也并无不当之处。

郦道元与徐霞客

郦道元与徐霞客是我国历史上的两位奇人，他们热爱祖国河山，游历祖国河山，描写祖国河山，留下了两部不朽巨著，郦氏的《水经注》和徐氏的《游记》，都是我国古代文化的宝贵财富。

徐霞客的诞辰按公历为 1587 年 1 月 5 日，但按夏历是万历丙戌十一月二十七日，故其 400 周年，按公历为 1987 年，按夏历则为丙寅年，是 1986 年。所以全国决定在 1987 年纪念他的诞辰 400 周年，但江阴县（他的故乡）各界却在 1986 年年初举行了他的 400 周年诞辰纪念会，并在江阴西门竖立他的石像。我因忝为全国纪念徐霞客诞辰 400 周年筹备委员，所以当江阴县各界按夏历举行这次盛会时，亦在受邀请之列，欣然出席了这次纪念会。会后，与会代表曾驱车至徐霞客故居马镇乡参观，包括故居所在的南旸歧村、晴山堂和徐霞客墓。当进入正在修复中的故居客厅时，客厅中已备好纸笔，请参观者挥毫留念。我因在参观时脑海中一直萦回着郦道元的影子，所以临时拼凑，在纸上写下了一首五律歪诗：

> 郦学与徐学，渊源称悠久。
> 郦将十五纪，徐届四百周。
> 前贤述山水，后儒记卧游。

　　两书相辉映,河山特锦绣。

　　我在诗中所说的"前贤述山水,后儒记卧游",当然是指的《水经注》和《游记》。这两部书,确是我国历史上的双绝。前者被清刘献廷称为"宇宙未有之奇书"(《广阳杂记》卷四),后者被奚又溥称为"古今一大奇著作"(《游记奚序》)。美国学者亨利·施瓦茨(Henry G. Schwarz)曾经在华盛顿州立大学1971年出版的《东亚研究纲要》第三期中发表了一篇《徐霞客与他的早年旅行》的文章,文章中以"中国人的自然之爱"一语来描写徐霞客的为人。其实,郦道元也是一样,《水经注》和《游记》都是表达"中国人的自然之爱"的杰作。

　　由于对祖国河山的热爱,郦道元和徐霞客都是有"游历癖"的人。郦氏的"游历癖"在《水经注原序》中的"访渎搜渠"一语已经充分表达,而徐霞客的"游历癖",正如吴国华在他的《圹志铭》中所说:"穷下上,高而为鸟,险而为猿,下而为鱼,不惮以身命殉。"描述得淋漓尽致。当然,两人所处的时代环境是很不相同的。郦道元出生和定居在我国北方,毕生足迹未涉南部,在他出生之日,中国南北分裂已达一个半世纪以上,因此,对于南方的半壁河山,尽管他心向往之,但却是无缘亲历。虽然如明张岱所说:"古人记山水,太上郦道元,其次柳子厚,近时则袁中郎"(《跋寓山注二则》,载《琅嬛文集》卷五)。但可惜的是,《水经注》中的南方山水,郦氏不得不借助于各种文献,因而出现了不少错误。但徐霞客却不同,尽管在那个年代,明朝的国势已经凌夷,外患内忧,危机四伏,但举国南北,毕竟总还是大明的一统天下,他的旅游路程,北到盘山、五台,南入丽江、大理,足迹所及,无不在皇舆之内。而他毕生的游历重点,即我国的西南地区,恰恰就是郦道元所无法问津的地方。郦注善于北方而徐记长于西南,合两书的优异,在我国历来的地理书和游记之中,真是无出其右。

　　早在明代以来,学者从各方面研究《水经注》,已经形成了一门内容广泛的"郦学",而且先后出现了考据、词章、地理三个学派,获得了丰硕的研究成果。至今,"郦学"研究的大量成果,已为许多学科所采用,推动了许多学科的学术研究,而反过来也促进了"郦学"研究的繁荣。在这方面,《游记》的研究,看来还有待继续努力。《游记》内容丰富,包罗广泛,我们从各个角度对它进行研究,完全有条件形成一门"徐学"。值兹纪念徐霞客诞辰四百周年之际,如何发展和繁荣"徐学"的研究,正是我们值得重视的大事。也是我们对这位伟大学者的最好纪念。

　　让"郦学"研究继续向前,兴旺发达;让"徐学"研究后来居上,发扬光大!

[附记]

在1986年纪念大会以前,筹备委员会已于1985年在无锡开了筹备会议。我在会上即提出"徐学"一名,希望今后能把研究《徐霞客游记》如同研究《水经注》一样,成为一种专门的学问。此事已由吕锡生在其所著《徐霞客家传》(吉林文史出版社1988年版)作了记载。1986年的纪念大会以后,徐学研究之风在国内有所发展,但宣传势头很大,学术水平不高,与郦学显然不能相比。我在为香港郦学家吴天任教授的《郦学研究史》(台北艺文印书馆1991年版)所撰序言中指出:

在中国,一本书成为一门学问的事,例子不多,称《红楼梦》研究为"红学",现在已经非常流行,但这门学问的研究历史,不过半个多世纪。称《徐霞客游记》研究为"徐学",是我在八十年代所首先提出的,虽然各方纷纷响应,但"徐学"作为一门专门的学问,还有待不断研究和提高,庶几名副其实。若以研究历史之悠久,内容之丰富,牵涉之广泛,成就之卓越而论,则由《水经注》一书而形成之"郦学",显然是此中翘楚。

我之所以说徐学研究需要"名副其实",是因几年来的徐霞客研究,学术水平确实还有待不断提高。现在,全国已经成立了"徐霞客研究会",不少省市也纷纷成立分会。形势很好,希望徐学能够如同郦学一样地获得发展。

苏州郦学家

南宋范成大在其所纂《吴郡志》的《杂志》中说:"天上天堂,地下苏杭。"这句话后来被群众通俗化,变成"上有天堂,下有苏杭"。说明从南宋开始,苏州在经济上和文化上的发展扶摇直上。

南宋以来,历明、清两代,苏州的行政区划是非常稳定的。南宋平江府置吴、长洲、吴江、昆山、常熟、嘉定6县,明苏州府同样是上述6县,清代,除了嘉定县划入太仓直隶州外,新增元和、新阳、昭文、震泽4县,但四县分别从吴、昆山、常熟、吴江析置,全府的境域不变,所以基本上仍然是稳定的。

经济和文化的发展,当然有赖于生产力的提高和社会的安定。但现在看来,行政区划的稳定也是社会安定的一种因素,它对经济和文化的发展也能起积极作用。世界上一切经济文化发达的国家,其行政区划的基本特点就是稳定,可以为证。频繁变动行政区划,造成许多浪费,实际上是一种为政无知的扰民行为。

　　在经济繁荣、文化发达的苏州府,明、清两代,学术研究之风极盛,当然也包括郦学研究在内。郦学家人才辈出,盛极一时,他们人数众多,成果卓越,令人眼花缭乱。这中间,最早负有盛名的,是吴县人柳佥(大中),他在正德年间用宋本抄校郦注,卷首有郦道元原序,即所谓抄宋本,是明代的著名抄本。全祖望称他"有大功"(《全氏水经注附录》上)。胡适认为"柳本有四大长处"(《记孙潜过录的柳佥水经注抄本与赵琦美三校水经注本并记此本上的袁廷梼校记》,载《胡适手稿》第四集中册)。大概宋代的《水经注》版本较多,优劣互见,柳佥所选的宋本属于佳本,尚保留郦氏原序,而他的抄校又十分用心,所以成为名本。

　　柳佥以后,昆山人归有光在郦学研究中也甚有造诣,留有校本一种,清初何焯尚得见。戴震在四库馆校《水经注》,归有光本也是他的参照版本之一。戴氏校郦,有所称引,除《永乐大典》本外,多不指名,但归有光本例外,戴校《水经注》在《沅水》、《沘水》、《施水》、《羌水》、《江水》、《湘水》、《浙江水》等篇中,共引归有光本校改旧本7处。其中《浙江水注》中,以归有光本校改旧本达134字。说明归有光治郦成绩的卓著。

　　与归有光同时的苏州郦学家还有吴县人黄省曾。黄号五岳山人,刻印之书甚多,所以也是个刻书家。他曾于嘉靖十三年(1534)用宋本作底,刊行《水经注》一种。这是现在我们可以看到的四十卷完整的最早郦注刊本。黄氏在刊此书前作过校勘,但不够精湛,所以经注混淆,错漏较多。不过由于此书是明代的最早刊本,所以流行甚广,对后世郦学家影响甚大,许多学者的郦学研究,都以此本作为底本。

　　到了万历年代,常熟人赵琦美(号清常道人)是著名的藏书楼脉望馆的主人,他以宋本、黄省曾本、谢兆申本等三种版本进行校勘,先后校勘了三次,这是明代除了柳佥抄宋本以外的又一名本,赵琦美三校本。近人郑德坤在其所著《水经注版本考》(台北艺文印书馆版)一书中云:"琦美用功颇勤,孙潜称此本最佳。"故赵琦美也是一位对后世有影响的郦学家。

　　与赵琦美同时的苏州籍郦学家还有陈仁锡。他也于万历年代校有《水经注》一种,全祖望和赵一清都曾见到此本,但以后就亡佚不传。几年前我在武汉大学图书馆看到一部《水经注笺》的万历四十三年朱谋㙔家刊本,其书经过湘乡人王礼培的校勘,王在校勘中曾用不同颜色作批注,过录了宋子臣、陈明卿(陈仁锡字)、钟惺、谭元春、何义门的校语,则陈仁锡校本尚保留在此本之中。

　　在清朝一代中,苏州籍的郦学家更是先后相继,名流迭出。其中如顾炎武、黄仪、刘献廷、孙潜、何焯、沈钦韩等,都是造诣精深的一代巨子,他们各以杰出的研究成果,在后世郦学界发生深远的影响。

　　顾炎武(亭林)是昆山人,是学识渊博的郦学家和地理学家,虽然他所校的郦注鲜为人见,但在他的其他地理著作如《天下郡国利病书》、《山东考古录》、《京东考古录》和杂著《日知录》等之中,引及郦注甚多。他推崇明朱谋㙔的《水经注笺》,称其是"三百年来一部书"(见阎若璩《古文尚书疏证》卷六下),成为郦学评论中的名言。从此一名言中,说明了顾氏对《水经注笺》的精深研究和真知灼见。

　　黄仪字子鸿,苏州府常熟县人,《清史稿》称其"精舆地之学"。他不仅精于郦学,有他自己的郦注校本,同时也擅长于地图绘制,绘有《水经注图》一套,此图在亡佚前曾为阎若璩所见,阎氏甚为佩服,赞扬他是"郦道元千古后一知己也"(《清史稿·黄仪传》)。

　　在历来苏州籍的郦学家中,在郦学和地理学理论思想上造诣最深的是刘献廷(继庄)。他幼年随父移居大兴(今北京),但原籍在吴县。侯仁之教授在其主编的《中国古代地理学简史》(科学出版社版)中,曾把"刘继庄的地理学思想"列为专节讨论,并且指出:"这一时期,在我国地理学思想的发展上,占着首要地位的,是清朝初年的刘继庄。"他的理论思想,实际上就是经世致用。他对历来学者研究《水经注》的方法和目的很不以为然。他说:"《水经注》千年来无人能读,纵有能读而叹其佳者,亦只赏其词句,为游记诗赋中用耳。"(《广阳杂记》卷四)他原来有撰述《水经注疏》的庞大计划,但由于早逝,没有完成。他的郦学思想和见解,身后收入于其笔记《广阳杂记》之中。

　　清初的另一苏州籍郦学家孙潜(潜夫),他的郦学研究成果,对后世郦学界具有很大影响,称得上是一位功臣。前已提及的明代两位苏州郦学家柳佥和赵琦美的郦注名本,一直以为早已亡佚,但其实是在洞庭叶石君家中保藏了200年。康熙初,孙潜从叶石君处借得此两种名本从事校勘,把此两本中的校语全部录入他自己的校本之中,此两本后来终于亡佚,赖孙氏之功,使这两种名本得以在他的校本中继续流传。所以全祖望称道孙潜:"柳、赵诸本,皆以国初始出,而集其成于潜夫,其功最笃。"(《孙氏水经注校跋》,载《全氏水经注附录》上)

　　长洲人何焯是清初的知名学者,即是名重一时的义门先生。他潜心郦学研究,曾于康熙三十三年、三十五年、五十七年三校《水经注》,这就是清代的郦注名本何焯校本。在郦学界具有很大影响。胡适曾经称道何焯:"何义门终身校勘古书,方法颇严谨,他虽不是专门研究《水经注》的人,他的校本曾留下很大的影响。"(《史语所藏杨希闵过录的何焯、沈大成两家的水经注校本》,载《胡适手稿》第四集下册)

　　吴县人沈钦韩(文起),在清代苏州籍郦学家中,可以说是后起之秀。他治郦已在全、赵、戴之后,殿本和赵本均已问世。他从嘉庆十一年(1806)起开始据殿本校注他自己的《水经注疏证》,直到道光元年(1821)完成,历时达15年之久,功力之深,可以想见。他的稿本一直未曾付刊,一般认为已经失传,却幸运地于1947年在西安图书馆发现。段熙仲对此本钻研甚深,认为此本:"态度严谨,真所谓一字不苟。"(《沈钦韩水经注疏证稿本概述》,载《中华文史论丛》1979年第3辑)

除了上述名流以外,清代苏州籍郦学家还有不少,如元和人顾广圻(千里),吴县人袁廷梼(寿阶),常熟人王峻(艮斋),常熟父子庞钟璐(宝生)、庞鸿书(劬庵)等。在这些学者中,顾广圻和袁廷梼都校勘过郦注。王峻撰有《水经广注》,但其书不传。庞鸿书的郦学专著《读水经注小识》至今尚存,其中颇多郦学界掌故。

安徽郦学家

安徽在历史上是个文化发达的地方,清代曾经出现过声名甚盛的散文学派桐城派,方苞、姚鼐、刘大櫆等学者,都是名闻遐迩的。安徽同时也是一个历史上郦学研究很发达的地方,从南宋以来,这里出了许多知名的郦学家。特别是皖南的徽州一府,是郦学家人才辈出之地。

安徽最早的知名郦学家是南宋的程大昌(泰之),休宁人,他所撰述的《禹贡山川地理图》,是现存最早的《水经注图》。全图包括地图31幅,论说51篇。程大昌在论说中的一篇《删润郦道元所释水经》下自注云:"叙载事实,皆是《水经》。"足见他的地图是为郦注而绘制的,是后世许多《水经注图》的滥觞。

明万历间的吴琯(中行),歙人。于万历十三年(1585)刊行《水经注》,以宋代流行的郦注版本作底,进行一定的校勘,成为一种明代流行的版本。除了北京图书馆所藏的残宋本以外,在郦注刊本中,吴琯刊本是仅次于黄省曾刊本的现在可以见到的第二种刊本,在郦学界很有影响。尽管后人对此本有过不少批评,但张宗祥在残宋本卷末写跋:"吴琯刻出自元祐。"案北宋元祐刊本是《水经注》版本史上的第二种刊本,现在早已亡佚,而吴琯刊本对于保存宋本的风格之功是不可抹杀的。

在明朝一代中,最著名的郦注刊本是朱谋㙔的《水经注笺》,此书即是以吴琯刊本作为底本的。朱谋㙔在此书卷首自序中说:"已与友人绥安谢耳伯,婺源孙无挠商榷校雠,十得八九。"这里的孙无挠,名汝澄,也是一位明代的著名郦学家,并且也是徽州府(婺源县)人。

清代初期,徽州人项絪(书存)和黄晟(晓峰),对郦学研究也有所贡献。当然,此两人与其说他们是郦学家,还不如说他们是刻书家。项絪于康熙五十四年(1715)刊行《水经注》一种,称为群玉堂刊本。卷首序云:"近得吴本,……爰偕嘉定赵荫虹谷,同里程松门鸣,共加点缀,勒定成本。"项纲所说的"吴本",并非吴琯刊本,而是苏州人黄省曾刊本,因苏州称吴,故曰"吴本"。其实,项纲刊本基本上是朱谋㙔《水经注笺》的翻刻本。黄晟于乾隆十八年(1753)也刊行《水经注》一种,称为槐荫草堂刊本。他在卷首序言中说:"爰取旧本,重为校刊。"其实,此"校刊"两字应为"重刊"。因为他根本不曾作过校勘。所谓"旧本",则就是项纲所刊之本。项纲和黄晟虽然都是翻刻别家的本子,但这两种刊本,从纸张和刊印质量上说,都是清代极好的刊本,为后来的郦学家创造了郦学研究的便利条件,清代的许多学者,都以这两本作底从事郦学研究。这两种本子印数甚大,流行甚广,直到建国前夕,北平书肆中犹有出售。

在乾隆年代,徽州出了一位郦学史上的权威人物,那就是大名鼎鼎的休宁人戴震(东原)。在郦学史上,全(祖望)、赵(一清)、戴3人的地位是前无古人的。而戴震由于有幸进入四库馆,主持了《水经注》的校勘,刊行了出类拔萃的武英殿聚珍本《水经注》,成为郦学考据学派中登峰造极的版本。此书对后世郦学家的影响极为深远,各省书局都纷纷翻刻,流行甚广。但戴震是个性格高傲的学者,又热衷于科场名位,在有关书籍校勘的道德准则中存在缺陷。因此,身后酿成了牵连甚广、绵延数百年的赵戴《水经注》案,不仅使他自己的声名受到损害,并且在一个相当长的时期中影响了郦学研究的发展。

清光绪年代,绩溪人周懋琦对郦学,特别是对《水经注》赵、戴两本有精深的研究。他曾为光绪七年(1881)刊行的杨希闵《水经注汇校》作序。序中对赵、戴两本对比分析甚为详悉。就是在这篇序言中,他提出了一句有关赵、戴两本的名言:"十同九九。"在赵戴《水经注》案中,学者常常引用此言,以概括两本从形式到内容的大量雷同。

近代绩溪的另一位声名煊赫的郦学家是胡适。胡适是个学问渊博的学者,但是他的后半生,却全力投入《水经注》研究。历来的郦学家,从研究方向来说,总不外乎考据、词章、地理3个学派。但胡适却不属于上述3者。在他的研究工作中,当然也作了大量考据,但郦学考据学派的研究目的,是校勘字句,让郦注从残籍走向完璧。而胡适的考据只有一个目的,如他自己所说:"实在是打抱不平,替我同乡戴震(东原)申冤。"(《水经注考》,载《胡适手稿》第六集下册)胡适于1962年去世,身后刊行《胡适手稿》10集,计30册,其中一至六集共18册,全是有关《水经注》研究的文献。胡适为戴震申冤的目的,显然没有达到,但是为了这个目的,他搜集了大量郦注版本,曾于1948年在北京大学举办过一次《水经注》版本展览,展出的各种郦注版本分为九类,共有41种。胡适无疑是郦学史上搜集版本最多的学者,在这方面作出了卓越贡献。

在近代安徽郦学家中,徽州籍以外的尚有两人,即是芜湖的段熙仲和桐城的钟凤年。两人均下世未久,是安徽籍郦学家中无独有偶的耄耋学者。

段熙仲早年毕业于东南大学中国文学系（今南京大学前身），去世前是南京师范大学中文系教授。他出生于 1897 年，卒于 1987 年，达到了 90 高龄。段氏对清沈钦韩稿本《水经注疏证》研究甚深，又为北京科学出版社影印《水经注疏》作点校工作，花了极大精力。此事我亦参与其间，我以台北中华书局影印《杨熊合撰水经注疏》成果采入其中，合两本于一炉。此书已由江苏古籍出版社出版。

钟凤年生于 1888 年，卒于 1987 年，按中国习惯，已算百岁高龄。钟氏在郦学研究中功力雄厚，造诣甚深。但是由于不曾毕业于正规高等学校，在旧社会处境极为坎坷。他早年丧妻，孑然一身，在北平，经常找不到正规职业。建国以后，始入考古研究所为副研究员。北京版《水经注疏》于 1957 年影印出版，他发现其错误甚多，即致力于校勘，最后校出错漏 2400 余处，撰成《水经注疏勘误》1 篇，于 1982 年发表于福建人民出版社的《古籍论丛》之中。1979 年，他已年过 90，仍在当年《社会科学战线》第 2 期发表《评我所见的各本水经注》一文，内容丰富，有独到见解，是近年来郦学研究中一篇有价值的论文。

湖北郦学家

在中国历史上，常常出现某一类学问家集中在某一个地方的现象，上面的两则《苏州郦学家》和《安徽郦学家》即是其例。这种现象的发生并非偶然，只要寻根究底，可以查清其中的因果关系。

从郦学家来说，苏州府和徽州府都是明、清以来人才辈出的地方。苏州府出郦学家，关键是这个地区文化发达。在这里，各种学问家都有，不仅郦学家而已。大凡要做学问，首先就得读书，但是在古代，书本并不是轻易可得的。另外，做学问还得请教老师，在古代，冬烘腐儒虽然到处都有，但真正有学问的老师，也不是容易找到的。明初金华人宋濂，曾经撰过一篇《送东阳马生序》，写尽了求书问师的困难。明、清苏州府，不仅藏书家多，著名的学者也多。例如前面提到的赵琦美，他家有一个脉望馆，是他父亲赵用贤的藏书室名，他利用家藏校勘郦注，所以能校出著名的佳本。

徽州府出郦学家也有它独特的优势。前面提及吴琯在万历年刊印了一种明代流行一时的郦注版本。虽然书刻于南京，但他是徽州人，家乡人当然最易得到。以后，朱谋㙔编撰《水经注笺》，徽州人孙无挠参与其事，则此书流入徽州必然不少。所以后来的徽州人项纲和黄晟，都据此书大量翻刻。《水经注》不是科举书，一般地方是不大容易得到的。但在徽州府，几种版本的郦注汇集在一起，当然有裨这个地方的郦学研究。

除了苏州、徽州两府以外，另外一个郦学家荟萃之地是湖北省。与上述苏、徽二地不同,湖北省的郦学家出现甚晚,始于清末民初。其中的关键人物是杨守敬,此后有熊会贞、徐恕、唐祖培、李子魁等,他们都与杨守敬有关。

杨守敬(惺吾)是湖北宜都人,他于咸丰八年(1858)在宜都偶见余杭郑谱香的《六严地图》,这样一个偶然的机会,使他有志于地理学。以后从编绘《历代舆地沿革险要图》入手,逐渐及于郦注。与门人熊会贞于光绪三十年(1904)完成《水经注疏》初稿,次年又完成《水经注图》8 册,同年并完成《水经注疏要删》40 卷。民国四年(1915)杨氏去世,临死嘱咐熊会贞继续修订《水经注疏》,有"此书不刊,死不瞑目"之语,足见其对此书的重视。杨守敬的其他地理著作甚多,是郦学研究中地理学派的开创人,在郦学史上有重要地位。

杨守敬的弟子熊会贞(崮芝),湖北枝江人,他从年轻时就追随杨氏,襄助编绘《历代舆地沿革险要图》。杨氏在郦学研究中的主要成果如《水经注疏要删》、《水经注图》等,均系与熊氏合作的作品。杨氏死后,熊会贞遵遗嘱继续《水经注疏》,20 余年如一日,"书凡六、七校,稿经六次改定"(汪辟疆《杨守敬熊会贞合传》)。全稿至民国二十四年(1935)而濒于完成,却不幸发生杨守敬后人策划私售书稿的事件,熊氏受重大刺激,万念俱灰,终于在民国二十五年五月自裁,成为郦学史上的悲剧。熊氏生前的最后稿本,由杨氏后人售于前中央研究院,辗转经年,即是今台北中华书局影印《杨熊合撰水经注疏》之底本。另一抄本建国后转入中国科学院图书馆,即科学出版社影印《水经注疏》之底本。

徐恕(行可),湖北黄陂人,是熊会贞的友人。熊氏撰《水经注疏》,得其襄助甚多。熊氏在其嘱咐后人修订其《水经注疏》稿的亲笔《十三页》中言及:"友人黄陂徐恕行可,博学多闻,嗜书成癖,尤好是编(按指《水经注》),每得秘籍,必持送以供考订,益我良多,永矢弗萱。"徐恕曾于 30 年代获得熊会贞的抄本一部,建国后作价转让给中国科学院图书馆,即是科学出版社影印《水经注疏》的底本。但此本是熊氏早期的抄本,抄成后又未经校对,所以错误甚多。

李子魁(子奎)是枝江人,熊会贞同乡。据其自云,熊氏临终前曾致函于他,请他于熊身后赓续修订《水经注疏》稿。抗战军兴,武汉沦陷,李曾携《水经注疏》稿一部走重庆,由中央大学中文系主任汪辟疆介绍往谒章士钊,请章助其出版此稿。此事,汪辟疆撰有诗文(台北影印本《杨熊合撰水经注疏》卷首),称李子魁携渝之本为"誊清正本"。但此本以后未见出版,至今已证明其本实属子虚。故李子魁在湖北郦学家中是一位尚可议论的人物。

唐祖培(节轩),湖北咸宁人,抗战胜利后曾任国立湖北师范学院史地系主任,他在该系主持开设《水经注》课程,是我国大学中最早倡导开设郦学课程的学者。该校史地系并出版《史地丛刊》一种,刊载郦学研究文章。唐氏曾嘱全系师生,各治郦注中一水,以《水经注疏》为考古之资,用新法测绘,详制图说,期于10年内撰成一考古兼可通今之《水经注》新疏。但其事未成,甚可惋惜。唐氏以后离开大陆,转往台湾师范大学及台湾东吴大学等校任教,亦未闻有继续郦注新疏之事。

前面已经提及,与苏州、徽州相比,湖北郦学家兴起最晚。但令人欣慰的是,这里的郦学家和郦学研究后继有人。1992年,湖北人民出版社出版了杨世灿、熊茂洽合著的《水经注疏·三峡注补》,广征博引,为《水经注疏》的三峡一段作了许多补充。现在,熊茂洽著的《水经注疏·江水注补》也即将问世。著者熊茂洽,是熊会贞的嫡孙,真是家学渊源。而《三峡补注》的另一作者杨世灿,则是杨守敬的后人。湖北郦学家虽然后起,却大有希望。

《水经注》推崇范蠡

范蠡,楚人,《越绝书》称其为范伯,《吕氏春秋》高诱注称其字少伯。春秋末期入越,为越王句践大夫。越为吴所败,句践夫妇入质于吴,范蠡随行。句践七年(前490)获释,随同返越,助句践定都建国,发展生产,训练士兵,所谓"十年生聚,十年教训"。终于由弱变强,灭吴称霸。范蠡深知"越王为人,长颈鸟喙,鹰视狼步,可与共患难而不可与共处乐;可与履危,不可与安",即所谓"高鸟已散,良弓将藏;狡兔已尽,良犬就烹"(均据《吴越春秋》卷十),所以功成之日,他就即时离越,先去齐,后居陶,经商作贾,终于富甲天下,称为陶朱公。这段故事,在我国古代的不少文献上都有记载,在社会上也颇广为流传。

从《水经注》对范蠡的记载来看,郦道元对范蠡为人和事迹相当推崇。在郦注记载的人物中,记及次数最多的是夏禹,这是因为郦注是一部河川水利之书,而夏禹是个儒家尊敬的治水神明,特别是《禹贡》为《水经注》常引经典,故郦注在许多卷篇中引及夏禹是理所当然。但范蠡与治水无关,而《水经注》各卷中引及达十一次之多。除夏禹以外,从频繁引及的情况来看,郦注中实属名列前茅,说明了郦道元对范蠡其人的重视程度。

《水经注》记载有关范蠡的行状事迹,大概有下列几个方面:

第一是他与越王句践之间的关系以及他襄助句践兴越灭吴的事迹。如《浙江水注》:"句践语范蠡曰:先君无余,国在南山之阳,社稷宗庙在湖之南。"又"浙江又迳固陵北,昔范蠡筑城于浙江之滨,言可以固守,谓之固陵"。又"(浙江)又迳会稽山阴县,有苦竹里,里有旧城,言句践封范蠡子之邑也"。卷二十七《沔水注》:"越王怀范蠡之功,铸金以存其像"等等。

第二是赞赏范蠡功成身退的卓见高行。例如卷二十九《沔水注》引《国语》:"范蠡灭吴,返至五湖而辞越。"又引《吴越春秋》:"范蠡去越,乘舟出三江之口,入五湖之中者也。"在卷二十四《泗水注》中,注文记述范增之事,以他不效法范蠡而为之惋惜。注文云:"按《汉书·项羽传》,历阳人范增,未至彭城而发疽死。……增不慕范蠡之举,而自绝于斯,可谓褊矣。"

第三是表彰范蠡积财济世的美德。卷七《济水注》云:"战国之世,范蠡既雪会稽之耻,乃变姓名寓于陶,为朱公。以陶天下之中,诸侯四通,货物之所交易也。治产致千金,富好行德,子孙修业,遂至巨万。故言富者,皆曰陶朱公也。"范蠡不仅自己经营致富,还授人以致富之术。卷六《涑水注》云:"《孔丛》曰:猗顿,鲁之穷士也,耕则常饥,桑则常寒。闻朱公富,往而问术焉。朱公告之曰:子欲速富,当畜五牸。于是乃适西河,大畜牛羊于猗氏之南,十年之间,其息不可计,赀拟王公,名驰天下,以兴富于猗氏,故曰猗顿也。"这是范蠡以传授经营畜牧业之术,使猗顿致富之事。此外,在经营水产养殖业方面,范蠡也有重要的贡献。卷二十八《沔水注》云:"(沔水)又东入侍中襄阳侯习郁鱼池,郁依范蠡《养鱼法》作大陂,陂长六十步,广四十步。"按《养鱼法》一书又称《养鱼经》,两《唐书》经籍、艺文志均有著录。姚振宗《隋书经籍志考证》卷三十一云:"梁有陶朱公《养鱼法》一卷,亡。"但从《水经注》的记载来看,此书在晋时已经流行,现有《齐民要术》辑本。说明范蠡在弃政以后,经营各种生产事业和商业方面,确实有丰富的经验,所以他的致富,并不是偶然的。

第四是后人对范蠡的纪念。例如卷三十一《清水注》:"(淯阳)城侧有范蠡祠,蠡,宛人,祠即故宅也。后汉末有范增,字子闵,为大将军司马,讨黄巾贼,至此祠,为范蠡立碑,文勒可寻。"又如卷三十二《夏水注》:"王隐《晋书地道记》曰:陶朱冢在华容县,树碑云是越之范蠡。晋《太康地记》、盛弘之《荆州记》、刘澄之《记》(案亦名《荆州记》),并言在县之西南,郭仲产言在县东十里。捡其碑,题云:故西戎令范君之墓。碑文缺落,不详其人,称范蠡其先也。碑是永嘉二年立,观其所述,最为究悉,以亲迳其地,故违众说,从而正之。"注文所说的"郭仲产言",当指郭所撰的《襄阳记》,此书早已亡佚,而且没有辑本流传。既然郭氏亲见此碑碣原是范蠡后人,但郦注也详加记述,说明郦道元对范蠡的推崇。

对范蠡的一生,《越绝书》卷十五的总结甚为简明:"三迁避位,名闻海内。去越入齐,老身西陶。"郦道元与范蠡,时代悬殊而地望遥远,郦氏世代是儒学门第,祖辈以来均多北朝命官,其尊孔重儒和企望全国大一统的思想,在注文中随处可见。范蠡在其前期服官于一个南蛮缺舌之邦,后期虽拥资巨万,但毕竟属于商贾之流。郦道元之所以如此推崇范蠡,说明了郦氏的为人,在儒学渊源以外,尚有功利思想的一面。

《水经注》推崇王尊

卷二《河水》经"其一源出于阗国南山,北流与葱岭所出河合,又东注蒲昌海"注云:

> 敦煌索劢,字彦义,有才略,刺史毛奕表行贰师将军,将酒泉、敦煌兵千人,至楼兰屯田。起白屋,召鄯善、焉耆、龟兹三国兵各千,横断注滨河。河断之日,水奋势激,波凌冒堤。劢厉声曰:王尊建节,河堤不溢;王霸精诚,呼沱不流。水德神明,古今一也。

又卷十六《榖水》经"又东过河南县北,东南入于洛"注云:

> 昔洛水泛泆,漂害者众,津阳城门校尉将筑以遏水。谏议大夫陈宣止之曰:王尊臣也,水绝其足,朝廷中兴,必不入矣。水乃造门而退。

《水经注》两次记及王尊。我为《黄河志》卷十一《黄河人文志》(河南人民出版社1999年版)所撰的序中,也特别提到了他,我说:

> 《汉书·王尊传》记载的东郡太守王尊,在黄河洪水期中,"躬率吏民","止宿庐居堤上"。当水情紧急时,"吏民数千万人叩头救止尊,尊终不肯去"。这种临危不惧的忘我精神,即是历来治黄先贤中缵禹之绪的一个例子。

王尊何许人?我在《札记》中有一篇《水德含和　变通在我》的短文,也稍有提及。《水经注》除了上述索劢和陈宣提及以外,在卷五《河水》经"又东北过卫县南"注下有一段较为详细的记载,文字与《汉书·王尊传》稍有不同。注文说:

> 粤在汉世,河决金堤,涿郡王尊,自徐州刺史迁东郡太守,河水盛溢,泛浸瓠子,金堤决坏。尊躬率民吏,投沉白马,祈水神河伯,亲执圭璧,请身填堤,庐居其上,民吏皆走,尊立不动而水波齐足而止,公私壮其勇节。

这是《水经注》第三次提及王尊,说明郦道元对他的推崇。而前述索劢和陈宣,都是在水害将至的紧要关头,提出王尊之名以安定人心,说明王尊对于黄河的事迹,在当时确有很大的影响。不过根据上述《河水注》记载的王尊事迹(《汉书·王尊传》也是一样),他不像《济水注》中的王景,《鲍丘水注》中的刘靖和《江水注》中的李冰等一样,他并不是一位水利专家。他对滔滔黄河所能做的只是:"投沉白马,祈水神河伯,亲执圭璧"等等而已。其性质犹如我在《祈雨》一篇中所记及的若干地方父母官在大旱中"曝身"、"自焚"等等一样。他的"请身填堤"的决心,也和那些"曝身"、"自焚"的父母官终于求得"紫云水起,甘霖登降"(卷十五《洛水注》)相似,居然出现"水波齐足而止"的效应。这都是由于他们的至诚,感动了上苍的结果。所以按照中国历史对官吏的分类,王尊是一位循吏。既然《汉书》有传,郦注有记,所以王尊的故事绝非子虚,应该认为,黄河在当时确实有过一次险情,而他的"躬率民吏"、"庐居其上"等行动也都是真实的。他领导民吏,加固堤防,努力抢险,昼夜不息,这也是事实。但在那个时代,老天爷帮忙,比现在更重要得多,可以设想,这一次险情的实况是,洪峰确实很高,但尚未冲决堤防(当然也与他领导的抢险有关)。而且洪峰不久过去,因而一度非常紧张的水情,终于化险为夷。所以"水波齐足而止",实在是个传奇故事。这个传奇故事的来源,并非他的至诚感动了上苍,而是感动了老百姓,由于老百姓亲眼看到了这位太守大人在水情危急的时候,亲自率领民吏,身先士卒,并且"庐居其上",终于使水患平息,保住了一郡的太平。在那个时代,确实会有许多老百姓,认为这一次黄河没有决口,全是太守老爷亲临堤上"投沉白马,祈水神河伯,亲执圭璧"的结果。于是就制造出"水波齐足而止"的故事。而且口口相传,影响深远,为朝野所赞扬。虽然是个传奇故事,但王尊"请身填堤"的精神和他"亲率民吏"抢险的努力,对于这次黄河洪水的最后平安无恙,仍然是很有功劳的。所以"水波齐足而止"的故事,在那个时代,无疑很有教育意义。

郦道元在卷十九《渭水注》中曾经说过"神道茫昧,理难辨测"的话,同卷又说过"神道茫昧,不宜为法"的话。我在拙著《郦道元评传》第六章《水经注中的郦道元思想》中,曾专设《不信鬼神》一节,引用许多注文,证明郦氏不信鬼神。《水经注》中记载的不少涉及鬼神之事,郦氏都是别有用心的。所以,对于"水波齐足而止"的故事,郦道元是否相信,我们不得而知。但在此书之中,他曾经三次记及王尊,说明他对王尊这位太守是尊敬的。因为王尊对老百姓负责的精神值得赞扬,值得为官者效法。上述拙著同一章之中,我又专设《疾恶扬善》一节,议论郦道元的优良品质。我在这一节中举了许多《水经注》记载的清官循吏。由于材料太多。还没有记及他对王尊的推崇,所以补写这一篇。

我之所以补写这一篇,因为我认为从历史角度说.表扬好官比表扬好民重要得多。因为好民不过独善一身,而好官可以兼善一方。做个好皇帝,则可以兼善天下。同样的道理,要平头百姓向哪一位好民学习,远不如要当官的向哪一位好官学习的重要。只有在一个实在没有好官的时代,只好东寻西觅地找几个好民应应景,其实是很可悲的。郦道元在《水经注》中表扬了许多好官,其用心或许也在于此。

[附记]

此文初稿是1978年初夏在开封宾馆写的。由于已故竺可桢先生主编的《中国自然地理》的一个分册《历史自然地理》在开封定稿,在宾馆住了一个多月,与参加定稿的二三十位专家在几位黄委会工程师的带领下,几次上黄河大堤考察。本来很想趁机写点东西,由于定稿工作由我主持,很少闲暇的时间,所以只写了短短几篇与黄河有关的小文章。1993 年,《黄河志》总编室要我为该志的《人文志》作序,时隔十多年,才又把关于王尊的这篇札记整理出来。凑巧的是,这次应上海书店出版社之约整理多年积累的这些札记。忽然在 1998 年 3 月 8 日的《浙江日报》副刊《钱塘江》中读到卢敦基先生写的文章《忠臣王尊》。文章是根据《汉书·王尊传》写的,重点也在黄河抢险这一段,虽然颇有夸大之处,但是这类媒体上的文章不好与学术文章同样要求,全文还是很使人感动的。对于王尊,文章最后说:"令人敬仰和心悦诚服。"这篇文章的题目,我倾向于把"忠臣"两字改成"好官"。但我十分赞赏全文的最后这一句。的确,不论古今中外,当老百姓的无不希望能有一批"令人敬仰和心悦诚服"的好官。

魏收其人

魏收的《魏书》置郦道元于《酷吏传》中,为此,我在拙著《郦道元评传》中特设一章评论此事,并以《北史》作为对比,说明《魏书》的问题。清著名郦学家赵一清对此也曾指出这是魏收挟嫌诬陷,他首先举出郦道元经常过从的高谦、常景诸人,因为这些人都是史有定论的正人君子,则物以类聚,道元当然是正派人物。赵云:"恐素与魏收嫌怨,才名相轧故耶?"赵一清是历史上为郦道元公开仗义执言的第一人,但从他举高谦等人以类比以及"才名相轧"等说法,估计他虽然非常了解郦道元,但是对于魏收其人,仍尚未寻根究底。我在拙著专章中,虽然据《北齐书·魏收传》指出他玩猴斗狗取宠帝王的下流习性及"何物小子,敢与魏收作色,举之则使上天,按之当使入地"的无耻丑言,但是根究仍不是全面深入的。其实,只要对《北史》及其他若干材料作一点涉猎,魏收其人的丑恶面目是昭然若揭的。这样的人每个时代都有,所以对他作一番根究不是没有意义的。

应该承认,此人小有才华。正如《北史·李灵传》所记:"(李浑)尝谓魏收曰:雕虫小技,我不如卿;国典朝章,卿不如我。"案李浑是李灵之孙,曾受诏撰魏《麟趾格》。从李浑的话中,说明魏收确实有一点"雕虫小技"。当然,当时的有识之士,对他的文墨是不齿的,南朝的徐陵就是其中之一。据《隋唐嘉话》卷下所载:"梁常侍徐陵聘于齐,时魏收文学北朝之秀,收录其文集以遗陵,令传至江左。陵还,济江而沉之。从者以问,陵曰:吾为魏公藏拙。"徐陵的这一着做得确实高明,不仅对于魏收其人,对于古今许多能写几篇无聊文章,从而趋炎附势,吹捧时政的小人们,他们自视以为得计,却不料落得个沉江藏拙的下场,真是一种极妙的讽刺。

前引《北齐书》所载的魏收自白"举之则使上天,按之当使入地"的话,在《魏书》中的确铁证累累。最著名的就是权倾一时的尔朱荣。据《北史·尔朱荣传》所载:"(尔朱)文略尝大遗魏收金,请为父作佳传。收论荣比韦、伊、霍,盖由此也。"正因为此,当时也有一些无耻之徒,由于魏收持修国史大权而对他摇尾乞怜。如《北史·崔逞传》所载:"(崔悛)素与魏收不协,收后专典国史,悛恐被恶言,乃悦之曰:昔有班,今则魏子。"此话虽然令人肉麻寒栗,但是说这类话的人古今有之,首恶仍应归于魏收其人。吹捧他的人当然无耻,但其实也是可怜虫,不值得再议论。而且必须看到,即使在当时魏收气焰高涨的时代,也有一些不畏权势敢于直言的正人君子。《北史·李崇传》所载的李庶、卢斐、王松年等人就是这样:"《魏书》之出,庶与卢斐、王松年等讼其不平。魏收书王慧龙自云太原人,又书王瓒不善事,以卢同附卢玄传,李平为陈留人,云其家贫贱。故斐等讉讼,语杨愔云,魏收合诛。"由于魏收权势大,杨愔一党又百般袒护他,结果李庶等人受到重刑,李庶竟死于临漳狱中。但善恶是非,在当代就有公论,《北史·阳尼传》所记即是其例:"阳休之字子烈,俊爽有风概,好学,时人为之语曰:能赋能诗阳休之。……好学不倦,博综经史,文章虽不华丽,亦为典正。魏收在日,深为收所轻。魏殂后,以先达见推,位望虽高,虚怀接物,为缙绅所爱重。"由此看来,赵一清举高谦等正人君子以比照郦道元的为人,这是一种治史的重要方法。物以类聚,人以群分,这确是颠扑不破的道理。"为魏收所轻"的人如阳休之,恰恰与魏收相反,是一位受人尊敬的正面人物。

至于魏收其人,当他在世之日,已有李庶一流的刚强正直人士公开痛诋其非,而他死后不久,其可耻下场,已在宋刘攽等所撰的《旧本魏书目录叙》中写明:"众口沸腾,号为秽史。……收既以魏史招民怨咎,齐亡之岁,盗发其葬,弃骨于外。"

魏收是个媚上欺下,把持文权的邪恶小人,而下场可耻,值得作为古今史鉴。

好　名

卷二十八《沔水》经"又东过襄阳县北"注云:

> 沔水又东迳万山北,山上有邹恢碑,鲁宗之所立也。山下潭中有杜元凯碑,元凯好尚后名,作两碑,并述己功,一碑沉之于岘山水中,一碑下之于此潭,曰:百年以后,何知不深谷为陵也。

这段注文写出了杜预(元凯)好名的突出事例。为了希望留名后世,竟至于刊碑而又沉碑,其用心可谓苦矣。当然,杜预是应该留名的,他是西晋的开国功臣,既有文治,又有武功,当过河南尹、度支尚书等文官,又当过镇南大将军都督荆州诸军事这样头衔很大的武官。特别是他还是一个知识渊博的历史学家,写过《春秋左氏经传集解》、《春秋释例》、《春秋长历》等专著。尤其是《集解》,是历来解释《左传》的权威著作。像他这样的人,当然不怕名不传后,而实际上也用不着他自己沉碑,《三国志》(卷十六)和《晋书》(卷二十四)都为他立了传。直到1700年后的今天,他的《集解》,仍在重印出版。由此可知,以著作传名,以学问传名,比"沉碑"的办法要稳当可靠得不知多少。关于这一点,好名者务宜知道。

卷三十一《滍水》经"滍水出南阳鲁阳县西之尧山"注中,又记载了另一位树碑立传以留名后世的人物。注云:

> (滍)水南有汉中常侍长乐太仆吉成侯州苞冢,冢前有碑,墓西枕冈城,开四门,门有两石兽。坟倾墓毁,碑兽沦移,人有掘出一兽,犹全不破,甚高壮,头去地减一丈许,作制甚工,左膊上刻作辟邪字,门表堑上起石桥,历时不毁。其碑云:六帝四后,是谘是诹。盖仕自安帝,没于桓后。于时阉阉擅权,五侯暴世,割剥公私,以事生死。夫封者表有德,碑者颂有功,自非此徒,何用许为? 石至千春,不若速朽,苞墓万古,只彰诮辱。呜呼,愚亦甚矣!

州苞(驿案:应作州辅,郦注误)是个中常侍,后汉的中常侍,是宦官专权的标帜,这个为宦官专设的官职,执掌传达诏令和掌理文书的重任。后汉晚期的政治腐败,中常侍实有以致之。而此人身历六帝四后,真是为恶多端,睹其冢墓铺张,其实就是罪证。却妄欲树碑留名,真是恬不知耻。郦氏以"石至千春,不若速朽,苞墓万古,只彰诮辱"詈之,可谓入骨三分。《滍水注》的事实告诉后人,像州苞(辅)这样的好名,结果是适得其反。他企图留名的碑石,恰恰成为遗丑后世的罪证。郦道元感慨地说:"呜呼,愚亦甚矣!"历史上这样的愚蠢人,却又偏偏不少。

这几年来,已有好几位朋友和学生与我谈起,说看到时下讣告上的"享受正局级待遇"一类词句,令人恶心甚至作呕。但我认为可予以谅解。因为好名,其本身并不是坏事,它可以推动社会前进。而且三代以来,君子与小人似乎都有这种愿望,真正宁静淡泊、摒绝名利的能有几人。对于这种人们普遍存在的愿望,为政者只要因势利导,将会成为一种促进社会发展的积极因素。但事物必然有其相反的一面。诸如政治上的阴谋权术、商业上的投机取巧、学术上的剽窃抄袭等等,其中也都有好名的原因在内。小而言之,我们在名胜地游览时所看到的那种很煞风景的"雪泥鸿爪",也就是这种好名的歧途。前几年我在日本京都清水寺一条木柱上看一条墨迹犹新的"游此留念"题词,署名者端的是炎黄子孙姓氏。异国相见,令人不胜惭愧。

对于人们的好名,虽然不必提倡,却也毋需阻遏。只是要让大家懂得一条:君子之好名以诚实,小人之好名以侥幸,如此而已。

[附记]

　　杜预当然是个文章传千古的名人,但对于他的刊碑沉碑事,历史上颇多非议。例如唐鲍溶诗《襄阳怀古》(《全唐诗》八函一册):"襄阳太守沉碑意,身后身前几年事。汉江千岁未为陵,水底鱼龙应识字。""水底鱼龙应识字",这实在是入木三分的讽刺。明王士性在其《吊襄文》(《五岳游草》卷六《楚游》上)也说:"樊城以西,有水渊然,凝碧百顷,为万山潭,勒石沉之,陵谷倘迁,区区之功,何异触蛮。"看来杜预幸亏有他的《春秋经传》研究留传后世,否则,他留给历史的,只不过是一件"刊碑沉碑"的笑柄。为官者能不慎哉!

　　眼下也有一些好名的大人先生们,借视察而旅游,在名胜地的岩崖上,到处题字作诗,文句既非雅驯,书法更为拙劣,实在大煞风景。游客们眼看镌刻在秀丽的岩崖上的庸俗手笔,对比同样镌在其上的前代名人的高雅文字和苍劲书法,不禁为之叹息。这类事,可以名之曰"摩崖污染"。希望这些人留心一下杜预的故事。

诸葛亮与司马懿

　　《三国演义》中有不少诸葛亮与司马懿在作战中斗智的故事。在罗贯中的笔下,诸葛亮总是高出司马懿一筹。《三国演义》的许多片断,后来被移植到京剧之中,成为许多传统剧目,影响极大,诸葛胜司马的故事,也就从此深入人心。在所有这类传统剧目中,最引人入胜的就是《失空斩》,包括《失街亭》、《空城计》、《斩马谡》三出。而其中渲染诸葛亮神机妙算智胜司马懿的,就是《空城计》。其实,按照正史的记载,马谡失街亭和诸葛亮斩马谡,都是实有其事的。但《空城计》所描述的,却是一种子虚乌有的场面。

　　据《三国志·蜀书·诸葛亮传》:"(章武)六年春,……魏明帝西镇长安,命张郃拒亮。亮使马谡督诸军在前,与郃战于街亭。谡违亮节度,举动失宜,大为郃所破。亮拔西县千余家,还于汉中,戮谡以谢众。"

　　《诸葛亮传》中的所谓"谡违亮节度,举动失宜",据《通鉴》卷七十一·魏纪三所述:"谡违亮节度,举措烦扰,舍水上山,不下据城。张郃绝其汲道,击,大破之,士卒离散。"

　　当时,马谡在街亭(今甘肃庄浪县以东),诸葛亮在西县(今甘肃天水市西南),两地相距在 300 里左右,诸葛亮对于如此遥远而又瞬息万变的街亭战争,如何进行"节度"? 其实也很难想象。而马谡的错误,据《通鉴》所说是"舍水上山,不下据城"。马谡不是一个初出茅庐的书生,戎马一生,身经百战。当然不会对营地与水源的关系懵然无知。何况诸葛亮原来就非常欣赏马谡的韬略。据《通鉴》卷七十一所载,刘备临死以前,曾经告诫过诸葛亮:"马谡言过其实,不可大用,君其察之。"但诸葛亮并不以刘备的嘱咐为然,"以谡为参军,每引见谈论,自昼达夜"。说明诸葛亮对马谡是作过长期考察的。因此,假使街亭之失不是因为双方军事实力的悬殊,而确实是马谡的指挥失当,诸葛亮仍然逃不了应负最主要的责任。所以"挥泪斩马谡",或许就是诸葛亮借马谡之首以平息众怒时的一种心理状态,而"违亮节度","举动失宜",大概就是欲加之罪,何患无辞而已。

街亭之败的主要责任者是诸葛亮,斩马谡又是他为了把责任转嫁给他所信赖的大将的一种不公正手段。两者都是对这位丞相有失颜面的事,于是,罗贯中就在"亮拔西县千余家,还于汉中"一句话上做文章,让他在西县城楼上与司马懿斗智获胜,这就是传统京剧中诸葛亮坐在城楼弹琴,和城下的司马懿一番对唱,显出了诸葛毕竟比司马棋高一着。这样,失街亭和斩马谡这两件对他实实在在很不光彩的事,就被荒诞不经的空城计所美化了。

不过,空城计虽然是子虚乌有之事,但诸葛亮与司马懿之间,确实有过多次较量,在《水经注》的不少卷篇中,对此都有所记载。当然,《水经注》的记载完全不同于《三国演义》,而且由于北魏去三国未远,当时流传的有关蜀魏战争的许多资料尚未亡佚,因此,《水经注》记载的有关诸葛亮与司马懿的掌故,是信而有征的。

卷十七《渭水》经"又东过陈仓县西"注云:"诸葛亮寇郿,司马懿据郿拒亮,即此县也。"郿县在今陕西的宝鸡与武功之间,两人曾经多次在这个地区作战。

卷十八《渭水》经"又东过武功县北"注云:

> 诸葛亮与步骘书曰:仆前军在五丈原,原在武功西十里。……是以诸葛亮表云:臣遣虎步监孟琰据武功水东,司马懿因水长攻琰营,臣作竹桥,越水射之,桥成驰去。

这一次武功水的隔河之战,由于诸葛亮建造了竹桥,掌握了进攻的主动权,司马懿不敢造次,因而退兵,诸葛亮确实获得了一次胜利。不过,在《水经注》所记载的诸葛亮与司马懿的战争中,诸葛亮获胜的,仅此一次而已,从其他的记载来看,诸葛亮往往是失利的。

卷十七《渭水》经"又东过陈仓县西"注云:

> 县有陈仓山,……魏明帝遣将军太原郝昭筑陈仓城,成,诸葛亮围之。亮使昭

乡人靳祥说之,不下,亮以数万攻昭千余人,以云梯、冲车、地道逼射昭;昭以火射、连石拒之,亮不利而还。

这里,诸葛亮以数十倍兵力进攻陈仓城,而且心理战与阵地战并举,花了极大的代价。但郝昭拒绝游说,凭险固守,挫败了诸葛亮的一切进攻。司马懿虽然并不在这条注文中露面,但司马懿的治军严明,守备有方,仍然于此可见。

同卷同条经文下又云:

青龙二年,诸葛亮出斜谷,司马懿屯渭南。雍州刺史郭淮,策亮必争北原而屯,遂先据之,亮至,果不得上。

渭水又东迳五丈原北,《魏氏春秋》曰:诸葛亮据渭水南原,司马懿谓诸将曰:亮若出武功,依山东转者,是其勇也。若西上五丈原,诸君无事矣。亮果屯此原,与懿相御。

上述两段注文,都说明了诸葛亮在与司马懿的战争中的失利,而司马懿在军事上的韬略,常常让诸葛亮在战场上处于被动地位。因此,从《水经注》的记载评判此两人,棋逢敌手而已。

裴秀与京相璠

卷十六《穀水》经"又东过河南县北,东南入于洛"注云:

京相璠与裴司空彦季(按当是季彦之误,下同)脩《晋舆地图》作《春秋地名》。

《春秋地名》是《水经注》常引文献,在卷六《涑水》、卷八《济水》、卷十五《伊水》、卷十六《穀水》各篇中屡次引及。书名有时作《春秋地名》,有时作《春秋土地名》。而卷二十二《洧水》又引《京杜地名》。骤看使人不解,其实当是京相璠的《春秋地名》与杜预的《春秋释地》两书的合称。所以《春秋地名》是京相璠的著作,这是毫无疑问的。

对于《晋舆地图》,注文却作"京相璠与裴司空季彦脩《晋舆地图》"。这里的所谓《晋舆地图》,当然就是《禹贡地域图》。此事,由于《晋书·裴秀传》记之甚详,裴秀为此图所撰序言,全文收录于其本传之中,在学术界长期来造成一种印象,认为此图是裴秀的作品。这篇序言中,提出了著名的"六体",即分率、准望、道里、高下、方邪、迂直。一直被认为是我国最早的地图学理论,所以在中国地图学史上具有重要地位。正是由于这篇序言,使裴秀几乎成为我国古代地图绘制的无可争议的奠基人。清胡渭《禹贡锥指·禹贡图后识》云:"此三代之绝学,裴氏继之于秦汉之后,著为图说,神解妙合。而志家终莫知其义。"近年以来,不少有关中国科学史和地图学史的著作,也都让裴秀稳稳地坐在这个宝座上,而且把上述"六体",称为裴秀"制图六体"。让这位在晋武帝时拜尚书令以后又成为司空的大官,同时又捞到了这项重要的知识产权。

我曾于60年代在《中国建设》(*China Reconstructs*)用英文发表过一篇《中国古代的地图绘制》(*Map Making in Ancient China*)的文章,也把裴秀捧为《禹贡地域图》作者,并且介绍了所谓"制图六体"。不过我在此文中也提及了京相璠,我说:"对于地图编制的计划和执行,以及把制图的实践上升为理论,裴秀有一些能人作为助手,其中最著名的是京相璠。"现在,在谈到了以下引及的刘盛佳教授的文章,又作了古今历代的观察对比,深深感到,尽管我在此文中也提到了京相璠,但其实仍然是本末倒置,愧对京相璠这位寄大官篱下的古代地图学家和地名学家。

《穀水注》明明把京相璠的名字置于裴秀之前,用现代概念来说,京相璠就是此图的第一作者。由于《穀水注》提及的还有《春秋地名》,而《隋书经籍志》著录此书却并不及于裴秀:"《春秋土地名》三卷,晋裴秀客京相璠等撰。"为此,刘盛佳教授在其《晋代杰出的地图学家——京相璠》(《自然科学史研究》1987年第1期)一文中就提出了他的看法。他认为"京相璠与裴彦季脩《晋舆地图》,作《春秋地名》"一语中的这个"与"字,不作"同"字解。因为若作"同"字解,则此图此书是两人合撰的作品。而裴、京两人地位悬殊,京绝不能位列于前。所以这个"与"字,应作"给予"解释。他举了《论语·雍也》"与之粟九百,辞"、《孟子·离娄下》"可以与,可以无与,与伤惠"等例子说明。我认为刘说是有道理的。何况《春秋土地名》在《隋书·经籍志》著录,明说是京等所撰,裴不过是养着一批食客的主人而已。《禹贡地域图》的绘制,很可与后世修纂地方志的事相比。地方志的领衔人总是修者,修者当然就是地方父母官,其实他们根本不涉编纂事务。而纂者多是地方的文人学士,当然也有冬烘腐儒,但他们都是实际执笔的人。

《禹贡地域图序》在中国地图学史上当然是一篇不朽文章。但此序是否真属裴秀作品,作点古今对比,实在很可玩味。《禹贡地域图》在当时无疑是一种大型著作,按照当今情况来看,卷首非得有一篇官序,才可显出作品的气派。此事或许也可以与地方志的修纂相比。眼下地方志修纂之风甚盛,每部方志卷首,照例冠以一篇地方领导的官序。我在拙著《陈桥驿方志论集》(杭州大学出版社1997年版)的序言中曾经述及此事。我说:"按眼下时尚,序言有官序与学序之分,官序居高临下,气势磅礴,一句可抵千言,显然不同凡响。"但是只要深究一番,在这许多官序之中,到底有几篇确实出于官家之手?裴秀当的不是地方父母官,是个执掌朝廷的大官。此图序言,很可能是由京相璠执笔而让他挂名的。则《禹贡地域图》显然就是京相璠(当然也包括其他助手)的作品。后世把这种古代的著名地图包括制图理论归之于裴秀,实在是一种历史的误会。

京相璠和裴秀的著作权问题，确实为历史上有关这类事件开了一个恶例。曹丕在《典论·论文》中指出："盖文章，经国之大业，不朽之盛事。"平头百姓之间，若有剽窃、抄袭之事，不仅要受到谴责挞伐，现在并且有了所谓"知识产权"这个名词，可以向法院起诉。但当了大官就可以公然占门客的"大业"、"盛事"为己有，而后世竟信以为真。假使没有郦道元在引用时提及这一句，而刘盛佳教授据此审理了京相璠"知识产权"被侵占的这场官司，终于使事实真相大白。否则，这件沉沦了1700多年的冤案，将永远得不到公正的昭雪。刘教授的论文确实发人深省，因为裴秀所开的这个恶例，后来发展得愈演愈烈，变本加厉。在裴秀的时代，虽然官至司空，毕竟还得自己花钱（暂不计较钱的来路）养一批门客，再在这批门客中挑选有学问的人为他著书立说。以后就发展到可以由朝廷国家支付俸禄，集中一批诸如"秘书"和"写作班子"的智囊，来为上面的人创造"大业"和"盛事"。读各代历史，这样的"大业"和"盛事"有的是，实在令人感慨系之。

说几句多余的话，在这里又不得不佩服唐太宗李世民。且不论他受得了魏征的《谏太宗十思疏》和《十渐不克终疏》的事。从著书立说这一点来说，他也是光明磊落的。他在贞观十八年（644）诏房玄龄与褚遂良重修《晋书》。后来的所谓"御撰"云云，这显然是一些抬轿子的人说出来的。至于作为一个主编，唐太宗实可当之而无愧。因为他毕竟亲自动手，写了宣、武二帝，陆机、王羲之四论，和眼下的某些挂名"主编"相比，他们倒是真正值得惭愧的。

［附记］

此文写成二三年后，偶然在1998年1月8日《光明日报》第四版读到一篇署名楚易中的大作《莫步"胡选"后尘》，感慨甚深，确实发人深思。作者开头解释此书来历："'胡选'者，原泰安市委书记，现正服刑的胡建学在各种场合的讲话稿拼凑而成的'选集'之谓也。"作者后来又说："据了解，近来领导干部出书成了一个小小热潮。"这一句话颇使我茅塞顿开。像我这样一个除了身不由己的年代以外，从来不看领导干部"选集"的人，才恍然知道，原来这种事，也会出现"小小热潮"。不过文中提出的胡建学出书是"他创造了一种新的模式：公款为个人出书——下属单位公款订书——安排组织学习——对出书和学习中拍马屁有水平的给以提拔。"我认为把这种"模式"创造者的桂冠戴在胡建学的头上，楚易中先生未免太厚爱于胡氏了。这种"模式"的来头不小，其创造权是绝对不能让给区区匹夫胡某人的。但是楚先生能够洞察这种"模式"的奥秘，用四句话将其和盘托出,手法可称高明。让人们看到,比之裴秀,这些人确实大有"长进",说明历史总是发展的。

美中稍有不足的是楚先生用错了标点符号。包括题目在内,全文出现过六处"胡选",按现行标点符号均应作《胡选》。因为不管怎样,它总是一本有国际标准书号的书。楚先生之所以不替它加书名号而改用引号,原因或许有两条:第一,此书可能是枪手们的作品,原非胡某人所撰;第二,其书既然是"各种场合的讲话稿",内容一定道貌岸然。则胡建学其书与胡建学其人显然言行不符。这两条当然是我的主观揣摩,其实都与标点符号无涉。因为书名号的使用规范并不涉及此书是枪手代庖抑是自撰,何况在这个"小小热潮"之中,"选"字号的书为数可观,这样的事又从何查起。另外,假使书名号的使用,要查考撰者的言行是否相符,则古往今来,将会有许多书用不上书名号。标点符号与作者的道德品行无关。为此,文中的"胡选"还以改用《胡选》为好。

在《裴秀与京相璠》一文中,我以唐太宗李世民结尾,那是一位古人。在这篇《附记》中,由于楚先生总结的"模式"中有"公款为个人出书"这样一条,使我深有感触,为此,我想用一位近代人结尾,此人就是大名鼎鼎的胡适。胡适于1962年去世,他的夫人江冬秀将其留下的手稿付诸影印,称为《胡适手稿》。全书10集,线装成20册。开始,我总认为像胡适这样的人物,而且已经在台北南港建立了"胡适纪念馆",他身后出版其未曾发表过的手稿,总会有哪一位大官出面批个条子,按楚先生所说的"模式","公款为个人出书"的。但当我读了全书最后一册卷末毛子水所写的《胡适手稿跋》,才知道这部规模很大的手稿的出版,与我们的"模式"颇不相同。跋文中有一段提及此书出版的经过:

> 当开始影印《手稿》时,由胡夫人付出印刷费新台币十万元。第一集印二千部,用了印刷费十八万元。后由李干和沈怡两先生向中华教育文化基金会请得印刷补助费新台币十万元,第二集才得出版。五十七年(按1968年)九月,纪念馆(按"胡适纪念馆")管委会又请中研院向国家科学会补助出版款项中申请补助印书所用的纸张费新台币十五万元,以后各集才得陆续印出。从第二集到第十集的印刷费用,共约新台币六十万元,除中基会和国科会补助二十五万元外,其余都是支用预约及售书的进款的。

从毛子水的这一段话中可见,像胡适这样一位名人,像《胡适手稿》这样一部名著,其出版过程却相当不易。开始是由胡夫人自己出钱的,以后虽然有人帮忙,申请各种补助,但在60万元印刷费中,使用补助费的不过25万元,其余大部分都是用了卖书的钱。与楚先生文中所说的我们的"模式"相比,实在使人惭愧。

地　名

地名掌故

《水经注》记载了许多掌故,有的掌故是它独载的,有的则是从其他文献中抄录的。记载掌故的古书很多,并无可奇之处。但和其他的古书不同,《水经注》记载的掌故,往往与地名联系起来。许多古书以记载掌故为专职,但《水经注》记载掌故,在不少场合中,都是为了解释地名的需要。因为地名不过两三个字,而掌故常是一大段文章,所以不经意的读者,就把注意力和兴趣集中在掌故之中,甚至忽视与掌故相关的地名。但地理学家都懂得,因为《水经注》毕竟是一本地理书,因此,郦道元写掌故,确有其与众不同的地方。

例如卷十《浊漳水》经"又东出山,过邺县西"注中,注文写了一段关于西门豹的故事:

> 漳水又北迳祭陌西,战国之世,俗巫为河伯取妇,祭于此陌。魏文侯时,西门豹为邺令,约诸三老曰:为河伯取妇,幸来告知,吾欲送女。皆曰:诺。至时,三老、廷掾赋敛百姓,取钱百万,巫觋行里中,有好女者,祝当为河伯妇,以钱三万聘女,沐浴脂粉如嫁状。豹往会之,三老、巫、掾与民,咸集赴观。巫妪年七十,从十女弟子。豹呼妪视之,以为非妙,令妇妪入报河伯,投巫于河中。有顷曰:何久也? 又

令三弟子及三老入白,并投于河。豹磬折曰:三老不来,奈何? 复欲使廷掾、豪长趣之,皆叩头流血,乞不为河伯取妇。淫祀虽断,地留祭陌之称焉。

这里,关于西门豹戳穿河伯取妇骗局的掌放,郦氏是从众所周知的《史记·滑稽传》中抄录下来的。他抄录这段掌故的目的,却是为了解释"祭陌"这个地名的来源:"战国之世,俗巫为河伯取妇,祭于此陌。""淫祀虽断,地留祭陌之称焉。"这就表现了《水经注》作为一本地理书的特色。

又如卷三《河水》经"又南过赤城东,又南过定襄桐过县西"注中,注文记载了黄河沿岸的一处称为君子济的渡口。注云:

> 河水于二县之间,济有君子之名。皇魏桓帝十一年,西幸榆中,东行代地。洛阳大贾,赍金货随帝后行,夜迷失道,往投津长曰:子封送之。渡河,贾人卒死,津长埋之。其子寻求父丧,发冢举尸,资囊一无所损。其子悉以金与之,津长不受。事闻于帝,帝曰:君子也。即名其津为君子济。济在云中城西南二百余里。

这是一则郦注独载的掌故,这里的"皇魏桓帝",指北魏早期建都于盛乐(今呼和浩特以南)时期国君拓跋猗㐌。所以这个故事流传于北魏,并为郦注所独载。清初以前的许多版本作"昔汉桓帝十三年",这当然是错误的。因为他们不注意,《魏书》在太祖道武帝以前还记载了 27 个国君,若是此桓帝是东汉桓帝,桓帝居在洛阳,则"西幸榆中,东行代地"一语又作何解释? 因为国都在盛乐,所以榆中和代地才能以东、西指之。不过,拓跋猗㐌在位仅 11 年,旧本"三"当是"一"之误。殿本改为 11 年是正确的。

郦道元叙述这个掌故,其目的也同样是为了解释"君子济"这个地名。这个津渡在今内蒙古,位于自治区黄河沿岸的托克托和清水河两县之间,在今地名称为喇嘛湾的附近。

地名学是一门饶有兴趣的学科,在地名来源的探索中,常常会涉及引人入胜的掌故,而《水经注》记载的这类地名掌故很多,不胜枚举。华中师范大学的刘盛佳副教授把此书称为"我国古代地名学的杰作"(《华中师院学报》1983 年第 1 期),或许不是没有道理的。

数词地名

人类都有用数词概括一种事物、现象或思想、行动等的习惯,例如第一次世界大战以前,德国计划的"Three B Railway"(三 B 铁道,即德国用以侵略近东的联结柏林、巴格达、巴士拉的铁路);美国总统罗斯福在 1941 年提出的"Four Freedoms"(四大自由)

等,均是其例。在中国,大概由于文字和传统的原因,这种用数词概括的习惯,更为深入人心。清初有个叫宫梦仁的学者,曾经撰过一本《读书纪数略》的书,把四书五经和其他一些古籍中出现的用数词概括的词汇语言等,都收集在里面,真是洋洋大观。我在上小学的时代,就常常听到"三民主义"、"五族共和"一类的话。1949 年以后,这种用数字概括的语言,更有所发展,而且显得丰富多彩。例如"双百方针"、"四化建设"等等,文字简练,语言明白,既容易理解,又便于记忆,所以适当地和恰如其分地用数词概括事物,的确是一种很好的归纳和表达的方法。

这种用数字概括的方法,也用于地名。早在《禹贡》,就有"九河既导"、"三江既入"、"九江孔殷"等数词地名出现。在《水经注》中,这类数词地名多达 44 处。数词地名和其他地名不同,因为地名冠以数字,它就不是一个地名,而是几个地名的概括。它的意义和使用场合,与一般地名也不相同。

《水经注》的数字地名,主要用于对河川、山岳、地区和城市等类地名的概括。在河川类地名中,如卷一、卷五《穀水注》,卷十九《渭水注》,卷三十三《江水注》等篇中的"四渎",卷四、卷五《河水注》等篇中的"九河",卷三十三、三十四《江水注》等篇中的"三峡",卷二十九《沔水注》等篇中的"五湖"和"三江",卷三十七《沅水注》中的"五溪",卷三十八《湘水注》中的"五渚",卷三十九《赣水注》中的"九江"等等。在山岳类地名中,如卷八《济水注》等篇中的"五岳",卷十六《穀水注》等篇中的"三崤",卷三十六《温水注》等篇中的"五岭",卷四十《禹贡山水泽地所在》注篇中的"二室"等等。在地区类地名中,如卷三《河水注》中的"三齐"和"三秦",卷四《河水注》中的"三虢",卷六《汾水注》中的"三晋",卷二十二《渠注》中的"三楚",卷二十九《沔水注》等篇中的"三蜀",卷四十《浙江水注》中的"三吴"和"三余"等等。在城市类地名中,如卷十《浊漳水注》中的"五都",卷十六《穀水注》中的"三市"和"二京",卷三十三《江水注》中的"三都"等等。

不少数词地名,概念明确,没有不同的说法。例如"四渎",卷一《河水》经"河水"注云:"《风俗通》曰:江、河、淮、济为四渎。"又如"三秦",卷十九《渭水》经"又东过槐里县南,又东,涝水从南来注之"注云:"后项羽入秦,封司马欣为塞王,都栎阳;董翳为翟王,都高奴;章邯为雍王,都废丘。为三秦。"但有些数词地名,却存在不同的说法,例如著名的长江三峡,据《江水注》,以广溪峡、巫峡、西陵峡为三峡,但《读史方舆纪要》卷一二八则以西陵峡、瞿唐峡、巫峡为三峡。又如"三江",在郦注本身就有不同说法,卷二十九《沔水》经"分为二,其一东北流,其一又过毗陵县北为北江"注云:"有水分流,东北入海为娄江,东南入海为东江,与松江而三也。"但卷四十《浙江水》经"北过余杭,东入于海"注云:"韦昭以松江、浙江、浦阳江为三江。"

数词地名是一种特殊的地名,它不能与一般地名同样对待。

统万城

《水经注》卷三《河水》经"又南离石县西"注云:"赫连龙升七年,于是水之北,黑水之南,遣将作大匠梁公叱干阿利改筑大城,名曰统万城。"郦道元在其注文中常常解释地名的由来,全书记载的地名有渊源解释的达2400余处之多。郦氏解释的地名,除了大量汉语地名外,也包括不少非汉语地名。例如释"半达钵愁"为"白山"(卷一《河水注》),释"幺尸罗"为"截头"(卷一《河水注》)等,这些都是古代的梵语地名。又如释"唐述"为"鬼"(卷三《河水注》),这是羌语地名。不过对于不少非汉语地区,郦氏在注文中明言他不解其意。例如对"薄骨律镇城",他指出:"语出戎方,不究城名。"(卷三《河水注》)又如对山西省境内的许多非汉语地名如"乌伏真山"、"树颓水"、"比郍州城"(《河水注》、《灅水注》)等,他常用"北俗谓之"、"胡汉译言"等话,说明他不解这些地名的渊源。对于"统万城"一名,注文不置一辞。按照郦氏写作注文的通例,凡是他不置一辞的地名,实际上如同"北俗谓之"、"胡汉译言"一样,说明他不谙地名的由来。

但这个在郦氏作《水经注》时代就已经不知由来的统万城,在唐太宗作为主编的《晋书》中,却提出了解释:"统一天下,君临万邦。"(《赫连勃勃载记》)此后,《元和郡县志》亦从《晋书》之说,而《通鉴》胡注因之。直到现代,新编《辞海》统万城条,也袭用前说。则统万城的地名来源,虽然郦氏已经不谙,但在此后一百多年的唐修《晋书》却提出了望文生义的说法,似乎成了定论。但著名史学家缪钺却对此提出了怀疑。他说:

《北史·宇文莫槐传》称:"其语与鲜卑颇异。"当是指宇文部落犹属独立时而言,至北魏末叶将近二百年,似宇文氏已不复存在其"与鲜卑语异"之匈奴语言矣。然有一事颇可注意。赫连夏之龙升七年(晋安帝义熙九年,魏道武永兴五年)于奢延水之北、黑水之南筑大城,名曰统万而都焉(《水经·河水注》),《元和郡县志》谓赫连勃勃自言方统一天下,君临万邦,故以统万为名。《通鉴》亦取其说。今案赵万里先生集冢墓四之五四元彬墓志,五之七元湛墓志,四之六十元举墓志,俱称"统万突镇都大将";三之二三元保洛墓志又称"吐万突镇都大将"。吐、统一声之转,是本译胡语,故或统或吐(《古今姓氏辨正》亦言统万亦作吐万),或省去突字。赫连氏当时自无《元和志》所言之义。《水经注·河水》"又北[迳]薄骨律镇城"子注云:"赫连果城也,……遂仍今称,所未详也。"薄骨律与统万皆是胡语,汉人不识其义,强为之说,则较白口韵蹭传说尤为晚矣。

缪氏之说见于其所著《读史存稿》(三联书店 1963 年版)。"统万"一词的汉义解释,如上所述首见于《晋书》而不是《元和志》,这是缪氏的偶失。但他据赵万里所集元保洛墓志及《古今姓氏书辨正》,指出"吐、统一声之转,是本译胡语",其说是可以成立的。又引赫连薄骨律镇城相对比,郦注称薄骨律镇城"语出戎方,不究城名",而对统万城亦不置一辞,可为缪氏"汉人不识其义,强为之说"的旁证。所以自从《晋书》直到《辞海》,长期以来沿袭的"统一天下,君临万邦"之说,实在值得考虑。唐初《晋书》的主要依据是南齐臧荣绪《晋书》,臧书,郦注卷十五《洛水》曾经引及,说明郦氏见到此书,而注文不及"统一天下,君临万邦"之说,说明在南齐时尚无这种说法。当然,我们还不敢论定《晋书》说全无根据,但至少是口说无凭的。《北史·胡方回传》记及:"方回仕赫连屈丐为中书侍郎,涉猎史籍,辞采可观。为屈丐《统万城铭》、《蛇祠碑》诸文,颇行于世。"可惜胡方回的《统万城铭》早已亡佚,如此铭尚在,则统万城的地名渊源,当可迎刃而解。解释古代地名,特别是非汉语地名,既不能望文生义,也切忌人云亦云。做学问的事情总要查有实据。这是地名学研究者值得注意的。

谭其骧老师健在时与我谈及应劭注《汉书·地理志》敦煌为"大盛"属于胡说八道。我一直牢记谭老师的训诲,所以对统万城的这种几乎已成定论的解释,抱有很大的怀疑。

"阿干"之争

《水经注》卷二《河水》经"又东过金城允吾县北"注中,注文载及一个"阿步干鲜卑山"的地名。对于这个"阿步干",如同"统万城"一样,郦道元在注文中不置一辞,说明他并不懂得这个地名的来历。但赵一清《水经注笺刊误》卷一云:

> 全氏云:阿步干,鲜卑语也。慕容廆思其兄吐谷浑,因作《阿干之歌》。盖胡俗称其兄曰阿步干。阿干,阿步干之省也。今兰州阿干山谷、阿干河、阿干镇、阿干堡,金人置阿干县,皆以《阿干歌》得名。

全祖望的这个说法,显然是根据《晋书·吐谷浑传》:"鲜卑谓兄为'阿干',(慕容)廆追思之,作《阿干之歌》。"但《晋书》的这个"阿干",在《魏书·吐谷浑传》和《宋书·吐谷浑传》中均作"阿于"。著名史学家缪钺在《北朝之鲜卑语》(《读史存稿》,三联书店 1963 年版)一文中指出:

> 白鸟氏(按指日本汉学家白鸟库吉)谓"阿于"为"阿干"之误。钺案,《太平御览》五七〇引《前燕录》:"廆以孔怀之思,作《吐谷浑阿于歌》。"亦作"阿于"。

《前燕录》及《宋书》、《魏书》之撰,均在《晋书》之前,三书均作"阿于",惟《晋书》作"阿干",以校勘古书之惯例衡之,应谓"阿干"是而"阿干"误。惟在《魏书》又确有"阿干"之名词,为鲜卑语,乃长者、贵者之义。《魏书》十五《常山王遵传》:遵孙可悉陵,"拜内行阿干"。殿本考证张照曰:按《晋书·吐谷浑传》,鲜卑谓兄为"阿干"。慕容廆追思其兄,有《阿干之歌》。此云"拜内行阿干",则"阿干"必非兄矣。盖长者、贵者之称。'内行'犹今言"内廷行走"也。……"阿干"乃译音,"长者"与"长"乃译意也。长者之义与兄极相近,似一义引伸。就此观之,似以从《晋书》作"阿干"为是。

缪钺在此文中又指出:

> 《元和志》,文水县有大于城,本刘元海筑,令兄延年镇之,胡语长兄为"大于"是也。"于"是误。按《魏书·官氏志》有阿伏干氏,中古时尚无轻唇音,"伏"、"步"同音,"阿伏干"即"阿步干"。

如上所述,《水经注》有"阿步干"一词。郦道元的曾祖曾服官于慕容鲜卑,以后世代都服官于拓跋鲜卑,按理对鲜卑语当应有所了解。但他却对此不置一语,因而引出许多争议:有《晋书》的"阿干",《前燕书》、《宋书》和《魏书》的"阿于",又有《元和志》的"大于",《魏书·官氏志》的"阿伏干"。而郦道元只提出"阿步干鲜卑山"这个地名,不作任何解释。而后人则有"兄"、"长者"、"贵者"等释义。上海辞书出版社1984年出版了刘正埮、高名凯的《汉语外来语词典》,其中对"阿干"这一条的解释是:

> 阿干[①] ā gān,兄长,[源]蒙 akan,axan,ax(口语)。
>
> 阿干[②] ā gān,兄,长者,贵者。"干",有时讹作"于",又作"阿部干"、"阿伏干"。[源]鲜卑。

这部词典对"阿干"的解释,除了肯定"于"字是"干"字之误以外,在释义上是上述争论的兼容并蓄。并且肯定了"阿部干"与"阿伏干"二词,它们亦即"阿干"。这部词典的解释,除了上述《前燕书》、《宋书》、《魏书》遭到否定外,其他说法,似乎都被大致认可。

但"阿干"之争其实没有结束,加拿大籍学者陈三平在1993年第4辑《中国历史地理论丛》中发表了《阿干与阿部干初考——〈水经注〉中鲜卑语地名研究一例》一文。文章一开始就对全祖望的说法表示怀疑:

> 全氏大概受到古代汉译外来词汇中比比皆是的省略现象的启发而作出了"阿干"是"阿部干"省文的结论。但是这也先得看一下传统汉译中的通常省略规则。在大量的古代汉译外来词汇中不难观察到"斩头"和"截尾"的音节省略现象,例如"阿罗汉"省作"罗汉","塔婆"省作'塔'等等。全氏提出的这种"挖心"

法至少可以认为并非常例。

陈文接着用大量篇幅,根据原始突厥语、阿尔泰语、中古女真语、蒙古语等许多语言进行论证。并在《晋书》和《魏书》等中国古代文献中提出许多证据,提出其"阿干"不是"阿部干"的省译的理由。陈文的结论是:"全氏的论点大致可以否定。"

陈三平的文章引起了国际汉学界的很大兴趣。他又继续研究这个问题,并于1996年在德国出版的《亚洲历史杂志》第30卷1期,发表了《阿干再论——拓跋族的文化和政治传统》(A - Gan Revisited—The Tuoba's Cultural and Political Heritage, Journal of Asian History),广征博引,提出了更多的证据,否定了全祖望按《晋书》的记述而提出、又为赵一清所附和的说法。

法国《拉鲁斯大百科全书》1974年版在"地名学"条下(第8781至8782页)说:

地名学要求语言学家追溯得更远一些。诚然,大多数地方名称不靠现代口语来解释,因此,很多法国区域地名远溯于已经消失的语言,人们不知其由来,不然,亦非直接地可以理解。如高卢的古塞尔特语,甚至塞尔特人到达前的高卢口语。

中国的情况看来比法国复杂得多,在边疆地区,古代曾经是一个民族杂处的舞台,多少民族及其语言,纷纷在这些地方出现,又在这些地方销声匿迹,却留下了许多地名。今天要解释这些地名,确实需要下一番很大的工夫。

梵语地名

《水经注》一书中有不少外来语,其中也有梵语,特别是在卷一、卷二《河水注》中,因为这两篇涉及许多古代梵语流行的地区。一般所说的梵语,是指公元前4世纪的印度书面语,但也有兼指《吠陀经》所用的语言。梵文字母有13个元音和23个辅音,在7世纪时期形成的梵文天城体字母(Deva—nagari),书写非常困难。现在我们可以用罗马字来书写,就方便得多了。

《水经注》的梵语,使用最多的是地名,例如阿耨达太山(Anavatapta)、摩头罗国(Mathura)、希连禅河(Hiranyavati)等等。地名本来是很简单的,现在我们接触到的许多外国地名,都是采用所谓音译的办法。但梵语地名却不同,因为有许多有名的古书,除了《水经注》以外,如晋法显的《法显传》(或作《佛国记》)、唐玄奘和辩机的《大唐西域记》、唐玄应的《一切经音义》、慧琳的《一切经音义》、宋法云的《翻译名义集》等,都已经对不少梵语地名作了翻译,这是历史上约定俗成的译法,所以不能采用对一般外国地名进行音译的办法。例如卷一《河水注》:"法显曰:城之东北十里许,即鹿野苑,本辟支佛住此,常有野鹿栖宿,故以名焉。"案"鹿野",梵文为 Mrgadāva,但《法显传》、

《水经注》、《大唐西域记》等都从意译,不作音译。又如同卷注文"恒水又西迳王舍新城",此处的"王舍",梵文作 Rājagrha,意译"王舍"。因《法显传》及其他各书均从意译,沿袭至今。此外,一地多译的情况也常常存在,例如卷一《河水注》中多次出现的"天竺",起源于梵文的 Sindhu 一词,但各书译法甚多,《大唐西域记》卷二云:"详夫天竺之称,异议纠纷,旧云身毒,或曰贤豆,今从正音,宜云印度。"这里就有四种译法。卷一《河水》经"屈从其东南流,入渤海"注云:"水西有大水,名新头河。郭义恭《广志》曰:甘水也,在西域之东,名曰新陶水。"这里的新头河和新陶水,都从梵文 Sindhu 译出,即今印度河。

郦道元大概是研究过梵语的,所以,某些梵语地名,他在注文中随即作了汉译。例如卷一《河水》经"屈从其东南流,入渤海"注中所记:"菩萨于瓶沙随楼那果园中住一日,日暮便去半达钵愁宿。半达,晋言白也;钵愁,晋言山也。白山北去瓶沙国十里。"半达钵愁正是梵语的音译,半达,梵语作 Punda;钵愁,梵语作 Vasu。但《河水注》有一个梵语地名,郦氏却明显地理解错误了。注文说:"自河以西,天竺诸国;自是以南,皆为中国,人民殷富。中国者,服食与中国同,故名之为中国也。"这里,"自是以南,皆为中国",这个"中国",在梵语作 Madhyadêsa,是由梵语 Madhya(意谓中间的)和 pêsa(意为国家)两词合成,并非我们中国。下面抄一段艾德尔(E. J. Eitel)在《中国佛教手册》(*Handbook of Chinese Buddhism Being a Sanskrit——Chinese Dictionary with Vocabularies of Buddhist Terms*) 第 83 页中对于这个地名的解释:"中国,中部的王国,印度中部的一般称谓"(Madhyadêsa, The middle Kingdom, Common term for central India)。这个所谓"中国",其实就是古代恒河中游的中印度。至于我们中国,在梵文中作 Tchina,在前已指出的那些唐、宋翻译书上,译成脂那、支那、震旦、真丹等,并不译成中国。恒河中游的这个中国,始见于《法显传》:"中天竺所谓中国,俗人衣服饮食,亦与中国同。"法显毕竟是精通梵语的高僧,他的说法,与艾德尔的解释毫不抵牾。但郦道元却错误地理解了《法显传》的话,把它改成:"中国者,服食与中国同,故名之为中国也。"最后一句"故名之为中国也",真是画蛇添足。从前面"半达钵愁"一语中,可以说明郦氏是研究过梵语的;但从这个"中国"的解释中,可以看出,郦氏并不精通梵语。

"据"和"由旬"

《水经注》记载河川流向和道路里程,必然要涉及度量单位,诸如里、步、丈、尺、寸等,在注文中极为常见。但在卷一《河水》经"屈从其东南流,入渤海"注中,引及了两个梵语度量单位,就有考证一番的必要。

第一个梵语度量单位是"据",注文云：

王田去官一据。据者,晋言十里。

殿本在此下加案语云："案一据下,近刻讹作'据左一据据右'六字。"但各本与殿本之间颇有不同。朱谋㙔《水经注笺》作："王曰去官一据据左,一据据右,晋言十里也。"全、赵二本改"曰"为"田",改"右"为"者",余与朱本同。岑仲勉《水经注卷一笺校》(《中外史地考证》上册)则作：

王田去官一据栌舍。一据栌舍,晋言十里也。

岑氏的这一校勘,是根据藤田丰八《东西交涉史研究》的说法。藤田说："一据据者,应为一据栌舍之讹,即梵语 Krōsa 之译音。"岑氏说："余向读此,即疑'据据右'三字与旧译之'拘卢舍'有关,但终未解其致误之由,至此,益信藤田说为不谬,而全、赵、戴诸家纯属臆改。惟藤田仍沿旧本作'左',余谓'舍'字之上截类'左'字,其初必由'舍'误'左',又由'左'而误分左右也。"

"据栌舍"(或旧译拘卢舍)即梵语 Krōsa,这当然是毋庸置疑的。但朱本的"据据左"是否即"据栌舍"之讹,却未可云必。藤田把旧译中的"卢"字改成"栌"字,无非因为"卢"、"据"字形不同,而"栌"、"据"字形相似,以附和其两者致讹的理由而已。殿本及杨、熊《注疏本》均删"据左"作"据",按古时梵语汉译通例,可以成立,即所谓省译。以梵语 Stûpa 为例,《大唐西域记》卷一云："窣堵波,所谓浮图也。"玄应《一切经音义》卷六宝塔条云："正言窣睹波。"在《水经注》中,卷一《河水注》对此有三种译法,即"浮屠"、"浮图"、"塔"。三者均不讹,而其中"塔"即是 Stûpa 的省译。慧琳《一切经音义》卷十三云："窣睹波,上苏没反,古译云薮斗婆,又云偷婆,或云兜婆,曰塔婆,皆梵语讹转不正也。"又同书卷二十七云："塔婆无舍利云支提。"《翻译名义集》卷七云："有舍利名塔,无舍利名支提。"由此可知,这个"塔"字,即从"窣睹波"、"薮斗婆"、"塔婆"等转译而来,即梵语 Stûpa。所以玄应《一切经音义》卷六云："塔字,诸书所无。"慧琳《一切经音义》卷二十七则云："古书无塔字。"

此外,梵语在我国古书作省译的例子还有很多,例如 Buddhakchêtra 一词,原意为"佛国",后来被引伸为"寺院",我国通常译作"差多罗"、"掣多罗"、"纥差多罗"等,但亦译作"佛刹"或"金刹",并省译为"刹"。玄应《一切经音义》卷六金刹条云："西域别无幡竿,即于塔覆钵柱头悬幡,今言'刹'者,应讹略也。"此亦即《洛阳伽蓝记》卷一所记的永宁寺浮图："举高九十丈,有刹,复高十丈。"又如卷一《河水注》的"僧伽蓝",实即梵语 Saṃghǎrama 的省译,有时更省译为"伽蓝"。它的完整译法,据玄应《一切经音义》卷一："僧伽蓝,正言僧伽罗磨。"

根据上面所举的许多梵语省译的例子,故 Krōsa 一词殿本等作"据"不讹,不必更改。

　　卷一《河水注》出现的另一个梵语度量单位是"由旬"或"由巡"。注文有好几处使用了这个度量单位,例如:"《外国事》曰:维邪离国去王舍城五十由旬。""河南摩强水,在迦维罗越城北,相去十由旬。此水在罗阅祇瓶沙国,相去三十由旬。"还有一处作"由巡"的:"渡河南下一由巡,到摩羯提国巴连弗邑。"

　　戴震在最后一处"由巡"下加了一条案语:"案由巡即由旬,书内通用,近刻讹作由延。"这条案语露出了戴氏不懂梵语的马脚。不懂梵语不足怪,但他校勘郦注,竟连与郦注有密切关系的《法显传》都不去查对一下,这倒是令人吃惊的。大概可以说"智者千虑,必有一失"吧。《法显传》全书中曾三引此词,均作"由延"("西行十六由延,便至那竭国界醯罗城";"从舍卫城东南行十二由延到一邑";"从此东南行十二由延到诸梨车欲逐佛般泥洹处")。案由旬是梵语 Yogana 一词的音译,亦译由巡、由延、瑜善那等,这在玄应、慧琳的两种《一切经音义》和《翻译名义集》等书中均有载及,可惜戴震也都不曾去查对一下。至于"由旬"一词的解释,诸书颇有出入,《艺文类聚》卷七十六内典上引支僧载《外国事》:"由旬者,晋言四十里。"但《翻译名义集》卷三踰善那条云:"由旬三别,大者八十里,中者六十里,下者四十里。谓中边山川不同,致行不等。"艾德尔的《中国佛教手册》第 20 页所说比较完整:Yogana, a measure of distance, variously computed as equal to a day's march[4650feet]or 40 or 30 or 16 li。艾德尔的解释或许是正确的,由旬乃是印度古代的一日行军里程,因为是行军里程,其速度由于地形、气候、部队素质等的不同,所以并不是一个固定的数字,以致有 40 里、30 里、16 里之别。丁福保接受了艾德尔的说法,在他所编的《实用佛学辞典》第六至七页"由旬"条下的释文作:"自古圣王一日军行也,旧一踰善那四十里矣,印度国俗乃三十里,圣教所载唯十六里。"

昆　仑

　　《水经》与《水经注》,都是从"昆仑"开始的。《水经》第一句是"昆仑墟在西北",《水经注》的第一句是"三成为昆仑丘"。"昆仑"二字作何解释,经、注均未提及,仅言是山而已。《水经注》为了描述昆仑山,引用了大量文献,包括《昆仑说》、《禹本纪》、《穆天子传》、《山海经》、《外国图》、《淮南子》、《尔雅》、《释氏西域记》、《佛图调传》、康泰《扶南传》、《十洲记》、《神异经》、《洛书》等等。但各种文献都是说的昆仑山的位置、别名、从此山发源的河流以及有关此山的种种神话,绝不涉及"昆仑"一词的意义。

　　"昆仑"当是外来语,但这个外来语传入华夏为时甚早,因为成书于战国时代的

《山海经》和《禹贡》，都已经记载了这个地名。《西山经》说："槐江之山，……南望昆仑，其光熊熊。"又说："西南四百里曰昆仑之丘，实惟帝之下都。"《海内西经》说："海内昆仑之虚在西北，帝之下都。"《山海经》的这些话，《水经注》大都引及了。《禹贡》则在雍州下提及："织皮昆仑、析支渠搜，西戎即叙。"昆仑这个外来语居然见之于极早的汉族文献，曾有人以此与汉族的西来说联系起来。例如《河水注》所引及的昆仑山"玄圃"、"县圃"、"玄圃之山"、"玄圃台"等等，徐球在《黄帝之圃与巴比伦之县园》（《地学杂志》1931 年第 1 期）一文中，曾经东西相比，作为汉族西来的证据。但王国维在其《鬼方昆夷猃狁考》一文中，认为《禹贡》昆仑由昆夷演变而来。昆夷之名，始见于《诗·大雅·绵》："混夷駾矣。"混夷即昆夷，亦即猃狁、犬戎，其族自汧陇，环中国而北，东及太行、常山间，以后由汧陇西移。则"昆仑"一名，不是由西而东，而是由东而西的。但有一点可以肯定，即使王氏的考证可信，昆夷亦非汉族，所以"昆仑"是外来语可以无疑。

中国西北部新疆一带，由于地近古代印度，不少地名曾受梵语影响。卷一《河水》经"屈从其东南流，入渤海"注云："释氏《西域记》云：阿耨达太山，其上有大渊水，宫殿楼观甚大焉。山，即昆仑山也。"说明昆仑山在梵语作阿耨达太山（Anavatapta），所以"昆仑"不是梵语。法国《拉鲁斯大百科全书》在地名学条下说："很多法国区域地名远溯于已经消失的语言，人们不知其由来，不然，亦非直接地可以理解，如高卢的古塞尔特语，甚至塞尔特人到达高卢前的高卢口语"（ *La Grande Encyclopédia Librairie Larousse* ,1974 , T. 14 , pp. 8781—8782 , toponymie）。"昆仑"或许就属于《拉鲁斯大百科全书》所说的这一类"已经消失的语言"。

从《河水注》描述的昆仑山来看，如"昆仑之山三级，下曰樊桐，一名板桐；二曰玄圃，一名阆风；上曰层城，一名天庭，是为太帝之居"。如"昆仑之墟，方八百里，高万仞，上有木禾，面有九井，以玉为槛，面有九门，门有开明兽守之，百神之所在"。又如"昆仑山有三角，其一角正北，干辰星之辉，名曰阆风巅；其一角正西，名曰玄圃台；其一角正东，名曰昆仑宫"。又如"渊精之阙，光碧之堂，琼华之宝，紫翠丹房，景烛日晖，朱霞九光"等等，这分明是一座神话之山。假使这个神话确实来自西部新疆一带，那么，很可能是人们对于在沙漠中所见的海市蜃楼的幻想和加工。因此，传说中的昆仑山是没有具体地理位置的。而现在我们在地图上看到的介于羌塘高原和塔里木盆地南缘之间的昆仑山，那是张骞和汉武帝两人合作的作品。有《史记·大宛列传》可以为证：

> 汉使穷河源，河源出于阗，其山多玉石，采来，天子案古图书，名河所出山曰昆仑山。

这里的"汉使"是张骞,"天子"是汉武帝,所谓"古图书",当是《禹本纪》和《山海经》之类。《禹本纪》在郦道元时尚存在,所以《河水注》引及此书,但以后就亡佚。司马迁曾在《大宛列传》中引及一句,这一句大概就是汉武帝的依据:"河出昆仑,昆仑高二千五百余里,日月所相避隐为光明也。"汉武帝在《山海经》一书中也获得一些根据,那就是《河水注》所引的"面有九井,以玉为槛"。他把张骞的考察结果:"河源出于阗"(这是错误的)、"其山多玉石"(这是正确的)两句话与《禹本纪》和《山海经》核对,就把于阗(今和田)南山定为昆仑山。

尽管汉武帝把"昆仑"作为一座山名而固定下来,但"昆仑"实际上是个外来语,它还可以出现不同的音译。卷一《河水》经"屈从其东南流,入渤海"注云:"竺枝《扶南记》曰:林杨国去金陈国,步道二千里,车马行,无水道,举国事佛。"据《御览》卷七九〇《四夷部一一》金隣国条云:"金隣一名金陈,去扶南可二千余里,地出银,人民多,好猎大象,生得乘骑,死则去其牙齿。"《河水注》金陈与《御览》金隣,据岑仲勉《南海昆仑与昆仑山之最初译名及其附近诸国》(《中外史地考证》上册)一文云:"金隣之还原,当作 Kumran 或 Kunrun,……昆仑国与 Kamrun 之即金邻,盖无致疑之余地。"这样,金隣或金邻,就是昆仑的另一种音译,而这个金隣或金邻,在《水经注》作金潾,卷三十六《温水》经"东北入于郁"云:"晋功臣表所谓金潾清径,象渚澄源者也。"这个金潾,并且也可译作金麟,明田艺蘅《留青日札》卷十引张籍《蛮中诗》:"铜柱南边毒草春,行人几日到金麟。"

《御览》说金隣人好猎大象,张籍说金麟在铜柱以南。位于铜柱以南而产象,则这个金潾或金麟,不在中国西北,而在中国之南了。既然方位相差极远,那末,岑仲勉认为金邻即昆仑的考证是否属实呢? 岑氏的考证是信而有征的,因为在卷三十六《温水注》也可以找到答案。《温水》经"东北入于郁"注中有一段话:

> 夜于寿泠浦里相遇,阇中大战,谦之手射阳迈柂工,船败纵横,"昆仑"单舸,接得阳迈。

由此可知,"昆仑"不仅出现于西域,而且也出现于南海。西域"昆仑"是山名,南海"昆仑"则是国族名。而金陈、金隣、金邻、金潾、金麟等,都是"昆仑"的不同音译,也不致有讹。

对"昆仑"一词进行研究,不仅相当复杂,而且饶有兴味。

三　余

卷四十《浙江水》经"北过余杭,东入于海",注云:

（浙江）又迳永兴县北,县在会稽东北百二十里,故余暨县也。……王莽之余衍也。汉末童谣云:天子当兴东南三余之间,故孙权改曰永兴。

三余是三个带有"余"字的地名,是数词地名的一种。郦注何焯校本在此有一条案语:"三余,余暨、余杭、余姚也。"孙权因为害怕天子出在他的领地三余之间,把余暨改为永兴,这或许是道路传闻。因为当时其他二余也都在东吴政权的管辖之下,但余杭和余姚却不曾改名,所以郦注引用的上述说法是牵强附会的。

三余中的其他二余,郦注也多有记及之处,卷二十九《沔水》经"又东至会稽余姚县,东入于海"注中,郦道元提及了余姚和余暨二者,但由于郦氏对江南地理疏昧,其记载有极大错误,注云:

> 谢灵运云:具区在余暨,然则余暨是余姚之别名也。今余暨之南,余姚西北,浙江与浦阳江同会归海。

《沔水注》同时也提到了余杭,同条经文下云:

> 今江南枝分,历乌程县,南通余杭县,则与浙江合。

《浙江水注》中也提到余杭,注云:

> 孙权分余杭,立临水县。

在上述"三余"之外,今浙江境内,《水经注》记及的带有"余"字的地名还有不少。《沔水注》中有句余山,《浙江水注》中有余发溪和余干大溪。其实除了这些为郦注记载的含有"余"的地名外,浙江境内这类地名还有很多。这个"余"字在地名中究竟含有什么意义,《水经注》仅在《沔水注》中对余姚作过一句话的解释:"因句余山以为名。"但句余山的"句余",同样是无法解释的。《水经注》以后,有些书上出现一些牵强附会的解释,例如《元和郡县志》卷二十六解释余姚:"舜后支庶所封之地,舜姚姓,故曰余姚。"又如明田汝成《西湖游览志余》卷一解释余杭:"杭州之名,相传神禹治水,会诸侯于会稽,至此余杭登陆,因名禹杭。至少康,封庶子无余于越,以主禹祀,又名余杭。"真是无稽之谈。

清李慈铭在《息荼庵日记》(《越缦堂日记》2函11册)同治八年七月十三日云:"盖余姚如余暨、余杭之比,皆越之方言,犹称于越、句吴也。姚、暨、虞、剡,亦不过以方言名县,其义无得而详。"其实,关于于越方言的话,唐颜师古在《汉书·地理志》"句吴"下所注及宋刘昌诗在《芦浦笔记》卷四中,都已经指出过,李慈铭的话,无非说得更为具体罢了。李氏说:"其义无得而详",的确,这些越语地名中的绝大部分都是不可解释的。但唯独这个"余"字,《越绝书》卷八却十分难得地写下了它的意义。《越绝书》云:

> 朱余者,越盐官也,越人谓盐曰余,去县三十五里。

这一条解释"朱余"这个地名的文字,竟让我们懂得了"余"字在越语中是"盐"的意思。这样,"三余"的"余"字就迎刃而解了。从地理位置说,"三余"都在海边,和离大越城(今绍兴)35里的朱余一样,都能煮海为盐。在历史上,这三地都有盐场,所以地名含有"余"字。但三个地名中的另一个字,即"杭"、"暨"、"姚",却是"其义无得而详"。依靠《越绝书》对"朱余"的解释,让我们懂得了"余"的意思,而"三余"之中,除了余暨现称萧山外,其余二余均仍然存在(地理位置当然已有改变)。至于"朱余",由于钱塘江口和杭州湾的海岸向北伸淤,现在也已经远离海岸,不能再从事盐业生产。但附近还有很多称"灶"的地名,表示了历史上煮海为盐的往迹。"朱余"本身至今仍是一个村庄。但地名从宋代起已称为"朱储",这是越语地名半汉化的例子。

乌　伤

卷四十《浙江水》经"北过余杭,东入于海"注中,注文引述了一个刘宋刘敬叔所撰《异苑》中的故事:

> 浙江又东迳乌伤县北,王莽改曰乌孝。……《异苑》曰:东阳颜乌,以淳孝著闻,后有群乌助衔土块为坟,乌口皆伤。一境以为颜乌至孝,故致慈乌。欲令孝声远闻,又名其县曰乌伤矣。

作为民间传说,这是一个很动人的故事。但是作为乌伤的地名来源,却完全不是这样一回事。乌伤是秦会稽郡所置县之一,是今浙江省境内历史上第一批建置的县。这一批县有十余之多,除山阴、海盐两县是用的汉语名称外,其余各县都是越语地名,乌伤也包括在内。谭其骧教授曾经说过:"今浙江地方多以句、于、姑、余、无、乌等为地名,与古代吴越语的发语音有关。"(邹逸麟《谭其骧论地名学》,载《地名知识》1982年第2期)所以乌伤是个典型的越语地名。

在今浙江、苏南、皖南、赣东一带,春秋战国时代是于越族居住的地方,这一带的地名,原来都是越语地名。秦始皇建郡县制,汉族移入这个地区,原来的越语地名,就发生了汉化或半汉化的过程。前面提到的山阴和海盐,因为查有实据,都是汉化的例子。前者在《越绝书》卷八有明确记载:"秦始皇帝以其三十七年,东游之会稽,……因徙天下有罪适吏民,置海南故大越处,以备东海外越,乃更名大越曰山阴。"证明"山阴"这个汉语县名,是公元前210年从越语地名"大越"改称的。后者在《越绝书》卷二也有确证:"海盐县,始为武原乡。"在同书卷八还有一个旁证:"越人谓盐曰余。"这说明汉语中的"盐",在越语中称"余"。所以"海盐"是汉语县名,它是从越语"武原"改称的。

乌伤据郦注在王莽时曾改为乌孝。东汉初又恢复乌伤原名,唐武德七年(624),

改为义乌,沿袭至今。实际上,王莽的乌孝和从唐代起的义乌,都是从"乌口皆伤"这个民间传说中引伸出来的。而且由此可知,刘敬叔所撰的《异苑》,是一本神话传说,这里面的许多传奇故事,并不是刘个人编造出来的,而是他所搜集的民间传说。因为王莽既已改乌伤为乌孝,说明在刘敬叔以前4个世纪,这个"乌口皆伤"的故事已经流传了。把乌伤改为乌孝和义乌,这是越语地名半汉化的例子,因为它和"大越"改"山阴"及"武原"改"海盐"不同,毕竟还保留一个越语常用字"乌"。

在上述古代于越族居住的地区,这种半汉化的越语地名是很多的。单单在《渐江水注》这一篇中,这样的地名就有不少。把这类地名搜集起来进行分析研究,可以从中了解古代于越族的不少情况,对于民族史和地名学的研究,都具有重要的意义。

九河三江

我在拙著《水经注地名汇编说明》(《水经注研究二集》,山西人民出版社 1987 年版)一文中,曾把《水经注》中所出现的 2 万左右地名进行分类,其中有一类为"数词地名",如九州、四渎之类。我又写过一篇《数词地名》的札记,说明数词地名和其他地名不同,因为地名冠以数字,它就不是一个地名,而是几个地名的概括。大部分数词地名,其概念都是明确的。譬如"三峡",就是指的广溪峡(瞿唐峡)、巫峡、西陵峡;"九州"就是指的冀、兖、青、徐、扬、荆、豫、梁、雍(此指《禹贡》九州,《职方》和《吕氏春秋》九州稍有不同)等等。但另外有些数词地名,概念并不明确。后来有些学者的解释,显然存在着凑合数字牵强附会之处。这中间最常见的是九河与三江这两个数词地名,古代文献中使用这两个地名的比比皆是,在《水经注》也多次出现。

卷五《河水》经"又东北过黎阳县南"注云:

《尚书·禹贡》曰:北过降水,不遵其道曰降,亦曰溃。至于大陆,北播为九河。《风俗通》曰:河播也,播为九河自此始也。《禹贡·沇州》:九河既道。谓徒骇、太史、马颊、覆釜、胡苏、简、洁、句盘、鬲津也,同为逆河。郑玄曰:下尾合曰逆河。言相迎受矣。盖疏润下之势,以通河海。

由于《禹贡》在古代是一部神圣不可侵犯的经书,它既然提出"九河"这个名称,于是各家纷纷想出对"九河"的解释意见,并且提出《禹贡》所不曾提及的这九条河流的名称。但现在看来,《禹贡》的"九河",其"九"字,很可能是"多数"之意,并非实际上有九条河流。正如我们习用的一些成语如"一目十行"、"三五成群"之类,这里的"一"、"十"、"三"、"五",都不代表实际数字。所谓"九河",实际上是描述河口三角洲河道错杂、港汊分歧的情况。郦注所引《风俗通》解释的"播"和郑玄解释的"逆河",

其实也就是河口三角洲的一般自然地理现象。从郦注本身,同样可以理解古代黄河三角洲的情况。卷八《济水》经"又东北过甲下邑,入于河"注云:"又东北,河水枝津注之。《水经》以为入河,非也。斯乃河水注济,非济入河。又东北入于海。"又引郭景纯言:"济自荥阳至乐安博昌入海。今河竭,济水仍流不绝;经言入河,二说并失。然河水于济、漯之北,别流注海。今所辍流者,惟漯水耳。郭或以为济注之,即实非也。"从这段注文中可以说明,黄河入海处的支流纷歧情况。所谓济水、漯水,实际上都是黄河入海处的三角洲分汊,也就是卷五《河水》经"又东北过高唐县东"注中所说的:"乱河枝流而入于海。"我们只要考察一下平原地区现在的河口三角洲,这种自然地理现象是很普遍的。《禹贡》只是以"九河"说明河口的支流纷歧,而后人硬凑九条河名来附合经书的这个"九"字,实在是一种附会。

　　《水经注》中另外还有一个数词地名是"三江"。由于《禹贡·扬州》有"三江既入"的话,于是人们又臆造出各种不同的说法,来凑合"三江"之数。《禹贡》中虽然出现过"北江"、"中江"两个地名,但与"三江既入"的"三江"不一定存在关系。《汉书·地理志》以为《禹贡》中的北江、中江,就是"三江"中的二江(其实《禹贡》绝未有过这样的解释),于是就臆加"南江"之名,以敷合三江之数。这样一来,大江就成为"中江",而大江南北就凭空出现了与大江平行的两条"北江"与"南江"。此说在中国历史上传讹甚久。《水经注》也在卷二十九《沔水》经"分为二,其一东北流,其一又过毗陵县北,为北江"注中提出了"江即北江也","江水自石城东迳吴国南为南江"等牵强附会的说法。而另外还有一些人又用其他臆说来凑合经书的"三江"之数,例如清阮元认为"南江"是沟通长江和浙江(钱塘江)的一条河流《揅经室一集》卷十三,曾运乾则划长江本身为三段,他在其所著《尚书正读·禹贡》(中华书局1964年版)"三江既入"下云:"三江者,江随地而异也。江会汉为北江,会彭蠡为南江,会汇为中江。既入者,入于海也。"这是由于曾氏是近代人,有了一些近代的地理知识,他知道平行于长江的南、北两江是不可能存在的,所以才别出心裁地提出他的"新说"。其实,《禹贡》三江也和《禹贡》九河一样,都是泛指多数而言,并不是有九条河川、三条江流的存在。卷二十九《沔水》经"又东至会稽余姚县,东入于海"注中,注文引伍子胥的话说:"吴、越之国,三江环之,民无所移矣。"这个"三江"就是注文接着说的:"但东南地卑,万流所凑,涛湖泛决,触地成川,枝津交渠。"是河流纷歧的意思。

　　不过,在《水经注》注文中,实指三条河川的"三江"也是存在的。例如卷二十九《沔水》经"分为二,其一东北流,其一又过毗陵县北,为北江"注云:"有水分流,东北入海为娄江,东南入海为东江,与松江而三也。"同卷经"又东至会稽余姚县,东入于海"注云:"郭景纯曰:三江者,岷江、松江、浙江也。"又卷四十《浙江水》经"北过余杭,东入于海"注云："韦昭以松江、浙江、浦阳江为三江。"这些在郦注中实指河川数字的三江，与《禹贡》"三江"绝不相同。在我国东南河湖平原地区，由于河川众多，以"三江"命名的地名不少。例如陆游诗《三江》（《剑南诗稿》卷四十四）："三江郡东北，古戍郁嵯峨。"指的是今绍兴北部的钱塘江、曹娥江和钱清江（钱清江即今浦阳江，陆游所指的是宋时河道）。《方舆纪要》卷九十二《宁波府·鄞江》下，以鄞江会奉化江及大浃江，故"其地亦谓之三江口"。这类例子可举不少。

所以《禹贡》"九河既道"，"三江既入"，这"九"与"三"，显然不是实指河川的数字。它们与同样出于《禹贡·荆州》的"九江孔殷"一样（《方舆纪要》也把湖口水、加湖江水、武口水、乌石水、举水、巴水、希水、蕲水、利水九条河流凑合"九江"之数），都是泛指多数之意，后世的穿凿附会，实不足道。

日南郡

卷三十六《温水》经"东北入于郁"注云：

> 应劭《地理风俗记》曰：日南，故秦象郡。汉武帝元鼎六年开日南郡，治西捲县。

按日南郡位于今越南中南部，这是中国历史行政区划中最南的一郡，应劭认为是秦始皇攰平百越之地所建的象郡，虽然并不完全正确，但可以说明这个地区在公元前3世纪已由汉族建立了郡县。《汉书·地理志》记及王莽更名为日南亭，所以直到西汉之末，这个郡仍在汉朝的版图之中。东汉马援和路博德几次南征，日南郡也均在疆域之内。同注云："晋太康三年，省日南郡属国都尉，以其所统卢容县置日南郡及象林县之故治。"则晋时，日南郡的行政区划有过一些内部调整，但仍在晋朝管辖之内。《温水注》又记及："元嘉二十年，以林邑顽凶，历代难化，恃远负众，慢威背德，北宝既臻，南金阙贡。乃命偏将与龙骧将军交州刺史檀和之陈兵日南，修文服远。"说明直到南北朝之初，南朝势力仍到达这个地区。

对于领土的地理位置绝大部分在北回归线以北的中国来说，为什么把这个郡名称为"日南"，倒是一个饶有趣味的问题。《温水注》对此也有一段解释：

> 区粟建八尺表，日影度南八寸。自此影以南在日之南，故以名郡，望北辰星，落在天际。日在北，故开北户以向日，此其大较也。

这段注文中所说的"日在北，故开北户以向日"，这话并不完全正确。按日南郡的位置大约在北纬17°南北，因此，在每年夏至前后，约有五十天时间太阳在北。所以一年之中，"开北户以向日"的时间还不到两个月。注文所说的"区粟建八尺表，日影度南八寸"，这里的所谓"八尺表"，显然是一种类似日晷的仪器，是古人根据日照以确定地理位置的依据。区粟是古代林邑国（在越南顺化一带）的著名城市，对其确实位置，各方尚有不同意见。但大体说来，总在北纬16°附近。所以一年之中位于日南的时间，大约接近两个月。

《温水注》又说："范泰《古今善言》曰：日南张重，举计入洛，正旦大会。明帝问：日南郡北向视日邪？重曰：今郡有云中、金城者，不必皆有其实，日亦俱出于东耳。"这里所引的范泰《古今善言》，其书有30卷，却早已亡佚，但《隋书·经籍志》及《两唐志》均有著录。范是南朝宋车骑将军，其记东汉事，或许不致有讹。这位从日南到洛阳的张重，观其对汉明帝的回答，可知其人不学无术，却能说会道。这样的人，古今都有不少。从边疆郡县去到首都朝见皇帝，在当时是一种殊荣，获得这种殊荣的人，只凭一套油嘴滑舌的本领，令人一叹。可惜当年汉明帝所知的比他更少，所以无法当场戳穿他的这番胡言乱语。

前面已经述及，日南郡是两汉王朝版图中的最南一郡。其实，在《水经注》记载的南方地区中，位于日南郡以北，但每年仍有长短不等的时间可以"开北户以向日"（即位于北回归线以南）的郡县，为数还有不少。除日南郡外，尚有汉朝设置的交趾（今越南北部），九真（今越南北部，郡治在河内以南，顺化以北），合浦（今广西合浦一带）、朱崖（西汉作朱卢，东汉改朱崖，在今海南省），儋耳（今海南省儋县一带）及三国吴所设置的九德郡（辖区与九真郡部分相同）等郡。辖境跨北回归线南北的，有秦置的南海（今广东大部）、象郡（今广东雷州、广西庆远等地以至越南北部），汉置的永昌（今云南保山一带）、牂柯（今贵州德江一带）、郁林（今广西贵县一带）、苍梧（今广西苍梧一带），以及晋置的兴古郡（今贵州普安一带）。因为太阳在夏至日直射北回归线，所以上列各郡，全郡之中也有若干县，一年之中有不等的时间获得北向观日的机会。当然，位于日南时间最长的是日南郡，所以此郡以"日南"为名，还是适当的，并不如那个答非所问的张重所说："日亦俱出东耳。"

《水经注》记载这个地区，"穜稑早晚，无月不秀"，"所谓两熟之稻也"，"蚕桑年八熟茧"，"所谓八蚕之绵者矣"。这是《水经注》记载的十多个世纪以前的热带农业概况，其资料实在十分可贵。

天 工

"一石水,六斗泥"

卷一《河水》经"出其东北陂"注云:

> 汉大司马张仲议曰:河水浊,清澄一石水,六斗泥,而民竞引河溉田,令河不通利。至三月,桃花水至则河决,以其喧不泄也。禁民勿复引河,是黄河兼浊河之名矣。

这里,张仲一名各本郦注均有误。按《汉书·沟洫志》当作张戎,颜师古注云,字仲功,其官名为大司马史。郦注漏"史",漏"功"。今殿本已加案语校正。这条注文的重要价值是,黄河的含沙量,已经有了定量的记载,即"清澄一石水,六斗泥"。中国古籍中有许多关于黄河含沙量甚大的记载,例如在《左传》襄公八年:"周诗有之曰:俟河之清,人寿几何?"即是其例。但这类记载都只有性状的描述,没有数量的记录。郦注的这条资料,从数量上说明了黄河含沙量的情况,所以值得珍贵。

黄河是一条善淤、善决、善徙的河流,它的含沙量,居世界河流的第一位。黄河的平均径流量,据陕县水文站的观测,只有 426 亿立方米,还抵不上一条小小的长江支流嘉陵江(672 亿立方米),只有长江(4510 亿立方米,宜昌站)的 9.4%。但它的多年平均含沙量(陕县站),每立方米竟有 36.9 公斤,为长江(每立方米 1.14 公斤,宜昌站)的 32 倍。它平均每年输沙 16 亿吨(陕县站),超过长江的 3 倍以上(5.4 亿吨)。根据文献资料的统计,建国以前的 3000 年间,黄河下游决口泛滥约有 1500 余次,较大的改道约有二三十次,其中特别重大的改道有 4 次。在这条河流的泛滥改道中,我国人民已经付出了难以估计的代价。

黄河为什么善淤、善决、善徙? 1984 年 10 月,由著名历史地理学家史念海教授作东道主,在陕西师范大学举行了一次以江、淮、河、珠(江)诸河的水利问题为中心的历史地理学术讨论会。在对于黄河历史地理的讨论中,有一位老专家递交了一篇《长江会成为第二黄河吗》的论文,引起了与会专家们的热烈争论。老专家写这篇论文的动机是因为这年夏季四川省发生了大水,损失甚重,因而感到忧虑,认为长江由于上游植被破坏,水土流失严重,久此以往,行将成为第二条黄河。对于这位老专家提倡植树造林,重视水土保持的思想,大家都深表同意。他所说植被良好的山林是"天上一把伞,地下一块毯"的话,大家也都很赞赏。但是对于长江要变成第二条黄河的说法,与会专家几乎没有人同意他的这种观点。大家认为,长江和黄河,在河型、河性和流域的整个地理环境都是完全不同的。假使长江流域不注意保护植被,不重视水土保持工作,河道当然要每况愈下,但却绝不会变成第二条黄河。有的专家在发言中就提出了《水经·河水注》中"清澄一石水,六斗泥"的话。因为这句话,是西汉的记载。黄河中上游在远古,包括第四纪的更新世和全新世,有没有良好的植被,当然是一个尚可讨论的问题。但西汉时代的记载,河水的含沙量已经到达"一石水,六斗泥"的程度,这是事实。所以对于黄河这条特殊河流的河型与河性,从植被的角度当然可以考虑,但是非常重要的是,必须充分考虑这条河流中上游的地理环境,即黄土地貌的特点。

有的专家从古地理学的角度阐述黄河与长江在河型与河性上的根本差异。因为黄河在其善淤、善决、善徙的特性方面,这实际上首先属于古地理学的研究对象,历史地理学的研究只是继承古地理学而已。因为在地质年代中,黄河(包括华北平原上的其他河流)所冲积而成的华北平原,面积到达 30 万平方公里。而相同的地质时期,长江所冲积而成的长江三角洲,面积不过 5 万平方公里,只有华北平原的 1/6。

所以长江不会变成第二条黄河,这是毫无疑问的。当然,这个结论,并不说明在长江流域可以不重视植树造林和其他水土保持工作。

[附记]

我的《札记》是在几十年的漫长时间中陆续写成的,所以在发表时有的作过一些修改,有的则在篇末加上一个"附记"。不过修改的篇帙不多,而"附记"一般也都比较短小。唯独这一篇《一石水,六斗泥》的"附记",比《札记》大得多。这是因为我在这里附录了我写于 1995 年 12 月的《炎黄子孙,情系黄河》一文及引发我写此文的两位北美华人学者的有关作品。自知体例乖戾,实出于不得已。

　　1995 年我访问北美时,发现关于"一石水,六斗泥",即黄河善淤、善决、善徙的特殊性,实在是海外华人都关心的问题。尤其是有两位北美华人学者的作品,读了使人感动。所以我在美国写了这篇《炎黄子孙,情系黄河》的文章,并录入了这两位的大作。回国后即交郑州黄委会主办的《黄河史志资料》1996 年第 4 期发表。现在把它们一并收录在这个"附记"里,既用以重温《水经注》所载"一石水,六斗泥"这句西汉名言,也为了让黄河这种善淤、善决、善徙的特殊河性及其后果引起人们更大的重视。"让黄河水流清","使黄河水更浑",当然还有其他各种方法,无论如何,我们一定要治好这条"一石水,六斗泥"的黄河。

炎黄子孙,情系黄河
——读《让黄河水流清》及《使黄河水更浑》两文有感

　　此番出访北美半年,最大的收获是读到了许多在国内难得读到的与我的专业有关的文献。这中间特别引起我注意的是有关黄河的两篇短文:第一篇是梁恩佐教授的《让黄河水流清》[附一],第二篇是肖昕先生的《使黄河水更浑——读梁恩佐〈让黄河水流清〉有感》[附二]。两文都发表于《华夏文摘》,这是一种有国际标准刊号的中文电脑刊物,每周 1 期。梁文发表于该刊第 224 期(1995.7.14),肖文发表于该刊第 231 期(1995.9.1)。我是在加拿大先后读到这两篇文章的,由于读后深受感动,所以把它们带到美国。两文从不同的思想方法,提出了治理黄河的意见。虽然作者都身居海外,但文中洋溢了对黄河这条特殊河流的焦虑和关心。炎黄子孙,情系黄河,令人不胜感慨。由于两文都短小精悍,所以特作为拙文的附录列于文末,供国内关心黄河水利的学者们参考。

　　黄河是中华民族的摇篮,但同时也是中华民族的忧患,是一条性质特殊的河流。这正是海内外许多学者关心这条河流的原因。我个人也是由于这种原因,长期以来对黄河有所关注。早在 1953 年,我已撰写出版了一本介绍黄河历史和地理的小册子《黄河》(天津益智书店 1953 年版),这不过是一本约 10 万字的读物,但是由于当时还没有这类简短的介绍黄河的书籍,所以第 1 版 3000 册在一二个月内就销售一空。只是由于出版社随即改组,所以没有再版。此后我又出版了《祖国的河流》(上海新知识出版社 1954 年版)一书,黄河是其中的重要一篇。我把 10 万字的《黄河》浓缩到 1/10,编入此书。此书从 1954 年初版起到 1957 年,竟重印了 9 次。说明对于河流水利的事,社会上是非常重视的。这不仅是现在,历史上也是一样。在北魏郦道元的《水经注》中,黄河列为第 1 篇,而且是全书的最长一篇。我曾经撰有《水经注记载的黄河》(《黄河史志资料》1990 年第一期,又收入于《郦学新论——水经注研究之三》,山西人民出版社,1992 年版)与《水经注记载的三晋河流》(《中国历史地理论丛》1988 年第 4 辑,又收入于《郦学新论——水经注研究之三》)等文,说明古人对黄河干支流的研究和重视。

我对黄河的实地考察始于 1961 年,由于全国高校地理教材当年先后两次在开封和郑州讨论,我乘便考察了黄河开封和郑州的大堤和险工等等。但对于这条河流收获最大的考察是 1978 年。这一年,由著名学者竺可桢主编的《中国自然地理》中的《历史自然地理》分册(科学出版社 1982 年版)在开封定稿,为时长达两月,我是此书的 3 位主编之一,定稿会由我主持。由于其中黄河一篇是全书中的大篇(此篇由邹逸麟教授撰写),因此,定稿过程中,黄委会的好几位高级工程师也参与定稿。历史地理学者在这些行家们的启发之下,当然得益不浅。而特别是由他们陪同的实地考察,使我茅塞顿开。在此后的若干年中,我先后考察了晋陕之间的韩城到壶口段,内蒙古包头一带的河套段,甘肃兰州段以及青海省上源的某些河段。通过这些实地考察,使我增长了有关黄河的许多实际知识。

这次出访北美前夕,恰逢黄委会主编的巨构《黄河志》第 11 卷《黄河人文志》出版(河南人民出版社 1995 年版),承此志总编室的错爱,一年前就约请我为此志撰序。我曾为这篇序言煞费揣摩,从现代黄河一直到黄河的历史时期,并且还追溯到他质年代中的全新世和更新世。序中仍然提出了这条河流对于我们民族的"摇篮"和"灾难"的双重性。确实,黄河的前程,一直是我多年来萦萦于怀的问题,而到北美不久,就先后读到上述梁、肖两位先生的文章。炎黄子孙在遥远的异乡仍以黄河为念,当然使我感慨不已。

黄河的确是一条十分特殊的河流,按其长度和流域面积,在自然景观上足以列为世界大河。而流域内耕地近两亿亩,人口达 1 亿,在人文景观上也具有极大的重要性。黄河虽然源远流长,但水量却很小,平均年径流量 470 亿立方米,仅及长江的 1/20。因此,在洪水季节,黄河显得浊流滚滚,波澜壮阔。但在枯水季节,却只是一条涓涓细流,甚至断流。黄河最突出的特点是其含沙量和输沙量的举世无匹。每 1 立方米河水的含沙量平均为 40 公斤,最高达 900 公斤。输沙量每年平均达 16 亿吨。在其全部输沙量中,约有 1/4 堆积在下游河床,1/2 堆积在河口三角洲,1/4 随水入海。

由于每年平均有 4 亿吨泥沙堆积在下游河床,这就决定了黄河是一条极易淤积的河流。河床淤高，洪水季节就易致泛滥，古人在下游河段两岸筑堤障水。但堤防漫长，洪水季节往往在许多险工地段发生决口，所以历史上决口频繁。当然，一般河流也有决口的，但到洪水过去，河流自然回归原道。而黄河却不然，由于河床淤高，下游河段的河床早已高过两岸地面，河流夹在堤防之间成为一条"悬河"。这样的河流一旦决口，就很难再让它复归原道，往往借用附近的其他河流或洼地，另闯一条新河道，东流在海岸另成一个河口入海。所以黄河在历史上经常发生迁徙现象。这就是黄河的特殊河性，我们把它概括一下，称为"善淤、善决、善徙"。这就是这条河流之所以为历代人民招致灾难的原因。

我在《中国自然地理·历史自然地理》一书中曾经对黄河的这种特点作简要的说明(《中国自然地理·历史自然地理》第四章《历史时期的水系变迁》第一节《概述》)："黄河虽然不是我国最长的河流，但从历史地理的角度进行评价，它在我国河流中却具有首要的地位。它一方面是我们民族文化的摇篮，而另一方面，几千年来我们已经为它付出了难以估计的代价。黄河以善淤、善决、善徙闻名，它无疑是全世界变迁最大的河流。"

世界上许多古老文明都发源于河流沿岸，古代埃及文明发源于尼罗河下游沿岸，尼罗河虽然泛滥，但它给古代埃及以肥沃的可耕土地。古代巴比伦文明发源于两河(幼发拉底河、底格里斯河)流域，它给古代巴比伦人以一块称为美索不达米亚(意为两河间地)的肥沃平原。古代的华夏文明发源于黄河中下游及其干支流沿岸，即今河南、山西、陕西等地。黄河及其支流如汾河和泾、渭河等，当然给予我们的先民以沃土和灌溉的优裕条件。但是与尼罗河及两河不同，它同时为我们的先民带来严重的灾害。现在，古埃及人和古巴比伦人早已在人类舞台上销声匿迹，而中华民族却巍然独存，这或许就是黄河给了我们多难兴邦的机会。

《黄河人文志》专门有一章记载历代治河先贤的业绩，一共收列了58人。我在此书的序言中，也重点地列举了禹、王尊、张戎、王景、潘季驯等对黄河有研究、有贡献的先进人物及其事例。黄河的灾难，的确为我们在历史上磨炼出了许多坚强刚毅而又聪明多智的治河人物，同时也磨炼了我们的人民，增强了我们人民在灾难中忍耐刻苦的精神。所以从这一方面看，尽管黄河在自然条件上比不上尼罗河及两河等，但是它并不是我们民族的不幸。但从另一方面看，黄河在历史上的多次决溢改道，为我们民族招致的灾难毕竟十分深重。而且，历代以来的黄河修治，在某种程度上都是消极的防灾措施。这种修治，丝毫没有改变黄河的"善淤"特性，而相反地倒是在一定程度上增加了它的"善决"、"善徙"的概率。也就是说，我们的人民永远得承担黄河的这种特殊河性的后果。

　　黄河的特性首先当然是"善淤","善决"和"善徙"都是"善淤"这个前提下接着出现的,而"善淤"的原因则是此河的异乎寻常的含沙量和输沙量。在近代研究中,也有学者认为黄河的含沙量和输沙量是因流域植被破坏而加剧的(史念海等《黄土高原森林与草原的变迁》,陕西人民出版社1985年版)。黄河流域的原始植被情况,现在学术界还存在争论,例如《黄土高原森林与草原的变迁》指出:"历史时期黄土高原的平原、丘陵、山地,曾经到处都生长着森林。"(175页)邹逸麟《千古黄河》(香港中华书局1990年版)认为"远古时代黄河中下游地区天然森林草原覆盖的程度,目前学术界尚未取得一致的看法"(44页),可以继续研究。但流域中草地的开垦则是证据确凿的。总的说来,流域水土破坏对河流含沙量和输沙量具有程度上的影响,这是可以肯定的。我曾经考察过流域中的若干地区,例如陕西省西安以西的周原,即西周的发祥地。坐落于岐山之下的这片广阔而平坦的黄土高原,现在已经成为一片农田(参见拙著《水经注地名汇编说明·平川原野》,《水经注研究二集》,山西人民出版社1987年版)。其间沟壑纵横,不少沟壑狭窄而渊深,人们在沟壑两边可以谈论家常,但要握手言欢,却是"溯洄从之,道阻且长"。这些沟壑大部分是历史时期的产物而非地质时期的产物。由此可知原始植被的破坏和土地的耕耘,在加速土壤侵蚀方面,确实具有作用。问题是这种作用在黄河的全部含沙量和输沙量中能占多少比例?

　　《易纬乾凿度》下说:"天之将降嘉瑞应,河水清三日。"《左传》襄公八年引逸《诗》:"俟河之清,人寿几何?"从这些古书的记载中,说明黄河自古是不清的。古书中也有记及黄河水清的事。如《水经·河水注》五《续汉书》曰:延熹九年,济阴、东郡、济北、平原,河水清"等等之类,这些其实都是援《易经》的"嘉瑞应"之说而作为地方官奉承皇上的谎言。因为早在西汉,大司马史张戎就说过:"河水重浊,号为一石水而六斗泥。"(《汉书·沟洫志》)这是历史上有关黄河含沙量的第一次数量记载。从先秦至西汉,黄河流域的植被破坏应该尚属轻微,但黄河的"善淤"特性,实在早已存在。而有历史记载的第一次改道见于周定王五年(公元前602年,《汉书·沟洫志》引《周谱》。但这显然不是它第一次改道,因为在这以前,流域中地广人稀,改道并不造成灾害,所以史籍没有记载),说明此河的"善决"和"善徙"也是由来已久,也说明后世的水土破坏,虽然对黄河河性有程度上的影响,但其作用显然并不重要。

　　如果我们跨越历史时期,考察一下黄河在地质时期的情况,黄河的特性就显得更为清楚。今黄河中游以下,南起淮河,北达海河,现在称为黄淮海平原,面积达30余万平方公里,这是黄河在地质年代中的冲积记录。但长江在其地质年代中的冲积成果,只不过是一片5万平方公里的长江三角洲。这就是黄河河性与长江的绝大差异,也是黄河与世界其他大河的绝大差异。也就是说,历史地理学研究的黄河,与古地理学研究的黄河,在其含沙量与输沙量方面,没有很大的出入。

黄河与长江在其发源地不过一山之隔,之所以具有这样特殊的河性,主要就是因为它的流程中有很大一段通过黄土高原。黄土高原面积达40万平方公里,它是黄河泥沙的主要供给者。因此,历代治河措施,不管是采用"筑堤束水,以水攻沙"的办法,或是采用"蓄清刷黄"的办法等等,都无法改变黄河的这种特殊河性。在我们看到的黄河历史时期,无论是决溢频仍的时期,也无论是如谭其骧教授所指出的"相对安流"(《何以黄河在东汉以后会出现一个长期安流的局面》,《长水集》下册,人民出版社1987年版)的时期,其河性也都没有实质性的变化。

历代多少治河先贤,他们呕心沥血,殚精竭虑,为黄河而毕生奋斗。1949年以后,中华人民共和国政府也非常重视黄河的治理,专门成立了黄河水利委员会,在黄河流域做了大量的工作,投入了巨额资金,如修建水库和滞洪区、增固堤防、加强水土保持等等,取得了不小的效果。但对于黄河的含沙量和输沙量,也就是黄河的特殊河性,却并未有所改变。现在,下游河道每年淤高达10厘米,这种速度还在继续加剧。眼下,大堤之内的河滩地高出堤外地面一般已有4米—5米,高者超过10米。例如在柳园口附近,滩面高出开封市地面7米,封丘县曹岗附近滩面,高出堤外地面竟达10米(邹逸麟《千古黄河》)。像这样一条高高在上的悬河,名为河流,其实已成为南北的分水岭,而且仍在与日俱增,所以时至今日,大堤的重要性已经比历史上任何时期都显得突出。这是因为现在流域内人口的增加,生产的发展,城市的众多,较之古代已经无法比拟,而河水的含沙量和输沙量却依然如故,也就是"淤"的自然特性未曾改变,但"决"的后果已经无法承担,至于迁徙改道,当然更不可想象。在没有解决这条河流的根治方法以前,黄河必须让它稳定在这条高高在上并且与日俱增的河床上,这是一种困难的、具有风险的、但必须维持的局面。其所以困难,因为这条"悬河",还必须让它继续"悬"多少年,现在大家心中无底;其所以有风险,因为自然界各种特殊变异的发生,如暴雨、地震等等,都非人们可以逆料。例如1963年海河流域的一场暴雨,降水量超过这个地区的平均年降水量。而时隔12年,淮河上游于1975年又出现了一场降水量超过全年的暴雨,造成了广大地区的严重水灾。这样的暴雨历史上在黄河流域也曾经发生过(王涌泉《康熙元年(1662)黄河特大洪水的气候与水情分析》,《历史地理》第2辑,1982年)。具有严重破坏性的地震,在历史上也发生过(《史记·魏世家》载"[魏文侯]二十六年,虢山崩,壅河")。诸如此类的自然变异,今后仍有可能在这里发生。一旦发生这样的情况,其风险当然不言而喻。所以黄河的前程,是摆在我们民族面前的一个严重课题,为海内外有识之士所耿耿于怀。而梁恩佐先生和肖昕先生的文章,除了提出他们的卓越建议以外,字里行间,还充满了对祖国黄河的赤子之心,令人钦佩,也令人感动。这也充分说明了对于黄河这条河性特殊的河流,它的前程如何,实为海内外炎黄子孙所共同关心。

梁先生的文章是经过他实地考察的成果。梁先生十分重视水土保持工作,所以他很关心黄土区的治理问题。他说:"郑州黄委会对改造黄土区的意见抱温和的忽视态度。"在整个治黄工作中,中上游的水土保持和下游的水利工程建设,孰得孰失,确实存在一些不同意见。记得1983年冬季,著名历史地理学家史念海教授作东道主,在西安召开了一次黄、淮、江、珠四条大河的水利学术讨论会。因为那年夏季长江在四川发了洪水,损失很大,所以这样的学术讨论会很受学术界和水利界的重视。史先生当时尚任陕西师大副校长,会期中临时因外事任务而缺席,所以有几天的会议是由我主持的。当时,与会的水土保持工作者如从沈阳森林土壤所来的老专家们与重视工程建设的几位黄委会高级工程师,发言颇相径庭,不时出现争论。我常常在其间调和折中。其实,我确实认为两派的意见是可以统一的。水土保持和工程建设的目的都是为了黄河的长治久安。主要的分歧可能是为了经费的投放问题,在经费有限的情况下,容易出现孰前孰后的不同意见。

梁先生的建议不仅着重水土保持,而且关心经济效益。在当前的情况下,这显然十分重要,也是他的建议可以付诸实施的重要条件。假使离泾川2公里的这条小毛沟的模式能够进一步改进和推广,并且因此获得外资,这样,不仅是黄河的水土保持得到了有效的保证,而且中上游的大片贫困地区将获得脱贫,这就有裨于治黄工作更为积极地发展。梁先生的文章最后说:"你们以后有机会去西安,也请到黄土区去参观一下,并帮助把外地信息带去,让当地了解外地的经济考虑,是很重要的。"梁先生的确为黄河考虑得很周到,我虽然没有考察过梁先生去过的一些地方,但是凭我对黄河及其流域的粗浅知识,我认为这种建议是积极的和有益的,是可以试行的。

梁先生在文章中谈及他所见到的陕西长武和甘肃泾川等水土保持点,已经做到"水土不出沟"。这是水土保持部门常说的话,我在南方也听到过。但在大多数场合下,这样的话往往是水土保持工作者提出的一种希望,断言已经达到这种成就的,至少是我还没有听到过。由于这样的话没有数值概念,不是计量语言,所以科学工作者还宜谨慎对待为好。其实我们不必做什么科学实验和定位观测,用先秦文献《易经》中的一句话"天行健"（乾卦），就可以断言"不出沟"是不可能的。黄土区的水土流失，从宏观的角度看，这是自然界地质循环的必然过程，人力可以延缓这种循环的过程，但绝不能扭转这种循环的必然性。所以，"让黄河水流清"，这实在也是相对而言的概念。我曾经在巴西考察过亚马孙河，这条奔流在赤道雨林中的大河，尽管流域植被与黄土高原不可同日而语，但它的水流也是浑浊不清的。因为那里同样存在着地质循环。何况在西汉记载中已经是"一石水六斗泥"的黄河，要达到真正的"水流清"，确实是不可想象的。

梁先生后来看到的离泾川2公里的"一片新开发的地区"，在一条小毛沟里，"花九万人民币建了一座小土坝，形成一个小水库"。这里有一个问题还值得注意。在黄土高原修建水库，存在着一个水库的寿命问题。我原来有一些山西省和陕西省黄土高原中、小型水库淤积速度的资料，现在虽然不在手头，但总的说来这些地区的水库淤积速度很快，建成后没有几年，有的水库就淤成平陆。建库前同时进行一些防淤工程，水库的寿命可以延长，但要增加许多投资。所有这些，都还值得我们包括梁先生继续考虑。当然，考虑的目的是为了这种对黄土区的水土保持和开发相结合的措施能够更行之有效。梁先生所提倡的"绿洲农业"，能够更完美地发展并具有吸引外资的魅力。最重要的是这些措施有裨于黄河的根治。

现在再来看看肖先生的大作。《使黄河水更浑》这个题目，与梁先生的题目恰恰相反，乍看令人吃惊，但目的却是一样的，也是为了根治黄河。肖先生指出："对上游的初步治理，波及整个黄河流域，至少需要几百亿的资金，二三十年的时间，效果尚难以直接预测，河床高于地面的现实也无法改变。"这里我还想补充肖先生的是，由于如我前面指出的，黄土流失是自然界地质循环的一种过程，因此，不管上游做多少工作，对黄土流失只能起数量上的影响。因此，河床高于地面的现实，不仅无法改变，而且仍然不断增高，这是不可抗拒的自然规律。

肖先生是化学家，而我对化学则是门外汉，所以对肖先生提出的治黄方法无法置评。但他"使黄河水更浑"的总的设想我仍能理解，即是用化学方法，使河水含沙不在河床中沉淀，而是随水一起东流入海。本来，黄河全部输沙量中，随水入海的约占1/4，其余的3/4则沉积在中下游河床及河口。所以这种方法要使10亿吨以上的泥沙在河水中悬浮到入海。年轻时在中学念化学，当年教师曾提到过"胶体化学"这个名称，并且还记得以蓝墨水为例，制造蓝墨水要加入阿拉伯树胶，就可使墨水粒子悬浮，免于沉淀。我或许比得不伦不类，肖先生的方法，可能就与此相似。但黄河每年有470亿立方米的径流量，在如此巨量的流水中使用这类化学方法，当然是一种大胆的、但是前景诱人的设想。肖先生说："黄河就像一条大动脉,源源不断地把黄土高原上的土壤搬运到大海中造良田。"这话说得对,现在的黄淮海平原正是地质年代中黄河(也包括淮河与海河)搬运泥沙所造成的。

所以我虽然不懂得肖先生提出的方法,但却很赞同他的设想。治黄已经几千年,但黄河的含沙和输沙依然如故。黄河的含沙和输沙是自然规律,前面已经指出,人类不可能扭转地质循环的必然性,但设法让泥沙全部(或者说绝大部分)入海,这或许说得上是因势利导。因此我很同意肖先生文末指出的:"现有的技术不能满足上述要求,如果国家能投入一些力量,进行可行性的研究,潜在的效益将是不可估量的。"

我们不能讳言黄河为我们民族招致的严重灾难,但从另一方面看,正如我在前面指出的,它或许也给我们民族一种多难兴邦的力量,历来多少治河先贤,他们抱着人定胜天的坚强意志,没有为滔滔洪水所吓倒。早在1400多年以前,精通河川水利的郦道元就已经指出:"水德含和,变通在我。"(《水经·巨马水注》)这一句至理名言,应该作为我们根治黄河的指导思想。

黄河也是我们民族的凝聚力,由于这样一个摆在我们民族面前的大难题,海内外多少炎黄子孙的精英,都正在为它而操心。根治黄河,让这条河性特殊的巨川长治久安,当然绝非轻而易举,或许还要经过几代人的努力。但是对于它的前程,我们满怀信心。

1995 年 12 月于美国 Baton Rouge

[追记]

我于去年 10 月初携梁、肖两先生文章从加拿大到美国,虽然心有所感,但由于杂务纷繁,直到 12 月才在美国写成此稿。回国后不久,在大量积压的邮件中,拆及《黄河史志资料》1995 年第 3 期,读到治黄老专家张含英先生为黄委会组织编写的《黄河下游河防词典》的题词:"黄河的治理与开发是劳动人民智慧的结晶,应该认真总结继承。"张先生毕生治河,为黄河水利作出了巨大贡献,现在已经 95 高龄,却仍然念念不忘黄河的治理与开发。他的题词,让我们又一次看到了黄河的前程。我想,远在海外的梁先生和肖先生,看到了张先生的题词,也一定会感到高兴。

1996 年 2 月于杭州大学历史地理研究中心

[附一]

让黄河水流清

梁恩佐

朋友们：

今夏经黄河水利委员会的邀请，在郑州和西安作了两次报告，提出我对治理黄河流域黄土区的一些观点。总的说来，如国家能投资200亿元，分20年进行，黄河水就可以流清(小浪底水库工程的预算也就是200亿元)。郑州黄委会对改造黄土区的意见抱温和的忽视态度，提出一些反对意见，但理由不充足。他们主要是坚持把治黄河经费保留在黄河下游使用。

到了西安后，与黄委会上中游管理局(中游局)谈到同样治土问题时，发现我们之间的意见基本一致。数十年来的工作经验使他们认为拦沟筑坝、蓄水保土是个可行的办法，而且已定了不少工程规划为以后发展使用，但目前在经费上是个大问题。中游局不过是北京水利部和郑州黄委会下属的一个单位，争取不到钱，有苦难言。我看他们对我提出这样一个大规模水土保持工程不抱很大希望。

离开郑州后，乘车去参观小浪底工程(初期施工阶段)，再去三门峡水库。规模都很小，没有什么好看的，但沿路可看到黄河河道的地形。

在西安附近考察了两个比较成功的水土保持点，一是陕西长武县，另是甘肃泾川县。这里看到的是数十年来的劳动积累，农民把300米高的坡地都改成梯田，笔直的山沟里都种上树，确实是做到水土不出沟的理想条件。全县85%以上的地面都得到整理。可惜这类建设的经济效益不大。梯田位置太高，得不到灌溉，还是"靠天吃饭"，干旱面貌没有改变，生产的农作物产量少、价格低。农民投下那么大的劳力，争来的还是贫困，这是50年代推行的保土模式，虽然还不断赢得各式各样奖状，但并不是我认为可以广泛推行的模式。

经过多次解释，把我心中的发展模式向他们介绍，最后离开泾川那天早晨，他们带我去一片新开发的地区，最接近我的理想。那是在一条小毛沟里，面积才0.8平方公里(=1200亩 =200英亩)，花9万人民币建了一座小土坝，形成一个小水库，又花了7万元买地，9万元筑路，6万元拉电线，环绕着水库平整了300亩可以灌溉的梯地，连带劳动力，一共花了60万元，是当地水保局投资。我问他们如把水库与土地卖给外资(有50年使用权),要卖多少钱?他们没想到过这个问题,但当时副书记说可卖150万,水保局长觉得太便宜,最后还是同意了。这片地离泾川县县城才2公里,有柏油铺路,泾川离西安约190公里,开车5小时。

这片地折合美元才20万不到,我真想有人把它买去,用来发展牧场、养牛,为西安提供牛肉,或养鸡养鸭养鱼都可以。当地得到150万后,便可再发展两条沟,卖出后,又4条,这样下去,很快便可以把治沟工程推广,政府不需投一分钱。水土流失也得到控制,黄河水流清成为经济发展的副产品,不是很理想吗?但是第一步最难行,少数隔离地区还是很难吸引外资,所以政府还得作相当投资,创造为发展有利的条件,才能达到这个想象的效果。

黄土地区气候干旱,人民贫困,国家每年投下数亿元的扶贫费,都被"吃"去了,产生不了发展作用,引进外资是势所必然的途径。水源、交通、电力都是最基本的建设条件,与其扶贫不如投入建设。筑坝蓄水,把较大面积的微弱雨量集中在较小的地区使用,所谓"绿洲农业",是必然的发展方向,但必须做到对外有吸引力。比如说,三峡工程的移民费就有100亿元,有多少会转移来黄土区呢?

你们以后有机会去西安,也请到黄土区去参观一下,并帮助把外地信息带去,让当地了解外地的经济考虑,是很重要的。

(这篇文章是全美华人协会会长梁恩佐教授于1994年夏天自己花钱到黄河流域考察后写的)

[附二]

使黄河水更浑
——读梁恩佐《让黄河水流清》有感

肖　昕

黄河被誉为中华民族的摇篮。治理黄河,是多少中华儿女的愿望。黄河流经黄土高原,带走大量的泥沙,使河水变浑,呈土黄色,因而得名。水中的泥沙流到下游后逐渐沉积,河床渐渐升高,当雨季来临时,水位猛涨。历史上曾有过几次黄河改道,洪水泛滥更是频频发生。人们为了控制河水,防止洪涝,在河的两岸筑起了堤坝。河床年年在上涨,堤坝也年年在加高。现在部分地段的河床已大大高于流经处的地平面。如果黄河决堤,后果不堪设想。年纪大的人也许还记得解放前

　　黄河几次决堤,死伤不计其数。现在所说的治理黄河,主要是加固堤坝,防洪防涝。然而,堤坝不能无限制地升高,河床比地面高,亦不能排洪。另修一条河道交替使用,耗资巨大,难以实现。对现有河道的清理,也未曾改变河床继续升高的现实。所以就有了在上游治理,减少或避免水土流失,让黄河水流清的设想。

　　笔者是位化学工作者,不懂水利,在这里提出一种想法,算不上见仁见智。听说黄河下游不宜拦腰筑坝,因为河水流经水坝时流速降低,泥沙大量沉积,最终会淤塞出口,冲毁大坝。对上游的初步治理,波及整个黄河流域,至少需要几百亿的资金,二三十年的时间,效果尚难以直接预测,河床高于地面的现实也无法改变。

　　如果让黄河水变得更浑,会怎么样呢? 若我们能够使河水中的泥沙不沉降,甚至带走一些河底的淤泥,径直输入大海,应该是一件两全其美的事。一方面可以使河床降低,慢慢恢复到正常河流的状态,达到根治黄河的目的;另一方面河水中的泥沙遇到海水中的盐分会沉积,形成陆地,可以增加耕地面积。像这样,黄河就像一条大动脉,源源不断地把黄土高原上的土壤搬运到大海中造良田。如果把黄土高原上的土都搬到大海中去,把高原变成平原,兴许还可以改变西北的气候呢。

　　黄河河水流经黄土高原,夹带起土壤,形成一种固体液体共存的分散体系。分散体系中被分散的物质叫做分散相,另一种物质叫做分散介质。按分散相粒子的大小,常把分散体系区分为溶液(粒子半径小于 1/1000 微米),如食盐、蔗糖溶于水中,不会沉淀;悬浮液(半径大于 1/10 微米),静止一段时间会沉淀;胶体(半径介于前两者之间),颗粒表面一般带静电,同性相斥,即使静置长时间也不会凝聚沉淀。但是经过物理化学变化,如加热,加入电解质(酸、碱、盐等)会很快沉淀下来。黄河的泥沙基本属于胶体和悬浮液。制备胶体的方法很多,其中加入表面活性剂是较常用的方法。表面活性剂和固体颗粒与水同时作用,增加固体和水之间的亲和力,使颗粒之间的亲和力减弱甚至相互排斥,有时可以使大于胶体的固体颗粒长时间在水中滞留。这个原理在选矿(浮选)中已普遍应用。流体力学的理论指出,固体颗粒能够悬浮于水中的必要条件,取决于颗粒的密度、大小、形状、表面性质、液体的密度、黏度、流速及雷诺数等。加入表面活性剂,可以改变颗粒的密度(使之疏松)、大小(避免小颗粒凝聚)、形状、表面性质,液体的黏度和雷诺数。添加剂和水流的共同作用,或许可以抵抗重力,使泥沙在数月内不至沉降。既然泥沙可以被水冲走,在同样条件下,它们不应该和水分离,然而,若要应用于黄河,技术上必需满足:

　　1. 对人类和生物无害,不破坏生态平衡。

2.加入水中的成分可以饮用或容易分离。

3.相对稳定,携带泥沙数月不沉降。

4.在海水中可以被微生物降解或形成惰性材料,如岩石、土壤等。

现有的技术不能满足上述要求。如果国家能投入一些力量,进行可行性的研究,潜在的效益将是不可估量的。

湖泊湮废

陆地水包括地表水和地下水两大部分,其中地表水对人类的关系最为重大。地表水的存在形式,除了河流以外,另一种重要的积聚方式就是湖泊,所以湖泊是除了河流以外对人类生产和生活具有重要意义的水体。湖泊可以调节江河水量,免致洪涝;湖泊承受江河流水中的泥沙腐物,接受空气中的尘埃污浊而在湖底沉淀,可以澄清河水,清洁空气,起着保护环境的作用;由于水陆比热的差异,湖泊又具有调节气候的价值;湖泊可以发展水产养殖,而湖底的泥炭和淤泥,是取之不尽的有机肥料;湖泊替运输提供了廉价的航道;有些湖泊可以利用其湖口的水位落差装机发电;还有一些湖泊具有秀丽的天然美景,是重要的旅游资源。

与面积相似的其他一些国家相比,中国是非常缺乏湖泊,特别是排水湖(淡水湖)的国家。以美国为例,国土面积略小于我国,但境内淡水湖泊甚多,它与加拿大毗邻之处,分布着世界著名的五大湖,总面积达 244840 平方公里,加上五大湖以西的另一处与加拿大毗邻的伍兹湖(Woods,4100 平方公里),在美国北境,淡水湖接近 25 万平方公里。加拿大也是面积与我国相似的国家,也富于淡水湖泊,除了上述与美国毗邻的诸湖不计外,全国还有面积 3000 平方公里以上的淡水湖 12 处,总面积达 13 万平方公里。但中国在这方面就远远落后,面积在 1000 平方公里以上的淡水湖,包括中俄交界处的兴凯湖在内,主要只有鄱阳湖、洞庭湖、洪泽湖、太湖和新疆的博斯腾湖共 6 处,总面积还不到 17000 平方公里。以国土面积和淡水湖面积相比,美国(仅计五大湖与伍兹湖)每国土 1 万平方公里,有淡水湖面积 260 平方公里。加拿大(不计与美国毗邻的湖泊)每国土 1 万平方公里,有淡水湖面积 130 平方公里。而中国每国土 1 万平方公里,只有淡水湖面积 17 平方公里。这当然是中国自然条件中的一个很大缺陷。近数十年以来,开始用人力在这方面进行弥补,各地特别是山地和丘陵地区,普遍兴建水库。在沿海某些地区,还兴建了海岸水库,这在某种程度上弥补了我国淡水湖缺乏的缺陷。

其实,在中国的古代,也是富于淡水湖泊的。我国最早的地理书《禹贡》,就记载了大陆、雷夏、大野、彭蠡、震泽、云梦、荥波、菏泽、孟猪、猪野、流沙等 11 处大湖,其中除流沙(居延海的前身)以外,都是淡水湖。战国时代的另一种地理书《职方》,也记载了大湖 11 处,其中《禹贡》没有记载的 6 处,即扬州的五湖、豫州的圃田、雍州的弦蒲、幽州的貕养、冀州的扬纡和并州的昭余祁。在汉代成书的《尔雅》之中,记载了当时著名的"十薮",十薮之中,有《禹贡》和《职方》均未及记载的齐的海隅和周的焦护两处。则《禹贡》、《职方》和《尔雅》3 书之中所记载的我国古代的著名大湖,就有 19 处之多(其中《禹贡》的震泽和《职方》的五湖有部分重复)。可惜这 19 处大湖,在历史时期中,由于各种不同的原因,已经大部湮废。以《禹贡》记载的 10 处湖泊为例,至今尚部分存在的只有彭蠡(今鄱阳湖)、震泽(今太湖)、云梦(今洞庭湖)等处,但面积都已大大缩小,今非昔比了。

　　在古代地理书上记载湖泊最完备的是《水经注》,全书记载的各种湖泊(包括排水湖与内陆湖),其中的名称有湖、泽、薮、海、淀、陂、池、坈等等,总数达 559 处。这中间,除了《禹贡》、《职方》和《尔雅》等记载的大湖以外,其他还有一些上列各书未载的大湖,其中有的并经人工筑堤,具有水库的性质。例如《沘水注》和《肥水注》均有记载的芍陂,据《肥水注》所载"陂周百二十许里"。《浙江水注》记载的山阴长湖"湖广五里,东西百三十里"等等,均有很大的面积。

　　现在调查一下《水经注》记载的湖泊,绝大部分都已在历史时期湮废。有的虽未完全湮废,但也已经大大缩小,完全无法与以往相比。例如洞庭湖,据卷三十八《湘水注》所记:"湖水广圆五百余里,日月若出没于其中。"直到本世纪 30 年代,它还是全国最大的淡水湖。但是由于近年来的围垦,圩田连绵,湖身迅速缩小,现在已经小于鄱阳湖达 1000 平方公里以上,而且仍在继续缩小之中。前面提到的芍陂,即今安徽省寿县以南的安丰塘,它与芍陂全盛时代相比,面积已经不到 1/10。前面提到的山阴长湖,原来是一个兴修于东汉的面积超过 200 平方公里的大型人工湖(即鉴湖),但到了南宋之初就围垦殆尽。今天的地图上虽然还标着鉴湖之名,但其实不过是一条稍宽的河流而已。

　　历史时期我国河流的大量湮废,原因是互不相同的。黄河沿岸本来富于湖泊,但黄河是一条善淤、善决、善徙的河流,下游河道历史上摆动在北起海河南到淮河的黄淮海平原上。黄河改道所挟带的大量泥沙,把沿岸湖泊淤积得荡然无存。长江沿岸的许多湖泊都有人们围垦的历史。围垦当然是人为的,但没有自然的淤淀,围垦是难以进行的。以洞庭湖为例,它与长江相连,有松滋、太平、藕池、调弦四口从长江输入泥沙,平均每年 2.62 亿吨,但仅有城陵矶一口向长江输出泥沙,平均每年 0.73 亿吨,所以每年有近 2 亿吨的泥沙淤积湖底,这就是目前大片圩田的物质来源。

　　关于我国湖泊在历史时期淤浅和湮废的过程,《水经注》记载中有清楚的例子。

卷二十二《渠水注》中记载的圃田泽,是见于《职方》、《尔雅》和《汉书·地理志》的著名大湖。《渠水注》描述此湖时,虽然已经淤浅,但面积还相当大,"西限长城,东极官渡,北佩渠水,东西四十许里,南北二十许里"。但在全湖范围,即自然地理学所谓的湖盆中,已经不是全部积水。在干燥的季节,全湖分成许多小湖,即《渠水注》所说的:"中有沙冈,上下二十四浦,津流迳通,渊潭相接,各有名焉。有大渐、小渐、大灰、小灰、义鲁、练秋、大白杨、小白杨、散吓、禹中、羊圈、大鹄、小鹄、龙泽、蜜罗、大哀、小哀、大长、小长、大缩、小缩、伯丘、大盖、牛眼等,浦水盛则北注,渠溢则南播。"这种由大到小,由整体到分散,是湖泊湮废过程中常常发生的现象。到了宋代,上述所谓24浦也陆续湮废,古代著名的圃田泽,终于不复存在。

中国已经是一个缺乏湖泊的国家,现存的湖泊应该加以保护,继续侵耕湖泊的行为,应当引起注意。

西湖与湘湖

卷四十《浙江水注》中,记载了今钱塘江下游南北两岸的许多湖泊:

(钱唐)县南江侧,有明圣湖,父老传言,湖有金牛,古见之,神化不测,湖取名焉。

浙江北合诏息湖,湖本名阼湖,因秦始皇帝巡狩所憩,故有诏息之名也。

浙江又东合临平湖。……传言,此湖草薉壅塞,天下乱;是湖开,天下平。

(固陵)有西陵潮,亦谓之西城湖。湖西有湖城山,东有夏架山,湖水上承妖皋溪,而下注浙江。

浙江又东北得长湖口,湖广五里,东西百三十里。沿湖开水门六十九所,下溉田万顷,北泻长江。

(上虞)县之东郭外有渔浦,湖中有大独、小独二山。又有复舟山,复舟山下有渔浦王庙,庙今移入里山。此三山孤立水中。

我国的东南沿海,因为从晚更新世到全新世,曾经发生过一次称为卷转虫海进的海面上升过程,今杭嘉湖平原和宁绍平原当时均成为一片浅海。海退以后,就成为一片沼泽地,内陆凹陷之处,出现了许多积水的湖盆,沿海又分布着一连串的泻湖,还有大量的河浜沟渠。这就是卷二十九(沔水注)所说的:"但江南地卑,万流所凑,涛湖泛决,触地成川。"直到宋元时代湖泊已经大量湮废围垦之时,据我在拙作《论历史时期宁绍平原的湖泊演变》(《地理研究》1984年第3期)一文中的统计,这个地区当时尚有湖泊199处,其中面积在万亩以上的大湖还有10处。但到了现代,这个地区仅存湖泊28处,其中面积超过万亩的已只有3处。

由于这个地区古代湖泊密集,《水经注》记载了其中的六七处,为数并不算多。当然,郦注记载的,都是当时这个地区比较著名的或面积较大的湖泊。注文记载的"长湖",唐代以前称为镜湖,宋代起称为鉴湖,其实是个经过人工改造的湖泊,其事始见于刘宋孔灵符所撰的《会稽记》。此湖为东汉会稽太守马臻所创,到南宋湮废。我在拙作《古代鉴湖兴废与山会平原农田水利》(《地理学报》1962年第3期)一文中,曾对此湖全盛时期的面积作过一番考证,我按当时湖泊范围,在1/50000地形图上进行求积,得出此湖全盛时期面积为206平方公里。注文所记的上虞县东郭外的渔浦,湖中包括三山,则其范围可以想见。但所有这些湖泊,至今早已湮废,开垦成为农田。

《水经注》记载的"明圣湖",除了清赵一清在其《西湖非明圣湖辨》(《定乡小识》卷八)一文中提出不同意见外,历来都认为此湖就是西湖。当然,"东南地卑,万流所凑",在当时,今西湖一带,许多湖泊互相毗连,注文中的诏息湖、临平湖等,都有可能是西湖的一部分。西湖本来又名上湖,上湖以北,在今湖墅一带,还有一个面积不小的下湖,直到宋代,这个下湖尚未湮废,当时这个地区湖泊广大,可以想见。

注文记载的位于固陵的西陵湖(春秋固陵,六朝称为西陵,唐末称为西兴),或称西城湖,其实就是北宋以后的湘湖。我在拙作《论历史时期浦阳江下游的河道变迁》(《历史地理》创刊号)一文中,曾根据卫星照片、泥炭分布和放射性碳素资料,把今湘湖一带的古代湖泊加以复原,原来这里在古时存在着临浦、渔浦和西陵湖3个湖泊,互相连成一片,分布在钱塘江南岸。

在历史时期,这个地区的湖泊大量湮废,包括像《水经注》记载的、面积超过200平方公里的山阴"长湖",也都仅仅剩下一些交错的河浜。但西湖和湘湖却众废独存,从北宋起,两湖相峙于钱塘江南北,发挥着各自的作用。

这个地区的湖泊湮废,其前提当然是湖泊本身的演化,即所谓沼泽化现象。《浙江水注》中所说的:"传言:此湖草薉壅塞,天下乱;是湖开,天下平。"这话是有一定道理的。"草薉壅塞",也就是湖中水草蔓生,其实就是湖泊沼泽化的初步,它会加速湖泊的淤浅,为围垦创造条件。在天下安定的时代,某些地方的贤牧良守,为了灌溉的需要,组织力量,消除葑草,疏浚湖底,延缓湖泊的沼泽化过程,历史上常见记载。不过,由于人口的增加导致人民对土地的需求,因此,复湖的力量终究敌不过废湖的力量,所以这个地区的大量湖泊,最后绝大部分都被围垦,而西湖和湘湖,乃是在特定的条件下保留下来的。

对于西湖的众废独存,拙作《历史时期西湖的发展和变迁——关于西湖是人工湖及其何以众废独存的讨论》(《中原地理研究》1986年第1期)一文已经详加论证。简单地说,西湖是依靠杭州城市的发展而保留下来的。唐李泌建六井,引西湖水入今市区,今市区才逐渐扩大。从此,西湖和杭州城市就结成一体。因为今市区原是海滩,土地斥卤,水味咸苦,没有西湖的淡水,就没有发展的条件。李泌以后,唐白居易、吴越钱镠,特别是北宋苏轼,曾多次从事疏浚,西湖的存在终于成为定局。当然,这中间仍然出现过保湖与废湖的斗争,据苏轼在《乞开杭州西湖状》(《经进东坡文集事略》卷三十四)中所述,在 11 世纪 80 年代,全湖湮废已达 6/10。但由于城市生存的重要性,毕竟超过少数围垦者的利益,这和分布在农村的湖泊就截然不同,依靠广大市民阶层的力量(贤牧良守是市民阶层的代表人物),终于保住了西湖。而西湖则以其一湖甘水,滋润了市民,促使了杭州城市的发展。

湘湖在钱塘江南岸,原来并不受人注意,《水经注》虽然对它作了记载,但六朝以后,这一带的湖泊,包括临浦、渔浦和西陵湖,相继湮废,成为农田。但此 3 湖之中,西陵湖在地形上具有特殊的条件,即《浙江水注》所说:“湖西有湖城山,东有夏架山。”全湖湖盆狭长,处于两列山丘夹峙之中。所以西陵湖湮废以后,这片两山夹峙的洼地,仍然具有复湖的条件。而北宋大观年间(1107—1110),当地居民由于水旱频仍,奏请筑堤复湖。接着就在政和二年(1112)由萧山县令杨时,主持恢复了这个曾经湮废的湖泊。当时,为了复湖,斥毁的农田达 37000 余亩,这也就是这个新湖的面积。恢复后的新湖,不再使用《浙江水注》中的西陵湖或西城湖旧名。因为这一带“山秀而疏,水澄而深,若潇湘然”(雍正《浙江通志》卷十五),因而称为湘湖。

湘湖出现以后,保湖和废湖的斗争一直起伏不息。大概是,从北宋末期到明朝中叶,保湖派占有优势,政府颁布了许多禁垦条例,使围垦者不敢轻易造次。但明朝中叶以后,废湖派逐渐抬头,围垦日盛。到了民国初年,全湖面积已缩小到 22000 余亩;到了 40 年代,湖面更缩小到 1 万余亩;到了 60 年代中期,湖泊实已围垦殆尽,仅存 3000亩,实际上成为一条河道。

但湘湖并不像这个地区历史上其他许多湖泊那样地走向整个消亡。由于另外一件事物的出现,湘湖湖底陡然加深,湖面重新扩大,发生了出人意料的变化。这件事物就是湘湖沿岸的砖瓦工业。因为湘湖是第四系全新统沼泽型潟湖沉积,其黏土层由水云母组成,并含少量粉沙和有机质,质地细腻而坚韧,是制造砖瓦的优等原料。自从明朝以来,手工砖瓦业早已有所发展。本世纪 50 年代以来,由于基本建设的需要,砖瓦工业发展较快。“十年灾难”以后,各地基建突飞猛进,砖瓦需要量剧增,湘湖沿岸的砖瓦工厂如雨后春笋,他们在围垦成陆的湖面上用大批挖土机从事挖掘,最深处已经挖到湖面下 30 米,于是,新的湖区不断出现,并且互相联结扩展。这种新的水域,由于深度极大,围垦当然不再可能,而青山环绕,碧水一湖的局面又再次显现,为旅游业的发展带来了美好的前景。现在,《杭州市总体规划》中,已将湘湖建设作为重点项目。湘湖,这个从北宋以来众废独存,到近代又湮而复苏的湖泊,它将和钱塘江北岸的西湖一样,成为一个前途远大的旅游区。

我对湘湖的变迁本来并不多所关注,但外国汉学家对湘湖发展史却很感兴趣。1985 年,我在日本国立大阪大学讲学,我的办公室与日本著名汉学家斯波义信教授相邻,斯波教授以他所撰《湘湖水利志与湘湖考略——浙江萧山县湘湖的水利始末》(收入于 1984 年日本国书刊行会出版的《中国水利史论丛》)一文见赐。在异国读到家乡湖泊的文章,当然感到亲切。我内人立刻在日本寓所将此文汉译,译稿并请斯波教授过目(后来发表在《中国历史地理论丛》第 3 辑)。就在我内人翻译此文的时候,斯波教授收到美国瓦尔巴莱索大学历史系主任萧邦齐副教授(R. Keith Schoppa)的信,信中提出,希望通过斯波教授的介绍,让我接受他到我的研究室作为时四五个月的对于湘湖水利史的研究。萧邦齐先生虽然是一个地道的美国人,但他对湘湖的兴趣确实十分浓厚,因为正当此时,杭州大学原校长薛艳庄先生和副校长夏越炯先生一行,正在美国印第安纳大学访问,他在发信给斯波先生以后,又自己驱车到印第安纳大学,要求杭州大学的两位校长敦促我接受他到我的研究室从事湘湖水利史的研究。由于我自己对湘湖近年来的发展变迁不甚了了,所以从日本返回以后,特地带了研究室的几位教师和研究生,到湘湖及其附近地区作了比较详细的野外考察,总算弄清了这个湖泊近年来的变迁过程。

萧邦齐先生于 1986 年 9 月携眷来华,在我的研究室作了 4 个月的研究工作,并几次到湘湖和宁绍平原考察。他阅读汉籍的能力甚佳,但口语较逊,特别是不懂方言。因此,我除了在业务上予以帮助外,在语言上还担任了他的翻译,每次到这个地区访问或举行座谈,各地水利部门工程人员、地方耆宿和农民的意见,我都即时用英语转译给他,而我自己也通过这个过程增长了许多知识。

萧邦齐先生是一位聪明而勤奋的学者,回国两年,他的巨著《湘湖——九个世纪的中国世事》(*Xiang Lake——Nine Centuries of Chinese Life*)就在耶鲁大学出版社出版了。此书卷首,他写了一大段感谢我的话。其实,我也应该感谢他,正是由于他的缘故,使我有机会对湘湖有了全面的了解。现在,西湖和湘湖,这两个众废独存的湖泊,正像镶嵌在钱塘江口的两颗明珠,成为我国东南的重要旅游胜地。

江　源

为了纪念徐霞客诞辰 400 周年,全国组成了筹备委员会,我被通知为筹备委员之一,而上海古籍出版社编辑周宁霞女士又寄赠我由她任责任编辑,由褚绍唐、吴应寿两位教授点校的新版《徐霞客游记》。此书已40余年不读,如今得来,如故友重逢,当然不胜欣喜。特别是其时正值我接受日本关西大学研究生院之聘,即将去日为该校研究生讲授《中国历史地理》及《水经注》课程。由于日本已故的郦学权威森鹿三教授的高足藤善真澄教授,为历史系东洋史专业学生开设了《水经·江水注》的课程,因此,我在研究生院开设的《水经注》课程,势所必然地要把《江水注》列为重要内容。而《江水注》所面临的第一个问题就是江源,这个问题恰恰又和《徐霞客游记》有关。

对于长江江源,我国最早的权威著作《禹贡》说"岷山导江,东别为沱",把岷江作为长江的江源。因为《禹贡》是《尚书》中的一篇,在古代属于大家都必须尊重的经书。因此《禹贡》以后的著作,凡是涉及江源,都奉《禹贡》为经典。《水经》说:"岷山在蜀郡氏道县,大江所出,东南过其县北。"郦道元在卷三十三这句经文下注云:"岷山,即渎山也,水曰渎水矣,又谓之汶阜山,在徼外,江水所导也。"说明他赞同《水经》,其实就是服从《禹贡》的"岷山导江"之说。

徐霞客写了一篇《江源考》(又称《溯江纪源》),指出岷江不是江源,因此获得了极大的声誉。著名地质学家丁文江为他撰写年谱,赞扬徐霞客在地理学上有五项重要的发现:即南北盘江之源流;澜沧江、潞江之出路;枯柯河之出路及碧溪江之上流;大盈、龙川、大金沙江三江之分合经流;江源。对于丁氏所说的这五项"发现",谭其骧教授在30多年前已在《论丁文江所谓徐霞客在地理上之重要发现》(载《地理学家徐霞客》,商务印书馆1948年发行)一文中指出:"自余考之,中惟最不重要之第三项(案指枯柯河之出路及碧溪江之上流),诚足以匡正前人,已引见上文,其余四项,皆断乎绝无'发现'之可言。"谭氏的话是信而有证的。以江源为例,实际上人们很早就已经知道远远超过岷江,《山海经·海内经》说:"有巴遂山,绳水出焉。"这个绳水,就是长江的正源金沙江。《海内经》一般认为是西汉初期的作品,说明在《禹贡》以后不久,人们对于长江的知识就有了发展。到了《汉书·地理志》,江源就更进一步清楚:"绳水出徼外,东至僰道入江。"僰道即今宜宾,正是金沙江与岷江汇合之处。

《水经注》记载的长江上源,当然又大大超过《汉书·地理志》,卷三十六《若水注》说:"绳水出徼外,《山海经》曰:巴遂之山,绳水出焉。东南流,分为二水,其一水枝流东出,迳广柔县,东流注于江;其一水南迳旄牛道,至大榨与若水合,自下亦通谓之绳水矣。"若水即今雅砻江,若水与绳水汇合,其下流仍称绳水,这条绳水,当然就是今金沙江。《若水注》最后说:"若水至僰道,又谓之马湖江。绳水、泸水、孙水、淹水、大渡水,随决入而纳通称,是以诸书录记群水,或言入若,又言注绳,抑或言至僰道入江。正是异水沿注,通为一津,更无别川,可以当之。"从这段注文中,可见郦道元对于当时长江上游的干支流情况,已经相当清楚了。注文中的绳水,是今金沙江的通称,淹水是今金沙江的上流,泸水是金沙江的中流,马湖江是金沙江的下流,孙水是今安宁河,大渡水是今康定县西的坝拉河。尽管他没有突破《禹贡》的框框,仍把岷江作为长江的正源,但实际上已把长江上游的干支流分布记载得相当清楚了。

徐霞客所掌握的长江上游干支流情况,其实并没有超过郦道元,但是他的《江源考》仍然是有贡献的。主要是因为他说出了前人所不敢说的话:"故推江源者,必当以金沙为首。"这就突破了经书的规范。其实,他对于经书的突破是十分有限的。他在《江源考》中说:

> 余按岷江经成都至叙,不及千里,而金沙经丽江、云南、乌蒙至叙,共二千余里,舍远而宗近,岂其源独与河异乎?非也,河源屡经寻讨,故始得其远,江源从无问津,故仅崇其近。其实岷之入江与渭之入河,皆中国之支流,而岷江为舟楫所通,金沙盘折蛮僰溪峒间,水陆俱莫能溯。即不悉其孰远孰近,第见《禹贡》岷山导江之文,遂以江源归之。而不知禹之导,乃其为害于中国之始,实非滥觞发脉之始也。导河自积石,而河源不始于积石;导江自岷山,而江源亦不出于岷山。岷流入江,而未始为江源,正如渭流入河,而未始为河源也。

从这段文字可见,徐霞客的意思是:经书并没有错,而是后人的理解错了。而且对于夏禹跑到积石去导河,跑到岷山去导江等现在看来是无稽之谈的事,他都是深信不疑的。所以我说,他对于经书的突破,实在是非常有限的。当然,对于古人,我们不好这样地去求全责备,何况他毕竟是历史上第一个说出江源以金沙江为首的人。

庐江水

《水经注》卷三十九的最后一篇是《庐江水》,对于《庐江水》,《水经》不过寥寥18字:"庐江水出三天子都,北过彭泽县西,北入于江。"郦道元大约写了一千三百字的注文,但是这篇注文和其他卷篇写得很不相同,他绝不谈此水的发源、流程和如何入江的情况,连经文所说的"北过彭泽县西"的话也不作任何解释,一千三百字的注文,主要是引用了王彪之的《庐山赋序》,孙放的《庐山赋》,远法师的《庐山记》以及《豫章记》、《豫章旧志》、《寻阳记》、《开山图》等,描述了匡庐风景。现在当然不能断定,郦道元当时是否已经知道,《水经》庐江水是一条错误的、并不存在的河流。按照他作注文的通例,经文如有错误,注文总是随即纠谬。但是对于这条河流,他既不纠谬,却又避而不谈。说明不管他是否洞悉此水的错误,至少他对这条河流是一无所知。

《水经》的庐江水和浙江水均抄自《山海经》。《海内东经》说:"浙江出三天子都,在蛮(案郝懿行本作'其')东,在闽西北,入海余暨南。庐江出三天子都,入江彭泽西,一曰天子鄣。"但《海内南经》则说:"三天子鄣山,在闽西海北,一曰在海中。"中国古代有些地理书,如《山海经》,如《穆天子传》,当然不是说它们没有价值,但是对它们之中的每一个地名,都像现代地名一样地确信其存在就未免过分天真。上述三天子都就是这样的一个例子,因为首创这个地名的《山海经》,在《海内东经》和《海内南经》中就彼此径庭。三天子都在什么地方,《山海经》的作者显然也是根据当时的传说。因为直到《汉书·地理志》,对于南方的河流,还是相当模糊的。《汉志》丹阳郡云:"浙江水出南蛮夷中,东入海。"班固没有用"三天子都"这个地名,说明他对这个地名就持怀疑态度。所有这些早期的地理书的作者都是北方人,他们对于南方的山川地理,所知实在很少。但后来有些学者,在浙江江源已经了解的情况下,反过来把浙江江源所出之地定为三天子都,这实在和汉武帝把于阗南山定为昆仑山一样地可笑。

至于庐江水,当然也是一条错误的河流。但历来却有不少人为《水经》作各种解释,杨守敬就是其中之一。他撰有《山海经汉志水经庐江水异同答问》(《晦明轩稿》上册)一文,长达 2000 言,用各种理由证明庐江水即是皖清弋江。甚至说:"岂有精如孟坚而不知南北。"其实,班氏对于南方水道,讹误甚多,又何止庐江水而已。郦道元在卷二十九《沔水》经"又东至会稽余姚县,东入于海"注中,自己承认对江南河流的无知。他说:"但东南地卑,万流所凑,涛湖泛决,触地成川,枝津交渠,世家分豁,故川旧渎,难以取悉,虽粗依县地,缉综所缠,亦未必一得其实也。"郦道元的这一段话说得非常坦率,但杨守敬在其《水经注图凡例》中却说:"亦有经文不误而郦氏误指者,如《庐江水》经文之三天子都,本指黟歙之黄山,而郦氏移至庐山,今则两图之。"杨氏硬说《水经》不误,无非如他在上述《晦明轩稿》中的文章,在"彭泽县"的地理位置上做工夫。彭泽县的地理位置历来虽或有变化,但变来变去绝对变不到今芜湖的位置。也就是说,这条莫须有的庐江水,不管作怎样的解释都不可能成为今清弋江。有一些人有一种盲目为古人护短的偏见,越古就越正确,班孟坚就比郦道元正确。其实班氏假使已把江南水道说得清清楚楚,郦道元何至于在上述《沔水注》中说"未必一得其实也"的话呢。

郦道元的这种知之谓知之,不知谓不知的科学态度令人佩服,在郦氏的时代,对江南河川的知识尚且如此,则何况乎《山海经》和《汉书·地理志》,却竟有不少人曲为之解,说明迷信古人和古书的事,由来实已很久了。

古代运河

提起运河,人们常常会联系隋炀帝开凿的通济渠、永济渠和江南运河,或是元代开凿的济州河和会通河。其实,在中国运河史上,这些运河,都属于较为晚近的运河。在我国历史上,从先秦以至汉代,就已经开凿了不少运河,这些运河,才算得上是我国古代的运河。

《水经注》成书于北魏,它所记载的运河当然不及隋唐,而是我国古代的运河,这中间,关于徐偃王开凿运河的故事,恐怕是我国运河史上运河开凿的最早传说。卷八《济水》经"又东南过徐县北"注云:

> 偃王治国,仁义著闻,欲舟行上国,乃通沟陈蔡之间。

"陈蔡之间"的这条运河,历史上没有明确记载,而徐偃王其人,也是一个传说中的人物。《后汉书·东夷列传》说:"后徐夷僣号,乃率九夷以伐宗周,西至河上,穆王畏其方炽,乃分东方诸侯,命徐偃王主之,偃王处潢池东,地方五百里。"周穆王是西周的第五代国君,其在位约当公元前11世纪至10世纪,则徐偃王所开凿的这条运河,应是我国最古老的运河了。按其地理位置,这条运河或许就是后世所谓的鸿沟水系中的一部分。

在徐偃王开凿运河的传说以后,我国运河史上有记载可稽、有年代可计的运河开凿始于春秋末叶。卷三十《淮水》经"又东过淮阴县北,中渎水出白马湖,东北注之"注云:

> 昔吴将伐齐,北霸中国,自广陵城东南筑邗城,城下掘深沟,谓之韩江,亦曰邗溟沟,自江东北通射阳湖。《地理志》所谓渠水也。西北至末口入淮。

按吴王夫差伐齐始于夫差十一年(前485),则这条运河的开凿当在公元前5世纪前期,时当春秋末叶,所以称得上是我国有历史记载的最早运河之一。以后的隋运河和元运河,都仍以此水道沟通江淮,是我国南北运河中很关重要的一段。

春秋以后,战国时代开凿的运河,在《水经注》中也有记载,卷二十二《渠》经"渠出荥阳北河,东南过中牟县之北"注云:

> 故《竹书纪年》:梁惠成王十年,入河水于甫田,又为大沟而引甫水者也。又有一渎自酸枣受河,导自濮渎,历酸枣,迳阳武县南出,世谓之十字沟,而属于渠,或谓是渎为梁惠之年所开,而不能详也。

又《渠》经"又东至浚仪县"注云:

> 《竹书纪年》:梁惠成王三十一年三月,为大沟于北郭,以行圃田之水。

按梁惠成王十年(前360)及三十一年(前339),时当战国中期,注文中前后提到的两条"大沟",虽然都与圃田泽沟通,但并非同一沟渠。说明梁惠成王时代,在圃田泽这个大湖一带,曾开凿过几条运河,这些运河,与上述徐偃王开凿的运河一样,都属于古代的鸿沟水系。

战国以后,秦代虽历时短促,但《水经注》也记载了当时的运河开凿,卷二十二《渠》经"又东至浚仪县"注云:

> 秦始皇二十年,王贲断故渠,引水东南出以灌大梁,谓之梁沟。

在《水经注》对于汉代开凿运河的记载中,特别值得提出的是呼沱石臼河的开凿故事。卷六《汾水》经"汾水出太原汾阳县北管涔山"注云:

> 汾水出汾阳县北山,西南流者也。汉高帝十一年,封靳疆为侯国。后立屯农,积粟在斯,谓之羊肠仓。山有羊肠坂,在晋阳西北,石隥萦行,若羊肠焉,故仓坂取名矣。汉永平中,治呼沱石臼河。按司马彪《后汉郡国志》,常山南行唐县有石臼谷,盖资承呼沱之水,转山东之漕,自都虑至羊肠仓,将凭汾水以漕太原,用实秦晋,苦役连年,转运所经,凡三百八十九隘,死者无算。拜邓训为谒者,监护水功。训隐括知其难立,具言肃宗,肃宗从之,全活数千人。

在上述《水经注》记载的古代运河中,呼沱石臼河与众不同,它其实是一条并未修成的运河。由于这条运河沿途要经过三百八十九隘,工程艰巨,在修凿过程中已经"死者无算"。邓训知难而退,停止了这件劳民伤财的工程,使"全活数千人"。运河虽然报罢,但他确实做了一件救民于水火的大好事。古往今来,为政者急功近利,好大喜功者代有其人,因而造成百姓的重大灾难,例子不胜枚举。邓训停凿呼沱石臼河的故事,实在很可作为后世为政者的鉴戒。

五 泄

卷四十《渐江水》经"北过余杭,东入于海"注中,记载了诸暨县的五泄瀑布。注云:

> (浙江)又东合浦阳江,江水导源乌伤县,东迳诸暨县,与泄溪合。溪广数丈,中道有高山夹溪,造云壁立,凡有五泄。下泄悬三十余丈,广十丈;中三泄不可得至,登山远望,乃得见之,悬百余丈,水势高急,声震水外;上泄悬二百余丈,望若云垂。此是瀑布,土人号为泄也。

《水经注》全书记载瀑布共 64 处,但绝大部分不用"瀑布"这个词汇。全书出现"瀑布"这个词汇仅 13 处,而《渐江水注》一篇占了 4 处,五泄是其中之一。"此是瀑布,土人号为泄也"。"泄"可能是古代越族留下的语言。《水经注》的这条记载,正和《越绝书》卷二"越人谓船为滇虑",又卷八"越人谓盐曰余"一样。汉语"船",越语称为"滇虑",汉语"盐",越语称为"余",汉语"瀑布",越语称为"泄",这是极少数几个至今尚可查考的越语普通名词。所以《渐江水注》记载的"土人号为泄也"一语,对后人研究古代越语方面,是一种值得珍视的资料。

在上述注文中,"凡有五泄"及"中三泄不可得至"二句,现在可见的古代主要版本,如残宋本、大典本、黄省曾刊本、吴琯刊本、明练湖书院抄本(天津图书馆藏)、何焯校明抄本、王国维校明抄本、朱谋㙔《水经注笺》、朱子臣《水经注删》以及清初的版本如沈炳巽《水经注集释订伪》、项絪刊本等等,"凡有五泄"的"五"字,均作"三"字,"中三泄不可得至"的"三"字均作"二"字。但天津图书馆藏的全祖望《五校钞本》,却分别作"五"字和"三"字。此后,赵一清《水经注释》,戴震武英殿本,全氏七校本,杨、熊《水经注疏》,都和《五校钞本》一样,分别作"五"作"三"。

除了上述许多本子作"凡有三泄"和"中二泄不得至"以外,凡引及郦注的其他宋、明和清初文献,也莫不如此。特别是嘉泰《会稽志》卷十和《大明舆地名胜志》浙江卷四,此二书所引均是宋本郦注,也都作"三"作"二"。说明《嘉泰志》和曹学佺所见的宋本,都和今北京图书馆所藏的残宋本一样。现在看来,首先把"三"改作"五",把"二"改作"三"的,必是全、赵两人。

但既然各本均作"三"作"二",全、赵又是根据什么作这种修改的呢? 这个问题,我曾长期百思莫解。后来读康熙《绍兴府志》(俞志)卷四《山川志·五泄山》引明朱曰范《五泄行赠李武选》诗云:"《水注》五泄三泄著,其余二泄不可去。"这才使我恍然大悟,全、赵把"三泄"改成"五泄",其根据必是地方志。因为嘉泰《会稽志》卷十所列的条目就是"五泄",而明、清以来,各《浙江通志》、《绍兴府志》、《诸暨县志》所载,也是均作"五泄"。全、赵据以改"三"为"五",可以无疑。把上句"三泄"改成"五泄"后,下句"中二泄不可得至",又改"二"为"三",其理亦甚明,固注文中,上泄、下泄均记载清楚,则"登山远望,乃得见之"的,当然尚有三泄,则古本"二"必是"三"之误。

全、赵据地方志改动郦注的事,当然也不能排除他们同时也亲身游历了这个名胜。因为至今在五泄瀑布一带残留的明、清摩崖题刻甚多(但不见全、赵的),全、赵均是浙人,其家乡距离五泄又都不远,去此处游览考察,当然是很有可能的。

现在五泄已经修葺成为一个美丽的名胜旅游地,其山苍翠深邃,分东龙潭和西龙潭两区,五级瀑布在东龙潭,瀑布顺山盘旋而下,砉声如雷,气势雄伟,令人流连忘返。西龙潭则曲径通幽.引人入胜,其间也有瀑布一处。由于修建了盘山石级和栏杆,《水经注》所说不能见到的三泄,也可攀登欣赏了。我于1985年10月底,承诸暨县志编委会之邀,偕内人游览了郦注记载的这个著名风景区,的确不同凡响。游览以后,陪游诸君事前准备了纸笔,要我题写几句以付新的摩崖。我无准备,只好信手题了七言一绝:"五级飞清千嶂翠,西龙幽壑东龙水。老来到此绝胜处,脚力尽时山更美。"诗下自注:"胡诌几句,用记五泄之游。'飞清'即是瀑布,此词独郦注有之,亦以记生平学郦也。"

　　游览后的当晚,在诸暨西子宾馆中忽然想到,在郦注这段注文中的"五"、"三"两字中,还有一个值得思考的问题,因为从戴震对此两字的校改中,可以证明戴氏必见赵本无疑。胡适为了要证明戴氏无辜,花大力气考证,写出一篇《戴震未见赵一清书的十组证据》(《胡适手稿》第一集中册)。胡氏的洋洋大文,但用此一个"五"字就可以全盘驳倒。因为这个"五"字是任何版本均作"三"字。唯独全、赵二本改"三"为"五"的。郦注版本中绝无其他例子,胡适的考证虽然尽其所能地周详,却想不到就在这个毫不引人注意的"五"字之上出了事故。失一子而丢全局。这样的事并非没有例子。总不能说,戴震也是用明、清地方志校改殿本的吧。

温　泉

　　《水经注》记载了我国的许多温泉。今本郦注共记载了35处,而现在可以查得的《水经注》佚文中又有3处,所以共达38处之多。

　　现在,我们在议论各地温泉的时候,首先重视的是温泉的水温情况,一般用摄氏度数计值。但在古代,没有对水温作计量的工具和标准,所以记载温泉,中间存在不少困难。事实上,在温度有了计量标准的今天,温泉的水温标准在世界各国也不是完全统一的。例如英国以21℃为温泉的最低温度,日本是25℃,德国是20℃,美国也是21℃。此外,在美国和俄国,对温泉的水温,另外还有一些和当地气温及一般水温比较的浮动标准。我国学者又有把温泉按水温分为低温泉(20℃—40℃)、中温热泉(40℃—60℃)、高温热泉(60℃以上)和过热泉(100℃以上)五级(陈刚:《中国的温泉》,载《地理知识》1973年第2期)。由于各地气温不同,而温泉水温也有很大差异,要规定一个统一的标准,确实并非易事。因此,在水温没有计量标准的古代,对温泉的记载和描述,显然比今天要困难得多。

　　《水经注》记载温泉,虽然只具有定性的意义,但是郦道元还是想方设法,使用各种具有相互比较意义的词汇,在一定程度上仍然反映了温泉水温的高低程度。对于水温属于最低一级的温泉,例如卷五《河水》经"又东过成皋县北,济水从北来注之"注中的娄山温泉:"(鄩)水西出娄山,至冬则暖,故世谓之温泉。"又如卷三十九《耒水》经"又西北过耒阳县之东"注中的侯计山温泉:"县有侯水,东出侯计山,其水清澈,冬温夏冷。"又如卷四十《浙江水》经"北过余杭,东入于海"注中的郑公泉:"有郑公泉,泉方数丈,冬温夏凉。"

　　以上3处温泉,必须要在气温下降的冬季,才能感到水温的"暖"和"温",虽然从地方气温来说,侯计山和郑公泉所在地区比娄山温泉所在地区要高些,但三地在夏季的最低温度,估计总在25℃上下,冬季的日最高温度,娄山温泉所在地估计也不会低于15℃。因此,这3处温泉的水温,大概总在20℃左右,与世界上不少国家规定的温泉最低水温相当,所以都属于水温最低的温泉。

对于水温较高的温泉,《水经注》记载时使用的文字,就与上述3处不同。例如卷三十一《滍水》经"滍水出南阳鲁阳县之尧山"注中的紫山汤谷:"(紫)山东有一水,东西十五里,南北二百步,湛然冲满,无所通会,冬夏常温,世亦谓之汤谷也。"又卷三十七《夷水》经"东南过佷山县南"注中的温泉3水:"夷水又东南与温泉三水合,大溪南北夹岸,有温泉对注,夏暖冬热。"

在上述两例中,紫山汤谷是"冬夏常温",郦道元描述温泉的词汇,"温"字的热度,显然低于"暖"字和"热"字。但这个地区的夏季日最低温度在20℃以上,因此,温泉的水温可能接近30℃。至于佷山县温泉,据注文记载有两处,它们无论冬夏,水温都超过当地气温。郦氏用"暖"与"热"两个不同词汇区别冬夏二季的感觉差异,比"温"字的程度显然要高。这个地区的夏季最高气温必然超过30℃,而当时温泉尚"暖",则水温可能超过35℃。当然,总的说来,这些温泉的水温仍属较低的。

对于我国的水温较高的温泉,《水经注》在描述它们的水温时,有的用"炎"字表示,例如"炎热特甚"(卷三十一《滍水注》北山阜温泉)、"炎势奇毒"(卷三十一《滍水注》大木山温泉)等;有的用"灼"字表示,例如"是水灼焉"(卷十三《灅水注》桥山温泉)、"养疾者不能澡其炎漂,以其过灼故也"(卷十四《鲍丘水注》北山温泉)等;有的则用"汤"字表示,例如"温热若汤"(卷十一《滱水注》暄谷温泉)、"沸涌如汤"(卷十八《渭水注》太一山温泉)、"泉源沸涌,冬夏汤汤"(卷二十七《沔水注》沔阳温泉)、"如沸汤"(卷三十一《滍水注》皇女汤温泉)等。虽然,今天要根据这些描述,准确地估计这些古代温泉的水温,还有一定困难,但《水经注》的记载,毕竟为我们研究这些古代温泉提供了重要的依据。郦氏以"灼"字作为温泉水温的定性标准,这对我们是一种很大的方便。因为人体对于水温的感觉,古今不会有很大的差别。今天,在水温超过60℃时,一般人都会有"灼"的感觉。这样的温泉,就如《滍水注》所说:"无能澡其冲漂,咸去汤十许步别池,然后可入。"则《水经注》中以"灼"字描述的温泉,其水温大概都在60℃以上。因而郦氏用以描述水温的其他级别的词汇如"炎"、"汤"等,都可以以此类比,进行探索。

对于现在所称的高温热泉和过热泉,《水经注》在描述它们的水温时,采用了水温和食物烹煮的关系进行记载。说明郦氏在温泉水温记载中的煞费苦心。例如卷三十一《滍水注》的皇女汤,其水温"可以熟米";卷三十一《滍水注》的新阳县温泉,其水温"可以烣鸡";卷三十六《若水注》邛都温泉,其水温"可烣鸡豚"。而这种水温和食物烹煮之间的关系,古今也无很大变化。因此,这样的记载,对今天研究这些古代温泉的水温,是非常有用的资料。对此,我们不得不佩服郦道元对温泉水温记载方面所下的一番工夫。

[附记]

　　此文写于 70 年代初期,此后,又在此文的基础上,写成《水经注记载的温泉》一文,并绘制了一幅地图,收入于拙著《水经注研究》。事情已经过去十多年,却不料在 1997 年夏忽然接到一个来自日本东京的电话,一位素不熟识的女士,用中国话与我交谈,而且一听就知是一位中国人。后来才知道,她是日本学者桂博史先生的夫人,确实是中国人。原来桂先生研究温泉,而且读过我在《水经注研究》中有关温泉的文章,才找到我在日本的老友之一—关西大学的藤善真澄教授,获悉了我的地址和电话号码,因此请他夫人与我通话,希望我在中国古代文献中有关温泉的资料方面给他一点帮助。接着,我就接到了他于 1997 年 7 月 4 日寄自东京的来信,也是用中文写的。信中说:"我在此地东奔西走,终于找到了《水经注研究》,当时我正对日本古典记述(的温泉)抱着一点疑问,因此特别是《水经注研究》对我作了许多参考。我于是由此书找到关西大学藤善教授和他谈后,听说您非常健康活跃,我十分盼望先生对古代中国温泉观之想法,因此写了这封信,请多多指教。"我于是写了回信,谈了一点我对古代中国温泉的意见。并把他信中要求的汉张衡的《温泉赋》复制寄给了他。他的信中谈了许多有关日本和中国古代温泉的问题,使我也受益不浅。只是藤善教授告诉他有关我的信息"非常健康活跃",很有点啼笑皆非。一个逾七望八的老人,还谈得上什么"活跃"呢?当然,我还是很感谢我的这位日本老友的。不久,我又收到了桂先生的大作:《遥かなる秘湯ゆて》(主婦や生活社,平成二年版),此书记述了许多日本温泉,还附了不少照片,当然是一本有关温泉的佳作。因为十几年前对《水经注》记的温泉写了一篇小文章,竟引起桂先生这样的重视。说明学术研究是没有国界的。

海

　　《水经注》一书,内容大于《水经》20 余倍,郦道元作注,资料浩瀚,牵涉广泛。例如卷十六《穀水》经"又东过河南县北,东南人于洛"一句仅 12 字,但这条经文下的注文长达 7400 余字,充分显示了郦氏的见闻广阔,学识渊博。举凡河川山岳,草木鸟兽,历史沿革,人物掌故,城邑道路,碑版文献等等,他都能广征博引,写入注文。从全部《水经注》的内容来看,郦道元所最缺乏的,是关于海的知识。这里所说的海,即是今日所称的海洋。因为在《水经注》中,如《河水注》中的蒲昌海、雷翥海、牢兰海、卑禾羌海、青海等等,虽名为海,其实都是内陆湖,不能与真正的海洋相牵混。除了《河水注》的渤海以外,注文中所见的其他海名如东海、西海、南海、北海、大海、辽海、巨海、溟海、沧海等等,其实都只是对海洋的模糊概念。还有一些海名如卷二十六《汶水注》的"琅邪巨海"、卷二十九《沔水注》的"澉浦巨海"、卷三十六《温水注》的"郁海"、卷四十《渐江水注》的"东武海"等,都是以毗邻海洋的陆上地名命名,这些都说明了郦氏对于海洋的茫然无知。

正因为此,郦道元对于每一条经文都可以作出 10 倍、百倍甚至数百倍的注文,但经文一涉及河流入海,注文就显得不知所措。在全部《水经》中,言及入海的河流不过十五六条,对于这十五六处经文,注文也只能寥寥数字,重复经文而已。例如卷五《河水》经"又东北过利县北,又东北过甲下邑,济水从西来注之,又东北入于海"之下,注文也只能依样葫芦:"又东北流入于海。"又如卷十四《大辽水》经"又东过安市县,西南入于海"之下,注文也只是重复经文:"西南至安市,入于海。"又如卷二十六《巨洋水》经"又东北入于海"之下,注文同样是:"又东北注于海也。"卷二十六《潍水》经"又东北入于海"之下,郦氏索性不加注文。这说明他对于海洋的知识,还没有超过撰写《水经》的前代学者。

在个别经文言及入海的地方,注文也对海作了一些解释,例如卷二十六《胶水》经"又北过当利县西,北入于海"注云:

> 胶水北历土山,注于海。……北眺巨海,杳冥无极,天际两分,白黑方别,所谓溟海者也。

又如卷二十九《沔水》经"又东至会稽余姚县,东入于海"注云:

> 北背巨海,夫子所谓沧海浩浩,万里之渊也。

从上述两条注文可见,郦道元当时对于海洋的知识,只是"杳冥无极,天际两分,白黑方别"和"沧海浩浩,万里之渊也"。对他来说,海洋是一个神秘而不可知晓的东西。

郦道元对于海洋知识的缺乏,当然不是对郦氏或《水经注》作什么求全责备,但却可以借此说明在那个时代,人们对于海洋的认识和开发利用的程度。郦道元在那个时代算得上是一个知识十分渊博的人,他所有的海洋知识不过如此,则一般人心目中的海洋就可想而知了。法国学者沙畹(E. Chavannes)的《宋云行纪笺注》(冯承钧译《西域南海史地考证译丛六编》,商务印书馆版)一书中,记载了与郦道元同时的北魏高僧

宋云,与西域乌场国王(即《河水注》中的乌长国)的对话:

> 国王见宋云,云大魏使来,……遣解魏语入问宋云曰:卿是日出人也。宋云答曰:我国东界有大海水,日出其中,实如来旨。

宋云是个知识渊博的高僧,其对海洋的知识也不过如此,所以郦道元在经文入海之下作不出注释,也就可以理解了。

森　林

《水经注》中有许多古代森林的记载,也有不少有关砍伐森林的记载。由于读《水经注》,引起我往年带地理系学生在宁绍平原野外实习以后,寻索资料,写了《古代绍兴地区天然森林的破坏及其对农业的影响》一文,今年刚刚发表(《地理学报》1965年第2期)。接着我来到会稽山区的一个小小山村、离新昌县城30多公里的叠石村,参加所谓"四清"运动。出发前,我们聆听过多次大小官员的报告,指出:当前农村的问题很多,走资本主义道路的当权派占领了大片阵地。"四清",就是到农村去搞"阶级斗争",通过农村的阶级斗争,也改造资产阶级知识分子自己。我到了这个100来户的山村以后,不到几天就了解到,能够吃得饱三餐的(当然包括番薯和玉米),全村实在没有几家。我实在想不通,在这样贫困的地区(尽管进入"一大二公"的人民公社已经好几年),存在什么"阶级斗争"? 但不久,我们这个工作队的队长(从一个已经"四清"过的县里调来的公社级小官)从县里开会回来向我们传达,从省里来领导"四清"的高级官员作了指示:"阶级斗争在哪里? 开门见山!"对于这个远离县城的山区的一片光山,我们早已看到,却想不到童山濯濯,居然就是这里的"阶级斗争"。由于我们工作队里有与我同校的师生,知道我研究过"天然森林破坏",于是我就在这种"阶级斗争"形势中"红"了起来,在队长和指导员的安排下,组成了3个人的山林调查组。这3人中,领导者当然是指导员,是一位某县商业局的官员,当过兵,文化不高,但为人厚道。另一位是曾任省报领导而后来被打成右派的知识分子,为人很有正义感,但其身份(虽然已经摘帽)在工作队中显然低人一等。第三位就是我,我是作为受人尊敬的"山林专家"应命的。于是,在进村不过10天,我们3人由二三位成分可靠的老年贫下中农作向导,花三四天时间,爬遍了这个大队(村)的大小山丘。几位老农确实熟悉情况,他们能把最近几年被偷伐的树,一棵一棵如数家珍地按其原来地址指点出来,我们还可以看到砍伐后留下的树基。他们甚至把这几年中经过大队批准砍去做棺材的树共有几棵,也都一一指点出来(这个山村在死了人以后,才由大队批准并指定砍某一棵树,棺材是现做现用的)。这样爬山越岭几天,由于与贫下中农同吃同住,每天多以番薯果腹,又没有油水,所以体力是够累的。我们在调查中画了图,计了数。老农们指出的被盗伐的树,在如此一片广大山岭中,实在不过100棵左右。那末,这片山林难道原来就是童秃的吗?后来,由于与许多贫下中农谈话的结果,才知这个远离城市的山区,尽管我在《地理学报》的文章中指出,在清初玉米和番薯引种以后,山林受到很大的破坏。但这一带的山林还是满山树木,贫下中农们指出不少片有地名的光山,直到50年代后期,上山扒落叶作燃料的人,戴了笠帽就走不进去,说明树木的茂密程度。不久,我就完全明白,这一带的山林童秃,实在就是"大炼钢铁"和"大办食堂"的结果。前者砍大树烧成"焦炭"源源地送进了"小高炉";后者砍小树作为全村这个"吃饭不要钱"的大食堂的燃料。等到满山大小树木都砍光以后,这场愚蠢的游戏才算结束。工作队员们实在心里都有数,但谁都不敢触及这"三面红旗"的"共产主义"大业。不过把偷砍几棵树木的事作为重要的"阶级斗争",以后也就不再强调。大概由于提出"开门见山"的高级官员,自己也终于明白,这场把山林彻底搞光的"阶级斗争",原来就是他们领导的。

我由于学校领导事前打过招呼,不必参加生产队农民的体力劳动,只要每晚参加小队会议接受贫下中农的教育就够了,所以是带了不少书前去参加"四清"的。因为"开门见山"和参加调查山林的启发,我又重温了《水经注》中有关森林的记载。当然,在那个时代,人口还少,垦殖不多,特别是适宜于山地种植的玉米和番薯尚未引入,森林覆盖当然比以后要好得多。

卷六《原公水》注:"西河旧处山林。"西河是一个郡名,是三国魏黄初二年(221)从太原郡分出来的,郡治在今山西离石。从曹魏到拓跋魏,这一带都不算偏远地区,但西河的山林却是一处有名的大山林。《周书·王罴传》:"京洛材木,尽出西河。"说明这片森林拥有很大的木材积蓄量。又由于地近都城,采伐和运输都很方便,所以在北魏时已经大量采伐。

西河郡的森林《水经注》虽未说明树种,但按其地理位置属于温带森林,而从《王罴传》的"材木"一语,可以推想这是一片常绿针叶树和落叶阔叶树的混交林。其中可以作为"材木"的松柏科树类必定不少。除了西河郡以外,注文中记及的中国北部温带森林很多,例如卷二《河水》经"又东过金城允吾县北"注中记及的金城(今甘肃兰州一带)"榆木成林",卷三《河水》经"又南过西河圜阳县东"注中所记:"其水(按指诸次之水)东迳榆林塞,世又谓之榆林山,即《汉书》所谓榆溪旧塞者也。自溪西去,悉榆柳之薮矣。"这个西河郡与《原公水注》不同,是汉武帝元朔四年(前125)所置,郡治在平定(今内蒙古准格尔旗以南),但与后来曹魏从太原郡分出的西河郡是毗连的。注文记及的圜阳县在今榆林以东,而"榆柳之薮"显然是一片以榆、柳为主要树种的大森林。此外如卷十六《穀水注》的墦塚林，卷二十二《渠水注》的棐林和北林，卷二十三《获水注》的栎林，又称九里柞，说明这片森林主要由栎、柞两个树种构成，卷二十四《瓠子河注》的穀林，卷三十二《决水注》的嘉林。又如卷三十二《肥水注》记及肥水支流一带的森林是"长林插天"，卷三十一《淯水注》记及鲁阳关一带的森林是"秀木干云"。例子甚多，不胜枚举。

《水经注》记载中国南方的亚热带森林也很普遍，例如卷四十《渐江水》经"渐江水出三天子都"注中记载的天目山森林，至今还可与现状相印证。注文说："桐溪水出吴兴郡于潜县北天目山，……山上有霜木，皆是数百年树，谓之翔凤林。"现在，翔凤林之名虽已无法查究，但西天目山仍拥有大量柳杉（Cryptomeria furtunei），是中国南方最大的柳杉林。此外，如卷三十四《江水注》记载长江三峡一带的森林是"林高木茂"，"林木萧森，离离蔚蔚"，卷二十八《沔水注》记载龙巢山的常绿林是"秀林茂木，隆冬不凋"。

《水经注》的记载也涉及我国南部和今中南半岛的热带森林。例如卷三十六《温水》经"东北入于郁"注中记载的古代林邑国（即占城，在今越南中南部）的热带森林："榛梗冥郁，藤盘笙秀，参差际天"，卷三十七《叶榆河注》记载古代交趾（今越南北部）的热带森林："深林巨薮，犀象所聚。"

《水经注》也有不少古代森林采伐的记载，例如卷四十《渐江水》经"北过余杭，东入于海"注中记载的越王句践的采伐："句践使工人伐荣楯，欲以献吴，久不得归，工人忧思，作《木客吟》，后人因以名地。"

《水经注》所记句践伐荣楯的事，大概引自《越绝书》或《吴越春秋》。《越绝书》卷八说："句践伐善材文刻献于吴，故曰木客。"《吴越春秋》的记载更为详细，此书卷五《句践阴谋外传第九》云：

> 吴王好起宫室，用工不辍。王选名山神材，奉而献之。越王乃使木工三千余人，入山伐木一年，师无所幸，作士思归，皆有怨望之心，而歌木客之吟。

在上述句践"使木工三千余人，入山伐木一年"以后不久，越国即覆灭了吴国，越王句践迁都琅邪，于是他又"使楼船卒二千八百人伐松柏以为桴"（《越绝书》卷八），采伐地也在上述木客。按木客今名木栅，位于会稽山北麓，由于从这里采伐的木材，随即可以结筏由水道外运，所以句践的两次大规模采伐，都选择了这个地方。当时，从会稽山向南是一片极大的原始森林，与今天赣、闽两省连接成为一片林海，《吴越春秋》称为"南林"。所以句践在木客的采伐，对于当时森林资源十分丰富的时代来说，其影响实在是很小的。

"天生我材必有用。"森林也是一样，木材总是供人类采伐的。世界各国都有保护森林的方法，但是也都需要不断地采伐，今后也仍然要这样继续下去。但是像"大炼钢铁"、"大办食堂"这样荒唐的游戏，因而招致了童山濯濯的可悲后果，这在世界森史上实在是没有的。而且要把这笔应该由为政者承担责任的账，算在以后的少量偷伐之上，要我们"开门见山"，看看农村的"阶级斗争"。对于这样的事，工作队里的高等学校师生，我看都是心中有数的。不过大家都对此保持沉默，一言不发，也不相互交谈。这些年来，教训已经够多了，求个明哲保身吧。

沙　漠

　　中国的东南部为海洋，而西北部则多沙漠。在古代，海洋和沙漠都是人迹罕到的地方。但从《水经注》记载的内容来看，郦道元对于沙漠的知识，远远超过他对于海洋的知识。这是因为，今新疆境内的沙漠，地处丝绸之路的交通要道上，不仅北魏以前多有商旅和僧侣往来，北魏当代，这条道路仍然畅通，所以郦氏能获得的文献资料甚多。北魏北疆，即今内蒙古沙漠，正当北魏设置的六镇内外，郦道元曾随侍魏帝元宏巡视这一带，为他所亲自目击，事见卷三《河水注》。所以郦注记载沙漠的篇幅甚多，而其中有些描述相当详细。

　　《水经注》描述今新疆境内的沙漠，主要在卷二《河水》经"其一源出于阗国南山，北流与葱岭所出河合，又东注蒲昌海"注中，郦氏主要是采用《法显传》的资料，描述了今塔克拉玛干沙漠。注云：

　　　　释法显自乌帝西南行，路中无人民，沙行艰难，所迳之苦，人理莫比。在道一月五日，得达于阗。

他又描述今罗布泊一带的沙漠景色，在同条注文下说：

　　　　泽在楼兰国北抒泥城，其俗谓之东故城，去阳关千六百里，西北去乌垒千七百八十五里，至墨山国千八百六十五里，西北去车师千八百九十里。土地沙卤少田，仰穀旁国。国出玉，多葭苇、柽柳、胡桐、白草，国在东垂，当白龙堆，乏水草，……故彼俗谓是泽为牢兰海也。

这一段描述塔里木盆地沙漠绿洲景观的文字，到今天来读，情况仍然一样。

在同条经文下，还有一处描述今罗布泊一带的地理概况的：

　　　　河水又东注于泑泽，即经所谓蒲昌海也。水积鄯善之东北，龙城之西南。龙城，故姜赖之虚，胡之大国也。蒲昌海溢，荡覆其国，城基尚存而至大，晨发西门，暮达东门。浍基崖岸，余溜风吹，稍成龙形，西面向海，因名龙城。地广千里，皆为盐而刚坚也。

这段注文对于龙城废墟的范围未免夸大，但所谓"龙形"，显然就是半月形沙丘，而沙漠中岩盐广布的情况，也是符合实际的。同卷经"又东过陇西河关县北，洮水从东南来流注之"注中，又记载了一处今青海省东部的沙漠，注云：

> 浇河西南百七十里有黄沙，沙南北百二十里，东西七十里，西极大杨川。望黄
> 沙，犹若人委干糒于地，都不生草木，荡然黄沙，周回数百里。

对于青海东部的沙漠，因其地不属交通要道，历来少为人所注意，所以记载甚少。董祐诚在其《水经注图说残稿》中说："河水所迳之沙州，诸地志皆不载，赖存此注，犹可考证。"

在卷四十《禹贡山水泽地所在》经"流沙地在张掖居延县东北"注中，注文生动地描述了流沙（即今内蒙古西部沙漠）及沙漠中的新月形沙丘，注云：

> 居延泽在其县故城东北，《尚书》所谓流沙者也。形如月生五日也。弱水入
> 流沙，流沙，沙与水流行也。

新月形沙丘是沙漠中常见的，这是由于沙漠风大，气流从沙丘压力较大的背风坡脚流向压力较小的沙丘顶部，形成涡流，使背风坡发育马蹄形的凹地，形成新月形沙丘。这样的沙丘，郦氏用"形如月生五日也"描述，真是惟妙惟肖。《水经注》记载的沙漠中，甚至还把沙粒鸣叫的现象作了描述，这就是《禹贡山水泽地所在》注中的鸣沙山。注文说："（敦煌）南七里有鸣沙山。"案乾隆《甘肃通志》卷六云："鸣沙山在沙州城南七里，其山积沙为之，峰峦危峭，逾于山石，四面皆沙，陇背有如刀刃，人登之即鸣，随足堕落。……《旧唐志》又名沙角山，天气晴朗时，沙鸣闻于城内。又五代晋高居海记云：在瓜州南十里，冬夏殷殷，有声如雷。"沙粒鸣叫的原因，是由于沙粒中的石英的压电性质所发生的带电过程，从而产生一系列能量变换而出现的现象。这种现象，古人当然无法解释，但郦道元却已经对此引起了注意，所以特地记载在他的著作之中。

上述沙漠中的各种自然景观，郦道元当然根据当时的文献进行记载的，因为他生平没有到过这些沙漠。但对于今内蒙古鄂尔多斯地区的沙漠，却是他自己的目击记载。卷三《河水》经"至河目县西"注云：

> 河水又南迳马阴山西，《汉书音义》曰：阳山在河北，阴山在河南。谓是山也。
> 而即实不在河南。《史记音义》曰：五原安阳县北有马阴山。今山在县北，言阴山
> 在河南，又传疑之，非也。余按南河、北河及安阳县以南，悉沙阜耳，无佗异山。

《水经注》记载的沙漠，今天全都存在，其中有不少而且有所扩大，说明了我们治理沙漠的重要性。

丘　阜

《水经注》记载中有大量称"丘"的地名，还有少量称"阜"的地名，其中除了极少

数是高山,如卷一《河水注》的"无热丘"就是昆仑山的别名外,其余绝大部分都是华北平原上的小山之名,也是华北平原上的聚落之名。为什么小山的名称常常与聚落的名称一致?这是因为,聚落就凭借小山而建立起来的。

华北平原是黄河、海河、淮河等的冲积平原,地面坦荡,冲积层深厚。这些崛起于冲积层上的丘阜,具有很大价值。它们在地势上相对高峻,一般是海拔数十米到上百米的小山,在河流泛滥时可以躲避洪水,山上的树木可以提供燃料,山上的泉水则是良好的饮料。在那个战争频繁的时代里,这些小山都是平原上的瞭望台和军事堡垒,既可以观察敌情,其居高临下的形势有利于进攻,其屹立高耸的地位有利于坚守。小山南麓向阳,并挡住凛冽的北风,具有良好的小气候条件。因此,古代华北平原的原始聚落,往往在这些小山的南麓建立起来。聚落一般都以小山命名,例如,小山叫做顿丘,聚落也叫做顿丘,这就是两者名称往往一致的原因。

卷九《淇水》经"淇水出河内隆虑县西大号山"注云:

> 淇水右合宿胥故渎,渎受河于顿丘县遮害亭。……《尔雅》曰:山一成谓之顿丘。《释名》谓一顿而成丘,无高下大小之杀也。

顿丘这座小山的命名,注文说得很清楚。这个顿丘,同时又是个聚落。当然,开始可能是个小聚落,《诗·卫风·氓》:"送子涉淇,至于顿丘。"《诗经》中的顿丘,可能还不是什么大聚落,但是到了西汉就成为顿丘县,西晋和北朝又成为顿丘郡的治所。

卷九《洹水》经"又东出山,过邺县南"注云:

> (洹水)又北迳斥丘县故城西,县南角有斥丘,盖因丘以氏县。

这里说得很明白,斥丘县的得名,是因为县南角有斥丘这座丘阜。这里可以注意的是,作为自然地理的斥丘,在斥丘建县以后,位置已经落到县城的南角,这当然是因为聚落扩大的缘故,当原始聚落建立之时,很可能仍然是建立在这个丘阜的南麓的。这是在某一种特殊的自然或人文条件之下,县城的建筑,结果向丘阜的北面扩展。一般说来,聚落往往是向丘阜的南部扩展的。卷十三《㶟水》经"过广阳蓟县北"注中的蓟丘就是这样的例子。注云:

> 昔周武王封尧后于蓟,今城内西北隅有蓟丘,因丘以名邑也,犹鲁之曲阜,齐之营丘矣。

这条注文,不仅说明了蓟县得名于蓟丘和县城在丘阜东南部的事实,而且还举一反三,指出了曲阜、营丘等地,也都因当地的丘阜而得名。

另外还有一些以丘阜为名的聚落,注文虽然并不明言有丘阜,但实际上却确实是有丘阜的。例如卷五《河水》经"又东过卫县东南,又东北过濮阳县北,瓠子河出焉"注中的铁丘。注云:

河水东迳铁丘南,《春秋左氏传》哀公二年,郑罕达帅师,邮无郇御简子,卫太子为右,登铁上,望见郑师,卫太子自投车下,即此处也。

对于铁丘这个聚落,注文虽然不明言其有丘阜,但既然《左传》记载:"登铁上,望见郑师。"说明丘阜实际上是存在的。则聚落同样也是因丘阜而得名的。

还有一些丘阜,在聚落建立以后,由于丘阜本身原来很小,加上自然的侵蚀风化和人为的挖掘刨凿,到后来逐渐夷平消失。但以丘阜为名的聚落,却长期沿用不改,虽然丘阜本身早已消失。关于这方面,卷二十二《渠》经"其一者,东南过陈县北"注中的宛丘即是其例,注云:

故《诗》所谓"坎其击鼓,宛丘之下"。宛丘在陈城南道东,王隐云:"渐欲平。"今不知所在矣。

我曾经利用李兆洛《历代地理志韵编今释》调查过《二十四史》中有地理志的十四史,历代以丘阜名称建县的地名计丘47处,阜2处。其中除了灵丘在晋北,冷丘在云南,巴丘在江西,北灵丘在今河北宣化一带,龙丘在浙江等5处外,其余以丘名县的42处,以阜名县的2处,都分布在华北平原上。则丘阜在华北平原上的价值可以想见。

[附记]

此篇写得甚早,当时只从文献记载中发觉丘阜在华北平原上的重要意义。以后由于在江南平原上考察了若干古文化遗址,发现如余姚河姆渡文化和余杭良渚文化等,其发展过程中,丘阜也起过重要作用。我在几次考察良渚文化的中心地区,即余杭市的良渚镇一带以后,曾撰写了《论良渚文化的基础研究》一文(《历史地理》第13辑),论证了良渚文化的中心地区在第四纪的最后一次海进即卷转虫海进时期(全盛于距今7000年前后),良渚人即是依靠附近的诸如大遮山丘陵和大雄山丘陵等为基地而发展起来的。

1989年,我受聘担任日本广岛大学客座教授,由于讲课内容涉及史前越文化与日本文化的交流问题,为九州佐贺电视台台长内藤大典先生所获悉,专程到广岛邀请我们夫妇去九州考察一处佐贺县境内的吉野里弥生代遗址。这处遗址,在日本考古学家的研究过程中,已经把古代建筑作了若干复原。使我深感兴趣的是,所有具有浓厚越文化色彩的弥生代建筑,都分布在一片丘阜之上。说明不仅是在中国,在日本也是一样,丘阜对于古代文化的发展,确实具有重要意义。

五　岭

　　五岭之名始于《史记·陈余传》："秦为乱政虐刑以残贼天下数十年矣。北有长城之役,南有五岭之戍。"《集解》:"骃案,《汉书音义》曰:岭有五,因以为名,在交趾界中也。"《索隐》:"裴氏《广州记》云:大庾、始安、临贺、桂阳、揭阳,斯五岭。"案"五岭之戍",实际上是向南方非汉族地区的新领地移民。《通鉴》秦纪二,始皇帝三十三年:"略取南越陆梁地,置桂林、南海、象郡,以谪徙民五十万人戍五岭,与越杂处。"因此,所谓戍五岭者,乃是将汉族移往桂林、南海、象郡等新领地,与百越杂处,以监视并同化他们,并防止他们的动乱。这是秦对其新领地所采用的普遍做法,不仅是南方,东南地区也是如此。《越绝书》卷八:"是时徙大越民置余杭、伊攻□、故鄣,因徙天下有罪适吏民,置海南故大越处,以备东海外越。"所以这是一种移民政策。当时的所谓五岭,并不一定有五座山岭,正如《禹贡》三江、九河等一样,"三"和"九"只是表示多数而已,并不一定是"三"、"九"的实数。北方平原之民,来到两广崇山峻岭之地,五岭,是言其多山的意思。但以后三江、九河等,都以江、河的名称凑合其数,于是,五岭也就用五座山岭的名称凑合其数。《索隐》所引裴氏《广州记》成于晋代,故五座山岭名称的出现,较之三江、九河等,已经要晚了。

　　到了《水经注》的时代,实数的五岭概念已经明确,所以郦道元也在注文中写出了五岭的名称。因为五岭是分布在今湘桂、湘粤、赣粤之间的漫长地带的,因此,《水经注》是在《湘水》、《溱水》、《钟水》、《耒水》4篇中,才把这五座山岭记载完整的。

　　卷三十八《湘水》经"东北过零陵县东"注云:"越城峤水南出越城之峤,峤,即五岭之西岭也。"这里的越城峤,就是《广州记》的始安岭。又同卷经"又东北过泉陵县西"注云:"冯水又左会萌渚之水,水南出萌渚之峤,五岭之第四岭也。"这里的萌渚峤,就是《广州记》的临贺岭。卷三十八《溱水》经"东至曲江县安聂邑东,屈西南流"注云:"山,即大庾岭也,五岭之最东矣。"卷三十九《钟水》经"钟水出桂阳南平县都山,北过其县东,又东北过宋渚亭,又北过钟亭,与灈水合"注云:"都山,即都庞之峤,五岭之第三岭矣。"这里的都庞峤,就是《广州记》的揭阳岭。卷三十九《耒水》经"又东北过其县之西"注:"山则骑田之峤,五岭之第二岭也。"这里的骑田峤,就是《广州记》的桂阳岭。

　　前面指出,像三江、九河、五岭等冠以数词的地名,开始只是表示多数,以后才凑合成实。这中间,五岭一名最有实际意义。因为三江说法甚多,而最为普遍的北江、中江、南江之说,纯属牵强附会,没有实际意义。九河原是描述黄河三角洲支流纷歧的情况,后来才以徒骇、太史、马颊、覆釜、胡苏、简、洁、句盘、鬲津九条河流充之。但黄河入海处,河口经常摆动,支流变化频繁,上述九河中除少数外,多数均早失所在,所以也无实际意义。但五岭却不同,它在一旦具有实名以后,就一直稳定不变。在科学的自然地理学诞生以后,五岭又成为南岭的别名。南岭是绵亘于湘、赣、粤、桂四省区边境的一系列东北、西南走向的山脉的总称,是长江和珠江的分水岭,而从西到东,越城(海拔 2123 米)、都庞(2009 米)、萌渚(1787 米)、骑田(1510 米)、大庾(1000 米)屹立其间,不少重要的南北通道,如梅岭路、摺岭路、桂岭路等,都在五岭之下的低谷山口通过。在自然地理上,五岭确实是中国南北的明显分界线。卷三十六《温水》经"东北入于郁"注云:"古人云:五岭者,天地以隔内外。"说明五岭南北的这种自然地理分异,古人也早已观察到了。

[附记]

明王士性《广志绎》卷四《江南诸省·广东》引邓德明《南康记》:"五岭者:台岭之峤,五岭之第一岭也,在大庾;骑田之峤,五岭之第二岭也,在桂阳;都庞之峤,五岭之第三岭也,在九真;萌渚之峤,五岭之第四岭也,在临贺;越城之峤,五岭之第五岭也,在始安。"实际上还是这五座山岭,只是地名有些差异而已。邓德明是南朝宋时人,《水经注》卷三十七《浪水》亦引《南康记》,但不及五岭。

灵隐山

卷四十《浙江水》经"北过余杭,东入于海"注中,记载了今杭州灵隐山。注云:

> 浙江又东径灵隐山。山在四山之中,有高崖洞穴,左右有石室三所。又有孤石壁立,大三十围,其上开散,状如莲花。昔有道士,长往不归,或因以稽留为山号。山下有钱唐故县,浙江迳其南,王莽更名泉亭,《地理志》曰:会稽西部都尉治。

《水经注》的这一条记载,历来颇受人重视,因为这一条记载对于考证秦钱唐县址,是个重要的线索。郦道元的这条记载,可能参考了刘宋县令刘道真的《钱唐记》,因为据《御览》卷十七《州郡·杭州》引《钱唐记》:"昔县境逼近江流,县在灵隐山下,至今基址犹存。"郦注说"山下有钱唐故县",《钱唐记》说"县在灵隐山下",说法是一致的。

由于这些记载,长期以来,人们大多认为,到刘宋时代尚存的这个秦钱唐县基址,或许就在今灵隐寺附近。这当然是一种想当然的看法,因为郦道元说"山下有钱唐故县",刘道真说"县在灵隐山下",人们就把灵隐寺所在的山作为灵隐山。其实,灵隐原是寺名,并非山名。东晋咸和年间,印度高僧慧理云游到此,看到今灵隐寺前飞来峰,即兴而说:"此乃中天竺国灵鹫山之小岭,不知何时飞来,仙灵隐窟,今复尔否?"因在此结庵,名曰灵隐。案慧理所说的中天竺,即郦注卷一《河水》篇的"中国"(Madhyadêśa),慧理所说的灵鹫山,在卷一《河水注》中亦有记载:"罗阅祇国有灵鹫山,胡语云耆阇崛山。"案耆阇崛山,《大唐西域记》卷九作"姑栗陁罗矩山",梵语为 Grdhrakūta,灵鹫是其意译。慧理的这一番话,原是以这一带的自然风景与其家乡中天竺相比而已,更未把这一带的山岳命名为灵隐山。直到今天,即在 1/50000 的大比例尺地形图上,也找不到灵隐山这个名称。《汉书·地理志》:"武林山,武林水所出,东入海。"这个武林山,当然泛指西湖群山,但自从东晋以后,不少方志上把武林山和灵隐山合而为一。如康熙《灵隐寺志》卷一,称灵隐寺"在武林山",雍正《浙江通志》卷九说:"武林山即灵隐山。"则灵隐山亦不过是西湖群山的总称,并非灵隐寺旁之山。

所以一般流行的秦钱唐县故址在灵隐,原系约定俗成之见。但清初毛奇龄,其人好辩,写了一篇《杭志三诘三误辩》,秦钱唐故址的问题,就是辩题之一,其文云:

> 夫作一县治,亦必有千百庐旅周居其中,如所云千室之邑者。况既已成之,则凡内而府库阛阓,外而沟隍郛郭,恐山溪如巷难以庐布,然且设一都尉而屯守其中,自非绝大方域可以四通郡国者所驻足,而谓灵隐寺前方丈之地能容之乎?

毛奇龄的辩论当然脱离实际,"府库阛阓"、"沟隍郛郭"云云,是他所看到的康熙年代杭州府钱塘县的规模,怎能拿来与秦会稽郡钱唐县相比。不过他的文章对人们毕竟是一种启发,让大家认识到秦钱唐县故址的问题,还值得继续研究。

早年我曾有一位服务于浙江博物馆的学生,和我谈起他对秦钱唐故县的看法。他认为其故址应在今老和山麓。他的理由是:老和山北瞰平原,南背群山,是古代理想的建县之地。此地早已有良渚文化的出土遗物,证明是一处古代聚落。秦县址择古代聚落而建,这是理所当然。他的见解,后来未见有文章发表。最近奚柳芳君却撰了长文《钱唐故址考》,发表于上海《学术月刊》1985 年第 5 期。其文运用各种考证,证明秦县在环绕凌(家)桥、转塘、龙坞、中村的范围之内。这样的讨论当然是有益的,有裨于事实的逐渐明朗。当然,要彻底解决这个问题,最好的办法是考古发掘。因为既然在刘宋时代"基址犹存",至今不过 1500 年,是不难借发掘弄清事实的。但是现在国家还不富裕,没有余力来做这种眼前没有经济效益的事,则写文章讨论,也是可行的办法。

在考古发掘尚不可能的情况下,要解决这个问题,灵隐山的位置看来是个关键。

只要能把此山的位置确定,则山下就是钱唐故县,问题也就迎刃而解了。在这方面,《浙江水注》提供的资料,也许比《钱唐记》要有用得多。因为后者没有对灵隐山作任何描述,而前者则对此山的自然地理和地理位置提供了两条极为重要的数据。在自然地理方面的数据是:此山有高崖、洞穴、石室,还有状如莲花的孤石;在地理位置方面的数据是:"山在四山之中。"此外,在人文关系上,也为我们提供了一条线索,即是"昔有道士,长往不归,或因其稽留为山号"。这个道士,有可能就是天竺僧慧理。不过这是一种对人文的描述,其可靠性不能同自然地理相比,因为这个道士可能是慧理,也可能另有其人,无法肯定,所以只好作为一种旁证,在问题讨论中起不了决定作用。

根据第一条数据,灵隐山必是石灰岩山岳。按西湖群山的外缘诸山,如北高峰、天竺山、五云山等,岩性均属泥盆纪的千里冈砂岩,故这些山岳可以排除。西湖群山的内缘诸山,如宝石山、葛岭、挂牌山和湖中的孤山等,都由中生代的火山碎屑岩如凝灰岩、粗面岩、流纹岩等构成,故这些山岳也可以排除。在上述外缘与内缘之间,则为石炭二叠纪的飞来峰石灰岩所构成,如吴山、将台山、玉皇山、南高峰、飞来峰等,《浙江水注》记载的灵隐山,当是这些山岳中的一座。

根据第二条数据,《浙江水注》的灵隐山,具有"山在四山之中"的地理位置。而上述各石灰岩山岳,不在江边就在湖边,唯独飞来峰符合"山在四山之中"的条件。故《浙江水注》的灵隐山,当是今飞来峰。则长期来所传的秦钱唐县故址,可能确在今灵隐寺一带。假使事情真的如此,则《浙江水注》中的一条旁证"昔有道士"的话,对于这个论证仍然具有价值。

因为奚柳芳君把他的大作寄给我阅读,他是一位勤奋的学者,足迹跑遍了西湖群山,才得到了他的论证。而我却是坐在自己的书斋里,以往年读《水经注》的一点心得提出我的看法。孰是孰非,实难评论。如我在上面说过的,最后的结果,需俟考古发掘才能揭晓。

[附记]

奚柳芳君的确有一种知识分子的锲而不舍的精神。他是一位自学成才的学者,80年代之初,为上海师范大学所聘用,并到杭州大学作短期进修,对钱唐县故址和灵隐山的研究始于此时。他离杭返沪以后,仍然不断地到杭州继续这项研究工作。80年代末,他就完成了第一部论文集,收入此集的有关这个课题的论文,除上述《钱唐故址考》以外,还有《关于钱唐故址的一些历史地理问题》、《论钱唐故址的两个河川地理问题》、《东汉时期钱唐县之废复》、《论灵山与〈水经注〉中的灵隐山》等文,都很有见地。这本名为《奚柳芳史地论丛》的集子于1996年在河南大学出版社出版,但我在1991年就为此书写了长篇序言。在这篇序言中,我倾吐了自己在大学执教40多年的积愫。由于柳芳君是一位没有上过大学的人,但他所取得的成就,却不是某些因缘机会上了大学的人可以相比的。几十年来,由于"家庭出身"的枷锁,特别是在"十年灾难"之中,许多学龄青少年都被冠以"可以教育好的子女"的头衔而低人一等。除了那些被钦定为"上、管、改"的所谓"工农兵学员"以外,大量学龄青少年进入了一个史无前例的生不逢辰的时期。多少智商很高而且酷爱学术的人,都上不了大学,但是凭借他们的志向和勤奋,许多像柳芳君一样的人,后来都在学术上获得了成就(我指的是"学术",不是"官术"和"商术"。当然,对于那些进了官场或商场而作风正派的人,我也是崇敬的)。我在这篇序中说:"像柳芳君这样的人在社会上其实不少,单单我个人听到的、看到的,就可以报得一串名字来。"

柳芳君离开杭州以后,我随即几次应邀到国外大学讲学,虽然我的国外听课对象多是研究生们,但我也乘机考察了诸如日本、美国、加拿大等国的大学本科教育。他们当然没有出现过像我们的"文革"时期那样的乖戾变革(日本曾受到过一些影响,学生中有过反对考试的行动,据说东京早稻田大学的入学考试曾经动用过警察),教学秩序是正常的。但按照我的看法,他们的大学本科教育,也存在不少问题,几句话是说不清的。所以高等学校的改革,实际上是个国际问题。为此,我在《奚柳芳史地论丛》序的末尾,写了一段比较大胆的,也或许是主观片面的话:

明年是伟大的捷克教育家夸美纽斯(Johannes Amos Comenius,1592—1670)诞生的400周年。他所主张的班级授课制度当然是一件了不起的大创造。现在,这种教学的组织形式已经在全世界范围内实施了300多年,对于初等教育,我认为这种教学的组织形式是完全值得肯定的,当然不是说没有弊端,但它的优越性是主要的。可是在大学里,我的看法,情况就不是这样。300多年来,这种班级授课制度在大学本科生中的实施,到底培养了多少人才,耽误了多少人才,甚至扼杀了多少人才,这个比例数,或许还值得继续研究。

移　山

人类很早就有一种移山的思想或愿望。这在某种情况下是一种幻想,在一定程度上则反映了人类改造自然的思想。《列子·汤问》就是早期人类希望移山的例子。这个故事,人们早就用《愚公移山》这个通俗化的题目加以表达。其实,在整篇《汤问篇》中,并未出现过"移山"这个词汇,尽管最后依靠神力把山移走了,但文章只是说:"自此,冀之南,汉之阴,无陇断焉。"没有讲"移山"的话。

近年新版的《辞海》,收有一个"移山倒海"的条目,但出处是吴承恩的《西游记》第三十三回,已经是明朝的书了。而且条目是"移山倒海",但释文内容只是移掉了须弥山,并无"倒海"的情节,所以颇有点名实不符。

其实,"移山"这个词汇出于《水经注》,不仅是个词汇,并且还是个地名。尽管事实属于无稽,但记载却很完整。卷三十七《沅水》经"沅水出牂柯且兰县,为旁沟水,又东至镡成县,为沅水,东过无阳县"注云:

> 熊溪南带移山,山本在水北,夕中风雨,旦而山移水南,故山以移为名,盖亦苍梧郁州、东武怪山之类也。

"夕中风雨,旦而山移水南",这当然荒诞不经的。杜甫诗《茅屋为秋风所破歌》云:"风雨不动安如山。"即使最大的风雨,山是不可移动的。但是这条移山的记载,还不能完全加以否定,因力在大风大雨之中,河流改道的可能性却是存在的。因此,这条记载或许不是山移,而是河改。河流改道的结果,从相对位置来看,好像是山移动了。这条记载的末尾说:"盖亦苍梧郁州、东武怪山之类也。"这两句也都是说移山的故事,而且都记载在《水经注》中。

"苍梧郁州"的故事,记载在卷三十《淮水》经"又东至广陵淮浦县,入于海"注中。注云:

> 东北海中有大洲,谓之郁洲,《山海经》所谓郁山在海中者也。言是山自苍梧徙此,云山上犹有南方草木,今郁州治。故崔琰之叙《述初赋》,言郁洲者,故苍梧之山也。

这也是古人所谓移山的一例。这个传说,出于《山海经》郭璞注。《海内东经》"一曰郁州"下,郭璞注云:"今在东海朐县界,世传此山在苍梧,从南徙来,上皆有南方物也。"郭注的"南方物"与郦注的"南方草木"相比,后者当然胜于前者。这一句其实就是这种传说的根源。案郁洲(《沅水注》从《山海经》作郁州)即田横岛,相传秦末义士田横居此,位于今江苏省连云港市以东云台山一带。在古代是此处近海的一个岛屿,《南齐书·州郡志》称其"周回数百里"。清代时,才因大陆海岸东涨,与陆连接。正因为郁洲当时在海中,由于海洋的影响,气候与同纬度的大陆迥异。岛上有常绿阔叶林的生长,与南方的植被相似。因而出现了"是山自苍梧徙此"的传说。

《淮水注》所说的"东武怪山",是郦注的另一种移山的传说,见于卷四十《浙江

水》经"北过余杭,东入于海"注中,注云:

> 浙江又北迳山阴县西,西门外百余步有怪山,本琅邪郡之东武县山也,飞来徙
> 此,压杀数百家。《吴越春秋》称,怪山者,东武海中山也。一名自来山,百姓怪
> 之,号曰怪山。

传说总有一定来源,为什么山阴县的一座小山,却与琅邪郡的东武县山联系在一起?今杭州灵隐寺前也有一座飞来峰,传说即是印度的灵鹫山,飞来到此。杭州的小山与印度相联系,这是因为东晋的一位印度高僧慧理,他云游到此,看到这一带风景与他的故乡中天竺国相似,即兴而说:"此乃中天竺国灵鹫山之小岭,不知何时飞来?"就此一语,人们即把此山作为从印度飞来的灵鹫山。山阴县小山与琅邪郡东武县山相联系,显然应该发生于越王句践迁都以后。当时,大批原来居住在山阴一带的越人随句践北上,而山阴一带仍是越国基地,有不少人往来于琅邪和山阴之间,对比两地的山川风物,因而产生了这种传说。

《水经注》记载中还有与移山相似的"逃石"。卷三十八《溱水》经"东至曲江县安聂邑东,屈西南流"注云:

> 利水又南迳灵石下,灵石一名逃石,高三十丈,广圆五百丈。耆旧传言:石本
> 桂林武城县,因夜迅雷之变,忽然迁此,彼人来见,叹曰:石乃逃来。因名逃石,以
> 其有灵运徙,又曰灵石。

这段记载所描述的地区,是我国著名的石灰岩分布地区。岩溶地貌的特征就是奇峰怪石,比比皆是,其中有许多是形状酷似的。所谓"逃石",当然是因为形状相似而发生的误会。

自然灾害

《水经注》全书中记载了许多自然灾害,由于其书是一部河川水利之书,所以在各种自然灾害中,记载最多的是水灾。注文记载的最早一次水灾在商代的祖乙之时,其时约在公元前16世纪。卷六《汾水》经"又西过皮氏县南"注云:

> 汾水又西迳耿乡城北,故殷都也。帝祖乙自相徙此,为河所毁。故《书叙》
> 曰:祖乙圮于耿。

商是个游牧部落,过的是逐水草而居的生活,直到其后期有了青铜器和甲骨文,才可以证明他们进入了定居农业的时代。在这以前,部落酋长经常带了整个部落到处播迁。注文所说"帝祖乙自相徙此",就是这个游牧部落的播迁过程。祖乙以前的部落酋长是河亶甲,古本《竹书》说:"河亶甲整即位,自嚣迁于相。""嚣"当今何地?说法很多,有今

河南荥阳、开封、郑州等诸说。相约在今河南内黄县东南一带。祖乙当了部落酋长以后，再从相迁到耿，耿约在今山西河津东南的汾河南岸。在河亶甲以前，这个部落的中心，大部分时间都在亳。亳当今何地，说法很多，有杜亳、南亳、北亳、西亳等诸说，莫衷一是。不过部落酋长到耿以前的任何一次播迁，记载中都未曾说明原因，游牧部落逐水草而居，这是不必说明原因的通常现象。唯帝乙从相迁耿，以后又从耿迁庇（今山东郓城或费县一带），这次播迁说明了原因："为河所毁。"这以后，历祖辛、开甲、祖丁、南庚等部落酋长，一直居庇。南庚从庇迁到奄（今山东曲阜一带），盘庚又从奄迁到北蒙（今安阳小屯），也都没有说明迁徙的原因。所以《汾水注》所记的"为河所毁"及其引《书叙》的"祖乙圮于耿"。这是一件非同小可的事件，是我国历史上非常重要的水灾纪录。

从这次水灾以后，《水经注》记载的发生于公元以前的水灾共有 7 次，即卷五《河水注》记载的周定王五年（前 602）："河徙故渎，故班固曰：商竭，周移也。"卷八《济水注》的魏襄王十年（前 309）十月："大霖雨，疾风，河水溢酸枣郛。"卷五《河水注》的汉文帝十二年（前 168）："汉兴三十又九年孝文时，河决酸枣东，溃金堤。"卷五《河水注》的汉武帝元光二年（前 133）："河又徙东郡。"卷二十四《瓠子河注》的汉武帝元光三年（前 132）："河水南泆，漂害民居。"卷二十四《瓠子河注》的汉武帝元封二年（前 109）："上使汲仁、郭昌发卒数万人，塞瓠子决河。"上述公元前的最后一次水灾，汉武帝自己也亲临水灾现场。卷二十四《瓠子河》经"瓠子河出东郡濮阳县北河"注云：

> 元封二年，上使汲仁、郭昌发卒数万人，塞瓠子决河。于是上自万里沙还，临决河，沉白马玉璧，令群臣将军以下皆负薪填决河。上悼功之不成，乃作歌曰：瓠子决兮将奈何？浩浩洋洋虑殚为河。殚为河兮地不宁，功无已时兮吾山平。吾山平兮钜野溢，鱼沸郁兮柏冬日。正道弛兮离常流，蛟龙骋兮放远游。归旧川兮神哉沛，不封禅兮安知外。皇谓河公兮何不仁，泛滥不止兮愁吾人。啮桑浮兮淮、泗满，久不返兮水维缓。

所有这些上古的水灾都发生在黄河流域，所以我在《中国自然地理·历史自然地理》（科学出版社 1982 年版）一书第四章《历史时期的水系变迁》的《概述》中记及黄河时说："它一方面是我们民族文化摇篮，而另一方面，几千年来我们已经为它付出了难以估计的代价。"

在《水经注》记载的水灾中，不仅记及发生的时间，而且对于洪水的水位高度和所造成的破坏，有时也记得十分详细，例如卷十四《鲍丘水》经"又南过潞县西"注中记载的一次发生于晋元康五年（265）六月的洪水：

> 洪水暴出，毁损（戾陵堨）四分之三，剩北岸七十余丈，上渠车箱，所在漫溢。

又如卷十五《伊水》经"又东北过伊阙中"注中记载的三国魏黄初四年（223）六月

二十四日的大水:

> 辛巳,大出水,举高四丈五尺。

又如卷十六《縠水》经"又东过河南县北,东南入于洛"注中记载的前凉太始七年(361)六月二十三日发生于洛水支流縠水的一次大水:

> 大水进暴,出常流上三丈,荡坏二塌。

同条经文的注中还记载了北魏太和四年(480)的一次洪水:

> 暴水流高三丈,此地下停留以成湖渚。

《水经注》记载中的最后一次水灾,在卷三十《淮水》经"又东过钟离县北"注中,注云:

> 淮水东迳浮山,山北对巉石山。梁氏天监中,立堰于二山之间,逆天地之心,乖民神之望,自然水溃坏矣。

注文记载的是南朝梁在淮水的浮山与巉石山之间所建的一座堰坝在洪水中崩塌的事件。这当然是淮水的一次较大洪水。由于此堰的崩塌年月在《梁书·康绚传》确然可考,时在梁天监十五年(516)八月,距郦道元之死不过10年,说明他毕生一直重视水灾的记载。

水灾以外,《水经注》也记载了旱灾,其中有不少旱情十分严重的旱灾,我曾经写过一篇《祈雨》的札记举例说明。另外,注文还常用河川枯竭的记载以表达当时的旱情。例如卷七《济水》经"又东至温县西北,为济水。又东过其县北"注中所说:"济水当王莽之世,川渎枯竭。"即是其中的一次。

《水经注》对于地震的记载非常重视。但是对于这种自然灾害,除卷三十三《江水》经"又东南过犍为武阳县,青衣水、沫水从西南来,合而注之"注中使用过"地震"一词外,其他多用山崩、地动、地裂、地陷、地鸣等词汇表达,所以在全书有关这方面的20处左右的记载中,也有可能是不属于地震的自然现象,无法一一论定。

除了上述以外,《水经注》对于风灾、虫灾等自然灾害,也都有所记载。

瀑 布

《水经注》是一部记载河川的古代地理书,河川之中,瀑布是一种常见的自然地理现象,所以全书记载的瀑布很多,而且文字都很生动优美。往年曾撰《水经注记载的瀑布》一文(收入《水经注研究》,天津古籍出版社,1985年版),对此稍作统计,全书记载的瀑布多达64处,而注文中记及瀑布高度的也有26处。全书记载的瀑布之中,最精彩的首推卷四《河水注》中孟门悬流,就是今天的壶口瀑布。我曾写过一篇《水经注与野外考察》的札记,记述1981年考察壶口瀑布并与《水经注》相印证的事。

由于几次去北美,看到那里的不少瀑布,联系《水经注》的记载,使我颇有所感。在自然界,形成瀑布的原因是多种多样的,火山爆发引起的熔岩堰塞,地震引起的岩石崩坍,冰川作用形成的悬谷等等,都可以造成瀑布。但世界上的大多数瀑布,特别是著名瀑布的形成,主要的原因是河流的溯源侵蚀。在河流溯源侵蚀的过程中,由于遇到坚硬的岩层而造成落差,因而就出现瀑布。这种坚硬的岩层,在地貌学上称为造瀑层(Fall Maker),有时在造瀑层漫长延伸的情况下,通过这条造瀑层的一系列河流,在同一区位上都能出现瀑布,形成一条瀑布线。以美国为例,东部阿巴拉契亚山(Appalachian Mrs.)是一片东北、西南走向的古老山地,从这片山地东流注入大西洋的河流,从北到南有康涅狄格河(Connecticut R.)、哈得逊河(Hudson R.)、特拉华河(Delaware R.)、萨斯奎哈纳河(Susquehanna R.)、波托马克河(Potomac R.)、詹姆士河(James R.)等,它们在山地和平原的交界线上,几乎每条河流都有落差不等的大小瀑布。英国最初移民到北美时,这些瀑布曾为他们提供了重要的动力来源。他们在这条瀑布线上开设了许多作坊,利用这种廉价动力,建立了他们在新大陆的第一批工业。对于新大陆的发展,这条瀑布线确实起过重要的作用。

在《水经注》记载的瀑布中,这样的瀑布线其实也很不少,例如卷十七《渭水》经"又东过冀县北"注云:

> (略阳)川水西得白杨泉,又西得蒲谷水,又西得蒲谷西川,又西得龙尾溪水,与蒲谷水合,俱出南山,飞清北入川水。

从上文可知,略阳川水的4条支流,俱作南北流向,都以瀑布急流的形式注入略阳川水,显然有一条东西向的造瀑层,因而形成了一条瀑布线。同样,卷二十《漾水》经"漾水出陇西氐道县嶓冢山,东至武都沮县为汉水"注云:

> 西汉水又西南流,……右得高望谷水,次西得西溪水,次西得黄花谷水,咸出北山,飞波南入。

从上文可知,西汉水的3条北南流向的支流,也是通过一条东西向的造瀑层而注入西汉水的,因而出现了这条瀑布线上的几处瀑布。郦氏在《渭水注》中所用的"飞清"和《漾水注》中所用的"飞波",都是指的瀑布。

在北美所见的许多瀑布之中,最使人倾倒的当然是美国与加拿大之间的尼亚加拉瀑布(Niagara Falls),在加拿大一侧,可以比在美国一侧更方便地观看这个巨大瀑布的全貌。我在《北美散记》(一)、《尼亚加拉瀑布》(《野草》1996年第3期)一文中,曾经记叙了在加拿大一侧观看瀑布的情况,其中有几句话联系了《水经注》记载的壶口瀑布:

> 在儿子的怂恿下,我们夫妇壮着胆登上直冲瀑布的游船。先冲向亚美利加(瀑

布），回头再冲马蹄形（瀑布），虽然离瀑布泻落点都在十米以上，虽然尽一切力量控制自己，但是却无论如何压抑不了一种异乎寻常的感受：心为之摇，目为之眩。

回到岸上，脱下淋透了水花的雨披。儿子对我说："你熟读《水经注》的孟门瀑布（今称壶口瀑布）一段，对此有什么感想？"我说："正是因为我是研究《水经注》的，所以我考察过孟门瀑布，这个瀑布宽不过 30 米，落差只有 20 米，但郦道元能够写出如此栩栩如生的千古文章，足见文学描写确实是一种天赋。我没有这种天赋，今天，搜尽枯肠，也不过是一句套语：叹为观止！"

按尼亚加拉瀑布以一块称为鲁那岛的突出岩石而分成东、西两部分，东边的称为亚美利加瀑布，宽 328 米，落差 56 米；西边的称为马蹄形瀑布，宽 675 米，落差 54 米。气势雄伟，无与伦比。我曾于 1982 年观看过号称世界第一的南美洲伊瓜苏瀑布（在巴西和阿根廷之间），落差达 70 米，但由于宽度不及百米，所以也无法和尼亚加拉瀑布相比。我国虽然没有像尼亚加拉这样的大瀑布，但是我仍在这方面感到自豪，因为我们有在 1400 多年前写成的、描写壶口瀑布的这一篇千古文章。

长江三峡

三峡是长江在川、鄂之间的许多峡谷的总称。这一段江道上，如《江水注》所说："自三峡七百里中，两岸连山，略无阙处。"峡谷的总数实在是很多的。其中最著名的有 3 处，所以称为三峡。但历来对三峡的名称并不一致，卷三十三《江水》经"又东过鱼复县南，夷水出焉"注云："江水又东迳广溪峡，斯乃三峡之首也。"又卷三十四《江水》经"又东过巫县南，盐水从县东南流注之"注云："江水又东迳巫峡。"同卷经"又东过夷陵县南"注云："江水又东径西陵峡，……所谓三峡，此其一也。"所以杨守敬在《水经注疏》中称："是郦氏以广溪、巫峡、西陵为三峡。"但历来许多文献中，并无广溪峡之名。例如《方舆纪要》卷一二八《川渎五·大江》："西陵峡在焉，与夔州之瞿唐，巫山之巫峡，共为三峡。"现在我们习惯上所说的三峡，多从《方舆纪要》。

《水经注》对三峡的描写，历来被学者视为千古绝响。与《河水注》中所描写的孟门悬流，成为全书写景最引人入胜的两篇。但这两者之间，其实存在区别。孟门是郦氏常经之地，其所描述，是他亲眼目击的纪实；而三峡为他足迹所未履，他写这一段，是撷取他人的文字精华。由于他广读精选，并且剪裁得当，所以虽未身历其地而也能写出如此绝妙文章。

因为卷三十四《江水》经"又东过夷陵县南"注下有："及余来践跻此境，既至欣然，始信耳闻之不如亲见矣。"所以有人以为郦氏曾亲至其地。其实这是郦氏引晋袁山松

《宜都记》中语。袁曾任宜都郡守,所以有"耳闻之不如亲见"之语。郦氏撰三峡一篇,引及文献不少,但以袁山松《宜都记》及盛弘之《荆州记》最为重要,其中描写生动之处,多出自袁、盛所著。

《水经注》描写三峡景区,最百读不厌的有两段,均在卷三十四《江水注》中。其中一段在经"又东过巫县南,盐水从县东南流注之"注中:

> 自三峡七百里中,两岸连山,略无阙处。重岩叠嶂,隐天蔽日,自非停午夜分,不见曦月。至于夏水襄陵,沿泝阻绝,或王命急宣,有时朝发白帝,暮到江陵,其间千二百里,虽乘奔御风,不以疾也。春冬之时,则素湍绿潭,回清倒影,绝𪩘多生怪柏,悬泉瀑布,飞漱其间,清荣峻茂,良多趣味。每至晴初霜旦,林寒涧肃,常有高猿长啸,属引凄异,空谷传响,哀转久绝。故渔者歌曰:"巴东三峡巫峡长,猿鸣三声泪沾裳。"

另一段在经"又东过夷陵县南"注中:

> 江水又东迳西陵峡,《宜都记》曰:自黄牛滩东入西陵界,至峡口百许里,山水纡曲,而两岸高山重障,非日中夜半,不见日月,绝壁或千许丈,其石彩色,形容多所像类。林木高茂,略尽冬春。猿鸣至清,山谷传响,泠泠不绝。所谓三峡,此其一也。山松言:常闻峡中水疾,书记及口传,悉以临惧相戒。曾无称有山水之美也。及余来践跻此境,既至欣然,始信耳闻之不如亲见矣。其迭𪩘秀峰,奇构异形,固难以辞叙,林木萧森,离离蔚蔚,乃在霞气之表,仰瞩俯映,弥习弥佳,流连信宿,不觉忘返,目所履历,未尝有也。既自欣得此奇观,山水有灵,亦当惊知己于千古矣。

我久闻三峡之名,特别是在《水经注》读及郦氏妙笔,多年来心向往之。80 年代几次入蜀,因来去匆匆,均借民航。1992 年,由于日本文部省委托的课题,论证中国南方的丝绸之路是否确实存在。遂于这年 4 月,偕内子以民航入蜀至成都,在四川各地考察逾月。归程从重庆乘轮船东下,以一偿多年想望的三峡胜景。上午从渝启锭,途经涪陵而晚泊万县。翌晨续航,即驶入三峡景区,凭船舷栏杆,左顾右盼,实在应接不暇。至奉节,进入郦注广溪峡即今瞿唐峡境。《水经注》虽不记瞿唐峡之名,但明《寰宇通志》卷六十五《夔州》滟滪堆条下引《水经注》云:"白帝城西有孤石,冬出二十余丈,夏即没,秋时方出。谚云:滟滪大如象,瞿唐不可上;滟滪大如马,瞿唐不可下。峡人以此为水候。"此段文字于今本《水经注》为佚文。所以瞿唐之名,实亦为郦注所记及。

船过巫山县即入鄂境,所以巫峡主要在湖北省境内,双目凭栏转辗,顾盼分列于江流两岸的所谓"巫山十二峰"。但在这种"两岸连山,略无阙处"的峡谷中,要清楚地数出十二座山峰确实困难。这一带人民把十二峰编成一首诗歌:"曾步'净坛'访'集仙','朝云'深处'起云'连,'上开'峰顶'望霞'远,日照'松峦''聚鹤'还,才睹'登龙'腾汉字,又看'飞凤'弄晴川。'翠屏'岩畔听猿啸,料是呼朋饮'圣泉'。"这12峰,6峰在江北:即登龙、圣泉、朝云、望霞、松峦、集仙;6峰在江南:即净坛、飞凤、起云、上开、翠屏、聚鹤。这首诗歌中的望霞峰,即是巫山诸蜂中最著名的神女峰的别名。

船过秭归以后,不久即进入西陵峡。在长江三峡之中,此峡航程最为漫长,诸如兵书宝剑峡、牛肝马肺峡诸胜,均在此峡中。黄牛峡由于在郦注久闻其名,所以我特别留意。此峡在《水经注》中作黄牛滩。注文云:"南岸重岭迭起,最外高崖间有石,色如人负刀牵牛,人黑牛黄,成就分明,既人迹所绝,莫得究焉。此岩既高,加以江湍纡回,虽途经信宿,犹望见此物。故行者谣曰:朝发黄牛,暮宿黄牛,三朝三暮,黄牛如故。言水路纡深。回望如一矣。"按黄牛峡在黄陵庙以东,峡以东,江道有一段自北向南的流程,郦注所谓"水路纡深,回望如一",至今仍然如此。

三峡大坝和水电站的工程,已经决定进行。曾经有不少人,包括不少著名专家学者,对此持不同意见,认为三峡工程当然要建,但现在为时尚早。例如我所熟悉和景仰的前辈,我国第一座大型水电站新安江水电站的总工程师徐洽时先生,曾亲口与我谈起他从水利科学和开发水电等方面的观点,表示不赞成这个工程在长江支流的水能开发以前就仓促上马。后来,我又从我的家乡前贤孙越崎老先生所写长达3万言的意见书中,获悉了这位老专家对此所持的不同意见。这份意见书,是他作为国务院三峡工程审查委员会论证小组的特邀顾问,于1990年在他97岁高龄时提出的。他在意见书上提到:"在这样的大江上,没有做好整个流域综合规划和先后次序安排的情况下,就来个拦腰建高坝,世界上还没有过。"他又说:"水电部特别是长办要回顾一下从1956年到今年整整三十年中,为什么三峡工程多次提出,多次上不了马?其中必有值得深思的道理。"我又在吴京先生《回忆恩师孙越崎的几件大事》一文中(均见《绍兴文史资料选辑》第15辑)记及:"我曾参加周培源先生领导的、由一百七十多位全国政协委员组成的三峡考察团,从武汉乘船逆流而上,站站停留,直至重庆,大家的意见也是反对早上马,与孙老的意见一致。认为三峡迟上几年,贵州的乌江、广西红水河及四川金沙江的几处小工程将得以陆续兴建。这些工程工作量小,发电量大,见效快,淹没土地少,移民量也少,其迅速开发实乃为国民造福。"

我对水利科学和水电站建设之类均为门外汉,对曾经牵动许多专家学者议论的这件大事无法臧否。当然,对于自幼诵读的《水经注》中的这些千古文章,眼看行将成为往事,当然也深感遗憾。所幸我们夫妇在有生之年,得幸观赏了这段"千里江陵一日还"的著名胜境,应该感谢这个举世绝景,慷慨地给了我们这一次临去秋波。至于以后的人们,好在《水经注》这部不朽名著,不会随着三峡而消失,他们也仍然可以从《水经注》的这些千古文章中欣赏这种不再存在的天下奇景。

人　力

千梁无柱

卷二十七《沔水》经"沔水出武都沮县东狼谷中"注：

> （褒）水西北出衡岭山，东南迳大石门，历故栈道下谷，俗谓千梁无柱也。

这里的所谓"栈道"，是古代沟通陕、川、甘各省间群山之中的沿山险路，又称阁道或复道，是在沿山的岩壁上凿石穿梁而修成的道路。著名的如金牛道（又称石牛道），从今陕西省勉县向西南伸展，翻越七盘岭入川，经朝天驿到剑门关。这是古代从汉中入川的要道，上述《沔水注》所记载的，即是金牛道的一段。

栈道的建筑，原是在旁山的悬崖峭壁中凿孔，插入木梁，木梁的一端入岩石，另一端立柱。木梁甚密，铺以木板，敷以土石。用这样的方法修建一条人工的旁山险路，工程当然是十分浩大的。上述注文所记载的褒水所迳从大石门到下谷一段，栈道的俗名是"千梁无柱"。这当然是因为悬崖峭壁，与山坡或山下溪涧河流的距离甚远，所以无法立柱，因而出现了这种更为险峻的"千梁无柱"的栈道。在这种情况下，插入岩石中的木梁，其一端没有柱的支撑，当然很不牢固，容易折断。要使"千梁"牢固，唯一的办法是加长木梁，让木梁尽量深插于岩壁之中。这样就必须在岩壁中凿入极深，工程的巨大，可以想见。当然，在整个栈道中，这种"千梁无柱"的段落不可能太多。在古代的技术条件下,进行这种悬崖峭壁上的工程,真是难以想象。

当然,在木梁的一端立柱,其工程也不是轻而易举的。因为要设置栈道的地区,地形条件必然非常困难。卷二十七《沔水》在上述同条经文下引用了诸葛亮致其兄诸葛瑾的信,描述这种工程的困难程度。注云;

> 前赵子龙退军,烧坏赤崖以北阁道,缘谷百余里,其阁梁一头入山腹,其一头立柱于水中。今水大而急,不得安柱,此其穷极,不可强也。……自后按旧修路者,悉无复水中柱,迳涉者,浮梁振动,无不摇心眩目也。

由此可见,在"千梁无柱"的栈道上行走,"浮梁振动,无不摇心眩目",仍然是非常危险的。这一带的地形困难,诸葛亮在上述信中也有所提及,他说:"顷大水暴出,赤壁以南桥阁悉坏,时赵子龙与邓伯苗,一戌赤崖屯田,一戌赤崖口,但得缘崖与伯苗相闻而已。"在这样的地形条件下,要维持交通,除了修造栈道以外,别无他法。栈道的修建极端困难,但在历代的军事行动中,一方为了阻遏另一方的行动,栈道往往成为破坏的主要目标。历史记载中首先破坏栈道在汉初。《汉书·张良传》云:"项王许之汉王之国,良送至襃中,遣良归韩,良因说汉王绝栈道,示天下无还心以固项王意。"张良所烧的栈道,也就是《沔水注》所记载的一段。此后,烧栈道的军事行动不断发生,除了上述《沔水注》记载的赵子龙以外,注文还说道:"后诸葛亮死于五丈原,魏延先退而焚之,谓此道也。"

栈道在军事上当然具有重要意义,但是战争的胜负,最后毕竟不是决定于栈道的。金牛道的西端,即是所谓剑门关,也称剑阁,形势确实万分险要。卷二十《漾水》经"又东南至广魏白水县西,又东南至葭萌县,东北与羌水合"注云:

> (白水)又东南迳小剑戍北,西去大剑三十里,连山绝险,飞阁通衢,故谓之剑阁也。张载铭曰:一人守险,万夫趑趄。信然,故李特至剑阁而叹曰:刘氏有如此地而面缚于人,岂不奴才也。

由此可见,"浮梁振动,摇心眩目"的"千梁无柱"和"一人守险,万夫趑趄"的剑阁,都没有最后使刘蜀免于败亡,栈道虽险,在战争中并不起决定作用。

左担道

对于古代陆上交通的困难,《水经注》在卷二十七《沔水》篇中记载了今陕西、四川二省之间的所谓"栈道",俗称"千梁无柱"。这是一种极端艰巨的陆上交通工程,我曾以《千梁无柱》为题,写过一篇札记。

除了"栈道"以外,《水经注》记载的古代陆上交通,还有所谓"左担道",也是十分

艰难的交通道路。卷三十六《若水》经"又东北至犍为朱提县西,为泸江水"注云:

> 自朱提至僰道,有水步道,水道有黑水、羊官水,至险难。三津之阻,行者苦之。故俗为之语曰:楢溪、赤水,盘蛇七曲,盘羊乌栊,气与天通,看都濩泚,住柱呼伊,庲降贾子,左担七里。又有牛叩头、马搏颊坂,其艰险如此也。

"庲降贾子,左担七里。"庲降是当时的建宁郡治,约在今云南省曲靖县附近。从庲降到僰道,就是由滇入蜀。这一条道路,古代称为"左担道",是一种非常陡峻、崎岖、狭窄的山道。《水经注汇校》杨希闵在此处引李克《蜀记》云:"蜀山自绵谷葭萌,道陉险窄,北来负担者,不容息肩,谓之左担道。"可以设想,用扁担挑了一副重担,在山道上行走,肩挑者的一种休息方式,是把扁担从左肩换到右肩,行进一段,又从右肩换到左肩,整个行程中作这样的换肩动作,使左、右肩获得间息的机会。但是由于道路陡峻狭窄,在若干段落中,要负重者作换肩的动作也不可能。使肩挑者不得不使用一只肩膀负重到走完这段险路为止,这就叫"左担道"。也可以设想,虽然是这样一条狭窄的"左担道",但要在这样崎岖险峻的山上,开凿出这样一条道路,其工程也是十分艰巨的。

在古代,中国西部和南部山区,这类艰难的陆上道路实在是很多的。卷四十《渐江水》经"北过余杭,东入于海"注中,也记述过这类道路。注云:

> 浦阳江又东北迳始宁县嶀山之成功峤,峤壁立临江,欹路峻狭,不得并行,行者牵木稍进,不敢俯视。

由于《渐江水注》记载中把上虞江误作浦阳江,所以这条道路实际上是沿今曹娥江的。"欹路峻狭,不得并行",其实也就是"左担道"。

在上述《若水注》中,还有一段记载堂琅县西北的山道,其艰险程度,或还要超过一般的左担道。注云:

> (堂琅县)西北行,上高山,羊肠绳屈八十余里,或攀木而升,或绳索相牵而上,缘陡者若将阶天。故袁休明《巴蜀志》曰:高山嵯峨,岩石磊落,倾倒萦回,下临峭壑,行者扳缘,牵援绳索。三蜀之人,及南中诸郡,以为至险。

上述《渐江水注》中记及"行者牵木稍进,不敢俯视",而这里又记及"或攀木而升,或绳索相牵而上"。在这样的道路上行走,肩挑重担已经没有可能,唯一的负重办法是背负,所以其难度实际上超过左担道。

卷一《河水》经"屈从其东南流,入渤海"注中,还记载了一条在葱岭地区,即今中国新疆与印度次大陆之间的艰难山路。文字是从《法显传》引录的。注云:

> 释法显曰:度葱岭,已入北天竺境,于此顺岭行十五日,其道艰阻,崖岸险绝,其山唯石,壁立千仞,临之目眩,欲进则投足无所。……昔人有凿石通路施倚梯

者,凡度七百梯,度已,蹑悬绳过河,河两岸,相去咸八十步。

这里的所谓"倚梯",或许与栈道有些相似,当是连接断崖的建筑,必是道路最艰险之处。全程之中竟有"七百梯"之多,则其"凿石通路"的工程量可以想见。走完了"七百梯",又得"蹑悬绳过河"。所谓"悬绳",当是索桥一类的设施。而长达80步的"悬绳",其艰危当然不言而喻。

栈道、左担道、倚梯、悬绳等,《水经注》记尽了古代陆上交通的艰难。人们常常说,路是人走出来的。但是在古代,这些被人走出来的"路",其开凿之不易,行旅之危险,现代人是很难理解的。

防海大塘

卷四十《浙江水》经"北过余杭,东入于海"注中,郦道元从刘宋刘道真所撰的《钱唐记》中抄录了一个关于防海大塘的故事。注云:

> (灵隐)山下有钱唐故县,浙江迳其南,王莽更名之曰泉亭。《地理志》曰:会稽西部都尉治。《钱唐记》曰:防海大塘在县东一里许,郡议曹华信家议立此塘,以防海水。始开募有能致一斛土者,即与钱一千。旬月之间,来者云集,塘未成而不复取,于是载土石者,皆弃而去,塘以之成,故改名钱塘焉。

案我国古籍引及《钱唐记》防海大塘的,除《水经注》外,尚有《后汉书·朱儁传》注和《通典》卷一八二,内容基本相同。这是一个荒诞不经而却是具有价值的故事。其所以荒诞不经,只要引一段后人的校语就可以说明。今天津图书馆所藏的一部全祖望《五校水经注》抄本中,在此防海大塘下,有一段施廷枢手写的校语。施云:

> 钱塘得名以钱水也。《国语》:陂唐汙庳,以成其美。盖唐即后世之塘字,《说文》无塘字,可按也。则钱塘者,钱水之塘,非如所传华信千钱诳众之陋也。

在这样一条怒潮汹涌的大河之口,要修建一条海塘谈何容易。而《钱唐记》却把此事当作一种儿戏。修建一条海塘,有许多工作要做,其中工程最大的,除了运土以外,还有夯土。哪里是挑几担土石就可完成的。若是先来的不给钱,后者也就不会再来,哪能积得起修建一条海塘的土石来,而且,既然把海塘的名称与"钱"联系起来,那么,给钱才能称"钱塘",不给钱怎能称"钱塘"?所以这个故事是荒诞不经的。

既然荒诞不经,却为什么又说这个故事具有价值呢?这是因为,这个故事所记载的,是我国历史上记载的第一条海塘。郦道元撰写《水经注》,他是十分重视水利工程的,诸如《河水注》的金堤和八激堤,《鲍丘水注》的车箱渠,《沮水注》的郑渠,《江水注》的都安大堰等等,不胜枚举,其中有的记载得非常详细。但是在全国漫长的海岸线上,却只能在《渐江水注》中记及这个防海大塘的工程。说明沿海开发的远远落后于内地,所以直到郦道元的时代,沿海的水利工程还无足称道。因此,防海大塘实是我国最早的具有一定规模的海塘。虽然故事语涉无稽,但它所反映的今钱塘江口修建海塘,应该是真实的。当然,初期修建的海塘,工程可能是相当简陋的,但如施廷枢所说,绝不会是"千钱诳众之陋"。

由于刘道真的《钱唐记》早已亡佚,我们无法核实内容。但据《渐江水注》所引及的几句,我们从中也可以看出一点端倪。其中一句说"(灵隐)山下有钱唐故县",这个"钱唐故县",当然就是秦所置的钱唐县。钱唐县建立在灵隐山下,当然是由于当时平原上有海潮之患的缘故。另一句说"防海大塘在县东一里许",这里所说的"县",显然不是秦代故县,而是刘宋时代的钱唐县。刘宋钱唐县位于防海大塘西一里许,说明县治已经迁出山区而进入平原。县治能离开山区进入平原,显然就是因为沿海修建了防海大塘,足以屏障海潮的缘故。所以说,"钱塘"的故事虽属荒谬,但防海大塘的修建却是事实。《钱唐记》的这一记载,仍然是具有价值的。

长 城

《水经注》记载长城,包括《河水》、《洛水》、《渭水》、《渠》、《阴沟水》、《汶水》、《沘水》各卷篇,共达10次之多。

卷三《河水》经"屈东过九原县南"注云:

> 始皇三十三年,起自临洮,东暨辽海,西并阴山,筑长城及开南越地,昼警夜作,民劳怨苦,故杨泉《物理论》曰:秦始皇使蒙恬筑长城,死者相属,民歌曰:生男慎勿举,生女哺用餔,不见长城下,尸骸相支柱。其冤痛如此矣。蒙恬临死曰:夫起临洮,属辽东,城堑万余里,不能不绝地脉,此固当死也。

以上记载的是秦始皇筑长城的事。其实,先秦时代,长城的修筑早已开始。因为许多剽悍的游牧民族窥伺于大漠南北,列国筑长城以自保。对于安土重迁的农耕民族来说,要防止往来倏忽的游牧民族的侵扰,这是不得已的办法。我曾于1985年在陕西韩城县看到一段魏长城的遗迹,其高已不过两米上下,破碎残缺,绵延于田野之中,直达黄河岸边。泥土剥裂之处,可以看到夯窝密集,据此尚可追索2000余年以前"昼警夜作,民劳怨苦"的情状。溯昔抚今,真是不胜感慨。

在《水经注》记载中,除了秦长城外,也还有其他列国中的长城。例如卷三《河水》经"又东过云中桢陵县南,又东过沙南县北,从县东屈南,过沙陵县西"注云:

> 白渠水又西南迳云中故城南,故赵地。《虞氏记》云:赵武侯自五原河曲筑长

城,东至阴山。

上面所记的这一段赵国所筑的长城,直到北魏,遗迹尚存,为郦道元所亲见。同卷同注云:

> 芒干水又西南迳白道南谷口,有城在右,萦带长城,背山面泽,谓之白道城。自城北出,有高阪,谓之白道岭。沿途惟土穴,出泉,挹之不穷。余每读《琴操》,见琴慎《相和雅歌录》云:饮马长城窟。及其跋涉斯途,远怀古事,始知信矣,非虚言也。顾瞻左右,山椒之上,有垣若颓基焉。沿溪亘岭,东西无极,疑赵武灵王之所筑也。

卷七《济水》经"又东过封丘县北"注云:

> 按《竹书纪年》:梁惠成王十二年,龙贾率师筑长城于西边。自亥谷以南,郑所城矣。《竹书纪年》云是梁惠成王十五年筑也。《郡国志》曰:长城自卷迳阳武到密者是矣。

以上记载的是郑国的长城。卷八《济水》经"又北过临邑县东"注云:

> 平阴城南有长城,东至海,西至济河,道所由,名防门,去平阴三里。齐侯堑防门,即此也。

卷二十六《汶水》经"汶水出朱虚县泰山"注云:

> 山上有长城,西接岱山,东连琅玡巨海,千有余里,盖田氏之所造也。《竹书纪年》梁惠成王二十年,齐筑防以为长城。《竹书》又云:晋烈公十二年,王命韩景子、赵烈子、翟员伐齐,入长城。《史记》所谓齐威王越赵侵我,伐长城者也。

以上记载的,都是齐国的长城。卷三十一《沘水》经"沘水出沘阴县西北扶予山,东过其县南"注云:

> 盛弘之云:叶东界有故城,始犨县东,至瀙水,达比阳界,南北联绵数百里,号为方城,一谓之长城。云郦县有故城一面,未详里数,号为长城,即此城之西隅。其间相去六百里,北面虽无基筑,皆连山相接,而汉水流其南,故屈桓答齐桓公云:楚国,方城以为城,汉水以为池。《郡国志》曰:叶县有长山,曰方城,指此城也。

从上述记载可见,即使是南方的楚国,当时也修筑了长城。当然,中国历史上的主要长城,都修筑在北方,其目的确实是为了防止游牧民族的侵入。所以长城可以视作农耕民族与游牧民族的界线。上述《河水注》记载的"始皇三十三年,起自临洮,东暨辽海,西并阴山,筑长城",显然是把列国兴修的长城连接起来。由于在筑城之时,游牧民族也可以随时侵袭,所以不得不采用"昼警夜作"的办法,白日放哨备战,晚上夯土筑城,昼夜不得休息,所以造成了"尸骸相支拄"的惨况。以后民间流传了许多修筑长城的悲惨故事,其中家喻户晓的是孟姜女的故事。孟姜女的丈夫范喜良被征筑长城,孟姜女千里送寒衣,到长城而其夫已死,孟姜女十分悲痛,哭于长城之下,长城竟至崩裂,发现了丈夫的遗骸，孟姜女于是投海而死。这个故事大概是春秋杞梁殖妻故事的附会。杞良殖妻故事出于《列女传》。卷二十六《沭水》经"又东南过莒县东"注中曾经引及：

> 《列女传》曰：齐人杞梁殖，袭莒战死，其妻将赴之。道逢齐庄公，公将吊之。杞梁妻曰：如殖死有罪，君何辱命焉；如殖无罪，有先人之敝庐在，下妾不敢与郊吊。公旋车吊诸室，妻乃哭于城下，七日而城崩。故《琴操》：殖死，妻援琴作歌云："乐莫乐兮新相知，悲莫悲兮生别离。"哀感皇天，城为之堕，即此城也。

古代汉族领袖防止游牧民族的入侵，除了兴筑长城以外，也还采用其他的办法。卷三《河水》经"屈从县北东流"注云：

> 《史记》：赵武灵王既袭胡服，自代并阴山下，至高阙为塞。山下有长城，长城之际，连山刺天，其山中断，两岸双阙，善能云举，望若阙焉，即状表目，故有高阙之名也。

从这条注文中可知，赵武灵王除了兴筑长城以外，还采用"胡服"的办法。这就是《通鉴》卷三《周记三》所载的赵武灵王"胡服骑射以教百姓"，其事发生于公元前307年。在那个时代，一个穿惯了广袖大袍和以战车炫耀武力的汉族领袖，居然带头穿上他们蔑视的游牧民族的紧身衣服，身背弓箭，跨上轻骑，这真是一种了不起的改革。在对付游牧民族的进攻方面，这种办法或许比兴修长城更为主动。

但是不管是赵武灵王也好，秦始皇也好，他们所采用的办法，都没有挡得住中华民族的大交流和大融合。到了公元4世纪初期，北方的游牧民族，一批又一批地越过这道花了惊人代价所修筑起来的长城，纷纷进入中原。赵武灵王在公元前4世纪末期扔掉的汉族服装，在时隔8个世纪以后，却被越过长城的游牧民族穿了起来。北魏国君元宏于公元494年正式下诏："禁士民胡服。"（《通鉴》卷一九三《齐纪五》）历史的发展，真是不可逆料。

水　冶

《水经注》记载的古代冶金工业超过10处，其中卷十六《谷水》经"谷水出弘农黾池县南墦塚林谷阳谷"注中的水冶，很值得重视。注云：

> 戴延之《西征记》云：次至白超垒，去函谷十五里，筑垒当大道，左右有山夹立，相去百余步，从中北出，乃故关城，非所谓白超垒也。是垒在缺门东十五里，垒侧旧有坞，故冶官所在。魏晋之日，引谷水为水冶，以经国用，遗迹尚存。

注文记载的这个白超垒侧的水冶是值得重视的，因为它说明了水力在魏晋之日已经使用到冶金工业之中。冶金工业始于青铜时代，这是人类原始的冶金工业，人类借此获取这种早期使用的金属。卷二十六《巨洋水注》记载了临朐县的古冶官,卷四十《浙江水注》也记载了铜牛山冶官、练塘里冶铜等,都是早期的冶金工业。这类早期的冶金工业,分布甚广,不足为奇。至于早期的水力利用,如利用溪涧流水于粮食加工之类,郦注虽无记载,而发轫必也极早,同样不足为奇。但水冶却不同,它是水力利用和金属冶炼两者的结合。水冶的出现,是古代水力利用和冶金工业在技术上飞跃进步的标志。

水冶是什么?元王祯《农书》卷十九的解释是,水冶又称水排,后汉杜诗始作。案《后汉书·杜诗传注》"冶铸者为排以吹炭,令激水以鼓之者也",说明这是一种利用水力的鼓风装置。因为对于冶金工业来说,鼓风(送氧)是十分重要的关键。《三国志·魏书·韩暨传》云:"旧时冶,作马排,每一熟石用马百匹;更作人排,又费功力;暨乃因长流为水排,计其利益,三倍于前。"《杜诗传》和《韩暨传》都提到作水冶之事,但王祯只言杜诗,这当然是因为杜诗早于韩暨之故。不过这种机器,在初创以后,总有不断改进的过程。不妨认为,后汉杜诗初创,而三国韩暨作了改进。经过改进的水冶,其效率已经比用马力高出3倍,而其时尚在距今17个世纪以前,所以不能不说这是我国古代在水力利用和冶金工业上的卓越成就。

《水经注》记载的水冶,位于今河南省西部的榖水之上,而且只是魏晋的遗迹,说明当时已经废弃不用。但其实在郦道元所在的北魏时代,水冶在这一带仍然使用于冶金工业。据天一阁所藏明嘉靖《彰德府志》卷一《安阳县·水冶》所载及的这种水冶:"在县西四十里,《旧经》曰,后魏时引水鼓炉,名水冶,仆射高隆之监造,深一尺,阔一步。"案《彰德府志》,高隆之监造的这个水冶,位于洹水之上。但由于高隆之是东魏末叶人,以后入官于齐,郦道元已不及见,所以《洹水注》中没有这方面的记载。

高隆之大概是对水力利用很有眼光的人,据《北齐书·高隆之传》所载:"又凿渠引漳水,周流城郭,造治碾硙,并有利于时。""碾硙"是什么?"碾"是一种研磨的工具,"硙"当然就是利用水力的碾磨。《旧唐书·李元纮传》云:"诸王公权要之家,皆缘渠立硙,以害水田,元纮令吏人一切毁之,百姓大获其利。""缘渠立硙",即是沿河设置水碾,已经说得很清楚了。《北史·高隆之传》也可以证明这一点。《北史》的文字和《北齐书》相同,但"造治碾硙"。这一句作"造水碾硙"。则高隆之所造的水力机器还不止这一种,《彰德府志》的记载是信而有证的。

井

井是人们获取地下水的设施,起源很早。《说文》井部说:"古者,伯益初作井。"虽然并不一定可信,但《周易》已有《井》篇。此篇中"井,改邑不改井"下,孔颖达疏云:"古者,穿地取水,以瓶引汲谓之井。"井的挖凿和作用,已经说得很清楚了。在降水充沛的河网湖泊地带,人们不必凿井取水,所以井不为人们所重视。但是在降水稀少的沙漠和草原地带,井是一个地区重要的,有时是唯一的水源。我曾经到河西走廊去考察过一次,在那里,以"井"为名的聚落真多,小的不说,较大的就有古浪的谭家井、金昌的青土井、张掖的沙井子、敦煌的甜水井等。这些聚落,都是依靠戈壁滩上的一个井眼而建立起来的。山丹和安西,各有一处称为马莲井的聚落,马莲又称马蔺(Iris ensata),是一种鸢尾科多年生草本植物,说明这二处,原来都是戈壁滩上马莲丛生的荒地,由于一个井眼,才建起一个聚落。当然,这些聚落,规模都是不大的,大体上以这个井所能供应的人口牲畜为限。但也有一些称井的地名,如新疆哈密以西的七角井,是历史上天山北路的一个重要驿站。

在《水经注》中,郦道元对井是很重视的。全书记载的井,约有 50 处。他不仅记载井,并且注意井的深度。这种资料,可以让我们窥及当时当地的地下水位,是很有实用价值的。例如卷十九《渭水》经"又东过华阴县北"注中,郦氏引《三秦记》:"长城北有平原,广数百里,民井汲巢居,井深五十尺。"又如卷二十五《泗水》经"西南过鲁县北"注中记载的曲阜武子台附近大井:"台西百步有大井,广三丈,深十余丈,以石垒之。"

郦道元之所以非常重视各地的井,并且注意井的深度,这一方面当然因为他所撰写的书是《水经注》,河、湖、井、泉,都与水息息相关;但除此以外,恐怕还有另外一个重要原因,是井和战争的关系。郦氏毕生戎马,对于井在战争中的重要性,是充分认识的,所以他在注文中常常及此。卷二《河水》经"其一源出于阗国南山,北流与葱岭所出河合,又东注蒲昌海"注中,记载了一个在被围的疏勒城中凿井的故事:

> 汉永平十八年,耿恭以戊己校尉,为匈奴左鹿蠡王所逼,恭以此城侧涧傍水,自金蒲迁居此城,匈奴又来攻之,壅绝涧水,恭于城中穿井,深一十五丈,不得水,吏士渴乏,笮马粪汁饮之。

中国有句流行的成语,叫做"临渴掘井"。上面记载的耿恭在疏勒城穿井,恰恰就是"临渴掘井"。这是因为城垣被围,而匈奴"壅绝涧水",断绝了城内的水源,迫不得已而为之。在疏勒城这种地下水位很低的沙漠地带,深凿到十五丈尚未得水,结果使官兵弄到饮马粪汁的狼狈处境。

在卷五《河水》经"又东过成皋县北,济水从北来注之"注中,注文记载了北魏进攻虎牢城的故事:

> 魏攻北司州刺史毛德祖于虎牢,战经二百日,不克。城惟一井,井深四十丈,山势峻峭,不容防捍,潜作地道取井。余顷因公至彼,故往寻之,其穴处犹存。

这里所说的"潜作地道取井",据《通鉴》卷一一九《宋纪一》营阳王景平元年所记:"魏人作地道以泄虎牢城中井。"说明这是北魏利用地形,在这深达四十丈的井的底部挖入地道,使井水泄干,以断城内水源。毛德祖坚守虎牢城达200日,最后却因合城所赖的唯一深井被北魏所泄,终至城破兵溃。《宋书·索虏传》还记载了井被夺取后,守城官兵的渴乏之状:

> 二十一日,虏作地道偷城内井,井深四十丈,山势峻峭,不可得防。至其月二十三日,人马渴乏饥疫,体皆干燥,被创者不复出血。虏因急攻,遂剋虎牢。

虎牢城之战发生于公元423年,距郦道元之时不及百年,故郦氏曾借公事之便,亲自去看了北魏当年所掘的地道,"其穴处犹存"。井在战争中具有生死攸关的意义,郦道元对此当然是铭记在心的。

但不幸的是,历史的悲剧往往重演,郦道元在《水经注》中记载的疏勒城的故事以及他所记载并且凭吊的虎牢城的故事,最后竟在他自己身上重演,而情况是那样地相似。当然,地点是不同的,是在雍州的阴盘驿亭,即今陕西省的临潼县附近。据《北史·郦道元传》所载:

> 时雍州刺史萧宝夤,反状稍露,侍中城阳王徽,素忌道元,因讽朝廷遣为关右大使。宝夤虑道元图己,遣其行台郎中郭子帙围道元于阴盘驿亭,亭在冈上,常食冈下之井,既被围,穿井十余丈不得水,水尽力屈,贼遂逾墙而入,道元与弟道峻、二子俱被害。

一个精通水理的人,特别是对于井在战争中的生死攸关的价值有充分认识的人,最后竟不免"水尽力屈",真是一个历史的悲剧,令人感慨系之。

永宁寺浮图和爵离浮图

卷十六《穀水》经"又东过河南县北,东南入于洛"注中,记载了北魏京都洛城内的一座著名的宝塔永宁寺九层浮图。注云:

> 水西有永宁寺,熙平时始创也,作九层浮图,浮图下基方十四丈,自金露槃下至地四十九丈,取法代都七级,而又高广之。虽二京之盛,五都之富,利刹灵图,未有若斯之构。按《释法显行传》,西国有爵离浮图,其高与此相状,东都西域,俱为壮妙矣。

案郦道元所引《释法显行传》(即《法显传》或《佛国纪》)中关于西国的爵离浮图一事,今本《法显传》已经缺佚爵离浮图之名,但记建塔经过,即弗楼沙国罽腻伽王所起塔,法显云:"高四十余丈,众宝校饬,凡所经见塔庙,壮丽威严,都无此比。"另一个目击此塔的北魏高僧宋云,也曾经描绘过此塔的壮丽伟大,事见《洛阳伽蓝记》卷四:"塔内物事,悉是金玉,千变万化,难得而称。旭日开始,则金盘晃朗;微风渐发,则宝铎和鸣。西域浮图,最为第一。"由此可知,永宁寺浮图与弗楼沙国罽腻伽王所起塔即爵离浮图,是当时佛教世界的两座名塔。将此二塔作一比较,颇可见当时洛阳佛教之盛,亦可见古代建筑技术之一斑。

案郦注所记载的永宁寺九层浮图高度,当是从金露槃以下算起,金露槃及金露槃以上的金宝瓶和刹的高度,都未计算在内,故非塔的全部高度。《洛阳伽蓝记》卷一云:"举高九十丈,有刹,复高十丈,合去地一千尺,去京师百里,遥已见之。"故塔的全高实为百丈。今《方舆纪要》卷四十八《河南三》永宁寺条引《水经注》云:"谷渠南流出太尉、司徒两坊间,水西为永宁寺,有九层浮图,高百丈,最为壮丽。"足见郦注原有"高百丈"的记载,为殿本等所佚。至于爵离浮图的高度,按上述《法显传》所记"高四十余丈",当亦非全塔高度。据《慈恩寺传》卷二所记:"高四百尺,基周一里半,高一百五十尺。"则塔基计算在内,共高五十五丈。此数恐仍未包括塔顶的附属建筑物在内。据《法苑珠林》卷五十一《敬塔篇》所记:"上有铁枨高三百尺,金槃十三重,合去地七百尺。"又据《续高僧传》卷四《玄奘传》所记:"元魏灵太后胡氏,奉信情深,遣沙门道生等赍大幡长七百余尺,往彼挂之,脚才着地。"则高达70余丈,与《法苑珠林》近似。案《北史》卷九十七《列传八十五》西域小月氏国云:"其城东十里有佛塔,周三百五十步,高80丈。"此为记载爵离浮图诸书中所见的最高数字。可见此塔虽然名震西域,但其高度不超过80丈,不及洛阳永宁寺九层浮图,故永宁寺九层浮图在当时为佛教世界的第一高塔。

中国科学院考古研究所洛阳工作队在《考古》1973年第4期发表《汉魏洛阳初步勘查》一文,证实此九层浮图塔基位于寺院正中,今残存高大夯土台基,残高约8米左右,塔基平面呈方形,分三层而上,顶上两层在地面屹立可见。其面积与《水经注》所载"浮图下基方十四丈"近似。由此,则今本郦注所佚"高一百丈"之言当亦不虚,这是我国古代建筑技术高度发展的有力证明。可惜此塔花了巨量的人力物力修建,其存在时间却异常地短促。据《通鉴》卷一四八《梁纪四》武帝天监十五年:"是岁,胡太后又作永宁寺,……为九层浮图。"又卷一五六《梁纪十二》武帝中大通元年:"魏永宁寺浮图灾,观者皆哭,声振城阙。"案《通鉴》所记的此塔建成和焚毁时间,即此魏熙平元年(516)到永熙三年(534),故其存在不过18年。

邸　阁

《水经注》记载中有一种称为"邸阁"的事物,初读时颇不解。例如卷八《济水》经

"又东北过卢县北"注："济水又迳什城北，城际水湄，故邸阁也。"又如卷三十一《清水》经"又南过新野县西"注："清水又东南迳士林东，戍名也，戍有邸阁。"

这样的例子还可以举出不少，例如卷三十八《湘水》经"又北至巴丘山，入于江"注："山有巴陵故城，本吴之巴丘邸阁城也。"又如卷三十九《赣水》经"又北过南昌县西"注："赣水又历钓圻邸阁下，度支校尉治，太尉陶侃移置此也。"

这个问题，在杨守敬、熊会贞的《水经注疏》中得到解决。卷二十二《洧水》经"又东过长社县北"注云：

> 洧水东入汶仓城内，俗以是水为汶水，故有汶仓之名。非也，盖洧水之邸阁耳。

熊会贞在此下疏云：

> 《河水》五、《淇水》、《浊漳水》、《赣水》等篇，并言邸阁。此以洧水邸阁释汶仓，是邸阁即仓之殊目矣。

熊疏使人豁然开朗。案《通典》卷十《食货十·漕运》记及后魏时云："有司请于水运之次，随便置仓，乃于小平、石门、白马津，……凡八所，各立邸阁。"《三国志·吴书·孙策传》："策渡江攻繇牛渚营，尽得邸阁粮谷战具。"由此可知，邸阁不仅是粮仓，并且也是军火库。《通鉴》卷七十二《魏纪四》明帝青龙元年云："诸葛亮劝农讲武，作木牛流马，运米及斜谷口，治斜谷邸阁，息民休士，三年而后用之。"又同上书《晋纪六》惠帝永宁元年，成都王颖表称："大司马前在阳翟，与贼相持既久，百姓困敝，乞运河北邸阁米十五万斛，以赈阳翟饥民。"设邸阁以贮粮的例子，真是不胜枚举，所以胡三省在《通鉴释文辩误》卷三明帝青龙元年云："魏延所谓横门邸阁，足以周食；王基所谓南顿有大邸阁，足计军人四十日粮。"对于邸阁一名的意义，胡三省在《通鉴》卷六十一《汉纪》献帝兴平二年"尽得邸阁粮谷战具"下解释说："邸，至也，言所归至也。阁，庋置也。邸阁，谓转输之归至而庋置之也。"在上述《清水注》中记及的士林戍邸阁，戍是屯兵防卫之所，所以注文说"戍有邸阁"，这是理所当然。因为邸阁所贮，可充戍的军粮，而戍对邸阁，则起了保卫作用。在战争时期，邸阁显然是敌我争夺的要害所在，所以必须加强保卫。前面提到《湘水注》三国吴的巴丘邸阁城，至东晋仍然存在使用，而且在桓玄与殷仲堪之战中，曾经起了关键作用。《晋书·殷仲堪传》云："玄击仲堪，顿巴丘而馆其谷，玄又破杨广于夏口，仲堪既失巴陵之积，又诸将皆败，江陵震惊，城内大饥，以胡麻为廪。"由于邸阁被占，粮秣尽失，军马无食，士气涣散，当然溃败。

《水经注》全书记载的邸阁共有10处，正因为熊会贞这一疏，这10处邸阁的重要性就可以一一考实。在《水经注疏》中，熊疏的价值常常超过杨疏，青出于蓝，这也是学术发展的必然趋势。

大　船

在《水经注》的时代,我国的造船工业已经相当发达。卷三十四《江水》经"又南过江陵县南"注中及卷三十八《湘水》经"又北过临湘县西,浏水从县西北流注"注中,分别记载了两处"船宫"。船宫就是当时政府所管辖的造船工业基地,其规模必然是相当可观的。

大型船舶在郦注记载中也已常见,卷二《河水》经"又东入塞,过敦煌、酒泉、张掖郡南"注云:

> 永元五年,贾友代聂尚为护羌校尉,攻迷唐,斩获八百余级,收其熟麦数万斛,于逢留河上筑城以盛麦,且作大船。

卷十六《縠水》经"又东过河南县北,东南入于洛"注云:

> (七里)涧有石梁,即旅人桥也。……桥去洛阳宫六、七里,悉用大石,下圆以通水,可受大舫过也。

上述《河水注》的"大船"和《縠水注》的"大舫",现在当然无法详悉它们的实际规模,但"大船"是为了装载熟麦数万斛。而旅人桥按其所记是一座跨度很大的石拱桥,故"大舫"看来也具有相当规模了。

卷五《河水》经"又东过平县北,湛水从北来注之"注中,还记载了黄河中的"楼船",注云:

> 魏尚书仆射杜畿,以帝将幸许,试楼船,覆于陶河,谓此也。

卷三十五《江水》经"鄂县北"注中记载的长江"大舶"规模就更为可观。注云:

> 樊口之北有湾,昔孙权装大船,名之曰长安,亦曰大舶,载坐直之士3000人,与群臣泛舟江津,属值风起,权欲西取芦洲,谷利不从,乃拔刀急上,令取樊口薄舶,船至岸而败,故名其处为败舶湾。因凿樊山为路以上,人即名其处为吴造岘,在樊口上一里,今厥处尚存。

在黄河中试航楼船,而且是准备为帝王所乘的楼船,规模当然是不小的,可惜这一次试航没有成功。据《三国志·魏书·杜畿传》所载:"作御楼船于陶河,试船遇风没,帝为之流涕。……故尚书仆射杜畿于孟津试船,遂至覆没,忠之至也。"孟津河段在黄河中原来也是艰险的一段,杜畿选择了这样一个河段试航这样的大船,以致船没身亡,诚属不幸。但在黄河中行驶这样的楼船,恐怕还是历史上罕见的记载。至于孙权在长江上造成的这种命名为"长安"的大船,其舱位竟能容纳3000人之众,虽然它和杜畿的黄河楼船一样,在其航行中同样遭风破败,但这样的船舶,可能是我国古代手工造船业所建造的最大内河船舶了。

《水经注》对海上船舶的记载不多,主要是在与林邑国等的战争中记及在今北部湾活动的舰船数量与规模。卷三十六《温水》经"东北入于郁"注中记载了刘宋元嘉元年(424)与林邑国王阳迈在今越南沿海一场海战中的情况。注云:

> 奋威将军阮谦之领七千人,先袭区粟,已过四会,未入寿泠,三日三夜无顿止处。凝海直岸,遇风大败。……谦之遭风,余数船舰,夜于寿泠浦里相遇,暗中大战,谦之手射阳迈柂工,船败纵横,昆仑单舸,接得阳迈。谦之以风溺之余,制胜理难,自此还渡寿泠。

这里记载的是今越南北部湾中部沿岸的一场海战,如寿泠浦、四会浦等,都是沿海的港湾和潟湖。阮谦之率领的这支海军,数达7000人,则舰队的规模当然不小。

卷三十七《叶榆河》经"过交趾麊泠县北,分为五水,络交趾郡中,至南界,复合为三水,东入海"注中记载了后汉伏波将军马援南征时的舰队规模。注云:

> 建武十九年九月,马援上言:臣谨与交趾精兵万二千人,与大兵合二万人,船车大小二千艘,自入交趾,于今为盛。

2000艘船舶的舰队,难怪马援自己也认为"于今为盛"了。这些当然都是因为军事行动而建立的海上舰队。至于一般航行于海上的船舶,在《温水》经"东北入于郁"注中,也涉及一项资料。注云:

> 王氏《交广春秋》曰:朱崖、儋耳二郡,与交州俱开,皆汉武帝所置。大海中,南极之外,对合浦徐闻县。清朗无风之日,迳望朱崖州,如囷廪大,从徐闻对渡,北风举帆,一日一夜而至。周围二千余里,迳度八百里,人民可十万余家。

朱崖、儋耳两郡,即今海南岛,从雷州半岛南端的徐闻县对渡,在今琼州海峡航行一日一夜,这样的船舶,当然相当巨大。

博　物

吉贝与吉祥草

卷一《河水》经"屈从其东南流,入渤海"注云:

> 阿育王以青石挟足迹两边,复以一长青石覆上。国人今日恒以香花供养,尚见足七形,文理分明。今虽有石覆无异,或人复以数重吉贝,重复贴着石上,逾更明也。

案吉贝,学名 Ceiba pentandra,是木棉科落叶大乔木,又称"美洲木棉"或"爪哇木棉"。《翻译名义集》卷七云:"即木棉也。"说明我国在宋代已名此物为木棉。因为在宋以前,我国对此种植物的译名甚多。《水经注疏》引《四分律》作"劫贝",引玄应《一切经音义》作"劫波育"、"劫婆娑"、"迦波罗"。在我国古籍中,最早提出"吉贝"一名的是三国吴丹阳太守万震所撰的《南洲异物志》,但此书已亡佚。《宋书》与《齐书》都称"古贝"。因此,《水经注》是现存古籍中提出"吉贝"一名最早的文献。在现存古籍中最早解释"吉贝"这种植物的是《梁书·诸夷传·林邑国》。其文云:

> 又出瑇瑁、贝齿、吉贝、沉水香。吉贝者,树名也,其华成时如鹅毳,抽其绪纺之,洁白如纻布不殊,亦染成五色,织为斑布也。

"吉贝"一词,从其语源来说并非出自梵语,而是马来语 Kāpoq 的音译。但后来则产于印度。《宋书·蛮夷传·呵罗单国》云:"元嘉七年,遣使献……天竺国白叠古贝。"而《河水注》"吉贝",是记载的阿育王(Asōka)故事,说明在公元前 3 世纪,印度已盛产此物。所以《河水注》的"吉贝",当是梵语 Kapasa 的音译,并非直接来自马来语,这是《水经注》记载的梵语植物名词之一。

卷一《河水》同条经文下,另一段注文云:

> 诸天导引菩萨起行,离树三十步,天授吉祥草,菩萨受之。复行十五步,五百青雀飞来,绕菩萨三匝西去。菩萨前到贝多树下,敷吉祥草,东向而坐。

《河水注》的这一段文字系从《法显传》抄录而来,而"吉祥草"本是梵语植物名称,由于法显的翻译而汉化。案"吉祥草"学名 Peacynosuroides,是百合科常绿多年生草本植物。日本森鹿三主译的《水经注(抄)》中,在此下加了一条注释(卷一《河水注》注释 142):

> 吉祥草,Kuśa,按读音写作姑尸、短尸,译为上茅、苫草,是生长在湿地上的一种茅草,用作坐禅的敷物。

日译本的这条注释,写出了吉祥草的梵语 kuśa,除了缺乏学名和其他植物学方面的说明外,总的说来还算差强人意。至于说"译为上茅"的话,这是《大唐西域记》提供的译法。《西域记》卷九摩揭陁国下上茅宫城(旧王舍城)云:

> 上茅宫城,摩揭陁国之正中,古先君王之所都,多出胜上吉祥香茅,以故谓之上茅城也。

这里的上茅城,是梵语矩奢揭罗补罗城的意译,矩奢揭罗补罗的梵语是 Kuśāgrapura,由 Kuśa(上茅)和 Grapura(宫城)二词合成,所以 Kuśa 又译作上茅。

梵语植物名称,在慧琳、玄应的两种《一切经音义》和《翻译名义集》等之中,有时用意译,有时用音译,不通梵语的人,往往望文生义,造成错误。我在光绪《诸暨县志》卷十九物产志一吉祥草条下偶然读到:"湖雅形似建兰而阔,劲如箭,解产妇血瘕,故名血瘕草。《允都名教录》:邑吉祥寺旧产吉祥草,故名。"按文字描述,这种"吉祥草",大概就是也可以译成"上茅"的植物,但却把梵语意译讹作因吉祥寺所产而得名,这种错误,相当普遍。

此外,由于梵语植物名称的不同音译和意译,同一种植物,往往有许多不同的名称,造成读者的困难。《水经注》卷一《河水注》中,涉及梵语植物名称较多,除了上述吉贝和吉祥草以外,还有娑罗树(梵语名 Sala,学名 Shorea robusta)、阎浮树(梵语名 jambu,学名 Prosopis spicigera)、贝多树(梵语名 Bodhi,学名 Barassus flabellifer)、尼拘律树(梵语名 Nyagrodha,学名 Ficus indica)、菩提树(梵语名 Pippala,学名 Ficus religiesa)等。必须具备梵语和植物分类学的知识,才能对这一卷进行较好的研究。

水　虎

卷二十八《沔水》经"又东过中庐县东,维水出自房陵县维山,东流注之"注中,记载了一种称为"水虎"的奇异动物。注云:

> 沔水又南与疏水合,水出中庐县西南,东流至邔县北界,东入沔水,谓之疏口也。水中有物,如三四岁小儿,鳞甲如鲮鲤,射之不可入。七八月中,好在碛上自曝,劆头似虎,掌爪常没水中,出劆头,小儿不知,欲取戏弄,便杀人。或曰,人有生得者,摘其皋厌,可小小使,名为水虎者也。

上面这段注文中,按地区说,这个所谓"水虎"的产地,在今汉水襄阳与宜城之间的河段中,疏口当在今小河镇附近。所以注文所记载的地区范围是很明确的。但是注文记及的这种称为"水虎"的动物,还需稍作分析。从"如三四岁小儿,"到"掌爪常没水中,出劆头"一段,记载的分明是扬子鳄(Alligator sinensis),这就是在我国古书上称为鼍,俗语称为猪婆龙的动物。按照上述地区范围来说,也是符合事实的。今日它生活的地区,一年中有 3 个月是月平均气温在 5 摄氏度的冬天。它每年至少有半年的蛰伏休眠期,长期过着穴居生活。这是全世界唯我国独有的珍稀动物,是国家公布的一类保护动物。在浙江省的长兴县,就有这种动物的自然保护区,并有扬子鳄的人工养殖场。在中国动物地理区划中,它目前存在于华中区的东部丘陵平原亚区,即长江中下游及太湖周围,相当于中亚热带与北亚热带交界的一狭长地带内。宋陆佃《埤雅·释鱼》云:"今江淮间谓鼍鸣为鼍鼓,抑或谓之鼍更。"陆佃所说的"江淮间",与今天的动物地理区划也基本符合。

扬子鳄虽然是食肉爬行类动物,但它并不是猛兽,平日只以鱼、蛙、鼠等小动物为食物,不像马来鳄那样凶猛,吞食大动物甚至人。所以注文所说"小儿不知,欲取戏弄,便杀人",可能是小儿在沙滩上与它戏弄而失足落水,因而使它得到这个"杀人"的罪名。至于人们称它为"水虎",究竟是因为它的形状可怕,抑是由于"杀人"的传说所致,却不得而知。

《山海经·中山经》蔓渠之山下云:"其上多金玉,其下多竹箭,伊水出焉,而东流注于洛。有兽焉,其名曰马腹,其状如人面虎身,其音如婴儿,是食人。"清郝懿行案:"《刀剑录》云:汉章帝建初八年,铸一金剑,令投伊水中以厌人膝之怪。宏景案,《水经》云:伊水有一物,如人膝头,有爪,人浴,辄没不复出。陶氏所说,参以刘昭注《郡国志》南郡中庐引《荆州记》云:陵水中有物,如马甲,如鲮鲤,不可入。七八月中,好在碛上自暴,膝头如虎爪掌,小儿不知,欲取戏弄,便杀人。或曰,生得者取其鼻厌,可小小便,名为水卢。《水经·沔水注》与《荆州记》小有异同,然则人膝之名盖取此。据陶、刘二家所说,形状与马腹相近,因附记焉。"

据上述《中山经》及郝氏所案,足见《沔水注》的记载,当是郦氏从《荆州记》引来。案《荆州记》一书,晋范汪、刘宋盛弘之、庾仲雍、郭仲产、刘澄之等均有撰作,至少有五、六种之多,均可为郦氏所见及,而各书均已亡佚,已经无从核对。各书所引文字不同如"皋厌"、与"鼻厌","小小使"与"小小便","水虎"与"水卢"等,都是字形相近,显系传抄致讹无疑。据诸书所述,则此物有"马腹"、"人膝"、"水卢"、"水虎"等名称,而特别值得注意的是,古代在伊水中曾有此物。既然汉章帝要铸金剑投入,说明此物在伊水中数量不少。从现在看来,扬子鳄的分布地区已经十分狭小,不仅伊水流域绝不再有此物,即《沔水注》所记载的襄阳、宜城一带,此物也早已绝迹。但古代的情况不同,伊水流域在动物区划中,适当东洋界和古北界之间的过渡地带,扬子鳄出现于这个地区,不足为怪。今天,扬子鳄分布最多的地区,是安徽省的清弋江流域和太湖沿岸。与《中山经》、《荆州记》、《水经注》等文献相对照,我们可以考察这两千多年时间里,这种动物分布地区逐渐向东南缩小的情况。不仅地区缩小,数量当然也大大减少,所以我们国家要把它定为一类动物而加以保护。

马来鳄

卷三十七《浪水》经"其一又东过县东,南入于海"注中,描述了活动于我国南方的一些动物。注文说:

> 吴遣步骘为交州。骘到南海,见土地形势,观尉佗旧治处,负山带海,博敞渺目,高则桑土,下则沃衍,林麓鸟兽,于何不有。海怪鱼鳖,鼋鼍鲜鳄,珍怪异物,千种万类,不可胜记。

由于郦道元足迹未到南方,所以《水经注》记载的南方河流,错误是很多的。《浪水》一篇,按其注文内容,上游即今广西东北部的洛清河,中下游则包括今柳江、黔江和西江。经文所谓"东过县东",这个县,指的是番禺县,即今广州。所以注文所述步骘观看的"土地形势",即今珠江三角洲一带。在步骘所看到的动物中,鼍和鳄两者,是特别值得重视的。这里首先可以研究的是,步骘所见的鼍和鳄是两种动物抑是一种动物。步骘是淮阴人,服官于吴,长江流域的鼍当然是见到过的。初到南方,在珠江流域骤见这种形状相像而体躯比鼍大许多的鳄,或许就两者混而为一,因此,鼍和鳄二字并见。三国以后,西晋的张华在其所著《博物志》中就区别了这两种动物,该书卷九说:"南海有鳄鱼,形如鼍。"张华已经知道,两者不过是形状相似,而并非一种动物。

不过这两者,除了形状相似外,人类猎取它们所作的用途也很相似,古人用鼍皮作鼓,称为鼍鼓,而现在外国人猎取鳄的目的,主要也是为了价值很高的鳄皮。当然,按动物分布的地区来看,鼍是不大可能在珠江三角洲出现的。《浪水注》告诉我们一个很重要的动物地理资料,这就是在公元 3 世纪时,珠江三角洲的鳄是很多的。但如上所述,这个鳄,绝不是古人称鼍和现在称为扬子鳄(Alligator sinensis)的动物,而是今天动物分类中的马来鳄(Crocodilus porosus)。直到唐朝,这种动物在今广东省沿海的溪潭之间,仍然多有存在。这是一种凶猛的爬虫类动物,与长江流域以鱼、蛙之类为食物的鼍完全不同。韩愈诗:"恶溪瘴毒聚,雷霆常汹汹。鳄鱼大如舡,牙眼怖杀侬。"体大如舡,这当然是马来鳄无疑了。韩愈另外还撰了一篇《祭鳄鱼文》,文中说到:"而鳄鱼睅然不安溪潭,据处食民畜、熊、豕、鹿、獐,以肥其身。"其凶猛可见。这种动物属于鳄目的食鱼鳄亚科,现在广东沿海早已绝迹了。从全世界来说,它也是较少的动物,据动物分类学家的统计,全世界现存的爬行纲鳄目动物,只有 1 科,8 属,25 种,《浪水注》记载的马来鳄既已在我国绝迹,故中国目前存在的鳄目动物,已仅有 1 科,1 属,1 种,即扬子鳄了。扬子鳄需要保护,也就是这个道理。

韩愈在潮州当刺史,这个时候,潮州的鳄鱼很多,所以他要以 1 羊、1 猪祭它们,要它们"其率丑类,南徙于海",以免为害百姓。想不到事隔 1200 年,整个鳄目在世界上都已成为珍稀动物,凡是存在这种动物的国家和地区,都以法律加以保护了。

狮 子

卷十四《大辽水》经"又东南过房县西"注中,曾经记及曹操征蹋顿时遇见狮子的故事:

> 《魏书国志》曰:辽西单于蹋顿尤强,为袁氏所厚,故袁尚归之,数入为害。公出卢龙,堑山湮谷五百余里,未至柳城二百里,尚与蹋顿将数万骑逆战,公登白狼山,望柳城卒与虏遇。……《博物志》曰:魏武于马上逢狮子,使格之,杀伤甚众。王乃自率常从健儿数百人击之,狮子吼呼奋越,左右咸惊。

曹操当年到达的地方,柳城在今辽宁省朝阳市以南,位于大凌河沿岸。在这个地区竟发现狮子,实在令人奇怪。当然,动物的分布古今是有变化的。例如亚洲象(Elephas maximus),现在只在南亚的印度、孟加拉、巴基斯坦、斯里兰卡以及中南半岛、马来半岛和我国云南省的西双版纳等地才有存在。但在历史时期,分布的地区比现在要广阔得多。直到公元 10 世纪,今浙江金华和衢州一带,还有这种动物的存在。据《十国春秋》卷十八所载,吴越宝正六年(931):"秋七月,有象入信安境。"又《吴越备史》

卷四所载,癸丑三年(953):"东阳有大象自南方来,陷陂湖而获之。"从世界陆地动物地理分区来看,我国的长江流域以南,以及印度半岛、中南半岛、东印度群岛西部等地,都属于东洋界,亚洲象是东洋界出现的动物,所以在古代森林没有大规模破坏以前,象在这个地区出现是不足为奇的。但狮子(Panthera leo)却不同,它是旧热带界的动物。世界动物地理分区的旧热带界,包括阿拉伯半岛南部以及非洲的撒哈拉沙漠以南地区,在毗邻旧热带的东洋界,历来都很少看到关于狮子的记载,何况《水经注》记载的地区,已在远离旧热带界的古北界,在距今不过1800年的历史时期,竟出现狮子的踪迹,这是不可理解的。

所以《水经注》所引《博物志》关于今辽东地区出现狮子的记载,有必要作一点分析研究。记载中曹操遇见狮子的地方,在中国动物地理区划中,属于古北界、东北区的松辽平原亚区,这个地区,在历史时期是东北虎(P. t. amurensis)出没的地方,曹操和他的官兵,大多去自华北,平时看到的只有华南虎(P. t. amoyensis)。《水经注》记载的华南虎活动的范围是很广阔的,北起鲍丘水、灅水,南到温水、叶榆河,许多卷篇都提到虎。卷三十《淮水注》中还记载了后汉九江郡治阴陵县(今安徽省凤阳一带)"时多虎灾,百姓苦之"。卷三十八《溱水注》中也记载了"虎郡山,亦曰虎市山,以虎多暴故也"。所以虎在当时当然不是稀见的动物。卷十五《伊水》经"又东北过新城县南"注中记载了曹操的儿子曹丕遇虎的事:"魏文帝猎于此山,虎超乘舆,孙礼拔剑投虎于此山。""虎超乘舆",情况也是很危险的,但是由于这是大家习见的华南虎,所以绝不会误作狮子。只见过体躯较小的华南虎的人,突然看到一只硕大斑斓的东北虎,仓促之间,把它讹作传说中听到过的或图画中看到过的狮子,这当然是很可能的。

吊鸟山

卷三十七《叶榆河》经"益州叶榆河,出其县北界,屈从县东北流"注中,记载了一种群鸟飞集吊鸟山的现象。注文说:

（叶榆）县西北八十里,有吊鸟山,众鸟千百为群,其会,鸣呼啁哳,每岁七八月至,十六七日则止,一岁六至。雉雀来吊,夜燃火伺取之。其无嗉不食,似特悲者,以为义,则不取也。俗言凤凰死于此山,故众鸟来吊,因名吊鸟。

这是一个奇怪的鸟类现象。不过郦道元足迹未到南方,《水经注》对南方各地的记载,郦氏都是根据当时流行的资料。这项记载,郦道元虽然并不说明来源,其实是引自《续汉书·郡国志》所引的《广志》。郦道元的时代,《广志》尚未亡佚,所以他也可能直接引自《广志》,不过文字小有不同而已。吊鸟山的奇怪现象是否属实,还需要和其他记载加以核对。

在郦道元以后的约 1000 年,著名的旅行家徐霞客来到这个地方,他在《滇游日记》八,己卯(崇祯十二年,1639 年)三月初二日的日记中记载了邓川州凤羽(今云南省洱源县南)所听到的这种奇怪的鸟类现象。所记只是地名与《水经注》稍有不同。《水经注》作吊鸟山,而徐霞客作鸟吊山。徐霞客说:

> 晨餐后,尹具数骑,邀余游西山。盖西山即凤羽之东垂也。条冈数十支,俱向东蜿蜒而下,北为土主坪。……从土主庙更西上十五里,即关坪,为凤羽绝顶。其南白王庙后,其山更高,望之雪光皑皑而不及登。凤羽,一名鸟吊山,每岁九月,鸟千万为群,来集坪间,皆此地所无者,土人举火,鸟辄投之。

说明郦道元在 1000 年前记载的这种鸟类的现象,徐霞客在 1000 年后再次亲身得到证实。不过,徐霞客到达这里的时候正值三月,而这种奇怪的"鸟会"要到九月(郦道元说七八月)才出现,所以徐氏虽然亲历其地,但并未亲见其事。

云南人民出版社 1985 年出版的校注本《徐霞客游记》,在这一天的日记之后,校注者云南大学历史系朱惠荣先生作了一条注释:

> 这种动人的奇景至今仍然存在,每年中秋前后,在大雾迷蒙,细雨绵绵的夜晚,成群结队按一定路线迁徙的候鸟,迷失了方向,在山间徘徊乱飞,当地群众在山上四处点燃火把诱鸟,火光缭乱,群鸟乱扑。鸟吊山的奇景,在云南不止一处,墨江哈尼族自治县坝溜公社瑶家寨附近的大风丫口,至今每年秋天总有二三晚"鸟会",有时也出现在春季。

朱惠荣先生说"每年中秋前后",则郦道元所说的"每岁七八月至"和徐霞客所说的"每岁九月"都没有错。从朱注中知道参加"鸟会"的都是迷失方向的候鸟。郦道元的记载是"夜燃火伺取之",徐霞客的记载是"土人举火,鸟辄投之",而朱注则说"当地群众在山上四处点燃火把诱鸟"。从《水经注》到朱注,历时 1400 多年,燃火诱捕候鸟的习俗未变,这倒是令人杞忧的。候鸟应该保护,怎能大量诱捕。《水经注》中就已有保护候鸟的记载,卷四十《浙江水》经"北过余杭,东入于海"注云:

> 昔大禹即位十年,东巡狩,崩于会稽,因而葬之。有鸟来,为之耘,春拔草根,秋啄其秽,是以县官禁民,不得妄害此鸟,犯则刑无赦。

与会稽的这种保护候鸟的措施相比,鸟吊山这种长时期的群众性捕杀候鸟,当然是十分不幸的。不过,最近我在云南民族出版社出版的《民族文化》1986 年第 6 期中,读到一篇目击这种"鸟会"的杨圭臬所写的《鸟吊山》一文,使我不胜慰藉,因为诱捕候鸟的事,现在已经停止了。杨文说:

> 鸟雀越来越多,简直像雨点般朝火光扑来。有的叽叽喳喳啼叫,有的引颈长

鸣,震动山谷。这时,只要拿一根长竹竿,随意刷打就可以打下许多鸟雀。据说,过去也是这样的,但近年已再没有人打鸟了。只有偶尔用网兜捕捉几只奇异的鸟类饲养。而上山林的都是来"赶鸟会",欣赏这种罕见的大自然奇观。

至于大量的候鸟来自何处,杨文中也有较详的说明:

　　一位特地从昆明动物研究所赶来参加"鸟会"的科学工作者告诉我:这些鸟中,大部分是从青海湖的鸟岛飞来的。像领鹬这种鸟,就只有青海湖才有。我感到很惊奇,他慢慢地跟我说:这些都是候鸟,每年冬天都要飞到孟加拉湾一带过冬,到第二年春天返回,鸟吊山刚好是候鸟南迁的中途站,于是便有这么多鸟雀了。

会稽鸟耘

《水经注》几次记及会稽鸟耘的故事,说明这个故事在古代是很有名的。卷一《河水》经"屈从其东南流,入渤海"注云:"群象以鼻取水洒地,若苍梧、会稽,象耕、鸟耘矣。"卷十三《漯水》经"漯水出雁门阴馆县,东北过代郡桑乾县南"注云:"池在山原之上,世谓之天池,方里余,澄渟镜净,潭而不流。……池中尝无斥草,及其风箨有沦,辄有小鸟翠色,投渊衔出,若会稽之耘鸟也。"以上两处论及的会稽"鸟耘"和"耘鸟",不熟悉掌故的人,或许莫名其妙。但读了卷四十《浙江水》经"北过余杭,东入于海"注中的一段文字,来源就会清楚。注文云:

　　昔大禹即位十年,东巡狩,崩于会稽,因而葬之。有鸟来,为之耘,春拔草根,秋啄其秽,是以县官禁民,不得妄害此鸟,犯则刑无赦。

在中国古代的神话故事中,鸟兽报德的记载是很多的。关于会稽鸟耘的故事以及《河水注》所记:"若苍梧、会稽,象耕、鸟耘矣"的事,北魏阚骃《十三州志》也有此记载(据《御览》所引),而晋皇甫谧《帝王世纪》中,则记及苍梧象耕的故事(据《初学记》所引)。但在现在能见的古代文献中,最早记载这些故事的,当是《越绝书》。此书卷八说:"大越滨海之民,独以鸟田。"又说,因为禹死会稽,"无以报民功,教民鸟田,一盛一衰。当禹之时,舜死苍梧,象为民田也。禹至此者,亦有因矣"。此外,《吴越春秋》卷六也记及:"天美禹德,而劳其功,使百鸟还为民田。"这就是所谓象耕鸟耘的故事。这类故事在古代必然非常流行,所以《水经注》和其他一些古籍都把它记载了下来。

像这样一类因人的功德感动鸟兽的故事,或许属于古人劝人为善的一种方法。历来有很多类似的记载,在《水经注》中,仅《浙江水注》一篇之中,除了上述会稽鸟耘以外,尚有两处:一处是:"东阳颜乌以淳孝著闻,后有群鸟助衔土块为坟,鸟口皆伤。一境以为颜乌至孝,故致慈乌,欲令孝声远闻,又名其县曰乌伤矣。"这个故事出自刘宋刘敬叔的《异苑》,当然非常无稽。乌伤原是越语地名,以汉意臆解,姑置不论。而乌伤是秦会稽郡属县,当时尚无东阳之名,何来"东阳颜乌"? 同卷还有一例:"(杨)威少失父,事母至孝,常与母入山采薪,为虎所逼,自计不能御,于是抱母,且号且行,虎见其情,遂弭耳而去。自非诚贯精微,孰能理感于英兽矣。"最后两句,道出了故事编者的用心。所以不管是颜乌、杨威,乌鸦、老虎,其实都是子虚乌有的。

但苍梧象耕和会稽鸟耘却不同,尽管舜和禹也都是传说中的人物,但中国历史都早已记下了他们的名氏,而苍梧的多象和会稽的鸟群也都是实有其物。当然,象与舜的关系,鸟与禹的关系,都是无稽之谈。

先说象,现在国内只有西双版纳还有这种动物,但在古代,南方各地都有象的存在。不要说苍梧,即在今浙江省境内,直到唐末、五代,仍有象活动的历史记载。例如《十国春秋》卷十八,吴越宝正六年(931):"秋七月,有象入信安境,王命兵士取之,圈而育焉。"又《吴越备史》卷四,癸丑三年(953):"东阳有大象自南方来,陷陂湖而获之。"至于会稽的鸟,这是一种至今仍然存在的从北方南来的候鸟。学名称为绿头鸭(Anas platyrhynehos),俗称野鸭,至今仍然南来北去,只是由于生态环境的改变,南方的栖居地比过去已经小得多了。

对于象耕和鸟耘的虚妄,王充早已作过解释,他在《论衡·偶会篇》中说:"传曰:舜葬苍梧,象为之耕;禹葬会稽,鸟为之田。失事之实,虚妄之言也。"在《书虚篇》,他又解释了象耕鸟耘的现象及其道理:"传书言,舜葬于苍梧,象为之耕;禹葬会稽,鸟为之田。盖以圣德所致,天地鸟兽报佑之也。……鸟田象耕,报佑舜禹,非其实也。实者,苍梧多象之土,会稽众鸟所居。《禹贡》曰:彭蠡既潴,阳鸟悠居,天地之情,鸟兽所行也。象自蹈土,鸟自食苹,土蹶草尽,若耕田状,壤靡泥易,人随种之。"至于这些"耘鸟"是什么鸟,从何处来? 王充也有解释,《偶会篇》说:"雁鹄集于会稽,去避碣石之寒。来遭民田之毕,蹈履民田,啄食草粮。粮尽食索,春雨适作,避热北去,复至碣石。象耕灵陵,亦如是焉。"这里,王充所说的"雁鹄",就是我在前面指出的学名称为绿头鸭的候鸟。在王充的时代,今钱塘江口和曹娥江沿岸,还是大片沼泽地,是这种候鸟越冬的极好的环境,所以会稽鸟耘的现象,王充显然是目击的。直到今天,这种候鸟仍然到这一带越冬,当然,数量和栖息地域,都比过去要小得多了。

《浙江水注》记载的会稽鸟耘的故事,和其他这类故事一样,尽管事涉虚妄,但从劝人为善这一点来说,故事的意义显然是积极的。而其中有几句话,现在看来特别具有价值,即:"是以县官禁民,不得妄害此鸟,犯则刑无赦。"这种鸟类既为民耘田,当然是益鸟,因此县官加以保护,否则就予以法律制裁。这或许是我国有关动物保护的最早记载。

盐

盐是中国人所谓"开门七件事"（柴米油盐酱醋茶）之一，是国计民生中的大事。至于盐是怎样生产出来的，对我来说，一直要到我吃盐超过 30 年后才有所接触。1957 年，当时我是浙江师范学院地理系的经济地理教研室主任。这一年，本科生进行经济地理野外实习，我是义不容辞的带队人，率领全班学生和教研室的教师，到宁绍平原和舟山群岛实习，而慈溪庵东盐场是我们的实习对象之一，在那里，我目击了盐的全部生产过程。

浙东的盐业生产，都是采用刮泥淋卤的方法。把海水引入盐田，利用日光加速海水的蒸发量，提高海水的含盐度，然后把饱含盐分的田泥刮起来堆好，用海水淋成卤水。至于卤水怎样成盐，历史上是用熬盘煎熬，这种方法一直延续到清代末叶，后来由于山上的树木砍光，燃料昂贵，就改用板晒。把卤水放在一块如单人床大小的、四周加框（使卤水不致流出）的木板上，在日光曝晒之下，盐就在盐板上结晶出来了。所以天气越热，越是晒盐的好季节。一个盐民的工作负荷，数倍于一般农民。"粒粒皆辛苦"，这是手工盐业的特点。

在盐场参观时，看到盐田边到处搭着一种数丈高的架子，架上置放着许多带叶的竹枝，远望宛如一丛丛的竹林。陪同参观的工程师告诉我，这是这一年刚从日本引进的"枝条架"，把海水用唧筒打到枝条架上，海水通过一丛丛竹枝和竹叶落下来，为的是加速其蒸发量，提高含盐浓度。工程师又告诉我，日本的濑户内海诸盐场，同样采用刮泥淋卤的方法，和庵东盐场一式一样。只有"枝条架"算是一个先进的东西，我们也就把它引进来了。

事隔 20 余年，我去日本讲学，在日本盐业史专家，大阪商业大学教授富冈仪八先生的陪同下，到濑户内海参观了赤穂海水化学工业株式会社。开始，我真有些不敢相信自己的眼睛，哪里有什么盐田、盐板和曾经被我们当作先进事物而引进的枝条架。眼前只有一片厂房，一端是吸入海水的管道，海水吸入以后，经过几个车间，一袋袋雪白的盐就从机器里装出来了。赤穂市市政府观光课课长藤原昭正先生告诉我，这一带的上千亩盐田，早已卖给国家，开辟成为海滨旅游区了。

富冈教授对盐业史和盐业历史地理的造诣很深，曾经在东京古今书院出版过一本长达五百多页的专著《日本の盐道——その历史地理学の研究》，获得了日本的国家级奖状。他为人热诚好客，我每次去日本，他总要邀请我到他家作客。他家就在濑户内海之滨，赤穂市的御崎。这里是濑户内海的一个旅游区，风景秀美，有不少名胜古迹。1985年春,我们夫妇又应邀到他家作客两天。晚饭以后,富冈夫人十分认真地向我内人传授"茶道"之术;富冈先生则拿出早已准备好的纸张,为我濡墨洗笔,要我为他题字。我临时构思,题写了几句急就章,意思是,中国盐业的历史悠久,但迄今尚无像他所撰的那种巨著,希望他也可以写一本有关中国盐业的历史地理研究的著作。

我的这几句题字,他居然认真对待,订出计划,要写一部中国盐道的书。经过他与中国地理学会的联系,此后就每年到中国考察盐业,先后考察了新疆南部和沿海各省的盐场,并于1987年夏季来到浙江。因为他是通过中国地理学会的关系进行考察的,而我是中国地理学会的理事和浙江地理学会的理事长,加上我们又是老朋友,所以他到浙江,我们夫妇义不容辞地陪同他到慈溪庵东考察。不胜惭愧的是,50年代末期与濑户内海属于同一水平的庵东盐场,事隔30年,尽管在若干工序上添置了一些机械,但基本上仍然停留在刮泥、淋卤、板晒的手工业制盐状态。当然,富冈先生是很懂得礼貌的,要是他提出一个问题,这20多年你们的盐业在干什么? 我们又怎样回答呢?

应富冈先生的要求,在庵东和杭州开了好几次座谈会,由于富冈不谙英语,只好全用日语交谈,我内人就充当翻译。我在旁静听,增长了不少知识。我发现他所提的问题,主要都围绕着盐业的历史地理,包括盐场的位置和自然条件,盐业发展的历史,各个时代的生产方法以及运输、销售等等。都是紧紧扣住他撰写中国盐道这本专著的需要。我受他的启发,把中国古籍中有关盐业的记载作了一番检索,我发现,宋代以后,这类文献很多,但宋代以前则相当缺乏。从先秦到宋代,有关这方面的记载往往是寥寥数语,这期间,记载的地区最广泛和资料最详细的,莫过于《水经注》。

《水经注》记载中国古代的盐业有两个特点,第一是各种盐业资源和生产方法具备,这中间包括海盐、池盐、井盐、岩盐,郦注均有完整的记载。

卷九《淇水》经"又东北过漂榆邑,入于海"注云:

> 清河又东迳漂榆邑故城南,俗谓之角飞城。《赵记》云:石勒使王述煮盐于角飞,即城异名矣。《魏土地记》曰:高城县东北百里,北尽漂榆,东临巨海,民咸煮海水,藉盐为业,即此城也。

这里记载的是今华北渤海沿岸的盐业生产,漂榆邑在今天津以南,以后属于长芦盐区,历来就是我国的主要海盐生产基地。

卷六《涑水》经"又西南过安邑县西"注云:

> 其水又迳安邑故城南,又西流注于盐池。《地理志》曰:盐池在安邑西南。……长五十一里,广七里,周百一十六里。……今池水东西七十里,南北十七里,紫色澄渟,潭而不流。水出石盐,自然印成,朝取夕复,终无减损。惟山水暴至,雨潦潢潦奔泆,则盐池用耗。故公私共塌水径,防其淫滥,谓之盐水,亦谓之为塌水。

《山海经》谓之盐贩之泽也。

安邑盐池就是今山西省的解池,是我国历史上的著名盐池。"今池水东西七十里,南北十七里",清楚地描绘了今天我们在地图上看到的这个东北、西南向的狭长的盐池的轮廓。

卷三十三《江水》经"又东过鱼复县南,夷水出焉"注云:

> 北流迳巴东郡之南浦侨县西,溪硖侧,盐井三口,相去各数十步,以木为桶,径五尺,修煮不绝。……江水又东,右迳朐忍县故城南,……南流历县,翼带盐井一百所,巴川资以自给。粒大者方寸,中央隆起,形如张伞,故因名之曰伞子盐。有不成者,形亦必方,异于常盐矣。王隐《晋书·地道记》曰:入汤口四十三里,有石煮以为盐,石大者如升,小者如拳,煮之水竭盐成。盖蜀火井之伦,水火相得,乃佳矣。

这里,注文记载了今四川省东部的井盐生产,包括盐井数量,产品性状,供销范围和用天然气作燃料的生产过程等,都写得十分清楚,是一项完整的井盐资料。

卷一《河水》经"屈从其东南流,入渤海"注云:

> 山西有大水,名新头河。……有石盐,白如水精,大段则破而用之。康泰曰:安息、月氏、天竺至伽那调御,皆仰此盐。

这里,注文记载的是我国西北,中印边界地区的岩盐。"大段则破而用之",写出了资源的丰富;"安息、月氏、天竺至伽那调御,皆仰此盐",写出了广阔的供销范围。

《水经注》记载中国古代盐业的第二个特点是范围广阔,资料丰富。从海盐来说,既有华北沿海的角飞城、漂榆邑盐场(卷九《淇水》)、平度县盐坑(卷二十六《胶水》),又有两淮沿海的南莒盐官(卷三十《淮水》)和东南沿海的盐官县马皋城盐场(卷二十九《沔水》)。从池盐来说,为数更多,范围更广,如三水县盐官(卷二《河水》)、广牧县盐官、朔方县盐官、沃阳县盐池(3处均卷三《河水》)、安邑盐池、河东盐池、猗氏盐池(三处均卷六《涑水》)等。从井盐来说,有巴獠盐井(卷二十九《沔水》)、临邛县制盐、临江县盐官、南浦侨县盐井、朐忍县盐井、汤口火井煮盐(各处均卷三十三《江水》)等。从岩盐来说,有新头河石盐场(卷一《河水》)、西县盐官、仇夷百顷盐田(2处均卷二十《漾水》)等。我们完全可以根据《水经注》记载的资料,绘制出一幅公元6世纪及其以前的盐业资源和盐业生产分布图。

[附记]

《水经注》给予我古代盐业的历史地理知识,50年代带领地理系学生在宁绍平原野外实习,又让我目睹海盐的手工业生产过程。但是对于海盐的现代化生产过程以及有关盐的其他知识,则是从80年代初期起陆续得之于日本的富冈仪八教授。富冈教授出生于1924年,立命馆大学文学博士,大阪商业大学教授,毕生专攻盐道(古代盐运),以《日本之盐道》(东京古今书院1978年版)一书获奖。他为学孜孜不倦,为人诚恳笃实。而对于日军发动的侵华战争,至感痛恨。1983年我们初识,他即在赤穗市御崎他家的和式客厅中,长跪向我致歉(其实战时他还在高中念书)。从此我们就成为挚友,我每次到日本讲学,他必坚邀我们夫妇去他家作客。80年代中,他由于计划撰写一本《中国之盐道》,在中国科学院地理研究所的协助下,每年来中国考察各种盐场。1990年8月,我由于主编《浙江古今地名词典》(浙江教育出版社1991年版)在舟山定稿,他到杭州后由我内人陪同到舟山,他除了考察舟山盐场外,还代表日本文部省将《中国南方丝绸之路论证》的课题委托给我。接着他去慈溪考察庵东盐场。我返杭州后,曾以浙江省地理学会和杭州大学地理系的名义,请他作了《经济地理研究法》的学术报告,由我内人为他翻译。这一次他在浙江考察了近一个月才返国,想不到竟成永诀。1991年春,我们夫妇去四川考察南方丝绸之路回来,4月中还几次与他通信。谁知6月20日突然接他家属从日本来的电话,他因肝病于此日逝世。令人不胜震悼。

为了纪念这位日本的盐道专家,我在为《浙江省盐业志》(中华书局1996年版)所写的序中特地加了一段:

> 我的日本亡友、大阪商业大学教授富冈仪八先生,是国际知名的盐业研究专家,曾经撰有盐业专著数百万字,在他的一本名著《地域之研究——产业、都市、交通地理学分析》(日本严潮社1980年版)卷首,有国际地理学会历史地理专业委员会主席、日本立命馆大学教授谷冈武雄所写的序言,综论世界各国的盐业,并且指出:"盐是保证国家独立的必要条件,瑞士的独立,即与其贝克斯(Bex)岩盐有密切关系(案贝克斯位于日内瓦湖以东的罗讷河东岸)。"可知时至今日,盐资源的蕴藏和盐业生产的发展,仍是立国之本。

石　油

在《水经注》全书中,有关石油的记载只有两处,而且是在同一条经文即卷三《河水》经"又南过上郡高奴县东"注下。注云:

> 清水又东迳高奴县,合丰林水。《地理志》谓之洧水也。故言高奴县有洧水,肥可𤋱(按即古"燃"字,下同)。水上有肥,可接取用之。《博物志》称酒泉延寿县南山出泉水,大如筥,注地为沟,水有肥如肉汁,取著器中,始黄后黑,如凝膏,然

（按即"燃"，古时然、燃通用）极明，与膏无异，膏车及水碓缸甚佳，彼方人谓之石漆。水肥亦所在有之，非止高奴县洧水也。

这段注文记及的地方有两处：一处是高奴县，这是秦建置的县，位于今陕西延安东北的延河北岸。注文所说的洧水，其实就是今延河的古称。另一处延寿县是东汉建置的县，位于今甘肃石门以南。按《汉书·地理志》上郡高奴县："有洧水，可䕩。"所以郦注这一条记载来自《汉书·地理志》。延河流域的石油蕴藏已经为事实所证明。

这条注文中，由于记载高奴县的这种"水上有肥"的现象，又引《博物志》记及了延寿县的同类情况，而注文比叙述高奴县更为详细。注文引自汉张华《博物志》，但《博物志》属于亡佚之书，所以郦注是现存古籍中最早记及玉门油矿的文献，实属可贵。当然，在郦道元的时代，尚无石油之名，而是用"水肥"来说明这种事物的现象，"肥"，其实就是"油"的意思。延寿人称此为"石漆"，由于他们用此"膏水碓缸"，以此作漆，才出现这个名称。这段注文的非常重要的一句是："水肥亦所在有之，非止高奴县洧水也。"说明郦道元见闻所及的这种"水肥"现象很多，可惜他除了旁及延寿县以外，没有记载他所知的其他地方。

最早使用"石油"一名的，或许是北宋沈括的《梦溪笔谈》，此书卷二十四《杂志一》记及：

> 鄜、延境内有石油，旧说"高奴县出脂水"，即此也。生于水际，沙石与泉水相杂，惘惘而出，土人以雉尾裹之，乃采入缶中，然之如麻，但烟甚浓，所需屋幕皆黑。予疑其烟可用，试扫其煤以为墨，黑光如漆，松墨不及也，遂大为之。其识文为"延川石液"者是也。此物后必大行于世，自予始为之。盖石油至多，生于地中无穷，不若松木有时而竭。

沈括所谓"旧说高奴县有脂水"，这个"旧说"可能指的《汉书·地理志》或《水经注》。沈括所说"盖石油至多，生于地中无穷"与郦道元所说"水肥亦所在有之，非止高奴县洧水也"，这是他们的所见相同。对于沈括所说："此物后必大行于世"的话，我曾经不止一次地看到有人写文章说这是他的真知灼见和眼光远大等等之类，因为现在石油已经成为人类极端重要的燃料资源。沈括其人其书当然都是很了不起的，但是他所说的"后必大行于世"，指的是以石油所成的烟煤制墨，并不及其他。也和郦道元引《博物志》所说的"膏车及水碓缸甚佳"一样，只是当时人们的就地取材，而沈括时代所制的"延川石液"的墨，比汉张华所说的"膏车及水碓缸"，在利用上当然前进了一步。这就是沈括所说的"大行于世"的来由。尽管当时人们确实有以此作为燃料和照明之用的，如高奴县的"肥可䕩，水上有肥，可接取用之"，延寿县的"然极明"，均可为证。但是包括郦道元和沈括，他们绝对不可能预料到石油在内燃机发明以后和石油化工发展以后的当今情况的。用沈括的"此物后必大行于世"这一句话来捧杀古人古书，这样的科学史专家，实在令人遗憾。

上面已经说到，在全部《水经注》记及石油的只有《河水注》的这一段。但与石油不无关系的天然气，全注中记及3处：

卷三《河水》经"又南过西河圁阴县东"注云：

> 《地理风俗记》曰：圁阴县西五十里有鸿门亭、天封苑、火井庙，火从地中出。

卷十三《灅水》经"灅水出雁门阴馆县，东北过代郡桑乾县南"注云：

> （黄水）又东历故亭北，右合火山西溪水，水导源火山，西北流。山上有火井，南北六七十步，广减尺许，源深不见底，炎势上升，常若微雷发响，以草爨之，则烟腾火发。

卷三十三《江水》经"岷山在蜀郡氐道县，大江所出，东南过其县北"注云：

> 江水又迳临邛县，王莽之监邛也。县有火井、盐水，昏夜之时，光兴上照。

以上圁阴等3处，显然都是记的天然气。其中，《河水注》的圁阴县，位于古代圁水之北，圁水是何水？历史地理学界有两种说法，一为今陕北窟野河，一为今陕北秃尾河，都是今榆林以东的黄河支流。《灅水注》的火井，在今山西大同附近。《江水注》的火井，在今四川邛崃一带。前两地当前未见天然气的报道，但四川的天然气分布甚广，与《水经注》的记载可以印证。

煤　炭

《水经注》全书中记载了不少矿物，包括金属矿物、非金属矿物和燃料矿物，多达十余种。其中燃料矿物除石油和天然气外，也记及煤炭。在那个时代，当然尚无煤炭之名，但石炭一名已经出现。在我国古籍中，使用"石炭"这个名称并记及其用途的，或许以南朝宋雷次宗所撰的《豫章记》为最早，撰于刘宋文帝元嘉元年，即公元429年。但此书已经亡佚，有关石炭这一条引存于《续汉书·郡国志》建城注："县有葛乡，有石炭二顷，可燃以炊。"建城在今江西省高安县，它西部的萍乡，是我国江南的重要煤矿之一。

《水经注》之撰距《豫章记》不到百年，郦氏当然见及此书，所以在其记载中也使用石炭这个名称。不过由于郦注记载中也常录入前代的其他文献，所以除石炭以外，郦注记载煤炭也还用其他名称。使用石炭这个名称的，另外还有一例：卷二《河水》经"其一源出于阗国南山，北流与葱岭所出河合，又东注蒲昌海"注云：

> 北河又东迳龟兹国南，……释氏《西域记》曰：屈茨北二百里有山，夜则火光，

昼日但烟,入取此山石炭,冶此山铁,恒充三十六国用。

此条引释氏《西域记》。释氏不知何许人,亦不详其所在年代。杨守敬在《水经注疏》中把此书之名作释氏《西域志》,并引《通典》卷一百九十三,认为"诸家记天竺事,多录诸法明(按即法显,唐人避讳改'显'为'明')、道安之流,此注屡引释氏《西域志》,即道安之书无疑。"假使杨氏之言属实,则提出"石炭"一名为道安。道安是东晋名僧,早于刘宋雷次宗。不过释氏《西域记》即道安《西域志》之说,究无实证,我们不能轻易论定。按龟兹(屈茨)是古代西域国名,国治在今新疆库车以东。这段注文不仅记及煤炭,而且还记及用煤炭冶铁,"夜则火光,昼日但烟",说明这个地区的冶铁工业已经相当发达。"恒充三十六国用",则是记及了产品的市场。所以这段注文不仅记及煤炭,而且把燃料、原料、加工和市场都作了记载,是一项完整的西域历史经济地理资料,实在很可宝贵。

《水经注》记载煤炭并用石炭这个名称的,还有一个例子是卷十三《㶟水》经"㶟水出雁门阴馆县,东北过代郡桑乾县南"注下:

> 《魏土地记》曰:平城西三十里武州塞口者也。……一水自枝渠南流东南出,火山水注之,水发火山东溪,东北流出山,山有石炭,火之,热同樵炭也。

这条注文引自《魏土地记》,此书亦称《大魏诸州记》,是北魏当代的著作。注文所记:"山有石炭,火之,热同樵炭也。"所记十分明白。发现这种石炭的地区在平城以西,平城是北魏迁都洛阳前的首都,在今山西大同附近,至今仍是我国重要的煤炭产地。

《水经注》中还有一些记载煤炭的例子,虽然不用石炭这个名称,但其所记是煤炭却是无疑的。例如卷十四《鲍丘水》经"又南至雍奴县北,屈东入于海"注云:

> (庚)水出右北平徐无县北塞中,西南流历徐无山得黑牛谷水。……《开山图》曰:山出不灰之木,生火之石。按注云,其木色黑似炭而无叶,有石赤色如丹,以二石相磨则火发,以然无灰之木。

上述注文所记的"生火之石",当是一种燧石;而"不灰之木",注文说"其木黑色,似炭而无叶",当然是煤炭无疑。按徐无县是西汉建置的县,位于今河北省遵化以东,这一带至今仍富于煤炭蕴藏。

卷三十九《赣水》经"又北过南昌县西"注云:

> 浊水又东迳建成县,……县出燃石。《异物志》曰:石色黄白而理疏,以水灌之便热,以鼎著其上,炊足以熟,置之则冷,灌之则热,如此无穷。元康中,雷孔章入洛,赍石以示张公。张公曰:此谓燃石。于是乃知其名。

注文记及的建成县,即是前述《豫章记》中的建城县。建成是汉高祖六年(前

201）建置的县，到东汉改为建城县。《异物志》所说的"燃石"，其实就是《豫章记》记载的"石炭"。郦道元是见到《豫章记》的，他在《赣水注》中曾两次提及雷次宗，在同卷《庐江水注》中，又明明引用了《豫章记》。但是在涉及这种矿物时，他却不用《豫章记》而用了《异物志》。全祖望在为赵一清《水经注释》所作的序言中，称郦道元的性格："乃以过于嗜奇，称繁引博。"清凌扬藻在其《蠡勺编》卷二十一中，也评论郦道元："但嗜奇博，读者眩焉。"全、凌二氏所说的是事实，郦道元在其著书立说之中，确有这种倾向，但对于古人古书，我们无法作这样的求全责备，而《水经注》作为一部不朽名著，书中的这种不足，属于瑕不掩瑜。

化　石

　　卷三十《淮水》经"又东过当涂县北，洈水从西北来注之"注中，记载了一处古代动物化石的资料。注云：

　　　　《春秋左传》哀公十年，大夫对孟孙曰：禹会诸侯于涂山，执玉帛者万国。杜预曰：涂山在寿春东北。非也。余按《国语》曰：吴伐楚，堕会稽，获骨焉，节专车。吴子使来聘，且问之，客执骨而问曰：敢问骨何为大？仲尼曰：丘闻之，昔禹致群神于会稽之山，防风氏后至，禹杀之，其骨专车，此为大也。

　　郦道元此语引自《国语·鲁语下》，所记是一种中国古代的传说，古籍多有记载。但《吴越春秋》卷四记得最为完整：

　　　　禹三年服毕，哀民，不得已即天子之位，三载考功，五年政定，周行天下。归，还大越，登茅山，以朝四方群臣，观示中州诸侯。防风氏后至，斩以示众，示天下悉属禹也。

　　这一段话，作为传说，当然不妨听听；但作为历史，显然是荒唐透顶的。姑且说确实有禹这个人吧，那时浙江尚在荒服之外，居住着一种被中原汉人视为蛮夷的于越族，禹怎能到域外去组织一个各路诸侯会议。散布在全国的诸侯，又怎能跑到会稽这个偏僻的地方去赴会呢？想想现在的条件，我们现在每举行一次学术会议，总有一些人因为买不到飞机、火车票而迟到，但在几千年以前，防风氏竟因迟到而受戮，实在令人诧异。而这个防风氏，却又似神似兽，身上长了这样大的骨骼，岂不怪哉。

　　《鲁语》的记载中，"获骨焉，节专车"的话，与这个地区以后的发现对照，或许是确有其事的。因为这类巨大的骨骼，这个地区以后的记载中，继续有所发现。据嘉庆《山阴县志》卷二十一"坛庙"所载："七尺庙在偏门外县西四十里湖塘村，宋时建里社，掘土得骨长七尺，仍瘗之，立祀神像于其上，故名七尺庙。"显然，这种在春秋时代当作防风氏的遗体,而宋代又专门为它修建 7 尺庙的巨大骨骼,其实就是中生代活动于这个地区的恐龙一类的化石。

《水经注》记载的化石资料还不止这一处,卷三十八《涟水》经"涟水出连道县西,资水之别"注中,也记载了一处鱼类化石。注云:

> (涟水)东入衡阳湘乡县,历石鱼山下,多玄石,山高八十余丈,广十里,石色黑而理若云母。开发一重,辄有鱼形,鳞鳍首尾,宛若刻画,长数寸,鱼形备足。

这段记载鱼类化石的文字,因为描述得十分清楚,所以一读便知。由于古人没有关于化石的知识,有时往往与其他一些传说相附会,如上述关于防风氏骨骼的神话一样。所以郦注中凡是涉及这类记载的,都值得作一点分析。例如卷三十《淮水》经"又东过寿春县北,肥水从县东北流注之"注中,也有一段文字,恐怕与此有关,注云:

> 淮水又北迳山硖中,谓之硖石,对岸山上结二城,以防津要。西岸山上有马迹,世传淮南王乘马升仙所在也。今山之东南,石上有大小马迹十余所,今仍存焉。

这里,注文所说的"马迹",或许也有化石的可能。

杂　俎

信息社会

　　现在的社会是个信息社会,各行各业都要信息灵通,这话确实不错。在邮学研究中,由于信息不通而造成浪费重复的事,已经屡次发生。特别是发生在一些年迈学者之中,这些学者的精力是十分可贵的。让这些学者的精力,也就是他一生中最后几年的学术生命白白浪费,实在令人惋惜。

　　以老一辈邮学家钟凤年先生为例,他是毕生从事邮学研究的著名邮学家,著述甚丰。胡适曾于1947年致书与他讨论《水经注》疑案(《与钟凤年先生讨论水经注疑案的一封信》,载民国三十六年五月七日《经世日报·读书周刊》)。他也亲至胡寓参观了胡氏所搜集的大量邮注版本。胡适在1947年至1948年间,曾不断与他书信往来,探讨邮学,今有《与钟凤年先生论水经注书的四封信》,收入于《胡适手稿》第四集下册,所以他是一位十分关心邮学发展的学者。1957年北京科学出版社影印出版杨、熊《水经注疏》,当时他年已古稀,但因看到此书错误千出,即以耄耋之年,埋头校勘,花了近20年的苦功,终于校出了错漏2400余处,撰成7万字的《水经注疏勘误》,发表于1982年福建人民出版社出版的《古籍论丛》一书之中。但实际上,钟氏校勘此书的后期,台北中华书局已于1971年影印出版了《杨熊合撰水经注疏》,该书底本由于熊会贞生前的不断校阅,与北京本的底本大不相同,基本上没有错漏,但是由于信息不灵,他的校勘没有利用台北本的成果。钟氏《勘误》发表以后,我不久即获得台北本,用台北本与钟氏《勘误》对勘,发现钟氏所校者,台北本实已全部改正,而且还有许多超过钟氏所校之处。以卷四十《渐江水》一篇为例,钟氏共校出错漏47处,他当然是花了大量劳动的。但我与台北本对勘,轻而易举地校出了北京本的错漏55处,较钟氏多出8处。而其余各篇,大率类此。钟氏校勘此书的最后几年,年已近9旬(钟先生于1987年谢世,享年100岁),让这样的年迈学者浪费精力,令人扼腕。钟氏以92岁高龄,尚在《社会科学战线》1979年第2期发表《评我所见的各本水经注》的论文,在郦注版本研究中甚有价值。假使他的晚年精力能够不浪费于《勘误》,则他在郦学研究中必将作出更大的贡献。

另一位由于信息不通而浪费了大量晚年精力的学者是南京师范大学的段熙仲教授。他接受出版社的委托,于70年代初点校北京本《水经注疏》,准备排印出版。他从事这项工作之时,台北本《杨熊合撰水经注疏》其实已经出版,但因他未曾获得这个信息,因此一直埋头于点校工作。1979年8月,我在天津市人民图书馆阅读全祖望《五校抄本》,阅毕,曾去南京图书馆阅读《大明舆地名胜志》,却在该馆与他邂逅。他当时手持北京本,正在馆内阅览室校勘。此时他年已8旬,但精神闪烁,我们一见如故,长谈竟日。当时,我对台北本出版之事尚一无所知,但事隔1年,日本关西大学藤善真澄教授将台北本18巨册邮寄给我,我展阅之下,立刻发现段老的校勘工作有大量都是徒劳,因为他在南京图书馆煞费苦心校勘出来的成果,台北本早已完备。当我把这个信息告诉段老时,他已向出版社交稿,而出版社得到这个消息后,也就感到既然台北已出了佳本,则段老之本如不把台北本的成果吸收在内,出版就失去意义。在段老的几次敦促之下,我才不得已于1984年挤出半年多时间,日以继夜地把北京、台北两本的异同和北京本的错漏重校一次,合二本为一体,于次年年底完成了任务。

但此稿交出版社不到半年,1986年春,我忽然接到香港郦学家吴天任先生寄来的他的大著《杨惺吾先生年谱》,此书于1974年在台北艺文印书馆出版,吴氏寄我此书时,出版已有10年。此书中附有一种《水经注疏清写本与最后修订本校记》。实际上就是北京影印本与台北影印本的异同对勘。吴氏花了几年精力,把两本异同与北京本错漏逐句校出,以对比形式排版,读之一目了然。我同样由于信息不灵,因而浪费了半年多的精力。当然,与钟、段二老相比,不仅我年辈尚幼,而浪费的时间精力也远不如二老。但假使这一年多时间我能从事其他研究工作,毕竟总能获得一些更有意义的成果。使我深深体会到,我们生存在这个信息社会之中,如不重视信息的流通,必然就要受到惩罚。钟、段两老和我在《水经注疏》这种信息上的失聪,教训也就不小了。

风　格

　　现在,我们对于周围出现的那种谦让、助人、关心集体、不谋私利等行为,往往不假思索地运用这个词汇:"风格。"说"某人风格高"之类的颂扬话。"风格"这个词汇,没有什么严格的定义,但它的正面和反面,大家都理解,这叫做不言而喻。我前几年被邀请到西北的一所著名大学讲学,那里的朋友告诉我,这个城市有不少人研究汉简,其中有一部分人,把他们手上所有的汉简,紧紧地锁在自己的抽斗里,绝不示人,互相保密。其实,少数汉简,成不了大事,能够合起来多好呢?但是他们绝对不干。因为生怕别人手快,利用你的收藏写文章出名。所以宁可把少量不成器的汉简各自收藏起来,其实和它们埋在沙漠里的时候一样,永远起不了作用。这样的人,也可以动用"风格"这个词汇,当然,他们的"风格"实在堪虞。

　　浙江省计划为本省编纂一部《古今地名词典》,要我担任主编。古地名的词条,当然要从各种古籍中去选取。我想到明朝的曹学佺编过一部《大明舆地名胜志》,书有193卷,早年我因为辑《水经注》佚文,曾经仔细地通读过。它的编纂体例是分省定卷,浙江省的不到10卷,我考虑此书中或许有它书不收的名胜古迹地名。就派了两位编委带了公家介绍信专程到收藏此书的某个图书馆去商量把浙江省的几卷复制出来。他们说要讨论讨论,不久寄来一封盖了该馆公章的信,浙江省部分共计457页,他们竟开价复制、资料几种名目的费用,共人民币2000元正。这种以国家藏书为己有而对读者漫天索价的行为,实在是世界上文明国家的图书馆所罕见的。记得那年我从美国国会图书馆复制孤本乾隆手抄本《越中杂识》,也不过是按规定付了少量的复制费(此款是斯坦福大学的 G. W. Skinner 教授代我偿付的)。而如今社会主义国家竟有这样的图书馆,的确令人骇然。真为他们的"风格"担忧。

　　读《水经注》,在以往的郦学家中,确实有不少风格高尚的事例,溯昔抚今,令人感慨不已。

　　全祖望在其《沈氏水经注校本跋》(《全校水经注附录》上)一文中述及他与郦学家沈炳巽(绎旃)之间的关系。沈氏以九年功力撰成《水经注集释订讹》一稿,尚未付刻(1935年始由商务印书馆收入《四库珍本丛书》出版),当时全氏亦在校勘郦注,希望参考沈氏稿,遂于乾隆十五年(1750)致函沈氏求其稿。沈氏接全氏信后,欣然携稿从湖州到杭州,并把他的亡友另一郦学家董祐诚的遗稿《水经注图说残稿》一并带上。沈氏与全氏在杭州讨论浃旬,然后把其稿留在全氏处,供全氏的校勘参考。

　　另一道光年间的郦学家张穆(石舟),他为了要弄清全、赵、戴3家的所谓《水经注》案,很想查阅当时已经散佚的全氏所校的《水经注》原稿,这事本来是相当困难的,但是在几位风格高尚的人物的帮助下,居然达到了他的目的。张穆在他的《赵戴水经注案》(《张约园本》)一文中,记述了此事始末:"老友王君麓轩告余曰:谢山稿本,今尚有十余册,藏之月船卢氏。穆问可致否? 麓轩曰:试为子询之。卢氏重麓轩请,别倩书手传抄十卷,并《谢山题辞》、《目录》一卷,于甲辰(按道光二十四年,1844 年)春附公车寄到。"这里,张穆与王麓轩(按即整理过全氏《七校水经注》的王梓材)当然有旧交,但卢(卢文弨之后)与张穆毫无关系,而为了学术研究,卢氏却显得如此大方,风格何其高也。

孙星衍是有清一代的著名学者之一,他校有《水经注》一部未曾付刻,原稿藏汪均之处。刘履芬、薛福成和萧穆 3 人,各录有抄本 1 部。光绪间,王先谦在湖南编纂《合校水经注》,征求各名家校本,汇入他的合校本。萧穆知道此事后,立刻将他抄存的孙星衍校本寄王氏。当时,孙氏校本包括原稿本在内,人间不过四部,可称稀物,但萧氏却绝不从这方面计较得失,让我们今天在合校本中也可以看到孙星衍的校勘成果。在历来的郦学家中,这样的例子实在不少,他们的高尚风格,确实值得学习。

"风格"一词,一正一反,得失何其大,值得人们深思。

[附记]

因为我从美国国会图书馆弄回了《越中杂识》这个手抄孤本的复制本,又因为我担任了浙江省方志学会的顾问。在《中国地方志联合目录》公开出版以后,地方上的修志人员,从《联合目录》中获悉了自己县历来方志的收藏情况,于是,要求我从国外图书馆为他们弄回自己县流落在外的方志孤本的事情就发生了。去年年底,象山县和常山县先后派人来向我提出这种要求。象山县要求的是收藏在美国斯坦福大学图书馆的康熙二十一年李郁修的《象山县志》刊本 16 卷,常山县要求的是收藏在日本官内省图书寮的康熙二十二年杨溁修的《常山县志》抄本 15 卷,使我又一次获得对比国内外图书馆的"风格"的机会。说实话,在接受了这两个县的委托以后,我当然希望引进这两种孤本方志的工作能够顺利,但另一方面又使我产生一种矛盾的心理,这就是,我从国外图书馆引进这些孤本方志的工作越顺利,我的思想就越感到沉重。而事实恰恰就是如此。所以,孤本虽已到手,但内心却充满了惭愧和烦恼。

上面两种孤本方志,在斯坦福大学图书馆的《象山县志》当然非常方便,因为几年前为我到美国国会图书馆复制孤本《越中杂识》的施坚雅教授,就在该校人类学系执教,而我的研究生乐祖谋君,正在施坚雅教授处作人类学的博士研究生,复制的具体工作,完全可以由乐君承担。所以事情办得极快,我一月间去信,十六卷《象山县志》的复制本在 2 月份就空邮寄到了。

但收藏在日本的《常山县志》比较麻烦,因为我在东京时曾在好几个图书馆看书,所以知道官内省图书寮并不是一个公开开放的图书馆。为此,我只好写信给我在东京大学的朋友斯波义信教授,请他为我办理此事。我在信中着重指出,这是常山县委托我的事,不同于我们之间的私人交往,因此,他为此而付出的复制费用,务必告诉我,我可以要常山县把此款折成人民币,为他购买他所需要的中国出版的书籍。斯波教授立刻复了信,的确,由于这个图书馆与众不同的性质,要复制这样的书籍,事前必须递交一份申请,请求他们的批准。此事,当然由斯波教授出面办理,而且,前后不过 1 个多月,15 卷《象山县志》抄本共 378 页的缩微胶卷,就由斯波教授空邮寄到我手上。他按照我的要求,写明了这个缩微胶卷的全部费用,4600 日元。

我立刻去翻阅了我在日本讲学时期我内人所记的日用账,看看 4600 日元在日本的购买能力。这笔钱,等于 3 张电影票(每张 1500 元),或者是 46 块豆腐,这种豆腐比杭州市场上的豆腐要小(杭州市场上的豆腐,去年每块 4 分,今年已涨到 1 角)。

斯波教授信上说:"因为您一定要我告诉复制费用,我只好遵嘱奉告,区区之款,当然不必计较了。"

以上就是眼下国外图书馆的"风格",国内图书馆又怎样呢?除了我在前面说过的我们为了复制《名胜志》的遭遇外,不久以前,安吉县的一位副县长到我家谈起该县修志中的一件事。该县有一部残缺方志(16 卷中的 9 卷)收藏在某个著名图书馆中,他们要求复制这 9 卷残缺方志,这个图书馆竟索价人民币 4000 元。

对比之下,夫复何言!

1988 年 4 月附记

[再附记]

对于图书馆的事,忍不住还要赘述几句。因为与国外相比,这实在是我们的一件很没有颜面的事。去年年底从北美回来,一位熟人,正担任了一种有国外代号的文学刊物《野草》的主编,一定要我就北美所见写点东西,只好写了一些观感,以《北美散记》为题,让他们连载。其中有《图书馆》一则,载于《北美散记》

（二）（《野草》1996 年第 4 期）。文中提及：

> 说起国外图书馆，有一点值得我们惭愧。我们这边，许多图书馆，取出一本书来就要钱，不管你看不看。稍稍珍稀一点的版本，要价就更吓人。我的一位研究生曾经抱怨说，假使当年英国图书馆也是这样，马克思这个穷汉恐怕也写不出《资本论》来。

这虽然是气话，但也是他们实际遭遇的感受。美国和日本的图书馆前面已经说了。去年在加拿大时，偶然到渥太华市立图书馆去看了一下，全部藏书都是开架供读者自由选阅的。因为在汉文书库中看到了我的几本著作，通过名片交换，管理员对我颇有一点敬意，因此滔滔不绝和我谈了很久。她也谈到由于经费不充裕，所以汉文书（主要是大陆和台湾的）进得不多，而且不及时。也谈到那里的借书手续，她说：不管是否加拿大公民，只要连续两次用同一个地址向图书馆写信，他们就会认定你有固定住处而把借书证寄给你。每次可借 14 册，借期 3 礼拜，到期如尚未看完则要办续借手续。这一切，当然都是免费的。她也问起中国的图书馆情况，我只好王顾左右而言他。

我实在感到纳闷，我们的高级官员，常常可以用国家的外汇以各种名义到外国访问考察，尽管他们之中的许多人不懂外语，但是他们有翻译跟着。他们，特别是管教育、管文化的高级官员，在访问和考察中，有没有去看看那边的图书馆，是以哪样的风格接待读者的？中国人在国际运动场、游泳池之类的地方很懂得要为国家争点颜面，至于包了飞机到处参赛，用高薪聘请洋教练等等，也显得出手大方，风格可嘉。但在图书馆这样重要的文化事业上，为什么不想为国家争点颜面、表现一点风格呢？为什么老伸手向那些阮囊羞涩的知识分子和研究生们要钱呢？

1996 年 10 月再附记

越俎代庖

有一位水建彤先生写了一篇《胡适与水经注》的文章，发表在 1952 年 5 月 1 日在香港出版的《今日世界》第 4 期。我同意他文章中的某些观点，例如文章说："《水经注》值得校勘的地方很多。"又如："校勘的结果，会是对历史地理的重大发现。"从金蔡珪开始对此书作校勘以来，到现在已经校勘了 8 个世纪，还有人在继续校勘，而且还可以校勘出一些东西来，也可能是对历史地理学很有裨益。但是水先生文内的另外一些说法，却实在很难苟同。例如他说：

> 目前中华民族文化危亡的时候，谁也举不出一部书，一个象征，一个思想，给

中华民族指路。《论语》太老了,泰山太小了,佛学太缥缈了。于是有一个人提到《水经注》,这简直是一个口号,提醒人说,《水经注》有正确的中国史观,浩浩荡荡的中国源流,有五千年来沿河兴兴废废的城市,有世界人种文化交流以趋大同的指标,更有大河枝蔓的美丽山河版图。这个人就是胡适。

我研究《水经注》也有数十年了,读了水先生上述一段话,的确受宠若惊,不知所措。我毕生研究的这部古书,据水先生的说法,居然有如此广大神通,实在是非我想像所及的。本来我不必就此发表什么意见,但水先生的文章一开头就说到他曾对卷二《河水注》作了不少校勘,说明他也是熟悉《水经注》的,是个同行。既是同行,不妨就说点感想。当然,我的感想,完全是从学术观点来议论《水经注》,不管水先生的这篇文章有没有学术观点以外的政治意义,但我在这里谈的,却是纯粹的学术,绝不介入政治。

水先生说,"于是有一个人提到《水经注》","这个人就是胡适"。不错,胡适提到《水经注》,不仅提到,而且据他自己说,他的研究是从民国三十二年(1943)开始的。直到他于1962年去世,他的后半生,主要是用心于这本古书之上,这是众所周知的。胡适研究《水经注》,也是据他自己所说,目的十分清楚,是要重审赵、戴《水经注》案,主要是为戴震申冤,这也是众所周知的。他在《水经注》研究中,确实写了许多文章,但目的是为了想方设法,进行大量的考证,要证明戴震没有看到过赵一清的本子。为此他要查索各种资料,用以驳倒过去所有断定戴书袭赵的学者,如魏源、张穆、杨守敬、王国维、孟森等等。他认为要说明这些问题,最好的方法是版本比勘。因此他搜罗了郦注的大量版本,在版本上作了许多研究,也写了不少文章。他的研究是否成功,目的是否达到,这些不必说,但他在《水经注》这部古书上,确实是做了这些工作。

在胡适有关《水经注》的一切著作中,我们绝对没有看到,他向人们说这本书里"有正确的中国史观,浩浩荡荡的中国文化源流,有5000年来沿河兴兴废废的城市,有世界人种文化交流以趋大同的指标,更有大河枝蔓的美丽山河版图"。胡适研究《水经注》,有没有考虑过这些事,我不知道,但是他绝未对一般人讲起过《水经注》的这种神通。假使胡氏确有这种思想,那末,大学生是最应该讲的对象,但他对大学生也没有表达他的这种思想。正是水先生发表这篇文章的一年,胡适在台湾大学作关于《水经注考》的演讲,讲的内容还是和他从1943年以来的说法一样。他说:

> 几年来我在审一个案子——《水经注》,上次在监察院茶会席上,引了台大教授毛子水先生常常引用的明朝大哲学家又是一位好官吕坤的一句话"为民辩冤白谤,是第一天理"。《水经注考》附印的时候,一定要把这句话摆在前面。我审这个案子,实在是打抱不平,替我同乡戴震(东原)申冤。这个案子牵涉到全祖

望、赵一清两个人。

胡适研究《水经注》的目的,在上述1952年和大学生演讲时,仍然不变初衷,与他1943年开始从事这种研究时一样,完全没有涉及水先生所说的东西。

我研究《水经注》也有了几十年,当然知道这本书里有历史,有文化,有兴兴废废的城市,也有美丽的山河版图。但从来不曾想到这本书是"给中华民族指路"的一个象征和一个思想,当然,也想不到这本书里"有世界人种文化交流以趋大同的指标"。

当然,水先生或许会说,这是仁者见仁,智者见智,此书神通,你看不到,我看得到。就算不辩论这个问题吧,但是,胡适先生的全部《水经注》文章和信札中,也都没有表达这种思想,是水先生把这种思想强加给胡适的。所以水先生的文章,至少可以说,这是越俎代庖。

游戏文章

赵、戴《水经注》案牵延长久,许多名流学者卷入其中,并且波及国外,实为我国学术史上所罕见。实际上影响了郦学研究的正常发展。当然,绝大部分学者在论战之中,态度是很严肃的,尽管措词有时不够选择,火气较大,不免使人有意气用事之感。但是作为学术争论,他们搜寻资料,判断是非,撰述论文,都是认真从事的。现在所留下的当年论战的许多文献,绝大部分都是如此,都称得上是态度严谨的学术论文。所以就整个论战来说,因为所争论的其实是郦学中的一个枝节问题,为这样一个枝节问题而如此兴师动众,时旷日久,从郦学研究的全局来看,显然是小题大做,得不偿失。但是就每一位卷入论战的学者来说,言语来去,文字往返,都非出偶然。而且酣战之中,出言过激,也是未可厚非。但是在这中间,也有一些论战文章,文体乖戾,文字佻挞,使论战流于庸俗。张荫麟以素痴为笔名在民国二十六年(1937)2月18日《大公报·图书副刊》第169期所发表的《戴东原乩语选录》一文,就是一个典型的例子。虽然此文本意是在说明戴书确实窃赵,同时也为了说明戴书冒大典而窃赵,除了戴氏本人以外,四库馆大臣如纪晓岚也有此意。这样的论点,在这场论战中本属寻常。但从文章的表现形式来看,却是一篇游戏文章。全文用已经死去的戴震附人乩坛与作者素痴的对话写成。用如此等而下之的体裁撰写严肃的论战文章,难怪有人以"令人作呕"喻之,不妨抄录几句:

乩:(降坛诗)仙家鸡犬近来瘦,金盘玉粒竟何益?更恭鹦鹉称能言,唧唧声中闻霹雳!本仙,休宁戴震又来也。

素:久违了,东原大仙。为什么有两年多,屡请大仙都请不动?

乩：邦无道，其默足以容。

素：上半句似乎要斟酌。

乩：我所谓道，原非常道。历史上有一等时代，在其中不忍对被压迫者下井落石的人，只会缄默。

素：不过近来至少有一件事，大仙不容缄默。

乩：什么事？

素：涉及大仙飞升以前的事。

乩：到底什么事？

素：大仙窃书的事，近来孟心史先生又把这公案提出，而且似乎两罪俱发。

用这样的形式写文章，历来当然是有的。但是作为一篇学术论文，特别是议论的内容涉及学术界一部重要著作是否属于剽袭的问题。尽管对于郦学研究的整体来说是个枝节问题，但对于涉及此事的几位著名学者，却事关他们的道德人格，实在是非同小可的重大事件。用这样的游戏文章来议论事关好几位著名学者名誉的严肃事件，至少应该说是玩世不恭的态度。

畜牧养殖

卷六《涑水》经"又南过解县东，又西南注于张阳池"注云：

《孔丛》曰：猗顿，鲁之穷士也。耕则常饥，桑则常寒。闻朱公富，往而问术焉。朱公告之曰：子欲速富，当畜五牸。于是乃适西河，大畜牛羊于猗氏之南，十年之间，其息不可计，赀拟王公，驰名天下。以兴富于猗氏，故曰猗顿也。

案今本《孔丛》，此文在卷下《陈士义第十四》篇中，文字与郦注所引，除了"闻朱公"作"闻陶朱公"外，其他完全一样。陶朱公就是春秋越大夫范蠡，他经营致富的故事，详于《国语·越语》和《史记·货殖列传》。《货殖列传》云："范蠡既雪会稽之耻，乃喟然而叹曰：计然之策七，越用其五而得意，既已施于国，吾欲用之家，乃乘扁舟，浮于江湖，变名易姓，适齐为鸱夷子皮，至陶为朱公。朱公以为陶，天下之中，诸侯四通，货物所交易也。乃治产积居与时逐，而不责于他人。故治生者，能择善人而任时，十九年之中，三致千金，再分散与贫，交疏昆弟，而此所谓富好行其德也。"猗顿是鲁人，而范蠡离越后适齐，猗顿向他求教的事或许是真的。范蠡的指示是："子欲速富，当畜五牸。"此语亦见于《齐民要术》卷六，孙氏注："牛马猪羊驴五畜之牸。"这个冷僻的"牸"字，是牝畜的意思。猗顿果然遵照范蠡的教导而致富，这说明，古代和现代一样，在农业各部门中，畜牧养殖业远比种植业有利可图。在畜牧养殖业中，范蠡又特别重视水产养殖业。《齐民要术》卷五《养鱼第六十一》云:"陶朱公《养鱼经》云:威王聘朱公,问之曰:公任作千万,家累亿金,何术乎? 朱公曰:夫治生之法有五,水畜第一。"从范蠡对猗顿和威王的话中,说明古人早已看到以获取动物性食物为目的的畜牧养殖业的重要性。

《水经注》中有不少关于畜牧养殖业的记载,卷十六《榖水》经"又东过河南县北,东南入于洛"注云:

> 《搜神记》曰:祝鸡翁者,洛阳人也。居尸乡北山下,养鸡百年余,鸡至千余头。

卷二十八《沔水》经"又南过邔县东北"注云:

> 沔水又东迳猪兰桥,桥本名木兰桥,桥之左右丰蒿荻。于桥东,刘季和大养猪,襄阳太守曰:此中作猪屎臭,可易名猪兰桥。百姓遂以为名矣。

在上列注文中,祝鸡翁养鸡百余年的事当然是一个神话,但从中也可以看到,大规模养鸡的事,在古代并不是稀罕的。至于那位在襄阳大养猪的刘季和,其实就是当时的襄阳太守,注释中赵一清说:"沈氏(案指沈炳巽)曰:当作'襄阳太守刘季和于桥东大养猪'方合。"案《晋书·刘弘传》,刘宏,字和。是《水经注》衍一"季"字,抑是《晋书》漏一"季"字,现在很难论定,但单名单字,古来少见,以《晋书》漏字的可能性为大。作为一个太守而大养猪,甚至因此改动地名,历史上恐怕很难找到另外的例子了。

清　官

我从40年代后期,在读《水经注》的过程中就陆续写作《札记》。50年代以后,"运动"频繁,但是《札记》却照写不误。读《水经注》本身是一种学术研究,写《札记》则是记录一些学术研究的心得,其实并不涉及政治。可是在那个年头,政治深入人的骨髓。有一句名言,叫做"触及灵魂"。所以尽管是这些随手写作的《札记》,稍一不慎,也会遇着飞来横祸。所以在"文革"时期,我的这些《札记》曾经设法隐藏起来,事详拙作《我读〈水经注〉的经历》(《水经注研究》,天津古籍出版社1985年版)一文中。《清官》一文,即是1966年初写的,现在一字不易地抄录如下:

看了近来报上关于"清官"的议论,始以百思莫解,终至毛发悚然。用这样的舆论把"颠倒了的历史颠倒过来",后果不堪设想。认为中国历史上根本不可能有清官,清官无非是掩饰了阶级矛盾,比贪官更坏。说这种话的人,大概是两类人:一类是不懂历史的糊涂人,另一类是其本人就不是一个清官。至于那些迫于威势,不得不随声附和的人,这是潮流使然,十多年来已经见惯,只好予以谅解。

卷九《淇水》经"淇水出河内隆虑县西大号山"注云:

一水出朝歌城西北,东南流。老人晨将渡水而沈吟难济。纣问其故,左右曰:老者髓不实,故晨寒也。纣乃于此斩胫而视髓也。

卷二十六《淄水》经"东北过临淄县东"注云:

《战国策》曰:田单为齐相,过淄水,有老人涉淄而出,不能行,坐沙中,单乃解裘于斯水之上也。

在上述两段注文中,纣和田单都是在河流的渡口看到一位涉水困难的老人,两者相比,他们的行为,一个残酷暴虐,一个体恤人民,善恶何等分明,即三岁孩童也可以分辨。但是按照时下的逻辑,田单竟比纣更坏。这就是当道提倡的"阶级斗争"。诚如此,中国历史可以消灭。我实在想不通,为政者要如此这般地处心积虑,颠倒是非,结果对自己有什么好处? 这些人安的是什么心? 呜呼,皇天后土,实所共鉴!

在整部《水经注》中,记载了历史上许许多多真正为人民服务的清官,受到当时和后世的颂扬。卷十《浊漳水》经"又东出山,过邺县西"注中记载的西门豹治邺的故事,就是众所周知的一个例子。西门豹不仅戳穿了河伯娶媳妇的骗人勾当,惩治了坏官坏人,而且兴修水利,为民造福。西门豹以后的另一位清官史起,也和西门豹一样,为人民兴修水利,因而得到百姓的赞美。《浊漳水注》云:

昔魏文侯以西门豹为邺令也,引漳以溉邺,民赖其用。其后魏襄王以史起为邺令,又堰漳水以灌邺田,咸成沃壤,百姓歌之。

"百姓歌之",这就是人民的舆论。这些舆论是真实的,是人民拥护清官从感情上的流露。卷四十《渐江水》经"北过余杭,东入于海"注中,也有一个为人民歌颂的清官的故事:

汉世刘宠作郡,有政绩,将解任去治,此溪父老,人持百钱出送,宠各受一文。然山栖遁逸之士,谷隐不羁之民,有道则见,物以感远为贵,荷钱致意,故受者以一钱为荣,岂藉费也,义重故耳。

这个故事也见于《后汉书·刘宠传》,内容大致相同。《后汉书》云:

宠简除烦苛,禁察非法,郡中大化。征为将作大匠,山阴县有五六老叟,龙眉皓发,自若耶山谷间出,人赍百钱以送宠,宠劳之,曰:父老何自苦? 对曰:山谷鄙生,未尝识郡朝,它守时,吏发求民间,至夜不绝,狗吠竟夕,民不得安。自明府下车以来,狗不夜吠,民不见吏,年老遭值圣明,今闻当见弃去,故自扶奉送。宠曰:吾政何能及公言耶? 勤苦父老为人,选一大钱受之。

从上述刘宠的事实来看,在中国历史上,不管是哪一个时代,人民对于清官、贪官,总是恩怨在心,爱憎分明的。据山阴县历来地方志的记载,刘宠受父老一个大钱之处,后来名其地为"钱清",直到今天,这个地名仍未改变。人民还在这里建造了一座"一钱亭",用来表彰这位清官太守。此亭废弃已久,但几年前又新建落成,得其时哉!

在全部《水经注》中,人民对清官的歌颂是很多的。卷十四《沽河》经"南过渔阳孤奴县北,西南与湿余水合,为潞河"注云:

> 渔阳太守张堪,于县开稻田,教民种植,百姓得以殷富。童谣歌曰:桑无附枝,麦秀两歧。张君为政,乐不可支。

卷三十《淮水》经"又东过新息县南"注云:

> 淮水又东合慎水,水出慎阳县,……刘陶为县长,政化大行,道不拾遗,以病去官。童谣歌曰:悒然不乐,思我刘君。何时复来,安此下民。

假使把这些人民颂扬的清官都加以否定,那末,中国的绝大部分历史文献都在否定之列,不仅是一部《水经注》而已。

阿 谀

阿谀当然是个贬义词汇。阿有曲从逢迎之意,谀就是谄媚。《庄子·渔父》篇指出的为人"八疵",即摠、佞、谄、谀、谗、贼、慝、险。他说,"此八疵者,外以乱人,内以伤身,君子不友,明君不臣",这中间就包括阿谀在内。至于首先使用"阿谀"一词的,大概是《汉书·匡衡传》"阿谀曲从,附下罔上。"庄子说阿谀之人"明君不臣",但条件必须是"明君"。古往今来,有多少对阿谀者"不臣"的明君? 例如隋炀帝,他就最喜欢人臣对他阿谀。《隋书·郭衍传》:"衍能揣上意,阿谀顺旨。帝每谓人曰:唯有郭衍心与朕同。又尝劝帝取乐,五日一视事。"这位阿谀能手到大业六年"以恩幸封真定侯",次年陪皇上玩乐到江都,侥幸地寿终正寝。而这位酷喜人阿谀的皇帝,再过了7年就掉了脑袋,丢了江山。

在《水经注》研究中,也出过一位对皇上阿谀的人,此人就是大名鼎鼎的戴震。其事是我在拙作《戴震校武英殿本〈水经注〉的功过》(收《郦学新论——水经注研究之三》,山西人民出版社1992年版)一文中提到的。对于戴校殿本《水经注》,总的说来应该肯定他的功绩。但其处世为人颇有值得议论之处,而校郦即是其中的重要一端。我在拙文中提及:"殿本的成果及其优异之处,已经完全写入了《校上案语》之中,但是,整篇《校上案语》中也包括了许多虚构之言,闪烁之词,阿谀之语。"并且举例说明了"虚构"、"闪烁"、"阿谀"之处。《校上案语》全文不过727字,但它确实是一篇集虚构、闪烁、阿谀之大成的杰作。对于戴震这样一位封建时代的知识分子,满腹经纶,却已经连续四次科场失利,他当然不愿放弃一次可以沟通皇上的机会。何况他并不料及,在四库的3000多种书中,《水经注》能选入武英殿聚珍板付印,更想不到只供御览的《校上案语》要刊在卷首,正如他料不到他一家独见而大事虚张声势的《永乐大典》本《水经注》到后来会公之于世一样。他的虚构、闪烁,特别是阿谀当然是获得成功的,他终于成为一位有清一代会试落第而进士及第的特殊人物。中国自从隋代开始科举取士以来,"金榜挂名时",曾经是多少知识分子追求的目标,而戴震终于在年过半百以后靠了一本《水经注》获此殊荣,确是千载一遇。

我在拙文中提到,现在我们所见的殿本《水经注》中,除了他原意只供御览的《校上案语》以外,还有真正显示他为学功力的《注内案语》。这种案语达十万字左右,案其内容,大概分成九类。我曾对此作出评价:"总的说来,《注内案语》牵涉广泛,注释及时,考证得当,繁简适度,具有很高的水平,功绩是不可抹杀的。"这是一方面。另一方面是我没有写入拙文的,《注内案语》也仍然免不了对乾隆皇帝的阿谀,但这种阿谀主要只在卷十四《濡水篇》内出现。《濡水》经"濡水从塞外来,东南过辽西令支县北"注下,戴氏作了三条《注内案语》,其目的就是为了阿谀。第一条在注文"出山,合成一川"下:"案濡水,即今滦河,源出巴延屯图古尔,山名都尔本诺尔,西北至茂罕和硕,三道河始自东会之。道元当时未经亲履其地,遂以夹山来会之三道河为滦河正源,殊属失实。恭读御制《滦源考》,证订核审确实,足证郦氏之误,谨录弁卷首,并附识于此。"第二条在注文"要水又东南流,迳白檀县而东南流,入于濡"下:"案白檀、要阳,在今密云县,并非滦水所经,郦氏此条,舛误殊甚,御制《热河考》、《滦源考》,特加辨正,一破千古传讹,谨附订于此。"第三条在注文"东藏水又南,右入西藏水"下:"案西藏水即今之固都尔呼河,先合中藏水,即今之茅沟河,次合东藏水,即今之赛因河。郦氏叙东藏水于中藏水之前,以为东溪、西溪合流,而与西源会,殊乖川流之次。恭读御制《热河考》,订正详审,道元之附会耳食,显然无疑,谨录弁卷首,并附识于此。"从内容来说,这三条案语都是正确的,都能纠郦注之谬。但从戴氏的全部《注内案语》之中,可以一望而知,这几条的作用其实不在纠谬,而是为了阿谀。事实非常清楚,因为除了《濡水篇》的这三条以外,《注内案语》从未有对郦注之文纠谬的。事实是,到了那个时代,郦注中的许多错误,早已为学者所知,不仅濡水而已。戴震曾继赵一清之后修纂过《直隶河渠书》,郦注中直隶河川之讹不少,戴当然洞悉。黄宗羲在其《今水经序》中所说:"以曹娥江为浦阳江,以姚江为大江之奇分,苕水出山阴县,具区在余姚县,泂水至余姚入海,皆错误之大者。"黄氏指出的郦注注文之误,区区濡水与其实在不可相比,但戴震在其《注内案语》中均不措一辞,此绝非戴震所不知,而是他充分明白,如以案语纠郦注注文之谬,则事将至于不可收拾,案语绝不可立此体例。由此可以证明,《濡水篇》中的3条案语,除了阿谀以外,实无其他。

不过与郭衍对隋炀帝的关系很不相同,戴震对于乾隆的这种阿谀,不管是《校上案语》和《注内案语》，都是可以谅解的。这不仅因为乾隆和隋炀帝不可同日而语，他在封建王朝时代是一位声名不错的皇帝，戴震则是在当时就已经著名的饱学之士。而戴在案语中阿谀的只及于乾隆的提倡学术特别是有功于舆地河川之学，并不及于其他。不过从戴震的事例可见，古往今来的阿谀者，其中也不乏以学术著称的人，其阿谀之术，奉承之辞，有时实在令人不堪卒读。另外还有一些以文人学士自居其实是不学无术之辈，在阿谀之道方面，却往往可以超群，令人肉麻，令人叹息。文人无行，宁不可悯。

伴君如伴虎

卷四十《渐江水》经"北过余杭，东入于海"注云：

> 昔子胥亮于吴，而浮尸于江，吴人怜之，立祠于江上，名曰胥山。……文种诚于越，而伏剑于山阴，越人哀之，葬于重山。

这里说的是吴王夫差杀伍子胥和越王句践杀文种的故事。伍子胥是楚国人，由于楚平王枉杀了他的父兄，因而奔逃到吴国，为吴王阖闾立下了许多功劳。阖闾在一次与越国的战争中负伤而死，子胥又辅佐其子夫差，战败越国，深入越境，使越王句践不得不屈膝求和。但此后，夫差好大喜功，专心于北上称霸，兴师伐齐。伍子胥于是向夫差进谏："臣闻兴十万之众，奉师千里，百姓之费，国家之出日数千金。不念士民之死，而争一日之胜，臣以为危国亡身之甚。……愿大王定越而后图齐"（《吴越春秋》卷三）。夫差不仅不纳子胥之谏，而且置这位有功之臣于死地。《吴越春秋》云：

> 吴王闻子胥之怨恨也，乃使人赐属镂之剑。子胥受剑，徒跣褰裳下堂，中庭仰天呼怨曰：吾始为汝父忠臣，立吴设谋破楚，南服劲越，威加诸侯，有霸王之功，今汝不用吾言，反赐我剑，吾今日死，吴宫为墟，庭生蔓草，越人掘汝社稷，安忘我乎？

吴王夫差的下场结果和伍子胥临死所说的一样。伍子胥死得冤枉。

对于越国，文种也确确实实是一位忠心耿耿的有功之臣。越王句践于其在位的第三年（前494）为夫差所败，吴军深入越境，句践夫妇由范蠡陪同入质于吴。当时，范蠡推荐文种收拾残局。《史记·越世家》记及范蠡的话："兵甲之事，种不如蠡；镇抚国家，亲附百姓，蠡不如种。于是举国政属大夫种，而使范蠡与大夫柘稽行成为质于吴。"文种是在句践入质于强吴，越国濒于危亡的处境下受命的。而句践返国以后，文种又殚精竭虑，为句践设计了破吴灭敌的"九术"（《吴越春秋》卷五）。在句践兴国灭吴，大功告成以后，范蠡洞悉句践的为人而离越他去，并且遗书文种："高鸟已散，良弓将藏；狡兔已尽，良犬就烹。越王为人长颈鸟喙，鹰视狼步，可以共患难而不可共处乐，可与履危不可与安。子若不去，将害于子明矣。"（《吴越春秋》卷六）

"长颈鸟喙,鹰视狼步"的句践,果然不出范蠡所料。句践杀文种的借口,比夫差杀子胥更为荒谬。《吴越春秋》卷六记载了这个"可以共患难而不可共处乐,可与履危不可与安"的故事:

> 越王复召相国谓曰:子有阴谋兵法,倾敌取国九术之策,今用其三,已破强吴,其六尚在子所,愿幸以余术为孤前王于地下,谋吴之前人。于是种仰天叹曰:嗟乎,吾闻大恩不报,大功不还,其谓斯乎。吾悔不随范蠡之谋,乃为越王所戮。吾不食善言,故哺以人恶。越王遂赐种属卢之剑。种得剑又叹曰:南阳之宰而为越王之擒。自笑曰:后百世之末,忠臣必以吾为喻也。遂伏剑而死。越王葬种于国之西山。

在中国历史上,如夫差和句践这样的人君着实不少。当然,以后的朝廷,不像南蛮缺舌的吴、越那样简陋,人君要大诛元勋,杀戮功臣,可以通过大理寺、刑部之类的所谓法律手续,但其实与夫差和句践的"属镂"、"属卢"完全一样。多多少少如同子胥、文种一流的人物,到最后都只好仰天而叹。

卷二十九《沔水》经"分为二,其一东北流,其一又过毗陵县北,为北江"注中提及:"范蠡灭吴,返至五湖而辞越。"郦道元对范蠡是非常推崇的。除了范蠡以外,《水经注》也记及了另外一些懂得伴君如伴虎的人物。卷四《河水》经"又南至华阴潼关,渭水从西来注之"注云:

> 汲郡《竹书纪年》曰:晋惠公十五年,秦穆公帅师送公子重耳,涉自河曲。《春秋左氏》僖公二十四年,秦伯纳之,及河,子犯以璧授公子曰:"臣负羁绁,从君巡于天下,臣之罪多矣,臣犹知之,而况君乎? 请由此亡。"公子曰:"所不与舅氏同心者,有如白水。"投璧于此。子推笑曰:"天开公子,子犯以为功,吾不忍与同位。"遂逃焉。

又卷六《汾水》经"又南过平陶县东,文水从西来流注之"注云:

> (绵)水出界休县之绵山,北流迳石桐寺西,即介子推之祠也。昔子推逃晋文公之赏,而隐于绵上之山也。

《河水注》记的是晋文公(重耳)在流亡19年返国即位时,介子推由于看到了子犯(即狐偃)向晋文公称功,因而羞与为伍,所以就离开了他们。《汾水注》记的是为了不愿受晋文公之赏,所以隐居到绵上之山。这条注文中记及:"文公有内难,出国之狄,子推随其行,割肉以续军粮。"说明他对晋文公是有功的。但是他随同晋文公长期流亡,对晋文公的为人当然非常了解。所以他的入山隐居,绝不是无缘无故的。介子推结果被烧死在山上,他死后,《汾水注》记载了晋文公所作的一番姿态:"乃封绵为介子推田,曰:以志吾过,且旌善人。"晋文公对介子推身后的表态,正好替越王句践作了榜样,对于赖在他身边不走而让他碍手碍脚的文种,他毫不犹豫地用"属镂之剑"解决了问题,但对于那位远走高飞而且确知其一去不复返的范蠡,他竟"使良工铸金像范蠡之形,置之坐侧,朝夕论政"(《吴越春秋》卷六)。《越绝书》卷八还记及:"苦竹城者,句践伐吴还封范蠡也。……范蠡苦勤功笃,故封其子于是。"这一着算是做得漂亮的。因为他老子毕竟不是叛逃,而且到北方"下海",已经不涉及政治,句践是可以放心的。

卷四十《浙江水》经"浙江水出三天子都"注下,也记及一位名垂青史的高人:

> 自(桐庐)县至于潜,凡十有六濑。第二是严陵濑,濑带山,山下有一石室,汉光武帝时,严子陵之所居也。故山及濑皆即人姓名之。山下有磐石,周回数十丈,交枕潭际,盖陵所游也。

严子陵即严光,是汉光武帝刘秀的同学。一场大乱以后,刘秀当了东汉的开国皇帝,严光就隐姓埋名,深居不出,却仍被发现,征召到洛阳。光武面请其出仕,但他不为所动,回到富春江隐居耕钓以终。直到今天,严子陵钓台仍是富春江上的一个著名景点。

伴君如伴虎,这是许多人都知道的老话。范蠡所说"可以共患难而不可共处乐"的话,古今读书人也大多通晓。但许多人都甘冒"属镂"和"属卢"之险。像介子推和严光这样的人,历史上仍然很少。

从"天子无戏言"说起

卷六《晋水》经"晋水出晋阳县西悬瓮山"注云:

> 《吕氏春秋》曰:叔虞与成王居,王援桐叶为珪,以授之曰:吾以此封汝。虞以告周公。周公请曰:天子封虞乎? 王曰:余戏耳。公曰:天子无戏言。时唐灭,乃封之于唐。

这个故事在卷三十一《滍水》经"滍水出南阳鲁阳县西之尧山"注下又记述了一次:

> 《地理志》曰:故父城县之应乡也,周武王封其弟为侯国。应劭曰:《韩诗外传》称,周成王与弟戏,以桐叶为圭曰:"吾以此封汝。"周公曰:"天子无戏言。"王乃应时而封,故曰应侯。

这个故事显然有些传讹,有的称周成王,有的又称周武王。郦道元在《滍水注》中加以辨正,指出成王封虞之地不在应乡。但从这两条注文中可见,不仅郦道元十分重视"天子无戏言"这个故事,而在我国古代,诸如《吕氏春秋》、《韩诗外传》、《地理志》以及著书甚多的应劭等,也都非常重视这个故事。当然,后来也有人认为这个故事纯属误传,唐柳宗元在其《桐叶封弟辨》一文中说:"是直小丈夫缺缺者之事,非周公所宜用,故不可信。"不管这个故事可信不可信,但历史上许多文献如上所述言之凿凿,这总是有其原因的。中国是个封建社会持续得相当长久,而这种制度也被塑造和发展得非常严密完整的国家。天子在这种制度中是权力无边的最上一人。在没有议会民主、没有宪法的古代,天子假使没有一种公认的礼教上的约束,将会造成国家和人民的极大灾难。如《战国策·魏策四》所说:"天子之怒,伏尸百万,流血千里。"所以《礼·乐记》指出:"揖让而治天下者,暴民不作,诸侯宾服,兵革不试,五刑不用,百姓无患,天子不怒。如此则乐达矣。"可见在《礼记》构想的天下大治的局面中,也把"天子不怒"列为一条。说明天子发一次怒,可能就是一件翻天覆地的大事。天子不仅不能发怒,而且也不能骄傲,《尚书·五子之歌》:"为人上者,奈何不敬。"注:"能敬则不骄,在上不骄,则高而不危。"这样看来,当天子实在大不易,不仅不能出"戏言",也不能动"怒",更不能"不敬"。当然,这些条条框框,多半都是儒家们为天子所设置的。儒家们中有不少聪明人,他们看到,对于这个全国芸芸众生由他说了算的最上一人,不设置一些规范,其后果是不堪设想的。所以自古以来,凡是想当好天子的国君,他们都会自觉地推崇儒学;另外当然也有一些国君,他们是从心底里讨厌这个胡说八道的孔老头的。

其实,在那个没有民主法治的时代,能当一个好天子的,并不一定是尊奉了儒家的信条,而那些胡作非为的天子,儒家的信条也根本奈何不了他们。郦道元在《水经注》两次记及"天子无戏言"的故事,这个故事出于周公的时代,比孔夫子要早五六百年,但这种思想属于后来的儒家传统是可以无疑的。何况在全部《水经注》中,可以看出郦道元对儒学的高度尊奉。郦氏尊孔,当然是他们家族的传统。但他所在的王朝即北魏的尊孔,却是他当代的天子元(拓跋)宏提倡起来的。在元宏以前,这个王朝确实出过一位好天子,但这位天子可能还不懂得儒学是什么东西。这就是北魏太武帝拓跋焘(424—452)。

拓跋焘虽然是一个出自游牧民族的国君,但他也重视文治,注意政治廉明,悉心治理他的国家。他任用了一批贤能廉洁的官吏,如侍中古弼、张黎,中书侍郎高允,司空崔浩,司徒长孙道生等,其中许多是汉族的知识分子。从《魏书·古弼传》所记的一件事实中可以证明,拓跋焘是如何以身作则,从善如流的:

> 世祖大阅将校,猎于河西,弼留守。诏以肥马给骑人。弼给弱者。世祖大怒曰:尖头奴敢裁量朕也,朕还台先斩此奴。弼头尖,世祖常名之曰笔头,是以时人呼为笔公。弼属官惶恐惧诛,弼告之曰:吾以为事君使畋猎不适盘游,其罪小也;不备不虞,使戎寇恣逸,其罪大也。今北狄孔炽,南虏未灭,狡焉之志,窥伺边境,

是吾忧也。故选肥马备军实,为不虞之远虑。苟使国家有利,吾何避死乎？明主可以理于此。自吾罪,非卿等之咎。世祖闻而叹曰:有臣如此,国之宝也。……后车驾畋于北山,大获麋鹿数千头,诏尚书发车牛五百乘以运之。世祖寻谓从者曰:笔公必不与我,汝辈不如马运之速,遂还。行百余里而弼表至曰:"今秋谷悬黄,麻菽布野,猪鹿窃食,鸟雁侵费,风波所耗,朝夕三倍,乞赐矜缓,使得收载。"世祖谓左右曰:"笔公果如朕所卜,可谓社稷之臣。"

所以在中国的漫长封建王朝时代中,当一个好天子,并不一定要懂得儒家学说的信条。但另一方面,历史上的确有一些好天子,例如郦道元所不及看到的唐太宗李世民,此人的毕生功业,是受到儒家学说的深厚影响的。他提倡为人上者要以身作则重诚信,这就是儒家所宣扬的道理。据唐吴竞《贞观政要·诚信》:

太宗谓封德彝曰:流水清浊,在其源也。君者政源,人庶犹水,君自为诈,欲臣下行直,是犹浊源而望水清,理不可得。朕常以魏武帝多诡诈,深鄙其为人,如此,岂可为教令？

这里,我们并不议论唐太宗对魏武帝"深鄙其为人"的问题,因为以后也有赞赏其为人的。这种历史上的事情,既辨不清楚,也不便多辨。但他所说"浊源而望水清,理不可得",这是他讲究"诚信"的本意,显然是受儒家学说的影响。

社会安定

卷十《浊漳水》经"又东过列人县南"注云:

《长沙耆旧传》称:桓楷为赵郡太守,尝有遗囊粟于路者,行人挂囊粟于树,莫敢取之,即于是处也。

注文记载的赵郡,当今河北省邯郸一带。桓楷名不见经传,但《长沙耆旧传》是晋刘彧的著作,《隋书·经籍志》著录其书有3卷,故此当是西晋或西晋以前事。天下盛平,道不拾遗,社会安定可以想见。

卷三《河水》经"又南过赤城东,又南过定襄桐过县西"注云:

皇魏桓帝十一年,西幸榆中,东行代地。洛阳大贾,赍金币随帝后行,夜迷失道,往投津长曰:子封送之。渡河,贾人卒死,津长埋之。其子寻求父丧,发冢举尸,资囊一无所损。其子悉以金与之,津长不受。事闻于帝,帝曰:君子也。即名其津为君子济。

北魏桓帝名拓跋猗㐌,其十一年是西晋永兴二年(305),我在《北魏的商业》一篇中对此已有说明。这位津长的清廉事迹居然受到北魏皇帝的赞扬,把这个津渡称为

"君子济"。值得稍加商榷的是,北魏在拓跋猗㐌的时代,恐怕还没有使用汉语汉字,而是用他们自己的鲜卑语,则"君子济"一名应该是从鲜卑语翻译过来的。当然,以这一点怀疑这个故事的真实性则近乎苛求。因为鲜卑语翻译汉语的事例不少,著名的《敕勒歌》原本也是鲜卑语的。

卷二《河水》经"又东北过安定北界麦田山"注云:

> 山东有三水县故城。……议郎张奂,为安定属国都尉,治此。羌有献金马者,奂召主簿张祁入于羌前,以酒酹地曰:使马如羊,不以入厩;使金如粟,不以入怀。尽还不受,威化大行。

以上3条注文,《浊漳水注》"行人挂囊粟于树,莫敢取之"。这说明当地老百姓的道不拾遗,则这个地方的社会安定毋须再议。卷三《河水注》记叙的是一位津长,津长不比一般老百姓,也算得是个小小官吏,他不仅没有贪没这个富商的财物,而当富商的儿子以财物酬谢他时,他也谢绝不受。卷二《河水注》记叙的张奂,是安定属国都尉,算得上是一位职位较高的封疆官吏,但他拒绝羌人的厚赂,其言铮铮如铁石,所以能获致"威化大行"的局面。

以上3条注文,虽然事情记载的并不在同一地区和同一时代,但是给予后人的启发还是很深刻的。人们仍然不难看出其中一些因果关系。赵郡老百姓不取囊粟,证明了当地社会道德的高尚和社会的安定。要创造这样的社会环境,则以后两条注文中所叙的就显得更为重要了。简言之,就是要大小官员为官清廉。《论语·子路》说:"其身正,不令而行;其身不正,虽令不从。"中国历史悠久,几千年来治、乱更替,分析一下"治"与"乱"的原因,当然非常复杂,但为官者,特别是为人上者的"其身正"与否,显然事关重要。贞观之治时代传说的,"冤女三千出后宫,死囚五百来归狱,"或许有些夸大。但从"其身正"的要求来说,唐太宗在中国历史上或许没有哪一个为人上者能够与之比拟的。

社会安定是老百姓最切身的利益和最迫切的希望,而且绝大部分老百姓对皇帝万万岁的事并不关心。对于他们,社会安定的主要标志是他们身边的事,除了温饱以外,他们最害怕的是盗窃乱贼。要消除老百姓所最害怕的事,让老百姓得到他们最切身的利益,当然有许多事情要做,但是现在看来,为官的是不是"其身正",这是最重要的一条。

[附记]

此文写于70年代中期,是有感于当时到处风行的"莺歌燕舞"这条标语而写作这一篇的。80年代初,应日本关西大学之聘,第一次东渡去彼邦讲课,住在新大阪花园王子饭店。我的日语实在蹩脚,而熟娴日语的夫人这一次没有陪行。在该校大学院(研究生院)讲课约定使用英语,所以没有问题。但日常生活毕竟仍感不便,因而晚上常在房中收看电视,以练习听日语的能力。初到几天,就在电视上看到一条新闻。一个小学低年级学生,因为母亲走亲戚不在家(日本小学生下午3时就散学,父亲当然尚未下班),自己上电梯时,不慎轧断了两节手指(说明这个家庭是住公寓房子的比较低层次的家庭)。一个电视台播了这条新闻,后来另一个电视台又转播这条新闻,并且告知家长们要管好自己的孩子。从电视台播出这样的新闻来看,日本社会是相当安定的。否则,这样的事是轮不到上电视的,更不必说别的电视台转播了。当时就给我很深的印象。后来我们夫妇几次去该国,发现这个国家的社会确实是相当安定的。

当然,也会有某些先生们提出异议:他们也有强盗,有贼,有杀人,有抢劫……不错,这一些在那里统统都有。不仅在电视里,在都市的电子新闻上,都可以看到。日本老百姓也需要社会安定。我的观感只是从比较而言,好在现在去过日本的人已经很多了,从社会安定这一点来说,每个人都会有自己的观感,也不必我多说了。

曹娥碑

《世说新语·捷悟》篇有一段曹操和杨修较量智力的故事:

魏武尝过曹娥碑下,杨修从。碑背上见题作"黄绢幼妇,外孙齑臼"八字,魏武谓修曰:解不? 答曰:解。魏武曰:卿未可言,待我思之。行三十里,魏武乃曰:吾已得。令修别记所知。修曰:黄绢,色丝也,于字为"绝";幼妇,少女也,于字为"妙";外孙,女子也,于字为"好";齑臼,受辛也,于字为"辞"。所谓"绝妙好辞"也。魏武亦记之,与修同。乃叹曰:我才不及卿,乃觉三十里。

这个故事在《世说》以后,曾为不少文献所转引,流传至广,知者甚多。许多人都为这种"捷悟"的趣味性所吸引,却很少有人想到,曹操是在什么地方"过曹娥碑下"的。他确曾调兵遣将,意图跨越长江,却不料被吴、蜀联军在赤壁打得头破血流,狼狈北返。毕生未曾到过江南,则在曹娥碑下与杨修斗智的故事,不过是六朝人茶余酒后的谈助而已。

曹娥碑在什么地方?卷四十《渐江水》经"北过余杭,东入于海"下有一段记载:

(上虞)江之道南,有曹娥碑。娥父盱,迎涛溺死。娥时年十四,哀父尸不得,乃号涌江介,因解衣投水。祝曰:若值父尸,衣当沈;若不值,衣当浮。裁落便沈,娥遂于沈处赴水而死。县令度尚,使外甥邯郸子礼为碑文,以彰孝烈。

上虞江以后就改称曹娥江，它是钱塘江南岸的一条支流。曹操要见曹娥碑，不仅要跨过长江，并且还要跨过钱塘江。六朝士大夫好清谈，这是此类无稽之谈和其他许多志怪小说在这个时代产生的社会基础。

曹盱迎涛溺水和曹娥投水的事，最早见于东晋余姚人虞预所撰的《会稽典录》。范晔《后汉书》也有《孝女曹娥传》，都比《水经注》要早。《会稽典录》记载此事发生于汉安二年(143)，《后汉书》并记及其时为汉安二年五月五日。《会稽典录》与《水经注》的主要不同是："乃投瓜于江，存其父尸曰：父在此，瓜当沈。旬有七日，瓜偶沈，遂自投于江而死。"《后汉书》只说："乃沿江号哭，昼夜不绝声，旬有七日，遂投江而死。"章怀太子在此处注云："娥投衣于水，祝曰：父尸所在，衣当沈。衣随流至一处而沈，娥遂随衣而没。"章怀注作"衣"，与《水经注》同。"瓜"、"衣"形相似，"瓜"或是"衣"之误。曹娥投水是事实，投衣或投瓜则不一定可靠，《后汉书》所记不及此，应该认为是慎重的史家笔法。

对于曹娥碑，《会稽典录》还记及一件轶事，和前面提到的曹操与杨修的故事有关。《典录》云：

> 上虞长度尚弟子邯郸淳，字子礼，时甫弱冠而有异才。尚先使魏朗作曹娥碑，文成未出。会朗见尚，尚与之饮宴，而子礼方至督酒，尚问朗："碑文成未？"朗辞不才，因试使子礼为之，操笔而成，无所点定。朗嗟叹不暇，遂毁其草。其后蔡邕又题八字曰："黄绢幼妇，外孙齑臼。"

蔡邕到过这个地区，在《后汉书·蔡邕传》中有明确记载，则他在曹娥碑之阴题字的事也是可能的。曹操和杨修的故事，就是从蔡邕的题字中编造出来。

嘉泰《会稽志》卷六在"曹娥庙"条下，记及了建墓立碑的年代："元嘉元年，县长度尚改葬于江南道旁，为立碑焉。"则此碑之立，当时已在曹娥投水七年以后。《嘉泰志》又云："墓在今庙之左，碑有晋右将军王逸少所书小字，新安吴茂先师中尝刻于庙中，今为好事者持去。"说明曹娥碑除了蔡邕所题的八字外，尚有王羲之所书的小字。而原碑在南宋时已经"为好事者持去"。

《嘉泰志》记及曹娥庙，则此庙或许是因碑而建。《郑堂读书记》卷二十二·史部八云："宋元祐八年，即其墓侧建庙。"说明曹娥庙始建于北宋，以后历经修葺，至今犹存。

《水经注》记载的各式"曹娥"

我在《曹娥碑》一文中已经引及了《渐江水注》中有关曹娥的一段注文。这段注文与晋《会稽典录》及《后汉书·孝女曹娥传》的记载，均无较大出入，《会稽典录》和《水经注》存在一点投"瓜"和投"衣"的小差别,而《后汉书》未及此事,所以我认为《后汉书》是"慎重的史家笔法"。直到南宋嘉泰《会稽志》卷六"曹娥庙"条下,所记与上述三种文献仍然基本相同。主要的事实是曹盱迎涛溺水,曹娥投水,度尚命邯郸淳撰文立碑。

但到了清初的地方志中,传奇故事就出来了。雍正《浙江通志》卷二一〇"烈女九"曹娥下云:

> 邯郸淳《曹娥碑》:上虞曹盱之女也。盱能抚节按歌,婆娑乐神。以汉安二年五月,时迎伍君,迎涛而上,为水所淹,不得其尸。娥年十四,号慕思盱,哀吟泽畔,旬有七日,遂自投江死。经五日抱父尸出,度尚设祭诔之。

《越中杂识》(此书为西吴悔堂老人于乾隆五十九年所撰,系美国国会图书馆所藏抄本,由我于1980年引回,今有浙江人民出版社1982年出版的排印本和浙江古籍出版社1992年出版的影印本两种版本在国内流传)上卷"祠祀"云:

> 曹娥庙,在府城东九十二里曹娥江畔。按娥,上虞人,父盱,汉汉安二年五月五日溺于江,娥年十四,哀号江畔者旬有七日,求父尸不得,遂投江死,经五日抱父尸出。上虞长度尚命邯郸淳作文,立碑墓侧。

"经五日抱父尸出",这7个字,两种志书完全相同,说明必有所本,而且由于嘉泰《会稽志》和宝庆《会稽续志》均无此谬说,所以上述雍正、乾隆二部志书的这一句当然来于元、明甚或清初。我不愿再花时间上溯追查,因为像这样一类经过后来人"神化"的曹娥故事,在《水经注》的记载中就有不少。所以我把它称为"各式曹娥"。下面可以举一些例子。

卷三十三《江水》经"岷山在蜀郡氏道县,大江所出,东南过其县北"注云:

> (郫)县民有姚精者,为叛夷所杀,掠其二女,二女见梦其兄,当以明日自沈江中,丧后日当至,可伺候之。果如所梦,得二女之尸于水,郡县表异焉。

同卷经"又东,渚水北流注之"下,也有一个类似的故事:

> 《益部耆旧传》曰:张真妻,黄氏女也,名帛。真乘船覆没,求尸不得,帛至没处滩头,仰天而叹,遂自沈渊。积十四日,帛持真手于滩下出。时人为说曰:符有先络,僰道有张帛者也。

注文中所说的"符有先络",也是一个相似的故事,见于同卷经"又东过符县北邪东南,鳛部水从符关东北注之"注云:

> 县长赵祉遣吏先尼和,以永建元年十二月诣巴郡,没死成湍滩,子贤求丧不得。女络,年二十五岁,有二子,五岁以还,至二年二月十五日,尚不得丧。络乃乘小船至父没处,哀哭自沈,见梦告贤曰:至二十一日与父俱出。至日,父子果浮出

江上。郡县上言,为之立碑,以旌孝诚也。

如上所举,《水经注》对曹娥的记载虽无"经五日抱父尸出"的话,但是如黄帛、先络和姚精二女等,其实就是在《水经注》记载中出现的各式"曹娥"。这些"曹娥"们,不仅都有"经五日抱父尸出"的类似经历,而且事前还能托梦于在世的亲人,比曹盱的女儿更为神通广大。

在古代,各式"曹娥"的故事到处出现,既表现了人们的善良,也说明了人们的愚昧,但是前者是主要的。因为人们总是希望,不幸的事情降临在好人身上,最后能得到一个好的结局。"经五日抱父尸出",这就是孝感动天,是古人宣扬孝道的最高境界。在那个科学落后的时代,人们理解不到,这样的结局是不可能出现的。

各式"曹娥"的故事,有一个共同的格局,就是把人物进行神化,为一件不幸的事,通过编造出来的神话故事,让人们在心理上感到慰藉。第一位把某个"曹娥"神化的人,他的本意绝不是利用人们的愚昧而愚弄人们,这些人渲染神化的目的,往往是为了劝人为善和戒人作恶。他们的居心是善良的。但是对于历史上的暴君和独裁者,他们鼓吹君权神授,愚弄苍生,神化个人,以达到他们统治芸芸众生的目的,自然又当别论。且不说众所周知的大暴君秦始皇,就说《水经注》记及的汉高祖刘邦吧。卷十八《渭水》经"又东过武功县北"注云:

> 汉高帝问曰:"天有五帝,今四何也?"博士莫知其故。帝曰:"我知之矣,待我而五。"

后来太史公在《史记》中为此人的出身又神化一番,《高祖本纪》说:

> 父曰太公,母曰刘媪。其先刘媪尝息大泽之陂,梦与神遇,是时雷电晦冥,太公往视,则见蛟龙于其上,已而有身,遂产高祖。

太史公对此人的神化,恰恰道出了这位开国之君只知其母不知其父的事实。这当然无关大局,而在一旦黄袍加身以后,就可以趾高气扬地说出"待我而五"的豪言壮语,让这批学富五车的博士们张口结舌。

中国历史悠久,古往今来,有关神化的故事称得上丰富多彩,非独各式"曹娥"而已。

孟姜女的误会

秦始皇造万里长城,在中国历史上是一件家喻户晓的大事。卷三《河水》经"屈东过九原县南"注云:

> 始皇三十三年,起自临洮,东暨辽海,西并阴山,筑长城及开南越地,昼警夜

作,民劳怨苦。故杨泉《物理论》曰:秦始皇使蒙恬筑长城,死者相属,民歌曰:"生男慎勿举,生女哺用饷。不见长城下,尸骸相支拄。"其冤痛如此矣。

我在拙著《郦道元评传》(南京大学出版社1994年版)中曾经批判这条用夯土堆叠起来的北方疆界:

> 他修筑"尸骸相支拄"的长城,残暴达于极点,而智勇实属末流。他以长城阻遏北方的游牧民族,实际上暴露了他对汉族北疆的最低愿望。所以从他对汉族北疆的开拓和经营来说,他是一个眼光短浅,缺乏战略思想的弱者。他用千千万万生命的代价,为汉族修建了这样一条畏缩不前的北方疆界。假使没有后世的民族交流、融合和汉武帝、成吉思汗、努尔哈赤等中华民族中的杰出人物,则我国的北疆将会成为怎样一种状况,人们或许不难想象。

对于不少人曾经赞美和歌颂的万里长城,我在此书中毫不犹豫地指出了它在开拓北疆方面的消极因素,我认为"对于古代开拓北疆的事业来说,万里长城开始是地理上的限制,后来成为传统观念的限制。对于汉族的不少有志于北荒的领袖们,这条以夯土堆叠起来的人为界限,不仅束缚了他们的手脚,而且束缚了他们的抱负和思想。这实在是一件十分不幸的事"。

我所议论的,当然是在看到了这条夯土建筑在其全部历史上的作用以后的感慨。但早期人们对于它,当然着眼于它的残暴修建过程,"昼警夜作","尸骸相支拄",某种程度上可以说是由白骨堆叠起来的。80年代之初,我曾应邀到西安为史念海先生的几位研究生讲课,并且作了一次对古代长城的野外考察,在韩城附近查勘了一条迄今尚存的战国长城。这条伸展在田野中的漫长怪物,全由版筑夯土而成,两千多年来的风风雨雨,使它剥蚀残破,有多处已经完全倒塌。但在每一夯土层面上,可以看到密集的"夯窝",留下了当年苦役者的血汗遗迹,令人不胜凄楚。

正因为此,所以历史上流传了不少关于秦始皇修筑长城的悲惨故事和歌谣,除了《水经注》引及的杨泉《物理论》和歌谣外,流传最广的,要算孟姜女千里寻夫的故事,并且还有以这个故事为脚本的各种说唱、歌曲等等。这个故事有不少大同小异的版本,大致的情节是,孟姜女的丈夫万喜良,被秦始皇征发修筑长城,孟姜女不远千里赶到长城寻夫,但万喜良早已成为"尸骸相支拄"的一员,葬身于长城之下了。于是孟姜女就坐在长城下痛哭,哭了几天几夜,长城终于崩塌,露出了万喜良的白骨。由于这个故事的流传,古代长城一带,包括后来修筑的如今北京市及河北省的明长城沿线,往往建有孟姜女庙。我曾在山海关外不远看到过一处,庙建在一座小小的山丘之上,有若干清代的碑碣,说的就是孟姜女和万喜良的故事。

这个故事所反映的秦始皇修筑长城的暴虐的一面当然是真实的,但孟姜女和万喜良其人以及其中的情节却是虚假的,实在是一种误会。《水经注》可以查出这种误会的来源。卷二十六《沭水》经"又东南过莒县东"注云:

> 《列女传》曰:齐人杞梁殖,袭莒战死,其妻将赴之,道逢齐庄公,公将吊之。杞良妻曰:如殖死有罪,君何辱命焉;如殖无罪,有先人之敝庐在,下妾不敢与郊吊。公旋车吊诸室。妻乃哭于城下,七日而城崩。故《琴操》云:殖死,妻援琴作歌云:乐莫乐兮新相知,悲莫悲兮生别离。哀感皇天,城为之堕。即此城也。

由此可知,孟姜女和万喜良的故事,其实就是《列女传》传说的杞梁殖故事的移植。"杞梁"与"喜良"音同,为移植创造了方便,而杞梁妻在杞梁殖死后的一段情节,就这样以讹传讹地成为孟姜女和万喜良的故事。故事据《水经注》引自《列女传》,但《列女传》其书,按《隋书·经籍志》著录有刘向撰、高氏撰、皇甫谧撰、綦母邃撰等多种,均已亡佚,今仅有几种辑本流传,《沭水注》引自何本,已难查究。但可以推论的是,此书既以"列女"为名,则所载故事都以女人为主角。所以杞梁殖的故事,其内容,毫不着重为国战死的杞梁殖,而是专记其妻。这个故事经过移植以后,其内容中心,也不在修筑长城的万喜良,而是专记其妻孟姜女。这就是后世只有孟姜女庙而没有万喜良庙的原因。

水上婴儿

《水经注》中记载了 3 种关于水上婴儿的传说。卷一《河水》经"屈从其东南流,入渤海"注云:

> 恒水上流有一国,国王小夫人生肉胎,大夫人妒之,言:汝之生,不祥之征。即盛以木函,掷恒水中。下流有国王游观,见水上木函,开看,见千小儿,端正殊好。王取养之,遂长大,甚勇健,所往征伐,无不摧服。次欲伐父王本国,王大愁忧。小夫人问:何故愁忧?王曰:彼国王有千子,勇健无比,欲来伐吾国,是以愁尔。小夫人言:勿愁,但于城西作高楼。贼来时,上我置楼上,则我能却之。王如是言。贼到,小夫人于楼上语贼云:汝是我子,何故反作逆事。贼曰:汝是何人,云是我母。小夫人曰:汝等若不信者,尽张口仰向。小夫人即以两手押乳,乳作五百道,尽坠千子口中。贼知是母,即放弓伏。

卷八《济水》经"又东南过徐县北"注云:

> 张华《博物志》录著作令史茅温所为送,刘成国《徐州地理志》,云徐偃王之异,言:徐君宫人,娠而生卵,以为不祥,弃之于水滨。孤独母有犬,名曰鹄仓,猎于水侧,得弃卵,衔以来归,孤独母以为异,覆暖之,遂成儿,生时偃,故以为名。徐君

官中闻之，乃更录取。长而仁智，袭君徐国。后鹄仓临死，生角而九尾，实黄龙也。

卷三十六《温水》经"东北入于郁"注云：

> 郁水，即夜郎豚水也。汉武帝时，有竹王兴于豚水。有一女子浣于水滨，有三节大竹流入女子足间，推之不去，闻有声，持归破之，得一男儿，遂雄夷濮，氏竹为姓。所捐破竹，于野成林，今竹王祠竹林是也。王尝从人止大石上，命作羹，从者曰：无水，王以剑击石出水，今竹王水是也。后唐蒙开牂柯，斩竹王首，夷獠咸怨。以竹王非血气所生，求为立祠。帝封三子为侯，及死，配父庙，今竹王三郎祠其神也。

上述三则记载，一是"肉胎"，一是"卵"，又一是"三节大竹"，都是弃于水上，为人拾取，结果均成异人，有的成了武士，有的成了国君。三则传说流传的地区都不在汉族范围，徐偃王是东夷，夜郎是西南夷，恒水上流的一国是古代天竺国境内的民族之一。这三者距离遥远，却出现这种性质相同的传说。在不同民族和地区之间，出现相似的传说，他们之间，总有一些发生这类传说的共同基础。这种共同基础，或许就是河流与人们的密切关系。

在古代，一个部落居住在一条河流流域，这条河流与部落人民生产和生活的关系，实在事关紧要，由此而引起他们对这条河流的崇拜。河流的各种自然现象，如水位涨落、枯竭、泛滥等等，都被视为是神明所使。所以一国一族的国君、酋长和其他异人从河流而来的传说，能够在不同民族、不同地区发生和流传。汉族地区似乎没有这类传说，但古代汉族人民视河流为神圣的思想则同样存在。《水经注》原序中引《玄中记》的话就表达了这种思想："天下之多者，水也。浮天载地，高下无所不至，万物无所不润，及其气流届石，精薄肤寸，不崇朝而泽合灵宇者，神莫与并矣。"

林邑国城市

《水经注》记载了不少与我国毗邻的域外地区，因而注文中涉及了许多域外城市。其中以卷一《河水》经"屈从其东南流，入渤海"注中记载的今印度地区的城市为最多。如：拘夷那褐国南城、毗舍离城、王舍城、僧迦扇奈揭城、饶夷城（是𬮱饶夷城之误）、沙祇城、迦维罗卫城、巴连弗邑、泥犁城、王舍新城、瓶沙王旧城、迦那城、波罗奈城、瞻婆国城等等。

上述这些古代印度城市，有的是非常著名的。例如王舍城，原名为曷罗阇姞利呬城，梵文作 Rājagrha，意译王舍，其城十分宏大壮观，有 32 个城门，64 座望楼，频毗娑罗与阿阇世王在位之时，是此城的全盛时代。如迦维罗卫城，又称劫比罗城，梵文作

Kapila - nagara,是佛陀的故乡,也是劫比罗伐窣堵国的第一大城市,城内有许多拱门及高塔,阿育王曾亲自到该地瞻仰。如巴连弗邑,原名波吒厘子城,梵文作 Pàtaliputra,意译作华氏城,位于恒河沿岸,古代印度的难陀王朝及孔雀王朝的月护王和阿育王均建都于此。直到笈多王朝初期,首都还在这里。这是一座异常兴隆的城市,阿育王在位时,在此城四门收税,每天就能得钱 40 万枚,市场繁荣,于此可见。又如瞻婆国城,是梵文 Campa 的音译,位于恒河沿岸,城市十分富丽宏伟,是古代印度的六大城市之一,城市废墟,至今犹存。

《水经注》记载的上述古代印度城市,资料当然可贵。不过由于郦注在这方面的记载,多半引自《法显传》,而《法显传》至今仍是一部完书,可以在郦注记载的基础上,追踪参照。而且,在《法显传》以后,《大唐西域记》对这些城市的记载,比《法显传》更为详细完整。因此,《水经注》有关古代印度城市的记载,在我国古籍中并非只此一家,也并非稀见资料。

《水经注》记载中涉及的域外城市,现在看来,最有价值的是引自《林邑记》的今中南半岛上的古代城市。《林邑记》一书,在《隋书·经籍志》和两《唐书》经籍、艺文志中均有著录,称《林邑国记》一卷,但不知撰者,其书亡佚已久。今有宛委山堂《说郛》辑本(弓六十一),即是从《水经注》辑录而来。林邑即是占婆,其国境范围,约当今越南中部。此国始建于公元 2 世纪,中国古籍最初称之为林邑,唐以后称其为环王,公元 9 世纪后期改称占城,15 世纪后期为越南后黎王朝所并。《水经注》记载的林邑国,当然是它早期的情况。

《水经注》记载林邑国城市,均在卷三十六《温水》经"东北入于郁"注中,其中之一是区粟城,注云:

> 《林邑记》曰:城去林邑,步道四百余里。……其城治二水之间,三方际山,南北瞰水,东西涧浦,流凑城下。城西折十角,周围六里一百七十步,东西度六百五十步,砖城二丈,上起砖墙一丈,开方隙孔。砖上倚板,板上五重层阁,阁上架屋,屋上架楼,楼高者七八丈,下者五六丈。城开十三门,凡官殿南向,屋宇二千一百余间。市居周绕,阻峭地险,故林邑兵器战具,悉在区粟。

从上述注文可见,区粟城是林邑国的军事基地。注文对于这个城市的地理位置、山川形势和城墙建筑等,记载得十分详细,这些都是作为一个军事基地的主要内容。《温水注》记载的另一林邑国城市是国都典冲城,注云:

> 浦西,即林邑国都也。治典冲,去海岸四十里。……其城西南际山,东北瞰水,重堑流浦,周绕城下。东南堑外,因傍薄城,东西横长,南北纵狭,北边两端,回折曲入。城周围八里一百步,砖城二丈,上起砖墙一丈,开方隙孔,砖上倚板,板上

层阁,阁上架屋,屋上构楼,高者六七丈,下者四五丈。飞观鸱尾,迎风拂云,缘山瞰水,骞骜嵬崿,但制造壮拙,稽古夷俗。城开四门:东为前门,当两淮渚滨,于曲路有古碑,夷书铭赞前王胡达之德。西门当两重堑,北回上山,山西即淮流也。南门度两重堑,对温公垒。升平二年,交州刺史温放之杀交趾太守杜宝、别驾阮朗,遂征林邑,水陆累战,佛保城自守,重求请服,听之,今林邑东城南五里有温公二垒是也。北门滨淮,路断不通。城内小城,周围三百二十步。合堂瓦殿,南壁不开,两头长屋,脊出南北,南拟背日。西区城内,右山顺淮面阳,开东向殿,飞檐鸱尾,青琐丹墀,椽题楠橑,多诸古法。阁殿上柱高城丈余五,牛屎为泥,墙壁青光回度,曲披绮牖,紫窗椒房,嫔媵无别,官观、路寝、永巷,共在殿上,临嘹东轩,径与下语,子弟臣侍,皆不得上。屋有五十余区,连甍接栋,檐宇相承。神祠鬼塔,小大八庙,层台重榭,状似佛刹。郭无市里,邑寡人居,海岸萧条,非生民所处,而首渠以永安,养国十世,岂久存哉。

上述记载区粟、典冲两城的两段文字,虽然均抄自《林邑记》,但由于此书早佚,古籍中唯《水经注》所独引,借郦注之功,才能让我们至今尚能获悉这两个古代中南半岛城市的概况。可惜由于其建筑均系泥土和砖木结构,而热带的多雨气候,使这两个城市早已夷毁,不存废墟。外国汉学家如伯希和(P. Pelliot)、马伯乐(H. Maspero)、鄂卢梭(L. Aurousseau)等虽然对这两个城市的历史地理作过许多研究,他们利用《温水注》的记载,仔细推敲,并结合现场考察,发表了不少论文。但是对于这两个城市的具体地理位置,至今尚无明确的结论。

原著上海书店 2000 年版

水经注论丛

自 序

　　我的《水经注论丛》出版了，内容全是关于《水经注》的。我从1985年起，先后出版过4部郦学论文集，约有200余万字，为什么还要再出这一部呢？所以需要说明几句。我在最近20年来已经校勘了4种不同版本的《水经注》，其中1999年出版的《水经注校释》还获得了教育部第三届中国高校人文科学研究优秀成果一等奖。但由于《水经注》版本极多，我的4种校本，在校勘和出版的过程中，都受到过一些外来的制约，实在都不能尽如人意。我国的一所具有悠久历史的著名出版社，对我校勘郦注的上述衷曲颇有所悉，所以在好几年前就约请我校勘一部至少是我自己满意的校本。这个出版社的两位既有深厚学术素养又有丰富编辑经验的学者担任责编，花了几年功夫，终于出版了我和一些学术朋友都感到相当满意的校本——《水经注校证》（《水经注校证》，中华书局2007年版）。在编校此书的过程中，他们又提出，希望我在以往的4集郦学论文中，精选具有代表意义的部分，另编一集由他们出版。这当然是很有见地的建议，所以我曾经抽暇作了一些选择，基本上准备就绪，即将交付他们出版。

　　但事情在中途起了变化。我自己执教的学校，是一所历史悠久，声誉卓著的名牌大学，这所大学的出版社，不久前到舍下向我索稿，紧迫而恳切，我只好专函向原来约稿的出版社致歉而把稿本交给自己的学校。名牌大学出版社的责编也是功底深厚的，他们在不长的时间中就把稿本校阅编纂完成，而我的郦学著作条目中，从此又增加了一本论文集。

　　《光明日报》著名记者叶辉先生于2006年10月29日在该报为我写了长篇报道：《陈桥驿——寻山问津治郦学》。叶先生为此做了大量的调研工作，统计了我已经出版的专著、译著等的种数和发表论文的篇数，溢美之词，实在使我愧不敢当。与叶文几乎同时，北京的著名史学期刊《史学史研究》委托我的朋友颜越虎先生在2006年该刊第4期（季刊）撰写了一篇长文：《陈桥驿教授访谈录》。颜先生与我很熟悉，所以实际上没有经过"访谈"，而文章里给了我不少"家"的封号，其中也包括"郦学家"。所以我必须在此作点说明。因为《水经注》是我的专业历史地理学领域中的一本要籍，为此我确实花过不少时间，也出版了若干论著，并且到国外大学讲过这个课题。但是由于我资质鲁钝，识浅见浮，与前辈郦学家相比，我不过是个"学郦家"而已。

　　我在最近出版的《水经注校证》卷首《代序》中说过几句不堪回首的话：

　　　　我在拙撰《记一本好书的出版》（文载《中华读书报》2001年7月4日）。文题"好书"，指美国著名学家施坚雅（G. W. Skinner）主编《中华帝国晚期的城市》（The City in Late Imperial China，美国斯坦福大学出版社1977年版，中译本叶光庭主译，陈桥驿校，中华书局2000年版），文中提及："像我这一辈年纪的知识分子，绝大多数都是无端被剥夺了二十多年工作时间的。"这不仅是像我这类的普通读书人，高层次的读书人也是一样。《中华读书报》记者曾经访问过著名生物学家邹承鲁院士："您当年回国是否后悔？"邹先生回答："我回国已经有半个世纪了，其中最初的二十六年时间中只做了十年的工作，而如果不回来可以连续做二十六年，我只是对这一点后悔。"记者随即插入了重要的一句："而且当年正是壮年的时候。"

　　上世纪70年代末，我已年近花甲，正想竭尽驽钝做学问，以弥补我所损失的壮年岁月，但两个方面的事务，颇大程度地干扰了我做学问的心愿。第一方面是招研究生"开放"了，各系都急于建立研究生点。我所在的系条件较逊，只指定我建立一个历史地理学研究生点。这本来是件好事，也是我应该承担的任务。但问题在于，对于做学问和求知识之事，由于受"十年灾难"的毒害，高等学校教师中，无论在观念上和实际上，大部分还适应不了"知识越多越反动"到"知识就是生产力"的剧变。所以在开始的几年，我根本找不到可以帮助我讲课的教师，而是孤军作战，我包揽了研究生点的基本课程：历史地理学、历史地图学、地名学、方志学等，还有一些选修课如区域历史地理、历史气候学、历史城市地理等，虽然课时不多，但也得花不少备课时间。当然，由于这许多课程的准备和讲授，也为我个人的著作目录中增加了一些积累。例如地名学，当时从全国来说也是一门新课程，通过这门课程，我主编了《中华人民共和国地名词典——浙江省卷》(商务印书馆1988年版)、《浙江古今地名词典》(浙江教育出版社1991年版)、《杭州市地名志》(浙江人民出版社1990年版)等书。通过历史城市地理课程,我主编出版了好几种城市地理著作,最后并主编了《中国都城词典》(江西教育出版社1999年版)。通过历史气候学课程,我整理多年积累,出版了《浙江灾异简志》(浙江人民出版社1991年版),此书名为方志,实际上是我的个人著作,获得方志界的好评。此外,由于方志学的课程和修志工作,出版了论文集《陈桥驿方志论集》(杭州大学出版社1997年版)。又应出版社之邀,在区域历史地理课程的基础上,选出历年来有关吴越地区的论文,出版了论文集《吴越文化论丛》(中华书局1999年版)。以上是举的一些例子,出版的总数,据前述叶辉先生和颜越虎先生的统计,或许还有不少。但问题是,所有这些,都是在一个人支撑一个研究生点课程的忙碌情况下赶出来的,每一本书出版以后,都自感尚有不足。而且由于教课和著书,挤去了做学问的时间,教课也好,著书也好,常常是在一种吃老本的处境下过的日子。

自从1980年以来,第二个方面干扰我做学问的是"外事"。就在这年暑期,杭州大学接纳美国匹茨堡大学的数十位高年级学生举办文化学习班。由于长时期的闭关锁国,忽视外语,经过学校挑选的十几位教师中,只有两位能用英语讲课,其余的都像演相声的带着翻译登台,作为一所大学,这实在是很没有面子的。我被指定用英语讲《杭州地理》课程,并带他们在市内和近郊参观。《杭州地理》不是我的专业,长期疏远的英语还得事前复习。这个学习班在年初就已经确定,整整半年,我还有多少属于我自己的时间呢?

从此以后,国外要求我担任客座教授或专题讲学的邀请信就陆续来到了。于是就连续出国应付这类任务。有不少用国家外汇带着翻译出国"考察"其实是公费旅游的官员,认为被外国大学邀请去讲学是一种美差。这些官员们的想法完全错了。一个做学问的人到国外讲学与官员们出国"考察"是很不相同的两码事。官员们带着翻译,考察也好,旅游也好,反正有翻译传话,可以答非所问,可以"王顾左右而言他"。既不会遇着难以处理的问题,也不会碰上尴尬的场面。但学者出国是讲学问的,是不能答非所问和"王顾左右"的。这中间,客座教授和专题讲学又不同,前者是在一所学校里讲一二门课,除了语言以外,其他都与在国内相似,所以比较好办。但专题讲学则不同,我可以举个例子。

1982年秋,我应邀到美国讲学,并出席在南美巴西里约热内卢举行的国际地理学会和里约热内卢大学讲学。在美国比较顺利,但在里约热内卢大学讲学,由于我是从世界名城杭州去的历史地理学者,所以我用了一个两者结合的讲题 *The Urban Construction and Economic Development of Hangzhou During the Last Millenium*(《一千年来杭州的城市建设与经济发展》)。听众是该校教授、高年级学生以及当时出席国际会议的部分代表。听讲时,他们表现得肃静而有兴趣,但国际惯例,演讲以后有几十分钟的听众提问,多数提问应该承认是针对我的讲演的,但其中也有人(多是学生)提出:在杭州作短期旅游,最值得看的西湖景点是哪几处? 花最少的钱,在杭州买纪念品应该买什么? 诸如此类的还可以举出不少,把一位应邀讲学的历史地理教授视同一个旅行社的导游。类似的情况在国外讲学后的提问中还有若干例子,为了宣扬中国文化,我总是平心静气地勉为其难。当然应邀到国外担任客座教授和专题讲学是有收获的。除了为学校争得荣誉并引来若干到我的研究室从事进修的外国学者以外,我在国外图书馆还读到不少在国内读不到的图书,引回不少我国流失海外在国内已经失传的孤本,结识了不少国际汉学家,其中有好几位是第一流的。但问题是损失了做学问的时间,国外的生活节奏紧张,讲课任务甚忙,例如在日本,我在关西大学、国立大阪大学(在大阪有 3 所大阪大学:国立、府立、市立。所以提及此校,必须称其全名。国立大阪大学,即战前的大阪帝国大学)、广岛大学担任客座教授各一学期,对象都是各校的大学院(研究生院),日本不同于他国,研究生院每节课的时间为 90 分钟,虽然一周只讲两次,每次讲授两节,但为了这每周两次讲课,从备课(日方要求用英语讲课以提高学生的英语水准)到讲课,实在疲于奔命。直到 2002 年我已届 80 高龄,还勉力应邀去日本讲学。20 年中出国(包括本国港台)十余次,虽然都有夫人随行,而且不花国家一分钱外汇,思想上心安理得,但我的性格是坐下来做学问,包括写这本论文集有关的郦学在内。所以从时间上来说,浪费还是不少,所以这项事务,也是我在花甲以后不能抓紧做学问的时间而终至做不好学问的原因。不过事已至此,年已届此,也不必再作计较。何况与那个 20 几年终朝惴栗于阶级斗争和通宵困顿于"小高炉"边者相比,这个 20 几年毕竟还是做出了一点学问,应该欣慰而知足了。

现在谈谈这本论文集的事,当时我在 4 本郦学论文集中进行选择,初衷是为了让一些对郦学有兴趣的后辈,对这门学问能略获要领。所以选择过程中侧重于两个方面,首先是版本知识,因为《水经注》或许称得上是我国版本(或抄本)最多的古籍。而不同版本之间又往往存在很大差异。著名的现代硕学鸿儒胡适在这方面是最有心得的。他在北京大学校长任上,为了庆祝 50 周年校庆,曾于 1948 年 12 月在北京大学举行了一次《水经注》版本展览,展出了各种版本(抄本)9 类计 41 种。他在郦学研究中的一句名言是:"所见的本子越多,解答的问题越多。"(《孟森先生审判水经注案的错误》,《胡适手稿》第五集下册。)所以我在这个集子中,各文涉及的版本(抄本)约有 30 余种。前面提及我最近出版的《水经注校证》,卷首列表的参校版本共 35 种,其中收藏于北京国家图书馆的善本 7 种,收藏于宁波天一阁、各省立图书馆、各高校图书馆的善本 13 种。胡适的话是不错的,在郦注校勘和郦学研究中,版本的比勘至关重要。

版本以外,这本论文集介绍了不少郦学家,特别是近现代郦学家。除了考证这门学问的开山祖郦道元以外,从清初到近现代,专题评介的郦学家共有 11 位。清初的郦学家甚多,但全(祖望)、赵(一清)、戴(震)是无疑的代表人物,了解此 3 人包括他们各自的校本,这其实是郦学的基础知识。杨(守敬)、熊(会贞)师生的情况与全、赵、戴有些相似,因为他们在郦学研究中有毕生合作传承的经历和各种版本中注疏量最大的《水经注疏》。其余 6 位都是没有校本而成就卓著的近现代郦学家。他们各有不同的人生经历,但在郦学研究或者说做学问的方法和精神上,都值得我们学习。以胡适(1891—1962)为例,他有学问,而同时在学术上和政治上都有居高临下的优势。但他服膺孔子的学生子夏的话:"仕而优则学,学而优则仕。"他于 1938 年—1942 年抗日战争期间任官驻美大使。抗战时期的驻美大使,公务繁忙可以想见。他却仍挤出时间撰写出版了《藏晖室札记》等 5 种专著和不少论文(拙撰《我说胡适》,原载《辞海新知》1999 年第 4 辑,收入于《水经注研究四集》,杭州出版社 2003 年版),他后来在台湾担任"中央研究院"院长,但倾力于郦学研究。他死后由其夫人江冬秀整理出版的《胡适手稿》(拙撰《评胡适手稿》,原载《中华文史论丛》1991 年第 47 辑,收入于《水经注研究四集》)。《手稿》系原稿影印本,从 1968 年至 1970 年出齐,由台北胡适纪念馆印行。10 集共 30 册,其中前 6 集共 18册,全是他最后 20 年的郦学研究成果。我们在 1980 年以后的"干部知识化"改革当然是好事,可惜的是若干原来做学问的人,一旦戴上乌纱帽,顿时就忘记了子夏原话中的另一句:"仕而优则学。"与胡适相比,这些人是应该惭愧的。

另一位值得推介的现代郦学家是钟凤年(1899—1987),他于清末毕业于译学馆法文班。一直找不到工作。早年丧偶,失业,贫穷,但毕生致力于郦学研究,发表过不少有价值的郦学文章。我在选入此集的这篇中曾引比较熟悉他的王世民教授的话:"抗战胜利后,住在北京的一处会馆,几乎没有饭吃。"这里倒有一段郦学史上的佳话,身为北京大学校长的胡适,由于佩服他的治郦成果,曾与他通信 5 次(均收入于《胡适手稿》),并且礼贤下士,于 1947 年 11 月 23 日邀请他到胡氏府第作客。两位身份如此悬殊的人,在这天论郦竟日。我们不知他们讨论的是什么,但从《手稿》收入的信中可以看出,钟氏并不同意胡适的观点。胡致钟信中有一句话说:"我谨依尊命,已全删此论。"钟凤年是个又贫困、又长寿而治郦不倦的郦学家,他在年过 8 旬以后,还发表为许多学者称赞的《评我所见各本〈水经注〉》的长篇论文。他的这种治郦精神,是一切做学问的人都值得景仰和学习的。

2007 年 9 月于浙江大学

读《杨守敬学术年谱》有感

　　《杨守敬学术年谱》(以下简称《年谱》)的出版,①在当前相对消沉的学术界,确实是一件值得重视和令人振奋的事情。去年,我曾发表《论学术腐败》②一文,议论了我国自从上世纪50年代开始,传统的乾嘉学风骤然没落及其原因。当今的学术界,如同社会上其他各界一样,也充斥了假冒伪劣,甚至涉及在声名上属于高层次的学人,令人怅惘,更令人痛心。现在,这位乾嘉学风著名传人的《年谱》公开问世,在当前学术界的价值是:对于许多在腐败边缘徘徊犹豫,包括已经在学术上干过一些小偷小摸行为的人,是一种有益的教育;而对于那些拥有"大钱不批"③的特权而其研究"成果"使人嗤之以鼻的人,以及那些在学术界声名不小却甘为"剽贼"④的人,还有那些雇了一帮枪手的官而又"儒"的人等等,则是一种鞑伐和教训。所以《年谱》的出版,在当前的学术界,必然会引起许多人的鼓舞称赞,却也会招致一些人的憎恶畏惧。

　　有关杨守敬传记、年谱之类的著作,学术界流行不少。我已经读过的就有《邻苏老人年谱》、⑤《杨惺吾先生年谱》、⑥《杨守敬传》、⑦《杨守敬熊会贞合传》⑧等几种,我个人也写过《历史地理学家杨守敬》、⑨《杨守敬》、⑩《杨守敬传》⑪等文。最近几十年中,学术界写文章论及杨氏的也在所不少。内容有褒有贬,例如胡适,就写过言辞尖锐的批评文章。⑫在我所写的文章中,也有过一些批评的言辞,⑬但这些都是学术界正派学人之间的正常现象。这些不同意见的议论,显然毫不影响杨守敬这位著名学者的学术成就和地位,与眼下"学术腐败大合唱"中的表演者特别是其中的大角色演员绝无共同之处。

现在,在历来推崇和评价杨守敬的许多著述的基础上,宜昌市和宜都市政协为他们的这位名扬海内外的乡贤名儒,编集了这部《年谱》,而且是由杨氏从孙杨世灿先生通过多年夙兴夜寐的辛勤耕耘而编成的。资料丰富,内容翔实,在此前的一切同类著述中,当然后来居上,值得世袭珍藏,流传后世。

我读此书后撰写这篇以《从商、入仕、做学问》为正题的读后感,实在是有感于当今的潮流而作。人生在世,多有一个择业的过程。徐珂《清稗类钞·农商类》称"三十六行",明田汝成《西湖游览志余》卷二十五称"今乃三百六十行"。时至今日,社会上的行业种类,或许已远远超过此数。本题所列的三行,是许多行业的一种概括,杨守敬的时代可以作这样的概括,现在也仍可作这样的概括。必须说明的是,对于一位学术名流的《年谱》,我为什么用这样的题目撰文呢?

《年谱》传主杨守敬是一位智商很高的人物,凭他的聪明才智,可以从事各种行业而都获得成功。但他却摒弃了与他擦边而过的从商和入仕,选择了做学问之路,终于成为一位名垂青史的大学者。杨守敬毕生著作等身,而《水经注疏》成为他名震寰宇的杰作。往年我曾为另一位在《水经注》校勘中声名甚盛的大学者写过一篇文章,《论戴震校武英殿本〈水经注〉的功过》,[⑭]其中写道:

> 戴震以他的天才和勤奋,以他的学术造诣和声望,却因《水经注》一书而遭受声名损害,确实令人十分惋惜。这是后世学者应该引为殷鉴的。戴震之所以在此一书上背离学术界所公认的道德准则,除了王国维所说的"皆由气矜一念误之"以外,另外一个原因则是他晚年的急于功利。他因殿本《校上案语》的虚构之言,闪烁之词,阿谀之语得邀上宠,获得会试落第而进士及第的幸遇。设若《校上案语》中不作此等不实之言,设若戴震果然因此而不获上宠,毕生无进士及第之荣,但殿本光辉,不蒙尘垢,而他的一生英名,亦将无瑕可指。以此易彼,孰得孰失?不唯今日人所共见,即起戴震于地下,也必当后悔于曩日的一念之误。虽然事隔二百余年,对当今学术界,仍然不无教育意义。

我在上述拙文中的"孰得孰失"一语,原是套用韩愈《柳子厚墓志铭》的老话,让现代人评估一下杨守敬择业之"得"与戴震《校上案语》之"失"。我写此文不过20余年,但文中有"事隔二百余年"的话,以"二百余年"与这"二十余年"相比,溯昔抚今,真是百感交集。感激上苍的恩典,让我能侥幸度过自从上世纪50年代以来的这个"读书有罪"、"读书人有罪"的时代,[⑮]目击了这种在《资治通鉴》和《续资治通鉴》等史书中所根本看不到的疾速历史发展:从"苏联的今天就是我们的明天"到彻底批判苏联修正主义的千古文章——《九评》;从在公私合营企业中每年支取千把元定息因而不得不低着头走路的人到当前先富一族中腰缠亿贯的民营企业大老板昂首阔步的气概。而我自己,在这种"一天等于二十年"的剧变中,虽然折磨不断,但毕竟在最高学府的大学中"执教"了⑯50多年,而且至今仍然在职,真是三生有幸。特别是读到了这本《年谱》,触及了我内心世界的许多回忆和遐思。执笔濡墨之际,真是百感交集,有一种无法表达的情愫。

我在上述《论学术腐败》一文中提及,自从上世纪80年代初我国高等院校(包括其他学术机构)恢复教师和科研、工程人员的职称评审以来,我随即参与其事。而在一位教师从讲师、副教授到教授的4道关卡中,我都是举足轻重的负责人,直到70足岁才交卸这项差使,一共干了9年。9年之中,一年一度的提升榜揭晓以后,全系(有时是包括几个系的学科组)教师,都要求我讲一次话,目的是为了给许多迫切期待获得高级职称的教师知道一些职称评审的内幕和他们的努力方向。其实,我深知这种职称评审的不合理之处(当然也不能排除学术腐败,我已在该文中说明)。所以我的每次例行讲话,常常是先在黑板上画一个三角形,在三个角顶上分别写上"IQ"、"D"、"C"的英文字母。"IQ"当然是智力商数;"D"指的是Diligence,是为学勤奋;"C"指的是Chance,即所谓机遇。意思是说,一位讲师要攀上副教授到教授的职称,是这个三角形三个角顶都获得通过的结果。而其中"IQ"属于基因,"C"属于时运,都不是自己可以选择的,只有这个"D"属于每人自己的意志。我每次作这样的讲话,其实是为了安慰那些在座的落第者。我是每个关卡的负责人,大家都寄希望于我,而我又何尝不想他们每一位都能如愿以偿。但由于上级的严格名额限制,每一次都有不少失望的落第者。我明知用这种画三角形的讲话来解释一个人在职称评审中的遭遇并不合理,但是由于我负责这项吃力不讨好的差使,实在是不得已而为之。这次读了《评传》,让我回忆十多年前的往事,实在感慨万端。

我是一个与当前时尚已经有了很大差距的耄耋老人,我读《年谱》的感受,与现在的不少人包括学人已经很有差别,或者用另一句话说,现在与杨守敬所在的时期,时代背景已经完全不同了。在杨守敬的一生中,他也曾有过从商、入仕、做学问的三种机遇,但他最终选择了后者,获得了成功。我当然赞赏和崇敬他的这种选择,但现在显然会有许多人不是这样想法。我撰写这篇文章,就算是"海畔逐臭"吧,我还是把自己的意见说出来。

杨守敬的祖父经商,开设店铺,他从小有从商的家庭环境。《年谱》记及他年仅5岁就跟祖父在店铺中"数钱"的事。⑰现在正值一种"万般皆下品,唯有经商高"的时代,有人就会提出,他为什么不一直把钱"数"下去,摇身一变,成为"先富起来"的一族。"无商不富",我绝不反对从商。杨守敬确实也曾经下海从商,做过祖父店铺中的店伙,也开过自己的店铺,但是他没有在这条路上走下去。按今天的潮流,或许会有人说他是个傻瓜。

再说入仕,在这方面,杨守敬和戴震一样,虽然满腹经纶,却是科场不利,在会试中场场败北。42岁随何子峨到日本作公使的随员,随员算不上入仕,但这倒是为他的做学问获得了一个千载一遇的良机。《年谱》详细记载了他在东瀛访得的国内已经亡佚的许多汉籍,让他产生了一种惊喜若狂的心态。我在拙作《杨守敬传》中曾据吴天任《杨惺吾先生年谱》引及他当年致黄尊信中的话:"一切富贵功名,皆漠不关怀。"他在日本4年,按清朝体制不算入仕,但从今天来说,也可称得上是个外交官,但这个外交官从事的"外交",实际上是"学术外交"。《年谱》在其44岁下有《与日本文学士往来》和《"三人的益友"》两篇可见其详,而《年谱》所记诸如《古逸丛书》(他为公使黎庶昌所编)与《日本访书志》等等,都是他这种"学术外交"的成果。

杨守敬虽然科场不利,但其实也获得过额外的功名。他46岁从日本回国后,《年谱》记及黎庶昌的奏保:"请以知县遇缺即选,并加五品衔。"64岁下又记及学政蒋式芬的奏保:"为湖北师儒宿学之冠,加四品衔。"68岁《辞安徽霍山县知县职》篇下:"五月,杨守敬回到武昌时被选授安徽霍山县知县,张之洞劝杨守敬暂赴任,安徽布政使沈子培(曾植)亦来书函劝驾,但杨守敬以'年老不耐簿书'而辞之。"说明他早年捷于乡试,曾几次赴京会试,并且受过"五品衔"、"四品衔"的保荐,但最终还是以"年老不耐簿书"而绝了此意。从今天官场中的不少人看来,他也是个傻瓜,而且与他的不从商相比,不入仕就显得更傻。《年谱》记及他5岁时就跟着祖父"数钱",或许是把钱当作一种玩具。因为他最终既不从商,又不入仕,说明他既不明白这两者与钱的关系,也不对这种关系感兴趣。

不过根据《年谱》所叙,他毕竟既有从商的经历,也有入仕的经历。如按当今的形势,在"数钱"这条途径上,入仕或许比从商更为简捷省事。《年谱》在其46岁下有《归国任黄冈教谕》一篇。教谕也是官,是一种"学官"。学官虽主一县之学,但不过是知县下边的一种两袖清风的小差使。而当今的学官却是一种"数钱"的美差。不要说主一县之学,只要主一校之学的中学甚至小学校长,就很有"数钱"的机会,我们在媒体上不是常常看到什么"择校费"、"赞助费"以及各式各样的乱收费吗?办学成为一种"暴利行业",或许可以上"吉尼斯世界纪录"。中小学校长无非是最小的学官,让我们看看大学官吧。在今年第4期《瞭望》中,有一篇《跌入腐败陷阱中的大学校长》的文章,文章仅举陕西一省的例子,其中一个小标题是《三年倒下七名厅级校长》。一个省在3年中有7名大学校长"数钱"出格,不管实际上是否只有此数,但7个大学官"跌入腐败陷阱",实在已经是今古奇观了。必须声明一句的是,上述当代学官"数钱"的事,不管是小学官或大学官,应该只是学官中的一小部分。更何况如"择校费"、"赞助费"之类,是人们甘心奉献的,和"跌入陷阱"的"数钱"并不等同,还请当代大小学官们谅解。

还有几句节外生枝的话,《瞭望》的这篇文章让我懂得,当代的大学校长属于"厅级"。假使这种官级"荣誉"可以超越时代相比,则我素所尊敬的如蔡元培、竺可桢、胡适、傅斯年等,今天都可以尊他们有"厅级之荣"。此外,今天官场上常常听说的诸如"厅级"、"局级"、"处级"、"科级"之类(例如在讣告上仍可写上"享受正局级待遇"等等),应该是"政官"的级别,学官之属于什么级,或许是与政官类比的折算。学官与政官相比,政官才是过得硬的。杨守敬如上所述也曾有过一次当政官的机遇,但他的政官不过是个知县,不知称得上当今何级? 但是与一县以下的农村相比,县官总比"村官"要高得多,让我再引一点媒体上对村官的报道吧。

今年3月1日《联谊报》⑱第22版刊登了新华社记者方列、汪林义的实地采访报道:浙江省温州柳市镇属下的三里村,曾于2003年2月27日到3月3日在西湖国宾馆召开村两委会(党支部委员会和村委员会)扩大会议。一个农村的村级两委会,会场竟在距该村数百里之遥的杭州西湖国宾馆,这是一座接待外宾和其他高级人士的宾馆。19位村官出席了这次会议,记者到宾馆查账,5天会期,费用共达43555.90元。两位记者在报道中还加了一句:"据记者了解,一些贫困地区的村庄一年的财政支出也不过4万元。"《联谊报》在同版还刊登了新华社记者杨枫的文章《"村官"腐败不能等闲视之》,另外还有一篇署名马龙生写的文章《村官腐败"纪委难究、法院难判"》。"村官",是当前官员中最小的官了,所以记者可以轻而易举地到西湖国宾馆查清他们这5天会议的开销。村官虽然腐败,但毕竟是小官,假使是"中官"甚或"大官",查起来当然没有这样方便,而且更不是我写此文所要议论的了。

杨守敬当然没有在入仕中"数钱",但他绝未到达"曲肱而枕之,乐亦在其中矣"⑲的境界。他有一个成员众多的家庭,有相当不小的排场。他虽不"数钱",但钱是他所必需的。从《年谱》可以窥及,他的短期"从商"收成甚微。而"入仕"做的是学官,与当今的学官不可同日而语。他的钱从哪里来? 除了黄冈教谕和两湖书院地理教习的束修以外,他的钱源还是笔耕,当然,由于他扎实的书法功底和在学术界的声望,他为人作书,可以获得丰厚的报酬。但其性质与上述"学官"和"政官"们完全不同。

从商、入仕、做学问,杨守敬都有这样的能力,而且实际上都有过这方面的经历。但可贵的是,他选择了做学问的道路,而且在这条道路上走到底。所有这番过程,《年谱》的作者可以说没有放过哪一点细节,把这位一代宗师做学问的经历和业绩和盘托出。作为一位传主的后裔,我不妨抄引一句《中庸》的话:"孝者,善继人之志,善述人之事者也。"我也非常钦佩宜昌市和宜都市政协文中资料委员会各位先生的卓识,在当今这个从商、入仕风起云涌的时代,他们看到了几千年来我们民族赖以发展壮大的做学问事业,为我们的子孙后代留下这样一部煌煌巨构,这样一宗不朽的学术财富。

注释:

① 宜昌市政协文史资料委员会、宜都市政协文史资料委员会编,杨世灿总编纂,湖北人民出版社 2004 年 11 月版。

② 《学术界》2004 年第 5 期。

③ 邹承鲁院士语,参见《论学术腐败》,《学术界》2004 年第 5 期。

④ (唐)韩愈语:"惟古于词必己出,降而不能乃剽贼",参见《论学术腐败》,《学术界》2004 年第 5 期。

⑤ 我未读过原本,但《胡适手稿》第五集中册,影印此《年谱》全文。

⑥ 吴天任著,台北艺文印书馆 1974 年版。

⑦ 陈衍著,收入于《虞初近志》卷七。

⑧ 汪辟疆著,原载《国史馆刊》创刊号,民国三十六年。收入于《汪辟疆文集》,上海古籍出版社 1988 年版。

⑨ 《郦学新论——水经注研究之三》,山西人民出版社 1992 年版。

⑩ 谭其骧主编《中国历代地理学家评传》第 3 卷,山东教育出版社 1993 年版。

⑪ 《水经注研究四集》,杭州出版社 2003 年版。

⑫ 《跋杨守敬论〈水经注〉案的手札两封》(《胡适手稿》第五集中册)"这篇杨守敬自赞(驿案,指《邻苏老人年谱》六十六岁下所录潘存为他的《水经注疏》初稿所写的《叙语》),太过火了,就露出马脚来了。"

⑬ 我在《杨守敬传》中对潘存《叙语》的意见是:"现在看来,所谓潘存己卯《叙语》的来源有两种可能:第一种可能,《叙语》确出自潘存之手,潘存在听了杨告诉他的一些日后的写作打算以后,信手就写了这些。潘存是个当官的,他只知道官场应酬中的一套胡诌,不懂得做学问的严肃性,可以不必置评;另一种可能,或许是当面已经指出的杨氏性格上的精明和敏感,为了引起学术界的重视,杨自己在光绪三十年(1904)写了这个署名潘存的己卯《叙语》。"

⑭ 《中华文史论丛》1987 年第二、三合刊。

⑮ 陈桥驿《我校勘〈水经注〉的经历》,《杭州师范学院学报》(哲学社会科学版)2004 年第 5 期。

⑯ "执教"之所以加上引号,是因为在这 50 多年中,其实有近 20 年时间没有"执教",参见《论学术腐败》,《学术界》2004 年第 5 期。

⑰　《年谱》5 岁下有《跟着祖父数钱》一篇:"夜晚点灯算账,杨守敬常于祖父数钱时,奔玩于侧,摘古钱而弄之。"此篇所记"数钱",原意为店铺每晚结账,其事并不涉杨守敬。本文则借用"数钱"一词,作为敛钱之类的贬语。

⑱　《联谊报》,浙江省政协主办,国内外公开发行。

⑲　《论语·述而》。

此篇原以《从商、入仕、做学问》为题,发表于《学术界》2005 年第 6 期

原著浙江大学出版社 2008 年版